国家出版基金项目
NATIONAL PUBLICATION FOUNDATION

陝西出版資金資助項目

「十二五」國家重點圖書出版規劃項目

關學文庫·關學文獻整理系列

總主編 劉學智 方光華

劉光蕡集

[清] 劉光蕡 著
武占江 點校整理

西北大學出版社

煙霞草堂文集序

以良知不昧爲基以利用前民爲施篤行而廣知學古而審時至誠而集虛劬躬而焦思憂中國之危懼大教之淩夷而思救之以是教其徒號於世五升之飯不飽不敢忘憂天下昧昧吾思之則咸陽之劉古愚先生有之之人也之德也魁壘純篤明通淵塞進而秉國之鈞則能大興物質務材訓農通商惠工敬教勸學以強中國或剖符分圻爲郡縣吏亦能以新書新藝新器大舉農工以救一方民以迄惠中國惟大聲疾呼深憂蹙矉皆不聽用僅以空文傳於世也不惟先生自悲而吾爲

思過齋本

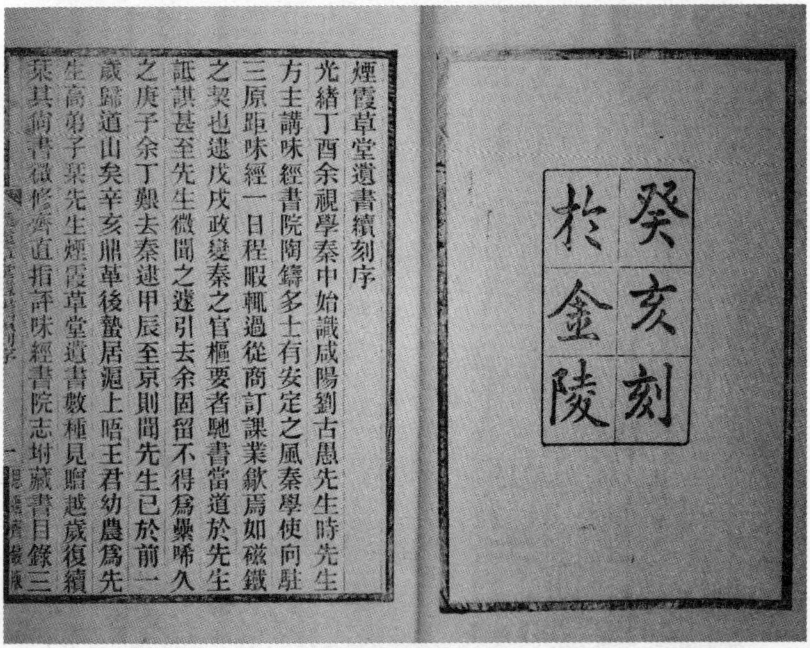

癸亥刻
於金陵

煙霞草堂遺書續刻序

光緒丁酉余視學秦中始識咸陽劉古愚先生時先生方主講味經書院陶鑄多士有安定之風秦學使向駐三原距味經一日程暇輒過從商訂課業歙焉如磁鐵之契也逮戊戌政變秦之官樞要者馳書當道於先生詆諆甚至先生微聞之遂引去余固留不得爲纍唏久之庚子余丁艱去秦逮甲辰至京則聞先生已於前一歲歸道山矣辛亥鼎革後蟄居滬上晤王君幼農爲先生高弟子栞先生煙霞草堂遺書數種見贈越歲復續栞其徇書徵修齊直指評味經書院志坿藏書目錄三

煙霞草堂遺書續刻序　一　思過齋叢廣

思過齋本

總序

張載（一〇二〇—一〇七七），字子厚，宋鳳翔府郿縣（今陝西眉縣）人，祖籍大梁，宋仁宗嘉祐二年（一〇五七）進士。張載出身於官宦之家。祖父張復在宋真宗時官至給事中、集賢院學士，死後贈司空。父親張迪在宋仁宗時官至殿中丞、知涪州事，贈尚書都官郎中。張迪死後，張載與全家遂僑居於鳳翔府郿縣橫渠鎮之南。因他曾在此聚徒講學，世稱「橫渠先生」。他的學術思想在學術史上被稱爲「橫渠之學」，他所代表的學派被後人稱爲「關學」。張載與程顥、程頤同爲北宋理學的創始人。可以説，關學是由張載創立并於宋元明清以至民國初年，一直在關中地區傳衍的地域性理學學派，亦稱「關中理學」。

關學基本文獻整理與相關研究不僅是中國思想學術史的重要課題，也是體現中國思想文化傳承與創新的重要舉措。關學文庫關學文獻整理系列以繼承、弘揚和創新中華文化爲宗旨，以文獻整理的系統性、全面性爲特點，是我國第一部對上起於北宋、下迄於清末民初，綿延八百餘年的關中理學的基本文獻資料進行整理的大型叢書。這項重點文化工程的完成，對於完整呈現關學的歷史面貌、發展脈絡和鮮明特色，彰顯關學精神，推動傳統文化創造性轉化、創新性發展無疑具有重要意義。因爲文庫關學文獻整理系列的各部分均有整理者具體的前言介紹和點校説明，我這裏僅就關學、關學與程朱理學的關係、關學的思想特質、關學文庫關學文獻整理系列的整體構成與學術價值等談幾點意見，以供讀者參考。

一、作爲理學重要構成部分的關學

衆所周知，宋明理學是中國儒學發展的新形態與新階段，一般被稱爲新儒學。但在新儒學中，構成較爲複雜。比較典型的則是程朱理學與陸王心學。南宋學者呂本中較早提到「關學」這一概念。南宋朱熹、呂祖謙編選的近思録較早地梳理了北宋理學發展的統緒，關學是作爲理學的重要一支來作介紹的。朱熹在伊洛淵源録中，將張載的「關學」與周敦頤的「濂學」、二程（程顥、程頤）的「洛學」并列加以考察。明初宋濂、王褘等人纂修元史，將宋代理學概括爲「濂洛關閩」四大派别，其中雖有地域文化的特色，但它們的思想内涵及其影響并不限於某個地域，而成爲中國思想文化史上重要的一頁，即宋代理學。

根據洛學代表人物程顥、程頤以及閩學代表人物朱熹對張載關學思想的理解、評價和吸收，張載創始的關學本質上當是理學，而且是影響全國的思想文化學派。過去，我們在編寫中國思想通史第四卷、宋明理學史上册的時候，在關學學術旨歸和歷史作用上曾作過探討，但是也不能不顧及古代學術史考鏡源流的基本看法。

需要注意的是，張載後學，如藍田吕氏等，在張載去世後多歸二程門下，如果拘泥門户之見，似乎張載關學發展有所中斷，但學術思想的傳承往往較學者的理解和判斷複雜得多。關學，如同其他學術形態一樣，也是一個源遠流長、不斷推陳出新的形態。關學沒有中斷過，它不斷與程朱理學、陸王心學融合。明清時期以至民初，關學的學術基本是朱子學、陽明學的傳入及與張載關學的融會過程。因此，由宋至清末民初的關學，實際是中國理學的重要組成部分，它是一個動態的且具有包容性和創新性的概念，它開啓了清初王船山學術的先河。

關學文庫關學文獻整理系列所遴選的作品，結合學術史已有研究成果，如宋元學案、明儒學案、關學編及關學續編、關學宗傳等，均是關中理學的典型代表，上起北宋張載，下至晚清的劉光蕡、民國初期的牛兆濂，能够反映關中理學的發展源流及其學術内容的豐富性、深刻性。與歷史上的關中叢書相比，這套文庫文獻整理更加豐富醇純，是對前賢整理文獻思想與實踐的進一步繼承與發展，其學術意義不言而喻。

二、張載關學與程朱理學的關係

佛教傳入中土後，有所謂「三教合一」説，主張儒、道、釋融合滲透，或稱三教「會通」。唐朝初期可以看到三教并舉的文化現象。當歷史演進到北宋時期，由於書院建立，學術思想有了更多自由交流的場所，從而促進了學人的獨立思考，使他們對儒家經學箋注主義提出了懷疑，呼喚新思想的出現，於是理學應時而生。理學主體是儒學，兼采佛、道思想，研究如何將它們融合爲一個整體，這是一個重要的課題。從理學產生時起，不同時代有不同的理學學派。譬如，在「三教融合」過程中，如何理解「氣」與「理」（「理」的問題是迴避不開的，華嚴宗的「理事説」早在唐代就有很大影響）的關係？理學如何捍衛儒學早期關於人性善惡的基本觀點，又不致只在「善」與「惡」的對立中打圈子？如何理解宇宙？宇宙與社會及個人有何關係？君子、士大夫怎麼做才能維護自身的價值和尊嚴，又能堅持修齊治平的準則？這些都是中國思想史中宇宙觀與人生觀的大問題。對這些問題的研究和認識，不可能一開始就有一個統一的看法，需要在思想文化演進的歷史進程中逐步加以解決。宋代理學的產生及不同學派的存在，就是上述思想文化發展歷史的寫照，因而理學在實質上是中國思想文化的傳承創新，具有重要的歷史意義。

張載關學、二程洛學、南宋時朱熹閩學各有自己的特色。作爲理學的創建者之一，張載胸懷「爲天地立心，爲生民立命，爲往聖繼絶學，爲萬世開太平」的學術抱負，在對儒學學説進行傳承發展中做出了重要的理論貢獻。北宋時期，學者們重視對易的研究。易富於哲理性，張載通過對易的解説，闡述對宇宙和人生的見解，積極發揮禮記、論語、孟子等書中的義理，并融合佛、道，將儒家的思想提升到一個新的高度。

張載與洛學的代表人物程顥、程頤等人曾有過密切的學術交往，彼此或多或少在學術思想上相互產生過一定的影響。宋仁宗嘉祐元年（一〇五六），張載來到京師汴京，講授易學，曾與程顥一起終日切磋學術，探討學問（參見二程集河南程氏遺書卷二上）。張載是二程之父程珦的表弟，爲二程表叔，二程對張載的人品和學術非常敬重。通過與二程的切磋與交流，張載對自成一家之言的學術思想充滿自信：「吾道自足，何事旁求！」（呂大臨橫渠先生行狀）

因爲張載與程顥、程頤之間爲親屬關係，在學術上有密切的交往，關學後傳不拘門户，如呂氏三兄弟呂大忠、呂大鈞、呂大臨，蘇昞、范育、薛昌朝以及种師道、游師雄、潘拯、李復、田腴、邵彦明、張舜民等，在張載去世後一些人投到二程門下，繼續研究學術，也因此關學的學術地位在學術史上常常有意無意地受到貶低甚至質疑（包括程門弟子的貶低和質疑）。事實上，在理學發展史上，張載以其關學卓然成家，具有鮮明的特點和理論建樹，這是不能否定的。反過來，張載的一些觀點和思想也影響了二程的思想體系，對後來的程朱學說及閩學的形成也有重要的啓迪意義，這也是客觀的事實。

張載依據易建立自己的思想體系，但是，在基本點上和易的原有内容并不完全相同。他提出「太虛即氣」的觀點，認爲没有超越「氣」之上的「太極」或「理」世界，换言之，「氣」不是被人創造出的產物。又由此推論出天下萬物由「氣」聚而成；物毁氣散，復歸於虛空（或「太虛」）。在氣聚、氣散即物成物毁的運行過程中，纔顯示出事物的條理性。張載說：「太虛不能無氣，氣不能不聚而爲萬物，萬物不能不散而爲太虛，循是出入，是皆不得已而然也。」（正蒙卷一）他用這個觀點去看萬物的成毁。這些觀點極大地影響了清初大思想家王船山。

張載在西銘中說：「乾稱父，坤稱母。予兹藐焉，乃混然中處。故天地之塞，吾其體；天地之帥，吾其性。民，吾同胞；物，吾與也。」天地是萬物和人的父母，人是天地間藐小的一物。天、地、人三者共處於宇宙之中。由於三者都是氣聚之物，天地之性就是人之性，所以人類是我的同胞，萬物是我的朋友，歸根到底，萬物與人類的本性是一致的。進而認爲，人們「尊高年，所以長其長；慈孤弱，所以幼其幼。聖，其合德；賢，其秀也。凡天下疲癃殘疾、惸獨鰥寡，皆吾兄弟之顛連而無告者也」。這裏所表述的是一種高尚的人道主義精神境界。

二程思想與張載有别，他們通過對張載氣本論的取捨和改造，又吸收佛教的有關思想，建構了「萬理歸於一理」的理論體系。在人性論方面，二程在張載人性論的基礎上進一步深化了孟子的性善論。二程贊同張載將人性分爲「天地之性」和「氣質之性」。但二程認爲「天地之性」是天理在人性中的體現，未受任何損害和扭曲，因而是至善無瑕的；「氣質之性」是氣化而生的，也叫「才」，它由氣禀決定，禀清氣則爲善，禀濁氣則爲惡，正因爲氣質之性不可避免地受到了「氣」的侵蝕而出現「氣之偏」，因而具有惡的因素。在二程看來，善與惡的對立，實際上是「天理」與「人欲」的對立。

朱熹將張載氣本論進行改造，把有關「氣」的學説納入他的天理論體系中。朱熹接受「氣」生萬物的思想，但與張載的氣本論不同，朱熹不再將「理」看成是「氣」的屬性，而是「氣」的本原。天理與萬事萬物是一種怎樣的關係？朱熹關於「理一分殊」的理論回答了這一問題。他認爲：「太極只是個極好至善的道理。人人有一太極，物物有一太極。」又說：「太極非是別爲一物，即陰陽而在陰陽，即五行而在五行，即萬物而在萬物，只是一個理而已。」（朱子語類卷九四）「理一分殊」理論包括一理攝萬理與萬理歸一理兩個方面，這與張載思想有別。

總之，宋明理學反映出儒、道、釋三者融合所達到的理論高度。這一思想的融合完成於兩宋時期。張載開創的關學爲此做出了重要的學術貢獻。正如清初思想家王船山所說：「張子之學，上承孔孟之志，下救來茲之失，如皎日麗天，無幽不燭，聖人復起，未有能易焉者也。」（張子正蒙注序論）船山之學繼承發揚了張載學說，又有新的創造。

三、關學的特色

關學既有深邃的理論，又重視經世致用。這可以概括爲以下幾個方面：

首先，學風篤實，注重踐履。黃宗羲指出：「關學世有淵源，皆以躬行禮教爲本。」（明儒學案師說）躬行禮教、學風樸質是關學的顯著特徵。受張載的影響，其弟子藍田「三呂」也「務爲實踐之學，取古禮，繹其義，陳其數，而力行之」（宋元學案呂范諸儒學案），特別是呂大臨。明代呂柟其行亦「一準之以禮」（關學編）。清代的關學學者王心敬、李元春、賀瑞麟等人，依然守禮不輟。

其次，崇尚氣節，敦善厚行。關學學者大都注意砥礪操行，敦厚士風，具有不阿權貴、不苟於世的特點。張載曾兩次被薦入京，但當發現自己的政治理想難以實現時，毅然辭官，回歸鄉里，教授弟子。明代楊爵、呂柟、馮從吾等均敢於仗義執言，即使觸犯龍顏，被判入獄，依舊不改初衷，體現了大義凜然的獨立人格和卓異的精神風貌。清代關學大儒李顒，在皇權面前錚錚鐵骨，操志高潔。這些關學學者「窮則獨善其身，達則兼善天下」，體現出「富貴不能淫，貧賤不能移，威武不能屈」的「大丈夫」氣節。

最後，求真求實，開放會通。關學學者大多不主一家，具有比較寬廣的學術胸懷。張載善於吸收新的自然科學成果，不斷充實豐富自己的儒學理論。他注意對物理、氣象、生物等自然現象做客觀的觀察和合理的解釋，具有科學精神。後世關學學者韓邦奇、王徵等都重視自然科學。三原學派的代表人物王恕以治易入仕，晚年精研儒家經典，強調用心求學，用心考證，求疏通之解，形成了有獨立主見的治國理政觀念。關學學者堅持傳統，但并不拘泥於傳統，能够因時而化，不斷地融合會通學術思想，具有鮮明的開放性和包容性特徵。由張載到「三呂」、呂柟、馮從吾、李顒等，這種融會貫通的學術精神得到不斷承傳和弘揚。

四、關學文庫關學文獻整理系列的整體構成與學術價值

關學文獻遺存豐厚，但是長期以來沒有得到應有的保護和整理，除少量著作如正蒙、涇野先生五經說、少墟集、元儒考略等在清代收入四庫全書之外，大量的著作仍以綫裝書或手抄本的形式散存於陝西、北京、上海等地的圖書館或民間，其中有的已成孤本（如韓邦奇的禹貢詳略、李因篤的受祺堂文集家藏抄本），有的已殘缺不全（如南大吉集收入的瑞泉集殘本，現重慶圖書館存有原書，國家圖書館僅存膠片；收入的南大吉詩文，搜自西北大學圖書館藏周雅續）。即使晚近的劉光蕡、牛兆濂等人的著述，其流傳亦稀世罕見。二十世紀七十年代以來，中華書局出版了張載集，并將藍田呂氏遺著輯校、關學編、正蒙合校集釋、涇野子內篇、二曲集等收入理學叢書陸續出版，這些僅是關學文獻的很少一部分。全方位系統梳理關學學術文獻仍係空白。

關學典籍的收集與整理，是關學學術研究的重要基礎。這次關學文庫文獻的整理與編纂者在全國范圍的圖書館和民間廣泛搜集資料，一是搶救性發掘整理了一批關學文獻，二是對一些文獻以新發現的版本進行比對校勘、輯佚補充，從而使關學文庫關學文獻整理系列成爲目前最能反映關學學術史面貌，對關學研究具有基礎性作用的文獻集成。關學文獻整理系列圖書共涉及關學重要學人二十九人，編訂文獻二十六部，計一千八百六十餘萬字。這些文獻分別是：張子全書、

藍田呂氏集、李復集、元代關學三家集、王恕集、薛敬之張舜典集、馬理集、呂柟集涇野經學文集、呂柟集涇野子内篇、呂柟集涇野先生文集、韓邦奇集、南大吉集、楊爵集、馮從吾集、王徵集、王建常集、王弘撰集、李顒集、李柏集、李因篤集、王心敬集、李元春集、賀瑞麟集、劉光蕡集、牛兆濂集以及關學史文獻輯校等。其中的韓邦奇集、南大吉集、李柏集、李因篤集、牛兆濂集屬于搶救性整理；李復、王恕、薛敬之、呂柟、馬理、楊爵、王建常、王弘撰、王心敬、李元春、賀瑞麟等學人文獻屬于首次系統整理出版；張子全書、藍田呂氏集、李顒集、劉光蕡集、關學史文獻輯校是在進一步輯佚完善的基礎上整理出版的。總之，關學文獻整理的系統性和全面性得到了體現。

關學文庫文獻整理力圖突出全面性、系統性和深度整理的特點。就全面性和系統性而言，就是保證關學史上重要學人的文獻資料不被遺漏，這裏所選的二十九位學人，都是關學史上較爲重要的和代表了關學發展某一環節的學人。其中如張載、藍田「三呂」、馬理、呂柟、楊爵、馮從吾、王弘撰、李顒、李柏等人的著作集，是迄今文獻收集最爲齊全的。同時對於有關關學史的文獻也進行了全面系統的搜集和整理，如關學史文獻輯校，不僅重新點校整理了馮從吾的關學編，收録和點校整理了王心敬、李元春、賀瑞麟以及由劉光蕡、柏景偉重加整理校勘的關學續編，還首次點校整理了清末民初張驥的關學宗傳，并從諸多史書中輯録了一些零散的關學史資料，使之成爲目前能全面反映關學史面貌的文獻輯校本。關學文庫關學文獻整理系列，以豐富的關學史文獻，證明了「關學之源流初終，條貫秩然」，關學有其自身發展演變的歷史。就深度整理來說，關學文獻整理系列遵循古籍整理的傳統做法，采用繁體字、竪排版，標點、校勘，并對專用名詞做下劃綫處理。其目的不僅在於使整理與編纂者在文獻整理中提高自身的學術素養，同時也爲以後文獻研究者提供方便，推動關學研究深入開展，這也是關學文庫關學文獻整理系列圖書出版的重要目的。

關學文庫係「十二五」國家重點圖書出版規劃項目，國家出版基金項目、陝西出版資金資助項目，得到了中共陝西省委、陝西省人民政府、國家新聞出版廣電總局以及陝西省新聞出版廣電局的大力支持。文庫的組織、編輯、審定和出版工作在編輯出版委員會領導下進行，日常工作由陝西省人民政府參事室（陝西省文史研究館）和西北大學出版社負責。本文庫歷時五年編纂完成，凝結着全體參與者的智慧和心血。總主編劉學智、方光華教授，項目總負責徐曄、馬來同志統籌全書，精心組織，陝西師範大學、西北大學、西北政法大學、中國人民大學、華東師範大學、鄭州大學等十餘所院校的數十位專家學者協力攻關，精益求精，體現出深沉厚重的歷史使命感和復興民族文化的責任感；他們孜孜矻矻，持之以恒，任勞任怨，樂於奉獻，以古人爲己之學相互勉勵，在整理研究古代文獻的同時，不斷錘煉學識，砥礪德行，努力追求樸實的學風和嚴謹的學術品格。出版社組織專業編輯、外審專家通力合作，希望盡最大可能提高本文庫的學術品質。作爲文庫編輯出版委員會主任，我謹向大家卓有成效的工作表示衷心的感謝。由於時間緊迫、經驗不足等原因，文獻整理中存在的疏漏差錯難以完全避免。希望讀者朋友們在閱讀使用時加以批評指正，以便日後進一步修訂，努力使文庫文獻整理更加完善。

張豈之

二〇一五年一月八日

于西北大學中國思想文化研究所

前言

劉古愚是中國近代偉大的教育家、思想家，他學問淵博，憂國憂民，畢生致力於教育事業和思想啟蒙，培養了大批人才，他的思想影響了西北地方幾代人，爲該地區走向近代化作出巨大貢獻。劉古愚深具愛國情懷，一生事蹟感人至深，而他在思想上走向近代化的道路與東南地區知識份子有著明顯區別，地域特色明顯。中國傳統知識份子在向近代轉型的過程中，面臨著中西交融的共同時代背景，但是他們所處的情境以及所憑藉的思想資源卻有很大區別。戊戌維新前後大部分先進知識份子多有出洋的經歷，或者直接與西方人士接觸，而西北地區走向近代化的精神領路人——劉古愚卻主要活動在關中地區，一生只是在參加科举考试时（一八七六年）到過一次北京，此後的活動範圍向東沒有越出過山西。他轉向近代化的思想資源主要是傳統經世致用的實學思想，劉古愚的這一個案很有代表意義。

一、生平、思想簡介

劉古愚（一八四三—一九〇三年）名光蕡，字煥唐，古愚爲其號，陝西咸陽馬莊鎮天閣村人。晚年因傷感於戊戌維新運動被鎮壓而目盲，又自號瞽魚，後因發明用拼音注音的便捷識字方法，目竟復明。一八七五年中光緒己亥恩科舉人，次年入京會試不第，即絕意科舉，終身以教育爲業。先是輾轉各地爲塾師，後歷任陝西涇陽涇幹、味經、崇實書院山長。一八九八年，由於在陝西推動維新運動，與康有爲桴鼓相應而受到牽連，迫於当局压力，辭去書院職務，隱居陝西禮泉縣九嵕山下煙霞洞，再次開辦私塾，教授生徒。同時致力於紡織機器的改造，研製出新式的紡織機，效率是傳統織機的二十四倍。在此期间，倡立「復邠同績社」，創辦了「復邠工藝廠」，組織鄉民用新式機器紡紗、織布。一九〇三年，應邀主講於甘肅蘭州大學堂，同年歿於任上。因多年在陝西主持刊刻經史，一九〇一年，經陝西學政沈衛上奏朝廷，被授予國子監學正，五品銜。劉古愚去世後，其及門弟子王典章、張鵬一等搜集先師遺著，先後刻成煙霞草堂文集十卷、煙霞草堂遺書二十一卷，煙霞草堂遺書續刻四卷，一九二五年由王典章合併刊刻爲劉古愚先生全書。

劉古愚精通經史，被譽爲渭北經學領袖，又積極致力於新學以及自然科學的研究和傳播，可以説是西北思想界走向近代化的第一人。他培養了陝甘地區（味經書院兼收陝西、甘肅兩省學生）第一代具有現代思想、掌握現代科學技術的人才，門下人物不少是陝西一方之望，有的成爲聞名全國的人物，如維新運動的積極參與者李岳瑞、國民黨元老于右任、大公報主筆、近代報業鉅子張季鸞、著名學者張鵬一、水利專家李儀祉等等。張季鸞一生文章報國，主持當時中國最有影響的輿論機關，他的愛國思想直接受到劉古愚的影響。張季鸞在煙霞草堂從學記中説，像劉古愚這樣把自己全部生命投入到「保國、保教、保種」的偉大事業中，具有赤誠的愛國情懷，並時刻不忘付諸實踐的人，他沒有見過第二位。〔一〕

劉古愚的思想影響深远。著名學者吳宓就深受劉古愚影響，吳宓的生父、嗣父以及吳宓姨父王典章、姑父陳濤都是劉古愚的弟子。吳宓小時候深受劉古愚的精神感召，對劉非常敬仰，自視爲劉之再傳。〔二〕共産黨人楊明軒也盛讚劉古愚「大有造於西北教育文化，且深深的廣泛的給西北種下了革命種子。」〔三〕

劉古愚是一個内地紳士而參與維新運動的典型，他從事維新運動的特點有以下數端。

（一）依託教育，傳播新學。劉古愚深刻地認識到，在「五大洲爲一戰國」的形勢下，中國傳統的、主要服務於科舉應試的教育模式必須改革，要挽救中國危亡，必須研究自然科學以及西方學術。但是當時大部分學生到書院學習的主要目的

〔一〕張季鸞：煙霞草堂從學記，煙霞草堂遺書續刻，思過齋刻本。
〔二〕見吕效祖：吳宓詩及詩話，一六頁，陝西人民出版社，一九九二年。
〔三〕楊明軒在延安西北局幹部會議上的講話，見陝西黨史資料叢書（一），陝西人民出版社一九八五年。

還是爲了參加科舉考試，爲了改变这种状況，大力傳播科學知識，劉古愚與好友——當時的味經書院山長——柏景偉商議，於一八八五年在味經書院設立「求友齋」，選擇部分有志學生進行特殊教育。「求友齋」的主要目的有兩個，一是培養適應時代需要的經世致用人才；二是刊佈經史以及有關時務的書籍，包括自然科學以及西學書籍。數學久爲秦中絕學，經劉古愚提倡後，一批通曉數學的近代人才成長了起來。劉古愚接任味經書院山長後（一八八七年），在學政柯逢時的支持下，於一八九一年設立了書院自己的出版機構「味經書院刊書處」，與前此的書院售書處（成立於一八八七年）相結合，通過到外地採購以及自己刻印，使大批優質書籍流通士林，改變了陝西士子「無書可讀」的局面。甲午戰爭後，有感於列強侵略進一步加深，中國面临新危機的严峻形势，劉古愚在學政趙惟熙的支持下，將「求友齋」改爲「時務齋」，並創立了「崇實書院」，專門講求「時務之學」。劉古愚還和他的弟子們創立了「味經講會」、「女學會」、「不纏足會」等維新機構，陝西的維新運動風生水起，劉古愚也因此被時人目爲「康黨」。刊書處將刊刻經史的經費全部用於出版「時務書籍」，刊印了大量的自然科學以及西學書籍。同時，選擇當時流行的申報、時務報、萬國公報上有關維新變法的內容，進行集中翻刻，彙編成册，大力向社會傳播。劉古愚還創辦了一份雜誌——時務齋隨録。康有爲的强學會序、歷次上書諸稿、桂學答問等著作也在味經書院迅速付梓。值得一提的是，嚴復天演論的第一個刻印本就是在此面世的。

（二）學行結合，「以名儒而辦洋務」。劉古愚深刻地認識到，要改變中國落後的局面，必須發展近代工商業，他非常執著地要把自己的理想付諸實踐。甲午戰爭前，他曾經帶領學生實驗種植白蠟樹，以期爲鄉民開一新利源。馬關條約有允許列強在中國内地設廠的條款，劉古愚敏鋭地意識到，西方的經濟侵略將進一步深入内地。陝西爲主要棉花產區之一，但是由於紡織業不發達，棉花銷路不暢，獲利有限，鄉民大量種植鴉片。他與學政趙惟熙商議，在涇陽設立大型近代化紡織廠，擬將紡織廠與書院互爲表裏：書院爲紡織廠培養人才，紡織廠作爲學生學習科學知識、進行科學實驗的基地，相關的採煤、煉鐵等後續工程也籌畫次第展開。這實際上是陝西工商業走向近代化的一個宏偉計畫。該計畫經趙惟熙向朝廷奏准，由劉古愚以紳士的名義具體操辦。劉古愚派弟子陳濤、楊蕙、孫澂海南下武昌，東赴上海進行相關的考察。他多方籌措到二十萬兩銀子，並托李岳瑞、宋伯魯在英國裕豐泰銀號貸款二十萬元，經費問題基本解決。但是劉古愚的童年好友、柏景偉的學生，時任江蘇巡撫的趙舒翹馳書關中，極力反對，謂劉古愚以「名儒而辦洋務」，爲「開門揖盜、教猱升木」[一]，士紳聞訊紛紛撤回股份，陝西近代紡織事業的第一次嘗試就此夭折。

經此打擊，劉古愚並沒有氣餒，在一八九七年還派學生從上海購回新式紮棉籽機一架，並親自進行仿製，獲得成功。戊戌政變後，劉古愚隱居禮泉縣「煙霞草堂」，依然在繼續實驗改良紡織機器。一九〇三年在甘肅蘭州大學堂任總教習時，還想著恢復左宗棠所遺留的紡織設備，重辦工廠。但是由於染上瘴氣，突然去世，志向沒有實現。

此外，他對軍事、邊防等問題也很有研究。曾經詳細地提出通過挖掘濠塹而躲避現代槍炮的戰法，向当局建議在河套屯田，聯合蒙古、漢族群眾，邊屯墾邊訓練，寓兵於農，練成勁旅，鞏固邊疆，杜絕沙俄的覬覦。如果劉古愚的這一建議能夠得到實施，以後蒙古地區的邊疆危機將不會那麼嚴重。劉古愚的這些思想集中在濠塹私議、團練私議、復魏紫汀河套屯田書等著作中。

（三）和諧共榮的民族觀。劉古愚年輕的時候經歷了陝甘回民起義，他親眼看到由於民族衝突而給各民族人民帶來的深重災難，但是在他的思想中卻沒有任何歧視少數民族的成分。他認爲民族衝突是由於文化隔閡以及當時少數民族所承受的政治、經濟壓迫造成的，而這種民族隔閡在列强的挑撥、煽動下，尤其危險。要解決民族問題，須通過教育，使包括漢族在內的各民族認識到大家是一家人；通過發展經濟，改善少數民族的生存條件，在此基礎上逐步消除民族隔閡，實現各民族的團結。劉古愚生活於各民族接觸頻繁的西北，深知民族問題的重要，消除民族間的矛盾也是他一生孜孜以求

[一] 陳濤：審安齋稿南馆文钞，商务印书馆一九一八年。

的目標。早在戊戌維新時期，陝西就出現了漢人與八旗駐防兵丁的對立情緒。有鑒於此，劉古愚向当局建议，並獲得批准，特意吸收八旗駐防子弟到味經書院學習，旗人阿勒精阿、成安、恩特亨等成爲劉古愚的入室高弟，這在陝西開八旗駐防人員走出防城求學的先例。劉古愚关于河套屯田的核心思想之一就是通過開發河套地區的農業、牧業資源，發展蒙古地區的經濟，改變當地貧弱的狀況。在他的計畫中，屯墾士兵一定是蒙漢兼收，而且一起訓練，使之相互熟稔，俾成精兵。「回鑾新政」後，政治氣候有所變化，鑒於劉古愚的名聲和威望，包括四川在內的許多地方都邀請劉古愚去主持新式學堂，但是劉卻執意去了甘肅，其目的就是爲了教育甘肅各族子弟，實現民族的團結，以共同抵禦外侮。二十世紀初期，正是排滿風潮高漲的時候，許多人在民族問題上表現出了狹隘的一面，但這在劉古愚的身上卻沒有一點體現，可見劉古愚在民族問題上深具特識。

二、劉古愚近代轉向的獨特思想路徑

劉古愚沒有東南地區知識份子與西方學者直接接觸的便利條件，更沒有出洋的經歷，他在甲午戰爭之前接觸新學、西學的渠道是有限的，通過陝西到上海經商的商人才看到申報等近代報紙。味經書院售書處成立之後，從湖北販運了大批書籍，可能其中也有一些新學圖書。直至一八九七年後，味經書院才有机会大規模地搜購新出書報。劉古愚的維新活動很大程度是自覺的，味經書院創設「講會」成爲劉古愚掀起陝西維新運動的開始。該「講會」成立於一八九五年一月，次年改名爲「復邠學會」，當時劉古愚並不知道康有爲的維新活動，直到一八九五年十一月，北京強學會受彈劾而被關閉，時爲工部主事的李岳瑞寄來了康有爲的歷次上書諸稿及強學會序、章程等，劉古愚始知「世有康先生其人」〔二〕。此後，通過一

〔二〕張鵬一：劉古愚年譜，一零〇頁，陝西旅遊出版社，一九八九年。

八九七年派學生到上海考察，另外還有劉古愚的學生到北京會試，這樣就與时居北京的康有爲、上海的梁啟超、王康年等維新人士建立了密切的聯繫，陝西的維新運動才與北京以及東南地區正式聯繫了起來。在劉古愚思想轉向近代化的過程中，傳統思想資源起到了非常突出的作用。

列強侵略是劉古愚思想轉向近代化的外在觸發力量，傳統的實學思想是其走向近代化的內在思想資源。黄彭年、柏景偉、李寅三人對劉古愚思想的形成影響很大。劉古愚曾在關中書院學習，當時的山長爲黄彭年，他在這裏提倡實學，引導劉古愚閱讀大學衍義補、衍義補等书籍，從此劉古愚對實學非常用心。李寅、柏景偉是劉古愚終生莫逆的至交，他們都富有藏書，也以實學爲倡，並身體力行之。劉古愚通過李寅家的藏書自學了數學，走上了研究自然科學的道路。除了這些學者的影響之外，劉古愚從關中商人的身上也學到不少東西。近代關中商人勢力很大，劉古愚有多位商人朋友，如胡子周、傅宗堯、涇陽吴氏家族（吴宓祖上）等。通過與這些商人的接觸，他認識到經濟對於國家富強的重要作用，認識到金融、貨幣對國力的影響，這使他對經濟問題非常關注，並且形成了自成系統的經濟思想。

關中的學術思想傳統也是劉古愚思想形成的重要資源。宋代關中著名學者有張載以及以吕大臨爲代表的關中四吕等。明朝以來，關中陸續出現了一批著名學者，如吕柟、馮從吾、李二曲等。這些人都是理學家，與其他理學學者相比，他們身上所體現出的突出的特點就是注重實踐，注意研究農田水利等切合實用的學問。馮從吾把歷代陝西著名學者的事蹟、學行彙集起來，編成人物集傳——關學編。此書很受關中學者重視，清朝以來的衆多學者對此書多有增益，形成持續不斷的續編系列。劉古愚對關中鄉邦文獻非常重視，曾與柏景偉一起校勘、刻印關學編，並將各種續編也收入其中。他還組織味經書院學生整理刊刻關中四吕的三禮佚説。這些關中學者的實學思想對劉古愚産生很大影響，李二曲對劉古愚的影響尤其突出。李二曲提倡「明體適用」，宗心學而力倡研究實用之學，爲明清之際著名學者。李二曲的弟子楊屾（一六八七—一七八四年）繼續發揚師説，對農業、醫藥有著精深研究，爲著名農學家和醫學家。他的著作有豳風廣義、修齊直指等。楊屾的弟子齊倬對乃師修齊直指作注，劉古愚作修齊直指評，主要發揮其中的農學技術。劉古愚並重新刊刻豳風廣義，在關中大力推廣。關中實學對劉古愚的影響線索非常清楚。

廣義的「實學」很難說是一個學派，它應該是一種學術、思想傾向，是一種思潮。被認爲是實學學者的人物並非僅僅提倡實用學問，與傳統知識份子一樣，他們都是在服膺儒家價值觀（即修身之學）的同時，積極提倡有益於實用的學問，並躬自踐履。所以有的實學學者兼爲理學家（如李二曲）、經學家（顧炎武），即使一些實學學者反理學，但是他們也不放棄孔子修身之學，如陳亮、葉適等。實學的思想邏輯路線就是：儒家身心修養的學問是可貴的，但是內在修養必須與外在的實際應用結合起來，只強調前者是不夠的，唯有兩者結合起來，才能真正成就「聖賢事業」。從實學的角度來看，凡是有益於民生以及國家富強的一切學問都應該研究，因此，實學是開放性的，向一切有益國計民生的學問敞開。近代以來，自然科學、西方的學問、制度已經成爲實現國家富強、獨立所必不可少的文化資源，自然也在研究的範圍之內，劉古愚就是循著這條邏輯路線，使自己的思想走向了近代化。

劉古愚同時的不少人也認識到他的這一思想理路，康有爲、陳三立、王典章、李岳瑞對此都有論述。王典章在劉古愚像贊中說：「明季碩儒，曰顏習齋，通天地人，繼往開來。篳路初啟，明而未恢。發揮光大，集於吾師。士兵商工，曰學曰政，冶諸一爐，外王內聖」；張鵬一也說「遺文細繹，頗與顏博野、李蠡縣三物六藝之說多相契合」；陳三立在劉古愚先生傳中寫道，「（劉）尤取於本諸良知，歸於經世」；李岳瑞在煙霞草堂遺書序中也說，「其見蓋與習齋冥合，而發揮光大極博而精而致於通，則雖習齋復生，亦當退避三舍而辟之。瑞之汙何敢阿其所好，此殆天下萬世之公言，非以門弟子私諛矣！」[二]李岳瑞的評價確實不是溢美之詞，康有爲也說：「世尊先生爲古之孫明復、近之李剛主，豈先生志哉？」。顏元

〔二〕引文俱見煙霞草堂文集卷一。

提倡研究實際問題，並躬自實踐，但是他所研究的視野、內容、實踐的範圍與劉古愚相比都是有很大差距的，劉古愚以傳統實學爲思想依託，擴大了實學的內容，已經邁進近代學術、文化的大門。

劉古愚是一位處於大轉折時期的思想家，在中西新舊取捨方面面臨著巨大的難題，許多新思想是用舊的語言、形式表達的，他也有著時代、地域的局限，比如沒有跳出「西學中源」的藩籬，對西方的純理論科學認識不足，在平等問題上還不徹底，反對男女完全平等，凡此種種，讀者都可以在閱讀其著作中體會得到。但是，他開新而不棄舊，學習西方而不否定傳統的思想確實是難能可貴的。尤其是其赤誠報國、公而忘私，在品德上幾近完人的風範，值得我們永遠崇敬。

武占江

二〇一四年十二月

點校説明

劉古愚的著述身前刊刻的除味經書院志、濠塹私議兩種外，尚有一些教學時的課稿，其餘均爲其去世後門弟子搜集刊刻而成。民國三年（一九一四）冬，張鵬一、王含初（章）、趙和庭、郭毓璋、劉樹瀛、魏之傑等劉門弟子商議編輯、刊刻劉古愚的遺著，最後由張鵬一主持，編成煙霞草堂文集十卷，民國四年（一九一五）在西安以活字版印行。這是煙霞草堂文集的第一個版本。該集「除經史評注各書三十種列爲叢編外，其教學論説、友朋酬答諸作，二百五十三編，詩注二十，詩三十七首，詞一首。」〔一〕柏堃參與了校對，張鵬一作序，末尾有郭毓璋的跋。但是這個版本在編輯、校對方面存在很多問題，印刷質量也不好，顛倒錯亂之處甚多，爲讀者所不滿。民國六年（一九一七）王典章、李岳瑞又重新進行了編輯，第二年（一九一八）十一月在蘇州刊行於世，這是煙霞草堂文集的第二個版本。卷首有陳三立劉古愚先生傳、陳澹然關中劉古愚先生墓表、康有爲序及張鵬一原序，并有李岳瑞、王典章撰寫的「附識」與「附記」，末尾有呈清史館的公稟、李岳瑞撰寫的墓誌銘、劉古愚之子劉瑞駋撰寫的行狀。本版也分爲十卷，分別爲文六卷、雜著三卷、詩一卷，但是編排次序有了很大調整。將原編的「論説」、「考解」兩部分都合併在文類之内，「原編第七、八卷雜著列學約、章程等，茲則編爲八、九兩卷，而列第九卷讀通鑒法各條爲第七卷，以其論列經史，仍爲『文』體，以類相從也；原編卷十，上列古詩賦注，今以與集中文詩不類，擬別爲刊行，故竟删去；第六卷贈答各書，茲按年月事實，另爲編次。」可見調整幅度還是很大的。另外又删削了部分内容，如「史閣部論等數篇，或誤收他作，或無關宏旨，概爲删削。」〔二〕原編的詞一首也被删除了。這個本子就是現存劉古愚

〔一〕張鵬一：煙霞草堂文集序，煙霞草堂文集卷首。
〔二〕王典章：煙霞草堂文集附記，煙霞草堂文集卷首。

先生全書中的煙霞草堂文集。此本眉目清晰，編校質量較高。在編輯過程中，王典章動用了多方力量進行編校。文集刻成後，番禺石星巢、秀水陶拙存（名葆廉，陶模之子）、杭縣周良臣、涇陽吳建寅（字芷敬，又作「子敬」）以及王典章的門生彭誦芬、蒙元仲又校出錯誤七十八條，王典章據此又對刻板進行了修正，多字、少字、文字顛倒的地方無法修補，則在文集末尾以『勘誤表』的形式列出，共八條。

文集刻成後，王典章又搜集劉古愚的其他著作，著手編纂煙霞草堂遺書。劉古愚本原打算六十歲後進行專門著述，但一九〇三年突然去世，使其願望未能實現，留下來的著作多是因時事觸發而爲，如濠塹私議、團練私議、學記臆解、修齊直指評等。一八九九年隱居煙霞草堂之後有意識地撰寫的專門著作有孟子性善備萬物圖說、孝經本義等，此外流傳下來的大多是在講學過程中批改學生課業或者爲學生講書的記録，包括篇幅最長的論語時習録也是如此；一些作品講學的口吻非常明顯，如史記貨殖列傳注、史記太史公自序注等。這些撰著往往被輾轉傳抄，經衆人之手，舛訛頗多，而且散失嚴重。如王典章曾經親見的劉古愚著述五方元音〔一〕、詩大旨、書微意、考工記評、史記儒林傳注、讀陶淵明集評、讀通鑒評、方輿紀要序評、國債罪言等，在編纂遺書時（一九一九）已經無處尋覓〔二〕。當時可見到的有立政臆解一卷、學記臆解一卷、大學古義一卷、孝經本義一卷、論語時習録五卷、孟子性善備萬物圖說一卷、管子小匡篇節評一卷、荀子議兵篇節評一卷、史記貨殖列傳注一卷、史記太史公自序注一卷、前漢書食貨志注一卷、前漢書藝文志注一卷、古詩十九首注一卷、陶淵明閑情賦注一卷、改設學堂私議一卷、濠塹私議一卷、團練私議一卷，共十七種，這就是煙霞草堂遺書的全部內容。從一九一九年

〔一〕在劉古愚的遺著中均沒有劉古愚曾經撰寫五方元音的說法，張鵬一劉古愚年譜中有劉古愚受五方元音反切法的啓發而撰寫了幼童識字捷訣一書的說法，是書爲未完稿。可能王典章將幼童識字捷訣誤記爲五方元音。五方元音爲明清之際樊騰鳳著，清代影響很大，增補、雕刻者甚衆，年希堯分別在康熙庚寅（一七一〇）、雍正五年（一七二七）進行了增補，清代流傳的主要是年希堯的增補本。

〔二〕煙霞草堂遺書續刻王典章附識。

己未（民國八年）開始刊刻，到一九二一年（民國十年辛酉）告成，歷經三年。卷首有康有爲序、王典章附識，卷尾有陳紹洙的跋文。參與校對的人員有傅隱、莫楚生、張鵬一、沈紫霓、陳燾、周良臣、彭誦芬等。

遺書出版後，王典章在西安又搜集到劉古愚的著作養蠶歌括，同門郭毓璋、郭希仁、張鵬一又分別給王典章寄去了尚書微、修齊直指評、味經書院志附藏書目録三種，王典章又抱病進行編輯，從一九二三年（民國十二年癸亥）開始刊刻，一九二五年（民國十四年乙丑）在南京出齊[一]，名為煙霞草堂遺書續刻。卷首有葉爾愷、蔡寶善序，王典章附識，末附張季鸞撰寫的煙霞草堂從學記。

以上由王典章主持刊刻的文集、遺書、遺書續刻合編爲劉古愚先生全書，因王典章的書齋名爲「思過齋」，此版本即被稱爲「思過齋」本。思過齋本劉古愚先生全書校對質量較好，訛誤不多，不足之處是個別地方字跡模糊，甚至殘缺。思過齋本是目前最全的劉古愚著作彙集，但該全書依然有遺漏，張鵬一在劉古愚年譜[二]中就收録了一些全書中沒有收録的文章。除思過齋本之外，劉古愚著作的刻本還有其他一些版本。如上文提到的一九一九年張鵬一編輯的文集西安本，此本迄未見到。據王典章說修齊直指評柏經正堂曾經刊刻，五方元音在王典章刊刻劉古愚遺著之前都有刊本，另外味經書院志、濠塹私議在劉古愚生前即已刻成。濠塹私議初刻本今未見，味經書院志的光緒甲午味經書院售書處刊本尚能見到，修齊直指評、五方元音刻本在王典章生前即已無法覓到，而王典章沒有提到的孝經本義柏經正堂本今日卻尚有保存。

從一九三四年（民國二十三年）開始，宋奎蓮、宋伯魯、馮光裕、王健、吳廷錫等開始編輯關中叢書，搜集上自漢唐，下迄近代（民國時期）的陝西籍人士或作者並非隸籍陝西但著作內容與陝西有關的歷史、地理、文化等方面的代表性著作，

[一] 煙霞草堂遺書四種每種的卷首都有『癸亥刻于金陵』字樣，癸亥年爲民國十二年（一九二三），而書中葉爾愷的序署「甲子冬」，王典章附識時間標爲「乙丑孟秋」，乙丑爲民國十四年，因此所謂「癸亥刻于金陵」應該是癸亥年開始刊刻，實際刊成則在乙丑年，即一九二五年。

[二] 該年譜成書於民國二十八年（一九三九），陝西旅遊出版社一九八九年出版了排印本。

共五十四種，編成叢書，名爲關中叢書，一九三七年（民國二十六年）最後編輯完成，由陝西通志館刊行。其中收録了劉古愚的立政臆解、學記臆解、陝甘味經書院志（無藏書目録）、尚書微、修齊直指評五種。陳三立、康有爲等人的序皆未收録，也沒有王典章的文字，每部著作都由邵力子題簽，末附校對者跋，版式與思過齋本不一樣，行數以及每行字數均不同。關中叢書收録的五種著作編校質量也比較高，字跡清晰美觀，能夠糾正思過齋本的個别錯訛，思過齋本字迹殘缺不清的地方也可以由此本補正。關中叢書所收劉古愚五種著作雖然沒有提到王典章，但是在尚書微一書收録了葉爾愷的序，而此序則正是葉爾愷應王典章等劉門弟子之邀而作，可見關中叢書所收的劉古愚著作是以思過齋本爲底本重新校訂而成的。

本次點校以思過齋刻本爲底本。但是劉古愚的部分著作沒有其他版本流傳，鑒於這種情況，在參校本選擇方面採取兩種方式處理。有其他版本可資校勘的共有六種，其對校本、參校本選擇情況如下：

一、立政臆解、學記臆解、尚書微、修齊直指評對校本爲關中叢書本。立政臆解、尚書微的參校本爲：（一）朱熹訂正，門人蔡沈著書集傳，南宋淳祐庚戌（一二五〇年）金華呂玉龍校正，上饒郡學刊本，簡稱蔡傳；（二）孫星衍尚書今古文註疏，陳抗、盛冬鈴點校，中華書局一九八六年版。學記臆解參校本爲：（一）清王夫之禮記章句，船山全書編委會校，嶽麓書社一九八八年版；（二）元陳澔禮記集説，清武英殿本，世界書局民國二十五年（一九三六年）影印。

二、陝甘味經書院志對校本爲：（一）關中叢書本；（二）陝甘味經書院光緒甲午（一八九四年）木刻本，簡稱「味經本」。

三、孝經本義對校本爲光緒乙巳（一九〇五年）陝西涇陽柏經正堂刻本，簡稱「柏經正堂」本。參校本爲朱熹孝經刊誤，中華書局一九九一年影印本。

其他沒有别的版本的著作，大多是劉古愚對經史子集各部古籍的評注，這種評注體例的著作，其内容的很大部分是照録古籍原文，對此，我們選擇相應的古籍對書中所引原文進行對勘。劉古愚對經部典籍進行評注的著作有大學古義、論語時習録、孟子性善備萬物圖説，本書選用的對校本有：（一）朱熹四書章句集注，中華書局一九八三年整理本；（二）阮元十三經注疏，中華書局一九八〇年影印本。

劉古愚對經部之外典籍的評注性著作有：史記貨殖列傳注、史記太史公自序注、前漢書食貨志注、前漢書藝文志注、管子小匡篇節評、荀子議兵篇節評、古詩十九首注、陶淵明閑情賦注八種，其校本選擇情況如下：

一、史記貨殖列傳注、史記太史公自序注的對校本爲：（一）光緒二十九年（一九〇三）上海五洲同文書局石印的乾隆武英殿本史記，簡稱「殿本」；（二）商務印書館一九三六年百衲本史記，簡稱「百衲本」；（三）中華書局一九五九年點校本史記，簡稱「點校本」。

二、前漢書食貨志注、前漢書藝文志注的對校本爲：（一）四部叢刊所收録的北宋景祐本漢書，簡稱「景祐本」；（二）光緒二十九年（一九〇三）上海五洲同文書局石印的乾隆武英殿本漢書，簡稱「殿本」；（三）中華書局一九六二年點校本漢書，簡稱「點校本」。

三、管子小匡篇節評的對校本爲：（一）清戴望管子校正，諸子集成本，上海書店出版社一九八六年版；（二）吳紹烈等點校整理國語，上海古籍出版社，一九八八年版。

四、荀子議兵篇節評的對校本爲：（一）清王先謙荀子集解，諸子集成本，上海書店出版社，一九八六年版。

五、古詩十九首注的對校本爲：（一）李善注文選，清嘉慶十四年（一八〇九）胡克家刻本，中華書局一九七七年影印；（二）六臣注文選，四部叢刊影印宋涵芬樓藏本。

六、陶淵明閑情賦注的參校本爲：（一）陶澍陶淵明全集，上海中央書店，民國二十四年（一九三五）版，簡稱「陶本」；（二）袁行霈陶淵明集箋注，中華書局二〇〇三年版，簡稱「袁本」。

除個别説明外，本書對劉古愚所引十三經經文的校勘均依阮元刻本。其他在訂正文字時所參考的文獻不一一説明。

此外，改設學堂私議、濠塹私議、團練私議、養蠶歌括、味經書院志附藏書目録五種既不是「評注體」，又沒有其他版本流傳，我們根據劉古愚的其他著作並結合相關文獻進行了校勘。

對於混用字如「日」與「曰」，「己」與「已」、「巳」，「戌」與「戍」等逕改不出校。書中「于」與「於」交替使用，有時在上下句之間使用也有區别，爲儘量保持書籍原貌，對此一仍其舊，未作改動。

西北大學中國思想文化研究所博士研究生韓永志同學對前漢書食貨志注、前漢書藝文志注、古詩十九首注、陶淵明閑情賦注、改設學堂私議、濠塹私議、團練私議進行了初步點校，並做了電腦文字録入工作；河北經貿大學辦公室王蘭秀女士將煙霞草堂文集第五卷、第六卷六萬多字録入電腦。曹秀君女士校對了全書，西北大學出版社馬平先生、朱亮先生對編輯本書付出了辛勞，這裏對他們的幫助和辛勤勞動，表示衷心的感謝！由於時間及筆者水平所限，書中可能還有一些不足之處，望讀者不吝賜教。

目録

總序 …… 張豈之 一
前言 …… 一
點校説明 …… 一

煙霞草堂文集

古愚先生遺像贊 王典章 …… 三
劉古愚先生傳 陳三立 …… 三
關中劉古愚先生墓表 陳濟然 …… 五
煙霞草堂文集序 康有爲 …… 七
煙霞草堂文集序 張鵬一 …… 八
附識 李岳瑞 …… 九
附記 王典章 …… 一〇
煙霞草堂文集卷一 …… 一二
晉元帝中興論 …… 一二
唐府兵論 …… 一三
王安石變法論 …… 一五
維道濟時論 …… 一六
中國山川形勢論 …… 一八
性説 …… 一九
大學格致説 …… 二〇
井田説 …… 二一
綱惡馬説 …… 二三
行周禮必自鄉學始説 …… 二三
河洛方位支干説 …… 二五
地心與靜天相應説 …… 二六
朋黨説 …… 二七
襄王得罪于母故書「出」説 …… 二七
孔子周遊列國説 …… 二八
孔子請討陳恒説 …… 三〇
泰西機器必行於中國説 …… 三一

煙霞草堂文集卷二……三四
兩南宫敬叔考……三四
漆沮既從解……三五
凱風過小解……三七
顧命天球河圖解……三八
孟子性善備萬物圖題辭……四〇
重刻關學編前序 代……四〇
重刻關學編後序……四二
論語時習録序……四三
學記臆解序……四三
立政臆解序……四五
新序序……四六
蠶桑備要序……四六
蠶桑備要後序……四七
重刊白芙堂算書廿一種後序……四八
時務齋課稿叢鈔序……四八
代微積拾級補草序……四九
幼學操身序……四九
勸不纏足會後序……五〇
趙丕燮倡建村立孔廟序……五一
焦氏族譜序……五二
鞏氏族譜序……五三
王母楊太孺人懿行序……五五
胡麗生太守五秩壽序……五六
陳祝西先生壽序……五八
易蘭生大令六十壽序……五九
煙霞草堂文集卷三……六一
龔定菴葛伯仇餉解跋……六一
呻吟語跋……六二
城守篇跋……六二
求友齋刻梅氏籌算跋……六三
求友齋刻平三角舉要跋……六三
學計韻言跋……六四
借根演句股細草跋……六四
味經書院通儒台經緯儀用法跋……六五
火礮量算通法跋……六五

課稿叢鈔盈朒句股公式跋……六六
許文峰礮説跋……六六
王幼農思過齋跋……六七
書鄭吉菴地畝冊後……六八
趙學政惟熙變通武試疏跋……六八
梁海峰女誡淺識跋……六九
復邠學舍始末記……七〇
甯氏宗祠義學義倉記……七一
了園主人琴銘……七二
硯銘……七二
象限儀銘 並序……七三
清白池銘 並序……七三
王山史先生像贊……七四
瞽魚贊……七四
翰林院編修李君行略……七四
張香亭家傳……七七
張太宜人家傳……七八
呂烈婦碑……七九
涇陽縣知縣涂公祠碑……八〇
涇陽縣修衙署碑 代……八一
柏鶴亭封君墓碑……八二
贈武德騎尉張伯良碑……八三

煙霞草堂文集卷四……八六

李母殷太宜人墓志銘……八六
議敘道胡君子周墓志銘……八七
教諭侯君鼎臣墓志銘……八九
三原陳君小園墓志銘……九〇
同知銜升用知縣柏子俊先生墓志銘……九二
王翁益農墓志銘……九六
候選同知傅君嶢山墓志銘……九八
候選同知袁君耀宗墓志銘……九九
涇陽縣知縣涂公邵卿墓志銘……一〇一
候選縣丞張君藎臣墓志銘……一〇三
西甯府知府胡公麗生墓志銘……一〇四
贈内閣中書雷君西橋墓志銘……一〇六
梁翁瑞庭墓志銘……一〇八
蔣君繩武墓志銘……一一〇

李君善卿墓志銘……一一一
姚翁孝先墓志銘……一一三
劉君子初墓志銘……一一四
刑部尚書薛公墓志銘　代……一一六
祭涂公邵卿文……一一九
祭門人邢瑞生文……一二〇

煙霞草堂文集卷五……一二三

與門人王伯明論朱陸同異書……一二三
與門人王含初論致良知書……一二三
與張漢仙方伯書……一二五
與曾懷清方伯書……一二六
復魏沚汀問河套屯田書……一二八
上湖廣總督張香濤尚書書……一三一
與門人李夢符書……一三二
與梁卓如書……一三四
與柯遜菴學政書……一三四
復趙展如侍郎書……一三五
復趙芝山學政書……一三六
復孫介眉邑令書……一三七
與趙展如侍郎書……一三九
與趙芝山學政書……一四〇

煙霞草堂文集卷六……一四五

與康長素先生書……一四五
與葉伯皋學政書……一四八
復葉伯皋學政書……一四八
復王介夫學正書……一四九
與董海顴孝廉書……一五一
復門人張扶萬書……一五一
代陳觀察上端中丞書……一五二
復門人雷曼卿書……一五六
與咸陽縣張令書……一五六
與沈淇泉學政書……一五八
與門人陳伯瀾書……一六二
復曾懷清方伯書……一六四
復門人王少鶴書……一六五
復陝甘崧錫侯制軍書……一六五

與楊伯淵孝廉書 …… 一六六
示某生 …… 一六七

煙霞草堂文集卷七 …… 一六九

雜著 …… 一六九
讀通鑑法三則 …… 一六九
洪荒世 …… 一七一
文王受命稱王 …… 一七二
伯夷叩馬諫武王 …… 一七三
周厲王三則 …… 一七三
宣王中興不僅恃姜后 …… 一七四
春秋華夷雜處 …… 一七五
論車戰 …… 一七五
說士 …… 一七五
論兵農之分二則 …… 一七六
桓公若行王政其所爲當不止霸 …… 一七八
管仲 …… 一七八
吳季札 …… 一七八
里克殺奚齊二則 …… 一七九
晉人執衛侯 …… 一七九
孔子爲中都宰 …… 一八〇
越子伐吳 …… 一八一
秦孝公廢井田二則 …… 一八二
樂毅帥五國之師伐齊二則 …… 一八三
戰國學術士習三則 …… 一八四
戰國士風 …… 一八五
秦以形勢取天下 …… 一八五
秦趙變法七則 …… 一八六
秦昭王廢宣后用范雎 …… 一八七
平原君不與趙奢租稅 …… 一八七
韓信 …… 一八七
宋襄陳餘 …… 一八八
漢高祖與匈奴和親 …… 一八八
漢武帝表章六經 …… 一八九
黃老流爲申韓 …… 一九〇
游俠傳 …… 一九〇
三國形勢三則 …… 一九一
姜維 …… 一九二

曹魏士風……一九二
荊州爲中國宜建都之地……一九二
母后擅政立太子……一九三
論呂后武后……一九四
天王出居於鄭……一九五
宋不能滅西夏之故二則……一九五
明封建之禍二則……一九六
明太祖罷丞相……一九七
燕王棣反……一九七
明祖論元政猛寬……一九七
明祖選僧侍諸王……一九八
明祖行封建……一九八
下葉伯巨於獄……一九九
罷中書省……一九九
賜李善長死二則……一九九
成祖靖難……二〇〇
盛庸夾河之敗……二〇〇
謝陞之罷二則……二〇〇
兑運支運二則……二〇一
固守京師……二〇一
土木之變……二〇一
英宗復辟……二〇一
于忠肅公優於李忠定公……二〇二
武宗微行……二〇二
皇考獻皇帝事二則……二〇二
詔奪張居正官階……二〇三
江陵相才……二〇三
削吏部郎中顧憲成籍……二〇三
東林講學……二〇三
孫丕揚掣籤法二則……二〇三
流賊……二〇四
李自成陷京師……二〇四
黄道周以唐王聿鍵稱號福州二則……二〇五
清兵克長沙四則……二〇五
孫可望遣人劫由榔殺吴貞毓等……二〇六
論刲股之孝……二〇六
論求神仙之事……二〇七
論地輿……二〇七

論建都……二〇八
河套屯田……二〇八
竊符救趙……二〇八
孔子改制……二〇九
孔教必行於天下……二一〇
水土足以勝火礮……二一〇
語言文字爲要務……二一一
中外之民無異……二一一
印度爲各國必爭之地……二一二
中國與各國之關係……二一二
英俄制法……二一三
論振荒……二一三
論團練……二一四
祭祀爲教所從起……二一四

煙霞草堂文集卷八

……二一五
論味經諸生……二一五
味經書院諸生課程冊條目……二一六
示味經書院諸生讀通鑑法……二一八
示味經書院諸生讀漢書法……二一九
味經刊書處校勘章程……二二二
論校勘諸生……二二五
論味經諸生……二二五
味經創設時務齋章程……二二七
時務齋學規……二三〇
論崇實書院諸生……二三三
甘肅省大學堂功課提要……二三六
示張筱山子讀書法……二三八
示子瑞駼……二四〇

煙霞草堂文集卷九

……二四一
陝西保富機器織布局簡章……二四一
創辦機器織布説略……二四三
南行誡約 示楊蕙 陳濤 孫澂海等……二四六
咸陽借欵預辦積穀章程……二四九
借欵收麥歸入義倉章程……二五一
義學章程 并序……二五三
復邠同績社章程……二五七

復邠學舍學規……二五九

煙霞草堂文集卷十

潼關懷古四首 并序……二六一
朱純一司訓創造紡車 取水機器有成喜而賦此 即以留別五首……二六三
河套三十韻……二六四
老羆當道臥歌……二六五
關中詠古五首……二六五
遊潼關雜詠五首 有序……二六七
山居述懷六首 及門諸弟子注……二六九
壬寅六十自壽五首……二七一
壬寅秋吊譚參政復生步題麥幼博扇原韻三首……二七二
學舍門前柿木産芝二首……二七三
游甘書感五首……二七三
題王伯明曾王父晚菘圖三首……二七四
煙霞草堂文集跋 郭毓璋……二七五

煙霞草堂文集附録

……二七六
公禀 事實冊附……二七六
墓志銘 并敘 李岳瑞……二七九
行狀 劉瑞駋……二八三
煙霞草堂文集勘誤表……二八九

煙霞草堂遺書

煙霞草堂遺書序 康有爲……二九三
附識 王典章……二九三

立政臆解 煙霞草堂遺書之一

……二九五
序……二九五
立政……二九六

學記臆解 煙霞草堂遺書之二

……三一五
序……三一五
學記……三一七

大學古義 煙霞草堂遺書之三……三四七
大學……三四七
孝經本義 煙霞草堂遺書之四……三六八
讀法……三六八
孝經……三七〇
孝經……三七二
論語時習録 煙霞草堂遺書之五……四〇四
論語時習録卷一
序……四〇四
學而第一……四〇五
總論……四一六
論語時習録卷二
爲政第二……四一六
總論……四二九
論語時習録卷三
八佾第三……四二九
論語時習録卷四
里仁第四……四四三
論語時習録卷五
公冶長第五……四五一
孟子性善備萬物圖説 煙霞草堂遺書之六……四六三
孟子性善備萬物圖解……四六三
孟子性善備萬物圖題辭……四六三
圖説……四六四
管子小匡篇節評 煙霞草堂遺書之七……四八八
管子小匡篇……四八八
荀子議兵篇節評 煙霞草堂遺書之八……四九七
荀子議兵篇……四九七
史記貨殖列傳注 煙霞草堂遺書之九……五〇一
貨殖列傳……五〇一

史記太史公自序注　煙霞草堂遺書之十　……五一六
太史公自序　……五一六
前漢書食貨志注上　煙霞草堂遺書十一　……五三六
前漢書食貨志　……五三六
前漢書食貨志注下　煙霞草堂遺書十一　……五五〇
前漢書食貨志　……五五〇
前漢書藝文志注　煙霞草堂遺書十二　……五六七
前漢書藝文志　……五六七
古詩十九首注　煙霞草堂遺書十三　……六二六
古詩十九首　……六二六
陶淵明閑情賦注　煙霞草堂遺書十四　……六三四
閑情賦　并序　……六三四
改設學堂私議　附勸設學綴言　煙霞草堂遺書十五　……六三七
改設學堂私議　……六三七
勸設學綴言　……六四三
濠塹私議　煙霞草堂遺書十六　……六四八
濠塹私議　……六四八
團練私議　煙霞草堂遺書十七　……六五九
敘　張鵬一　……六五九
團練私議　……六六〇
煙霞草堂遺書後跋　周紹涑　……六六八

煙霞草堂遺書續刻

煙霞草堂遺書續刻序　葉爾愷　……六七一
煙霞草堂遺書續刻序　蔡實善　……六七二
附識　王典章　……六七二

尚書微 煙霞草堂遺書續刻之一 …… 六七四
尚書微 …… 六七四
尚書微跋 段維 …… 七〇八
修齊直指評 煙霞草堂遺書續刻之二 …… 七〇九
楊雙山先生事略 …… 七〇九
修齊直指齊序 齊倬 …… 七一〇
劉古愚先生總評 …… 七一〇
天命修齊治平定序 …… 七一二
胡君尚義刊布傳 …… 七三七
味經書院志 附藏書目録 煙霞草堂遺書續刻之三 …… 七三九
陝甘味經書院志序 史家榮 …… 七三九
經始第一 …… 七四〇
營建第二 附圖 …… 七四二
籌養第三 …… 七四五
規制第四 附監院題名 …… 七四九
教法第五上 …… 七五一
教法第五下 附諸生題名 …… 七五八
刊書第六 附藏書 …… 七六四
延師第七 附院長題名 …… 七六六
序例第八 附學憲題名 …… 七六九
味經書院藏書目録 …… 七七三
陝甘味經書院藏書目録小引 …… 七七三
陝甘味經書院藏書目録 …… 七七四
養蠶歌括 煙霞草堂遺書續刻之四 …… 八五九
養蠶歌括序 …… 八五九
養蠶歌括 …… 八六〇
煙霞草堂從學記 張季鸞 …… 八六六

煙霞草堂文集

古愚先生遺像贊

弟子王典章

茫茫宙合，孰橐孰籥？天哀我民，是誕先覺。明季碩儒，曰顔習齋，通天地人，繼往開來。篳路初啟，明而未恢。發揮光大，集於吾師。士兵商工，曰學曰政，冶諸一爐，外王内聖。竢百世而不惑，乃盡性以至命。億兆痌瘝，萃之一身。肅乎凜秋，盎然熙春。烏乎！先生往矣，其精神毅力，乃與長宙大宇相彌綸。展遺像而肅拜，庶薪盡而火存。

劉古愚先生傳

義甯陳三立撰

先生劉氏，名光蕡，字焕唐，號古愚，陝西咸陽人也。少失怙恃，稍長，避回寇醴泉、興平間，窘至粥餅餌於市，夜復爲人轉磨屑麥，資一飽。亂定，歸里試，入府庠，交名儒李編修寅、柏舉人景偉，遂益究漢、宋儒者之説，尤取陽明本諸良知者歸於經世。舉光緒乙亥科鄉試，赴禮部試，不第，乃退居教授數十年，終其身。當是時，中國久積弱，屢被外侮，先生憤慨，務通經致用，灌輸新學、新法、新器，以救之。以此爲學，亦以此爲教。歷主涇陽涇干、味經、崇實諸書院。其法分課編日程，躬與切摩，强聒不舍。門弟子千數百人，成就者衆，而關中風趨亦爲一變矣。生平持論略具於所爲學記臆説〔二〕，自序曰：「嗚呼！今日中國貧弱之禍誰爲之？畫兵、吏、農、工、商於學外者爲之也。以學爲士子專業，講誦考論以騖於利禄之途，

〔二〕說：煙霞草堂文集（以下簡稱文集）、煙霞草堂遺書（以下簡稱遺書）作「解」。

而非修齊治平之事、日用作習之爲。故兵不學而驕，吏不學而貪，農不學而惰，工不學而拙，商不學而愚、而好欺。舉一國爲富強之實者，而悉錮其心思，蔽其耳目，繫其手足，倀倀惘惘，泯泯棼棼，以自支持於列強環伺之世。而惟餘一士焉，將使考古證今，爲數百兆愚盲疲茶之人指示倡導，求立於今世以自全其生，無論士馳於利祿、溺於詞章，其愚盲疲茶與彼兵、吏、農、工、商五民者無異也！即異矣，而以六分之一以代其六分之五之用，此亦百不及之勢矣！告之而不解，令之而不從，爲之而無效，且弊遂生焉。彼六分之一之士，其奈此數百兆愚盲疲茶之民何哉？然則興學無救于國之貧弱乎？曰：救國之貧弱孰有捷且大於興學者？特興學以化民成俗爲主，而非僅造士成材也。風俗於人材，猶江河之蛟龍也，江河水積而蛟龍生，風俗醇美而人材出焉。無江河之水，即有蛟龍，亦與魚鼈同枯於肆，而安能顯興雲致雨以潤天下[一]之靈哉？故世界者人材之江河，而學其水也。化民成俗，則胥納士、吏、兵、農、工、商於學，厚積其水，以待蛟龍之生也。兵練於伍，吏謹於衙，農勤於野，工巧於肆，商智於市，各精其業，即各爲富強之事，而又有殊異之材，挺然出於羣練、羣謹、羣勤、羣巧、羣智之中，以率此練、謹、勤、巧、智之羣，自立於今日之世界，不惟不患貧弱，而富強且莫中國若矣。」又以爲孔子學，「時習」盡之矣。欲以學治萬世天下，必因時制宜，與世推移，而後不窮於用。故學于古者，必以身所值之時習之，習而得古人立法之意，則以應當世之變，然後推行無弊。孔子爲時中之聖，其道所以能治萬世之天下也。他所撰著，根據指要，探聖哲遺文之精蘊，比傅時變，深切著明，類多前儒所未發。而制行堅苦，不欺其志，矯迂疏之習，絕詭蕩之弊，閎識孤懷，罕與爲比。嗚呼，可謂曠世之通儒已！

先生既劬于教學，復懃懃爲鄉人改故習，圖久遠之利，振災撫寇，種植紡織，刊書之局，制蠟之廠，靡不殫竭心力而策其效焉。中間遘疾，幾盲。歸臥煙霞草堂，因悟聲音轉注之奧，欲以聲統義，合中外文讀法爲一，成童蒙識字捷訣十餘卷。書成，目復明。及貴州學政薦應經濟特科，謝不赴。生平嚴取予，雖處窮困，一介不苟受。忘身與家，枯槁憂國，既歷甲午、庚

[一] 天下：文集、遺書作「大千」。

子之變，勢益亟，語亟，輒痛哭。與人接，不撓、不忤，出惻怛至誠，卽有負之者，置弗較。從游徒衆，尤依之如慈父，仰之如天人。其精神意氣，凜然無一念不繫民物，無一息不勤課誦也。歲癸卯，甘肅長吏聘主大學堂，先生以邊地，回漢之爭繫大局安危，欲假學漸摩開其塞陋，弭隱患，遂決行。未幾，病作，歐血授課，致不起，卒。年六十一。

所成書數十種類，講示學者取便，非以自名。頗散佚，爲弟子王君典章次第搜刊，曰立政臆解一卷，學記臆解一卷，大學古義一卷，孝經本義一卷，論語時習録五卷，孟子性善備萬物圖説一卷，管子小匡篇節評一卷，荀子議兵篇節評一卷，史記貨殖列傳注一卷，史記太史公自序注一卷，前漢書食貨志注一卷，前漢書藝文志注一卷，古詩十九首注一卷，陶淵明閑情賦注一卷，改設學堂私議一卷，濠塹私議一卷，團練私議一卷，煙霞草堂文集、詩集凡十卷，行於世。

贊曰：關儒紹延，淑躬繕性。孤起恢張，道該物競。孰播遺書，裨瀛輝映。學説寖昌，駼翰大運。

關中劉古愚先生墓表

有清末造，關中大儒劉古愚先生毅然以經世厲天下，卒不獲伸其志以歿，天下哀之。自東西列國環逼吾華，漢已來性理、考證、詞章，舉不克救危亡之禍。先生蠹焉傷之，鋭思以其學倡天下，使官、吏、兵、農、工、商各明其學以捍國家，而其事則自關中始。蓋其道本諸良知，導諸經術，天地、民、物一貫以誠，而不矜古制。凡列國富强之術，天算、地輿、格致、經緯萬端，靡不體諸身，而因以授其弟子。同、光之世，科制既深，關學尤多黈塞。先生主涇陽涇干、味經、崇實諸書院三十載，首刊經史，以致用爲倡，擴之新籍、新圖，以廣其神智，從而受業者千數百人，關學廓然一變。關中古稱天府，海通而後，新法留如，災寇迭侵，民生日蹙。先生賑災撫寇，內患寖夷，迺建義倉、製碉堡於咸陽，防世變。久之，復創義塾於咸陽、醴泉、扶風，導之科學，餘則練鎗械，寓兵謀，以風列縣，要使一鄉、一邑皆有凜乎一國之風。鄉邑既安，則益募鉅金二十萬，謀汽機、開織業，以興民利，精誠所積，一絕厥私。故上下翕然，迅如流疾，其愛鄉如此。

煙霞洞者，鄭子真棲隱九嵕山下勝地也。戊戌政變，新法若仇，先生嘆曰：「國不可爲已！」則遣生徒退茲土，諸弟子築煙霞草堂，講學其中。于時萬山岑寂，天地蕭寥，痛黨禍之蜩螗，憂宗邦之隕滅，恒至悲歌痛飲，泣下沾襟。悲鬱既深，目輒瞽，蓋其身愈隱而志愈悲矣。冥思既久，獨念外侮侵陵，文言俱閡，聲音之道，天籟所基，廼創字訣一書，以求深合五洲之變，要使環球列國，晤對一堂。書成，而兩目炯然竟還其朔初。

先生嘗慨京師濱大海，津、沽有警，必徙關中。則東走潼關，察地形，謀戰守；北顧河套，籌墾牧以扼蒙邊。慘澹經營，爲清室西遷之備，聞者笑之。庚子，聯軍陷京師，言輒驗。先生北望乘輿，朝夕哭，嘔血，幾亡。辛丑變法，貴州學使奏舉經濟特科，不赴。陝甘總督重其賢，奏請赴蘭州大學，專教事。弟子難之，先生歎曰：「吾安忍去此土哉！顧念隴西之患，莫大於回漢之爭，禍且中於西北。誠得回漢諸生掖而導之，使相締結，隴事其有豸乎？」既至，總督崧蕃尊禮甚。先生日勞講授，咯血不休，逾年，竟歿蘭州大學，其愛國如此！

先生諱光蕡，字煥唐，陝西咸陽人。天秉奇傑，讀書目盡數行，性恥文人，文則浩氣縱横，不加雕飾。幼孤，貧益甚。弱冠，避寇醴泉，爲人磨麥，鬻餅餌求食，而讀書不倦。亂定，補諸生，舉乙亥鄉試，赴春官不第，則教授以終，而名乃重於天下。獨其宅心之廣、律己之嚴、接物愛人之誠摯，則有非親炙莫能知者。先生大道爲公，獨憂鄉國，粗衣□〔二〕食，處之泰然。冬不爐，暑不扇。自少至老，黎明即起，終日輒危坐讀書，或批答諸生日記，至丙夜乃休。所言無一非經世治民之道，饑寒貧窘，泊若相忘。晚年束脩所入，盡諸軋機、制蠟及義塾之中，未嘗一私厥室。黠者或相侵蝕，亦置不言，或告之，則曰：「吾以開風氣也。」天懷浩落，恥騖時名。諸生賢者愛護推揚，靡微弗達；否則，訓斥必嚴。諸生敬獻，致酒米，則受之，金帛緡錢，未嘗一納。或怪之，則曰：「吾已食祿也。」故弟子畏而愛之，親如父母。甲午，中東一戰，國變日深，被髮纓冠，竟遺寵辱，力所能致，死生以之。戊戌後，大府媢嫉時聞，處之若素。久或悔其無狀，聘使交歡，未嘗一答。蓋其剛毅誠潔，

〔二〕□：原空闕一字，疑漏刻「糲」。

樂天知命之精神，實非尋常所能窺測。嘗謂：「六十後，當合經、史、百家，獨成著作。」今所傳煙霞草堂遺書二十餘種，大都因時抒寫，先生未嘗以著作目之。

嗟乎！邦家不造，喪我儒宗，至乃並著作而靳其一洩，嗚呼，豈非天哉！豈非天哉！關中自横渠倡道，名哲代興，大都明體爲宗，而時措或寡。晚近騖名之士，號通時變，而行誼或不忍言。先生慧本誠生，用歸時措，孤寒特立，廓此閎橅，貧賤不移，威武不屈。嗚乎，可謂百代真儒矣！歿當光緒二十九年，春秋六十有一，歸葬咸陽某山之原。弟子王君典章刻其遺書，搜其軼事；士大夫上之史館，列之儒林，其人已垂不朽。吾懼後世不獲窺其深際也，特表其墓，待後之論儒術者擇焉。民國十二年夏曆癸亥，秋七月，皖江陳澹然表。

煙霞草堂文集序

以良知不昧爲基，以利用前民爲施，篤行而廣知，學古而審時，至誠而集虚，觔躬而焦思，憂中國之危，懼大教之淩夷而思救之，以是教其徒，號於世，五升之飯不飽，不敢忘憂天下，昧昧吾思之，則咸陽之劉古愚先生有之。之人也，之德也，魁壘純篤，明通淵塞，進而秉國之鈞，則能大興物質，務材訓農，通商惠工，敬教勸學，以强中國；或剖符分圻，爲郡縣吏，亦能以新書、新藝、新器大舉農工，以救一方民，以迻惠中國。惟大聲疾呼，深憂蹙矉，皆不聽用，僅以空文傳於世也。不惟先生自悲，而吾爲中國悲也。

方清室之末，士騖利達，舉國不講學，先生乃擁皋比，談良知，以任孔學，罣罣善誘，以守先待後焉。中國千年之士俗，爲詞章、訓詁、考據之空虚，故民窮而國弱。先生則汲汲采西人之新學、新藝、新器，孜孜務農工，以救民爲職志。世尊先生爲古之孫明復、近之李剛主，豈先生志哉？

先生感甲午之敗，發憤救國。時吾開「强學會」於京師，先生書吾序於講堂，率陝人士爲桴鼓之應。遣門人陳濤、邢廷荚、張鵬一等十餘人來問學。其高弟李郎中岳瑞孟符，博學而高節，以親吾牽於戊戌之難。先生亦以党人被疑謗，避地躬耕于煙霞洞，憂憤既甚，目爲失明，則吾之累先生亦甚矣！

吾憾未及見先生，而通夢交魂、推襟送抱，乃幸得於亡歸之後，讀其遺文。先生之言曰：「古尚道藝而不尚文辭。」先生之道在此，平實惇大，豈在文哉！其高弟王典章幼農爲吏於吾鄉，勤愨廉循有聲。不忘其師而刊先生文集。戊午之秋，屬康有爲序之，俾天下誦者知清末有體用備之大儒，不見用而亡其國也。

煙霞草堂文集序

古愚師沒後十有二年，歲甲寅，鵬一寓青門。一日，同門王君章、趙君丕燮過寓，言曰：「先師著述多係副録，十餘年來尚未編定。今寓此間者，子與郭君毓璋、王君時鐻在，請及時纂次，俾早成書。竊維後死有責，未敢遜謝。乃檢閱遺稿，商之郭、王二君，類別部居，分次甲乙，除經史評注各書三十種列爲叢編外，其教學論説、友朋酬答諸作，凡得文二百五十三編，詩注二十，詩三十七首，詞一首。校定既畢，乃爲敘。

曰：文辭垂世，肇自中古，記言記事，蔚爲寶書。顧柱下所收，私家絶少。周末學興，諸子並起，孟堅著録，始列九流，儒、墨、名、法，釐然備具。總集既出，流派益繁。摛藻者工揚葩，抒理者取達意，運會有今古之分，斯著作標文質之異。然學以致用，用苟無徵，何取辭費？文質之分，其猶非探源之論哉！

清有國二百六十年，學術緣襲，墨守宋賢，才智奮發，漢學幟張。末流衰靡，時譏破碎。海禁既開，爭論時事。甲午以還，言論益紛，淫詖競起，象譯爭鳴，文武道喪，禍亂遂不可爲矣。吾師早覽百家，兼宗漢、宋。逮居講壇，專迪後學，因材陶鑄，不囿門戶。晚覩時變，力黜空言，工、農、兵、刑，並極究心，政學合一，尤所宗主。遺文紬繹，頗與顏博野、李蠡縣「三物」、「六藝」之説多相契合。然顏、李生値清初，朱學方尊，舉世枘鑿，亦固其所。若國勢阽危，變法求言，而苦口曉音，掩耳莫聞，得非陷溺已深，非旦晝所挽歟？

兹編例取總集，而增所未備。味經十載，啟牖爲勞，學約、章程，義精語詳，湮棄未忍，輯録爲多。其他諸篇，課稿、代擬，早經刊佈。或削簡批答，不事繩墨，而因文見意，自抒天機。質幹既立，華秀亦啟，未窮鑽仰之功，敢事游、夏之贊？所願洴澼良方，俾善用以龜手；蘭茎忠愛，勿獨賞其繡鞶；則名山空言，或將見之行事，兹編有榮施焉。寫既定，又得同門柏君堃再爲商正、校閲之勞，則王、趙兩君始終其事，例得備書云。民國四年十月弟子張鵬一敘於青門寓廬。

附識〔一〕

古愚先生歿後十年，及門諸子始裒集遺文，以活字版印行于西安，尠弗能精，讀者病諸。三原王子幼農歸自廣州，乃鳩工付梓吴門。經始丁巳冬，訖戊午秋畢工，屬岳瑞爲之後序。瑞之庸陋，奚足以發揚義藴？顧親炙教誨三十餘年，略知吾師生平精心毅力，有非言語文字所能盡者，不敢不爲天下正告之。爰沐手百拜，綴言簡末。曰：兩漢以後，學與政分，經術不足飾吏治，所謂學者，乃始遯於空虚。唐之辭章、宋之性道，其爲物巨細雖殊，而無當羣治則一。數百年來，知此義者顔習齋氏一人而已。顧顔氏生明清之交，中外未棣通，吾國雖儒術淩夷、人材寙落，而貧弱之象，猶未暴著。辭章性道之説，方固結於士大夫之心。習齋雖大聲疾呼，然自其三數弟子外，信而從者蓋寡。其身既没，其學亦以不振。且習齋亦僅能言其義而已，以一諸生窮老鄉曲，靡所憑藉，以試諸實用，使其言信而有徵。安溪、靈皋之徒，挾其高位重望，交相非議，雖薪傳高弟如李剛主，晚年尚不免有棄其所學之誚，積非之足以勝是也，有如是哉？同、光已來，世變之殷、國步之棘，益非二百餘年前比矣！

先生崛起西北，其時習齋之書尚未盛行於吾秦，徒以閲歷患難，慨念時艱，洞然知性命、辭章之虚談，不足拯今日之阨。

〔一〕附識：原無此標題，依文末「弟子李岳瑞謹識」補。

奮欲振溝猶瞀儒之敝，一返三代前所謂通天地人之君子儒，其所見蓋與習齋冥合，而發揮光大、極博與精而致於通，則雖習齋復生，亦當退三舍而辟之。瑞之汙，何敢阿其所好，此殆天下萬世之公言，非一門弟子之私諛矣！

先生生平每治一學，輒欲施之實用，非是則舍弗治。中年主味經講席，關隴才俊什九列門下，則益宏攬恢廓，分科治事，必使無一事不底于成，無一物不效其用。精力所注，尤在機器織紡與社倉、社學，蓋將合兵、農、工、商爲一體，以樹富强之基，而成大一統之盛，豈戔戔焉爲吾秦謀已耶？雖所事半未有成，然一儒生，窮居鄉里，無斧柯之假手，無毫髮將伯之助，奮然爲天下所不敢爲，其宏毅精果，並世寧復有第二人？三十年來，吾見夫當世士大夫所謂新政者矣，歲歲耗國帑數十百萬，計司厥事者各得攫富富〔二〕貴利達以去；微論所事本無毫末，舉或且益爲齊民害。以視先生，其誠僞賢不肖何如也？

先生本不欲以文章名，所爲文自抒胸臆，不事藻飾，繩以先哲古文義法，或不免時有出入。顧斯集之於先生，猶筌蹏耳。以文詞傳先生，隘矣。吾願讀先生書者，於語言文字外，深求當日時勢之艱鉅，與夫締造擘畫之苦心，師先生所爲，以卒成先生之志事，則先生爲不朽已。戊午九月，弟子李岳瑞謹識。

附記〔三〕

右先師古愚先生煙霞草堂集，文六卷、雜著三卷、詩一卷，共十卷。行實、狀略別爲附録列後。弟子三原王典章重爲鋟版于吴門。始丁巳年十月，告成在戊午年十一月，典章往返商榷，共編校之役者，則貴陽楊君通、同門李君岳瑞、陳君濤、張君鵬一、王君章、劉君樹瀛、魏君之傑也。先生沒後十有二年，歲在甲寅，同門諸子始搜羅佚文，編纂成集，而印工窳拙，顛

〔二〕富富：衍一「富」字，見文集勘誤表。

〔三〕附記：原無此標題，據文末「弟子王典章謹記」補。

倒譌舛，同人病之，議再重刊。典章概念先生言論文章胥關治道，鉛印未精，未足以垂示久遠。乃重爲斯刻，卷數多少悉依原編，惟次第間有異同者。原編分「論説」「考解」各體，茲則概括爲「文」，以從省略；原編第七、八卷雜著列學約、章程等，茲則編爲八、九兩卷，而列第九卷讀通鑒法各條爲第七卷，以其論列經史，仍爲「文」體，以類相從也；原編卷十，上列古詩賦注，今以與集中文詩不類，擬別爲刊行，故竟删去；第六卷贈答各書，茲按年月事實，另爲編次。又原編有史閣部論等數篇，或誤收他作，或無關宏旨，概爲删削。此則斯刻編纂之大略也。

先生爲學雅不欲以文辭自見，生平撰著削藁無存，及門編録僅得此集。佚文備搜，再俟他日。至先生晚年言學、言政、自抒心得諸著作，如孝經本義、學堂、團練、濠塹私議各書，都十餘種，擬假時日，彙刊叢書，以廣流傳。然願力雖具，殺青何日？撫此遺集，益悚然驚、恧然愧也已。戊午仲冬，弟子王典章謹記。

煙霞草堂文集卷一

咸陽劉光蕡古愚

晉元帝中興論

自古喪亂之余而有中興之君，其起自民閒者，則恢復故物，夏少康、漢光武是也；其擁自臣下者，則偏安一隅，晉元帝、宋高宗是也。崛起難而反易，憑藉易而反難，是何也？曰：是易知也。凡喪亂之來，必有所由生，在上爲政教，在下爲風俗。政教不弊，風俗不壞，喪亂必不極。風俗壞人才於下，而朝無可用之士；政教失人心於上，而野有積怨之民。崛起者不囿於風俗，而盡革前朝之弊，故政教一新，人才出而民心附。如樹木焉，舊根已斷，而旁根復發，則勃然而生，有不可遏抑之勢，此所以中興也。憑藉者既席先朝之餘業，不得不任先朝之舊人。夫此舊人者，皆亡國之人也，習壞風俗而行弊政教，雖有變更、補救，不過千百之一，即有後進之英，久沈於下位，其權勢不能敵奉迎勸進之人。故祖逖、溫嶠、陶侃不能勝王氏，李綱、宗澤不能勝汪、黄。況元帝渡江，適遂王衍三窟之謀，八王雖沒，清談之風俗如故也，門第之限人如故也。昏濁之政，雖較惠帝爲稍清明，然所以釀爲喪亂之本原者，毫未修改，則初念亦止偷安一隅，而豈有志於中原哉？故元帝偏安，非中興也。然則昭烈起自民閒，何以偏安？宣王擁自共和，何以中興？曰昭烈之類於元帝，以曹氏擁戴獻帝也；宣王之勝於元帝，以西京猶能自立也。共和能支持於厲王流彘之後，故能輔宣王以中興；昭烈不能得一州於破黄巾之時，故僅與孫、曹爲鼎足。小人不使天下盡壞，則小人之勢不衰；君子能使天下不盡壞，則君子之氣猶盛；此宣王之所以異於元帝，而昭烈反同之也。

然則或謂靖内亂者易，禦外患者難，其説非乎？曰：非，而未盡非也。變亂之成，皆自小人。小人爲亂於内，則先去君子；君子盡去，而亂始成。卽有凶惡之小人，藉口去小人以危社稷，及宗室崛起，小人已去，無有雜於新朝者，天下同心以去凶惡之一二人，未有不能去者，如羿、浞、王莽是也。若敵國之患，雖亦由國有小人，秕政亟行，然無不藉口於祖宗之法，而敵燄日强，雖有憂深慮遠之士，欲進一賢、變一法、易一俗，羣小人結爲一黨，必使之不得行而後已。至危及社稷、憂連君父，則小人紛然舍去；幸有無事之區，羣先奉迎、擁戴，必使祖宗之嗣盡滅於仇敵而後止，雖有一二君子，豈能取信於新君哉？元帝如是，高宗亦如是，而尤莫甚於明末。故内亂易靖者，小人盡而政教易修，風俗易變也；外患難禦者，人之風俗政教善，而我之風俗政教皆非，小人未盡去，邦新而命未嘗新也。夫五胡之禍烈矣，然使元帝鑒懷、愍之禍，幸八王之亂已盡，所餘者，清談之風、昏濁之政、門第限人、虚無相尚，力爲掃除，損王導、王敦之權，以盡用新進之賢，如祖逖、溫嶠、陶侃輩，何至偷安江左哉？然則觀元帝之委政王氏，卽知元帝之無能爲也。王氏自爲鑿窟，非爲晉室之天下也。

嗟乎！五胡、劉、石輩，僅凶悍耳，如有劉、石之凶悍，而又加以機巧，其内政又頗修明，而吾朝廷之上因循泄沓，各謀其私，無異王衍，吾不知中原之禍，伊於胡底也，悲夫！

唐府兵論

以府兵爲善，其説盛於宋、明，宋儒以諷宋，明儒以諫明。明軍衛卽府兵，宋時軍、府亦分，而所用者爲禁軍、廂兵，不用府兵也。宋懲府兵之弊，故聚兵而養之；明取府兵之利，故散軍於衛。然至末年，遼餉、練餉，則又無不養兵，李家兵、戚家兵、洪兵、盧兵、左兵，以及南渡之四鎮將，又未嘗不專兵，所能防者，宰輔不得專兵耳。然三代以上，無宰輔專兵之事也。府兵之興，由於中國民不知兵，夷狄乘虚而入，各自私其種人，而令中國之民力耕以養之。其後，養不勝養，民困於財，兵困於無所歸，而府兵之制興。其善者，善於劉、石等之兵不能自養，恃農以爲養；其不善者，兵與民分，民多而兵少。中國知兵者少，一有淩夷，民皆不可恃。譬如人家子弟十餘，一二人勤儉治家，餘窳惰不事事，此一二人一有蹉跌，其家立敗，不可復振，此其不善一也。又兵民雜居，人情莫不好逸而惡勞，民則耕收之餘，惟出糧稅卽已宴然無事；兵則講習技藝，操練步伍，番衛京師，遠戍邊邑，視民之父母妻子安居樂業，不啻天上。故府兵之制，不久卽敗。貞觀至開元，不及百年，府兵卽已空虛，無兵可用，不得不變爲「彍騎」，府兵果可用，子孫何苦欲變祖宗之法？其變者，其無兵可用也，此其不善二也。兵民既分，治民用文，治兵用武，文武不能不分；文武既分，風氣所趨，不能不分輕重於其閒。無事，則文吏日尊，而賤視武夫，謂開兩石弓不如識一丁字，誰復留心於武事者？然亂則羣然披靡，又仰鼻息於武夫，故藩鎮之禍，亦府兵釀之。天下之人不習兵，則武夫悍將自然得以擁兵驕恣也，此其不善三也。三不善之中，惟兵民分之害爲大，兵民分，文武不能不分也。府兵能合兵於農，不能合兵於民，故其弊與無府兵同，宋、明之事已可見矣。蓋府兵仍秦銷兵、弱民之私見，以其民力戰於外，誘三晉之民耕於内，卒以此平六國，銷鋒鏑，聚天下之兵於咸陽，鑄爲金人十二。然豈遂盡銷天下之兵哉？蓋所銷者關外之兵，而非關内之兵也。是時蒙恬將三十萬衆於上郡，關東兵起，章邯將數十萬衆，新安之坑，尚二十萬，則秦制必關外無兵，而秦人爲兵，其居重馭輕，與唐府兵何異？故府兵之制，仍爲私天下之心而不可以持久也。

漢祖之興，諸制不能復古，而兵制則爲近之。蓋豁達大度，無猜忌天下之心，又懲秦之失，故能兵民不分，而制近三代也。光武厭兵，惡郡國都試之虛文擾民，不知責實而反罷之，僅存滎陽之兵，而内地都尉又皆罷之，故中國日弱。晉武銷兵，釀五胡之變，各强種人，遂變爲府兵之制。太宗混一土宇，不上法三代，而法北魏宇文私其種人之制，其制豈能久哉？宋知藩鎮由於府兵，而養兵之弊愈甚，元則萬戶軍民府，亦府兵也。明懲宋弱而法唐，猜忌天下之心，無異於秦皇也。我朝鑒明之弊，舉旗、綠之兵而悉養之。其初八旗最强，人人皆兵，近於兵民不分，八旗文武互用，卽文武不分也。然漢人多而旗人少，天下之大當與天下共守之，不能僅恃一方之人。故西北有事，而關、隴之將興；東南有事而，閩、浙之將出；髮、捻交閧，湘、淮之軍起。必局一方之人規之爲府，一有事故，取才於是，是刻舟求劍之智，豈帝王經營天下之略哉？

王安石變法論

安石變法之意甚是，變法之人皆非，所變之法則有是有非，然其是者亦支節爲之，而未得其本也。王安石見宋積弱不振，由於鄙薄富强，高語王道，故敢犯天下之不韙，專意力圖富强。不知天下之富，非青苗錢所能富；天下之强，亦非保甲、保馬所能致也。宋之弊，在文武分，兵民分，吏胥有權，而官民相隔，由漢、唐以來人主皆以自私自利之心劫持天下而爲之。法能見效於一時，不能久持於其後，故不百年法遂弊而不可爲也。宋之興也，在收藩鎮之兵權，文臣典郡，將無專兵，聚天下之兵於京師，居重馭輕。各州置轉運使，盡歸財賦之權於朝廷，此宋初之所以富强而治平也。然其法皆以救唐末藩鎮之弊，而非萬世通行之法也。文臣典郡，則以文臣治兵矣。宋之文臣皆出自科目，則皆以詞賦進身，其增制舉、六科，雖有「識洞韜略、運籌決勝」、「軍謀宏遠、材任邊寄」兩科，恐皆取之空談，況又旋置旋廢！典之者既不知兵，平時教訓操練不能不仍委之鈐轄。武夫、虞候、小史，其閒有特出之才，如王德用、狄青其人，則又同朝忌之，必罷其兵柄而後已。其所用之兵，又祖秦謫戍之意，取之軍流犯罪之人。平時暴横鄉里，不顧父母妻子，一旦入伍，求其忠君親上，能事其長，此必無之事也。其有來自民間者，亦用刺手、刺面之法，則先以罪囚待士卒，士卒能以忠義自許之乎？宋世所以兵弱不振者，此也。

宋初養精兵二十萬，邊帥不輕易南征北討，漸至六十萬。仁宗時西夏用兵，合各路所徵兵已至二十萬，仍不足用，乃始欲用民兵。河北、陝西均爲團練，又刺義勇，至靖康時，額兵已過百萬，而金人之禍，京師竟無可用之兵。夫此百萬人均有父母妻子，約以八口，則定有八百萬人無事安坐而食，歲歲如是，天下安得不貧？加以澶淵以後，遼幣日加；西夏轉餉，關中旱困；東封西祀，又以竭府庫之藏，州縣無財，必多方以取之民，國與民俱困，宋之所以愈不振也。安石知宋弊之在貧弱，而不知宋之貧由於弱，不變積弱不振之俗，而立法求富以爲强，是愈以困民，適以困其國也，故新法卒以亡。宋不善變法，而非宋法之不可變也。除雇役外，皆立新法以朘民，而非有變於宋之舊法也。孟子所謂「求富之臣」，爲之强戰，而曰：「由今之道，無變今俗，與之天下，不能一朝居。」非安石之謂哉？！

然則宋法可變者當自何始？曰即孟子所謂「變其俗」始。宋俗重文輕武，當自文武不分，兵農不分始。無坐食之兵，則國用自裕；無不習兵之人，則國威自壯。其變之固有次第本末，而決無紛紜不靖之虞。蓋持其本以爲之，固可從容以就緒也。本者何？以三代大公之心，行三代大公之法而已矣。

維道濟時論

中國之時勢岌岌矣，孰爲之？中國自爲之也。私心熾而大道不明，端始於五伯，極於秦皇，輾轉流於漢、唐、宋、明，我朝不能改革而更張之，以至今日而適承其弊也。今中國事事不如西人，而其大端則在朝野上下之閒各謀其私，以成瓦解之勢。蓋即孟子「利吾國、吾家、吾身」以成「交征」之謂。而謂始於五伯者何也？曰：五伯「利吾國」者也。天生民而樹之君，以利之也，國胡不可利？而無如以爲「吾國」也。故始而以國爲「吾」，猶必法令修明，日臻富强，以求逞志於天下；繼而以身爲「吾」，必將縱恣暴虐，日爲法令以制天下。故內政寄軍令，弱諸侯以强齊也，而兵民之制分；官山府海，輕重之術，瘠諸侯以富齊也，而工商之勢重。伯者未一天下，禍故不著，至秦而禍顯然矣。秦之始也，以關中而富强，以關中爲「吾」國而利之之心專也；以天下而貧弱，心私於一域，視天下非吾國而防之之心重也。故焚詩書，坑儒生以愚之；銷鋒鏑，殺豪傑以弱之。幸去戰國未遠，文武未分，民猶知兵，故胡亡秦之讖未應，而强敵起於草茅。漢祖崛起，懲秦之失，知以天下爲「吾」，能抑商賈，復兵民之制，而終有私持天下之心，法不盡合於道。外夷樸陋，不如中國之文明，故西漢不弱於外夷。至光武中興，罷郡國兵而崇文藝，民閒風俗日趨文弱，故夷狄之患棘於東漢之末。晉武銷兵士，尚清談，五胡遂長驅中原；唐宗神武，不法漢祖，而循拓拔、宇文私其種人之智，分民以爲兵，而民弱；驅士以詞賦，而民愚。宋祖鑒藩鎮之害，又分兵與農，民弱而又貧；明祖聰明天亶，秦以來，失道之法悉能知之，而猜忌之私甚於秦皇。知天下不可弱，而合兵於農，而不使合於民；知天下不可愚，而教士以文，而不使奮於智。以法令持天下，隔閡其心，而遏抑其氣，防民之難制，而忘外敵之忽强，故中國散渙愚弱，而外敵得以乘其後。夫中國之弱，外夷以力勝之，固也；中國之文，外夷以樸陋勝，則自東漢以來中國之文非三代載道之文，可以恍然矣。況今之勝我者，不以力而以巧，不以樸陋而以機智。人之國若一身，而又合數國以軋我；而我之國不啻數千萬人各謀其身，而獨君父肆應於數强國之間，宜其用武則衄，用文則削也。

故欲救今日之弊，非返之大道不可。大道者何？格致誠正，修齊以至治平，一貫之道，所謂天下爲一家，中國爲一人。孔、孟以前，堯、舜、禹、湯、文、武、周公之治，無不如是也。故維道者濟時之本，濟時者維道之實也。然則維、濟相需，果何以維而濟之乎？曰萃人心之渙，去文法之虛，通上下之情，盡人官之利。裁監制之長，添鄉里之師，無人不學，無官府非學校。官民如師弟，則人心萃而情通矣；官府如學塾，則虛文去而事舉矣。孔、孟之學固卽堯、舜、禹、湯、文、武、周公之政，以之治兵，兵何以不如外洋？以之理財，財何以不如外洋？理財以養民，仁也；治兵以保民，義也。兵精財裕，悉原於學校，則仁至義盡，孔、孟之道也。夫西國之教出於墨子，昧父母而事上帝，援上帝以蔑君臣，又倡爲男女平等之說，毁裂三綱，以與吾道相敵，較墨子之「二本」而尤甚焉。值諸國相角，不得不修其政；以利相競，不得不興於藝。而中國又當政、教、藝俱衰之時，遂勢出其下而不能相敵。苟一旦發憤爲强，力行堯、舜、禹、湯、文、武、周公、孔、孟之道，舉秦、漢以來尊君防民之虛文敝法一掃而空之，上修之爲政，下學之爲藝，吾道固合政與藝爲一者也，豈外洋所能敵哉！

曰是誠然矣，堯、舜、禹、湯、文、武、周公、孔、孟之道，豈易舉行？且自春秋以後，孔、孟之聖，漢、唐、宋、明之君以及歷代理學名臣，皆不能行，今欲行之，豈非迂遠不切者哉？曰不然也。「禮，時爲大」，前此中國之亂，起於上者獨夫也；起於下者，亂民也。故一人神武，足以削而平之。今則環而伺我者六七强國，上下一心，兵精財足，無人不學，且不戰我以兵，而朘我以商，誘我以教，此漢祖、唐宗復出，豈能以力相角哉？以彼之政藝與吾之政藝相較，吾多背吾之古，而彼反有以相合，則中國欲自全固，有非返三代而不能者，則迫而應之，今之復古，固天爲之也。

請以一二事證之。額兵、招募俱窮，中國今日不寓兵於農，得乎？各國皆百人中有七八十人識字、能文，中國不設學校，得乎？外洋政事均決於議院，中國不順民心，得乎？外洋火礮無堅不摧，中國欲不藉溝洫徑遂爲地營，得乎？外洋挾一國之財力以經商，中國欲不聚商力，得乎？外洋物物無不工巧，中國欲不設考工，得乎？外洋教極鄙陋，而七日一宣講，信從者衆，中國欲禁人聚徒講學，得乎？以此數端證之，中國有不得不返三代以上之勢。

故大道之行，二千餘年所不能者，亦天時人事爲之也，自明以前無此機也。今日時勢岌岌矣，孔子云「百年必世」，其能待乎？曰：是大道之極詣，非大道之初效也。孔子不云「期月」、「三年」乎？今以事之必能行者證之。使州縣下一令曰：各鄉均設學，有不設學及子弟不入學者，罪之，鄉人從乎？否乎？又下令曰：凡學，書、算兼通，文、武並重，有不如是者罪之，鄉之蒙師從乎？否乎？中國諸事皆可爲，惟患上之左右牽制，下之虚應故事，故白種之人亦謂吾黃人聰明耐勞，而吾中國獨不奮然自興，果吾道非耶？然則今日之事，非道不能濟。欲維道，必先濟時，而時又非空言者能也。嗚呼！今日急務，其必自收渙散、去隔閡、除虚文、修實學始。

中國山川形勢論

中國山川之脈，皆源昆侖，中幹入中國，河流其北，江流其南，風氣之開，北先於南。春秋以先，帝王經營皆在於北，而中幹入中國後，分而爲三，岍、岐爲中幹之北支，先北後南，又迤而北，沒於碣石。河自積石入中國，附中幹而行，爲北支所阻，與之俱北而出塞。折而東、而南，貫中幹北支之脊，以出其陽。禹跡則循北支之陽，以入海也。元以後，由淮入海，則繞中幹之足，以入海也。江流中幹之南，爲岷山南支所逼，日趨於南。繞四川之邊，爲南條之幹所逼，又折而北，至敘州而合於岷江。力趨東北，由夔、巫而下，幾合淮、泗而入於海。此中國江、河之勢也。關中爲天下上游，以河與中幹聚會也。

然自堯、舜至今，幾五千年矣，地脈發洩幾於無餘，而南方風氣日開，漢、唐、宋之末，皆分南北，卽南支漸興，北支漸衰，北不能制南之證。秦之興也，以開蜀，其亡也，劉、項皆起於江下流之南北，一吳一沛。西漢之衰，光武起南陽；東漢之末，昭烈據蜀、孫氏據吳，雖皆不能敵晉，然晉不久南渡，南北分持幾三百年，而入於唐。唐自天寶以後，不能制河北，南方貼然，是江流之氣聚而河散也。及南方之勢散，而唐以亡。五季，南北分持者五十餘年，以入於宋。宋雖先有北方，而燕、雲入於遼，隴右入於夏；金起於混同江，而宋南渡；元起於漠北，而宋亡矣。故有宋一代，爲中國中幹北支之衰，而非北之能制南也。元起漠北，而都於燕，不及百年，明起於淮上，先據金陵，遂定中原，則爲江流氣勢足制河流之始。我朝又於北幹下流入關，以後北省唾手而定，南省騷擾數十年，至削平三藩而後大定，又南北盛衰之一大驗也。

二百餘年，內地變故爲三大端：一爲雍、乾之土苗，一爲乾、嘉之教匪，一爲道、咸之粵匪。土苗開江上游之洪荒也，教匪剔江中游之榛莽也，粵匪發江下游之氣勢也。經此三次洗滌，長江上下一氣通利，而人材萃於湘、皖。長江肅清，而天下以次底定矣。自秦、漢至今，江流之用未有盛於粵匪亂者也。故自堯、舜至戰國二千餘年，北支河流之氣所發洩也；自秦、漢至今二千餘年，北支河流氣勢衝突以合南支江流也。此後，江、河氣勢聚會中國，無南北之分，人心亦萃于一方，能與外洋各國並立於今之世界而爲之雄。故今日論中國形勢，當在襄陽，建都卽當在襄陽。金陵、直隸爲前拒，以扼上海、天津兩海口，而川、陝爲後勁，以厚其勢。五嶺爲中國南面之屏蔽，當集其勢於粵東。沙漠爲中國北面之屏蔽，當厚其勢於承德。蘆漢鐵路既成，卽由漢口穿湘以達粵東，復由蘆溝出塞，以通承德，則中國南北一氣，而襄陽扼其中，故今日形勢莫重於襄陽也。

性說

陽明論性，有「無善無惡」之說，諸儒掊擊不遺餘力。爲陽明之學者乃調停其說：謂「無善無惡」乃所謂「至善」，說者以爲左袒陽明。自予思之，「無善無惡」者，不可以善惡名也，如初生之孩提，可謂之善乎？可謂之惡乎？如人一念未生，可謂之善乎？可謂之惡乎？而人之材則未有不能爲善、不能爲惡者。故程子云：「人生而靜以上不容說，纔說性，便不是性。」又云：「惡亦不得謂之非性」，特舉天下之人均好善而惡惡，可見天下之人，本然處均善而無惡，此孟子所以極言性善，而諸儒言性亦須體貼而不可率非也。夫子論性，但曰「相近」，而善惡均不問，其論不移。不曰「聖人」、「大惡」而曰「上智」、「下愚」，夫善惡者，理；智愚者，姿禀也；而皆與性無涉，則性之爲性可知矣。

故欲論性之善惡，不如論人。既謂之人，則有倫常，能盡倫常方謂之人。人苟無愧於人，卽可無愧於性，故凡論性之善惡者，皆其爲人計也。苟其爲人，不差其性，在是矣。故吾謂今日爲學不必求深，但卽日用之閒，時求無愧，他皆可不問矣。因閱某生文有感，故言之。

大學格致説

「格物」之説，中庸至誠盡性章可爲補傳。「格物」者，卽物之形以求其性，使歸有用也。以形質言曰「物」，以義理言曰「性」。「形」是「有物有則」之「物」，「性」卽「有物有則」之「則」。俾物物順其性，卽是盡性，盡物性卽「格」也。故「格物」者，「物」必有「性」，我不能盡求知其理，實爲其事也。「物格」者，已知其理，爲其事能盡性也。「誠」者，格之本也。大學一篇，皆是格物，故傳從「誠意」説起也。由己性以及人性、物性，「格」之序也。天下之本在國，國之本在家，家之本在身也，終及「贊化育」，「格」之量也。不至「天也位、萬物育」，不得爲「天下平」，「天下平」卽「明明德於天下」，盡物之性，而「物格」也。言「物」則實而紛，言「性」則虛而要。大學言「物」不言「性」，欲人徵於實而實不能遍舉，以天下、國家該之，故無專釋格物之傳。中庸言「性」不言「物」，欲人運以虛，而虛究有實功，故終及參贊之能。「格物」能參贊化育者，服牛乘馬，鑠金凝土皆是也。

中國格物何嘗遺及一草一木？然千古人患之興，豈一草一木之故乎？抑以倫理之不存也。故謂中國之衰，由於空談性命，而不實徵諸事物，則是謂中國孔子所傳格物之説，僅重倫理而遺萬物，則非也。日本仿行西法不遺餘力，而其學校必先倫理。吾嘗謂西人談理不如中國之精，而精於治事，西人大不以爲然，貽書辨論，則西人格物必先盡性，明矣！盡性不爲善去惡，其道何由？陽明以「格物」爲「誠意」之功夫者，此也。黜西人而棄身心性命之修，此近人所謂西學不患不興，而患中學之先亡也。司馬溫公及陽明訓「格物」之異在「格」字，不在「物」字。溫公去私之説，本於書之「格其非心」，訓「格」爲「去」也。陽明「爲善去惡」之説，則仍朱子訓「格」爲「至」之義，而意則異：謂「實致其知於物」也。蓋朱子訓「格」爲「至」之義，於「格物」能通，於「物格」則近不詞。故陽明取溫公「去私」之説，而益以「爲善」，則欲和同於兩家之説也。朱子「格」、「至」之説，原本鄭氏，是東漢訓詁之學，語本於詩「來格來享，神之格思」，訓「格」爲「至」，不知此處「格物」之「格」，詩之「有物有則」乃其的解，蓋泥文字以爲訓，不證之以義理，故見不及此也。「格其非心」語出東晉梅頤僞造之古文尚書，鄭氏所不及見，不如「格」、「至」之説，屢見於詩、書也。漢儒重訓詁，墨守古訓，不求心得；宋儒反之身心，爲大有功於聖道，不可以近日講學家之迂拘偏執，並宋儒義理之學而非之也。

「格物」之説，當以身、心、家、國、天下爲大綱，而仍依之爲定序。舉凡天下之物，有益於身、心、家、國、天下者，無不精研其理，實爲其事，俾家、國、天下實獲其益，則天生物以供人用者，皆得顯其用，是爲「物格」，是爲「盡物之性」。其「贊化育」處，耒耜、杼機，舟車、弓矢最要，而西人聲、光、化、電之學無不該其中矣。西人驅使無情之水火、輪船、鐵路、電線、汽機、照相、傳聲，眞奪造化之奇；然奪造化而參贊造化也，若無益生人之用，則爲奇技淫巧，愈神異，吾中國愈可不格。故中國「格物」之學，必須以倫理爲本，能兼西人而無流弊也。

井田説

井田之説，曰「貢」、曰「助」、曰「徹」，「貢」見於書，「徹」見於詩，「助」不見詩、書，孟子勸滕用「助」，有若欲魯行「徹」，是至春秋時「徹」、「助」皆不行於天下，其取民之法必皆爲「貢」。蓋立爲一定之則，計畝出税，而其無藝之徵斂，又附「貢法」而行。初爲因事而加，久乃沿爲正供，而賦役之繁重，不可問矣。有若、孟子之言「徹」、「助」，皆以限上人之多取于民，非限民之多耕于野也。而孟子言尤詳，曰「取民有制」，曰「暴君汙吏必慢其經界」，曰「制祿不平」，曰「分田制祿可坐而定」，是井田之用，專爲賦稅之制，而非均民之田也。故孟子言井田，從取民說入，不一及限民。有若因魯年饑用不足，請行「徹」，哀公知爲限其多取，而非謂井田之能備荒也，則井田之用，昭然明矣。蓋王者有分土無分民，而君子不能並耕而治其祿，必取之民，于是，代耕之義生。規一方之田，計畝若干，能容耕者若干，應設治耕之君子若干，乃立爲經界，以君子之食爲公田，小人之耕爲私田。由一鄉而國，君與卿大夫、士民之田，經界既定，秩然不紊，由一國而天下，制皆如是，所謂「王者經略天下」也。分天下而授之諸侯，其所食之田若干皆已預定，諸侯受其所食之田以治民，非並民田而受之也。民之事統于君，卽若私田統于公田，天子爲立公社，田之所出爲穀，故「社祀」又配以「稷」。國君有「社稷」，「社稷」卽其祿，天子所經略以授之，而使之守也。其始計耕私田若干畝，應耕公田若干畝，令歲出若干粟，以養君子，所謂「貢」也。久之，公私之田，必混爲一，不啻履畝而稅矣。故商之興，改而用「助」。田之公私界限分明，但借民力以耕，君所取於民者不能溢于公田之外。久之，而君民之情不接，非吏、非民之法不行，君不親民，民亦不急公，而公私之田遂均不治，公私皆病。故周又變而通之，以「助」爲「徹」。田則公私之界嚴，耕則公私之迹融，蓋用「貢」之精意，而去其弊，此三代井田之本意也。由此觀之，井田爲限上之多取，而非限民之多耕。

自漢以來，儒生不識聖王經略本意，乃限民之多耕。夫物之不齊，物之情也，民力之不齊，亦同於物。雖堯、舜之聖，不能使天下之農皆上而無下，上農財力有餘而抑之，使不得多；下農財力已疲，而强之，鹵莽滅裂而敗，此豈爲順人情哉？故限民之說至王莽行之而大亂，則不得井田之本意，而拂乎人情也。

然則井田不可行於後世乎？曰得其本意，則易行；不得，則決不可行。井田者，三代賦稅之法也，防上之濫取，亦防民之兼併，而均其貧富也。且民之中，惟農最多，亦惟農爲苦樸，故三代爲井田，所以恤之，而非病之也。虞書謂耕爲「奏艱食」，則貢法之本義可知矣。故制賦稅第令農出粟以供官吏之食，而他無取焉，則卽井田之制也。今耕者之稅，不徵粟而徵銀，農以困矣，加以諸凡所費，胥責之民，民惟有棄田而逃耳。故今之富者，十九爲末作，農無不貧也。故本「貢」、「助」、「徹」之法以制賦税，防官吏之濫取以恤農，此井田本意，孟子、有若所言也。後儒以均田、限田爲得井田之意，失之矣。

綱惡馬説

世莫不貴龍而賤馬，然供馳逐、備戰陣、引重致遠，生民之用資焉，馬安在其不如龍也？顧馬之生也，力不如虎、豹、犀、象，馴不如牛、犬、羊、豕，維縶焉，銜勒焉，步之、調之，而馬之行地遂與龍之行天等。然則馬不害其惡也，惡無不可綱也，綱則無不可用也。或曰，龍之用，生而然也；馬之用，非生而然也。操銜轡以適馬，羣馬未有不驚逸者，自然之貴，而後起之賤，馬之賤於龍也，固也。是説也，吾未之信。夫斧斤戕木，而木之用以斧斤成；鑪冶鑠金，而金之品以鑪冶貴；後起可據也，自然難期也。慕生之逸而惡後之勞，惡之所以終於惡也。嗚呼！豈獨一馬也。作綱惡馬説。

行周禮必自鄉學始説

今日行周禮，必先從鄉學起。一村設一小學，其師如閭胥，視人家多寡立幼學，其師如比長，比長即如牌頭，閭胥即如鄉約。比長教十歲以下之童蒙，兼管十家、二十家之政令、教化；閭胥教十歲以上之童蒙，兼管一村之政令、教化。積至一鄉，必有市集，則設鄉學，其師如州長，教十六歲以上之成童，兼管一鄉之政令、教化，如今之總鄉約。市集設幼學、小學如鄉村，教工商之童蒙，兼管工商之政令、教化。由村而縣，爲縣學，其師爲今之縣令，如古鄉師，其治公事之所即教學之所。小學之師二人，一教書算、講説，一教體操、舞蹈。中學三師，仿漢制三老、嗇夫、遊徼之職。三老主教化、詞訟，即教誦讀、文學之事；嗇夫主賦税，即管錢糧、課農桑，教童子農學、動、植物學之類；遊徼主盜賊，即管工役、團練，教童子干戈、射御之類。鄉有市官、工官，山林川澤則有虞衡等官，品秩則鄉學五師矣。去知縣以下官，而六房吏、三班役均爲士民。六房吏如周之府史，漢之掾史，今之生員也；三班如周之胥徒，漢之尉、遊徼、求盜，今之武生、營兵也。由縣以至於府，則設大學及專門之學，視其地之所宜，如電、化、水、火各學。大學則講求政、兵、刑、商務、邊防之事，大學之師即知府。專門之學則各延其名家，教兵者即將也，講法律者即士師也，講農桑以及工商各事，即司農、度支等官，今之戶部、工部、通商大臣也，皆在學治事，治事即爲學。然後統於省，省之巡撫署即爲國學，其制度如府而較大之，官民相見皆師弟之禮。省、府之官命自京師，縣、鄉之官即用其縣之人，而府不出省，每歲各學詳注其所教之人德行、道藝。村上於閭，閭上於鄉，鄉上於縣，縣上於府，府上於省，省上於京，即爲貢士。無論有官職與否，以爲議員，及各部之官。如是則將駕西國而上之，可爲唐、虞之盛矣。

唐、虞、三代之制皆是如此，故大學在路寢之東序，而周禮一書絶不言及鄉學，言國學亦甚略，無一語及教學之師、教學之地。惟「『師氏』、『保氏』居虎門之左，國之貴遊子弟學焉」，則王宮門塾之小學，大樂正以「樂德」、「樂語」、「樂舞」教國子，「樂語」即誦文詞，「樂舞」即習學武藝。考之內則，爲成童以前事，則仍小學而非大學也。覩大學一篇，重在講論，禮記文王世子、大司寇論説在東序，則路寢之東序，國君之朝堂即爲大學也。而州長之治事廳即爲州序，黨正之治事廳即爲黨庠，而閭胥、比長之公所爲家塾，可推矣。治事即是教學，治事即爲學。惟童子性情不可不養，道藝不可不習，故周禮有小學教法無大學教法，大學則天子及三公爲師，專門之學則官即其師也。聽訟當別設官，周禮有「鄉士」、「遂士」，統于司寇也，治事即爲學，則學者無影響之見、依稀之談，不爲記誦詞章之習，而眞才出矣。治事即其學，則三載考績，課吏即是課士，而德行、道藝皆實迹，鄉舉里選之法可行，不妨以射選之也。孔子謂「射不主皮」爲古之道，古者士皆治事，其賢否上知之於平日，臨時僅習禮文，而不主于中，不主于中者，不釋獲也。若專以射爲去取，烏有不主皮哉？天下之民皆受學，天下之官民皆如師弟，而天子則以天下之官民爲弟子，民隱焉有不上達？主澤焉有不下究？隔閡去而吏弊何自而生？渙散萃而人心焉有不振？以之理財，財必裕；以之治器，器必良；以之治兵，兵必强。故中國爲一人，天下爲一家，大同之運，尚何敵國外患之足慮哉？故孔子之學，卽堯、舜、禹、湯、文、武、周公之政，周禮雖經劉歆僞亂，其大端則政教不分，仕學一貫，萬世行之而無弊，可決然信者也。

河洛方位支干説

或問，九居午位而以爲金，七爲火之成數而位於西。余以河圖、洛書出自道家，其牽入五行、支干均屬道家之説。退檢梨洲先生説，其本傳只言「力辨河、洛方位、圖像之非」，而究未見其象數論。其南雷文約亦只載其象數論序，胡朏明易圖明辨洪範正論，有辟河圖、洛書説。余無其集，而汝所問，頗有意，乃取洛書反復觀之。其四十五點，朱子以爲洛書原文。以陽位四正統陰，偶數，河圖爲體，洛書爲用，故以相克爲次。始以一六，水在北；次以二七，火在西；次以四九，金在南；次以三八，木在東；次以五十，位中。此説易啟蒙言之詳矣。然洛書僅有此點，其以五行方位配之，後人之説也。物生而後有象，象而後有數，有數，理卽寓焉。「理」，文理，卽象數既形所具之紋理也，故數居五行方位之先，五行方位者，後人於數中尋其理也。

竊意：洛書當以上下左右論，不當以東西南北論；當以數論，不當以五行論。一者，數之始也，大衍虛一，象如太極，生物之初，自下而上，萌於一點，故一位下，九則陽之極也，故位上。然太極、老陽，均不用者也，五位於中，如人之心，三左七右，卽左右手也。人之用，莫要於手，莫多於手，始終不變。陽之用，起於三，故三位左；陰之著，爲七，故七位右。人有七竅，天有七紀，聲音以七變，卦之數八而蓍則七七之積也。人之生也，七月而魄全；人之死也，七七而魄消。易之七日來復，外夷之以七紀日，數至七而成也。三之用微，不如七之用著，故人之左手不如右手之便也。至以七爲火之成數，天地之用莫多於火，莫妙於火，萬物之生成，天地之變化，均視乎火，以七位西方，蓋亦西成之數也。其不以方位釋者，則以古傳洛書本不言方位也。考河、洛之數見大戴記，止曰二、九、四、七、五、三、六、一，而鄭氏以爲龜文。又子華子書云：「二於四抱九，而上躋六，與八蹈一，而下沈，五位其中，據三而持七。」關子明云：「九前一後，三左七右，四前左二，前右八後，左六後右。」而九宫之數，戴九履一，左三右七，二四爲肩，六八爲足，均以上下前後左右爲言，未有一及東西南北方位者，唯宋儒取以解易始及之。葢欲合先天、後天之卦位，故不得不先以方位釋圖書也。然先天圖乾南坤北，乾爲金，九之金數，何不可以位南？先天數艮爲七，而艮象爲右，皇極經世因以右爲金矣。七之位西，謂仍取金象，亦胡爲不可？況曰雨、曰暘，蔡傳以暘爲火，而古注則以爲金象之金者，可以爲火數之火者，又何不可位西乎？總之，此皆就後起之象以論渾成之數，而洛書之初，則未必其有此意也。

以禹之演疇，只就其數推之，初不以後世之五行、方位、支干立説。今之洪範俱在，未嘗一及於方位、支干也。其言五行，係之於一，是五行全位於北矣，而其他一一按之於後世之五行、方位、支干，則其支離附會，將有不勝窮者，不待智者而知其不可也。故凡讀古人書，當虛心求理，不可預執成見，使此心空空洞洞，先無所主，而後古人之理即可濬吾心之理，各還各理，久之自會於一。所謂虛而與之委蛇，眞積力久，而自豁然貫通也。

地心與靜天相應説

地心與靜天相應，舊説也，今則謂地如行星類，繞日轉動，不特一歲周天，並且一日一夜自轉一周。然北極出地，終古不易，豈有動物日日運轉，歲歲動移而無一毫差乎？從來靜足制動，天雖常動，終必有不動者，朱子所謂「硬壳子」，西法所謂「永靜天」也。終古不動，以制諸動。然在虛空，無象可窺，人何由知？而足所履之地亦終古不移，默與相應？地心即永靜天之心也，北極無星處即永靜天所露之端也。故七政、恒星均有差，以及南北歲差、東西歲差，均有移動，地心與北極無星處無移動，人乃得據不動者以測算諸動，而皆有一定之法。故地心與靜天相應，舊説似不宜變。

朋黨說

余嘗謂，士氣爲祖宗所培養，黨禍爲士氣所鬱結，國家之命脈、詩、書之效驗也。觀之往史，漢、唐、宋、明有黨禍，而三國、六朝、兩晉、金、元無之，非漢、唐、宋、明享國日久，賢君亦多，教化入人者深耶？及其叔季，小人用事，而禮、樂、詩、書之澤，不能遽泯，故邪正相激，致成黨禍。譬人，元氣素盛而自爲戕害，不能遽絶，必積爲格阻相爭之證，以盡潰其血氣，而後始斃。當其未斃，其喘遏、鬱結、呻吟、痛苦，反不如元氣素虧者，漸然而盡，而不知其禀氣之厚，固非常人所及也。夫黨禍之起，必其君德不明，小人用事之秋，又必其祖宗留貽尚有一二正人在位之時。小人以正人不便於己，必欲排而去之；正人以小人不便於國，亦欲排而去之。兩相水火，而君不能主持於其上，則小人必勝，君子必敗。而祖宗培養數百年，草茅之士，必有念切本朝，憫其顛覆，聞小人之得志而怒，聞君子之被患而戚者。私憂竊歎，又足觸小人之忌，不難盡舉其數而誅除之，而黨禍遂流於草野，天下騷然，時事敗壞決裂，不可收拾而國亡矣。故其君德不明，致疾之原也；其小人用事，所致之疾也；其一二正人在位，則氣禀之厚也；其草野之私憂竊歎，則又氣之厚而又厚也。正人既盡，而國隨之，則元氣盡而身亡也。唐風氣不如漢、宋、明，故三代黨禍及草野而唐獨無之。證之往史，可以恍然於黨禍之所由起矣。夫諸君子身家且不恤，何論富貴？其觸小人之怒，必有大不得已於中者，而後人猶嘵嘵焉，何其與於小人之甚也。

襄王得罪于母故書「出」說

「天王出居於鄭」，王者無外，卽不得言出，此何以書「出」？幸也，何幸爾？幸王之能自全也。何幸王之能自全？王之母早卒，惠后者王繼母也，而有子帶，母寵焉，父亦寵焉，王幾不得立，諸侯定之。卽位，而求能於母，王以母之愛子者愛弟，帶以母之忌子者忌兄，而戎禍發焉。帶奔齊矣，傷母心也。十年而復之，母寵帶如故，帶忌王如故，王之不能於母仍如故。越十年，而戎禍乃易爲狄，母黨妃族與帶爲一，狄禍又逼，王幾不能出矣，出亦失其居矣，故書曰「出居於鄭」。鄭亦王土也，居卽王居矣。若曰「出」者，出其母之陷阱而仍居祖宗之土也。王者無外，不言「出」；不能乎母，則可以言「出」。子無推刃於母之義，坐而待殺，則申生之其共，非大舜大杖則走之義也。走可謂孝乎？曰匹夫之孝，非天子之孝也，故不曰不孝乎母，而曰不能乎母，能則母不能出王矣。天子、國君之孝也，母可出子乎？曰不可。子受命於父者也，非受命于母也。母尤不可出王，王者父天而母地，萬民所歸往也，得乎丘民者也，故曰「天子」、曰「天王」。諸侯有世子，不能世國，諸侯受命于王者也，王有世子，不能世天下，天子受命于天者也。諸侯失地名，天子出居不名，命未絶於天地，不得而絶也。故天王之母，不可出天王，故曾子曰：「是王也，懼人以匹夫之義責之也。不能乎母者，義有可能，而王不能也。」其諸此之謂與？非此則謂之不孝，不謂之不能也。然則書「天王出居於鄭」，何也？曰：警天下也，責諸侯也。天下所歸往之王，居成周，今居於鄭矣。居鄭者，天王也，居成周則亂臣賊子。若曰：請看成周誰爲天子？亂臣賊子人人得而誅之，而諸侯不動，天崩地裂，人人悼心失國，而諸侯不聞，則周之亡久矣。故穀梁曰「出」，失天下也，故晉侯之納王、討帶不書，意不在討與納也。

孔子周遊列國説

孔子周遊列國，是避禍，非爲行道也。若非避禍，則教授杏壇，非絶人逃世也，以待時君之聘，出而應之可矣，曷爲先自僕僕於道路乎？行道固不須先往見之也，若行道必須周流，將孔子每至一國，不待人之招，而卽干謁乎？人不我求而强與之言，言必不入，徒自枉尺，不能直尋，聖人必不爲。或曰傳教得徒亦行道也，夫子將以木鐸號呼道路，執途人而傳以道乎？夫傳道亦聞來學，不往教也。故孔子周流爲避禍，非爲行道也。所避何禍？季氏欲殺孔子也。季氏何爲欲殺孔子？墮三都也。墮三都之謀雖出自孔子，而季桓子用之，墮之時，費人畔，孔子以桓子登平子之臺，命申句、樂頎下伐之，費人北，桓子乃帥師墮費，正以除季氏之患，曷爲怨孔子而欲殺之？以入女樂之譖也。齊人曷爲譖孔子？陳氏之謀也。陳氏於齊，猶季氏之於魯，孔子用於季氏，抑〔一〕私家强公室，齊、魯近而相親，魯治，齊必效其所爲，治齊而抑私家，非陳氏而何？故魯之治無害於齊而大不利於陳氏也。觀弑簡公，而孔子請討之言，可以恍然矣。陳之謀篡齊，急於季之謀篡魯，故忌孔子之用魯莫陳氏若。爲女樂以饋之，所以閒孔子於季氏也。何用女樂？此有密謀焉。孔子之用於魯也，名爲定公，實季氏主之，故孟子敘孔子見行可之仕，不曰魯定公，而曰季桓子。桓子初主孔子，用冉有、季路，墮費、墮郈，孟氏不墮郕，則奉公以圍之，孔子用於魯之權漸張矣。故用女樂以餌季氏，與爲密謀，謂孔子利魯不利季氏，欲全其家，非三家合謀以挾定公不可，故誘定公往觀，公卽三日不朝。季氏欲殺孔子，公不敢違也，郊不致膰，葢卽爲食不設箸之意也。則殺孔子謀已定，而孔子不能不行矣。不用孔子，孔子辭官居鄉可矣，曷爲卽去國也？曰以孔子去之速，知季氏必欲殺孔子，而聖人已見其機也。夫使受女樂爲定公，公僅怠於政，則孔子不惟不當去國，宜先盡三諫不聽之義，然後以禮辭官，始爲情義兼盡。今乃不脱冕而行，違去父母國，遲遲之説，類小丈夫悻悻之爲，大聖人豈肯出此？故知孔子之行爲桓子欲殺孔子，孔子見機而作也。又證以孔子出入之迹，而知孔子決爲避禍，非爲行道也。

孔子在外共十六年，宋、衛不容，避地陳、蔡，絶糧菜色，屢發思歸之歎。夫爲行道而出，道不行而歸，儒生之去來何與國家事，豈不進退自如？而孔子不能也。其出也，師已送之曰：「夫子非〔二〕罪也。」當時不罪夫子，師已何爲辨其無罪？而夫子亦曰：「彼婦之口，可以出走。」言彼婦口於桓子，已不得不走出也。「彼婦之謁，可以死敗」，「謁」，進其謀也，「死」謂夫子，「敗」謂國事，則夫子出走爲避死，明矣。故其歸也，必待冉有用於季氏，季氏召之而後敢歸也。且由此可證

〔一〕抑：原字殘，意補。
〔二〕非：原作「爲」，據史記孔子世家改。

季氏罪孔子者，非第曰抑私家强公室也，必誣孔子爲黨人，不惟不利於季，並不利於魯。羣小附和，而孔子之徒遂皆不敢居魯，從陳、蔡之四科是也。故終桓子之身，魯人無敢謀復孔子者。及桓子將死，始自悔其非，遺言康子召孔子，而其臣猶沮之。幸召冉有，得復用於季氏，而有清邑之捷，乃始恍然於孔子之黨不惟利魯，且利季也。始召孔子，孔子乃敢言歸。則前此之不敢言歸，爲季氏，明矣。

季信孔子而用之，不信，去之可矣，曷爲必欲殺之也？曰季氏前信孔子也深，故其後怨孔子也甚。所謂交不終〔一〕兮怨長也。且不殺孔子無以對叔、孟，更無以挾定公，三月之間，使兩易其政也。孔子周遊爲避禍，非行道，是可信矣。謂女樂之饋出自陳氏，此何據而云然乎？曰以昭公之出陳氏援季、簡公之弑三家庇陳知之也。齊爲昭公出師伐季，陳武子在行，第罵之以口，而季氏猶恐傷之，則陳氏之党季氏，明矣。簡公之弑，孔子請討，哀公使告三子，三子不可，是時政在季氏，必季氏不可，叔、孟始從而不可也。則季氏之党陳也，使夫子卒用於魯，收三家之權以歸魯君，陳氏爲亂，魯君必自討之，豈待孔子之請哉？此陳氏謀齊所大忌者也。陳之謀取齊，急於季氏之謀魯，故其忌孔子也，亦甚於季氏。若女樂之饋，出自齊君，則爲無因，故知其爲陳氏之謀，而無疑也。

嗚呼！聖人周流，聖人之不得已也。世儒不察，反豔稱之，使遊説之徒，得藉口以奔走於王侯之門，韓退之三上宰相書，未必不因此而誤也。予故表而出，以告世之守道不惑、獨立不懼者。

孔子請討陳恒説

陳恒弑簡公，孔子沐浴告哀公，請討。是時孔子在外十六年，返魯僅二年，已知道終不能行，方修六經，與弟子講學，期

〔一〕終：語本屈原九歌湘君，作「忠」。

傳道於來世。蓋知世變不可爲，而不欲聞也久矣，何於陳恒弑君崛然而起，直請致討，無可疑議，而且齋戒沐浴，若乞靈乎鬼神，以冀言之必用者，是何也？曰：此春秋戰國大轉關時也。孔子之言若用，不惟魯存，齊、三晉且可不分，盡還大夫之權於其君，而改紀諸侯之政以行王道，則可得志於天下，使春秋之運不流爲戰國，而復返之于三代，萬世之太平且基於是，此聖人之善於乘機赴勢，而惜哀公之不能有爲也。

夫當陳恒弑君時，魯政盡歸三家，孔子豈有不知？而請致討者，蓋計之熟矣。哀公從孔子言，必將下令三家，三家以齊魯强弱爲詞，則有左氏記孔子所以告哀以塞其口。三家又必不肯將，則公自將。斯時冉有用於季氏，必帥左師，令孟子反帥右師，而以有若、樊遲、微虎等雜爲御右，孔子爲謀主，使宰我、子貢於四方，而招子路於衛，使出師爲聲援，仗清邑新勝之聲威，以壓齊境。陳氏必震懾，齊民不與陳氏者必羣起而響應，内外合，勢必有斬陳恒之首以奉齊君者。齊國既定，君威已立，三家不削自戢。於是大修齊、魯之政，聯合宋、衛及鄭，遠結楚、越，爲會中原，申明王法，以脅制韓、趙、魏，俾歸政于晉君，則孔子之道大行於天下，而生民何至有戰國之禍？且將盡去暴君虐民之根株，而行六經所言，萬世太平之基不由此立哉？！

泰西機器必行於中國説

機器入中國，天欲合五大洲爲一，氣運之所趨，不惟中國不能阻，卽西人亦不能秘其術不令入中國也。孔子系易，十三卦之制作，黄帝、堯、舜時言窮變通久，爲取諸乾、坤。不言所制何器，而繼以舟車、杵臼、弧矢、文字等項，是黄帝以前無舟車等也。自盤古以至神農，外紀所云歲數雖不必盡信，然亦必數千年之久。無舟車，則山川之隔，不相往來，可知也；無重門、擊柝、弓矢，則無寇盜，可知也；無杵臼、宮室、棺槨，則風俗儉樸，可知也；無書契、文字，則人心純厚不相詐虞，可知也。數千年之間，渾穆相安，設有告以黄帝、堯、舜以後之舟車、弧矢、文字等事，其駭人聽聞，與今之火礮、火輪、舟車、電線、汽球等，當無以異，亦必訾爲奇技淫巧，懼洩天地之精，壞人心之樸，力欲窒塞而不聽其行。然而不能也。數者誠便於日用，民情之所樂，風氣既開，民爭趨焉，聖人爲治，不能强民以不便也。且器之便利於用者，雖極殘忍之爲，聖人亦不能廢。弓矢始于彈丸，起于古孝子，蚩尤作五兵，蓋始易泥丸以鏃羽，冒木梃以利刃，不聞黃帝以泥丸、木梃禦蚩尤之五兵也。且不聞既擒蚩尤，並其五兵而廢之也。以泥丸、木梃視五兵，與以今弓矢、刀矛視火礮何異？三聖不能廢五兵，而謂今能廢西洋之機器乎？

至於以機器製造尤便於民，而謂人將淫心舍力，此尤不通之説也。牛耕始于漢之趙過，是漢以前耕者皆不用牛，故周禮「合藕」、論語「耦而耕」，一牛足代十餘人之力，以耦耕視牛耕，與以機器視人工何異？當以牛易藕之時，不聞民之淫心舍力，豈易以機器而遂淫心舍力乎？西洋之論機器也，曰若干匹馬力，則以機器製造亦以牛力代人力之類。農用牛力，農不淫心舍力，工用機器之馬力，工獨淫心舍力乎？今西人數十國持其舟車、火礮，環伺中國，中國人民雖眾，而驅血肉之軀以當火礮，仁者忍如此乎？不忍而求勝之，非機器不爲功，則軍器不能不用機器造也。軍器，殺人之器也，其製造日用之器，則生人之器也，殺人之器欲效法，而生人者乃不效法，不亦顛倒乎？且富，如人之血氣充强，則其筋骨壯也。西人製造精工，歲耗中國銀錢數千萬，此如人有漏瘡，日耗其氣血，久將羸弱自斃，尚有筋力與人爭鬥者，無是理也。故欲效法西洋之製造軍器，必先法西洋製造日用之器。近日金生粟死，中國之農勢已不敵，工商安能敵外洋？則工商困，農愈困，困即易之所謂窮，通變神化，黃帝、堯、舜之神聖，必不强存上古渾樸於三代之後也。

嘗論世運五百年而一變，孟子論道統是也，亦必五千年而一大變。皇古至中天，不知若干歲，中天至今，正五千餘年，其大變之時乎？機器雖創自外洋，正如舟車等類，易於通變、神化，取諸乾、坤後不言何人，取象其三，僅言後世聖人，蓋皆非黃帝、堯、舜所自創。其不言聖人者，或又凶人之所作，如弧矢之作自蚩尤。然則今外洋之機器，其亦待我中國之黃帝、堯、舜通變神化以濟其窮，而成垂裳之治乎？

嗚呼！嗜欲將至，有開必先。舟車、弧矢、書契之作，天欲合中國之九州爲一也；火車、電線、機器之作，天欲合地球之萬國爲一也。天欲開之，誰能違之？西洋人固感於氣運之先，而惟恐或後，中國人乃欲怠於氣運之後，而思爭先，其能焉，否耶？天意茫茫，世事難料。震旦古稱清淑之氣所鍾，神靈首出，未必不仍在中土，起而收黄帝、堯、舜之功，萃萬國之玉帛于塗山，誅後至之防風氏，爲兩間重新氣象。願士人息心靜氣，拭目待之，無拾老莊唾餘，欲返渾沌于春秋之後，而自戾於孔子也。

煙霞草堂文集卷二

咸陽劉光蕡古愚

兩南宮敬叔考

孔子時，有兩南宮敬叔：一孔子弟子，名括，又名縚，字子容，又字敬叔；一孟僖子子，學禮於孔子，名説，又名閲，謚敬叔，均居南宮，故其事迹易混。名説之南宮敬叔爲孟僖子妾泉邱人之子。昭十一年夏五月，泉邱人始奔僖子，則其生在十二年矣。孔子適周，史記在昭七年，孔子年十七而敬叔爲夫子請車於魯君，家語不紀年，其事則同。此時名説之敬叔尚未生也。卽謂敬叔事夫子在僖子卒後，僖子以昭二十四年卒，敬叔年僅十三，昭公豈以童子一言遂以車馬資其師乎？況二十五年九月，昭公卽遜於齊，僖子卒未再期也。敬叔既學禮於夫子，豈有父喪未終，而遂從師遠遊乎？故適周之南宮敬叔名括，又名縚，非名説之敬叔也。南容見於論語者三，而一書南宮適，其事宛然一人。蓋能謹言，自能見用於有道，免禍於亂世。至論羿、奡、禹、稷，則刺權勢而尚德，援古證今，乃謹言明證，未必非因從子適周，觀金人之銘、老子論禮，有感於中而其學遂自謹言入也。且「適」與「括」同，卽易「括囊」之「括」，「括」、「縚」均有「收斂」意，與「容」字義亦合，則南容之爲括、縚無疑也。

若名説之敬叔，則禮記「載寶而朝」之敬叔也。僖子屬説於何忌，師事仲尼，然不曰「學於仲尼」，而曰「師事仲尼」，蓋因其父之言尊禮夫子如師，而不必其從學於門下。此卽孟子所謂答問之教，故論語僅記「懿子問孝」一事，而實不同於弟子，何也？何忌與説俱事夫子，史記、家語弟子之名均無何忌，是何忌與説未嘗及孔子之門也。不然，司馬牛以向魋之弟且列名其中，公伯寮以讒譖之人亦存而不擯，何獨於何忌而削弟子籍也？弟子內無何忌，則弟子南容必非說。南容非說，則論語所載及適周，皆南容事，必非說也。然則何以致混也？曰此史記之疏也。史記因適周者爲南宮敬叔，遂附於左傳之南宮敬叔，與孟僖子之言記於一處，已足淆人目矣。鄭氏注檀弓，以「韜」爲「說」，王肅僞本家語，又撰敬叔告魯君語曰：「受先臣之命」，則是僖子卒後。期年之閒，未成童之子而能見重於君，以尊禮其師，其賢爲何如乎？何以世家之賢子，竟無一事見於經傳，魯亦無南宮氏，如子服氏之世爲大夫，則「說」必非「南容」，不待辨矣。「說」與「閱」音近，故又名「閱」，而與「容」之名「括」無涉也。曰然則僖子屬說於何忌之言亦僞乎？曰何忌党季氏，逐君，「說」則以賂求仕，蓋皆不足道者。無君貪冒之人，豈眞能遵父命以學禮？然究二人之不肖，而僖子則不害其善爲貽謀者何？必并其子之事亦僞之也。

漆沮既從解

以石川河當漆沮，先儒多有此說，予不謂然。禹記各州之水，雖視施功與否，亦因地勢以表界。於雍州，言渭，則隴西以下之水該之矣；言涇，則北地以下之水該之矣；言灃，則三輔由南入渭之水該之矣；言漆沮則上郡之水至三輔入渭者該之矣。若以石川河當之，則源近不足該北山之水，而馮翊之水莫大於洛，豈不爲害，禹烏能略之？則知漆沮宜爲洛，而不當爲石川河也。經書「漆沮既從」在「涇屬渭汭」之下，石川河固在涇，屬渭之下，然渭汭兩見於經，當是一地。下文記「會於渭汭」，在「至於龍門西河」之下，分明爲今華陰、朝邑之閒，俗所謂三河口者。左傳「虢公敗戎於渭汭」，亦即此地。渭汭在此，漆沮之從亦必在此。蓋「涇屬渭汭」者，非謂涇屬於渭之汭，謂渭得從涇之屬而東有汭也。「汭」訓「水內」，渭得涇，勢愈壯闊，故得有汭，漆沮從此，知爲洛水，而不當爲石川河也。導水又東，過漆沮，即「漆沮既從」之漆沮，下即從之入於河，見過漆沮時，即入於河也。若以爲石川河，則過漆沮後，尚幾三百里方入河。以經文言「過」者證之，洛汭去大伾三百餘里，洚水去大陸三百餘里，過後均言「至于」，此過後不言「至于」，明是「過」即入河，則漆沮當爲洛水，而不當爲石川河水也。

「從」，諸家訓爲「從渭經」，特書「從」，則以「不從」爲不治。惟洛水有不入渭時，後世如是，安知禹時不如是？故禹特言「既從」，亦著其治。若石川河，則未有不從渭者，禹何以特言之？特言「既從」，知爲洛水而不當爲石川河。「恒衛既從」，訓爲「各從其道」，蓋以「從」爲順，「横」爲逆也。石川河水經有一支東入洛，若今之石川河，則止能南入渭，不能東入洛，而洛則不南入渭，必東入河，東入河，即慮衝決。成化時，洛入河近，同治時，洛復入渭水。經注「洛入渭」，漢志歸德下，「洛入河」，懷德下云「洛入渭」，則古時必時入河、時入渭，是有可從可横之勢者，洛也。故經以「既從」幸之，則知漆沮當爲洛而不當爲石川河也。

洛爲漆沮，孔傳、闞駰、酈道元、孔穎達、顔師古均同，而以石川河爲漆沮則始於程大昌。蓋水經無漆水，而注中有，俗稱「濁谷水」爲漆水，又沮水入洛之道絶，遂指石川河爲漆沮水，後人又指同官水爲漆水，而洛遂不得爲禹貢之水。夫鄭渠漢時已廢，白公始鑿之，白渠尾入櫟陽，而酈敘沮水入洛，所逕歷歷，若非自然之道，何以鄭渠既廢，而此流不絶尚數百年之久？則知宋以前以洛爲漆沮者，沮入洛之道存，無可疑也。宋以後，以石川河爲漆沮者，沮入洛之道迹不可尋，故以一沮當漆沮也。竊謂北出直路之沮水，沮也；出白於山之洛，漆也。漆、沮從渭，渭過漆、沮，皆在朝邑南、華陰北，故禹貢漆、沮並言。水經注敘沮水更名石川水，又西南逕郭獂城與白渠支渠合，又南入於渭水，下云「其一水東出」，即沮水也。明提此爲沮水，則闞駰謂洛爲漆，以沮水入洛，故有沮名，蓋「漆」、「沮」聲近，自殷、周轉爲洛，而漆沮見於禹貢，故於沮入後乃舉本名，則人知洛之爲漆矣。胡朏明從程大昌，以石川河爲漆沮，謂沮東出，循鄭渠入洛，非禹時故道。然則石川南入渭，酈注亦謂與白渠枝渠合，是東去鄭國所鑿，南入爲白公所鑿，鄭、白之前，沮又於何入渭哉？胡朏明以渭水以南不言滻、灞諸水，疑澧水於滻、灞入渭，則渭以南諸水悉統於澧，而不信洛爲漆沮之説，則渭下游北岸之水，又將何以統之哉？余推水經注石川水不惟不得爲漆沮，亦並不得爲沮。敘沮水而於東出者，特聲明爲沮，可知沮不南入，沮不南入，則南入之道必開渠利時，盡收治谷、清谷、濁谷等水，恐沮不能容，開一枝渠，既泄盛漲，又便灌溉。此道一開，沮北來入渭較東入洛爲直捷，日久刷深，而東出之流遂絕，沮不入洛，不得不移漆沮之名於上游也。

凱風過小解

讀凱風之詩，世莫不過其母矣，然以詩詞過乎，以序詩過也。序謂：「衛之淫風流行，雖有七子，猶不能安其室」。果如是，則七子之母既無妻道於其夫，又無母道於其子，得罪宗廟，敗常亂俗，莫斯爲甚，雖謂之惡，可也。而孟子以「小過」稱之，婦人之淫，不安其室，尚爲過小，孰爲大者？繼而取詩詞反復觀之，然後知凱風之母力挽奢侈、惰逸之習，或至人所不堪，蓋矯枉過正之過，孟子之言，誠不可易。七子不怨而自責，亦其母誠無可怨也。今夫婦人吝嗇而不奢靡，則性必貞，勤儉而不佚遊，則情自節。酒食米鹽之議，絲麻布帛之爲，終日汲汲，手口不遑焉，節婦承夫志以撫子，立家不過如是，而亦無可責矣。今觀凱風首章曰：「吹彼棘心，棘心夭夭，母氏劬勞」，子幼不知父，而嬉戲以長，則母氏之支持門戶爲何如？而其心力之交瘁、血淚之暗揮，可知也。子長而劬勞可息矣，然而寡婦愛子，雖壯，而視同孩提者多矣。則經理田園、督察婢僕，謂不如己精；粟帛出入、戚鄙周旋，謂不如己密；而且勤儉不能驕逸，亦猶驕逸之不能勤儉也。於是，子立門戶，欲爲彬彬詩禮之家，而母之勤儉流於固陋者，不能改也。故次章曰：「母氏聖善，我無令人」，母不欲子之代其勞也。三章曰：「有子七人，母氏勞苦」，則七子不自安之詞也。不自安而諷其母者，拮据作家，亦復何過？子所以諷其母者，亦惟有如黃鳥好其音而已，事無從辨也，理不可爭也。母之勞苦，母覺子之不令而才下，爲後日計，無以慰其心也。設有令而上者，母心慰而勞苦自息，七子均可以自遂其孝，此詩意也。

然則序所謂「淫不安其室者」，何也？曰此古今語異也。「淫」者，「浸淫」而過之義，非專指色欲也。酒可謂之淫，畋可謂之淫，即朋淫於家，亦謂集驕樂逸游之友，而非必如慶、盧之易內也。故驕奢而過謂之淫，勤儉而過亦何不可謂之淫者？且衛之淫風非必是母之淫也，至於不能安其室，則母懟其子，子不得其母，皆不安之實也，而豈必如欒祁之幾亡室爲不安哉？如是則母無過，而録詩者何以美其子？孟子何以不曰「無過」而小之？曰勞苦以爲子謀，固可無慚於其夫，無慚於宗廟。然奢則不遜，儉則固，固陋之行，於婦人何責？世不能恕其子也，母子不能安，乖孰甚焉！乖則過矣。且婦人有從子之義，母不從子，施之鄉里猶無害，士大夫則内言出閫矣，朝廷則母后專政矣，故雖專政而無變移社稷之志，則不淫而劬勞之謂，如宋之劉后，親之過小，仁宗處之得其道矣。若唐之武氏，志淫而有他矣。中宗不怨，夫豈可自托於凱風之後哉？

顧命天球河圖解

「天球」者，天文也；「河圖」者，地圖也。「球」何以爲文？天之體圓，以球象之，寫其文於上，故曰「天文」也。「河」何以爲地？唐、虞至周，中國地勢據河兩岸，圖河之曲折高下而中國疆域瞭然矣，故曰地域也。二者皆經天緯地之事，政事之大端，生民之切務，或前代法物，或本朝新制，陳之西序，皆謂之寶，示珍重也。然則有證乎？曰有，請一證之帝典，再證之周髀算經，三證之禹貢，四證之顧命本文，然後取注疏之説而破之，乃知爲天文地域而無疑。夫此天球，即帝典之「璿璣玉衡」也。傳謂「璿」爲美玉，「璣」徑八尺，圓周二丈五尺，而强衡長八尺，孔徑一寸，則其器渾圓，運轉如球也。球爲圓形，古經未言，而算書多言之，當必有本，此一證也。周髀言寫天以笠，笠爲球形之半，球則笠形之合也。測算者貴適於用，故寫於笠，人目所見之半周也。觀玩者貴識其眞，故製爲球，天體自具之實形也。周髀首載周公訪問商高，是公于成王時必修歴法矣。修歴必製器，歴代皆然。經以周髀名，「周」，圓周也；「髀」，股也。算法以縱者爲「股」，横者爲「句」，今之割圓八線多用正弦，卽「股」也。以周髀名書，則周用渾天之術可知，而測算止用其半，故周髀之笠，疇人所用正弦限於半，周髀之義也。顧命之球，人君所寶，天體爲渾圓，周之義也。觀周髀名義知周測天必備「半周」、「全周」兩器，此又一證也。

舜察「璿璣」，亦當卽位之初，與康王正同，識天形乃能知天心而敬天命，于人君受授之際，所關重矣。故天球爲象天之器，善則歸君，周公所制作，卽成王所制作，心法、手澤兼而有之，可不於顧命陳之哉？

若河圖，則周髀亦略言之矣。商高言算術，測量高深廣遠，證以禹之行水，必禹行水之迹至周猶存。迹非圖不顯，冀州三面距河，禹之時河患爲大，中天至周，中國文物皆濱河之區，大江以南，禹貢極略，故圖河而中國之地或備矣。古謂中國爲冀州者，此也。兩山之閒必有川，兩川之閒必有山，山包孕宏深，而川則脈絡分明。禹貢地勢以山川爲主，山不易圖，而川易圖，故河圖爲地域之圖也。舜時西王母獻益地圖，史記言「天子按古圖籍，名河所出爲昆侖」，其卽河圖之類與？再以顧命證之。顧命言「玉五重」，琬、琰分明二玉，而孔疏誤合爲一，不得不以天球補五玉之數。豈知周人陳設，均有次序，上文云「越玉五，重陳寶」，明有非玉而以爲寶者，則指赤刀、大訓、天球、河圖也。「赤刀」、「大訓」者，文武之事也；天球、河圖者，天地之事也。其曰「越」者，自夾室適東西序，必見五重之玉，而過之乃陳寶也。西序之陳，自東向之，坐南而北，則先赤刀、大訓之寶，而宏璧琬琰之玉，以次而北。東序之陳，自北而南，則先大玉、夷玉，而天球、河圖之寶以次而南，以至西向之坐。證之儀禮，陳設序皆如是。實皆近坐，玉皆在北，則天球非玉而爲天文之器，河圖不得不爲地域之書，此證之本文而尤可信者也。

然則由漢至今，諸儒不以天文、地域釋天球、河圖者，何也？曰漢儒重訓詁，信讖緯，「球」字之見於經者皆訓爲「玉」，故據益稷、禹貢釋球爲磬，爲玉，而不顧「天」字之不可解。康成以玉色似天附會之，則望文生義矣，此拘於訓詁也。河圖尤爲緯候家所祖述，故據易、論語之文釋「河圖」，而不知其理之不可安，何也？文王演八卦矣，武王訪洪範矣，易謂聖人則河圖以畫卦，不實祖宗所演成之八卦，而實前代所則之河圖，非存手澤之意也。且後世以河圖、洛書並言，洛書武王親訪之箕子，其戴九履一等數之圖，周時必尚存，何不與河圖並陳，而以河圖與天球並列乎？以此知河圖非龍馬旋毛一六二七等數之圖，而必地域之圖也。宋儒不拘訓詁，而於名物多不深求，不惑讖緯，而先天之學，時方盛行，故「天球」、「河圖」之解，沈晦至今。今西人天文、地域各學均極精深，挾其圖象以傲我中國，我中國驚爲西人創得之奇，豈知皆我三千年以前之故物，經訓不明，有關於世教，誠非細矣。

孟子性善備萬物圖題辭〔一〕

在天爲元，在人爲性，馴致以學，達天希聖。以人合天，其徑何由？瑩然萬善，方寸必收。惟此方寸，性依爲宅。萬物紛紜，茲焉取則。以我交物，親爲最先；知能愛敬，孝弟前焉。愛以敬行，情流性定。盡己推己，萬類受正。知心昧性，心亦血軀；痛癢感觸，及身無餘。以身運性，理充無閒。天下國家，同條其貫。天高父配，物分性聯。並世血氣，兄弟比肩。事以形接，理緣性有。心運其機，純王道溥。存心行恕，孝直弟横。紛紜萬類，理範其平。元象微茫，性宗精〔二〕奥。强繪斯圖，大端略肖。物數累萬，理會一元；同歸一善，是爲天根。孔教重仁，人與人偶。墨傳兼愛，欲駕儒右。有子輿氏，扇洙泗風。孔道遵性〔三〕，治尚大同。道出於天，是爲吾性；物備於我，是爲吾用。圖孔孟旨，傳孔孟心。海風怒撼，用戒儒林。

重刻關學編前序　代

馮恭定公關學編首聖門四賢，卷一宋横渠張子九人，卷二金、元楊君美先生十二人，卷三明段容思先生九人，卷四呂涇野先生十三人。公序其前，而岐陽張雞山序其後，此原編也。豊川續之，則自少墟以及二曲門下諸子。周勉齋卽續豊川於

〔一〕題辭：原作「説」。孟子性善備萬物圖説爲劉古愚論著之一，本文爲該書之序。文集目録、遺書篇題俱作「題辭」二字，據改。
〔二〕精：原作「情」，遺書作「精」，形誤，據改。
〔三〕孔道遵性：遺書作「道尊性善」。

其後，桐閣又續之，則於宋補游景叔，於明補劉宜川諸人，以及國朝之王零川。賀復齋又續七人，即列桐閣於其中，爲續編三卷。豐川編遠及羲、文、周公，下及關西夫子而下，非恭定所編例，去之。刻既竟，乃書其後曰：自周公集三代，學術備於官師，見於七略，道學之統自關中始。成、康而後，世教陵夷，遂至春秋，大聖首出東魯，微言所被，關中爲略。降及戰國，秦遂滅學。漢、唐諸儒，訓詁箋注，循流而昧其源，逐末而亡其本。自宋横渠張子出，與濂、洛鼎立，獨尊禮教，王而農諸儒謂爲尼山的傳，可駕濂、洛而上。然道學初起，無所謂門户也，關中人士多及程子之門。宋既南渡，金溪兄弟與朱子並時而生，其説始合終離，而朱子之傳特廣。關中淪於金、元，許魯齋衍朱子之緒，一時奉天、高陵諸儒與相唱和，皆朱子學也。明則段容思起於皋蘭，吕涇野振於高陵，先後王平川、韓苑洛，其學又微别。而陽明崛起東南，渭南南元善傳其説以歸，是爲關中有王學之始。越數十年，王學特盛，恭定立朝，與東林諸君子聲氣相應，而鄒南皋、高景逸又其同志，故於「天泉證道」之語不稍假借，而極服膺「致良知」三字。蓋統程、朱、陸、王而一之，集關學之大成者，則馮恭定公也。於是二曲、豐川超卓特立，而説近陸、王，桐閣博大剛毅，而確守程、朱。今刊恭定所編關學，即繼以二家之續，蓋皆導源於恭定而不能出其範者也。

竊論之：同此性命，同此身心，同此倫常，同此家、國、天下，道未嘗異，學何可異也？於詞章禄利之中，决然有志聖賢之爲，此其非賢即智。賢則有所爲也，智則有所知也。爲衣食之事未有不知粟帛者也，知粟帛之美未有不爲衣食者也。故「理一分殊」之旨，與「主静立人極」、「體認天理」之説，學者不以爲異，而其所持究未嘗同也。然則「主静窮理」與「先立乎大」、「致良知」之説，得其所以同，亦何害其爲異也。明自神宗倦勤，公道不彰，朝議紛然。東林諸儒，以清議持於下，講肆林立，極豊而蔽，蓋有目無古今，胸無經史，侈談性命者矣。紀綱漸壞，中原鼎沸，諸儒目經亂離，痛心疾首，遂謂明不亡於流賊而亡於心學，於是矯之以確守程、朱，矯之以博通經史，矯之以堅苦自立。承平既久，而漢學大熾，以訓詁箋注之爲，加於格致誠正之上，不惟陸、王爲禪，即程、朱亦遜其記醜而博，亦何異蜀、朔角立，而章、蔡承其後也。

某少失學，三十後始獲讀劉念台先生書，幸生恭定公鄉，近又謬膺關中講席，爲恭定講學之地，乃與同志重葺恭定公祠，而以其左右爲少墟書院。因刊恭定所編關學而並及豐川、桐閣、復齋之續，凡以恭定之學爲吾鄉人期也。竊謂士必嚴於義利之辨，範之以禮而能不自欺其心，則張子所謂禮教與聖門克己復禮、成周官禮，未必不同條共貫，是卽人皆可爲堯、舜之實，而紛紜之説均可以息，亦何人不可以自勉哉？嗚呼！是恭定望人之苦心，亦刊恭定遺編者之苦心也。

重刻關學編後序

嗚呼！此余友澧西柏子俊先生所刻關學編也。關學之編始於馮恭定公，王豐川續之，又刻李桐閣、賀復齋所續於後，而先生沒已期年矣。先生病急，口授余義例，爲序於前，俾余序其後，余復何言？然習先生性情、行誼莫余若，而是書之刻又多商搉，其所以刻，與資之所由來，及平日議論及於是書者，不可無一言於後。

先生性伉爽，學以不欺其心爲主，嫉惡嚴人，有小過不相假借，改之，則坦然無閒。其有善，識之不忘，逢人稱述，士以此畏而愛之。喜岳武穆「君臣之義本於性生」語，謂余曰：「此可括西銘之藴。知父子天性，而不知君臣，不能視萬物爲一體，求忠臣於孝子，義本於仁也；移孝作忠，本仁以爲義也。忠孝一源、明新一貫，千古要術皆充仁以爲義，而非有他也。」故論學力除門戶之見，而統之以忠孝。光緒丁亥，憲司延先生主講關中書院。書院爲恭定講學地，先生又生於其鄉，乃訪恭定祠舊址，擴而新之，旁爲少墟書院，以少墟之學迪其鄉之士。廉訪曾公懷清割俸屬刻是編，而恭定原本無恭定傳，乃取豐川所續繼之。後之與於關學者，又不得略焉，則不惟非恭定本，亦非豐川本矣。涇陽王葵心先生以身殉明，大節懍然，與西人天主之説汩三綱者截然不同，然事天之説正西人所藉口，鄉曲之儒，略迹而識其眞者幾人？先生常欲去之，書出則仍在焉。其先生病，未暇親檢與？抑亦人果無愧忠孝，不妨寬以收之與？先生沒，無可質證，然學卒歸於忠孝，則亘古至今未有能議其非者。而今之從事西學者均能知有君父，則算術技巧非必無補於世也。

論語時習録序

論今日之患者，謂在士子讀書知古而不知今，吾則謂在於習文而不自治其心。挾求富貴之見以讀書，尋章摘句，以求中試官之式，則書皆二千年以前之語言、行事，於今日人之身世何涉？故程子謂中庸爲孔門傳授心法，朱子於序暢言之。蔡氏作書集傳序，又盡發其藴。夫聖人不能預測後世之變，而能預定後人之心，「聖人先得我心所同然」。我爲今日之人，心爲今日之心，以聖言治我今日之心，即能治我今日之事，而應其變。然則世變亟而人才不出，乾嘉以來攻心學之儒爲之也。向在味經爲「時務齋」，與同人講習，即拈論語首章「時習」二字爲的。蓋「時習」二字即聖人傳心以讀六經、論語法[一]。己亥冬，避居九嵕山下之煙霞洞，酆都傅生負笈來從，有事論語而不爲制舉業，乃出素所見及者示之。中閒作輟，迨庚子冬，始成一卷，命曰「時習録」。鄉曲陋儒，識固庸鄙，加以身世所感，又有大不得已於中者，激而爲言，必失聖人本旨。不忍棄而姑存之，見者以爲深山之痛哭，哀其意焉可也！[二]

學記臆解序

嗚呼！今日中國貧弱之禍誰爲之？劃兵、吏、農、工、商於學外者爲之也！以學爲士子專業，講誦考論以鶩於利祿之途，而非修齊治平之事、日用作習之爲。故兵不學而驕，吏不學而貧，農不學而惰，工不學而拙，商不學而愚、而奸欺。舉

[一] 遺書「法」下有「也」字。

[二] 遺書「也」字下有「古愚識」三字。

一國爲富强之實者，而悉錮其心思，蔽其耳目，縶其手足，倀倀惘惘，泯泯棼棼，以自支持於列强環伺之世。而惟餘一士焉，將使考古證今，爲數百兆愚盲疲茶之人指示宣導，求立於今世以自全其生，無論士馳於利祿，溺於詞章，其愚盲疲茶與彼兵、吏、農、工、商五民者無異也！即異矣，而以六分之一以代其六分之五之用，此亦百不及之勢矣。告之而不解，令之而不從，爲之而無效，且弊遂生焉。彼六分之一之士，其奈此數百兆愚盲疲茶之民何哉？然則興學無救于國之貧弱乎？曰救國之貧弱孰有捷且大與興學者？特興學以化民成俗爲主，而非僅造士成材也。風俗于人材，猶江河之蛟龍也，江河水積而蛟龍生；風俗醇美而人材出焉。無江河之水，即有蛟龍，亦與魚鼈同枯於肆，而安能顯興雲致雨以潤大千之靈哉？故世界者人材之江河，而學其水也。化民成俗，則胥納士、吏、兵、農、工、商於學，厚積其水，以待蛟龍之生也。兵練于伍，吏謹于衙，農勤于野，工巧于肆，商智于市，各精其業，即各爲富强之事，而又有殊異之材，挺然出於羣練、羣勤、羣巧、羣智之中，以率此練、謹、勤、巧、智之羣，自立於今日之世界，不惟不患貧弱，而富强且莫中國若矣！以地大物博，民衆而質美，白種之所以深忌我黄種者，此也。堯、舜、禹、湯、文、武、周公以來，其終日憂勤惕厲者，皆爲此事，其曰勤民，非君相一手一足代億兆人之手足而啟其心思也。納民於學，使皆爲有用之材，以自治其業而已，所謂化民成俗也。故大學言「治平」曰「明明德於天下」，政與教不分，故士皆出於民，而「士」訓曰「事」，「仕」訓曰「學」，九流十家之學皆出於古之官也。桀、紂、幽、厲不以德教民而以力制之，數百年有政無教，中國疲弊。孔子欲起而救之，布衣不得位，陳堯、舜、禹、湯、文、武、周公之治，力不能及民，僅與民之秀者講明之，故言學不言政，學不及兵、吏、農、工、商而專屬於士。後世爲政之失，非聖人言學之本義。化民成俗之本義不明，而造士育材之作用亦隘，士日困於記誦詞章，民則困於愚盲疲茶，國勢散渙，阢隉，屢受制于外人，而無可如何，嗚呼！其所關豈淺鮮哉！

乙未歲，馬關約成，中國賠費二萬萬，予傍[一]徨涕泗，無能爲計。其臘，幼子瑞駱之師解館，予代督課。時讀學記，予閲

[一] 傍：遺書作「彷」。

一過，舊書重讀，新解特生，葢身世之悲有不能自已於言者。强坿經訓，以告稚子，故題曰「臆解」，觀者若執古訓以繩予，則予之戚滋深矣。

立政臆解序

癸卯夏初，次兒〔一〕瑞騆隨侍至甘，讀湘鄉周氏所譯憲法精理卒業，請曰：「此西人新出之精理，吾古亦有之乎？」曰：「有之，尚書二十八篇，闡此無餘藴矣，而立政一篇尤重用法，謂爲憲法之鼻祖可也。西國所謂憲法，卽中國所謂洪範，所以知人安民、平治天下之道也。道出於天，行於人，被於民。天無形聲可接，民之聰明、明威卽天也。故克知灼見以任人，博采庶言以爲法，王則罔兼罔知、勿閒勿誤，人法相維，而世久安長治矣。自天子至於庶人，各守其範，故立政篇終飭司寇之執法，胥天下而範之於道。西國憲法之精義，不盡於此哉？」騆遂取立政讀之，隨筆箋記，呈余評閱。塗改者十七，而留者十三，歷七十餘日。門人王生〔二〕愛而鈔之，又爲校閱一過，名曰立政臆解，因書其緣起如此。

嗚呼！吾中國憲法，堯、舜、禹、皋創之，湯、文、武、周公承之，孔、孟修之，明明備于尚書，桀、紂、幽、厲不能亡者。經祖龍虐焰銷蝕沈晦，遂至湮埋二千餘年之久。今爲西人所迫，道始大明，乃求憲法于西國，是棄祖父膏腴之業而不耕，而甘行乞於市，以求延殘喘也，豈非大可痛心之事哉！〔三〕

〔一〕兒：遺書立政臆解序作「男」。
〔二〕王生：遺書立政臆解序作「王之藩」。
〔三〕遺書立政臆解序文末有「閏端陽後五日，古愚識」九字。

新序序

新序十卷，蓋子政雜録往迹，以寄身世之感。前五卷爲雜事，始以舜與孔子，以孝爲治，繼以叔敖之仁，論語孝弟爲仁之本之意，治之源也。中多仁君進賢、改過語，始于樊姬進賢，終于卞和被刖，爲元帝、成帝言之，亦子政不遇之故也。六卷刺奢則成帝對證之藥也。七卷節士、八卷義勇，則所以箴砭張禹輩者深矣。九卷、十卷多取縱横之説，漢初謀臣之事，而終於主父偃推恩以弱諸侯之事。承平既久，天子之威令殫於海内，臣下謹懔奉法，積習既成，遂各以保禄位貽子孫爲賢，無肯爲國家出一謀、設一策，以救未形之禍也。外戚日盛，宗臣日微，劉氏之將爲王氏，其機已動，不可遏矣。内無平、勃、灌嬰、朱虚之勳戚，外無齊王之强藩，此子政所深痛也。其文體與列女傳同祖韓詩外傳，蓋子政世習魯詩，溫柔敦厚，得於詩教者深也。

蠶桑備要序

我朝耕織並重，超越前古。聖祖既爲耕織圖二十三幅，題詩如其數，又爲桑賦，至高宗，編輯授時通考以蠶桑終編，豈不以國家建都直北，有耕無織，思深慮遠，蠶桑之事，司牧吏尤宜加之意歟？是以賢哲大府，無不盡心蠶桑，極力勸舉。吾陝則陳文恭公、楊崇峰中丞啟其緒者也。近日海禁大開，罌粟毒卉大妨穀土，中國銀錢日漏外洋者以千萬數，惟中產茶絲稍能抵補。故才智士談中外消長者，於蠶桑之説，亦有取焉。如制軍左文襄、譚文卿、方伯李菊圃，固在利民，亦隱以禦侮也。然令出而民不從，事行而效不覩者，何也？法不及于婦女，升遷屢見於官府，憲司尊而不親，人去而政無主，間以吏虎，民方以領桑、種桑爲苦弊，於今，誰信其利？於古，又何能聞風鼓舞，徧於三輔也哉？今懷清方伯知之，去歲陳臬吾陝，旋攝方伯，搜故牘得七千餘金，以爲勸辦蠶桑資。不自爲政，而擇官紳之賢者主之，官則長安丞、今升補鎮安知縣林子禾、涇陽縣丞許文峰，紳則內閣中書張彝、候選訓導柏震蕃、廩生王典章。官久，則情形較悉，而易與主持；紳多，則與民相習，而不難勸導。方伯蓋志在必成，故委曲而出於斯也。

時三原令劉公乙觀勸辦蠶桑已有成效，方伯用取楊氏豳風廣義，删而輯其要者，屬乙觀大令續所親試簡法於後，刊而布之。自序於前，又令蕡爲後序，而公已移藩甘肅矣。伏以公以監司之尊，心人蔀部屋而爲之謀久遠，又不自爲名，擇有司之賢者，俾專其事，而卒其功，迹若迂而意何厚也！紳等生長斯土，不能自爲桑梓謀，已滋愧已，又重以公命，其或無成，不惟負公，且負國、負民、自負其心也實甚。蕡承乏味經講席，本可無預地方事，然海疆事棘，如坐漏舟之中，苦匏不材，與人共濟，亦其願也。況許仙屏師創立味經書院，其奏章云農桑、水利亦可因之而舉，辱承公命，何能置身事外。謹書顛末如是，以與同人互相勖云。

蠶桑備要後序

右蠶桑備要四篇，大同劉青藜乙觀輯。君以辛未進士令陝西，於三原獨久。時，劭卿塗君治涇陽，注意於保甲、積穀，君則致力蠶桑，倡率勸導，無微不至。輯爲此書，盡擷豳風廣義之精，而又參以近人新出之説及君所親試者。三原蠶桑大起，野則樹桑日廣，城則繭絲盈市。劭卿前歲病時，深以涇陽蠶事不如三原爲恨，而君於去歲亦以伯兄之沒，告養歸矣。君將歸，飭送此版於刊書處，而劭卿所刊豳風廣義亦存刊書處，未取歸。余識其後，又識此書，蓋天隱隱存二循良迹於刊書處也。

重刊白芙堂算書廿一種後序

算書廿一種，南豐吳嘉善子登著，長沙丁取忠雲梧補，初刻十七種，後又增以差分、盈朒、弧三角及方程、天元合釋四種，爲廿一種，今實廿二種，蓋又增入四元淺釋也。是書雖參新法，實闡古義，故筆算列位，自上而下，便中土士人之習，而終以天元、四元，不及借根、代數者。借根、代數由天元、四元而出也。近日算學昌明，諸家著述多卽一術推闡，無美不臻。求其融會古今，集算學之大成者，御製數理精藴而外，惟梅文穆增删算法統宗及屈曾發九數通考爲該備。而統宗無天元，通考有借根，無代數。蓋中法自明而晦，文穆始以借根釋天元，而代數未入中國，則四元之學猶未著也，得是書而中法燦然矣。凡近人新出之書，均可迎刃而解，西術亦可由是窺其奥，所謂鎔西人之巧算入大統之型模，學者毋淺視之也。

時務齋課稿叢鈔序

古之格致，合理、數而一之；今之格致，分理、數而二之。理外於數，則理遁於虚，虚元之説、清談之習，皆將雜焉，而理之益身心、家國者，特僅此儒術，所以有積弱之勢也。今朝野上下力求自振，而推本於學校。整飭學校不得不先小學。蓋明理以訓詁，推數以算術，古者士通六藝、九數，固與六書並重，而朱子小學則爲大學誠、正、修、齊導其先，非小學語也。近數十年，識微之士，固已致力於算，而吾陝獨毖。今中丞張公、學使趙公爲陝人立崇實書院，先設時務齋於味經，則合理數以爲格致，周髀之説，必不後於爾雅、説文之用已。夫算術至今日融會中西，御製數理精藴詳載借根方術，已開其端。由此而天元、四元、代數、微分、積分皆較古術精簡宏奥，學者不能淺嘗止也。而邢生廷莢等或以天元演借根，或以借根演天元，或以代數演借根，或合元、代悉取其公式，於布算尤便。理本寓深於淺，術卽由淺得深，演尋常之數，卽能得深奥之理。

格致之學固貴近求之實迹，而不必遠索諸虛空也。諸生已以算爲端矣，因彙而刻之，以爲時務齋留心時務者一助云。

代微積拾級補草序

西之代數，中之四元，算家以爲極詣，至微積術出，又超而上之矣。蓋四元、代數所算者，有定之數也，微積則無定之數也。有定之數出於形，故由點而線、而面、而體，其大小、長短、曲直、方圓、廣狹、厚薄、高下、淺深之數，皆以直線算之，形定則靜方，方出於直也。無定之數，成於勢，積點而爲線、面、體，分線、面、體而爲點，其消長、遲速、多寡之數，必以曲線算之，勢動則圓轉，圓成於曲也。兩閒之理，體方而用圓，故測地、窺天，線皆用直；而日用之物，則圓多於方，故曲線於制器、利用爲便也。

近百餘年，泰西勃興，固由政治之善，要其機器之精，亦有功焉。則奈、來二家，創立微分、積分之術，有以資之也。賫偕吾鄉人學算二十餘年，於微積之術毫末有得。張生秉樞，年未壯，心精力果，不期年，盡通其説，於李壬叔氏所譯之問，無草者補之，且能證其説之誤，則吾鄉人士才智不必盡出西人下。有志習算者皆可以秉樞爲證，而無畏難之見矣。喜志數語而刊之，正爲吾鄉人幸也。抑予又有説焉。仁圓而義方，方守成説而圓則生新機。今中外氣象之新舊，算術亦爲之兆乎？顧中法有綴術焉，用之割圓者，皆預推定算式，臨用以數入之，與微積各類之公式同。秉樞試致力於綴術，由各圓以求各曲線，理勢固有相因者。微積精於代數，實以代數爲資始，綴術亦四元之變法也，苟能有成，吾豈第爲吾鄉人幸哉。

幼學操身序

「六極」言弱不言愚，人之患弱甚於愚也。蓋智以爲謀，强以任事，天下人食智者少，食力者多，愚不能謀而力能自任其事，則人事修。舉中國生民之禍，猶未極也，故秦愚黔首，而陳、項崛起，爲漢驅除，天下不致亡於外夷，民雖愚而未弱，中國尚足以自衛也。夫秦焚詩書以愚民，未嘗不墮名城、銷鋒鏑以弱之，然能去其爲强之具，不能弱其爲强之心與身。自朝廷以利祿誘士，棄實事而求虛文，士競趨文雅，清談出而五胡之禍成，詩賦盛而五代之亂伏。宋、明至今，以制藝埋沒中國之人才，而夷狄之禍遂如烈燄洪水而莫之拯救。童子束髮入塾，無規矩以束其筋骸、音容，以和其血脈，以及射御之便捷其手足，壯健其身軀，終年扃錮一室，强之記誦，掇拾字句，遂使聖人之經不能爲智，而適以弱之。喻士子如「處女」，謂翰林爲「女兒官」，此學之成者也。其弱冠不能得一衿者，脆弱之軀，不能改而操他業，勢必刁詐鄉里，流於匪僻。而父兄察其子弟之材力不能取科第，則甘於不識字，以早從兵、農、工、賈之業。故今日蒙師不惟弱我中國，並以貧我中國。患起於鄉遂，以及於天下，此所以見弱於島國，而遂無如之何也。今欲力挽其弊，莫如復六藝之舊。然射御近人欲易以圖鎗矣，禮之履蹈、樂之步伐，皆使嫻於周旋進退，坐作起伏之儀，而使强健其身之意少。惟外洋有幼學操身，類中國「易筋經」，而詳備過之。然拳勇之説相傳，乃謂之「經」，其卽古小學之遺歟？時務齋刊之，以爲今日整頓小學之助。昔晉五胡之亂，陶士行朝夕運甓，時已領廣州刺史矣。然則欲强中國者，此書豈第爲幼學所有事哉？

勸不纏足會後序

時務齋學友邢瑞生、柏厚甫等閲報，得新會梁君卓如孝廉爲其鄉賴君弼彤、陳君默庵戒纏足會序，欲行之吾陝，求予言於後。余曰梁君言至矣，盡矣，閲之不惕然動心者，必無人理，予又何言？然梁君之言，法語也，破數百年之沈迷錮蔽，不得不大聲疾呼，如雷霆之震人，將望而畏之，畏之而不甘其厲，則且假他詞以飾其非。中國之人每好諛而惡直，此會又有外夷倡之於前，必借「用夷變夏」之説吹求梁序以阻遏於其後，則一二人之勸必不敵千百人之阻，不且激而愈甚乎？則吾請巽以出之。中國道重五倫，統于三綱，夫妻判合，陰陽之義，陰必統于陽，抑陰之説所由起也。人卽無良，斷未有甘以女妻供玩好者，若服役則内職有所不得辭矣。富厚之家，衣服酒漿，寒儉之族，棉桑井臼。詩之言婦事也，蘋、蘩、荇、葛，皆婦人采之，而行「饁」一語兩見雅、頌，束縛其足，于服役便乎？否乎？不便而爲之，是眞以妻女供玩好也，謂娼優其門戶，又奚以辭？則曰婦人職於內，束縛其足，所以爲閑也，不閑其心而殘毀其肢體，心既馳，足能止乎？況心爲形役，耳、目、鼻、口其縱欲興禍與四肢等，不能遍爲殘毀以閑之也。禮防于未然，刑施于既犯，女子之足果犯何律，而竟以刑爲禮，一入閨闥，雖清白之家，皆成踴貴氣象，而以爲美，是誠何心？宜梁君之目爲愚，目爲忍也。原會條約報章未載，而「婚姻互通，相攸無虞，婦學繼開，流風益廣」，則斯會扼要之言也。邢、柏二生，擬行於吾陝者亦歸於是，非卽吾陝之人傑哉？邢生又先爲「復豳會」以興蠶桑，行見三十年後，履道坦坦，遍於閨門。豳風圖中人皆將以絲繡系二生矣，豈第尸祝已哉？

趙不爕倡建村立孔廟序

嗚呼！西人始侮吾中國爲半教，近則謂爲無教，此言極沈痛，蓋欲滅絕我之種類而吾民不知也。今日世界各國皆有教，惟野蠻無教，野蠻無教卽爲禽獸，遇兵事各國不以人理相待，剖割屠戮、焚殺淫掠，無所不可，此萬國公法之例也。故侮我以無教，是壯彼之軍心，而欲絕滅我之種也。夫吾孔子之教，早於彼教者數百年，何爲無教？蓋彼習於彼國之俗，建堂禮拜，人人虔祀教主，則爲有教。見吾中國縣惟一文廟，終年扃閉，無一人學修於內，而民人且不得入其門，鄉閭所祀者非西遊記之佛，卽封神演義之老牛鬼蛇神，千奇百怪，彼則以爲妖，不以爲教也。庚子之變，八戒、沙僧、關平、周倉皆爲拳匪煽亂之資，故謂中國如野蠻所爲，而無人理。夫吾中國之民，僧、道、耶而外，皆自謂大教，大教者孔教也，孔教之論語、六經無一非實言人理，而怪力亂神則吾聖人所不語。庚子之事，吾大教所爲？教主所言耶？抑教主所不語耶？以奉孔教之人而其所爲出於孔教之所不語，宜人詆爲無教也。士、兵、吏，所以爲強也；農、工、商，所以爲富也；此六等人者無一不生於鄉里。鄉閭淫祀相望，舉目皆是，獨無孔子之祀。目中無孔子，心中安得有孔子，尚得爲有教乎？無教則無學，不能自治其事而精其業，卽不能富强與人並立，又何怪人之侮我、詈我，將儕於禽獸而滅絕之也？

夫萬國公法，用兵於人之國，不毁教堂、善堂、公司，蓋以此三事皆文明者之所爲，故保全之，以自詡紀律。天津之破也，於七月初八日禁竊鹽觔，八月十三日禁兵丁擅入善堂，二十七年正月十一日不准民兵擅入貢院，並封閉院屋，十二日保護會文、輔仁、集賢、關津、稽古六〔一〕書院，二十八日保護文廟，而三義廟、龍王廟則改爲福音堂。是西人亦信吾孔教，尊重而敬祀之，而崇奉孔教之鄉，乃無一孔子之祀宇，是誠不可解也。丕爕有見於此，以爲齊一吾國人之心，莫如村建孔子廟，卽以其前爲學舍，以洗無教之恥，而阻其絕滅我種類之謀，予爲題其前。予慨中國之貧弱，禍患交迫，將終制於人而不能復振也，故敍外人之侮我者以勵之。嗚呼！今日欲振中國，舍明孔教以納士、兵、吏、農、工、商於學問，萬萬無由，則丕爕此舉，當亦仁人君子之所樂從也。

焦氏族譜序

渭南西坊曲里焦子宜春爲其族支譜成，介於友人雷曼卿以問序於余。余閲之，譜自其始遷祖以下無可考，自八世祖始有碑碣可徵。譜共十一世，而西坊曲里南北二村，北村又分三支，曰東、西、南，東支分四小支，此其東支之一卷。首世系表，次世傳，次内傳，次以封贈終焉。其自序則因中外失和，六龍西狩，懼其宗族之播遷，如回亂之殉陷，而失名者多也。予於是瞿然曰：「恤恤乎！湫乎攸乎！焦子之譜也，可謂思深而憂遠矣。」然惜其氣懾而志未宏也，請爲焦子振而廣之。焦子之意，蓋憂異族之爲其族患也，蓋患不在族之同異，而在吾心之爲同異。焦之先爲姬，所謂虞、虢、焦、滑也，而卽滅於同爲姬姓之晉，晉分韓、趙、魏，韓、魏皆姬姓，而趙與秦爲同族，卒與韓、魏同見滅於秦。中國之族無一不出於三皇、五帝，

〔一〕此處實舉五書院。

自古至今其播遷流離者，異族爲之乎，抑同族也？易之言「同人」也，固「類族辨物」矣，而于野，則「亨于郊」，則「无悔」，出門「无咎」，而于宗則吝天下之患，睽則亂，而同則治，然同之貴大，而不必其族也。焦子必曰：「吾爲夷狄之非我族類，而心異也。」是則然矣，然春秋之法，中國而夷狄，則夷狄之；夷狄而進於中國，則中國之。衛可書爲戎，以伐同姓之凡伯也；晉可同于狄，以滅同姓且賢之潞子也。春秋尊周攘夷，所攘之夷，即周同族之衛，晉亦與焉。然則爲吾族之患者，又不必其族之不吾同也。焦子又必曰，「爲其教之不吾同耶。」教之患，莫甚於同焉。然中國之教以孔、孟爲宗，孔之先，教統於君，政即其教。由周而來，五百余歲，國各異政，必皆異教。至孟子時，異端蠭起，皆立教宗，孔子曰「有教無類」，又曰「天下爲一家，中國爲一人」而孟子曰「用夏變夷」，又曰「撫四夷」，又曰「使天下士、農、工、商皆悅」，而至孔子於楚狂、沮、溺、丈人之流，皆欲引而近之。孟子與楊、墨辯，欲用楊、墨也，故曰「歸斯受之」，所深惡而痛拒絕者，則在似中行之鄉願。故孔子曰「過我門而不入我室，我不憾焉」，孟子曰「終身不可與入堯、舜之道」。然則族當以天下爲量，而六經、語、孟即其譜，堯、舜、禹、湯、文、武爲譜之宗子，皋陶、稷、契、伊、周、望、散爲譜之家相，孔、孟則作譜之人，而使吾族播遷流離者，則在同國、同教、同族之鄉願，而非異國、異教、異族之爲患也。患之如何，曰君子反經而已矣。推明六經、語、孟之旨，以待大族之宗子、家相出焉，大族安，支族無不安。焦子爲譜之憂，其亦可以渙然釋矣。余以狂愚見詬於世，今因焦子之譜，又發此論，知我者少，而罪者多，焦子其持以示曼卿，勿爲外人道也。

鞏氏族譜序

鞏生伯奇，從予於味經者有年矣，一日持其叔父所爲族譜求序於余。其譜敘鞏氏始自山西朔州，有孝章者仕金爲監軍，子二，長固爲駙馬都尉，領軍民大元帥，居冀寧；次實，性沖淡，不樂仕進，游秦，愛終南山水，因家焉。子遵以材智科仕元，官至御史中丞，崇祀鄉賢。遵子士傑，以劍州知州遷戶部左司郎中，葬於盩邑東西顏村，子孫遂家於此。至明有確者，與弟端俱爲選拔生。確官魯府引禮，端爲吳江主簿。鞏氏族日大，散居盩邑者不一，其最著有千戶村、蔣下村。始遷蔣下者，諱淵澄，則明嘉靖時也。越八世，有圖者，圖子茂益，當本朝康熙時，其孫良瀚、良瀞，瀚爲弟子員，以文學顯。瀞子兆蘭，於乾隆壬申入邑庠，是秋，捷於鄉，大挑，揀發江西知縣，改補蘭州府教授。子三：萬邦、萬清、萬程，程治申、韓學，屢爲制、撫、藩、臬上賓。有子三：長維鼎，恩貢生；次履坦，登仕郎；次維甲，歲貢生。維甲五子：長模爲伯奇父，誥授文林郎；次楷，邑庠生，爲介賓；次栻，歲貢生；次標、次柄，皆處士。楷卽爲譜者。其他支派雖晰多，無事業可紀，故其文於本支爲詳。

譜之例固如是也，然予有感焉。所貴乎譜者，謂宗法可由此而生也。宗法爲君道所自始，子孫積而爲族，統之者爲宗，宗族積而爲國、爲天下，統之者爲君。宗法由祖推之，親親也；君道自天推之，尊賢也。然自我朝以前，卽號爲天子，撫有天下，所治者五帝、三王之子孫，三代而前，得姓者僅百。天子雖宏覆載之量，皆可以同姓、異姓、庶姓之恩治之。今則六合將混爲一家，五洲無異於庭戶，種分五色，族各自衍，西人謂皆生於小亞細亞，其說不見於六經，無可究詰，然則治今日之天下，不能僅本於祖，而必上而究本於天。孔子著易、春秋，發一元統天之義，殆爲今言之也。然異教祖述兼愛，知天而遺其祖，則操之無其本，推之無其序。孟子曰「天下之本在國，國之本在家」，又曰「親親而仁民，仁民而愛物」，易以「類族辨物」爲「同人」，然則非推本於天，固不足以治今日之天下，而「類族」卽其操之本、所施之序也。伯奇叔父之爲是譜，豈非今日之急務哉？伯奇性純謹，能守家學，或不足於遠大，故余爲其族譜序以進之。

嗟乎！自春秋以至戰國，五帝、三王之族，多淪入於異類，孔子贊修，蓋亦憂其類而譜之之意也。學者習而不察，日讀六經而不知自憂其族，其大戾修譜者之心矣。伯奇可持予言歸，以諗叔父，其以爲然耶？否耶？

王母楊太孺人懿行序

王生伯明，從賀復齋先生於清麓，講程朱之學。甲午、乙未後，予爲「復邠學會」於味經，伯明復同講席。五日一會，會有講，講有義，刊時務齋隨録中者是也。時扶風人士游味經者夥，咸以伯明爲的。吳生文臣、李生潔甫等持伯明祖母楊太孺人懿行狀示予。蓋孺人有二子，庠生世昌，先孺人卒，無子，以世規子照離嗣，故伯明爲孺人嫡長孫，孺人卒以中日和後之五月。越二年八月，伯明將禫，文臣等欲永伯明之慕而慰其思，故丐序。予閲所狀孺人，事翁姑孝，教子孫嚴，居家勤儉，持身貞潔，不玩會，入廟乞神問卜，焚紙錢資冥福，衣食終身不爲變，婦德之恒固如是，而王氏先世剛烈之性，乃一變而溫厚和平，王氏之門戶則日益盛。予乃恍然於成周之治。夫周自不窋失官，公劉遷邠，太王避狄，世爲狄弱，至周公而兼夷狄。求其所以兼之之術，則自姜女胥宇以及太任、太姒積爲邠風之俗，蒸爲二南之化。事不外農桑田狩之常，人惟是家人父子之倫，而戎狄之烈焰自消。

蓋內外無怨曠，廣其生也；行居有積倉，厚其養也；自閨門以及閭巷，融融洩洩，宏其教也。人之生也，筋骨强健，多由母養，知識甫開，多親母而尊父。親則教易入，故古人於子成童以前，教養之責母實兼之，名儒所以多由賢母也。內則「十年出就外傅」，十年以內其保傅固婦人也。婦人五十無子，使采詩於國中。采詩於國中，必分地、分鄉，朝夕與之相習，聚婦孺而訓之，始能得其詩。故采詩於國中，宣教於國中也。身爲婦人，不妨入人閨闥，日與鄉之婦女周旋，則王化無不及之處，成二南之盛，無不强且智之，子弟所以兼戎狄也。夫人無禮義則横暴，横暴卽夷狄也；有禮義則和柔，和柔卽中國也。今外洋以横暴侮我中國，乃反侮我爲半教，爲野蠻，而我之與外人周旋者，士大夫多溺於詞章，否則目不識丁，冥頑不靈，私門則勇，公戰則怯。中日之戰，紛紛潰散，如鳥獸然，則其失教蓋有自來矣。憂心世道者咸欲振興婦學，而一孔之儒又詆爲棄所學而從夷狄，詩禮之說縱未寓目，觀楊太孺人化王氏子孫，亦可恍然悟矣。

伯明不迂予説，又與文臣等分「復邠學會」爲「樂羣會」於其鄉。扶風爲有邰之墟，邠之所自始也。太孺人之行猶其流風餘韻與？然惜婦教久不修，孺人率其天質，未加以學，不能任采詩之役，廣其教於一邑，俾子弟盡爲成材，上供朝廷之用。値此時世，空抱漆室之悲以沒，然齊淖齒之亂，王孫賈受教於母，袒臂入市，從者數百人，卒復齊社。伯明既爲「樂羣」，可無愧王孫氏，足慰孺人之靈於九原。吾猶指實言之者，欲吾黨知女學關於時務者甚鉅，而無惑於流俗之口也。

胡麗生太守五秩壽序

天之所以位置人者，必視其人之所自爲，性情之所蘊蓄，氣象之所感召。凶人無往而不凶，雖極其詭避、巧圖，若有鬼神焉，常伏以困苦傾危之境，以待之天命之巧，非人力所能勝也。吉人無往而不吉，事不避難，居不辭困，進無所營，而退無入而不自得，此其所爲，使巧智者見之，未有不心悸神沮，以爲天下之大患，必萃於其躬。而乃敬以承之，靜以待之，其安常處順之休，適符其性情之祥和，氣象之敦厚，福祿壽考若獨爲天之所私，而非營謀者之所能及。故曰「仁者壽」，位祿名壽必之，大德生物，因材而篤，覆傾而培其栽者。然則君子之安命，固君子之知命而能凝命也。

予友胡麗生太守，三原人，以諸生觀政刑部，遂補郎中。予於丙子春晤君於京師，貌恂恂然，言吶吶然，氣靄靄然。豪于酒，終日飲，容止愈肅，神明愈凝，覺近之浮沈郎署者，不若是也，心竊異之。後其諸子坊、垣從予遊，予館其家者八年。其仲弟子周觀察，季弟子仁部郎，與予言壬戌猘變事，君則奉母張太淑人守危城，而俾從兄及二弟出外圖存。時變起倉猝，守者均不知兵，幾危者數矣。君矢志必死，出鉅資助邑令，賞募死士擊賊，敗去，危城得全。而出外者則奔走烈日之中，竄匿鄉村之内，寇盜之劫掠，賊騎之沖截，時驚烽火，復虞饑渴，憂危勞苦，有倍於城守者，君則初未計及也。

予於是心獨異君。既而奉諱里居，晨夕晤談，則君於部務無不究心。律例略能上口，其談天下事，必反復終極之弊，而以敬慎持其始，始知天之位君者，必有重大於其後，而非倉猝淺近者所能窺也。以君資格宜得繁缺，知府慶陽，瘠苦名天下，歲入不及二千金，人人望而避之，君曰：「是將選我」，既而果然。及之任，四郊蒿藜，幾無人煙。城內居民不滿二百家，從者以爲大戚，有泣洟求去者，君處之怡然。先是，官斯土者等於謫遷，心灰而氣沮，多不事事，故政刑不立，盜賊充斥。君則申明舊章，整飭吏治，謂民能保聚，然後可以事開墾；士知詩書，然後可以言風俗。於是首嚴緝捕，次編保甲，次課農桑，次興學校。盜不必皆獲，而必無案之不報；民不必土著，而必有籍之可隸。農勤於野，而地效其靈，士誦於室，而俗漸其化。購書籍以廣文教，清訟獄以安善良。吏之奸貪者去之，士之秀孝者獎之，廨宇之破漏者葺之，城垣之傾圮者築之。百廢俱興，半出於廉俸，不足則取給於家，條畫規理，若治其私。政則大舉，民乃漸和，歲亦屢豐。計自丙戌至今，君蒞斯土已五年矣，明年爲君五十初度，其子坊等將於五月二十五日請爲預祝，求文於予，予告之曰：「孔子論壽，歸本於仁，肅穆純固，仁之體也；慈愛祥和，仁之用也。慶陽名隸甘肅，實爲關陝肩背，漢、唐、宋、明逼近邊寇，故俗奮於武，資天下轉輸亦不苦貧，而文教興焉。我朝蒙古、准、回悉爲臣僕，邊境貼然者二百餘年，慶陽遂同內地僻郡，其守選乃爲下下，吏疲民玩，瘠弱日甚。花門之變，受禍遂慘，然形勢之雄厚自若也，民風之純樸自若也。公劉、七月之所詠，非卽今之慶陽乎？古人爲之於前，仁心、仁聞，民被其澤，讀詩者至今有餘慕焉。天若隱儲一仁人之宇，以待乃翁之佈置。生聚教訓，視乎其人，事變不常，以一部爲桑梓門戶，未雨綢繆，乃翁得無有意乎？得山川之氣，相土地之宜，豳民幸有仁人之戴，而羔羊、兕觥將躋公堂爲萬壽之祝，子之壽乃翁未必能加於豳民之壽乃翁也。然則天之位乃翁者，必先俾之以壽，而亦非倉猝淺近者之所能窺矣。坊等往矣，滌觴酌酒，其以吾言諗之，乃翁或將笑吾言近誇而必默默自忖，以爲于天道誠有所窺也。

君初娶常恭人，無子，以子周子坊爲子。後娶陳恭人，連得丈夫子五：墀，邑庠生，塏、均、坪、堪，俱業儒，有聲。乃以墀還後其弟，其三子均則予壻也。君氣肅色溫，與人交無不曲意下之，得其歡心，雖臧獲若恐一言之或傷，其忠厚慈愛，蓋天性然也。君生所遇，先難後易，先否後亨，先若禍害之所伏，而後則福利之所歸也。此則人人知之，而亦以見予言之爲有所驗矣。

陳祝西先生壽序

上古持天下以禮樂，後世持天下以兵刑。禮樂用微，而其收效也緩，積久而深，遂能周於數百年之後。兵刑之迹著，而其爲力也鉅，倉卒奏功，而無以繼於其後，則一旦決裂，不可收拾，故能奏一世之和平。必有人焉，維持於隱微迂緩、無可見功之地，而其所以永其戡亂之功者，爲無窮也。咸、同之際，海内鼎沸，湖、湘諸君子起而首任其難，始于湘、鄂、江、皖，終於陝、甘，以一隅之力，廓清宇宙，武功震耀古今，爲前代所未有。而長沙陳氏有祝西先生者，猶能于干戈之際，默志禮樂，講求律度，考訂宫懸，既驗其學于其鄉，又應大吏之聘，正雅樂于漢南以及關中，湘南之武功文德蓋無不臻其極已。蕡于祝西先生未獲一侍履，而與陳氏之緣則有莫知其然而者。

蕡乙亥舉於鄉，出伯屏陳先生門，則祝西先生之族弟也。揭曉後，及抵京例見座師，又爲太師母壽。蕡默默從同人後，無以稍自見，而師顧樂蕡，曾爲黄子壽師言之。既而師以直諫聞天下，出守大同。戊子冬，猶子瑞駒赴春官，蕡寄書候起居，而師又他徙，書不達。師弟宰留壩，有循聲。蕡欲往謁，卒未果。蕡承味經講席，易蘭生宰涇陽，與予善。其婿陳生伯本學算於予，詢其家世，則祝西之子，而伯屏先生族子也。兩世文字，因緣莫解，其作合之故，此其中殆有氣誼之感焉。今年冬，伯本持伯屏所以壽祝西者，屬蕡爲後序。蕡不敏，何能更贊一詞，然吾于陳氏師友淵源，其迹甚奇。湘人有功德於吾鄉者如左文襄、劉忠壯、劉果敏，吾陝皆尸祝之。祝西又以禮樂陰綿數君子之澤于勿替，則祝西之壽，又全陝人士所默爲祝而誠心以禱祠者。伯本且請不已，蕡烏能已於言哉？然又有説焉。樂以宣人心之和也，内和而後外侮不至。泰西之教遍天下，湘人士獨爲禦之，不令入其境，則其和可知矣。粤匪之起也，仿西人之説爲天父、天兄等不經之語，湘人出而剷平之。一支遁漢南，以至關中，而後合於捻，以就殲于山東。祝翁之正樂也，亦由湘而漢南以及關中，則以禮樂收干戈之局者，未必不望以禮樂遏干戈之萌也。時變日亟，邪説日熾，陝人士于春秋祼將之際，聞古樂之盛而思奮然爲吾道干城者，則庶幾祝翁之心也。伯本持吾説歸，以壽其親而即請正于吾師，或不以爲狂，而祝翁亦必樂進一觴也。

易蘭生大令六十壽序

予嘗恨暴秦焚書銷兵，愚弱黔首，爲患中國，至今日而極烈。漢祖崛興，知救其失，令文武、兵民爲一，而未得其本原，故東漢即罷都亭講肄，郡國無兵，困於羌戎，黃巾卒兆兩晉、五胡之亂，則兵民分也。唐設武科而崇番將，困於藩鎮、黃巢，卒致五季之亂，則文武分也。宋不能以文爲武而抑武，不能教民爲兵而刺兵，故兵勢極弱。以及元、明，士習詞章，兵遊都市，愚弱不可用，内寇外夷，得而乘之，蓋皆本焚書銷兵之故智，以至於斯也。迨至我朝八旗之制，文武、兵民合矣，故國初至乾、嘉時，武功極盛。然滿、漢異制，旗營無恒業，則又名合而實分，故自西夷構禍，兵事頓弱。咸、同中興，實賴曾、胡諸公，奮起湖、湘，以文爲武，集民爲兵。羅、李、左、彭諸公，以儒素〔一〕羽翼之，而三湘遂獨成風氣。士不粗視干戈，民不腐視經藝，魁碩輩出。苟有藉乎文治武功，皆能以自見，如湘潭易蘭生先生，則尤卓卓者也。先生以從軍積功得縣令，歷任郃陽、南鄭、紫陽、朝邑。任涇陽時，予承乏味經講席，得親言論，丰采絕不同于俗吏。爲味經購書數百卷，又命子懷清從予問學，其婿陳生伯本又與予同商算術，故賁得交先生。先生所至有惠政，而郃陽靖亂事爲功于陜者尤鉅。先生之任郃陽也，爲光緒戊寅，時陜境奇荒，蒲城土匪戕官。先生矜恤郃民，恩惠周至，境内靜謐，而土匪從北山至，沿路脅饑民，千百爲羣，將入郃境，人心皇皇。或議城守，或謀請兵，先生均不許。立集健勇數十人，授以兵法，帥而出馳至境，匪不意先生親至，大驚，遁去，悉解散。先生亟定饑民，資遣之，而搜緝餘匪，亂遂已。是時使宰郃者爲文弱吏，必藉口城守，匿城内請兵，不時至，遷延十餘日，匪得飽略器械，馬匹漸備，饑民漸坿，西與蒲邑匪合，勢必愈熾。晉、豫亦饑，匪效捻匪故智，將蔓延不可收

〔一〕此字疑爲「術」。

拾。先生從容定變，無可言功，而全陜隱受其福，吾謂功爲鉅者，此也。

嗟乎！今之世變急矣，六七大國環伺於外，其國無人不讀書，無人不習戰，無事以工作之巧、商賈之智，歲耗我銀錢千百鉅萬。稍失其意，則以礮火之盛、器械之利、紀律之師、學問之將，挾威力以要我。而我中國文者不武，武者不文，臨時召募素不習兵之民，巧滑遊惰，雜輳成軍，此必不能敵之勢。故以堂堂中國，不能敵一日本，以割地賠費，終不知振作，以自復三代上文武不分、兵民不分之制，而欲倚强大以自固，豈可得哉？豈可得哉！顧欲中國之强，非人人知學、知兵不可；欲人人知學、知兵，非州縣官先知學、知兵不可。然則安得千百蘭生，遍佈州縣，以固我中國也？今歲爲先生六十初度，懷清自湘來索予文爲侑觴，夫人子自祝其親，不若合天下人祝之也。予感先生郃陽舊事，棖觸時艱，故歷究三代後中國愚弱之故，寄懷清以壽先生。

煙霞草堂文集卷三

咸陽劉光蕡古愚

龔定菴葛伯仇餉解跋

定菴謂葛伯不祀，教之祀，遺以粢盛可矣，何必使亳衆往耕，葢皆陰謀也。又謂老弱饋食，皆爲閒諜。然則商王之聖，固亦致人於有罪而征之者哉？曰：不然，湯非陰謀，葛疑爲陰謀，仇怨亳民，以召鄰師耳。湯方以德化天下，而葛伯放不修政，慢神虐民，藪不牧，田不耕，食無儲，廟無祀，不成爲國，湯之恥也。湯德不及鄰，安望化及天下哉？於是曰「不祀」，舉其大也，問而遺，恤所無也。國無三年蓄曰非其國，況簠簋所盛，僅容升斗，貧窘至是，其故爲何？地之瘠與民之惰與？虐政迫之民逃，而地曠也。伐而有之可矣，湯不忍也。使亳衆往耕，以爲惰者倡，使亳衆往，以爲逃者招，瘠易爲〔二〕腴，惰轉而勤，逃聞而歸，曠倏而滿，葛虐不能及，而湯仁遂大行。葛固宛然亳土，其井里市廛，葢無奉葛之政令者。湯固代虐以寬，而葛伯不能不以德爲仇矣。其始，亳民以衆往葛，固不敢虐，繼則葛民化爲亳，葛亦不能虐，終則耕者悉爲亳，葛遂無可虐。亳所耕之境日拓，葛所放之境日蹙，於是黨伯者發憤於亳之一童子，以爲忠義召湯師亡葛，而仍奉湯以美名曰「葛伯仇餉」。「仇餉」者何？見所能仇者，以黍、肉餉耕之童子，而非執干戈來戰之士卒也。童子孰餉？曰餉葛民也，非假亳籍以歸耕，卽傭于亳民以耕作者也。故定菴謂湯「陰謀」，亦如文王之陰行仁政，就葛言之，未爲不是，而謂童子爲閒諜，則失

〔二〕 爲：原字殘，意補。

之矣。湯是時已披其腹心，無俟閒諜爲也。閒諜非童子任也。

呻吟語跋

右呻吟語六卷，明寧陵呂坤叔簡著，國朝陸清獻公以王益仲本刊于眞定者。長白鄂山敬亭氏，乃于道光二年刊於吾陝，又據陳文恭公節鈔本爲補遺於後，時敬亭爲吾陝糧儲道，而同志爲吳蔗卿、鮑鐵帆、恒輔之雲蘭舫、吳澗蓴，葢皆宦於陝者。蔗卿時爲咸寧令，曾令咸陽，有惠政，盩厔路閏生師也，而敬亭則已五年爲陝撫，由陝撫擢陝督矣。至咸豐十年，皋蘭曹曉霞補殘缺，校其模糊，而刷行之，葢其弟熙方爲咸寧令，知卽敬亭氏本也。不知何以流落民閒，入某姓寡婦之手，幾爲薪矣。刊書處以三十六金贖之，更爲補輯，俾完全如右。夫諸君子互相規勸，不自足，而刊先賢善爲規勸之書以益之，其鄭重爲何如？乃輾轉流傳，竟與焦桐同厄。今幸歸于刊書處，當不至如官家藏物，遺失而不可究詰也。書之不勝感慨云。

城守篇跋

右城守篇一卷，邵陽魏源默深著，涇陽縣丞靈寶許虎炳文峰刊。默深謂本朝餉需之絀，由於乾隆四十七年之加名糧，予謂兵力之弱亦由於是。名糧加而虛額愈甚，則戰不勝而諱敗，不得不召募鄉兵，故鄉兵之名著于平三省教匪。至粵逆滋事，曾、駱、胡、左奮起湖、湘，江、塔、羅、李、彭、楊諸將出，盡易額兵而用勇，淮軍繼之，卒奏中興之績。今召募又弊矣，應募者率遊滑偷惰之夫，制内匪且不足，何能當外洋節制之師？故今日中國，非人人知兵如三代時不可。欲人人知兵如三代時，必自合團練、鄉學爲一，使人人視鎗礮如三代之視弓矢而後可。文峰曰：「不辦團練，十年後，中國之大，無可用之兵，無可籌之餉」，知言哉！文峰奉委辦涇原團練，實力奉行，因出是篇付刊，曰鎗礮，訓練之器也；是書，訓練之法也。古法或有不合今日之用，然盡心於是，西法可由此而通矣。因命邢生廷莢注而刊之，文峰又自著礮説，予亦序之而附於是書後。

求友齋刻梅氏籌算跋

籌算三卷，宣城梅定九先生曆算叢書之一也。原書七卷，其孫文穆公去其與筆算重複者，定爲二卷。今未刻筆算，則加、減法及命分、約分、開方、分秒、隅差法，均學算所有事，不可闕也。定九先生發明算術，立法淺顯，設例詳盡，文似繁冗而非冗也。葢反覆推明，惟恐人之不知也。今法例均依其舊，而平方、立方通用捷法，各坿帶縱於其後，則文穆所定也。夫算有九章，盡於加、減、乘、除，開方爲無法之除，用之方田、句股，而其他則皆加、減、乘、除之變化而已。學者苟神明於加、減、乘、除，算術雖深，不難次第就理，葢亦猶書之盡於八法云。

求友齋刻平三角舉要跋

平三角舉要五卷，亦宣城梅定九先生著。求友齋以經史等學課士之第四年，貴筑黄陶樓先生陳臬秦中，以培養人材爲急務，既爲關中書院購書數萬卷，而以求友齋課法矯空疏之弊，於先生購書之意爲有合也。擇課卷之佳者大加膏獎，於算學獎誘尤殷。今歲春，移藩吳會，留五十金於求友齋，作刻書之用。時刻籌算畢，即以先生資取平三角舉要刻之，從兼濟堂本。故言三率及鈍、鋭角形，較文穆公本特詳。三角必用八線，原書無表，不便學者，今附焉。夫先生司刑名而獨加意人材，加意人材而尤注意算術，此其深識遠慮，凡受先生賜者可不默識其意，而刻刻自勵者乎？其門下士咸陽劉光蕡任校勘之役，謹識其緣起如此。

學計韻言跋

右學計韻言一卷，始列位，終天元，分八十章，章各七言八句，元和江衡霄緯著。自謂課徒少暇，勉爲此編，諷誦既便，簡要易記，特便蒙爾。然於舊術新法，包括無遺，依章布算，人人可能。深奥之術，以淺顯達之，較步天歌之言下見象有過之無不及焉。宜若汀氏以薈中西之異同，探理數之奥賾許之也。夫理可以懸測虚談，數不可以空言妄説也。萬物紛繁之迹，數具而理寓焉。高厚、輕重、圓方、大小、遠近、深淺、多寡、長短之不齊，顯在耳目，析其微芒而至理明，妙用出焉。不習其術，烏從而知之？故算學之失傳，不在人人不求其精而在不習其迹也。宋儒教學者先補小學，數固小學，諷誦其法，卽通其術，則尤小學之小學，人人宜補而不難於補者也。前學使柯遜菴令刊是編，意在斯乎？其各術間未用數，蓋恐學者心思拘於數也。如欲演其數，則有吳氏、丁氏之九章翼在。

借根演句股細草跋

天元術大明于元和李尚之氏，蓋自借根術入中國，梅文穆以之釋測圓海鏡，於兩術之所以異，尚不能無疑。至尚之氏，則知其所異，並知其所以同，其自爲天元、句股草，先明術，次演草，次爲圖解，詳哉！其示人矣。使中法天元術復明於世，借根之功不可没也。然其圖解則有得式之數，而於布算加減曲折之故，則略焉。王生章乃取其題，易爲借根，卽做數理精藴、借根圖説而爲之。圖説使習二術者曉然於加、減、乘、除、開方之故，其用力亦勤矣。夫算貴簡不貴繁，以借根視天元，借根繁矣。然天元之有四元，猶借根之有代數也。借根視天元爲繁，而代數則視四元爲簡，然則非借根之繁，不能爲代數之簡，中法算術之失傳，固由安于成術之簡，而憚爲立法之繁，割圓等術是也。近聞西人習算者，於加、減、乘、除後卽習代數術，並借根不習。偉烈亞力氏云，他年西國講幾何術，當反求之中國，趨于簡便而昧所以能簡之故。後數十年之西國，不且同於近數年之中國哉？偉君必有見而云然矣。

味經書院通儒台經緯儀用法跋

數術之學，即數悟理也易，據理推數也難。理運於虚，不如數之瑑於實也。吾鄉僻陋，測天諸器，士無從寓目。壬辰冬，乃命成生安、張生遇乙爲經緯儀於味經之通儒台。既成，二生俱歸，今三年矣，儀台卓立，風雨鏽澀，竟無有過而詢其用者。今年遇乙復來肄業，因令自爲測算於正、斜、弧三角、本形、次形、垂弧、較角及邊角不相對等法，各演草如右後，有志於測算者據草目驗不難也。測天以弧三角，測地以平三角，法有難易，理則一也。示學者貴先以易，因令吳生建寅測高深廣遠附於後，務淺其詞，便初學也。遊味經者各恍然於算術之易習，庶不負柯學使築台造器之本意。夫測量用切割諸線，須有直角，則不便於用，因於前三術下附邊角相求法，則西法之端倪亦兆於是，學者毋淺視之也。

火礮量算通法跋

張秉樞肄業味經，疑陸映庚礮説不如李壬叔之量法便捷適用，不知映庚演算法實出於壬叔，特匿之不肯言耳，因命取二説會通之。物生而後有象，象而後有滋，滋而後有數，象可量，數則算也。九章之方田、少廣、句股，皆量法之算，量固先於算矣。礮火以命中爲貴，李氏抉其源，陸君暢其流，秉樞乃能沿流溯源，疏通證明，量、算並用，而其算且省位，於戎事尤便，爲二家之調人，亦有志士也。量、算施之戰陣，猶有猝不及詳之時，施之城壘，則量算其界，預爲一冊，賊至某界，發其某界之礮，賊無定而命中之處已早定，眞以活礮擊呆賊矣。今東西時事並亟，全陝行堅壁清野法，因命刻其説於味經課藝中，以備有心固圉者之觀覽云。量法須預製平圓一塊，外週三百六十度，中過圓心爲十字相交二線，勻分爲二十萬分，其角度版則用羚羊角爲之，爲半圓形，邊作一百八十度。量時，於平圓上作角，以角度版量之，分釐尺須與平圓十字線上度密合乃適用。

課稿叢鈔盈朒句股公式跋

代數有公式，寫於寸楮，苟識其號，雖極深奧之數，一覽而晰，不煩布算也。夫西法有代數，其代未知之數，固即中法之立元；其代已知之數，亦即四元之寄分合以爲式。能顯立術之理，使人曉然於所以加、減、乘、除，則並天元之所謂術者，亦代入式中矣。近人譯算式集要一書，有益演算者甚鉅。然西術括以點、線、面、體，數之可爲公式者，必有法之形也。故公式自三角始，算三角必分爲句股或補成句股。西術無句股公式，李壬叔演代微積拾級乃自句股始，則句股公式不可闕也。天元代數之兩式相消，即方程之兩行相減，盈朒者，方程之端也。西法之巧，巧於求較盈朒，固審兩線之和較，而中法句股之精，亦在和較。然秉樞此冊，亦可謂善於融會中西者矣。其式以代數演，並存天元之式，習九章者至盈朒、句股，此冊已導以天元、代數之路。蓋合天元已知、未知之數，悉代以字，近人已多爲之，亦以見二術之本無不同也。

許文峰礮説跋

許君文峰，憤遼海之役，徵兵百余萬，快鎗利炮，耗費軍火數百萬，卒以割地、賠費終。適奉札辦涇原團練，實心操演。嘗怪團丁演試劈山不能命中，苦心精思，遂得其故。爲圖説以示予曰：「遼海之役，我軍潰敗，有自軍營歸者，予詢其故，則曰與敵相距二里，即已開礮，礮聲雷動，而敵冒死直前，曾不少退。非敵不畏死也，以今長五尺之劈山證之：由尾至頭已差六分，百丈則差一丈二尺，擊高六尺之人于三里之内，敵愈進愈無鉛丸，敵何憚而不進？乃我不解其故，此所以見敵進而卽潰也。」予勸其刻以示人，許君以爲細務，不足刻。予曰：「夷禍始于道光時，默深先生嘗謂：『厦門、定海、廣東、寶山皆數百礮，僅得一二礮之力。』其海國圖志八十八、九兩卷，載丁監生拱辰測礮説極詳，不啻大聲疾呼矣。今海軍敗，辱國至痛，而仍不知致敗之由，謂中國尚爲有人乎？而君言烏可少耶？」君心動許可，乃附刊于城守篇後。嗟乎！測礮之法，丁君目覩外洋而效之，君則以苦思得之，而謂爲細故，豈知不龜手藥可以治吳，改長刀製戚氏所以守薊。謹小慎微，聖人之學也。況許君活星之制，又能化無用爲有用，有兵事之責者，信許君説而實試之，其今日補牢之至計也夫。

王幼農思過齋跋

三原王幼農茂才，名典章，顏其讀書之齋曰「思過」，求言於余。夫身之垢爲過，心之靈則思，以靈滌垢，約守而博施矣。雖在他人，吾猶樂爲言，矧爲吾幼農，則出一言以刻學成之券，意正殷也。幼農父益農，與余兄友善，延余誨其仲子憲章。其伯子晦伯煥章習舉子業，與予善，時幼農生未周晬也。晦伯劍至余館，聞書聲，則睎視靜聽，置之几，則啞啞身動，如讀書狀。自是益農至館，必委幼農於几，觀其狀以爲笑樂。曾幾何時，而幼農工文藝，有聲庠序，乃不藻采之鶩，而闇談以修。嗚呼，此豈易得哉！於是正告之曰：「思不貴遠，而貴近；過不慮顯，而慮微。思者，身之主也，主不周於身，雖事爲身之所必及，而越而及焉，馳矣。過者，心之咎也，咎尚伏於心，雖迹爲心之所未形，而形而救焉，後矣。以過範思，以思防過，則過易紛而思專以切，過易伏而思鋭以精。由是實之，卽改過之力；悍之，卽訟過之神；密之，有知過之明；而廣之，有喜聞過之勇。吾陝大儒多以改過爲宗旨，『思曰睿，睿作聖』、『不貳過』、『無大過』之薪傳不於是基哉？幼農勉之矣。」伯子以鋭志科名促年，仲子多病，乃翁髮皤皤然，王氏門祚之責，萃於幼農。諧厥仲，以悅厥考，心孝弟者聖學之全也。遠近顯微，一以貫之，如何勿思？余故汲汲樂觀其成也，幼農勉之矣。

書鄭吉菴地畝冊後

此郭孝廉轀生跋其鄉人鄭君吉菴地畝冊語也。吉菴爲吾友王益農學賈弟子，益農諸子嘗從余及子俊柏先生、敬恒李先生習制舉業，故屢招余三人飲，而吉菴年十餘，侍側。每上下議天下事，吉菴傾耳敬聽，麾之退，不去也。今自識地畝冊以示轀生，轀生善之，且亟許其孝，又勗以忠。吉菴事益農誠，遇長者敬，誠敬亦忠孝之緒。忠孝、誠敬藴於中，而不能出緒餘以興其家、發爲文章者，無有也，然則轀生非妄譽也。轀生從余遊也久，其學識之進可信已。惟回首二十年前事，諸友彫零，剩此迂朽則足悲已。

趙學政惟熙變通武試疏跋

自中日戰後，中國情見勢絀，汲汲圖强，別開武備學堂，招致良家子弟，延請外人訓誨，誠以倉猝召募，雜湊成軍，不能敵外洋節制之師也。然額兵弊，而用召募，召募弊而用士，此變而益上，其事未嘗非也。獨怪舉朝廷數百年所立之武學，棄而不教，使爲無業遊民，而別募兵、募學生，以儲將才，此何爲者？德之見弱於法也，法限德國設兵不得過二千人，德君相乃集二千人練之，練成遣歸，約以有事聽調，復集二千人練之。及興兵報法，勝兵乃得百餘萬。蓋陰用管子内政寄軍令之法，寓兵於農，實寓兵於學，齊語所謂「士鄉皆戰士」也。今中國學校之武生，以陝西計之，三歲約近千人，二十二行省，三歲當過二萬人。凡能習武入學者，皆有身家妻子，無召募烏合之弊。設武備院教之，三年卽爲勁兵。三歲之後，散歸其鄉，裁各營汛武弁而以教之，武生爲團長，使教鄉人，十年以後，中國不轉弱爲强，吾不信也。蕡與芝山學使偶談及此，學使因出此疏，蓋已前兩年言之朝矣。

嗚呼！外洋之所以爲强者，皆中國自有之法，取而行之，尤易爲力，而堅執秦皇銷兵之謬見，不知教民忠，而惟防民畔，且防士。舉數百年深仁厚澤之天子，隱以獨夫待之，而不知其非，吁，異已！此學使之疏所以見格於部議也。然救中國之弱，終非此法不可，故録之時務隨録中，以待有志圖强者覽觀焉。

梁海峰女誡淺識跋

世道以男爲主，女子輔之，然世教之明，則女先於男。父號嚴君，而母稱慈，故童子莫不親母而畏父，畏則迹易疏，親則語易入。世有賢母，其子多以成材，職是故也。周家化起宫闈，太王、王季、文、武、周公、成王，祖孫、父子、兄弟相繼以成周之治；周姜、太任、太姒、邑姜，徽音相繼，故周世有賢子孫。以聖哲之德型寡妻，以御家邦，內則其型之迹，二南之化則御之之效也。成周隆平之治，孟子以善養老括之。內則始於養老，終於教子女，所謂導其妻子，使養其老也。則者，型也，法令也。「周雖舊邦，其命維新」，然則欲新法令以成天下之治，當自女教始矣。內則一篇，固括王政之全而一無所遺也。及周之衰，教化日替，男既好色而不好德，女遂修容而不修學，私欲之防，一決而不可遏。妖艷類狐媚之爲，殘忍成燕啄之慘，枕席俱有戈矛，粉黛烈於毒酖矣。加以學校，誘以祿利，格、致、誠、正之學，流爲記誦詞章而盡失其眞，以詩書爲干祿之具，女子不仕進，遂不讀書而頑愚凶悍，習爲固然。磽地不發美禾，惡木焉有佳果？況生無保傅之師，束髮毁齒始就外傅，不能家家延師，即子弟不能人人就學。

今中國之人，操兵、農、工、商之業者十之九，習詩書禮義者不及十之一，爲兵、農、工、商之業，而無人師，既不能精其業于今，又不識字，不能考其業于古，宜中國之貧弱而受制於人也。故今日欲富强中國，必爲兵、農、工、商者人人讀書識字，非家家延師不可，而勢有不能，則惟使女子皆讀書識字，則家家可有師，而人人皆識字矣。況王道以鄉閒風俗之美爲極，則欲成至治，烏可不於婦教加之意哉？

辛丑春，命梁生海峰授小女席珍讀，梁生授以女誡而箋釋以俗語，眞得教幼女法矣，故樂志數語於前。夫班叔皮生値西漢之末，親見王氏、趙氏之禍，斲喪漢室，濁亂天下，生民遍受其害。故教女無異教男，而大家學遂伯仲兩兄，以輔成和熹之治，則一女子能學，天下蒙其福者甚鉅也。又作女誡以垂後世。予嘗欲興女學而爲當世所非笑，則願世之讀曹大家書者，以思和熹之治差勝於漢之諸后者何在？以上溯周南風俗之美之由，然後知梁生箋釋之意，非僅爲小兒女子之用也。

復邠學舍始末記

予之居於煙霞洞也，亦奇矣哉！光緒十三年丁亥冬，予居涇干書院，友人楊風軒自雅州歸，談及物產，甚艶白蠟之利。餘歎曰：「吾陝竟無是。」風軒曰：「涇邑北山卽有之，惜無人經理耳！」於是有自北山來者，予輒訪白蠟。至辛卯夏，醴泉廩生王懷堂持蠟株至味經示予。是年冬，乃率楊風軒、孫晴帆、王懷堂、盧敏政親驗蠟於仲山西、九嵕山東，得蠟株甚夥，同人各捐資創辦。次年，王懷堂與一張姓居朝陽山俗名頂天寺，種樹掛蟲。五月飛霜，蟲竟枯死，而未作蠟。又明年，復掛之，六月大旱，蟲與樹又多枯死，王懷堂謂樹須移於近水處，嵕山下有水可漑田，王姓有別業出售，可購。是歲大旱，予辦咸陽賑務，與委員林君子和深相得，林君又偕予驗蠟於北山，決以爲可辦。言之曾懷清方伯，捐銀七百兩，子和亦捐銀二百兩，購地及窰於涇之鑽天嶺、醴之煙霞洞、咸陽之魏家泉，設義塾于嵕東北之百家井。而王懷堂病卒於山，乃以義塾師劉青嶂兼辦白蠟。而遼海之役，我軍大衄，越歲議和，和約有許在內地製造之議。予痛中國岌岌，利權將盡入外人之手，乃奉趙芝山學使之命，集貲購機器爲織紡。貲終未能集，心移於他，而辦白蠟之人亦遂領修脯而不事事，不種樹，不掛蟲矣。丁酉冬，予力辭書院家居，同人乃集貲爲余築講舍於煙霞洞，購地畝及窰居，集貲不足，乃用前學使柯遜庵買田之金五百餘兩。講舍成，余始知之，房屋則今之講堂、「煙霞草堂工藝所」、徹園諸房是，田畝則二十四年以前所買者是也。己亥春，邢瑞生、王紹亭延予居之，而春閒牟子懷南游，麥秋後，王子昭接辦，學舍帳項，余皆不知。戊戌之變，來學僅一二人。庚子春，予又東游，王子昭不辭而去，不得已，乃命族子靜山管田畝，及兒子駼管書房。拳匪亂作，余遂由潼關歸矣。余始至學舍也，以爲田畝不足以養學舍，地須百餘畝方能自立，予又須別置私產以貽子孫，而時值荒年，經費無出。迨庚子秋，始揭債買田，則當買李思玉各地是也。

夫諸同人爲余築舍，以中國貧弱，耶教橫恣，懼孔教之亡，而欲延百千於一綫也，不因予身而起，豈因予身而止？故斯舍之興，直類禪宗之開山。余生爲孔子生徒，生以守孔子廟堂，死決不以學舍爲子孫私產。故擬舍西開窰四孔，以容妻子，撥旱田五十畝，水田十畝，分作五分，四子各一分，女及其母一分，妻死、女嫁，田歸女學，四子之田亦不准當賣，移居他處，田仍歸學舍。今歲余將有隴上之行，因書學舍始末於地畝冊，以貽後之繼守學舍者。烏呼！中國二十二行省之大，不能守聖人之教，而爲人弱，今欲以區區一舍，百餘畝田存之，眞九牛一毛之不如，余固古愚，諸同人亦愚之愚者矣。然舍此又有何法，不能不仰天長歎，泣下沾襟也。

甯氏宗祠義學義倉記

咸豐末，回匪之亂，予避地醴泉，棲至聖宇下。時有同邑甯子益臣隨其從祖虛齋先生避亂來，亦居文廟他所。虛齋爲予父執，益臣時幼小，予未識也。匪退，均歸。虛齋設童子學於吾邑鳳凰台下，極艱窮，而先生清貧自守。縣令請主一邑差徭，親枉顧，不屑也。予時訓蒙省會，每歸，必謁先生。聞先生窮極，醴泉有從孫時繼粟，予不知爲誰何也。後予辦吾邑賑恤，有爲予言府陽村甯益臣君居醴泉，願捐粟若干助邑賑，予心異之。然在籍者未捐，使居外者輸之，不自愧乎？故諾之未再問也。及予避居九嵕山下煙霞洞，益臣率其子祖俞來請從予學，詰之，即虛齋先生之從孫，而與予同託至聖宇下者也。蓋益臣避亂醴泉，遂習賈於醴，長能自謀，即自爲賈而家焉。今欲子繼先人之業，使從予遊，始悉向之繼粟其從祖及欲救吾邑人饑者，皆其人也，予心敬之。言次及爲甯氏設宗祠，爲其村立義學、義倉，予大感動。嗟乎！予與益臣嘗寇亂也同，特較長耳。然益臣彼時失怙，隨寡母依叔祖，流離患難，不得已而習賈，卒能裕其家，建宗祠、設義學、儲倉粟，且欲救吾邑人饑。予受祖宗庇蔭，先君授儒業至十八歲，始見背。回亂後，爲諸生，舉於鄉，友教四方，歲得修脯且數百金，而爲吾宗立一祠，吾村設一學一倉，不能自舉，而假之社。艱難困苦經營十餘年，規模粗立，而訟事繁興，經費乃皆攫去，倉舍空存，視益臣之欲爲，則爲條理秩然，予眞愧死無地。而益臣乃請予爲記，吾其何以爲記哉？惟記予之愧而已矣。世之讀詩書不能治事者，其以予爲鑒也。夫益臣定章程若干，條爲釐定之，系於左，敬告寧氏宗族、村人。世亂特亟，時變方殷，備荒不徒水旱，全宗須先善鄰，而日教子弟以仁；子弟愚弱，將種類不能保，患豈止於貧？故祠、學、倉譬人一身，祠其命脈，倉骨幹，學精神也。敬守永永不廢，則府陽之氣象日新，毋效天閣劉氏學倉空存，以辜負益臣。

了園主人琴銘

寧古恐臥，毋淫召惰。必形剛方，宜寡和寧。紋斷爛毋音變換，必形堅貞宜褒贊：琴兮，琴兮，吾爾知兮，爾吾師兮。銘爾之陰，志吾之心。

硯銘

其體堅，其用圓，蛾子時術，如磨旋。志溫飽者，耕爲田；求科第者，磨欲穿。我今何事困青氈？腥風蜑雨海水沸，莽莽中原妖雲蔽。我欲起撥手無器，筆露鋒芒誰作礪？端溪有石工爲製，擬草文檄代盾鼻。

象限儀銘 並序

歲庚寅，陝中測繪輿圖，時算術久失傳，士人不識儀器爲何物。味經始爲矩度，孫生澂海又爲圓周儀，製皆粗重。陸君映庚習西術，孫生見其照像器式，仿而造此。爲版方尺，面刻一弧角，弧矩度悉備，架以三足，測用便。余始恍然於西人三角術，實爲古法，測形以角，得數于邊，所謂舉隅絜矩，而其器卽夫子所謂「觚」。「觚」字從「角」，從「瓜」，瓜爲弧，省角之度，仍在觚也。「不弧」者，知用弧矢、弧背而昧其角，算術所以晦也，故聖人歎之。嗟乎，「偃矩」、「仰矩」語見周髀，周公所以兼夷狄而安中國也。斯器固盛於周京，爲吾陝故物，失之數千年而復得之，可不貴寶乎哉！感而爲銘如左：

絜長以矩，舉三以隅。執兩用中，藝道同趨。葢方而斜剖者，兩其股；圓而四分者，中其樞。御邊以角，取數在弧，故西人之巧算，實中土之遺珠。孫生矯矯，復我型模，銘以志喜，用告吾徒：愼守寶矣，毋所欲或踰，而觚不觚。

清白池銘 並序

涇陽水鹹鹵不可食，同治時創立味經書院，擬引白渠水於講堂東，其北爲藏書樓，費絀中止。越十有七年，武昌柯遜菴先生督學來陝，以通經造士，嘘朽吹枯，士風丕變。乃擇志趣奇特者數十人，教養於味經，廣購書籍，俾肄業焉。越明年，建樓於前擬址，中設至聖位南鄉，旁列廡舍，祀有功書院者，官師、紳士咸與。又以士習算術，必資實測，築「通儒台」於左，先生既銘之矣。又明年，引渠水蜿蜒注樓前。適咸寧節婦趙劉氏捐梓列女傳，餘以甃池。形如半規，旣愜遊觀，兼資汲引，名曰「清白池」。表彰古節，卽以激揚士氣也。命蕡銘之，蕡承乏講席，樂推先生意，用告士子。銘曰：

龍山矗矗，涇流其麓。秦漢而明，鑿石洞腹。檻泉觱沸，瓊珠〔二〕篩珠。色澄以碧，味淡而腴。渠始白公，長我禾黍。偕入陵阿，菁莪處處。清澈肺腑，涼漱齒牙。性禾沃乃，毋渴萌芽。在山能清，出山不濁。澆俗污塵，毋妄澡濯。源頭水活，汩汩其流。心亨行險，無閒學修。飲水知源，伊誰之賜？柯公不居，嫠也有志。惟嫠何志？冰雪不春，和風晝煦，澤流士人。矧我士人，淵深海闊，靜不瀓泓，動胡活潑。綆修汲古，道悟觀瀾。勒名池上，用勵儒冠。

王山史先生像贊

惟命不辰，而運於革；惟德充符，而名以赫。嗚呼！運耶？革耶？名耶？赫耶？孰爲爲之？而先生窮通皆厄，瞻儀型而流連，願摹萬本爲萬世則。

瞽魚贊

浮不知天之高，而氣壓於皮；沉不知地之厚，而膚切於泥。茫茫萬頃之波，澄不清而撓卽濁。爾偏有覺，爾將柰何？

翰林院編修李君行略

君諱寅，字敬恒，姓李氏，世居咸陽之庇禮村。曾祖忠林，勅贈修職郎，候選縣丞；祖生荷，誥封奉政大夫；父善容，

〔二〕珠：關中叢書味經書院志引該文作「蠙」。

誥封奉政大夫。曾祖妣氏田、氏李、氏楊，俱孺人；祖妣氏夏，妣氏張、氏劉，俱宜人；母氏殷，屢育，皆殤，晚得君，雖甚愛，然教之嚴。君少穎異，與羣兒戲，以意爲軍法，坐作、進退、起伏、分合，羣兒悉聽命。入童子塾，不屑屑爲記誦，及爲文，則已如成人。年十三補邑弟子員，十八食餼。是時，吾鄉士子汲汲科名，制藝外無所事，甚或束書不讀。君則研究經史，泛濫百家，天文、地理、農田、水利、兵法、書畫之類，靡不究心。暇則縱酒狂歌，以太白自負，其詩詞亦頗類，人遂嘖嘖才君。已而江龍門宰吾邑，得君詩文，則大喜，以爲不世才，羅致門下，君亦喜龍門抗爽，與世俗吏不侔也，遂事之。龍門好士，巴陵謝維藩、臨潼楊炳、山陽楊可亭，咸遊其門，山陰徐兆占、孝義陸襄鉞又維藩友也，皆喜君，與納交，君由是學日進。後龍門移治富平，君從之半載歸，因上書龍門曰：「人之精神只有此數，而事之曲折無窮，必聚精神以爲之，始能得其利害之所在，以善吾因革而要其成功。今鄰省烽火日逼，陝獨晏然，必無是理。吾師既見及之，則請屏去一切不急之務，一意講求吏治，使官民一體，雖倉猝有事，可戰可守，此眞精神所貫注，非口舌所能爲功，法令所能收效也。」龍門得書，終不以君爲忤。

壬戌夏，回亂作，君奉母居省垣，屢欲糾合一旅，以母夫人年老，隱忍中止。貴築黄子壽先生講關中，乃從之學。君爲文率達胸臆，不主故常，雖業制藝，每道及世道人心，則感憤激昂，欷歔欲絶。黄先生常評其文云：「古誼若龜鑑，忠肝貫金石，他日不徒以文名世。」蓋有觀其深矣。時賛肄業關中，黄先生授以大學衍義，有疑義則質之君，君剖析精微，娓娓不倦。暇則過從，上下古今，商搉讀書作文之法，以志學敦品相勉勵，且盡出其家所藏書授賛，曰：「不博覽無以盡變，不反觀無以自成。」賛稍稍知學自此始。君尤究心時事，吏治窊隆、民生休戚，條分縷析，極其利弊。先事決成敗，輒奇中。於當世磊落之士，如潼關張聽菴、蒲城王桐軒、咸寧蘇曉帆、雷恒山、長安柏子俊皆傾心結交，如兄弟歡。聞海上有警，感激撫膺，投袂思起，時就語，愴然泣下。或引被臥，或呼，痛飲酒市。適楊厚菴被議居家，君與京師友人書曰：「天津肘腋之地，漕運所經，宜預設防，有事得綢繆未雨之效，無事收藜藿不采之威。天下多故，名將不宜置閒散。」後楊公閲視長江，而保督移駐天津，則君早已議及云。

君軀僅中材，然神偉氣峻，目棱棱有光，食兼人粟，絶有力，挽巨槊，舞如飛。火鎗、弓矢咸命中。嘗遇材官角射，君就引勁弓，發六矢，中其五，觀者驚異，謝不及。君曰：「適然耳」，從容投弓去。同治庚午，舉於鄉，辛未，成進士，以病未殿試。甲戌，補試，選庶吉士。光緒二年留館，授編修，以母老不樂就養京師，或謂請假迎養，進退可自主。君曰：「甫入仕途，即欺朝廷耶？」遂請終養歸，閉門承歡，足不輕出。有諷以投謁當道者，婉謝之。招友人爲華頂之遊，登峰造極，詩境益邃。讀書教子，肆力於身心之學。丁丑秋歲薦饑，餓殍載道，君與友人請廣籌賑濟，全活甚眾。然災祲過重，君先已得疾，至是日甚，遂以戊寅二月二十五日卒，年三十有九。

君性嚴毅剛直，寡交遊。同志有過，輒面責之，與市儈村農則又坦然無崖岸。論學以心得爲主，不欺爲用，破除門戶之見，其大端近象山、陽明，而不改程、朱規模。友人有以三教歸一爲學者，則深斥之。自告終養歸，日課子讀朱子書數條。嘗告蕡曰：「陸、王識超語峻，直中人心隱微之弊，其功甚偉。然繼程、朱而鞭其後，非外程、朱以爲學也。若概施之初學，則腹無義理，目無詩書，是猶虛弱之人，而復投以硝黃，鮮不敗矣。」嘗閱諸子書，曰：「莊子泛濫無歸，聰明語耳。老子則大有作用，其窺天機最巧，閱人情最熟，故不敢自用聰明，而渾於虛無，稱以無爲，觀其迹者也。管子之法，周公之法也。多一求速效之心，而功遂不終，王道所以本於慎獨也。至鞅，操之更甚，所失愈遠。然令出惟行，見之於書。以賞信罰必責鞅，鞅齒冷地下矣。」其論古文法則曰：「不朽之謂古，非規韓樵歐之謂也。古之人，窮則立德，達則立功，不得已始立言。故曰：『有德者必有言』」，又曰：「『辭達而已矣，無可達或達而不已，則巧言之鮮仁，去古文遠矣』。而論詩則曰：「詩，樂章也，今雖不入樂，永言和聲之體如故也。樂必有譜，詩豈可以無式？故朱子論學詩必由李、杜。學詩而不法李、杜，是猶爲樂不則韶舞而創新聲，雖無優孟之誚，淫哇互進矣。有明一代詩，不流於淫蕩，未必非七子復古之力。」其持論多創，類如此。嘗病天文書多蕪雜，欲以七政爲綱，恒星爲經，陵犯、侵食爲緯，而輯史書之文，縱橫書之以爲表。曰：「災異之說，雖多附會，然可見天人相通，而於畏天之學，所補實多。苟刪其不經者，數卷可畢。」惜僅成日、月二表。又謂：「兵事以地理爲要，宛溪氏書所以多言兵事也。然詳地之險要，而於用險要之法，多不詳者。」乃依孫子「九地」之說，以意變更之，分目十餘，以宛溪氏爲主，而備采史文以實之，亦未成書。

君娶張氏，子一，殤。繼劉氏，子一，岳瑞，庠生。再繼蕭氏，子一，岳藩。君當成童時，其詩文已成巨集，後悉焚。由是，凡有作，均不存稿。今岳瑞搜集，僅得古近體詩數十首，多應酬作，非其至者。同學劉光蕡曰：「士子窮者困陋，貧病抑鬱終身，至短折極矣，然或師友之間，豐功偉烈，名德碩望，焜耀當世，則連類相及，後人睹其名字，感慨想望，猶未爲不幸也。若吾敬恒者，其沈毅果決，識遠才博，於古未知何似。然志有不爲，學期有用，較然確有所見，乃一無所試，遽至於此，而其交遊零落，或伏處鄉里，或落拓閒曹，沒沒無聞。弇僿如蕡，雖欲贊述，足未登高，呼奚以遠？君固不欲爲文人，恐遲之數十年，文人之聞亦不可得，悲夫！潛心味道，固無介介，然後死者亦何以爲情也？」乃追憶梗概，不厭詳書，授之岳瑞，俾以質於世之雄於文者，或有取焉。其亦有當於闡幽之意也夫。謹述。

張香亭家傳

翁諱蕙，字香亭，父世宰，母張氏，世居臨潼之漢張村。年十三而孤，田數畝，屋數椽，家計窘甚，乃習賈於雨金鎮。翁性質直、樸訥，而宅心仁恕，雖居市廛權子母，接人以誠，力矯欺詐習，久而一鎮信之。得翁一言，假貸無事券契，銀錢出自翁肆，無覆校者，故翁賈日贏。同治初，回匪亂作，市肆、居室悉毀於火，挈家累走同、耀閒，資假貸爲生，非翁誠素孚於人，幾不免。後涇陽吳氏聘翁主計於谷口，時大亂甫定，民生計維艱。谷口以稱貸爲業，翁仁慈不忍嚴責，逋數年無所得，翁年已七十一矣，以老辭歸。閒一歲，以喘疾病終。翁之家居也，其孫女方五齡，戲於外，遺失手釧一。族子某適市，遇村人易手釧於銀工，重三錢，歸以語家人。家人權其未失者亦三錢，謂村人所易必女物也。翁曰：「是否未可知，卽誠吾家物，以三錢銀使人終身蒙盜名，吾不忍也。」戒勿復言。後數日，得遺釧於馬草中，翁曰：「險哉，苟稍輕率，誣良爲盜，人卽不吾校，吾悔恨死矣！」翁行事多類此。

有子二，長培吉，字仲木，同知銜，候選府經歷，翁得贈如其例。次泰吉，分發山西試用縣丞。孫三，長卽秉樞，餘讀，曾孫一。

劉光蕡曰：翁子仲木業鹽筴於維揚，孫秉樞從余游於味經，精算術，陝士無出其右者。年甫冠，留心時事。仲木閱上海各報章，擇其佳者，月寄秉樞，予見其去取極精審，心異之。後見仲木，純篤厚重，談吐中物理。夫子孫者，心之苗也，枝幹翹秀，迥異凡材，則翁之培其心田者深且厚也。世欲多賢子孫如翁者，可以法矣。

張太宜人家傳

張太宜人者，香翁之配也。年十七歸於翁，能以勤儉佐其夫，持家有條理，性伉爽，有任俠風。生平慕古貞孝事，戚族婦女有違者，必面斥之，或終身不與言。齒輩最尊，村人多子孫行，宜人視之若直其子姓。其孤孀無依者，則日至其家，爲課耕織，督操作，稍惰，譴責備至。人或不堪，見於色，宜人不顧也。其有疾痛、患難，則醫療調護，煦煦若慈母撫嬰兒，不辭勞悴，日或三四往，歸猶徹夜不寢。宜人二子培吉、泰吉，亦善體親心，財力資助無所吝。宜人日出經紀孤孀之家，遇村中婦女，亦訓誨之，故無敢荒嬉於門者。宜人壽七十有九，以痢疾終。村中孤寒聞之，多哭失聲。蓋其時尚有依宜人爲生者三家云。

宜人一女，爲鄰村劉氏婦，回亂作，其夫死於寇，遺一女，姑又病弱不能行。居臨渭水，賊擾其村，婦脫簪珥授其夫弟，使速逃，爲宗祀計，自負姑攜女出走。時旱甚，渭可徒涉。及中流，婦知勢難兩全，乃舍女負姑以濟，女竟沒於水。婦晝行乞，以養姑，夜負以行，卒免於難。數月，姑病卒，婦哭之痛，未幾，亦卒。時戚鄙多避地同、耀閒，聞之咸弔唁太宜人。太宜人慨然曰：「女以貞孝死，死得其所，吾有女矣，弔何爲？」其愛人以德，不爲兒女姑息態，咸類是。太宜人女一，即劉氏婦，孫女四：長適傅氏，次字劉氏，曾孫女二。

劉光蕡曰：世謂婦人無外事，故狀其德曰：幽閒貞靜；語其行曰：勤儉孝慈。蓋事姑舅、撫子女、和娣姒、睦族嫺、治麻絲，爲酒食外無餘事。然據予聞於古婦人五十無子，使采詩于國中。自夏中葉至春秋，無霸二千餘年，風詩僅百六十篇，計所采十歲不及一篇。卽云古詩三千、風詩亦第千有五百，亦歲不及一篇。一國之中，年及五十無子之婦人，當有八百分之一。周盛時，民一千三百七十一萬四千九百二十三人，則采詩國中當一十七萬一千四百三十六人，而歲得詩不及一篇，此十餘萬婦人非荒嬉於國乎？且采詩以達民隱，非僅達夫婦之隱也。周南爲王化之隆，卷耳、官人、兔罝、育材、汝墳憂王室，麟趾教子孫，所采之詩如是，則當時婦人之行必如是也。大司徒以鄉「三物」教萬民，「六行」曰孝、友、睦、婣、任、恤，孝、友、睦、婣，不得謂非婦人事，則任、恤亦婦人所宜有矣。朱子於二南，屢言后妃之化，而世謂王化起於閨門，蓋起於民閒之閨門，非天子之閨門也。後世君門且云萬里，閨門不且萬萬里乎？而謂后妃修德，民閒聞風興起，吾不信也。故內則首曰「后王命冢宰，降德於衆兆民」，而終篇詳及教子女之事，及「保母」、「姆教」、「師氏」見於葛覃卒章，「師氏」、「保姆」爲女師。男子十歲始出就男師，然則五十無子采詩之婦人，卽教於里閭之女師，其職爲后王所命，故曰「王化降德，先及婦孺」，故曰「起於閨門」。所教者耕織、樹畜、日用、飲食，其人則父母、兄弟、娣姒、子女、族鄰、婣戚，而無征伐、朝聘之事，故曰「無外事也。」夫王化者何？人與人相偶之仁耳！孝友起於閨門，仁之始也；睦婣及於族戚，仁之中也；若任恤，則人人偶以仁矣，仁之全量也。中國二千餘年，有政刑而無德教，降德不及婦孺，如築室然，基址不固，稍經風雨，漂搖傾覆矣。中國貧弱由於民隱不上達，而蒙養無女教，故識字之人少，而朝野之情散渙，否隔以成，爲至愚極弱，受制於外人。嗚呼，悲夫！今觀秉樞所狀太宜人，則願天福中國，村嫠女士而從以孫子爲任恤，行則富强可期，而大同之治在是矣。慮世儒輕忽視之，或拘「無外事」之說而訾之，故爲之傳，而綴以此論，有心世道者，其可不至河漢予言也夫。

呂烈婦碑

嗟乎，稱人之臣，必及其君；稱人之子，必及其父；婦與臣、子一也。如呂烈婦者，則又何說？烈婦生於寒家，年十六歸於呂。夫姑嗜雅片，貧無行。烈婦拮据謀朝夕，不言勞，婉勸其夫，行漸戢。歲丁丑，其夫以村人逐盜受傷，行復肆，而以傷故，不能有所爲。乃日引無賴至其家，意在烈婦。烈婦知不免，遂吞雅片卒。烏呼！雅片禍中國甚於洪水猛獸，士大夫氣爲靡矣，何論愚氓？然中谷艱難，遂作怨詩。如烈婦所遇，其當怨宜百倍。一弱女子如雅片何？則宜其以身殉也。嗟夫！如烈婦者，是亦有心世道之君子所宜聞之而盡然心傷者也。是歲全陝大旱，其夫姑遂貨其居，不知所終。烈婦葬於咸寧縣甘留里上寨村東，草離離然，至今存也。

涇陽縣知縣涂公祠碑

涂公祠者，涇民以祀其故令涂公者也。公兩治涇，其初政尚嚴猛，摘發蠹吏、豪胥，剷削盡根株，清積案千餘，民困大蘇而公去，民喁喁望公復至。既而天聽之民，公果至。則易威以和，勸學、讀法、積穀、講武，擇其賢者百餘人，爲官民介紹，縣境縱横數百里，民四十餘萬，如在戶闥面相告語，民隱畢達，官惠以周。故陝旱三年，涇民獨不病，各勤其業，倉儲餘粟，歲豐民和，而公病矣。民聞公病，各禱卜於其社，得兆曰：「高步雲閒，肅列仙班」。越數夕，有夢公爲雲陽城隍神者，而公果卒。家家如喪私親，互相弔唁。近城者男婦雜遝赴哭，縣野人心惶惶，無所自持。謀留公骨，不可，則謀建公祠。其士人謀曰：「民心之焄蒿悽愴，不能自已；公之神靈發揚流動，有以感之也。與其村村野祀瀆禮，不如棲公神於城內，以媚民而定之。」乃度地鳩工，建祠於宜善鄉倉之前。祠成，求予文其麗牲之碑。予惟朱邑謂「後世子孫奉我祀，不如桐鄉民」，斯眞能子民者，不意於涂公驗之。涇民不猶古之民耶？因作享神迎送曲，俾涇民歌以侑公。

公江西東鄉人，諱官俊，字邵卿，以進士令陝。其詞曰：

蜜燭明兮，柏香馥；嚴將享兮，風肅肅；士傖傖兮，庶人僬僬。肅堂下迴延眺公之來兮，雲爲輴；凰旂繽紛兮，擁入廟；公顧我民兮，樂而笑，涇之水兮，仲之山，桑麻被野兮，公遊其閒。風日皞皞兮，士女閑閑；江以南兮，海雲惡；

爲公謀居處兮，莫如涇土樂。公無我棄兮，飄然作。倉有粟兮，學有書，里有團練兮，寇盜除。戴公賜兮，無間頑愚；父老飽暖兮，童無夭厲。貽我樂利兮，歲歲祀；以報公兮，千百世。

涇陽縣修衙署碑 代

涇水自仲山、九嵕間直瀉而南，沮水入之，挈以東走，又迤南，至長平阪下。阪上爲漢宣帝受呼韓邪降處，其北岸原頭突起爲漢堤，下有碑，爲郭令公單騎見虜處。鄭、白渠繞其左，中爲今涇陽縣城。商賈輻湊，關隴一大都會也。花門變起，城市爲墟，亂定後，次第葺復，市廛略具，而衙署湫隘傾陂。吏胥趨公、退食無所，或賃民屋，或棲古刹。縣境分四十四里，城分七社，居民户十數萬，生聚教訓，官吏是賴。官吏不能自聚其居，何以庇十餘萬家之居而使之遂生樂業？嘻，異矣！丙申秋，余移茲土，下車伊始，方葺城垣、治團練、均水利，未暇自謀其居。然覩衙署殘破，未嘗不訝兵燹之酷，已三十餘年，何猶若是？其果官力不逮民力歟？抑官於斯者傳舍其居，故至斯也？既而稽故牘，得縣西鄉信和堡有廳宇一區，袁文誠公屯田時，李庚白大令所營也。房舍鱗比，風雨剝蝕，日就傾圮。前令方公、涂公先後撤其半歸縣，將以葺縣庭。涂公又籌銀二千一百三十兩，寄存典商，慨然曰：「賢者之存心，果不以縣衙爲傳舍也。材庀其端，貲蓄其半，人之欲善，孰不如我，余何能辭？」于是牒諸大府，得請諏吉興工。始事于丙申十一月，落成于丁酉五月，新增房七十一架，傾圮者築之，罅漏者補之，共用銀四千二百有奇。用於木石者十之五，匠役者十之四，丹堊者十之一。蓋以接賓客、棲吏胥者十之八，而以容眷屬者僅十之二，輿人與斯役者咸食焉。乃爲之記曰：

人有恒言，視國如家，善爲家者必廣宅舍、厚牆垣，以避燥濕寒暑而待暴客。任在一縣者，非以縣庭爲家乎？而宅舍卑狹，牆垣糞朽，俯仰之間，耳目能周，苟且粗惡尚若是，遑問其野田、道路哉？故客館不容車馬，國僑知晉之已衰；官衙皆若驛傳，孫樵慨唐之將亡。聖人善室之苟而戒求安，謂私室非公家也。矧涇邑衝劇，屏西安，東南洋禍漸移西北，六龍西幸又屢謠傳桑土，未陰綢繆宜早。此固方公、涂公之意，余不敢不勉承其後也。

柏鶴亭封君墓碑

吾友澧西柏先生沒之既二年，光緒癸巳冬，其弟漢章先生持其先君之狀訪予鄠北里居。是夜，宿予家，次早肅衣冠，拜且泣曰：「先大夫沒已三十寒暑矣，先兄積德勵行，屢欲文墓道之石，表揚先烈，而訖不果，今已矣。景倬學問德行視先兄不逮遠甚，欲光大先大夫德業，道更無由。子於先兄交最久，誼最深，其竟先兄志，景倬死不朽。」予不敢辭，期文成于來春。澧西先生禫祭之日，而予膺邑宰命，振歲饑，僕僕鄉邑，過期不能爲。至秋七月迺讀其狀曰：「先大夫姓柏氏，諱松齡，字鶴亭，行一，世居長安馮籍村。生而厚重，孝友，寡言笑，嚴取予，慷慨樂施，克承先志。好讀書，務識大體，不斤斤于章句。年二十二補弟子員，後屢薦秋闈不售，遂課耕畎畝，不復留意功名。生于嘉慶甲子八月二十八日，卒于同治癸亥四月初六日。配劉太宜人，鄠縣武生士英公女。女性淑慎勤儉，事姑孝，相夫莊，教子慈而有法，治內嚴，閨門肅如穆如。生早先大夫十有八月，卒後四月。」其總敘如是。其繫孝友之實，則曰：「先大夫三歲卽孤，事祖母與母及叔父誠孝無違。年未冠，母病，朝夕侍疾不離，母强遣去，則侍于寢門外。母不食，日采桑椹，强笑以進。母沒，哀毀異常。撫從弟如胞。其太宜人則姑稱爲賢孝婦。臨沒，不忍舍而去，祭祀羹饌必誠潔。其叔姒張病床席，宜人爲梳洗食飲者數年，姒泣語人曰：『吾累吾賢嫂。』」其繫好施之實曰：「道光十八年，歲饑，其再從弟某某振閭里，典衣助之，不令人知，村人感甚。則以濃墨潛書村廟板壁，至今猶存。鄉里負債約千金，子弟見之則曰：『存此欲若知先人厚德耳，追收則非矣。』有表弟史某，家貧，以養以教，并其二親及其叔父之生養死葬。家計漸不給，乃以己地五畝自書約與之，曰：『汝苟能以自立，有田四五畝亦足度日。』道光二十八年大荒後，家窘甚，惟節縮衣食，不輕乞假。友人代借三十金，先大夫曰：『吾自度無期還，不忍累吾友。』咸豐十年，景倬等謀囷積數十石粟，求微利。先大夫責之曰：『是以歲荒爲利也，忍乎哉！』而同治初，先宜人避亂南山，目睹同避者饑疲狀，命景倬兄弟曰：『吾家雖饑，尚日餐兩粥，可添水減米，濟之。』」其繫讀書行事之實則曰：「『不讀無益人心之書，不作無益世道之文。』屢誦儒先語，勖景倬等。曰：『待閒暇而後讀書，終身無讀書日矣。』設塾於鄉，講貫訓課無倦意，視生徒如子弟，必勉以敦品力行。與人交，無戲言，人皆敬信。善嬰科，貧者施以藥餌，人多德之。而太宜人訓子，其延師飲饌，必親調治。封君没後，遺敝菸囊一，景倬等與老僕。太宜人終日不食不言，景倬等懼，請罪。太宜人曰：『一敝囊，余何惜？然汝父亡幾日，汝等率以與人，余痛汝有死其父之心也。』平日教景倬等皆類是。」其分繫如是。

余伏讀數四，始悉澧西先生之學問德行其來有自，而其所以不遽表先德者，蓋如歐公之將有待。而漢章之懼，不能光大前業，急欲遂其兄之所願，皆封君隱德造庸行之極，而無以復加。故一則知學問德行無能發揚先德，而有待于勳位；一則知勳位不可易言，而他無可俟，故急欲表之，此其故。蕡心識之，不可無一言，以解世俗人之疑也。夫澧西先生學問德行爲當世法，其能外于孝友之行乎？其憤陜禍，從軍營，殺賊積功至同知銜候選知縣。歸而爲功桑梓，辦堡寨、辦招撫，振饑興學，其能加於義利之辨乎？漢章嚴毅有守，凡其兄所爲，皆以身爲之倡，而至性貫於終始，故積功至候選知縣，其能加于孝、友、睦、婣、任、恤之爲乎？然則澧西先生之有待，待其所可待也；漢章之急，急其不得不急也。士君子伏處鄉里，人不外宗族戚友，事不越取與交際，然孝弟爲爲仁之本，元聖開弔伐之局，爲殷元勳，而在畎畝，僅嚴一介之取焉。然則德之庸，乃德之極也，宜子俊終身歉然而有待，漢章晚歲歉然而急爲也。嗚呼！以子俊、漢章之惕勵進修，不能盡封君之藴，世之積行於庸者可以奮然興矣。

贈武德騎尉張伯良碑

余聞之亡友柏子俊曰，咸豐時，與興平諸君子爲講學會，行鄉約法，勸善規過，以孝友爲體，任恤爲用，矢誠意以踐所講，迭爲主賓。講之日，主者祀其先，賓必助之。其時伯良張先生以廬墓不入城市，服闋始至。甫一年，花門變作，先生團練鄉人，爲兵防禦於咸陽。夜半，忽傳賊至，先生仗劍出曰：「賊果至，當整隊戰，何亂爲？妄動者斬。」持至明，果無事。而他團以擾亂踐蹋，相率遁矣，先生全師歸。退謂：「民非素練不可用，或憑城稍能自全。」乃爲堡寨，朝夕講練，賊不敢犯，迄今堡寨爲興邑冠。去歲河湟之變，惟先生團練卽日成軍，步武整齊，礮火嫻熟。先生觀世葢有深焉，不肯一日輟武備也。先生與子俊交最深，所志同而行之各異。子俊貌魁梧，性嚴毅，好善若渴，遇惡人不稍假借，人多畏之。先生貌溫厚，制行恭謹，遇有不可，堅持不移，矢之以忍，濟之以和，故團練持久，堡寨堅固。義倉積穀千餘石，文會科息百餘金。以及賑濟廟工，稟減火〔二〕耗，釐定差徭，核稽保甲，測繪邑圖，所事多與子俊同。然子俊爲之，往往危疑震撼，孤力搘拄，不如先生從容鎮定，而事亦成。固由先生所遇王心如、舒啟堂皆賢有司，主持於上，亦先生之德默有以化同人也。故終身任邑事，無有不足於先生者。噫，難已！子俊友教四方，感發而成就者甚眾。先生則足迹不出里門，使其子貢生元際設塾授徒，書算並重，文武兼通。歲受業者，常六七十人。有過其塾者，聞礮聲隆隆，或笑之，不知爲今日急務，元際殆善承其父志也。

嗟乎！士自三代後，學以修身爲先，修身誠是也，然身爲萬物皆備之身，屏萬物而不接，閉戶爲高，視其鄉鄰休戚毫不動心，遑論中國天下？今中國貧弱，見侮外洋，有志之士，或憤詬吾官長，不知亦士之責也。士束髮讀孔、孟書，所謂「六藝」者，射、御、書、數，與禮、樂同也。所謂「六行」者，睦、婣、任、恤，與孝、友同也。苟得如先生以體諸身者，教其子以教其鄉，由一鄉而國，而天下，士之成材者推其胞與，固能覆被中國。卽終身里居，有武有藝，各操生業可以富，各禦外侮可以强，何至心渙散而力脆弱，敵至則靡，如臺灣者陷於異類而亦不能振也。悲夫！當是時，予爲機器織布，不可成，擬行古小學於鄉里。故述先生事，棖觸所懷，仰天長歎，泣數行下也。

先生配楊宜人，先歿，有子四。長卽元際；次元惠，候銓衛千總，辛卯武舉；次元熙，廩生；次元勳，丁酉選拔。孫

〔二〕火：原闕，據文集勘誤表補。

六，長延鈐，郡增生；　曾孫一，新選。先生以老諸生教子孫，皆奮於文學，而竟以仲子貴，得封武德騎尉，天以酬先生團練堡寨之勞也。元際守程、朱學法，元勳精算術。柯逐菴、趙芝珊學使皆器之。其遠到未可量天之報，先生亦必未可量。先生以今歲六月二十四日卒，故舊及門下學生欲不朽先生，走味經，匄文。余自子俊辭世，頹然衰矣。憶去歲與先生會飲，談論時事，意興勃然，宛如亡友之復生也。今復銘先生，嗚呼，悲已！　其何以爲辭，銘曰：

茂陵舊邑，屬右扶風。叔皮知命，遂大其宗。固文超武，並峙爲雄。横渠崛起，初志亦同。河湟結客，折節勵躬。父天母地，胞與疲癃。學純志俠，振我關中。關中氣厚，鬱積蘢葱。越數百年，先生追踪。先生諱芳，字曰伯良。孝友於室，任恤其鄉。教子有法，文騰武翔。藝通算術，武舞戚揚。先生家塾，類古黨庠。藝能涖事，武足自强。聞風興起，振我疲氓。邊風凜凜，海水茫茫，浩劫誰挽？　欲譏彼蒼。

煙霞草堂文集卷四

咸陽劉光蕡古愚

李母殷太宜人墓志銘

太宜人殷氏，咸陽人。廣東陸路提督化行公六世孫女，貤贈翰林院庶吉士諱桂公女，贈翰林院編修、生員李公个臣諱善容配，而吾友翰林院編修敬恒諱寅母，工部主事、翰林院庶吉士岳瑞祖母，童生岳藩本生祖母也。性沉毅，寡言笑，有烈丈夫風。幼慧，讀論語略能上口，即識大意。數産不育，晚得敬恒，雖愛甚，然督之嚴。未言，則書字於版，呼名而使手指之，能言即授之書，比入塾，已解句讀。有過從敬恒者，宜人必竊窺之，賢則具酒食，否則戒勿往來，敬恒得無妄交遊，而教岳瑞、岳藩也亦然，故皆能奮於文學。宜人治家有法，五更即起，躬掃除、縫紉、滌濯酒食，烹飪精且敏，能兼數人作，故終身不蓄婢媼，亦以婢媼操作均不當宜人意也。李氏富於貲，然居鄉風樸，宜人不以儉聞。後遷會城，諸子婦多富家宦族，稍稍浮靡矣。而宜人終身布素，無改於鄉居，儉乃大著。敬恒成進士，報者至，見宜人不識爲太夫人也，詢之則大驚，嘖嘖歎息不置。嗚呼！此具遠識、有功於李氏者甚鉅，或且議爲鄙吝，豈其然哉？余與敬恒友，歡若兄弟，故母視宜人而宜人亦子視余。後余授岳瑞讀，每食必有酒肉。余與敬恒皆年少，喜談天下事，興酣，劇飲輒醉，醒若病，宜人爲吾兩人調飲食，若撫嬰兒，而訓誡之。嗚呼！孰意敬恒竟以壘塊沒，而余亦頹唐委頓，無復昔之狂矣。宜人體瘦而神王，年過七十，終年飲冷，偶有疾，必寒涼攻伐，藥稍溫補，必劇。

光緒二十年，岳瑞在京師，余聞宜人病，往視，驚起，執余手哭，既而曰：「吾不善爲無益哭，今殆矣！吾子早沒，終身未嘗許爲吾壽。吾二月二十三日生，俟岳瑞歸，命車接汝與子俊，以秋月壽余。汝二人與吾子友，即吾子壽吾也。」子俊者，長安柏景偉，時主講味經書院，余與敬恒所兄事者也。嗚呼！孰意七月十一日竟以訃來也哉？！岳瑞以銘幽之文請，嗚呼！余何能辭，銘曰：

䓇䓇殷系，衍自古湯。聖清撻伐，功奮戎行。世延武烈，女也德方。以柔而靜，其動輒剛。作嬪於李，聿敬柏莊。子孫金玉，琢磨珪璋。詩書其業，禮儀其防。嚴嚴翼翼，母教用章。富家主利，坤道之常。儉以自抑，勤以自强。粹然其行，黝然其光。芝蘭挺秀，翰墨披香。用誕嗣續，俾熾而昌。後有諗者，視此幽藏。

議敘道胡君子周墓志銘

君諱礪廉，姓胡氏，三原人。曾祖大濟，刑部浙江司員外郎，妣氏房、氏朱、氏夏；祖肇基，兵部武庫司郎中，妣氏張；考錫壤，員外郎銜，光禄寺署正，妣氏朱、氏張，三代均封淑人。君生而穎異，張太淑人授以爾雅、孝經，記誦倍常兒。就外塾，跅弛不羈，每以氣淩同舍兒，同舍兒悉畏下之。師邑孝廉王君際、唐心才君，授以制藝。未冠，補弟子員，有聲庠序。君家世篤內行，奮于文學，自是始。君負氣好奇，視天下無事不可爲。幼孤，張太淑人主持家政，經回亂，出鉅貲助邑令城守。後匪遁邠、慶，然時出沒三輔。太淑人欲移居京師，以君兄弟三人，長今慶陽府知府礪鋒，厚重有守，可持家。君與季弟戶部郎中勵山可服官都中，習制舉業，勿令爲家務累。君恥以貲進，詭言曰：「不能齊治，讀書何爲？制藝則固可不學能者也。」遂獨里居，學且理家務。時亂甫定，邑令修廢舉墜，賑卹開墾，紛至沓來，無不借助於君。君家素封，內外食指五六十人，賈四方者又數百人，事皆取決於君。君又喜客，豪飲善談時事，及民生、吏治、國計、邊防、漕運、河道，下至技擊、壬遁、醫卜星相之類，娓娓不倦。案上經史外，諸子百家、道藏、釋典、秦刻、漢碑，以及書畫、尺牘計簿，複雜塡委，而兔園冊子無位置處。故戰藝秋闈，幾得而復失，僅上舍生貢太學，而英奇瑰偉之才，卒無以自見。君既不得志，益自放，不事檢束，聲色玩好、山林花木、禽鳥蟲魚，興之所至，恣其所適。晚游鄂渚，登黄鶴樓，拜胡文忠遺像，頫瞰大江，順流而東，至鎮江，登金、焦兩山，尋韓蘄王戰金宗弼處。南入浙，遊西湖，觀錢塘之潮，返櫂金陵，登雨花臺，慨髮逆數十愚氓幾疲天下力。抵申浦，觀中外通商、夷情向背、物力息耗。北及維揚，將泝江由夔、萬入蜀境，窺三峽之勝，失足墜江，得寒喘疾，遂歸，竟頹唐不自振。

君家有碧雲閣，上藏書數萬卷，後環曲池，臨以崇山，前樹二梧、二藤，君日夕吟哦處也。歲甲申，飲余於其中，酒半，告余曰：「人之所居者世，世之所以理者材，材生於天，成於學。國家承宋、元、明之後，以經義取士，士趨於苟得，而學日陋。章襲句橅，千人一律，來自庠序而腹無詩書，目無古今，其何以經常而達變？夫算，小數也，西人精之，利器械、裕貨財，以憑陵我中國者。求實，則末技有至用；叩虚，則大道亦空言也。事變方殷，人謀宜豫，豫莫如儲材。儲之如何？道義以端其趨，經史以廣其識，博觀勤習以宏其才，斂虚憍之氣，以求實用，如是焉已。吾衰矣，願出千金，請子與子俊爲之。」子俊者，長安柏景偉，君慕其人，與爲姻，時主講味經書院。乃如君言，創立「求友齋」，與吾鄉人士相講習。嗚呼！君之所藴，故有超出流俗萬萬者，鬱而無所試，宜其横發四溢，而遂落拓以終也。

君長余三十有七日，長身玉立，臞而多髭，髮蒼蒼然，人皆老君，君即以老自居，乃余竟哭君而銘之，其亦氣之衰而機之先動者與？君原配吴恭人，議敘主事涇陽吴公諱汝楫女。勤儉有禮，能順其姑。生二子：坊、垣。君以後其兄弟，而以兄子墀爲己子。繼配張太淑人之姪，亦先卒。坊娶子俊女，得子一：文麟。君生於道光二十三年秋七月十四日，卒於光緒十三年九月十七日。將於次年十月十七日葬君於祖考之兆，以吴恭人祔。君以古月齋館余者七年，坊、垣、墀悉從余游，知余稔君生平，匄文納石。嗚呼，幾日歡笑，頓異生死，濡筆爲銘，亦足悲夫！銘曰：

嗟乎子周，才之特也。不畜以嗇，軼其則也。行之直也，不媕以匿，易其德也。名不聞於四國，百世之憂，填於胸臆。其狂爲獸者，與今古茫茫，諗此幽刻。

教諭侯君鼎臣墓志銘

君諱貞一，字鼎臣，三原人。性純謹，氣度灑然，與物無忤。友朋有過，微示之意，初不面折，談論或不合，即默然，不力爭也。故無賢愚不肖，咸樂就君，君悉坦與之。制行不拘小節，而義所不可，則斤斤自持，故無奇特之行，而三原士論，於君屈一指焉。年二十三入邑庠，時監利余公葵階令三原，深器之。同治初元，回匪構亂，犯三原，城岌岌不守者數矣。忽有人率壯士數十人呼縣城北門，守者洶洶，以爲賊至。余公識君，大喜，延之入，屯於鐘樓下，人心乃大定。其勇於赴義，多類此。

余之識君也，爲同治六年。君父明遠爲糧道吏，君母蒲先卒，奉繼母鄒僑居省垣，余亦避亂至。時捻回交訌，士常慷慨談當世務，君惟閉戶習制舉業。余異其所爲，密叩之，則曰：「吾非忘陝禍也，吾輩布衣諸生，欲舉大衆，非官法不可。事機所迫，安得主者悉知兵？意見齷齪，則多牽制，以之臨敵，適膏其刃耳。於時無濟，而殘吾鄉人，吾不忍。不然，有用我者，五百人，朝令而夕集矣。」蓋君赴余公急後，遣君部勒鄉人以爲聲援。君部有犯法者，密白於余公，公仁柔不能決，君知不可爲，遣散其衆，率家避居山西之蒲州，故其言如此。材而不輕爲用，知向之慷慨者，爲已淺也。士自前明，秕政日出，摧殘剝削，義理之良，鬱而不伸矣。則激而愈厲，義不形而氣務峭急、逼仄，囂然易動。我朝承以寬大，破觚爲圜，政治修明，既足以服其心，而又優遊於蕩平之域。譬如水然，高山峻嶺以逆其勢，則湍悍之怒息，帖然順軌矣。然風平而浪不激，漫衍停蓄或至淤閼，填塞萎靡無氣勢，有志者復矯之。繼以中原寇驚，海疆多故，功名之士趨焉。恢奇詭異，銳於自見。士習又不知所底止，如君者，亦可謂拔出習俗矣！

君曾祖修義，祖振家，工書法，以吏得官。君則奮於文學，事同邑李紹庭孝廉，紹庭受制舉業於路閏生先生。其爲文，涵泳先聖語言，而得其神理，不敢尺寸溢，才有所束，多未盡，故君屢試不遇。乙亥秋闈，以全力爲友人謀，君文乃其次者，竟獲售，而君不以爲善也。屢上春官，不第，以大挑得教職終焉。君之文，殆如其人，不計得失者。君配姜氏，子二：長鏞，爲糧道倉吏，次鈞，邑廩生。女二：長適富平張明經，次適富平馮鍰。繼王氏，子錩。君性孝友，再從堂弟忠一無依，授室同居，與胞弟敬一愛敬逾恒，以鈞爲之子，而以其子鋭爲己子。孫一：果生，孫女二，俱幼。君生道光十一年十二月十二日，自經亂離，蟄伏鄉里，爲童子師。邑人大同劉公乙觀，采輿論，延主講學古書院，今歲入都，力辭不可。既歸，則教誨愈殷，乃竟於十月初四日以微疾卒於書院。其孤鏞，將以明年二月十二日葬君於祖塋昭次，以銘來請。余與君同年舉於鄉，余刱「求友齋」，爲聚珍版，中輟矣，君謂可成，將力任之，時光緒十五年八月二十七日也。豈謂越三十七日而君竟下世哉？！嗚呼，悲已！忍不銘？銘曰：

才不詭於時，行不激於俗。生爲邑人所師，沒亦何所不足？挾清挹濁，縈帶回環。鹿原起伏，有墓其間，是侯氏藏魄之山也。祔從其班，既妥且吉，俾後嗣之無艱。

三原陳君小園[一]墓志銘

光緒五年乙卯春，前議敘道銜胡子周礪廉、今麻城縣知縣張雲生集慶，館余於張氏之「二然處」，誨其子弟，而余同年生侯鼎臣貞一以制舉業授徒於東關。余訪之，遇一人肩輿過，面秀削，長髯，目炯炯視余，余亦目送之。下輿，身不滿五尺，躬微屈，入一破屋，詢道旁人，則曰：「善醫陳爺也。」心異之。歸述諸雲生，雲生曰：「嘻，此君非醫生中人也。」幼豪縱

[一] 園：文集目録也作「園」，文内云墓主字小苑。于右仁我的青年時期（載陝西文史資料選輯第十六輯，陝西人民出版社，一九八四年）云「某年先嚴回里，除料理家務外，一面從陳小園先生學醫」，蓋亦名園。

不羈，不沾沾治章句業，壯始得一衿，即棄之。性嗜酒，任俠，習技擊，嘗欲結客赴東南。寇急，回亂起，羣從六人皆病歿，僅君與季弟廉潔及弱姪瀚在，始戢志以教養自任。工繪畫，善蒔花木，尤愛菊，能得其性情，其畫亦能窮菊之形狀。善山水，得佳山水，輒忘返，或垂釣累月。嘗釣於清谷水岸，有土洞祀孫真人，旁置千金方及他醫書，因持書把竿，數月盡讀之，遂通醫。遇貧賤人，醫多愈，君亦喜爲貧賤人醫。故婦孺多爺君，然君非醫生中人也。

君姓陳氏，名廉瀍，字小苑，曾祖蒼舒，妣氏王；祖學禮，妣氏陳；考澍，妣氏王、氏張、氏周。予於是始知君。既而山左焦公雨田令三原，下教求言，鼎臣、雲生以邑利病十余事聞，內及「永遠局」差徭事。「永遠局」者，回亂時大兵集三原，轉粟運械，民力不支，借資於商賈，涇陽既陷賊，陝商悉遷三原。其取之行商者曰「套兒錢」，坐賈者曰「串底錢」，歲入巨萬，兵撤後不改其取，而錢無存。故鼎臣等及之，而舉君釐剔，焦公韙之，延君治其事。君鈎稽故牘，局初立，惟供軍需，軍需減而浮費日增，君晰其始末，都爲一冊。嘗告余曰：「局爲軍興立，軍罷即宜裁。今無事耗有事之財，有事將何賴？且取之商賈，習爲固然。設一旦商賈有徙，局無所取，害必歸民，宜及時删減。儲其費購市肆取租，不過數年，局裁，而商農皆無累。」君爲余言，條理甚晰，然不能行，君即謝退。予始信雲生言：君非醫生才，無所用，而醫其偶寄也。然同邑孫文湫雲章於醫書無所不讀，睥睨一世，獨許君，有疾必延君治，君有疾非文湫不使治也。君自是謝絶邑中公事。而大同劉公乙觀繼任三原，深悉君，城工、河防，修理聖廟、學宮，以及義倉、掩骼諸善政，悉依君。君竭心擘畫，擇人而任。暇則釐治陳氏修園醫書，去其重複，旁采各家，補其缺略，手自抄録，成若干卷。君寢疾，余往視，君曰：「殆矣，倘不起，必招相訣，以此稿爲托。」嗚呼，豈知君於去年九月初四易簀，賫適歸咸陽，不及面決哉！

君屢娶，原配趙，三娶劉，有子濤，乙丑恩科解首。五娶張，有子浚，庠生；溶，業儒；女一未字。孫祖蕃，幼讀。君與臨潼郝信臣射斗尤莫逆。信臣善書法，工繪山水。余之移講席涇陽也，雲生先宦湖北，子周、鼎臣旋下世。余間至三原，君必招信臣，信臣齒長於君，余則稚君十有七歲。飲於市，白髮相對，豪放猶昔。君好余文，每以身後文相要，而以書屬信老。今濤將於五月十六日奉君骨從先人之兆，以劉孺人祔，果索銘，時光緒乙未正月也。嗟呼！余聞君訃時，思君病中語，急以君遺稿商之涇陽令涂邵卿，邵卿許爲刊行，旋病没，僅助五十金。余年五十有三矣，爲君銘，淚涔涔下。信老書，其又何以爲情？然遺稿何以竟工，信老其能不爲予許耶？銘曰：

情則逸也，才則奇也。其氣豪於酒，其心寄於醫。志高山流水兮，蒔花草以自怡。卽避囂於遊釣，復感時事而吁嚱。情不自持耶，才不可羈耶，抑心不能恝，氣不能卑耶！嗟嗟嵯峨，蒼翠清冶，淪漪有清，畸士藏蜕於兹。千百年後，其徵此詞。

同知銜升用知縣柏子俊先生墓志銘

光緒十七年辛卯冬，十月既望，越日昧旦，前關中院長灃西先生卒於長安馮籍村里第。遠近聞之，悵失所依，奔走而弔，哭者千餘人。士之奮於庠序者謂：安仰放天，胡不憖遺，遽奪先生，是降大割於西土也。先生貌魁梧，望而凜然。處事接物，不撓以私，進退必歸於義。性抗爽，剖别是非，不嫗煦作長厚態。赴人之急，如謀其身。友教四方，善啟發。其規過必直抉根株，而示所能改，勸善則誘掖奬借，必使欣欣自奮，不能自已。故當時雖多畏忌先生，及卒則同聲悼怛，無異詞也。先生生道光中葉，時天下平治久，風俗漸弊，奸豪肆無所忌，魚肉窮弱，官吏偷惰，苟目前無事，患遂積於隱微。欲挽救，非開誠佈公，綜核名實，痛除蒙蔽習以達民隱不可。故先生務抑强扶弱，常自樹於衆曰：「有欺淩貧弱者，余卽主也。」人遂以任俠目之。未弱冠，東南兵事起，先生知禍必徧於天下，於是好與健兒游，畜健兒常數十百人。留心天文、輿地之學與歷代兵事、戰守、攻取之略，其成敗利鈍，必究其所以然，人又謂先生喜談兵。甫壯，陝回構亂，先生會試適報罷，急間道歸。陝西徧地治團練，馮籍在省垣西，可犄角。當時不以團事屬先生，發巨餉，先生亦不聞。故封翁及太夫人堅不令先生與團事。陝禍益急，奉父母匿南山，轉徙荒谷。父母先後没，喪葬盡禮。及多忠勇肅清陝境，圍川匪盩厔，戰死城下，今陝西提督軍門雷公正綰爲幫辦，驅回逆而西，多部多隨之。有傅先宗者，後以提督戰死甘肅，招先生入幕，募勇士湖北，與圍金積堡。傅隸某帥爲選鋒，敬信先生，而帥武夫不知進止機宜。傅以聞於先生者語帥，悉齟齬。傅則禮先生益厚，不令去。師潰，乃得歸。於是先生益習甘肅山川、道路、戰守形勢，賊情伎倆，官軍勇怯。而劉忠壯逐捻陝西，先生爲嚮導，又得所以制捻之法。賁時避賊省垣，與同邑李編修寅始交先生。先生屢入左文襄、劉果敏兩帥幕，方籌築堡寨以衛民居，設里局以減徭役，提耗羨以足軍食，徙回居以清根本，開科舉以定士心。先生契余兩人，每馳驅歸，即招余兩人飲。上下議論，故凡爲桑梓計者，賁多與聞。其後，立節義祠，起崇化文會，創建少墟書院，其事或行或不行，或行之而阻於浮言；或始不行，事勢所迫，卒不得不如先生言者；不備書，書其大者四事。

一撫北山土匪。先生自甘歸，知其地苦寒貧瘠，南勇所畏，非用土勇不可。北山土匪者，今烏魯木齊提督董公福祥所集團眾，以禦回逆者也。回逆陷慶陽，擾延、榆，北山無兵，民始自衛，久而乏食，遂以劫掠。先生謂民激於義憤，起與賊角，劫掠非得已，況不攻治城，不仇官，與乘亂滋事者殊。而當賊匪猖獗，能自立，其義勇可用。乃購得慶陽府民賀姓、張姓，具得團眾情事，授之詞，使稟當道。時左文襄追捻匪而東，劉果敏駐節三原，得稟大喜。知謀出先生，面詢所以撫狀，立委前環縣令咸甯翁健入山受撫。而湖南主事周瑞松與偕，頗忌其功，謂團眾不可用，有出虎進狼喻。撫不如法，得其先鋒扈璋壯士五千人，勒令歸農，董遂遠颺，不可撫。其後，劉忠壯由鄜、延進攻寧、靈，收而用之，深得其力。轉甘肅，出關，至今屹爲巨鎮。

一辦理回逆牘議。左文襄之進兵甘肅也，駐節西安，議所向。先生首陳十六事。略謂：回逆性貪多疑，勝則散掠，敗則聚守，而各詭以求撫。彼既以撫愚我，我何妨以撫制彼。大軍宜分三路，中由邠、乾以出涇、原、汧、隴，回既受撫，有漢團牽制，必不敢動。鞏昌新復，秦州通川、漢粟貨，即爲進剿河州根本。河州平時爲回逆淵藪，苟能克復，即絕蘭州以東各回西竄之路，馬化龍必已膽懾。以北路勁兵入寧夏，拊金積堡之背，而扼其吭，勢可待其內潰。惟陝回窮凶極惡，不能使藉口爲漢民所逼，必奮死衝突。而南勇輕脆，不如北人堅苦耐勞，宜少調南士，多用土勇及土司、土番，教以官軍陣法，必易成功。議上，幕府士湘、陝參半，謂論南勇觸時忌，宜去。先生不可，曰：「非吾薄南勇也。湘、楚各勇，平洪逆、捻匪，功名富貴，倦而思歸。强之來，不嘩潰即倩雇頂替。游勇降眾雜湊成軍，今各營其爲湘、楚產者有幾？回逆誠易平，惟惜二十餘年軍興，流弊盡驅而歸之陝、甘，事定後，不爲隱憂耳。」乃離去。文襄才先生，屬劉果敏。既而高忠壯爲部下所戕，果敏思先生言，力延入幕。先生雅不欲，以方清理長安差徭，不能不借於大府，乃勉赴數月即歸。其後甘、隴兵事多符先生言。先生已入南山，讀儒先身心性命書，不復慷慨談天下事矣。

一爲咸、長賑荒。光緒丁丑，晉、豫、陝大旱，無麥禾，先生方病肺，憂甚。既偕同人聞於朝，得賜賑。時宮農山太守署西安府事，謂咸、長首邑，爲四方則，宜敬慎將事，躬延先生主之。先生創爲各村保各村法，以貧民稽富民粟，使無藏匿；以富民核貧民戶，使無冒濫；不足，以巨室之捐輸濟之。富不苦抑勒，而貧得實惠。古所謂「救荒無善策」，得先生法，弊悉除，蓋全活數十萬人。

一爲創立「求友齋課」。先生之入山也，門弟子强出，請授制舉業。其後，各書院延主講席，先生思造士以濟時艱。天下雖大定，西夷日强，恃水戰踞我沿海各口，必講陸戰以窺我內地，其患已棘。而陝士習帖括，病空疏無實。乃創立「求友齋」，以經、史、道學、政事、天文、輿地、掌故、算法與士子相講習。三原胡觀察礪廉出千金以爲資，涇陽嫠婦吳周氏以兩千金益之。兼刻有用書籍，士習丕變。今學使柯遜菴擴爲「味經書院刊書處」，先生雖不及見，其端則自先生發之也。

生平誼篤師友，張星垣孝廉，先生課師也，令宜君，罣吏議負債，卒，不得歸，先生葬之村東。貸百金，資其幼子歸湖南。同邑杜子賓，先生蒙師也，沒，無子，先生爲立嗣，恤其夫人終身。先生爲邑弟子員，受制舉業及治經史法於固始蔣子瀟孝廉，孝廉移講豐登書院，以先生從。適孝廉以猝中風痰卒，有典史單澐者，素嗛孝廉，造蜚語，謂死於非命，院中士皇皇不知所爲。先生謂院長死，無子，府縣官皆主人，宜視含斂，待三日不至，而單澐率皂役數人突至，坐講堂，拘院夫、門夫，訊院長死狀。諸生不勝其忿，先生直上，批其頰，捽以下拳，而數之曰：「此何地？汝何人，師座可容汝鞫獄耶？且院長死，無言非命者，汝獨言，則汝自知故。汝欲誣何人？而刑逼門、院夫取證耶？」院中士聞先生言，悉氣壯，嘩而和之。澐大懼，叩頭哀乞。先生曰：「府縣至，恕汝。」澐致書，府縣須臾至，諸生與視斂，實病，無他故，事乃解。其勇決赴義，多類此。

先生講學宗陽明良知之説，而充之以學問，博通經史，熟習本朝掌故，期於坐言起行。其學外似陳同甫、王伯厚，而實以劉念台慎獨實踐爲歸，故不流於空虚泛濫。同時賀復齋講學三原，恪守程、朱，與先生聲氣相應，致相得也。先生刻關學編未竟，囑復齋續成之。先生以乙卯舉人大挑得定邊訓道，軍興，未赴。其賞戴藍翎也，以鞏昌解圍、攻克慶陽城功；其奏以知縣升用也，以回逆起，辦團城防績；其奏請分省補用，並加同知銜也，以幕府勞勩，劉果敏特保之。均先生去後，主者心稔先生功，借他事以酬，先生不知也。今秋，鹿中丞、柯學使以經明行修，歷主書院勤勞，特薦。先生辭講席已二年。特旨交部議敘，朝令未聞，先生已疾，亟不能待矣。

先生高祖萬青，貢生，行載省志孝友、義行及經籍志。祖世樸。考松齡，郡庠生，妣劉，以先生貴，贈奉政大夫，宜人。弟景倬，性友愛，先生疾，目不交睫，見先生，必强笑。先生察其神瘁，勸令休息，毋過憂。余兩視先生疾，得其狀，歎兄弟如一身，於此猶信。嗚呼，可以風矣！先生配袁宜人，先卒。先生銘而葬之祖塋，虚右以待。子震藩，庠生，從予游。將於明年二月二十五日啟宜人窆，葬先生。索予銘，予及李編修與先生交誼若兄弟，先生長予一紀，李長予三歲。先生及李以道德經濟自任，予時習古文辭，戲曰：「勉之，他日誌君，無枯吾筆。」李卒於戊寅，葬以己卯，予□[一]其行事，先生覽之，笑曰：「銘予可勝任」。予以笑應之。今甫一紀，又銘先生，戲言竟成讖耶？然余已四十有九矣。居人世能幾何？時知交零落，誰與爲歡？吁，悲已！辭曰：

可繫援於窮弱，不濡忍於諸侯。心慈以惠，氣勁以遒，其古豪俠流耶？然而理會其通，學粹以融，議嚴方外，誠一體中。桑梓謀豫，整旅圖豐。菁莪蔚起，沐雨噓風。蓋悲憫在胸，俠烈爲骨，道義積躬也。歷講涇干、味經、關中，多士喁喁矣。此何人哉？子俊字景偉名，避難以石樵自署，晚築學稼園以躬耕。蒼龍右繞，灃左縈魄，産靈芝氣，星精畢郢。劉光

[一] □：字殘，隱約可辨其偏旁爲走車。文集卷三翰林院編修李君行略即爲李寅而作，云「雖欲贊述，足未登高」，文末又曰「謹述」，故當爲「述」。

贊曰：是爲灃西柏先生之佳城。

王翁益農墓志銘

光緒十九年癸巳春二月二十日，益農王翁卒，時年六十有八矣。越五月，其仲子庠生憲章將於明年十二月二十八日午時葬翁於長安縣雙水磨村南，丁山癸向，謁余味經，匄藏幽之文。又〔一〕越月，其季廩生典章以狀來促之。是歲渭北亢旱，麥收不足，人二斛，秋禾就枯。時近榮鞠，田仍龜坼，根觸舊懷，乃益悲益農不置也。

益農之延余誨憲章也，爲同治五年丙寅。是冬捻匪大入蹂躪，幾一年，始遁去。益農謂余曰：「來春粟將翔貴，盍備諸？」余曰：「然，柰無力何？」益農曰：「已備矣，特以告耳。」蓋益農購粟百余石，以待親友之困，余家得免戊辰之餓者，益農力也。越九年，爲光緒三年丁丑，陝西大旱，天子發銀五萬兩賑之。牧民吏承天子意，奔走救荒不遺餘力。宮太守爾鐸攝西安府事，咸甯、長安賑延灃西柏先生主其事，官粟不足，借資於民。其有議及市廛者，以益農爲主。陝自咸豐時，失鼓鑄利，大錢、鐵錢，害不勝言，民間盛行錢票。錢票者，以錢爲根，書其數於楮，而楮遂有錢之用。其制如元之鈔，而有見錢以爲母，且不領於官。官於是設恒通字號以行之。中更軍興，餉糈、器械，諸凡取給省垣內外，流行恒通錢票不下數百萬貫。時今閩督譚公鍾麟撫陝，謂有發無收，票根不清，弊端潛滋，一旦決裂，累仍歸於民。於是嚴斥司恒通事者，盡收其票，而糧價日增，銀價日減。城內數十萬戸藉市糴以食者，皆大困。子俊憂之，益農曰：「中丞慮甚遠，意甚深，然錢乏而民病，票不可盡收也。其以新票易舊票，而稍變其制，則竝行不悖矣。又擇市之富者，出民票以濟之，庶錢不匱。」如其言行之，民困以蘇。又曰：「錢，制之官者也；銀，非制之官者也。錢顧受制於銀，是利權不操之國也。不如以銀爲錢。銀錢

〔一〕又：原字殘，意補。

爲母，銅錢爲子。市增數倍之錢，而質固銀也，則久而不弊。且西人之銀錢盛行東南矣，勢必漸及西北。中國不自收其利權，人將代爲收之，而乃爭於其後，則不及之勢也。」又曰：「古者謂『財力』，財之力聚則强，散則弱，流則盛，滯則衰。中國地大物博，乃見絀於西洋，其勢散而滯也。今之會票，雖巨萬金，一紙可通萬里，蓋卽宋之交子、飛錢。若設官領之，中國財力未必不足敵西洋。乃仿行錢票，而不問會票，是通其小而忘其大也。」子俊心然之，不能行也。余謂輕重之術，管子以富齊，而後人效之則敗，蓋損彼益此，可用於列國分爭之時，而不可用於王者大一統之世也。今海禁大開，各國挾其銀錢以制吾萬物之命，如益農所言，固有心世道者所宜加之意也。

益農諱承霖，世居三原之魏迴村。曾祖武，妣氏范；其僑長安則自其祖順周，妣氏趙；本生祖書周，妣氏郝、氏趙也；父齡年，妣氏范、氏雷。益農貌清奇，性豪爽，善飲，喜賓客。雖列市肆，日與士大夫周旋，上下議論，聲震鄰座，不屑屑爲財利計，而所得輒豐。宗戚、故舊之貧乏者，無不恤也。或收撫其遺孤，急朋友之難，雖蒙垢辱，不爲悔。羣從子弟已異居，仍爲謀其生業。事父母，色養無違。兄廩貢生軫，天懷沖淡，翛然物外，益農給養終身，不使以家計累其心也。涇陽失守，斂髑髏數十萬，葬之城東。城邑蕭條，官設法招徠，益農力爲之倡。丁丑之災，益農輦粟活其村族，而於咸、長振務，襄贊尤力，子俊屢爲余言之。今天象猶昔，子俊下世已二年，益農又繼之。天其不欲遺黎有孑遺耶？吁，悲已！配楊氏，有淑德，善事雷太宜人，能勤儉佐其家。得丈夫子三：長增生煥章，字晦伯，有至性，能體父母心，事伯父如父，見其季弟典章所爲傳，余曾跋其後者也，先卒。楊宜人卒，繼以副室雷，得子櫓，又卒；乃繼以胡。孫男，殤。孫女三：長適安定增生安澄，餘未字。益農與余仲兄友，而晦伯最善余。憲章、典章又皆從余遊。故余悉益農行事，謹據狀，敘其家世，而繫以銘，銘曰：

使天下富庶卽謂之仁，視天下困弊卽謂不仁。中外消長繫其身，而攖其神。不惡囂塵，非自療貧，內養其親，外惠族鄰。彼談道德、負經綸者，何以位置斯人？嗟嗟！代人君養民，是爲聖清市井之臣。

候選同知傅君嶢山墓志銘

予嘗恨，經史傳注悉萌芽於陜，其後鋟木印行遍海内，而陜獨無。光緒甲申，余與長安柏子俊、三原胡子周創爲「求友齋」，擬陸續刊十三經注疏、廿四史，時不以爲迂，而始終助之者，乃身不列庠序之傅君嶢山。嘻，異已！君臨潼人，諱萬積。五歲，父五雲見背，九歲失恃，收養於族父五吉，與族兄萬齡、弟萬檉同讀。家計日窘，君不欲以口腹累族父，故未成童，即習賈於冶峪涇陽吳氏業也。君賦質豪健，能忍嗜欲，耐勞苦，志識宏遠，雖混迹市廛，暇手一編，遂通文筆，爲書札，宛然宿儒。居十年，執事窺君才迴出朋輩上，倚任之。西至甘涼，南達江漢，市稍不如願，悉委君，君奔馳無停。趾所至，輒贏。君賈於蘭州而回亂作，全家被害，僅族母王、弟婦王、及君妻韋氏、子宗説倖免。君急返里，間關戎馬間得之於渭南之金山，皆饑疲無人色。君一見痛絶，病逾月。賊稍退，急覓族父及兄弟，骨不可辨，仿二曲襄城法，招魂以葬，聚衆骨塚之，立石於前。事族母王極孝敬，無異所生。時洪寇漸平，淮鹽興，吳氏漢章招君理鹽筴於揚州。君以族母老不忍離，漢章逾重君，悉以家計委君，俾家居遥制。君知人善任，經理有法，業大起。既而漢章没，以幼子聘屬君，君以教以養，若保姆，若師傅。長且娶婦，而聘又没，君大戚，爲請於官立嗣。既數年，風波大定，君飄然辭歸，時君歲可得千金，不顧也。歸則教子孫讀書，躬巡阡陌，與傭工雜作，其勤勞倍恒，見者不知其曾爲巨商也。家人勸君少息，君曰：「是樂非若所知也。」

君貌魁梧，性慷爽，識大義。窮廉於取而富豪於與。嗜酒善談，嘗謂余曰：「世爲夢糞得財，財誠糞也。化而布於野，則精氣已流；積而堆於場，則污穢難近。財誠貴化，故貨字從化。予不能爲子孫取其精者，忍使近穢乎？」故家不中貲，戚族貧乏，歲有待君舉火者。素好士，士有志節，必先下之。嘗爲子訪師於余，余以咸甯杜雲樵告。顧雲樵性耿介，不諧俗，與君獨相契。館於家者十年，又恨早失怙恃，不克終儒業。吾鄉簡陋，讀書苟且，雖童蒙書，求善本必於南方，誓刻十三經讀本。時予爲「求友齋」，君出千金，俾成之。柯遜菴學使聞於朝，得爲君父建坊如例。嗟呼！世之訾人者，動曰市儈，以有利心也。然利一己則私，利人人則公。輕重之術，管子以霸齊，范蠡以强越，及游於陶，三積而三散之，卒以長子之吝，致中子之死。積則禍，而散則利，彰彰然矣！太史公列傳以伯夷始，以貨殖終，於蠡事末，特著吝之禍，非謂三代後，人事將盡趨於財利，而預示以坊與？今西洋以商立國，中國財利日絀，邊日棘，人人爭談富强，如君積化之説，其亦可以深長思矣！

君以例得候選同知，誥贈父母及祖考妣如君官。初娶韋宜人，一子：宗説，庠生，候選訓導。女二：長適溫，次適劉。又娶王氏，子三：長宗訓，業儒，次宗燮、宗訢，俱幼讀。女四：長字孫氏，余俱幼。孫男三：天一、天來、天錫，俱幼讀。孫女三：長適劉，餘幼。君卒於光緒二十年七月三十日，年六十有二。將於本年十二月十三日葬君於任留里之北郊，以韋宜人配。宗説持君狀匄文。余感君言財利得其精，非近世儒者所能道，即道之，不能自踐也。又以謀刊經史，與予志同。已經成詩、易、書三經，時刊「四子書」，未竟也。四顧茫茫，老成凋謝，行自悲已，遂爲之銘曰：

洞財利之樞紐，取予辭受，卓然不苟。散以擷其英，積以防其朽，故與之始終，不罹其咎。驪山蔚環，渭水旁走，魄藏於兹，巽趾乾首。是嶢山之佳城，與十三經讀本同壽。

候選同知袁君耀宗墓志銘

君姓袁氏，諱棨祖，字耀宗，世居涇陽縣城。曾祖登仕，祖秉鈞，俱太學生。曾祖妣氏王、氏劉、氏朱、氏鞏。考輔清，字弼臣，號覲天，晚號舞鶴山人，邑庠生。工書畫，馳聲當時，以城工議敘聖廟管勾廳。妣王氏，生子三：伯念祖，先君卒，仲繼祖，幼殤，君其季也。君幼讀穎異，以家計艱，棄而習賈於吳氏，爲其主計。回亂後，物力耗匱，而市習益豪侈。君性廉謹，一仍故素，故吳氏任君特專。又以鹽筴，業大起，君獲餘潤，家漸裕。援例爲候選同知，遇覃恩，得封贈。其考妣上及曾祖考，皆爲奉政大夫，妣皆宜人。事叔父母，竭誠孝敬；撫羣從，嚴而有恩，皆成立。寡嫂段氏，苦節，撫孤子銳，君視如子，以嫂節聞於朝，綽楔如例。戚族之貧者，無不恤也，邑之善舉無不爲也。以壽終於光緒二十年某月日，得年七十有五，葬於本年某月日，邑之東郊，庚首。

前明用「開中法」，以鹽實邊，輸粟塞上，得捆鹽於淮南、北。明邊重西北，山、陝輸粟便，故淮鹽以西商爲大宗。然商仍苦遼遠，乃爲屯塞上。得粟卽輸，省運費，邊益實，而商益富，則多賴陝。陝之人，文〔一〕推涇、原王端毅公、孫豹人，乃皆淮商籍。中葉凌替，淮庫利收銀，商粟不至塞，農屯廢，軍士饑，邊防潰裂，遂棄河套。項襄毅總制三邊，乃至興屯內地。近時平洪寇，將士多起湘淮，其鄉人得據鹽利，西商僅吳氏。顧國家隱禍深憂，實在北。河套地形便利，易守戍。倘倣前明法，招淮商如君等數十人，大興屯粟套中，雜以軍屯，爲戰備，暇修秦、漢、唐故障，亦不過歲費數千百引課，可固陝西門戶，京師亦無肩背單薄憂。是則有心人所宜預計也。

君初娶閻宜人，無子，先君卒。續娶張宜人，生女一。邑多回寇，君預謀避地。亂作，卽奉叔母及妻姪諸弟家累於富平莊里鎮，而舞鶴公不欲先去，爲民望，誓死守。君不忍父母獨殉危城，招妻及姪銳等歸。城陷，舞鶴公揮君去，爲宗祀計。卽殉節於南城敵樓東側，而張宜人已奉王太宜人殉節於家。以銳孤，命無從死，趣尋叔父。時君及銳皆先後間關出，次日始遇君於三原。迄四年，以病沒。君家可謂世篤忠孝矣。君乃繼娶景氏，先君卒，有子兆霖，庠生，從余遊。持君狀匄文，時日夷搆難，海疆事棘，棖觸予懷，乃不辭而爲之銘。辭曰：

妖鯨鼓浪腥雲飛，扶桑初日光霏微。警東備西古兵機，窮蒼漠漠虞突豨。河山北枕險可依，綢繆未雨誰先幾？套中久棄胡不歸，明祖赫赫式九圍。鹽法開中士馬肥，以古準今理無違。商賈農粟軍不饑，屹屹巖城翬京畿。不假弦高先乘韋，君蘊忠孝追前徽。吁既死矣空淚揮，海風獵獵吹人衣。

〔一〕文：當爲「又」之訛。

涇陽縣知縣涂公卲卿墓志銘

胡文忠公云：「邑不難治，治其邑之士，而邑治。」誠哉是言，予得目驗於卲卿涂公。公諱官俊，字卲卿，江西東鄉人。曾祖呈瑞，妣王；祖洪楷，妣徐；考邦黼，妣吳氏，三代皆獲封贈如公官。公兄弟三，伯官寅，仲早沒，公其季也。公讀書好深沈之思，工制舉業，精深類章、羅，詞特爽健，古文詞有荊公之峭直，而略腴潤；類南豐波致，則宛然廬陵也。爲學力求心得，不欺其言，故亦近金溪，蓋取法多不出其鄉。未成童，即值洪寇亂，生業特艱，或日不再食，家計資課試膏火。娶張氏，繼吳宜人，育子殤，僅二女。兄子封祚，公育而教之，已成弟子員，復沒。公悲痛甚，遂入深山習靜，避人事。歲癸酉，公師王曙宇微得之，招之，試得貢成均，公年已三十六矣。乙亥充鄉解首，丙子舉進士第四人，以微疵抑三甲，得知縣，請諳陝西。歷任富平、涇陽、長安，授宜君、涇陽，屢課二最，竟終於涇陽官舍。無子，門人治喪，以伯兄孫嘉蔭嗣，即封祚子榕也。妾某氏，長壻華紹祖，次丁夢松。

公官陝西，於涇陽獨再至，故涇民感公甚，公亦樂用涇陽人。其初至，察民疾苦，知法令不行，猾吏、蠹胥、豪暴，三者倚結爲奸，故澤不下究，乃力爲剷除。日坐堂皇，治獄訟，遇奸猾必盡法懲治。胥吏劉貴强占民女爲妾，吏王仲蘭骫法唆訟，豪强竇懷珍强奪民女，刖人足，皆前官府所不能治，即治矣，亦風聲漏，不可得。公運密謀，捕得之，悉置之法，公遂有嚴威名。然良懦咸欣欣有生意，頌公不置口。富者樂輸財，貧者樂盡力，故修葺聖廟、文昌宮、倉聖祠、崇聖祠、明倫堂、龍洞渠，凡涉禮典及民間利害者，不費公家絲粟，未期而畢舉。公移長安，其繁劇十倍涇陽，以治涇陽者治之，凡事不假人手，歲清積訟數千起，破獲窩犯七起，革徵收錢糧積弊，立新甲百餘，民歲省數千緡。孝義瞽者失子於盩厔，爲鎮安捕役賣於咸甯境，則哭訴於長安縣衙不去。公捕其役於江口，置於法，贖瞽者子還之。公威惠大著，宜超遷，然初正任，例得簡邑，遂補公宜君。宜君山邑，境廣袤六百里，居民遼闊，貪污不能爲弊，而徇良亦難爲治。故官於斯者多不事事，朝夕冀出山。公至，則勸農桑、興水利、驅虎狼、除蒿萊，成稻田百餘畝。民朴陋不能施以文告，日巡阡陌，口勸舌喻，若將終焉。是時公循聲噪關輔，人人欲得公治其邑。即富平貧民多習吏事，不便公所爲，至是亦思公，而涇陽民特欲得公甚。然涇邑正任甫履新，公勢不能至涇陽。公之去涇也，繼者悉反公所爲，奸豪黨羽復熾，思中傷公無可得，乃假治龍洞渠欲輾轉及公，顧其事實費省功倍，無可誣乃已。而繼者犯公義，自引去，得出缺，涇陽民遂卒得公，殆天幸云。

公貌雄厚，色赤而津，目稜稜有光，望之儼然。素嫉惡，嚴病肝氣。在宜君，勘水利，墜水中，寒濕。又，遇民事，雖酷暑嚴寒，必親往，不稍顧忌。聽民訟或由朝至暮，家人進飲食，置之案，不能適寒溫，故多疾，遂絕酒肉。貌漸清臞，衣服不敝，不更製。與士民語，絮絮若家人，故見者謂公若僧。蓋其鄉人云，太夫人誕公時，果夢有僧衣人入室也。公再至涇陽，則注意於保甲。邑有四十四里，總爲十鄉，里分十甲，甲有長，里有正，有副鄉，有總察，選賢俊百十人充之。舉一邑之農田、水利、蠶桑、種畜、戶婚、田產、緝捕、徵發、錢糧、詞訟、學校、教化、鄉飲、讀法，悉統焉。官有興作，爲條教授之，鄉總以及里正、副甲長而至於民；民有疾苦，告之甲長、里正、副以及鄉總而至於官。官民情意可一日相通，而無所隔。公於民之情僞無纖毫不知，民於公之意旨亦無纖毫忍負。吏胥懍懍，斂手奉法，故百事可以不勞而理。乃公數奇。始至，歲稍豐，繼則無歲不旱，公即無歲不病。雖以保甲救荒，其征丁、轉運，核戶給粟，法可頃刻定，然非公口陳手畫，運之以心，奉行者又未必盡得公旨，故憂勞無間於初，而病遂不可爲。至今歲大豐，而公卒矣。時光緒二十年十月初二日也。

公志力追古人，不爲身家計。其持躬清苦，類于清端；治民慈惠，類陸清獻；聽訟則王鈍翁之爲；兵馬，司保甲，則劉廉舫之治巴縣。及公卒，涇民罷市巷哭，設位相弔。不請於憲司，鳩材立祠，且紛紛欲留柩葬涇陽，與聖祖時諸徇良去位時民情無異。惜生不遇安溪、澤州諸老引而翼之高位，俾竟所施設，又無望溪方氏其人蓄道德，能文章，以傳公於不朽，而執筆者乃爲蕡，悲夫，悲夫！烏能毫末重公？然公德自能常留仲山、涇水間，予文或且因公重也。公沒時，篋無餘衣，無藏金，幕下士始搜故櫝，得數千金，俾返柩，餘爲其夫人終老資。

公又發奸摘伏如神。一夜三鼓後，忽乘馬出，呼健役數十人隨，度涇水至南原，有土室，率役入，縛二盜首歸。以事巡鄉，遇一人曰：「汝富平匪李某也。」其人已改姓，不服，命執赴富平，果李某。癸巳夏，訛言會匪謀變，公以靜鎮之，而其首已早係之獄。世多以是奇公，不知心乎民事，力行保甲者，自能是，是不足爲公重。余故不著，著其大者。公卒後二十餘日，其孫嘉蔭卽負公骨歸里，將於某年月日從先人之兆，請預爲銘。壬辰、癸巳，渭北連旱，公首請發棠，院司重公，許之，鄰封乃敢相繼請。故予籍咸陽，亦德公甚。忍不銘？銘曰：

隔之以吏，則否；通之以士，則喜。匪士能通公，誠積中惟仁斯勇，主敬故聰。殫一心於百里，協衆志而胥融。民安其業，公瘁其躬。嗚呼！涂公何有怨恫？我文斯石，永賁重泉，歷千百年，必有感斯道之大，同式墓下而流連。

候選縣丞張君藎臣墓志銘

同年友三原侯鼎臣爲予言官軍勦捻狀：捻首張總愚圍富平之莊里鎮，萬馬雲屯，俄湘軍劉軍門松山、淮軍郭鎮軍寶昌馳至，沖入賊陣，鼎臣作壁上觀。官軍旌旗僅及賊什之一，礮火雷轟，賊紛紛辟易，城上人帖然不驚，則城之堅固可知矣。築之者，鎮人張藎臣貳尹也。後予爲「求友齋」，刊刻經史，予友富平劉禮園言其鄉人有矢志刻其鄉先達集者，又藎臣也。及光緒二十一年乙未冬，有素服持其父所刻楊忠介公集及行狀，因禮園謁予於味經，再拜求誌墓，則藎臣長子，藍翎五品銜，候選訓導印授也。葢藎臣已於前二年十月初八卒，年六十有一，將於明年十月卜日葬矣。嗟呼，予心儀藎臣幾三十年，謂可與謀桑梓，蹤迹卒未合併。今東禍潰敗決裂，以賠費割地終，西氛又棘。吾鄉辦堅壁清野，予步藎臣後，爲予村築寨，卽苦經費，又念西洋炸礮非城所能禦。今日固圉，有戰法無守法，此自道咸來海疆覆轍，困於株守而忘進取。已然之迹，可共見者也。然謀戰必於無事時，練軍、制械，其費不貲。中國財利久爲外洋所奪，日貧一日，何以養戰士，儲軍食？故欲謀强，必先謀富，予所以有集貲創設機器織布而愈思藎臣不置也。倘其人在，必能與予同心而不以爲迂，其平生足信矣。然印授能首先入貲，藎臣亦可謂不死。予爲藎臣銘，何能以未謀面辭哉？

按狀，君諱立基，蓋臣其字也。賦性純篤，與人和厚，幼讀書，不屑屑治章句業。後因禮園以交於三原賀復齋先生，遂屏去帖括，潛心性命之旨，欲一一見諸行事。暇輒手一編，渺慮澄思，或怡情於鍾、王書法，無他嗜好也。家素封，君又善治生，於邑中善舉無不佽助。前後累巨萬，而家乃益起。光緒丁丑，歲大饑，蒲城匪徒戕官，竄陷富平之薛家鎮。君上書蒲城張石洲方伯，謂急籌款賑濟饑民，俾匪徒無所煽惑，則勢弱易制。方伯韙之，匪果不旋踵而伏誅。其慷慨激昂，見事明決，多如此。君於刊楊忠介公集外，邑侯樊雲門修縣志，君與採訪，後焦公雨田續成之，君任刊刻。爲鎮設義學，又設養正義學於其巷，膏火修脯，皆謀經久。君獨任修鎮，城外、縣中葺城，亦分任之。其他修葺倉厫、捐積穀麥，稍欠必振。君性好施，人之饑不啻其身。出私粟以活人，且欲人之自謀生活。以及平日，周其戚友、鄉里貧乏者，則又書不勝書。邑侯所以屢以「扶持文教，功垂屏翰」表其門也。

君曾祖景留，鄉耆賓；祖丕績，邑庠生；考福海，封贈如君官。有弟二：仲早沒，其季配基，君撫之，有恩。原配楊，繼配支，有子印授。後又配氏曹、氏陳、及副室李，皆先君卒。又繼氏唐，有子蔚森；副室魏，子二：東森、茂森。孫男一：戊子，孫女二，幼。印授將奉君蛻藏於壇山漆水閒。禮園代促，禮園君契友也，今頹然老矣。鼎臣未知識君與否？亦前八年卒。予何以銘君哉？銘曰：

捍衛一鄉與捍衛一世，其用力難易誠不可與道里計。然孤舉則難成，眾擎則易濟。天下固一鄉之推，一鄉即天下之例也。安得千百蓋臣，各爲其鄉捍衛，俾中國安全，誓黃河泰山而帶礪。嗚呼！天之方蹶，無然泄泄。蓋臣逝矣，予不知何心，望蒼蒼而隕涕。

西甯府知府胡公麗生墓志銘

光緒二十三年二月二十九日，西甯知府三原胡公麗生薨於位，西甯民聞之，奔走相告，謂吾儕無福，胡天不公，遺俾蘇瘡痍而衽席之，則相向哭。及聞公囊橐如洗，衣衾棺槨皆借貸爲之，又哭失聲。其子塏、均扶匶歸，行李蕭然，送者絡繹，哭奠於道，觀者亦歎息泣下。公涖甯僅閲月，何施於民而民若是？蓋公在慶陽前後八年，行保甲以清盜源、勤緝捕以安良善，除蒿萊以廣屯墾，修城郭以固民心，建書院以培士習，戢胥役、裁陋規、捐置書籍千三百餘卷，弊無不去，利無不興。仁政所樹，騰爲仁聲。慶郡去甯千餘里，謳歌所播，先後雷同。公未至，民望之切，至而薨，故慟之深也。悲夫！世之仕者，遇瘠苦區乃謂不足爲，一切放棄，旦暮冀他徙。及遇繁庶，則沾潤脂膏，博妻孥、童僕歡，於民事又不暇爲。卽爲矣，前後異轍，民疑不遽信，吏玩不卽從，上下齟齬，設施殊難。孔子曰：「凡事豫則立」，孟子曰：「仁言不如仁聲之入人深」。公盡心於慶陽，而風聲動於甯。初至甯，所行者循舊例也。民曰：「公之所特恩頒者，國之帑也。」民曰：「公取之家。」卽晝夜校士，亦分內事。民曰：「公特愛士。」治一郡，而他郡胥孚，任瘠苦[一]者，可以奮然興矣。

公諱礪鋒，號星若，其家世見余所爲公母張太淑人及弟子周、子仁各誌中。公貌雄偉，多髭鬚，性純謹，終日端坐，靜默不苟言笑。遇事詳慎，若類遲鈍，然義之所在，不擇利害。待人寬厚誠敬，始終無閒。遇不肖，亦有恩而不可惑以非，蓋內介而外和，得於天者厚也。公少失怙，事張太淑人得其歡心。年二十入邑庠，胡氏興學，自公兄弟始。回匪亂，攻三原甚急。張太淑人以世受國恩，不欲苟且偷生，坐井邊，足垂井內，命公兄弟出，存宗祀。公命二弟出，而自奉母居。出重賞，募勇力禦，城賴以安，蓋費十余萬金。事定，公入貲爲郎，分刑部四川司行走。勤於職事，讀律略能上口，部事之煩勞者，同人悉諉公，公未嘗辭也。歷任廣西司、安徽司郎中，秋審處行走，保繁，以知府用甘肅。慶陽瘠苦名天下，經回亂後，四境蒿萊，城周數里居民不及二百家，衙署傾圮，仕者以爲畏途。其缺出，公笑曰：「將選我」，既而，果然。及至，從者不堪其苦，公安之若素。昕夕治事忘倦。公性孝友，涖慶五閲月，中弟卒於家，又五年，弟子仁亦卒。公忽忽不樂，從子以中弟貂服公，公見之泫然泣下，卽封還。遂以修墓請開缺，不許。入覲後，以痠疾請，仍不許。既而倭鬨於東，回亂於西。海城匪徒

[一] 苦：原字殘，意補。

戕官，竄走平遠，平遠毗連董志原，海城亦與環縣接界。公辦團練，謀城守，事事有備，匪不敢犯。事稍定，方謀歸，又移西甯。是時，回亂起於河州，西甯焚殺最慘。長吏以公仁慈，俾撫恤之。公義不得辭，遂馳往。召集流亡，撫恤瘡痍，散給籽種，安戢降衆。又補行府試，晝夜校閱，遂積勞不起。嗚呼，悲已！

公生於道光二十二年五月，得年五十有六。元配常淑人早卒，繼配陳淑人有丈夫子五：墀，庠生，以後其弟；塏，州同銜，附貢生；均，光緒甲午舉人，予壻也；坪，庠生；堪業儒。女一，未字。妾王氏。孫女四，俱幼。墀等將於次年閏三月二十日葬公於邑城南山西莊之祖塋，兌首震趾，墀、均持狀索文。予於公兄弟交最密，未及三十年，既哭其母及其兩弟，今又哭公。公長予僅一歲，予及銘公幽宮，則予於世亦幾何時？故執筆淚涔涔下也。然烏能辭，銘曰：

烏虖！公則樸也。言吶吶，貌嶽嶽，氣沈靜，志誠慤。其度汪洋千頃，澄不清，而撓不濁，而聞義必赴，見又何卓也！以故勤民至瘁其身，而不覺，殆深於愛人之學者與？崑崙雲昏海風惡，九州聚鐵成大錯。積愛爲悁忽然作，抽身塵垢赴寥廓，從母及弟泉下樂。我進此辭公笑諾，後有訊者休錯愕。

贈内閣中書雷君西橋墓志銘

光緒二十四年春三月，雷生慶壽、多壽奉父西橋先生命，執贄於味經。蓋其兄曼卿孝廉官內閣，與李孟符善，知予名，函告西橋也。西橋旋病劇，生馳歸，侍疾至季秋。既望，西橋竟病沒。今歲，多壽素服謁於予，以其父行狀求墓銘。予時病目，避居九嵕山下，故漫應之。多壽屢來謁，間負蔬肉步至。予閔之，留居山，泣然曰：「父俟先生文，未葬也，葬卽，來不歸矣。」予以狂愚觸世忌，無敢親近者。曼卿夙未謀面，慶壽、多壽居味經僅三日，此真若陌路。乃情義殷殷，有逾親舊，必得予文以爲樂，噫，可以感矣！予安能辭。

按狀：西橋諱大鳴，字震百，世居渭南縣西之車雷村。曾祖世華，妣氏王；祖呈祥，以篤行稱，事載邑志，妣氏王。

考先春，妣氏楊，繼劉、繼張、繼曹。先世皆力農，君始奮於文學，雖九試，僅得一衿。然弟秉乾、第三子延壽皆早歲捷秋闈，延壽即曼卿也。長子永壽，次增壽，增貢生，俱出嗣。慶壽，廩生；全壽，附貢生；多壽，廩生；德壽、眉壽幼讀，未試也。君賦性端凝，不好嬉戲，守先人訓唯謹。雖鄉里瑣談，苟爲祖考所稱述，悉識之弗忘。遇事有遠識，年未壯，即經回亂，奉父避地。倉皇戎馬，什器衣物雖極珍貴，不暇顧，必以父之衣衾、棺槨從，家人或迂之。然父果不獲歿於寢，附身物得無憾，人始服君之情摯而慮深也。村居當路衝，寇至輒遭蹂躪。君倡議築城，村人以爲非急務，甚且誣訟於官，君弗恤，城不少輟。及成，草竊伏莽，村人恃以無恐，訟者亦愧謝，又服君之思深而守定也。邑當孔道，差徭煩重，悉資民力。里分十甲，甲值一年，謂之限年，輸銀四兩。縣中設局，延巨紳主出入，以供軍興，不足則由紳賠墊。渭邑有局始於蔣氏，蔣氏以顯宦里居，官吏固不敢濫需索，且本省無軍事，費亦無多，故紳有賠墊名，實無其事。及回亂作，輸挽百倍於前，紳不能墊，則與官議，九甲又出銀四兩益之。亂平，則以軍旅之用爲冠蓋之用。閻文介里居，大爲釐剔，然官吏習爲故事，需索無忌。總局事者歲賠五六百金，多或千餘，有閏，則更倍之，故邑人視局爲畏途。君任局事，力白其弊於憲司，閏月許用公款，紳困稍蘇。嗚呼！差徭、力役之征也，其事爲修橋梁、治道路、守倉庫、衙署，所役無多。即出錢雇役，數宜甚微。國家全驛馬百二十四，一馬二夫，軍旅興，驛自能供。陳文恭公撫陝，有事新疆，用全陝驛馬以應轉輸，未聞不足。然以軍興之故，借用民力，民雖困，亦能相諒。若無事耗有事之財，設一旦有事，又將何以取？非第病民，國亦何賴焉？此則仁人君子者當急圖之，非在下如君輩所能爲力也。

君有丈夫子八，女子子二。長適賀峻，峻之父豹君，孝廉，任渭局事，始存支用簿，渭局用財可稽，自豹君始，殆與君同志者。君訓子嚴，毀齒後即入塾，不輕出戶庭。待蒙師誠敬盡禮，郃陽王天乙館其家者十有六年。諸子稍長，則令遊學四方。得賢師友，則大喜曰：「汝輩識爲人門徑，吾無憂矣。」此可恍然於君之所謂學矣。君生於道光十有四年七月，得年六旬有五，將以二十五年臘月初四日葬君於村南之原，丙首壬趾。曼卿使多壽來促銘，銘曰：

瘁其身，榮其子孫，何前鬱而後伸？曰欲苗茂者，培其根，根則寸心，苗子孫也。故善治心者，裕後昆。豐原嵂崪渭流奔，佳氣葱葱護高墳。是唯西橋之宅，八士蔚起，萃爲德門。

梁翁瑞庭墓志銘

翁諱玉樹，字瑞庭，姓梁氏，世居醴泉縣東鄉之鄒村。考希敏，妣氏馬，有子五人，翁齒居長。幼聰穎，讀詩、書、易略上口，能解其義，以家貧，年十九即舍章句業，服賈於蜀，爲熊氏夥。頤性勤儉，能耐勞苦，善經紀，賈日以贏，熊氏感翁甚，爲入貲得登仕佐郎。翁之初服賈也，爲道光十二年。時承平久，軍政廢弛，士不知兵，英夷犯順，戰輒衄。海疆事棘，翁竊憂憤，購登壇，必究一帙，日夕觀玩。其友規之曰：「君以貧故棄儒而賈於此，爲謀孝養也。今習此，意欲何爲？毋乃自戾初心？」翁瞿然謝之，然賈事瑣瑣，終不足以羈翁。乃潛心於醫，從事瘍科，以有迹可循也。顧瘍師多祕其術以專利。每合藥，入私室，不令人見，叩之，堅不肯言。翁乃梯牆窺之，竟二日夜，盡得其祕術，乃反出祕者上，祕者聞之，大驚服，愧恧，覺祕爲淺陋，徒勞也。治瘡瘍重外，敷法以紅升白降爲神劑，升有升法，降有降法，凡醫皆然。翁自出心裁，改變其爐，一火而升降悉如法，省功夫大半，人咸異之。翁顧不自愛惜，有求術者，必竭所得以告，使自燒鍊，而代爲啟視。有學徒燒鍊不盡守翁言，翁不知也。翁計火候足，親爲啟視，藥氣暴，觸目，遂失明。翁雖失明，活人之心不少減，延醫治瘍者踵相接。翁至，以手代目，得其部位，詳其經絡，叩其日期及其患苦，知其形色，出刀圭，服食敷裹，咸應手效。蓋翁之習醫也，先究人身經絡部位、血脈起伏承接，及瘡瘍發，知爲何臟，何腑所受病。藥皆親製，無市利心。擇之精而合之如法，故奏效神，百不失一。夫醫之始，與大道同源，體上天生物之心以爲術，借金石草木之質救陰陽運氣之偏，故神農嘗藥，黄帝、岐伯論經脈，伊尹合湯液，聖君賢相皆竭精力於是，制作大備。後人安享其成，不復究心，術日淺陋，以至今日。凡爲醫者皆不能操他業，以爲衣食，乃混迹於醫，恐虚庸謬，日殺人以爲利。西醫乘虚而入，恃其割驗之勤，化合之精，術遂駕於中法之上，豈知中醫之盛，前於西國二千餘年。漢建安時，張仲景、華元化同時並峙。元化近剝割，鍼灸之遺也；仲景主湯液，化合之術也。

不咎後人之疏，而謂古神聖立法出西人下，謬矣。翁不由師授，自悟法門，合藥物奇捷，而醫療神效。翁於西醫書何嘗一寓目哉？中國人果自祛其私利之心，謂事事能出西人上，可也。

同治初，陝回搆亂，翁父母避地乾州。翁返自蜀，代守陴，至丙夜，同守者皆寢。翁聞地下聲沖沖，喚寐者醒，曰：「賊爲隧道，將穿矣。」束蘆葦，雜火酒辛辣物熏之，賊驚遁。次年春，父卒於乾。翁謂乾城岌岌，不如乘夜葬，至家，已暮，舁柩至葬所，而賊果至。舁者咸奔，翁謂其三弟曰：「無論棄父骨生不如死，即隨衆奔，賊若覺，能一人免乎？不若乘夜昏黑，潛伏柩旁，賊幸不覺，可克葬也。」弟曰：「諾。」賊果若無睹者而去。蓋翁於兵法，亦有心得，故臨變整暇者若是云。翁負氣剛介，而存心忠厚，見惡人嫉之甚嚴，而與人爲善之心時流露於詞。故受翁規勸著，咸無怨。家規勤儉，始於馬太孺人，翁一身倡於外，其配白孺人倡於內，故治生業極勤敏，而兄弟怡怡，婦孺和順，爲遠近所無。

翁原配駱，繼配安，均早卒，無出。後繼白孺人有丈夫子二：海明、海峰，海峰增廣生。女二：長適奉政大夫杜充輝從子附生杜敷銑，次未字。孫男二：士林、士樸。孫女三，均幼。翁弟女爲予從子瑞駿婦，而吾兄女亦適翁從子海觀，海峰又從予游於味經。故翁性情行事，予知之悉。光緒乙亥春，予將避居煙霞洞，翁邀予飲於家。翁固盲，時予亦病目，酒酣面熱，縱談天下事，氣甚豪，均自忘爲病廢也。越十有一日，而翁凶聞至，時二月二十四日也。翁壽七十有六，蓋無疾而逝云。海明將於明歲某月日葬翁從考妣之兆，海峰持狀索銘，予何能辭？銘曰：

物産豐，世道亨，此贏彼絀，患氣萌。有志者起，力爲爭。爭於天者醫，爭於人者兵。人力勝天，陰陽平。海上仙方，龍宮祕籍，翁不遠求，近取心得。蓋炎黃開中國之文明，本一心仁愛而成。私心去，公理明，則無藝不精。觀梁翁治瘍，奚爲睹泰西方技而震驚。海霧昏塞荒雞鳴，妖星吐燄蔽長庚。翁目不見耳則聰，我銘俚詞應笑聽，內心不盲外患平。

蔣君繩武墓志銘

予幼讀孟子「天下無道，以身殉道」語而疑之：天下即無道，又何必出身殉之？及咸豐庚申，英、法犯津門，文宗北狩，即而就款。予初應童子課，赴縣城，見縣壁懸大清皇帝詔書與英、法並列，而一書皇帝，一書君主，始恍然曰：「此真以身殉道之時也。」蓋英、法新舊殊教，而皆主耶氏，耶氏盛於中國，孔子之教自亡。論語束薪，六經高閣，必然之勢也。於是予始有刊經史之願。光緒丁亥，與三原胡子周、涇陽周夌生爲「求友齋」之舉。貲苦不給，戊子，又與同人醵六百金，俾登仕郎咸甯蔣君繩武購田翠華峰下，爲久遠謀。規模大定，而讒謗沸興，持之十年，事遂中敗，君亦幽憤死。嗚呼！如君者，非爲殉道者耶？君諱善述，號太乙主人，繩武其字也。祖考兆麟，妣氏胡，有子二人：化南，字雅三；暎南，字斗瞻，俱庠生。斗瞻公原配氏鄧，一女適李；繼配氏劉，有子三：君序居長，以嗣其兄雅三公，故君考雅三公；次善緒，次善訓。君年十二，值回匪之變，逃入太乙峪翠華峰上。嗣父及本生父先後沒。君年十三，仲弟十歲，季弟八歲，奉嗣母成太孺人自山歸，家業蕩然，數米析薪，屢斷炊煙。君竭力耕耘，暇爲小負販，以養以教。君雖幼，持家有法，諸事井井，類老成人。故數年之間，家計漸裕。光緒丁丑，善訓從予習制舉業，己卯，以副舉貢京師。及戊子，予以購田至君家，則君指揮家人操作，雞犬、桑麻，有世外風。君日手一編，蓋又以醫名矣。君娶趙氏，邑賓耆天麟女，生子四：長承學，次陰、祿、弼。陰，祿早殤。女三。

君之爲刊書購田也，兼爲同人避亂計，故效市井，稱名其肆曰「萃華書屋」，謂萃華人於此，以存讀書種子也。欲先以恩結山內外之民，時山中屢荒，君奔告同人，謂宜醵金助之。得金數十，徧散之，山民疑其少，謂有侵蝕。適君幼子弼殤，遂造蜚語。君大悔恨，予慰之。君之購田也，亦效市井法，貸錢於民，然市井息重，而君輕；市井盤剝而君否，已大戾於俗。及味經以「求友齋」併爲「刊書處」，君與曹建業入銀三千兩，鄉人又疑君暴富，深忌之。而建業性長厚，不知權子母法，其親厚皆懼爲官項累，强促之歸。君長子承學又病没，而浮言遂大起矣。謀於南者謂君剝削鄉民，得利甚豐，以肥其家；謀於北者謂君侵蝕官本。及予往察，則均子虚。君遂鬱鬱以病，去歲悉還原母子，餘銀二百奉予。予卻之，而君竟於今年閏三月初八日卒矣。嗟呼！君由艱窘，而閒逸教子弟，課童僕，以醫活人，固可暇豫終身，得鄉里善人稱。以予之故，起而爲經史謀，爲同人謀，欲以德感而怨生，本以義交而謗起，利害紛其外，憂患瘁其中，年僅四十有八而没。又奪其二子、二女，天果欲斬吾道耶？何降禍如是之酷耶？然既曰殉矣，不敢有身，何論子女？不問刀鋸鼎鑊，何論疾病？君特以匹夫爲於鄉里，故得禍僅如是。設有狂語百倍於予者，牽累及君，其得禍又何似？仰視蒼天，噤不敢出一語。悲夫，悲夫！反不如地下遊之爲樂永也。君無子，善緒、善訓將於光緒二十五年正月日葬君蜕於先人之兆，善訓索銘。嗚呼！余忍以不文辭哉？銘曰：

血埋化碧，心冤不白，伊誰之責？春秋煌煌著王迹，匹夫支周繼二伯。經二千年復秦厄，海風煽虐凶燄赫。君志懇懇呵簡策，天壞人支胡可獲，毅然舍去奮雲翮。我文此石埋幽宅，上樹青松下琥珀，中凝丹砂君遺魄。有恨莫消形永隔，發爲光怪沖天射，邪魅咋舌遠辟易。

李君善卿墓志銘

光緒二十六年，予授徒於潼關，三原李效功以書及其伯兄狀來，介陳濤書乞墓銘。濤謂：「幼見效功，敬愛兄過甚，類父，其兄撫效慈愛，亦類父。今喪兄，哀逾恒，又繼嗣不定，横被流言，效委屈當理，濤心折焉，以爲無愧師門，敢以銘請。效謂：『自兄没，涼涼踽踽，如醉癡，不知身何世。』古人云：『不幸無兄』，境非親歷，鮮知其悲。今欲懇師爲文，而寡嫂、猶女，孤弱相依，兼無應門五尺之童。停柩在堂，刻不忍離。束裝欲行，回首自慟，祈念師弟情，全效友于愛，幸勿以不親謁見卻也。」其狀兄曰：「兄積功，字善卿，始祖景和，明洪武初由中州遷三原北城，以三世祖貴，贈刑科給事中。曾祖大鏞，妣氏黃。祖願，妣氏吳、氏王。考樹敏，廩貢生，妣氏周、氏張。周淑人有子二：長卽兄，次懋功，出嗣族伯孟熙公，花翎三品銜，候補知府，推恩本生，先考妣得封如例。兄配楊氏、張氏，妾楊氏、呂氏，俱先卒。又繼李氏，妾朱氏。張有女一，適庠生管祖瑞。同治初元，回匪陷北城，兄年纔十五，倉皇出視賊。先考欲自裁，先妣周推之戶外，而內鍵之曰：『速率二子逃。君無守土責，而身任宗嗣，效匹夫死溝瀆乎？妾代君死家矣。』先考手持鴆，旁皇戶外，不知所爲。兄至，則扶掖，匿宏道書院。賊往來院內，竟無所見。稍間，兄奔歸，視母，則仰藥榻上死矣。於是偕先考，奉祖母王、族伯母曾兩家老弱，避地耀州原。邑圍解，先考隻身歸，後娶吾母。兄往來奔視，一夕自耀返，半途欲宿，聞馬嘶風聲，若賊至，遂疾行至縣。次日詢後來者，所欲宿次夕陷賊矣。效少兄二十歲，生二年而父沒，八年喪母。兼任怙恃，嘗有過，笞效曰：『親以汝屬我，汝不成立，我何以對父母。』效泣，兄亦泣。效年十四，入邑庠。三十一登賢書，每試，兄輒偕行，衣服飲食器具，必親檢，如護嬰兒。效家世清貧，先考授徒爲業，又經回亂，兄至欲棄儒爲賈。然效生而孤露，兄未沒以前，不知家務爲何事。兄病亟，始呼效語，已口噤。但曰『吾信服友』，又曰『自誨』。旋視藥曰：『難醫我。』哽咽，泣數行下，遂卒。時去歲十月十四日也。效幼不能均兄勞，長無樹立，以副兄志，兄又縝密無輕言。臨沒，數詞苦衷，鬱鬱飲泣，塡膺傷心，如何？兄撫效如子，視效婦如女，愛效兩女如己出。仲兄四子雖出嗣，兄恩愛逾恒。曰：『吾父孫也。』兄年五十有三，貌魁梧，聲音洪亮。讀書穎悟。遼海戰後，究心中外盛衰，得其要領。談之娓娓，聞者歎服。平生心力瘁於撫弟，而兄顧無子。將於八月日葬北郊樓南村祖塋，亥山巳向。以仲兄懋功子鑒爲嗣，蓋距兄沒已數月矣。」

予聞之惻然，知效之慟也。效之慟，善卿之友入於心者深。天壤惟孝弟之心可以亘千古而常存，推四海而皆准。善卿能致效慟，善卿未死，效行能動濤，言之又動予，效功抑又何悲？況孝不由父母而及感生遠祖，不足盡孝量；卽弟不由兄弟而及四海、羣生，亦未盡孝量也。故竊附子夏敬恭之言爲銘，介陳濤還之，以勖效學，而塞其悲。其詞曰：

孝之體直，弟之用横，直則本立，横則道生。生仁生愛，立敬立誠，始於門内，終於寰瀛。乃參天地，乃耀日星。視民物胥胞與，奉大君爲宗盟。聯函夏成一體，躋宙合於承平。兄弟之子猶子也，請質善卿：芸芸羣生，孰非子姓之繩繩哉？

效功無爲兒女之戚，而期大道之行。瘞吾文於九京，後有過者，必曰友于者之佳城也。流運感慕而心傾。

姚翁孝先墓志銘

鄂縣大王鎮姚生健從予游於味經，質性純篤，訥於言詞。壬寅季秋，使弟子閻生維翰以其父孝先翁諱世學狀來索銘。蓋翁於八月九日疾終。而健方試秋闈，奔歸，不及親含斂，哀痛甚，無可如何。悲其父數嘗寇亂，思以予文永其行事。卜葬期於十一月十六日，而母又病，不敢離，故以函請。顧予文何足貴，而姚生之痛則可閔。又其父所經寇亂，其機未盡弭，有不能不爲吾鄉人告者。同治初，回匪亂作，翁移家累於鄜之別業，身留團防，與匪撑拒。民不習兵，卒至糜爛，鎮市爲墟。翁遁於褒斜外之鸚鴿嘴。次年，藍逆突至，納金得免，逃於齊家寨。逆又至，焚其市肆，翁冒火入，撲滅其燎，竊賊乘馬以遁。回匪西竄，翁歸鄂，田園荒蕪，廬舍蕩然。翁出資招宗族鄉黨，墾辟經營，稍復舊觀，而捻匪又至。縛翁索金，翁曰：「金身外物，有者汝悉持去。身且不免，何愛於金。」匪酷加榜掠，翁不動，繼而大慟。匪曰：「痛楚耶？」翁曰：「身將死，何知痛楚。吾慟吾母七十餘，無人侍養耳。」匪異翁言，竟釋翁縛，且護送至邑城下。夫縛人攫金，盗賊之行也，聞念母之言而縱釋護送，非有仁孝之心動於中乎？有仁孝之心而陷於盗賊，民之咎乎，抑有民者之咎也？則曰回漢異教也，是固然矣。然藍則商人也，捻則農民也，是又何教耶？予聞外人之立國也，各有國家之學，以教通國之人。不問人之從何教，而必入國家之學，即同爲一國之人。回民入中國千餘年矣，而猶不從中國之教乎？抑吾國家本無所謂教耶？中國之人分六等，士、吏、兵、農、工、商也，婦人不識字，四萬萬人去其半矣；兵農不識字，二萬萬人又去其半矣；吏、商識字不能達訓詁，萬萬人又去其三分之二矣。三千余萬士子，能達訓詁、通文詞者，十不及一，達訓詁、通文詞不溺於八股者千不及一，不溺於八股、不慕富貴科名，而以明孔教爲己任者，蓋幾無一人焉。即有之，而道學詬於俗，講會嚴於令，故各國有教，吾國惟有民耳。此「民」「教」二字，見於奏牘誥教，而不知其可危、可辱、可流涕、可痛哭也！故本有仁孝之心，天下可一家，而陷於盜賊之行，同室如胡越也。今外侮亟矣，吾國無教乃求庇於人之教，以淩轢同國之民，而有民者仍不知教吾之民，而務抑民以伸人之教。嗚呼，陝人之懦，固不敢激而出於讎西教，然無教以葆其仁孝之良，吾恐滿、蒙、漢、回之民，士、農、工、商之業，髮、捻、嘓、拳之匪，皆靡而倚西教，以逞盜賊之行，吾中國一蹶而不可收拾，此則有心世道者，不可不慮計也。

次年，翁母沒，喪葬以禮。翁懲前次之禍，爲鎮築城垣，設團防，又建宗祠以收族，置祭田以報本。食指繁多，析居於鄜，貲財、田產任其取。攜子姪未去者，婚嫁一如其子。翁處事豁達大度，而待人以和。鄉里有訟，翁評曲直，無不服者。翁六十有六，葬於鎮南阡祖塋，甲首庚趾。曾祖宗湖，妣氏孫；祖文徵，妣氏劉；考明經，妣氏楊、氏王。翁娶李氏，有丈夫子二：長卽健，廩生；次价，五品軍功。女適長安縣袁秉坤。孫男廷璧、廷璽、廷琲。孫女五：長適本邑張純德，次適渭南縣達育琳，次適本邑賀雲錦，餘待字。翁議敘例貢生。自恨幼失學，嘗謂立品端行，不可一日無師。故健年已壯，恒負笈從師，翁殆以克完仁孝之誠爲學也。乃敘次其家世，而系以銘曰：

命可贖以金，亦可全以誠。人無不有仁孝心，人何以竟有盜賊行？嗟嗟，心之理，無人爲之明，而嗜欲憑生。行之迹，無以爲之程，而悖逆鬭爭。翁能全身於俄頃，而不能止亂於方萌。則翁布衣，非簪纓也。人人親其親，長其長，而天下平。故謹庠序教，申孝弟義，承平雅頌聲也。孰能爲之，以和我四萬萬人之國而不傾？嗚呼，悲夫！

劉君子初墓志銘

同治時，三原復齋賀先生屏棄帖括，講居敬窮理之學於清麓，而長安柏先生闡良知之說應之於灃西。賀先生盡刻朱子生平所著書，貲以成之者，其同邑弟子東里劉氏力。其庋藏處稱傳經者爲「東初」，稱述經者爲「季昭」，季昭爲劉君昌復字子初之父，而東初則其族祖也。季昭卒年三十三，子初僅七歲，長其弟昌晉僅三歲，而友愛如成人，能繼父志，完其所刊朱子綱目。事其母馬夫人能得其歡心。長爲弟子員，則又力振家學，不沾沾於制舉業。是時，柏先生講學味經，與予爲「求友齋」，亦醵貲刊經史及經世書。兩先生論學不同，同歸於刊書者。蓋孔子生春秋末，逆覩後世之變，政失而救之以學，手定六經以明大道，始於知性，中於正身，終於經世。而道德之淡，不敵禄利之濃，學者遂不知學爲正身經世，而徒豔科第。幼困於記誦，長馳於辭章，風氣日降，速化之術日新。五經均敢删節，史鑒束置高閣。士名爲讀書，而竟不知古。及入仕途，不唯養民理財之政，交鄰固圉之方素未究心，聞人語及，且以爲夢囈。而制藝不能施於案牘，日行文移，即假賓朋，公卿大夫名爲治事，而竟不知今五大洲既通，以文化早開之中國，獨形貧弱，見侮於外夷，此今日中國之大患，其積漸蓋非一日矣。兩先生均見及此，而欲救以知性、修身、經世之書，開吾鄉人士之固陋，故學不相謀而相和也。及遼海之役，兩先生均先下世。中國情見勢絀，危亡無日。吾鄉人士稍能見及此者，皆曾遊兩先生之門。當是時，爲中國捄亡策當奉孔子爲教主，以識天經萃民心，以通經義開民智，以治生業振民氣。即以强其力而裕其財，又須知西事，讀西書，刊且不如購之爲力易而效速。予於是徧結同人爲講社，而欲刱用機器以製造。先爲「復邠學社」，次爲「復邠機館」，又爲「復邠軋花廠」。軋花則劉仙槎首其事，而孫芷沅爲「勵學齋」於其鄉，其購書則子初之力爲多。仙槎於子初爲族叔，予固深羨東里劉氏之多賢，而又歎子初救時心殷，能善繼述先人之志事也。及戊戌八月之禍作，世乃目予爲「西學」，爲「新黨」，各講徒皆散，予屏居九嵕山下煙霞洞。仙槎卽於是月無疾死，閒一歲而子初亦於五月二十三日作古，年尚不及其父者。二則又疑天果欲爲中國，何於才俊之士，不使少有施展，而均厄其遇，以至於死也？嗚呼，悲夫已！

子初之弟昌晉將於二十七年四月初六藏其兄魄於祖原，乃述其生平，以爲恪承家教，關心時艱，誼篤師友，性喜施濟，每及其兄之友愛，則語尤沈痛。介孫芷沅以求予文。芷沅，予老友文秋子，曾從予遊味經者。予與子初未謀面，聞與芷沅同講席，卽與予爲同志。仙槎卒，予已爲之傳，子初之行，烏可不見於吾文哉？子初先世已見賀先生爲季昭志中。子初由優增生、議敘道銜，以刊書功，特旨追贈三品銜。兩娶皆張氏，生一子、一女，俱殤。昌晉以其子家淦後之，昌晉述子初懿行，非富而好禮者不能，然究爲富而好禮者所能。予故不詳述，而子初能傳父學，以厲同邑人之學，推其淵源所自，由賀先生刊書爲救時急務。知子初爲學，能窺見經史大略，而憂時之心，深且遠，而以促其生爲可悲也。因以爲之銘，其辭曰：

東里李氏，世稱善人。東里劉氏，世有學人。善人以財分人，則爲惠人，惠難徧一邑人。學人以學厲人，則能得人，仁將覆天下人。妖星睒睒淩紫辰，南箕簸揚舌出脣。勵學有志不得伸，倉皇白黑何能分。草草虎神集成軍，擾擾神拳著紅巾。學人抵死不忍聞，國未殄瘁及其身。天乎夭學夭我民，翠華黯淡來咸秦，悲風肅瑟清渭濱，朔漠瞢騰頹怪雲。

刑部尚書薛公墓志銘　代

聖清以深仁厚澤涵育方夏，世祖革除前明秕政，去加派、練餉，罷廠衛、詔獄，一時教養兼施，首重保民。聖祖益崇寬大，明季一切苛法，概爲裁汰，而勵精圖治，尤慎庶獄。特擢韓城張文端公廷樞爲秋官長，釐剔刑獄宿弊，盡其根株。其法責成諸司，治獄牘不假手胥吏，刑部政事遂爲六曹冠。自雍正初至今，陝士敭〔一〕歷中外有聲績者，多起家刑部，而勳望與張公配者，惟今大司寇長安辥公雲階。張公以詞林洊歷卿貳，入刑部持大綱，不阿權貴，以剛直稱。公則以咸豐丙辰進士，入郎署，歷十有八年。出守饒州，擢成綿龍茂道，遷山西按察使，山東布政使，署漕運總督。外任越六年，卽召貳刑部，又十餘年。歷權禮、兵、工各侍郎，授刑部尚書，典讞法垂四十年。故生平長於聽訟、治獄，研究律例，晰及毫芒，心存哀矜，期天下無冤。民以明允稱説者，謂華嶽爲古司寇冠形。公與張公胥秉其靈：一剛方，一清肅，後先輝映，外無與竝也。

公初筮仕，念刑名關人生命，非他曹比，律例浩繁，不博考精研，無由練達。朝夕手鈔，分類編輯，積百數十册。嘗謂近人説經，多搜存漢學。漢儒以董子爲醇，鄭康成爲大。董以春秋決獄，鄭以律令注禮。漢制試士，諷誦尉律籀文九千字，則漢儒無不習律者。漢律在今亦漢學也，散失殆盡，學者何以忽諸？因廣加蒐剔，綴録成編，名曰漢律輯存若干卷。蓋漢律

〔一〕敭：原作「敡」，侮也，亦形誤。以下逕改，不出校。

九章，定於蕭何。何自造三章，餘六章卽李悝法經。漢書藝文志不載法經，以並於漢律也。存漢律，法經亦賴以存矣。又謂唐律本於漢律，最爲精當。明初定律，於唐律多所更改，以致自相矛盾，不如唐律遠甚。我朝沿用明律，遂有仍其謬者。乃取唐律、明律合爲一書，遇明律之謬誤者，悉爲糾正，名曰唐明律合刻若干卷。復以刑律服制一門，尤爲緊要，遂輯成服制備考若干卷。又謂用法須得法外意，律少例多，有例卽不得引律。前明萬曆〔二〕時，刑部尚書舒化奏定例八百三十二條。國朝初，因明舊制，後例日增，幾至二千條，均系隨時纂定，非出一人之手，不能斠若畫一。卽引比愈宜詳慎，乃官書律例數種外，歷來著作家絕無專書考論。朝廷功令，五年一小修，十年或數十年一大修。然於欽奉諭旨及內外臣工條奏，依類編入，其舊例仍存而弗論。同治年修例，雖亦躬與其役，惟遵舊章編纂，而於彼此之互相牴牾，罪名之前後歧異者，未敢一爲疏通證明。今取舊所筆記，再四刪訂，擇其可存者，都爲一集，共若干卷，名曰讀律存疑。時歲庚子，公年逾八秩。前以事左遷宗人府府丞，予告已三年矣。蓋公視刑律爲身心性命之學，老病閒居，不廢其精勤，實數十年如一日也。

公貌清臞，賦性溫和，氣宇凝重。其鞫囚恒至夜分，一鐙熒熒，胥役或倦引去，公平心靜氣，無疾言遽色。與囚絮絮對語，因忘公爲官，公亦忘其與囚語也。故凡訟爲公所鞫，無不輸其情，雖死且德公。而公重民命，有疑獄，必萬分審慎，得其冤，必力爲平反，雖觸權貴忌，不恤也。計在部，平反案甚多，尤嘖嘖人口者，王宏馨等六七人已奏定作盜犯，不日將繯首。公覆審雪其冤，保全多命，不致誤罹重辟。江南三牌樓之獄，屢經人劾奏，且頭緒紛歧，又有堅執原議者。公奉旨往讞，反復究詰，務得實情昭雪之。河南以王樹汶代胡體洝，臨刑呼冤，撫臣奏聞得實。前撫應降官，而政府庇之，授意部臣，欲抑其奏。公力持之，卒白冤誣。公外和內介，事關國是民生，不肯一毫遷就，多類是。其在司曹也，初主四川司稿，繼充秋審處坐辦、律例館提調，歷任堂上皆倚重之。名次在後，實卽主持秋審事。及部中現審案歲不下數千百起，均歸一手核定，故終歲無片刻閒。卽封印後，亦逐日入署，每歸，必攜文稿一大束，鐙下批閱。由是以清勤結主知，歷外未久，卽招還部。丁

〔二〕曆：原作「歷」，形誤。

亥四月，銜命赴湖南按事，旋往河南。時河決鄭州，復奉查勘河工之命，一歲在外八閱月。癸未至乙未，七科會試，朝殿閱卷及他試事，公皆與。而戊子、甲午兩典順天鄉試，得人尤盛。公外任僅數年，故設施多未竟。在饒州，親歷樂平諸縣，懲械鬬，風爲少息。署漕督時，於除夕搜擒漏網巨匪，多年積患，一舉消滅，民驚神奇。署兵部時，特疏論練兵、裁勇、節餉爲目前要務，後各直省創辦練軍，皆自公發之也。

公諱允升，雲階其字也，世爲陝西長安縣人。考豐泰，妣氏姚、氏姚；祖生莪，妣氏張、氏楊、氏王；曾祖騰彦，妣氏康、氏趙、氏劉，三代皆以公貴，累封光禄大夫，妣皆一品夫人。配張夫人有賢淑行，能以勤儉佐家政，公官内外，自奉儉約，家人操作類布素，夫人率之也，故公無内顧憂，得以安其廉。先公十四年卒。一子浚，咸豐戊午舉於鄉，官内閣中書。光緒庚辰成進士，由侍讀改官禮部郎中。嗚呼！公與余稼生兄同年舉春官，余與公同官京師久，又同請告，時相過從。白髮聚首，謂可先後終天年。庚子爲公鄉舉周甲期，詔許重宴鹿鳴，士林方翕然稱慶，不意夏秋間變起倉卒，鑾輿西狩，余二人南北分馳，相繼踉蹌赴行在，因得至公鄉，把袂對泣。公旋仍長秋官，兼辦本省賑務，余亦重蒞銓曹。辛丑八月，復同扈蹕北上，乃甫至汴，而公病不起。悲夫，悲夫！

今事變日非，無他可爲，惟有效越王生聚教訓一法，盡變天下之官爲師，即變政爲教，刑以弼教。古謂刑官爲士師，士與師皆起於刑。教民之始未有不用刑者，且未有不詳於輕刑者。輕刑不詳，未有能勝殘去殺者。易經所謂「小懲而大戒也」。蓋封建之世，其治民也密，郡縣之世，其治民也疏。密故輕刑，用而不爲苛，教養之法備故也；疏故輕刑不畏，而重刑可以遁，教養之法廢故也。古以兵爲刑之大者，刑固亦可致强。而法經出於李悝，李悝盡地力、熟糴饑糶，即孟子斂發之政，可知李悝法經必多古治鄉、教民遺意。公由漢律窺見法經藴奥，必有得於封建時治鄉、教民之法。倘得隨扈至京師，密陳於聖主之前，以收生聚教訓之效，若開國初政然，使張公復生於今日，當遜讓不遑，而謂不如公之得於古者深也。而竟以季秋之晦薨於行，天其無意於中國耶？則余聞耗涕出，故不僅交遊之私情爲之也。

公生於嘉慶庚辰十月十一日亥時，春秋八十有二。遺疏上，朝廷篤念耆臣，賜恤加賞，典禮優隆。飾終諭旨有「持躬清介、練達老成」及「治獄廉平、克稱厥職」等語，得此，公亦可以不朽矣！浚將以癸卯二月十九日葬公於祖塋，午山子向，啟張夫人壙合窆焉。來請銘，余烏能辭，銘曰：

鯨鱷吐霧風塵昏，華雲黯淡悲歸魂，孰懷奇計旋乾坤？豐水灣環馬務村。法經中含王道存，生聚教訓抉其根。武鄉治蜀嚴有恩，手書申韓可同論。巨帙哀未獻至尊，首邱有恨聲還吞。況值歸馬如雲屯，一言直告公子孫，大招皋呼向薊門。

祭涂公郘卿文

嗚呼郘卿，雲間何處？獨步無聲。茫茫四顧，有淚緣纓。嗚呼哀哉！青衿卅六，始貢成均。乙亥秋戰，遂冠其羣。自彼來我來京邑，獲讀君文。清微淡遠，響徹春雲。君已獲俊，鎩翼逡巡。庚辰辛巳，來吏於秦。關中襄教，多士炙熏。自彼來者，誦公學純。私心仰企，欲見無因，篆攝富邑，布政以仁。道錫民福，儒飾吏徇。又移涇上，維暮之春。予每歸里，道出城闉，吏胥帖帖，士女欣欣。驅蛇治水，除蠹惠民。墜殘備舉，枯朽恒新。我時神往，幸近清芬。涇干講習，虛左殷勤。我席纔暖，君車屢塵。長安繁劇，宜君狉榛。仲山涇水，晝昏雲駛。家誦戶謳，還我君子。時維仲冬，歲在星紀，涇民熙熙，我公來矣。晝理簿書，夜巡奸宄。寒風肆威，侵肌入理。公病在身，憂民不已。民病歲饑，憂公不起。官民六年，有憂無喜。公治涇陽，綱舉目張。里分卅四，人選其良。周官比野，管子連鄉。農田水利，義塾社倉，勸耕省種，核戶賑荒。搜奸緝匪，爬垢搔痒。得百餘士，恊理匡襄。朝受命出，俾慰疲甿；夜還命入，籌禦寇攘。公則穆穆，日坐琴堂。無幽不燭，無隱不彰。惟公之政，纖悉精詳。或賢而迂，或智而巧。舍短取長，訓誡已早。引之使前，座榻已掃。凡百經營，與相搜討。或革或因，毋芥厥抱。士也勤勞，樂公傾倒。燭昏結蕊，案冷凝冰。寂思對影，枯坐如僧。忽傳捕役，人健馬騰。神奸有窟，公足已登。親探虎穴，如取豕檜。歲旱如焚，心憂如醉。忽有訛言，乘機潛肆。謂天降災，劫運將至。入會千錢，速來爲避。散票結幅，幾將樹幟。公哀民愚，如夢遇魅。是豈逆謀，惟奸罔利。密執渠魁，速消醜類。衆口相驚，公心無事。日宴公衙，風清鄉遂。哀我咸陽，民竟犯吏。惟公之智，誠積斯通；惟公之勇，仁體於中。公憂民病，歲已轉豐；民憂公病，天胡不聰。匪天不聰，民命之窮。陽月二日，撒手太空。

嗚呼哀哉！公矢清廉，依然儒素。易簀搜衣，竟無完袴。觀者心摧，搶呼無措。嗚呼哀哉！煢煢弱女，竟乏弟昆。老妻及妾，泣飲聲吞。門人聚議，公有嫡孫。隨公任所，公眷有恩。以承公祀，以慰公魂。嗚呼哀哉！然在涇民，嗁泣相召。大布作幃，力主受弔。如哭其親，無問老少。公沒未旬，鳩工作廟。公子則民，公民則孝。彼世多男，孰如杜召[一]。公靈在天，應以自笑。嗚呼哀哉！青氈兀坐，窮老寡歡。我慕公德，公去我單。目昏何見，日瘦雲寒。酒觴致奠，有涕汍瀾。公靈不遠，尚其鑒觀。嗚呼哀哉！尚饗。

祭門人邢瑞生文

光緒二十七年五月朔，煙霞愚叟，遣子瑞駼謹以香楮之儀，致祭於鄉貢士邢瑞生之柩前。曰：嗚呼，瑞生，汝竟先我而下世耶？我之不祥，餘咎波及於汝耶？抑吾陝之不幸，中國之衰，將見併於人，天心已定，終不可轉移耶？嗚呼，瑞生，中國之勢岌岌，蓋已久矣，而人不知。至甲午遼海一役，情見勢絀，人宜知之矣，而富貴者仍不之知。汝則私憂竊歎，不避當世之忌，而欲爲人之所不敢爲。貧弱之故，原在人心之渙，而各自謀其私；其要在工藝之拙，而諸事不能自治。故吾欲萃陝人之財以興工藝，而富貴者不來；吾欲集陝人之才，審時勢而急學問，而士子懷疑。汝則司會計，爲督講，身任而不辭，事迄無成，汝仍不言吾非也。謂吾爲之也，未握其機，而操之過急。蓋人皆夢夢，宜廣其見聞，而使之自思，宜謹其先人，而不惑於他歧。故閨門爲王化之本原，而報章爲救中國之奇。然勢有不得爲，故修女教也，以戒纏足、勸讀書爲詞而行

[一] 召：疑作詔。杜詔，清無錫人，以詩受知於康熙皇帝。

報章，則春官報罷，親赴滬上以圖。維戊戌之秋，時局傾覆，諸事皆罷。汝倉皇而歸，抑鬱侘傺，仰天伏地而歔欷。而尤殷殷於予，搆精舍於九峻之麓，曰：「此地四望累累，褒鄂英衛其魂魄，宅於茲，是皆廓清中原之傑特也。伴吾師朝夕講誦，著書立説，以爲後起取法之資。」余乃爲幼學識字捷法，排纂未畢，汝則爲朱子議政録以先之。蓋望之老成，可彌目前之禍，而期之後學，以待將來，則收效也遲。而無如衮衮者，屏而不視，視亦不思。紅匪東起，翠蓋西來，中國之大，四萬萬之衆，奄奄無氣，降心低首，以乞憐於四夷，豈不痛哉？而忌汝者之餤始衰。然而天下不可爲矣，汝不憂憤以死，將坐見國脈之斬，孔教之微，而黄種男女胥爲人奴婢而莫可如何也，亦必羞憤以死，烏能偷生爲？悲夫，悲夫！

然汝之女不纏足，將見棄於時；汝之子長而學，豈容誤於俗師？則「復邠學社」「女學社」皆汝創爲之，汝子女教養婚嫁之責，「復邠社」義不容辭。紹庭與汝中表也，雲程、子懷、密臣、伯瀾、平甫、幼農、子敬皆汝知心也，均可爲汝子之師。而厚甫與汝同倡女學，汝女擇壻，彼必顧前言，而何忍汝欺？我老而不死，亦不敢抽身事外，責人而不責己也。汝於地下其可以自怡也。然汝父與吾年相若，其痛汝必甚於余。地下有知，將何以爲心，悲夫，悲夫！黄土雖深，肉可化，骨可消，此恨則終無絶期也。汝勸予著書，去冬始爲性善圖説，今春又爲大學古義，均甫脱稿。「時習」講義未及其半，汝皆知我爲之而未獲卒讀。今聞將葬汝，命兒子瑞駼執紼，持二書以奠於墓前，汝其知耶，否耶？嗚呼，痛哉！尚饗。

煙霞草堂文集卷五

咸陽劉光蕡古愚

與門人王伯明論朱陸同異書

汝以程朱爲孔門正派正途，陸王爲異，所謂異同者，誰定之耶？其非孔子預定爲孰正、孰異，則爲各私其門戶之説也，明矣。各私其門戶，則如兄弟分祖父之業，一自爲嫡長，一自爲私愛，始而口舌爭，繼而獄訟起，干戈尋，骨肉之親，遂成陌路，而祖父之家業已日耗於訟鬭，而爲鄰里所得。其稍有才能而勤儉者，欲贖祖父之業，其不能贖者，又復理前人之爭，而謂彼之門分爲不應贖。今之辨程朱、陸王者，何異於是？學術之不同也，自古至今，所謂正統、嫡傳，亦未有全體胥同，而無絲毫之不異。正如孿生之子，雖極相似，亦必不盡同。而子與父母世，更無絲毫之畢肖者。則何必學聖人者而僅朱子之一途爲正也？即京師喻之，在京師西者，以東爲正途，在南者以北爲正途，而居東居北者則必反在西在南者之向，而始得其正。學道者之才質與其所處之時勢蓋有千百之殊，不僅如往京師之途，可以四面八方該也。乃欲學聖人者，必出於朱子之一途，是居京師西以向東爲正，而必居東、居南、居北者之一循其軌也，毋乃不通之論乎？且朱子守程子之説，而多不相同，程子親受周子之傳，而宗旨不同。明道、伊川亦自氣象不同。程子與橫渠中表也，而學術不相同，彼時不分門戶，北宋講學之風氣蓋純於南宋也。今日講學，萬不宜自隘程途，懸一孔子之道爲的，任人之擇途而往，不惟不分程朱、陸王，即荀、楊、管、商、申、韓、孫、吳、黄老、雜、霸、詞章以及農、工、商、賈，皆爲孔教之人。苟專心向道，皆能同於聖人。而耶、佛亦可爲吾方外之友，如孔子之於老子，楚狂、沮、溺等。蓋九流皆吾道之支，而耶教則與吾並域而居，其教之興滅、盛衰，各視其行之心力如何，其是非不能以口舌爭也。

與門人王含初論致良知書

陽明較白沙、甘泉爲實，「靜中養出端倪」，此「端倪」爲何物？「隨處體認天理」，誰「體認」之？且誰使之「隨處」？便自家體認天理，不得不歸之「良知」矣。「靜中養出端倪」，蓋因宋、元至明，以文詞取士，朱子之學行而不暢，別爲道學一派，知守朱子家法者，即士人論，不過千萬分之一，其他無非以語言文字求聖人之道，蓋皆知語言文字，而不知有道矣。故白沙欲人擺脱文字，「於靜中養出端倪」，蓋於詞章錮蔽之中，欲人自見天則，如樹木然，既得真種子，然後滋培、灌溉，發榮滋長，自成佳木，而無惡蔭，非謂「養出端倪」便可不學也。白沙明言「端倪」，言「養出」，則以是爲學之萌芽，豈以靜養畢學之事哉？至甘泉即慮及，世人不察，第守「靜中端倪」，而忘「即物窮理之功」，故以「隨處體認天理」爲師説補出「養出端倪」以後功夫，非背棄師説，別開一途，自立一派也。「靜中養出」之「端倪」似爲道之體，「隨處體認天理」似求道之用。在俗儒泥文字，又必看爲兩橛。不惟不見爲相成，且見爲相反，故陽明出而力爲溝通之曰：「『靜中養出之端倪』，何也？即吾心中惺惺不昧之天理也。其『隨處能體認天理』者，何也？即吾心中時時自出之『端倪』也。其體清明精粹，故屬之『知』，具於吾生之初，而爲道之大原，不爲氣質物欲所蔽錮，故曰『良』，推之事事物物，無處不有，無時不見，則一身之大用又該焉，故須『致』。」是白沙、甘泉之説，陽明以三字該之，而天人、内外、本末、精粗，一理融貫，其簡易直捷，爲何如哉？不惟能該白沙、甘泉也，「主靜」之説出於周子，程子見人靜坐便歎爲好學。「天理」二字是程子自家悟的，程子又易周子「主靜」爲「主敬」，則甘泉之於白沙，正如程子之於濂溪也。朱子謹守「主敬窮理」之旨，不敢稍失。是時程學孤行，信從者少，僅其弟子私相授受，故無流弊。苟有信從「主敬窮理」之説，而以之爲學，則皆聖人之徒。故朱子一意表章程學，而不別啟程途，正不暇別啟程途。又適有金谿之説，別立一幟，此時重外輕内之弊未形，陸子之説未免發之過早。故朱子力與之辨，而拒之。至理宗表章道學，學禁大開，由元至明，朝廷取士，均主程朱之學，程朱之學可謂大行矣。其時，實爲程朱之學者幾人？蓋廖落可數矣。豈非「主敬」不窺其源，則拘而難久；「窮理」不窺其源，則泛而無歸；其淺嘗者又致飾於文貌，比附於語言，而大道乃日隱矣。於是白沙出，而指示入手之法，使人先認本體。甘泉又使證之物物。陽明會和二家之說，括以「致良知」三字，單傳直指，一針見血，使學人聞言立悟，有所執持，以徇徇於學問之途。故自陽明之說出，海內學人蠭起，名儒輩出。蓋自周程創興儒教以來，未有若斯之盛也。然弟子於師，雖親授其傳，究難盡同於其師，源遠而流益分，背其師說者必多；勢盛則附從者衆，又不能保無敗類雜於其中。明末國初，諸儒鑒王學末流空疏之失，欲矯而救之，遂痛詆陽明。夫矯末流之空疏，可也，以空疏詆陽明，不可也。詆陽明而以「致良知」一語爲遁於虛，尤不可也。

「良知」之說，出於孟子，「致知」之說，見於大學。謂陽明扭合兩書爲近於巧，則是；謂此語背於聖道，迷誤學者，則非也。然亦安知大學「先致其知」、「致知在格物」之「知」，非「未致」時之「良知」？「知至」之「知」非「已致」之「良知」？則「致良知」又卽朱子「因已知之理，以求至乎其極」之謂也，而「致良知」又偏於「道問學」矣。故吾謂：凡詆陽明者，謂入於禪，遁於虛，皆胸中有物，未嘗平心以究其旨。一見「致良知」三字，怒氣卽生，遂不憚刻論深文，以羅致其罪也。我於人辨程朱、陸王者全不置詞，不欲爭閒口舌也。今曉曉告汝者，以汝今甫有志於學，卽染市井鬬口惡習，我心爲之戚然。且今日講學不必與禪家爭性理，當與耶氏爭事功；且不必與耶氏爭事功，當使中國之農、工、商、賈，不識字之人，皆自命孔子之徒，爲孔子之學，其有功吾教，較之辨明正學，蓋不止百倍也。夫「良知」者何？卽世俗所謂「良心」也，「致良知」者何？「作事不昧良心」也，此則蠢愚可曉，婦孺能喻矣。欲盡收中國之民於學，舍「致良知」三字何以哉？此吾向所謂今日講學宜粗淺不宜精深者，此也。

與張漢仙方伯書

前歲躬謁崇階，睟盎之容，謙沖之度，周公吐哺，不是過也。愧蕡涓埃無補高深，至今歉仄。龍洞渠爲陝西著名水利，弊亦最深。其法水隨地行，以次灌溉，夫頭不得上下其手，法甚善也。不知何時權歸夫頭，不以地用水而以夫名用水。雖承納水糧，苟夫頭處無貼夫之名，即不得用水。其貼夫用水，亦僅貼夫一名，灌田二畝，餘水盡被夫頭霸賣，故龍洞渠名爲美利，實爲强有力者占據，貧弱反賠累水糧，不蒙利益也。前令涂邵卿兩任涇陽，深悉其弊，然猶不敢輕舉。訪察再三，始知非革夫頭之弊，不足以蘇渠民之困，而又非得人以任其事，亦不易辦。後得内閣中書柏森、生員孫明哲等俾爲清查。二人知此水一均，雖大利貧弱，必大觸夫頭之忌，不肯出辦。再三延請，始出任事。僅清均一十八斗，而邵卿已卒。諸紳送冊於縣，此事已作罷論。前歲蕡來省垣，蒙林子和、周茂臣兩君詢問陝中水利，蕡對以陝中之水多未親歷，何能知其利害？乃冒昧以邵卿均水之事對，且並陳辦之之法及辦之之人。不料水利局竟札行涇陽，且明指辦法及辦之之人，柏、孫二人仍不肯辦。許二尹文峯親造其廬，始出任事。竭年餘之力，酷暑嚴寒，身宿荒村古廟，朝夕不遑，始克畢事。受人不能受之苦，薪水又分毫未領，亦可謂公而忘私者矣。乃王屋四斗夫頭成珍以失霸水之業，無端誣控，以前後官再三延請之人誣爲謀充局紳，以除弊之事誣爲紊亂舊章，以省局及前後縣官訪察應辦之事誣爲孫明哲一人之私謀。此等虛詞，官府自有明鑒，蕡何敢越俎狂言？惟此事二次復辦，實由蕡之一言，而孫明哲預慮後禍，蕡又勸之出辦。今以廉謹自守之人，受無端誣陷，蕡實無顔以對人，不得不自引咎直陳於方伯之前。緣此事蕡言之水利局，後於方伯，及廉訪之前曾談及出位妄言，愧悔無地。冒昧陳請，不勝戰慄、待命之至。

與曾懷清方伯書

前謁崇階，備聆鈞誨，爲國爲民之忱，溢於言表。歸院後，接奉照會一紙，思慮周詳，直陳懇切，可知愛民之誠。迫積於中，故雖蕡之迂陋，一言近是，即見施於行，元聖吐哺握髮，武鄉集思廣益，不是過也。蕡雖庸劣無似，敢不竭力鼓舞，以備大賢驅策，爲桑梓開一利源？然此事有不能遽辦者，請將白蠟顛末爲方伯備陳之。陝省有白蠟蟲，蕡於十年前已聞之，然無由一見。去歲十月初旬，始率生徒八九人入山，徧訪涇、醴、淳化之境，僅於醴泉之昭陵東山，俗名頂天寺得見蠟裹樹枝，其形如雪。雖枝間遺有蟲蜕，然未知蟲果生於此樹，抑自別樹移來。其時木葉盡脱，詢之土人，於此樹名爲「白蠟娃」不知蠟爲蟲所做，何知蟲所自來？而樵者滿山，非極險峻之處，均成濯濯。蕡恐蠟樹盡伐，今歲難見蟲種，此所以令諸生聯名禀請涇陽、醴泉、淳化，出示禁止樵採白蠟樹株也。隨即僱人看守，時時巡視樹株，果有生蟲之狀，即行禀知。至臘月間，蠟樹枝間漸生微黶，立春後黶漸變色，漲起如水泡。穀雨後，變紅色，大如鈕扣，綴有樹汁，味極甜。至芒種後，汁乾泡硬。始令涇陽生員毛儁、醴泉生員王懷堂督率，遍山搜摘蟲泡，僅得六百餘顆，分掛山之前後。至夏至後，果見所掛之樹，生有微蠟，樹愈旺，蠟愈多。然六百餘顆僅四百餘顆做蠟，不幸六七月大旱，樹又枯死百餘株，故今歲實做蠟之蟲樹二百七十八株。擬寒露後斫伐三十餘樹，以試煉蠟若干，餘盡留爲來歲蟲種。此今歲試辦，僅能知蟲所自來，掛之遲早，掛後宜忌，以及生蠟多少而已。而蟲生能旺與否，則必來歲而後敢定也。此事必須蟲生暢旺，然後可以廣爲推行，乃成大利。今蟲生尚未敢定，何從推廣，所以不敢放手去辦者，此也。倘來歲所留蟲種，每株能生二三十蟲泡，即知此事必能有成，然後大辦。

其辦之法約有十端：查荒山、勸種樹、求掛鍊、鑿池塘、寬升科、編保甲、除豺狼、籌銷售、辦山蠶、寓教化。其節目決不可缺，其次第更不容紊。蓋必如斯，而後有利無弊，此則蕡日夜籌之而不敢遽陳於方伯之前者也。現七月間已令人在山鑿池，開荒種樹，擬種三萬株，以爲蠟事根本，餘俟來春後察看情形。蟲種果旺能遂初心，委員及地方官必能禀明鈞鑒，而賁亦不敢自羞固陋，茍有所見，亦必直陳再前代遞。

味經刊書處董事王壽祺懇請發商一稟，今日陝省街市，惟當商大爲獲利，故開設日多。味經刊書奏咨只准用利，不准動本。現有五千餘金，未曾發商，則每年必少刊五六百金之書，而此銀空存刊書處，諸多不便。賁不能不日夜懸心。聞臨、渭、盩、鄠、興平五縣，均有新開典當，似可均領營運，不致病商。惟懇俯念刊書之舉，事關陝省文教者甚巨且遠，力爲設法，則陝西士子幸甚。

又

拜別渭陽，西氛正惡，公至蘭後，始謀城守，從容佈置，民恃無恐，下風逖聽，不僅爲甘民慶也。今匪遁出關，苟延殘喘，幽魂無幾，撲滅非難，惟地面太寬，聚殲不易，與其驅歸俄境，留後日之隱憂，不如安插新疆，辟久荒之田土。宜銳師旁抄，扼其去路，大兵後繼，震以聲威，如果倒戈前徒，宜網開一面。今日外患方深，環而伺我，清內地之匪固善矣，而驅以資敵，非計之得也。故自前歲以來，回匪正熾，賁深爲慮。蓋以割地賠費爲和，和戰之權，皆操之人。卽不能戰，又不能守，一有齟齬，人脅以兵，復割復賠，不止此數也。故今日中國非力求富强，不能以自全。趙芝山學使有鑒於此，欲購機器織布以保利源，設學造士以求實用。蓋陝西當同治時，歲銷廣布值銀四百萬，今不及百萬，洋布盛行，銀泄於外洋也。欲杜其漏，非講求機器不可。故隨設書院於旁，俾士子講習機器之用，當易於工商，而士亦成有用之材。矯虛文以實事，此正陝士對證之藥。惟需欵甚多，擬效西人集股之法，徧呼同鄉之紳商，如得三四十萬金，則機局、書院俱成。機局爲書院之根本，書院卽機局之羽翼。此事若成，其利甚大。塞漏卮以開利源，一也；紳商同財必能同心，二也；西洋機器究屬曲藝，有迹可尋，如見其器，習之亦易，三也；陝西廣產棉花，設局織布，棉花增價，農民亦利，四也；織布鍊鐵，其事雖殊，用機器則一，講求織布，卽以推及鍊鐵。陝鄰山西，廣出煤鐵，織局既成，辦鐵亦易，五也；英之富也，以織布；德之强也，以煤鐵。列國紛爭之世，欲得志於天下，未有不汲汲於工商者。管子之書，可驗也。況西洋火器極烈，無可抵禦，必我鎗礮亦能及彼，方可制勝，則欲中國百姓自强，未有不由此者也。蕡已託調西寧知府胡礪鋒倡首集股，公如以爲可辦，祈使大力。或見敝省人仕於甘者，詢問此事，略示以意，勉以入股。所謂登高而呼，聲必加疾也。

再，去歲白蠟掛於冬青樹者，竟未成蠟，掛於山中紫龍柏者，以遭黑霜，出蟲不多，成蠟亦少。且山中樹未成片段，去歲補種數萬株，昭陵山前又典水地三十餘畝，擬移山中紫龍柏數千株，期以後年掛蠟。山中亦移栽數萬株，明年即可掛蟲。此事蕡終耐心爲之，不信不能成也。去歲桑秧園丁學養蠶，而鄉間聞風起者甚多。約十年後，陝中蠶利必大興，其機已動矣。蕡在味經雇匠織綢學習，有二童子能自織矣。涇陽去歲種桑七畝，已高尺餘。今歲又種五六十畦，足供涇民取栽。惟三原已有繭市，惜劉乙觀去歲告終養歸，不獲觀成。若再數年，三原蠶事必獲大利，無異蜀漢矣。許文峯頗能勤勞，林子和亦極認真，惜各有差使，不能專注耳。

復魏沚汀問河套屯田書

頃奉手書，殷殷致詢河套屯田一事，欲蕡詳爲復答。蕡足迹未出里門，河套去長安幾二千里，雖有所見，亦皆依稀想像之詞，不能自信，又何敢必人之信而用其策也。今聞中丞深謀遠慮，有志於是，足見忠藎之心，超出尋常萬萬也。蕡雖迂腐書生，敢不竭其千慮之一得，以助賢哲之擇？夫今日之勢，不能悉五洲情形，不能自立於一隅；不能悉各省情形，不能修其職守。中日一戰，情見勢絀，各國無不垂涎中國。幸西伯利亞鐵路未成，俄人鷙忍，不欲輕發。英、法、德、日均有所忌，而不敢輕試。或幸數年無事，則正修明刑政、以求富强之時也。然修明政刑，當舉中國百事徧修明之。蕡乃議及河套，限以屯田者何哉？今日外洋之師，不惟中國之額兵不能禦，即募勇亦不能禦。非機器不若人也，人之兵擇之閭閻，出於學校，而我乃募愚頑、油滑、脆弱，倉卒成軍，欲以當人平日訓練之師，此必不敵之勢也。故須盡舉今日兵勇營規而大變之，安之田畝，習之訓練，教之學校，出作入息，將帥無異師長，優遊十年，庶幾一戰。以此施之內地，兵勇見之必將譁然，不肯就我範圍，此曾文正練兵所以不於長沙，而於衡州也。況他日外患若起，先犯我京師，動我根本，牽扯天下之師。英、法、德、日則以游師取地於南，俄則以游師擾我西北。蒙古極弱，敵入河套，則山西之兵不能調動，而京師之勢愈孤矣。賚所以汲汲河套屯田，爲陝之隱憂，亦卽當時之急務也。數年以來，謀國多有西遷之説。中日戰後，盛京已成邊沖，朝廷遠謀，必宜別建京都。曠覽中原，莫若關中。自古都關中者，周、秦、漢、唐無不汲汲於河套。周之朔方，秦之新秦中，漢之五原、朔方，唐之三受降城，皆戍守套外而耕屯於内，豈皆務遠略哉？護一身者，必先護其首，河套固關中之首也。若建都直隸，河套卽其右肩，趙武靈王非有九原，何敢輕入咸陽？赫連不敢舍夏州而都長安；金敗遼主於河套，而後取燕；元滅西夏，而後取金；明閉潼關而後取元。以東勝統河套，而邊患息，棄河套而三邊俱棘矣。至我朝制準格爾西路之師，亦從寧夏出邊，與東路之師聲息相通。河套有重兵，足壯燕晉之勢，卽赴京師亦較長安倍近，故賚斤斤以河套屯田爲言也。

查河套東西約二千里，南北遠者八九百里，近者二三百里，三面阻河，土地沃衍，宜耕桑。自漢至明，無不謂其肥饒者。再能仿寧夏渠利，相其地勢，興修水利，致富强尤易。陝西北山亦多荒地，賚所以先及河套者，天地氣運漸將由南而北，河套膏腴，歷代忽開忽閉，地脈蘊而愈厚，天若隱儲以待我國家今日之用者，不可不察也。夫爭利於市以奪他人之有者，商賈之事也；若別開富强之基，則如弈棊然，必置子於人所不及覺之處，若秦之開蜀，漢之入漢中。初若迂遠，及其成功，始驚以爲奇。不然，今日中國圖富强與洋人相競數十年，而卒無一效者，人如舊商，我欲以新設之肆奪之，必不可得也。然則屯套内以爲强，以厚關中之背，而爲京師之右肩也。屯套内以爲富，以其膏腴遠僻，人所不爭也。其屯之法條列於下。

一先用兵屯。延安各屬自回亂後，田多荒蕪，不能盡墾，遠赴河套，募民遠耕，必無應者，宜以募勇戍邊之法行之。擬滿漢並募，仿西洋營制。成營之後，擇耐勞官弁帶以赴套，募得千人，卽從現在額兵勇營内裁去千人。沿路卽以西法訓練，及至套内，再招蒙古數百人，與滿漢雜處爲營，擇地屯紮，卽興屯政，耕耘之暇，卽行操練。一千五百人可分三十屯，屯五十人。一年之後，漸移家室，凡兵有願移家室者，卽爲民屯。三年後去其軍餉，以地與之，別募兵以補千五百人之數，而農隙仍須講武。此後，脚跟已定，隨時招募，兵屯、民屯必易擴充。

一設屯政大臣。此次屯田，當如郭子儀之屯朔方，曾文正之練兵衡州，訓練而兼撫綏，名是將帥，實備教養之事，故必知古人兵農不分之理者，方能勝任。況又與蒙王事事交涉，非大臣能專折奏事，事必掣肘。

一籌經費。屯勇自有勇糧，不待另籌，而農器、牛馬、室廬移家費，亦不貲。查吉蘭池所出青鹽，舊行興漢，必由蘭州繞越秦、鳳，方至興漢。宋時制西夏，禁青鹽入內，夏人即困。則開青鹽之禁，其利必溥，以爲興屯之費，可得鉅款。又神木邊外之鹼，專銷蘇杭，今若馳禁煎熬，其利亦溥。又陰山之木，亦可由黃河入陝，蒙古皮毛之利，亦可設法入口，而抽其稅。屯政大臣悉心辦理，使地利悉興，必不苦貧。

一招工藝。蒙古樸拙，器用多仰之內地。興屯之後，通商惠工，廣爲招徠，出息當更盈溢。

一興水利。寧夏漢、唐二渠俱用，黃河之水從此出塞，古豐州在河東岸，其地膏腴，仿開大清渠之法，再開一渠。查河水流至府谷，深僅七八尺，則從寧夏出塞，不過四五尺，開渠必易，得利尤厚。

一聯聲勢。守套者必守於河外，踞陰山以臨大漠，唐三受降城最得其要。西受降城在河北流西岸，與寧夏近；東受降城在河南流東岸，與偏關近；中受降城在河東流北岸。套內屯政即修，必經營套外。收三受降城遺址，甘爲其西，晉爲其東，陝營其中，三方並峙。外與塔爾巴哈台、昭莫多、歸化城聲氣聯絡，則北邊一帶節節有備，而京師之勢壯矣。

一治北山。河套興屯而北山延安一帶仍任荒廢，則聲息不接，與陝仍無大利。秦之屯新秦中，蒙恬駐兵綏德，便接應也。擬於延安一帶開礦興屯，而於洛河行船，北山宜君、榆林，制船載炭而下，至於同州，船炭俱賣，以其利修路，數年洛河亦可逆流而上。洛河大於南山之寨河，寨河於嘉慶年間始行船，豈洛河之大不能行船？洛河之路通，則延安之屯亦易舉。惟此項經費過巨，亦須預籌。聞近日爲北山各州縣均籌津貼，每歲需八千兩。若以此項移爲開河、興屯、開礦之用，歲歲推廣，以漸而舉，地方即興，官必不貧，則仍不失津貼本意。因循坐困，仰食於公，何若振奮有爲，地方興利也？延安屯政若興，陝之北邊自固，而河套之屯亦不慮孤懸塞外矣。

以上數條，皆就時勢約略言之，其臨時斟酌，盡善因地勢以制其宜，順時變以扼其要，則在任事之大臣。公忠體國，經權並用，非草茅所能預擬矣。至河套地圖、地志已擬有規模，年終方能脱稿，彼時當再就正也。

上湖廣總督張香濤尚書書

公素以天下爲己任，婦孺知名，惜中國積弱已久，深識遠謀、崇論宏議，未竟實施，遽有日本之變。公移節兩江，而無海軍足以出奇制勝，如越南之役，王方伯山中一軍夾擊其後，得挫敵於鎮南關。北洋將非其人，水陸俱靡，割地賠費，苟且爲和，和可恃耶？不惟和不可恃，中國局勢大變，向可戰於海中者，今將戰於內地，固圉捍患，天下屬望於公，公之責固不僅兩湖一域也。竊謂此後戰事，南方之禍深而北方之勢迫，無論何國開釁，必以精兵直犯天津，動我根本，使天下可戰之兵，皆趨救京師，然後出兵於所注意之地。待我反救，而已無及矣。馬江既敗，猶能待鎮南關之捷，旅順、威海一失，即爲城下之盟者，此也。故中國大勢，宜分二枝：以晉、豫、陝、甘厚燕、齊之勢，而以荆楚握東南之樞，北能自保，南乃可擇便出奇，固吾圉而壯國威，此必然之勢也。其爲之之法，當不出公昔年建築鐵路、南北並舉而以晉、楚爲端。公之爲於南也，先收棉布之利，然後及於煤、鐵，則謀北方者亦當先陝之棉布，而後及晉之煤鐵。

趙芝山學使欲陝士爲有用之學，擬購機器織布，旁設書院，俾士子研求西學，漸窺機器之用，爲他日辦煤之本。事屬創始，無從措手，乃令楊蕙、陳濤等來鄂請訓於公。陳濤等爲前學使柯巽庵之弟子，則公之再傳弟子也。淵源不隔，然鄉曲書生，未知能領略至教否也？蕡迂疎下士，何知天下大計。然中日和後，此心耿耿，平日傾慕惟公一人，因諸生南來，頓觸素懷，故自忘其愚陋，獻於大賢之前，公惠而教之則幸甚。

與門人李夢符書

中日和約，內有准運機器在內地製造貨物售賣一節，吾意「內地製造」等字，定指洋布，何也？洋布一項用機器製造，其利甚豐，而成本不多。東洋線已盛行南省，然運棉花出口、運線入口，尚有關稅、運腳，尚獲利息，若在中國製造，無關稅、運腳，豈不更獲利益？乃不曰通商口岸而曰內地，蓋通商口岸多近水際，其利已爲西人所據，彼自知不能與之爭，而上海、天津、湖北，中國已自設機器織布，餘利未盡爲外人所奪者惟湖南、山西及陝、甘。陝西近日廣出棉花，惟有自設機器織布局以占先著。擬集股百分，無論官、紳、商、民，均准入股。每股一千兩，其章程別紙抄寄，此事務須竭力辦之，成則於大局甚有關係，請爲吾姪言之。布行歲往湖北買布，須銀二百余萬，洋布又須數百萬，是每歲漏銀於外者四五百萬。此局若成，則陝每歲無四五百萬之出，一利也；銀卽不出，布可自造，運售甘肅，並可及晉、蜀、河南之邊，所入必巨，二利也；棉花有消路，其價必漲，於農亦便，三利也；中國人自謀利，故勢散，而力不敵，今籍此事合之，足開風氣，四利也；器，形而下者，苟見其器，雖極巧妙，學之必易，陝人從此可窺機器之妙，五利也；自收利權，可杜外人窺伺，爲朝廷留一干淨土，六利也；陝中之弊，官、紳、商素形隔閡，今卽同利，自易同心，七利也；官民同心，諸凡富强之策，皆可漸圖，八利也。此事辦成，有利無害，祈深思遠慮，爲陝預伏轉貧弱爲富强之機，則功德無量矣。

再，陝有急辦者六事。一辦團練。陝中以西事棘，已通飭辦團練，然皆虛應故事。其費又派民間，按畝攤錢，則與明之練餉何異？此事宜派鄉紳爲，大臣駐紮省城，調團五六百名，朝夕訓練，精則遣歸，使自練其鄉人，不過三年，本地人人知兵。有事招募，頃刻成軍。其練須求鎗礮命准之法，每團亦各給鎗礮，在鄉演習。次選人才。何地無才？有張勇而陝、甘之名將出，有曾、胡而湖、湘之人才著。中興以來，陝無人才，無人提倡其上也。擬以後吾鄉大老，以識拔人才爲心，而試以辦地方之事。蓋人才不練以事，則不見，亦以矯空言之弊也。次習機器。機器創自外洋，實天地風氣所開，不可目爲淫巧。

孔子云「工欲善其事，必先利其器」，器運以機，盡利之義也。又曰「括而羽之，其鏃而厲之」，「不已〔二〕深乎」，聖人曷嘗禁人之用機？若謂創自外洋，我乃步其後塵，必不能出其上，則蚩尤作五兵，黄帝卽以五兵擒蚩尤，不聞廢五兵而不用也。自古用兵，均較彼我之長技。西洋之技分明長於我，豈可不講求，而冀空言以勝人乎？卽欲避長擊短，亦須身習其器，知其利害，而後可以避、可以擊也。故於機器用一番心，於兵事有一番益，不可以海軍之無效，因噎而廢食也。次收利權。前云織洋布，亦其一事，而其類甚多，其大端在官紳以商務聯之。蓋利之在中國者，任民爲之，利之將漏於外洋者，須急杜之。此則在通官商之氣，不以爲商務而忽之，隨時當心焉耳。管仲之術，不可行於天下，以瘠彼以肥此也；行於列國紛爭，則獨擅其富矣。今各國環列於外，非列國之象乎？任人吸其脂膏而不之顧，四海困窮，天祿永終，此非小故也。次設水師。陝中人人以西事爲憂，吾意則在東，且在聯絡晉、豫、陝。兵不能出境救人，必不能自守。天子西幸，益宜渭河設立水師，演習行船、放礮、測量水道，中國若勝，調赴東南，陝兵亦有可用；敗則西幸陝，亦有備。可爲漕運之用，而亦以通晉、豫之氣，此亦不可緩者也。次屯河套。河套背肩京師，相去不過十餘日，其地膏腴，漢人曾田其中。我朝割以與蒙古，而蒙古貧弱特甚。近日外人築三城其中，誘蒙漢民人入教耕牧，一旦有事，教民起而應之，河套歸於外洋，陝西非中國有也。禁漢民屯蒙古之田，而不禁外洋誘蒙漢之民，且顯然築城而不過問，尚爲有綱紀乎？今不能驅逐外人，莫若擇滿、漢之民，往田其中，設立軍屯以敵之。常則與之相安，隱爲防維；變則我已有備，足以制其邪心，而京師有事，救援亦易，更可聯絡蒙古，固北門鎖鑰，此亦不可緩也。以上非近日創辦之事，而皆爲陝要務，祈酌奪思維，必使次第舉行。數年之後，猝有事變，陝亦稍能支持。否則，因仍苟且，不及十年，外患更生，將有甚於今日，而陝亦無以爲計也。

〔二〕 已：語本孔子家語子路初見「括而羽之，鏃而礪之，其入之不亦深乎？」「已」作「亦」。

與梁卓如書

蕡蟄伏里門，聞見淺陋。去歲遼海之禍，覺中國之勢不可終日，反復思維，不得其故。後由李工部孟符寄歸京師强學會序及上海强學會序，再三環誦，「不羣、不學」一語，洞見中國受病之源，始知世間尚有康先生其人，識周六合，而足以開萬古洪濛，佩服不可言喻。雖「羣」「學」二字取忌當時，然欲稍振中國之氣，舉中外而安之，以成三代上之大同，必人人奉吾孔子之教，而各修其實，則礮火無威，工產效靈矣。中國名爲誦法孔子，久已舉其實而亡之。始於秦之愚黔首，終以歷朝之惡朋黨，馴成渙散錮蔽、不可救藥之天下。吾輩無尺寸之柄，亦惟自羣自學而已。今命楊孝廉蕙、陳孝廉濤、孫茂才澄海遊滬、郢，擇購機器。楊孝廉等雖非奇特之士，然皆有志者，願足下進而教之，毋吝裁成也。時務報得閣下主筆，必有以大振吾人之聾聵。陝省僻遠，祈每月妥寄一份。前曾托李孟符，想與閣下已有成約，其費及如何寄法，均祈裁酌妥當。康先生近日行止，祈便示知，並代候起居。時務齋隨録一冊坿呈清覽。

與柯遜菴學政書

春正得奉冬月手札及學堂章程、取銀信函，廻環諷誦，仰見藎慮宏深，無微不至。中國之事俱敗於「不樸誠」三字，此非一朝一夕之故，亦非一手一足所能挽回。蕡意今日當先聯其散渙，合朝野上下，同心、同力、同財，以圖富强，十年之後或可自保種族，故不避出位之嫌，欲購機器織紡，爲陝保此利源。而自前歲議辦，大聲疾呼，應者寥寥。當事初起，原爲仿行西法起見，蕡以爲今日急務不在專法西學，而在徧設小學，黜虚文而尚實事，少記誦而多講求。中國兵、吏、農、工、商均不知學，而國家所以富强者，其事皆此五等人爲之，微論士習虚文，無經世之略，卽有之，發爲條教，而奉而行之者，皆瞢然罔知之人，豈能與外洋無人不學者敵乎？來函謂宜先設小學堂，且欲設小學堂一二於珂鄉，意在斯乎？西人大學及專家之學，以士之中學有成者爲之。三五年後，必能有成，自出新意。賚亦謂算數如李壬叔之對數、華若汀之開方，皆出西人之上。味經刊書處諸生不由師傳，於代微積等數，亦能洞曉，即其的證。惟電、化、光、聲等學，皆須測試之器，購之不易，苟得其器，均可及於西人。特演試之費，必須預爲籌定，不然雖能讀其書，盡其巧，而不見之事實，仍爲空言無益也。故欲爲西學，不惟購書、購器需籌費，卽試製造之費，亦每書院歲有千金，方能收益也。賚欲以書院附於機器織紡之後者，爲此也。至於收取學生脩火，此則不能行之陝西。陝中風氣未開，誘以膏獎，尚不肯爲，孰懇出脩金而令子弟爲西學？且近日英人於三原大程鎮設立學堂，不取脩金，去歲入學者已二百餘人。我立學堂，乃取之，是驅中國人入耶穌會也。小學堂宜書、算並重，而英文、英語宜大學堂兼之，此賚之見解也。汽機、織紡，陝中所難者，正在款項支絀，實是無法。胡坊處之銀已取入於汽機織紡局，每歲四厘收息，較稻田之利爲優。楊蕙等南來，必謁崇階，有可以爲陝謀者，想能詳切指示。世兄讀書聰穎，必繼家聲，欣慰之至。

復趙展如侍郎書

奉弟復函，倍悉壹是。此函系弟爲浙藩時，中日戰事方殷，兄所寄弟者，何至今始達尊所？去臘又有一函，覩所復，是至今猶浮沈前途也。今日時勢危迫，九州無可偷安之所，只有竭力支援，保我中國種類，不獨弟受恩深重，義不容辭也。弟宗支孤單，兄所深知，然仁人有後，天道自有位置，當勉盡職守，不必作無益之憂慮。文信國、史忠正固皆無子，近日胡文忠亦無子，況弟又年未五十，何至終身無子耶？至於出山相助一節，天傾地陷，朋友聞難相赴，此古義也。兄雖不肖，竊欲自勉，然鄉間一匹夫，隻身赴難，何益於弟事？然則出山相助，不如其在山也。

茲有一事請爲弟陳之。去歲中日和後，兄日夜徬徨，寢食俱廢。日一小國，且得志於中國，西洋各國其誰不生心？而吾鄉官場泄沓如故，適趙芝山學使謂發憤圖强當自振興人才始，乃以變通文武試入告，留中不發。兄乃以集股購機器織布，兼設書院，藉求西學，徧告同鄉官紳，均以爲可，惟與弟函未達。近已入奏准辦，而集股爲難。又議借款先辦，陸續歸還。李岳瑞、宋子鈍在京師議借豫豐泰銀號二十萬兩，諸事俱定，須人作保。兄以函求員梧岡，倘能答應，此事即成。已定七月初三日使人來鄂、來滬，並到節下面受方略，此事辦成，其利甚大，此即兄所以助弟也。何則？陝之商務以布爲大宗，歲獲銀四五百萬，近不及百萬，皆爲洋布所奪。今自織布，保全利源，一也；中國人心涣散，藉合股聯之，同財必易同心，二也；與西國戰必須精利器械，親見織布之汽機，其他製造必易推測，三也；事成獲利，用以購電、化各學之器，自習製造，四也；中國人才不如外洋者，非吾聖人之教不如彼也，中國尚虛文，外洋重實事，虛不如實，故遜於外洋也。今以士子研求機器，矯虛文空談之弊，五也；機器若成，調入學習者，皆以敵國外患近在眉睫，當臥薪嘗膽，思保種類，則預養戰士之氣，六也；保此利源，以養人才，一旦有事，義兵義餉，不勞再集，七也。故欲他日兄以身助弟，何如以全陝之人才、財力助吾弟；以全陝之人才助吾弟於他日，必今日弟先爲吾陝保財力，養人才，此集股購器織布一事，所以重有望於吾弟也。

復趙芝山學政書

暢聆訓諭，心意爲豁，隨即告之從九牛興宗促令造機招工購線矣。牛從九以爲此事三千金即可辦到，渠自集股不足，則蕡擬以刊書之項益之。惟此事爲機器織布之先聲，其名當與機布一例，擬名「富陝」或名「富教」，祈定示遵行。釐金亦須預有定章，他日機器購歸，即可循章辦去。擬此廠所出之布，其釐金即由史、周二監院經收，總計由陝到甘，共經釐卡若干，收銀若干，出廠之日，一併徵收，由監院分解陝局、甘局，而沿路驗票放行，不留難需所，則釐金滴滴歸公，便商亦便國。此事須函商陝、甘當道，咨取抽厘章程及沿路各卡地斟酌每捲三十二匹、每匹四丈四尺販至某處，釐金若干，細爲條欵，飭廠遵行。此事須早辦定，則布出暢行無阻矣。再，此廠即設於涇陽城內，史、周二監院與牛興宗同辦，諸事辦齊，即另稟擇日開工，兩三月後卽有布可販至甘肅。倘銷路暢旺，他日機器購歸，亦可不撤。惟人人以購綫爲難，則終須用機器紡紗。機器與人工織布，固相得益彰也。再，棉花可否免釐？民間零星售賣，不成捲者，似宜免釐，均宜預爲定章。又，廠中每添一機，均須報明，每月出布若干匹，收買民間之布若干匹，販甘若干，其釐金若干，每季一報，釐局則無偷漏之釐稅，亦無不清之帳項矣。

復孫介眉邑令書

頃奉手諭，備聆壹是，大君子愛民之心，識深慮遠，無微不周，然其事不易辦於原上。北原乾燥，土性不宜粟穀，卽秋成極豐，亦僅供土人入冬月食粥之用，無上市者。卽有糶者，亦米多穀少，以一麥二穀之例，百姓不以爲便也。今麥價已至四百六七，誰肯以二百一十文之錢糴穀者？至於敝倉僅餘三四百石，其八百餘石，皆欠於外。敝倉自楊寅娃作梗之後，日壞一日，以至每年外欠八百餘石之多，何敢復領官銀市穀？故此事不易辦也。前十月杪，蕡約會同人擬借公留任一年，俾大有造於咸陽。

蕡往省中，則聞公以創設女學蒙詬，以蕡之鼓説累賢父母，私心愧悔，無地自容。然爲女學爲起於外洋，則非也。「師氏」之説，見於葛覃，内則云「男子十年出就外傅」，女子十年不出，則十年以內，男女同學，可知也。同學必同師，其師或男或女，然蕡斷其爲婦人。古者人生八歲無不入學，則不必富貴家始有學塾也。一夫受田百畝，耕耘收斂，一歲之中，能常在家者幾日？百畝之入，仰事俯畜，尚能供脩脯以延師乎？不能延師，不能自教，其爲婦人自教其子也，明矣。其或不能自教，亦必數家共爲一内塾，推一家之婦人深於學問者教之。女學徧於中國，故一國之婦人無不識字知文義。十五國風所以多婦人、女子之作也。惟婦人無不識字、知文義，故五十無子，使宣女教於國中，采風詩。夫宣教采詩，不開塾提倡，而能之乎？此卽中國婦人有學堂之證。婦人識字、知文義，其子之成學也必易，所謂王化起於閨門也。王化行，人才出。世以二南爲文王之化，文王之化豈以此數十婦人之能詩爲盛哉？誠以鄉僻之婦人，無不識字、知文義，即童蒙無不識字、知文義，而王化無不及之區矣。母教其子，成才即易且廣。其賢者，固供朝廷之用，而收效之大，則尤在天下無不識字、知文義之人，則農工商賈皆智而易精其業，武夫兵將皆智而易精其技。周世有狄患，文王始基王化，周公卒收兼之功，而其端始於閨門，廣設女學之所致也。創設女學爲非爲斯民父母之道，將秦之愚黔首爲爲民父母之道哉？日之强也，以仿西國之學校，德之報法也，以學校之修明；美之兵數不如通國學舍之多。越王報吳，亦曰「十年教訓」，不設女學，欲中國窮鄉僻壤無人不學而知教訓，必無之事也。中國經義僅供口説，不能見之行事，有能悟及，親試爲之，小民駭異，無足怪也，而大人先生見亦如是，則真可爲痛哭流涕者矣。此事既經駁斥，不能不作罷論。蕡以鄉民，本無斯世之責，議即不行，何足介意？又復嘵嘵致辯者，不忍使中國良法美意盡被外人攘去也。蕡於是不敢復見各憲，同人未來省，悵然而返，固不僅吾咸之不幸也。惟願賢父母此心不可自沮，不能行於吾咸者，他日或有機行於他邑也。蕡一息苟存，必來取法，復行於吾咸，則咸邑仍受我公之賜矣。

紡線機器，何日能歸？此間仿造軋花機器已有端倪，輥軸業已造成，出花無異於日本造者。而味經無螺絲板，我公前曾購歸，許借一用，今特着院夫來取，祈擲令持歸。此器能成，以漸推之紡織，則取途雖迂，獲效實巨也。

再，西人平等之説，原以壞吾三綱，萬不可從。此中國他日勝五大洲之本，當力持之。然其説有可參者。夫婦不可平等，陰必統於陽，家必統於夫也。男女則可平等，人之視其子女其心本同，陰陽之義也。故未婚嫁以前，則男先女而下女；既婚娶以後，則女順男而從男，皆經義也。男女平等，專指父母愛子女、教之之心而言，何異於經義？設立女學堂，於夫婦之義無損也。或謂中國貧弱，無關婦人，設立女學似非急務，此又不然矣。英以紡織而商務興，日以女工修而出口之貨日多，富不由於婦人乎？中國人數四萬萬，欲二萬萬之男子皆知學，約以一師教十人，則須二千萬人。若以婦人代其半，十二以後始從男師。則有一千萬人可別營他業，爲富爲强，何施不可？美國蒙師所以專用婦人，必曰此外俗不可施之中國，則請以中國之經史證之。齊以婦人修其業而富；秦以婦人知大義而强，不教訓，烏能如是乎？意有未盡，故復繁聒。

與趙展如侍郎書

前颸生來，略上一函，想達鈞鑒。茲有前函未盡者，請詳言之。蕡之集股辦織紡機器也，非好事也，亦非不知其事之重大而輕於嘗試也。趙芝山之來吾陝也，謁我於味經，言及吾陝商人販布於湖北爲甚愚。陝中徧地棉花，何不自織？予曰：「鄂布近疲困，然秦利楚得，猶爲中國。今則洋布日盛，利歸外洋，與其設局奪鄂民之利，何如購機器織洋布，禦洋人之奪我利乎？」芝山韙之，而以事體重大，已不能辦辭之。既而中日立約，有「運機器在內地製造」等語，羣相驚告。芝山學使復申前議，命蕡出首爲之。蕡再三辭，芝山則云：「此事官辦不如民辦，欲民辦非紳倡之不可。」蕡欲再辭，則紳不肯辦，又何怪官、商之不辦也？故冒昧爲之，果至無成，貽笑當世，又累吾弟捐書銀數百金，心實歉然。然爲吾鄉人捐書，書面均印「長安趙展如侍郎」八字，亦未嘗非市義之舉也。惟「卑旨約思」，實蕡對證之藥，此後當銘肺腑。但陝中織紡之機已動，官場在咸陽立局，購人工紡紗器於英國，明年三月可到涇陽。立局辦人工織紡，而春間購回軋花機器，秋間試之，每日可出花百餘斤，其細類以彈過，較之土車所出，精緻十倍。人人豔其便利，近已自行集股往鄂復購矣。察其器，陝中頗能自造，近已先擇其中難爲之件爲之，如能有成，擬來歲開局製造，由人工而馬力，而汽機，即由軋花而紡紗，而織布，並及一切利民器用，此亦「卑旨約思，銖積寸累」之義也。

前請吾弟薦海觀於疆帥幕府，此爲弟計，非爲海觀計也。海觀教學生，一人歲脩二百金，今歲挑場，亦不肯赴，豈有意出山者？以此思之，可以恍然。吾弟不任天下事則已，任天下事，非於此時援引同志，使各練習，一旦有事，誰供驅策？不惟海觀，凡吾弟心目中所自信之人，均須暗爲引援，使有所試，則才不才均可素知，久之真才自見於吾弟之前矣。古人云：「雖爲人所欺，而爲善之心，不可自疑。」此大禹聞善言則拜之義也。吾弟平日持己頗嚴，而待人不寬，能使人敬，不能使人感。且如關忠武之恤士卒而慢士夫，在昔爲小吏，翹然自異，未爲不可，今則出爲封疆，入爲部院，而不大其規模，高瞻遠矚，以求海内英才共濟世艱，而僅以法吏自足，陋矣。同學舊友，故竊附古人責難之，恭進於吾弟之前，想吾弟必不曰煥唐醉矣，又發狂言也，一笑。

千里迢迢，相晤何日？夫人近有喜信否？聞弟體甚胖，此宜習勞，動則生陽，静則生陰，骨勝於肉者，必多男，此定法也。

與趙芝山學政書

前者文旌過涇，辱承清誨，忠憤之憂，雄偉之略，將舉天下而甄陶之，不獨整飭陝之學校已也，佩服如何！惟是積習既深，振興不易，財力日絀，籌費爲難，雖事變已極，人人知其不改弦，不能善其後，而一旦爲之，庸庸者又起而議其更張。故中國學校久已大弊，無人肯爲挽救，因循以至今者，職此之由。蕡生長鄉里，本無遠識，然自倭患日棘，中國之大，竟無一人能分君父之憂者，喪師辱國，割地求和，賠費數萬萬金，而陵寢又不可保，則謂本朝養士數百年，盡皆闒冗之夫，並無一人可謂之士者，非刻論也。適遇我公忠憤激昂，欲大變積習，而爲補牢之計。謂兵弊而募勇，募勇今又弊矣，不可不爲變通。夫古者稱兵曰「士卒」、曰「戰士」，士不取之學校而何取焉？欲訓練武生，以供朝廷之用，竊有以觸蕡素懷爾，時未盡傾吐，至今耿耿。夫以我公之忠憤感人於微，蕡何敢自匿固陋，不一陳於前，其或有千慮之一得否？今呈愚見四條及籌款四則於左。

一崇實學。魏默深云：「有非道之富强，無不富强之王道。」善哉，言乎！聖賢爲政，故無貧弱之可患矣。乃今之談王道者，以之理財，財則消耗；以之治兵，兵則虚冒。豈吾儒之王道不如西人之巧思？西人之學皆歸實用，虚不如實，故中國見困於外人也。欲救其弊，當自事事求實始。故整飭今日之學校，坐而誦不如起而行，課其文不如驗其事，即以虚不如求之實，考之古不如證之今。談天理氤氳之奥，不如測算躔度之實而有用也；考地理因革之詳，不如圖繪險要之近而可憑也。披神農之籍，何如請於老農？讀種樹之書，何如學於老圃？禮樂精微，必關度數；刑罰寬恤，必講科條。兵事之徒，讀父書不如與士卒同甘苦也。故曾文正、胡文忠奮起湘、湖，謂用武弁不如用儒生，則知實學不分文與武矣。蓋求實學必自耐勤苦始，文士而能習戰陣，則耐勤苦矣。禮曰「國恥足以振之」，傳曰「明恥教戰，求殺敵也」。今日而不講求武事，可謂有恥乎？嗚呼，士而無恥不足以爲士矣！然則耐勤苦又必自知恥始。向讀前馮宫詹校邠廬抗議，内有欲以儒學生員代今州縣之書吏，心竊韙之。當時慮更張大，恐不能行。今東事如此，欲不大更張不能。則此説實可行，卽不然，請先以儒生代營書始。

一豫教訓。西人云「兵事關國家安危，中國甚輕之。其充兵勇者，率陋劣不堪之人」，其言深中中國之積弊。昔年兵率爲城市遊滑，故曾、胡二公以鄉間朴魯之勇救之，卒平洪逆，而致中興。今西洋之兵皆素訓練，步武整齊，鎗礮猛烈，我仍用招募烏合之衆，其人率貧無衣食，計無復之，始肯入伍，猶爲上選；次則潰卒、遊勇、會匪、奸民，兇横强暴之徒，不可箝以法制，怯公戰而勇私鬭，驅之有不輒靡者乎？今日欲革募勇之弊，非取之學校不可；取之學校，非素爲訓練又不可。然訓練非第易弓矢爲鎗礮也，今之士亦非今之學官所能練也。竊謂宜設一學堂，選知兵而習西法者，俾爲之師，教以鎗礮及西國陣法，期以三年，必皆精通，始准出學，如文生出貢之例。陝西一省每歲試取武生不下千人，陝西七府、四州，約設學堂七八處，每處不過百餘人，教亦易周，而三年後卽有千餘人知兵。進可以戰，退可以守，征之入營，皆精選之兵也。救募勇之弊，莫妙於此。然其政須學政主之，主以學政，則爲學校，不爲營伍，而近日營伍之習，可以盡革。惟此教習之人須知兵法，平日留心時事者方可。膺此任爲最難耳，其籌費法見後。

一習測算。算法測量爲戰陣所必需，而水戰尤急。西洋最精水戰，船堅礮利，用算測量，發必命中，人人知之。而其所以制勝者，尤在測水道、沙線之淺深，船行之曲折，礮路之方向。我雖平素佈置極爲嚴密，而爲西人所乘者，以我之水道敵能悉而我不能悉，敵之礮有准而我無准也。布、法交戰，布軍無人不知法之道路，身邊皆有法國地圖，布軍直入，法不能禦。今倭人犯我，亦人人身邊有我國地圖，屢見報章，故測繪爲行軍第一要務，而水戰尤急於陸戰。雖渭河淺濁，泥沙多淤，鐵艦、輪船不能駛入，然設有事，如王鎮惡艨艟入渭，陝人卽爲駭散，豈不可慮？況漢習戰於昆明池，宋習戰於元武湖，苟有志天下者，必不自限於方域。陝即無事，赴調東南，亦不至徒羡南人使船如馬也。今考試用演算法矣，何不施之實事？俾成一軍，置之渭河，測量水道、礮路，日日繪圖貼説，其測算精當與否，可以一試而知。測量能精於水，施之守城、陸戰，無往不宜。

一廣藝術。西洋使用水火，精妙入神，不可思議。其製造鎗礮、開礦、取水、織布，皆用機器爲之，精而省工，以及化學、電學、光、重等學，皆極精微，故日臻富强。陝人豈能遽通各術，惟藉一端以漸推廣，庶因此及彼，漸臻其奥。蓋此等藝術，憑空思其理則甚難，親見其事而爲之，則又不難爲也。查陝西廣出棉花，而洋布入陝銷售，漏銀錢於外洋者頗巨。宜聘洋人，購機器織布，即設西學學堂，由織布之機器，推廣購求各種機器，預立合同，一二年後，必須陝人能自用機器織布。一端既通，再進一端，數年之後，陝人必有熟悉各學者出，而供國家之用矣。

一崇實學。責成各學、各書院，詳報各生課程及其品行優劣，學政隨時抽試，而施賞罰。或地方農桑、水利、團練、城工，使之試辦，果有實效，大加褒獎，必能稍轉風氣，無須別籌經費也。至於訓練武生、習業、測繪、織造洋布，則非巨費不可。陝西瘠苦，何從備辦？不知陝西有自然之財利，辦理諸項均爲裕如，特人不肯爲耳。其款約有四端，請爲公詳陳之。

一提用耗羡。前捻回交訌時，劉克庵中丞議練陝勇，曾奏請三分耗羡提一分練勇。三分耗羡者，陝西民間完糧，每正銀一兩加耗五錢、二三分、至七八分不等。除一錢五分爲雍正年間所定，各官養廉出其中，無異正銀不計外，每兩尚余三錢或四錢加耗。彼時議三分之以一分歸官辦。公以一分豁除利民，以一分提以練勇，業已奏請允行，而克庵中丞去位，遂復不行。近者州縣已照減額完糧，後譚文卿中丞奏請復舊，託詞官辦差徭。不知各縣均有差徭局，其費仍取之民，與官無涉也。今東事潰敗決裂，普天同憤，較捻回交訌尤爲創鉅痛深。提州縣歲入三分之一養士，以供朝廷之用，當亦義不容辭。況又不必三分之一即已足用耶？即如咸陽，額征一萬五千余金。官約得六千余金，咸陽歲試取進武生十五名，初辦所需不過千金即已足用，以後約用七八百金，則不及六分之一，亦豈靳而不肯爲耶？此事有奏定成案，前以訓練勇丁，今以訓練武生，事同一體，諒能允准，此一籌欵法也。三年出學後，挑選入伍，方准赴武鄉試，則以此爲入仕之路，人人趨之矣。

一徵用灘租。渭水兩岸，荒灘甚大，舊稱馬廠。蓋督撫、將軍、三標牧馬之所也。自回亂後，湖北人來此墾荒，向督撫、將軍、三標領照耕種，皆爲膏腴，且有成稻田者。此田不惟渭水兩岸有之，涇、洛、灞、滻均有之，不如渭水之多耳。則陝各水，想皆有之。惟間有撥入書院者，仍用以養士，與書院無異。奸民蒙蔽，三標所收租銀，初不甚多。而苟得人實心經理，其入頗巨，歲供水師之餉，有贏無絀。此事獘在客頭領種十頃，必占地數十頃，招人耕種，坐收其租。若逐段清查，造成魚鱗冊，則水落石出，諸弊皆清矣。夫以標所入移而養兵，正得情理之平，何憚而不爲？此事去歲曾告鹿中丞，深蒙許可，而不肯辦，不知何故。至於造船之費，則請於臨渭水各州縣差徭項下借用，船造成後，每遇大差，即以其船代運，三五年後，所省陸運之費，必能抵還，此又籌欵一法。水運法去歲渭南縣曾行之，甚便捷省費。

一差徭盈餘。光緒三、四年旱荒之後，閻文介公曾奏請釐定陝西差徭章程。釐定之後，各縣均有盈餘。通驛路各州所余尤多，聲明儲爲地方教養之用。今設立西學堂，豈不是教？織洋布爲民興利，豈不是養？況又推廣各學，開礦、取水、制器，皆富强之資，無一不關教養，適與原奏相符，提用此款，每歲可得數萬金，此又一籌欵法也。

又

前月傳敝縣有諸生罷課事，蕡再三探聽。是日應課者八十餘人，所云罷課，乃姦人誣搆之辭。昨日午間，有人鈔來批示及八月渭陽榜，果有因罷課褫革生員二名，則姦人手段甚大，而「莫須有」三字果可以成獄也。此事情形，恐鈞右不能深知，而此事不明，則有關於敝縣風化者。蕡不幸生長此地，請密陳之。八月初七日，差徭盧興毆辱竇宗燕，敝縣尊辦之過當，原不足以服人心。又自覺内愧於心，差人四處探聽，街談巷議，悉以采入。至次日院課外間，亦無罷課消息。及敝縣尊親臨書院，生童鵠立堂下，聽候點名者八十餘人。將點名時，忽自内傳出查問倡首罷課之人。事本子虛，生童亦無應者。敝縣尊照常點名，散卷而去矣。夫生童鵠候點名，而謂之罷課，已至書院忽詢罷課之人，事皆無端而起。然已課矣，榜發矣，事可已矣，而必蒙禀以成敝縣生童罷課之名。如謂竇宗燕一事，諸生不平之言，身爲一縣之官，辦事是非，安禁人之評論？而必罪之，是不法子産之不毁鄉校，而法厲王之防民口矣。况所謂言者亦無可實指耶！如謂諸生有罷課之心，則以腹誹罪人，我朝無是法也。蓋自同亂後，咸陽四民皆困，民貧而愚，役富而横，農、工、商、賈皆任惡役魚肉。士人間有與抗者，渠必誣以事故，痛加毆辱，而民班尤甚，近數年來，不下七八起。蓋民班既富思貴，每縱子弟冒考廪生，則從而攻訐，故挾嫌尤深，必欲舉敝縣之士子而盡摧折之，故搆爲罷考之説，以激怒縣尊，欲以一網打盡也。然士子之無恥者，已早爲盧興羽翼。上次中正堂未撤，趙國策居然出名具禀，願保盧興之子應試。今又經此摧折，敝縣士子能不盡折而入於民班哉？敝縣士風之壞，第一在貪，次則居縣者巧滑，居鄉者鄙陋。巧滑、鄙陋而不貪利尚無害，於鄉里猶在所寬恕之列，而敝縣則貪利者反能逍遥無事，如趙國策、馬天祥是也。竇宗燕吸食雅片，其父竇席珍在日，盤踞里局，與班房聲勢相依。今其子反受惡役之辱，出爾反爾，本無足怪，而前日受辱則並非竇宗燕之罪也。事關敝縣風化，故不避嫌疑，冒昧直陳，惟祈爲敝縣士習起見，斟酌轉移，則幸甚。

煙霞草堂文集卷六

咸陽劉光蕡古愚

與康長素先生書

長素先生道席：　蕡迂腐庸才，自安畎畝，固知大局岌岌，然謂尚可苟安。不料甲午一戰，情見勢絀，中國之大直如漏舟，危在瞬息，悄然以悲，無可爲計。及讀先生强學會序，始恍然於中國受病之由，天生先生於今日，正所以哀中國，而予以回生之方也。彼時即擬肅函，遠叩起居，適聞已赴新嘉坡，只得通問於貴高足梁君。後又得讀時務、知新、湘學等報，聞皆先生之緒論，蕡愈想望丰采，寤寐不忘。又蒙梁君轉惠所著各書，云先生將由滇、蜀入秦，不勝狂喜，謂此生有幸，竟能親炙下風。近又得陳濤函云，先生已返澳門，將由滬入都，爲之悵然。先生之學，海内仰之若山斗，非獨蕡一人饜飫於心也。惟經〔一〕學僞經考謂漢書藝文志爲劉歆僞作，則蕡竊有疑焉。嘗謂後世生民之困，在官、師、教分途，而仕學不相謀，故教化不行，而以刑法脅民；人才不興，而以胥吏任事；所學非所用，所用非所學；百事廢弛，治日少而亂日多。職此之由，藝文志謂其學出於某官，則官必以其職教人，傳之爲業而有專家。儒出於司徒之官，則凡鄉遂之官，皆司徒之弟子，而鄉遂之民，即鄉遂之弟子也。一國之中，官民如師徒之情誼，人心何至渙散，上下何至隔閡，胥吏何至持其權？夷狄、外患何至乘隙而入哉？由此推之，古之路寢即爲明堂，亦即辟雍，是人君之朝即爲太學，則百官有司之廳，皆爲學，而官之政即教民守

〔一〕經：康氏書名作「新」字。

官法，無異從師爲學，此可以信矣。

竊謂藝文志敘九流，其源出於史記，太史公論六家要旨而尊道家，此道非漢世黄老之道家，乃大學格、致、誠、正、修、齊、治、平之道。黄帝、堯、舜、禹、湯、文、武、周公相傳以至孔子而其集大成者也。故史記曰「無爲無不爲」，藝文志曰「人君南面無爲之術」，蓋自周衰，君失其敎之權，孔子起而修明之，而不得君位以行政，惟以師行其敎，論説不見諸行事，遂與後世之虚無無異。人見其從事簡編，以儒詬之，而儒之名遂於是起。戴禮儒行篇已明言之。子夏之學，夫子且有無爲小人之戒，則孔子必非自號爲儒也。孟子爲孔門正傳，其稱儒必與楊、墨對言，無以儒稱孔子者，亦可知儒與異端爲對待之名，而非孔子之自號也。藝文志劉子政所作，其原本必以道家爲首，與太史公同觀。其謂道家爲「南面之術」，儒家爲「出於司徒」，則道家必堯、舜、禹、湯、文、武、周公之道，孔子所承之流，儒家則正先生所謂守約者。其君子謹身修己，僅爲潛修之士，小人則訓詁詞章，徒誇記誦之勤，正吾孔子之所戒也。歆爲梟獍，取其父書而變亂、黜竄之，此其變亂之確據。蓋子政詩守魯詩，學守穀梁，書守洪範，皆斤斤西京之舊説，而無訓詁之習，故能以孔子爲道家，而不惑於黄老；以儒爲出於司徒，而不流於訓詁；其識與太史公同。太史公非崇黄老，則孔子爲道家也明矣。歆欲自尊其邪説，必倡爲先黄老而後六經，以抑太史氏，而後改易父書，以儒爲首。歆實尊訓詁之儒，以抑孔子之道，而名則尊孔子之儒，以抑黄老之道。班氏不察，以爲漢書，愚矣。至於周禮，必爲三代以上之會典，亦如左傳之爲國語，歆取而變亂、黜竄之，而非能僞造也。果能僞造，何不並冬官而僞造，乃以考工記補之也？

先生之學，蕡佩服甚深，以上所疑，亦皆小節，然必請質於先生之前者，譬之人有狂疾，若遇良醫，藴而不發，則亦無從爲之診治，想先生必有大啟蕡之固陋也。桂學答問味經亦以刊成，長興學記擬來歲刊之。德人占據膠州，四國兵船集於旅順，瓜分之機已動，先生何以籌之？東望燕雲，愴然欲涕，寸心耿耿，不盡欲言。伏維爲道、爲時，珍重千萬。

附：復書

古愚先生執事：伏處海濱，聞先生高義久矣。昔門人梁生啟超獲通訊問，道華山古長安之地，有耆碩大儒，如古安定、泰山，議論通今古，喟然動人心，誓雪國恥而救世者。創强學會而相應和。私心常歎，方今朝無元臣，野無巨儒，故今道喪俗敝，人才衰微，得梁生言，乃喜極距躍，以爲有安定、泰山者，所以發聾覺昧，人心不死，救於迷途，將有屬也。孫孝廉來京師，損辱賜言，奬許拳拳，既不敢承，而又教督其不及，殷勤甚厚。陳伯瀾來，日日見，益得聞聖德之微，至仁之心，專以拯溺救世爲事。嘗慨自宋儒言道，高美矣，而自薛、胡二先生後，學術日隘。本朝二張、二陸益狹小之，多言寡過而寡言兼善，多言義，而少言仁，故生民不被其澤如此。得先生之規模闊大，乃足以矯而變之也。在此見門下多士，皆好學有禮節，通天下之故，一見而知爲安定弟子，王式師法，益歎教澤之盛也。學記皆昔者求我童蒙之作，今者時勢少異，更擬推廣，豈足以辱大君子之盛意乎？劉歆僞經，所關最大。孔子據亂改制而作春秋，發三世之義，存太平之治，先於小康而漸致於大同，口授弟子，而傳之將來，此真神聖之盛心。自僞左出，而公羊滅，古文行，而口説湮，於是二千年來，以孔子據亂之制爲極軌，儒生奉之爲正法，於是太平之説絶，大同之治不可見。二千年皆蒙被暴君、夷狄之禍，其爲可痛，莫大於是。若令僞經不出，則後漢之後，太平之説明，大同之治早見於唐、宋時矣。豈至若今者，四萬萬之人罹於水火乎？此所以不能不痛恨於劉歆也。若夫古文之謬義，外夷因緣以爲攻孔子之具者，無論矣。其藝文志專官之義，類似西人，然以孔子之道，僅出於司徒一官，其謬實甚。劉歆卽有一二可取，無以救其斷絶太平之罪也。此事關中國太平之局，若僞經不著，則左氏不去，僞左不去，則春秋公羊不明；春秋公羊不明，則太平之治不出。

先生才明冠世，經術湛深，望思其故，發明斯義，以明孔子爲大教主，以明孔子屬意太平、撥亂之治，乃饑者甘食，渴者易飲。大輅椎輪出於不得已。宋賢好學，僅得偏安，今當發明大同、太平之時，非終於撥亂之舊。此義既明，然後孔子乃尊，然後大地被澤，然後生民可救。以先生道高無我，故敢以獻。國變極急，危亡不遠，保國之事恐不易得，惟保種、保教，人人與有責焉。先生海内耆儒，爲時領袖，大教存亡，人士趨尚所在也，幸留意焉。僕上書若蒙採納，未能遽歸，若言未能行，則或往楚，或從先生於南山下。講聞高義，不勝側企，敬頌起居，爲道自愛。

與葉伯臯學政書

朱生先照來，傳諭蕡擬崇實書院章程。此院初建，朝廷尚無改變科目之意，故芝山學使所定章程，僅就中學分爲四齋，而各附西學。今既奉有明詔，自當恪遵詔旨，定爲教法。蕡於中西各學，均無所窺，勉竭愚慮，擬條呈覽，以備采擇。夫士之所以有實用者，必悉當時之弊。而得其救之之法，坐而言可起而行，非謂某法爲善，率然取而行之，便可有功也。詔旨「政學門」，除外交須專通知各國之情，其他均須審度中國情形，而爲救之之法。即如理財一節，海關榷稅，現用洋人，其一切辦法果皆同於西國乎？不洞悉中國受病之原由，決不能用西國之善法。至於藝學，非一一施之實驗，空談何補於事？故格物、考工兩門，非備購其器，無從講求。強爲講求，徒拾西人牙慧，空談而不適於用，其弊當甚於八股。八股雖空談，尚有一二道義語可以維持人心，若以依稀惝怳之詞，談光、化、電、熱之事，其流弊更何所紀極哉？故今日崇實書院當事事責實，以祛中國之弊，然後能用西國之法。至於藝學，則西人已格之物，已成之器，我皆能親試而知其用，方爲可貴，而不必以能讀其書，談之可聽爲貴也。愚陋之見，未知是否，祈教而正之，則幸甚。

再啟者：頃聞人言，今歲所來洋人，視其教爲最重。凡學語言、文字，必從其禮拜。今令諸生學語言、文字，欲爲中國用也，若從其教，則驅中國爲外人矣。此似萬不可行，須別延教西語西文之人。查有富平生員景裕在同文館學習多年，容蕡令人與伊說知，求臺端調入崇實書院。所惜者，蕡於英語英文一毫不懂，不知景生所學深淺爲何如也。

復葉伯臯學政書

頃奉惠書，藉諗文旌返轅，道履叶吉爲慰。世事變幻，禍何酷烈！聞波及者多少年英俊，甫以爲賢而用之，旋以爲罪而戮之，我朝二百餘年刑戮，未有慘於此者。經此挫折，恐此後士氣難再振也。陝中近日始紛紛立會讀書，復值此變，外間傳言有禁學會之説。蒙學報甚佳，賚前擬師其意而別爲之注，蓋其語音不盡合於陝中土俗，而中國州縣名，賚早有淺歌。其他訓蒙淺顯之書，陝中多有，原可自創一格，且其中欲附女學，本不同於原書，惟師人之意而不言所自始，則此心恥之耳。今聞禁時務報及各報，則此事亦宜姑緩。製造軋花車，其初造之車運用靈動，幾駕於日本之上。而工冶偷工減料，田生遽自得意，不復稽查，致後成十副自行崩裂，或致傷人，不可使用，可恨之至。後因陰雨連綿，不能別訪冶工，以致至今諸工坐耗，不能不斷折也。近得敝前縣尊孫介眉信，人工紡織各器均已到陝，前議曾許給崇實一具，俾士子學習仿造。賚擬率諸生入省局察其運用之法，然後運歸，自行仿造。惟輪機必須冶工用心鑄造，其他機器自可仿製。故賚現欲訪求冶工，或東府或山西，覓得佳工，方有把握也。

賚學問迂淺，濫竽味經，年復一年，實爲愧悚。今又加以崇實，隕越更多。素不工制藝，爲人指摘。今聞又復制藝，味經、崇實兩席萬不敢戀，祈擇德望碩儒、學通中西者主講兩院，俾賚得遂田園之樂，則所賜多矣。

復王介夫學正書

前惠臨敝舍，蓬蓽增重，而田野風味，一例淡薄，至今歉然。六哥不以爲罪，而又辱以訓誨，其愛弟何其深也，感銘奚似！至期弟以倡導關中，弟何人，斯能膺此任？惟憂國憂民則今日儒者之責，弟固知兄心之必然如是，而亦不敢自居寬閒，謂世與我無涉也。惟謂今日言開利源，收利權即爲言利，竊以爲六哥於今日中國貧弱之故，未得其真，而泥前人之言以爲言。夫孟子駁惠王「利吾國」之問，其不義之故，在「吾國」二字，不在「利」也。設惠王問「何以利吾民，何以利天下」，孟子亦將對以「王何必曰利」乎？利民、利天下之不爲非義，則利之爲患，必別有在也。蓋列國分疆之世，皆自私土地以爲利，而不知撫民，故患日深而貧弱日甚。積而入於暴秦，亦卒歸於土崩瓦解，此戰國之覆轍也。今則五大洲成爲一戰國，各國均能内修政事，民安物阜，國富兵强。惟吾中國與土耳其、西班牙三國，政刑不修，紀綱頽廢，故利源自塞而日貧，亦利權外奪而日弱。利者何？其源在人心，其機爲國勢侵削、中飽、糜費、累擾，此人心不正，利源所以日塞，六哥所知也。銀錢外溢，内地日困，此國勢不立，利權所以日撓，六哥所不知也。故今日欲救中國之患，當先正人心，則六哥之言得矣。人心何以謂之正，視天下萬物爲一體，則仁矣。以仁爲體，然後以義成之。義者何？務民之義，制田里、教樹畜，俾民生無一不豐衣足食，人人樂利，各得其所是也。故義利本一事，利於人人則爲義，而爲仁；利於一己即不義，而不仁。乾始能以美利利天下，不言所利，孔子謂之「大」。若梁惠王之「利吾國」，則所利惟私一己，孟子所以謂之「不義」也。以侵蝕、中飽、糜費、擾累之故，致令利源不敢言開，利權不敢言奪，欲以仁者爲義，而冀人心之靡然聞風而正乎？夫「理財、正詞、禁民爲非曰義」，義即是理財；理財，義之迹也。「正詞」，教民勤儉，以治生也；「禁民爲非」，禁民遊惰，以自蹙其生也。「天地之大德曰生，聖人之大寶曰位，何以守位曰人[一]，何以聚人曰財。」，財者，天地之生機，即太平之實象，故曰「四海困窮，天祿永終」。今欲以義倡天下，孰有大於開利源、收利權者乎？今天下人心涣散，無聚人之財也；國勢衰弱，無守位之人也。由理財之道失，不能正詞以正人，禁民爲非以張國勢，故至於斯極。而欲儒生持空言以救之，此則孔、孟復生，亦必不能爲之數也，而謂蕡能爲之乎？

弟去歲辭味經而就崇實，不獲其志。今味經、崇實並撤，弟得遂其私以藏拙於山下，弟之大幸也。然此心耿耿，不能自釋者如故。耕牧樹畜，農人之常；紡織製造，工商舊業。四書而外，益以孝經，九通而外，加以通鑒，與人相講習以求性善備萬物之學，治生爲學，以終餘年。同人有相從者，幸也；無相從者，亦聽之，而亦無可如何也。至於吾鄉之人心學術，則鄙陋如弟，六哥望之過厚，誠不敢引爲己責也。誼忝葭莩，語無倫次，或有牴冒，諒能鑒恕。

[一] 人：易繫辭下傳作「仁」。

與董海觀孝廉書

去歲惠麥五斗，兄已收用矣，謝謝！兄種夏田三十四五畝，苟得半熟，當不至饑。惟天至今未落雨，大局不轉，恐有粟亦不能食耳。兄去歲共欠人錢四百餘串，此爲大累，晝夜思之，只力田一法，方能去此大累。祈弟爲兄借銀二百兩，兄卽能贖田五十三畝，其田均爲堰地，苟夏間得發一次山水，卽可以收三料。今旱既久，必有一兩年雨水合時，則藉此可以了我舊債，此爲後日計也。尤有妙者，此五十畝田一入我手，有二十一畝可用渠水灌之。若弟能早爲我借銀，將地贖出，我卽種早秋二十一畝。此地所出，顆粒我不入口，盡以糶銀，先還贖地之銀，次完舊債，終爲我之私業，以貽駼、騞輩耳，此我生平爲子孫計第一事也。此事祈老弟爲我全力爲之，我決能還銀，不至貽累老弟也。此後陝中糧價決不能賤，年荒一轉，農利必豐，我自謂此謀必中。

紡車已造成，惟攪之稍重，婦人力不能勝。紡筒稍輕緊則上躍，兩病皆易治，而造車之人又病。兼之兄家無人不疥，故去冬未紡，擬二月内專意學紡，諸事必就緒也。正月初八日，聞展如慘受刑戮，爲之心惻。展如誠有罪，然朝廷治之不以其罪，而又過重，則展如爲冤死耳。此次又有變法之詔，然語皆騎牆，決不能成。變一法適滋一弊，如中學堂、武備學堂是也。故今日急務不在行新法，而在去舊弊，舊弊之不能去者，始立新法以去之，始有益耳。兄疥又發，不能起坐，倚枕而書，字書潦草不堪，伏祈鑒諒。

復門人張扶萬書

文昌渠竟能修成，可見凡事貴人留心，有心，事終成也。序文大致妥，叶只添兩句，亦無關緊要。水則、章程均妥，惟三時半水卽爲一小甲，卽舉一號頭，利太薄，號頭太多，不知三時半能灌地若干？一時灌不及五十畝，恐此利難久也。我看史記太史公自序，覺太史公真孔子之徒，非文人也。孟子傳春秋之道心，董子傳春秋之經義，太史公傳春秋之史法，史記非爲帝王作史，爲道作史也。爲道作史，卽民史也。惟爲民史，凡權力能及於民、爲民利害者，皆可入本紀。本紀者，綱紀民事也，故始皇之本紀而不與秦合，始皇能以力服民也，則謂始皇一天下而秦亡，可也。呂后爲本紀，去惠帝，項羽爲本紀，無義帝，其權力及民非惠帝、義帝也。始皇、項羽、呂后可爲本紀，則本紀之名非尊而有天下之可尊，蓋別有在矣，此春秋法也。所見之義甚多，不能備述。

汝近有著作否？可便爲我寄來。秉樞近日用何功，有何鈔集否，何不令我一見？算數用之製造爲實用，我初以此爲極難，今見朱純一爲紡綫車卽取水各器，乃覺非難，特無人開端，故中人以爲難耳。朱純一不能算，而所思各法，均有條理，汝再用心爲此，而濟以算數，必駕純一而上之矣。機房有搓線器，我所造不適用，汝何妨取而變通爲之。勿以製造爲曲藝，立成器以前民用，皆聖人之爲，勿以爲小節也。中外失和，已宣戰矣，云得勝仗，況洋人兵船三艘，所恃者拳匪之邪術，我不信也。連日羽檄紛馳，不知何事？新疆、四川、甘肅、陝西之兵盡調，則河南、山西之兵亦必調矣。失和者非一國，則以不能敵一日本之中國而敵全歐及日本，吾不知主戰之人是誠何心？殆利中國之亡而恐黃種之人不盡絕滅也。此禍既發，決非一二十年所能止息，我輩須謀苟全之法。我擬在煙霞洞結寨，防會匪、回匪。有從我者，不敢望如田子泰之無終，或孫夏峰之蘇門乎？足下以爲如何？

代陳觀察上端中丞書

近因亢旱，人心惶惶，日夜籌防內患，不意夷禍猝發，時局大變。潼關爲全陝門戶，某現攝關篆，卽爲守門戶之人。現奉明諭，團勇忠義，已獲全捷，然失和不止一國，兵事正長，勝負難料。甲午之戰，曾有西遷之説，潼關不能不早爲計。況內地奸民，天時亢旱即已思亂，加以夷禍，奸民愈易竊發，則潼關佈置，其嚴密宜百倍於前，而其艱窘亦百倍於前，陝省庫款支絀，亦當百倍於前。然某身爲關吏，在官言官，偶有所見，不敢不密陳於左右，謹條列如左：

一關宜駐可調之兵也。今歲亢旱，同屬爲甚。向來北山土匪，每從韓城出沒，今聞北山饑民洶洶欲動，時劫行旅，而東出潼關即屬豫境，素多刀匪，過河一步即爲晉境，民風雖樸，亦苦旱荒。各去省會窵遠，若有伏匪蠢動，宜早撲滅，方能消患無形。況萬一變出意外，天子西幸，陝兵迎扈，宜在晉、豫界上。有兵在關，調發倍速，此不可不豫爲計者也。似新募之勇，宜多駐關操練，即暫受關道節制，既足鎮懾潼、商一道，而赴北援亦近。若就潼、商各屬招募，尤足以收强豪而遏亂萌。

一關宜駐專閫之員也。平時法制相維，文、武不相統轄。今凶荒數省，加以外患，潼關居三省之交，一處有變，即掣動大局，非有專閫大員，聞風即起，不足以彌亂端而靖人心。故防營宜受一人節制，又須咨明晉、豫兩撫，暫令鄰陝府州縣胥受潼關節制，以亂萌皆同，弭亂宜速也。此議若可用，即祈精選廉能知兵之員，接受道篆，某非敢辭難，恐才力不及，貽誤大局也。

一禁阬宜用地卡也。前因亢旱，南山各谷藏有匪徒。某親往巡閱，見有汎墩爲十二連城故迹，半皆頹圮。葢守潼關不守禁阬，與無守同。彼時即欲易爲地卡，以示此後修復十二連城，當仿地營之制，不當築城、築台也。今外變既作，禁溝必須密爲設守。溝岸長三十五里，舊設營十二座，今宜略準其數，而不必拘守其地，悉掘成地營。無事一營守其適中之地，有事再酌撥協防之兵。其制：掘地爲阬，人藏其中，露目於外，身後又爲深阬，炸礮、巨礮皆能避之。

一關城宜建石碉也。某因天象亢旱，飭令修理關城。某步行巡閱至南西高曠之處，俗名鳳凰嘴，城包鳳山，此其山嘴，故名。見附城添造碉樓一座，寬約不及一丈，長約兩丈，高與城齊，下爲三層樓，系同治九年前副將巴楊阿、關道呂儁孫創建。葢因城勢陡峻，守陴者立足不穩，仿金川碉制，創爲此台。碉之兩邊，雖守陴無人，亦可無虞。然上用瓦屋，三面砌磚，高而太薄，可以禦內匪不可以禦外夷。擬將其台拆毁，參以地營之制，改爲地碉。出地約不過三尺，內藏闇門，其用與碉樓同，而能避巨礮、炸礮，則勝碉樓多多矣。近日洋礮之猛烈及炸礮之横飛，所遇直無堅城。以中國居高以禦其沖，而不知卑伏以避之也。今出地無多，彼之巨礮無用，頂尖斜下，彼之炸礮無用。關城周圍不過二十餘碉，城上無人，彼亦無如潼關何矣。此爲備大變故而設，否則僅爲内匪計，則關城鞏固，建置有法，固無俟更張爲也。如用此議，俟某先爲一碉，看需若干，再爲遍造。

一關外須豫謀戰地也。凡大寇猝至，我之軍心既固，宜少勝以振其氣，然後戰守相資，可以伺隙出奇，若止知防而不知戰，則坐困矣。潼關北腋黄河，無陸戰之地，南倚山阜，溝岔紛歧，不能爲大陣，最宜守者之戰。須預踏勘，何處進兵，何處策應，何處埋伏，何處退歸舊路，宜剷絕者剷絕之，新路宜開者開之，必一一了然於心，方能臨時不亂。故防營駐關，宜日日撥三四隊出巡於外，地利既熟，膽智均裕，此則操練之大，不在日日打靶也。哥舒守關，以戰而敗。哥舒以號二十萬兵，戰於七十里隘道之中，不敗何待？固由楊國忠之迫，亦平素不於地勢留心也。

一守關宜水師也。自古潼關之破，非由自棄，即賊陸由禁阬而西，水由蒲阪而渡，則關城之險，一無所用。今爲潼關設防，專爲旱荒，以防土匪，可不議及於水師。今外夷最精水戰，他日陝禍必由於此。然此時外洋巨艦不能行於黄河，未必敢以小船犯陝。惟外釁既開，且聞不止一國，設有萬分之一千乘萬騎西來入關，潼關、大慶關無船可濟，爲之奈何？即勉强搜索民船，取辦當時，而百里巨浸，無礮船爲守，敢保賊不躡而渡乎？某生長湖湘，親見水師之利，而同治間回捻之亂，陝中黄、渭均設水師、礮船，聞臨水州縣有礮船十隻，則其城一面不守亦固。故擬黄河先制礮船百隻，使長巡於潼關、大慶關之間，庶幾陝境東邊鞏固，無隙可乘。

一守關宜用地雷也。地雷爲攻城之具，未聞用於戰守也。而潼關地勢不惟可用之爲守，且可用之爲戰。潼關東扼函谷西出之口，不容方軌，北臨黄河，南踞山阜，皆小徑迂曲，溝嶺相間，無平坦之處。函谷埋地雷三處，彼自不敢入，可以盡殪其衆於谷中，此用以守也。而於南原平坦之處，或在隘路預掘爲阬，誘之與戰，佯北而退。俟至其處，以電線發火，亦能大亂其軍，我軍回擊，亦可得勝，則用以戰矣。此即李光弼掘地道而用火藥，較用人尤便利之訣，乃守關一奇策也。惟地雷造法，某未悉，容緩推求，加以試驗，必能有成。

一關上宜廣儲粟也。值此旱荒，人心皇皇，若見城内儲有多粟，其心自固。今有外患，關宜屯兵，又宜多積糧食。況晉、豫、直隸，均同荒旱，調遣既衆，設有饑潰，亦當由關收撫，酌給口糧，則關積粟又今日急務，而又不敢出諸口者也。擬託爲兵採買口糧於關，積粟數千石，則始可謂有備無患者矣。

以上八條，除屯兵、調員、設地營、謀戰地無須籌費外，建碉、造船、造地雷、買糧均須籌費。而潼關一貧如洗，即無外患亦難自謀，況經此大變，當爲全陝計，當爲天下計。某身任其責，何敢緘默？祈大人反復籌維，必有偉謀碩畫出人意表者。某庸愚，誠爲杞人之憂，然亦庸誠所積，有不陳於大人而不能者，幸鑒諒焉。

一宜安民教以弭内釁也。民教不相安久矣，各省層見迭出。陝民良懦，有小詞訟而無巨案。此次義和團以焚毀教堂起釁，明奉諭旨，以焚毀者爲忠義。設奸民藉以爲口實，因之聚衆焚毀教堂，戕殺教民，陝省洋教士無多，即盡殺之，於西洋不及九牛之亡一毛，全無與於勝負之數。若中國人入教者，則其數不下於當年之回民，若激成事端，則與同治初元之禍無異，而陝先自亂矣。似宜按前諭不發，或别出示諭，謂上諭所言指挾洋人以淩華民之洋教士。若中國投教之民，則原是我朝數百年教養之赤子，絕不心向洋人，有人以其入教因而戕殺者，與貧民無異，必皆問抵。至於洋教士，自守不生事端，朝廷仍一體保護，此亦弭亂之一端也。

一宜選團長以和官民也。團練官辦之，即爲官團，民辦之，即爲民團。官團多虛應故事，民團則抗官掠財，其弊滋多。此次奉諭辦團，竊謂不宜倉卒舉行。一意慎選團長。宜令各縣舉民之賢明有膽識者，資送入省，大人與之周旋數日，得其性情，以師友賓客待之，授以團法，然後令團其鄉人，而省中即宜擇一統將，以爲各團之師。境内土匪竊發，即令此團剿之，能奏功績，乃招爲援剿之軍，以赴海上。如此，權歸於一，庶能收團之益，而不受其害。若令民自爲團而後收之於官，則團長非選擇而得，某決其匪人多而賢人少，有團匪之害，不能一毫收其利也。或去省遠者，即責成其地方道府親延其屬之賢才，分辦團練，並選統將。其統將必須送省，由大人察看而定，則一省之團練，權歸於一，決其必無流弊也。

右二事不盡爲潼關應辦之事，然近日内地亂民多借團練殺洋人，故此二事，決宜慎重辦理，不宜掉以輕心也

復門人雷曼卿書

賑荒之舉，本無善策，吾盡吾心，不得爲則去之，道固如斯也。送駕北歸，足表臣子愛戴之忱，然又何必即告退？此次中國非變法不能自立，特如詔書所云，則語皆騎牆，決變不成。詔書所云，固今日巧宦之術也，惟吾輩絕世不宜恝然。姑至京師，委婉一半年，用則盡心竭力，不用始卷而退，則於心、於世兩無愧矣，弟以爲何如？祝三才甚可造，吾愛之甚，然功夫尚淺，必須潛心一二年也。此次變法，須從治鄉立根基，吾有數語竊爲足下言之。變官爲師，變政爲教，變農工商賈爲弟子，變士爲吏兵。天下之情，患在隔，當使之通；天下之勢，患在渙，當爲之萃；天下之識，患在蔽，當爲之開；天下之氣，患在惰，當爲之勤。從鄉學做之，然後以變朝廷，此今日變法下手法也。故孔子曰：「觀於鄉而知王道之易易也。」此我所見，足下以爲如何？我自歸山，即患疥疾，今復不能起床，可謂貧病交迫矣。焦氏譜序説得太闊大，然居今日而論大道，不得不從萬物一體、四海一家着眼也。

與咸陽縣張令書

昨趙珍卿來，云已將差役責斥，然所責者執票之差，而於舞文作弊之書差，則未嘗一語及之。又云所欠義倉麥石歸劉成賠補。此麥敝村未領，即應仍在倉中，且張前任所出票示，必有領狀、保狀方能散放。敝村既無領狀、保狀，此麥何以出倉？若云劉成冒領，則伊日在衙門，奸吏豈有不識之理，何能容其冒領？種種弊端，何以略不詰責，此則非蕡之愚下所能解也。統觀此倉情形，實倉房之世業，官爲之護持於上，紳爲之典守於中，差役爲之奔走於下，而民之苦累不堪，則無有過而問者，使賈長沙見之，當不止太息流涕而痛哭矣！惟祈爲萬家生佛，力除此苦累，則蕡感甚，闔邑農民感甚。

又

昨奉上函，未蒙賜復擲下「出易」章程二則，賁再三批閱，而歎前倉正副等之巧滑，而書吏之奸貪爲可畏也。義倉關鍵全在不强派、抑勒，不假吏胥之手。今倉正竇席珍、倉副劉清漣所禀，託詞倉牆將倒，挾官以不得不易之勢，輕輕用一「抑」字，帶出「常平倉」三字，隨時攤派，盡情説出，而官札所不准者，竟敢明目張膽爲之矣。張前任所批一則曰：「從權變通」，再則曰：「該職等悉心斟酌，妥籌辦理，總其無擾、無累，鄉民樂從」，是仿照常平倉章程辦理。若仿其按糧攤派之章程，非舉常平倉厲民之弊盡歸之義倉也。乃一無所議，即差傳鄉民，假手於役，能不抑勒乎？倉房具禀，請示本年可否出易，何年、何數，何樣出放。公然出頭露面，能不抑勒乎？有「仿照常平倉章程」一語，遂置「不假手吏胥」之聖旨於不顧，非書吏舞文之一證乎？且衙門公事，當有變通時，該房即當將全案呈出。觀張前任所批，一語不及各憲札飭，其當日未將全案呈出，可知非舞文之一證乎？張批云「飭紳士妥籌辦理」，未見紳士一語，而倉房擬稿請行，非舞文之一證乎？父台系新到任，又宜將全案呈出，而徐介翁一語不及諭旨、憲札，非舞文之一證乎？且十年出放倉書，劉信請示何樣放法，則義倉出放，書辦一手經理，十五年出放亦必奸書張姓一手經理。敝村顆粒未領，奸書經手之事，豈有不知？乃勾串差役，混行出票，下鄉拘人，非又奸吏舞文之一證乎？去年九月，放出未收者九百余石，必須倉正、副等禀催，何今年七月遂憑差役一紙，遽爾出票，非又倉吏舞文之一大確切證據？

據昨日竇海帆自敍管倉情形，伊惟看麥色，其餘一概不管，惟責書辦經理。鄉民領出不及六升，鄉民還入則一斗有餘。夫以六升朽敗不可食之麥，易農民辛苦所得乾圓潔淨之一斗有餘，此聞之者所以不勝髮指也。此項所得，盡入奸吏私囊。據海帆云，署內不派管倉家人，則此項爲奸書獨得之利，故護之甚力，惟恐一易章程，每年失此數百石大利，恨賁刺骨，必欲置之死地者也？賁於彼亦素不認識，惟思農民汗血均歸伊等谿壑，上負朝廷愛民之意，下非各憲及各前後宰官實事求是之心。故因劉成在鄉，率役滋事，賁身入其中，遂肆其素所欲言者，率陳於父台之前。此書吏不去，咸陽之民決不能安。父台方在病中，明系奸吏惡役舞弊，父台不能覺察，亦在情理之中。惟父台愛民之心必多於袒護書吏之心，何妨授意貴幕，蕡言果是與否，吏役果惡與否，不難一語批示。而前後奉上兩函，竟吝金玉，此蕡所以悚息待命，不知爲計也。蕡所言於父台者，恪遵諭旨，及實力奉行憲札，非有溢於法度之外也。而父台若有所畏於其中，其必聽從吏胥之言而以蕡爲不肖人，蕡而入於不肖，其又何面目出而與天下士相見耶？大凡吏胥舞文，必須牽署内以爲護身之符。今奸吏張姓與惡役劉成，均爲率由舊章否耶？天語煌煌，棄而不顧，憲劄嚴明，置若罔聞，今日所行之例，所以盡爲奸吏罔利之資，而民日積於貧弱而不可救藥也。且章程既系前任所定，無所用其迴護，曷一變而恪遵諭旨、憲札，而又遲疑不決，何也？恭候數日，蕡將進省送科，不能久候於此也。

與沈淇泉學政書

蕡以狂愚無識見訴於鄉里，同人爲築講舍九嵕山麓，憐而居之，屏黜人事，消歲月於章句之内，與鬼爲鄰，時徘徊於墟墓之間，葢無意於人世也久矣。上月中旬，友人自省寄到邸鈔，則公以「通達時務、學識過人」奏達賤名於朝，蒙恩奬以五品銜。披讀之餘，悚息自省，慚愧無地。適值望日，講舍舊例拈香孔子，乃望行在謝恩，改易章服，而思公於蕡何以搜求，加以過當之譽，顧嘘朽吹枯，原不惜其逾分，而野老感恩圖報，究將何以自爲？俯仰身世，内憂外患，人事天時，無不險極、危極，如乘漏舟大洋之中，颶風驟起，四顧茫茫，葢有從此不知所届，終將葬於魚鱉之腹矣。

去歲六月之事，至今思之，令人心悸。愚民無識，以劇本爲經典，以優伶爲先知，水滸、西游、盜賊、魔鬼，一旦生於我朝，既遂外人弱我之心，徒貽後世笑談之柄，豈不痛哉！豈不痛哉！孟子曰：「上無禮，下無學，賊民興，喪無日矣。」我生身世竟至於斯！今受制於外人，爲亡羊補牢之計，惟有設鄉學一法。與其張皇於朝廷之上，而外人生疑，何如經營於鄉里之中，而國本自固。葢救敗如救墜崖，然其所失足而墜之處，必人跡可至，而非絕壁斷澗，即可以垂絙而升之處也。故救去歲之敗，必自開導鄉愚之無識始矣。開導鄉愚，舍鄉學何以哉？公如有意於此，蕡於甲午後自籌經費，爲咸陽鄉間設義學四、扶風一、醴泉一，其幼童教法悉本古禮、樂、射、御、書、數之意。「禮」取宋儒之學規，「樂」擬大武之步伐，「射」則以鎗爲更代，「御」即西人之體操，「書」如孩提之學語，「算」效工商之習技。蓋意以禮、書爲文，樂、射、御爲武，算則爲富也。其稍長，教法則貴講解，而不尚記誦。研經史而不習詞章，尤注意於朔望之集鄉民，演說經史，宣講聖諭。其演說、宣講皆不泥守原文。察鄉間之弊俗，而取經史中語及聖諭之相近者，演說、宣講，欲人知習俗之失而自趨於善也。無如蕡無德望，不能感孚鄉人。自設義學至今，朔望鄉人集而聽者寥寥，而不逞之徒，又復生忌，縣官助之，竟將敝村義學經費奪去。又復值此奇荒，今歲各學有師而無生徒，而六義學已同虛設矣。夫今日中國之患，不在外人之富强，而在我國之貧弱；亦不在我國之貧弱，而在我民之頑獷。頑則無禮義而昧時勢，獷則逞蠻野而觸禍機。蓋自唐宋以來，治民者有政無教，積漸以至斯極，民心久散而無統，故虛妄鄙俚之邪術，即足以誘之而爲非也。今朝廷設官，意皆在兵餉而不在教民，孔子曰「善人教民，可以即戎」，又曰「以不教民戰，是謂棄之」，孟子曰「修其孝弟、忠信以事父兄、長上，可使制梃以撻秦楚之堅甲利兵」，管子內政，亦惟修教於鄉。句踐志在復吳，十年教訓，今觀越語，教訓其民而非僅以練兵也。今與外洋和，軍火、兵額皆有限制，賠款既多，財力已竭，富强之事均無可爲。此後外人入中國者愈多，勢必愈橫，民愚無知，積忿思逞，將歲歲必生教案，中國將歲歲勤吾民以和外洋乎？故今日即欲含垢忍辱，仰鼻息於人，以求數年之安，亦非遍設鄉學以統於官，不足以弭後患而圖富强也。我朝學政有整頓風化之責，特世俗相沿，第以校閱試牘爲盡職，而委教民爲地方官之事，民俗美惡遂不過問。今西人制我，兵不得練，財無可爲，是督撫爲治之權均爲西人所忌而抑之。惟學使職在學教，不預兵餉，不爲西人所忌而預立限制之約，是學政之權尚在中國。欲求脱西人之羈縛，學使而外，蓋無望焉。公之明必能見及於此，則蕡請以六義學獻，以爲整頓關中鄉學之嚆矢，亦即蕡所以報知己也。惟此事須咨商督撫，及未回鑾時會奏請旨，而以防民與洋人搆隙爲詞，必蒙允准。

公精神專注於此，以校試牘之勢督鄉課，以訓廸文藝之勤正民俗，三年之後，陝即無人才輩出，而鄉間之民必不如今日之頑獷，爲朝廷省事多多矣。此暗寓以教收民之法，今日中國不患上無能文之學士，而患下無能做事之兵、農、工、商，故願公以教啟其識，即以收其心而聚其氣，此今日之急務也。

自前月即擬進謁崇階，躬謝知己，以痢疾初愈，不堪酷暑，遲遲至今，又復泄瀉不得已。恭繕蕪函，使梁生海峰先來代爲鳴謝。此人系從蕡於煙霞洞，今歲補入校書者。臨穎神馳，不勝悚息，待命之至。

又

梁生歸，備述公謙沖虛懷，賜坐與談，急欲整頓鄉學，囑令蕡代擬奏片，並取義學章程，聞之不禁狂喜，繼而涕泣。喜者，喜吾陝從此永弭後患而可漸致富强，泣者覺公蒞陝之晚也。去歲猶有寧羌州之案，六月間拳匪廣告謠言，民心惶惶，幾致變亂而陝禍將不堪設想。非督撫力爲鎮攝，奇荒之陝，能帖然無事，以容六龍之駐足哉？與其倉皇挽救於臨時，何如從容訓化於無事？故今日遍設鄉學爲第一要務。公謂爲下等人設法，宜粗淺不宜精深，此語最得要領。民之質矣，日用飲食。蕡嘗謂今日儒生講學宜近而切求兵、農、工、商之務，不宜遠而高語天人性命之精，故大學全書皆是格物，而中庸明道，必系以「庸」也。惟此事之能行與否，不在小民財力之支絀，而在上憲精神之不貫；不在草野梗頑之不化，而在官場氣習之難除。變各鄉之家塾爲社學，收賽會、演劇之貲，則財力充矣。行日稽月報之法於鄉里，由村而鄉、而縣，以達於院。任士不任官，則精神貫矣。財力充而村各有學，草野之頑梗自化；精神貫而大吏親民，官場之習氣自除。

蕡請詳言其法：村若有三十家，即設一學，學以生員爲師，此師必由縣書院之師考定解卷，學院、撫院張榜札縣書院註冊，方准延請。一切富貴之家，不准獨立家塾，其家塾所延之師，亦須兩院考定之人。若不由兩院考定，而私請私就者，均治之罪。此係古法。古者太子尚與士庶同學，況鄉間富貴家之子弟乎？勿疑此法之刻也。其義學之師，不專訓蒙，而令一村之人受其約束，如漢之三老，而參以呂氏鄉約法。又選二人，一人經理義學經費，兼管一村租稅、農務，如漢之嗇夫，即今日社倉之村正；一人應力役之事，馳送文書，緝捕盜賊，在漢若遊徼，今日則團丁也。五十村爲一鄉，鄉設一學，即設一社倉，延師如村學，而此師即統五十村之師。設一倉正，統五十村之村正，設一倉副，統五十村之團丁。一縣若干村，悉統於縣之書院。書院之師，仍名院長，各縣直達於關中、宏道、味經三書院，而此三書院專以教養縣鄉村各學之師，以統於撫憲、學憲。其縣及市鎮叢集之處，即設工商學，法與鄉學同，此規制也。其村學童蒙、鄉學成童，各課程冊及朔望演説日記，村五日報鄉，鄉十日報縣，縣半月報三院，三院批閱後，全録批答各語，以呈兩憲，而排印成冊，以爲學報。其治文書之吏，即以生徒代之，而奉送文書，則用團丁，不假手今日之胥役，此行教法也。鄉村事故無一不達於上憲，上憲教民之意，立能廣布於閭閻。上下之氣通，而心志亦孚，此孟子「壯者以暇日修孝弟、忠信之政」，亦即管子内政寄軍令之法。葢民心固結，財力自裕，國勢自强。蕡所謂上憲布千百耳目於閭閻者，此也。民、教稍有齟齬，上憲即已聞知，代爲處置，何至釀成事變哉？若義和拳之邪教，蔓延近百年，哥老會之徒黨，句結遍海内，可一旦消滅，皆化爲國家良民，而與上憲爲同心矣。

故謂此爲收民之術也。故州縣官多不願上憲耳目太多、太密，必出全力以阻之，故此雖教民之事，爲上憲職分所應爲，而必須請旨其爲之也。須如駱文忠、胡文忠之治湖南、北，曾文正之治軍，出全力以爲之，一年之後，必有成效可觀。朝廷如更行新政，不過就此擴充，若尤因循如今日，陜必無意外變端而亦可偷數年之安，此蕡汲汲望公整頓鄉學之本意也。今日論學，必須有關吏治，所謂仕、學不分，政、教一貫也。不然陜西設有經濟學堂、武備學堂，徒費鉅款，曾有絲毫之效否耶？此可以深長思矣。恃愛狂言，惟祈諒恕。

再陳者，承詢蕡所辦六義學始末。其事則起於社倉，大於借款生息。光緒戊寅旱荒之後，馮展雲中丞爲全陜通籌社倉，咸陽共分四十四所，所各積麥一百二十五石。至光緒十五年，倉各存一借欠簿，而麥歸烏有矣。蕡僅據其欠簿，勸諭鄉人以麥還倉，而移倉於蕡村，年借年收，斗加息二升，小荒則不取息。至十九年旱荒，蕡與咸陽賑務事後，餘銀二千五百二十餘兩，蕡稟請前方伯曾懷清，借以爲本，營運生息，期年已獲倍利。值甲午中日起釁，甘回蠢動，護院張伯屏飭辦團練堡寨，蕡以此購鎗二十桿、劈山五尊，因思敝村破爛，而積粟千余石，顯爲盜賊之招，因遵憲札，以其息築寨，而縣官則大不悦，借此款時，方伯即爲予言，急用此銀，若涂伯音到任，則此款必爲乾沒。以此項銀兩借與民，而收以麥，同歸社倉收儲。遂唆棍徒楊永林，誣告蕡以官糧築私城。光緒二十二年六月十七日興訟，此項生息，民欠尚有大半，均不能收，以楊永林欠麥不還，他人皆觀望也。至十二月十四日，涂公始勉强責斥楊永林以麥還倉，而他所欠，均不能收矣。自此以後，倉粟出借甚易，而歸還甚難。蕡始悟孟子論「斂發之政，必先謹庠序之教」，無教則各善舉均不能爲。於是設義學六所，其所以設學及扶風、醴泉者，先擇經理之人，而後敢設學也。及前歲夏收十分有餘，而倉粟外欠至三百余石。蕡知社倉決不能辦，稟官欲將原倉原本繳還，而楊永林從而生心，率人去敝村强借，不能得，即捏詞控於院司。至去年二月，石令蒞任，不究事之本末，即令楊永林全行領借。蕡時在潼關，以函告石公，已覆水不可收矣。石公自護其短，百方搜剔蕡所委辦義倉之人，而不可得，乃謂蕡以咸陽之欵，設學扶風、醴泉爲罪。其時幸端護院力爲主持，不令有礙六義學經費，而敝村一學經費已早擲虚牝矣。此蕡辦理六義學之始末也。

故蕡苟欲爲陝遍設鄉學，經費決不必憂，但慮公無其心。有其心，慮無其權，有其權，慮縣鄉各村之師不得其人。得其人，則縣鄉村各學經費，師自能籌，公不必過慮也。籌經費之法，因地、因時、因事，不必拘定一格。陝西之財，足能供陝西之用，況宏道、味經、關中及各府、廳、州、縣書院，經費俱在，初不待籌。則縣籌各鄉、各村，即以社倉爲主，而各學代縣辦事，一切陋規，酌裁之，餘以補設各學之費，蕡敢保其能裕如也。夫蕡以一鄉民，能籌六義學之費，豈合全陝士民，不能籌全陝之費哉？故此事機緘在公調處撫院，如胡文忠之於官文恭，則權屬矣。以關中、宏道、味經爲胡文忠之儲才館，三院長爲駱文忠之左文襄、劉霞仙，則人得矣。天下事特患人無其心耳。有志竟成，此後中興之功，安知不由公蒞陝而陝得以先之？如平粤匪之功爲湘人所獨擅也。

與門人陳伯瀾書

自汝南往，屢接汝信，我未多答者，以居山中郵遞爲難，或遇便鴻，信又未寫，就屢致齟齬，是以疏也。今聞汝依陶方帥，我心甚喜。方帥誠當今偉人也，勸諭海外新党文讀之使人感泣。今歲沈學使保薦我，又要我主味經，聞皆方帥授意。我再三辭之不獲，然方帥保愛吾黨，其用意殆不在汝叔一人，則此情吾陝人人所當感激涕零也。出山非我本意，我今注意在鄉學不在府縣之學，在小學，不在中學、大學。蓋今日作成一虚以待試之奇才，不如作成一實而即用之凡才。當今之時勢，欲富强中國，理財、治兵無從下手，惟有屈意治鄉，以固國本。行之三五年，然後再講富强之術。蓋古之爲治也詳，今之爲治也疏。外夷之爲治也，則由詳密，而一國如一家，上下之情通，政無不舉而國勢張矣。中國之爲治也，則因疏略，而比鄰若不相識，民視州縣官如在天上，況府道兩司及督撫乎？官民隔閡，遠於萬里，民之疾苦不上聞，上之政令不下達，雖有富强之策，皆爲虚文而無一事之能舉，此卽曾子所謂「民散」，而句踐欲報吳，「生聚」所以先於「教訓」也。然則今日中國爲治，莫先于聚民以法，聚其迹，保甲是也，實力舉行，治績可匹商鞅；以財聚其事，制田里，教樹畜是也，實力舉行，政可及管仲；以學聚其心，修孝弟忠信，則王道矣。此三事卽漢三老、嗇夫、遊徼之職。蓋古之遺制，僅存於漢者，而洪範八政之司空、司徒、司寇，則其本也。三代之大國，疆域不及今之一縣，而有君、有卿、有大夫、上、中、下士。王畿之內，五家卽一下士，爲之長，其爲治之詳密，爲何如哉！故今日欲聚民，宜先設鄉學，鄉學之師，卽以治一鄉之事，而兼教其子弟。一鄉所統之村，以里計，不得過十五。村各設學，以戶計，不得過五十。村學上統於鄉，鄉上統於縣，各學之師均三人，准三老、嗇夫、遊徼之職爲之。縣則統于省之學堂，此省學堂卽如今之保甲局。開學之始，卽調各縣舉貢生監聚于其中，而督撫須視此等人如己之子弟，而親與講求治鄉之法，又察其心術，然後使歸，而各聯其縣之人材，編保甲、立鄉學。各鄉之事十日須一報省，如此，則上憲之政令一日可及於鄉，而鄉民之疾苦，一日可達於上，而諸善政可次第行矣。故今日造就三老、嗇夫、游徼之才，急于良將、良相，而良將、良相之才必因試之三老、嗇夫、游徼易見而可信也。予持此論久矣，予嘗云欲以官禮誤蒼生，又云欲行井田、封建。壕塹，予之井田也，鄉官卽予之封建。蓋侯、伯、子、男，封建之末，而比閭族黨，其本也。故今日變法，莫先於治鄉，此議汝試與拙存商之。

聞汝捐官，我不謂然。惟敬事後食之義，不可一刻忘也。騧兒累汝攜之南行，適值荒年，我不能爲備資斧，又累胡子方，我尤感其能勤察銀錢出入，此真視騶兒如子弟矣。今歲爲騶兒寄銀三十兩于林豐，來歲我若有錢，必多寄，存林豐，備學成歸資。蓋我年已六十，遣此子就學于數千里外，不能不爲遠慮也。汝亦須常爲我寄信，我見汝一信，精神卽覺健旺，直不可解。欣兒善學，此甚可喜，惟中學不可看輕，須常課之。聞汝婦頗善持家，此汝第一幸事，我心稍安。綿兒須令上學，兄弟怡怡，然坐視廢學，恐親愛之道不如是也。

宋儒守身之學，汝不可不講。守身與經世是一貫事，非兩對事。不守身不能經世，能經世方爲守身。此理孝經備言之。近日人多痛詆宋儒，此人心世道之憂，汝不可效也。聖人之道，因時勢而隱，亦因時勢而彰。孔子尊王之旨，漢初之儒皆知之。自西漢之亡，人人歸心劉氏，蓋成、哀之惡不及民，而莽奪之，人不忘漢，則謂孔子尊王之旨爲尊時王，亦未嘗不可也。民主、君主，必民心自然歸附，卽爲王者，不然天下人悉頌莽功德，是亦民主之例矣，其弊可勝言乎？故孟子曰「天與賢，則與賢；天與子，則與子」，又曰「行一不義，殺一無辜而得天下，皆不爲也」，則真善論民主、君主之是非者矣。此亦今日一要義，故爲汝言之。

復曾懷清方伯書

頃讀惠函，藉諗起居綏和，適符私祝。迂朽之質，過蒙奬譽，適增愧赧。近日朝廷鋭意變法，先從學校起手，蓋欲破虛文積習，爲治事實才，是必政學合一、文武不分方獲實用。蕡以迂腐之身，教授里閈，雖講讀經史，於政事初無所窺。不識西語、西文，西國政藝各書，非經繙譯皆不能讀。蘭垣學堂，制軍過采虛聲，欲以蕡充講席，誠恐學問短淺，才識不宏，不堪爲人師資，有負作人雅意。夫中國局勢，凡在含生負性之儔，皆當共矢忠憤，出濟時艱。甘、涼又居陝西上游，俄人雖得旅順，不能逞志黃海，必將轉而逞志西北，蓋海戰俄不如英也。陝、甘之患，近在眉睫，蕡非無心於時事，特自顧學無心得，恐出而問世，貽知己羞，此心怦怦，遂難自主耳。

復門人王少鶴書

甘肅創設大學堂，是爲變法之根，則必盡去詞章之習，講求政治之法。學成之人，必須供本地方之用，然後貢其尤異者於朝廷。造就此等人才，不盡在書籍，尤不盡在讀西書。足下來函爲改習西學，則我不識西文、西語，聲、光、電、化之學，初未曾學。西史、西政各書，已譯者稍有所閲，未譯者則均不知也。甘省學堂若專教西學，我於西學一毫不解，實不能勝任。汝當向方伯婉言謝之。若講求中國經史、政治之書，俾人實心學習，參之西史、西政，則我尚有一日之長，遠道來甘，或不致貽笑於人。再，我於算數亦不精，來時必帶通算數者數人，同學之人，亦須帶數人。緣八股之習，溺人已深，乍改舊習，士子必駭。有舊日同學倡率，則教法易行。柏子俊從味經移關中，亦帶學生數人。彼時未變法，子俊到關中，尚多齟齬，況易書院爲學堂乎？味經需人甚多，刊書處、製造處、復邠報館，均經理需人，我已有乏才之歎。然來甘不能不强抽數人同行，不惟我之教法易行，亦欲陝、甘士子聯爲一氣，其益甚大也。許魯齋爲國學，教蒙古子弟，亦用舊學生爲倡率，即此意。

復陝甘崧錫侯制軍書

元夕後，由醴泉唐令處奉到鈞諭，並關書、程儀各件，捧讀之余，慚愧莫名。蕡以山林朽質，浪得虛聲，乃荷不棄，俾應教育之任，泰山蚊負，顛躓可虞。然事爲制府之事，苟有隕越，蕡不足責，其爲制府勳名之累，亦甚矣。傍徨終夜，思得一法，請略陳之。

時事艱危，需材孔亟。朝廷整頓學術，別頒教規，挑入學堂肄業，必皆少年，而成材須在十年以後，而凡耆宿碩儒，又各揶揄於後，則後生小子，將皆狐疑。心無定見，學必多歧，恐十年仍不得可用之材，則辜負設學之苦心矣。竊擬大學堂中先設一延賓館，一面挑選肄業之士，一面博采全省齒德隆重、名望夙著者三四十人，聚集其中，講論教育之法。制軍爲主，數日一臨，蕡爲支賓，時參末議，不過三月，此三四十人必皆曉然於朝廷改變學校用意之所在，俾歸其鄉，倡辦中小及蒙學堂。既去阻力，兼獲多助，所費無多，不期年而樂育之懷可曉然於全省矣。此法不惟爲造士也，王介甫行新法，胡文忠治鄂，設儲材館，後改爲寶善堂，今日朝廷欲改天下學堂，先舉特科，卽此意也。

與楊伯淵孝廉書

前命擬學堂功課章程，僕待鼎臣太尊之歸，然督憲將送學生入學，不能無功課。及挑選之法、入學之禮，均須慮及。甘肅學堂既照京師大學堂設預備、速成兩科，預備當擇年少、資質聰穎者；速成當選年長、學問淵博者。中學既有根柢，正其心、達其用，告以今日變學堂之用意所在，彼心必易領悟。有數十人領悟，甘之風氣必大開。今尚鄉試中式者多，領悟之尤爲有益，其中未中者，卽亦可散佈於各州縣，爲小學之師，故年長之收效不惟速於年少，而其用且廣也，此挑選所當注意者也。挑選後送學。若照吾陝關中之儀，此間無講堂，房舍逼狹，何處釋菜？學生加以官師、各執事人，人數決不下四五十，此間實不能容，此送學之禮不能行也。竊謂送學之禮亦宜小舉，俟學堂修成，再爲大舉。入學後，講閱之書，必須官備，且不止一分。五經、四書、算數，蘭山、求古兩書院尚略備，若歷史宜閱御批鑑，此人人所宜觀者，至少須五六部。輿地宜閱方輿紀要，典章宜閱文獻通考，掌故宜閱十朝聖訓、東華録、皇朝三通，書皆未備，何從講閱？至於派中學功課，予欲以孝經、四書統倫理，中國道學家言，西國哲學家言，每日講論一小時。詩經統語言、文字、物理，書經、三禮統政治，輿地典章以十朝聖訓爲要，均須兼西國輿地章程各書。春秋三傳統歷史，先閱東華録，以次及明而元、而宋以及前代，須兼西史。以易、算術統子書及西國各藝，以日記代文，終之以體操。諸生按雙單日各訂日記一册，單日繳單册，雙日繳雙册，各記心得與疑問，予筆答之。次日上堂爲發落，卽代予之講授，每日必有一二時之久。而算學初入門者，非面授不可，則令王章爲分教，每日授算數一時，受者各別訂受算冊，自爲演習，卽繳王章評閱。繪圖、測量，王章均能，有能習及者，亦可教之。至於習西文，予不知其底蘊，如何習法，不能妥定課程。昨曾詢之鍾教習，據云順天中學堂每一禮拜五日習西文，一日習中文，不與欽頒大學堂章程同。如此辦理，予心有未安。而彼云與楊太尊立有合同，則其教法必楊太尊歸始可定也。送學生入學之後，學西文時刻久暫，似宜定之上憲，若出於僕，楊太尊歸不以爲是，又將何如？且鍾教習與楊太尊所立之合同，僕未曾見，故此時鍾教習之事，我等似不可越俎也。

示某生

汝年十三廢讀，今二十餘矣。來此受學，從何事學起？習字、習算，藝也，在汝親幕中自能演習，何必來此？來此受學，意必有進於書、算，則非讀書不可。十五以後，人事漸多，强記爲難。汝今日讀書，當先知書之大主腦，得其大主腦，經史子集均可一線穿去。大主腦者何？卽我之心也。聖賢先得我心之所同然，故經書雖極精奧，皆我心自有之理。讀一句書，不必僅講字面，必證之我心爲何等道理，我心有否。若不能解，則覺非心所固有，此我心爲私欲所蔽也。必力去其蔽，蔽去一分，此理卽明一分，向之格格不入者，漸覺親切有味，如此則讀一句得一句，不過年餘，卽成大學問。先從四書入手，四書通，羣經皆可以次進求。至於史，則二千年以來世變之迹也。世變雖多，皆人爲之。人爲之，卽爲人事。古人之事，若與我值，則爲我之事。故讀史須悉其世運、風氣，每遇一事，先自處置，然後看古人如何辦法。又設其事若在今日，又須如何辦法，如此思索，一部通鑑不難通徹。子書多言情勢，「情」，心之所動也；「勢」，身之所值也。我自有身心，卽從我思索，亦易通徹。集則多載典章，我就其事思之卽能得，立法之源，則亦可以了然。蓋天地間無人卽無一事，人之須學者爲應事也。物感於我，而意動我應。夫物而事生，皆此心爲之主，故此心如田畝，然心所具之理卽田中所生之物也。經史子集，所以記田中所有之物產也。不履田畝，不事耕耘，徒持冊籍以誇記誦之多，則方向易迷，而菽粟難辨。身在田間，取冊籍與地畝菽粟相對證，則一目了然矣。故此爲讀書之捷法，汝試以我言爲之，我不汝欺也。

煙霞草堂文集卷七

咸陽劉光蕡古愚

雜著

讀通鑑法三則〔一〕

通鑑爲編年之史最著者，惟司馬溫公書，起威烈王命韓、趙、魏爲諸侯，終於五代之周。國朝畢尚書沅續之，自宋迄元，而近人夏燮又爲明鑑一百卷，溫公爲通鑑，劉氏又爲前編。御批通鑑輯覽删繁舉要，合四書爲一書，爲一百二十卷，約之至矣。通鑑輯覽始於伏羲，此本之易經敘聖王肇造世界始於伏羲畫卦也。看伏羲至唐、虞，須知易洪荒之世爲文明，即在網罟、市易、舟車、耒耜等，制此等器，古未有而此時出焉，不必聖王親造之也。風氣既開，巧器日起，聖王因而用之，以成文明之治，洪荒、文明之分卽在此。知此時風氣，人人以制造利民之器爲貴，其學問必以工藝爲重，此讀古史法也。唐、虞自伏羲以來，世運日開，至堯、舜、禹而極盛，此爲以師兼君之世。以師兼君者，以道教天下，爲有師之德，而天下戴之以爲君，則天下奉以君之位也。蓋自伏羲以來，有世國無世天下，德盛者民自師之，則爲王者，故爲以師兼君也。自禹後以至周公時，

〔一〕讀通鑑法三則：「讀通鑑法」原用小字附於正文之末，亦無「三則」二字，今據目録補，并移至篇前。本卷篇題原皆附於文末，俱同此例移篇前。再，本卷本題以下之篇題若干則，原亦俱無，皆據目録補，不再出校。

更三代爲以君兼師之世，不惟世國，並世天下。以君兼師者，有君之位乃修師之德也。迨夏至桀、殷至紂，而君之尊如日如天，有君之位無師之德也。湯、武起而伐之，武、周深知有天下者其禍極烈，故遷都洛陽，謂有德易以興，無德易以亡，不欲後人據險自固，無德而處天下，是武、周欲變世天下之局也。故厲王暴虐，國人即能流之，天下不以爲非，宣王中興，亦不聞討國人之罪，則君無道而民廢之，必武、周之法也。幽、厲以後，不能復振，而桓、文代興，周雖奄奄不振，然擁虛名于上，卒至八百年之久，則持天下以德，不以力之效也。自此以後，爲君師分持之世。君師之權稍合，則治；分，則亂。中國之君重于師，西國之師重于君。中西混一，中伸師權、西伸君權，彼此適劑其平，天下乃可以久安長治，此今以後世變所必至之局也。以上所言，爲世變之大者，其他禮、樂、政，一代有一代之習尚，閲者須與今日時勢對較，則無論何代之史，皆與我有益，此爲要訣。讀一代之史，須留神一代風俗，風俗由政治積漸而成，其端最微。始于開創之時，其君心有所偏重，及成爲風俗，則一代盛衰悉伏于是，歷代皆然。其餘天文、地輿、禮樂、兵農、刑名、財賦，各人自須審其性之所近爲何，即以何者爲專門。通鑑閲完，再於九通内實爲講求，此蘇東坡分類讀史法也。

看史須逐句講解，有講不過之句，即問，久之自無講不過之句矣。其日記冊，須互觀，各人有各人所得、所疑，互觀以後，則一人能收人人之益，此讀書所以須友也。觀人之冊，須平心靜氣，有求益之心，無爭勝之見，方無流弊。

溫公爲通鑑意本取法春秋而避續經之非，（文中子以中説續論語、以玄經續春秋，宋儒非之。）故不直繼春秋而繼左氏傳。左氏傳終於韓、趙、魏滅智氏，即爲三家分晉之漸。至命爲諸侯，則晉已分爲三，七國之勢成，而力分勢弱，不足以抗秦，六國皆將入于秦，其機已伏于是焉，此皆先儒所言及者也。至于溫公通鑑託始之意，則尤有説。宋之興，懲五代藩鎮之禍而削其兵權，天下遂定，後人遂覺聖王制馭天下，惟在嚴禁名分。據天子名器，不可假人之語，以爲周之亡在於不自審其名器，致世家强盛，以爲戰國，而入于秦。故通鑑託始於此，以著周之所以亡，在以名器假人也。不知周之弱也，不在諸侯之强，而在幽、厲暴昏。周之弱而不亡也，則在諸侯之能自制其國，而兵力可用。葢一國之權聚，則强；分，則弱。而天下之强不可以力征經營，且非一人所能遍理，故一人理天下，必有偏而不舉之處，而兵必弱，卽使不弱，而强以力服人，而不以仁，天下終必不服。故自漢、唐、宋、明，謂爲得中國則可，謂爲得天下，則不可。漢之匈奴、唐之遼東、宋之契丹、西夏，明之交趾，皆于全盛之時，兵爲之頓，力爲之屈，非不能得天下之確證耶？故服天下在服其民，服其民則以仁而不能以力。恩結其心，財養其身，學開其智，而强其力，不在斤斤于名分之間。使天子以權位專擁於上，極尊至貴以成隔閡之世運。溫公之説，知宋初之利在去藩鎮，而不知君民限之以分，而不通之以情，天子獨操威權，孤立於上，無與其任，天下之患、外夷之禍遂亦爲亘古所未有。夫名分之説，原治世所不廢，然專恃此以爲制馭六合之術，則刑名之説，非堯、舜相傳以來，孔、孟之治法也。

洪荒世

洪荒世界，無文字相傳，後人何得知之？故洪荒景象，無論中外，其説皆得之揣度。而中國文字始自伏羲，則伏羲以後，其事迹必約略有傳，較爲可信。而洪水之説，中西皆同，中國則載于堯時，堯以前帝嚳、顓頊以至黄帝，年歲皆不可考。以神農又在黄帝以前，史謂：神農氏衰，蚩尤作亂，黄帝征蚩尤，遂代神農氏御世，則神農氏之興，去黄帝不知若干世也。以神農爲號，農事必已萌芽，易於神農時，第言網罟，不及耒耜，書以教稼之功歸之后稷，果洪荒時無地可耕乎？非無地也，不須耕也。人事之始，起于茹毛飲血，衣服羽皮，此固草昧之初，人無異於鳥獸，故與鳥獸相爭食，抑亦鳥獸之多，不殺必爲人患。既去其患，又卽資以爲食，其始必人與鳥獸勢均力敵，互相吞食。至伏羲氏興，號曰伏羲、又曰庖犧，網罟、弓矢必萌於是時，則人有器械，以制伏禽獸，人之氣漸伸，故此爲有世道之始。不知經幾千百年，至神農氏，專修網罟之利，以佃漁爲恒業，而猶有不足，又佐以耕，耒耜必起於是時，故號神農，此則茹毛食血漸衰之世運，而農桑之事將盛行也。至黄帝時，蠶事大興，而衣服羽毛之風，轉而爲布帛，至堯、舜治水，益烈山澤，鳥獸之害固消，而人資鳥獸以爲食之利亦窮，故養生事恃耕稼，而耒耜之器不能不倍精于前，易所以敘耒耜于黄帝、堯、舜時。由堯、舜至今，將及五千年，弓矢始易爲火礮，舟車始進爲汽機，以今證昔，網罟耒耜之變，更必經數千年之久。故凡大利之開，皆世所迫，不得不開，而非聖人有私意作爲于其間也。榛狉淳悶之俗，果能常留，聖人亦願與天下常安無事，而勢不能者，物力不及也。則以天地自然之利日減，而人生之數日增，生機欲窮，不得不以人工濟之也。觀上古風氣之開，凡有制作，均以此意測之，則觀古史大有益於今日矣。

文王受命稱王

紂在，文王受命稱王，予初不以爲然，今頗以爲是。且知舜、禹、湯、武之有天下，均是如此。及周之衰，天下尤用其義，而不以爲非也。舜不逼堯之子，禹亦不逼舜之子，其爲天子，堯、舜之子固在也。湯、武放伐，觀牧野之前徒倒戈，必桀、紂之親戚均不堪桀、紂之虐，湯、武以師臨之，民皆叛而逐桀、紂，孟子所謂「夫民今而後得反之也」。桀出走，而紂自焚，民歸湯、武，湯、武不能違民之意以自成其高，違民心卽違天心也。古人出仕，無求富貴之心，君臣與朋友皆以義合，而爲共治天事。非感君之私恩，則無以私情戴君之義，故六州歸文王，不能因紂在上而不受。能受六州之民，何有於虚名之王？且撫有六州之民，必制其君，使行仁而不爲暴。則六州之大，其君如崇侯虎者，當然不少，文王豈能無所誅滅乎？故今文尚書以「西伯戡黎」爲文王。黎在潞安府境，東下，卽爲紂都朝歌。用兵近於天子國都，又何有於受命稱王？且文王之興，念念以安天下爲心，紂之亡，則祇知自縱其欲，而他事皆置之不理。故「西伯戡黎」，祖伊奔告，猶不知恐懼修德，而援天自信，則紂自棄其天下久矣。故宗廟、牲牷至於攘竊，紂皆不顧。崇侯之國，去紂都千餘里，紂又何暇顧乎？然則文王三分天下有其二，其受命稱王也，如遇道旁遺棄之嬰兒，不能不養之。嬰兒本有父母，不能禁嬰兒之以父母稱己也。是文王之受命稱王者，朝覲、訟獄、謳歌悉受之，非謂援天命以建王號也。文王受命稱王之説，後人多非之。近日魏默深亦先非而後信，故予暢言之。蓋確信君臣之義，當斷之以民，而不容己私雜於其間也。

伯夷叩馬諫武王

伯夷之餓，見於論語，未見其死，其死於採薇與否，曾不可知，其諫武王而去周，則可信也。伯夷之諫武王，非諫其伐君也，諫其以兵取天下也。虞、芮質成而後，文王受命稱王，三分天下有其二，紂之虐已不能遍及天下。更遲三五年，三州亦必歸周，而天下大定。紂爲獨夫，無民何能爲惡？不用兵革而奏承平之治，此伯夷之心也。故伯夷無恥周之心，而非武王之用兵，則去周，是去武王，非戴紂也。不然，紂在而文王受命稱王，非畔君乎？伯夷不非文王之畔紂自王，且率天下之民往就其養，故知伯夷之去周，以武王之用兵爲非，而非以其伐殷也。

周厲王三則

厲王時，共和行政，此亦一大案。厲王暴虐，民流於彘，至圍召伯之宅，索太子而殺之。文、武、成、康之仁恩，入於民者若何？至厲王僅八世，何至怨王而欲絕文、武之續？蓋文王興，周專行同民之政，天下相習，以爲君道必須同民。成、康以後，雖不能繼前人之盛業，而大綱未改。故至夷王下堂而覲諸侯，蓋屈己以俯順天下人之心，先王立國，本義固如斯也。至厲王而反之，剝削民財以縱己欲，一時貪殘之人，均剝民奉主藉以自縱其欲。桑柔之詩，所以痛恨於貪人、敗類，而十月之詩，天怒人怨，亦歸咎於豔妻之黨也。民怨沸騰，王不自咎，而監其旁〔一〕，至於道路以目。一旦禍發，雖以周、召之忠，不能挽救，流王而復求殺其子，蓋祖宗積累之仁，王頓易之以虐，故民怨王之深，至於如此也。王既被流，虐不及民，周、召行政，復修文王之法。王虐不行，民怨即平，而思先王之心遂復如舊，而不能自已，故以流王欲殺其子之民，卒貼然奉王之子，而無異心。固由周、召之調護，亦以文、武、成、康之澤入於民者深，雖至八世，暴虐如厲王，猶不能使之一朝斬也。夫幽、厲

〔一〕 旁：語出國語周語上：「使監謗者，以告，則殺之。」本作「謗」。

之惡，甚於桀、紂，桀、紂之惡，禮樂尚未墜地，至杞、宋乃始無徵。周道則幽、厲傷之，而遂無餘，故幽、厲之時爲古今一大升降也。

挾人君之威權以與億兆之公議爭，自厲王始。政不順民，民必議之，而王謂之謗，使衛巫監之，民不敢言，而道路以目，則偶語棄市之法，至厲王始矣。故厲王惡甚於桀、紂，民怨桀而欲偕亡，不聞桀使人監而刑之、殺之也。紂雖斮脛、剖心、刳剔孕婦、用礮烙之刑，然虐及一二人，或僅及朝臣，如苻生、高洋之所爲，未必遍虐斯民也。若設官監謗，遍及道路，則國無能免之民矣。故挾君之全力以與天下爭勝，自厲王始也。

周之亡始於厲王，繼以幽王，而實宣王、平王成之也。故春秋始於平王四十九年，謂自此以後，周無中興之望，而天下遂無王也。史記年表始於共和行政之年，謂周雖亡，後人從此勵精爲治，猶可有爲也。乃宣王不法文、武之以德行仁，而開五霸之以力假仁，觀詩所詠，有武功而無文德，輕農桑而備車馬，則宣王稍能修明政事，而去文武之治遠矣。小雅所敘武功，證之他書，且不盡然，而祈父、白駒等刺詩，隨繼其後。故王子晉敘周之衰曰：「厲、宣、幽、平」，則彼時固不謂宣王爲中興也。

宣王中興不僅恃姜后

宣王中興，僅恃姜后，則不盡然。宣王爲厲王之子，民流厲王於彘，欲殺太子，召公以己子代，與周公共和行政，君民不和，而天下不亂，其才德亦過人矣。宣王長而立之，蒸民、江漢之詩，多言召公，則宣王中興，召伯爲功第一可知矣。

春秋華夷雜處

渾渾地球，初無所謂夷、夏，而人爲之名，名已不足據矣。其土雖有寒、溫，而無不能生人。人雖有朴質、輕捷，而無不知好善。地固無分夷、夏，人更無分於夷、夏。春秋中國華夷錯處，迭爲遷徙，原非一定而不易。且春秋夷狄最著者，莫若吳、楚。吳爲泰伯之後，楚爲顓頊之後，卽赤、白狄，亦黃帝之裔，何先後異名若此？蓋夷、夏更不得以種類而別也。大抵其先人能振於風氣習俗，則得華夏之名，其後人陷溺於其風氣習俗，則得夷狄之名。

論車戰

古用車戰，予竊疑之。一車甲士僅三人，步卒七十二人，炊家子二十五人，爲一卒百人，僅用三人爲戰，而七十二人皆空隨車後乎？竊謂自古卽以步卒戰，七十二人以三甲士率之，每人率二十四人，戰時此三人仍乘車，金鼓旗幟均車在中，以指揮七十二人進戰，而此七十二人不能全聚於車前，必分列於車之前後左右，則卒不聚，不能七十二人一時並戰。今荀、吳「崇卒」，棄車不用，甲士三人雜於七十二人之中，一時並戰，故其嬖人不肯卽卒。卽就也，不肯以身就卒徒中也。隊中無車，步陣能密，故曰「崇卒」。然則荀、吳之毀車，僅去將率之車，而其卒徒之戰無改於其舊，故能臨時變而用之也。

説士

士爲公卿、大夫之始，卽今之吏與兵也。古人自十六後皆有職業，或入太學，或入專門之學，皆謂之士。樸者爲其事，秀者明其理，農、工、商皆有其學，漢書藝文志敘十家，皆謂出於古之某官。而説文訓「士」爲「事」，訓「仕」爲「學」，樸者散於田野，田野五家卽有一下士，下士必非不自庠序來也。故農之子恒爲農，樸者治事，秀者卽明農之理而先爲鄉吏、爲兵，仍學其事，後卽鄉官也。士子恒爲士，此據多者言。父母賢智，子孫智者必多。今俗所云詩、書發舊家也。後世學術，皆出於古之各官，則古者入官必不廢學。子夏所謂「仕而優則學，學而優則仕」，仕學不分，天下之官府卽天下之學舍也。百工可居官府以治事，耕者不能居官府，故云「散於田野」。其實各業皆樸者治事，秀者明理，明理卽爲居庠序，治事卽如「散田野」，故曰「百工居肆，以成其事」。君子學以致其道，則古者兵、農、工、商皆有學，皆有君子，明矣！「君子」卽「士」也。一國惟農爲多，故據「農散於田野」言，猶成事據百工言也。「散於田野」，猶言治其事，卽百工之居肆成其事，亦卽謂「學而優之仕」。聚於庠序，猶言明其理，卽君子之學以致其道，亦卽所謂「仕而優之學」也。人無不從鄉間來，朴者自在鄉間，何待於「散」？「散」之云者，聚一國之子子弟於小學，學禮樂、射、御、書、數，人生所必需之藝。學成之後，擇其俊者留之庠序，使更精其業，而樸者則使治其事。不惟農、工、商之秀樸以是分，卽士亦然。兵之伍、兩、卒、旅，吏之府、史、胥、徒，皆入官府治其事，而尤秀者必升之太學，以儲公輔之器。知士仍有秀樸之分，則無疑於「恒爲士」、「恒爲農」之説矣。「恒」之爲言，以爲如是者多也。

論兵農之分二則

「寓兵於農」是後儒語，三代直無兵之名，「兵」，兵器也。三代名今之兵曰「士」，「選士以射」，朝廷之官蓋無不知兵者。然此「士」卽伍、兩、卒、旅之長，如伍長在鄉則爲鄰長，其餘四人卽四家之民，謂之徒役。至管子則分國爲二十一鄉，士鄉十五，工商之鄉六，公將五鄉，國子、高子各將五鄉，是工商之六鄉不爲兵。至秦、漢，以謫發及有市籍者，則工商皆爲兵矣。光武罷郡國兵，專用河北及邊郡之兵，此爲民不習兵之漸。曹操用青州兵，雜居烏桓等於內，而資其力以戰，此爲中國人不習兵、用蕃兵之漸。至晉武銷天下兵，五胡雜居中國，中國民盡不知兵。五胡亂華，各强其種人。胡人任戰，華人爲農以養之，此兵農分之始。北魏始知兵分之必貧其種人，仰食於華人爲非計，乃爲府兵，使兵亦耕，此兵、農由分而合，而兵、民遂不能合也。唐太宗混一天下，不知上法秦、漢以及三代，僅取北魏之府兵。不及百年，府兵壞不可用，變爲彍騎，而用召募，兵、農又分。而武后開武科，玄宗充蕃將，在朝之文武亦分。文矜詞采，武逞凶横，此藩鎮之禍所由來，而唐人於五季矣。宋懲藩鎮，而不知藩鎮之起，由於天下之民不盡習兵，不講武而輕武，士大夫以兵爲凶横之事，而不肯講求，兵農之分，一仍唐舊。聚天下之兵而養之，而皆出於刺配，則兵又皆不學，其凶横愈甚，爲用愈微，故有宋一代，武功遠遜唐、漢。

夫兵、農分，必貧；兵、民分，必弱；兵、學分，則國與民不能收兵之利，而常受其害。元人知將無專兵不可戰，而立萬戸軍、民府，兵、農仍分也。明人知兵皆坐食，國必貧，而興屯衛，兵、民未合也。自魏、晉以至明，皆斤斤于兵、農、民之分合，而不一及於教。魏、晉去兵，唐、宋、明輕武，故釀戎狄之禍。然卽不輕武，不去兵，如秦、漢之制，在今日亦終無用，則兵、民不分，而兵、學之分也。自秦廢學，君相治民，有政刑無教化。漢三老、嗇夫、遊徼之職，卽本秦制。三老之職，爲主教化，而所謂教化者，不聞何事。其試童蒙，則但諷誦尉律、籀文九千字卽舉爲吏，雖有孝弟力田之科，而三老與民講明孝弟力田，未見其法。都亭講肄則習騎射、技擊、樓船，極其所長，不過如秦之鋭士，且不敵桓、文之節制，況湯、武之仁義哉？孔子曰「善人教民，可以卽戎」，又曰「以不教民戰，是謂棄之」。但云「教民」不聞「教兵」，其如何教法？孟子補之曰「設爲庠序、學校以教之」，又曰「謹庠之教，申之以孝弟之義」，又曰「壯者以暇日修其孝弟、忠信，入以事其父兄，出以事其長上。可使制梃以撻秦楚之堅甲利兵」。蓋古者王政盡該於學校，官府卽鄉閭之學舍，官卽學舍之師。一鄉之民，皆其弟子。十五以前，習人生必需之藝，十五以後，習人生必爲之事，而講明其理，故人人知學，兵、吏、農、工、商、賈卽爲有學問，知道藝之農、工、兵、吏、商、賈也，而富强莫與京矣。此證之周禮，無不吻合，卽管子之内政，亦多得此意，特偏重於兵耳。故三代寓兵於民，魏、晉以後，則兵農或分或合，而皆不能善其後，此明以前我中國兵制得失之大略也。

「國」爲「國中」，韋昭訓爲「郊以内」，又謂「國都」，分國爲二十一鄉，一鄉爲二千家，二十一鄉爲四萬二千家，臨淄之中卽五十萬戸。是此二十一鄉皆居都中，不得謂之農。卽國外百里爲郊，此百里亦有可耕之田，卽授之士、工、商之家，其家人耕之，卽周禮所謂「士田」、「賈田」也。農則居鄙，其後伍鄙，則處農於鄙，使之耕也。然則兵農之分，自管子始，是卽霸、王之異也。

桓公若行王政其所爲當不止霸

桓公如能以力挾各國盡行王者之政，不爭其服我，惟使之利民，即從周室辦起。先正惠王宮闈，盡變其政治，擇賢才以爲周室之相，或即如湯之薦伊尹，使管仲用於周，然後以次遍及各國。設會盟以議各國之政，必舉一切弊政悉爲更新，則周公民大和會之休，不難復見矣。

管仲

管子治齊，全尊周禮，王道規模大具，故孔子當春秋無王之世，極推崇尊攘之功。然而孟子卑之，孔子又復小之，非卑小其治法也，蓋惡其具此王政全規，不能教桓公力扶周室，復文、武、成、康之業，僅爲五霸之盛。其卑小之者，孔、孟蓋深惜之也。

吴季札

季札爲春秋所賢，後世亦無異言，其事須細核。札有三兄，諸樊、餘祭、夷昧，未必同心讓札，果同心讓札，夷昧死後，何不使臣民奉札而立其子僚？夷昧不讓札而立其子，則札不受諸樊、餘祭之讓，其意未必不在是。蓋恐受之，而夷昧即與之爭也。故爲兄弟遞及之約，至夷昧即不讓札而立其子。光爲諸樊子，夷昧不讓札，即當立光。光既弒僚自立，僚之宜立，本不如光，札於二人之立，蓋皆不以爲是，故不問其弒殺，而以己之不有國爲守節。然則吴國纂弒之禍，壽夢釀之，而夷昧成之也。夷昧將死，立子不授札，札若先受諸樊之襄，夷昧能甘札下哉？恐僚之禍，札先受之矣。故札之讓不可輕議其非。

里克殺奚齊二則

春秋許荀息，然今人均憐三公子，而惡奚齊，蓋因驪姬之惡，而申生、重耳皆賢也。則當時之人心歸三公子可知。里克不從君於昏，當於獻公薨後，法古外朝之制，集國人而詢立君，以大義責荀息，迎文公而立之，不必弒奚齊、卓子而殺荀息也，則晉國不亂，而即以霸，不隱然社稷臣哉？不預爲計以迎文公于獻公初喪之後，而使奚齊、卓子相繼得立，奉之爲君，而復弒之，此春秋所以予荀息而書弒卓子也。

奚齊不書弒，以獻公立之爲非，不予其爲君也。卓子則大夫、國人所立矣。此時里克當力阻卓子之立，而立文公。里克之力，能殺奚齊，何難阻卓子之立？計不出此，既從荀息而立之，復從而弒之，此里克所以爲反復小人，見惡于惠公以殺其身也。

晉人執衛侯

晉直元咺之訟，欲使王殺衛侯，襄王謂「君臣皆獄，父子將獄，是無上下也」，又謂「爲臣殺君，其安庸刑？」於是置諸深室。竊謂，獄者所以別曲直，苟凡可以論曲直者，即無不可以獄。孟子「土芥」、「寇仇」之語，君臣已顯判曲直，獄之有何不可？惟是有獄，必有刑，兩造雖皆可獄，而無折獄以施其刑者，則其獄終不能成，而其人遂抱終天之恨。今衛侯寃殺叔武，叔武固其奉使攝君之弟也，又不唯妄殺元咺之子角而已。元咺上告方伯，以達于天子，天子實操天下賞罰之權，爲臣民主，而得以大公治諸侯之罪者也，烏得拘於君臣之名，而不爲之昭雪乎？且桀、紂爲天下君，湯、武尚能以諸侯告天行罰，以成千古莫大之獄，豈有列國之君臣不可獄于方伯、天子，而天子、方伯不能施刑於其君之理？其意蓋以刑爲壓制臣下而設，罰君卽爲廢刑。凡天下君類與臣類交訴，斷無臣是君非，而從中可以曲直論者，夫亦過爲自私自利而失聖王制刑本意矣。

且以君臣與父子並勘，豈知揆上天生人之理，父亦不能妄殺其子，況君臣本以義合，其親愛固去父子遠甚，安可比例？是故瞽瞍被罪，卽可輕爲棄爲君之職分，舍君民而去，以全父子之倫，則君臣不能與父子同論，父子可無獄，君臣不能無獄，實天下之達道也。大抵襄王之爲是說，葢當時周政不修，王靈漸替，欲以其君之空名縛制天下，遂護持諸侯，以爲己地，抑元咺之氣，卽以防晉文之僭越。然天下實不可以空名制，晉不犯天子之名，而一切權利卷之而去，周徒擁空名，卽襄王此等居心，立言貽之咎也。至衛侯之罪，晉議抵償，究不如幽囚爲妥。葢君臣雖可獄，而其刑固不能施，愛無差等，與常人一律相衡也。衛元咺奉叔武入守，鄭叔申謀改立以歸君，皆當險阻艱難之際，忘身安國，不可謂不忠。然皆不免見殺於其故君。葢因人主有護持權位之心，疑懼卽因以生，患難之時爲尤，甚易入讒譖而不可解也。然或以元咺訟衛侯爲不臣，不知衛侯始殺咺子角，咺尚不廢命，奉叔武以入守。及衛侯入殺叔武，元咺乃愬衛侯于晉，是元咺爲叔武而訟，非爲子角而訟，義也，非私也，詎得以爲非？且天子、方伯苟明諸侯之罪于天下，則臣下氣不遏抑，春秋弒君之禍且大減，不至於層出疊見也。

孔子爲中都宰

聖人爲政，必從治鄉下手，故所敘治績，皆民間事。論語所言爲政皆使出治者自治其心，多未及施於民之事。欲實知聖人所施于民，則當取證于孟子之言。孟子爲亞聖，七十子後儒家之宗，其所言無一不出於孔子，故證以孟子之言，卽得孔子之所以爲治。孟子陳王道，反復于齊、梁之庭者，千百餘言，而其歸宿則爲制田里，教樹畜，導妻子，使養其老。制田里，必經營於民間，然猶可以刑督促之，若教樹畜、導妻子、使養其老，非家至而日見之不可，豈僅立一法、出一令能使民之必從哉？按戸而察雞豚，入閨門而導妻子，聖人卽百倍于巫馬期之披星戴月，豈能三月之間遂收男女異塗、道不拾遺之效哉？然則聖人爲政，必有奇術矣。奇術爲何？設鄉學是也。古時鄉制：二十五家卽設一學，有閭胥、有鄰長，漢書食貨志備載之。何邵公以注春秋，是必孔門之遺言，孔子作春秋所憲章之法也。故孟子謂爲文王治岐之法，孔子以斯文繼文王，其爲政必本文王之制。春秋之末，王道雖不行，然未更姓改物，文王之政，仍必有餼羊之存者。故聖人爲政，修廢補墜，擇閭胥、鄰長，使各得人，以督率二十五家之子弟耕畜、樹牧，則鄉村、田野、道路之間，耕夫牧豎皆爲有師長、受教化、知禮義之弟子，何難奏男女異塗，道不拾遺之效於三月之間哉？ 即有敗類，二十五家以三四師長督察之，眞可家至而日見，亦無從爲非矣。不但此也，周有採詩之法，鄭康成於詩譜並言之： 使婦人年五十無子者，采詩國中。非僅采詩也，蓋宣內則之法于國中，卽女學之師也。則鄉閭閨門之內，亦王化之所及，導妻子使養其老，亦操必然之券矣。人人能養老，卽人人能孝弟，孝弟爲人之本，不犯上作亂，二南之化，起於閨門，起於民間之閨門也。孔子曰「觀於鄉，而知王道之易易」，蓋于宰中都，身親見之，非空言也。由此可知，期月已可，謂法制、綱紀之可以鄉學爲綱也。三年有成，爲政三載考績，學亦三年小成也。人知聖人以學承堯、舜、禹、湯、文、武、周公之治，統以傳道於來世，不知其行於當世者，亦卽以學。故疑中都之治效過神，則於聖人之設施，未嘗詳察，囿於後世之治而疑之也。

越子伐吳

世論夫椒之役，與楚漢鴻門之事，多謂吳、楚因不殺勾踐、漢王而亡，不知勾踐以甲楯五千棲於會稽，蓋遁入山中，據險以自守也。吳不與之和，圍攻會稽，內有文種、范蠡之才，吳兵豈能易克？ 曠日持久，糧運不繼，師老力疲，越人有必死之心，乘間突犯，未必不能轉敗爲勝。夫差與越和，而質其君與夫人，未必非慮及或敗，而出于此，則吳與越和，未盡爲失計也。使吳與越和後歸而益修其政，不責越王之臣事，而責越之改紀其政，凡舊日厲民之政，皆爲除去，而重任文種、范蠡，越將戴吳德之不暇，而何有于仇而報之？

至於鴻門之事，情勢又不類吳、越。漢王詣羽謝罪，羽果殺之，是時豪傑並起亡秦，而羽殺亡秦之人，是爲秦報讎而讎諸侯也。諸侯必以項羽與秦同趣而讎之，吾恐豪傑同時並起，與漢王部將合從爲一，秦民又歸心漢王，將垓下之事卽見於鴻門，四面楚歌而項氏卽亡矣。故項羽不殺漢王，亦未爲盡失也。要之，夫差之亡，在驕淫自大，不在勾踐； 項羽之亡，在暴虐嗜殺，不在沛公。不咎己之失德不道，而忌人之亡我而殺之，必殺盡天下之人而後可，天下之人能盡殺哉？

秦孝公廢井田二則

秦廢井田無可考，卽廢亦在孝公變法時。然秦開阡陌而民富，六國無能及者，則秦所廢之井田，必春秋以來弊法，而非孟子所謂行仁政之井田也，何也？井田有公田，若爲成周之制，孟子告滕文公，當據周制答之，何僅引大田一詩，以推知周之用「助」？則孟子時，周之井田已無可考，明矣。滕居山東，去秦最遠，秦不能越數國壞滕之井田，且必是時，無一國有井田之迹，故孟子亦無取證，僅以詩言公田爲之推度。公田卽爲公卿大夫之祿，必廢井田，乃無公田，而祿制始無可考。頒爵祿章謂「諸侯惡其害己，皆去其籍」，不言廢其制，且曰諸侯，不專爲秦咎。故近人有疑井田爲孔、孟所創之制，三代均未通行，其説雖不必全信，要之，壞井田不得專咎秦，則可信也。若封建則有不能不廢之勢。天生蒸民，作之君師，以其賢智能任教養之責也。今不問其賢智能任教養與否，舉一方之民付之膏粱子弟，豈天立君師之本意乎？孟子所言，天子巡狩貶黜，則古之王者馭諸侯與後世郡縣之制不甚遠。後世巡狩不行，則封建之制亦決不能行，況諸侯世國，卿大夫不能不世官。春秋譏世卿，以孔、孟之聖，不能得據執政之位，世卿爲之也。故世卿必不可行，則諸侯之不可世國，更不待言矣。惟春秋以來之封建可廢，而先王封建之本意不可廢。本意爲何，則人自爲羣，擇一人焉以爲之首，取正于天子，而天子卽建之以爲其羣之君，則封其疆域，世建其地之賢人，而不必一人之子姓也，此則萬世無弊者也。至於焚詩書，則以一人愚億兆之衆，六經雖存，而微言大義，沈晦數千年，祖龍之燄，亦烈矣哉。

商鞅固富貴之徒，不可以聖賢之道律之，然實秦之功臣，其法亦非大遠于古。如什伍其民，周禮卽如是，其務農卽是王政，强戰亦桓、文之節制，其用刑之酷，則秦之舊習。鞅用之，尤能得當，故致富强。至於井田之壞，則全於鞅無涉。戰國時不但無井田之田，並無井田之書，以孟子觀之自見。鞅變秦法，不能壞齊、魏、滕之井田，孟子言井田于滕，取證大田之詩，則滕無井田，而周禮井田之法，其書亦必不存。故頒爵祿章曰「諸侯惡其害己，而皆去其籍」，籍且惡之，豈能不惡及井田之實迹？有若勸魯行「徹」，魯不行「徹」，則亦必壞及井田。竊謂井田之壞，必自幽、厲以前壞起，至春秋末竭盡無餘。井田不利騎兵驅騁，故春秋列國兵爭，尚無騎兵。至戰國而騎兵興，秦開阡陌爲經界，以限貪暴之多取，故法行而國民俱富，且能誘三晉之民，使耕于秦，其法不近王道，何能誘鄰國之民而致富强？特勳貴不能多取於民以遂其欲，故恨鞅刺骨。孝公没而誅鞅，以私怨誅之，非鞅罪宜誅也。戰國之時，世卿之弊極，秦先變，故秦最强。吴起用于楚，抑私家，强公室，與商鞅之用意同，故其死亦與鞅同，以罪吴起者罪鞅則可，若以壞井田罪之，則鞅不任受也。

樂毅帥五國之師伐齊二則

樂毅伐齊，史未敘戰法。樂毅帥五國之師以往，而淖齒卽楚之將，中間又復救齊，救齊又弑湣王。據此，當日破齊，五國必不同心。既下七十餘城，此地燕必不能獨取而有之，五國均分，則此多彼少，決不能均勻，五國必起爭端，是此時樂毅不能亡齊者，必五國之忌燕也。史未敘此時兵事果是如何。以意揣之，齊既破後，各國必謀各自占地，樂生必告以齊猶未滅，待莒、卽墨下後，乃可分地。各國陽許而陰自謀其私，此時燕已不能用趙、魏、楚、韓之師。莒在楚之東界，與楚爲近。淖齒弑湣王，必於莒。卽墨在齊之東，與臨淄爲近。此二邑不下，蓋湣王弑於莒，齊人不堪淖齒之虐，殺淖齒而立襄王，各邑聞風皆動。卽墨，齊之世家舊族所聚，先與莒反而爲齊者也。燕於此時亦利齊民之變，不能遽定，各國必皆退師，然後燕兵定齊，獨收其利。故樂毅能速下齊七十餘城，而莒與卽墨遲之數年不下也。當日情形，必是如此，不然必速下卽墨與莒矣，決不能坐視襄王定位，而始圍而攻之也。

樂毅伐齊，六國兵連，各自爲戰，互相疑忌，彼進此退，無所統屬。卽墨與莒僻在海濱，莒又近楚，所以不能遽下而田單可以恢復於一旦也。是時六國攻齊，秦與韓、魏自西入，楚攻其南，收淮北；趙攻西北，取首陽；燕軍與秦、韓、魏同至濟西，燕獨進入臨淄，秦去齊遠，中隔一韓、魏，得齊地不能守。韓、魏與齊接界，益以齊地，非秦利，故秦不令韓、魏有齊地，而趙僅取首陽，當亦因秦挾韓、魏退，忌秦之患，不敢不退也。楚遂獨盡有淮北，淖齒又弑湣王，與燕分齊，然則所謂六國攻齊者，僅燕與楚耳。楚收淮北之地，燕報忘國之恥，其怨深也。然燕與楚此時亦必不合。史記云「燕、秦、楚、三晉合謀，各出鋭師以伐齊，敗齊濟西」；而下又云「楚使淖齒將兵救齊，因相齊，淖齒遂殺湣王」。是秦師退後，楚亦退兵，燕獨進，楚乃復救之也。然則燕與秦、韓、魏敗齊濟西，秦必約燕退師，燕違秦獨進，必秦力阻，要之俱退。秦兵退，而燕始別起兵，由齊之東北入其國都，不然燕、秦、韓、魏之兵在濟西，湣王之奔，何以越濟西而至衛？湣王西南奔，燕師必自東北來，而西南無事也，明矣。曰湣王不容於衛，乃奔鄒、魯，由魯入莒，此皆循齊之南境。莒初爲楚簡王所滅，今爲齊有，蓋湣王伐宋時取之於楚者。此時必與楚和，以淮北與楚，故楚復救齊，燕不敢進，楚救之力也。淖齒既殺湣王，齊人即求襄王而立之，莒人尚不忘齊，況齊之舊邑？必皆紛紛反而爲齊，此卽墨所以獨全於海角，而樂毅所以數年稽留於齊也。莒、卽墨外，不聞他邑與之連和，則樂毅鎮攝之功。樂毅去而騎劫代將，一戰而敗，而齊地遂皆歸齊，則民不忘田氏之故也。故齊之亡也，以湣王之虐；其存也，以湣王之死，而六國同役而不同心，所謂連雞之羽，不能高飛；勢均力敵，互相猜忌，自古爲然也。

戰國學術士習三則

戰國時，學術爲盛，而楊、墨及儒角立。楊卽老、莊之流，後世高隱皆是；墨則用世之士，其道與儒爲近，特無親親之序，舍己徇人，不近人情，故孟子「逃墨必歸於楊」，唐韓文公亦以孔、墨並稱。戰國時，此三家最盛，孟子從者且數百人，荀卿三爲祭酒、老師，六經多傳于荀卿，其徒必盛，荀子弟子韓非、李斯外，無用於世者。至食客者流，立身何嘗不高潔，今之士有不應科第而相從講學如是之盛者乎？況食客之流，亦有氣節，一語不合，掉頭而去；一言相許，自刎不辭，有如今之士知利害而工趨避者乎？故戰國遠勝於今也。

僅據戰國策未能得戰國士習。戰國遊説，特其仕途如是，如今科第一途，不能盡概當時之士。彼時著書不自著名者甚多，如靈樞、素問、陰符等皆是。

戰國士習，其出遊説爲客者，固皆好利之士，然亦如今科舉之途，士舍此無由進身，不得不然。雖志在利而猶以賓友自處，一事相忤，紛然散去；一言相忤，慷慨捐生；士習雖不純，然氣不靡而材有用。其他著書立説，各持之有故，言之有物，由三代以來道術大備，人各自守，所傳立一説以自鳴於天下。故孟、荀各傳孔子之説，孟子從遊且數百人，其門下無一用世者是，蓋守不見諸侯之義，不屑爲遊説以枉其道也。韓非、李斯學于荀卿，皆出而用世，其他傳經之徒，則又甘于枯槁，抱遺經以究始終者，亦後世所少也。若以李斯、韓非咎荀卿，則吴起曾游曾子之門，亦可爲曾子咎乎？

戰國士風

春秋時，民雖散而未嘗不智，以其時各國以力相角者已久，各國之君，雖皆不能興學育才，而不敢不好士。故後世各學問，均起於戰國，而策士之權極重，一舉口卽爲天下禍福。景春所謂「一怒而諸侯懼，安居而天下熄」也。故以蘇、張等之傾詐，所至且郊迎致禮，孟、荀匹夫，亦能悚動諸侯，親爲造問。孟子且後車數十乘，從者數百人，傳食諸侯，其聲勢皆足震耀斯人之耳目，而厲其材。故縱横、農戰之材多出其時，世亂多材，此其故也。至秦以詐力統一天下，自顧無持天下之術，仍欲持之以詐力，而以敵國待其民，不用其智力而忌之，欲民皆愚弱而已之詐力可以持久而不敗。夫民既愚、既弱，國焉能智、能强？欲愚弱民而適以自愚弱，六國之民起而亡秦，秦民乃無一材智者出而求延秦祚。秦愚弱黔首以恣睢於上，以致二世而亡，後世不鑒其禍，而猶用其術，眞可哀也已。

秦以形勢取天下

秦、漢皆以關中取天下，而其勢異：秦由南而北，漢由北而南。秦欲并六國，先收巴蜀，踞長江上流，則巫山、黔中皆在秦掌握。既得巫、黔，出兵三峽，長江之險盡爲秦有，楚遂日遷而東，以避其鋒。然後兵出伐韓，不取宜陽，力爭上黨。上黨踞太行之脊，俯瞰燕、趙，中原又入其掌握。三分天下已有其二，彼齊、魏可得支哉？

秦趙變法七則[一]

魏默深云：「有非王道之富强，斷未有不能富强之王道。」秦、趙變法，趙易秦難；趙師人長，秦除内弊。師人長如今之習洋操，此固無人非之，即有非之者，亦易以口舌爭也。除内弊則如今之裁冗官、汰額兵，議一發而羣爲阻撓，必使之不能行而後止。

立法之始，常人溺於積習，必多以爲不便。子產之惠，尚有蠆尾之歌；孔子之聖，亦興麛裘之謗，變數百年之積習而欲一時民情翕然，此必無之事。

武靈所變者末節，變猶未變；商君則變其大本，盡革因循之習，且以客卿爲政，故取怨太深。

武靈之胡服，猶商鞅之徙木也。秦俗振厲，故一徙木而國人之耳目悉變，而法無不行。趙俗寬緩，故必胡服，舉一國之耳目而新之，乃可以有爲。秦、趙變法之難易由於其俗，而徙木、胡服，皆因其俗以爲震動人心之具，其道不同，其心一也。

商君以羈旅之人，舉秦法而盡變之，其力甚鋭。我朝入中國，武弁皆薙髮，改衣冠，至漢軍盡變，則畔者四起矣。明以

[一] 七則：據目録補，然正文僅六則，因疑誤「六」爲「七」。

宗祿而國用不支，我朝亦困於旗兵，有國者當窮究末流之害，不可爲一時苟且之計。

秦立國已數百年，宗室使必皆國家養之，安坐而食，名爲厚之，實以誤之。必有軍功，方爲屬籍，而以事權相寄，此正尊賢、尚武之意，今日急務也。

秦昭王廢宣后用范雎

昭王能廢宣后，由於母后擅政未爲成例，而昭王又其所生，離間不易入，穰侯又有才，非庸碌專恃外戚之勢。后恃母子之親，穰侯欲以功名自固，母后擅權，既非古外戚之禍，亦古所無。故防患疏而制王不敢過嚴，此昭王所以能收其權也。穰侯於秦未爲無功，亦無廢昭王之心，其時昭王未嘗無權，故白起爲穰侯所拔，亦不附穰侯，知穰侯在秦之權不如漢之外戚也。

平原君不與趙奢租税

昔三家分魯，民以其田入季氏者無徵，不入者倍徵。季氏無徵，何利於民之田而令之入？然則此無徵者，不出公家之租也；不入者，倍徵令出履畝之税，哀公所謂二，二即倍也。則春秋時，民苦公家之重斂，而自以田挂名世家者多矣。平原君家不肯出租之田，當亦如此。

韓信

韓信之智誠在人上，去自號霸王之强楚，而就失勢左遷之漢，其見幾固先人一著矣。登壇數語，遂定楚、漢之局，其智不在蕭相、留侯下。長樂無罪受誅，後世寃之。人心憐才，千古相同。如是之才，不能自保其身，則誠漢之寡恩也。

宋襄陳餘

自古用兵，除湯、武外，無全勝之策，全勝之策，卽仁義也，宋襄、陳餘乃以仁義敗亡。泓之戰，公羊傳反盛稱之，謂文王之戰不是過，豈故爲是言以疑後世哉？乃知傳借宋襄以明湯、武之戰法也。以今之西國驗之，有用兵公法。未開戰之先，必下「哀的美敦書」，方能進兵；既已進兵，有議定戰外之地，則兵不得至其處；正戰之時，敵豎白旗，卽止不戰；兵至之處，敵開門迎之，卽不殺掠；戰時誤損公司財產，公司訴之，必如數賠還，此皆近日現行之事，可共見者。與春秋惡偏戰之説均合。然則春秋時，特借宋襄以明用兵公法，久必行於後世，非眞予宋襄也。若陳餘又與宋襄異。宋襄欲假仁義以動諸侯，陳餘則以仁義自飾其非也。陳餘不用奇謀、詭計，李左車特欲陳餘不戰，非奇謀詭計也。陳餘何以不用，蓋餘少遊信陵之門，自謂老名士、能知兵，輕韓信而忌李左車爲後進少年。又韓信與張耳同將，爲餘刎頸之仇，欲速戰擒耳，以泄其忿，此所以不用李左車之言，而信至卽戰，遂爲信敗，而身死也。信使人覘，卽覘得此情形，故敢進兵入險，則信謀定後戰也，何云幸勝？孔子好謀而成，其用兵豈不擇地理，持重而浪戰乎？且論陳餘當笑其詭詐，不笑其仁義。遇漢兵以不戰爲奇謀詭計，何以鉅鹿之役，趙歇、張耳屢促進兵，而彼決不進也？此可恍然於陳餘之不用奇謀詭計，爲輕韓信、仇張耳、忌李左車而非行仁義也。懷私憤而忌謀臣、輕大敵，未有不敗者。故韓信之勝，非幸也。

漢高祖與匈奴和親

高祖納劉敬與匈奴和親之説，世多非之，予素不以爲然。婚姻爲人道之始，謂之嘉禮，曰合二姓之好，曰與爲兄弟，原天壤美事，相親相愛之和氣，而非乖戾之意也，何得不許？奚以言之？古者不許同姓爲婚，而諸侯且不得內娶國中，夫以親愛之意，使素親愛者爲之，豈不更美？而曰「美先盡，其生不殖」，親而又親，何得爲「美先盡」？而國語又謂，「同德爲同姓，異德爲異姓」，然則聖人制爲婚娶之意，可知矣。天下之理，其相濟而成者，必相異者也。日月異光而代明，寒暑異氣而成歲，水火異質相濟，樂之五聲、食之五味、衣之五色，無不皆然。倫常之道，夫婦曰有別，婚姻之義，固取其異，不取其同也。蓋人之始，悉本於天，出自一祖而勢日分而遠焉。五世親屬卽絶，更遠之，而居異域，則各不相識，直胡越矣。人與人之勢日分，卽人與人之情日睽。相睽既久，聚族各居，而無婚姻以爲之通，則中國萬姓分爲萬類，不啻萬敵國。鄉間械鬬，將刻不能安。如陜西壬戌回、漢之禍，恐無時不有矣。聖人相人偶之仁，知去天下之睽而聯爲一家，男女卽其機也。一男一女爲夫婦，其父母與子孫數世皆爲兄弟，故易每以婚姻、寇讎對言。聖王制婚姻之本意，卽所以弭寇亂也。則高祖以婚姻制匈奴，固默契聖王之心，而不可議其非也。夫以一女弭干戈，全數百萬生靈之命，自古仁人，無不爲之矣。我朝以公主嫁蒙古，二百餘年，永無邊患。太宗屢諭八旗王貝勒，謂所得漢人無家室者，當妻之以女，是與俘爲婚也。世祖又以公主下嫁吳應熊，聖王首出，識見卓超，固非凡庸所能測矣。若泥世俗之見，以女妻人爲辱，則婚姻爲屈辱之事，非嘉禮也，豈得爲通論哉？

漢武帝表章六經

儒教之興，自漢武始，儒教之亡於記誦、訓詁、詞章，亦漢武開其端。武帝罷黜百家，表章六經，尊崇儒教，是時純儒爲申公、董子。申公徵至，嫌其無文，董子則華實並茂矣。又爲賢良舉首，武帝策而知之，不能竟其用，而始終信用曲學阿世之公孫弘，然則武帝表章六經者，表章六經之文，非其道也。則以詞章爲儒術，而儒之眞亡矣。故其罷黜百家，罷黜百家之文，與儒異者，非罷其實也。自漢武表章之後，六經之文行於世，六經之道未嘗一日行也。夫子手訂六經，以存堯、舜、禹、湯、文、武、周公之政。書以戒人君使公心，重民而不敢自私；詩以道風俗，使公議常伸，而政無流弊；禮爲矩矱；易爲本源；而春秋其權衡也。故六經之道以文存，而行之則必以政。董子欲帝以身行之，指示道之大源，而期之以勉强，欲帝去自私自利之心也。申公欲帝與民行之，曰「爲治不在多言，顧力行何如耳」。「力行」者，力行王道也。制田里、教樹畜、興學校、明孝悌，欲帝行同民，愛民之政也。武帝多欲，好大喜功，內不能自制其私，而外不屑同民，故表章罷黜，在文字之末，而無與於政事。從此言儒術者，皆以文當之，儒遂無與於天下之治亂，儒術不由此實亡哉？其所表章之六經，僅立博士於京師，而鄉閭之學，仍試尉律、籀文九千字。孔子之教不徧及於鄉，博士家法之試，僅爲科日之一，而非爲治之全體，則與後世經義之試何異？後儒謂秦焚經而經在，漢尊經而經亡。謂記誦、詞章、訓詁之害經，烈於祖龍之焰也。博士試家法，開訓詁之端，帝喜司馬相如之文，詞章所濫觴。後世陋儒之失，皆帝啟之，則帝於六經固功之首，亦罪之魁也。而信任公孫弘，開祿利之途，使鄙夫得以鄉願之術行於朝廷，則尤罪之大者也。

黃老流爲申韓

漢承秦嚴酷之後，省去繁苛，禁網疏闊，民暫安息，此由高祖以至文、景，民得富庶，皆是去秦苛法之效。去苛法而不興禮樂，則紀綱不立，上下無所持循，人將放溢爲非，風俗以壞，奸邪日興，無可如何。又將立法以防奸，則又入於刑名矣。除苛法不興禮樂，即是黃老政刑，是霸術，德禮是王道，政刑、德禮一切放倒，是黃老。高祖及文、景，其政治及於民者，省刑薄賦而外更無所見，教養皆聽民之自爲，朝廷特不擾之而已，非黃老而何？武帝制作禮樂，僅張惶文節於朝廷之上，而好大喜功，黷武開邊，並文、景以來之清靜而失之，已由黃老入於刑名矣。晚年一悔，始知爲政宜以保民爲本。霍光繼之，亦第法文帝之休息，而不能講求王道以爲治也。宣帝長自民間，知民疾苦，講求吏治，似王道可行矣，而預存雜霸之心，則其治之及於民者，在簿書之末，而無實政，此漢治之所以終於黃老也。漢治之近古，在崇道家，漢治之雜霸，在以黃老爲道家。以民性爲善，德道禮齊，則無爲而天下歸之，爲政以德是也。以民性爲惡，而法禁刑驅，秦是也。黃老知刑不能齊民，而並去德禮，曹參之清靜，不事事是也。故漢初之制，紀綱不立，卒逞嚴刑而崇酷吏，黃老流爲刑名，必然之勢也。

游俠傳

太史公爲游俠立傳，卽孔子取狂狷之意也。孔子不得中道之人，而思狂狷。史公痛儒者義氣消沒，而取游俠。蓋游俠一流，肝膽意氣，視人猶己，言信行果，財無苟得，難無苟免，幾有萬物一體之象。蓋儒者之强而不明，而失之粗豪者也。孔子垂教萬世，創興師統，祖述堯、舜，憲章文、武，自稱斯文在茲，時人目之爲儒，且以相詬病，則謂儒術末流之日趨於弱，明而不强也。孔子語哀公，儒行語多近游俠，蓋明其任道之力，非奄奄無氣者。太史公爲游俠立傳，是明儒之眞，若曰此未致知窮理之儒耳。若以游俠之血性納於義理，則爲眞儒，而無後世修飾邊幅、流爲鄉願之習矣。此史公立傳之意也與?

三國形勢三則

三國形勢在荊、襄。蜀失荊州，而魏能守襄樊，此蜀所以不如魏也。荊州不入吴，蜀之出兵當先向襄陽爲正兵，隴阪爲偏師，而奇兵則在上庸。南收均、歸，北趨鄧、宛，蜀之勢卽能舉魏。吴能經營濡須以收淮北，而向青、兗，則首尾並舉，魏必不支矣。

上庸既失，子午谷一道師行敵境十余日，司馬仲達之用兵，非魏延所能及。出兵於此，誠見其危，未見其利。人以不用魏延之策咎武侯，魏延欲出子午谷者，卽鄧艾取陰平之法也。然鄧艾行於後主昏庸、黄皓用事、内政不修之時，故得有涪水之勝，一戰滅蜀。若使魏延用之，未必一出卽得長安，而魏氏此時無隙，延必不能得志也。

蜀漢不能進取，在荊州。荊州既失，雖定益州，有堂奥而無門戶，蜀之偏安一隅，定於此矣。先主出師伐吴，意在復取荊州，以爲進師之路，非爲關羽報仇也。故不聽順平之諫，而武侯亦不止先主之行，以蜀圖中原，荊州爲要也。以蜀圖荊，得上游之勢可以必勝，而猇亭竟敗，則出武侯意料之外，故思法孝直而不咎先主之出師，則伐吴之舉，武侯不以爲非也。國賊爲曹非吴之言，似是而非。先主伐吴，正爲伐魏地耳，與武侯伐南蠻事不同而意則同，不爲失策也。

姜維

責姜維以去黄皓，此局外不度形勢之刻論。君臣之義，本類朋友，交有淺深。武侯與先主同起艱難，以開蜀基，受命先帝以輔後主，位兼將相。維則出身降虜，爲羈旅之臣，卽使位如武侯，亦豈有武侯之聲望，而可責以去黄皓之權力？況位僅將帥而可干預内政乎？

曹魏士風

魏仕途之弊，在矯漢末士務虚名而少實用，故重才而不講品行，特求有污辱之行，能治事者用之。所以魏興，一切功名之士趨之，而得士於一時也。積爲風俗，士皆不顧名節而趨利，故何晏輩欲以清談矯之，葢欲挽貪利之風也。而王衍輩以貪庸之心，祖述其説，無救於魏之亡，而適以釀晉亂，則何晏所不能料也。

荊州爲中國宜建都之地

天下南半形勢在荊、襄，據此則天下可舉，金陵不及也。左扼湘、湖，右顧關、洛，巴蜀爲後府，據江、漢上游，水師可練，戰艦能通。運江、浙之粟，資川、陝之兵，經營大業，斯爲要隘。且其民强悍健壯，足資戰守，而又俯瞰淮、吳，洵中國形勢之區。故荊州爲吳、蜀所必爭。魏據襄樊而並吳、蜀，趙宋南渡，胡、李諸臣所以進都襄、鄧之策也。吕文煥以襄陽降，而宋室亡；闖賊扼襄樊而明社墟，其地勢使然也。噫！自海禁開，燕京之形勢失，天子未免守邊。恰克圖鐵路若成，關外之天險亡，俄兵北上直闖内地，後此中國之都會，其在荊、襄乎？

母后擅政立太子

母后擅政，始於秦，春秋以前，無有也。是皆家天下救弊之陋法，與立太子同。夫天下歸往之謂王，天子不能以天下與人也。天子者，天以天下之民付之，爲天之宗子，天之宗子，當使天擇之，而不可稍雜人私於其間。然天無形聲可接，而視聽自民，民所歸往，卽天心之所擇也。今不待天爲之擇，而自立之，以强天下之歸往，曰以防人之爭也。防人之爭，而天子不必世僅一子，則爭遂生於兄弟。家天下始於夏，典、謨、禹貢而外，卽接以「大戰」二字，則庶與嫡爭，夏以前無有也。有夏一代，聖人録書僅甘誓一篇，禹貢記治水，在唐、虞之世。佚書篇名有胤征、五子之歌，不知所記何事。然曰「胤」曰「五子」，其事故必涉父子兄弟之間，合之甘誓，是有夏傳子之局，禍亂卽伏於此也。商懲其禍，乃不立太子，而且使舊勞於外，則近於使天擇矣。又變爲一繼一及，而繼之中又嚴嫡庶，致令一母之子，微子之賢，不能代紂，致亡其國。至周而傳子之局久定，遂有立子以嫡不以賢，以貴不以長之謬法。夫爲天下得人謂之仁，不擇，何以得？孔子曰，「唐、虞禪，夏后、殷、周繼，其義一也」，「義」卽天與賢，則與賢，天與子，則與子之義。民歸之卽天擇而與之，而非人君之自與其子也。故立太子卽家天下之弊法，立又不擇賢與長，又弊中之弊。其不擇賢，而獨夫得肆虐於民上矣；不擇長，而后母得亂政於宫中矣。夫夏、商、周之不得爲禪，以益、伊尹、周公之聖，權能行於天下，維繫天下之人心，使歸啟與太甲、成王，非禹與湯、武以天下爲富貴，私其子而授之也。後世以天下私其子，遂疑忌其大臣，故以幼子嗣統，而母后攝政，則私中之私，遂成爲弊中之極弊，而傳子之局爲已窮也。漢武晚年，諸子皆死，燕王長而不賢，不得不立昭帝，付之大臣而殺其母，則近禹與湯、武之爲，而不蹈暴秦以來之失，蓋猶知擇賢，而不以愛，信大臣而不以天下之命付之婦人之手也。我朝家法，母后不得與聞政事。世祖、聖祖皆沖齡踐阼，王大臣議政，而有奸私擅權如睿王、鼇拜其人者，天子無所顧忌。一朝親政，卽可窮治其罪。聖祖又創不立太子之法，密爲天下擇人，固封其名，懸於正大光明殿，以備倉猝之變，世世無奪儲之事，舉千古之弊，一朝洗而空之。聰明睿知之聖人，爲天下萬世計，思深慮遠，豈世俗所能窺測哉？嗚呼！立其子而殺其母，漢武斷之於心，北魏則祖其法也。元帝以祖宗爲忍，而漢亡於元后；元魏以祖宗爲忍，而魏亂於胡后。後世每於祖宗法之善者疑之，而堅守其法中之弊，以亡其國，此眞不可解者也。

論呂后武后[一]

武后易唐爲周，更姓改物，毁唐宗廟爲武氏之廟，則非李氏之婦，卽不得爲中宗母。毁唐宗廟之日，大臣卽宜力與之爭，不能得，以兵聲其罪而誅之可也。呂后未易劉爲呂，其少帝亦託名孝惠子，後世宮府隔絶，其眞僞外廷恐難與母后爭辨。天子既以世及爲常，又無母后不許預政之禁，呂后立少帝，大臣豈能遽以兵從事？故必待呂后之死，而後誅諸呂、廢少帝、迎文帝也。然此皆就後世家天下之局相沿之私意言之，非聖人官天下之公義也。自古爲天下之君，不自號天子也。三代以上曰王，則爲天下人所歸往，天下人皆歸往，方謂之王。則王非一人所能私立，卽非一人所能私廢。孔子作春秋於王上加一「天」字，卽「天子」之意。蓋謂王者，必得乎天心也。天無形聲可接，得天與否，何從叩而知之？則「天視自我民視，天聽自我民聽」，「天王」、「天子」之天，卽民也。民心與之，卽天心立之；民心去之，卽天心廢之也，故天子非一人所能廢立。天子之父能廢己之子，不能廢天子之子，故曰「得乎丘民爲天子」，不曰「得乎父者爲天子」也。天子之父且不能廢天子，況母乎？春秋於襄王出居於鄭，特書「天王」，亡國而出，王不去天，此聖人之微言大義也。是時惠后愛少子帶，召狄師，逐襄王，立子帶，是以母廢子，而春秋不與其廢，故特書「天王」，謂天子爲天下人所共戴，其母不得以私情廢也。以此例之，母不能廢天子，則廢中宗時，裴炎之請武后廢之爲非矣！裴炎之請既非，則張柬之五王之討爲是也。母不得廢天子，卽不得立天子，則呂后之立少帝，非矣。立少帝爲非，平、勃可誅諸呂於呂后生存之時而不爲過，此春秋意也。然不行於後世已久，吾今發之，必駭人聽聞而不敢信矣。

〔一〕呂后武后：原目録作「武后呂后」，此則據正文後標題正乙。

天王出居於鄭

公羊傳曰：「天王出居於鄭。王者無外，此其言出何？不能乎母也。」注訓「不能」爲「不能事母」，謂「罪莫大於不孝，故絶之言出也。下無廢上之義，得絶之者，明母得廢之，臣下得從母命。」按：此注非也。「臣下得從母命」，此秦以後法，非三代聖王之制。傳謂「不能乎母」，非不孝其母也，此「能」字當如左傳「能行大事乎？曰能」之「能」，「不能」言不忍於其母也。王本可以誅叔帶，今以母之故，不能誅叛逆，而被其出，雖爲匹夫之孝，然究失之仁柔，不爲大惡，故不援「王者無外，不〔一〕言出」之義，而爲之諱，直書「出居」而不去其「天」，見人子可以不忍於其母，而與共天位之諸侯、大臣，獨不聞天王之出居，而興師以正王居乎？故引曾子之言國亡，然後以國爲姓。公羊傳時魯未亡，不應有魯姓，故知曾子之訛。曰「是王也」，謂居於鄭者是王，與太叔居成周者非王也，「不能乎母者，其此之謂歟？」謂溺愛少子，召狄滅周，得罪宗廟，臣民人人得而誅之，而王爲之子，則不能推刃於其母，又不能坐以待大杖之加，則止有「出居」之一法也。此義不明，漢世有母后之禍。夫封國之君，能臣諸父昆弟，何以不可制母？致令婦人昧「夫死從子」之義，陰乘陽位，至唐之武氏而極，經義不明，所關豈淺鮮哉。

宋不能滅西夏之故二則

宋不能滅西夏，韓、范均知之，故皆主和。范公以宋之兵未練，不能敵西夏，故急令和，以修邊備。韓公以爲不得一勝，和決不能久，故令一戰而和。此時當以韓公所見爲長。然明知任福非元昊敵，且不能制其下，何不親臨戰地？范既知韓已出師，卽宜出師直擣西夏國都，以爲任福聲援，使無以全力注任福，而仍信其詐和，致任福全軍覆沒。故好水之敗，二公

〔一〕不：原字不清，意補。

當分任其咎也。

西夏立國已久，斷非一舉所能滅，宜沿邊佈置，乘隙節節進剿，而立統帥於陝邊。仁宗時，韓、范均臨邊，其成例也。今五路進兵，而統於一宦者之李憲。與唐之九節度統於魚朝恩何異？期其成功，勢必不能。此論本之純廟，純廟以宋爲失之弱怯，故咎當時大臣不贊畫討西夏，非謂李憲之統諸路爲是也。

明封建之禍二則

前明之禍，太祖釀之，不僅不立燕王，而立建文也。太祖分藩過大，時人多知之。然不法周之親賢並建，而法漢之非劉氏不王，是分藩第爲子孫計，非爲天下計也。若爲天下計，則沿邊均分爲國，功臣及子孫措置其間，外夷犯順，有能征服者，卽以土地人民畀之，或卽分封其藩之子弟。將帥而能以德化服外夷者，其賞尤須較武功爲優。如此，則明一代可保永無邊禍，何也？以燕王之鷙悍，原不顧名義，然究畏後世之清議。故卽位後，不居南京，屢次出兵，使太祖預有得土地、人民卽爲己有之制，則以燕王之才智，必能威服蒙古，自辟基業，以貽子孫。而內地不許封王，則以後內地無諸王之變，亦無藩田累民之患，卽有逆謀，而有異姓參錯其間，自守土地，必能盡力，亦可牽制，使之不敢生心。故明一代藩封之禍，明祖之制貽之也。

王者分藩當論功，卽子孫亦然。使子孫知無功不能得封，各勉於爲學，以立功業，豈不勝以富貴私子孫，養成紈袴習氣，以亡其身哉？舜封象有庳，卽內地不得封子弟之證。

明太祖罷丞相

大臣無權，則權在宵小矣。明季宦官太横，皆伏於此。不信大臣而疑忌之，則不能不在任家奴矣。

燕王棣反

燕王之禍，即立嫡之説有以誤之。三代以後，即家天下，當于傳子之中寓傳賢之意，以爲天下得人爲本，而以傳子爲不得已。諸子及孫均令就學，與庶人之子無異。學成，視其才而官之，歷仕中外而君。於宰相必極天下之選，同心同德。君薨之後，擇諸子之賢者，與天下人共立之。三代盛時，必是如此。故殷法，王子多奮勞於外，而周制世子入學以齒，天下無生而貴者。王子與庶人同，歷試諸艱，而後建以爲君，則傳子之中，仍不失傳賢之意也。

明祖論元政猛寬

明祖論用法之寬，則得之，而其所以爲寬者，則非也。明祖全祖秦皇之術，謂天下可以法持之，故其時紀綱修明，政令禁止。然立政而不興教，法行于朝廷而教不明於草野，民間無貪殘之擾，而亦不聞師傳之化，其政體已立於嚴，無由爲寬。蓋以法持天下，是束之於外，稍有不密，即弛而縱矣。以道維天下，則感發人心之固有，規制一定，使民樂利，歌舞於其中，民心日定，民氣日舒，民法愈周詳，民間生機愈形暢適，所謂「不識不知，順帝之則」也，狹隘酷烈之象，何自而起？明祖任法而不任人，日焦勞於朝廷之上，而於閭閻之田里、樹畜、庠序、教育，不甚留意。戢官吏之擾民而不修其孝弟忠信，則已入於必不能寬之路。本源既非，而又何從善其後哉？舜命九官，萬世治天下之定規也。其言敬敷五教，曰「在寬」；言教胄子也，曰「寬而栗」；而於臯陶之刑，則曰「惟明克允」。明祖知刑不知教，何言從寬？以元之不明、不允爲寬，宜其入於殘刻酷烈，而不自知其非也。

明祖選僧侍諸王

明祖神武天縱，雄傑之姿，出歷代開創之君之上。所聘諸儒，皆不脱詞章習氣，才氣道德不足懾服明祖之心，惟劉青田稍有英氣，而又見忌於同列，時時求退。故明祖視廷臣蔑如，覺反不如僧道之流，不貪富貴、求仕宦者，其清高爲可敬信也。尊敬僧人爲元九十餘年舊俗，明祖又曾爲僧，而其時又多高僧，如道衍之流，實出當時儒者之上，此明祖所以信僧道而又使侍諸王也。若謂藉僧道以邀福，則明祖聰明天亶，決非福罪之説所能惑也。

明祖行封建

謂三代後不可封建，後儒多如此説，此卽春秋以後言之，而未深求三代上封建之法也。三代後封建皆不解「封建」二字之義。以封爵酬功及以富貴貽子孫爲「封建」，而無封略海内、建國君民之心。夫封侯王者，爲民乎？爲侯王乎？以其人之有功於我，而酬之以土地人民，使世守之，雖極不肖，而生而自貴，常臨于萬民之上，屈賢知之人以事之，此豈天壤間之理乎？以土地人民酬功臣，以優其後人且猶不可，況漢法非劉氏不王，明祖大封諸子，而屠戮功臣，推極其封建之心，公乎？私乎？立法出於私心，則人以私心應之，宜漢、明之封建有百害而無一利也。若三代，則非如是。「封」者，天子治天下土地之法也；「建」者，天子治天下人民之法也。唐、虞而後，寖失古法。古以千百國治之者，今以一人運之，而且大於古治之外，則其治之疏略，不及古之萬一也，明矣。内治不修，不有外患，必有内憂，非權奪于宦官、宰輔，卽力絀於强敵、外夷，而草澤之雄亦易乘間而竊發，此秦、漢以來罷封建而郡縣已然之迹，可覆驗者也。今五洲大通，古之所謂天下者，退而爲一國，而别以環球爲天下。各國均氣機靈通、心思凝聚。惟我中國，散渙否隔，二十二行省無異數十小國，故不能敵一大如四川之日本，而欲自完於十餘强大之間，此必不可得之數也。故今日之中國，非返之三代以上之封建，則中國決無以自存。「封」者何，制田里、教樹畜、爲經界，以限暴君、污吏之多取於民是也。「建」者何，設庠序、明孝弟、成風俗，以防邪教之煽惑吾民是也。而侯王則不必置，郡守以下不用流官，則中國之大勢定矣。故此後必井田、必封建，而決不同春秋以來之井田、封建。其機已動，汝輩或能親見之，彼時乃信予言也。

下葉伯巨於獄

帝忌功臣而以富貴貽子孫。私之愈甚，其禍愈烈，非伯巨疏遠之臣所能諫阻也。

罷中書省

禍患常起於忽微，而出於所備之外，正學之深慮，論其爲太祖慮之歟？明祖懲胡惟庸亂政，遂罷丞相，意謂事權歸於人主，立法至爲詳著，後世斷無戚勳大臣竊吾政柄，以亡吾天下者。而於閹宦之患，則明知漢、唐之禍極烈，而亦忽之。故第樹鐵牌宮門，而不深爲防範，其子孫亡國乃卒在宦寺，而不在大臣。嗚呼，正學其知之矣！其言秦、漢光武、晉、魏，各懲所由亡，卽太祖之分封過侈，罷中書省也。其言唐殺人於疑似，宋弱藩鎮，卽太祖之疑忌功臣、殺戮過慘也。漢、唐亡於宦官，宋亦宦官與外廷相結，而後權奸肆其志，正學不言者，明祖慮不及此也。然則禍常發於所忽，而起於不足疑，正學之意，固卽在其子孫與閹宦，而非功臣、大臣之爲足忌也。嗚呼！中書，行政之柄也，恐人以竊其柄，並中書省而罷之，是猶懼資寇兵藉盜糧，而遂廢行師之兵與糧也，其不爲寇盜所困辱、敗滅者，無是理也。明祖之術，亦愚矣哉！

賜李善長死二則

善長之無罪，予早知之。然以善長類推胡惟庸之惡，亦決不如明祖所言。蓋及明祖之崩，凡有才者，明祖皆忌而翦除之，謂可以貽惠帝以安矣，而不知朝廷皆庸懦之夫，燕兵長驅無有攖其鋒者。使有善長輩如陳平、周勃之持于內，藍玉輩如灌嬰將于外，燕棣或懼而不敢發，卽發矣，平之亦自易。慮不及此，則明祖智出高祖下也。

明之功臣非不能保全，特無如明祖之必欲殺之也。以光武證之，馬武能以功名終，明祖之功臣蓋無一不可保全者。不思保全之策，而一意出於殺，明祖固忍，吾不知天何以特爲此局也。

成祖靖難

靖難之事，爲太祖謀，無論公義私心，皆當立燕王。立燕王，建文必能守法，燕王亦能保全建文，不至失富貴，此私心也。以公義言，建文決非燕王之敵，而燕王又決不能爲建文屈，則他日之變，在人意計之中。兵爭一起，民受塗炭，何如早立燕王，以弭其變乎？故明祖之不立燕王，直不可解。

盛庸夾河之敗

凡人作事，須一其心力，既欲剪除，又不欲居殺叔父之名，爲其實而欲避其名，是何可得宜，自速其敗也。

謝陞之罷二則

明之亡由於風俗壞。朝廷之上小人多而君子少，政以賄成，此時實不易措手也。

不修內政，和外剿內，亦未見其可，何則？我朝與明和，不能代明剿流寇也。驅民爲流寇之弊政不除，剿一寇復生一寇，將剿盡中原之民而後已乎？無論民不能盡剿也，卽盡剿之，恐我朝且仗義執言，以入中國矣。

兑運支運二則

兑運以軍，支運以民。明初民運，其老人至京，太祖廷見慰勞，詢問疾若，天子猶得與民相見，其益甚大，則支運較兑運猶善也。

三代上，天子所食之租稅，不出畿内，無漕運之説。其故何也？天子自治〔一〕一國，與諸侯同，則官祿無多，而兵卽其民，餉不給於公家，故粟不漕之遠方也。

固守京師

唐屢出奔而存，明一固守而亡，此須斟酌時勢。我朝已兩出矣，使兩次均不出走，今日世事成何景象？

土木之變

天下無他患，倉猝敵迫，京師則當守。變故已多，釀亂者仍在君側，則當走。走則人心變動，法之弊者可除，人之奸者可去，或冀可中興矣。

英宗復辟

徐有貞非英宗之功臣。英宗見虜，守京師，奉景泰者爲功，倡南遷者，非功臣。「奪門」者，正是大罪。景泰崩後，羣臣

〔一〕自治：原字不清，意補。

卽奉迎，英宗宜堅拒不受，出而別立一君，而自老於南宮，又何必復臨君位八年而與景泰分任其過哉？總之，以天子爲富貴，三代以後之君均如此，又何責於英宗？無于謙、景泰，英宗必不能歸，何有於「奪門」？

于忠肅公優於李忠定公

忠肅才長於忠定，忠肅能駕馭石亨，使之出屯於外，力戰成功。忠定不能輯和種、耿而且皆屯城內，致令敵騎聚於城下，則京師必不能守。至郕王監國，此時不得不如此，與肅宗不同。其後卽眞易儲，景帝固非，然以被虜之人復臨臣民，揆以春秋諸侯失地之名義，則英宗不宜復辟，而景泰宜爲帝也。

武宗微行

皇子當六七歲，卽當出宮就外邸，日與勳戚大臣、民間俊秀同學，此卽商家「舊勞於外」之義。皇子入學，與同學之人皆以齒敘，其尊師與民人同，其學之班次皆以功課進升，不得絲毫假借。如此，則閱歷艱難，而無驕逸之萌矣。

皇考獻皇帝事二則

諫父母與君不同，君臣以義合非以天合也。君有不義，當明諫、顯諫，所謂有犯無隱也。無隱，卽無幾諫，諫而不聽，則當去，亦無不從，又敬之事。

議大禮當考孝宗，以興獻爲本生皇考而別立廟，則兩無窒礙。

詔奪張居正官階

江陵之禍，由於明祖以相權爲戒。江陵竟躬以宰相自任，所以君子亦惡江陵而貶之。積習所囿，賢者不免。江陵破數百年之積習，此所以叢口實也。

江陵相才

江陵相才，實有救時之略。綜核名實，籌邊、防河，均有大過人處。惟於當時講學之人，不折衷以理，而勝之以權力，且不培養後起之才，而惟急功近利。又不裁制宦官，而反依宦官以成事，此其所以不見諒于君子也。

削吏部郎中顧憲成籍

宋、明講學之中，亦有敗類，然究較閹党稍顧廉恥。清議是祖宗所培養，以扶持其子孫者，故國家衰而後清議顯。國衰而無清議，祖宗無培養也。故漢、唐、宋、明之亡，有党，而魏、晉、六朝、五代及元之亡，無黨也。

東林講學

東林、復社，未嘗無敗類，特須整頓，不宜毀抑也。

孫丕揚掣籤法二則

掣籤法，即今雙單月選法所自始。其法雙月出缺，選雙月之人；單月出缺，選單月之人。吏部大堂一面張榜書所開之缺，一面張榜書應選之人。總計此月出缺若干，爲若干籤，置於一筒。選時六堂同坐，大堂一人手向籤筒，掣一籤，曰某人，卽選定矣，不問其人之賢否，與其缺之宜與否，以爲公而無弊。公則公矣，尚書、侍郎爲國大臣，僅不作弊，遂爲盡職耶？

掣籤法不善，日知録言之最詳。然出於不得已，人知其由於中官之請托，而不知其由於立法之不善。明時，吏部僅三人，而歲選官卽州縣一途，已千餘人。以三人之聰明，卽公忠體國，豈能遍知千餘人之賢否與其地方之利弊？而擇人而授，勢不能不照例選除，而無所選擇於其間，故不用掣籤之法，其選亦與掣籤同。故孫公明知其非，而制此法，至今且相沿用之也。

流賊

流賊之禍，由於民不知兵。民待兵而衛，賊避兵而趨，横行無阻。職此之由，山川之險要艱隔，猶其次也。先王疆理天下，當就山川自然之形爲界限，此爲定理。惟謂分界依乎定勢，卽可免流寇之禍，則未敢信也。

李自成陷京師

遷國、變法，當謀之於平日。若京師已陷，則爲奔避，非遷都、變法之謂也。盤庚遷都、正法度，無外寇也。太王去邠，居岐下，寇未迫也，皆與懷宗異。懷宗南遷，能至與否，已不可知，卽至南都，未必知爲法之無弊而變之，而驕兵悍將，貪官污吏能盡鏟宿弊而更新之？故懷宗南遷，宜入史忠正軍中，而奪馬士英之軍以自將。身在行間，則民情、吏弊無不周知，以漸改革，或能復振。若至南京，高拱宫中，未見能轉亂爲治也。然懷宗若至南，閹黨不能翻逆案，則亡國不至如弘光之速，尚可信也。

黃道周以唐王聿鍵稱號福州二則

自漢以後，凡國亡後，莫不先立宗室，以爲號召之資。如唐之肅宗，明皇在蜀，且不請命而自立，況其他乎？蓋實以擁戴之功炫語天下，使之爭歸於我，而藉口於正位號，以存宗祀，易號召，便指揮也，歷代無不如是。故雖石齋之賢，不能遠鄭氏而不正位號。今若遇此等事，須善措詞，傳檄天下，不立天子而皆奉本朝國號，爲共和政體，宗室悉在兵間，與將帥等。事成，天下共議，功德隆盛者，推爲大宗，以承本朝之祀，而不得世承。身亡，復推之，庶乎無爭，而一姓可永永相延矣。

石齋先生起于廢籍，手無兵柄，欲聯諸鎮，無論此時惟閩、粵無事，閩兵悉歸鄭氏，粵兵不知誰屬，其他鎮有則皆自顧不暇，惟浙爲近，而又水火。石齋欲聯絡何人？恐聯絡之言甫出，而鄭氏先發制之矣。石齋所處時勢與道鄰大異。史道鄰身爲兵樞，又任江防，既自有兵而久在封疆，身任戰陣，又與各帥易爲聯絡。此時南疆四鎮爲高、黃、二劉，而左良玉在荊襄，據上游。公若早告四鎮與左良玉兵及南方各省，援晉元帝、宋高宗偏安之非，而取法於少康、光武，力拒福王之立，馬、阮或不能擅擁戴之功，以亂南朝也。然猶未敢必者，後人習聞晉、唐、宋之事，未有不以立君爲正名。國亡、國存，志不在富貴者幾人？史公確忠義，恐諒其心者少而誣以欲自立者多。則奸黨之勢仍熾，而史公將含冤千古也。故史公不敢出此，俯首違心，從馬、阮之議。而謂石齋能行之於鄭芝龍乎？吾輩讀書論古，每遇一事，當設身處地，代爲善謀，時勢稍殊，即不宜苛責。故吾向批史忠正之事，不可移責黃忠端也。

清兵克長沙四則

唐王府封於南陽，爲太祖之裔，於明室爲疏。崇禎八年，我朝兵圍京師，聿鍵起兵勤王，疆臣劾奏，懷宗囚唐王於高牆。明制，外藩不得擅集兵也。使懷宗此時不疑忌宗藩，即用唐王將兵，與疆臣等，則國亡後，唐王有兵，何至受制于鄭芝龍？

故明之一蹶不振，亦其祖制爲之也。

敗軍之將，不可以言勇，亡國之臣，不可以圖存。宗社淪亡，尚有可以倚任之將帥，必其新起之軍也。若非新起，彼不能救國使不亡，而能使既亡之國復興哉？故國亡後圖恢復，無論何人，皆宜效法崛起之君，力求自振而不因人。能自振，則人皆因己而事成矣。

桂王在行間，未必能知民情吏弊，彼流離道路已久，而所爲與生長深宫者，無一少異故也。

宗社覆亡，疆臣有志恢復，宜先自練一軍，爲各軍風氣。挑選極嚴，訓練極精，撫慰極厚，每戰爲軍鋒，用以出奇，然後不任戰之兵，一隸吾麾下皆可以任戰。以此軍爲主，則市人可驅，降寇可受，皆能有利而無害。然受降如受敵，宗社覆亡，其國未有不患貧者也。受降當先計餉。吾餉能養十萬，只可養五萬人，必使餉餘於兵。騰蛟撫有湖廣，宜計地養兵，受流寇之降，宜嚴淘汰，老弱均宜歸農。凡要害應守之處，均宜興屯，能守兩湖，則根本立而可出而有爲矣。

孫可望遣人劫由榔殺吴貞毓等

明末三藩，謂爲明季官吏餘波則可，謂爲明祖余德尚存，則不可。桂王奔走滇、黔之間，内則舊日之宦寺也，外則舊日之流寇也，此尚何能爲？故此時志士，當槁餓以終其身，上無咎於天，内不欺其心而已矣。

論刲股之孝

論孝不從身體言，懼人脱略形骸以爲孝，則有行止不謹者矣。苟全身體髮膚以爲孝，則非陷於刑戮，誰不爲孝者？禁刲股療親疾，本朝之例亦如此，此例最好。王者教天下之孝，不得不如此立法。至爲此等事者多至性之人，而出於好名者蓋寡。況女子乎好名，非以名要取功名富貴，此又何害於世，而不令其好名乎？中國輕女，養而不教，知修容而不修德，而又無外事，一生扃於一室，立身行道、揚名後世既非所望，而父母有疾迫切之際，女子何能爲力？發於情之所不能自已，而自刲其肉，以冀一當，此際有好名之見者，決不出於此也。夫以肉愈疾，此必無之事。此而責其愚則可矣，若譏其好名，則將爲彼女子所笑也。

論求神仙之事

求神仙之說，皆戀富貴之心所迫而出也。人君貴極富溢，求無不得，所不能必者，壽耳。故聞方士迂誕之說，而不疑之。非不疑也，冀或一當耳。故必智盡能索而始一悔也。

論地輿

中原變生，由南而北，以大河爲阻。自唐藩鎮梗朝命，由孟津而前，未有能勝者。秦之滅燕、趙也，先取上党，與齊和，然後得志燕、趙。淮陰侯由井陘滅趙，而燕慴服，亦由齊不與燕合。然則燕固以山左右爲要害矣。明之滅元也，一師由山東，一師掠潼關，會于濟寧，而後順帝出走。山左右無事，燕南向而臨中原，勢固便利，關中所不逮也。至前明之亡，則李自成由宣、大折其右臂，吳三桂開山海關斷其左股，我朝直入燕都。其迹隱與明之取元合，則燕之形勢可知矣。今海禁大開，輪船暢行，海失其險，天津如人之肘腋，一有疏虞，卽及腹心，而手足救援，皆不能及。故昔之燕甚固，而今之燕甚危。登、萊、旅順，卽昔之山海關、宣、大也。吉林、朝鮮、江浙、臺灣，昔之山左右也。不爲遠略，而區區於畿輔之間經營，以求自安，豈可得之數哉。

論建都

聖人不以私利之心持天下，故無後世一切守國之謀。伏羲都陳，神農遷曲阜，黄帝邑涿鹿，相隔尚千百年。若少昊、顓頊、帝嚳以及堯、舜、禹、湯之所都，由曲阜而帝丘、而亳、而平陽、而蒲阪、安邑，一人一遷，無或相襲。但乘近便，不事形勢。且神農崩長沙，軒轅崩荊山，堯崩成陽，舜崩蒼梧，禹崩會稽，皆汲汲於敬天勤民，不敢暇逸於宫庭，遂終年跋涉，以汲汲於外，蓋務民之義，極矣。所以拜皋陶而納言，耦耕則式，小邑必下，善言皆拜，一無人君尊貴之習。而非若後世以天下爲私産業，悉取其所有，以縱己欲，役臣民如奴隸牛馬，私據富貴，恐人取而代之，防守之心遂密。每建新都，必擇形勢，勞民傷財，大興土木以爲終老之所。深閉固拒，不敢輕出，出則千乘萬騎，供億浩繁，郡縣不可支持。不以德持天下，而持之以力，心勞日拙，亦足悲矣。

河套屯田

河套肩背京師，相去不過十餘日。其地膏腴，漢人曾田其中，我朝割以與蒙古，而蒙古貧弱特甚。近外人築三城其中，誘蒙、漢民入教，耕牧其中。一旦有事，教民起而應之，河套不靖，陝西益甚危矣。明時棄套不守，故每秋出塞燒荒，謂之搜套。今套内皆我耕牧，何用搜爲？特氣運所驅，宜舉游牧之俗而盡變之，擇形勢重地大興屯塞，則急務也。

竊符救趙

明唐荊川氏謂信陵君竊符救趙爲廢公義重私黨，與春秋書翬帥師、葬原仲同譏。此據竊符之迹言之，而未即救趙之時勢與信陵君所處之位、所存之心，核其始終。公子於魏，親則王弟，貴則裂土而封者也，非貴戚之卿乎？秦之伐韓也，越韓都不取，而必欲得上黨，上黨據天下脊，而披三晉之腹心，無上黨，韓、趙、魏不可以爲國。此時信陵卽欲救韓，反復言之魏王，而王不聽也。信陵於韓，豈亦爲姻親而欲救哉？既而上黨入趙，趙敗長平，秦圍邯鄲，邯鄲破，則趙亡，趙亡，旋師臨韓、魏，雖有智者，不能爲謀。三晉亡，而楚、燕、齊繼之，此固秦滅六國一定之序，而豈待始皇之時哉？邯鄲夕破，魏國朝亡，滅大梁，夷宗廟，公子固能身殉，然亦何以見其先王哉？孟子論貴戚之卿曰：「君有大過則諫，反復之而不聽，則易位。」不救趙，則亡國，非大過乎？公子及客説王萬端，王終畏秦不聽，非反復之而不聽乎？君位可易，何有符之竊？晉鄙之殺，移其欲死趙軍者死於王前，是異姓則去之義，非貴戚、宗廟爲重之義也。彼翬帥師伐鄭，助州吁事爲何事？心爲何心？而以罪信陵，是以行劫殺人之罪，科爲父報仇之孝子，千古無此不情之法也！而又牽連如姬、侯生，責其不以死悟王。執平原君以婚姻，哀公子之語附會於葬原仲之義。夫公子之客已説王萬端，何有一女子一老翁之死？公子且探趙陰事，豈以其姊而親趙？不綜其事之本末，而刻以相繩，何其詞之遁也！人臣無慷慨任事之誠，而拘趨走承順之節，自附經義以爲藏身之固，此南宋以來所以弱於夷狄也。惟史記列傳以魏公子標目，不與平原、孟嘗等，蓋以信陵誠乎其爲魏公子也。

孔子改制

孔子改制之説，予甚韙之，然必謂公羊之説無一毫不得聖人之心，則未敢附和也。知改制之説而求所以改制之理，則不在春秋，而在易。易不易讀，宜從論、孟、孝經入手。先從自家身上推勘，實見得大道之源是何如，又從源頭上窺見其用，看能該備與否。果體用皆能了然，然後玩易，以研究春秋改制之旨，乃可坐言起行，以救今日之天下。蓋易爲道之體，用道之體，乃能發明道體所在也。春秋爲道之用，體道之用非臆斷，用道必如是也。故用道之體爲中，而體道之用爲時，其所以能因時用中者爲道，而道果何在乎？孟子曰「萬物皆備於我」，大學曰「自天子以至於庶人，壹是皆以修身爲本」。果真見道在吾身，然後可以審時，可以觀世，可以言改制；不知道之所在，而講求改制，此猶無權衡而欲知重輕，無升斗而欲量多寡也，終日茫然，而無益於用也。

孔教必行於天下

國家富强，不在金銀珠寶之物，而在治法教道之善，此教士借印度爲中國寫照，欲吾中國盡從其教也。印度爲佛教，其教最早盛行，後乃爲回教所並，今則盡變爲耶教矣。耶教之出，在儒、釋後，今日之勝，遠在儒、釋之上。釋教當南北朝，其教盛行，無異今之耶教。彼時美、斐、澳三洲洪荒未闢，亞、歐風氣既開之地，無處不有佛教，今則退處於耶教之下矣。若吾孔子之教，則未嘗一日大盛，且行不出亞洲，此其故何也？佛以王子創法，孔、耶皆以匹夫立教，故孔、耶之始，艱厄略同，而佛法早以暢行。耶教無經典，使人自識性靈，無記誦詞章之弊，故其教之行也易，無遠弗屆。佛則有經咒，儒則經史詞章最繁，習之不易，而道以文晦。故佛教之興，以禪家出，儒則王學興而稍盛，而究不能行遠，以經史太繁，記詞章困之也。然道莫精純於孔子，天地之運，後起者勝。孔子之道斷無不通行五大洲之理。今漸著於南洋，新加坡已有孔子廟，其機已動，厄之久者，發之必暴。朝廷不以文辭取士，爲孔子徒者斷無祿利之徒，而耶教氣焰極熾，有志之士，必潛心以考吾教之不如人者何在，得其受病之由，而挺然以身任傳道之責，則吾儒教之盛行，可計日待矣。

水土足以勝火礮

今日氣運，兵事用金，已易而用火，金斷不能勝火也，此理前聖人早已見及。八卦以離爲戈兵，不取乾、兑之金，殺人之器，莫烈於火也；而地水爲師，澤地爲萃，萃修戎器，師專言用兵。聖人之意，未必不在以水勝火，以土自守也。今日戰事不求精於鎗礮，斷無勝人之法，而求自守，則舍地營絕無立足之地。蓋澤火爲革，今日正古今氣運大變革之時也。鎗礮以金爲器，而發之以火，則大變革之器也。象詞曰「己日乃革之」，「己」，土也，即離也，離爲戈兵，又爲甲胄，戈兵易金而用火，甲胄能不變用皮革而用土乎？今預爲守備，法宜參用井田之制，使處處皆可爲地營，則礮火失其猛烈，戰事可息而六合有安寧之望矣。此聖人「己日乃革」之義，亦卽地水容民、畜衆之象也。世運至今日，事事均須翻新，兵器已顯然無可疑者也。

語言文字爲要務

今日既重交涉，講求語言文字最關緊要。詩列十五國風，卽備十五國語言。孔子曰「詩可以言」，謂讀詩可通各國語言也。其教伯魚曰「不學詩，無以言」，言不讀詩，不通各國語言也。又二南之風，爲京師語言，孔子謂伯魚不爲周南、召南猶面牆而立，言不通東、西京語言，卽跬步不能行，如今不通京語，不能知各省土語也。不然，巧言爲聖門所棄，孔子又何教其子也？孔子曰「誦詩三百，使於四方，不能專對」，「專」訓「獨」，謂賓主不用譯相對答也。讀詩之人，出使各國，不能面相對語，而猶必用譯人，則讀詩亦何爲也。

中外之民無異

劉安謂：「以剪髮之民不可以冠帶之國法度理也。」竊意未是。蓋天地之生人，性本同而無殊，其形體則決有難同。殆如物然，枝葉之位置，羽毛之形色，一類之中，無一不異，而不害其爲同。若必以是爲不同，則億貌千形卽爲億千類，互相猜忌，爭奪，不致人類滅絕不止。故聖人撫馭天下，同之以性而不以其形。剪髮文身與中國之冠帶，其迹異，而以之章身禦寒暑，則一也。不剪、不文而冠帶焉，胡、粤之民，又何異於中國？天地之運日通者也，黄帝、堯、舜時，世運日趨於通，三代以及春秋又漸塞之。故堯時九州，舜則分爲十二，商、周復爲九，至春秋，秦、楚亦爲夷狄。漢、唐以來，勢又漸通，而又旋塞，皆以外形爲異之見致之也。聖王本天心以撫天下之民，懷之以德，卽是同之以理，而其君長不同我冠帶，苟能自戢其民，度外置之可也，不必驅中國之民，强以力服之也。若其君長暴虐其民，使不能安其生業，則必伐而救之，而爲改紀其政，豈以異俗而使千百萬天生之赤子，日罹於水火，呼號而莫之恤哉？安之言謬甚矣。

印度爲各國必爭之地

英人主歐洲會盟，全在得印度，印度者，五洲之敖倉也。土田沃、物產饒，雪山、恒河拱帶三面，實天地之菁英所聚。即以土地論，恒河兩岸每一英方里可養一千二百餘人，英國每一英方里僅養二百九十人，中國每一英方里亦僅養四百人，是印度之沃土，養人加於中國三倍，加於英國四倍有奇。西人盟會，專重財賦。印度既歸於英，英之財賦日益，遂得主盟萬國。故俄大彼得遺詔云：「印度者，世界之天府，若得此則不效英國，靡流血而克併吞矣。」後俄皇愛烈删德急滅土國以圖窺印度，即遵此遺詔也。且昔拿破崙第一初次用兵，即攻埃及，埃及者，百年前英往印度之孔道也。水師既敗，後潛師登陸，謀攻亞克，東據印度，兵又不勝，乃忍氣吞聲而歸。觀其臨終語曰：「余生平第一失計只未破亞克城。如昔攻而拔之，則歐、亞、印度等國歸我掌握矣。爭雄天下何難？」觀俄、法二皇遺囑，其未得主盟歐、亞者，均由未得志於印度，而讓英人坐大，則印度關系五洲甚鉅，信哉。

中國與各國之關係

六國與燕爲鄰，勢力相敵，無所畏忌。燕國若併於齊，則齊比各國强大，將爲各國大患。諸侯謀救燕，其謀爲自己，非爲燕也。與今日英、日、美、德不可取中國土地同。日本與中國同洲同種，同與俄鄰，中國若亡，俄與日本相接，日本國太小，不能敵俄，則日本之禍亟矣。英國與中國通商得十分之七，各國不及其三，中國若亡，將轉而入俄，即英占據長江南岸，保收南省之利，而俄較英國土地爲大。俄既得志於東，必從北印度又侵英之印度，印度若分，英之上地不能聯絡，中國通商之利將不能守，而亦入於俄。英人之迹將絕於中國，而英不能國矣，此英所以保全中國也。美素不預外洲事，而以自保其國之權利爲本。然其北洲有俄屬地，與俄西北利省之卑令峽接，海闊僅百餘里。俄若得志於中國，必經營此處，而美之北洲震動矣。故美以不預外洲之國，此次亦挺出而與英、日聯謀同保中國也。德在中國，始得膠州灣，基址未固，瓜分中國不能多得地，非德之利，德亦不願中國亡也。惟法在南洋之勢略近於英，而依俄以讎德。德、英甥舅之國，深結以爲固，故法願中國之亡，而己得志於南以撓英，俄得志於北以制德，己之讎復，而南洋之利亦或獨擅之也。

英俄制法

法當拿破崙時，氣燄正盛，頗似中國强秦。然秦能滅六國，法不能併吞歐洲，有故焉。俄去法遠而國强，猶齊之於秦也；英去法近而國富，尤秦之於楚也。齊不能聯絡各國以拒秦，自謂與秦無難，故卒亡於秦。俄則屢與法戰，且大勝，是法不得志於歐洲東方者，俄爲之也。楚近秦而畏秦，且資秦以遠交近攻，坐視三晉日削，終亦爲秦併。英則屢合諸國，挫法之鋭，滑鐵盧一戰，遠勝河外函關之師，則法不得志於歐北，亦英之力也。

論振荒

救荒無善法，善法只一豫字。不豫爲謀，遇荒年，任如何補救，皆爲無策。故孟子論救荒不以移民、移粟爲然。移民即今核戶之事，移粟即今勸捐之事。粟不積儲于平日，一遇荒年，即使堯、舜在上，孔、孟爲有司，有何法生出粟來？朝廷倉廪斷不能供民食，搜括民間之粟亦能有多少？而惰者食勤進之粟，政已不平，況平日于民之田產毫未經心，孰貧孰富，豈倉猝所能深悉？故核戶勸捐，辦時均形棘手。孟子爲惠王所言，三法均在平日。「不違農時」節是除積弊爲救急法；「五畝之宅」節是定經制爲常行法，制田里、教樹畜，則戶已核清矣；「斂」、「發」是廣積儲爲備荒法，勸捐于豐年，其事亦易辦。然此孟子與惠王言已往之事，若當荒年，身與振務，則核戶宜速，而勸捐宜緩。速則不暇作弊，緩則不至淩虐富戶，而使行賄以求免也。今義倉法即本之李悝，孟子所言「斂」、「發」是也。

論團練

世俗以團爲易，以練爲難，予則反之，謂團難而練易，練步伐尤易。苟能團其心，一月之內，步伐即可嫻習，或不習，亦可自習於家。若技藝，則自鎗礮盛行，演習亦易。惟團心不易，所謂民散久矣，不能遽收拾也。故今日團練要着，在整頓鄉學，其他皆末節也。能將一縣之團辦成，其縣即爲大治，方是真團。須先選年少有行者，聚而教之，散歸各村，可爲教師，其法甚善。

祭祀爲教所從起

古之教，始於祭，中外皆然。異教拜火、拜日以及拜天，佛、耶、回教之先皆如是，中國亦然，所謂先王以神道設教也。使人心志凝壹，自持於冥冥之中，天下即可相安無事。自後民智日開，事變日多，神之虛不如人之實，而教統於君。古稱王者受天命，今皇帝詔書之首必曰「奉天承運」，麥西受上帝十誡，是皆以人承神教之統也。君爲世及，其行教又不能盡厭人心，於是有能發明天理，不假威權以行教者，又以師承君統。耶穌、摩哈默德爲上帝子，漢儒謂孔子受天命，爲素王，是也。知祭祀爲教所從起，則吾輩必常拜孔子，方爲從孔子之教，不是邀孔子福佑我於冥冥之中。從教以善其身，即是獲福佑於孔子也。若不自治其身而別求福佑，則假鬼神以惑衆者乘虛而入，而遂信之，其愚甚矣。龔定庵以神教、君教、師教爲春秋三世之義，而證以洪範之八政，以食、貨、祀爲據亂世，司空、司徒、司寇爲升平世，賓師爲太平世，此說甚奇而確。今五大洲相通爲一大戰國，此爭彼奪，必定於一而後止。若僅如唐、宋、元、明之威力以混一宇內，恐勢有不能，必須有至聖之德以服五大洲人之心，而教各不同，則此後因教而爭，勢所必然。而孔教極弱，故發明孔教而張大之，爲今日急務。

煙霞草堂文集卷八

咸陽劉光蕡古愚

諭味經諸生 以下雜著[一]

書院之設，原以作養人材。吾省既有關中、宏道，復設味經，豈第恤諸生之貧寒哉？僕學問膚淺，自甘蟄伏草野，今歲涇干之聘，已再三推辭，不料學使謬采虚聲，柏山長誤爲薦舉，竟爾移講味經。僕不勝恐懼，日夜思維，欲以答朝廷設書院培植人材之意。因閱書院舊規，見史山長有作説貼法，柏山長有課程册，竊以二法深得教學之意。説貼即古人日記，可以日驗學問長進與否，而功課册以爲鈐束，則不求速效，而培其根本之意也。僕今歲既承乏味經，思與諸生實力奉行，與監院商酌舉行。其十日一繳者，易爲五日，次日卽登堂講書。原欲與諸生互相勉勵，每逢功課册繳上，雖至午夜，必盡力披閲。有作説貼者，卽爲答復，亦望諸生窮經有得。僕雖駑鈍，或如老馬之識途。乃上届講書之期，告病者二十有六人，昨則益至二十九人矣。竊思時無疫癘，何以病者如是之多？晚間巡視號舍，逐人看視，則其病均在可有可無之間，僕乃恍然知所以多病之由。葢以僕之不德，而諸生之精神乃日卽於疲玩也。僕不勝慚恧，席爲之不安。惟有極力振奮，以贖愆尤。今與諸生約：凡有疾病，其輕者親來禀明，重者同號生代爲説明，僕卽親來驗看。輕則令其攝養，重則延醫調治，照看歸家。否則，書院養病決不如在家之適意，可以束裝速歸，毋令病來纏綿，使人視書院類於養濟院、同仁局之爲，則僕之大辱也。決

［一］以下雜著：此四字原目録無。

須大爲懲治，不敢因循。爲此預爲告戒，諸生自思來欲何爲，而乃在此偷安耶？各有心知，何必自欺，以重僕之不德也？

味經書院諸生課程冊條目

子夏曰「日知其所亡，月無忘其所能」，卽課程冊之意也。今每人各發一紙，皆散繳，故須書姓名也。其課程式解如左：

一誦讀。塡注所讀起止。四民各有本業，經史卽吾儒之本業也。眞實學問雖不盡關記誦，然有熟記誦而不得爲儒者矣，未有胸無詩、書，目無古今而可稱爲儒者也；況食焉而怠其事，必有天殃。士居四民之首，較之農、工、商、賈，其名獨榮，而乃日無所事，其不俯仰懷慚乎？故孜孜日夜，身較四民爲逸，心較四民宜勞，必使所謂讀經書盡能上口，則隨時隨境必多感觸醒悟，識見日增，氣質漸變。誦讀精勤，庶異於安坐而食者，不惟進業，並可消殃。每日讀三百字，六經、四書不過三年半可畢。諸生有未讀五經者，有志補讀，亦非難事。

次溫習。塡注所讀起止。古人云「舊書不厭百回讀」，此過來人語也。聖人之經，如日月之氣象，終古無異者也。而又因人之識見，隨境隨時而異，故前日所讀之書，至今日讀之，而趣味頓別；少時所讀之書，至壯歲，而見解又別；蓋義理無窮，視其人之所見以爲淺深也。況吾輩既爲儒生，卽終身與文字爲緣，文字之神理，全在字句抑揚之間，非從容涵泳，必無自得之趣。故經書雖熟，溫習之功亦不可廢，而制藝進益，尤貴能溫熟文。

次講閱。塡注所看何書，起止若干頁。人自壯歲，見聞日廣，知識日開，每苦記誦之難，而講貫涉獵則較童年爲甚易。然欲講閱，必先自審所志，而專其趣向，否則經史子集浩如煙海，從何下手？恐或作或輟，終無所得。故道德、經濟、考據、詞章，必先專有所趨，而後循序漸進，致志一書，專心一門，久久自能通貫。其下居業節目，則用功之程式，所以檢攝學者粗浮之心，使之精銳沈細也。

次居業。講閲有得，即居業也。「居」有居積意，積累既久，則進矣。其子目有點勘句讀。古人讀書有「眼到」、「口到」、「心到」之説，近日曾文正又益以「手到」。蓋眼、口、心均一過輒了，無迹可見，「手到」正所以驗眼、口、心之到也。其自有之書，正文及注悉點之，有得，則加圈。如借人書觀者，則心中默點之，遇有僻字奥義，□〔一〕先儒説經、句讀之異，或自己心得別有講法，如「孔子少孤」節，「不知其墓殯於五父之衢」，古作兩句者，今作一句之類，均記出。塡其點幾頁，別紙記所疑句。

校訂錯訛。即蓮池書院校勘法。或以諸本對勘，或據他書校定篇章字句之不同。意義各別，須詳考精審，記若干條。

纂録義類。即蓮池書院纂録法。或採集各書，自出手眼；或專輯一書，歸諸簡要，務須條理分明。記若干條，詳書別紙。

曲證旁通。或讀此書有悟，或因他書悟此，經、史、子、集均可互證。記若干條，詳書別紙。

切己體貼。此如「語録」類。或講學，或悟人情物理及政事因革，或省身涉世，記若干條，詳書別紙。

典章考據。大則兵刑、禮樂、農田、水利、天文、地理、國朝掌故以及名物、象數、聲音、訓詁等類。記若干條。

摹擬文法。古人文章必有所本，得其所由因，然後知其所變，如孟堅襲史記之體，歐陽學史公之神，皆有獨得處。詞章之學，須從此入手。

鈔録故實。分門別類，須注明書名。古人無類書，凡所用典，皆自爲別擇。故學有根柢，文詞皆不人云亦云。

存疑待問。日析一疑，久之自能無疑。今人懶於看書，皆由開卷多有不解，而又憚於問人。不解者終於不解，看書遂覺其難。不至癈書不看不止。有疑須詳記之，擇人而問，人亦不解而存之於心。積疑生悟，於無意中自得其解，此則予所身驗者，諸生試仿而行之，決有效驗也。記若干條。

餘功。寫字作文、作詩，非多讀書不能日有進益，前人已言之矣。即算數、律歷、天文、占驗、地理、形勢、兵法、水利，非多讀經史，不能會其本原，故誦習、講閲爲本，而他皆餘功。

〔一〕□：字殘，疑為「及」。

示味經書院諸生讀通鑑法

僕以空疏淺陋之躬，忝居講席三年於茲，愧無以裨益多士，去歲力辭，而學憲堅意挽留，前院長柏又代爲函勸，祇得勉强復留，加意振作，以贖前此負心之咎。日夜思維，得講讀通鑑一法，可以勵學修，可以練政事，可以充長才識，可以廣資聞見，可以熟諳掌故，可以裨助詞章。蓋温公竭一生之精力，聚一時之人才，而貫以誠一無僞之心，以成此書，爲三代後第一著作，洵足上繼春秋之義而兼左氏之詞華。朱子綱目且有遜其精密者，學者不可不一究覽也。今擬分日誦讀，其法開列於後。

一、吾鄉人士率多空疏，經且有未寓目者，遑問史學。然史事易解，而經理精深，今從史學入手，人人能解，可易動其好善惡惡之心，此即讀書真種子。從此培養，聖賢學問，豪傑事業，都是有分的。故凡來聽講者，須自審性質於古今何等人爲近，日日自奮自勵，久久自與庸俗不同。

一、史書數千卷，學者豈易卒業？今仿亭林先生讀史之法以讀通鑑。通鑑較史，極約而精。今擬每月讀六次，每次選二十人，分爲十班，一班能否讀一卷，臨時斟酌。

一、書院有通鑑二部，均置齋長房內，東西兩號各用一部。東號在東齋長房領取，西號在西齋長房領取。先儘選定二十人閱看，其餘依次傳觀，毋得墨污、折角、用筆圈點，並擱置案頭，不傳下號。如有犯者，均傳講堂申斥。

一、每月講讀。以初七、十四、十七、二十一、二十四、二十七等日爲期，寒暑無間。

一、遇讀日，講堂中間置一書案，東西各置一椅，一班二人分坐兩邊，一人執書高聲朗誦，一人執卷默爲看訂。讀完一卷，離坐，次班就坐接讀，其餘諸生均依次分坐静聽。毋得喧嘩，並交頭私自閒談，違者重責。

一、聽讀後，如有所感發，隨筆記出，各書於課程册。

一、分看。須各尋數人互相講究，或分門鈔集，如兵、刑、禮、樂各占一門，鈔成又互觀。所講所鈔，均書課程冊中，呈堂閱看。

一、才力有餘，或取原史及掌故之書參考者，視書院所有之書均可借觀，但必須自書借貼，繳齋長存記。

一、句讀未清、字義未晰及看書未融，均書課程冊中，俟發課程冊時，再爲剖決，毋得臨時問難，躭閣誦讀功夫。

一、凡遇余所知處，卽臨時講論，以爲尒等講貫之助。其或議論未妥，不妨辨駁，惟必須書於課程冊中，不准當堂問辨。事師無犯、無隱，當堂問辨，正是講學受益處。惟讀鑑卷數太多，不可躭閣故也。

以上數條，均須遵行。讀終之後，諸生自有受用處，不待余之贅也。然余則有不能已於言者：天德、王道，皆學也，雖以聖人之學，其自述莫先於志。故程子云：「理不明，讀書可明；惟志不立，直是無法奈何。」志者何？知好善惡惡而能決然爲善不爲惡是也。是心本吾固有，特無所感則不興；感動不眞則不久，而竟同於無志矣。孔子曰「興於詩」，又曰「詩可以興」，孟子曰「詩亡，然後春秋作」，蓋詩備貞淫，而又爲近數十年之事，故可以感發人。至詩亡，孔子以春秋繼之，春秋後，溫公以通鑑繼之，其主意均在感人善心，而戢其逸志。而又未習爲吏，視已成事一千三百六十二年，名卿鉅儒經濟文章，均在其中，故前云「勵學修」云云，皆確有可信，非余一人之私言也。苟聽之藐藐，漫不經心，則是無志。譬之精氣已竭之木，雖雨露亦無可如何，則眞自暴自棄矣，學者其各痛戒之。

示味經書院諸生讀漢書法

今歲仿顧亭林先生法讀通鑑一過，其能用心者，必能增長識見，激發志氣。然卷帙甚鉅，購之不易，不能人手一編。平時既未入目，一讀豈能入耳？恐身坐講堂，於所讀之書，略不知爲何語者，正復不少。每當讀後，課期卽以所讀之鑑命題，而諸生所作之文，未見大有進益，是聽讀而不翻閱，與不讀者無甚殊也。今又思得一法，使爾等各分一類，逐字逐句，不容放過，則惟有東坡讀史分類之法。前讀鑑時已爲爾等言之，爾等未曾實力奉行，祇得詳擬章程，於所讀之書細分門類，使爾等各占一門，逐卷所得，即書於各人之課程冊。不惟耳聽，兼須手鈔，其不肯用心者，不難比較而知。庶各自勉，不同口耳之學略無心得也。此法於斷代之史爲宜，今即從漢書讀起，其分類章程如左。

一、研理。理學之名，起於北宋，實上承洙泗之傳。春秋而後，由戰國及秦，異學爭鳴，紛亂特甚。至漢武時，一尊孔氏，當時諸儒，雖不如宋儒研求之精切，而開闢榛蕪，以留斯文一綫，其砥柱中流之功，不可缺也。故性命之源、天人之故，以及勉强學問之功，王伯義利之辨，宋儒所極力發明者，大義微言，莫不萌芽於漢。爾等有志研求，凡漢書所載有爲宋儒所引者，及類宋儒所語，當時士大夫制行有與宋儒近者，均爲疏明録出。

一、治經。經遭秦火，非漢儒蒐羅，不能復出。雖經文不免殘缺，訓解不無支離，然孔氏遺言，賴以不墜。爾等有志經學，於漢書中傳經源流，及諸人平日引用，均須録出。詩、書、易、禮、春秋，各有專家，詁訓部分，派别無相淆亂。可先將藝文志録出，以考證各傳。

一、史法。紀、表、志、傳，始於子長，斷代始於孟堅。孟堅雖詆訾史記，實無一不本史記也。但子長筆力高邁，文如天馬行空，不易捉摸。孟堅則謹嚴整贍，法律井然，易於追步。如留心史學，則先以史記與漢書相較，紀、表之詳略，書、志之去取，傳之或分或合，一一深思其故，即字句之不同，亦較其工拙。次以表、紀、志考證於傳，其牴牾處，正復不少，一一疏明録出。如史、漢均不載兵制，可取表、傳中語，參以他書，補成西漢兵志，亦是用心一法。

一、文法。文莫盛於漢，而漢文分兩派：一散行，源於司馬子長；一駢體，源於司馬相如。駢體典麗喬皇，氣息豐腴，自漢及六朝皆用。自韓退之追踪子長，以爲復古，而散行特尊，遂擅古文之稱，駢體不能與之敵矣。其實一陰一陽之謂道，文之工拙，不在整散、奇偶之間也。故凡讀文，當求其義法與其聲情。義法，理也；聲情，氣也；體裁，貌也。人之貌或無同，而理氣不異。實則貌不相遠，氣猶相近，理則無一相襲者。故每讀古人之文，當先求其命意所在，次乃審其抑揚起伏，次乃玩其聲音節奏，則其文之源流，悉能了然於心，自與我爲一矣。其字句機軸以及命意樹骨，彼此相襲，當求其始自何人，胸中方能辨涇渭。劉子政筆意茂穆，氣息醲鬱，與國語爲近，曾南豐、朱子宗之，此又一派。

一、考官制。漢之官制，多本於秦時。有增益變革，須考之紀、傳，其遷、除、升、拜之年月，與其官秩之大小，均須留心，則一代之官制可以了然矣。漢官儀雖如戲具，實欲學者嫻習漢家儀制，其書所據，均有典要，可取觀之，以引心思。

一、考典禮。漢雜王伯，是古今一大升降，然後世郊廟、朝野一切禮文，悉本之於漢，而康成詩、禮注多引漢制。苟於漢之典禮一一悉其源流，則以上考三代，下考唐宋，均無難矣。

一、兵刑輿地。漢書有刑法志無兵志，其兵制均見於紀、傳中，如番戍、講肄之類，可一一録出，更考之他書，即可得其兵制大略。至刑法，則康成注禮，多引漢律，可鈔出以與他書參考。地輿、郡國、縣邑，可考建置改易年月，鄉、亭可據本傳文理，以考其所在。而班氏兄弟均習邊事，於西域道路、方向尤悉，此尤近日急務。

一、律曆。先即本術以求其立法之源，次以近日之法以較其疏密，次於紀、傳敍事之初日月以核其合否，不知算術者，止較日月亦可。

一、字學。漢書行之民間，不如經書之廣，故字形未經改竄，其訓詁、聲音多存古誼。即方言、時語，亦有益於經義、詞章，隨時録出，足爲窮經作文之助。其經義別解，亦可録出。

一、人名。古今同姓者甚多，每易混淆，其有傳者，尚易分別，惟紀、表、志、傳中所見、外夷賊盜姓名，往往不可句讀，須細查前後，方能知爲幾人。可分爲韻，編録爲一帙。每名須載有傳無傳，見於何處。

一、佚書。古人著作，至今失佚者甚多，前人引用，因傳於後，一一録出，就可得其梗概。如緯書雖系後人僞作，在今即好古書。他如注家之所引，均資考證，一一録出，其引用現存之書，可取原本，較其同異。

一、災異。漢儒好談災異，宣、元、成、哀之際遂成風俗，學問以此爲精，奏疏以此爲要，其善者固可悚動人主，使常存敬畏之心，餘則近於占士之爲。然其學亦有淵源，可取五行傳與各傳參較，即可略知其故。古以日、月、五星交食、淩犯，均爲災異，今則皆有定法，可算而知。然理數相因，與其人人妄談災異，不如一一本之經史。雖不必據爲定論，亦可略知天人相通之故。

以上數條，爾等各占一門。每月讀六次，每次五卷。計自今月十四讀起，至十一月底止，尚餘五卷，卽於十二月初一日補之，可以竣功。爾等有暇，亦可多看，但不准止在講堂一聽以後，全不繙書。其占一類者，每日所記，必先所〔一〕讀書而後及他書。其内課諸生及五經讀完者，均須自占一類，其數人同占一類者亦可，但均須細閱全書，勿效向日之草草一聽也。以上諸條，其有志、表者，先將志、表鈔出，再以紀、傳考之。所考證之事，均記其出於何處，其或自出手眼，别有所考，不在以上諸條之内，亦聽自爲。但總須用心，毋悠悠忽忽，讀如不讀，則予之願也。

味經刊書處校勘章程

一、識本意。刊書係柯學憲創舉，學憲初挑内課，親閱課卷、課程冊，旣而責以日記四條，旣而改爲校書，則校書雖由刊書起見，實爲士子之學問起見也。知校書爲自家造學問，爲吾鄉振儒風，敢不時時自勵，而爭名好利，因循粗略以自負、負學憲哉？故先知校書本意，然後可言校法。

一、嚴校勘。知校書本意，則校勘札記卽各生之課程日記也，故寧詳毋略，寧嚴毋寬，寧泛博毋固陋。校書之體宜然，卽看書之法，亦是如是。不但經書本文須詳加考覈，卽注疏所引各書，亦須詳晰對勘，一字一畫，必求其的確。始則本書自相考證，又與他書對勘。必使一毫無憾，則刊出必爲善本，其人亦卽爲善讀書也。學問功夫不進益，吾不信也。

一、儲書籍。校勘之善，非彙集羣書、勤爲檢證不可。今擬校勘之人，分居時敏齋、日新齋及講堂後，每處准六七日，則人人能見。又借胡氏圖書集成一部，共三百六十套，卷帙太多，一處皮藏，檢閱不便，擬分藏四處。藏書之處置一空案，凡有查閱考證，均自攜所校書檢之書，分儲三處。書院不足，借於他處，萬不能借，則三處輪流。除課期外，每處准六七日，則人人能見。

〔一〕所：據文集勘誤表補。

前往，不准借向私室。每處各派一人管理，污損失遺，惟該管理是問。其有私書及自行向外借得者，不欲人看，毋須强借。

一、程功課。刻工四十人，每人每日約刻二百字，則日刻八千字，月刻二十四萬字。初校覆校，每月必須四十八萬字。除應課外，每月約二十日，以二十人計算，每月須校千餘字。今歲校書，其去歲學校者，僅十餘人，而尚有晉京或出館不住院者四五人。新來之人，不便即使校書，不得不盡責之十餘人，則每人除覆校外，日須校千二百字，方足敷用。今以千二百字爲程，俟陸續添足二十人之數，時候寬舒，每日亦須以千字爲程，違者傳堂責懲，甚則扣去薪水。疾病則病癒速補，有事則事前預趕，否則扣除。

一、别等第。聖門文學即分二事，工詞章爲文，長考據爲學，理本相通，而迹則迥殊。故工詞章不必即長考據，每月課榜，僅取詞章，則校書不得不别列等第，庶優者愈奮，而劣者亦愧而自勉。擬初校、覆校各訂一冊，隨校隨繳，我必親爲評閲，標出等第，由正、副董事張示刊書處門外。其賞罰均依榜之次第，則賞罰有迹可見，忮刻之心當無所用矣。又，今歲改向例經課之銀爲課程冊之奬銀，如願學校，自行校勘經史，雖不在正校、覆校之列，亦同列一榜，不惟優者一同奬勵，正校即從此榜提入。

一、嚴初校。書曰「校讐」，葢視校如讐，必不爲餘留之地。若曰我已校出若干條，可以自免，豈校讐之義乎？故初校必須盡善盡美。如詞訟然，最重州縣之初審，初審既定，以上於督撫司道，不過曰覆查無異而已。若初審不慎，以待上司之駁正，則民之受冤者多矣。初校不詳，以待覆校、總校之拾補，則書之錯訛者多矣。故初校宜極嚴也。

一、明賞罰。凡事不可無賞罰，校書豈能免此？然有後世之笑駡，當時之榜示，優者可以勸矣，劣者可以懼矣。然保無好利之徒，躭躭於薪水而不顧名者，則賞罰又不可不明。既重初校，賞罰即以初校爲凖。凡初校一卷書，首月須得十之八，次月須得十之九，次月即宜盡美。若首月不足每卷十之七，罰銀五錢；不足十六，罰銀一兩；不足十之五者，扣除校書。覆校一無校出者，同罰；校出一半者，半罰；全行校出者，即以所罰之銀奬之。語句錯誤、字體訛謬，同爲一條，不分輕重。學校之人，每卷能校十之五，酌奬銀五錢；十之六，奬銀一兩；十之七，提入正校。學校不議罰，考定某字作某，即別書一紙，移知董事發刊。

一、重道義。道義者，不言利，顧大局之謂也。此次校書，每人月給銀三兩，尚不能保其無罰，可謂微矣。然耽耽於此者，已復不少，殊不知此事非爲恤貧起見。刊書處若能長久，其有益於吾陝者甚鉅。我輩同爲陝人，同爲始事之人，日日用心，不能自勵學問，而徒計及薪水，甚且造爲蜚語，謂董事不公，謂余有私於某，余應允此事之時，即已計及。彼雖百喙，余惟清夜自問，苟此心無他，聽之而已。若或謗及正、副董事，一經查出，必從重議處。夫人非聖人，孰能無過？不顧大局，而於一言一動之間，刻以繩之，則顔、曾、思、孟、周、程、張、朱而外，孰爲完人哉？同事之人，外相狎而内相忌，則是非蜂生，適授外人以口實，天下事壞於此者甚多，余故願同人戒之也。

一、廣儲才。凡去歲未校書、今年始校者，均爲學校。然余提爲學校者，皆向曾從余遊，余所素知者也。今歲新來之人甚多，其學問優長者，余無從知，故無論提入學校與否，願學校者，即以所校之書爲日記，可以校書，余必提入。其有不住院、不領薪水能校書無差訛者，即刻名初校、覆校。人人樂於用功，人人知刊書處爲有益於吾陝，同心維持，衆志成城，刊書能延數十年，則吾陝之人材學問必有可觀，是則予之厚望也夫！

以上九條，鄙見如是，祈衆友代我詳思，或有不周、不到之處，可以補入。即行批於上列，我決不敢自爲是而不樂從人也。

一、求實得。凡校書，須逐字逐句校過，然理義、訓詁、考據、詞章，以及天文、輿地、兵刑、禮樂、農田、水利之類，心有專好，必學有獨得，況每校書其可爲圖表者，必先爲圖表，已開專精一門之端。故此次校書，認照常校勘外，必須自擇性之所近，專精一門。凡校一書，隨手自録一冊，則一書校畢，即自成一業，豈非快事？若漫不鈔録，隨得隨失，是入寶山空手回也，豈不可惜？

一、貴用心。用心有二：一實心不自棄之謂，一虚心不自是之謂。不自棄，則凡經史，均能一心鋭入，雖古人之〔一〕疵，亦能看出。不自是，則必勤於繙閲，凡古人所學，必漸窺其淺深次第，而吾之學問日與之俱進矣。故中實爲信，中虚亦爲信。凡事均須如此，不獨校書然也。

以上二條，又因諸生用功，再爲丁寧。蓋刻書於木，圖爲久遠計；刻書於諸生之心，其爲久遠計者更鉅。諸生其勉之哉！

諭校勘諸生

頃奉學使函，擬奏請藍田呂氏兄弟從祀廟廷，表揚先賢幽潛，即以激勵後進志氣。按呂氏先受學張子，後卒業程子之門，尤精於禮，三禮義疏所引不下百條。擬令諸生人執一本，細爲查出，於其兄弟四人之説，分爲録之，大約與叔之説爲多。再有他書，見其兄弟之説，亦宜録出。此爲吾陜學派起見，想諸生必樂於從事也。

諭味經諸生

算學有裨軍國日用，爲六藝之一，古時人人能之。今諸生視爲商賈之用，全不經心，殊爲自失其業。今擬將向之小課改爲算學課，每月二十七日，余坐講堂面課，優者給獎。諸生未習算者，即由加、減、乘、除入手，至日面試可也。

〔一〕之：據文集勘誤表補。

又

學使創設時務齋爲他日格致實學書〔一〕院之本，欲選諸生肄習其中，以四十名爲限。齋以「時務」爲名，諸生必關心時務，討論經史，期於坐言起行，可獲實用。今日世界已合五大洲爲一大戰國，世變爲漢、唐以來所未有，即救變之材，其學問必不能盡循漢、唐以來之成〔二〕迹。前有擬定學規、章程，以經學、史學、經濟、考據、藝學分門。諸生自審志力，願占何門，入齋學習，誓求精進，互相保結。力除空言無實之積習，庶不負立齋之意。今限十日，各自書冊，繳齋長處，待我閱定，呈學使裁定二十人入齋肄習。

又

前立時務齋，列算學爲一門，蓋以算居六藝之一，究屬形下之學，士子學問當志其遠者大者，近則身心，遠則天下、國家。齋名「時務」，自治身心，正救時之本原，留心天下國家，尤救時之急務也。既而思之，今天下之患，不患文詞之不工，而患政事之不修。儒生既未與天下、國家事，而其所以治身心者，不外古之六藝。六藝當指禮、樂、射、御、書、數，而非易、詩、書、春秋、禮、樂，即易、詩、書、禮、樂、春秋各經，亦非算術不能通。故漢、宋大儒如康成、朱子皆通算術，況又救今日虛詞之弊，而可不以算爲急乎？今定凡有志時務之學者，無論自占何門，均須習算，亦如士子，無論爲何學，無不習字之類。若謂姿質不能習算，是爲無志，非不能也。不能爲精深之算，亦豈不能爲淺近日用之算乎？世之習商賈者，無不能算，豈以士人之才質，反遜於商賈乎？中國之患，固非人人習算所能救，然我輩所能爲者，僅在是。禹之行水也，以算術；周公

〔一〕書：據文集勘誤表補。
〔二〕成：原字殘，意補。

治太平，以算術。孔子曰「吾不試，故藝」，周公所著之算書名曰捐悶，孔子所著之算書〔一〕名曰三不能比兩。然則爲士子而習算，正禹、周公、孔子之教，即孟子「息邪説，拒詖行，放淫詞，承三聖」之心法也。諸生其無忽算學爲末技也可。

味經創設時務齋章程

味經之設，原期士皆窮經致用，法非不善也。而詞章之習，錮蔽已深，專攻制藝者，無論矣，即有研求經史、勵志學修者，第知考古而不能通今，明體而不能達用，則亦無異詞章之習已。今時變岌岌，中國文獻之邦，周孔之教，其造就人材竟遜於外域，豈吾道非乎？蓋外人之學在事，中國之學在文；文遁於虛，事徵於實。課虛不如求實，故造就遜於人也。夫吾道自二帝、三王、周公以上，皆見諸事矣，孔子集其大成，而不得位以行道，始垂空文以自見。然道大於中，而中以時爲貴。論語以「時習」始，鄉黨以「時哉」終，孟子稱孔子爲「聖之時」，子思作中庸，發明道體，而漢儒以「用」釋「庸」，「中」之用，即道之見諸事也。厥後道術分裂，然秦以前諸子仍即事爲書。故劉子政論九流，學術必曰出於古之某官，古固無不切世用之學也。中國人士日讀周公、孔子之書，舍實事而尚虛文，甘讓外人以獨步，事不如人，而遂受其制，反若聖道亦遜於彼教者，豈不大可痛恨哉！今既知其弊之所由，始力爲矯之，爰立時務齋於味經書院，俾人人心目有當時之務，而以求其補救之術於經史，人人出而有用，中國之勢，孔、孟之教，未必不可雄駕諸洲也。其章程分爲五目，目各有子條，列如左。

一、粗設齋規。先撥款。以刊經史銀三分之二約八百金，刊時務書，即以校經史諸生膏火三分之二約三百五十金，爲習時務諸生之膏火。又味經有小課膏火一百兩，亦即撥入。膏火太嫌微薄，然此齋爲實學書院之先聲，若諸生立志求實，道藝兼通，則一二年後，書院既成，必優加膏獎。其尤者，且咨送總理衙門録用，何論區區膏火云爾哉！

〔一〕書：據文集勘誤表補。

次責成。院長總持一切，督勵諸生學習，評閲課程。監院巡閲，稽查，奉行文書，刊書董事經理賬項，支發膏火。以上三人，均不增添束修、薪水，齋長仍以味經齋長及刊書齋長兼之。倡率諸生學習，管理借還書籍，其薪水亦不增添。

次選士。凡入時務齋者，雖由學憲考選，院長挑取，兼由齋長及舊入齋之人保舉，入齋後須自具限結，講讀某經史，習學某技藝，限若干年，必能精通。倘未及限，忽欲改業，或已及限，不能精通，均從重議罰。同齋何人作保，一併議罰。

次膏火。每歲齋中約二三十人，每人月給膏火銀一兩，足供竈費而已。曠功按日計扣，立告假冊，存學長處。其餘銀作爲奬銀，俟學憲照功課評定甲乙酌給。

次立齋主。齋中諸生，公推三人爲學長，主持齋中諸事。稽察學習勤惰，互相警戒，德業相勸，過失相規。齋中諸人有行止不端，功課不勤者，學長告知同齋之人。小過衆爲勸戒使改，大則禀明院長，立即逐出。

次訂交。天下事非一人所能辦。中國風氣，人心涣散，文人相輕，彼此意見不合，激爲讐怨。同學尚不能和，他日任事，何能兼收天下之才？亦有孤介之士居書院，閉户誦讀，不與同人往來，此則不如居家讀書，何必遠來書院？蓋人之學問，成於師友，而得之友者多，得之師者少，得之照例之師者尤少，今之課師是也。友則朝夕聚處，彼此性情浹洽，質疑辨難，所益實多。今定入齋，每人均自送履歷於學長，學長命書辦登於齋中之冊，即將舊冊付於其人，令將同齋之人自書一冊。此後即不住院，同齋之人，即爲同志之友，仍必德業相勸，過失相規。朋友列於五倫之中，謂聯以道義，非聯以聲氣也。今人仕宦重同年，同鄉，同學助成學問，其情義視同年、同鄉何如哉？親愛同學，即聖人「汎愛」、「親仁」之義，禮記「敬業」、「樂羣」之説也。

一、嚴立課程。首讀書分類：易經、四書，儒先性命之書，爲道學類，須兼涉外洋教門、風土人情等書。書經、春秋、歷代正史、通鑑綱目、九朝東華録等書，爲史學類，須兼涉外洋各國之史，審其興衰治亂，與中國相印證。三禮、通志、通典、通考、續三通、皇朝三通及一切掌故之書，爲經濟類，須兼涉外洋政治、萬國公法等書，以與中國現行政治相印證。詩經、爾雅、十三經注疏及説文，儒先考據之書，爲訓詁類，須兼外洋語言、文字之學。以及歷算須融中西，地輿必遍五洲，製造以火輪、舟車爲最要，兵事以各種鎗礮爲極烈。電氣不惟傳信，且以作鐙；光鏡不惟測天，且以焚敵；化學之驗物質，醫學之辨人體，礦學之察地脈，氣球以行空，氣鐘以入水，算學爲各學之門徑，重學爲製造之權輿。諸藝皆天地自洩之奇，西人得之以貺我中國，我中國不受其利，將受其害，可不精心以究其所以然乎？凡此諸技，均須自占一門，積漸學去。各學均有專用之器，均積漸購置，見其器，則各學均易學矣。

次計日程功。每日均作六時，以二時講閱經史，二時習學西藝及西書，二時遊息。講閱經史須計共若干卷，卷若干頁，每日閱若干頁，限若干日讀完。西書及藝事，亦然，如算術，須以術之難易分。如有事故，均須注明。讀西學諸書，均須能通其意。其中國無其物及其器者，書院設法購置。或更延請西人專門之師，但我等必須先將其書讀之了了，有人指點，必易通悟。其限日法，亦如經史。

次自書課冊。每日何時起，何時寢，講閱何經、何史，自某句起，某句止，心得若干條，疑義若干條；閱西學何書，自某句起，某句止，已解若干條，未解若干條；閱報幾紙，其是非得失若何，其利害有關於中國否；見某人講論何事，其言可取與否，均一一鈔爲一冊。五日自行呈堂評閱，月終彙齊，由監院解學憲評閱，張榜賞罰進退。每人在院一年，須住足三百日，每月准應官堂課六日，餘皆循行時務齋課程，毋得曠誤。

一、創設講會。書院之始，由於講學。記誦、詞章，士子自可研求於家塾、黨庠，僕僕道路，遠赴書院，所習仍不外記誦、詞章，又何爲者？故書院教人，貴提醒人心，其有益於今日士習爲甚鉅也。陸象山在白鹿洞講「君子喻義」章，士有聞而泣下者。前明東林講學，雖爲奄黨所指目，而其中亦有失節者，然究君子多而小人少。講學之功，有益人心，不可沒也。況泰西耶穌之教，時時宣講，中國人且有從其教者。今以中人講孔子之教，爲皇上所尊尚，而不足以動人者乎？惟前明、國初諸老先生，講學均不談時事，葢舉記誦詞章而體之以身心，則已足爲有用之材。今則時變極艱且大，非曠觀六合有不能自全於一域者，故前人講學内返之身心，今日講學必外證之身世。吾儒之道，固合内外之道也，惟官吏賢否，不准一字提及。擬以學長爲主會，每月初一、十五日謁先師後，院長與諸生會講。午間延宿學碩儒登講席宣講，無則卽延院長，以味經講堂爲講所。凡有志時務者，不論籍貫，不論文、武、農、工、商、賈，皆准聽講。其未住院、願入時務齋學習者，苟有人保，每月兩次會講，兼繳課程，院長評閱，彙送學憲，一體給與獎銀。其有更遠者，或一季一會講，半年一會講，院中均供飲食。其未預通姓名於齋中者，來聽講時，許在堂下〔二〕，不准升堂。

一、勤閱報章。欲知時務，須多閱報章。京報、申報、萬國公報以及新出各報，時務齋均擬購一分，俾諸生分閱。而時務齋須設法購活字鉛版及印書器具一架，擇各報之有用者，每月排印一册，散給時務齋諸生及會講各友人各一册，餘存刊書處貨賣。此項尚無的款，擬先從刊書處墊辦，俟有機會，籌定的欵，則報紙不取錢文。凡不閱報者，不准人齋會講。凡時務齋講會有切時用之文，亦便附於報章，以求正於四方君子。

一、刊行西書。中國之患，西禍爲急，則時務莫大於洋務。西國之謀人國也，以商賈籠其財，然後以兵戈取其地。故今日中國以整頓商務爲先，宜急刻商務及通商條約、各國交涉等書。西商所以獲利□製〔三〕造精也，故宜急刻造器各書。造器之原均由格致，故宜急刻格致諸書。商賈之中，卽伏兵戎，故宜急刻戰陣、軍械等書。西學之精，非算術不能窺其奥，故宜急刻算術各書。然吾中人則虚憍自大，謂讀洋書者卽爲變於夷，則請以中興諸賢文集事涉洋務者先焉，其他則從算學始。

時務齋學規

予承乏味經有年矣，愧無實德足以感發諸生志氣，振奮有爲。而時變日棘，非人人臥薪嘗膽，不足以禦外侮而輯中夏。古謂四郊多壘爲卿大夫之辱，地廣大、荒而不治亦士之辱。今以中國之大，不能禦一日本，割地賠費，無辱不有，非地廣大、

〔二〕 堂下：原殘，意補。
〔三〕 □製：「製」原字不清，略見下部「衣」旁，上一字無法辨識。意補。

荒而不治之實乎？吾輩腆顔爲士，不引以爲辱，無論無以對朝廷也，試思外禍又發，天下之大，何處藏身？各有父母，各有子孫，讀書無科舉之路，經商無貿易之途，工無所用其巧，農不免稅其身，中國之患尚堪設想耶？欲救此患，必自士子自奮於學始。人才輩出，不臻富强者，無是理也。今與諸生約：各存自勵之心，力除積習，勉爲眞才。日夜有淪胥異類之懼，以自警惕於心目，則學問日新月異，皆成有用之才。豈惟余有厚望，亦吾陜之幸，天下之幸也！謹條列其端於後。

一、厲恥。今日士子孰不讀書，而終無用者，非書無用也。經史如天之雨露，然其灌溉人〔二〕心與養草木之苗無異：由善念而讀書，則成良才；由俗念而讀書，則爲惡卉。人心皆良而非惡，一念之歧，終於千里，孟子所謂「善利舜蹠」是也，吾輩用功，當從此下手。無論何書，每讀時先問讀此何用，則心中先有主宰，一線穿去，有條不紊，才識日增，而且易於記憶，此即程子所謂「立志」、朱子所謂「穿錢之索子」也。而吾歸之「厲恥」者，人惟心有所恥，則內若負疚，無時間斷，心密氣奮，志自專而力自果，則知恥尤立志之本也。今之仕途雖雜，東事之興，其當大任者，雜途乎？抑曾讀書稱士子者乎？此日之書無用，當日讀之之志非也。讀書不立志，愈讀愈壞，則皆自不知恥始，吾輩須力戒之。

一、習勤。今日天下之患，惟惰爲甚，而惰之患亦惟士爲甚。文武分途，弓馬之事，士皆不習見，見兵刃則動色，聞礮火則戰慄，養成嫩脆之骨，其嬌弱甚且同於婦女，全失古人桑蓬之意。前數十年，友人遊京師者，謂士夫衣飾全效婦女，將終蹶而不振，今其言驗矣。古者士子進身皆以射，鄉大夫賓賢能，天子選士，澤宮射與禮樂並重。管子處四民，所謂有「士鄉」者，戰士也。即春秋，左氏所記所謂士者，亦多指戰士。至戰國始有策士，以口舌取官者，然則勞力之事，不可謂非士之當爲也。夫孟子所謂「勞心者治人，勞力者治於人」，似士但當講習討論，以益其智，如周公之仰思待旦，孔子之忘寢忘食。然知勞心之人，未有憚於勞力者；憚於勞力之人，未有能勞心者也。孟子謂：當大任，必先「勞其筋骨」，勞則堅凝，不勞則脆嫩，以脆嫩之筋骨如何能膺艱鉅？五胡亂華，陶士行運甓習勤，今日之時勢何如？可不以士行爲法哉？有志之

〔二〕人：據文集勘誤表補。

士，其學問當自習勤始。

一、求實。外人謀富强，中國言仁義。豈吾聖人垂訓不能富强，而以仁義貧弱天下哉？外國之富强有實事，中國之仁義託空談。故中國不敵外洋，非仁義不敵富强，空談不敵實事，其弊亦自士子讀書始。束髮受學，但知讀書爲作八股之資，不惟與世事無涉，並與自家身心無涉。故讀道德之言，亦知聖賢談理之精；讀經濟之言，亦知名世論事之切；發之八股，何嘗不言之有物，持之有故？而技止於此，舉聖賢所遺之經、史、子、集，不過爲一大兔園冊子，一旦身列仕途，問以家國天下之事，皆欲索之倉卒，而毫未預爲之計，天下事安得不壞？故士非士、吏非吏、官非官、兵非兵、工非工、刑非刑，一切用人行政，均以八股之技從事。代他人爲言，而與己無與，成爲虚浮之天下，而外敵乘虚而入矣。故今日之弊，非矯虚以實不可。矯之，亦必自士子讀書始。凡經史中所言之事，皆以爲實，而默驗之身心，必求其可行而不貴其能言，則心入於事理之中，言未有不眞切者，而文亦精進矣。求一得兩，何憚不爲？

一、觀時。昔人云：「識時務者爲俊傑」，此「時」字人以爲豪傑之趨時，不知卽易之「時義」，中庸之「時中」。蓋天地之機日新，帝王之政事、聖賢之學問，吾輩之識見，不得不求日新，以合天地之氣運。日新卽日變，變而能新，則「時義」、「時中」之謂也。故孔孟不取老、莊之言，而用黄帝、堯、舜之道治春秋戰國之天下者，以時隔二千餘年，道當窮變通久也。今日之天下，黄帝、堯、舜之天下也，混沌可易而文明，文明亦可易而機巧，欲變通久，卽孔、孟之道也。士生今日，徒抱唐、宋以來之成迹，而不統觀開闢以來之變，以印證今日，必不足以持今日之變。故士子讀書，以識今日時務爲第一義。凡讀經史，皆與今日時勢相證，思其合，且思其所以不合之故，則書皆有用，士成通才矣。

一、廣識。今之爲政難矣，不胸有五大洲之列國，不足以安一洲之一國。學以爲政，非悉五大洲之政事、文章、人情、物産，亦何以爲學？況西人趨使無情之水火、無形之氣風，一草一木之微，皆想入非非，化無用爲極有用，硝磺及炭是也。使有言於四五百年之前者，則必議其妄，今果何如耶？況經國大猷，歷代不襲其迹，而意未嘗不同。不知其迹之異，則泥古而鮮通；不知其意之同，則執迷而不化；未有能應今日之變者也。宜於古今治亂興衰之迹，深求其故，了然於心，而於外洋各國立國之本末，亦兼綜條貫，則遇事自分曉，不難立斷，而措置從容，無不中節矣。

一、樂羣。今日人心渙散極矣，易言「渙其羣，元吉」，今何以不吉？蓋渙其名利之私而羣其道義之公，渙之正所以羣之。故繼之曰「渙有乎，匪夷所思」，聖人何嘗不重天下之羣哉？吾鄉人士，習秦人無黨見語，多獨學無友，孤陋寡聞，執高頭講章之説，自以爲是，與世事全形隔閡。乃聞人之長而必言其短，見人之短而特甚其詞，此爭名之心發於外也；居處飲食不相讓，學問事業不相謀，此爭利之心蘊於中也。及至居官，以空疏之識，競名利之私，其能不嫉賢妒能，貪榮慕勢如詩之所謂「忮求」者乎？官方壞，則事事失人心。今日人心之渙，未必不自吾輩存心釀而成之也。孔子曰「君子矜而不爭，羣而不黨」，自愛名節，則矜而不黨；不貪名利，則不爭而能羣，能羣即「胞與」之仁；不羣，即土崩瓦解之勢。書所謂「億兆人惟億兆心也」，易於極渙之後，許以「元吉」，象以「有乎」，幸以「匪夷所思」。萃人心之渙，其權不能專責之士，然士亦有人心世道之責者也。有志者事竟成，吾輩所得爲者吾自勉之，「匪夷所思」，安知不爲今日之識哉？

以上六條，諸生果信予言，潛心學去，他日必有益世用，予日夜所禱祀者也。即謂士須以八股進身，則「厲恥」、「求實」必不屑剽竊爲文，徒恃空言，從事經史，體以身心，而文有根柢；「審時」、「廣識」，文必精切宏肆，場中易於制勝；「習勤」、「樂羣」，則朋友講習日夜不倦，文事日精進矣。凡八股皆以發揮聖言，上六條則以聖人之言而以身爲之者。世豈有身爲其事而不如徒言之親切者？諸生果實從事於此，倘有妨八股，予甘任其咎。

諭崇實書院諸生

予於乙未春間爲味經諸生擬學規六條，一厲恥、二習勤、三求實、四觀時、五廣識、六樂羣，其時擬集股購機器織紡，有效，再建「實學書院」，予故先辟時務齋，以此勖諸生，爲書院之先聲。蓋恐集股不成，不能別搆書院也。今幸書院已成，大府籌備膏火，頃奉旨特變科目，諸生當無不痛除故習，以勉承明詔矣。然繹詔旨六門，特祛詞章之虛以從政藝之實，適符

「崇實」命名之意。非舉堯、舜、禹、湯、文、武、周公之法棄之以從西政，舉孔、孟以來相傳之道，棄之以從耶教也。然則諸生欲爲實學，當自有實心始。實爲堯、舜以來相傳之族，則當實心以求保種；實爲學習孔、孟之徒，則當實心以求保教；實爲大清數百年之士民，則當實心以求保國。實心求之之法，仍不出前予所擬六條，請再引伸其説，以告諸生。

周子云：「志伊尹之所志，學顏子之所學。」伊尹何志？欲君爲堯、舜之君，民爲堯、舜之民而已。夫以莘野耕夫，乃以君不若堯、舜、一夫不被澤爲恥，去堯、舜僅四百餘年，堯、舜法度豈盡泯沒？桀雖昏暴，猶爲中國之人、中國之教，必不盡舉中國四萬萬之民而奴隸之、屠割之。伊尹之恥，乃至若撻於市，使生於今日，親見外夷之横，異種之教駕於堯、舜之上，以屠割我中國，其恥之深痛，爲何如耶？恥之，則必求洗其恥，求洗其恥，非自奮於學不可。孟子云「天下無道，以身殉道」，必矢以身殉道之心，然後爲有志，然後能立志，此恥之全量也。而在諸生，則尤有切要之圖。當思與中國並立者，何以他國之人皆智、皆巧、皆富强，中國獨愚拙而貧弱？人且謂我爲野蠻，爲無教化，以炎黄之種，生清淑之區，承堯、舜、禹、湯、文、武、周公、孔、孟之教，而令人訾爲野蠻、無教化，而愚拙、貧弱，則誠不如人，此其可恥爲何如？誠不可一夕安矣！恥則憤，憤則勤。

吾前多言兵事，若以武夫待文士者，不知是卽孔子之道也。孔子論學曰「愚必明，柔必强」，「勇」爲「達德」之一，「弱」爲六極之終，自强不息，道乃上擬天行。然則學問之事，以知始，以强終，果窺聖人之道，未有不强者也。「國之大事，在祀與戎」，今開特科，名曰「武備」，朝廷之意可知矣。諸生卽爲一身功名計，處今日世界，不耐勤勞，何能任事？故當孜孜以求其明，並求其强也。明者，治心之效；强者，治身之效。宋儒謂變化氣質，變昏愚之氣而清明；變脆弱之質而强健也。詔旨所分六門，不過政、藝，政，古之大學也；藝，古之小學也。西政之善者，求之吾古，無一不備，而易流於空談，當與吾今日所行之政相比較，則一旦當，自能坐言起行。西人之藝則極神奇，此殆天爲之開，俾西人數十年研求，以貺我中國者。彼爲其勞，我爲其逸，我輩宜各占一門，日夜殫心。若有其器，如法試驗，不過三年，卽能貫通。西人汽機、輪船等事，其分功課，亦不過三年也。吾輩未入仕途，所學内修、外交、理財、經武，雖言之極精，均空談而無實事。則吾前所謂求實事者，將何以求？曰：此其本在存心，而其用在觀時。視天下之患如在其身，西人何以富，我何以貧；人何以强，我何以弱；人何以不諱言利，而貪黷者少；我何以言仁義，而污處者多？以西國之政事對鏡，而我之弊不可掩；以西國之政證以我之三代而上，而我之弊愈不可掩；而救弊之方，在是矣。中國之弊，實積於唐、宋以來以文取士，故求實須黜浮詞，而能黜浮詞，則自能觀時始。觀時何以能黜浮詞？曰外洋詩、書、禮、樂之化，不如中國也，然而國日富强；仁義、道德之訓，不如中國也，然而自謂有教化，其故何哉？外洋之事治，中國之事不治也。中國之事何以不治？取士之時，以文不以事，則士之讀書次第，求能文而不求能治事。故朝廷之政，吏例持之；行省之政，幕賓、家丁持之。非甘讓行政之權於人也，平素並未講求，一入仕途，每遇一事，均茫然無所措手，不得不假手於人，而弊叢生矣。今則六七大國相逼，理財之權授於人，治兵之權授於人，近且黜陟之權亦授於人，而瓜分之説且昌言不諱。宦途日棘，不欲入仕途則已，欲入仕途，兵刑、錢穀之事，可不預爲講求哉？

其曰「廣識」，何也？曰今之禍，較戰國爲急而且大。戰國僅中原之地互相爭奪，今則合五大洲相爭奪。戰國之秦，專尚兵力，今則以商務奪我之財，以教士誘我之民，其禍酷於金、元，較五胡而過之。五胡僅恃强悍，今則加以智巧，萬非中國所能敵。故欲救今日之弊，非洞悉西國之政治、工藝不可。西人風氣日開，每歲新出之書，多至萬余種，諸事日益求新。中國乃固守唐、宋以來之舊見，烏得不日見削於人也？故能識周六合，然後上下千古。井田、封建，皆後儒所謂萬不能行者，今則萬不能不行矣。觀礮火之烈，然後知井田溝洫之法所以爲國也；觀吏胥之横，然後知鄉官州遂之制，所以聯民也；至於學校，尤萬不可以不復古。非西人行之而效，孰敢作此論哉？故西人藝事之書可讀，其政治之書，尤不可不讀。

其曰「樂羣」，何也？五大洲上之人分五種，歐羅巴人爲白種，利未亞人爲黑種，南洋各島爲椶色種，美利堅人舊爲紅種，今被白種驅逐，逃於深山，如雲南之怒夷，黑人僅爲白人之奴，椶色人多見併並於白人。惟我中國爲黄種，知識不亞白種，而日見削弱，其故何也？白人能羣，各色人不能羣也。今外患日逼，非合天下爲一心一力，不足以救〔一〕之，故今日第一義當自能羣始。能羣卽孔、孟悲憫之心，必能使中國爲一人，然後能使天下爲一家，否則人以天下爲家，我將爲之奴隸矣。可不痛哉！故吾願人人能去自私自利之見，以勉求當世之務，而共支危局，不獨忠於國也。黄帝、堯、舜以來，聖賢之神靈，實式憑之矣。

以上各條，皆我以意爲之，諸生遵守，其有窒礙難行或意想不及到之處，均可隨時斟酌、增改。

甘肅省大學堂功課提要

學堂課程每日時刻華文僅三點鐘，非輕華文也，以諸君身列庠序，皆讀書習文，此時華文不過溫習，而西文則全未寓目，時勢又迫，不能不略重西文也。溫習華文當專重經史，粗舉如左。

一、溫經。子目有四：倫理、政治、文詞、習字，均閲書經，每日限多不過五千字，記所疑所得。人爲天地之心，裁制萬物而最貴，其最貴者，以有倫理也。夫婦形此理，父子誠此理，君臣治此理，此直説也。兄弟，倫之始；朋友，倫之中；君臣，倫之終，此横説也。直者爲經，横者爲緯，緯卽中庸「經綸」之「綸」，故有倫理然後有世道，主持世道者，君臣也。吾六經所言，皆是此理。近日有新出倫理分而爲四：曰對己身，曰對家族，曰對人羣，曰對國家，謂中國五倫不如四對之該備，以君臣、朋友不能該人羣也。不知君爲羣之首，朋友以義合，吾聖人論君道曰「天下猶一家，中國猶一人」，苟事事合義，則五洲誰非吾友？羣之大，孰如吾聖人之言哉？特吾中國有倫理而無政治，尊君以文而不以心。君民之間，情不結以同胞宗子，義不聯以師友、主賓，羣無首而散渙、乖離，人方以我無倫理，而野蠻我、禽獸我，而敢望與人友？故吾輩今日讀書，

〔一〕救：原字模糊不清，依字形大略及文意補。

當注意倫理以修政治始。蓋必吾有君，而後人心羣於一以修政治，人自不敢侮我詈我，而引與爲友矣。故倫理爲主政治之源，政治即修倫理之道。至於文詞及字，則所宣達此二者而不可廢也。秦、漢以前，有道藝無詞章，而詞章非後世所能及，孟、荀、老、莊、申、韓、賈、董是也；秦、漢以後，有詞章無道義，而魏、晉之文且遠遜秦、漢，何論六朝？以爲時世之降而韓子一人力能復古，正蒙、通書且駕而上之矣。故學道藝，詞章卽可不學而能。讀中國之書，欲用之中國，不能不習學中國之字。習字以快爲主。曾文正有言，「人須日書二萬字，方能足用」，蓋其軍中閲歷之言也。習字須講求形聲，「形」爲説文之學，「聲」爲音韻之學，知形聲，則中國之學其用實便於西文，而習西文亦易。

一、閲史。子目二：事實、典章。均閲通鑑輯覽，每日五葉，記所疑所得。史載歷代興衰治亂，事實也；法制文爲，典章也。讀史志在興衰治亂，法制文爲則莫要於本朝掌故，而五洲交通，又須急知近日時事，而各國之事實不能不兼通矣。各國之事須閲報章，本朝掌故事實，須閲東華録、滿漢名臣傳、聖武記等書，典章須閲十朝聖訓、皇朝三通、經世文編等書。今書皆未備，莫如閲通鑑，且每日用功止有三點鐘之久，亦不能遍閲。他書凡求歷代事實者，當注意於通鑑輯覽，求歷代典章者，注意於文獻通攷，考古須證以今，乃可坐言起行。不然古人已死千百年矣，吾輩考其事實典章，總極詳明，於我之身世何涉？且不惟此，古之天下僅爲今之中國，故古之學直上直下，考古第證以今，卽爲有用。今之學，當横推横行，知己兼知人，方能有用。故閲近日報章及各國事實、典章之書，其益百倍于舊史也。閲歷代事實，須先審其時之風俗，次人才，次國勢，着眼此三者，其興衰可以預定矣。典章所該最廣，除天文、律歷、工藝歸入算學外，地域、官制、財賦、兵刑、農田、水利、物産、學校、選舉、邊防、交鄰，均須留心，與今日對校，方能有益。以上各類，諸君自諒精力，能兼若干門，則專精力於此數門，他則涉獵而已。

示張筱山子讀書法

一、德性書。孝經、大學爲要。孝經言天下之大本，研究以求知止，則道有所統而不紛；大學言天下之達道，研究以求知所先後，則道有可循而不紊。此二「知」字卽吾生固有之知，有此二知，然後可以致之於物，則「格致」之學出，而爲世用亦「格物」也，謂納物物于矩，卽「物格」也。論語爲道之總匯，孟子爲儒教之大宗，中庸先儒以爲孔子之行述，蓋統孝經、論語、大學而精言之，較孝經、大學、論語、孟子難讀，爲成學知道者言。故孝經、大學在論、孟先，非謂書之次第如是也。

次閱儒先書。西銘爲先，反身録、傳習録次之，朱子語類又次之。餘閱中國道學家言，西儒哲學家等書。如天演論之類。

次經。孔子所定之六經，爲古今中外學問、政事之祖。學問，知也；政事，行也。今日中國道學家論學詳而略於政，則有知無行，非六經之旨。蓋詩爲卽物窮理之書，亦卽語言文字之書。卽物窮理，所以濬己之性；語言文字，所以達己之情也。書明政治之大綱，易其本源，禮其法制，而春秋其條例，樂則其效驗也。惟中國治日少而亂日多，蓋自春秋後，孔子之道未嘗一日行，典章法度不順乎天下人之心，故治不能久也。讀六經當究心典禮，又參以西國辨各事之章程，此爲今日要務。

次史。史爲興衰治亂之迹，最有益於學問政治。惟須着眼於治亂興衰之由，其端最微，其治以此，其亂亦以此。詳推其由亂而治之因，再究其由治而亂之故，則於其治之本末利弊，無不了然於心，而於今日之治，可以物來順應，無往不宜矣。參閱西史最要，五大洲將合爲一，今正如戰國之世，中國如韓，勢正岌岌，此志士發憤之秋。須時時不忘爲宗國圖存之心，有此心，則報章不可不閱，五大洲地勢不可不講。

次掌故。古之學問，直上直下，故貴攷古以證今。今之時〔一〕勢，横推横行，故宜借人以鏡己，以此言之，閱報且要於讀舊史矣。況今之改變學堂，皆以中國政事學問不如人，乃大變二百餘年儒學，書院仿西法以爲學堂，此時而勸人讀掌故書，人將笑其迂矣。不知我朝之法，是行之積久而弊生，非祖宗立法之初卽如是也。一由於時勢大變，道、咸以前，中國人自視爲天下者，今退處爲一國，而猶行一統天下之法，此其不可行之大綱也。一由於積習相沿，全失祖宗之本意，而必奉爲祖宗之成法，弊上積弊，至於極壞，不可收拾，此其不可行之細目也。欲救今日之敗，當先知今日之法並非祖宗之舊。何以知非祖宗之舊？讀本朝掌故之書與今日所行者相較，則自恍然矣。今日改變學堂，正欲學者移揣摩八股之心，以簡練朝章、典故、練兵、理財之法，不知我之短，何以用人之長？故掌故書，不可不究也。東華録、十朝聖訓、皇朝三通、會典、聖武記、各省平匪紀略，曾、胡、左、李中興名臣文集，再搜求外洋各書，與之對較，則於今日世事，可以十得八九矣。看此等書〔二〕，不必細閱，須以今日内外情形置之胸中，凡遇與今日政事有相關者，反復推求，則不妄費日力，卒業亦易。

次習藝，中國六藝爲禮、樂、射、御、書、數。禮是用各藝之法，卽前所謂辦事之章程；樂爲辦事之效，是言其意，若其迹，則中國之文詞、西國之聲學，皆是禮樂，是治之大綱。射、御是治中之武事；書、數是爲治之文事。孔子所謂「愚必明、柔必强」之具也。六經言道，六藝言器，藝非道則其本不正；道非藝則其用不行。中國積習，空談虚理而忽實事，今日正當重藝以矯之。書記已成之迹，算推未著之形，皆致知之具，禮、樂則行之也。在爲學，則禮、樂爲西人之德育，書、數爲西人之智育，射、御卽體育也。射、御今日不可以威天下，近人有易以圖鎗者，然不如易以汽機。西人聲、光、電、化之器，開千古未有之奇，此天地别開一世界之具，吾中國不能不急起而用之。聲、光、電、化之用，皆汽也；金、木、水、火之用，則機也。彼易以圖鎗者，蓋因中國射、御而思其對，非盡今日藝事之要也。今日天地眞是又别開闢，堯、舜時以百官爲百工，今

〔一〕時：原字多半殘，以上下文補。

〔二〕書：據文集勘誤表補。

世運亦正如是。工藝之學，不可不究心也。

示子瑞騄

汝學問未成，即出爲人師，是以童蒙勵汝之學，非汝之道藝、德行足爲人師也。時時日日，當自勉學問，盡心竭力，不使一毫對不住人，問不過心。須知道，秀才爲蒙師，即出身加民之始，他日能爲名儒，未有訓童蒙不盡心竭力者。其教法須寬以容之，勤以督之。唐、虞教胄子，命樂官，不命刑官，固貴從容涵養，不貴束縛拘迫也。

一、講讀。童子已讀之書，令照舊。讀其生書，讀一句須爲講一句，講須極俗，令童子心中了然。每日須爲童子認十字，逐字講明寫出，貼在牆上，令童子能寫者各自鈔録。爲童子教等韻，須講口勢，使童子心中了然。等韻學後，再認字。每認一字，即問童子此爲何口勢，在何韻，不能，汝爲調之。天文、地輿、歌括及近日新出幼學各書，並舊日小兒語之類，均爲童子講讀。經書宜以俗話演講，史事亦須演説。

一、學算。先使童子知數，倘不知，可就實物指示之。

一、習體操。每傍晚爲之，汝須與之共學。

一、朴作教。刑所以打犯命及不法者，非責童子以記誦也。童子誦讀，汝須經管，使心不放，即易成誦。不可一認書後，置之不問，次早責以背過，其背不過者，橫施鞭打，此即論語所謂「不戒視成，謂之虐也」，汝其戒之。

每日功課，汝須自寫於日記上，不可一日不寫。每歸，須將日記拏上，我要看。每朔望，須謁至聖，謁畢，汝爲童子講孔子學問，擇童子易解者演説。至於東家，均爲鄉人，不足與之責禮。茶飯不可計較，汝往可帶茶葉一包，鄉間多半不飲茶也。

煙霞草堂集卷九

咸陽劉光蕡古愚

陜西保富機器織布局簡章

一、本局業經撫、學院會同奏明，奉旨允准在案。現已派人前往滬、鄂一帶採訪章程，訂購汽機，事在必行，凡有力入股者，毋庸觀望坐誤。

一、立局以涇陽爲最善，其地爲布商總匯，又附近涇河，取水既便，運煤亦易。

一、本局擬集股本三十萬兩，以布平紋銀一千兩爲一股，亦曰大股。百兩爲一分。亦曰小股。願入股分者，至少以一分爲率，愈多愈善。此銀俟機器購買已定，一面相度廠基，即行將欵交局，給予股份憑票，並支取利銀、紅銀二摺。每百兩對年以四兩行息，於夏冬二季支取。其紅帳一項，開辦之初，當無大利，然約略計之，至少亦可保一分二釐利息。俟對年結帳時，由總管算明，刊刻清單，轉商各股東酌奪，分別存撥。惟開局之初，擬仿商號通行舊例，三結始行分利。

一、本局收支所暫設涇陽城内山西會館。願入股者，自行交納，收支所給予股票，官不經手。

一、本局除洋匠及工師外，擬設正總管一人，料理局中一切事務；副總管一人，兼掌銀庫鎖鑰；司帳一人，專記各項出納。此三人最爲緊要，由各股東公舉心精力果，正直無私，熟知貿易，明晰大體之人辦理。厚其廩給，俾得專心致志，以理局務。年終，則合計贏餘，提成以酬其勞。每年更換一次，即以副管充正，俾資熟手。如於局務大有裨益，准留一年，至三年後，雖稱職亦須更代，以妨盤踞。倘有不能勝任者，公同斥去，另舉承充。其有虧折出於意外者，局中自任；若舞弊營私各事查出，由舉主賠償。其餘司事各名目，俟事成後，再訂詳細條款，斟酌辦理。但局中不論何項人等，均由股東及總管人公舉，官紳不得勢薦，以節冗費而收實效。並設委員二人，即以實學書院監院兼充，專司稽查利弊，料理文件，以聯官商之情，通上下之氣，庶不致諸事隔閡。

一、股本既已交局，只准取利，不准提本。其自願以股分票轉售他人者，聽，至售價之優絀，本局概不與聞，但認股票爲准。

一、本局以印票、印摺爲憑，如有水火盜賊，因而遺失者，准本人來局報明失事實在情形，亦可另給票、摺，但必須本局有股本數目相當者作保方准。前紙即注明作廢。

一、此局原爲培植書院而設，將來應繳國課，擬請從輕辦理，故其中沾潤尤多。應俟辦有成效時，酌定得利之厚薄，提若干成爲營建書院之資，若干成爲山長脩金、生徒膏火，以期造士裕民，兩有裨益。至肄業生徒，約以八十名爲定額，以四十名由學院隨棚調取，以四十名作爲出本一大股以上股東之子弟就學，用示優異。其貲本不及一大股者，不在此例。然必須本人子孫及同胞弟姪，始能霑此利益。仍由學院考其心地聰明、文理清順者，始准住院。

一、本局無論官紳商富，均可入股。外省之人，已入股者，亦准照章送子弟入院肄業。如辦有成效，再由局稟請上憲，仿淮、浙商籍之例，奏加學額，以宏獎勸。

一、此局既成後，再由局稟請上憲，奏明立案，專利二十年。此二十年中，他人不得在本省另設織布機局，以保利源，而杜取巧。如本局各股東自願加本推廣，或另設織造羽呢各貨、機廠及一切汽機者，聽。

以上十條，均系綜理大綱，俟事局已定，再妥議詳細章程，奏明立案，永遠遵行。

創辦機器織布説略

一、此次辦理機器織布，擬官、紳、商同心合力，一氣共舉。商管銀錢、帳項、買賣各事，紳管學習、機器、教訓學徒各事，官則主持保護，而不侵利權，卽有事涉衙門，有紳承當，決不致貽累商民，無可疑問。

一、此事若全用官本，則爲官辦，利必歸於官，勢將多派委員，致多浮費。故須民間先集股份，以爲根本。倘不足用，再領官本，則事屬民辦，利盡歸於民矣。

一、湖北有洋布局，系官辦。用銀三十余萬兩，官辦則局面大，耗費多。吾陝民辦，費當較減。若用湖北鐵政局之機器，所省尤多。然成本不嫌其過寬，本愈寬，則利愈大。今擬以銀一千兩爲一股，若能集二百股，則有二十萬兩之本，卽可辦矣。

一、此股集成，不必卽繳出，俟辦有端倪，蓋造房屋、購買機器、延請教師、收買棉花，需用若干，然後照股份陸續繳齊。目下只出一冊，以爲後日收銀之據。

一、此股集成，每十股舉值年一人，每歲有二十人。值年主持一切事，故其局中辦事，卽由此二十人公舉。每年一易，五年以後，出股份之人，皆知局中利弊，彼此放心，知官紳未常分毫用伊銀兩。

一、此事吾陝係創辦，不可冒然舉辦。須派善算、及通達買賣之二三人，先往湖北，住居洋布局調查數月，細觀湖北規矩，及機器織法：用房若干、機器若干、每日紡綫若干、織布若干、需銀若干，使胸中略得規模。然後訪求教師，言明幾年必使陝人自能使用機器，每年需銀若干，陝人學精，謝銀若干，立定合同，卽與同購機器，運以赴陝。陝中房已蓋成，卽可安置機器，紡綫織機布矣。

一、此事辦成，必有大利，何也？湖北棉花常價須二百有零，倍貴於陝西。彼處將布用人織成，運赴陝西，層層厘稅，尚能獲利。今以百余文錢之棉花，用省工之機器，無運脚，無沿路釐稅，其獲利，豈不顯然可信？不惟獲利，且必大豐。

一、此事不辦，必有大害，何也？洋紗即陜人所謂綫。一物，其始來自印度，人以其質細無力，滯而不銷。久之，漸有圖其簡便，而購以織布者。既而布行，不勝其賤，買主且樂其精，於是盛行。日人黠之，遂轉購中國之花，至長崎各軋花、紡紗、機器廠中製造成貨，然後轉運中國銷售，計二十年，出口之花約五十萬擔之多。惟以水脚釐稅太重，獲利未能甚豐爲憾。今議欵約章既有准在各内地製造一切土貨之條，將來勢必先以涇原爲下手處。既無運脚、關稅，又省人力、工作，其價自必極賤，誰肯買貴而不好之土布，而不買精而極賤之洋布哉？立見陜西所行之湖北布無人買用，陜西布行自然家家倒閉，而每歲數百萬之生意利益，盡被外人奪去，豈非大害？此害顯而易見，凡我陜人，宜惕然自懼，速爲防之，而在布行尤宜猛醒。

一、此事既辦，宜速設機器書院。不能自用機器，雇人代作，仍受制於人，不能全收利權。擬開局即立一書院，凡有股份之人，均選聰穎子弟送入書院，公請教師，教訓各様機器。數年之後，自造機器，不惟洋布全收其利，其他有利之事，可漸次推行，而人材一經歷練，自必瑰傑輩出矣。

一、此次集股，不拘籍貫。此事爲保全中國利權起見，非專爲陜人謀也。陜中商民，舊多外省之人，今一律入股，即應送子弟入院學習。倘學習精通，即由本局出具保結，送憲司面試，其有成者，可咨送總理衙門，以備任使。

一、此次集股，不拘官民。中國之弊，全在官民相隔，故諸事受制於外洋，不獨利權也，而利權尤甚。外國合一國之君民謀利，中國則聽民自爲之。外人之力聚，中國之勢散，中國所以貧弱於外洋也。此次集股，欲聯官紳商爲一氣，即當不問官、紳、商，皆准入股，獲利均分，則官、紳、商之氣常通，諸事皆可辦矣。其仕宦省分，不准開設市肆之舊例，擬稟請奏聞。此次集股爲民保利，非與民爭利，不在例禁之内。且官爲民倡也，如亂後初行淮鹽，官商同辦，方始暢行，可援以爲例。其有效彭剛直公之爲人，辦成得利後，盡以其股本歸公者，聽。

一、初集股分，不可無歸宿之處。擬即以味經刊書處爲總匯之所。凡有欲入股者，均自書明姓名、字號、居址、籍貫，即寫一冊。俟有二三十股，卽可選人前往湖北；有五六十股，及湖北信回，卽可開拓廠基，葢造房屋；購機器歸，卽安置織布矣。葢造房屋卽選人監工，而以工所爲總匯，刊書處之總匯卽撤。

一、此次創辦集股及集股已成推舉值年，無論紳商，不給薪水，其常住局中辦事及往湖北者，則須薪水。

一、此事系創辦，凡有官紳商能晰機器利弊、用法、價值及織布法程、利弊，均可來味經面商，或路遠以函相示。局開後，如有弊端，入股之人均可至局相告。卽非入股之人，亦可以函相告。此事爲保我中國利權，凡我中國之人，宜人人竭其才智爲之。某等才智短淺，不敢自以爲是，不樂聞人言也。

一、此局既成，織布精而價廉，必能暢銷獲利。將來去路既廣，再爲擴充廠屋，增添機器。第恐本地之人既知機器之利，或別開一局以掣利源，殊非同力合作之本意，此風決不可開。中國之勢本散，藉此聚之，若又紛紛私設機局，則又散而不聚，何能力敵外洋？宜以私設機器、機房，懸爲厲禁，方能收回利權。

一、既能以機器織布，其染法、印花亦宜漸次講求，以及洋紬、洋縐、羽毛、洋絨、嗶咭、羽綾呢等類，均宜推廣製造。葢以上各物，以羊毛爲大用，本省土產所出，購辦尤易，獲利必豐。總之，此局爲開風氣之端，凡西藝之長足以利國、利民者，均須以次漸及，方不負今日立局本心。

一、機器織布局創始於上海，近年以來，沿海、長江一帶相繼仿行，集股創設。計已成及將成者共十五處，以本年各局覈記之，大約統有紡紗車三十六萬架，織布機器約三千軸，軋花機器更難悉數，而日增月盛者，且方興未艾也。使非大有利益，誰復糜數十百萬金之費，爲兒戲哉？查海關二十年結賬，洋布之入口者不及一千四百萬匹，視十六年一千七百四十萬匹、十七年之一千八百六十萬匹，減少甚鉅，此亦可觀其大凡矣。

一、湖北機局所織之布，種類甚多。有幅寬一尺五寸者，其用與廣布等。今擬開辦時，多分種數，視何等銷售旺，則以全力注之，庶免積滯之弊。

一、此次集股，隨發股份票一張。有願入股者，自書籍貫、銀數於票內，持至涇陽味經刊書處，登入底本帳內。追收銀時，另發執照，存本人處，以後卽以另發之票爲收取利息之據。其願入數股、數十股者，或書一票，或書數票、數十票，各從其便。其力不能入一股者，或入半股、或一二分，亦准集入。止書一票，繳銀、獲利均照分數折算。

一、此次集股創設織廠，決無不獲利之理。卽或日久利微，或別出事端，均不准致累股主派認虧折，所用官項，亦均由廠歸還，與民股無異。則入股者知有利無害，踴躍從事，此次之股旣易集，他日推廣煤鐵、皮毛，人皆信服，亦易爲力矣。

南行誠約　示楊蕙　陳濤　孫澂海等

中國辦機器，吾陝爲第十五起，不可不辦，端已著矣。然陝人不惟不喻其機，及其器亦多未見。冒昧爲之，其不易爲，可知也。踪迹託於工商，利害關於君國，以二三儒生任其責，智小謀大，力小任重，顛蹶之慮，何日可免？愚自奉文後，心緒煩亂，寢食忽忽，知其難而又不能止，思其事之始終、條理。賦性迂拙，事爲目所未睹，何由晰其利弊？而心乃不能默爾而息也。姑就愚慮所及者，爲諸君言之。使往鄂、滬細爲考核，或藉以爲發問之端，則亦聊盡心與諸君分嘗其苦，諸君可以諒余之心，而諸凡謹慎，詳思焉則得矣。

一、和衷。諸君同往，其心我皆可信。惟才氣之大小、規模之廣狹、意見之彼此、思慮之疏密，勢必不同。其有不同，正如寬猛之相濟，爲守之兼資，各平其氣，徐以思之，則能合矣。蓋心旣同，必能殊途而同歸也。

一、坦誠。惟求和衷，不審其事之可否，阿意曲從，則又非也。此次爲辦事而往，正爲多一人多一識見，須各自盡其心，反覆辨難、忠告、善道，舍己從人，但期於事有濟。我之與人辨者，旣非求勝於人，亦勿謂人之與我辨者求勝於我也，則能和而不同，辦事決無貽誤。

一、儉約。此事重大，諸君身任之，亦已勞矣，豈更惜小費？然辦機器，各省未見獲利者，皆因官辦，局面大，妄費多，故朝議欲歸商以期省費。此次前往購器，卽當從儉約做起，一切局面，當俯而就商，不當仰而效官。湖南、北之初辦釐金也，盡用士人，麻鞋草笠，不用僕從，所收倍豐。其後局面越大，所收越減，及紳士全效官樣，而釐金弊不可爲矣。織布辦成，與釐局正同，當效其初，毋蹈其弊。今往鄂、滬，事成則經費從股本扣出，即爲開局辦事之式，不成須我賠墊，儉省亦易了結也。

一、日記。我輩名辦織布，其心不止織布也，將以講求時務，練習人才，爲陝士開風氣，以爲後日自强之本。今日上道之始，不啻入學之始。在路須記其阨塞險要、風士人物，山路之險窄、水程之湍悍，均須記出，或用器測之，以爲運道計。所過城邑，每日所見何人，所作何事，即無事，或看何書，同行談論何事，至鄂、滬尤須詳細，不可一日不記。花天酒地，萬不可往。即或同鄉、官、商招請，座有娼優，即行避去。彼如强留，即告以此行因辦公事，受我誡來，不敢負我。總之，寧介毋通，寧迂毋蕩，此是出門要法。

一、見官。我輩平居多未見官府，此次不能不見。無論何官，見之均宜恭敬。人爲官，我爲士，我自守我之分，此即孔子「見冕衣裳者」之意，非卑屈也。見香帥尤宜恭敬，香帥才高識遠，我輩萬不能及。若見時情意淡漠，亦不必强求，若情意殷勤，則諸事請教，彼如細詢吾陝辦法，亦直爲陳之。明言意出於芝山學使，我輩奔走於下，鄉紳似皆許可，而集股爲難，欲借欵爲之。如湖北能造機器，有可請之洋教師，亦告以與京師同鄉官有約，須由彼歸方能定行止。其他同鄉官能見，均見之。過蕪湖，須見柯遜菴先生，凡事直告。至蘇見趙展如，呈我信後，看其辭色，不以爲然，令其以信覆我。汝等即求他往，速密爲我信。如無大人氣習，第謂此事難辦，則無足怪。此事本不易辦，慎重未嘗不是，則與彼諸凡商酌，渠決不欺人，亦非畏事之人。彼好議論，必另有一番議論，可采則照所言行之。

一、見商。此事既名商辦，豈可與商人隔閡？凡有陝商，均宜拜見，即以打聽外邊事情。商人之話不必遽信，存之於心，俟察驗後，再酌量也。

一、察勘機器。先拜委員，次拜局中辦事之人，次拜主用機器之人，及要緊工匠。即將所帶棉花，令其試織、試紡，看花性如何。成布須與湖布、洋布對校。湖布各種能帶歸一二尺，更妙。須問陝花宜用何等機器，能住局中更妙；不能，則近局覓店，朝往暮歸，須細審其機關及利弊。汝等須買繪圖器具一付，日日繪圖、貼説。詢湖北有機器織布圖及織布成書否？如有，卽購爲底本，看其運用。每日逐層再爲繪圖、作説。其機器各件，逐件繪圖，或有京師所開單中無有者，或京師單中有之而湖北則無，均注明詢問，然後細詢價值。或能將其原價録出，與京師單核校，每日出布若干丈，用棉若干，用煤若干，人工若干，火食、雜費若干，能得利若干，銷路旺否，織布共有幾種？何布銷路暢旺，内有洋人與否，織布精粗較洋人何如，鍋鑪若干尺，重若干，安機器若干張，軋花器若干副，由上海至漢口運費若干，運陝當行何路，運費若干，將器安置妥貼若干日方能順利，洋教師每年需銀若干，機器用若干年必須修補，修補中國人能否學習，機器用法難易何如，製造機器中國能造否，學習難易何如，外邊多言湖北織布無利，然否，無利之故安在？一一考察清楚、細密，卽速寄歸一信。再便往鐵政局，細爲考察已能鍊鐵與否，製造何器，精粗若何，其洋教師能見面無妨請見。再華若汀先生爲彼處山長，亦可請見。其近日所著之書已刊者可買一部，未刻者僱人鈔之。再往洋行打聽機器，何國精巧，何國堅久，價值何國便宜，均自鈔一底，再爲我寄歸。各事辦清，再往滬局，以所察於湖北者與之比較，一一查考清楚，卽寄信歸。

一、購器。將棉花二種令多數内行人驗之，然後講求何等機器，再講價值。機器須購上等，用若干年必須修補，其修補中國人能否爲之？若不能，如何辦法？必須議妥，方可購買。俟洋教師聘定，卽與商酌運法，如能包運，卽與議定運到陝西安置妥貼，需銀若干。

一、請教師。教師能與購器爲一氣更妙，如其人能兼通各種西學，機器織布辦成，卽可託辦别事。立寫合同，言明將機運陝安置必使陝人精通機器之用，無須教師陝人能自做，謝銀若干兩。合同寫後，汝等卽與洋人相處，坦懷無間，此須有狎鷗手段，此處須極留心。中國之不如外人在詐不在誠，誠則無往不宜矣。

一、購書。此次爲吾陝人學問起見，須擇西學各書徧購之。圖書集成亦購一部，洋板廿四史亦購一部，餘則中國時事各書亦購之。再往振華報館詢達縣吴小村，爲陝所訂報卽令按月照寄味經。再詢活字鉛板，價值如不大貴，可購一付印書。排字機器，汝等可同洋教師往閲，如吾鄉能造則歸而自造；不能，購一副歸，貴則不必也。

一、訪問西學。吾陝所來洋人，我均未見，所以不解西學。近看格致須知等書，覺有其器皆能漸窺端倪。如上海有講西學之人，宜虛心訪問，各等機器皆親自往觀。化學各物，能見則求觀之，詢問爲中國何物。錬礦强水、玻璃瓶及器具，宜買一付。日日閲看西書，甚有益軍國、不難學者，均學以歸。造火輪、船車、鐵路，如有譯成之書，可持以歸，或求上海道往招商局細看。輪船求劉雲摶看，鐵路、火輪車辦法，外人之長，我等必期盡得，惟在諸君之立志堅卓耳。

一、運道。須日日打聽，如清江浦、周家口，此處水道可通則甚便，倘水路不通，陸路或僅一二百里，亦由此行。如七八百或千餘里，則必由天津矣。

一、購器。須用何國，我初不以爲意，既而思之，須與中國無嫌而厚中國者。陳小亭欲用德人，我以爲然。德此次始開市埠於中國，各國剖分中土，德不能染指，以通商未久，且壤地不接也。德忌俄、仇法，通商中國，受制於英，必不願英、法、俄之削弱中國。其爲中國謀，必盡心力，汝等在鄂，再盡心密訪之。

一、至鄂與京師寄信。凡應辦之事，卽與京師商酌辦去，不必請命於我。如事情重大不能決者，或以電報商之。

一、房式。此亦大事，須均留心。其占地其若干畝，房若干間，其葢法與中國同否，極大之房高若干尺，深若干尺，極大之檩、柱，圓徑若干，長若干尺，其井淺深若干，抑用河水，每日需水若干，可以預造之房若干，逐層繪圖、貼説，預先寄歸。

以上各條，皆我私心擬議，不必盡是。諸君至彼，不過以此記應辦之條件耳。遙遙數千里，事變百出，豈我所能遙度？卽諸君立志欲如何辦法，及至彼處，亦由事不由人，豈因小故不合，致壞大局？必須高瞻遠矚，長顧郤慮，爲吾陝植此宏基，則真不世之功，不惟予之感激也。

咸陽借欵預辦積穀章程

賑濟餘欵，蒙縣尊稟請層憲，許爲義倉之本。今春出借，忙後收還，約得息麥百余石，而此時作價，忙後麥價必小，縣尊豈不知之？特欲惠我農民，故不細較錙銖，我士民當如何感激？實心經理，踴躍輸還，以期行之久遠。設遇荒年，早已有備，再不貽縣尊及各大公祖憂，方不負今日許借之心。則借放之時，必宜慮及收還之法，藏儲之所，看守之人，以及一切規制，務期經久不渝，有利無弊，所議章程列左。

一、領銀也。此次借銀準辦積穀，適遇青黄不接之時，可爲士民通融之便。今將銀兩作爲麥價出放，忙後以麥收還麥，照時價議定。

一、完糧也。此次許借，原爲隱恤良農，倘借去花消，於積穀無備，於公欵有虧。今擬此銀悉以完糧，不作别用。

一、查地糧也。銀既借與良農，完糧須將地畝查清，不許詭名冒借。今刊成冊式，逐村細查，造成兩本，一存縣署，一存本所。

一、勻借也。地畝清查，所用銀數已可約定。此事從東城所〔一〕辦起，然不能專借於東城一所之人。他所若有公正廉潔殷實可靠之人，挺身經理，亦許勻借，但須將其所内地畝查清造冊，其借還亦統于東成所，庶幾有條不紊。

一、换票也。俗語云「飯在口頭，錢在手頭」，言消化之易也。今擬將地畝查清，造具清冊，照冊填寫。借銀照票，由倉正盖戳，倉正執向衙門呈驗，换領糧票，付花戶手。其借票彙齊，存倉正處，以便麥後收還之據，則銀始終不經民手，必無他事花費之慮。

一、投櫃也。咸陽舊例，開徵之初，許民自封投櫃，每正銀一兩，耗銀五錢。如投櫃過期，另加耗銀五分。今借公欵完糧，與早納無異，此項借銀，應准自封投櫃。

〔一〕東城所：下文有「東成所」，後一篇文内「東城倉」與「東成倉」又并見。乾隆咸陽縣志卷一鄉里西北鄉蕭相里有東城村，今名尚存（咸陽市地名志，一九八七年咸陽市地名辦編印），距劉之家鄉天閣村十餘里。應是在東城村設所。張鵬一劉古愚年譜（陝西旅游出版社，一九八九年）第六十八頁作「東成所」。據縣志，「東城所」應爲正名。可能當時兩名俱行，今依其舊并存。

一、議費也。除倉正薪水從息麥項下開除外，書房填寫糧票，清算銀數，不無紙筆之費，擬每兩正銀給費銅錢二十文，以資辦公，而示體恤。

一、議限也。此次借銀，僅千餘兩，何能遍及？其不種地及游手好閒者，均不准借。今歲出借，過期倘有先借商民銀完糧者，此時驗票，亦准領借。

一、截尾也。查戶部報銷，糧自合以下，銀自釐以下，皆截去不計。今糧冊糧仍存撮杪，銀仍存絲忽之名，徒供吏胥之中飽，無益事實。今用卷尾、截尾二法。糧截至合以下，銀截至釐以下，六則成，五則棄之，以省葛藤。

一、久遠也。忙後收麥，此麥儲以待價。倘年歲仍豐，照時價糶去，換銀仍復完糧。苟經理得人，息麥日增，來歲之糧銀，今歲早已儲備，官民兩便。一所息麥足用，即將本銀移於他所，照法辦理，行之久遠。不惟可免富商盤剝之害，糧差之暴横亦可漸戢矣。

右列各條，專爲借銀而設，其麥後收麥、看守，及來歲出借之法，均歸義倉章程内添擬。

借欵收麥歸入義倉章程

光緒十六年，初辦義倉，先後議定章程幾三十條，照法辦理，已得倍息。今歲縣增倉本兩倍，責任愈重，必有不能盡用前法，不得不預爲擬定，其仍舊法者，亦須更爲申明，共得十一條，列于左。

一、議人。事貴得人，義倉亦然。東成倉行之數年，幸而無弊，然縣添數倍之粟，局面大異。舊僅倉正、倉副二人，照料極難周詳。擬再添倉副二人勷理，其外所來附者，即爲之副。若零附花戶，則别設村正，不設倉副。舊倉正不得人，應即别選，不得徇情。

一、議收。義倉之利，全在年借年收，息麥日增，遇荒年，有備無患。況此項銀兩借以完糧，即遇稍歉，苟未成災，均須如數收齊。借出之時，非賑恤孤貧，收入之後，將儲救饑餓。今歲還倉，來歲仍可自食。苟有拖欠，即非良善。該倉將借票呈縣，以憑差喚，嚴追其收麥日期，及驗麥法，均遵舊章程辦理。

一、議儲。此事由東成倉辦起，必以東成所爲歸宿。然東城以天閣村之南廟爲倉，其地儲粟多不過千石。今歲增麥，必過千石，合之舊倉，必不能容。擬擇借欵多處，擇地分儲。今歲借欵所得息麥，全歸東成倉，來歲令東成所自行建倉，騰出南廟爲辦借欵。成倉根本以後推及他所，均照此辦理。

一、議守。麥既入倉，必須有人看守。東成倉舊用倉夫一名，晚間住宿倉中，有事兼供奔走。今倉加增，事故日多，不惟看守宜嚴，奔走亦非一人所能。因擬再添倉夫一名，協同看守，分任奔走之勞。以後倉分粟多，隨時增添。

一、議借。義倉初意春借夏收，原爲備荒起見。當清明後，麥收豐歉可預定也。至光緒十八年，夏田無收，秋間民艱籽種，借捐輸倉麥，京斗五十石合東成倉麥三十石。去歲收齊，至八月仍有無麥種之人，鄉民哀告求借，因准領借，不能停止，竟借去百余石。伏思借銀辦倉，必須息麥日增，方能推廣行去，以符初意。今擬此麥收回本麥，仍備來歲完糧息麥，或於種麥時出借，或於青黃不接時出借，聽從倉正臨時酌奪。蓋富商取民倍稱之息，必趁民急以勒索，欲杜盤盤剝之習，不得不變通辦理。

一、議期。陝西渭北一帶，專恃麥田。麥最耐旱，八月得雨深透，即可望半收。故渭北各義倉，八月後不妨酌量出借，不必拘清明後之期也。況此銀用以完糧，必須糶以買銀，方不誤投櫃之期。擬此麥于臘月或正月出借，令其自行糶麥，買銀寄存縣中錢鋪。開徵之日，由倉正造借銀完糧冊，及所存銀兩繳官，憑冊出糧，照付於倉正，倉正散給鄉民。

一、議費。東成倉倉正每歲薪水麥五石，倉副四石。今兼管此倉，宜加薪水。擬再添薪水一半，其不兼管此倉之人，無容議添。倉夫仍舊每名口食三石，買置器用，隨時實報實銷，不能預定。其收發之日，倉中辦事之人，終日在倉，不能不議飯食。擬每日每人用麵斤半，將倉收齊之時，用酒肉祭神行禮，計村正、倉正共有若干席，酒一斤，肉二斤，菜蔬足用，隨帳報銷。

一、會計。數愈零核算愈難，卽用前截尾法而以銀合錢，以錢合麥，且散之數百家，其會計必不容易，絲毫不符，適授吏書駁斥之柄。擬照義倉辦法，收放第報總數，不造花名，此系外銷之欵，並不咨部。執此上請，諒能邀准。至每年報總數時，聲明此歲息麥若干，某所義倉辦理，來歲總報，卽不計及息麥，此亦最要。

一、簿書。凡良法必簡易易行，若不信人而信法，無處不防弊，卽無處不生弊矣。擬此後但於開徵之期，稟遞借銀數冊，忙後稟收麥數，其餘照例奉行事件，均由倉正自主，以從簡易。

一、防弊。義倉之弊，約有三端：一立法過嚴，不敢出借，久而霉變；一用人不慎，或致侵害吞；一用法太寬，有借無還。前二弊在民，後一弊在官〔一〕。官民知此弊而預防，則可永久無弊。

一、盤驗。每歲將麥收齊後，倉正報官，親詣盤驗，方足鼓動人心。其儀注及欵待，均照舊立章程。設官不暇，或派廳學或派正紳代驗，如置之不理，則必日久弊生矣。

以上十一條，均從舊章變通而出，設行之既久，或有意計不能周到之處，隨時稟官增益，必期永遠奉行。

義學章程　并序

社倉，養也；社學，教也。社倉、社學相表裏，給諫戈靖、侍御章乃畲條奏穆廟，時皇太后訓政諭旨也。鄙人承人之敗，敬謹奉以周旋，竭蹶十年，爲有倉之天閣村築城三面，而訟事起。予知倉不可爲矣，急設社學六，而訟大興，天閣村之社學竟被攫去。倉羸於舊者鉅倍，强横瓜分，餘社學五，有扶風、醴泉者。倉之中借振餘銀生息甚鉅，前曾懷清方伯主之也。

〔一〕　前二弊在民，後一弊在官：「民」、「官」二字宜互倒。前二弊「不敢出借，久而霉變」、「用人不慎，或致侵害吞」，在官不在民；後一弊「有借無還」則在民。

一方伯所轄，又分畛域，是鄰縣皆異國，將陝又爲九十六小國也。倉既以訟終，學能保無訟乎？馬莊鎮已先之矣。慮不周於始，弊即伏於中，訟且延於後，予懔懔矣。不解今人好與朝廷之教養良法爲敵，必破敗之而後快者，獨何心也！謹擬章程如左。

一、咸陽馬莊鎮、魏家泉，扶風午井鎮，醴泉煙霞洞，各領粟一百石，咸陽西陽村領麥五十石，作爲義學經費之本。任從管事人籌謀生息，每年延師，只准用息，不准動本。

一、天閣村義學經費被人奪去，今管事人設法支持，帳應一律會算，其經費俟後設法籌足。

一、社學由天閣村辦起，理宜以天閣村爲各學總會。今經費既不能支持，即以醴泉煙霞洞之「復邠學社」爲總會。每歲二月十六日爲孔子忌辰，各學管事及學師各帶先一年之帳，齊集會算，並議教法。八月二十七日爲至聖誕辰，亦如之，議定來歲各學之師。

一、此次經費麥石均已變價，惟變價之時，遲早不同，故價多寡不同。此後算帳，即以後變之價爲義學經費之本。待至年豐穀賤，各學均宜設法陸續積麥，能無損於錢本而復積有原本麥石爲最要。

一、各學均立底帳二本，流水帳一本。底帳一存各學，一存總社。前寫序，每值算賬之期，各管事俱攜流水及底賬至總社清算。是日祀至聖畢，各管事互算其賬，算清互出總結於底簿。先書原本錢粟若干，得息若干，束脩及各項開除若干，實存原本及餘息其若干，第幾學管事算，第幾學館師書，各畫手押，社長蓋合縫戳。一繳各管事帶歸，一存總社。

一、學名「復邠」，起於甲午後。蓋欲救中國之貧弱，非合士、農、工、商爲一不可也。周世有狄患，周之興乃在七月一詩。邠之風俗，邠公之政，邠民之學爲之也。今各學均名「復邠」，凡與義學諸君，均須心存此意，必使吾鄉風俗復如邠風之舊，庶不負含羞忍辱，犯難興訟一番苦心。

一、周以農立國，其實兵、農、工、商並重。古之所謂士，即今之所謂兵與吏，故選士以射，曰「虎賁之士脫劍」，曰「士兵」之[一]。管子「士鄉十五」，卽公與高、國所將之三軍，後世稱在軍之人曰「士卒」，是有兵學也。周公多材多藝，考工記述周公之考工，必是周之遺制，爲周公時攻工者所記，是有工學也。酒誥「遠服賈」與「藝黍稷」並言，太公治齊，以「勸女工」、「通魚鹽」富强，是有商學也。獨不聞有記誦詞章之學，且士者，事也，謂治事之人，則學者，治事也。除兵、吏、農、工、商而外，人生更治何事？今學名「復邠」，管事及學師須力振兵、農、工、商之實學，力除記誦詞章之陋習。

一、旣以兵、吏、農、工、商爲學，教其子弟，卽不得擯兵、吏、農、工、商之人於學外。擬各學均於朔望祀至聖，館師主祀，管事及鄉人率子弟陪祀。行禮畢，師講說至聖創教實事一二條，隨引上[二]諭廣訓一二句演說之，總以切其鄉之風俗爲主。是日師停功課，童子習舞，習算者演測量。

一、凡設義學之處，幼童八歲卽須人學，習幼學。識字、演算、習禮、學樂。

識字功分四層，先審音，卽是學等韻。聰明者一月可畢，鈍極不過三月。次辨形，先認字典部首，次篆古變楷、次獨聲、次字原。此時童子須自習書，凡所認字，均須自書。師須以俗話講解，其解卽令自書於冊。次明訓，辨形時，凡名物實字，大半已識，所餘不多。此時當認活字。如文、武、先、後等字，多爲指事、會意字，而假借尤多。訓解須極淺，不用文義，此卽是習語。凡一字，弟子卽將師語寫於冊，約及一年，口中所說，筆下均能寫出矣。次屬文。其淺者是活字實字相加，深者是欲幼童明白虚字之用，卽將前所解之俗語改爲文言，便是。演算功亦分四層，先知數，由一至十、百、千、萬之數，權衡、度量、道里、歷數之名，兼及外國權衡、度量同異及加、減法，均半年可通。次通數，九章及元代各術，約三年可通，元代習淺近者。次測量，先習測地遠近、高深，次卽測天。次繪圖。測量時卽須學繪圖，先由小而大。習禮、學規、入學禮、晨昏儀、講授儀、朔望儀、賓客儀，使童子循行，必須一一講明，使知其法必如此者，用意何在。學樂，事分二項，一爲歌，古人誦讀皆謂之歌，凡欲人記誦，必有韻，故孔、孟云「詩爲誦」。古者，以樂官爲稚子師，樂德之後，教以樂語，卽教子弟所學之事之歌括也。

[一] 之：疑衍。
[二] 上：宜作「聖」。

故夫子聞武城弦歌而笑，而子游對以「君子學道」、「小人學道」，可知所歌之詞，皆是道藝語，如今之讀四書、五經也。古人讀書必如今佛家誦經，用樂器助聲，尤易成誦，而童且樂爲之。今擬童子八歲入塾後，凡識字、知數、習禮，能爲歌括者，皆編成淺歌，以代記誦之勞。但必須已習其術，明其文，方讀而歌之。一爲舞。禮記大武之舞，其擊刺與周禮夏官大閲同，是樂之分歌、舞，即今文童之讀書、武童之習射也。故古者之學，能使愚者明、柔者强。今擬幼童先習體操，次演以槍爲號令，次演舞以習步伐。

以上四端，除識字之屬文、演算之通數以及歌括之隨時增益，非童蒙所能遽通，餘皆易能。至識字明訓，能將自家語言寫出時，即以俗言講讀論語、孟子、孝經。一日能若干，即讀若干，不責能背誦，但責能聽師語，自家寫出明白，不責强記，自然能記矣。

一、古者童子十歲出就外傅，今之十一歲也。此年當甄別各學幼童師，具各課程册，會同管事面試，總社派一人來監之。論通順即爲能屬文，算數能加、減、乘、除，習禮能精守學規不犯，嫻習禮儀，體操勤，步伐整齊者爲上，可令全習五經，爲道學、政學之選。其不能屬文而以俗言説論語，尚可通曉算術，粗曉體操，亦可守學規、不輕犯者爲中，仍令補足習算、屬文等功課。察其姿質所近，兵、農、工、商各學，令其專習，五經，則擇要讀之。若識字不能明訓，演算不能乘除，守禮不能解其義，學樂不能記歌詞，習舞不能嫻步伐，此則爲下。然父兄不姑息使曠功，師長不鞭扑使畏學，世固無此不慧之姿質，若有之，則周子之兄，不辨菽麥者矣。

一、童子習學放鎗。非空放鎗也，當以鎗爲社學師之號令。每日派一學童司之，早起放幾鎗，開學房門；早膳放幾鎗，午膳放幾鎗，童子各還家喫飯；夕放幾鎗，童子還家宿。願上夜功者，然燈讀至二更，放幾鎗，均息燈，即寢。

一、十歲所入之學。此爲古之閭胥里門之左右塾，方爲入小學，此時學不分等級。前云上、中、下者，何也？曰將視童子之姿質以爲教也。中、下之姿，當擇要讀五經，如詩經可讀切鄉間風俗日用之篇，易讀大象，書讀禹貢、洪範，禮讀曲禮、少儀、内則、三年問、儒行等篇，春秋可以不讀。凡所讀之書，皆先講明白。童子將先生之語録出，了然於心，再行讀去，約三五十遍即止，亦不背。先生考核，只問其能解與否，能解即爲已通。此説出於柏厚甫，已令其節選五經矣。

一、識字等法。總社當編爲專書，發各學遵守。
一、各學應用家具、書籍、天文、地輿圖、歷代帝王世系表，均宜隨時置備。
一、各學均出銀五十兩，合立「復邠工藝廠」，創造新式農桑機器，成一器，先發各學。
一、工藝廠現造成紡線器，俟器使用精熟，卽發各學，教婦女使用，所得之利，即用以興女學。
一、遇聖會之日，各管事即同清算工藝廠之賬。
一、此次所擬各條，萬不能詳備，日後遇有窒礙，同社之人公同商議添改。

復邠同績社章程

一、社名「同績」，取漢書食貨志，「冬，民既入，婦人同巷，相從夜績，女工一月得四十五日。必相從者，所以省費燎火，同巧拙而合習俗也。」可知婦人聚績，是中國古俗，今爲同績社，是復中國古俗，非效西法也。

二、舊紡車一車一錠，今此紡車一車四十錠，一人一日有四十日之工，是入此社者一月得千二百日，其利極大。抽綫不用人手，巧拙易同，止一相從，即全收漢志之益，而利過之百倍。

三、凡婦人入此社者，先須其夫與子入社，乃爲其婦與母入銀一兩，以爲購紡車之本。如同巷足二十五人，本社卽給訓導紡車一具，別立爲社。社貧不能出銀者，富爲代出，他日貧者以工償還。

四、每立此社，先計闔社婦人應紡之棉紡之，紡畢，再爲外社紡。工每紡棉一斤，價由各社自議。

五、一婦終年衣被，上翁姑、下子女，以六口爲率，每人歲需棉二斤，每婦應歲紡棉十二斤，以一日紡線四兩計之，須四十八日方畢。今用此車，一日三時即可畢，以平日紡綫之工資，修明婦學。十年之後，吾陝風俗復見二南之盛矣。

六、一婦一日三時，二十五婦須四十八日三時。將自己應紡之棉全行紡畢，餘日皆可紡外工。除每婦做工應獲工價自得外，餘即儲爲各分社公錢，以待購辦織布機、一切女工各器及設女學之費。

七、既已立社，社中卽宜有應祀之神。本總社公議，定應祀之神五位：一黃帝元妃西陵氏，二周文王后妃太姒氏，三啟聖王夫人顔氏，四鄒國太夫人孟母仉氏，五本朝孝文皇后。元妃爲蠶織衣裳之始，后妃爲治葛、女教之始，啟聖王夫人及孟母爲守節教子之極則，孝文皇后制我朝冠服，事見嘯亭雜録。卽我等今日所服者。文皇后撫養世祖及聖祖，並未預政，皆爲婦女所應祀。每月望及令節，開工紡綫，及收工之日，均須祀。此五位聖母果能虔心歸向，法其德行，五位聖母必大爲保護賜福，勝世俗所謂娘娘、菩薩、聖母萬倍矣。

八、朔望祀五位聖母畢，須講内則及列女傳各一段，用俗話演説。如同績社長之夫與子爲儒生，卽延其夫與子講之；否則延一老儒，每月兩次，兩次奉點心錢百余文。惟此老儒須男社長選擇，性情端正，通曉文義者。此爲傳教起見，老儒當不辭煩難、計束修之厚薄也。列女傳講完後，訓女遺規、養正訓俗遺規均宜講。

九、講内則、列女傳畢，即爲幼女教女小兒語四五行，令其將字認熟，歸家演算術極淺者一條。凡女子應讀之書，本總社將陸續刊刻，給發各社。

十、以上各事，均有小費，然每人每歲不過用此紡車十餘日，各費皆足矣。如終年用此紡車生利，紡出賣綫，則其男子集貲爲本，爲之貨賣，得利更豐。但須設之義學，男女並教，以其母紡織所得之貲，延師教其子女，此即孟母斷機之遺意。

十一、女子十歲以内，其有兄弟者，可隨以入男塾。十歲以外者，可覓一室，一老婦領之。先生午間一至，爲之認書、講書、正字、習算。其所讀之書，止求能講，不求能背；止求能寫俗語，不求能詩文。算止習加、減、乘、除，不學深者，其成甚易。

十二、朱訓道及本總社正擬創辦織布機，約一半年必成，成後即發各分社。「鐵裁縫」本總社亦覓可造。惟餘酒食爲婦人之工，則有餘力。暇日以講學問，孝敬翁姑，和睦妯娌，撫訓子女，葛覃之職修，桃夭之化成，則子孫賢智，草野有兔罝之材，公族皆麟趾之選，人才輩出，而國家猶患貧弱，必無之事也。

十三、凡入本社者，男子、婦人不准吸食鴉片、習學邪教。

十四、凡成一社，即爲一册，首書復邠學社各男子之名，次書同績社各婦人之姓氏，繳於總社，添入總册，即給總社章程及閤社姓名册一本。

復邠學舍學規

諸君築舍館延我於此，講讀經史，務爲實行，則當自實致良知、實修良能始。「良知」，孝也，體吾父母之心以上體天心，則爲嚴父配天之孝，「致良知」也。而天地萬物之事，皆吾應盡之責，講求其因應之法，有不能不急者矣。「良能」，弟也，體吾父母之心，以齊家，則必敬長慈幼；體天心以從事於天下，則必尊君、親民，「修良能」也。而日用行習之事，皆有天監之臨，檢點于步趨之際，有不能不密者矣。「致良知」非「修良能」，則遁於虚；「修良能」非「致良知」，則滯於迹；滯於迹，則視日用行習爲一身一家之事，而輕忽視之，怠慢出之，高語性天，放談經綸。今日之一身一家尚不能治，此已不知放於何所，他日任天下事，謂有所補，其誰信之？今歲同人既爲學舍，立有董事，有所主持，大綱立矣，而學舍規制未定，諸生無所遵守，終有瞀亂不治之象。今爲擬規制四條，首分職，次肅儀、次修業、次會議，條列如左，願諸生共遵。

分職

齋長。今歲同人公議以含初爲此間董事，管理義學、莊稼、工藝，此外事也。學舍内一切各事，亦須含初主持大綱，公同商議，然後告我，行之舍内。諸生居住共分五處：講堂，草堂，東、西齋，西齋之後爲槃窩，宜各推立一長，以主一齋之事。講堂分長，即以含初兼之。

知客。學舍與義學聲氣相應，又有舊日同人居外者正多，時來會集，不可不有爲主之人。擬立一人爲知客，專主遠客及初來學之人，俾爲照應一切。以上二人不派日行各事。

管書。知客兼之。凡同人取閱書籍，均經管書之手，管書不住講堂，自派住堂之幼者看守，非管書人書貼，或親來取，無論何人，不准取用。

糾儀。齋長、知客兼之。一切告假、出外，均通知齋長、知客。其有舉止輕狂、行事乖戾及吸食鴉片一切干犯禮法之爲，齋長、知客糾戒，不改告我。同衆議過，定其行止。

〔右復邠學舍學規，佚三條，容俟搜集補刊。及門弟子注。〕

煙霞草堂文集卷十

咸陽劉光蕡古愚

潼關懷古四首 并序〔一〕

楊太尉講堂

太尉華陰人，關境則多太尉遺迹。南留翎山、東南三鱣堂、硯水池，改葬之潼亭又近在關西五里。城內書院亦名「關西」，蓋城東南董舍原下爲公讀書授徒處。公清風亮節，海內仰若北斗，稱爲關西夫子。有漢醇儒，江都而外，厥惟太尉。仕非不達，而扼於宦豎，卒至飲酖，悲矣！然公子孫清白相傳，蔓延海內，關西書院又廣育同、華、商、雒名士子，公之遺澤遠矣。慨慕儒宗，悵然有作。

潼亭暮雲紅，董舍朝霞紫。社中樹莽蒼，社外煙迤邐。問彼里中人，鱣堂有遺趾。學足感靈禽，道難孚豚豕。泰山北斗高，青蠅紛集矢。政未出帷闥，竟煽王室毁。炎運不重光，公甘飲酖死。滔滔逝頽波，孰挽東流駛。大鳥胡重來，清白傳孫子。君子履危朝，能爲僅若此。

〔一〕 并序：此二字目録篇目下原無，據此補。

馮恭定公書院

余授徒館鳳山書院，院爲明新書院故趾，邑人張大理爲恭定所建也。恭定仕天啟間，以明道爲己任，所至講學，提醒人心。卒扼權奄，憤恨以卒。然京師首善、西安關中、華陰及此，均公講學遺趾，爲世所重。余以遊學，竟獲庇公宇下，追仰高風，流連不置云。

明新巋然峙，明社久已屋。東林倡宗風，西京繼芳躅。是時遼海傾，天宇將翻覆。經撫同日逃，公聞仰天哭。忠邪兩途分，善利一念卜。洒恥修忠孝，教戰盟幽獨。聚彼屯衛士，明新講宜熟。天意覆明祚，權奄肆殺戮。一網盡哲人，大廈壞梁木。我今庇宇下，詩書恣披讀。海鯨揚腥風，東來昏函谷。孰爲起公靈，良知訓往復。

湯文正刻詩

順治間，文正以詞曹分巡是邦，輕徭減賦，崇儒興學，政成民和。修東城樓，刻唐、宋以來過關詩於壁，共二十九首。時戎馬匆匆，公暇及此，蓋欲以文德化俗也。後仕至尚書，卒於通州。公生聖世，有特達知，而生平艱苦，竟類楊關西。然則公宦是邦，冥漠中必有默極感契者矣。暇日游城東樓，摩挲詩壁，恍如公靈來往其上云。

弱歲窮經史，華年綰關符。瘡痍幾孑遺，堯舜其病諸。關民困飛挽，公來力爲蘇。政暇集賓佐，歡宴城東隅。選刻前人作，似爲來者模。公意創有在，俯首久踟躕。風詩達民隱，政本不可誣。治績燦人口，拂衣賦歸與。徒步蘇門山，師資宗大儒。聖人正當陽，皇路敞天衢。鴻博分史職，清操無東吳。東宮輔導職，期公爲皋謨。乘時竟所學，世胡不唐虞？宵小潛媒孽，明良交有渝。哀哉通州晏，正氣還太虛。我對公遺刻，隱隱起頑愚。詩書千載業，孰非聖人徒？

陸清獻提學

公以進士宰靈壽，拂長官意，被劾去官。起家，復宰靈壽，爲格文清所知，舉海內清廉第一。行取御史，以諫開捐、免保舉例，復罷歸。其後聖祖謂某省風俗凋弊，須得品學如陸隴其者爲提學，於是命下，及朝命至而公已沒矣。是公宦迹未嘗至陜，而潼志名宦列公名銜，書原任御史。御史何以祀潼名宦？其以沒後提學之命爲我陜而祀之歟？抑湯公與公同時講學，書札往還，湯公以告潼人士，潼人士耳熟，公沒而祀之耶？我朝崇祀聖廟者，惟公與湯公同時追謚崇祀，其文至必公與湯公並。潼人知湯公爲名宦，遂並公入之名宦歟？然則公秉主偏天下，公未至潼，潼之名宦又何妨祀公也！故以誤爲真，用光潼乘，改爲提學，繼文正後云。

人生愧不學，不愧未爲政。洙泗述唐虞，導源昆侖正。派流遠以分，門戶日相競。性須道問學，學以尊德性。殊途可同歸，胡爲相訴病？矯矯陸先生，名與睢州並。惜哉衛道力，詞嚴氣尤盛。嚴嚴立先大，惶惶主在敬。範圍會皇極，世宗真大聖。同日祀兩廡，同爲熙朝慶。潼人祀湯陸，隱若遵功令。俎豆一堂間，純疵可互證。佛餤漸消歇，景教成後勁。非儒祖墨翟，奪民逞强横。寄語講學翁，簡易宜尊孟。毋操同室戈，授與他人柄。一語致良知，急收吾萬姓。請看潼名宦，湯陸相輝映。

朱純一司訓創造紡車　取水機器有成　喜而賦此　即以留別五首

世運疲中夏，天心起巨儒。冷官甘落寞，曲藝任耶揄。渤海風雲惡，闞門腹背虞。憂時潛灑涕，搔手問天衢。君誠天下士，我亦古之愚。績欲聯同巷，謀皆拙宦途。古人謂學爲宦。霸才思管仲，奇技恨公輸。守圉知何策，臨風獨歎吁。

邠風何日復，海水幾時枯。紡織原實業，農桑豈霸圖？黎民常苦旱，年來秦晉皆苦旱。紅女歎無襦。所學惟衣食，安分陸與朱？

横議言歸墨，多歧路泣朱。九州無淨土，一線望純儒。格物前民用，懋遷遵聖謨。益稷即臯陶謨下篇。女工歸去勸，致富即陰符。陰符世謂太公所著，太公勸女工而齊富强。

我逢藍面鬼，君豈紫陽朱？禍未同楊左，名翻累顧廚。一身無長物，三徑賦歸歟。他日山南北，君西鄉縣人。相期志莫渝。

河套三十韻

黄河穿絕域，東勝控神京。今日恣遊牧，當年幾戰爭。龍廷穹帳敞，馬邑角弓鳴。地勢雄秦塞，天驕窥漢旌。防秋闕九野，扼要築三城。中土傷飛輓，邊疆苦力征。自聞黄教立，始睹朔方平。國倚藩垣壯，旗分内外盟。兒童驅鳥鼠，色目息鼙鉦。保境功非淺，謀生業未精。蘆溝滋蜀黍，靈武茂吳秔。鹵瀉成膏沃，川原有變更。狡焉思逼處，備矣貴先聲。端木籌兵食，汾陽率士耕。矧茲稱世僕，胡乃昧咸亨。彼此疆分錯，華夷界太明。移居遠令甲，株守競呼庚。瘠視殊胡越，恩聯況舅甥。富强書著管，農戰制傳嬴。戶與封侯等，官聞治粟名。盧朐憑舊趾，曼柏復屯營。坐見軍儲足，何虞教士横。平沙風莽蕩，高闕氣澄清。武備資戎馬，妖氛戢海鯨。拂雲誰祀禱，絕磧亦編氓。屬國思尋約，疆臣憤請纓。率然頭尾應，中外腹心並。朔代聲援接，延榆捍蔽成。煌煌賽顏績，黯黯羅剎兵。萬古昆崘軸，莫教西北傾。

老羆當道臥歌

青雀羽翮化鸜鵒，河嶽晝夜紛豺虎。撼山聲勢不可當，老羆橫身臥三輔。甲厚皮粗骨如鐵，縱目睥睒百獸絕。細看頦下碧生花，疑是洛陽貉子血。貉子昔年乘虛來，宵濟梯城城門開。是時老羆臥忽起，袒身大呼聲如雷。今年貉子行何猛，不知此是王羆冡〔一〕。欲生勿來欲死來，來試老羆發神勇。華州形勢蔽長安，寄語黑獺心膽寒。直以狐類視高歡，老羆解衣且盤桓。此道應歌行路難，蔾藿不采風嘯乾。臥羆臥虎一例看，嗟哉！黑獺似犬非龍蟠。君不見，當年龍臥鼎足分，一生惟識劉使君。狐媚曹馬何足云，爲問老羆聞不聞？

關中詠古五首

蕭相里

愚弱蒼生禍始秦，中原莽蕩屢風塵。焚書虐焰存灰燼，斬木軍容蓁錦鱗。足捷先收丞相府，首功遂壓漢家臣。千年法令終須變，畢郢原頭禱祀頻。

〔一〕冡：宜作「冢」，形誤。冡，蒙之古字（說文解字注）。北史王羆傳載：「王羆除華州刺史，「及神武（高歡）至城下，謂羆曰：『何不早降？』羆乃大呼曰：『此城是王羆冢，死生在此，欲死者來！』神武不敢攻。」

張良廟

不死雄心欲報韓，手扶眞主入長安。舌柔掉運錐猶遜，氣鍊深純像可觀。辱肯授書秦怪物，生能辟穀漢還丹。赤松紫柏遥相映，帝佐神仙自古難。

武侯祠

一局三分獨力支，渭溪曾駐武鄉師。雜耕紀律軍難犯，恢復規模戰未奇。魏史宜存魏帝統，漢民自拜漢臣祠。凍雲慘澹朔風緊，五丈原頭有所思。

衛霍塚

祁連矗起茂陵邊，衛霍勳名尚凛然。能復祖讎眞武帝，竟從戚里得英賢。貳師續尾羞功狗，新息追蹤仰站〔二〕鳶。千載雄風誰比烈，暮雲紛擁九嵕山。

王猛台

纔從華頂問天同，移步復登王猛台。誓掃魚羊存種族，肯容鱗介撼蓬萊？龍驤不助投鞭敗，蝨處應知被褐才。何事深山猶講武，雄心素抱未能灰。

〔二〕站：宜作「跕」，形誤。後漢書馬援傳：「當吾在浪泊、西里間，虜之來滅之時，下潦上霧，毒氣重蒸，仰視飛鳶跕跕惰水中。」李賢注：「跕跕，墯貌也。」

遊潼關雜詠五首　有序[一]

光緒二十六年，歲在上章困敦，季春望月，惠風和暢，緩步游城南，陟阪登原，仰觀俯察。阬之東連城十二，故址頽敞。關南一帶，群峰際天，蜿蜒東走，直接中條。嶺嶂複疊，黃河一線，穿去無隙。中條又北，豁然開敞，爲古蒲阪。河流其西，滚滚南瀉，關扼而東。西則洛、渭，斜峪吞吐太華之足。其外萬頃桑麻，平川如掌。華、河、洛、渭，勢皆趨關。關南踞山阜，有象、鳳、麒麟之名。潼穿其中，城起潼西岸，南迤而東穿象鼻，跨鳳翼，拊麒麟之背，而絡其首，以飲於河，河則關北之隍也。於是慨然曰：「雄哉此關，形勢甲宇内矣！」夫關爲函谷，東出今關百餘里，爲秦關，再東百餘里爲漢關，至漢末始有潼關之名。葢拒東之西入，宜扼函谷東；拒西之東出，宜扼函谷西。故西漢防東方之變，皆出而扼滎陽。東漢以遮蔽洛陽，始建關於潼。今關内外一家，可無問出入。然關隸秦，長官守秦門户。海氛又惡，則意備西入，而關扼西口，北不能絶蒲津，而河之帶解；南不能遏禁阬，而山之襟披。孤懸一關，雖踞形勝，烏覩所謂「百二」之雄哉？歸閲史志，爲七律五首，用志前車云爾。

蒲阪

關踞形勝，無懈可擊。惟河勢南來，不能扼蒲阪之渡，爲一大隙，故智者皆力爭此。曹操、劉裕、高歡是也。沈林子舍蒲阪攻關，以有舟師已入黃河也。

長河滚滚撲關來，倒瀉龍門兩岸開。瀕死阿瞞終穩渡，潛軍貉子竟生回。

[一] 有序：此二字目録篇目下原無，據此補。

吴兒魚貫驚奇險，齊客雞鳴詫異才。無限深憂仍北顧，壞雲隱上白龍堆。

禁阬

關南據山阜，上無峰巒，一望平坦，恃溝壑爲固。惟禁阬峻削，横亘南北。自榷税法興，商人偷越，漸成坦途。而寇盗入關，率取道於此，遂爲關一小隙，而去關甚近，則隙小而要也。

列屯置戍備巖關，絶塹天成禁往還。税使榷嚴迂徑闢，府兵籍廢士身閒。從來善守須爭險，誰謂憑城勝倚山？歸路無端深歎息，遺蹤形勢兩溝環。

城堞

關惟西面可攻，攻關者必誘之野戰以爲攻，故關極堅而不能以城阻敵。隋蔡王智積能誘賊使攻，識關城之用矣。

黄流左掖右肩山，插地孤城道曲環，西蔽長安二百里，東當函谷一夫關。嚴更莫被荒雞誤，野幕會聞戰馬班。用險惟推王智積，功成毒詈解人顔。

水柵

所以宣洩潼水，而明季以亡關，奇矣。然愈信關無亡法也。

敗軍自古難言勇，用險從來貴有人。烽火甫聞先破膽，水關爭抉誤全身。金湯竟少丸泥用，籌策空勞社稷臣。遥望雁門雲暗澹，忠魂夜夜泣潼津。

舊關

爲天下計，宜新安；爲秦計，宜閿鄉；爲關計，宜上南門外，皆舊趾也。

海水横飛海霧昏，廻風西轉撼昆侖。祈靈華嶽神仙掌，爲向蒼梧叫帝閽。十二齊關餘半壁，一丸函谷備三門。深心守險須雄略，潼水東流有萬村。

山居述懷六首 及門諸弟子注

復邠學舍

昭陵引我入山來，學舍在唐太宗昭陵下，赴學舍者望唐陵爲準。牧唱樵歌弦誦纔。學舍左近居民二十餘家，有讀書聲，自學舍始。土物心藏邠地接，昭陵北爲三水，稱古邠國。峻峰頸縮講堂開。昭陵即九嵕高峰，至學舍則峰藏不見。青元石氣瞢騰合，舍左爲青山，右爲元山，俗謂元吉葬此。英衙雄姿想像哀。學舍前百餘步爲衛公塚，更南爲英公塚。一代人文誰作育，河汾真是不凡才。昭陵陪葬悉唐初功臣，環繞學舍，房、杜、薛、魏，皆與河汾講席。

煙霞草堂

何人鑿洞貯煙霞，學舍左爲崖谷，内有石室，爲煙霞洞。蠢蠢耕耘賸幾家。地豈有靈能待我，天眞蓄意欲存華。先生曾搆「萃華書屋」於南山太乙谷内。野逢旱魃無青草，朝運神謨下白麻。今歲屢聞新政之詔。臣朔不憐饑欲死，課徒閒種木棉花。與同人講讀之餘，種木棉花一二畝，率以耘草摘花。

谷口渠水

山川改易五朝頻，漢、唐、宋、元、明也。谷口名歸鄭子真。自此至仲山東，凡谷口皆云鄭子真隱處。子真所隱在漢中，前人已有定論。豈有黄霾昏紫極，漢書五侯並封，是日黄霧四塞，子真避亂隱居谷口。偏聞赤子著紅巾。鬼魔附體紛生亂，鯨鱷磨牙暗伺人。遯世迂儒何所補，農桑庠序是經綸。學舍購田百畝，以耕自給。種桑五六畝，又梨柿皆成園。

水磨機器

機心機事語空存，學舍東地名水磨，激水行磑，今廢矣。擬造織紡各機器，用此水行之。墨術東歸道亦尊。近日西人取水及以水汲行各機器，極精巧，實墨術也。織錦難翻今日様，先生仿西法爲機器織布，極精細。木棉早被普天温，木棉即來自南洋，西人用機器織布，極精細，不及百年。今行中國，英人以此富，日人效之，專售洋紗於中國，近年銷銀過二千萬兩矣。羣峰東向均朝海，學舍左右山，峰皆東向。一水西流不出村。崖谷水出，日溉學舍前地，其流漸微。有志移山山不轉，愚公遺恨付兒孫。爲「復邠工藝廠」，擬仿造各種機器，必期其成。

西溝牧廠

春來碧草自芊芊，誰謂西溝是石田。元山在學舍西，中多石，不能耕耘。禽獻豵豜邠纘武，同學以暇演習放槍，時獵雉兔。谷量牛馬漢防邊。擬買羊千頭牧於溝。豺狼狐貉須熏穴，溝北俗名「狼窩」，有野狐嶺。雀鼠兒童亦控弦，擬百羊一冠者、一童子牧之。牧時各負一火槍，防豺狼。歸則讀書、習藝、體操。荊棘叢中新境開，溝無居人，擬置牧廠於口，漸辟其内。怪雲莫上九嵕巔。俗謂雲擁昭陵，如披絮帽，則暴雨。

柿園蠟樹

青葱玉樹漢家宮，「玉樹青葱」子雲羽獵賦中語，後人屢辨真假，未有知爲白蠟樹者。先生於此親見其樹，則子雲之説不可誣也。不假人工仗化工。蝶翅秋塗香粉白，蠟初生，樹枝如蝶粉，至秋，封裹樹枝，其白如雪。先生於光緒十九年冬，在九㙩峰東始尋得其蟲。龍鱗春豔野花紅，蠟樹俗名紫龍柏，春開紅花成朵，豔在紫荊之上，富家園中多有之。松根琥珀堅如石，博物志松脂淪入地中，千年化爲茯苓，又千年化爲琥珀。海底珊瑚綴有蟲。西人有此説。文定英靈應佑我，徐文定光啟，明崇禎時人，爲其母墓樹冬青成林，後自生白蠟蟲，事見欽定授時通考中。先生初亦掛蟲于冬青樹上，竟不生蠟，未知何故。豈吳之冬青樹與陝異耶。霜枝歲挺小園中。後移紫龍柏樹於學舍門前，今歲試掛數蟲，竟自成蠟，潔白如霜，擬歲歲掛之。

壬寅六十自壽五首

耳何能順鬢霜稠，偏值耶年二十周。西國以耶穌紀年，百年爲一周，壬寅爲二十周之第二年。混迹耦耕安此土，先生耕九㚇峰下今已四年。傷心風雨過中秋。先生尊人以庚申中秋日棄養，其時風雨徹宵。先生每逢是日，輒唏噓悼歎不已。瞽魚得謚誠堪幸，尺蠖全身豈自謀？伯玉儻真隨化去，或終免作外人牛。

孔孟公平真是聖，西國治法近孔孟者多，其各種學術亦在孔孟範圍中。我今翻悔讀書遲。經秋早悟春暉暖，艱食常懷母育慈。有子穀藏難自定，念君創守總堪危。蒼芒東望神先醉，蜃市蛟雲萬變時。

瞽魚究有何冤業，兩字浮沈不自由。色炫金銀無足貴，魚有金銀色者，富家多畜之。性忘呴沫亦堪羞。蒓鱸味美吳人羨，梁笱機深彼婦愁。北海驪龍仍睡穩，頷珠失去欲誰求。

破壞綱維只怨秦，虎威震鬭九州馴。權能歸后穰侯貴，國不知王范叔貧。阡陌紛馳戎馬足，閭閻反見婦姑唇。疲癃願緩須臾死，得見吾皇立憲新。

問天何術救生民，雷雨環瀛起涸鱗。帝德光明新世界，王猷丕煥古經綸。五洲〔一〕信有同文日，四海誰爲異類人？痛定回思仍破膽，憂深熟計自傷神。

壬寅秋吊譚參政復生步題麥幼博扇原韻三首

是何國運傾頽日，德據膠州、俄佔旅順。偏有奇忠冒死來。譚奉詔入京僅十四日即被禍。獄底歌詩雄一劍，譚詩有「我自橫刀向天笑」句。市頭呼語愧三槐。臨刑呼某相國語，某愧不答。乘桴幸得生臣去，參政獄中詩有「望門投宿思張儉」句，指康長素。康奉詔不忍去，譚促之，康得脱難。「生臣」語見管子。裹帛難醫烈婦哀。夫人李氏聞耗，投江不死，哭訴于湘撫陳公署，袖短刀自刎，血噴陳公袖。陳大驚，出奇藥以帛裹敷，送歸寓。數日不食，忽大呼某相國名，手自裂帛，血湧丈餘死。我信鬼雄心鐵石，康哭參政詩有「絶世英靈魂魄毅，鬼雄詩質在帝傍」句。帝旁披訴未成灰。原作有「願手成骨、骨成灰」句。

論文直是行天馬，予常論參政文如天馬行空，倏忽萬里。振懦開頑又爾逢。平日常自謂中國不絶，須以頭血澆灌，人心便醒，請自我始。同里血流驚鼠輩，庚子之變，南省倡爲自立會以折西人瓜分之謀。兩湖死者千余人，倡首爲唐君才常，亦瀏陽人。賴君心熱辟鴻蒙。近日講學家謂世道全賴人心熱力，熱力即孔子所謂「仁」。譚著有仁學。竟聞聖世言歸墨，議和後，鄉民紛入耶教，無省不然。坐見神州種欲紅。美洲土人爲紅種，今全洲爲歐洲白種人所踞，間有紅種，匿居深山不敢出。我痛人亡邦殄瘁，漢末郭林宗哭李、杜。時指淚眼望長空。

呼天欲問終何定，烈士追蹤死亦奇。謂立、徐、聯、許、袁諸公。直到君臣同出走，竟能母子不相離。近聞蕙歎心皆碎，時

〔一〕 洲：原作「州」。「五州」與下文「四海」失對，形誤。以下逕改，不再出校。

種蘭成滿菜畦。時方閉門種菜。我國求醫誰是手，朝朝上下禱神祇。

學舍門前柹木產芝二首

木威何事喜生芝，莽莽乾坤晦昧時。湧現蓮花秋水淨，簇成鱗甲夏雲奇。菊榮麥秀豐年兆，梓俯橋高聖世思。荀鶴科名吾不羡，商山深谷許療饑。

紫芝光耀豔藍田，可有鬚眉尚皓然。既産珠宮慚國本，何方服食得神仙。栽肪澤漆真呈瑞，鳳翥龍興欲問天。果使辟兵兵不作，惟祈上壽至千年。

游甘書感五首

我生命果遭磨蠍，千里間關欲爲何？遠志虚名成小草，有朋樂事負牽蘿。去歲同人山中修屋。黄河强悍秦人俗，白塔嬉遊下里歌。久別煙霞難自遣，不堪對鏡鬢毛皤。

年華周甲悔蹉跎，每對東風唤奈何。底事西州高士渺，那堪北顧隱憂多。迂儒講學期治野，禦暴當關正稅鹺。鑿枘方圓何所望，九堎山下有盤阿。

卅年選士掄才處，今日投戈講藝同。務在識時皆俊傑，天非擇地産英雄。鬼難附體人須奮，器有何奇道可通。獨立河干勞悵望，夕陽返照十分紅。

西風肆虐撼昆侖，塵起神州莽蕩昏。黄竹新歌王母醉，白連舊術死人存。已聞間使通懸度，誰作長城閉玉門。滚滚濁河仍直下，中流砥柱不堪論。

紫光閣繪賽顔功，出塞旌旗在眼中。治内謀須心力瘁，籌邊策豈舌人工。此間請洋教習三人，均教語言。上游扼要誰張軌，列郡邊盟望竇融。莫咎荒雞開口早，長城萬里壞雲紅。

題王伯明曾王父晚菘圖三首

海氣瞢騰日瘦殘，朔風凜冽雪迷漫。墨痕拖出清眞白，留與兒孫作樣看。

中原莽蕩火雲團，宿麥苗枯薺葉乾。時燕秦豫晉皆旱。清白果能同菜色，何妨舉世笑寒酸。

直下滔滔孰挽瀾，乾坤餘地圃中寬，一畦寒菜仍清白，可伴青松耐歲寒。

煙霞草堂文集跋

古愚先生文集同門友王君含初校勘已竣，囑毓璋綴語卷末。竊謂先生爲吾秦三十年來第一先覺，自少即薄制舉文爲倿諛而研經史，一以實用爲歸。洎計偕入都，過保定，聞李文忠公措置海防，益洞然於世界潮流所趨。後約同志創「求友齋」，提倡後學，林迪臣學使耳其名，聘主味經講席。先生日集學子，口授指畫，批課卷動數百言，每當酒酣耳熱，召高材生縱談世務，語至時事顛危，輒憤惋泣下。築「復豳館」，倡織布，試白蠟以及義倉、義學，凡可以福利全秦者，罔不經畫備至。人或笑之、忌之、排擠之，不顧也。生平閎識孤懷，雅不願以文字知名。常謂火器日精，非廣修壕塹不能抵敵；外患日亟，非合滿漢蒙回番爲一體，不能禦侮；道德墮落，非鄉村學校皆尊孔子，不能敬教正學。晚歲慨道不行，居煙霞洞，欲瀝胸中所藴，筆之於書，適有甘肅之行，而積勞遽歿。嗚呼！使先生之學用於甲申、甲午以前，則挾中興之餘威，鋭意維新，或可與日本比隆，即用於戊戌、庚子後，實行立憲，而清皇室三百年國祚斷不至卒斬。乃天禍中國，不憖遺一老，俾國有蓍蔡，士有泰斗。直至移宫换羽，四海困窮，僅由二三親炙，掇拾蒐討於兵戈水火中，存此數卷空文，此豈獨及門之隱痛耶？！

民國四年十月，受業郭毓璋謹跋。

煙霞草堂文集附録[一]

公稟　事實冊附

爲已故碩儒學行範世，謹采輯事實，稟請轉詳咨送清史館立傳事。竊維逸彦挺生，非求聞達，至德高世，莫罄闡揚，運當貞元之會，學兼經人之師，邦實所在，士髦歸仰，不有信史，曷觀後來？有清征士咸陽劉光蕡，人倫綱紀，學界斗山，研經繹志，發微義之真詮；下帷殫思，窮天人於奧窔。當清世同、光之交，秦中元二之厄，鼓鐘闃寂，弦訟輟聞，劉故儒恢張絶學，提倡宗風。初鳩同志設「求友齋」，以經史、輿地、算術爲後進之先導。繼設「校勘處」，以考定、訓詁典章，勵「依仁」以「遊藝」。味經主講踰十餘年，門下著録許千餘輩，手指口授，有叩必鳴，成德達材，有教無類。家握靈蛇之珍，人重登龍之譽，士風丕振，造就宏多。甲午中日役後，惕然於救亡，縱談乎時事，開「時務齋」於涇上，應「强學會」於滬濱，研中外之異同，辟西北之蓁蕪。戊戌政變，觸忤時忌，九峻結廬，煙霞歸隱，饔飧不給，而撰著自如。特科徵召，辭謝不赴；時事日非，泉石終老。晚年著大學古義，孝經本義，論語時習録，孟子性善圖説，史記貨殖傳今注，漢書食貨、藝文志評注，發皇經史大義，欲以見之行事。此外，日記、雜著文稿約十餘種。生平内行肫至，孝友無間，制行堅卓，險夷一致。爲學專注實踐，歸依致用，蠶桑紡織之業、農田水利之議，蒿目隴，尤所究心。比迹鄉賢二曲之勵行、豐川之經世，無多讓也。綜其言論之深切，本於憂樂之關懷；觀其志節之高潔，允宜瞽宗之祀載。兹者史館宏開，明命延訪。經義治事，湖州之教授難忘；考

[一] 煙霞草堂文集附録以下至煙霞草堂文集勘誤表原目録篇目下無，據此補。

獻徵文，中壘之遺書具在。除分稟關中道、咸陽縣外，所有造送事實册，懇請轉咨緣由，理合公稟鑒核。

一、故儒姓劉氏，名光蕡，字焕唐，號古愚，陝西咸陽人。曾祖祥，妣氏侯；祖志舜，妣氏程，以節顯；考輝，邑庠生，妣氏魏，生四子，故儒其叔也。由廪生中式光緒乙亥科本省鄉試舉人，以主講味經書院教士有方，特旨加國子監學正銜；又以味經刊書處校勘勞績，晉五品銜。光緒二十九年春，應甘督崧聘，爲甘肅大學堂總教，以勞瘁歿於蘭州，年六十有一。

一、故儒少失怙恃，賴諸兄成立，家貧甚，而至性過人。甫弱冠，遭回亂，避地轉徙，備極艱辛。晝則售餅於市，晚爲人轉磨麥粉，以給饘粥，然讀書不少輟。凡經史百家有用之書，極力探索。亂稍定，歸里應童子試，冠其曹。入府庠，肄業關中書院。時貴築黄彭年方伯、武昌王孝鳳光祿先後主關中講席，因師事焉。益肆力於聖賢經世之書，不屑役志於制藝，其志趣卓然，蓋早有以超拔流俗矣。

一、倡明絶學。天算、測量之術，秦中久已失傳，故儒孤詣研求，至忘寢食，徹三晝夜不眠，至於咯血，卒盡通其説，啟授生徒。主味經書院時，築星台，造銅儀置臺上，令生徒隨時講習，學者聞風興起。至今陝士多精幾何學、明測量術，實故儒啟之也。

一、宏奬人材。關中自李二曲、王豐川、孫酉峰諸先生講學後，人才銷乏，多溺於帖括，甚至束書不觀。故儒與同邑李編修寅、長安柏孝廉景偉交，相淬勵以讀書致用，轉移風氣爲己任。李編修早逝，獨與柏孝廉振起宗風，立「求友齋」，刊刻有用書籍，餉遺學者。又分經、史、道學、政治、天文、輿地、掌故、算術各科，會四方劬學之士而季課之，藉資倡導。又以秦士講書不易，説學使柯逢時設刊書處，刻十三經、二十四史，廣爲流播，冀矯學人空疏之弊。一時士習丕變，多勉爲博雅練達之才，非故儒誘導激勵之力不至此。

一、故儒心存利濟，保護鄉里，勞怨不辭。同治中，捻回交閧，關隴糜爛，屢上各當道政策，又代擬上劉爵帥招安土匪、平定善後方略，行之多驗。光緒丁丑，歲大饑，道饉相望。與二三同志上書，請奏撥漕糧三十萬石以振遺黎，爲忌者蜚語所中，幾遭不測，故儒不爲動。事後，率鄉人稟行社倉法，積穀二千四百餘石。備荒而外，更立義塾六處。又念中外通商，漏阨日甚，非注重實業爲根本之計，不足以救貧弱。爰説當道，建崇實書院，專課新學。遣及門高材生數人游鄂、滬，學習機器，擬鳩資二十萬，開辦織紡公司，與書院相輔，俾學歸實用。卒以造端宏大，無助，中止。乃以力所能及者，苦心經營，試辦白蠟、軋花各廠，辟桑園，製人力紡紗車，諸所設施，雖未全收效，然秦人知機器利用，浸浸嚮風實業矣。

一、故儒志切匡時，每以「中國存亡，匹夫有責」爲己任。甲申、甲午兩役後，海疆多故，輒太息痛哭，究心於西人政學所以致富强之原。丁酉、戊戌間，俄、德迫脅，迨八月政變，憂憤之極，哭泣至於失明。乃移疾居家，猶繫心時事，不少寬隱。念貧弱之原，由民智不開，而識字之難實爲之障。默坐冥思，悟聲音轉注之奧，以聲統義，欲合中外文法爲一，使婦孺一覽而知。口授童蒙識字捷訣十餘卷。未幾，目亦復明。其關懷天下，憂樂與同，雖老病未嘗少懈也。

一、故儒講學無門戶之分，早歲讀書即以實用爲期，於漢宋之分、朱陸之辨，絕不參以成見，博觀約取，互相證明。其塗轍不外導源姚江，會通洛、閩，以誠明立體，以仁恕應物，直指本源，切於實用，頗與黄黎洲、顔習齋暗合。極其功效所至，則盡人性，盡物性，使民昌國富，天下舉安始滿學之分量。葢非空談標榜者所可同日語也。

一、故儒待人推誠相與，不存逆億之心，其視天下人莫非君子，無不可共事、無不可教導者。其主味經也，每登堂，自晨至日昃無倦容。有執卷請益者，詳爲解説，諄懇倍至。暇嘗召生徒數人與共飲，使各質所疑，爲剖晰義藴，互爲辨難以爲樂。或論時局危艱，則慷慨憤激，涕泗横集。策勵從學，雖跅弛不羈，莫不謹守範圍，心悦誠服，其誠摯足以感人也如此。

一、故儒器量宏遠，有所規畫，恒注重於天下安危大計。庚辰，日本陷琉球，謂宜保護朝鮮，若不早圖，使朝鮮併於日，俄必南下而爭遼海，禍急矣！後十餘年，竟如其言。癸卯春，受甘督大學總教之聘，欣然就道。以隴據秦上游，逼近强俄，而漢、回、蒙、番雜處，思拔其翹傑者施以教育，藉學問以通之，聯爲一體，庶足外禦强俄而靜内訌。又以西北饒畜牧之利，製毛革以塞漏卮，闢利源尤爲當務之急。惜未竟設施，遽以勞瘁卒。

一、故儒衷懷恬退。乙亥鄉舉後，一應春闈，即絕意仕進，專以教授生徒、啟迪後學爲事。歷任學使交章保薦，仍自視欿然。壬寅秋，貴州學使趙惟熙保薦經濟特科，貽書敦促就試，婉詞謝之。葢非徒高尚之懷，談於榮利，亦其志願所在，有不暇及者矣。

一、故儒平生著作，於經有大學古義、孝經本義、論語時習録、孟子性善圖説、立政臆解、學記臆解、考工記札記、詩大旨、書微意，於諸子有管子小匡篇詳評、荀子性惡篇詳評、新序詳評，於史有史記校勘記，漢書校勘記，後漢書校勘記，史記自敘今注、儒林傳今注、貨殖傳今注，漢書藝文志今注、食貨志今注，讀通鑑日記，方輿紀要敘詳説，文獻通考敘詳説，雜著有味經書院志、兩漢治鄉考、壕塹私議、團練私議、國債罪言、修齊直指評、童蒙識字捷訣、煙霞草堂詩文稿各種，多未印行。

墓志銘 并敘

受業李岳瑞撰

光緒二十九年八月十三日，古愚先生没於蘭州，月之晦，訃至西安，岳瑞方居繼母憂，不克奔喪，乃爲位而哭。嗚呼！天之降殃於斯世何其酷耶！十九稘以來，歐西富强之效熾極旁溢，我四千餘年一統無事之中國，遂首當其衝。世變，學術日新月異，獨吾秦僻處西垂，尚瞢然罔覺。一二先識之士，開其蒙昧，樹之宗風，則有先生與長安柏先生及先編修，慨然厲實學爲鄉里倡。天不假年，老成彫謝，先君既逝，柏先生繼之，獨先生一老，靈光巋然歲暮。平生所志，百未一就，孰謂蒼蒼者竟奪之以去也。天之降殃於斯世，何其酷耶！越月而先生之喪歸自隴上，其孤瑞騙持狀督瑞爲銘墓之文。嗚呼！瑞學于先生三十有四年矣！少遘閔凶，長罹憂患，其所以稍保人格者，一知半解皆先生賜也。昔先生嘗語瑞，吾百年後，傳書銘墓唯汝之責，前言猶在，其敢以不文辭？

先生諱光蕡，字焕唐，號古愚，晚以目疾，又號瞽魚，邑之天閣村人。曾祖祥，妣氏侯；祖志舜，妣程，以節顯；考輝，邑學生，妣魏，生四子，先生其叔也。少失怙恃，賴諸兄成立。甫弱冠，回亂作，避地醴泉、興平間。家貧甚，晝則具餅餌粥諸市，晚爲人磨屑麥麵，得其餘，給饘粥，然讀書不少輟。亂稍定，乃歸里應童子試，冠其曹，入府庠。時貴築黄子壽方伯、武昌王孝鳳光祿先後主關中講席，因師事焉。遂與柏先生及先編修訂昆弟交，益講求聖賢經世之學。關中兵火後，書肆少藏書，先生百計從友朋借鈔、假讀無虚日。算術爲秦中絶學，無講習者。時先生方授瑞讀，得架上四元玉鑑細草，嗜之，顧無從索解。乃冥心探究，忘寢食，至嘔血，卒盡通其説。今陝士多精幾何，明測算，皆先生啟之也。光緒乙亥，舉於鄉，一試禮部，不獲雋，遂絶意仕進，益以啟迪後進爲務。丁丑，秋不雨，秦大饑。先生與柏先生及先編修謀上書當道，請奏撥漕糧三十萬石，以賑饑黎，未得可，有忌者以蜚語上聞，幾不測。先生處之怡然。庚辰，倭陷琉球，先生曰：「倭人豈彈丸三島之是羨，大欲在朝鮮耳！倭新變法，武備未嫻，欲耀威三韓，而懼中國問罪之師，乃小試於琉球，以窺伺朝旨。今不速張撻伐，使彼知藩服非中國所愛，不二十年，羽翼既成，横絶東海，朝鮮不支，必折而入於倭，俄將南下而爭，遼海之間，自茲多事矣！」後十餘年，卒如先生言。

丁亥春，黄公陳臬陝西，念當時從遊高弟唯先生在，乃延柏先生主講關中，而以先生繼味經席。先生以吾秦人才銷乏，學術不昌，由購書之不易，乃設「求友齋」，刊刻有用書籍，躬任校讐。今「味經官書局」實席其規模而擴大之。迨甲午遼禍起，先生曰：「事棘矣！陝西爲神京右臂，今遼海藩籬盡撤，他日畿疆有事，長安必爲駐蹕地，不於此時力籌保全之策，國家將無尺寸乾淨土矣！」爰説學使趙芝山編修奏建崇實書院，專課新學，試辦白蠟、蠶桑、軋花諸事。且擬鳩貲二十萬，創機器織紡公司，以與書院相輔。其宗旨在教養兼施，俾士、農、工、商各競於學。遣及門高材生數人游滬上，學習機器，歸而實行之。卒以造端宏大，蔑有應者。僅軋花一廠，後亦以費絀而中輟。然自此軋花之機大行於渭北，陝人稍稍審機器之利矣。

先生既盡瘁教育，重以憂時哭泣，目幾眚，乃移疾歸耕煙霞洞。煙霞洞者，九嵕山麓鄭子真棲隱處也。先生雖養疾家居，繫心時事不少寬。以中國貧弱，由民智之不開，而識字之難，實爲之最。冥坐默思，悟聲音轉注之奥，欲以聲統義，合中外文讀法爲一，使婦孺皆可一覽而知，成童蒙字捷訣十餘卷，目亦復明。潼商道延訓其子，先生念潼關綰轂山河，他日商務必以爲樞紐，思交其豪雋以應世變，欣然往。已而拳難作，聯軍入京師，翠華西狩，先生朝夕哭失聲，咯血，疾復發，急解館歸山中。疾少愈，舊時生徒稍稍有從之者。時和議粗定，償欵驟增數萬萬，先生曰：「中原民力竭矣！非普興工藝，人自爲戰，生機且立涸。」曩時有自制紡紗手車，紗速而不精，亟精思考核，欲使適用，葢將以手機代汽機，俾成本輕而易舉，庶人勸於工，利源漸闢。

朝廷開經特科，徵天下才雋，趙編修督黔學，以先生名上，貽書敦促就試，先生婉謝之。有頃，秦、蜀兩督府爭聘爲大學總教習，先生以秦隴一家，而隴據秦上游，西北逼强俄，五方雜處，種族之爭，無歲無之，非聯漢、回、蒙、番爲一體，不足以靖內訌而禦外侮，爰謝蜀而赴甘。至則說大府以今日興學之本義，將以普開民智而非徒以培養吏材，其要在遍開鄉校，其機在先儲師範，必兼營並進，庶幾成效可期。又欲俟學事稍有條理，將說制府廣開西北畜牧之利，收其皮革，以西法腛脂。且修復左文襄所購機器，大織氈、罽、呢、羽之屬，以塞漏卮而闢富源。未及上，而先生病棘矣。猶日登講筵，教授子弟。有以節勞請者，先生曰：「國事至此，敢惜身乎！且吾固樂此不疲也。」病危，昏瞀中，時喃喃語，問堂中某事蕆否？某書已刊否？絕不及私。

嗚呼！使先生少惜精力，勿爲勤劬以自耗折，安至於病？即病，亦不至忽焉長逝，無疑也。然又豈先生忘身殉國、犧牲其其躬之所願也哉？先生之學，導源姚江，會通洛、閩，而其用歸於阜民富國。嘗曰：「今宇內大通，生齒日繁，養民而外，無所謂政，亦無所謂學。倫理學者，所以迪民志使知有公利也；科學者，所以擴生利之具也；至於講武、明刑，則所以謀保富而不使侵於外族、爭戰於同種也。」故終身以農桑、工藝爲事，鍥而不捨，雖百不一成，所志不少衰。自譯書盛行，自由、平等之説囂囂横議，不可遏抑。先生憂之：「平等、平權，西人之說，本自無弊。譯者亂之耳。夫曰『等』，則必有尊卑；曰『權』，則自分輕重；物之不齊，物之情也。使賢者居上以臨下，不肖者居下以奉上，乃安而無傾，不平之平，平之至也。妄者樂其『平』而忘其『等』，昧其權，則大亂之道矣！」先生治古文，右陽湖而絀桐城，以柳州之峭潔運廬陵之平易，故其爲文深入顯出，善發名理。嘗語瑞曰：「十年以來，吾讀書所得新理極夥，皆古人所未言者，當盡著之書以諗天下。」顧以勞心教育，卒未成書。其微言精義，僅散見爲生徒評點讀書中及平生緒論所及而已。今之所存，不足傳先生於百一也。先生嘗謂：「孔子集諸子之大成，史公所謂『道家』即指孔子。老子之學謂之『黄老』，不名『道』也，『儒』者，特孔學之支流耳。」於是爲史記儒林傳、太史公自叙及漢書藝文志今注。又謂中國之積弱至今日而極，非行舉國皆兵之制不足以起廢疾，於是箸壕塹私議及管子内政寄軍令説。又謂欲興學校，當遍立鄉學、縣學，而厲西人議院及地方自治之規模，即以一學之人治一鄉之事，庶官師相合而政教一致，於是箸學記臆解。又謂西人立憲之制，具於周官六典，其精要則在立政一書，於是著立政臆解。又以中國財政之棼、商務之壞，思本古義以救時危，於是箸國債罪言及史記貨殖傳今注。餘若論語時習録、大學古義、孝經本義、孟子性善備萬物圖説、詩大旨、書微意、讀通鑑日記等，及文集若干卷，瑞駋慎藏之。

先生性仁厚，貌和易，與人交傾誠接納，不肯逆億。其視天下人莫非君子，幾無不可與共事者。精力絶人，夜分始寢，雞鳴即起。其主味經也，暇日嘗召生徒數人與共飲，使各質所疑，爲剖晰義藴，自朝至日昃無倦容。或慷慨論時局艱危，則淚涔涔下，淚痕、酒痕恒狼藉衣袂間。院中弟子著籍百餘人，月課輒數百卷，每深夜家人悉睡熟，先生獨坐鐙下，右尊酒，左卷冊，且評且飲，時濡筆於酒，或引硯抵頤中，尊中酒恒作烏色，唇吻間墨痕黝然，先生不覺也，其專精如此。先生之西行也，來省拜先編修神主，涕泣不可仰，掖之始起。瑞心識其不祥，然見先生顔色睟然，神明不衰，自咎其過慮也，孰謂其不幸而竟中耶？

先生生於道光二十三年八月二十一日，春秋六十有一。始以教士有方，奉旨賞加國子監學正銜，又以校書功，晉五品銜。初娶於魏，次郝，次王。始先生無子，以仲兄子瑞驥嗣，後生子瑞駼，以嗣仲兄，駼入邑庠，先先生數月卒。次瑞駋，邑庠生。女二，長適内閣中書、三原舉人胡均；次適醴泉附生王夢簡，皆郝宜人出。瑞駜、瑞騭，一女，俱幼，均王宜人出。將以光緒三十年二月二十九日附先生於村西北祖塋，岳瑞謹次先生行事、言論之大者，而系以銘曰：

天下興亡繫於學，芒芒墋黷誕先覺。嗟我同胞瘁貧弱，孰起膏肓予大藥。矯矯先生追冥搜，中西漢宋匯萬流。歐學東漸世所鰌，先生恫焉通其郵。中椒苾芬菉葹妒，閶闔艾艾日將暮。朝搴畹蘭夕攬莽，高丘〔二〕反顧哀無女。瓊茅筳〔三〕篿命靈氛，胡不憖遺萎哲人。巫閭蒼蒼兵塵昏，魂兮歸來哀我民。清渭東流繞畢陌，風馬雲車返幽宅。神州安危後死責，先生有魂監茲石。

行狀

府君諱光蕡，原名一新，字煥唐，號古愚，世居咸陽之天閣村。曾祖祥，妣杜；祖志舜，妣索，無出；程，旌表節孝；考輝，縣學生；妣魏，子四，府君其叔也。幼時先大父教之，嚴覓學子伴讀，寒暑不輟，年十五，諸經成誦。鐙下閱朱子綱目五頁，書札記二條，然後寢。未幾，失怙恃，賴諸兄成立。年二十，值回亂，避興平、醴泉間，貧苦殊甚，售餅餌、磨麵屑以具饘粥。然性嗜讀，暇即攜冊誦講。年二十三，亂稍定，以童試冠軍爲府學生，旋食餼，肄業關中書院。時貴築黄彭年主講席，賞府君課文，置門下，告以明體達用之學。取大學衍義一冊授之，命讀畢更易。明日，府君往請次冊，黄君怪其速，叩之，應對如流，持全書歸，爲書後一篇，約數千言，黄君益加器重。時同縣李編修寅潛心陽明之學，才氣傾一時，長安柏舉人景偉講求經濟，四方英俊，多從之遊，一見府君，深相結納，府君均事以兄禮，商榷請益，學術淵源多基於此。然府君肄業關中，貧窘如故。所得膏獎，盡以養家，自煮倉米爲粥，朝夕果腹，不肯向人乞貸。李編修雅知府君，不輕以財强與，常四五日一邀飲，曰：「吾不肯浼其高節，且以堅其志也。」府君與柏君約以「交貴者不託事，交富者不借錢」，終身不變。光緒乙亥，領鄉薦，一試春官不第，即絶意仕進，思以經史、實學培植鄉人士。肆力於儒先學說、歷朝掌故與夫算數、藝術，列强競

〔二〕丘：原作「邨」，該句本于離騷「忽反顧以流涕兮，哀高丘之無女」發，清世諱丘例作「邱」，形誤爲「邨」，今回改。
〔三〕筳：原作「筵」，該句本于離騷「索瓊茅以筳篿兮，命靈氛爲余占之」，作筵，亦形誤，據改（瓊，一本作藑）。

爭所以盛衰得失之故三十餘年，以此畢其終身。

府君初應童子試時，當咸豐庚申，英法聯軍初入京師，後訂和約，張示直省州縣。府君見之，始知西人富强以製造精奇原本算術，乃發憤治算學。時西北算失傳，無從問津，忽於友人架上得四元玉鑑細草，閲之，苦心探索，始識門徑。會推算日月交食，徹三晝夜，以致咯血，遂輟不復學，然因此得以提倡後起，陝士始多精於幾何之學。嗣後算術一門，著爲功令，風氣大開，府君遂告學者：「日習八股誠無用，學算而不能製器，亦畫餅也。且八股尚言仁義道德，算術不言身心，不關品行，沈溺無用，烏足爲士人乎？」歲乙酉，府君念陝士空疏，帖括外無所事學，爰商鄉人好義者集欵二千金，立「求友齋」，以經史、天文、輿地、掌故、算術八門，四季命題，與柏君酌給膏獎，共掌評閲。時三原賀瑞麟刊濂、洛等書，士子已知有正學，故府君提倡實學，交資互益。齋中竝印售官私舊藏善本，行之七年，士習丕變。後府君主講味經，又商前學使武昌柯逢時，奏設「味經刊書處」，刊十三經、廿四史、通鑑、九通等書，以「求友齋」舊欵改爲售書處。後庚子歲，沈學使變刊版爲鉛印，變經史爲時務、西書，府君雖不與聞，然沈公出奏時，仍照舊章，委請經理。蓋柯公奏立書局時，以局事始終委任府君，屢次力辭不得也。

府君初主講涇陽涇干書院，光緒丁亥移講味經，最後兼主崇實，惟味經十二年得士爲多。其教法以內不欺心、外能經世爲宗旨。鑒書院主講惟事評改之弊，乃仿亭林讀經史法，每月以五、十兩日坐講堂，集諸生分讀通鑑暨五禮通考、朱子語類等書。隨時講解，發其意指，外訂日記，編列十法，分門自占，每五日彙閲，月終張榜，第其高下。十餘年來，始終不倦。甲午以後，別立「時務齋」，釐定條規，分任政藝各門。府君主味經，兼任刊書處總校，其分校以院中高材生二十人分任。初時諸生或苦煩勞，府君曰：「吾非以多校錯譌爲功，特鈐諸生心讀經史耳。心苟精密，錯誤自見。」因訂校勘法，躬親讎校，樹之標準。其論多能正千百年之失。府君論文，右陽湖而絀桐城，以三蘇文爲氣機，根柢韓、柳，上窺司馬，每以易言有物、有序爲習文準則，尤以修辭立誠爲行文基礎。又曰：「『曲而有直』一句，可盡千古文法。」治經宗周禮、左氏傳，治史精四史、通鑑，以周禮、左傳，典禮治迹粲然明備，研究致用，足破空疏瑣碎之弊。學術推宗姚江，會合閩洛，常曰：「程朱內外交養，是聖門自小學至大學周詳綿密工夫；陸王重內輕外，是教後世少壯廢學者直捷簡易工夫；一論語教法，一孟子教法也。陽明以救學程朱末流之弊耳，當識聖賢救時苦心，何嘗不殊途同歸。」

府君雖潛居講學，最留心時局。當日本之陷琉球也，謂：「日人意在朝鮮，今特小試兵端，以窺朝旨。不速張撻伐，將來羽翼既成，吞噬朝鮮，俄南下而與之爭，遼海之間，恐不堪設想。」後十餘年，果有中日之戰。府君念前事不幸億中，今國家情見勢絀，一旦再有他變，朝廷勢將西巡關中。然關中形勝，北以河套爲後蔽，漢唐建都時皆極力經營其地。唐三受降城尤爲據險扼要。今其地蒙民貧弱，農畜、鹽鐵廢棄不講，英、俄諸國多方覬覦，不以此時設屯開墾，暗爲布置，萬一有事，陝北震驚，關中何能安枕？乃敘其辦法及利害大略，函致友人，轉達大府，勸之舉辦。此外，利益桑梓諸事，如保甲、蠶桑、救荒、積穀，皆不辭勞怨，講求辦理。晚歲，睹時事日艱，民生貧苦，又亟亟於織紡、製造、蒙學、女教等事。其事有效有不效，有行有不行，有始行之不效，其後漸收其效，而以阻擾之故，終於不效。他不具論，論其保甲、蠶桑諸事。府君主涇干時，涇陽令江右涂公官俊知府君最深，每有興革大事，多與諮商。府君暗爲規畫，不遺餘力。嘗繕冊詳陳保甲辦法：每鄉擇穩練紳耆，分任總查、里正、副諸名目，以次治各鄉水利、農田、社倉、義學，並稽查戶口多少，貧富勤惰，隆其禮貌，以時延接。涂公始病太繁，府君曰：「一縣必始於一鄉，故王道至纖至悉，周禮、管子其法可師，何繁爲？」涂公行之，治涇七載，巨細皆悉，涇因以治。蓋府君早年嘗佐柏君辦團練、賑濟、清丈田畝、施種牛痘各事，又代擬上劉果敏招安土匪、平定善後方略，均行之而驗。自柏君沒後，惟於涂公治涇時稍紓蘊抱。與人談論，每以帷幄才自居，謂爲人代謀則智慮能周，躬親負荷，則才力不足。故涂公沒後，爲文哭祭，又爲墓誌、祠記以誌其詳。循吏政蹟固足敬慕，而身世知己之感，實隱痛於無言也。

府君辦蠶桑，以陝人沈迷洋煙，耗產失業，或貪種植之利，流毒彌廣，因念蠶桑利大，苟著成效，鄉人自必棄彼業此。乃命家人種桑養蠶，既煮繭取絲，織以爲綢，府君大喜，爲著養蠶歌括，遍貽鄉人。又念吾陝蠶桑多年無效，以繭成難售，且無織機成綢，銷路終覺難恃。乃設「復邠機館」於涇陽，爲鄉人倡。時糧道曾鉌、知縣林崑注念蠶桑，各捐銀數百兩，令府君試辦蠶織及白蠟。購地於涇、醴近山之交，廣種桑株，徧給鄉民。白蠟產於九嵕山中，府君知之已久，至是始雇工護蟲，滋生子種。然蠟樹叢長山中，居民樵采，頗難禁止；移樹則人工灌溉費又不貲，且掛蟲護蟻又須寒暑霜霧旱潦之巧值天時，以枝節僥倖爲之，故其事猝難有成。然蠟樹如龍柏、女貞各木，其移植煙霞山中者，至今青葱蔭鬱，漸成美觀。

府君之辦賑積穀也，以光緒癸巳旱荒民饑，邑令堅請辦賑，府君知不可辭，首捐束脩百金，而以商人曉事者經理銀錢，以門人勤朴者清查賑戶。賑事畢，欵不虚糜，民沾實惠。府君又以賑餘款項，稟請放給窮民，春借夏還，輕其子息。有放銀章程、放麥章程，其法變通朱子社倉，營運六七年，得息二千四百石，借領本銀，悉以繳還。以息麥築城寨一所，立義塾於咸陽天閣、馬莊、魏家泉、西陽村〔二〕、醴泉煙霞洞、扶風午井鎮六處。府君爲定章程、學規，以期持久。然初以民放民收，吏胥、地痞不得染指，故刁難、謠諑變端百出，府君持以定力，不爲所搖。及退居煙霞，當庚子旱災，鄉人楊某挾私控告，義倉事遂廢。凡此皆甲午以前府君勞瘁桑梓之大端。

及甲午戰後，府君以中日和約有機器在内地製造一欵，歎曰：「中國不通商行省，外人爭拓利權，須機器製造者，鐵與布爲大宗，鐵必在晉，而布必在陝。陝西盛時購廣布於鄂，歲約五百萬金。近以洋布盛行，廣布銷運不及百萬。然洋布運自外洋，有運費，有關稅，若内地製造，無運稅等費，價必大賤，人人服用，土布將不復行。陝之脂膏盡歸外人，不待人以兵來，而我先自斃矣。」因擬集股二十萬金，聯官、紳、商爲一，創設機器織布局，附立書院，以教子弟學習機器。請於前學使南豐趙公惟熙繕摺入奏，使門人數人赴滬訪察織布機器情形，有南行戒約各條。顧事體重大，經營兩載，迄未有成。學使另籌欵設「崇實書院」，以副前議。門人南歸者購有東洋軋花器一具，其軋花之速十倍本地舊機，自是涇、原城鄉陸續購用東洋軋花器，陝人始嫻機器之利矣。然紡紗一器，府君以爲用甚溥，山居時屢創造新機，終不適用。庚子館潼關，朱訓導存誠言曾見西人紡紗小機，仿造可成。府君令招匠試造，規模略具，紡紗快利，舊車比之，十不當一。府君喜甚，將大加改良行

〔二〕　西陽村：原作「夕陽村」。劉古愚自撰義學章程作「西陽村」，清乾隆咸陽縣志卷一西鄉陳良里有西陽村，據改。

鄉閒。旋以拳匪之亂，府君乃退館山居，盡質篋衣，修理前造紡機。嘗曰：「工藝爲救中國貧弱要策，孔子云『吾不試，故藝』，蓋不能爲政，惟藝乃見諸實事也。吾國政治受人牽制，異日一線轉機，其在工藝乎？」

府君生平以樸直不諧世俗，又以時局競爭之烈，提倡於報章、學社。時康有爲、梁啟超兩君設時務報於上海，府君韙之，遙相倡應，以此再忤於世。戊戌事變，因目府君爲「新黨」，府君處之如常。及辭味經講席，貧不自給，門人爲買山於九峻之麓，因煙霞舊名，構草堂數楹，土室數洞，山田數十畝，疏引泉水，分流種樹，爲退老講學所。府君乃盡捐藏書數千卷，庋草堂，公四方從學士。然憂憤時事，痛哭失明。因冥坐靜思，欲合中外文字讀法爲一，悟五方元音反切各法，成童蒙識字捷訣一書，口授門人筆録十餘卷，目亦復明。自是從學日集，口授筆答，朝夕不輟。嘗言：「學在切實淺近，不在談心論性，過精微多淪於虛，能粗淺乃徵諸實。」楊雙山修齊直指府君嘗手加評論，欲刊行世，謂門人曰：「外教言敬上帝，吾儒不敢言，是真割地之學也。」論治道以「政教合一」、「官師合一」爲主。謂後世民生之困，在官師、政教分途，仕與學不相謀，故教化不行，以刑法脅民。人才不興，以吏胥治事，所以治日少、亂日多也。又曰：「先儒教人讀書，在内返諸身，予謂尤在外驗諸世。論語首章言『時習』二字，則欲以學治萬世天下，必因時制宜，與世推移，而後不窮於用。故學於古者，必以身所值之時習之，習之而得古人立法之意，則以應當世之變，然後推行無弊。孔子爲『時中之聖』，其道所以能治萬世之天下也。」因著論語時習録一卷，發明斯義。

府君性疾惡，然見人一事之善、一技之長，稱贊不絶於口。待門弟子，教誨恩勤，如家人父子。性嗜酒，遇有嘉饌，必招致會飲，各抒臆見，或與斥辨。嘗曰：「議論爲行事之端，使見諸行事，則補救殊難。」諸生初或嚴憚，不敢進言，及從游既久，往往心悅誠服，始終不渝。

府君山居四年，壬寅之冬，崧制軍聘總教甘肅大學堂，次年春，川督岑又聘教習成都。府君念關隴一家，唇齒相依，重以昔年甘督陶勤肅公、藩司曾鉌函聘主講，以政變中止，舊誼今情，因決意西行。至則見漢、回、蒙、番種族雜處，非合一其志，不足以靖内訌、禦外侮。因與大吏言，學堂之設在化民成俗，非第欲造就肄業諸人。當以師範生爲首務，以鄉學爲歸宿。宜置豪宗、巨室、魁士、通儒，申明立學宗旨，使曉然國家立學本意，層累遞進，乃足以範群才而歸於有用。與生徒言，則謂：「昔之時，患於守舊，今之弊又患其忘本。泥古者拘，徇人者蕩，苟有偏重，其失一也。」又欲俟學稍有條理，將説制府開畜牧之利，收其皮革，以西法腥脂，且復左文襄所購機器，大織氈、罽、呢、羽之屬，以塞漏卮而闢利源。未及上，而疾作。猶終日登堂講授，晚則徹夜批答。七月朔，早起觸瘴疫，尋悸汗如蒸，痰咯咯不止，繼之以血，仍力疾講授不輟。不孝及門人諫請且止，則曰：「千里遠來，胡爲乎？我固樂此，不覺苦也。」病劇憊臥，日夕吐血，昏瞀時喃喃語，諦聽之，皆學堂事。少蘇，必問曰：「堂中某事辦耶？某書刊耶？」再詢，瞠目不答。八月十二日，熱驟退，神明轉徹，而一語不及私。不孝等方冀漸痊，長依膝下，乃十三日寅時竟棄不孝等而長逝。嗚呼，哀哉！

府君生於道光二十三年癸卯八月二十一日，享壽六十有一。初以教士有方，前學政柯公奏保，加國子監學正銜。後以刊書積勞，學政沈公以「通達時務，學識過人，自視欿然，不求聞達」奏保，晉五品銜。歲壬寅，詔開經濟特科，貴州學政趙惟熙以府君名薦，辭不赴。生平著作除前已刊外，有大學古義，孝經本義，立政臆解，性善備萬物圖説，味經書院志，通鑑日記，史記儒林傳、貨殖傳、太史公自序今注，漢書藝文志今注、食貨志今注，管子、荀子、考工記、方輿紀要序等書詳評，讀詩詳評，讀淵明集詳評。此外，説經、雜記、詩文、遺集，皆門人搜輯成帙，共若干卷。

元配魏宜人無出，繼配郝宜人生子二：瑞駼先府君數月卒，次瑞䮏，縣學生。女二：長適三原内閣中書胡均，次適醴泉庠生王夢簡。繼配王宜人，生子二：瑞駜、瑞隲，女一，俱幼。府君初以兄子爲嗣，即不孝瑞驥。瑞䮏既長，府君命肄業南洋公學，臨行取四書一部，命攜之，曰：「勿忘聖賢語，此作人之本。」又手書十六字示曰：「不欺寸心，統籌全局，勤求物理，曲體人情。」前訓猶在，何期大罰遽降，幽明永隔。猶記府君在日，常語人曰：「吾生平諸事無成，他日敘吾行事，勿諱吾短，當於短處、敗處、知吾辦事苦心，即爲善述吾事。」嗚呼！不孝何能敘府君生平於萬一，然府君學問品誼，又何敢稍事緘默，無聞於世？謹就見聞所及，及門弟子所稱道者，泣述一二，惟冀先生大人俯賜采擇，錫之記傳，不孝等感且不朽。孤子瑞䮏等謹狀。

煙霞草堂文集勘誤表

先師煙霞草堂文集刻成後，旋承番禺石君星巢、秀水陶君拙存、杭縣周君良臣、同門涇陽吳君子敬、門人彭子誦芬、蒙子元仲，各以校正字義，計七十八條，先後寄示。敬以次補正，其不能補者，列表於後，以免沿訛而志雅誼。己未七月典章又記。

卷數	頁數	行數	字數	誤	校正
三	三十七	十一	四五	減耗	減火耗
八	十七	二十	十四、十五	學院	學書院
	十八	六	八九	算名	算書名
	二十六	十二	十一、十二	溉心	溉人心
	四十	十六	十一、十二	等不	等書不
	十一	二十	一二	先讀	先所讀
	十六	十九	二十	人疵	人之疵
後序	二	十六	七八	富富	多一富字

煙霞草堂遺書

歲次己未刊於江蘇辛酉嘉平告竣

煙霞草堂遺書序

世喪道，道喪世，世與道交喪矣。學術之支離久矣，雖有聰明卓越之才，皆如耳目鼻口，謹明一義，其有明於大體、達於末度、本於經訓、深於史學、貫串諸子而善用之，妙解詞章、理其性情而謝其華藻，經緯而條貫之，博大哉，古之文儒君子也，則劉先生古愚是也！吾與古愚先生雖未捧手，而神交至深。古愚先生既遣其弟子來遊，吾又與其高弟李孟符郎中、王幼農道尹過從至密，得熟聞先生之學。先生往矣，遺書數十，幼農道尹勤勤於師門，既手輯而躬校之。幼農爲廉吏，自奉至約，節衣縮食，家人𣪶𪎊，而刻其師之遺著數十種，不忘其師如此，其忠且敬也。遺書刻成，命康有爲序之，吾敬幼農之忠勤，益見古愚先生盛德大道也。庚申人日，康有爲。

附識[一]

先師劉古愚先生講學於吾秦有年，課弟子批答點竄，凡數十百種，稿不自存。厥後同門分散，湮佚實多。世變既殷，遺篇墜緒，益難捃摭。典章刻煙霞草堂集既成，又託同門張扶萬在籍搜羅，僅得右十七種草本見寄。輾轉鈔寫，頗多舛譌。於是乞傅隱君校管子小匡篇節評、荀子議兵篇節評，莫君楚生校史記貨殖列傳注、太史公自序注，扶萬校前漢書食貨志注、前漢書藝文志注，沈君紫霓校古詩十九首注、陶淵明閑情賦注，陳伯瀾同門校改設學堂私議，而周君良臣、門人彭誦芬則勘校全書，至於再三，可謂勤矣。然校書自古不易，能否免於漏略，猶不敢知，尚待讀此書者之討析補罅也。校既，編比而屬

[一] 附識：原無此標題，據文末「弟子王典章附識」補。

朱君仲衡録正之，亟亟以付剞劂。夫政學之分久矣，秦、漢以後，英君察相，主持國是，各因時變所趨，苟且補救。隋、唐之科試，宋、明之經義，言政言學，斠若鴻溝，故其盛不百年而卽衰。清季變法，比附西政，民國仍之，而效未覩。蓋學術、政治必有根本，根本不立，則枝榮葉敷皆塗飾耳目之具，不崇朝而枯竭至矣。

先生深觀時變，早作夜思，知政、學非合於一，必不能挽二千年之沈痼而制勝於東垂。茲編所列，立政、學記兩臆解，學堂、團練各私議是也。餘皆因文見道，懷抱獨抒，身世之感，悉寓於中，藏之名山，未若公之當世。此外尚有曩日已刻之修齊直指評、五方元音，未刻之詩大旨、書微意、攷工記評、史記儒林傳注、讀陶淵明集評、讀通鑑評、方輿紀要序評、國債罪言各種，皆昔年侍函丈時所親見，今竟不可得矣。典章無似，願參力微，惟冀同門廣求遺草，惠然相示，典章雖老，當謀所以壽先生文於千古，且志吾拳拳之私於不忘也。庚申春，弟子王典章附識。

立政臆解　煙霞草堂遺書之一

歲次己未刊於蘇州

咸陽劉光蕡古愚

序

癸卯夏初，次男瑞駘隨侍至甘，讀湘鄉周氏所譯憲法精理卒業，請曰：「此西人新出之精理，吾古亦有之乎？」曰：「有之，尚書二十八篇，闡此無餘蘊矣，而立政一篇，尤重用法，謂爲憲法之鼻祖可也。西國所謂憲法，即中國所謂洪範，所以知人安民，平治天下之道也。道出於天，行於人，被於民。天無形聲可接，民之聰明，明威即天也。故克知灼見以任人，博采庶言以爲法，王則罔兼罔知，勿間勿誤，人法相維，而世久安長治矣！自天子至於庶人，各守其範，故立政篇終飭司寇之執法，胥天下而範之於道。西國憲法之精義，不盡於此哉？」駘遂取立政讀之，隨筆箋記，呈余評閱。塗改者十七，而留者十三，歷七十餘日。門人王之藩愛而抄之，又爲校閱一過，名曰立政臆解，因書其緣起如此。

嗚呼！吾中國憲法，堯、舜、禹、皋創之，湯、文、武、周公承之，孔、孟修之，明明備於尚書。桀、紂、幽、厲不能亡者。經祖龍虐焰，銷蝕沈晦，遂至湮埋二千餘年之久。今爲西人所迫，道始大明，乃求憲法於西國，是棄祖父膏腴之業而不耕，而甘行乞於市，以求延殘喘也，豈非大可痛心之事哉！　閏端陽後五日，古愚識。〔一〕

〔一〕文集中無「閏端陽後五日，古愚識。」九字。

立政

史記云成王在豐，天下已安，周之官政未次序，於是周公作周官，官別其宜，作立政，是周官以次序官職，立政特別其宜耳。別其宜，即分爲主治、行政、議法三大綱之謂。

以立政名篇，通篇汲汲求得人才，兢兢奉行憲法，言政者絕少。政非人才不立，非憲法不久，此「立」字即論語「患所以立」之「立」字，「立」則久矣，故不曰「爲政」而曰「立政」。爲國如爲室，人才其棟梁、楨幹也。求而得之，則國基規模立矣。不作養人才，而殷殷求才，才何從出？周公何以第言「立政」不言「興學」？曰多士、無逸、多方言之矣。多士爲天下普立學校，而誥敕之也；無逸，學校既立，君以身先之，有眞精神貫於其中，而人人爭自奮於學矣；多方爲化民成俗之事，風俗既成，人才不能不興於其中。故此篇第勖人君，誠求而任用之，以教養之法已前備也。教不先，無由成材；材成而上不用，不惟已成者消磨於無用，而未成之材亦無所觀感，英華消阻，而胥自放棄矣。周公之書以立政終，汲汲求才，即人君以無逸眞精神鼓動天下之人心，而厚培爲政之本也。

周公之書以是終，言周致治之書亦以是終。終而若始，求才立政，易終未濟之意也。無人才則股肱惰而元首叢脞，萬事皆墮於冥冥中矣。故此篇爲無逸之眞精神，亦即二帝之心法也。

周公若曰：「拜手稽首，告嗣天子王矣。」用咸戒於王曰：「王左右常伯、常任、準人、綴衣、虎賁。」周公曰：「嗚呼！休茲，知恤鮮哉！」

不曰「周公拜手稽首」，而曰「周公若曰：『拜手稽首，告嗣天子王矣。』」，是「拜手稽首」四字即從周公口中説出，如後世奏表中有「稽首頓首」語也。疑此爲周公作書戒王，非面陳言，史官録之也。用書戒不面陳者，欲王懸之坐側，終身守之也。周公作書，終於此篇。篇首告嗣天子王矣，篇中又屢言之，是必周公將還政歸農，俾成王自行政所上之書。成王堅留周公，周公不得去，留洛七年，乃薨。則此篇當繼洛誥後而厠於此者，以此篇爲治天下總要綱領，卽臯陶謨「知人安民」、洪範「建極敷言」之旨，類老臣臨終之言，故以終周公之書也。「用咸戒於王曰」，集傳謂周公與羣臣同進戒於王，是以「與」訓用、「同」訓咸。竊以召誥「旅王」文法律之，似覺未安。召誥「乃以庶邦、冢君出取幣，乃復入錫周公曰」，是太保「以庶邦、冢君」旅王，此處第曰「用咸戒於王」，所與者内之百官乎？外之諸侯乎？書中無此文法。竊意此承「告」字說，下「用咸戒于王」至「虎賁」止。謂此次告王是因王嗣爲天子，爲天下人所歸往，親行政事，舉凡立政所最要者，悉以告王，其目則自左右常伯、常任、准人、綴衣、虎賁，如今日奏摺首云「爲某某事」也。周公曰「嗚呼」，則撮敘所告事目之後，復以「竊謂」，「竊」以敘入也。「王左右」指王左右侍從之臣，語有專指，非統指下五項也。

西國憲法全以三權相維持，謂主治、行政、議法三權也。「常伯」如西國之君相及上議院，勳貴爲之，故曰「伯」。「伯」，長也，把也，謂主持政事也。「常任」卽西國行政之官，謂常任事也。「準人」則西國下議院，以國人之公論議定憲法而行之，準人情以爲法也。「綴衣」，屏幃也，大朝會必設屏幃，故以名掌朝會、禮儀之官，文事也。虎賁，軍旅之士，武備也。周公以會盟主持天下之政，文事、武備相需而行。齊桓衣裳之會，卽舉「綴衣」之職；兵車之會，卽是「虎賁」之用。霸者假仁，其所謂會盟，固假周公之法也。王左右輔導君德，爲立政之大本。常伯、常任、准人，持立國之大綱；綴衣、虎賁，操馭天下之大柄，故特舉此六官也。

「古之人迪惟有夏，乃有室大競，籲俊，尊上帝，迪知忱恂於九德之行。乃敢告教厥后曰：拜手稽首后矣。曰：宅乃事，宅乃牧，宅乃準，茲惟后矣。謀面，用丕訓德，則乃宅人，茲乃三宅無義民。

注：「古人」，前代之君也；「迪」，蹈也，行也。知人爲立政之本，以實心憂恤而躬蹈之，乃能得人，而國日强矣。有夏，大禹也。「室」，指國家；「大競」，大盛之時也。「籲」，求也；「俊」，賢才也；「九德」卽臯謨之「九德」。尚書二十八篇相爲首尾。唐、虞爲治之始，周公爲治之終，臯謨是言學校，爲造士法，立政是言官人，爲用士法。「九德」，不詳其目，

見周公行政無一不用唐、虞之法，有損益無背戾也。「忱恂」者，誠信也。言禹深知誠信於「九德」之行之人，可以立政而以啟迪其君也。「事」、「牧」、「準」三者，人君治天下之大本也。「宅乃事」，常伯也。何以知牧爲常伯？以後言「長伯」知之也。前統言政體，故先治人之官。主天下之治，即以主持天下之人，天子亦在其中，故先之也。此析言行政。王先自治其事，然後分任以治天下之人，故變「伯」言「牧」，專指諸侯言也。敘夏禹告教其君，其詞氣全與篇首同，見立政之在得人，固堯、舜以來相傳之心法也。「謀」，言也；「面」，色也，謂以言色之德爲德，則巧言令色之人至，而政本壞矣。即皋謨謂「巧言令色」之意也。「巧言」，以詞章取士也；「令色」，以容悅爲賢也。

「古之人迪惟有夏」，專指禹不指夏一代之君。「乃有室大競」，謂禹起自罪族，由治水而宅百揆，是由有室而有國，輔舜以治天下，爲「大競」也。以下皆言禹「有室大競」之事。「籲俊」，呼籲以求賢也。「尊上帝」，天以民付人君，聰明明畏，無往不依于民，而安民必先知人。以敬天之心貴民，不能不以敬天之心尊賢也。尊上帝以貴民，故求賢之心迫而爲呼籲。心誠求之，故於有九德之行者能實知而深信之，以薦於厥後也。「后」，謂舜也。敘禹立政，不敘其有天下爲君之時，而敘其有室，告君之語，禹之政實立於舜之朝也。若以「告教厥后」爲夏臣告教其君之語，則「籲俊」、「尊上帝」、「迪知忱恂」皆不屬禹，與下商之立政專屬成湯，周之立政專言文、武，文義不類。蓋此篇即皋謨知人安民之旨，而實施之於政也。此節約舉皋謨全篇之意，以爲禹事，「迪知忱恂於九德之行」，約舉「亦行有九德」節也。「宅乃事」三句，約舉「日宣三德」節也。「謀面，用丕訓德」，約舉「知人則哲」節也。治統開自堯、舜，極盛於禹，故周公承治統，事事法禹，孟子所謂「思兼三王」也。三王以禹爲始，法禹即以法堯、舜也。典言治天下之規模，九官是也；謨言治天下之精義，「九德」是也，此篇兼備其義。「宅乃事」，后稷及工虞之官也；「宅乃牧」，司徒及禮樂之官也；「宅乃準」，百揆及士與納言也。百揆持大綱，納言達民情，士則用法者也。

「桀德惟乃弗作往任，是爲暴德，罔後。」

「作」當如「文王作人」之「作」，謂作興宅俊之才也。

呂氏祖謙曰：「非人才果異於昔日也，桀之惡德弗作往日先王之任用而已。往惟俊德是任，效見於有室大競。桀惟暴德是任，效見於絶世無後。」信乎！存亡之在任人也。

衰亂之世，未嘗無材。賢者得柄，貪[一]詐皆可驅使；不肖者掣肘，英雄亦無所展布。故材以用而多，以不用而無也。

「亦越成湯陟丕釐上帝之耿命，乃用三有宅，克卽宅，曰三有俊，克卽俊。嚴惟丕式，克用三宅三俊。其在商邑，用協於厥邑；其在四方，用丕式見德。

「亦越」者，繼前之辭也。「陟」，登也；「丕」，大也；「釐」治也；「耿」，光也。湯自七十里升爲天子，除暴安民，使事物昭然各當於理，「所謂丕釐上帝之光命也」。「三宅」謂居常伯、常任、準人之任者，「三俊」則有常伯、常任、準人之才者也。既得「三宅」，復辨「三俊」，蓋賢才不厭其多，故求無已時也。求無已時，則人人爭自感奮，以期上進，而天下遂化於無形之中，則三王無爲而治之象，殆非虛言矣。「克卽」者，言湯所宅實能立其位而不曠其職，所稱「三俊」實能有是德，而非浮名也。「惟」卽「思維」之「維」，「嚴」，敬也，「嚴惟[二]」謂選舉精審也，「丕式」謂信任誠一也。選舉不精審，則無以得俊才；信任不誠一，則無以容俊才，二者相需，缺一不可也。「三宅」既用，「三俊」已辨，則不徒在位皆賢才，而不在位者亦罔非賢才矣。故近者已協，而遠者法之也。「式」，法也，「丕式見德」，謂法其德也。

聖王求才原無已時，然此處「三宅」、「三俊」止是一事。「宅」以委任職事言，故冠以「用」字；「俊」以辨論官材言，故冠以「曰」字。「曰」字與「用」字平對，以二「乃」字貫之，一時之事非更端別敘，此外他求也。「乃用三有宅，克卽宅」，猶言使之治事而事治也。「曰三有俊，克卽俊」，猶言稱其有德，果有德也。此節「丕式」字兩見，當從集傳作「大法」解，「大法」卽立政以爲天下法也。謂湯以天下爲量，嚴思敬維，自治其國，卽爲天下示之大法。故兢兢於主治、任事、立法之「三宅」、

[一] 貪：原作「貧」，形誤，據關中叢書本改。下文逕改，不再出校。
[二] 惟：原作「思」，涉上「思維」之「思」而誤，立政原文爲「惟」，據改。

「三俊」也。「用協於厥邑」，「三宅」得人而國治也。「用丕式見德」，「三俊」立政，著大法於四方，天下皆見其德而法之，天下平也。

「嗚呼！其在受德暋，惟羞刑暴德之人，同於厥邦，乃惟庶習逸德之人，同於厥政。帝欽罰之，乃伻我有夏，式商受命，奄甸萬姓。

「暋」，强暴意也，言紂德强暴也。「羞」，進也，「羞刑」謂進任刑戮者也。「庶習」，備衆醜者也。「逸」，荒逸也，即無逸之「逸」。「帝」天也。「伻」，使也。「有夏」，有此諸夏也。「式商受命」，用商所受之命也。「奄」，廣也，盡也。「甸」者，井牧其地，什伍其民也。此言紂之所以亡，在於殺賢，拒諫，國弱民困諸大端，而其所以至是者，任用失人也。蓋任用失人，則是非淆，是非淆而後有殺賢拒諫之舉，而民乃以困，國乃以弱也。故獨舉之，不及他事，可見國之存亡惟在所任之賢否也。

述桀德略，不用「嗚呼」發端，述紂德以「嗚呼」發端，而又詳言之者，桀遠而紂近，其事爲成王耳目所親及，故確切詳悉言之，而以「嗚呼」提醒成王，使深爲鑒戒也。「暋」當爲「昏亂」意，與「克知灼見」反對，不能知人也。不能知人，故所用非人，而與羞辱刑戮之暴德同厥邦，同流合污之逸德同厥政矣。「羞」當訓「羞辱」，不當訓「進」，「羞刑暴德之人」即牧誓所謂「四方之多罪逋逃」也。「庶習逸德之人」即微子所謂「卿士師師非度」也。「暴德」、「逸德」是兩種人評語，亦即紂亡國之實據。紂之亡，亡於暴者十之一，亡於逸者十之九。顯然助紂爲惡者，不過數人，其餘無惡可指名者，皆「庶習逸德」之人也。「逸」，故不事事，紀綱不立，祖宗之法度無一不廢壞，國焉得不亡？謨所謂「股肱惰、萬事墮」也。從古至今，未有不興於憂勤而亡於逸樂者，逸之爲禍，烈矣哉！

禹、湯知以人立政，所以興；桀、紂不用其道，所以亡。周所以監二代，成郁郁之盛者，在是；周公所以思兼三王，光大文謨武烈者，亦在是。此篇爲尚書論治之結穴，知人安民之旨，萬世所不能易也。

「亦越文王、武王克知三有宅心，灼見三有俊心，以敬事上帝，立民長伯。

敘三代立政皆從上帝說入，禹、湯、文、武皆以民爲天也。故以敬天之心敬民，即以敬民之心求知人，以立政而安之也。

「籲俊尊上帝」，禹以求賢之心敬天也；「陟丕釐上帝之耿命」，湯以敬天之心尊賢也；文、武克知灼見皆由敬事上帝之心而成，與禹、湯無異也。禹、湯、文、武之政，卽堯、舜之道。道之大源出於天，皋謨論知人安民歸於「天聰明自我民聰明」數語，周公論立政從尊釐敬事上帝説入，唐、虞敬民之道，至周公而愈明也。

文王、武王開周之基，成王之祖若父也。周公告戒成王，既證之以古昔，又示以近今，誠以古人遠且疎矣。其先則近且親，所以反復致意，冀其採納也。「三宅」、「三俊」、「文武克知灼見」皆曰「心」者，蓋君臣相與，必性情相孚，然後能兩心相印，而非謀面矣。「長」如王制所謂「五國以爲屬，屬有長」，「伯」如王制所謂「二百一十國以爲州，州有伯」，是也。內諸侯，祿也，不全乎君，故曰「長」；外諸侯，嗣也，不純乎臣，故曰「伯」。言能知人故任之，以上事上帝，下安兆民也。

從起至此爲一段，歷敘禹、湯、文、武以人立政心法、精神，無不注於知人，禹謨知人安民之旨也。西國有大事，開議院，必先公選舉議員，亦此意也。

「立政，任人、准夫，牧，作三事。」

「立政」二字總提以上，推原政之所自始。此下及阪尹，乃立政之正面，以後乃反復教戒成王，使法文、武以成盛治也。此節總言有周一代設官之規模，「作三事」，分爲三大綱，以統內外之政也。任人、常任，卽所謂行政，任事之官也。前以「常伯」居前，此以「牧」居後者，王朝立法主治，在於天子。此既言「牧」，則爲分土君民之諸侯以爲外官，故後之。且法既定，人君主持于上，反無責任，責任在行政、執法之人。此亦如近日西國君主憲法之國，國君無責任，故後之也。「作三事」，謂各任其事，不相統屬，不相侵越而相維持也。

此篇言以人立政之精意，非敘官也。所言常伯、常任、准人、任人、準夫、牧，皆隨文稱名見義，非有周一代制定之官名，故更不見他經。前云「常任」，此云「任人」者，前舉其職，故曰「常任」，此言其職之所自始，故曰「任人」，謂任人以事，使各自治生業，則凡養民之政，胥統於此矣。「準人」曰「準夫」者，前謂以法治人之官，此則謂準人情以爲法，則凡教民之政，胥統於此矣。「常伯」曰「牧」者，前言其主民治，故曰「伯」，此則事舉法行，教養之政立，民相親睦，一國之民爲一羣，而君爲之首，如牧長然，故曰「牧」也。此以三事該洪範之「八政」，食、貨、祀、任人以事也，司空、司徒、司馬、準夫爲法也，賓以聯人羣，師以統人羣，即此之「牧」也。「三事」即左傳所言「六府三事」之三事，蓋洪範爲禹法，箕子傳之，文、武、周公本之以立政，所謂「周監於二代」也。

「虎賁、綴衣、趣馬、小尹、左右攜僕、百司庶府〔二〕。

此爲王朝之官。「虎賁」掌軍旅之官，武備也；「綴衣」掌朝會之官，外交也；「趣馬」掌馬之官，古人視馬猶今之船政、鐵路，爲軍國至重之物。蓋自黄帝時舟車始興，至周始盡車之用，北方風氣大通。舟之用尚未盡利，至春秋及漢，舟制始大備，南方乃通，故攷工記重車制而無造舟之工也。「綴衣」之後即繼以「趣馬」，謂會盟征伐馬爲要需也。「小尹」當爲僕馭之長，掌乘輿者。「左右攜僕」，孔傳訓爲「左右攜持器物之僕」，天子一切服用之物皆取於此，故設官以主之。如今日内務府之官，「百司庶府」，則監財之官也。

此「綴衣」當即周官之「掌幄」，爲天子道路停頓之行幄，如今軍營之帳棚。如此則天子終年巡狩，何至煩費擾民？聖祖出塞，御營即爲行幄；京師地震，亦宿行幄；祭天壇、齋宫亦爲行幄；大婚，皇后必預御行邸，亦以帷帳，不爲宫室也。祖宗所慮深遠，此制宜法。無論封建、郡縣，天子既統天下之政，必須身親見聞，豈宜高居九重，第據簿書，以攬天下之政？天子與民日以隔絶，虚文日盛，眞意不流，上之爲秦皇衡石程書，下之即二世之稱朕不聞聲矣。後世天子每出，臣下多力諫阻，不惟以其游幸也，亦以沿途供張，煩費擾民。若如立政設官之意，則天子巡狩，一切扈衛、行幄、車馬、財貨、服物、器用，無不備於平時，巡行於外，無異在宫。天子周行天下，無國不到，周知民之情僞，天下之政何至有畸輕畸重、偏而不舉之慮？此爲風氣大開，疆域大啟，萬國統於一君一定不可易之法。黄帝所以終身巡行，未嘗甯居，孟子所以屢言巡狩也。此法盛世固宜率循不廢，即至衰世，更爲有益。此即殷之「舊勞于外」，天子無生深宫、長阿保之慮，即有大變，天子無

〔二〕左右攜僕、百司庶府：本篇文内有「左右攜僕」、「百司庶府」之訓解，而録文脱此八字，據尚書補。

異將帥，亦可擇便而趨，故我朝祖宗亦慮及此也。此數官，皆爲天子巡狩、會盟、征伐而設，「三事」以統天下之政治。此數官，則天子親理天下之政之具也。

「大都小伯、埶人、表臣百司、太史、尹伯、庶常吉士。

此鄉邑治民之官，設於畿內者。出畿內以及天下，雖皆如是，此特據畿內言也。「大都」，邑之大者；「小伯」，小邑之長；「大」名其地，「小」舉其官，互文也。「埶人」當是一邑司學之官。

古者以鄉三物教萬民。「六德」，智、仁、聖、義、中、和；「六行」，孝、友、睦、婣、任、恤；「六藝」禮、樂、射、御、書、數。教學之官不以德行名而以藝名者，德行君可以兼師，六藝之事，非治民有任事之責者所能兼教也。六藝之禮卽治事之章程。「樂」爲教學之大用，「御」、「射」以之爲强，近人以圖鎗甚易「射」、「御」，所見甚卓。「書」、「數」以之爲智。周公時，雖君師、政教不分，然六藝則人人須學於幼時，且非旦夕所能驟通，非有耑官以任教事，焉能無人不學？非朝夕漸摩講求，焉能無藝不精？古之時，治民之官卽教民以六德、六行，然必「藝」成能治其事，然後有「德、行」可言。禮、樂、射、御、書、數之不知，則愚弱獷狎，蠢蠢如鹿豕，不能自治其事，而曰吾有「德、行」，吾不信也。故「德、行」爲六藝之源，而「藝」爲德、行之體。「藝」能載「德行」以出，舍「藝」則「行」無從善，「德」無從見，而皆淪于虛矣。故六藝自八歲以至成人，有耑官教之，卽今所謂普通學，故教學之官，特名藝人也。

「智、仁、聖、義、中、和」之德，「孝、友、睦、婣、任、恤」之行，從何處學起？故古人爲學皆是習藝。禮之意，卽是德；禮之文，卽是行；樂歌是誦讀；啟其聰明，書數之用也；樂舞是履蹈，健其筋骨，射御之用也。有事業，然後有性天可見，品誼可名。不習藝，不能治事，卽無事業，何從見其德、行？孔子曰「下學而上達」，習藝以爲德行也。故立政以教學爲急，而教學以藝爲先。有立政之責者，於大都小伯之後，「藝人」二字不可不深長思也。及至周衰，君不兼師，有政無教，孔子以庶人任官師之責，以學爲政，刪詩、書，定禮、樂，贊周易，修春秋，以空文爲教化，故六經卽名六藝。蓋舉六德、六行悉統於六藝，修周公「藝人」之職，漢書藝文志謂儒家出於司徒之官者，此也。

又攷工記首言「粤無鎛，燕無函，秦無廬，胡無弓、車」，其無者，人人能爲此藝，不設耑官也。而考工記有函人、弓人、車人、鎛氏、廬人，則周人設有耑官，初不人人能爲此五藝也。「鎛」，農器也；「函」、「弓」、「車」、「廬」，戰器也。周以農開基，「庤乃錢鎛」詠於頌，以革車三百，兩有天下。攷工特言「尚輿」、序工首「輪人」，又謂「一器而工聚者車爲多」，其初必取法粤、燕、秦、胡設官，以教其民。周公又多材藝，其設官必不輕工藝，此藝人其亦兼有鎛、函、弓、車及廬之藝與？

「表臣」，注：「表」，外也，若外府、外司服之屬，所謂「表臣」也。按「表」當解如「代表」之「表」，如德制聯邦，各遣公使駐紮柏靈，爲各邦之代表。凡各邦之内政，對外之政策，須聽命德皇者，皆議決焉。「太史」，都邑之史官也，所以議論國是，糾正是非，今之報章葢原於此。古者史官隨地皆有，左傳齊有南史氏「執簡以往」，則南邑之史執簡以往記國中之事。不若今之代各一史，待修來世也。周公以四方民大和會持天下之政，其畿内都邑皆分王官自治，與外諸侯稍異，不盡耑治，則遣使王朝，如漢之上計掾。與諸侯和會正同，卽與德國聯邦遣使柏靈爲代表亦同。「表」謂表明民心之欲惡，以達於天子。天子順民心以爲政，所欲與聚，所惡勿施，則人心悅服，臣於天子，故此特言臣也。「藝人」教民，有君道焉，故曰「人」，如此篇立法之官稱爲「準人」是也。「表臣」達民情於王朝，則對君言純乎臣，故曰「臣」也。

此「表臣」當卽今西國之議員，隨時選定，非有常職，不如常伯之牧民，常任之治事，准人之行法。開議以後，隨卽罷之，在三事之外，不居百官之内，故曰「表臣」，「表」而曰「臣」，食土之毛，莫不爲臣也。

「百司」，掌百物之官，凡山川水陸所産，爲民所需者，皆設官護持，而長養之，以廣其用，如唐虞工虞之官也。前百司設於朝，此百司設於鄉。

周室史官甚多，宮中有女史，閭巷有閭史，則無地無史可知，謂爲隨地皆有，誠然。史類西國之報章，確切不易，集以爲書，則眞民史，非後世史書所可及也。此太史當爲都邑之總史，管一邑一切簿書、圖籍，山川險要、物産人情、禮俗政治、工作獄訟，凡有關於民生日用之事，皆簿録之，以上於朝，以達于國。輶軒採詩，木鐸徇路，想皆其職。如是則民情無不達，君恩無不周矣，方爲文治。

「尹伯」當爲鄉閭執法之官，如周禮秋官之「縣士」、「鄉士」、「尹正」也，所以正人之不正也。此如漢之游徼，今泰西之警察官。凡朝廷一切政治、法令，議定施行，尹伯宣布而督行之，而卽糾察於其後，則政令無不行矣。此爲治鄉之最要，鄉村、市廛、道路無一不遍，而民間之氣象，當立改觀矣。

「庶常吉士」，「庶」，衆也，言在文王之廷，無非常德吉士也。愚意「士」當指「府史」、「胥徒」，葢此節敘鄉邑治事之官，非評論人才也。忽加此句，前後語意不類，疑是微小之官，如今吏胥，特以士爲之耳。葢古者士爲居官治事之名，故說文訓「士」爲「事」，不若今之以不治事而學者爲士也。

古自成童成人後，無不治事而學之士。凡一官署卽爲一學舍，長官卽其師，府史、胥徒皆其弟子，不惟治事之餘復勤學問，卽其治事亦是爲學。故孔子嘗爲委吏、乘田，以至作宰攝相，周游列國，葢無一日得從容閒燕。以講習道藝而自述學問，則自十五以至七十，又無一日不有精進之益，則「庶常吉士」，卽爲治事之小吏，可無疑義。「庶常吉士」卽臯謨「彰厥有常吉哉」意，謂以所有之德，彰於所治之事，臨事仍如其常，故爲吉士也。彼評論人才故因所彰之常以定其吉，此爲敘列官職，故舉吉士之名以統庶士也。

「司徒、司馬、司空、亞旅。」

「立政，任人、準夫」至「百司庶府」，爲天子設官以統立天下之政，「大都小伯」一節，則設官於鄉邑，以立鄉邑之政，此則設官於朝，以統所立之政。天子、諸侯皆同，先鄉後朝，政所自立自鄉始也。

「司徒」卽首節之「常伯」，「立政」節之「牧」；「司馬」卽「準夫」、「準人」，「司空」卽「常任」、「任人」，統言政體，則有民有事而後議法。故先「常伯」，次「常任」，後「準人」，實行政事，則事治法舉而後民安，故先「任人」，次「準夫」，後「牧」。此節則如治定功成，統王朝、諸侯、天下之政爲之總結，民安法行而事舉，故先司徒而次司馬、次司空也。「司馬」卽虞廷之「士」，洪範之「司寇」；「司空」卽虞廷之「后稷」、「工虞」，洪範之「食、貨、祀」。周家設官以三司總天下之政，此法本之虞舜、夏禹，武王訪於箕子而得者。周公立政，不能不遵守其規模，王朝、侯國皆同。周官分爲六職，乃僞左文書附會周禮而爲之，不足信也。

「司徒」當爲秦、漢之丞相，「司馬」秦、漢之太尉、御史大夫，「司空」當爲計相、大司農。以三司統一國之政，始於唐、虞，千古不易。在王朝如漢之三公，唐、宋之中書、樞密、度支，在侯國如列國之三卿，後世之開府儀同三司、行中書省，總之皆爲執政之官。司徒主教，司馬主法，司空主事，三者舉，國政立矣。「亞」如漢世丞相府分曹之長吏，「旅」則奔走治事之人也。

「夷、微、盧蒸，三亳、阪尹。」

此爲王官之監於四夷者，如泰西之殖民地總督及領事官。是「夷、微、盧烝、三亳、阪」皆指夷地，尹則其官也。不及他官者，以事隨地異，亦因時遷，故聽其自辟而不爲預定其職也。

記此於設官之終，卽後文「詰戎兵」、「陟禹迹」、「方行天下至海表」之意也。

疑此七處皆風俗之未盡同於周者，不必王官也。微、盧見牧誓，聽周徵發，與共征伐、會盟，則臣服于周矣。而「夷」字敘于先，疑爲東夷，東夷之遠者，莫如肅愼，而貢楛矢則亦臣服于周矣。不用兵力懾服，而聽徵發、通朝貢，復以王官監之，是後世猜防疑忌之私，非周公推誠相見之心也。「蒸」字蔡傳云「或以爲『衆』或以爲夷名」，然則亦可本「文王蒸哉」、「武王蒸哉」之義，訓以爲「君」，謂夷、微、盧之君也。變「君」言「蒸」者，「蒸」有進意，夷、微、盧之君，雖早向化，而國俗未純，進於中國，天子宜常留心，使之日進於善也。「三亳」疑卽「三監」，三亳皆殷舊都，紂未必預爲棄之，使歸於周，則染紂之惡俗，未必不同於朝歌，況惟西亳去宋遠，北亳、南亳皆去宋近。周公誅武庚，滅殷，乃封微子於宋，宋地非得之於武庚，三監焉能奪無罪諸侯之地以封微子乎？故疑周初三監卽居三亳之地，不必聚於紂都一處。惟三監不與武庚聚居一處，故金縢曰：「管叔及其羣弟乃流言于國」，「國」卽三亳之地。若流言起于紂都，則出於敵國之口，周室方興，必知爲敵人之反間，而不爲所惑矣。三監旣居三亳，則此處三亳，必爲三監。三亳之民，其尤頑者雖遷於洛，其留者於商之舊俗豈能洗滌淨盡與周民同？故以三毫附於夷微、盧之後也。「阪」，蔡傳未詳，又云「古者險危之地，〔一〕封疆之守，或不以封，而使王官治之，參錯於五服之間。」按：此說是也。特「阪」當訓「險阻」，不當訓「險危」。周時戎狄參居內地，皆在山林險阻之內，如驪戎、陸渾、伊洛之戎、赤狄、白狄等，雖居中國，仍用夷俗，而無禮義，故此與夷、微、盧、三毫並舉，一繫以「蒸」，一繫以「尹」，雖爲外諸侯內卿士之別，而「蒸」進其俗，「尹」正其俗之義，亦寓其中矣。上節敘已成之治，故特舉其官，此節治尚未至，故兼寓教戒於太平極治之時，而以俗之未美者告王，使時自警惕，此文王望道未見之心，亦克知灼見之源也。後儒訓此以夷情叛服、險要安危立說，其見小矣。

自「立政，任人、準夫、牧，作三事」至此爲第二段。言周監二代，損益以立政之大規模，詳於治鄉，而朝統其大綱，國各自治，而天子時巡，不遺荒遠、險阻之區，周治闊大詳密如是。孔子所謂鬱鬱之文也。如此之政，可以萬古承平矣。

「文王罔攸兼於庶言，庶獄、庶慎，惟有司之牧夫是訓用違〔二〕。」

此下三節言以人行政之事。既已得人，使治一國之事，必有預定之法，上下遵守，然後人人能盡其職。以人立政，古今原無異，而決不相同，故此敘行政，第言文王不及禹、湯，亦以三代之治法至周爲盡善盡美也。盡善盡美者，謂以四方民大和會，持天下之政爲得天理之公也。

注：「庶言，號令也；庶獄，獄訟也；庶慎，國之禁戒儲備也；有司，有職主者；牧夫，牧人也。文王不敢下侵庶職，惟於有司牧夫，訓敕用命及違命者而已。」按：此制如英國憲法，君主不得掌立法、行政、司法三權，而獨有提議、裁可、公布等權而已。「庶言」卽立法者，謂本庶人之公議以制定法律也。「庶獄」卽司法者，謂持制定之法律以督其行也。「庶慎」卽行政者，謂遵法以實行於國也。「罔攸兼」者，卽所謂無總三權之權，亦卽所謂君主無責任也。君主之責任大臣代

〔一〕之地：原闕，據書集傳補。從「古者險危」至「參錯於五服之間」系引蔡傳原文，而惟闕「之地」二字。
〔二〕「文王」句：本句之上省脫二十一字「文王惟克厥宅心，乃克立茲常事，司牧人以克俊有德。」

負，代負己之責任，故君王不能不監督之。此節「是訓用違」，卽監督之意，亦卽各國憲法所謂君主有提議、裁可、公布諸權之意也。此政所以能立之本原。「罔攸兼於庶言」，是非決於公論，不箝國人之口，以爲法也。「罔攸兼於庶獄」，法立必行，不挾君上之勢以撓法也。「罔攸兼於庶慎」，則任人而非任法，人君不親細務而務知人，無叢脞之憂，而事無不理矣。

「庶獄、庶慎，文王罔敢知於茲。」

「罔敢」卽上文所謂國君無責任之義也。治化初開，人心未臻至善，故雖罔攸兼攝，而不能不監督之，以防其懈弛之弊。至大同之世，則人人皆知應盡之職，自必盡心竭力，不敢自欺欺人，而人君又何須監督之哉？故言「罔敢知」也。然則吾中國古制之盛，雖泰西今日尚未能及也。則數百年之後，必有棄今日現行之憲法，而別立一新憲法者矣。

獨言「庶獄、庶慎」不及「庶言」者，蓋立法爲爲政之本，而司法、行政之根源也。法無一定，隨時而變，不若二者可委之一大臣，故議法必公之庶人，而君罔攸兼攝，又何敢罔攸聞知？宴居深宮，不與官民相親，於何法當立，何弊當除之情事無所知，則因循廢弛之弊生，而欲望司法、行政之各盡其職，成大同之盛治，難矣！蓋「庶言」卽議員議法者也。行政、司法者之勤懈，獨許議立法者隨時糾正，故君於行政、司法之官，罔敢知矣，而於立法官則必親自監督之，所謂源清則流自清，本正而末自正也。泰西國君有兼行政全權者，似不如獨有監立法官之權之爲較簡而周也。

「庶獄」、「庶慎」，皆奉成法以修其職業，君不可侵其權以掣肘於後，故知曰「罔敢」，謂文王先謹懍奉成憲而不敢侵越也。前曰「兼」，謂身親其事，以形迹言，故曰「罔攸」。「攸」，所也，實指其迹也。此曰「知」，謂心究其理，以精神言，故曰「罔敢」。「敢」，心也，密斂其精神也。「庶言」，則國人議事與法之言，公是公非之所在，必君主持於上，故「罔攸兼於庶言」，而必知「庶言」，不以一二人之私意爲政，而不恤人言也。「知」有「別擇」、「主持」二義，庶言淆亂，則君別擇而用其善者。西國所謂提議何事，開散議院是也。庶言和同，則君主持而行之，西國所謂裁可、宣布是也。「庶獄」、「庶慎」，文王罔敢知於茲，蓋因上言罔兼「三庶」，恐成王一例視之，身不預其事，心亦一概不與謀，故特提出「獄」、「慎」二事。文王特克知灼見，以宅俊身，不預其事，神亦不注於茲，惟於庶言，則精神注焉。蓋惟罔敢知於茲二者，乃所以耑其知於庶言也。「兼」

以事言，「知」以理言，「知」者，心性之精光所聚也。乾以易知，坤以簡能。君，乾道也，故就知言知，耑注於庶言，則以一國之公議立政矣。

「亦越武王率惟敉功，不敢替厥義德，率惟謀從容德，以並受此丕丕基。」

率行文王之事、志，以竟三分有二之功，則安天下矣，故曰「敉功」也。「義」者，職分之所能爲；「德」者，性分之所固有，知人安民，人君之職分、性分。不務知人而親細務，替厥「義」、「德」矣，武王不敢也。此中庸所謂「善述事」也。「率惟謀從容德」，繼志也。「不敢替厥義德」，「罔攸兼於庶言、庶獄、庶慎」也。「率惟謀從容德」，「罔敢知庶獄、庶慎」，而知「庶言」也。「容德」，容庶言之德也，惟謀而從之，卽知之謂也。「丕丕基」卽有天下並受者。文王三分天下有其二，武王以率文王「義」、「容」二德，遂並未有之一分而亦有之也。此節二「率」字皆言武王率行文王之德，則卽皆指文王之事，故「義德」、「容德」，皆文王之德，而武王率之也。惟敉率之始，思以敉之也；並受率之終，受而並敉也。

以上言文、武之立政，一秉公法，不雜一毫意私於其間也。

「嗚呼！孺子王矣。繼自〔二〕今我其立政。立事、准人、牧夫，我其克灼知厥若，丕乃俾亂。相我受民，和我庶獄、庶慎。時則勿有間之。

説人成王，又以「嗚呼」提起，致意于王，欲王凝神敬聽，勿忽略也。「孺子」二字當略頓，「王矣」二字當曳長讀，以孺子之身而爲天下所歸往之身，是非富貴孺子，而遺大投艱於孺子也。「繼自〔三〕今我其立政」當爲句，見自此以後，天下不以孺子之事責孺子，而以天下之事責孺子矣。「我」，周公「我」成王也，自此以後，成王一舉一動，周公若與之同焉，於二「我」字見之矣。「立事」卽「常任」，「牧夫」卽「常伯」，此乃備舉「三宅」之名，而言天下之政盡於事、牧、準人也；「若」，順也，謂

〔二〕自：原作「至」，據關中叢書本改。
〔三〕自：原作「至」，據關中叢書本改。

順其性之自然，不矯飾勉强，貌仁而心實違也。「丕」，大也；「亂」，治也；「俾」，使任也。「灼知厥若」，知之明也。知之明而後可任之耑，故曰「丕乃俾亂」也。蓋知之不明，則無以得賢才，既知之而不用，或用之而不耑，則無以盡其才。故必兼是二者，而後可與言立政也。相受民，和庶獄、慎，勿有間之，皆任人之要也。「相受民」，牧也；「和庶獄」，凖人也；「和庶慎」，立事也；「勿有間之」，文王勿攸兼、罔敢知也。

「自一話一言，我則末惟成德之彦，以乂我受民。」

此「和庶言」也，謂和庶獄、庶慎皆由和庶言做起。由此人一言，彼人一言，集而爲庶言，即一國之公議也。「我」即上文「我其立政」之「我」，周公「我」成王也。「末」，終也；「惟」，思也。庶言既集，所謂發言盈廷，王當執其咎矣。此時王決所從於後，豈可不用思維？西法所謂裁判也。「成德之彦」，即左傳「善鈞從衆」之善人也。庶言既集，理皆可通，則斷以其人素日之品行、學問，素日品行學問爲衆人之所推服者，其所主之言必多可從，則從之以爲法，使奉行以治庶獄、庶慎，是所以治我受於天祖之民者，仍受其法於民也。「末惟」是和庶獄、庶慎之本，故特提出言之，「末惟」是裁判，「以乂」則宣布也。

以上言成王繼文、武立政，當克知灼見以任人，末惟成德以爲法，而勿間其行法之權也。

「嗚呼！予旦已受人之徽言，咸告孺子王矣。繼自今文子文孫，其勿誤於庶獄、庶慎，惟正是乂之。」

此節周公以已所立之政告成王，據現行之政言之也，故又以「嗚呼」提起，言已承文、武之後，代成王立政，必集庶言而從其徽美者，以爲行政之法。今日所行，皆自末惟成德，一話一言以立爲定法，故曰「予旦已受人之徽言，咸告孺子王矣」。告今日所行之政，皆受於人之徽言，願王勿輕更張也。「繼自今文子文孫」，固指成王，成王以後之王亦隱指及矣。「受徽言」，守議定之法，以治獄、治事，豈可以己之私意參之，貽誤國法，以撓治獄、治事者之權？故願王勿之也。上言立政勿間以人，此則勿誤以己也。

此周公以現行之政告成王也。

「自古[一]商人亦越我周文王立政，立事，牧夫，准人，則克宅之，克由繹之，茲乃俾乂。

此節與前立政節相應，總立政之大規模也。

「立政」二字當連上爲句。周室立政之法監於二代，而商爲近，故不及夏，所謂「周因於殷禮」也。周政之立，文、武同德而皆創自文王，故言文王可該武王，所謂文王造周也。我其立政，當法商人，文王而注意「三宅」以任人紬繹庶言以爲之法，則得人以行法，是乃所以乂治國家也。

「國則罔有立政用憸人，不訓於德，是罔顯在厥世。繼自今立政，其勿以憸人，其惟吉士，用勱相我國家。

上戒鑒殷，以法文王，此又旁及天下之國，蓋言各國之內治也。「國」字略逗，謂自古至及今，凡有國者無有用憸人以能爲國之事。「憸人」者，傾巧便辯給之人，詐足飾非，言似忠誠而不訓於德。「訓」，順也，信也；「德」者，紬繹庶言所定之法，謂不信守庶言所定之法，順以治庶獄、庶慎也。如是，則其國雖不亡，亦奄奄不振，無有名譽顯於當世。凡國家用憸人無不如是，則繼自今立政，孰敢不以用憸人爲厲禁乎？其惟用有常德之吉士，不惟彼國光顯也，亦且足以輔相我國家矣。「我國家」，周也。此節語遞下而意則兩兩平列，一「罔顯」，一「勱相」，欲王自辨而用之也。

「今文子文孫，孺子王矣。其勿誤於庶獄，惟有司之牧夫。

顧錫疇曰：「曰『文子文孫』見其有纘承之責；曰『孺子王矣』，見其居天子之位，固耑指成王，亦兼指成王以後之君也。」「其勿誤於庶獄」，勿撓法官之權也。國之大本在乎法律，法也者，起於人羣之團聚，而以之保平和、臻久安之具，即所謂綱紀也，無法律斯無國家矣。故泰西各國視法官爲極尊、極貴，雖貴爲天子亦不能干涉之。蓋尊法官即所以尊法律，尊法律即所以維持公義。國無公義，則强陵弱、衆暴寡之風起，而國尚可以爲國哉？此周公所以反復言之，以至一而再、再而三，若不能自已其辭者。蓋欲成王知爲政之大要而無重所當輕，輕所當重也。

[一] 古：原作「故」，據關中叢書本改。

此兩節與「大都小伯」節相應，總結立國內之政也。

「予旦」兩節言立周室之政，「國則」節推及各國以爲轉關，此下二節則立天子之政也。故「予旦」節先呼「孺子王」，繼以「文子文孫」，欲成王爲後世計也。此先言「文子文孫」，後稱「孺子王」，欲成王爲天下計也。前勿誤「庶獄、庶慎」並言，此獨言「庶獄」者，天子馭天下惟在能平諸侯之曲直，則天下自戢安也。「惟有司之牧夫」，此「牧夫」當爲「州牧」之「牧」，九州之牧得人，則諸侯之獄皆平而戎兵可常不用矣。

「其克詰爾戎兵，以陟禹之迹，方行天下，至於海表，罔有不服，以覲文王之耿光，以揚武王之大烈。」

「詰」，詔也；「戎兵」，皆兵也；「陟」，升也；「禹迹」即所謂「弼成五服，至於五千」，「外薄四海，咸建五長」也。蓋古人詰兵，軍伍藏於井甸，陣法講於蒐狩，射御習於學校，巡征寓於會狩，以故文事武備渾合爲一，亂萌無自生，天下乃久安長治矣。此即呂氏所謂「治兵即所以弭兵」之義，西國所謂「武裝平和」也。後人謂戡亂以武，守成以文，不知盛世之文事武備渾合爲一，原無偏重之時，戡亂未嘗無文治，守成未嘗無武功也。「方」，旁也，並也，謂徧行天下也；「海表」如齊之表海，謂盡中國東南之地也；「罔不服」，言威德所及，無有不服也；「耿光」，文治也；「大烈」，武功也。「勿誤庶獄」，維持國內之政；「克詰戎兵」，維持天下之政也。「覲耿光」、「揚大烈」，文治武功並用，無所謂偏重，王道之常本如是也。九州之牧苟不得人，則亂必起。天下大矣，後世遠矣，豈能一無所失？州牧豈能盡得人？即盡得人，天下之大，九州之遠，天子深居九重，何能周知民生疾苦、吏治污隆？故必時時親巡，其「克詰爾戎兵」，修虎賁、綴衣之職也。「陟禹之迹」，九州固禹所奠定，而禹會諸侯于會稽，亦禹巡狩之迹獨遠也。

此節與「司徒、司馬」、「夷、微、盧蒸」兩節相應，立列國天下之政也。

「嗚呼！繼自今，後王立政，其惟克用常人。」

「後王」，周之後王也；「常人」，有常德之人。按此以上皆告成王立政之道，至此乃兼告及後王也。僅言用常人不及法者，蓋立法準乎人情，人情隨時而變，故法亦不得不與之俱變，此立政之所以必合時俗、人情而不可以預定治法也。必得常德之人，時議而變通之，以適於治，故周公不敢預言法而言人之德，蓋恐授後世泥古法戾時勢以禍蒼生，而獨以用常人告之。謂能得治人，則治法自隨時精進而無常治，無待他人預爲之謀也。

周公若曰：「太史，司寇蘇公式敬爾由獄，以長我王國；茲式有慎，以列用中罰。」

上節丁甯用人，此節丁甯用法，所以結通篇。政即是法，人議而行之，所以立之也。「太史」，記載憲法者也；「司寇蘇公」，奉行憲法者也。耑言「獄」者，不用憲法則獄隨其後，所以糾其必行，政乃可謂之立也。必能實行今日憲法，而不使滋弊於其中，則大綱不壞。以後世累變更，法與之俱變，亦易爲力。此篇終於「式敬由獄」、「式」，慎用罰之意，以法維持人也。「式敬由獄」，敬守所由以決獄之法也；「茲式有慎，以列用中罰」，當用法時詳慎以酌其中而用之也。按：上既言周公不爲後世預定治法矣，而此處告太史，使書周律以爲後世之式者，何哉？蓋律也者，起於人羣之團聚，而維持一羣使得相安之具也。使羣而無法律也，則强陵弱、衆暴寡之風起而羣不羣矣。故有法律則强者不敢逞其强，衆者不敢恃其衆，而暴君污吏亦不敢魚肉下民，如是則强衆弱寡可持其平，兩相平，則人心固結爲一，而國强矣。泰西今日之文明富庶即由此也。周公既不敢定爲拘泥之法授後人以口實，而又恐文、武之德衰，後王將伸其威權以魚肉下民，致覆滅其宗也，故爲法律以制之，使不得上下侵越，君民平等以保其宗，則其用心亦良苦矣。

泰西視法律爲至尊、至重，無論爲君爲民，凡有血氣者莫不受制於其下。民有犯者則法官罰之，君有犯者，法官亦得稱天祖之法以罰之，周公所制之謚法是也。以故君民常懔懔焉，惟恐或犯，而不敢不敬厥職。不若後世之惟君獨尊，不特有行法亂法之實權，且並有立法變法之實權，故常居法之外而無所忌憚。如是則以一人持行法之權，而不敬於先，罔慎於後，名爲天子一人有權，而內而大臣，外而諸侯以及妃妾、宦寺，皆得蒙弊攘奪，假天子之威靈以亂天下之大法，東周之弱即由此也。篇終鄭重太史、司寇，使之敬慎持法，法由繹庶言而立，即合一國之衆庶爲國君守法，而君權乃不他移矣。

立政通篇皆兢于王之用人而戒其撓法，蓋法行必自王身始也。篇終特戒執法之官，使之敬慎，敬慎者，不屈於權貴，所以使王勿攸兼、罔敢知也，勿間勿誤而政常立矣！篇終戒執法之官，所以明王亦受制于法也。

觀孟子言舜爲天子，臯陶爲士，瞽瞍殺人則執之，知三代以上之法自天子以至於庶人皆受制焉，則此之戒「太史」、「司寇蘇公」，其意可見矣。「史」記王之言動者也，「司寇蘇公」則執所書以用法者也。

學記臆解　煙霞草堂遺書之二

咸陽劉光蕡古愚

序

嗚呼！今日中國貧弱之禍誰爲之？劃兵、吏、農、工、商於學外者爲之也！以學爲士子專業，講誦考論以騖於利祿之途，而非修齊治平之事、日用作習之爲。故兵不學而驕，吏不學而貪，農不學而惰，工不學而拙，商不學而愚、而奸欺。舉一國爲富强之實者，而悉錮其心思，蔽其耳目，繫其手足，倀倀惘惘，泯泯棼棼，以自支持於列强環伺之世。而惟餘一士焉，將使考古證今，爲數百兆愚盲疲苶之人指示倡導，求立於今世以自全其生，無論士馳於利祿，溺於詞章，其愚盲疲苶與彼兵、吏、農、工、商五民者無異也！即異矣，而以六分之一以代其六分之五之用，此亦百不及之勢矣！告之而不解，令之而不從，爲之而無效，且弊遂生焉。彼六分之一之士，其奈此數百兆愚盲疲苶之民何哉？然則興學無救於國之貧弱乎？曰救國之貧弱孰有捷且大於興學者？特興學以化民成俗爲主，而非僅造士成材也。風俗於人材，猶江河之蛟龍也，江河水積而蛟龍生，風俗醇美而人材出焉。無江河之水，即有蛟龍，亦與魚鼈同枯於肆，而安能顯興雲致雨以潤大千〔一〕之靈哉？故世界者人材之江河，而學其水也。化民成俗，則胥納士、吏、兵、農、工、商於學，厚積其水，以待蛟龍之生也。兵練於伍，吏謹於衙，農勤於野，工巧於肆，商智於市，各精其業，即各爲富强之事，而又有殊異之材，挺然出於羣練、羣謹、羣勤、羣巧、

〔一〕「大千」，文集作「天下」。

羣智之中，以率此練、謹、勤、巧、智之羣，自立於今日之世界，不惟不患貧弱，而富强且莫中國若矣！以地大物博，民衆而質美，白種之所以深忌我黄種者，此也。堯、舜、禹、湯、文、武、周公以來，其終日憂勤惕厲者，皆爲此事，其曰勤民，非君相一手一足代億兆人之手足而啟其心思也，納民於學，使皆爲有用之材，以自治其業而已，所謂化民成俗也。故大學言「治平」，曰「明明德於天下」，政與教不分，故士皆出於民，而「士」訓曰「事」，「仕」訓曰「學」，九流十家之學皆出於古之官也。桀、紂、幽、厲不以德教民而以力制之，數百年有政無教，中國疲弊。孔子欲起而救之，布衣不得位，陳堯、舜、禹、湯、文、武、周公之治，力不能及民，僅與民之秀者講明之，故言學不言政，學不及兵、吏、農、工、商而專屬於士。後世爲政之失，非聖人言學之本義。化民成俗之本義不明，而造士育材之作用亦隘，士日困於記誦詞章，民則困於愚盲疲茶，國勢散渙、阢隍，屢受制于外人，而無可如何。嗚呼！其所關豈淺鮮哉！

乙未歲，馬關約成，中國賠費二萬萬，予彷徨涕泗，無能爲計。其臘，幼子瑞駋之師解館，予代督課。時讀學記，予閲一過，舊書重讀，新解特生，蓋身世之悲有不能自已於言者。强坿經訓，以告稚子，故題曰「臆解」，觀者若執古訓以繩予，則予之戚滋深矣。咸陽劉光蕡古愚。

學記

人生得於天者爲性，成於己者爲學，有生以後，天無權而己有權，故學尚焉。所謂「人能弘道，非道弘人」也。「道」者，由己及人之路，堯、舜、禹、湯、文、武、周公之政，皆是脩道之教，卽脩由己及人之路，使人人由之也。億兆之衆，往來互通而不相悖害，則天下合爲一大羣而君道立矣。故學者學爲君，而君者羣也，羣億兆之人而爲之首，學爲君者，修爲羣之路也。

王船山曰：「周禮師氏、保氏隸于司徒，大司樂之屬隸于宗伯，皆教官也。而大學之職，略無概見，故先儒疑周禮之多殘缺。蓋自州鄉庠〔一〕序以及大學，必專有官師，而今亡矣。（略）凡十六章。」

船山不以師氏、保氏、大司樂爲州鄉庠序、大學之官師，此見甚卓，而疑別有耑官而亡，此則非也。党庠之師卽黨正，州序之師卽州長，他官之屬同爲教官，長皆爲師，貳皆爲輔，則黨正、州長爲庠序之師，可無疑義，何也？一閭二十五家之塾，則閭胥爲之師，而鄰長輔之，此見於漢書食貨志者。閭胥、鄰長與黨正、州長一例，庠序之師卽州、黨之官，治州黨之事者。太學爲國學，其師必主治一國之事者，故君爲師而相爲之輔，君若閭胥也，相若鄰長也。其餘三百六十官卽三百六十師，五家一師，則無人不學，無人無教，王化無不及之處，民間無不治之事。聖世家給人足，黎民於變者，學制立而教法行也。

大樂正掌成均之法，成均非國學，大樂正非成均之師乎？曰「樂正司業，父師司成」，而「大司成論說在東序。」「業」者，所習之藝，卽春夏之干戈，秋冬之羽籥，亦於東序。司成曰論說，必講道也，皆於東序。東序爲路寢之東序，則成均亦爲路寢，路寢卽爲明堂，以講論言曰「辟雍」，以舞蹈、歌詠言曰「成均」，而樂正、父師分爲之師。「父師」鄭訓司徒之屬，師氏也，似當爲三公之職：天子之父師、少師。司成論説，故主辟雍；樂正授業，故主成均：「均」卽韻也。「歌詠」卽是誦

〔一〕鄉庠：原作「庠鄉」，據王夫之禮記章句學記及本篇下文「州鄉庠序」乙正。

詩書，所以啟其聰明；舞蹈即是習步武，所以健其筋骨。天子養老且冕而總干，則祭天地、宗廟必有自就舞位之時，而此樂舞生徒必天子澤宮以射選定者，其業不可不習熟，不可不有統帥之人實任教育之事。國學即路寢，其師即出治之君，百官各以其職分教，不獨大樂正、大司成也。百官以職分教，即此記後之所謂「輔」也，故大樂正之於太學，猶鄰長之於里塾也。

發慮憲，求善良，足以謏聞，不足以動衆。

此記分章，依船山王氏。

此章敘學緣起。欲化民成俗，則爲當官行政者言之，不惟非訓詁、詞章之學，亦非博攷典章以爲經濟，高談心性以爲道德，僅聚生徒，講論一堂之學也。蓋三代師即是官，教即是政，民即是徒，則兵刑禮樂之政，農工商賈之業，飲食男女之事，出入起居之時，皆學也。

鄭訓「求」爲招徠，「動衆」爲師役之事。案：此說非也。發政慮違法度，求己無愧善良，此束脩自好之士能束身不能訓俗。今之當官守法奉行文書之爲，故可稱循良，不能動民聽，使鼓舞向善，以獨善其身，不與民共學也。「憲」即「惟天憲民，惟辟奉天」[一]之「憲」，謂興王所定一代之法，以貽其子孫、臣民者。興王之政因前朝之弊立法，以救之矯之，甚者弊又生於所矯之法，子孫當隨時變通以救正，所謂「三百年斗歷改憲」是也。經數百年之久，祖宗所立之法明知百弊叢生而奉行惟謹，蓋此等人皆祖胡廣熟習朝章之術也。其明知其弊而不改者，求爲「善良」也。「生斯世也，爲斯世也，善斯可矣」，社稷之安危、生民之休戚無所動於其中也，世俗稱道，故曰「謏聞」。「衆」則天下之公是非在焉，故不能動也。

[一] 惟天憲民，惟辟奉天：尚書泰誓中作「惟天惠民，惟辟奉天」。「憲」作「惠」，則下文「憲」即鑿空，故當爲尚書說命中之「惟天聰明，惟聖時憲」，原書編者誤引。

就賢體遠，足以動衆，未足以化民。

屈己下賢，訪問殷勤，則能深悉舊弊之所當革，體督民情，無遠弗屆，則又能審新政之所宜興，此則規模宏大，聲聞不小，故可悚動衆人。然動以虛聲，未教以實事，民雖有向善之心，無由遽至於善也。

君子如欲化民成俗，其必由學乎！

凡民之事，合民之智力以講求，日日爲學，即日日爲政；人人爲學，即人人爲政。君民上下一其心力，同以學爲政，民之德正、用利、生厚，事無不舉而俗美矣。爲政由學，此聖王之道也。故鄭以「聖人之道在方策」釋之。

化民成俗爲興學之本意，則造士育材猶爲教第二義，此亦今日立學堂者所當深思。

玉不琢，不成器；人不學，不知道。

不成器非玉，不知道非人，人非人，則國非國，有國有人民，而貧弱不如人，其民不學也。秦愚弱黔首，適以自愚弱而已，其所失豈第一玉之重哉？

玉不琢，其太璞猶完也，而聖人謂爲不成器，不成器即無用，與瓦礫何異？知此，則聖人固重智巧，不以渾沌滑閎爲尚也。

是故古之王者建國君民，教學爲先。

古之王者，創開世界之王者也，或因衰弱之國而爲改紀，其政則爲建國；或取渙散之民而爲約束其俗，則爲君民建立也，謂振其國之氣也。「君」，羣也，謂聚其民之心也，聚其心、振其氣，非教學烏乎可？

建國君民，教學爲先，一國之政胥統於教學，出令以率人者爲教。漢公卿出令於下曰「教」，是也；奉令而治事者即爲學，漢掾史事舉主若帥，是也。君民之情直如師弟，則國事無不舉矣。教學爲先，先之者，君國之職盡於是也。

聯君民如師弟，國中遂無不治乎？曰：「然。」曾文正之治軍也，易兵將之分爲師弟之情，而髮、捻胥平，奏中興之績，此已然之效也。軍事然，一國之事無不然也。

兌命曰：「念終始典於學。」其此之謂乎？

自有生以至老，身之終始也；自家以及天下，境之終始也；自修齊以至治平，事之終始也；念其終始而知其無不統於學，則終身之所主定矣。「典」，主也。「念」、「典」從上文「必由」來，惟其「必由」，故須「念」、「典」。「必由」故趨「定」，大學之「知止」也；「念」、「典」故志耑，大學之「得」「止」也。自有生至老，自家至天下，自修齊至治平，皆典於學。治平，君事也，君教民者，而亦學乎？曰：「學。」民學于師，師學于長，長學于君，君學于天，天不能面命，則擇德之如天者而師之。一國之君，上師天子；天下之君，下師萬民。天子者，其德肖天，如子之肖其父，故列國之君師之，即聖王也。聖王師天，而天之視聽在民，故下師萬民，即孟子「得乎丘民爲天子」之說。師而學之，心符乎萬民之心，即符天心，如子之肖其父而爲天子也。周子「士希賢，賢希聖，聖希天」，亦此意。以位言之爲師長、君，以學名之即士、賢、聖也。

按人性皆善，天鑒下民，作君作師，建國即建學也。孔子承堯、舜、禹、湯、文、武、周公之道，即承其教。率性之謂道，脩道之謂教也。後世合權與道爲一，不得不分政與教爲二，建國君民，有政權無教道，害固重于有國者，而學者不以學爲化民成俗之事，馳於詞章，苦於記誦，汩于利祿，豔於科名，則流弊紛出，其禍亦有國者受之也。

右第二章

雖有嘉肴，弗食不知其旨也。雖有至道，弗學不知其美也。故學然後知不足，教然後知困。

人性皆善，非開之以學，人皆安於固陋，不能自知也。有性而不學，與有嘉肴不知食何異？知性之善，則知人有大道矣，知有大道非廣播之爲教，人或一得自私，未能皆止「至善」也。故開之以學，而人人恥自昧其性則心慊，即知不足也。播之爲教，期無一人不止善則氣憤，即知困也。此實指出官與民共學氣象，知不足、知困，皆指實爲其事說，若空談其理，則何「不足」與「困」之有？

知不足，然後能自反也。知困，然後能自强也。故曰：教學相長也。兌命曰：「學，學半。」其此之謂乎？今書作「斅，學半」。

國與人同而政治不如人，學不如人也；民與人同而風俗不如人，教不如人也。學何以不足？污俗深則虛浮而無用，自反者，矯虛以反諸實而已矣。教何以困？人失教久，則艱苦而難成，自强者堅忍以强爲善而已矣。學以不足而强教，教以困而復學，故自相長也。「斆」卽「教」字，謂取法於人也。教人則僅得其半，自反、自强乃全也。蓋斆人之教學，僅得其迹，自反、自强乃教學之眞精神也。

右第二章船山曰：「自此以下八章皆言爲師之道，教者之事也。」

按此言國勢强弱惟學能救之，但學必須徧設，實教及民，方爲有益。

古之教者，家有塾，

「古之教者」卽前古之王者，有化民成俗之心而實見于法制也。「家有塾」四句最要，不定學制，教何從行？「家」，一里二十五家也，一里共一閭門，如今之村巷，巷有門，門邊有塾。民在家之時，朝夕出入就教于塾。其師，鄭康成謂「仕焉而已者，歸教于閭里，朝夕坐于門」，孔疏、書傳「大夫七十而致仕，退老歸其鄉里」。大夫爲父師，士爲少師，卽爲上老、庶老。白虎通謂「里中之老有道德者爲里右師，次爲左師」，前漢書食貨志則謂爲「閭胥」、「鄰長」，卽一閭之師。然則鄉官卽其鄉之人，無論已仕未仕皆爲之，不以爲卑也。鄉紳能爲其鄉里之師，教化尤易行，村中子弟必聽命唯謹，一村之人皆必樂從其教。此亦今日設學一大關鍵，鄉學從此始。古者謂王化起於閨門，「門」當指「里門之塾」，「閨」則一家之閨閤也。閨有幼學，十歲以內之幼童入焉，其師爲婦人，亦謂之姆教始於此，故王化亦始於此也。幼學之制與教法，內則爲耑書，彼已言之，茲不及也。

黨有庠，

據周禮，五百家爲一黨，一里二十五家，設一塾，則五百家有二十塾，一黨統二十閭，若今之二十村，卽當以此爲鄉學多寡之制。周禮六鄉之州卽六遂之縣，後世州縣取用鄉遂二千五百家之名，必以聖王之政教。一人統二千五百家始能精詳周密，過此卽難勝任也。今以一黨爲今之一鄉，而設一鄉學，教里塾所升之子弟，如今之童生。一縣之中，以村計之，不過四五百村，則縣統鄉庠亦不過一二十鄉庠，此又今日學制必須變通者也。

術有序，

康成謂「術」爲「遂」之誤，陳澔據周禮言州之學曰「序」，謂「術」當爲「州」。案：鄭之説是也。周禮鄉即達於國，古之一國大不及今之一縣，今縣學直類古之國學，古之遂序實設於縣。蓋一遂統五縣，縣各有序，六遂之縣，即六鄉之州也，故州長亦言序，其實鄉遂互見也。家之塾設於里閭，閭族而黨，則有序；閭州而鄉，則有序，慮言鄉不及遂，故繫序於遂也。遂人所治爲五縣之一，非五縣之外別規一地爲遂也。閭之塾可降而名家，縣之序可進而稱遂，知鄉遂之學亦可稱校也。此三者皆爲鄉學。

又案：周禮六鄉之學即齊之士鄉六遂之學，則農也。然農之子弟亦有俊秀，必升於國學，而六遂之遙，不能無工商，苟足二十五家，必爲設學，以統於國中工商之學。

國有學。

孔氏謂，「國爲天子所都，及諸侯國中，天子立四代學，諸侯於國但立時王之學。」陳氏祥[二]道謂，「國有學，太學也」。按：周官無太學之制，亦無太學專師，太學即君路寢，君相即其師，説見篇首。然國有學不止路寢之太學，兵、刑、禮、樂、工、商之官，即兵、刑、禮、樂、工、商專門之師，其治事之處皆爲學舍，此又可以意推者也。

比年入學，中年攷校：

「比年入學」，每年有入學之人也。由家塾入里塾，由里塾入鄉遂庠序及國學，每年皆有人也。「中年攷校」，間一年考校之，督課其所學，升降其等也。古者婦教修，女學明，婦人皆能自教，子女六歲即教之數與方名，八歲入小學，十年就外傅，當是由家中之學出就里塾也。「歲」之名起於日行周天，年則禾一熟，故八歲，九年也，十年，九歲也。然究其十年、八

[二] 祥：原作「詳」，據關中叢書本改。以下逕改，不出校。

歲不同者，當視童子之資質。聰穎者八歲已能識三四千名物之字及算術之加減，即可入里塾誦讀詩書，講習算術，習學禮樂；其魯鈍者再遲二年，十歲則決能矣。即不能，其年已長，必須易女師爲男師，亦令入里塾也。童子六歲受姆教，閒一歲爲八歲，亦攷校之，其攷校法即下文之「離經辨志」也。若里塾之攷校，下文三年至七年之所視是也。今鄉閒婦人多不識字，童子幼無姆教，入里塾不能攷校，則里塾宜兼蒙學，七歲無論男女，胥入里塾也。附定分年課程。

入學後課程

入學入里塾。今據內則以十年出就外傅之年爲此入學之年，中閒一年將視「離經辨志」，則此三年必爲「離經辨志」之學。內則云「居宿于外，學書計」。「書」，謂習字必篆、楷並習，習篆則知中國字形之原，而字易解。楷書適於用，然篆畫圓，與繪畫相近，今日學者不可不知繪圖之法，執筆須從篆書入手，則寫字繪圖爲主，圖固先於書也。「計」謂習算，習加減乘除之法。

內則云「衣不帛襦袴」，教之儉也。據此，學生衣飾，師必與聞。夫子謂恥惡衣食至不足與議，朱子白鹿洞規亦有「衣冠必端正」語，今定衣服悉爲布素而須整潔，不言食飲者，居宿於塾，與師同也，此即辨志之端。

內則云「禮帥初，朝夕學幼儀」，鄭注「禮帥初」，遵習先日所爲也。謂六年至九年所習于內塾者，皆師而行之，無變於初，而朝夕加以幼儀。幼儀童子所能，禮文當取曲禮、少儀、弟子職諸篇，參考定爲學禮，此力行之事。

內則云「請肄簡諒」，鄭注：「肄」，習也；「諒」，信也。「請習簡」謂所習篇數也，「請習信」謂應對之言也。按：此請業致知之事。「請肄」，請業也；「簡」，不煩也；「諒」，質而明也。謂師授童子，須簡少而質言，使易解也。此時當先以俗話講虛實字，令童子於虛實字無不了然，文言能以俗話道之，然後授以孝經，亦以俗話與之講論。虛字僅百餘字，孝經之文共一千九百餘字，不及半年即可講讀清楚。再授以論語，次及孟子，此爲離經之本，授以孝經、論語，又以端其志。

孝經，王道之本原；論語，六經之用法；孟子，孔教之大宗；孔子之道，只是個王道。讀時先將實字分類講明，再授全句，均用俗話講說。所講須令童子抄存，讀論語須講虛字，讀孟子兼講句法。馬氏文通最善。

一年視離經辨志，

一年攷校之始歲，即入里塾之年，八歲或十歲也。識字能解，習數能明，學禮能行，至是始學樂，誦詩，故視其能離句讀，能離經即知古人造句法也。始授之經也。「辨志」者，視其知識於何事爲近，此即其志之所在，可因勢以精其業，而又必與之講論孝經以端養蒙之本，而植入聖之基，亦即辨志之事也。

一年後課程

十年就外傅，中間一年，則年十二也。「離經辨志」十二以前學所至之程也，能「離經」則能解經語，可以講論經文矣；能「辨志」則能定所業，可以因材施教矣。故內則十三「學樂、誦詩、舞勺」。「學樂」者，古者以樂節讀，欲人樂學而易入也，舜典「詩言志」七句、子游「武城弦歌」是。「勺」，武舞也。詩之「比興」，即大學「即物窮理」之學，悟得其源，則觸目皆學問。論語兩言「可與言詩」，皆爲比興，此學詩定法也。古人誦詩和之以樂，所以暢其性情，以得比興之趣也。詩有十五國風，論語言詩每云「能言」，蓋十五國風備各國方言於其中也。今五洲大通，宜采各國詩歌如其語言、歌法以教中國人，則語言之學即寓於詩矣。「歌」誦，讀也，所以啟人之聰明；「舞」，履蹈也，所以健人之筋骨。人皆明强而不愚弱，聖王立學之本意也。則今日學校須有舞法，宜以軍營步伐定爲舞列，使習之以健筋骨。

有誦讀必有講論，古人誦讀之書必有韻，無韻者，講論之書也。孝經、論語、孟子皆講論于十歲前後，則十二歲後所講論者必爲書經，以孔子雅言詩後繼以書也。

詩之比興即易象之淺近者，書之政事則春秋王法之所從出也。詩之與書酷類易與春秋，易與春秋爲詩、書之精深者，而爲夫子所手定，書亦夫子所刪訂。觀論語未引及書，今文可見矣。故古學校不定入課程，而內則即取古學校法以附於末，與今經夫子刪定不能不與詩同講論也。且不惟此，古之言詩、書若今之言經史，經明其理，史証其事，史易解，經不易通，故人于十歲前即當以通鑑前編演爲俗語，與童子講說。至十三歲時，春秋以前之事必能了了于心，然後讀詩，講論書經，必迎刃而解，不甚費力矣。

內則十三年課程無書，計以十年以後習之，「禮帥初」也。此時算由開方、方程而方田、均輸、商功、盈朒均能習熟，間以測量、繪圖，而中國地域可以了了。

三年視敬業樂羣，五年視博習親師，七年視論學取友，謂之小成。

三年、五年、七年由考校之一年起，皆中空一年。八歲入里塾，則七年小成，爲十六歲；十歲入里塾，則十八歲也。「敬業」者，由「離經」而進之，所習之詩、書、禮、樂、書、數，知其可學，敬心生而學勤也。「樂羣」由「辨志」而進之，本孝弟以汎愛衆，羣天下之量已啟其端也。「博習」者，講誦之餘能自涉獵，博習以証其業也。「親師」者，由愛衆而親仁，治天下之道，親賢爲先務也。「論學」者，所習既博，確有心得，能自爲論説也。「取友」者，由親仁而廣之，能友一鄉、一國、天下之善士也。「謂之小成」者，人生應用之藝、應讀之書皆已學習，志趣可見，筋力已壯，可以出而任事。此時智勇者爲士、爲吏、爲兵，士入太學，兵、吏入耑門之學；朴健者爲農，受田而耕；智巧者爲工、商，入市肆以精其業。此後卽學不更精進，亦能有用於世而非棄材，故曰「小成」也。

三年後課程

再閒一年，則年十四矣。「敬業樂羣」，十四以前學所程之功也。「敬業」者，「辨志」後所請受之業，敬而修之也；「樂羣」者，志不在一身一家，漸由孝弟而知君道也。內則「成童舞象，學射御」，按此後將視「博習」、「親師」，「象」與「射御」僅由「勺」而進，何得云「博」？蓋內則言「敬業」後師之所授，此言弟子之所自習也。敬修其業，則師所授之業皆精矣。師由「舞勺」而進以「舞象」，示尚德不尚力之意也。師由禮、樂、書計而進以射御，古之六藝始全也。「尚德不尚力」，羣之精義在是，則知治天下之急務貴親賢而能親師矣。知射御爲六藝，亦人所當習，則凡技藝不敢輕忽，而均博覽及之矣。故由詩、書而易象、春秋而諸子、各史，而凡言道藝之書，則皆「勺進而象」之例也。由書計而一切技藝，「舞勺」進以「射御」之例也。古之射如今之演放鎗礮，擬鄉學以鎗代鼓篋之鼓，凡師之號令皆令放鎗，暇則演中的，則兵寓於學矣。古之御如今之運用機器，擬令鄉學各購一適用之小機器，由此推廣以及一切機器，則工伏於學矣。此則由射御變而進之也。

既由「敬業樂羣」而「博習親師」，則凡人之業有精於吾者，不必問爲何國之人而親其人、習其藝矣。「習」方謂之博，「親」乃得以師。蓋樂羣當以天下萬國爲量，近日所出公法之學，又不可以不講。

五年後課程

再閒一年，則年十六矣，「博習親師」，十六前學所程之功也，此後卽習「論學取友」，而內則不言成童課程者，既能「博習親師」，則能自適道矣，固不待師之爲講授也。「論學」卽成童以前所習者，故內則不言也。此時惟自求友與相講論，凡爲身世所需之藝，如日本所謂普通學。今皆習之，而生人之業無不能爲矣。

七年後課程

又閒一年，則年十八矣，「論學取友」，十八前學所程之功也。今視之果能論能取，則可爲士、爲吏、爲兵；否則，前十六時不能博習卽所業不能通；不能親師卽其志不在學，卽視其材質分之爲農、工、商。其又留二年者，皆尤異之才也。此時又卽所學攷校之，擇尤異者再留二年，其所學卽內則二十所學之禮，蓋習當代之朝章典故及各國風土人情，以通知當時之故也。

九年知類通達，强立而不反，謂之大成。

「知」，鄭如字讀，王船山讀珍義反，今從鄭讀，卽大學「致知」之「知」；「類」卽後文「醜類」之「類」，亦卽大學「格物」之「格」。「知類通達」謂於身、心、意、知、家、國、天下之事理皆能類別，所觸能通也。「立」卽論語「本立道生」之「立」，後文所務之本也。「强立而不反」，謂志趣堅定，一趨於正，外物不能誘也。「知類通達」由「離經敬業」、「博習論學」而精之，致知之效也；「强立而不反」由「辨志樂羣」、「親師取友」而定之，存心之效也。七年後又閒一年，爲九年，非十八歲卽二十歲也。「大成」，謂已成爲人也。吴氏澄謂「七年小成」爲小學。上文「離經辨志」以至「論學取友」均與子游所謂「灑掃應對進退」之節不合，則此小成非僅謂小學之成，可無疑義。而譏吴氏者又謂小成之後始入大學，僅二年何以便能大成？則其說亦非。小學、大學原自一串相因，不能截分爲二；「蒙以養正」乃爲聖功，蒙幼之學豈能不爲大成植之基？是小學中有大學也。朱子謂大學因小學之成功著大學之明法，則大學全因小學而成，非入大學後便棄小學如遺也。蓋學原不分大小，見其器、解其文、習其事爲小，識其心、悟其理、得其道則大也。故如今之詞章決非童蒙所能，然朱子謂功卑於小學而無用；「徐行後長者」，幼小之童無不能之，而孟子謂爲堯舜之道。然則學之大小，人之材質成之，分量爲之，而學則仍此一學。夫子「下學而上達」一語固早爲溝而通之，而無庸後人之紛紜於其閒也。大學、小學卽爲一學，則此之小成者，藝成而下也，亦卽成童之成，論其年當爲成之小。設有顏子之才，十四從游，畏匡厄蔡，見道之言均契聖心，亦可謂爲小學之成乎？故謂「七年小成」者，立法以年，從其多者，不必無大成也。至「九年大成」，亦是「德成而上」、「成人」之「成」，可操四民之業，非謂盡爲三代之英、命世之選也。自秦廢學以後，聖教不明，帝王有政無教，遂以學爲士大夫之事而無由與於兵、農、工、商，以致兵、工不學而弱，農、商不學而貧，而士之竊者又以詞章爲學，而疲精力於無用，以至今日情見勢絀，欲爲振興，而惟西人之是師，西法之是講。西國學校固勝吾中國之今，其能過吾中國之古乎？其能過吾六經、孔孟之所言乎？今學所難者，無編定之功課可循，然苟知以化民成俗之心視學，則以攷校者之所視定弟子之所業，而又以內則之說補未入里塾之幼學，本之六經，參以時勢，証以西法。西人之精者固吾經說之所有，其新出之藝吾中國亦早有其端，而特吾民多不學，士困於詞章，無人紬繹以盡其藴，豈吾聖人言學之本意而卽如是哉？謹以意擬定鄉學分年課程，散坿各年下。

九年後課程

再閒一年，則年二十矣。「知類通達」、「强立而不反」，弱冠前所程之功也。由「博習」而精，故「知類通達」；由「取友」而守，故「强立而不反」。學於古者旣深，故知易明、守易定也，是謂「大成」，謂由此可以出而仕矣。二十以後，兵、農、工、商各有官長，長卽其師，其尤異者升於國家，以儲爲將相大臣之選，則此大成後各治其事，仍各修其學。舉一國之大如一學堂，民有入學之日，無出學之日，此吾夫子以學承堯、舜、禹、湯、文、武、周公之政之法也。

夫然後足以化民易俗，近者悅服遠〔二〕者懷之，此大學之道也。

無事無學，無地無學，無人不學，無時不學，故民化俗易也。前云「成俗」，此云「易」者，前言教之可爲俗，故曰「成」；此見教學後卽變其俗，故曰「易」也。導其性之所固有，而非驅以刑威；遂其心人之所欲爲，而非劫以勢力；故「近者悅服」、「遠者懷之」也。「悅服」如七十子之服孔子，「懷之」如旅人之懷其家。大學之道謂遍設學於鄉，以成一國之治，卽以天下四海爲量，故曰「大」，所謂「觀於鄉而知王道之易易也」。

記曰：「蛾子時術之。」其此之謂乎！

鄭注：「蛾，蚍蜉也。蚍蜉之子，微蟲耳，時術，蚍蜉之所爲，其功乃復成大垤。」王船山曰：「術，徑也。蟻之後行者踵先行者，接迹相繼，則徑不迷而遠可至。民雖愚而上以教倡之，則順從而嚮道矣。」案：鄭以蛾喻學之小能至道，船山以蛾喻民之愚能從教，竊意此喻設學教民，風聲能動天下也。以一民視天下，誠不如一蛾之於術，然天下皆民也，蛾有時遍出密布於術，則一處之民學而天下應之，其密布亦自易也。

右第三章

大學始教，

此章言人學之儀節，各學皆然，特言大學，舉其重也。「始教」，師到學舉，行教法之始也。

皮弁，祭菜，示敬道也。

「皮弁」，謂天子朝服。王船山則謂爲士之祭服。孔疏謂：「天子使有司服皮弁，祭先聖先師以蘋藻之菜。『示敬道者』，崔氏云『著皮弁，祭菜蔬，並是質素，示學者以謙敬之道矣。』」案：「皮弁」、「祭菜」爲一例，是爲「質素」，則「祭菜」之禮無論何人皆得而用矣。至謂「示敬道」爲示「謙敬之道」，此說未是。「道」是建國君民之道，先聖是創垂此道者，先師是

〔二〕 遠：「遠」字之上，諸本禮記學記有「而」字。

傳授此道者。唐以前周公爲先聖，孔子爲先師；以後孔子爲先聖，顔子爲先師；今則孔子爲大成至聖先師，入學則祀之者；以其創道、傳道示人，人當敬，以期學如是而後正也。其服物質素者，至敬無文，親師之意。而儀文既簡，人人能行，朔望能舉，不至如今之文廟，終年扃閉，遂令身列庠者不自知爲誰氏之學也。

宵雅肄三，官其始也。

人之所以必須學者，以人不能絶人而立於獨，故人己相接有道焉。學而循之，則人己相安以適於治，故學者，學爲君以羣人也。小雅之三「呦呦鹿鳴」，見食則呼，不與人爭利，羣之事也；四牡「不遑將父」，移孝作忠、移弟爲恕，不敢慢惡於人羣之道也；皇皇者華「周遍諮詢」，盡知情僞，羣之術也。入官分任君之職，即分任羣人之事，學以羣人，即爲官之始，故肄習三詩以正其始也。

入學鼓篋，孫其業也。

王船山曰：「『鼓篋』者，將發篋授經，先鳴鼓整齊其威儀，使相孫讓也。」按：此言「孫其業」，非「孫其儀」，「孫」即後文「不陵節而施之謂孫」之「孫」。入學之始，必有弟子年歲冊籍、舊學課程，如今解京之卷箱。鼓而發之，陳於師前，師據其年歲之大小以定行立之先後，學業之淺深，以定授經之大小，故曰「孫其業」。

夏、楚二物，收其威也。

王船山曰：「『收』斂束，『威』，威儀也。入學則使人執扑杖巡警，以約束其威儀。」按：以「夏、楚」爲巡警，約束威儀，此解甚精，深得扑作教刑之意。古者用扑，大射司正搢扑，見於儀禮，大閱司馬搢扑，見於周禮，巡工執扑，見於左氏傳。皆聚大衆時以齊一其步伐，整肅其行列，督促其操作，收攝於外之用，而非能啟導於其中也。蓋人之聰明敏悟須以樂育，使生機暢於中，使自鼓舞於不容已。自唐、虞至周，以樂官教童子之歌誦、履蹈，不聞以刑也。人之誦讀不能記憶，講解不能明晰，論説不能會悟，正如習藝之巧拙，非師所能與，即非刑所能求。故大射，射不能中，第馳弓而飲之酒，不聞扑責也。若其步伐行列，工作之勤奮，此有迹可循，人人可勉而能，而自亂之，不可不責罰，故不撻其不中者，撻其不循法者。以此例之，則童子誦讀不能成誦，必非夏、楚所能奏功，夏、楚能收其威儀不能益其聰敏也。今塾師乃以夏、楚橫責童子成誦，直以囚待童子。是典樂之職頓易以士師之威，庠序之區胥變爲囹圄之象也，汩沒人才於萌芽蓋不少矣，宜近人目爲蠻悍也。

未卜禘不視學，游其志也。

「禘」，鄭氏注爲「大祭」，孔疏謂「五年大禘」，陳氏祥道以爲「吉禘」，吳氏澄〔二〕以爲「周前春祭名」，「禘」或云「祠」字之誤，義疏以爲每年夏祭，王船山以爲「禘於烝嘗而舉必以秋冬」。竊謂：此「視學」卽上一年至九年所視之學，攷校而進退之也。鄉里各學當年一攷校，若天子視學，則似以五年爲宜，而舉宜於秋冬。「禘」字從「帝」，蓋卽明堂之大享。王者祭其祖之所從出，卽人類之祖，此聖王以天下爲一家之原。聖王體天祖之心，則四海之民皆其兄弟，立學以教之，卽以教成之士與祭，以告於天祖。卜禘後視學，選士於澤宮也。惟五年一禘，天子始一視學，故爲「游其志」。「游其志」者，人之爲學以希天爲極，希天者見天心、達天德也。此「志」卽上文「辨志」之志。「辨志」之後寬以五年，使游優漸漬於學，以養成此志。天子將拔擢以告天祖，是士子爲學日有天祖臨於其上，敢不洗濯其心以對越上帝，而或萌他念乎？鄉學則歲有攷校，有司視學不拘卜禘，有司無所爲禘也。若諸侯之國，則五年一朝，貢士於天子，則宜於夏時之禘選定其士，卽貢於天子也。天爲教學之理所從出，故舉大成之視學及於禘也。

時觀而弗語，存其心也。

鄭康成曰：「使之憤悱，憤悱然後啓發也。」王船山曰：「觀者，師觀省其勤惰也。弗亟，語之，必使自得，則存諸心而不忘矣。」案：「觀」當如今「觀政各部」之「觀」，「時」謂「可以學其學之時」。則今觀人治某事而不告其事理爲何，治法爲何，使自求心得而自論之。不能得，則心憤；不能悟，則口悱。觀其勤惰及憤悱與否，必先觀之以事，使卽事窮理，則所學皆實得於心而無空談之弊矣。

〔二〕澄：原作「證」，依關中叢書本改。

幼者聽而弗問，學不躐等也。

王船山曰：「學積則自通，遽於問答，將强知其所未及者而忽於近矣。」案：學、問並言，學便須問，何以不令幼者有問？蓋承上文存心而下，心能悱憤，師必與之啟發，長者不能知而悱憤，幼者必並悱憤亦不能矣。師與長者辨論，幼者不能悱憤，徒拾人牙慧而問之，則空談，非心得矣。蓋學未至而問之，故曰「躐等」，若幼者當前所執之業有疑即問，非「躐等」也。上文以大學提起，而有幼者，然則此兼鄉、國各學言之，故有幼者。又比年入學，前歲入者長，後歲入者幼也。

此七者，教之大倫也。

敬道以聖人爲歸，官始以經世爲用，孫業以敏於事，收威以肅其儀，游志以大其成，存心以貞其守，優游漸漬，循序而進，則皆有不躐等之意，非獨幼者須有倫，故曰大也。

記曰：「凡學，官先事，士先志。」其此之謂乎！

官、士朝野之學皆有之。在野，鄉遂之師長爲官，吏、兵、民爲士；在朝，六官之正長爲官，若今入部之學習主事，翰林院之庶吉士，國子監之太學生，則士也。居官任職各有所事，先求自治其事。蓋向之攷於古者至是實證於今日之事，而學又精進矣，故治事卽學也。未任事受職，則專求明道，道無迹而蘊於心，以心之所向爲分量，一邑、一鄉、一國，天下萬世，視其志之所及，而淺深大小分焉，故曰「先志」也。

右第四章

大學之教也，時教必有正業，退息必有居學。

鄭注、孔疏以「時」字、「居」字句絕，「學」字自爲句，而船山從之。朱子謂於文義恐非當，以「也」字、「學」字爲句絕，今從朱子。「時教必有正業」，明其所學之事也；「退息必有居學」，存其所學之心也。察學者材力所近及世變所趨而授之業，故曰「時教」，謂適當其時、不戾於時也。惟適當不戾，故曰「正業」。「退息」謂不在師長之前，「居」卽易「寬以居之」，有「居積」意。子夏所謂「日知所無，月無忘所能」，孟子所謂「勿正，心勿忘，勿助長也」。孔疏謂：「各與其友閒居，得相咨決，不可雜濫。」得「咨決」即是「學」，不「雜濫」即是「居」，則管子「四民不雜處」意，又今日整頓鄉學所當取法者矣。

不學操縵，不能安弦；

此以學樂、詩、禮喻學道，不可憑虛探索，必於應事接物上悟入，迂之於此，正以速之於彼也。「操縵」，鄭訓雜弄；方慤曰：「操之而急，縱之而緩者，操縵之謂也。」王船山曰：「謂『操』爲琴曲名。『縵』，引也，今曲中有慢者，即其意。」案：王說得之。夫子論學，詩、禮先而樂後。此先樂於詩、禮者，論語以詩、禮、樂之益人分先後，此以學者有事樂、詩、禮分先後也。詩爲誦讀致知之事也，禮爲步趨力行之事也。人之學也，先知而後行，而古人誦讀必和以樂，舜典「詩言志，歌永言，聲依永，律和聲」，子游「武城弦歌」爲學道是也。童子識字明訓後即須誦詩，不能安弦作樂以和人之神，記誦適以困人矣。此學操縵所以先於誦讀也。內則言十三「學樂誦詩」，學樂亦在誦詩前也，「安弦」者，心手相應之謂。

不學博依，不能安詩；

「博依」，鄭訓廣譬喻，即詩之比興。詩之用莫大於比興，即朱子「即物窮理」之學，亦即後文「比物醜類」之法。知詩比興之法，則三百篇義藴無窮，益人固多，而天地之物均有至理，觸目皆有學問，不勞思索，其益更不止三百篇也。「學博依」之始即是識字。

不學雜服，不能安禮；

「雜服」，王船山謂衣冠、器物、進退之數。案：即禮器所言之器數是也。此等處不一一研究分明，則日用之間必不能無所差違，故器數雖末學，反先於禮也。又案：「雜服」或即舞者之服器。舞分文武，且有四夷之舞，故其服雜。古者以樂造士，歌爲誦讀，舞爲履蹈，此章所言與舜典次序合，或即其義也。

不興其藝，不能樂學。

王船山曰：「『興』，尚也。操縵、博依、雜服，皆『藝』也。詩、禮、樂之精微，非樂學者不能安意而體〔二〕之，然形而上之道，即在形而下之器中，惟興於藝以盡其條理，則即此名物象數之中，義味無窮，自不能已於學而道顯矣。」案：操縵、博依、雜服固爲藝，詩、禮、樂亦藝也。此以詩禮樂之學況學道之學，此「藝」字在學詩禮樂爲操縵、博依、雜服，在學道則詩、禮、樂、射、御、書、數，均在其中。道散於萬物而備於一身，「誠正」者，反身之學也；「格致」者，察物之學也。大學以格致爲入門，格致則必資於藝。藝於小學時已習之，此時於日用之閒實爲遊藝之功。蓋有藝以應萬事萬物，而事物不能困我，迴思向日所學之藝，餉我無窮，物之奧窔悉闢，道之端倪盡露，如行坦途優遊以前，自不能已，故興其藝自能樂學也。

故君子之於學也，藏焉修焉，息焉游焉。

「藏」以知言，默識於心也；「修」以行言，實體於身也；「息」謂蓄養其機；「游」謂暢適其神。「息」、「游」，興藝也，即論語之「溫故」；「藏」、「修」，樂學也，即論語之知新。無所知於始，不能溫於繼，新故相因而後乃爲「興藝樂學」也。「焉」，於此也，謂皆於學也。

夫然，故安其學而親其師，樂其友而信其道，是以雖離師輔而不反也。

不急迫，求得從容自喻，故安於學而親其師，樂於友而信其道，物備於我，反身而誠，樂莫大焉。自「興藝」至「樂學」，非師友强之而然，離之又何反之有？「反」，退也。

兌命曰：「敬孫務時敏，厥修乃來。」其此之謂乎！

鄭康成曰：「『敬孫』，敬道孫業也。『厥』，其也。」王船山曰：「『孫』，有序也；『時敏』，無時不敏，言不息也；『來』，集也。」

〔二〕 體：王夫之禮記章句學記作「曲體」二字。

今之教者，呻其佔畢，多其訊〔一〕言，及於數進而不顧其安，

今之教者以記誦詞章爲教也。呻，吟也；佔，視也；簡謂之畢。鄭氏以「訊」字、「數」字爲句，吳氏以「言」字、「進」字爲句，今從吳氏。王船山曰「及，猶急」。「呻其佔畢」，口授其詞，使讀之也；「多其訊言」，詢問其解，使之講也；「急於數進」，屢促之進也。言今之教者但使人勤讀多講，日促其進，而不知其於所讀之書皆依稀惝怳而非眞知，則於藝未安而不興，卽於道無從學而不樂，而教者不顧也。

使人不由其誠，教人不盡其材，其施之也悖，其求之也佛。

所讀之書未嘗身體力行，實見於用，卽使之爲文，未立誠而卽修辭，使人不由其誠也。聖學之精，王道之大，而使童子言之，欲不妄語，得乎？人之材質，知行相資互進，今第讀書不責治事，有知無行，人之知能僅教其一，是教人不盡其材也。且不能記誦詞章卽無可教，而其人爲棄材，此日汩沒人材更不少也。「施」，施教也；「悖」，悖于時也。童蒙而談聖神之學，鄉曲而習朝廟之儀，晚近而講勳華之治，皆悖也。「求」猶責也，責之學也。施之既悖，學之必不能通，而求其精進，勢將鞭撲橫施，而學校之樂育變爲獄吏之刑求，則眞拂人性以爲教矣。後世之學人何罪，而遇此酷虐也，可哀也夫！

夫然，故〔二〕隱其學而疾其師，苦其難而不知其益也。雖終其業，其去之必速。

此與前安學、親師、樂友、信道對看。「隱」，痛也，不安之甚也；「疾」，怨也，不親之甚也。方苦其難，又何所樂？「不知其益」，又何能信？此其於學，惟恐去之不速，何能終業？然今記誦詞章之學則終業者多矣。利祿豔於外，竭精力以求之，所終者祿利之業，非修、齊、治、平之業也。早已去之，何待終業後哉？故儒學遍天下而朝廷無可用之才，天子失官，學與事不相謀，而中國之大，貧弱不如人，反訾及儒教之非，嗚呼，此眞可爲痛哭流涕者矣！

〔一〕訊：原作「訙」，形誤，據關中叢書本改，以下逕改。
〔二〕故：原為「後」，因與「然」字連文而誤，依關中叢書本改。

教之不刑，其此之由乎！

鄭氏訓「刑」爲成，文義自通，然此結通章，明先王作育人才，用教不用刑之由，非僅結後半學者不安而速去也。安親樂信而修卽來，隱學疾師，苦難無益而卽速去。其來也由教，其去也由刑。先王知其由，故設學以教，而不以刑也。

右第五章

此章言教法得失最切。今日之用，凡有教學之責者，宜潛以研玩，以痛改積弊也。

大學之法：

上章辨正教之流於刑，由詞章非道、記誦非學也。知道爲化民成俗之道，學以化之、成之，卽知教之所以爲教而不以刑矣。既知教，然後可與言法，故此提出「法」字，以下言教法。

禁於未發之謂豫，

「道」不在口耳，而在養其固有之良，故貴先去其惡。惡者，私欲所發而流也，故貴未發而禁之。愼獨之學，禁於未發也。

當其可之謂時，

將悟其理而詔之，如時雨之化，當於其可也。顏子之不惰，曾子之唯，雖由二子之才識、學力，亦聖教施之當其可也。

不陵節而施之謂孫，相觀而善之謂摩。

節者，道中自具之本末、終始、先後之次序；陵，越也，卽大學之「知所先後」也；相觀，謂聚於一學互相觀法；摩，謂切近易喻也。使有條理之可循而施之，則能順受矣，故曰「孫」；與以善類之可親而觀之，則爭自厲矣，故曰「摩」。

此四者，教之所由興也。

教法善，故學者興起於善；學者能興，卽教所由興。

發然後禁，則扞格而不勝；時過然後學，則勤苦而難成；

王船山曰：「『扞格』，相牴牾也，情動欲肆，理不足以奪之矣。『時過』，謂悱憤求通，不因而達之，則沮喪遺亡，雖勤無益也。」按：鄭康成以「未發」爲「情欲未生」，年十五時；朱子非之，是也。然「情欲未生」當指八歲至十歲時，「蒙以養正」爲聖功。今婦學不講，童蒙既失姆教，又無小學，當就外傅時，皆是發然後禁，早有扞格之勢，已失教法之第一義，而況外傅之教法又無一不悖佛乎？欲救今日學者扞格之弊，當自修女學、正姆教始。

雜施而不孫，則壞亂而不修；獨學而無友，則孤陋而寡聞；燕朋逆其師；燕辟廢其學。此六者，教之所由廢也。

「雜施」卽陵節也，不豫、不時、不孫而無教法，卽無善人，無善人，可以「觀」、「法」、「摩」之益又無從得，有學而無教法，則學不得謂之學，直一燕游邪僻之所而已矣！故其同學之人皆爲燕朋狎侮，師之所教而逆之，其論學之語皆爲燕譬荒棄己之所學而廢之，故教法之所廢僅四，而弊則成爲六。有此六弊，立學愈多其壞人才也愈甚。世之欲興學而不擇師者，亦可惕然思矣。「譬」，義疏本、船山本作「辟」，鄭注本作「譬」，卽訓爲「師之譬喻」，朱子訓爲「私褻之談」，似朱子所見本亦爲「譬」字，今從鄭本作「譬」。船山作「嬖」訓「女子小人導以淫佚」，則非學中之事矣。

君子既知教之所由興，又知教之所由廢，然後可以爲人師也。

此君子「建國君民」之「君子」，立學任教之人也。王船山曰：「崇其所以興，禁其所自廢，師道之所自立也。」

右第六章

故君子之教，喻也。

「故」字承上章説入，以明所謂教法者，使人自喻而已。教之廢興悉由於師，得其法則爲師，不得法則非師。師也者，匡直、勞來、輔翼，使人自得而已，自得，卽喻也。「教」字一讀，以「喻也」二字釋上章「法」字，卽下「道而弗牽」三句，上章「豫時孫摩」之作用也。

道而弗牽，强而弗抑，開而弗達。

示之程途，道也；而不必迫之前，「弗牽」也；鼓其精神，「强」也；而不必推於後，「弗抑」也；露其端倪，「開」

也，而不必剖示其義蘊，「弗達」也。道之、强之、開之，已有喻之機；弗牽、弗抑、弗達，俟其自喻也。

道而弗牽則和，强而弗抑則易，開而弗達則思，和易以思，可謂善喻矣。

既知正道而從容以赴，則邪徑不能惑，故「和」，和者禁於未發也；迎機利導而鼓舞以前，則其勢不可遏，故「易」，易者施當其可也；善端既啟，不能自已，必急研求以至精深，故「思」；思者，「不陵節而施之」；孫，條理可尋；「相觀而摩之善」[一]，靈明日啟也。三句即孟子「引而不發，躍如也；中道而立，能者從之」之義。教使明其所固有之理，非强以所本無也。期於自喻乃謂之善，豈束縛馳驟、呵斥鞭撻所能爲力哉？

能使人自喻，教者之能事畢矣。故下章接言學者之失。

右第七章

學者有四失，教者必知之。人之學也，或失則多，或失則寡，或失則易，或失則止。此四者，心之莫同也。

教雖善，尤貴因人而施，人之材質不同，教者不可不知也。王船山曰：「『多』，汎記而不親也。『寡』，專持而不廣也。『易』，果爲而不知難也。『止』，循分而不能進也。『心』，謂情質也。」

知其心，然後能救其失也。師[二]也者，長善而救其失者也。

王船山曰：「多、寡、易、止，雖各有失，而多者便於博，寡者易以專，易者勇於行，止者安其序，亦各有善焉，救其失，則善長矣。」

右第八章

自五章至七章是長善，此章是救其失。

[一] 相觀而摩之善：「摩」與「善」字當互倒。語出上文「相觀而善之謂摩」。

[二] 師：禮記學記各本均作「教」。

善歌者使人繼其聲，善教者使人繼其志。其言也，約而達，微而臧，罕譬而喻，可謂繼志矣。

教之道法備矣，而人才不出，非善教也，故善教果興，繼者必多。如善歌然，歌者繼聲不泥其辭，故善。教者使人繼志不泥其言，蓋教以民物日用之大道，非以記誦詞章也。故教者以道爲教，不必繁稱博引，大聲疾呼。約微而罕譬焉，期於能達能顯，人能喻而已矣。後之繼其志以爲教者，其稱述傳説亦必不尚詞説，而使自識其本心，則眞能繼志而師道立矣！師道立，則善人多，善人必各繼其師之志，演爲俗説，以廣教婦孺；譯爲方言，以遠教異國。吾聖人之道，凡有血氣莫不尊親，豈至今日而猶不驗哉？則自漢以來記誦詞章之習害之也。嗚呼，悲夫！

右第九章

按：「約而達」三句，鄭氏、朱子皆訓爲善教者不多言，不以爲繼志者之事，則下句可謂繼志矣。「謂」字必改爲「使」字，語氣方合。細玩此章文義，首句以「善歌」陪起，次句由「善教」遞出「繼志」，「其言也」，「其」字承轉提起，即是繼志者之言。此下均言繼志之事，故末直謂之「繼志」，更不管善教。蓋善教不在多言，七章「道而弗牽」三句已能該之，此章特言繼起之善，教必須不泥定語言文字，乃能傳之廣遠也。然則孔教之行不出亞洲，爲拘於文字之故，此章早已慮及矣。使釋教必拘印度之文，耶教必泥埃及之語，必不能遍行於五大洲，則語言文字有妨於聖教之傳，可以恍然矣。

君子知至學之難易而知其美惡，然後能博喻，能博喻然後能爲師，能爲師然後能爲長，能爲長然後能爲君。

「君子」，化民成俗之君子也。教興則至學也易，教廢則至學也難。所以難者，記誦詞章之習惡弊於文也；所以易者，日用飲食之事美全其質也。文弊而矯之以質，去其所有，其勢逆；質全而加之以文，益其所無，其勢順。故虛僞之士難爲學，而椎魯之民易爲教也。君子知其然，興教於後世，將以啟樸陋之民，必先能博喻，「博喻」即前文之「博依」，詩之比興，依類托諷也。教於閭巷，婦孺能解，爲師也，化民成俗則爲長矣。建國君民則爲君矣，爲君之能即「能博喻」之「能」，「博喻」云者，能教民之謂，謂博喻諸民也。

故師也者，所以學爲君也，是故擇師不可不愼也。記曰：「三王四代唯其師。」其此之謂乎？

合億兆人爲一國，卽合億兆人爲一羣也。情相親愛而不隔，勢相維結而不散，胥保惠，胥教誨，胥匡以生，惟學能萃其心而使之聯，疏其氣而使之通，故君者，羣之首，而師所以聯之通之也。師之道卽君長之道，君道自是始焉，故擇之不可不愼也。

或問三王四代以來，國皆世及，卽君不由師長而遞進，此謂君由爲師長而及，言理如是，非三王四代實有此制也。曰：三王四代實有此制，非空言其理也，且爲聖王之制，後世始廢墜而不可復也。巡狩之典，書始虞舜。三載考績，黜陟幽明，禹會諸侯於塗山，執玉帛者萬國，以中國之地而有萬國，據李申耆所爲圖，今府廳州縣一千八百二十三，與古之國較，國多於今府廳州縣者八千一百六十七，是古之君多於今之邑令矣。三年黜陟，必無異於今令長之升降，而每歲建國，亦必不減於今選除縣令之多，而諸侯之卿之於其君，其尊卑亦必無異於丞尉之於其令長。其君有罪貶黜，天子不貪其土，必仍於其國擇人以建爲君，則由師而長而君，僅如今士之出身爲丞尉以至爲令，等差不甚相懸，正無足異。特其君終身無過，其子又賢，民心歸之，得告於天子可世及耳。惟有此例，世無聖王，黜陟不能合乎人心，而諸侯得用私謀，以國傳其子孫，各國久而相沿爲例，諸侯遂以傳子爲定法，亦以天子世及，諸侯不能不世及也。而又有强横之諸侯，以世無王者，恃詐力以吞噬小國，故禹時有萬國，及至周初孟津之會爲八百國。蓋霸始於夏之昆吾兼併小國以自益，國日少而疆域日大，不易動搖，故雖周公之聖，誅滅僅及五十，而不能盡改世及之例。但使吾黜陟之權能行，諸侯能謹懍奉法，虐不及民，則亦相安無事，而不必盡奪其土以絶其先人之祀也。及至春秋五百餘年，世無王者，兵爭力競，以爲七雄。至秦滅六國，盡收天下之權歸於一人，君師遂截然爲二，而勢不能相及矣。故此處引記言三王而及四代，蓋據尚書言之，意重在禹、舜時爲塗山之會，君道極盛，皆自能爲師而來，三王雖皆如是，而不如是時之盛也。

此篇精義全聚於此章，自漢以來何代不興學？而皆偏重於詞章。卽宋時理學輩出，前明講會極盛，終不能革虛文之弊者，何也？教與政分，仕學不能一貫也。此處能爲師卽能爲君長，長如今之鄉紳，辦本邑公事者，君卽縣令也。使今之縣官舉一邑之政悉統於一邑之學，而愼擇師，共圖一邑之治，邑未有不能治者，而虛文之弊必頓息，何也？以事爲學，人爭奮於治事也。漢制近古，唐、宋、明均不及。漢制：童子諷讀籀文九千字察爲吏，而都亭閱兵謂之講肄，使吏兵皆爲士，文武不分，政學不分，士得以事爲學，故人才出而國勢卽振，此師、長、君可以相通之意也。

右第十章

凡學之道，嚴師爲難，師嚴然後道尊，道尊然後民知敬學。

師道卽君道，尊君卽尊師矣。而此特言尊師者，蓋師者，君之始也；君者，師之成也。繼世以有天下，不能保君師之實不分，師之道義不敵君之權力，必伸道義於權力之上，使君尊道而敬學，然後君道立，民皆興於學，而君可羣天下矣。故此章爲興學之源。凡學之道，凡建國君民興學之道也，「嚴師爲難」，謂君能嚴其師也，能嚴其師，尊其道也。道在而屈權位以爲之下，此興學之大作用也。夫權位所在，世俗之人屬耳目焉，今以有權位之君竟屈於有道之師，權位不可强求，而道可以自勉，勉爲其道，則人皆敬重其學矣。「嚴師」、「尊道」，皆指君言，故敬學特言民也，故此道誠心出之則王，湯、文是也；假而行之亦霸，齊桓、越王句踐是也；市以虚聲以振厲人心，衰弱亦强，燕昭王是也。

是故君之〔一〕所不臣於其臣者二：當其爲尸則弗臣也，當其爲師則弗臣也。大學之禮，雖詔於天子，無北面，所以尊師也。

一國之人皆爲君之臣，其於師不敢臣而嚴之者，以道在也。道爲天祖之道，天祖之可尊敬者二：一爲形體，一爲心志。「尸」象天祖之形者也，「師」傳天祖之心者也。尸象天祖之形且尊嚴之，不敢臣，況師傳其心乎？故天子之祭祀，養口體之孝也，天子之尊師重道，養志之孝也。引大學詔天子之禮，師不北面，以證君不臣其師，又以見天子亦必有師也。

右第十一章

此章以上言教法，以下乃言學法。此章由尊師入敬學，乃其樞紐也。

善學者師逸而功倍，又從而庸之；不善學者師勤而功半，又從而怨之。

〔一〕之：原闕，據禮記學記補。

學責師之善教，然亦在弟子之善學，教法同而或庸或怨，則學者之善不善爲之也。庸者歸功於啟迪，怨者怨咎其督責。

善問者如攻堅木，先其易者，後其節目，及其久也，相説以解；不善問者反此。「説」，王船山讀他活反。

以攻木喻析理，理有深淺，即爲學之先後次第，所謂「善學不躐等」一語盡之矣。王船山曰：「『易』者，疏理易析處；『節目』，木枝節所自出，堅撐處也。『説』，謂節目隨理而脫也。『解』，判也，喻善問者因言以知意，即顯以察微，漸漬之久而大疑自決。若擇隱奥者以爲詰難之端，而輕其淺易者爲不足問，是不誠於求知，而躐等以矜善問，終於迷而已。程子所謂『揀難處問』者是也。」案：今務舉業者多犯此病。事物之理尚未能晰，而談天德、王道，但求能文，不求能治其事，故觀其文亦似學問精深，而事不能治，則與一理未能晰者同矣。

善待問者如撞鐘，叩之以小者則小鳴，叩之以大者則大鳴，待其從容然後盡其聲；不善待問者反此。

此問如今之策問，蓋師與弟子講論發端以問，而弟子答之，如今西人教人均有設問，而令弟子答之，以驗其學之已通與否也。鐘不自鳴，視所叩之大小而應之，理融於心，隨叩而出，各如其分，不敢繁稱博引以炫所學也。「從容出之」，從容不急迫乃能盡事理之曲折也。學之事有五，即中庸之博學、審問、愼思、明辨、篤行也。此章論學，上節言問，此節言辨，僅及問辨，不及學、思、行者，學者之問辨資於師，學、思、行則自盡之。事無關於師，因從師之勤逸而反庸怨説人，故言「問辨」不及學、思、行也。

此皆進學之事也。

問辨資於師，其道如是；學、思、行盡於己，其道亦然。先易後難，相説以解，隨叩以鳴，從容以進，學、問、思、辨、行同也，故曰「此皆進學之道」。

右第十二章

記問之學，不足以爲人師，

不溫故以知新，即爲「記問之學」。天地間之理皆寓於物，即物窮理，是爲溫故；時有心得，是謂知新，於身世物物悉觀其通，則足應學者之求，隨其所問而皆有以啟其悟也。若無得於心，而記典籍之詞以待學者之問，是能爲誦讀之師，不足以爲化民成俗之師也。後世經師卽是記問之學。

必也其聽語乎！

聽猶察也，察其人而語之，因材施教也。記問之學無得於心，但能據舊説以轉相遞述，不能卽學者材質學力所及，當其可而施之。故欲成就人材，必在能察學者材質學力之所及，迎機而導之也。

力不能問，然後語之。語之而不知，雖舍之可也。

二者皆教者所聽而得也。聽其論説，其見解將進，而不能自爲問，是力絀於詞也，師然後語之，學者必言下大悟矣。若非力絀於詞，其材質學力決不能到，則不必語之，語之必仍不知，不惟無益，且懈其研索之功。卽能强記吾語，亦爲記問之學，而非心得，故不如舍之之爲愈也。

右第十三章

此章因上，善問、善答專資于師，此言學貴心得，專恃師語，則爲記問之學而不足貴也。

良冶之子必學爲裘，良弓之子必學爲箕，始駕馬者反之，車在馬前。君子察於此三者，可以有志於學矣。

此承上章「舍之弗語」言，師特不語耳，非無可觀，有可觀卽非無可學也。彼良冶之子，見慣其父之鎔合金汁以補錮器漏，必自聯緝獸皮而學爲裘。良弓之子，見慣其父之矯揉角幹以調和弓材，必自編曲楊柳而學爲箕。欲馬子之駕車，先繫車後，使見慣車行，則駕車不驚。此時觀而弗語之妙用也。以善教人不如以善養人，曲藝且然，況君子之於學，而能不奮然興乎？夫子欲無言而自謂無隱，卽此意。

右第十四章

古之學者，比物醜類。

此承上「有志於學」説入。「比物丑類」卽大學之「致知格物」，推行之絜矩，學法之秘，盡於此四字。易之爻象、詩之比興、書之體裁、禮之等殺、春秋之義例以及事物之紛紜蕃變，取其參差不齊之迹而比之，復卽其本末貫通之，由而類之，則其義自著，所謂「格物」也。「格」如漢書古今人表之「格」，觀天下之物，而皆以類相從，則操之有要矣；卽朱子所謂「一旦豁然貫通」而「知至」也。大學以「格物」爲入手，卽以「物格」爲終極。人之一生無一日不應事接物，卽無一日不爲「比物醜類」之學，故「比物醜類」隨時自盡之道也，篇中學法、教法盡於此四字。前文云「玉琢」、「嘉肴」、「攻木」、「撞鐘」、「弓冶」、「駕馬」，所謂「善喻」、「博喻」、「罕譬」，皆「比物醜類」也。下文又以鼓、水比類師學，河、海比類本末，故此四字總束前文，以貫通篇也。

鼓無當於五聲，五聲弗得不和；水無當於五色，五色弗得不彰；學無當於五官，五官弗得不治；師無當於五服，五服弗得不親。

鼓，考擊也，如鼓瑟、故琴之「鼓」；水，訓塗之也。聲出於鼓而鼓非聲，色出於水而水無色，以況學非五官之事而五官以之治，師非五服之屬而五服以之親，此比物醜類法也。「五官治」，身修也；「五服親」，家齊也。身修而家齊，化民成俗之學也。

古者君卽兼師，爲君服卽爲師服也。自孔子始創教統，別於君之治統而自立，其法不足以權勢强人之信從，而又非以形氣聯合，故其服不能以名分、恩情預爲定制，而任人之以義情自制。然師由君分，其服卽當準君以爲之制典。言堯崩，百姓如喪考妣，三載其服重，則百官之服如聖門之七十子也。四海之民僅遏八音而已，其服輕，則民之服如聖門之三千徒也。故師之服可準君服，以義自制，聖人不能預爲制也。

右第十五章

君子曰：「大德不官，大道不器。

王船山曰：「『大德』者，人官之本，涵於未發，以爲視、聽、言、動之則，不倚於官也。『大道』者，事物之本，爲事物之所共繇，散於百〔二〕形而爲器，而不滯於一器也。」按： 此承上章「學」、「師」說入。學成於己之謂德，傳教於人之謂道。上章由「鼓」、「水」遞入「學」、「師」，學爲君者也，師爲教者也，以收束教學爲先之意，故鄭訓大德曰「謂君也」，朱子非之。然身之君與官，本以國之君與官爲喻，其理原可互通，而上文「五官」在「五服」之先，此「大德」在「大道」之先，似耑言師而未及君。蓋統君於師，言師即言君，不以後世之君師分岐爲然也，則船山說優矣，今從之。

「大信不約，大時不齊。」

不官之大德、不器之大道，其體之立也以信，其用之行也以時。信爲大信，則至誠無妄之謂，而非要結之信也； 時爲大時，則與世升降之謂，而非執一之時也。故湯、武之隆不爲揖讓，孔、孟之聖不爲伊、周，大時不齊也。

察於此四者，可以有志于本矣。

官、器以道德爲本，道德之體用，又以信、時爲本，察於此四者，又可恍然于教學之尤有其本矣。

三王之祭川也，皆先河而後海，或源也，或委也。此之謂務本。

河爲海之本，海爲河之委，必先之，重本也。夫堯、舜、禹、湯、文、武、周公之政，夫子承之以學，以政治視教學。教學，源也，本也； 政治，委也，末也。建國君民，以教學爲政治，得其本矣，而非興教立學之本也。王船山曰：「此篇所言，皆親師、講藝之事，而終之以務本，所以見古人爲學求之己者，但盡其下學之事，而理明行篤，則天德王道即此而上達焉。蓋與大學至善知本之旨相爲符合。而後世竊佛、老之說，以文其虛枵狂誕之惡者，亦鑒於此而可知其妄矣。」船山之說是。謂教學以親師、講藝爲務本，而以語及心性者爲虛枵狂誕，蓋鑒於王學末流之失，遂憤而爲此論。見王學言心，遂不敢言及心，見王學語有近佛、老之元虛者，遂不敢及玄虛。其時天主之說已漸入中國，則又不顧吾道之大源，而亦不敢言及天。國初諸遺老倡之，而後者愈甚，雖有孫夏峯、黃黎洲、李二曲、湯文正確守親傳，而不敵後起者之力，以至於嘉、道之閒，聖教遂

〔二〕 百： 王夫子禮記學記作「有」。

第爲訓詁攷據，而攻陸、王者乃並程、朱而亦攻之，而中國幾無敢言宋、明理義之學者矣。其一二有志好修，亦第拾攻陸、王之唾餘，而不審時勢之所趨，以求挽救，第以攻人之異已爲守先聖之道，而吾國乃日疲弱不振，耶教遂盡收吾教之説以爲己有，而以教於吾國，以收吾民。及今情見勢絀，不能勝一日本而反挑釁各國，以貽庚子之辱，欲爲補救以收效桑榆，豈惟不得其本？然問其所以爲學，則惟西法之是效、西人之是師，若吾中國固無所謂學者！夫吾國今日之學固不西人若矣，吾先聖孔、孟之説亦豈遜於西人乎？苟取吾中國近儒所割棄者而盡復之，則西人之精者早見於吾聖人之書，即其技藝爲中外前所未有者，吾中國諸儒亦早發其端，而其駁而不純之説，則吾聖人早已見其弊而預爲之防。

故今日欲救中國之弊，莫若復吾孔、孟之學，而用孔、孟之教法。孔、孟之教法，此記是也。此記歷言學、教，遞入「比物醜類」，比之、類之而得教、學之爲重，由教、學而得大德、大道，由大德、大道而得大信、大時。大信誠其心也，大時當時之務也。誠心以審當時之務，而其本不待他求矣。蓋今之中國，古所謂天下也，今則退處爲列國之一矣，而民則仍視爲天下，不知爲何國之民。故急宜建之、君之，去其隔閡之勢，使一國之氣機靈；萃其渙散之情，使萬民之精神聚。得其民者，得其心也。國以民爲本，得民以心爲本。然則此建國、君民之教學，其必務此本也，明矣。「務本」二字見於論語次章，指爲孝弟，而孝弟所以能爲本者，以不犯上作亂也。不知子之必統於父，必不知下之必統於上，則犯上矣，各處之會匪、亂民是也；不知兄之同生於父，必不知人皆同生於天，則作亂矣，前此之拳匪及各省教案是也。欲建今日之中國，君今日中國之民，不使由孝以識天下一家之仁而重宗子，則人皆無君，無君而國可建乎？故孝者，建國之本也。不使由弟以知四海皆兄弟之恕，則皆自私而思亂，自私思亂，其民尚可君乎？故弟者，君民之本也。故今日中國之患，不在外洋，即今日中國之教、學不必急效外洋，而當急去吾君民之隔閡，而使之通；急聯吾民之渙散，而使之聚。興教立學，不在生數十才智之士，而在得數萬億兆之民心，使人人自出其本心，自精其生業，則兵練於伍，農勸於野，工精於室，商智於市。而於此四民之中，擇其尤異者，各省有一二十人，足以供天下之用矣。故今日之教民，當注意在化民成俗，不當在育材興藝，此所謂「務本」也。此今日之本、今日之務，若船山氏之説，則或前明之本、前明之務，而非此記大時不齊之所謂務本也。孟子懼戰國人於秦而欲救之，曰：「我亦欲正人心。」嗚呼！今日乃一大戰國，其終誰入，原不可知，而教、學當從正人心入手，則固千萬世不能易者也。

右第十六章

大學古義 煙霞草堂遺書之三

咸陽劉光蕡古愚

歲次庚申刊於蘇州

大學

子程子曰：「大學，孔氏之遺書而初學入德之門也。於今可見古人爲學次第者，獨賴此篇之存，而論、孟次之。學者必由是而學焉，則庶乎其不差矣。」

程子表章大學，此爲千古特識，爲學次第是大學精意所在，卽下「古之欲明明德」節各「先」字、「物格」節各「後」字。天德王道，天下萬世之人所當學。此篇以三千四百三十二字括之而無遺，宏綱旣舉，而細目又極詳密，故此篇言學，爲古今有一無二之書。

何以爲「大學」？立念以天、地、民、物爲一體，而學以講明其理，然後實爲其事，則範圍天地、曲成萬物矣，故曰「大學」也。

大學之道，在明明德，在親民，在止於至善。

「明德」是道之本，「親民」是道之量，「至善」則學道之詣也。「明德」是性善，「親民」卽仁也。有此明德，發見於外，第一念卽是仁，所謂天地生物之心。「元者，善之長也」，親民之節文是「禮」，卽至善也。「止至善」，「止」字中有「義」字在，蓋審度而止之，卽義也。「智」、「信」皆天德，古人以配四時之冬，四德之貞卽該於「明德」二字中。「德」而曰「明」，生而自具之智也；「明」而曰「德」，生而自具之信也；由「明德」而「親民」，以「智」、「信」爲仁，貞下起元也。道，由路也，大學之道是由明德以親民之路，明德不親民，卽無道，故大學之道生於民，無民卽無道。天地間萬事皆起於有己有人，若天僅生我一人，則德不與人接，誰謂其不明？亦何貴於明哉？聖賢立學之意，凡以爲民也！學者有志於學，須立地有民胞物與之量方可言學。

從古本，「親民」，當如字讀。從朱注，「親民」當作「新民」。兩解均可通，而「新民」不如「親民」之義精深宏大。人惟視民不親，故忍以法術愚民，刑威迫民，後世一切猜防民之覇政皆由「視民」不親而生，故「親」之一字爲王道之本源，改爲「新」，則王道之作用也。

知止而後有定，定而後能靜，靜而後能安，安而後能慮，慮而後能得。

至善是明德、新民之極，故爲大學所止之境。大學之始，必先知之，然後再加細密工夫。「明明德」必至如聖人，方爲至善，而學始可止；「新民」必至如王者，方爲至善，而治始可止。故吾謂入大學者，必立地能以天地萬物一體，方可言學，卽「知止」之説也。既實知至善爲所當止之境，則誘以他境之可止，己必不聽，故「有定」；「定」則心目專趨於一，他若無所見，故「能靜」；「靜」則心目無所擾，故「能安」；「安」則心與學融化爲一，以待事物之來，感而自通，故「能慮」；「慮」則於事物之始終無不洞悉，而得至善之所在，而「止」矣。

明德至善之地，仍在親民上見，不親民而空自明其明德，其明於何見之？卽不明，亦何從知之？故下文言「克明德」，言「顧諟天之明命」，言「克明峻德」，而第結以「皆自明」，不言所明之詣爲何如也。於是由「自明」説到「自新」，由「自新」説到「作新民」，則與民共新矣。民何由新？上有命令以新之，舊邦之民皆新矣，而結以君子「用極」則止善矣，是明德之至善，民必皆自新乃可止也。蓋己與民共立於世，無民卽無己，無己卽無明德可言，故爲學以親民爲重也。

大學以三句提綱，後突出「知止」二字，此「知」字從何而來？卽明德之明，生而自具，物欲能蔽而不能使之亡，不謂之良知不可。孟子謂之「知愛、知敬」，卽是仁義可達之天下；孝經亦以愛敬爲順天下之要道，故「知止」之「知」是「明德」

之「明」；「知止」之「止」是「明德」之終；　達其愛敬於天下，則明明德於天下矣。

此節以「知」字始，以「得」字終，「知止」是「知」，「得」字則入於「行」矣。然不曰「得止」，則仍卽窮理言。蓋實見得事物之理皆吾心固有之理，而且恰當至好，毫髮無憾，「知止」之「知」猶虛，「得」則爲眞知也，是卽致知入誠意之始。至「平天下」章，「忠信以得之」，乃爲實得其止，此「得」字以理言，彼「得」字以事言也。

物有本末，事有終始，知所先後，則近道矣。

合明德、新民爲一物，此有深意。人皆視明德、新民爲二，故佛、老之徒，修身養性祇知爲己，無聖人成己所以成物之公心。利達之子，政道刑齊惟責諸人，昧乎君子有己而後求人之恕道，其弊皆由歧「明德」、「新民」爲二而生也。合「德」、「民」爲一物，一物而二名者，本末之形也；「德」、「民」爲一物，卽「明」、「新」爲一事，事同而名異者，終始之迹也。有本末、有終始，則爲之必有先後。而欲爲之，必先知之，知其先後之序，不爲則已，爲之必能有成，蓋循序漸進卽順道而行也。曰「近道」，謂去至善不遠也。

朱注以「物有」句結首節，「事有」句結「知止」節。細玩之，「物」爲「德」、「民」之物，「事」當指「明」、「新」之事，「先後」卽下兩節「先後」字，此節爲下兩節之起，非上兩節之結也。下兩節第言明德、新民之先後，未及至善。蓋格、致、誠、正、修，卽明德之至善；齊、治、平，則新民之至善。格、致、誠、正，皆以修身，故又推出「修身爲本」；而齊、治、平之末，不待言矣。「治」、「亂」卽指明新之物，未明、未新爲亂，已明、已新爲治，「所厚」、「所薄」卽指爲明新之事，謂薄於本不能厚其末也。若「知止」之始，「能得」之終，是釋首節「止於」二字之義，首節不曰「在止至善」，而「止」字下加一「於」字，分明「止」字中有工夫。故下節從「知止」推出定、靜、安、慮，以至「得」止，皆上節「於」字中工夫自具之層次。終始、先後已明言矣，此處何待再爲申明？故「知止」節爲結足首節，「物有」節是別提起。古人文章隨說隨自注釋，以後便不再管他，經史中此類甚多，此處亦然。

古之欲明明德於天下者，先治其國；欲治其國者，先齊其家；　欲齊其家者，先修其身；　欲修其身者，先正其心；　欲正其心者，先誠其意；欲誠其意者，先致其知；致知在格物。物格而後知至，知至而後意誠，意誠而後心正，心正而後身修，身修而後家齊，家齊而後國治，國治而後天下平。自天子以至於庶人，壹是皆以修身爲本。其本亂而末治者，否矣！其所厚者薄而其所薄者厚，未之有也。此謂知本，此謂知之至也。

不曰「古之欲平天下」而曰「欲明明德於天下」，可見古人平天下，不過使天下之人皆爲學，即是太平之治。治國是使一國之人皆學，齊家是使一家之人皆學，不是我往平之、治之、齊之也。我不過爲設學立教法，其教法即我修身之法，布之鄉學中，使人人學之，即爲教法。

此節各「先」字，求其致功之端也，下節各「後」字，指其成功之序也。古本以「誠意」爲「傳」之首章，此大有精義。從「天下」推到「心」，皆以漸而精，由外而內，由「心」推到「意」。朱子訓「意」爲「心之所發」，是復由內推向外矣，此恐未是。劉念臺訓「意」爲「心之主」，若今云主意也，此解甚精。觀後「誠意」傳中，好惡是意，如「好色」、「惡臭」是「誠」，然則「意」是人心能爲好惡之根。故大學、中庸之「獨」即孟子所謂「幾希」，即心所具之性。「意」發於「獨」，即孟子所謂「性善」也。性本善，故自然好善；本無惡，故自然惡惡。特患自拂其本性，故須誠耳！「知」是意之靈明處，「物」是意之精實處。萬物皆備於我矣，故天下之物皆「意」中之物。

「古之欲明明德於天下」，可見「親民」亦是「明明德」。「物有本末」，朱子謂指明德、新民，而訓「明德」爲「人之所得乎天，虚靈不昧，以具衆理而應萬事者」，是即性也。故「意」即是「明德」，「誠意」即是「明明德」，「意」是「明德」之全，所謂「虚靈不昧」也。析言之，則「知」是明，「物」是德。

「致」是推極其明，「格」是方正其德，「致知」是具衆理，「格物」是應萬事也。萬物皆吾性所固有，然謂之「萬」，數實不止於萬，則紛而難理，繁而易忘，必使人有一大方格，中界無數小格，使物物各就其格，則各就理而不忘，則「物格」而知亦「致」矣。「致知在格物」，不曰「先」而曰「在」，致知即是格物，非兩事、兩候也。陽明以「爲善去惡」訓「格物」，則「格」字有方格、扞格兩義，方格爲善也，扞格去惡也。

「明德」，性也，天之所以與我而我以應萬事者，卽孟子「萬物皆備於我」之義。以迹象言謂之物，以義理言謂之德，所謂「天生蒸民，有物有則」也。「明明德」，復性之學也。身、心、家、國、天下，皆是「物」；修、齊、治、平，卽是「則」，不違其則卽德也。我得於天者爲萬物皆備之德，故修、齊、治、平爲吾性分所固有，卽吾職分所當爲。入大學，講明道德，不過復完我得於天之性。我得於天者，萬物皆備，故欲復我之性，不能離卻民、物，遁於空寂，自謂見性也。故大學之道在明明德、在親民也。「親民」之首節，必須作「親」字解，不必易作「新」字。且不必深看，卽是與物相接之意，不離民物、遁空寂、以明明德也。此性以己所得於天者言，謂之「德」，爲心之靈明故曰「明德」，以天以此付於人人而爲天下所由太平之具言之，則曰「善」。能明明德於天下，則復性善之本量，故曰「至善」。至善卽是天下一家、中國一人，「民吾同胞，物吾與也」之謂，是親民之極，卽是明明德之極。吾之明德是萬物皆備之則，遺卻一物使不得其所，卽性量未能完滿，卽不得爲至善。故「三綱領」是一串說下，實是一事，下文所謂「古之欲明明德於天下」也。「知止」卽是明明德於天下，知吾性之本量而擴充之，無欠缺也。儒謂之「知性」，佛家謂之「見性」，「知」是知其理，「得」是實爲其學而有得也。知虛得實，由虛而實，中間靜、定、安、慮，皆是工夫次第，可以自驗者。若欲分傳，此節可爲「明明德」之傳，亦可爲「止至善」之傳，蓋從「大學之道」至「此謂知之至也」。從古本。是提大學之綱，「明德」是就本原說，「天下」是就分量說，「明明德於天下」卽是親民。明德極微渺，天下極廣博，明明德於天下眞有納須彌世界於一芥子中氣象。「知止」則第知焉而已，卽能慮而得，亦第實知其理而能深信不疑焉耳。若實見諸行事，則其本末、始終、先後之序，必一毫不能紊亂，乃能致其功，故曰「物有本末，事有終始」。「物」是明德所被之物，卽身、心、家、國、天下也；「事」是明明德於天下之事，卽誠、正、修、齊、治、平也。循其先後之序，天下事物如綱在綱，一絲不紊矣，故曰「近道」。此卽是下二節提筆，故下二節分承「先」、「後」字，所先在此，所後在彼，兩節原是一意，而繁復不殺者，先是程功，後乃收效也。先是欲明明德於天下，後乃能明明德於天下也。然由天下遞求其本，約而至於知，由知遞徵其效，大而至於天下平，聖王之學果枝枝節節而爲之乎？故又指出修身爲本，諸事皆當求諸身也。以理言，明德爲本；以事言，則修身爲本也。本亂末不能治，本薄末不能厚，古今不易之理。不言「始終」者，以本末該之也。

然則本末，物也；知其爲本、爲末，格物也。吾所謂「方格」，卽朱子分八條目之意，如綱物於方格也，知其爲本而先之，知其爲末而後之，卽兩節先後之義，而先難後獲之義亦在其中，則致知也。夫前節欲爲此，必先爲彼；次節能爲此，卽已能得彼。此其理確不可易，而能深知其所以確不可易，則其識已過人遠矣，故曰：「此謂知本，此謂知之至也」。「知本」，物格也，物物皆握其本，得其本，萬事理，物各就序，非「物格」而何？「致知在格物」，致知卽是「格物」，故「物格」卽爲知之至。自「大學之道」至此，必有此二句方能結得完足。惟知已至，則將見諸行事，而行事須從事之萌芽，獨知、獨覺做起，故下文以所謂「誠其意」提起説去，程子所謂「王道本於愼獨」也。古本文義、文氣原無闕脱錯亂也。

古本自「大學之道」至「此謂知之至也」，以明德爲綱，反覆推明，欲人充滿其量而實至其功。量之所及皆物也，心、身、家、國、天下是也；功之所始則知也，修、齊、治、平爲物則，而我知之也。明德不充其量則遺棄民物，虛寂之學，非大人之學也；明德不實其功則泛濫爲知，俗僞之學，非大人之道也。故「知止」是致其大綱之知，「知所先後」是致其細目之知，皆實其「知「於物也。欲明明德於天下，而國必先治，家必先齊，身必先修，心必先正，意必先誠，格物也。意果能誠，而心卽正，而身卽修，而家卽齊，而國卽治，而天下卽平，物格也。修身爲本，是格物之要，卽爲「致知」之「知止」，本亂末不能治，本薄末不能厚，是格物之序，卽「致知」之「知所先後」也。明德，道之源也；天下平，道之極也；握其源、造其極，則「知止」而得「止」，非所謂知之「至」乎？此段義理精深，文氣亦極完足，劃爲經文，原無不可。卽謂爲「致知」之傳，亦無不可也。此下各以「所謂」提起，首誠意，次正心、修身，次修身、齊家，次齊家、治國，次治國、平天下。合首段共分六章，「致知」一章，「誠意」一章。「致知」，知也；「誠意」，行也。大學以修身爲本，人所以修其身者，不出知行兩途，故「致知」、「誠意」兩章如兩峰對峙，而「明德」、「新民」、「止至善」之意蘊悉該於中。其下四章則各舉首章一語而反覆推明其理，不他及焉，則謂爲傳，亦可也。

右解經

所謂誠其意者，毋自欺也。如惡惡臭，如好好色，此之謂自謙。故君子必愼其獨也。小人閒居爲不善，無所不至，見君子而後厭然，揜其不善而著其善。人之視己，如見其肺肝然，則何益矣！此謂誠於中，形於外，故君子必慎其獨也。曾子曰：「十目所視，十手所指，其嚴乎！」富潤屋，德潤身，心廣體胖，故君子必誠其意。

詩云：「瞻彼淇澳，菉竹猗猗。有斐君子，如切如磋，如琢如磨。瑟兮僩兮，赫兮喧兮。有斐君子，終不可諠兮。」「如切如磋」者，道學也；「如琢如磨」者，自修也；「瑟兮僩兮」者，恂栗也；「赫兮喧兮」者，威儀也。「有斐君子，終不可諠兮」者，道盛德至善，民之不能忘也。

詩云：「於戲，前王不忘！」君子賢其賢而親其親，小人樂其樂而利其利，此以沒世不忘也。

康誥曰：「克明德。」太甲曰：「顧諟天之明命。」帝典曰：「克明峻德。」皆自明也。

湯之盤銘曰：「苟日新，日日新，又日新。」康誥曰：「作新民。」詩曰：「周雖舊邦，其命惟新。」是故君子無所不用其極。

詩云：「邦畿千里，惟民所止。」詩云：「緡蠻黃鳥，止於丘隅。」子曰：「於止，知其所止。可以人而不如鳥乎？」

詩云：「穆穆文王，於緝熙敬止。」爲人君，止於仁；爲人臣，止於敬；爲人子，止於孝；爲人父，止于慈；與國人交，止於信。」

子曰：「聽訟，吾猶人也。必也使無訟乎！」無情者不得盡其辭，大畏民志。此謂知本。

所謂修身在正其心者，身有所忿懥，則不得其正；有所恐懼，則不得其正；有所好樂，則不得其正；有所憂患，則不得其正。心不在焉，視而不見，聽而不聞，食而不知其味。此謂修身在正其心。

所謂齊其家在修其身者，人之其所親愛而辟焉，之其所賤惡而辟焉，之其所畏敬而辟焉，之其所哀矜而辟焉，之其所敖惰而辟焉。故好而知其惡，惡而知其美者，天下鮮矣。故諺有之曰：「人莫知其子之惡，莫知其苗之碩」。此謂身不修不可以齊其家。

所謂治國必先齊其家者，其家不可教而能教人者，無之。故君子不出家而成教於國：孝者，所以事君也；弟者，所以事長也；慈者，所以使衆也。康誥曰：「如保赤子。」心誠求之，雖不中，不遠矣。未有學養子而後嫁者也。

一家仁，一國興仁；一家讓，一國興讓；一人貪戾，一國作亂；其機如此。此謂一言僨事，一人定國。

堯、舜帥天下以仁，而民從之；桀、紂帥天下以暴，而民從之。其所令反其所好而民不從。

是故君子有諸己而後求諸人，無諸己而後非諸人。所藏乎身不恕而能喻諸人者，未之有也。故治國在齊其家。詩云：「桃之夭夭，其葉蓁蓁。之子于歸，宜其家人。」宜其家人而後可以教國人。詩云「宜兄宜弟」，宜兄宜弟而後可以教國人。詩云：「其儀不忒，正是四國。」其爲父子兄弟足法，而後民法之也。此謂治國在齊其家。

所謂「平天下在治其國」者，上老老而民興孝，上長長而民興弟，上恤孤而民不倍，是以君子有絜矩之道也。

所惡於上，毋以使下；所惡於下，毋以事上；所惡於前，毋以先後；所惡於後，毋以從前；所惡於右，毋以交於左；所惡於左，毋以交於右。此之謂絜矩之道。

詩云：「樂只君子，民之父母。」民之所好好之，民之所惡惡之，此之謂民之父母。

詩云：「節彼南山，維石巖巖。赫赫師尹，民具爾瞻。」有國者不可以不愼，辟則爲天下僇矣。

詩云：「殷之未喪師，克配上帝。儀監于殷，峻命不易。」道得衆則得國，失衆則失國。是故君子先愼乎德。有德此有人，有人此有土，有土此有財，有財此有用。德者，本也；財者，末也。外本內末，爭民施奪。是故財聚則民散，財散則民聚。是故言悖而出者，亦悖而入；貨悖而入者，亦悖而出。

康誥曰：「惟命不于常。」道善則得之，不善則失之矣。

楚書曰：「楚國無以爲寶，惟善以爲寶。」

舅犯曰：「亡人無以爲寶，仁親以爲寶。」

秦誓曰：「若有一个臣，斷斷兮無他技，其心休休焉，其如有容焉。人之有技，若己有之，人之彥聖，其心好之，不啻若自其口出，實能容之，以能保我子孫黎民，尚亦有利哉！人之有技，媢疾以惡之，人之彥聖，而違之俾不通，實不能容，以不能保我子孫黎民，亦曰殆哉！」

唯仁人放流之，迸諸四夷，不與同中國。此謂唯仁人爲能愛人，能惡人。

見賢而不能舉，舉而不能先，命也；見不善而不能退，退而不能遠，過也。

好人之所惡，惡人之所好，是謂拂人之性，菑必逮夫身。

是故君子有大道，必忠信以得之，驕泰以失之。

生財有大道：生之者衆，食之者寡，爲之者疾，用之者舒，則財恒足矣。

仁者以財發身，不仁者以身發財。

未有上好仁而下不好義者也，未有好義其事不終者也，未有府庫財非其財者也。

孟獻子曰：「畜馬乘不察於雞豚，伐冰之家不畜牛羊，百乘之家不畜聚斂之臣，與其有聚斂之臣，寧有盜臣。」此謂國不以利爲利，以義爲利也。

長國家而務財用者，必自小人矣。彼爲善之，小人之使爲國家，菑害並至。雖有善者，亦無如之何矣！此謂國不以利爲利，以義爲利也。

明德者，天與人之性，藴之於心者也。然性以心爲舍，究不得謂心卽性。於心之中求其純乎明德，不落於形迹者，則惟此自具之靈明，惺惺不昧者爲性之本體。言其發動之機，則爲知；指其存主之神，則爲意。知動而意靜，知虛而意實。「致知」後復詳釋「誠意」者，能識本體，須密操存之功也。夫心之存主本無迹象之可言，其可言者，仍爲此靈明不昧之神，故知與意不能截然分爲二也。明德本是一物，故經文謂「意」爲「獨」，而朱子訓「獨」爲獨知、獨覺，則舍此靈明不昧之體，無所謂意也。此心之意，爲天與我之明德，生而自具，卽生而自誠。然始則苦於昏而不自知，繼則慮其欺而不自存，故於應物之際，須常保此未與物接之獨知、獨覺。則事物接於外，好惡動於中，而此靈明不昧者常爲之主。百變而不迷，則不自欺而慊，反身而誠，樂莫大焉矣！「心廣體胖」之謂也。而實由敬慎以保此獨知、獨覺之靈明，致之也。否則，如小人之自欺，而外人之指視叢焉。明德昏而不存，心、身、家、國、天下即無所以爲正之、修之、齊之、治之、平之之本，而一事無可爲。故誠意爲大學之最要也。君子所以必如是，求誠而不稍有假借也。

意不誠則衆人之指視叢焉，誠則亦人人所共見矣。誠於惡者不能揜惡而著善，誠於善者豈能揜善不著乎？況明德既明，尤爲人人所同得，而人自無不見乎？故我獨知、獨見之明德即入「淇澳」兩節。天下共知共見之明德，且爲萬世共知共見之明德。能共知共見我德之所以明，即「切磋琢磨」是也。學之至善，民見之而不能忘也。能共知共見我明之所爲德，即賢親樂利是也。政之至善，民見之而不能忘也。學，知也；政，行也。存之爲意、爲獨，推之即充於天下，至矣哉！其退藏於密者，乃即其彌於六合者也。入康誥「克明德」節。故自古聖王莫不用力於明德，蓋出全力以爲之。康誥所以謂之「克」，內而密審其本源，則「顧諟天之明命」，湯之自新也；外而充滿其分量，則「克明峻德」，堯之格上下也。皆自明天所以與我之明德而已。入「盤銘」數節。日日自明即日日自新，人人共見即人人可共新，在君子作之而已。故雖舊邦可以新命之，其故何也？明德在心爲意，意爲吾心靜而存主之神，有極象焉。皇極既建，民自會歸矣。故在我之獨，即爲萬民之極，極立於此，萬物咸就範焉，故君子無所不用也。萬物共一太極，物物又各具一太極，明德所以爲人人所同得也。夫君子用其極，以意爲約而守之也。入「邦畿」下數節。民之會極、歸極，則以明德爲至善，歸而止之矣。所謂守約而施博者，善道也，「善」即至善也。明德之靜存者爲意，誠之而著於外者，隨遇皆有可止之至善，要皆守此慎獨之功，以著明於應事接物之地之效也。夫君子欲明明德於天下，而所敬慎以求誠者，則在獨知、獨覺之意，入「聽訟」章。以本之在是也。身爲天下、國家之本，意又爲身心之本，觀於夫子論無訟，不在聽斷其詞，而在大畏其志，則大學明王道，以誠意爲本，可以恍然矣！上段「此謂知本」，知物之本也。故足以「此謂知之至」句，以「知」言也。此段「此謂知本」，知事之本也。入大學而致全力於誠意，則必能明明德於天下，收修、齊、治、平之效，以「行」言也。故更不益一語，而言誠意之義理，文氣已無不完足，又與正心、修身、齊家、治國之各章結法一例，知古本原無錯簡訛脫也。首段反覆推明明德之體，本末、終始、先後，身心、國、家、天下，皆就明德以示人，欲人之見道也，故曰以「知」言也。此段反覆推明明德之功。愼獨、切磋琢磨、賢親、樂利、克明、顧諟、自新、作新、新命、用極、知止、得止、畏民志，皆就明明德之功用以示人，欲人之體道也，故曰以「行」言也。

以其德之靈明言曰明，以其靈之粹美言曰德。天以明德與人，卽隱含知行在內，故大學首從「知行」說入。然性蘊於心，人必先識之而後能體之，故大學指道所在後，卽從「知」字說入，至「知至」後，乃接入「誠意」，「知」先於「行」也。「意」何以謂之「行」？明德是性，無形體，無聲臭，不附於人身，實無從見，强而指之曰「天之明命」。至實有於人身，有實迹可指，則爲此心靜而存主之神明，爲人所實有，此明德之見端也。故「意」非「行」，「誠意」則「行」之始基，而卽百行之本源也。朱子以首段爲經文，當全舉大學之全體、本末、始終言，不當僅據「知」一邊說，故「本亂」節下「此謂知本」句，遵程子說，定爲衍文，謂經不當如傳文之末，以「此謂」、「如何」作結也。夫欲明道之全體，不就人之所見言，是就「人生而靜」以上說矣。程子謂：「『人生而靜』以上不容說，纔說性，便不是性。」不是性，卽不是明德，故古本首段卽從「知」上說。明德之明是「知」，德卽是「止」，謂明之凝聚而粹美爲至善也。凡人應事接物，其恰好處皆吾心固有之理，恰好處卽是至善，卽當「止」之處。故人能識得明德，卽爲已「知止」，所以大學次節卽從「知止」說也。此「知」字卽是明德之明自然發見處，不雜於聞見，卻離不得聞見。孟子謂之「良知」，陽明拈出以爲爲學之宗旨，凡人應事接物均以此爲本。大學所謂「致知」，卽由此致將去，故入大學者不曰「求知」，而曰「致知」，謂推致吾本然固有之知也。卽朱子補格致傳亦曰：「人心之靈莫不有知」，其言致法，亦曰「因其已知之理而益窮之，以求至乎其極」，非明德之明而何？至乎其極則「知止」矣，非明德之德而何？因其已知，則此「知」人生而自具，故大學發明道之全體，卽從「知」說入也。陽明提「良知」爲宗旨，與古本大學之說合。講朱學者堅守門戶之見，於大學經文首節後卽接「知止」，昧爲未見，並朱子補傳之說亦不暇顧，而以力攻良知爲快，虛心研道者不當如此也。

然此「知」爲流動之靈明，必有實落凝聚處方可謂之德。「德」，得也，行道而有得於心也。行從何處起？對天下、國家言則在吾身，卽身而精之，則在心。然心載明德，非心卽明德也。於心求爲吾身之主，以應事接物者，則惟此靜存之神能爲發動之端者。以其靜存，謂之「獨」；以其能發動，謂之「意」。此意果誠，則如植種下於土，枝葉花實自隨時而發。實有天德，自能實爲王道，故誠爲體道之始也。此段與上段可以並峙，而以「所謂」提起，與下四段同，下四段皆此誠意之所形。以此「獨」施之國家、天下，而悉得其至善而止之也。

朱子此後多更古本次第者，不以意爲性體靜存於心，而以爲心之動念，故不能貞百爲萬變而爲之主，則朱子以爲「誠意」在意念初動處用功，未嘗及身、心、家、國、天下也。何以誠意後便爲盛德至善，人不能忘？何以便爲君臣父子交，人均得所止？何以便能使無訟？故以「大學之道」至「其本亂」節爲經，分爲十目，以爲十傳，而分此段爲六，於「誠意」前補爲五傳，「所謂誠其意」者至「故君子必誠其意」爲「誠意」傳。凡言「明德」者爲首章，言「新」字者爲次章，言「止」字及「至善」字者爲三章，爲三綱領之傳。「聽訟」章結以「此謂知本」，爲「本末」之傳。而以「此謂知之至」句爲「致知格物」傳結句，謂傳文已亡，而自補之。脈落較古本爲分明，然義理、文氣不如古本之深厚、完足。兩相對較，自能見之。如釋「明明德」傳，三引書而結以「皆自明也」，爲釋明德之本體乎？抑釋明德之功夫乎？明德爲己所得於天之物，人豈不知？而待於傳者特釋之乎？意味已同嚼蠟。而以「誠意」後各傳文氣較之，則各傳結構完密，與此大不相類。取古本讀之，則知因「誠意」後實有「明德」於中，即能形著於外，故引淇澳、烈文之詩證之。然前王沒世，民不能忘，非求之民也，能自明其明德而已。由周及商以至唐、虞，聖王無不如是。自古爲學爲政無不從誠意做起，文意何等深厚、完足！此首章釋明明德之傳，不如古本之善也。

次章三章爲「新民」、「止至善」之傳，較「明明德」傳尚爲完足。然「自新」、「新民」以至「新命」義理完足，而以「用極」爲「止於至善」，則解「用」字未爲的確，而「無所不用」四字亦無著落。三章先出「止」字，次説「止」而移淇澳、烈文兩引詩於後，以爲「得止」而詠歎以結之，此較次章尤爲文義完足。然傳以釋經也，引本經在前，以他經證之則可，未有不舉本經而徑引他經説入，以爲本經之傳也。朱子亦自知其例，故補「物格」、「致知」傳，即從本經説之例，而曰「所謂致知在格物者」，直從本經説入，而「明德」至「本末」四傳不能一例，則朱子必自知其爲割裂補湊，而不敢信爲聖經之舊，必爲如是也。

試取古本讀之，淇澳二詩是詠歎誠意後誠中形外之實迹，而湯之自新則自明之實功。自明必須與民共明，民亦能自明也。在上作之而已，作之之法亦在自新其教命而已。新其教命，則不誘於世俗之積習，拘於祖宗之成法，將用何者以爲新民權衡哉？則用此獨中之誠意而已。蓋意是明德之凝聚，萬事萬物之理胥含於此，如天之北極，易之太極，洪範之皇極，誠其意卽建極也。至此已往，無所不用之，故意誠以後，物物之至善皆卽我而具，孟子所謂「反身而誠，樂莫大焉」者，得至善而止之象也。物物之至善，卽物物一太極，其在治天下卽爲王道，爲皇極，故卽爲民之所止，亦由我之先得所止，由誠意來也。則明明德於天下，不過與天下同誠其意而已，觀於「使無訟」可以恍然矣。無情不得盡辭，大畏乃在民志，非提醒此明德實入於人人之寤寐而爲之主，其能如是乎？故大學之道，以誠意爲本，能誠意者，則握其本以爲之，而明德於天下矣。

古本既無錯簡訛脫，然則大學可不分經傳乎？曰大學在小戴記中爲四十九篇之一，他篇不分經傳，此篇何獨分經傳？同謂之傳可也。以其出於孔門，後世以禮記列於學官，四十九篇均可名爲經，則以大學一篇通謂爲經，亦可也。援儀禮喪服及大戴記夏小正經傳並行之例，謂此篇以經傳並行，截本文各篇「所謂」以下爲一傳，亦可也。然予亦有説焉。禮者，人事之綱紀，王者之政所以綱紀人事也。欲王政之行，必須人材。大學培養人材以爲立綱陳紀之用，則大學尤爲諸禮之本。孔子以學承堯、舜、禹、湯、文、武、周公之政，損益百王爲萬世法，必不輕視學禮。而不修訂儀禮十七篇，乃不及學禮，蓋古學禮無成書，夫子不敢以己説雜於古經中也。朱子爲儀禮經傳通解，特提學禮，其見卓矣。予意以此篇爲經，升之儀禮中，或置於首，或置於冠、昏禮後，或置於末。置於首者，卽大學爲諸禮之本之意；置於冠、昏禮後者，大學爲成人之學也；置於末者，虞廷典樂教胄子，在禮官之後也，而以學記爲傳，如儀禮有冠禮、昏禮，小戴卽有冠義、昏義之類是也。如此分爲經傳，似較與中庸同列論語、孟子中爲稍勝也。

「誠意」章有曾子語，則此篇非古經，亦非孔子手定，爲傳體明矣。何以謂之經也？曰「誠意」章兩節突出曾子語爲全經所無，直稱曾子，則「所謂誠意」以下非曾子所自作，明矣。故朱子以爲曾子之意，而門人述之，然此處突出曾子語，僅發明「獨之非獨」，卽上文全節之意，特曾子語爲尤悚切動人耳。去此三句，本章發明必須愼獨，以誠意之意原無不足。竊意此三句爲曾子讀大學有得，自抒所見，注於「小人閒居節」下。後之受大學者，據曾子之冊，並注語録之後，不復辨別，同爲經文也。後「平天下」章有楚書、舅犯、秦誓及各詩、書語，則此非周公以前大學古法，而爲孔子所手定，明矣！故不入於儀禮也。

然則子又分爲六章，何也？曰：此後世讀書分段法，卽朱子名爲章句之意，所以醒眉目也。讀書分段是學者欲通經文所以求通之法，非割裂經文也。

然則明明德、親民、止至善，非大學之綱領乎？何以不釋也？曰：「烏得非綱領？然以首節爲綱領，則是必截然分爲三，則未安也。」實核之大學，只是個「明明德」，「明明德」是性，性中之理卽有民物在內。故曰「親民」，「民」是我性中物事，烏得不親？則「親民」是實復其性，以及天下平，則盡親天下之民爲復滿其性之分量，卽爲「明明德」到「至善」處而止之矣。天下之人皆能明明德，亦是做到至善處而止之矣。故大學則是個「明明德」，至於疑其無傳卽爲未釋，此後世尋章摘句法，非聖賢論學法也。聖賢論學，發明其理，其理既明，卽不再釋，非如時文家必明見字面方爲切題也。吾以「致知」、「誠意」分「知」、「行」，試問知是「知」何物？「行」是「行」何事？「致知」，求「知」之全，誠意是「行」之始，非明德乎？既釋「明明德」，則齊家、治國、平天下均是釋「新民」，由明德以至天下平，卽是釋「止至善」。從古本經文，理義未嘗不完足，不必疑其有漏也。

條目有八，何以僅有五傳？「知止」下爲「致知之傳」，何不爲「格物」作傳？「知止」下不爲經文，條目從傳中分出，是傳中有傳也。且「致知」之目未出，何以先爲傳也？曰此泥於經傳之名，而以後世行文之法，律聖賢爲學之法也。「明德」爲天之與我性中自具之物也，苟不知之，何從下手用明明之功？故首節後卽從「知止」說入。人之爲學，其端未有不自「知」始者，此「知」卽「明德」之「明」，卽是「良知」，不由外來致之，乃與見聞之知相合爲一，而此良知愈良。「誠意」則實體此知，而凝降聚於心。凡百有行，皆以此爲主，而達於其物，卽「物格」也。故以「致知」、「誠意」分「知」、「行」，先爲「致知傳」，所謂「乾以易知」、「乾作大始」也，次「誠意傳」所謂「坤以簡能，坤作成物」也。「誠」則成也，吾録朱子之説，謂必欲分經傳，當如此分，其實經傳之名，不必拘也。至於不爲「格物」作傳者，須先知所格物爲何物。朱子訓「物有本末」，謂「明德」爲本，「新民」爲末，則「明德」、「新民」是一個物，特分本末耳。「修身」以上爲「明明德」之事，「齊家」以下爲「新民」之事，則「明明德」、「新民」是一個事，特判終始耳。「德」、「民」是物，則身、心、意、家、國、天下皆物也。明之、親之是事，則誠、正、修、齊、治、平皆事也。「致知在格物」，凡以用吾知處，卽是格物，吾知已致處卽是「物格」，則大學全篇皆是「格物」之傳，何用别爲傳而待後人之補？卽云「物」爲萬物，則萬物皆備於我，物苟無與於身、心、家、國、天下，雖世有其物，君子不格，亦無所害，况吾謂誠、正、修、齊、治、平爲方格，物皆范於方格，則物物皆得其正，天下平之象也。大學終於「平天下」，而其首卽説出「矩」字，「矩」所以爲方格也。「絜矩之道」是平天下之道，然則謂大學全冊皆釋格物之事，乃大學本義，非吾之私見也。

大學篇「好惡」凡三見，始於「誠意」，次「修身齊家」章，次「治國平天下」章。蓋好惡者，明德發動之端也。明德，性也；好惡，情也。「所謂誠其意」以前是知性之學，察識明德之全體大用而約以守之，舉天下之物一一洞悉其次第、節目之詳，則萬物秩然於一心，而一心昭然於萬物，卽「物格」而「知止」矣。心之昭然於物，物之秩然於心，其昭著於物而凝聚於内者爲心，而不可卽謂之心，則謂爲「意」。明德之全體大用退藏於密，能爲好惡，不可以好惡言也。能爲好惡，必先能知善惡，故「知」爲意之精光，「意」卽知之形質。實致此知於身、心、國、家、天下，則意未動時第爲虚寂，靈明之體何從着力？故須於動時著力。則感於物而動，物有善惡，意卽發爲好惡，此時方有工夫可言。指其保守之功則爲「慎」，完其本然之體則爲「誠」。好惡不違其獨知獨覺之意，則以此達之家、國、天下，而無不各就其範矣。故「誠意」非「行」，「誠意」以自貞其好惡，則端百行之本，而行自此始矣。人之事由接物而生，人之接物非好卽惡，人之行事非好而爲之，卽惡而不爲，極之，平天下不過刑賞、生殺兩端。迹爲刑賞生殺，其用刑賞生殺者，則好惡也。故好惡不自欺其本然之性，未有不能爲刑賞生殺者也。好惡自心而發，刑賞由身而用，而人之情有七，好惡統七情見左傳。雖統歸於好惡，而欲正心、修身，則七情必須皆得其正。正心尚有寂靜時，若修身則皆接物時矣，故「誠意」後言情。「正心修身」章據物之感心，情動而留滯者言；「修身齊家」章據情之感物，物至而因應者言。據物至因應而言，故復統七情於好惡而總言之，故誠意爲清好惡之源，「齊家」章則正好惡之用也。「治國」章發明家、國相通之理，以孝、弟、慈爲本，誠、恕爲用。孝、弟、慈，性也。誠是誠其性，卽誠意所以端其本也；恕則推其所成之性而涉於情矣。故從所令反所好説入，言好不言惡。大學陳王道，據人情，皆善言，故不及惡也。至「平天下」章則以好惡之正則歸之民，而以王者之好惡同之，明德爲人所同得，取天下人之好惡以爲我之好惡，以之修政刑、理財、用人，無一不當於人心，而天下平矣。故明德之用卽是好惡，「誠」以端其本，「恕」以推其用，絜之天下之民而同，則以矩爲至善，爲民極。誠、正、修建之，齊、治、平用之，故曰「無所不用」也。至「平天下」仍不外誠意之好惡，故曰「古之欲明明德於天下」，而大學一書只是個「明明德」，其致功只是個「格物」，其成功只是個「物格」也。

不曰「所謂誠意在致其知」者，而直曰「所謂誠其意」者，有知卽有意。就知之始而言，良知且發於意；就知之繼而言，凡知皆凝爲意；「知」與「意」先後不可拘也。「知」是明，「意」則明德也。知凝爲意，猶恐爲光景之虚，故須誠之。「明德」二字知行相串説，而誠意在致知後，則知行對言，卽中庸「明」、「誠」之旨也。「明」、「誠」對言，則不得謂「誠意在致其知」矣。

不曰「所謂正心在誠其意」者，而直從修身説起，曰「所謂修身在正其心」者，得無正心之義已盡於「誠意」乎？曰：「固是如此。」意是心之存主處，存主果誠，心焉有不存？存卽正矣。然大學則「致知」據物言，「誠意」據理言，故「致知」言本末、言終始、言先後、言治亂、言厚薄，皆卽物以窮理也；「誠意」言好惡、言民不忘、言明新、言止極、言仁敬孝慈信、言情辭畏志，皆本理以御物也。明德是物，在我者爲本，在人者爲末；明明德卽是事，在我者爲始，在人者爲終。知此德猶爲虚，誠於意則實有是德矣。惟實有是德，故誠意後始屢言明德也。然究就天與人本然之體，不爲私情所雜，物誘所移者言，故止牽連明德至善，而不及身、心也。身、心則涉於應事接物矣。

心在身中，同是氣質，其爲氣質之靈以主乎身者，性爲之也。如君與民同是人，特君爲民之聰明睿知者，足以主乎民耳。載性之心爲意，昧性之心卽身，心有不正卽昧其性而引於小體矣。故「正心」不特爲傳，而與修身並言也。無身，則心之正，不正卽無從見，故正心與修身爲一事而連言之，此章「身有所忿懥」正不必改作「心」字。此後皆據治事言。事與事皆相因，故修身、齊家，齊家、治國，治國、平天下蟬聯銜接而下也。

明德在我爲性，達於天下，則其用在情，故誠意以「好惡」起，以「民情」、「民志」結，見明明德於天下，正賴此情之無不同耳。情同，則懼爲物引而陷於一偏，一則害心，不能具衆理；偏則害物，不能應萬事。「正心修身」章之情言「有」，「有所恐懼」等「有」字。「修身齊家」章之情言「之」，「之其所親愛」等「之」字。一留於心，一牽於物，内外之辭也。至「治國」章推明人情之同，上下感應之理，見情之正者卽性也。至「平天下」，則天子以億兆之情爲情，億兆不能各自爲情，而會歸於一，則天下大同矣！故曰：人情者，聖王之田；而中國能爲一人，天下能爲一家也。

明德是性，好惡是情，矩是明德之形，卽範好惡之道，絜矩卽是知道，而用以平天下也。「此謂知本，此謂知之至」以上是明德之事，天與我之明德本在吾身，此卽能爲知覺運動者，與生俱來而不可以知覺運動當之也。吾身，物也，家、國、天下亦物也，物與物接，其所以應物者有確然不可易之則，所謂「天生蒸民，有物有則」也。「不識不知」而順之，蚩蚩之氓也，君子則當行察習著以求知道，故格物不可不致知，致知卽所以格物也。然知有此理，散於物物，而我所能知此理者，非卽此理爲之乎？不使此能知者凝爲一物，事實實確，深藏於吾心，而與吾渾合固結爲一，則此知仍爲依稀惝恍之見，明而非得於己之德，安能應萬事而不踰其矩乎？故致知須誠意，吾性之精明而流動者爲知，吾性之純粹而凝聚者爲意，實有此純粹者爲主於中，則應事接物發而皆中節矣。性之所發則情也。

天以明德與人，無形狀可言，不可見也。卽凝聚爲意，與吾渾合固結爲一，爲吾應事接物之主，亦惟獨知、獨覺、無形狀可言也。故明德可指而言者，必於應事接物之始。此性所發之情，驗之意，是未發之好惡，好惡是已發之意，「毋自欺」而「自慊」卽是發而皆中節，「反身而誠」也。「反身而誠」，則明德實有於己矣。

明德實有於己，然後可以應事接物，民卽物，事皆民事。天以明德與人，人人皆有，特無實體，是德者以表著於世，則小民之愚不能有所觀感而興；君子果實有此明德以昭著於耳目之際，則聞風興起。上所以爲此明德與推行此明德者，民皆見之不忘。非民之不忘也，民之具此明德與君子同，君子以己之明德感發民之明德，明德自發於中，不能自欺，即不能忘。故雖前王已沒，而此明德仍在人人之心目，不能沒也。君子與民同此明德，故君子爲治無他術也，明此明德於天下而已。其端爲能自明，自明則如舊無此德，而我新布之於世，民作而自新，我之政令葢無一不新，則事事物物爲建之極，民各作而自造其極，「聖人作而萬物睹」，「會極歸極」，萬物各得其所得止之謂也。

明德，天理也；好惡，人情也；物物各就其矩，王道也。「王道不外人情」，君子平天下，平天下之情而已。情範於矩，則天理明於天下矣。天理從人情上見，故「誠意」章後修、齊、治、平之理皆從好惡之情推衍，不復言明德也。「誠意」章之好惡感於物而動，性發爲情，未與物雜也，故「修身」章以情之留滯於心者言。物過而情仍留，則物蔽性本體之明，而萬物皆備之德反爲一物所囿矣。心爲一物役，偏而不宏，此情之在我者不正，猶未施於物也。「齊家」章則用情於物矣。心弊於一物，不惟不能應他物，卽此一物亦決不能中節，故好惡之情須常使獨知、獨覺之意爲主，情乃泛應而胥當。情，動也；理，靜也。以理範情，卽以靜制動，周子所謂「主靜」、「立人極」，程子所謂「動亦靜」。情溥萬物而無情，無情者，一己之好惡卽人人之好惡；若我無好惡，以民之好惡爲好惡者，此平天下之源也。

「治國」章言好不及惡，「平天下」章先言惡，後言好。治國以民爲主，平天下則須裁制萬物。自古王者之興，皆先去民所惡，而後能聚所好也。仁民以倫常爲急，倫常之理明於國，使人人相親愛而仁，亦人人不相爭奪而讓，仁讓成俗，而國治矣。若裁制萬物固是推吾心之愛，然物莫貴於民，民害不去，民利何由興？故平天下由所惡推入，然後好惡並言也。

民所秉之性同於上，上之用情不得不先同於民。好惡同民，卽視聽自民，憂樂同民，用舍賞罰同民。凡上之情溥之於天下而無不同，卽爲天理之公，卽爲蒸民之則，民自「不識不知」，順之而無從作好作惡矣。堯爲則天之聖，卽同民好惡之謂也。故王道盡此二句，爲唐、虞以來相傳平天下之心法，而孔子以學承之也。

好惡同民，卽爲民父母而配上帝；不同民，卽失衆之獨夫，而爲天下戮。自古至今，有天下者孰敢不同民哉？然而有天下者不盡同民，何也？財用誤之也。財用爲帝王之所自有，何以能誤之？即此自有之心誤之也。帝王之富貴，以有民也。習之久而昧其初，不以民爲吾所受於天之職分，其教養皆吾當盡之責，而以民爲祖宗所留貽之畜産，以供吾財用者。天子貴極富溢，日從淫侈，積爲風俗，凡佐天子以理民者，皆爲財用而來。仕途不以賢不肖爲進退，而聚無數爭刼財用之盜賊於有位，災害並至。衆失天命去而天下亂，帝王之富貴，求爲匹夫以保首領而不可得，四海困窮，天祿永終。然則財聚民散，而天下之民皆可爭奪爲悖逆以散其聚，亦堯、舜以來相傳之精義，而非後儒之私言也。

矩，所以爲方也，絜矩以平天下，則天下之平必是物物就矩而胥範於方格之中，天下胥範於方格之中，則身、心、家、國之就矩不待言矣。天下平是平其好惡，好惡之情發於明德之性，故明德爲矩之理，而矩爲明德之形。「大學之道在明明德，在親民，在止於至善」，求矩之所在，格物也；同民好惡而得衆，而天下平，明德明於天下，絜矩之成功，物格也。大學之道以明德始，以絜矩而天下平終，方完得「格物」、「物格」兩字之義，又何疑格物之無傳也哉？

「忠信以得之」，誠意之「誠」也；「驕泰以失之」，聚財之悖之所由也。人君不貴極富溢而驕泰，行事決不敢悖，然則有天下者之富貴，非可驕而可畏也。

平天下在平天下之情，情者，人與人相接之情。人與人相接，不能不假於物，其所假之物，則財是也。財不能養人之欲、給人之求，則人患興，未有能平天下者也。天地之大德曰生，既生人，必生物以養之。聖王散財以聚人，而「正辭、禁民爲非」之義專歸於理財。「民之失德，乾餱以愆」，「菽粟如水火，而民焉有不仁」？故聖人參贊化育，必在能盡物之性，能盡物之性方能生財，以養給人之欲求，而平其情也。

小人聚財，君子散財，聖人生財。唐、虞之世，衆聖人聚集一堂，而其所爲乃在工虞水火，其開創草昧之艱難，在物而不在民。及至湯、武之世，紂、桀聚財以遏天下之生機，湯、武起而散之，而天下平矣。湯、武之經營在民，其實亦在財。除民之害，使民各安生業，卽爲民生財也。民之質矣，日用飲食，財乃日用飲食之資，所以遂民生也。自古至今，安有不善生財而可以稱聖人哉？

以人情物理言之，其爲人人所欲爲之事，需財用必多；其非人人所欲爲之事，則無所用財。故財者，人之生機，卽天之動機，無財用，則人事絕，天理滅矣。

平天下之矩從人情出，卽從物理出。人之所惡，大段在爭奪，絜矩則不「爭民施奪」矣。故首二節推出「絜矩之道」，此「道」字卽下「道得衆」、「道善」、「君子有大道」、「生財有大道」四「道」字之根，四「道」字皆分應此「道」字。「樂只君子」三節，泛言人情好惡先慎乎德。至「康誥」節，從物理上實指出好惡所在。「楚書」至「君子有大道」節，見人昧物理之重輕，用情必至顛倒，不能用人。「生財有大道」節，指出聖人參贊化育大作用止是生財。財既生，仁者理之，不偏重於一，而周流焉，則家給人足，天下長享太平之福矣。天下太平之成，自財用恒足始；則天下不平之端，必自財用不足生。以孔子時君驕民賤之勢言之，財用不足之禍必發自長國家者不能生財，不知理財，而惟務聚財。天怒民怨，天下永無太平之日矣。

「道得衆」，謂其所行之道能得衆也，「道善」之「道」亦作此解。

治天下必兼民物。「君子有大道」是治人之道，「生財有大道」是治物之道。治人而平其情，卽是不聚財而散之，然所散者仍斯民自有之利耳，若創天地未有之利源，則非大聖人不能矣，故曰「有大道」也。

「生衆食寡」、「爲疾用舒」，自漢以來，君相經營財用，亦知取則於此，然不過重本抑末、驅民歸農、食節用時、示民以儉已耳。至今思之，仍撙節愛養，謂爲理財之極則可，非生財也。生財則須以人力補天地之缺陷，如羲、農以至堯、舜之所爲則可也。孔子曰「來百工，則財用足」；又曰「工欲善其事，必先利其器」。子夏曰：「百工居肆，以成其事，君子學以致其道。」禮稱火化之功用；易述十卦之製作；子貢欲用桔槔；夫子特短右袂。聖門論財用，未嘗斤斤於理之而不能生之也。今外洋機器一人常兼數人之功，一日能作數日之事，則眞「生衆食寡，爲疾用舒」矣！易稱黃帝、堯、舜之治，歸之制器，大學論生財未必不見及此。故吾反覆此節，而知外洋機器之利，夫子必已見及，而時未至，不能遽興，故露其機於此，以待身逢其時者之取而用之也。

天地之藴無盡藏，凡聖人創造一世，其云至治，皆其一時可爲至治，不能有所加，非謂天地之運終，如此而已也。天地之大，人猶有憾，聖人有所不知、不能，而易終於「未濟」也。

延外人以教中國之民，「來百工」之説也；振興工學，以自制作，「百工居肆，以成其事，君子學以致其道」之説也。

「治國」章之令及法，皆是「平天下」章之矩。令是將行，法是已行，絜矩則所以爲此法令也。

明明德是盡性之學，由意、知、心、身、心及家國天下，皆性分内事，此渾言也。析言之，則身、心、意、知，修身也，是盡其性；齊家，親親也，治國，仁民也，是盡人之性；平天下，愛物也，是盡物之性。吾身爲萬物皆備之身，不能曲成萬物，卽不能平天下，卽不得謂爲身修，不得謂爲明明德於天下。故致知之功，必至知天；格物之功，必至平天下。天下平者，盡物之性，以參贊化育也。

孔子以學承堯、舜、禹、湯、文、武、周公之道，卽是大學之道。故大學一篇可以爲論語凡言學之注腳，不惟「吾十有五」章也。而朱子訓此章云「學，卽大學之道」，則「從心所欲」之「矩」卽是「絜矩」之「矩」，卽「時習」章言「時」，言「人不知而不慍」，亦是因大學一篇而發。夫子爲學，雖是千萬世治天下之常理，究因春秋之末，爲治者無不驕悖，長國家者無不甘爲天下戮，而不屑同民好惡。夫子爲書，既有感於當時而發，世移時易，理不變而法令不能盡同，學大學者烏可不以己之身世習之，而泥古法以治屢易之身世哉？至於「必同民好惡」、「辟則爲天下戮」、「財聚民散」、「悖入悖出」、「拂人性則菑逮夫身」等語，處數百年君民分定之世，而著民叛之事爲罪不在民，皆長國家者所深惡而厭聞者，故大學之義與春秋同。不知夫子，必慍夫子，「憂心悄悄，慍於羣小」，孟子以爲孔子蓋卽指此。人慍夫子，而夫子不慍者，明公理於天下，悲天憫人之念深，世俗之喜怒不暇顧也。

孟子一書，言經世處不外同民，卽大學「好民好、惡民惡」也。至告子篇後，始多辯學，語性善，卽明德之至善，萬物皆備於我，所以明德須明於天下。孟子承大學之傳，謂受業於子思之門人，其語不虛也。

孝經本義

煙霞草堂遺書之四

讀法

一、須知此「孝」字是堯、舜以來所傳之大道，全體以此立，大用由此生，亙古今、塞宇宙，無一人一事所能外，爲孔門論學之宗旨，非匹夫效烏哺之爲，泥二人之身以爲孝也。

二、須知此「經」字非六經之經，乃天下大經之「經」。天下大經卽人事也。天生萬物，人爲最靈，卽以裁制萬物而爲之主，而非人與人相接爲羣，不足以制物。「孝」者，人與人相接之始，所以能羣之源也。故以「孝」爲六合之經，帝王之政治，聖賢之學問，皆以緯之，是以孝之理爲天地間之經，非以十八章之文爲經，卽本書所謂「天之經」也。

三、此書論孝，與論語有子所述夫子答孟氏父子及游、夏兩賢，孟子「良知」、「良能」、「守身」、「事親」之語無一不同，故爲大道之淵源，儒家論學之宗旨。

四、此書「孝」字是指「天命之性」、「上天之載」發動人心之端言之。性量無所不該，故能彌綸六合，綱紀萬世，爲六經之質幹，爲萬變之範圍也。泥定孝之一事詮解，卽失其旨。

五、此書是爲學問達天德者抉其本源，示之徑路。萬物本乎天，人本乎祖，祖亦天也。蓋推及生人之始，必有不可知之祖，不得不歸之天，則天爲人人之大父，係實實確確可據之理。然天高遠，無形質可接，其可接者惟天所生之人、物。亦猶事父母者拘於父母之身以爲孝，則其孝甚小，無從致力，必由孝而爲悌，以敬愛其昆弟，然後能順其親。故以學問達天德，必視民爲同胞，物皆吾與，天下爲一家，中國爲一人。眞知其理，爲眞能知天；實爲其事，爲實能事天。故以天爲父，而後六合以內天所生之人，皆實爲吾同胞，天下一家矣。此理卽吾事父之理，確有可據。本源既正，徑路斯明，默契無聲無臭之天，卽在易知易能之孝。彼各教言天，有如是之曲折分明、簡易易循乎？

六、然後知此書爲衛道之書。中國道統開自堯、舜，孔子祖述堯、舜，孟子曰：「堯、舜之道，孝悌而已矣。」及周之衰，大道不明，百家紛出，諸子爭鳴，而惟楊、墨爲最鉅。楊子卽老子之流，墨子或謂與孔子同時。老子知守身而不知達天，墨子知達天而不由守身，故夫子特著此書，以明吾道之一貫。天理由天而人，一本之分爲萬殊者，孝之繼以悌也。人事由人而天，萬殊之統於一本者，悌之發於孝也。故確守此書之說，終身以爲依歸，決無他歧之惑而陷於異端。

七、論語夫子與長沮、桀溺等語，卽闢「爲我」之說。孟子拒楊、墨，而「推恩保民」是取「兼愛」，「守身正己」是取「爲我」。蓋夫子時，上無民胞物與之宗子、家相，下尚有守身正己之畸士、高人。夫子懼其流於無君，故欲招此等人與之其任斯道，所謂「爲生民立命」也。孟子時，則鄉原之燄熾，富貴利達之念深入於人之肺腑，不惟世少「兼愛」之墨，亦並少「爲我」之楊，故楊、墨逃歸，孟子均欲受之。此書則發明大中至正之道，而預知楊氏「爲我」之說久而必窮，墨氏「兼愛」之說必將大行於世。然「愛無差等」，則昧愛之所從生，而始無父，繼必以人皆爲平等，而終至無君，故此書名曰孝經，而言事君、事長處爲多。百世後之患，夫子蓋無不預爲見及而防之也。

八、此書言孝，以身體髮膚不敢毀傷爲孝之始，立身、行道，揚名後世爲孝之終。孝爲心性之理，而此不言者，言心性則重在知而遺良能，言形體則知、能皆該其中。此書漢藝文志録於六經後，別爲一類，蓋古之小學以授童蒙者。語童子以理，則幽渺難知，不如示之以事之顯而易見也。據孩提之知能，指示聖帝明王之大道，所謂「蒙以養正，聖功也」。

九、童蒙初入學，先識字、習算，讀小兒語、弟子規等書，次授以孝經，則論語又次之。藝文志列「孝經類」於論語後，而其中有五經雜議、爾雅、小爾雅、古今字、弟子職等書。弟子職爲童子所習之禮，五經雜議與論語類中五經議奏十八篇均注爲「石渠論」，蓋宣帝時諸儒議論石渠之語也。議奏似說五經之精深者，故議而奏之也；雜議則說五經之淺近者。議奏列「論語類」，與孔子家語、三朝記爲類，而雜議列於「孝經類」，與爾雅、小爾雅、古今字爲類。故知授童蒙，孝經先於論語。

在習書算時讀幼儀諸書後也。

十、藝文志於孝經後，又出「小學類」，列史籀各書，是童蒙識字又在讀孝經先也。然此爲劉歆僞竄入其父書中，非子政原本也。「孝經類」已有爾雅等書，爲字之訓詁，古今字必爲字之形聲，又别爲「小學類」集講文字之書，豈不爲重複？然由此可知，小學識字後即授以孝經也。

孝經

問：孝經之名疑爲孔子所定，今所謂五經：詩、書、禮、易、春秋，自秦、漢以來，學者尊之爲經，其稱之亦第曰詩、書、禮、易、春秋，不曰「經」也。獨孔子明孝之理，不别立名，如春秋及禮記各篇名之類，而直曰「經」，是孝經初成，孔子即尊其書，而列爲經矣。而後儒不與六經並列，何也？曰：據後儒記孔子語，均謂孝經爲經，似孔子獨謂此書爲經也。然以「經」名孝之理，非自尊其所爲之書，即「堯、舜之道孝弟而已」之義也。人之所以能參天地者，其經爲孝，而他皆緯也。蓋孝之理，直上直下者也，天壤之間祇此生生之理。近而取之於身，上而探之於天，下而衍及萬世，旁而横貫四海，其生生之理無一不同。故聖王經緯天地，其經孝也，禮、樂、刑、政皆緯也。聖人發明經緯天地之理，筆之於書，定爲六藝，則以其書明經世之理，後儒遂尊爲經，孝經則正六藝「經」也。其理精微，其用宏大，而事迹淺近，爲孩提之良知良能。人生八歲以後，即能漸明其理而實行其事，故於童子習書、數時即授此書，而講明其理，以爲蒙養之根本。列之小學，故不儕於六經。特名之爲經者，以其書發明六藝之經，懼人以爲淺近而忽之也。然則孝者握天下萬世王道之本源，而一以貫之者也。即論語之所謂仁，大學之明德，中庸之至誠，孟子之性善。詩以感發於性情之際；禮以範圍於日用之閒；書以推行於朝野；樂以和同於隱微；易則慮滯於一，而神明變化以會其通；春秋則懼流於虚，而據事直書，以徵其迹。爲六經之根底，而愚夫婦可知可能，即爲六經之階梯也，故列之小學。易所謂「蒙以養正」者，即養此也。夫子之道一以貫之，曾子指爲忠恕，則夫子之六經一以貫之必爲孝經。故曰：「堯、舜之道，孝弟而已矣！」堯、舜之道，即夫子之道也。

鄭康成六藝論曰：「孔子以六藝題目不同，指意殊別，恐道離散，後世莫知根源，故作孝經以總會之。」以孝經爲道之本源、六藝之總會，其見甚卓，非諸儒所及。予說即本於此。

中庸「經綸天下之大經，立天下之大本」，鄭注：「『大經』，謂六藝，而指春秋也；『大本』，孝經也。」案：「大經」、「大本」，中庸繫之天下，則天下之大經、大法春秋言之，而其大本孝經示之。大經、大本在天下，而夫子以春秋經綸之、孝經立之也。朱子章句：「『經』，常也，『大經』者，五品之人倫；『大本』者，所性之全體也。」則以「大經」指倫常，「大本」指心性。倫常莫大乎孝，而孝爲天命之良知，則孝爲六經之本源。漢儒、宋儒之說未嘗不同也。

孝經如此精深博大，童子習書算時即授以此，豈能領悟？不蹈今以大學、中庸授童蒙之失乎？義理無從索解，則強記其辭，大道晦於記誦、詞章，蒙養失其序也。聖人曾未慮及此乎？曰：語其理，則精深博大，非童蒙所能遽解；語其事，則倫常日用，淺近切實，孩提之所能知能行也。由淺近之迹以指明精深之理，使爲切實之事，即無詞章記誦虛浮之患。若曰凡爾童蒙，一生事業即是此事，天壤閒萬事紛紜皆爲此理，汝今日所以學者皆爲明此理，從此皆以爲此事也。先入爲主，習藝之中，而道寓焉。未讀六經，已知讀書、所學爲何事。蒙以養正即爲聖功者，此也。漢書藝文志於五經後特出論語、孝經，蓋五經爲大學成人所講習，論語、孝經則爲小學童蒙所講習，爲五經之先導也。

孝經爲孔子授曾子之書。注疏謂曾子之孝，先有重名，乃假因閒居爲之陳說。此書是特假曾子之名，非爲曾子作也。考曾子在聖門最爲年少，少孔子四十六歲，生於定公五年。定公十二年孔子出行，曾子年適八歲，爲入小學之期。安知非曾子入小學即從夫子學？夫子故著此書以授之也。孔子周流無曾子事迹，年幼不能從也。故從陳蔡、四科之中無曾子，此亦可證童蒙入學，必須先授孝經也。

「學」字、「教」字，從「孝」；「教」、「學」，同聲，可以互通、假借。可見上古神聖創學立教即從「孝」字入手。孔子自著孝經以授曾子是上古舊法。古時未立文字，孔子始演爲書也。

孝經

開宗明義章第一

「章」爲樂章，其字從音、從十，謂樂之一終也，故詩有分章法，以詩爲樂章也。孝經之文未嘗用韻，則仍爲講論之書，非歌誦之文，何以亦分章如詩也？曰：「此後人所爲，非孔子著書時即分章也。」故孝經章第古今文即不相同，而後儒又各以意自爲分合，則讀孝經者可不必拘拘於其章也。分章即不必拘，則各章所題之名，亦後人標之爲名，而非孔子所定之名也。然今文孝經分十八章，自漢已然，非若易繫詞及大學、中庸分章始自宋儒也，則開宗明義之標目必有所本。蓋孔門所傳授即分十八章，遂有十八目，而十四博士之議論亦無不同。蓋授童蒙一書，必先告之以宗旨、大義所在，童蒙胸中先有一定向，以爲必赴之程，則此後講讀皆以發明吾心中自有之理，吾他日必爲之事，書皆易解，而且易記，而不忘孝經爲孔門訓童之書。故分章標目，先明宗旨大義，爲授經童蒙之定法，吾人不可不知。故「開宗明義」四字又不得以「開宗旨、明義理」囫圇揭過，而不求其用意之所在也。「開宗」者，於各教爭鳴之時，特開儒宗也；「明義」者，於大道晦盲之際，特申大義也。前未有而創之，故曰「開」；久不顯而彰之，故曰「明」。孔子之時，王道不明，學校大壞，師道不立，異端爭鳴。其高焉者，遠托黃老而清靜無爲，逞其說於日用倫常之外；其卑焉者，近師管晏詭遇，求獲馳其志於功名富貴之中。又有墨翟者，史記稱墨翟或曰與孔子同時，或曰在孔子後。此用同時之說。與吾子同時，倡爲兼愛之説，以與吾儒「孝悌爲爲人之本」説爭勝。知天地爲大父母而遂不父其父，不母其母。自詡夏制，薄葬其親，喪服三月，而精於算術，最工製造，假技藝爲守圍之術，强聒時君以行其教，摩頂放踵，求利天下。其教信從者衆，遂欲駕吾儒之上。而長沮、桀溺、接輿、「丈人」、「晨門」、「荷蕢」六七才俊，憤時嫉俗，又復掉首不顧，辟人辟世，入山唯恐不深。堯、舜以來相傳之大道，不幾乎斷於斯世乎？夫世爲人世，道即人道，吾儒肩斯大道以爲萬世之人也。人道至全，孝足以該之。洞徹乎無聲無臭之表，足參造化之源；充塞於不火不粒之邦，足洽生人之類。故以孝名吾儒宗，見道之所以上參於天者，以孝充之，而推之有其序也。故謂孝爲至德之人所同得於天者，故曰「至」也，此「開宗」也。謂孝爲要道，人之所同由於世者，故曰「要」也，此「明義」也。「開宗明義」之旨，其在斯乎？其在斯乎！先儒標斯章之旨，或別有在，而今日爲吾黨講明此經，今則必以斯為宗義，而後能明此徑，而於吾聖人之道，或能存一二於千百也。

仲尼居，曾子侍。

問：孝經既爲孔子所自作，何以「仲尼居，曾子侍」句與書中「子曰」等類，又似門人所記？曰：孝經爲夫子授曾子之書，此無可疑。必謂出自夫子手編，託爲別有承受而記之，則拘矣。朱子以爲夫子與曾子問答，而曾氏之門人記之，則以稱曾子爲子也。然文氣又與論語不同，與戴氏禮記中仲尼閒居等篇爲一色筆墨。此經當出於七十子之後，詞義精粹，出於仲尼閒居等篇之上，可與大學、中庸並峙。以「始於事親」、「中於事君」、「終於立身」三句爲此三篇注腳，確切不移。孝經言事親，道之始；大學言平天下，道之中；中庸言仲尼德配天地，道之終也。爲童蒙指明大道，使終身有所依據而行，莫切近於孝。故疑此經決出於孔子，而以訓童蒙，故特淺近其詞歟！

子曰：「先王有至德要道，以順天下。民用和睦，上下無怨，汝知之乎？」曾子避席曰：「參不敏，何足以知之。」

此書名爲孝經，是於道之全體大用中指出一箇事來，以貫全體大用，不是沾沾就孝經上推衍其理也。猶如有一堆絲，於其中分出作經的，則其餘作緯，皆一一就緒，而無一絲之不理。故敘作書之由，是夫子呼參而告之，不是出於曾子之問。夫子呼參而告，與一貫之傳正同。然則孝者，一也；經者，貫也。「先王有至德要道，以順天下。民用和睦，上下無怨，汝知之乎？」猶言自古至今，聖王經理天下，有一箇理，即在天下之人心中。聖王取來，復順而布之天下，而天下之人皆如自獲其心，無不本此理，以自制其行，則各相安就理，而天下億萬之眾遂如一身一家，以成大同之治。此理即在人人心中，即人人能知能行。然欲行之，必先知之。詢曾子之知否，使曾子惕然切己以自思也。故此處「先王有至德要道」，即論語之「吾道」；「以順天下」，即論語之「貫之」；「民用和睦，上下無怨」，即貫之而一無窒礙，毫無遺漏；「汝知之乎」，即是呼「參乎」二字之故。論語說出「一」，是說出所以貫矣。曾子恍然於所謂「一」，即可相喻於無言。忠恕者，在心之孝弟，故曾子「唯」，而夫子即出也。此處未說出所以順之爲何物事，曰「至德」、曰「要道」，不知如何高深廣遠，曾子方震駭驚歎之不暇，而何能遽知？故逡巡避席，而謝不敏也。

孝弟者，治事之忠恕也。道以心言，則精微深奧，非初學所能遽知。就事上指點，則淺近切實，人人能曉。呼曾子而授以孝經，於事物紛紜之中指出一原之理，欲曾子於日用上自悟性天，先博後約，聖人教人定法。

「至德要道」即大學之「至善」。曰「至德」、曰「要道」是分明指爲斯世之大經矣！呼曾子而授以孝經，是教曾子之「知止」，求「一貫」之法也。呼曾子而告以「一貫」，是驗曾子之得止，「得」者，行之效也。如與人說路然，與未行其路者言，必曰某處有某物；與曾行其路者言，則曰：「汝來遇某物否？」故授孝經是教曾子之始，而授「一貫」是教曾子之終也。

「至德」是指人心之德，「要道」是指所行之道。惟德爲人人所同，得道爲人人所共由，故以施之天下爲順天下，而非聖王有所作爲於其閒也。民用和睦，上下無怨，孝則無悖逆、爭鬥之事也。故此舉聖賢萬物一體之量，以授曾子也。

孝弟是學者所爲之事，忠恕是所存之心，仁義是所循之理。「先王有至德要道，以順天下。民用和睦，上下無怨。」即以愛敬之仁義，達之天下意。孟子是由心說到事，夫子是由事求其心。一推一心於天下，一納天下於一心也。其說正無不同。

古之學者患逐物而不知所止。大道之統，自堯、舜開之，以至周公，皆身與天下之事。其造士必不遺棄天下之物，而枯守其身，以匹夫之孝供二人之養，而遂無餘事也。今之學者患知止而不求備物，後世家天下，以天下四海之量爲天子一人一家之事，士庶人不敢以自擬九五飛龍之占。宋之大臣且不敢當，況士庶敢以天下自任乎？故言孝僅循世俗之見，泥父母之身，以爲孝養其口體，而不及其他。子游、子夏蓋皆不免於此，夫子皆不許爲孝，而與曾子論孝，開口即曰「先王」、曰「天下」、曰「民」、曰「上下」，泥父母之身以爲孝，蓋夫子時已有此端，故與曾子言孝力矯之也。

不泥父母之身以爲孝，此言出，聞者必大嘩，以爲邪說亂道。試取五經、論、孟語證之，方知吾言之碻。蓋此等語爲聖門微言，漢時猶未大著，故其風俗多以廬墓、持服爲孝，而於立身、行道忽略不講。後世相傳愈遠，而愈失其眞。俗傳「二十四孝」，史策所稱皆不出服勞、奉養之外。惟張子西銘以事親言事天，則能事天方能事親，不至能事天，不足以滿養志之量。故程子謂：「西銘語，自孟子後未有見及此者。」以自漢以來，儒者於孝之理未盡瑩也。

夫子志在春秋，行在孝經。春秋借亂世之事以寓王法，是以天下一家，中國一人，四海大同之量期之萬世也。行則行其所志，夫子之所謂孝，分明是父天母地之謂。春秋之文，游、夏不能贊一辭，觀論語，夫子不以游、夏爲孝，則於孝之理未瑩，卽於春秋之文不能有所窺也。

事親養志，必以志在春秋之志爲志，方爲能養親之志。故古今孝有三：明其理則爲可，始於事親，曾子是也；通其變，則爲達，中於事君，武王、周公是也；盡其道則爲大，終於立身，大舜是也。事親知養志之孝，爲學必能達天德，爲政必能行王道。

子曰：「夫孝，德之本也，教之所由生也。復坐，吾語汝。」

孝經是以孝語曾子，乃不從孝說入，而從「先王以至德要道，能順天下，和睦無怨。」說起，使曾子求所以然。及謝不敏，乃始爲說出「孝」字。曰「夫孝」云云，是從千彙萬狀之中，紛紜不可理者，求一能理之術。曾子反覆思維，不能得，夫子乃始爲指出，是何等鄭重？而吾輩入學卽得聞此道理，是何等便宜？乃不用心體貼，託詞讀書，不能爲兵、農、工、商之業，則既惰其四肢，不顧父母之養，已犯世之所爲不孝矣。而又縱欲自私，辱父母以危父母，求爲鄉里之善人且不可得，而可云孝？而曰至德要道爲德之本？而可以教人乎？故欲讀孝經，先求自拔於流俗污世。凡世所謂不孝者，皆自問無愧，卽舜所謂「我竭力耕田，供爲子職」而已也。不敢自足，進求夫子之所謂至德要道者，於其始終條理，一一考察，何以體之身？何以施之家？何以推之國？何以達之天下？此中曲折等級直不止萬端，一一想得明白，乃恍然於孝之所以能爲德之本，教之所由生。從此方知我等在世上應爲之第一事，世上億萬衆決不能違之第一理。此後讀書窮理、應事接物，皆確然如有一物在吾心目中，爲吾生出處、語默、窮通、利達之本。而吾生行事千變萬化，不能離其宗，此夫子以孝授曾子之本意，而卽作孝經之本意也。

「德之本」就自己行道有得言。惟其爲本，所以爲至德。「教之所由生」，則就德之及人言。「德」字古訓原謂「內得於己、外得於人」，故「德」字卽能統「道」字。然以「至德要道」發曾子之問，曾子請之，乃以「教」字易「道」字，是道者，吾儒與天下相見之道也。與天下相見以道，必須以教而不可專恃政刑。提醒人心固有之良，而與之以節文，裁其過中、失正，以輔翼其不及。使天下之民不識不知，自範於大中至正之途，而忘帝王之設法以教我，爲禮以齊我。所謂「道之以德」，以人心固有之「德」道之也；「齊之以禮」，以人生應爲之禮齊之也。故曰：「爲政以德，如北辰居其所，而衆星共之。」朱子釋爲「無爲，而天下歸之」。人人固有之德，人人共由之禮，教之而非「道之」、「齊之」，故王者若無爲，而民有皞皞之象，亦不知其有爲之者也。自秦以後，有政刑而無教，則卽「無道」。「無道」卽其統一天下爲不得其要。統一天下者，舍大道之要，而不知有宜。儒生講孝，其言事親，僅及形氣之麤，而於志意之精者毫不推求也。

孔子從「順天下，民和睦無怨」說起，而此突說到孝，是從天下說到學者身上，卽吾所謂「學者爲學，當下須以萬物爲一體」也。能使天地萬物與我一體，不從孝上推闡，則浮泛不切，必流於莊、列之荒唐恣肆，而終遁於空虛矣。

「夫孝」，「孝」字指孩提之愛敬言。愛敬是德，知愛敬是明德，卽天命之性也。德是上文「至德」，先王行之，德充於四海，故曰「至」。此爲至德指出下手處，故推求其本，而歸之孝。由孝以成至德，其由此達彼之迹，卽爲要道。孝爲天命之性，德卽率性之道也。教是自古至今聖王治天下之典章、制度、禮樂、政刑，孔子所定六經內所言者皆是。聖王治天下，不過使人人各遂其生生之理，無教則互相爭奪，以至相殘殺，而天下亂矣。教所由生，卽修此孝道，以順天下也。

人人皆知此愛敬，能此愛敬，卽不犯上作亂也，卽是和睦無怨，孝弟爲仁民之本也。聖王以「至德要道順天下」，卽是以愛敬之良教天下，使人人相愛敬而不相慢怨，故曰「教之所由生」。堯、舜、禹、湯、文、武、周公治天下之大經、大法，皆由孝而生，卽是教，是時教統於君。孔子以匹夫承其道統，不能不以教自任。得位而達此德於天下，則曰「道」，以「治」言也；不得位而傳此道於萬世，則曰「教」，以學言也。

孔子爲千古教宗，而異端亦於此紛出。孔子之教生於孝，是從生人之源做起。有人方有世界，故孔子教爲人道，其六經所言之天，皆生人之天也。他教則循於鬼，爲鬼道，其所言之天，則尚鬼之天也。

「身體髮膚，受之父母，不敢毀傷，孝之始也。立身行道，揚名於後世，以顯父母，孝之終也。

孝爲德之本，教之所由生，所以順天下，使和睦無怨者。乃以不敢毀傷髮膚身體爲始，立身行道揚名於後世爲終，語若與上不相蒙者，不知此正吾儒學術之純也。孝爲人生固有之良知，然恃此虛靈之知，而不實見諸行事，則高語性天，猖狂恣肆，脱略形骸，蔑棄倫常。下焉者如聞親喪，而飲酒、食肉、博弈自若；上焉者如異教之徒，外視形骸，以天地爲父母，不拜父母，而反坐受父母之拜；則皆以身體髮膚爲氣質之麤，欲毀棄之，以獨全靈性之説爲之也。夫無此身體，靈性於何而存？不得不以天堂、地獄繼其後矣。舉世之人皆登天堂，則世無人；無人，卽無世道，乾坤毀而人理息，世間何貴有此學術？夫人之生也，氣以成形，而理主於其中以爲性，其曰靈者，以能靈此形體也。以理馭氣質，而此不慮之良知良能，皆由此氣質而發，氣質不奉理而行，始有惡焉，而氣質始爲性之累。淺儒懼其累也，遂欲遺棄之，以孤保其靈性，而所謂靈性者，且無與於己身，何有倫類、民物？人生無日不與民物相接，不能滅絶離棄，不得不出而强與周旋，其説遂自相牴牾，墨氏之徒是也。墨氏倡爲兼愛之説，而獨不愛其身，求利天下可以摩頂放踵，非以人之貴者爲性靈，而以血肉之軀爲外物哉？然試問彼之兼愛者，愛其人之靈性乎？亦仍愛此血肉之軀，使之飽食暖衣、安居樂業以相親相愛，而不相爭奪殘殺也？人之靈性，彼何從愛？若仍愛此血肉之軀，則於己何以甘爲毀傷，而於人則愛之也？此其愛果反身而誠乎？其薄葬之説，亦由此而生。蓋以親之靈魂既離，所餘血肉之軀，直與野土無異，故忍於薄葬，而不知其非也。能忍於親之血肉，其於民之血肉又何所不忍？戰國以來之殺運，原野厭人肉，坑谷流人血，皆此以氣質爲惡，有以窒其惻怛、慈愛之原，以至於斯也。故孟子論事親，在能守身，而養親又重養志，而不貴養口體，眞知孔門之所謂孝矣。

「身體髮膚，受之父母」，父母授之形，父母卽授之以則焉。「則」者何？五官百骸各有天則，循而行之，以立其身者是也。吾受天地之氣以爲形，即稟天地之理以爲性，所謂「天生蒸民。有物有則」也。然必由父母受之，而我始有之，天不能徑授吾形，即不能徑授吾性。形質、義理，兩者相依而不相離，離之即爲毀傷，而形質爲不全矣。人之靈性即形質而具，天由父母以與我，我可不由父母以達天乎？然則世以氣質之性爲惡者，皆不知「身體髮膚，受之父母」而敢於毀傷者也。「身體髮膚，受之父母，不敢毀傷。」，孟子之所謂「不失其身」也；「立身行道，揚名於後世，以顯父母」，孟子之所謂「養志」也。志能永身，身不能永志。氣久必散，理則終古不亡也。

人即不孝，何故自殘毀身體？且凡世俗不孝之人，皆知自愛身體，而不顧父母之養者，所謂「惰其四肢」、「好貨財」、「私妻子」、「縱耳目之欲」、「博弈好飲酒」者皆是。此人心中惟知自私其身，何至毀傷？不知夫子之所謂「毀傷」其淺即指此縱欲偷惰、自私其身，與禽獸何異？至於身陷刑戮，猶後一層，則好勇鬬狠者是也。若佛氏焚毀頂、指以奉佛，此爲更深一層。不肖者囿於形體而昧其性，賢智又高視性命而遺棄形體。夫子以孝爲大道之經，爲教之宗旨，正爲此等人說法。所謂精巖一貫，智愚賢否皆可企及，而無流弊也。

「身體髮膚，受之父母，不敢毀傷」，不獨一己之身也。以天地萬物爲一體，則億兆之民，吾身體也；億兆之物，吾髮膚〔一〕也。一身之痛癢，息息與民物相通。盡其性以盡人物〔二〕之性，故始於事親，天命之性也；中於事君，率性之道也；終於立身，修道之教也。

口體，外也；志，內也。養口體不知養志，泥於形迹之巖而忘其精，有外而無內，世俗之孝也。養志而毀傷身體，遁於性命之虛而昧其實，重內而輕外，賢知之過，異端之孝也。故合內外之道，爲孔子時中之道。「夫孝，始於事親，中於事君，終於立身。」

〔一〕膚：原字殘，據柏經正堂本補。
〔二〕物：原字殘大半，柏經正堂本作「物」，據以補正。

前「夫孝」是從人心一念説起，故曰「道之本，教之所由生」，其「一念」，卽孩提之愛敬、知能也。此「夫孝」是舉至德要道全量説，故分出始、中、終來，爲全書提綱。

始、中、終，是就孝道上説，不是就人身上説。孝就像一條大路，「事親」就是起初開步的地方；中於事君，則走到中間；終於立身，則是走到盡處，卽是德澤及於天下萬世。而夫子則曰「立身」，若僅僅能完全父母所生之身者，蓋雖功業如堯、舜，道德如孔、孟，皆是父母生我時，我身自有之理，卽我應爲之事，孟子所謂萬物皆備於身也。必處置萬物，使之各得其所，方算立身，方算孝之終。故「身體髮膚，受之父母，不敢毀傷」，「身體髮膚」與天下萬世之人痛癢相關，我無以安全之，卽痛癢在吾身，卽是毀傷，卽失身，不能立身，而孝道未終。孟子故謂失其身者不能事親，凡事有始無終，皆不得謂爲能行此事也。

自古至今，皆以孝爲事親之專名，此特鄭重言孝，而曰「始於事親」，若事親僅爲孝之起手一節者。蓋孔子作此書之旨在經天緯地，實求天下萬世之衆所以能相安以生者，在此人與人相接之仁心，而此仁心人人皆有，其感發最眞切莫先於親。六經言治天下，皆是成此仁心，故論語發明六經之旨，言仁處最多，而「仁」字首見則曰「孝弟也者，其爲仁之本」，卽此「夫孝始於事親」之旨也。然則孝必以天下萬世爲量，乃爲聖門所傳之孝，乃爲儒者之學。不親親而仁民愛物，情泛而不眞，其道無始；絕民物而守事親，德拘而不大，其道無終。近人謂中國之儒皆楊、老之學，觀自漢以後世所稱之孝子，皆拘於事親，則其言信矣。

「始於事親」，少年爲學之時，無世道之責，養此仁心之端也；「中於事君」，長而經營四方，達此仁心於天下也；「終於立身」，德成名立，爲千古不朽之人，中庸所謂配天也，方完得父母全而生之，子全而歸之兩「全」字。

孝必從弟上做。孝既不在養口體，而在遂父母愛子孫之志，則善處兄弟，教養子弟，皆是孝由父母而祖，而高、曾，而始祖，以至於天。我之盡孝處，均不能接天與祖宗之身，所能接者，天與祖宗所生之人。善與人處，卽是善事天祖矣。故「中於事君」，亦吾性分固有之理，職分當爲之事。古謂「移孝作忠」，非移吾之盡於父母者以施之君也。吾孝由父母而高、曾、始祖，以至於天，吾所由以爲孝之弟必由一家而國，而天下而萬世。事君仍是弟道，奉君以安四海之人，即是奉宗子以安一族之人也。故横渠謂大君爲宗子，其説爲的。「終於立身」，即孟子所謂「爲人」、「爲子」也，謂完其「萬物皆備」之身，無添所生也。

此三句總括人一生之孝，下數章乃就天下人之職分言之。見職分不同，孝即不同，而其由始至終之理，則一也。

「始於事親」三句總束「至德要道」，即以提下「天子以至庶人」，見此理貴賤、上下皆同，孝所以能順天下也。

此章末引詩與上文義不甚貫。記黄石齋考定孝經以此引詩爲天子章之首，「念祖」即尊祖配天之孝，尊祖配天，則天下億兆之衆皆此兄弟，而此心不能自恝，此責不能他諉矣。以此引詩爲天子章之首，於文義爲順。

天子章第二

大雅云：「無念爾祖，聿修厥德。」子曰：「愛親者不敢惡於人，敬親者不敢慢於人。」愛敬盡於事親，而德教加於百姓，刑於四海，蓋天子之孝也。

詩言「念祖」，即是本心發動處。本心發動，知道父母不能不愛，不能不敬。由父母之心推到父母之愛敬，父母則念及祖矣。由祖而高、曾，以及始祖，更上至不可知之祖，則爲天，我皆不能不愛敬，不愛敬天祖，即是不愛敬父母。然此高、曾、始祖及天，其形聲不可接，我從何處用愛敬？則有我之身在。我身是天及高、曾祖、父母相傳之身，愛敬此身使無賤辱之行，即是念祖而愛敬之，不賤辱爾祖，所謂修德也。故詩云「念祖」者，愛敬父母之念也。念及祖，必愛敬及祖，尊祖配天，方盡愛敬之量。詩云「修德」者，充此愛敬之量也。念及天祖，修德必及天下。夫天下之人物，其相繼續而生生無窮者，人終爲人，物終爲物，則是天有一人種之祖，爲天下億兆所同宗，而非物之所得與。故孝子愛敬親者，雖有曲成萬物之責，而莫急於待人。物僅與吾同天，人則與吾同種，之天即以人性與我之天。後文「仁人爲能享天」、「孝子爲能享帝」，即以此分，横渠張子所以謂「民爲吾同胞」也。故盡吾愛敬天祖之念，莫急於愛敬吾身，不使有一毫慢惡之行；即是愛敬天下之人，不敢使有慢惡吾身之心，方爲盡吾愛敬事親之心；吾盡愛敬之心，吾之德修而成矣。彼百姓亦是心，即能修是德，身被吾愛敬之德，即是吾教已加其身，四海之人皆同此愛敬之德，非爲四海之儀型乎？「無念爾祖，聿修厥德」，詩言文王之德也。文王雖未爲天子，而天下之人心歸之，則與爲天子無異。念祖果及天，則愛敬必及天下，故此詩爲言天子之孝，而以德言，則達天德之聖人皆是也。故周公以美文王，而孔子取之，非以文王之子孫有天下即可謂文王爲天子也。此天子是以德言，非以位言，故愛敬之理而不及其位之尊崇。愛敬父母必要由高、曾推到天，方爲盡孝之量。以愛敬父母者愛敬天，以子道事天，非天之子而何？天以氣生人之身，以理命人之性，帝王與庶人本非不同，豈帝王獨爲天之子，而庶人之祖爲別有一天乎？故以子道事天，庶人與帝王同，特惟帝王眞能愛盡天下之人，敬盡天下之人，故惟天子能實充滿孝量，下此則心存其理而已。理之極者，事不能外。孔子垂教萬世，人心歸之，當時尊爲素王，萬世仰爲師表，非天之子而何？西人謂耶穌爲上帝子，亦是此意。

楊雙山爲知本提綱，以事上帝爲宗旨，謂人有四統：「性理統於天，行事統於君，身體統於親，學問統於師。」又謂：「人人皆當事天，既當事天，即祭天不爲過，特祭天不得用天子之儀文，而修一拜之誠。」此説甚通。中國泥於天子庶人之分，謂天子祭天地，庶人祭之卽爲僭越。而道家之玉皇既遍於寰中，近日天主教又人人得藉耶穌以拜天，以駕於吾儒教之上。謂吾孔子爲人，不能統天下之人，豈知吾孔子以人人之父母推到天，正是以人人之天統人人，人人統於天，即統吾孔子之教，吾孔子以事天之路徑垂示萬世也。以愛敬父母之心事天，則近取，卽是操之有其本也。以愛敬父母之心而敬兄、敬長、敬君，則由家而國、而天下，推之有其序也。此爲今日急務，講吾儒之學者，必須講到此，方爲見道透徹。

諸侯章第三

甫刑云：「一人有慶，兆民賴之。」在上不驕，高而不危；制節謹度，滿而不溢。高而不危，所以長守貴也；滿而不溢，所以長守富也。富貴不離其身，然後能保其社稷而和其民人。蓋諸侯之孝也。

言諸侯之孝，並不言及父母一字，而特曰「富貴不離其身，然後能保其社稷，而和其人民」。社稷、人民，皆傳之先君，受命先王，對社稷、民人如帝天，父母常臨於上，故不敢貴而驕，富而溢，是心目中常有父母也。心目中常有父母，乃爲養志，非養口體。

前以大雅引起天子之孝，此以甫刑引起諸侯之孝，此下及庶人章皆同。

以祿位言，富貴之極，莫如天子，而上章不言富貴，於此章言之者，夫子之所謂天子，謂事父如天之人卽爲天之子，以德言，非以位言也。封建之世，天子一位蓋懸於虛，德爲天下所歸往，卽爲王者，禹、湯、文、武是也。政令不及天下，朝覲、訟獄、謳歌不歸之，卽爲無王者。夏自啟及少康以後，殷自太甲及六七賢君以後，周自成、康及宣王中興後，其有國與諸侯無異。故紂在，文王可以受命，春秋稱王，孟子以王天下說齊、梁，則周與七國之王皆非有天下之天子。故曰：「不仁而得國者，有之矣；不仁而得天下者，未之有也。」如是，則堯、舜誠不能以天下與人，而湯、武非以天下爲富貴而兵爭，故天子之位不可以弋取，而天下不可以力征經營也，充吾敬之量而已矣。

若諸侯，則土地、人民受之先王，傳之先君，當世守之。吾不能守，近失先君之業，遠棄先王之命，不孝甚矣。不能守者，在上位而驕也。無君國子民之德，而位居一國人之上，此最易驕也，驕則危矣。擅一國之賦稅，而無節度以爲之制，則滿而溢矣。高而危、滿而溢，眾畔親離，求爲匹夫而不得，社稷不保，而民人皆去。一身之貧賤不足惜，而斬絕先人之祀，此其罪不上通於天哉？夫驕奢以至六國覆宗絕祀，其端則自不敬始。富貴而無所敬畏，則位不期驕而驕，祿不期侈而溢，不驕不溢，則敬身以敬親，不敢慢於人之孝也。保社稷、和人民，卽保其國也。孟子曰：「樂天者保天下，畏天者保其國。」天子、諸侯氣象之分，其源皆在於孝。

「一人有慶，兆民賴之」，不驕不溢，保其社稷，卽福慶也。君能節儉，境內殷富，兆民賴之者，此也。說者謂：天子稱「予一人」，左氏稱天子曰「兆民」，故各本謂此爲贊天子之孝。然曰「有慶」，曰「賴之」，語意與天子章不倫，以爲此章之首，則無一不合。湯未有天下卽自稱「予一人」，秦誓稱其大臣爲「一人」，而甫刑此語又穆王告諸侯，使敬慎用刑。一國之中，一人有恤刑之心，一國之民皆蒙其福。夫子藉以證諸侯之孝，詞意亦合。「一人」、「兆民」之稱，不必拘以天子也。而以小旻之詩引起卿大夫之孝，烝民之詩引起士之孝，小宛之詩引起庶人之孝，又無一不合。故今悉從黃氏所定，以引詩、書爲各章之首。五孝悉本古訓，非夫子之私言也。

五孝以引詩、書起，三才、聖治等章又以引詩、書結，行文之變化不滯也。

上古國之所以爲國，與今鄉閈之社會同。今日鄉閈數村聯爲一社，祀一神，此卽古以「神道設教」，所以萃人心，而能立國也。上古無舟車，國甚小，不過今之數村。其所祀之神，必是開此一方風氣之人，其人必皆一姓之子孫，故社稷而爲其祖宗。迨後風氣日開，有舟車以相通，則社必相聯而日大，而一社之人不能皆一姓之子孫，不能不擇賢以君之，於是君道立焉。詩所謂「君之宗之」是也。既易大宗族之法而爲君以治民，則始之祭其祖者，不能不易而祭地。人生於其地，皆其地養之，故祭社、稷。社，祭地，稷是地方之功用。社如天子圜丘之祭天，稷如明堂之祭上帝也。以天子以祖配天、宗配上帝之義推之，諸侯有國，其社稷之祀亦宜各以祖宗配之，故諸侯以能保社稷、和人民爲孝。故國滅則遷其社，遷其社者，變易其所配之人，土神、穀神不能易也。天如父，地如母，天動而地靜，天下之人同戴一天，而所賴以養之地，必其所生之方。故同居天下、地上，而國各有社，此正如一父之子，而各母其母也。然則天子者，善事父之宗子也；諸侯者，善事母之宗子也。滕謂魯爲宗國，一母之子，幼者宗其兄也。魯三家，孟氏爲長，不以孟叔爲宗，而以季爲宗，庶者宗其嫡也。君道統於宗道，則治天下之道統於孝，乃其自然之理，非聖人以意爲之也。故天下可一家，中國可一人，生民之初理，原如是也。

卿大夫章第四

詩云：「戰戰兢兢，如臨深淵，如履薄冰。」非先王之法服不敢服，非先生之法言不敢道，非先王之德行不敢行。是故非法不言，非道不行。口無擇言，身無擇行，言滿天下無口過，行滿天下無怨惡。三者備矣，然後能守其宗廟。蓋卿大夫之孝也。

天子之孝以天下爲量，以德言，人人可勉而能也。諸侯之孝以一國爲量，以位言，則爲有國者言之也。故天子章言愛敬不言富貴，國可守，天下不可守也。以富貴言，則有限制，故社稷、民人皆曰「其」，其位限之，非孝子量盡於一國也。至卿大夫，則無世守之責，宗廟自己身而始有，蓋三代以來已無世卿之例，故夫子言孝又推其理，而至於「言滿天下」、「行滿天下」也。

「服」當作事字解，不專指衣服。關雎箋曰：「服，事也。」謂一生所爲之事，言行其大端也。故後第説言行，更不一及「服」，言行即其服也。凡事皆法先王，故言皆法言，行皆德行。言行無可擇，故傳之天下而無過，怨惡不及其身，即天子章「不慢惡於人」之效。以德言，故卿大夫之孝與天子無二理也。然則有德由士庶起爲卿大夫，與有德而天下人歸往之，則爲受命之王者，正爲一例。知三代上有繼世之諸侯，無繼世之天子也。

卿大夫章「三不敢」與天子章「兩不敢」同。所謂「先王」即是天子，孔子所承道統之堯、舜、禹、湯、文、武、周公是也。天子之「不敢」生於愛敬其親之心，奉天以立法也；卿大夫則守先王之法者也。心先王之心，而奉其法，戰兢恐其墜陷，雖繼世之諸侯不必皆賢，而賢卿大夫輔翼之，能如周公之于成王，謂唐、虞三代之治，至今存可也。春秋之末，權在卿大夫，自戰國以後，先王治天下之迹掃地無餘，卿大夫爲之也。

士章第五

詩云：「夙夜匪懈，以事一人。」資於事父以事母，而愛同；資於事父以事君，而敬同。故母取其愛，而君取其敬，兼之者，父也。故以孝事君則忠，以敬事長則順，忠順不失以事其上，然後能保其禄位，而守其祭祀。蓋士之孝也。

問：「卿大夫與士雖分尊卑，然皆臣也，何以述卿大夫之孝則曰：『法先王』，至士則曰：『資於事父以事君』，然則卿大夫能法先王，士不能法先王乎？」曰：「卿大夫已受禄於國，則當盡臣道，以責難陳善爲義，故曰『法先王』。法先王，則不阿意曲從以爲恭敬其君也。若士則離于庶人之中，而學治民之事，故從治民之源頭説起，見事君爲吾生固有之義，不仕即無義也。」

古之卿大夫皆以邑爲禄，士禄則如今之廉俸，受禄於國而無封邑，位卑禄薄，漢之掾史，唐之幕職，其分在官民之閒，孟子所謂「在官者」是也。故説文訓「士」爲事，而「仕」爲學。蓋自唐、虞以至春秋，學皆統於官，凡成童後，不爲農、工、商賈之業，即入官府治事，以禄代耕，無今日專以誦讀爲學之事。此章所言之士，即指此介在官民之閒，出乎庶人而爲士，始有治人之責也。故聖人言「孝敬可爲忠順之理」，治己必須治人，孝弟爲仁之本，至此始見治人之非馳於外也。

「夙夜匪懈，以事一人」，舍己之親以事人，後世迂儒卽疑之，不知由家而國，一國不安，吾家亦不能安，故事父之愛敬卽是治天下國家之本源。吾能敬親，方能和吾兄弟，而家齊。故能敬君，方能和睦一國之人，而國治也。吾父不能獨生吾，須母養之，我不能不以愛父者愛母矣。父母生我養我，國亂不治，卽不能生我養我，故父母生之，而君治之，不能不以愛父者敬君矣。獸知母而不知有父，禽知父母而不知祖，野人則知有祖宗而不知有君。吾旣爲士，豈可不知忠順之與孝敬原爲一理，而效野人之爲哉？不知君，卽去不知有祖宗者無幾矣。「夙夜匪懈，以事一人」，正所以廣吾事父母之心也。況「保祿位」、「守祭祀」、「忠順君上」卽以愛敬吾父母也，豈可沾沾養父母之口體，而不以顯揚爲孝哉？

「夙夜匪懈，以事一人」，「一人」卽吾父也。母取其愛，君取其敬，皆分事父之道以事之，故功業塞天地，道德冠古今，非有加於孝之外也，孝之本量如是也。

事母、事君已非一人矣，然皆資之事父，吾人一生所事之事，皆事父之事也。故曰：「夙夜匪懈，以事一人」，此章之「一人」可借指父，諸侯章之一人可決其非指天子矣。

庶人章第六

詩云：「夙興夜寐，無忝爾所生。」用天之道，分地之利，謹身節用以養父母，此庶人之孝也。故自天子至於庶人，孝無終始，而患不及者，未之有也。

用天之道，分地之利，注以爲用天四時之道，分地五土之利。四時曰道、曰用者，農事以時爲重，失其時，則勞而無功，普天下皆然，故曰道、曰用也。五土曰利、曰分者，五方之土宜不同，各隨其所居之地，相其土之所宜，而樹藝焉，故曰利、曰分也。庶人不及工商者，工近於士，商之所轉運者，皆出於農。人生衣食，以農爲本，庶人中亦惟農爲多也。

能謹身，其用自節。「謹身」卽今鄉閒勤儉治生業之民。聖王治天下，能使人人勤儉，自治生業，天下卽太平矣。故大學平天下章多言理財，孟子言「制民恆産」，必及「庠序之教」，民有教化，則能勤能儉，不惰四肢，不縱耳目之欲，不博弈好飲酒，不好勇鬬狠，自然謹身，自是節用。王者能爲天下理財，便是謹庠序之教；教之以謹身節用以養父母，便是愛敬吾親。使人人各愛敬其親，故自天子以至庶人，其孝只是一理一事。

人之爲善，未有不需財者。但立念在財上計較，便入於「好貨財」、「私妻子」一流，終且不顧父母之養。故聖人立論，從謹身説入，孟子論事親，亦曰「守身」，則非斤斤計較財用，而語無流弊矣。

天子至士章言事親，言事父母，此章乃言養父母，可見由士以上，沾沾養父母之身，皆不得爲孝。庶人者受治於人，勞力以養人者也。勞力以養人，必先養己之父母。若天子以下及於士，則皆食於人，勞心以治人者，而不上體父母之心，以自治其事，可謂能勞心乎？故「事」字卽繼志、述事之事，孟子所謂「不失其身，而能事親」者也。「養」則孔子所謂「今之孝者，是謂能養」，曾子不敢自謂孝，而直居於養之「養」，孟子所謂「養口體」者是也。勞力，受治於人之人多；勞心，以治人之人少。聖人分孝爲五，言養者一，聖人豈輕養哉？勞心者第食於人，而不能治人；人不治，庶人不能勞力以養其父母；諸侯、卿大夫、士之社稷、人民、宗廟、禄位、祭禄，皆不能保；則皆不能養父母矣。故孝經之作，爲萬世開太平，必從「身體髮膚不敢毁傷」説起。身體髮膚不敢毁傷，「養口體」之源也。

養父母之身，故及財用；養父母之志，則曰愛敬。天子、士章言事，言愛敬，諸侯、卿大夫不言事與愛敬者，事之出於身者爲言，行及於人者，爲民人理皆盡於愛敬。天子章充其量，士章決其源，諸侯、卿大夫在天子與士之間，即以天子與士括之。夫孔子時，繼世以有天下也久矣，天子之元子，亦士也，諸侯卿大夫之分，蓋猶爲世俗言之也。

五孝皆以詩引起，天子章之「念祖」，嚴父配天之義也。養父母之志，至於父天母地，則天下事皆事親之事也。諸侯章之「有慶」，長保富貴之謂也。分國而治，各私其國，有人子親愛其母之義焉。親愛之，必欲其富貴，則治一國之事，亦事親之事也。「戰戰兢兢」，臨深履薄，曾子守身之學也。卿大夫不必分土，而治苟能敬守吾身焉，無入而不自得矣，無口過、怨惡，其實效也。注疏以言行滿天下謂爲指「接對賓客」，「將命他邦」，要不必拘。卿大夫爲世守之土，則天下之大，皆吾學之量之所必及也。「夙夜匪懈，以事一人」，事卽事父、事母、事君之事，由事父而事君，自士始。章内所事，已三人矣，而曰

「一人」者，事皆資之父，則事母、事君亦皆事父也；然則事祖、事天、事天子，亦皆事父也。事之者以盡吾愛敬之理，其量必無一人之不愛不敬，而後爲能愛敬其父，故卽士當事君之始，而爲正其本、清其源也。大學、孝經皆以天下爲量。大學，學治之規模；孝經，經世之本源也。大學曰「自天子以至於庶人，壹是皆以修身爲本」，以出治之本言之也。此章曰：「自天子至於庶人，孝無終始，而患不及者，未之有也。」以爲治之道言之也。出治以身，天下之本在國，國之本在家，家之本在身，故曰「修身爲本也」。渾言之曰「孝」，析言之則曰「愛敬」。「愛」，仁德也；「敬」，禮文也。修身以至治天下，不過盡此愛敬之心而已。「愛敬」爲人之良知、良能，何人不能知，不能行？故曰「孝無終始，而患不及者，未之有也」。

修愛敬之事於身，孝之始也，庶人章是也；推能愛敬之理於天下，孝之終也，天子章是也。孝無終始，而患不及者，未之有。事在身，理在心，皆吾身自有而自能之，不待外求也。

庶人章，始於事親也；士、卿大夫、諸侯章，中於事君也；天子章，終於立身也。不能事親，不可以爲子；不能事君，不可以爲人。若立身，則踐形盡性之謂。盡人以合天，乃爲能立身也。

五孝該盡天下之人，以孝之大小分，非以位分也。庶人責在一身，故謹身節用卽是孝，勢不能及人也。士則學治人矣，能事人，乃能治人，故以資父之理言之。卿大夫則實事君治民矣，識不周於天下，不能定一國之治；情不通於天下，不能奏一國之安；故以言行滿天下言之。諸侯章爲生而富貴言之。封建之弊雖極，然不能驟去也，故夫子修春秋，惡世卿，而於諸侯則褒貶並用焉。知盡去諸侯，則生民之禍極烈，欲以道挽之，而不忍見也。不惟是也，卽封建易而郡縣，天下仍有生而富貴者，故長守富貴之學亦人生不可廢之理也。天子則達愛敬於天下之人也。實爲其事，則爲有位之王者；能修其道，亦爲有德之聖人。此爲曾子言，傳之後世，以爲學術，則以德言之意爲多。純王之治，不能見於上，純王之學，不可不存於下也。故視天所生之民如同胞，卽以天爲父而爲天之子，故嚴父配天之義，人人與有責也。

朱子以「仲尼居」至此爲經，而去其中閒五引詩及天子章「子曰」字，合爲經文一章。以下分爲十四傳，其見精卓，惟多易古本次第，則自成爲朱子之孝經經傳矣。今悉遵注疏本，而注其分章於下。

三才章第七

曾子曰：「甚哉，孝之大也！」子曰：「夫孝，天之經也，地之義也，民之行也。天地之經，而民是則之，則天之明，因地之利，以順天下。是以其教不肅而成，其政不嚴而治。先王見教之可以化民也，是故先之以博愛，而民莫遺其親；陳之於德義，而民興行；先之以敬讓，而民不爭；道之以禮樂，而民和睦；示之以好惡，而民知禁。詩云：『赫赫師尹，民具爾瞻。』」

曾子聞夫子之言，歎孝之大者。曾子平日亦以孝爲人子事親之庸行，不以爲王道本源也。故夫子特以孝之本量言之。夫子語曾子以孝，「從至德要道」、「順天下」說入，是從道之全量說入孝，此曰「天之經」、「地之義」、「民之行」，是從孝之本量說入。先王至德要道，以順天下之由也。

「夫孝」二字提起，即前所言之孝不僅指五孝，凡夫子所言者，均在內，故夫子說到「順天下」，而朱子亦以此章爲「順天下」之傳也。孝能順天下，即孝之大處，曾子歎其大處在是，故夫子答之亦以是。惟爲天之經、地之義，民之行，所以順天下而不能違也。

天之經，以天生物之理言，主知一邊說，乾以易知也，而知莫先於知愛親。地之義，以人事之宜言，主行一邊說，坤以簡能也。而行莫切於能敬親，天與人以必應有之理，即人在地上，必應爲之事。自昧其愛敬之理、知能之事，則去此幾希，入於禽獸而非人。禽獸知覺運動均無異於人，惟愛敬之知能，絕不與人同，故孝曰天經地義，而爲民之行也。

此愛敬知能是天地生人，人人必有之理，無一人不然，故以之順天下。講明其理爲教人不能自欺其心，謂孝之理非己心所固有。推行其事爲政，人不能自謝其責，謂孝之事非己職所當爲，故「教不肅而成」，而「政不嚴而治」也。

「天之經」三句，猶言滿天地間均是此孝之理所充塞，舍此更無他事。竟其事者，古今惟堯、舜、禹、湯、文、武、周公；深明其理，以傳爲學者，則爲孔子。此書顔、曾、游、夏，蓋皆聞之，而孟子七篇議論無出此外者。其陳王道處無不歸本孝弟，而於孔子之論無一不合。凡所謂「保民而王」、「同民憂樂」、「同民好惡」、「以善養人」、「得乎丘民」，皆孔子順天下之旨也。

「天之經」是人心固有之德，「地之義」是人生日用之禮。孔子「道之以德，齊之以禮」，即是以「政教順天下」；「有恥且格」，即「教不肅而成，政不嚴而治」也。感發其固有之良，不以刑威迫於其後，何嚴肅之有？德、禮並言則異，散文則同。德者，禮之本；禮者，德之文也。故天經、地義、民行，夫子以之爲孝，而子太叔以之論禮。

以德順天下，樂天者也；以禮順天下，畏天者也。樂則愛之意多，故曰天子必有父，以愛親之仁仁天下也；畏則敬之意多，故曰諸侯必有兄，以敬兄之義義天下也。然則天子、諸侯之分，其亦分於出治之源乎？

政如是，教亦如是。直指本心，是從愛親最初之念入手，其説多直截、徑易。如孟子論王政，「以不忍人之心」爲本；論學，曰「求放心」，曰「無欲其所不欲，無爲其所不爲」是也。重視學修，是從敬親繼起之文入手，其説必委曲詳明，如荀子陳王道，詳於禮法，而論學認性爲惡，重人爲是也。再降，則禮變爲刑法，而政爲霸術，教爲異端矣。

「先王見教之可以化民也，是故先之以博愛，而民莫遺其親；陳之於德義，而民興行；先之以敬讓，而民不爭；導之以禮樂，而民和睦；示之以好惡，而民知禁。詩云：『赫赫師尹，民具爾瞻。』」此十四句，朱子刊誤本所無，此章標爲三才章，自「夫孝，天之經」至「其政不嚴而治」，文氣已足，故朱子刊去此十一句與？然政教以導民行，此十一句仍政教分承，即是「以順天下」之法。朱子以此章爲「順天下」之傳，似有此十四句爲長。

「先王見教之可以化民也」，「教」字，溫公改作「孝」，惟欲化民方始爲教，教可以化民，夫豈待言！此因孝爲天經地義，順而播之天下，爲政、爲教，民自興行爲詳，其順而播孝爲政教之法，故曰：「先王見孝之可以化民」也。孝可化民，即孝弟，不犯上作亂，爲仁之本之意。孟子所謂「親親，仁也；敬長，義也」，達之天下，即孝可以化民也。

「先之以博愛」，謂推愛親之心，不敢惡於人也，立愛自親始，故「民莫遺其親」。博愛以心言，故陳古人「德義」之迹，使人有所觀感，持循自奮於孝愛，故「民興行」，此提醒其固有之良心，以孝爲教之始也。

「先之以敬讓」，謂推敬親之行，不敢慢於人也。立敬自長始，犯上作亂，皆爭也，故敬之實爲讓；上先敬讓，此理爲人人心中所固有，故民不爭也。敬讓則實見爲行，故必定爲法度，以範其迹，達爲聲容，以暢其神，鼓舞其善心，防閒其邪志，則禮樂刑政備矣。禮樂刑政備，以孝爲教之全規也。

「先之以博愛」，有關雎、麟趾之意也；「先之以敬讓」，行周官之法度也。人心只此愛敬之良，達之天下，千枝萬葉不能越此兩端，故愛敬足括王道之全也。

愛、敬分言，一仁一義，對峙而立，並行不悖，故以兩「先之」對説。若合説，則愛是敬之體〔一〕，敬是愛之用。欲使此愛博而無所不周，須從敬讓做起，而禮樂刑政無一可闕。愛而不敬，則姑息爲仁，蕩無法紀，流爲黄、老，終亦不能自達其愛矣。故先之以博愛、敬讓，端政教之本也；「陳之於德義」，以古人政孝之迹示之也；「導之以禮樂」、「示之以好惡」，則立法以順天下，使愛博而相敬讓也。故文法兩對，而理實一貫，弟亦孝也。

孝爲民之行，謂之爲民，則屈伏於下，以待有政教者之鼓舞、化導，故引詩以明「順天下」之責在上，不在民也。師，爲教者也；尹，正也，正人之不正，爲政者也。赫赫，注訓明盛之貌。爾，有政教之責者，在古，即先王也。瞻者，瞻其有至德要道與否也。瞻其先之、陳之、導之、示之，則有「至德要道」以順民心，政教自形赫赫之勢，民莫敢遺親，而皆興行不爭，和睦知禁，天下之民胥奉承天經，率由地義，而世大治矣，此順天下之實象也。古人引詩多斷章取義，不必拘周「太師尹氏」之故訓也。

孝治章第八

此章是以孝順天下之效，故曰孝治，據天下已治言之。朱子所以謂爲釋「民用和睦，上下無怨」之章也。「天經地義」至「其政不嚴而治」，是孝治之所從出。「先王見孝之可以化民也」以下十一句，是以孝治之之法，此章則其效也。故以上下文推之，「先王見孝之可以化民也」十一句，決不可去，去則先王以孝治天下之作用、次第隱矣。

〔一〕 體：原作「禮」，據柏經正堂本改。

子曰：「昔者，明王之以孝治天下也，不敢遺小國之臣，而況於公、侯、伯、子、男乎？故得萬國之懽心，以事其先王。治國者不敢侮於鰥寡，而況於士民乎？故得百姓之懽心，以事其先君。治家者不敢失於臣妾，而況於妻子乎？故得人之懽心，以事其親。夫然，故生則親安之，祭則鬼享之。是以天下和平，災害不生，禍亂不作。故明王之以孝治天下也，如此。詩云：『有覺德行，四國順之。』」

前俱言先王，此忽易爲明王，前言其理，此舉其效。能奏孝治之績者，貴能擇術。知孝可以化民，而果得人人之懽，此先王之明也。堯、舜之智，不徧物，先務之爲急。先務者何，養吾愛敬之源，不敢遺侮有所失而已。此經謂「治天下」爲「順天下」，順者，不以威力把持，而順人人之心以爲治，所謂王道也。推吾心愛敬，順而布之天下，禮樂刑政皆從此出，得乎人心之所同然，故無人不懽悅，所謂「王者之民皡皡如也」。若恃威權，以力服人，所行之政不必不善，擇術不純，一切禁令不能盡出於大公無我之心，霸者之政，不久卽弊者，此也。

以「明王」提起，而中及有「國」、有「家」者，天子必有父，治天下必自齊家始也。然則此以孝治所及之大小言，非拘於天子、諸侯、卿大夫、士之位，則舉五孝統言之也。舉五孝統言之，不及庶人者，庶人未嘗無妻子，不敢失於妻子，足以該之矣，敬愛之謂也。

治天下言「事」，先王有國言「事」，先君有家則曰「事其親」，聖人生封建之世，有天下與國，皆親沒而繼其位也。然則天子之先王必上推及感生之帝，方有不敢遺小國之臣之誠。天子保四海，諸侯保社稷，以孝保之，不敢遺、不敢侮之義也。事先王、先君，孝也；得萬國百姓之懽心，弟也。孝直而弟横，孝直進高一步，弟横進廣一步，孝以弟行也。若有家，則苟爲成人，卽有家矣。臣妾、妻子，生而自具，不必父母沒始有之，故不與上文一例曰「事先人」，而曰「事其親」也。我所役使之人卽爲臣妾。得萬國百姓之懽心，先王、先君則享之。然先王、先君往矣，享不享不可得而見也，惟親在而驗之家，則兄弟妻孥勃谿詬誶，家庭成何景象？雖日供鼎鐘之養，父母能下咽乎？生而見之，憂不能食，死而有知，不享其祭也，明矣。況失萬國百姓之心，則災害生而禍亂作，必喪其天下與國乎？故以「生則親安」言於前，以實例虛，欲人之易曉也。

「明王之以孝治天下，如此。」「如此」指孝治和平之象，後人心慕而力追之也，結上文，即以悚讀之者，以孝順天下之意已足，即以起下文曾子之問也。

引大雅之詩，注訓「覺」爲大，然此有「明」意，即上章「知孝可以化民」〔一〕之「知」，此章「明王」之「明」也。先王知孝可以順天下，而實得之於心爲德，體之於身爲行，四國皆有懽心，則孝道大明於天下，而天下大順也。「明」之中有「大」義，不知道則狹隘，治不能同天下，則非大也。故曰「有覺德行，四國順之」。

聖治章第九

「聖治」即孝治也。聖人治天下，其所本者孝，故曰「孝治」。以孝治天下，而天下果治，非聖人不能，故曰「聖治」。

曾子曰：「敢問聖人之德，無以加於孝乎？」子曰：「天地之性，人爲貴。人之行，莫大於孝。孝莫大於嚴父，嚴父莫大於配天，則周公其人也。昔者，周公郊祀后稷以配天，宗祀文王於明堂，以配上帝。是以四海之內，各以其職來祭。夫聖人之德，又何以加於孝乎？故親生之膝下，以養父母日嚴。聖人因嚴以教敬，因親以教愛。聖人之教，不肅而成，其政不嚴而治，其所因者本也。父子之道，天性也，君臣之義也。父母生之，續莫大焉；君親臨之，厚莫重焉。故不愛其親而愛他人者，謂之悖德；不敬其親而敬他人者，謂之悖禮。以順則逆，民無則焉。不在於善，而皆在於凶德，雖得之，君子不貴也。君子則不然，言思可道，行思可樂，德義可尊，作事可法，容止可觀，進退可度。以臨其民，是以其民畏而愛之，則而象之，故能成其德教而行其政令。詩云：『淑人君子，其儀不忒。』」

三才章言以孝治天下之原及其施行次第，孝治章言以孝治天下之效。孝爲人之常行，而以天下爲量，是千古聖人德配天地者，僅完其爲子之常行，故曾子疑而問之。夫子爲推治之始終，胥本天德，而孝足以達之，則聖人之德，固無以加於孝也。此章夫子語亦分兩節。前言聖人以孝治者本乎天，是聖天以人統人也；後言聖人以孝治者因乎人，是聖人以人合天也。

〔一〕知孝可以化民：上章曰「先王見教之可以化民」，「知孝之可以教民」句出唐玄宗孝經序。

天人一貫，是此章大旨，故起以「天地之性，人爲貴」，天人並提，結以「其所因者本也」。「本」以結前半，「因」以結後半。

「天地之性，人爲貴」，此聖人治天下之本。天下雖大，不過人與人相積耳。天生萬物，以充於天地間，而皆爲人用，卽其裁成之理，悉備於人。故人能裁成萬物，其性靈於物，人所以貴於物也。孟子謂人之「異於禽獸者幾希」，卽指此性。此「性」字卽「仁義禮智信」五常之性。疏乃訓爲「生」，失之矣。

人有此性，生而自具之理也。然人初生，與禽獸無異，或反不如。禽獸生而自就乳哺，而人不能也；禽獸生而自能行走，而人不能也；禽獸之材能限於其形，而人不如是也；禽獸之聲音拘於其始，而人不如是也。故人性之貴，觀於初生，猶不可見，見之於其行，行者人情之作用，精言之，則學也。故人之貴於物也，在能學之性。學非求益於外也，所以養其固有之性，使小者大，麤者精，淺者深，近者遠也。其端則莫先於孝。蓋人生不能不與人物接，其最先接者則其父母，稍有知識，卽愛其親。愛，情也，實發於性中之仁。人與人積，以成天下，維此愛之情，足以相結而不敝。聖人之德，莫大於仁，愛親之孝行，仁之始也，而可以該終身之行，故曰「人之行，莫大於孝」也。

知愛親，必有以將其愛，其迹爲養，以養將其愛，所以使親心安而神悅也。愛必親之，心安神悅乃可謂之孝，則由愛生敬，而養志之道急矣。父主一家，兄弟詬誶，父不安也；父主一國，國人愁苦，父不安也；父主天下，天下困窮，父不安也。蓋吾生而自具之性，原與天地萬物爲一體，父受之於天，以授吾身。吾不能盡性以達天德，則與全受全歸之義有所虧。養口體而不能養志，世俗之孝，非學人之事也。

敬父不能不敬兄弟，故長而敬兄弟，由嚴父而推也。「不敢遺小國之臣」，「不敢侮於鰥寡」，「不敢失於臣妾」，則敬天下之人皆如兄弟矣。天下人皆天所生，吾父生吾，而天下人皆如吾兄弟，則天下人皆如吾父之子矣，非配天而何？天下人皆如兄弟，不遺不侮，不失愛之謂也。天下人非如兄弟，而視如兄弟，則有察識、推度、擴充之事焉。得其理之所以然，而必赴之，不敢遺、不敢侮、不敢失，敬之謂也。「嚴父莫大於配天」，不至於配天，不能滿嚴敬其父之量。以德言，非以位言也。

古聖人盡孝之德，皆足以配天，理本如是，非必位爲天子始云嚴父配天也。然配天之實，非舉事以證之則其理不顯，故舉周公以證之。不曰「其人則周公」，而曰「周公其人也」，此論創發於夫子，於羣聖之中選及周公，而謂足以當之，爲理求其人，非因人得其理也。以其形體言，謂之天，渾舉之名也； 以其主宰言，謂之上帝，專指之詞也。天無爲，而上帝若有靈響，故后稷配天，而文王配上帝也。天與人以性，而人不能自遂其性，周公繼父之志以爲之，遂天下，遂其性者，若文王爲之，遂之也。感戴文王，烏能不同於上帝？不於郊宗之禮，則人心感戴之誠無從見，至四海之內，各以其職來助祭，則人人慊心事周公之祖、父，如事天，而聖人之達天德，無「加於孝」可以恍然明矣。

「聖人之德無以加於孝」，以天下之大，無一人不該於孝字中也。夫聖人之以孝治天下，非强天下人使就吾治也。因人人之性以爲政教，使自遂其性也。人之生也，當孩提之時，親愛其親之心卽於是生，由是漸知修子之職以養父母，而性德與之俱長，則由愛以生敬，由養口體以養志。養口體，服勞奉養，以形體事親，愛之事也； 養志，修身行道，以學問事親，敬之事也。而皆爲人人性分所固有，故聖人因其固有之敬，播爲秩序之禮，使人人由之以爲政； 因其固有之愛，導以祥和之仁，使人人就之以爲教。因人心之本然，順而導之，故「教不肅而成」、「政不嚴而治」也。「聖人之德無以加於孝」，天下之事無一能外於孝也。

以上，古文分爲一章。朱子謂爲「釋孝德之本意，以下語意更端，當別爲一章」。案：此章語意精粹，似合三才、孝治兩章而通論之，不僅「釋孝德之本之意」也。

此下以至「謂之悖禮」，朱子從古文別爲一章，而刪去「以順則逆」至引詩共十九句，定爲傳之六章，釋「教之所由生」之意，而謂「君臣之義」之下有脫簡。案：朱子謂此下爲釋「教之所由生」，所見甚當。然謂「父子之道，天性也」爲語意更端，則此下仍反覆推明「因嚴以教敬，因親以教愛」之義，而語意重因嚴父「以教敬」一邊。有父子然後有君臣上下，禮義有所措。蓋由「天經地義」以至「治天下」，卽是由性而爲教。由性而爲教，則以敬將其愛父子天性之愛易見，而由愛生敬，理不易明，故此下反覆推明之。上文「因嚴教敬」，卽父母「生之膝下，以養父母日嚴」之義。舉天地間事，胥納之於孝，非達於君臣之義，不能以敬將其愛也。

「父子之道，天性也」，父子之間以愛相接，此爲天性，不待學而能也。然知愛而不知敬，夫子謂爲「犬馬之養」，恃性而不學，卽不能自別於禽獸，人性之貴，固以能學爲貴也。故人之愛親之迹，皆從敬上見，愛以敬將之，卽仁。以義行忠，以恕見之理，故曰「父子之道，天性也」，「率性之謂道」也。道必修爲而後顯，則一切禮樂刑政具焉，而君臣之義起矣，所謂「修道之謂教」也。

「父母生之，續莫大焉」，父母生我之身，卽與我以性，性中萬理皆備，在我繼續以成其性。生而與我以萬物之理，乾道資始也。我不繼續以成，終虧體辱親矣。故曰「續莫大焉」。續者，「緝熙敬止」之謂也。

天性之愛，必續以日嚴之敬，則親之臨我如君焉。知愛而敬之，必不敢慢其兄弟，由是而祖宗，而天，則大君爲宗子，而民物爲吾一家人也。是君之尊臨我，卽父母之親臨我也。以天性之愛，與天下相接，必自親愛其君始。嚴父配天，則能親愛其君矣，故曰「厚莫重焉」。事父從愛説到敬，「續」卽敬也；事君從敬説到愛，「厚」卽愛也。

故順天下之道，不從孝做起，卽謂之悖。愛由天性之良，故曰德；敬爲人事之宜，故曰禮。不愛敬其親而愛敬他人，立愛不自親始，立敬不自長始，未達於天命之原，而泛言兼愛也。故以之順天下，而已則先逆也。己既先逆，民何所則？窒愛敬之原，而欲天下終無悖逆、凶德，必無之事也。然當悖亂之世，有人焉，獨持愛敬之説以與天下相接，天下或翕然向之。君子不貴者，無源之水必竭，無根之木必枯，故君子貴務本也。務本者，守吾父母全受之身而已矣。吾出而與天下接，上敬吾君，下愛吾民，非舍父母不愛敬而愛敬吾君與民也。實體吾性之德，備爲吾身之禮，使言可行，道可樂，則德義可尊，作事可法，容止可觀，進退可度。出而任天下事，事君以禮，而導民以德，民無不畏而愛之，則而象之，政令行而德教成矣。「淑人君子，其儀不忒」，身無悖逆之儀，天下順之矣，故曰「孝始於事親，中於事君，終於立身」。始事親，愛敬所起之端也；中於事君，愛敬所著之迹也；終於立身，愛敬之性，吾身受之父母，全受全歸之義也。彼摩頂放踵以爲兼愛者，昧立愛之始終，烏能善其後哉？

紀孝行章第十

子曰：「孝子之事親也，居則致其敬，養則致其樂，病則致其憂，喪則致其哀，祭則致其嚴。五者備矣，然後能事親。事親者，居上不驕，爲下不亂，在醜不爭。居上而驕則亡，爲下而亂則刑，在醜而爭則兵。三者不除，雖日用三牲之養，猶爲不孝也。」

朱子以此爲傳之七章，釋「始於事親」及「不敢毀傷」之意。案：開宗明義至「五孝」章，明孝之全量，能該天下之人，三才章抉孝之源，孝治章推孝之用，聖治章言孝之成功，皆就孝字大處説。此章始言人子事親之細目，蓋孝能統天下之人，而人人體之於身，其節目則如是也。

「居則致其敬」，無一時一事敢忘父母。修身行道，養志之事；「養則致其樂」，得人之懽心，以事父母，服勞奉養，養口體之事。此二者爲常時之孝。病致其憂，喪致其哀，變時之孝；祭致其嚴，則終身之孝也。此五者以愛爲體，以敬爲用。「居則致其敬」，能該養、病、喪、祭之樂、憂、哀、嚴，而處世亦在其中。故「居上不驕，爲下不亂，在醜不爭」，皆是敬以持身之孝，而亡、刑、兵之禍可免。「身體髮膚」「不敢毀傷」，敬以持身之謂。曾子「啟手、足」、引詩「戰兢」數語，即居則致其敬以終身也。

孝以愛爲體，以敬爲用，「居則致其敬」一語能該全章。人於盡孝於親，舍敬無從致力。敬不在事親之儀文，而在守身之嚴密，存心之純篤。愛之原是仁，敬之迹是禮。夫子告顔子以戒視、聽、言、動之非禮爲爲仁之目，即敬以將其愛。孟子「不失其身」，乃能事親之義也。故游、夏聖門高弟，夫子與之論孝，均無滿詞。子游學偏存心，略於敬之迹；子夏學主守身，昧於敬之原。「居則致其敬」，内外交修之詣也，方可謂之致。

「雖日用三牲之養，猶爲不孝」，失其身，不能事親也。故養可能也，敬爲難。敬者，敬身之謂也。於服勞奉養求敬，末矣。

五刑章第十一

子曰：「五刑之屬三千，而罪莫大於不孝。要君者無上，非聖人者無法，非孝者無親，此大亂之道也。」

此章與前章反對。禮爲敬之迹，出乎禮則入乎刑。孝爲教之所由生，刑以弼教。故此章繼孝行章之後，兩章如一章也。

兵刑之世，卽是亂世，亂之大者卽亡，次則兵，次則刑。上章先言「居上」，次「爲下」，次「在醜」，「在醜」與平等接也。孝以天下爲量，欲孝及天下，必先事君，尊先王之法，而推行本心之愛，故「五刑之屬三千，而罪莫大於不孝」。而敘「要君」、「非聖」於前，孝之大用在事君以順天下，方爲成身。不敬君事，而背聖人之法，以與衆相爭，則天下大亂矣，何從言孝？「非孝者無親」，卽「在醜而爭」也。君以政令平天下之爭者也，聖以學問息天下之爭者也，孝則政令之所從生也。昧孝所從出之源，不能「嚴父配天」，故不以宗子尊大君，而以仕進爲祿利之途；不以道德爲性分，而以詩書爲干進之具；故詭遇求合，卽是要君；藻飾文采，卽爲非聖。雖貌爲純謹之容，而內無愛敬之誠，人孰親之？孝爲順天下之道，天下順，則敬讓，相愛而不爭，禮之所謂齊也。不順則悖逆，爭奪而亂，兵刑不於是作乎？非孝者，所行無愛敬之誠體於中，立朝則泄泄沓沓，居鄉則同流合污，有嗜欲而無血性，古今天下之亂，皆此等人爲之也。孝者，人之良知良能，卽眞性情也。

廣要道章第十二

子曰：「教民親愛，莫善於孝；教民禮順，莫善於悌；移風易俗，莫善於樂；安上治民，莫善於禮。禮者，敬而已矣。故敬其父，則子悅；敬其兄，則弟悅；敬其君，則臣悅；敬一人，而千萬人悅。所敬者寡，而悅者衆，此之謂要道也。」

朱子以此爲傳之二章，而移至德章於首，蓋順開宗明義章夫子之語「至德在要道」之前。按此經爲順天下而作，以孝順天下，其用全在悌。孝主於愛，其達於政爲仁；悌主於敬，其達於政爲禮。順天下，仁不可見，可見者爲禮。由禮而見其仁，則順天下之明效大驗，故先要道於至德也。

要道章孝悌、禮樂並言，而歸重於禮之敬，治天下之大經大法，無一非禮也。論語八佾篇言禮先於里仁篇之言仁，亦是此意。

孝是良知，弟是良能。能即主行一邊，猶言於事上見孝，則惟見敬兄之悌而已。故孝之理直上直下，至於父天母地；則悌之事横推横行，至於民胞物與。直上直下，眞有父母天地之心，何從見之？亦見其所行之事有民胞物與之實而已。故此章於孝、愛、悌、順、禮、敬、樂、和中特抽出「禮之敬」而申言之，見順天下之道，實是悌也。故「敬其父，則子悦」以下，又明以悌順天下之要。此章是行順天下之道，故曰「廣要道」也。

廣至德章第十三

子曰：「君子之教以孝也，非家至而日見之也。教以孝，所以敬天下之爲人父者也；教以悌，所以敬天下之爲人兄者也；教以臣，所以敬天下之爲人君者也。詩云：『愷悌君子，民之父母。』非至德，其孰能順民如此其大者乎！」

此章仍承上章「敬」字，而謂爲至德者播此德以順天下，謂之道；天下皆由此道而順，謂之德。人人皆敬父兄與君，所謂無犯上作亂之事、之人，太平之象也。言兄者，由父至君之階級，亦以孝順天下之實迹也。教以孝，教以悌，教以臣，既非家到戶至，日見而語之，將何以爲教？蓋制爲父子兄弟、君臣上下之禮，布之天下，使人遵守之，所謂一代之制度也。自古至今，中國、外夷必有父子、兄弟、君臣、上下之禮方能成國，方能相安無事。近以中國純上虚文，不修實政，致令貧弱，見侮於人，遂欲舉父子、君臣、長幼之禮而廢之，而一以平等，嗚呼，慎矣！引詩「愷悌」，樂易固爲本義，然人與天下接，平等皆悌也；父子主愛，君臣主敬，兄弟則愛敬兼之，此所謂「愷悌」。固兼舉愛敬，而取其中，即胞與之仁，退讓之禮也。故爲至德，順天下，如此其大也。

廣揚名章第十四

子曰：「君子之事親孝，故忠可移於君；事兄悌，故順可移於長；居家理，故治可移於官。是以行成於內，而名立於後世矣。」

朱子以此爲十一章，釋「立身揚名」及「士之孝」，次於感應章後，以感應章爲釋天子之孝也。按廣要道章言順天下在「禮之敬」，是悌爲要道，順天下之具也。廣至德章言以悌順天下，而天下無不順，是孝爲悌之源，盡悌即以盡孝。孝爲至德，人人皆有順天下之本也。由要道以成至德，其設施之方，不過擴充此心，以加諸彼而已，即此章移之之義。故此章爲以至德要道，順天下之機緘，大學「治國」章「孝者所以事君」，與此文義胥同，孟子論「仁政」均本於此。今文題爲「廣揚名」，朱子定爲「釋立身揚名」，皆因「名立於後世」一語而題之，非此章之要也。

「居家理」，謂一家之人各治其生業，勤其職分，父父子子，兄兄弟弟，夫夫婦婦，而家齊也。家與家積而爲邑，官所治之事，千萬人之家事也。故居家理治，即可移於官也。

古文有閨門章：「子曰：『閨門之内，具禮矣乎！嚴父嚴兄，妻子臣妾，猶百姓徒役也。』」朱子以爲此章之繼，而釋之曰：「因上章『三可移』而言。」「嚴父，孝也；嚴兄，悌也；妻子臣妾，官也。」接[一]此篇屢言父兄，未言及家衆，此言「妻子臣妾」，爲補齊一家所有之人，是於孝悌外補出「慈衆」，爲「居家理治，可移於官」句中應有之義。朱子移使相繼，所見當矣。惟本文以「妻子臣妾」爲「猶百姓徒役」而釋爲官，非也。

禮爲治天下之大經、大法，即是人與人相接之道。孝，上交也；悌，平等相接也；慈，下交也。有此三等，接天下之人，不外是矣，故曰：「閨門之内，具禮矣乎！」謂即家而治國，平天下之大經大法悉備也。

諫諍章第十五

曾子曰：「若夫慈愛、恭敬、安親、揚名，則聞命矣。敢問子從父之令，可謂孝乎？」子曰：「是何言與，是何言與！昔者天子有争臣七人，雖無道，不失其天下；諸侯有争臣五人，雖無道，不失其國；大夫有争臣三人，雖無道，不失其家；士有争友，則身不離於令名；父有争子，則身不陷於不義。故當不義，則子不可以不争於父，臣不可以不争於君。故當不義，則争之。從父之令，又焉得爲孝乎！」

此章朱子定爲十三章，在廣揚名後，喪親章前，釋爲「不解經」而別發一義。今文則因曾子之問有「揚名」語，故次之於

[一] 接：依本書及學記臆解例，劉古愚每在引文結束後加一「按」字，此處「接」文意不通，疑當爲「按」，形誤。

此，不如朱子所次之善。

父子之間不責善事，親有隱無犯，孝爲順德，故曾子問「從親之令，可以爲孝」，而夫子大不然之。蓋父爲人子所天，而究人也。天命之理無不善也，雜以人爲，則不必胥合天則焉，故有善，有不善。以不善令其子，則亂命也，子不諫而從之，從父之亂命，必逆天之治命，是以父命違大父命也。傳曰，以王父命違父命，不以父命違王父命。此人子事親之定則也。從親之令，不可爲孝。則事親之際，念念胥奉天則，是以天尊其親也。嚴父配天之義，莫大於是，莫切於是。如是，然後天下無不是底父母，然後天下之爲父子者定以父統子，仍以天統人也。

天子、諸侯以及士而繼以「父有諍子」，此「父」字卽是庶人，謂自天子以至庶人，皆賴諫諍以免於不義。臣友且不忍坐視君友之不義，而況父子之親乎？然則事親有隱，無犯隱，隱諫不顯諫也。卽論語之「幾諫」，視於無形，聽於無聲，見幾最早，而慮患獨深，故諫愈隱而心愈苦。不如是，則臣友之疏，非父子之親也。

感應章第十六

子曰：「昔者明王事父孝，故事天明；事母孝，故事地察；長幼順，故上下治。天地明察，神明彰矣。故雖天子必有尊也，言有父也；必有先也，言有兄也。宗廟致敬，不忘親也；修身慎行，恐辱先也。宗廟致敬，鬼神著矣。孝悌之至，通於神明，光於四海，無所不通。詩云：『自西自東，自南自北，無思不服。』」

朱子以此爲十章，在事君章後，廣揚名章前，爲釋「天子之孝」。按：此章似爲「至德要道，順天下」之總結。民用和睦，上下無怨，非有以洽於神明之地，不足以致此。以孝順天下，天地且爲明察，何況於人？東、西、南、北，「無思不服」，「思」卽神明之地，「服」卽順也。此「順天下」而天下順之之實也。

事父、事母之孝，有何分別？而此以天地分配，且別有明察，父母之事，果分兩事乎？此蓋以明王治天下之迹言之，而分屬之父母也。凡明王所以理人性情者，爲教之理。理原於心性，乾父所以資始也。明王所以給人身家者，爲養之事，事成於氣體，坤母所以資生也。教之理精微，闡性分所固有，故曰「事天明」。「明」者，無幽不燭也。養之事繁碎，盡職分所當爲，故曰「事地察」。察者，雖小不遺也。事父母之孝，不必有異，特以分配天地異之也。

事父母之孝，分配天地，復言長幼順者，順卽事兄之悌。此章暗承三才章，「事天明」卽是「則天之明」；「事地察」卽是「因地之利」，察而因之也。至於「長幼順」、「上下治」，卽是「民之行」。三才章以「順天下」承「民之行」，此章變「民之行」爲「長幼順」。事兄與使衆不合，故變文言之也。夫人與人接之謂道，「民之行」以「長幼順」該之，可見明王以孝治天下，以悌治之也。

「天地明察」者，天壤之間教之理無不明，養之事無不治也。天清地寧，倫理攸敘。「天子必有尊」等句，言「長幼順」之所自始，卽「順天下」之所自始也。「修身愼行」，所以順之端；「宗廟致敬」，嚴父配天之義，又隱寓焉。謂曰天子卽是以天爲父，宗廟之中，必及始祖，始[一]祖之所自出，則天也。通篇之精義，此章皆及之，故此[二]章爲總結通篇也。

事君章第十七

子曰：「君子之事上也，進思盡忠，退思補過，將順其美，匡救其惡，故上下能相親也。詩云：『心乎愛矣，遐不謂矣。中心藏之，何日忘之。』」

朱子以此爲傳之九章，移於五刑章後，謂釋「中於事君」之意。按：感應章卽已總結，此復言事君者，通於神明之治，非聖人在天子之位不可。夫子身當繼世有天下之運，知自此以後，不能常遇明王，不能不重其責於臣，則以孝順天下，人人有其責焉。故於感應章後，繼以事君，而以盡忠、補過、順美、救惡爲言，皆輔成君德之術，孝經之作，爲萬世之天下慮也。

親愛其人，莫若輔成其德。孟子以「責難」、「陳善閉邪」爲敬恭，此以「將順」、「匡救」爲親愛。親愛，孝也；敬恭，悌也。非孝不能爲悌，故孟子之「敬恭」言其用，此之「親愛」抉其源也。朱子移諫諍章於此章後，謂「不解『經』」、「別發一

[一] 始：原字殘，據柏經正堂本補。
[二] 此：原字殘，據柏經正堂本補。

義」。按：移孝作忠，移其愛親之心以愛君，謂可以達吾孝之實以及天下也。移之之本，即有責難之義，而或父子之親愛，無責難。今觀嚴父亦貴有諍子，則臣之敬共其君而匡救者，爲親愛也明矣。

喪親章第十八

子曰：「孝子之喪親也，哭不偯，禮無容，言不文，服美不安，聞樂不樂，食旨不甘，此哀戚之情也。三日而食，教民無以死傷生，毁不滅性，此聖人之政也。喪不過三年，示民有終也。爲之棺槨、衣衾而舉之；陳其簠簋而哀戚之；擗踴哭泣，哀以送之；卜其宅兆，而安厝之；爲之宗廟，以鬼享之；春秋祭祀，以時思之。生事愛敬，死事哀戚，生民之本盡矣，死生之義備矣，孝子之事親終矣。」

前以立身、行道、揚名於後世爲孝之終，此章以喪親爲孝之終。蓋孝子能延親之名，不能延親之身，故孝子之孝思無窮，而親身不能無終也。揚名，養志之孝也；喪親，養口體之孝也。養志無終時，所謂終於立身，終孝子之身，非終父母之身也。終而曰立身，則雖孝子之身，終仍常立於天壤，在人心目中，永永不忘，故曰「孝子不匱」也。若口體之養，則百年爲期，自此以後，無從致養，故口體之事，此篇不一及，而此章喪親始及。棺槨、衣衾、簠簋、宅兆、宗廟，則生事之飲食、衣服、居處，必竭心力以致，其愛敬可知也。此以喪親終，朱子謂「不解『經』而別發一義」，蓋補出養口體之孝，則此經精麤備舉而無遺義也。

孔子不以服勞奉養爲孝，孟子謂養口體爲世俗之孝，曾子以養爲下，此篇「養」字三見，一「謹身」節，「用以養父母」，在庶人章，「庶人」即世俗之人也。一爲父母「生之膝下，以養父母日嚴」，則「養」爲孩提後之孝，「日嚴」乃成人之孝也。惟「養則致其樂」與「居則致其敬」，等句並列，則養志必不廢口體之養，然則輕重固顯然不可誣矣。乃自漢以來，史志所稱爲孝者，無一非服勞奉養之末，而所謂「至德要道」者，則無人及焉。吾教之異於無父無君者，在以孝爲一貫之道，親親而仁民，仁民而愛物，內外一致，始終備舉。今乃泥其麤以遺其精，執其一而昧其貫。二千餘年，訾人之爲楊、爲墨，而不知孝悌；而昧君臣之義，王祥、馮道之孝也；仕進而絕父母之恩，溫嶠之忠也。則吾即以楊而訾墨，以墨而訾楊，甚且不如爲我之高潔，兼愛之公溥；貪利干進，以營其私。大道沈晦，世教淩夷，貧弱遂爲五大洲冠，而猶自謂中國聖人孔子之道。嗚呼！孔子之道卽爲孝悌，今孝經具在，其所謂孝者，果何如也？

論語時習録　煙霞草堂遺書之五

咸陽劉光蕡古愚

論語時習録卷一

序

論今日之患者，謂在士子讀書知古而不知今，吾則謂在於習文而不自治其心。挾求富貴之見以讀書，尋章摘句，以求中試官之式，則書皆二千年以前之語言、行事，於今日人之身世何涉？故程子謂中庸爲孔門傳授心法，朱子於序暢言之。蔡氏作書集傳序，又盡發其藴。夫聖人不能預測後世之變，而能預定後人之心，「聖人先得我心所同然」。我爲今日之人，心爲今日之心，以聖言治我今日之心，即能治我今日之事，而應其變。然則世變亟而人才不出，乾嘉以來攻心學之儒爲之也。向在味經爲「時務齋」，與同人講習，即拈論語首章「時習」二字爲的。蓋「時習」二字即聖人傳心以讀六經、論語法也。己亥冬，避居九嵕山下之煙霞洞，酆都傅生負笈來從，有事論語而不爲制舉業，乃出素所見及者示之。中間作輟，迨庚子冬，始成一卷，命曰「時習録」。鄉曲陋儒，識固庸鄙，加以身世所感，又有大不得已於中者，激而爲言，必失聖人本旨。不忍棄而姑存之，見者以爲深山之痛哭，哀其意焉可也！古愚識。

學而第一

讀論語者，須先知開首「子」字爲何如人。必曰萬世宗仰、創教法之至聖。此今日人人心目中之孔子，非春秋末人人心目中之孔子也。得政於魯，僅及三月，出走於外，遂至十六年。絕迹伐檀，厄陳，菜色，幾爲舉世不能容之一匹夫。其作春秋自云「罪我」而多微詞，不敢書於竹帛，至其門人作傳，尚各隱其姓名，公羊、穀梁之姓，後世均未再見。則論語記夫子之言，必多有不盡言者。卽述先王之法，諸侯惡其害己，敢去先王之籍，豈不敢去孔子之書？則論語言學其有礙當時，必多隱約而不敢正言，待學者自會於言外者多矣。持此意以讀論語，自別開一境界矣！

次須識孔子所生之時爲何如時。孔子生春秋，身卒之後，卽爲戰國。尚詐力，無信義，二帝三王之治竟爾銷歇，八百諸侯存者七大國，姬姓僅韓、燕、魏，而不如楚、齊、趙之强。韓、魏又以篡得國，其餘小侯又均奄奄不振，天下之勢，不能混於一，夫子必早見之，而以詐力混一，首功之禍必爲亙古所未有，卽生民之禍，亦較亙古爲烈。夫詐力能一天下，則從此均尚詐力，生民之禍，百世不能息矣。故子張問十世，而夫子推之百世，子貢亦曰「由百世之後」等。百世之王，持此以讀論語，又別開一番見解矣。

學而章

此章以「學」字起，以君子終，則學爲何學，君子爲何人，可以恍然矣！蓋孔子承堯、舜、禹、湯、文、武、周公之道而集其大成，堯、舜、禹、湯、文、武、周公皆得位行政，其道大明於天下。孔子不得位，不能行政，乃傳之爲學，作師不能作君，阨於遇也；不能作君以治一時，而能作師以治萬世，運以神也。故「學」爲堯、舜、禹、湯、文、武、周公之政，「君子」卽堯、舜、禹、湯、文、武、周公之人也。夫學將以治萬世之天下，豈能拘執一法，而强以應萬世之變哉？則必因時制宜，與世推移，而後不窮於用。故學於古者，必以身所值之時習之，習之而得古人之法之意，則准之以應當時之變，然後推行無弊。孔子所以爲「時中之聖」，而其所學之道所以能治萬世之天下也。所學推行無礙，則事與理合，心與境融，豈有不悅？不亦悅乎？使學者當時習之，後自審其趣也。

此章重「學」字，尤重「時」字。「時」卽易彖傳各「時」字，「習」則易大象「君子以自强不息」、「君子以厚德載物」等「以」字之義。謂法天行之健，以習自强不息，而六位之時不同，則潛見飛躍之習各異，所謂「時習」也。

同門曰朋，同道曰友，此夫子自指其門徒而言。此學大明於遠方，則傳道得徒矣，豈有不樂？「樂」卽得天下英才而教育之之「樂」。朋來自遠，學明於下矣。學明於下，卽爲風俗，有風俗然後有人才。人皆爲時習之學，則皆識時務之俊傑，天下何難於治？卽不治，而此學倡明於世，碩果不食，播種於下，發生有期，故樂也。

以萬世爲量，自不汲汲於一時之知，所以「人不知而不愠」也。無君國子民之事，而明君國子民之道，以傳之萬世，是卽君國子民之人也。禮運以禹、湯、文、武、成王、周公爲六君子，則堯、舜，聖人也。夫子祖述堯、舜且賢於堯、舜，則夫子亦聖人也。僅言「君子」，夫子之謙也。文言以「遁世無悶」爲君德，與此言「君德」同；中庸則以「遁世不見知而不悔」爲聖矣。

凡論語中「君子」，皆謂君國子民之人，有德位之殊，而非鄉曲自修之稱。

有子章

上章言學，未言所學何事。此章有子以「孝弟」「爲仁之本」，則學之本末備焉，蓋受於孔子者，故次於學而後也。夫子承堯、舜之統，以事言爲孝弟，以心言爲忠恕。孔子之道，忠恕而已矣；堯、舜之道，孝弟而已矣。道一也，堯、舜見於事，夫子存於心也。約言之，則在事在心，皆謂之仁。此章言「不犯上」「作亂」，言「君子」，言「爲仁」，則從事上説。聖人以學承堯、舜之統，以經世爲重，非鄉曲小儒之學也。

「孝弟」何以不犯上作亂？「孝弟」，良知良能，與身俱來而有者也。知身之所自生，則孝；知與身所同生，則弟。推之乾父坤母，吾之氣質、心理，無不禀於天地，則凡與吾並生於天地間，齒、德、位尊於我者，皆吾之兄，何至犯之？齒、德、位卑於我者，皆吾一家之人，何忍亂之？人人不犯上作亂，天下太平矣！夫「顧諟天之明命」，「如臨父母」，忠也；視萬民之疾苦如對父兄，恕也。存心，本也；行事，道也。「務本」者，乾父坤母，胞與萬物也；「道生」者，愛親敬長，綱紀萬事也。「仁」即仁民也，親親而仁民，故孝弟爲「爲仁之本」。孔子爲學之道，即堯、舜爲政之道也。君子，君國子民之人，堯、舜、孔子所同稱者，孝弟、仁民，皆性分之事，堯、舜之政無所加，孔子之學無所損也。

巧言章

上章言仁，仁見於事也，然必存於心者，仁發於事者乃無不仁。夫孝弟爲良知良能，即爲仁之本。得其本，萬事理，則仁民之事，亦易知易能之事。然而太平不常見者，以世所謂學君子者皆致力於言色，而本心先亡也。竭其心思才力，以求言色之巧令，此胡爲者？欲人以己之言色爲仁，而予以富貴也。富貴薰心，早已斷絶仁之根株矣，此務本之君子所以不概見，而生民之禍日棘矣！「巧言」，即詞章之學，如今之制藝則甚矣；「令色」，則矯飾之儒，在古之鄉愿已然矣。「巧言令色」，堯、舜時已有，其言色無可刺非，衆皆悦之，而不可與入堯、舜之道，故記於「孝弟爲仁」之後，以見堯、舜之政。孔子之學皆此等巧言令色之人壞之，蓋鄉愿也。故欲承道統，必先惡鄉愿。觀孟子終篇之意，可見矣。

三省章

上二章由孝弟遞出爲仁，由仁遞出言色之巧令以亂仁，巧令則不忠信，去聖學遠矣。故此章言忠信，忠信即忠恕。自我施於人言之，爲恕；自人受於我言之，爲信；皆反身而誠，爲仁之本也。孔子之學即「大學」，以傳之曾子者也。「大學」以修身爲本，故曾子之學，反求諸其身，内而觀我，外而觀人，而吾身宜修之切務出焉，故修身必常省身。三者，身與世接之始而忠信，習則聖學之要也。大學之道，必忠信以得之。儒生身不任民物之事，爲人謀、與友交，即民物之事也，而可不忠信以自負所學乎？「傳」，或師傳之己，或己傳之人；「不習」，不以身世之時習之也。不以身世之時習之，得之於師者不過口耳記誦之粗，而授於人者，皆爲依稀惝怳之數，則不忠不信甚矣，而可不省乎？故三省以是終也。此章皆與人接之事，不及君父大倫者：事君父之忠信易，接平常人之忠信難也。不欺平常人，則大倫可知矣。故此處「傳」字疑指己傳於人之意爲多。蓋師爲君父類，弟子則人與友之類，「三省」終於「傳」徒，聖王之政自鄉學始也。

道國章

身修則可出而經世矣。「千乘之國」者，是時天下將爲戰國，小國已難圖存，戰爭之禍，獨千乘之國受之也。「敬事」則無因循廢馳之患，「信」則無欺飾、詐僞之行。「節用」，理財也。食貨盈虚，受以節制，所謂以三十年之通制國用，非僅宮府之節衣縮食也。愛人，君德也，所謂以「不忍人之心，行不忍人之政」，一切經營皆秉此心，非第煦煦之仁也。「使民以時」，則教養之全規，使民因天時以自治其生業，如夏小正所言是也。禹盡力溝洫，而夫子於夏得天時，「時」即「使民以時」之「時」。蓋自古治民，以時爲重也。然農時固宜使民急趨，若冬，民既入，餘子亦在序室，則教士之時也。又「工商執雞」，謂能趨時也，則工商又重時。處列國分疆之世，而不使工商相時以治生，則精華爲人所吸，非「敬信」、「節用」、「愛人」之政也。此言「使民」，故知「時」爲教養之時，若農隙之時，則用民，非使民矣。

「使民之時」，更有大焉者。洪荒之時，士惟敦樸，農惟佃漁，工惟網罟，商則惟以天生之貨相市易。至文明之時，則當使士以禮、樂、詩、書，使農以耕耘，使工以耒耜舟車，使商以金錢粟布矣。以此推之，時之所迫，大害大利所在，民不知興知避，皆賴君上使之以爲興避，君所以爲民父母，而以裁成輔相天地爲己責也。

時之在民者，有終身之時，如士之八歲入小學，十五入大學，四十强仕之類；農之十六受二十五畝，二十受百畝之田之類。有一歲之時，士則春誦夏絃，農則春耕夏耘之類，工商亦然。

上使之不惟不奪，又須不違，使民及時爲之；否則，過時爲之，勞而無功矣。士、農、工、商，皆然。

「使民以時」爲教養之全規，此章最重此句。「國以民爲本」上皆言國政，此獨及民也，使民無一人一事失時，此非心日周于閭閻，如周公所稱「無逸」各君不能；若使民不失時運之時，則非有時習之學者不能，故此句宜重看、深看。

此句乍閲之若甚淺者，似無關人君身上事，而春秋之君決不能爲，以春秋之君未有重視民事，以爲不可緩者也。

此章以上皆言學，此方遞入政。學重「時習」，政重「民時」，孔子所以爲聖之時者也。

弟子章

此古治鄉法也。道國當從治鄉始。「弟子」卽鄉閭十歲以上之子弟。一國之士、農、工、商皆自鄉閭來，治鄉閭之弟子，則一國無不受學之人，而國不難道矣。古者家有塾，二十五家里門之塾也。其師，卽閭胥、鄰長；弟子，二十五家之子弟也。入，在家也；子弟十年出就外傅，則在塾矣。十六，則秀者入州遂之庠序，工入官府，商入市肆，農受二十五畝之田而耕於野，則在庠序、官府、市肆及野，均謂之「出」。孝弟，端其本也。「入則孝」，守家法也；「出則弟」，守官法也。古者政教合一，以吏爲師，官法卽師法也。入未必不事兄，出未必不見父。父統于入，故言孝不言弟；師統於出，故言弟不言孝也。「謹信」者，常有父師臨之，言行不苟也。「愛衆」、「親仁」，教弟子親師取友之方，卽以輔成其德，養弟子胞與民物之源，又以宏大其量也。「餘力學文」，以此六者爲主，「學文」卽以講求此六者之理，非獵詞采以爲華，精訓詁以爲雅，勤考據以爲博。僅用餘力可以學之，示鄉學之所尚在實行也。然實計餘力，則幼童多而成童壯者少，幼童終年在塾習人生必須之文，若成童壯者，則各操生業矣。先治生業，故三餘始習文也。一鄉之人無不從師受學，則風俗安得不美？人才安得不出？其政事必如是，乃能臻於上理。孔、孟所論之王政皆自此始，故上章所言「使民以時」，吾以爲尤重在教。

文，朱子釋爲詩、書六藝之文，蓋謂詩、書之六藝卽詩、書、禮、樂、易象、春秋之文，非禮、樂、射、御、書、數之六藝也。學文，謂講誦其文也。詩、書、禮、樂、易象、春秋之文，所言不能出乎孝弟、謹信、親愛之外。然未習其事，驟讀其文，將不解爲何語，讀如未讀，而且讀之甚難，勉讀之，則記誦之習，自此開矣。故以行之餘力習之，已親習其事，則學其文，卽能通曉，成誦既易，而且有益於行。句句皆爲日用之實迹，何至流爲記誦詞章之習？故「餘力學文」正是善於教弟子學文，欲其省力而易解，爲實學而有用也。

若禮、樂、射、御、書、數之六藝，則幼童專力學之，不必餘力，何以言之？凡此孝弟六行，何一不用禮？使之孝弟、謹信、愛衆親仁，非卽學禮乎？若書教，則內則於六歲教之數與方名，「數」卽九章算術，「名」則字也，「方」類也。萬物之名，其字以類相從，使童子易識、易記也。六歲童子之孝弟、謹信、親愛，其所能爲者是何等事，何至終年、終日無餘力，而慮其舍行以學乎？至於樂，則虞廷以典樂教胄子，胄子，史記作「穉子」，蓋十歲出就外傅之「穉子」，即當習樂。十歲之穉子，其孝弟、謹信、親愛之行，亦正無多，且其行舍卻所操之業亦無從見，如「親仁」必是親其師，親師不於所習之業上見，從何見之？故「餘力學文」，「文」斷指詩、書、禮、樂、易象、春秋之文。夫子手訂六經，義極精深，正欲天下後世人之學之也。而復言此者，恐後世不明其義，而第强記其詞，則幼童困於記誦，成童困於講説，不知以我身孝弟、謹信、親愛之行，求六經而探索於文藝之末，此先儒所謂「以詞章取士，其虐甚於焚書」也。

夫子所定之六藝，有禮樂，幼童學之，非學文乎？曰此習其藝，爲其事，非學其文也。如「足容重」、「手容恭」，告以童子之行、立，手足當如何，則童子能知能行。若語「恭」、「重」二字之理，則不易解也。大武之舞，其坐作、進退、刺伐，使童子習之易也，若六成之解，則不易明矣。故先習其藝，爲其事，有餘力乃學其文，則雖精奥之理，皆易爲解。故行有餘力乃學文，似重行輕文，實教弟子學文之妙法也。然則此章是言鄉學，非小學，爲成童冠者言之，非爲幼童言也。古者十五而入大學，師相其才而授之業，士則爲府史、胥徒，足以代耕，而即受學於其長官。農受二十五畝之田，工商各習其業，各有師以受學，則皆如弟子然。故有出入，有言行，有衆與仁，而可責以孝弟、謹信、親愛之行。若幼童，則無是，亦不能責也。惟責六者之行，故必有餘力，乃能學文。學以餘力，故必三年始通一經，十五年而五經通，則三十矣。其學已成，故壯可授室也。

易色章

有父兄長上，乃見孝弟；有言行，乃見謹信；有衆與仁，乃爲親愛。幼童不能終日爲此六行，即成童壯者，亦爲此六行之時少，而學文之時多。然則後世文勝之弊，其即基於鄉學乎？故以子夏之言繼之。子夏名列文學之科，其所謂學，乃在盡倫，則學文正以善其行，「餘力學文」之旨，可以恍然矣！人生學問之純駁，惟在隱微之地。以理勝欲，而即以欲從其理，則聖學基此矣！君子之道，造端乎夫婦，誠其意者，「如好好色」，「好德如好色」，夫子歎爲未見，故「賢賢易色」，可敘於君父大倫之前也。事君以致身爲能，事父母以竭力爲能。家庭無殺身之事，子身固父母之身也。大杖不走，陷親不義；毁身爲養，其事則愚。能竭其力之所得爲，則已無愧於心，不必致身也。事君則有爲身家而事者矣，此念不除，才力皆爲身謀，其分與君國者無幾矣，故須致其身也。言而有信，不僅約言也，講習之際，一語不出自肺腑，皆非有信。蓋誠之存於中者久，無或不信，而與友言，共見其有也。此必積學已久，方能有是四者。而周末文勝，則有以記誦章爲學，而謂此等人爲「未學」矣。子夏必以爲已學者，聖門論學，自拔出於流俗之外也。吳氏乃以子夏之言爲過，天下豈有倫常外之學哉？

不重章

此章有作一句一義者，有作兩對者，有以首節兩「則」字串下「主忠信」，三句一句一義者，皆可通。「不重則不威，學則不固」，制外以養中也；「主忠信，無友不如己者，過則勿憚改。」，守中而不遺外也。記者又因上章之言而記此，蓋以防廢學之弊也。「行有餘力，則以學文」，不過重行輕文，使人知文、行本末先後之序，而非忽文而不學也。若「未學」即謂之學，不但輕文也，將學亦可廢矣，故以內外交修之誼繼之也。人之學也，將以君國子民也，臨民必以壯，即外貌之文，亦有不得不講者。故君國子民之學，必先謹其外貌之文，使人望之儼然，知有人君之威儀，所謂「正其衣冠，尊其瞻視，儼然人望而畏之」。政非加猛也，而民無敢犯焉，則威重，亦爲政之要務也。然外貌之文，何能救其中藏之陋？君子之學文，豈第飾於外哉？蓋求免其固陋而已矣。施一令焉，行一政焉，目無古今，胸無權度，俗鄙之識，村野之行，其何以奏文明之治乎？徒善不足以爲政，先王之法制、禮樂，不可不學而講明之也。然記曰「忠信之人可以學禮」，易曰「忠信，所以進德也」。先王之法制、禮樂皆從中出，非可外襲而取也。故必以忠信爲主，則內可以進德，外可以崇禮，學乃可施於人矣。由是以取人，則內外交修之儒也，「無友不如己者」矣；由是以正己，則食羹皆見之度也，「過則無憚改」矣。夫得賢師友以爲輔，而改過從善毫無畏難、苟安之意，則德日進，禮日崇，豈非可以臨民之君子哉？

慎終章

此言出「民德」二字，則爲君國子民言之也。故吳氏謂「與君子篤於親」節爲一章，則「慎終追遠」之解可知矣。「慎終」，圖終於始也，人君卽位之禮也；「追遠」，行遠自邇也，人君大禘之禮也。上章言君國子民須內外交修，以及用人改過，雖皆爲政之大端，而非爲政之本源。故此又記曾子之言，爲君子探其本也。先君之終，卽新君之始也，故慎先君之終，即以正親君之始。繼世以有天下，非聖人私其子也，民戴聖人久，思其德而不忘，求肖其德者而不得，則不如舉聖人之遺體而奉之。故嗣君即位之始，正以成先君之終，此而不慎，大失民望。戴於先而背於後，非民德之薄也，嗣若之不慎致之也。四海之大，億兆之衆，可謂遠矣。嗣君雖慎於始，其終能逮於遠乎？未可知也，則有追之之法在。德教溢於四海，孝之事橫而推也，恕也；德意摯於寸心，孝之理追而存也，忠也。仁人享帝，如孝子之享親，推吾始出之祖，至於不可知而歸之感生之天，則乾父坤母，民胥吾同胞焉，故追遠上及於天，即厚德旁流四海之源也。夫吾慎先君之終，則朝野政令，皆如祖考臨之；吾追感生之遠，則朝野政令皆如帝天鑒之。吾心目常有天祖，民心目即若常見吾天祖，歸之而永永不忘也。厚乎？否乎？「慎終」之禮，顧命載之，學者讀其文而推其意，則恍然於其所以慎矣。「追遠」之禮，散見於禘郊之説，而著于禮文者特詳，學者以此章之義貫通之，則可以識爲政之本矣。

子禽章

「慎終追遠」，政之本也，即孝弟「爲仁之本」之義也。春秋能爲之者，惟吾夫子，而竟不得爲，以周遊列邦終焉。然夫子之厚德，人未嘗不樂就之也，每至一邦，必聞其政，以當時詐虞之風、傾險之習、猜忌之私，若遇夫子而胥消融焉。故子禽疑爲夫子有以求，又疑時君自爲與焉。子貢，智足知聖者也，以爲夫子溫、良、恭、儉、讓之德有以自得之，而其政權遂若各邦不能自操而自秘之也，而豈有窺覘之術哉？夫夫子有以得之，非時君與之，而時君不能不與也，亦可見夫子以厚德感人，而時君之德亦歸厚矣！以德感小民也易，以德動大君也難。夫子能聞各邦之政，而不得治各邦之民，此則天之未欲平治天下也。

夫子之溫、良、恭、儉、讓之德，能消融列邦詐虞、傾險、疑忌之私，則邦交之法即在是矣。處列國分疆之世，不能不重邦交，我與人相見以天，我人不得不與我以天相見。既追遠至於感生之天，則六合之民，皆吾兄弟，天下可一家，中國可一人，無此疆彼界之分。列邦之君其詐虞、傾險、疑忌，無所用之。然則溫、良、恭、儉、讓之德容，乃民胞物與之誠所積而分呈者也，此萬世邦交之法也。溫、良、恭、儉、讓，即愛親者不敢惡於人，敬親者不敢慢於人之謂也。

父在章

此爲人子觀法於父者説法，即曾子所言慎終之意，非觀人子也。兩「觀」字均屬人子，兩「其」字均指其父，若以兩「其」字屬人子，此則爲觀人子者言。「三年無改」句，父上當加「其」字，惟爲人子言，故第稱父也。父在，人子日侍其側，凡有所行，無不見之，何待於觀？惟有爲時勢所迫，事機未順，所欲行者不得行，所不欲行者又不得不行，行與志違，有賫志以終，而外人終不知者，此則人子宜密察而心識之，以爲他年繼志之地。如文王志安天下，三州未歸化，仍率以事紂，不能盡免於如燬之傷，此豈文王之志哉？武、周繼之，卒安天下，所以爲善繼，爲達孝也。「觀志」即視無形，聽無聲，人子事親之常也。若父已没矣，則並此有形聲之父亦無從見，何從見志？而在時之所以行，未嘗遽没也。人子於此當即所行者遍觀之：何者爲經常之法？何者爲權宜之計？何者吾父欲行而時方有待？何者吾父將行而勢有未暇？何者吾父已行而法未盡善？一一觀之。以父在時所觀之志爲主，而權衡以善其後，所謂「慎終」也。如是者三年，則父之所行本意，大明於天下，而無不合於道者矣，豈非善繼、善述之孝子哉？！「三年無改於父之道」，非無改於父之行也，以父之道爲主，則不合於道者不敢不改，所以卒成爲父之道也，此可無疑於非道不改之弊矣。

禮之用章

禮者，天理之節文，人事之儀則也。質言之，則爲爲人作事之章程，朝廷一切法制、禁令皆是。以上各章均言經世之學，皆抉其本源，而於經綸天下之迹，則未一及也，故以有子之言禮者斷之。天下之大，億兆之衆，其爲事也多矣，非一一制爲定則，即紛然不可以爲理。既曰定則，則限制甚嚴，不容稍有出入，而禮爲束縛馳驟人之具，禮之用非矣。何者？用禮之意，在人與人相接，有儀節可循，以無失其相親愛之意焉耳。不以爲盡吾親愛之誠，而以爲迫吾循守之迹，則禮爲後起，爲外，至不惟行之者拘苦而不安，見之者亦覺矯飾而無謂矣。上焉者將以禮爲「忠信之薄」而蔑棄之，老子知禮，而以清静立説是也。下焉者又以禮爲刑罰之先，荀子守禮，而李斯以嚴酷亡秦是也。故「禮之用，和爲貴」，「和」即出之無矯飾，行之無拘苦也。「先王之道」，其本則「仁」、「和」也，其文則「禮」、「美」也。「文」載「本」以行，故禮以和爲貴而美，而小事大事，舍禮無以立也。其「有所不行」者，非禮有時不貴和也，知和之貴，而不知其貴者以其和出於禮也。若去禮文，而徑以親愛相接，未有能和者。觀於兒童之嬉戲，男女之媟狎，可信禮之貴和，而不可舍禮以爲和也。然則爲經世之學者，於先王之典章、文物均宜時習以爲損益，而不可忽也。

信近章

此邦交之學也。以上論經世之學，均是自治，而未及交鄰，故此言交涉之學。人與人接，國與國接，大小不同，其道一也。信，盟會、約結之言也；恭，朝聘、接見之儀也。盟會、約結、朝聘、接見，小國苟能以禮義自持，大國必不能屈，若左傳所載子產之事晉、楚是也。大國亦當以禮義自處，不然要盟無信，人之背約，我必無辭以責，如夾谷齊要魯以三百乘以從是也。責人以無禮之恭，則我必驕，小則小白之矜色，畔者九國；大則夫差之爲越所豢，卒爲越所滅是也。至於春秋之時，强淩弱，衆暴寡，小國不能不有所因以自立。因人以自立，必奉其人以爲宗主，然必其人可宗，而後能庇我，此則在其因時而已定矣！因人之力，先當察其人心，其人以仁存心而守禮義，其人始爲可親，今日因之，終身宗之可也。以仁存心而守禮義，其國必强盛而進於王，王則天下之所歸往，天下皆將宗之，而我亦何不可宗哉？處列國紛爭之世，惟禮義足以持之。否則，大國强橫無以自制，小國怯弱不能圖存，變亂日棘，相率以至於亡，而無可如何也。有子之言，蓋卽夫子作春秋之意，所以救列國紛爭之禍也。知此爲交鄰國者，士君子伏處草茅，何所不得？己不自守義以行禮，至迫而與人約，始求近義，爲恭始求近禮，因人始求不失其親。惟列國並立，不能閉關自守，不與鄰國相往來，激敵怒而殘吾民，非保境息民之道也。故信稍近義，恭稍近禮，因能不失其親，在小國勉强圖存，聖賢亦許之矣。此孟子論交鄰之道，所以取句踐也。

無求飽章

此章之君子，其不能作「君國子民」解矣！曰：此正君國子民之「君子」，且承上章而記之也。夫欲常君其國，鄰不可恃也，在能眞子其民，法堯、舜、禹、湯、文、武、周公之勤民，孜孜自治而已矣。「食無求飽」，禹之菲飲食；文王自朝至於日中、昃，不遑暇食，用諴和萬民；周公之吐哺是也。「居無求安」，堯之茅茨土階，禹之卑宮室，文王之明堂與鰥寡孤獨共之是也。「敏事」、「慎言」，則堯之敬授人時，舜之兢兢業業、一日二日萬幾，禹之盡力溝洫、拜昌言，湯之日新又新，文王之望道未見，武王之執競，周公之思兼三王，夜以繼日，坐以待旦，皆是。其所出之教令，則言也，聖王未有不慎其教令者。「就有道而正」，下賢之謂也。君國子民之學，第一在尊賢，得其人而師之、友之，則百端皆正。不曰「求有道」而曰「就有道」，爲有國者言，欲人君降尊以就賢也，「可謂好學也已」。不謂之「勤政」而謂之「好學」者，此就人君自修之學言之；「自修之學」，爲政之本也。此章「君子」亦何嘗非君國子民之謂哉？

無諂章

此以處貧富之境，形容時習之學。夫子垂教萬世，非以時習，烏能應萬世之變？故此章「貧」「富」字，「無諂」「無驕」、「樂」與「好禮」、「切磋琢磨」等字，均不可泥以「往來」二字。會之，卽時習之義也。由驕諂而至於無驕諂，境又易矣。而樂與好禮之學，又易境，卽時也。時易，則習不得不易，無諂、無驕、樂與好禮，可視爲切磋琢磨境，可視爲詩，卽可視爲易之六位六十四卦之時位、春秋之「三世」。夫子又拈出「往來」二字，往來，時也；告，學也；知，習也。所能指實以爲告者，皆爲往，必待自悟，而始知者，則爲來，非時習不能自悟。故此章之義，爲發時習之蘊也。夫天地之運，無日不有所往有所來也。聖賢之學，帝王之治，無一不然。「時」、「往來」無盡境，卽告之學習之知亦無盡境，君子法天行之健，以自强不息，而易終於未濟，言時習之無已時也。時習之義，大矣哉！故惟時習，乃可謂好學，乃可謂君國子民之學，乃可謂孔子之學，乃可以治萬世之天下。

不患章

能盡時習之功，而告往知來，則非迂拘，而有心得，可以爲世用矣！然天下大矣，非一人所能獨任。堯、舜之安民，以「知人」爲先，故此篇以「患不知人」終也。己能時習，而告往知來，人仍不己知，是天未欲平天下也，非吾所當患。卽患之，亦無可如何也。若我不知人，任用非人，必貽患蒼生，是我之不知人貽之也，而豈非吾之大患乎？患之何如？曰：患之之心，是卽知人之法也。書曰「知人則哲」，「惟帝其難之」，「難之」者，患之也；「患之」而難者，不難矣！千古之知人者，孰能大於堯哉?!

總論

此篇以「學」起，以「不知人」終。「知人」是爲政之本，則此篇皆是論學，而學爲君國子民之學，爲無疑也。此處「不患人之不己知」，即是「人不知而不愠」，不愠人不知己，則爲君子；不患人之不己知而患不知人，是君子患不知人。君國子民之學，以知人爲大也。

論語時習録卷二

爲政第二

學成然後可以治人，故學而篇之次繼以爲政，見所學之皆將以爲政，而天下萬世之政，非有時習之學者不能爲也。

爲政章

此章抉爲政之源，以示人德者。人之所得於天，仁、義、禮、智[一]五常之德，所性而有者，上與下共之，孟子所謂「性善」是也。天與人以五常之德，而人不能自爲正，則生神靈之聖首出而教之，使之自歸於正。故上古作君之人皆作師之人，政

[一] 智：「智」下脱「信」字，仁義禮智信，合為五常之德。

與教合也。後世政與教分，有君之位不必有師之德，爲政以權而不以德者多矣，純王之治所以不多見於後世也。「爲政以德」，則一切法制皆以輔成斯民固有之德，握乎人心之同然，而人不能不從，故有「北辰居其所而衆星拱之」之象。北辰，北極也，以迹象所處言，則曰「北辰」，以理言，則曰大學之「至善」，洪範之「皇極」。拱之，即「會極」、「歸極」及「定」、「靜」之義也。爲政者非高拱法宮，端穆無爲也。一眼註定人心所同然，一切典章制作皆從此起，而無紛擾之爲，君既不勞，而民無不樂從，所謂「立我蒸民，莫匪爾極」，「不識不知，順帝之則」也。不然，一人自正其德，無所事事，而謂草野愚賤，聞風景從焉，此必無之事也。故「爲政以德」者，爲鄉學以正民德也，故觀於鄉，而知王道之易易也。

詩三百章

「爲政以德」是從人心所同然做起，然億萬人之心，以一人統而正之，此其勢常慮其不能周，而無容慮也。蓋先王早慮之，而有采詩之政焉。億萬人各自道其疾苦，以獻於朝廟之上，而聖王本之以爲政，則政無不孚乎民心，而民皆自歸於正矣。故欲爲政，當自知小民之疾苦始，知小民之疾苦，當自行陳詩之政，鄉閭有采詩之人始。詩三百篇，雅、頌明言朝廟之政，而以國風言風俗者爲首，政始於正民間之風俗也。國風有貞淫、邪正之思，而夫子蔽以「無邪」者，有政以正之，則淫邪者皆能歸於正。蔽詩三百以無邪，爲爲政者蔽之，非爲誦詩者蔽之也，所以不曰「誦詩三百」也。採詩並存貞淫、邪正者，待爲政者之采擇，以施正之之術，故須三百之多。不然，知風俗之貞淫邪正，而不能以政正之，即所謂「授之以政，不達」也，「雖多，亦奚以爲」哉？

鄭詩譜謂：古者，「婦人年五十無子，使宣教化於國中」，而兼采詩。此婦即鄉閭幼學之師，教女子及男子之幼者。婦人之詩達於朝廷，則無不達之民隱矣。

王者化起閨門，謂興女學以修采詩之政，化起民間之閨門，非王者之閨門也。君門且與民有萬里之隔，況君之閨閣乎？

道之章

使民間之風俗有正而無邪，必先有以道之，繼有以齊之，民乃知其邪而格其非，以歸於正矣。然其所以爲「道」、「齊」者，則須辨焉。張惶於朝廷之上，文告繁而法禁嚴，民固不能抗君之威力也，而百端以求免於文法，必能免矣，而無如其心不恥爲非也。漸濡於學校之中，提醒其德性，而與之節文，以范其步趨，則天良動於中，而以無德爲恥；儀則嫻於外，而以隆禮爲爲人之格，必欲及焉，而不肯降格以自處矣。「有恥且格」，即黎民以變時雍也；「道之以德」，卽「爲政以德」，禮則德之文也。其事則在設鄉學，以教農、工、商、賈之民，故王道必自鄉閭做起。「道以德」者，鄉學之師，時時提醒民心固有之良，而齊之以禮，則鄉閭事事均有禮法，而鄉學之師布之，使民無不率由也。

吾十有五章

此章夫子自敍生平之學，似於「爲政」無涉，而載之爲政篇，不入學而篇，此必有故矣。反復思之，乃知載此章於此，其義極爲精深宏大也。夫聖人之學，與年俱進，時習之功爲之也。既進之後，其習必與舊異，時異而習不得不異也。一人之身，範之以學，十年之間有何變更，而學之所進，不能仍執舊見也。則時異而學卽異，矧爲政於天下，十年之間，其變必更多更大，而能不法時習之學以爲政乎？湯之「日新又新」，文王之「望道未見」，周公之「仰思不合」，易言「君子自强不息」，春秋「張三世」，皆此義也。此一義也。學由十五以至七十，無日不習，乃爲聖功，爲政必自始至終無日不修省，乃爲王道。易所謂久道化成，必窮而變、變而通，通而始久也。此又一義也。一人之學當如是，則人人之學皆當如是；聖人之學尚如是，則常人之學更不得不如是。後世有政無教，農、工、商、賈，幼不讀書識字者無論矣，卽曾入幼學，迨至自謀生業，便棄其學，豈知操生業之日正是實爲學之日？聖人十五始志於學，至三十而立，此十五年中，爲委吏、爲乘田，懿子與敬叔來學禮，適周而反，弟子稍益進。是聖人爲吏、爲師皆是爲學，由是適齊，相魯，周流列國，無間窮達，無日不學。則知古者爲政，必舉一國之人，胥納於學而終身焉，乃可謂之王道。觀漢書食貨志所敍，及何休公羊春秋「初稅畝」注：農夫終身有閭胥之師，則凡六經謂爲王政者，皆納一世之人於學，而無日不學者也。此又一義也。夫矩者，所以爲方之器，一縱一横之謂矩，兩矩相合則爲方格，事事物物之天則也。十五成童則將出而應事接物，志於學者，矢以赴其天則也；三十則能踐其則而不移；四十則神明於天則矣；五十則知天則之所從出矣；六十則天則之自外見者，無所扞格矣；七十「從心所欲，不踰矩」，天則之自內出者，無不融也。聖人現身說法，正爲修己治人者示之則，而豈自詡其學之純哉？古無終年兀坐靜室，講誦虛文之學。人自十五後，皆當自治生業。四民之中農最多，從事田野最難學，而有閭胥、鄰長教於鄉閭，農官、田畯師於郊原，無地非學，而後三餘讀書，講求大道。自受田以至歸田，日治生業，卽日爲學，故國無惰民，而亦無游士。農如是，工、商可知。然則今日欲行王政，非仿三代之法，使一國之人無日不在學中，不足爲王道也。

孟懿子四章

學而篇由學說入，孝弟爲爲仁之本。此篇彙記論孝，亦於聖人自述所學之後。聖人所學，是堯、舜治天下之道，堯、舜之道，孝弟而已矣。孝是治天下之經，弟是治天下之用。修之於身，謂之孝；達之天下，謂之政。以天理言，爲仁義；以本心言，爲忠恕。故自古至今，無間窮達、出處，其所謂道，皆是這個。上篇孝弟是爲學者指其下手之處，此篇論孝則抉爲政之源也。

「爲政以德」，其本孝也，其文禮也。爲政於鄉，以道齊民，必因其固有之愛敬以動其心而範其身，則莫先於孝，而王者一切治化必於是始焉，故於此彙記答問孝之言也。生事葬祭之禮，愛敬之心發爲禮也；父母惟疾之憂，人子愛敬之心所從出也。非敬則無禮，不得爲愛；非愛則禮虛，不得爲敬。聖人設法以教鄉民，不能出此四章之旨矣。四章論孝，皆論爲政也。

春秋無政，世家爲之也。以關繫天下言之，齊、晉世家之禍烈；以關繫夫子之行道言之，則魯患爲切。夫子不能得政於魯，三家爲之，而孟氏之惡爲甚。昭公之出甘，爲逆臣之黨，三都之墮，獨阻新政之行，世祿之家，鮮克由禮。懿子陰險，武伯狂易，父子可謂世濟其惡者矣。「無違」之對，爲陰險之人隱違父訓者言之也；「憂疾」之對，爲狂易之人顯貽父憂者方之也。

「無違」之對，卽是明刺懿子違其父學禮之命也。懿子亦自知之，故不敢再問而退，恐再問而夫子之言更切，將無地自容，故急抽身去也。故無違之語在他人或恐失旨，在懿子，決不慮此，無論此時僖子已卒，懿子無親，何從有令？即使以從親之令爲孝，則從僖子之遺命而學禮焉，正夫子所告之旨也，而又何失乎？然則與樊遲以發者，蓋慮樊遲之未達其旨，非爲孟孫慮也。

夫子此答，必在僖子已葬以後，則夫子注意在「祭之以禮」句。是時三家舞佾、歌雍，以逼昭公，卒成大惡。夫子所謂「是可忍，孰不可忍」，以誅季氏之心，與此以「無違」顯誅懿子之心正同。僖子曰：「學禮以定其位。」僭禮以逼其君，位之不定，甚矣！人而忍違死父之命，何有生存之君？故「無違」之解，必皆無違父命之訓，方覺字挾風霜，直刺强僭者之隱微。不然，夫子之答，何不多加一字曰「無違禮」，省卻多少轉折矣！

武伯狂易，膏粱氣習太重，其過失多出於不自知，即父母鞠育之勞，亦似未嘗體貼。懿子雖無義方之教，而如庸俗人之私愛其子，必無不同，故以父憂子疾之誠告武伯，使之愓然自思，或有戢其狂易致疾之爲。則一念自省，而由此事事自檢其身，以歸於善。武伯不如懿子之陰險。觀清邑敗後，告人語能不欺，可見則爲善較易，或足蓋懿子之愆。一家之間，父子問同，而答之各因其人，矧爲政治，一國之人能不因人以施教乎？

懿子不聽父訓，武伯不體父心，鄉間子弟如是，孝之天理所存者幾希。鄉間風俗如是，與無教化之野蠻何異？犯上作亂何所不有？恐較之犬馬且有不如。犬能聽人嗾使，馬能就人馳驅，而皆知戀主。不聽父訓，不體父心之子，能如是乎？逸居而無教，則近於禽獸，此爲確證！此在春秋「三世」之義，非亂世而何？

「今之孝者，是謂能養」，「養」謂「能」，則凡子職之當盡者，必皆能之矣。而夫子僅謂爲犬馬之能者，何也？蓋人之所以能別於禽獸者，全在禮，禮者，敬之文也。能養而不知敬，與犬馬何異？子游，聖門高弟，何至養親不敬，致類犬馬？蓋子游以爲父母之間，天性之地，不宜一毫雜以人爲，故或脫略禮文，如後世老萊子之彩衣，强爲孩提啼笑之眞，以娱其親者。夫童子愛親，雖誠而無禮文，則禽獸之依其母，何嘗不親愛？人子之孝，遂以此而已乎？鄉間風俗，人子悉率天眞，人心固厚矣，而無禮文以爲范，則童子忤其親者正復不少，久而相沿，漸入於不孝，而孝者少矣。此在春秋「三世」爲「升平世」，故道之以德，必須齊之以禮，非鄉間人人有士君子之行，其治決不能常保也。

子夏之孝養則能盡禮矣，然禮非飭於外之物也，積誠於內而生者也，故求盡禮之實在色而不在事與食，故告子夏，以使嘗自課其誠於內。一切家庭之禮，躬自踐之，而必推求先王制禮之意由吾何心而生。愛積於內，發於外，自然爲敬，而無勉强矯持之迹，則理融於心，而有從容自得之趣，此在鄉間，則春秋「太平」之治，孟子所謂「王者之民，皥皥如也」之象。特借答游、夏問孝之説，以寓王道之次第，而非游、夏之孝有優劣也。

「色難」者，愛敬之誠根於心，「粹〔二〕然見於面，盎於背，施於四體，四體不言而喻」，則出於己身者，無一毫怨惡之端斯見於人者，怨惡無從生也。愛敬親者不敢怨惡於人，「不敢」者，誠也。誠其本心之愛敬，推而放諸四海而準，天下可一家，中國可一人矣。聖學之極，即在於是。

王者以孝治天下，世皆謂王者自修孝道，人自感之而化，此只説得一半。有諸己而後求諸人，王者欲天下人之行孝，豈能先有不孝？故王者先自孝其親，此不待言也。王者以孝治天下，正是見天下萬事皆該於孝內，而此孝之理又驗之人心而無不同，故王者爲政必從鄉間做起。鄉間設學以教民，道之以德，即是道之以孝；齊之以禮，即是齊之以冠、婚、喪、祭、鄉、相見之禮。禮即盡孝之文，故告懿子之「無違」，本重「無違」親令，因樊遲説出「禮」字，則發明孝可以治天下，而其用在禮也。告武伯則指出守禮之源，告子游見守禮之重，告子夏見守禮須以誠也，分明爲爲政者説法。禮者，王治天下實有可據之迹也。

游、夏愛敬親，夫子不以爲孝而以爲養，以其拘於父母之身也；拘於父母之身，即是曾元之養口體；養口體，則父母身體以外，愛敬皆所不及，家且不能齊，而況國與天下乎？此世俗之所謂孝，非儒者之事也。儒者則「愛親者不敢惡於人，敬親者不敢慢於人，愛敬盡於事親，而德教加於百姓，刑於四海」，此儒者事也。

〔二〕粹：「粹」以下四句出孟子盡心上，作「睟」。睟然，潤澤貌。睟在「純一」義通粹，然「粹」不通睟。

吾與回言三章

爲政在周知民隱而道、齊之，俾終身於學，以全其固有之良知良能而已。夫納億兆之衆於學，一學一師，則其師不可以千萬計，而擇之不易矣。故欲爲政，必先知人。帝王之知人善任以教其民，固無異父兄之擇師以教其子弟也。「吾與回言」章，知大才之法；「視其」章，知衆才之法；「溫故」章，知鄉官之法，鄉官皆有教民之責，則皆師也。非惟天下之大，億兆之衆，君不能以一身教之也，即擇人而任之，所任既多，不敢保所任之人皆得而無失，惟舉一人爲導之先路，而樹之的，使羣材望而自趨於正焉，庶可不勞而理。此舜、湯有天下，所以選衆舉臯陶、伊尹，而不仁者遠也。

周末文勝，言之弊流爲詞章，行之弊流爲色莊，孔子出而以仁救之，故學而篇即戒言色之巧令，而於此特許如愚之回爲不愚。蓋大知若愚，好仁不好學，其弊也愚，回如愚，則大知可知；回不愚，則好仁而能好學可知。夫子以學承堯、舜、禹、湯、文、武、周公之統，學者尊爲素王，則夫子即以學爲政。其屢稱許顏淵，即爲及門導之先路，樹之的，而使不致飾於言、色，以自趨於仁，周末文勝之弊，或由此而止。素王應運而興，不愧爲一治也。此章稱許顏子，即後世君擇相之法，是爲撥亂反正第一要策。孔子既爲素王，門人即皆爲素臣，顏淵稱首，非素相而何？如愚不愚，可想見其氣度，不矜才使氣，無智名勇功可言，而休休有容，涵納萬象，眞汪汪若千頃之波，王佐之度也，豈第破周末文勝之禍，直開世太平之象矣！古無不治事但伏案讀書之士，各官之長即取之於其屬，故凡察人，皆有可據之事迹，故「視其所以」；即以政、以刑、以德、以禮之以「觀其所由」，即「小大由之」之「由」；「察其所安」，即書「安汝止」之「安」。「所以」，治事之始也；「所由」，治事之中也；「所安」，治事之終也。始、中、終皆備見之，人焉能自匿其惡以容於王者之世哉？故此章爲聖王考績之法。

人之才各有所偏長，其爲世用，必各以其所長，應天下之變。如，同治單父，子賤以取於人，巫馬期以勞其身。「視其所以」者，視此也。同一聖學也，「道問學」者由外以養中，「尊德性」者由中以達外；同一王道也，太公由尊賢尚功以爲治，伯禽由尊賢親親以爲治。所入之途雖異，所至之域則同。「觀其所由」者，觀此也。爲治者必有所期，期於霸，必霸而後安；期於王，必王而後安。所安定於爲治之始，爲志見於爲治之終，則效也。「察其所安」者，察此也。此皆有實迹可據，又何容匿哉？

以教爲政，方是王政。故王者之政，必自鄉學得師始。師道立，則善人多；善人多，則風俗成，而天下太平矣。大學之言治也，「日新又新」、「新民」、「新命」，無事不求新，君相總其成，而能使人皆自知新者，則鄉學有知新之師也。凡事爲前所已學者，爲故；爲今所創見者，爲新。則口舌所告，簡冊所能傳者，皆故也。人之所能學者，無一非故，而不知新即伏於故之中也。堯、舜所以禪讓者，民重於其子也，故湯、武之征誅，民可重於其君，以禪讓之故爲征誅之新。湯、武敢冒然爲之者，溫堯、舜重民之心，知無利天下之私念，征誅即揖讓也。故溫堯、舜之故，能知湯、武之新，且能知曹、馬之新爲篡竊，秦皇之新爲强暴。由此推之，耕耘有耒耜之新，即佃漁、網罟之故也；衣服有絲麻之新，即毛血、羽毛之故也。使知新之師，各教於其鄉，則人心之靈與天地之運相感而通，人心由蠢悶而智巧，世運由洪荒而文明，物產即由樸陋而精奇，政治遂由疏闊而大備，成一代之盛治。而若別開一世界，則由朝有求新之君相，野有知新之師長，風俗美而人才出，此禮運所謂「大同」之治，而夫子預期於百世後者也。可以爲師，非此不可，其任重，故其選不可不慎也。

以己之學言，則曰「溫故知新」；以人之學言，則曰「告往知來」。「告往知來」，喜學者之善悟也，故入於學而篇。「溫故知新」，擇爲師之善教也，故入於爲政篇。學記曰：「能爲師，然後能爲長；能爲長，然後能爲君。」師者，鄉遂、州閭之官，以教民爲職者也。長者，六卿之長；公卿、大夫，任君國之事者也；君者，執一國之政柄，君若相之選也。王道始於鄉，故有志盛治以革舊染之俗者，必選鄉官，使教於鄉，以開新民智始。

君子不器三章

知人善任，一國之政舉矣，而統一國之政者，其任爲尤重，故此下三章連言「君子」。「君子」者，君國子民之人，器使羣材，出令行政，識周知一國之事，量周覆一國之人者也。故繹此三章「君子」之解，論語中之「君子」皆謂君國子民，可無疑義矣。

「君子不器」，朱子訓爲「識無不周，才無不備」，不能名爲一材一藝，而天下之材藝皆歸容納、涵蓋之中，則「不器」者，休休有容之度，顏子之如愚也。我惟不矜能，天下乃莫與爭能，而樂獻其能；我惟好有技，天下若皆爲我技，而樂成其技。善與人同之量，舜之所以爲大也。故「君子不器」，不但不可以一器名也，其心直忘己之能兼衆器，而以容天下之器爲者也。

子貢問君子，不加「爲」字，夫子卽爲舉其言行之先後者示之。蓋君子者，君國子民也，問君子，問君國子民之事也。君國子民，則其言卽所以教民之政令也，以身教者從，以言教者訟。未有諸己而先求諸人，未無諸己而先非諸人，雖以大君之威，不能得之於民也。故必先行之，而後其言出而民樂從矣。後從，當有民從之意，不獨指人之爲言宜在行後也。

君者，羣之首也，合大羣爲一國，羣材由己器使，羣策由己首出。用一人焉，必合大羣以酌進退，而不可比其私親；行一政焉，必合大羣以審從違，而不可比其私見。識周於萬里之外，慮周於百世之遙，若有所比，則有所偏倚、牽顧，而用人、行政胥不能得其當矣，武王之「不泄邇忘遠」，君子之「周而不比」。若小人，則無君國子民之任，豈可責以君國子民之德？且有從事田間，終身不出鄉里者，方且外比於君，内比於親，以常爲太平之民已耳。詩所謂「洽比其鄰，婚姻孔云」是也。人人親其親，長其長，而天下平。小人之「比而不周」，正以有君子之「周而不比」也。不然，分崩離析，小人無主，皆將各因所親以求可宗矣。易曰：「陽一君而二民，君子之道；陰二君而一民，小人之道。」周比之義也。

學而不思四章

君子爲政，與民終身從事於學而已。故此下四章言學，繼前三章之後也。「學思」章，進學之全功也；「攻乎」章，學必當審慎於其始也；「誨知」章，學不可虛浮於其終也；「干祿」章，鄉學考課之法，所以防誘以利祿之弊也。

爲政以德，德如何見？見之於事爲之迹，卽禮是也。故先王治民之大經、大法，全備於禮。然禮之迹爲文，禮之意則德也。文可求之於事，德必索之於心，故「學而不思則罔」者，齊之以禮而不道之以德也。循循於儀文之末，而不思其用意之所在，則儀文爲束縛斯人之具，「罔」而已矣，何能化民成俗乎？「思而不學則殆」者，道之以德而不齊之以禮也。運心於虛無之表，而不學其治事實迹，則道德爲清靜出世之用，「殆」而已矣，何能使民率由乎？不達禮意，而强束縛、加迫切焉，則入於刑名矣。荀卿重禮，李斯爲其學以亡秦者，罔之極致也。遺棄世事而高清淨、再猖狂焉，則流於隱、怪矣。老子尚德，王衍祖其說以禍晉者，殆之實徵也。古今治術、學術不出此兩端。學思並進，則內聖外王之道也。然「德」者本也，本立而道生；「禮」者，道之迹，以達此德於天下者也。故爲學之端，仍當辨之於其心。心一動念，當審充此念於天下，天下利乎？否乎？利，則爲天下同然之德，仁是也；否則乖異矣，不仁是也，異則攻而去之。一念之漸，爲力甚易，天下蒙仁之大利，而不仁之鉅患以止，此孟子三見齊王不言事，而攻其邪心也。若不審慎其端，至害已鉅，始欲攻而去之，爲力勞而害不易止矣。

亂天下之端，攻而去之，害斯已矣，則是治天下之端，養而存之，利豈有不興乎？然而不能也，天下之大，事變多矣。第存此心，而於一切典章制度，概爲屏棄而不之講，則有仁心而無仁政，蕩然無可遵守，我不亂天下，而天下人自亂之，何異我之亂之也？故君子經世之學，不宜空存此心而不致知也。夫土宇日辟而日廣，人心日濬而日靈，世運日開，人情日險，況生於秦者不諳越之風俗，生於楚者不能齊之語言，欲以一人之才智，周知六合之情僞、事變，裁判而胥得其宜，此必無之數也。故君子有時習之學，不謂我之能盡知，而信我之能日求知，亂端甫萌，救亂之方卽與之俱萌，則惟不自以爲盡知，而日有求知之心故也。道之大也，愚婦可與知，而其至聖人亦有所不知。千古知道，莫如聖人，而不知不害爲聖，則道之本量如是，易所以終於未濟也。君子之以學爲政也，當常使此心有有餘不盡之趣。子路勇於有聞，則迫切以求知，心隘而不廣，與道之本體不相似，故夫子誨之也。

人心之靈，莫不有知，而人往往苦於無知者，何也？知、不知之界未明也。不知之數雜於所知之中，而所知遂依稀而難信；所知之數又雜於不知之中，而不知亦恍惚而不眞，故必常以自省。凡我所知之數，無一毫不徹，而此心瑩然；我所不知之數，無一事之或忘，而此心慊然；而又知大道之無窮，時之未至，境之未親，有不能揣以爲知，而此心悠然、怡然。虛以待之，常如明鏡之懸以待萬物之來，舜之大智，如斯而已矣。然則夫子以知誨子路，誨以君國子民之度也。中庸之所以以子路之勇，繼舜之大智也。

子張「學干祿」，史記作「問干祿」，竊意史記脫「學」字，論語脫「問」字。此爲子張向夫子商鄉學之制，而預防其流弊也。設學以教民，民自十五後，視其才質厚者入大學，次則歸之農、工、商、賈。大學，公卿大夫之選也，農工商賈則爲專門之學，其秀，則農爲鄉官，工、商則爲工商之官。是國之人才出於學，設學之意在是。學不能不涉於祿也，朝廷以學爲養人才之地，民則視爲得富貴之階。重經術，而學馳於訓詁；習典章，而學泥於攷據；競聲華，而學入於詞章。以講道論德之地爲爭名奪利之場，習俗既成，舉世皆靡。則雖夫子手定之六經，口傳之論語皆爲俗子弋取科名之用，設學遍天下，而大義微言其沈晦，反甚於祖龍之燄。故自漢以來，聖學王道之不明，蓋皆利祿之習汩其端而障其知也。子張預聞夫子重學之旨，故商於夫子，謂設學教民不能不涉及於祿，將何以善其始而正其終乎？

夫教之必用之，祿在其中，自古至今未有不然者，不能因噎而廢食也，惟在嚴其考課之法而已。先之以多聞見，則空疏無用者不能雜於其中也；繼之以闕疑殆，則「記醜而博」者不能厠於其間也；終之以愼言行，則虛浮無實者不能混迹其內也。而要之以寡尤悔，則外證之鄉評，內察其心志，心迹既融，物望胥孚，學能如是，祿卽在是，則人才出而風俗亦成，又何有誘以利祿之失乎？「祿在其中」者，言不必慮學之干於祿也，祿在實學中，修實學，聖教明而王化成矣。

聞見之多，疑殆之闕，可試以文詞而知之；若言行之愼，尤悔之寡，則非朝夕與之遊處，詳察而熟審之，不能知也。古者取士之官卽爲教士之師，教士之師卽爲治民之吏。漢藝文志所謂「九流之學出於古之各官」是也。秦皇之令曰「欲學者，以吏爲師」，秦吏習法律，不通經術，秦之吏非也，令民以吏爲師，則未嘗非也。後世欲行王政，不盡變理財、治兵、選士各官爲教民之師，不足以爲王政。故鄉學者，王政之全也。

哀公問民服三章

此下言民服、民勸、爲政，次之「學思」四章言學後者，民服、民勸、爲政於家，皆鄉學之事也。

此三章言魯事。哀公問曰：「何爲則民服？」公無民，故欲審所爲以服之也。康子則直問「使民」，民皆歸於季氏，不待招納而服之也。哀公不終，於此已顯然可見。故夫子不仕於魯，仕於魯卽仕於季矣。夫子不得爲政，魯政弱而天下爲戰國，季氏爲之也。三章彙記，又有此意。

朝廷舉直錯諸枉，民何能頓服？若在後世，朝廷所用之人，鄉民均不知其爲何許人，何能辨其直、枉而服君上之舉錯？即云封建之世，所治者小，所用之人，民皆耳聞目見，然魯方七百里，今鄉人於鄰縣官之姓名多不能知，况遠去七百里乎？故知此之舉錯，即王制學校簡賢黜不肖之法，所謂直、枉，皆與民平日共學之人。故君上舉錯得當，人心翕然自服。王者爲政，一眼註定於鄉學，諸政無不舉矣。

康子直欲使民敬己、忠己，則勸者亦必是欲民相勸歸於季氏而敬己、忠己也，此時心目直無魯君矣，故夫子若不知，其意者「忠、敬」，但責康子之率道，不言使之之法。「勸」則第言民之相勸爲善，與上章「舉直錯枉」之意同。而曰「舉善教不能」，明説出「教」字，尤顯爲鄉學之事，故彙記於此也。

由孝而弟，不爲政於國，亦是爲政於家，王者之政全從孝做起。鄉學，王政所自始，亦即王政所由成。人人親其親，長其長，而天下平，非鄉學之教化大成，烏能如是乎？故學而篇以孝弟爲爲仁之本，而此篇由「爲政」遞到「學」字，即連記答孝之語，家國當從孝做起也。「施於有政」，謂由家而國、而天下也，「是亦爲政」，謂操爲政之本也。「奚其爲爲政」，言無論爲政於國、於天下，又焉能不從孝友做起乎？從孝友做起，即從鄉學做起也。

人而無信章

爲政重禮、以禮，即先王之大經大法也。然忠信之人可以學禮，人不忠信，禮皆虛文，上下以虛文相遁，科條日繁，政事胥墮於冥冥之中。相沿既久，成爲風俗，即有願治之君，亦不能遽使改更而大變其俗。日焦勞爲政，而無一政之可舉，則以文法未改於其舊，臣可以相沿之弊法自解，君不能以祖宗所定之法咎其臣也。因循廢弛，凡先王良法美意之所在，皆爲極弊虐民之端，而不敢議其非，所謂流俗汙世，非之無舉，而刺之無從，則皆無信之人所積而成也。人事之須信，猶大小車之有輗軏也，無之，即無以行。從古至今，豈有無信可行之政哉？夫子言此，其慨深矣。

春秋將爲戰國，全恃詐力。尚力，則爲政不以德；喜詐，則行禮不以信，即是無禮，此禍亂所以爲千古所未有，而名爲「戰國」也。各國爲政者皆無信，其禍豈能專責秦人？秦「徙木」尚能不欺其民，此所以雖詐於六國，而猶能滅六國也。然則欲行政於天下，必自無不信於其民始。

夫子與子貢論政，兵、食可去而信不可去，曰：「民無信不立。」信者，禮之幹，無信則禮爲虚文，以虚文與民相市，無一事之能舉，而國誰與立乎？

子張問十世章

王者治天下，有本、有文。本，法也；文，禮也。藴於心，人之所得於天者，千萬世無不同，故有傳心之法，無損而有益。紬繹其心之所固有，聰明日出，識見日宏也。若禮，則因時與事而爲之也。歷代固相因矣，相因而損之數，必多於相因而益之數，蓋法無久而不弊，不去其弊，則無從爲益，將不能爲因矣。故損益乃所以善爲因也，而其迹三代已備焉。殷因夏而損益，周因殷而損益，其已然之迹人人可以共見。故子張有見於此，直謂十世可知也，夫子又縱言之，以及百世。理之定者，雖千萬世不能易也。夫子與子張所謂「知來」者，即「温故知新」之謂，時習之效也。三十年爲一世，自夫子生至今，幾三千年，夫子所謂百世可知者，其爲今言之乎？因革損益則在能爲時習之君子矣！

非其鬼章

人道之萌芽，其假於鬼神以設教乎？故洪範八政以祀次食貨，而列於三司之前。自黄帝、顓頊首出，始漸彰民義，至堯、舜而大備，鬼乃不靈，而人爲有權矣。然而諂鬼逸而爲義勞，故荒淫之君，泄沓之臣，莫不諂鬼而決不爲義。國將興，聽於民；將亡，聽於神。且決不祭聰明正直之神，而諂淫昏之鬼，則以平日所爲不能見佑於天祖，而冀祭非其鬼，以諂受福也，則足以亡其國、殺其身而已，而究何益哉？！夫積平日之所爲，至於諂鬼以求福佑，此其人必能見民義之當爲矣，而卒不爲者，何也？以民義爲專利，民有妨於君若臣之逸樂也，故明明見之而終不肯爲，遂至國亡身戮，爲天下之大愚。古如桀、紂、飛廉、惡來，後世爲徽宗、蔡京、王黼、朱勔是也，嗚呼，悲哉！

總論

此篇爲政以德，德卽五常之德。乃篇中言禮、言信、言知、言義，獨不言仁，何也？曰：孝卽仁也。仁，心也；孝弟，事也。仁心見於事，惟孝爲先，爲政則治事矣。中間論孝，皆論仁也。

中間言學，今謂爲鄉學，然則爲政第治鄉，朝廷獨無事乎？且春秋將爲戰國，交鄰獨非事乎？何不一及也？曰：內治果修，外交易爲也。爲國以民事爲重，鄉學舉而鄉治矣，朝廷之政，孰有大於民事乎？況朝廷之政，未有不從鄉起者。財賦出於鄉，兵甲備於鄉，文武之材育於鄉，數端而外，朝廷更有何政？故鄉學苟舉，王政全舉矣！

論語時習録卷三

八佾第三

此篇多記禮樂之事。禮者，先王經世之大經、大法，綱紀萬事者也。爲政以德，德者，人之所同得，卽心而具，先王先得我心所同然，制爲禮樂以治其時之天下。時異，而禮樂卽須損益，不能泥守先王之禮樂以治今世之人，而其德政則無所異也。然其德政必由禮樂而見，故學而、爲政，必從禮樂入手，禮樂有迹可尋也。

禮爲治天下之法，故曰「治定」、「制禮」。「治定」者，謂治天下之規模已定，乃制爲定法，俾人人遵守也。樂以象成，功則在治平之後，何與爲治之事？禮樂並言者，古人爲政全在教民。唐、虞以樂官教胄子，成周以大樂正造士，教童蒙，教士，正其爲政之本。子游以弦歌爲學道，可知王道從興學入手，故樂之用與禮並重也。

八佾三章

季氏八佾舞庭，是昭公二十年〔二〕禘襄公，「萬者二人，其衆萬於季氏」。君當用八佾，而竟不備二佾，季氏當用二佾，而竟僭至八佾，一日之間，彼此相形，季氏而忍爲之，其心目尚知魯君爲己君，而己爲其臣哉？「孰不可忍」，分明説其將爲篡弑矣！此朱子前解也。竊意：無君之心，路人皆知，季氏顯然爲之，此不顧衆人之指摘，夫子顯斥其非，季氏能因匹夫一言而遂戢其邪心乎？不能戢其邪心，夫子何必定爲此無益之言乎？疑「忍」作「容忍」解，謂魯人見季氏所爲如是，尚隱忍相安，不發公憤以討季氏之罪而奉魯君，則又孰不可忍？將季氏弑魯君而奪其位，亦皆隱忍而奉之矣。夫子此言，蓋以激國人之忠奮。其後昭公出奔，季氏不敢自立，必聞夫子此言，魯國人心大動，清議倡明，人人以季氏爲非，而季氏遂不敢顯據魯君之位而奪之國也。清議之有益於國也大矣！季友與莊公同母，爲嫡出；孟叔、孫氏庶出也。公子之庶者，宗其公子之嫡者，故孟叔以季爲大宗，而立桓公之廟於家，季氏主祭，孟、叔助祭，三家之堂卽季氏之堂，季氏之庭亦三家之庭。廟中之庭與堂，舞其庭，樂歌在堂也。舞佾、歌雍當爲一時事。上章容忍其罪，主名季氏，所以定首惡，激國人之怒也；次章「奚取」其詞並言三家，所以離黨與，動孟、叔之疑也。魯君主祭，孟、叔當爲之相，今季氏主祭，孟、叔相之，是孟、叔臣於季氏矣。孟、叔獨不以爲辱乎？

禮樂爲治天下之大經大法，而篇首記此二事者，抉禮樂崩壞之原，爲古今一大升降也。古者以樂造士，舞以嫺其履蹈，健其筋骨；歌以便其誦讀，益其聰明。後世學校不修，不以樂造士，而流爲賤工、倡優，以歌舞爲悦耳、娱目、蕩志、淫心之具，風俗壞而人才不出，古樂之失爲之也。欲興禮樂，必禁倡優，以舞爲履蹈，歌爲誦讀，使學士爲之。鄉民臘社亦准用樂，延請學士爲演説農事及孝弟忠義之事；又倣房中之樂，作爲勸戒婦女各俚詞，使婦人年老無子者演説於巷里，以教婦女。

〔二〕年：「年」上脱「五」字。事見左傳昭公二十五年。

如此，則風俗不美、人才不出者，吾不信也。倡優工而庠序無士，此治法所由壞之本源。故此篇專論禮樂，而記此二事於首。權門重歌舞，知當時無風俗、無人才，而禮崩樂壞也久矣！

容忍失本心是不忠，「奚取」、無實事是不信，即是不仁，不仁之人，不能用禮樂。政無本不立，禮樂是政之文，仁則其本也。

禮樂之用，以祭爲重。祭先，即王者以孝治天下之意，所以探爲政之源也。三家，魯同姓之卿，以魯君爲大宗，而斷喪其宗子之家以爲私利，不仁甚矣！禮之本源，剷削淨盡，又何能以禮樂爲治乎？此二章言用禮樂，實是發明禮樂之本，欲用禮樂者，先正其心也！

林放問禮章

得其本，萬事理，爲禮而講求其本，則得其文之所從生與其弊害之所在，而爲損爲益則操之有本。盡受先王之禮文，而仍不失重禮之本意，則禮之本，即宰制萬物之權衡也。故夫子大之，大其能立法以救弊，而無救弊之弊也。禮是節文，益其不足，爲文；損其有餘，爲節。禮之中原自有儉意，周末文勝，是第知益不足而不知損有餘也。政事以文法相遁，一事不能舉，而綱紀廢弛；風俗以虛文相將，無人不巧詐，而人心偷惰。即孟子「上無禮，下無學，賊民興」之流俗污世也。欲救此弊，在朝當並省文法，黜巧宦而尚悃愊之吏；在野當罷去虛文，除華士而重敦樸之儒。此夫子甯「儉」、「戚」之意也。此處「儉」字非第「儉於財」，即夫子「溫、良、恭、儉、讓」之儉，謂當在節制上留心，不必求文采之可觀也。禮之有節、有文，原並重而無軒輊，然必先有節，而後以文輔之，使必中節而後已，則節爲文之本，即禮之本，而可準之以去文勝之弊，有節制，則文不過矣。以「節制」訓「儉」，正與「戚」字一例，喪禮之文，固由戚而生也。

夷狄章

「夷狄」二字，以春秋之義論之：中國而無禮義則夷狄之；夷狄而有禮義進於中國，則中國之。然則夷狄、諸夏之名，有禮義、無禮義之分也。義源於羞惡，禮行以退讓。無羞惡、退讓之心，而修明刑政，財富兵强，以力競於中原，而輔桀、富桀之民賊，爲之羽翼，上下一心，國勢日盛，其國不爲無君矣。然其有也，夷狄之有君耳！不尚德而力爭天下，無罪之民不知將死若干萬，戰國首功之禍，非其君有夷狄之行，而殘忍、苦酷若是乎？有君如是，反不如諸夏各國，舉朝泄沓，政刑不修，大夫自謀其家，而君亦昏，不知畏懼，日繼逸樂以苟安旦夕。民雖受暴虐，究較首功之禍爲稍減也。「夷狄之有君，不如諸夏之亡」者，意在是也夫？

春秋之末，齊爲陳氏，魯爲三家，晉將分於韓、趙、魏，衛則父子、兄弟互相爭奪，宋亦爲强臣所逼，鄭之大夫多侈，而其君皆昏庸，無一能發憤圖强者，此當時所謂諸夏也。楚則昭王知大道，惠繼立，能守其業；越既滅吳，其興甚驟；秦蟄於西；燕伏於北；其國均安靜無事，此當時所謂夷狄也。「夷狄之有君，不如諸夏之亡」，夫子蓋見中國日形衰亂，將爲戰國，爲夷狄所並，而無可挽救，則若天之欲敗中國，故發此歎。眞有茫茫四顧，欲叩天而問其故，而天亦不能自解也。嗚呼，悲哉！

旅泰山章

聖門諸賢，仕於季氏，皆以爲魯也。孔子爲政於魯，道果大行，則爲政於天下，不惟魯蒙其福也。自相魯不終，孔子出走，魯無可爲矣！康子召冉求，是時魯無可興之機，而夫子仍令冉子用於季者，欲陰施補救之術，以延魯祚也。故此旅泰山，夫子不責冉子直止之，而問其能救與否。而冉子直對曰：「不能。」夫子亦不責其不能之非，而第謂泰山不受非禮之祭。蓋冉子仕於季氏之心，夫子知之。其力之有爲者，無不救於冥冥之中；不能爲者，亦苦於無可如何。而夫子亦能諒之矣。

舞佾、歌雍，當在昭公時，所以誌昭公之出也。此當在哀公時，所以誌哀公之不終於魯也。何以知之？以冉子仕季在哀公時，此章之語，當與「退朝」章爲一時事。「有政」之對，與「不能」之對聲口頗肖。其事也不爲有政，與謂泰山必能如林放，其詞意亦類。權臣當國，聖賢不能力爲挽救，婉商隱諷，其心亦良苦矣！

無所爭章

禮者，先王治天下之法也。此篇多言先王立法之本意，此章尤要。天下之亂，無不起於爭，先王以禮治之，禮以退讓爲文者也。範天下以退讓之法，必豫絕天下爭競之端，射則助爭之器之最烈者也，何不絕而去之，而反重之爲禮？而後世君子且不可不爭於此者，何也？曰：先王能融天下爭競之心，不能去天下爭競之力，懼天下之爭競，而去弓矢之射以弱之，何異畏斯民之智而焚詩書之文以愚之？秦皇把持斯民之私，固早戾於先王制禮之本意矣。故必爭於射，化爭之所也。爭以君子，使人人無所爭也。先王以禮讓持天下，而不流於積弱，其用意深遠，非後人所及也。

暴君之爲爭也，莫烈於射；仁君之止爭也，亦莫大於射；故射不可去，而先王以禮讓行之。君子無所爭，以禮讓爲國，不與人爭也，尤使人之不敢與我爭也。揖讓而升，下而飲，以射爲行禮之具，馳強盛之氣於禮文之中，變力爭爲退讓，而無積弱之失，則天下可永永太平，而列國可相安於無事矣。故曰：「其爭也君子。」爭以息天下之爭，君國子民之，道其本源固如是也。

巧笑章

禮爲後起，非聖王治天下一切典章制度皆後起也。有民胞物與之心，乃可以爲治平之大經大法，否則以一人之私智，曲防後世之變，慮切於此而患伏於彼，憂深於顯而禍積於微。秦、漢以來歷代相懲以爲法制，而卒不能防後世之變，且加甚焉者是也。故欲定治天下之禮，必先誠其治天下之心。誠以天下爲一家，中國爲一人，則大公無私，其爲法制，必無猜防、疑忌之爲；誠以民爲同胞，物爲吾與，其於典章，必無束縛把持之見。孔子論治法，必推本於堯、舜之心法者，「禮後」之謂也。子夏因「繪事後素」之訓，悟及治天下之本有仁心然後有仁政，是於古聖經綸胥會其源也，即可以自爲禮矣。故「禮後乎」三字，有驚喜之意。夫子曰「起予」，亦因子夏之悟而意與之俱遠，蓋問答之初，卽詩言詩而不意有此一悟也。

夏禮章

禮者，治天下之大經大法，夏、殷之禮，禮弊而夏易爲殷，殷易爲周。夫子生於春秋之末，又何拳拳於夏、殷已弊之禮，而必欲言之，且欲徵之也？蓋文、質再而復，春秋之末，周之弊已極，不足以馭天下之變。夫子作春秋，參用三代之禮，時人罪之，以爲私創新法，變亂祖制。甚且官制訪於郯子，移災稱許楚昭，將謂夫子用夷變夏者，不知夫子實參酌於三代，損益而爲之中也。人自昧其祖，而蕩棄其禮，杞且不足徵夏，宋且不能徵殷，他人更何責焉？文獻不足，其於祖宗之制，瞠目不識，而疑爲出於一人之私，雜以外夷之法，蓋不獨春秋時爲然也。故中國之衰，不惟不知今，並不知古。

禘自章

禘，王者治天下之源也。爲有父天母地之眞心，乃有民胞物與之實意。周公制禮，以禘爲王者之大祭者，其意在是也。魯爲周公之後，不體其祖制天下之心，而僭其爲治之禮。未灌以前，未迎尸也，則不知爲何祭？及至既灌，尸人，文王先，周公後，既不見配天之意，而舞佾、歌雍均非諸侯所宜有。知僭其文之爲尊榮，而不知一核其實之爲可傷可歎也！其先人推求民貴之意，臨之以天，以厚人君之仁；其後人乃視爲尊君之文，僭之不顧，以動世俗之觀。降自昭公之間，魯蔑其大宗者，三家又效尤焉。此禘之文，聖人既不欲觀，而禘之實，聖人又不忍言也。

或問禘章

不知者禘之文爲王者之事，不王不禘，礙於魯之僭，不能說也。禘之實，則王者父天母地，民爲同胞，物皆吾與，聖人治天下之源。魯之君臣固未嘗念及此，而天下亦未有見及此者，則又無從說也。故直以「不知」答之，然知其說者，治天下如視掌。夫子既不知禘之說，何以知知禘之說者治天下能如是？則分明以禘爲治天下之本源，使或人自審其心。果能父天母地，以民爲同胞，物爲吾與乎？則已說禘之實，又何必論其文乎？「指其掌」，果知禘之說，實見得民物爲吾胞與，治天下眞如是之易，非虛言也。

祭如在章

祭果如在心目中，常有天祖臨之，則祭祀之益身心，大矣！此法又可以禁絶世之黷於祭祀者。其祭祀之時，心目中未嘗有一神也，不然，一日之間，如祭數神，何能一一致其「如在」之誠乎？

媚奧章

利足以破義，其先見於君臣之間乎？臣之敬君，如君之敬天義也。蓋臣受君命以治民，與君受天命以治民，其道一也。故敬者，鄭重其事之意，則責難陳善之義爲多，而非逢迎容悦之爲也。有好利者出焉，以爲爵禄出於君，得乎君，則富貴；不得乎君，則貧賤。於是以求富貴之心事君，責難陳善之敬不覺變爲逢迎容悦之媚，而君臣之義亦變。夫此爵禄，君何以能操之？天福其祖宗以及其子孫也。天何以獨福君之祖宗？必其能媚而鬼神悦之，於是媚君者無不媚鬼神而祭祀之，禮亦變。然而人人皆媚鬼神，不必人人皆獲福；人人皆媚君，不必人人皆獲爵禄。於是媚鬼神之術愈變愈奇，媚君之術亦愈變愈奇。大率不媚聰明正直之神，所謂「祭非其鬼」也。不媚於禮德之地，而媚於私居燕閒之處，所謂「與媚於奥，寧媚於竈」也。舉世皆爲求利之人，遂皆工行媚之術，而朝廷爲求利之場，仕途皆工媚之人，民義大泯亂，世界不可問，而民生日蹙矣。蓋至春秋時，舉世以媚爲仕宦之正道，積成風俗，而不以爲非，故賈敢公然諷夫子也。爲政一篇，終於「諂非其鬼，見義不爲」，其卽此義也夫？嗚呼，夫子之慨深矣！

注云：「奥有常尊，而非祭之主；竈雖卑賤，而當時用事。」此説未合。「奥」爲正祭神之處，如君正朝之位，竈爲竈陘，如人君燕寢之所。奥、竈皆指祭神之處，非以奥、竈爲神也。不然，當云「與其媚奥，寧媚竈」，兩「於」字爲贅矣。「奥」爲虚位，媚之無益，不如媚於燕寢，此賈意也。注又云：「喻自結於君，不如阿附權臣。（略）故以此諷孔子。」案：結君不如附權臣，此説甚是。而以賈爲衛之權臣，諷孔子附己，竊覺未安。衛此時亦世卿爲政，皆其同姓，孔氏、史氏、公叔氏、石氏，相代執政。王孫賈未見於經，惟靈公叛晉，賈爲謀主。其後，衛與晉戰，亦非賈帥師，他事更未見。賈名賈，爲王孫氏，此時周爲天，楚、吳僭王，賈非周人，卽爲吳、楚之人，今仕於衛，蓋羈旅之臣也。踪迹與孔子同，其得仕于衛，而靈公信之，必媚竈之力。今諷孔子者，以己得位之術教孔子也。竈非指南子，卽指癰疽、彌子瑕。竈者，老婦之祭，靈公爲君，而授權於南子，此如奥爲虚位，政令皆自宮闕出，與竈當時用事何異？南子請見夫子，而夫子見，此必賈輩陰游揚夫子於南子，欲夫子入其黨，以傾衛之世家也。不然，南子之淫亂，何爲求見夫子乎？其謂指彌子瑕者，戰國策謂靈君〔一〕爲癰疽、彌子瑕所煬，則人不見其明，則此竈指煬竈之人。靈公爲癰疽、彌子瑕所煬結，靈公則昏而無知，不如結癰疽、彌子瑕則必能信用孔子，故彌子瑕謂子路：「孔子主我，衛卿可得。」媚奧不如媚竈，彌子與王孫賈其言若合符節。女謁、嬖幸，與外廷干進之人結爲一氣，此時衛國朝廷之上，成何景象？其不喪邦，眞有天幸矣！

靈公無道，所以不喪者，夫子謂王孫賈治軍旅，與仲叔圉、祝鮀同爲當其才。此三人似爲南子之党，南子其亦如武后，爲婦人之有才者，故能用人也。靈公卒，南子謀立君不謀專政，周時無母后專政之例也。母后聽政，始於秦，不與天下共天下，而以天下爲一家、一姓之私產，自秦始。故父死子幼，母后權政亦自秦始。使春秋時有母后聽政之例，則靈公未必能以善終。而靈公卒後，南子必立幼弱而自專政，蒯聵爭於外，世家鬩於內，衛未有不亡者也。南子之淫亂，不能喪衛，先王未開婦人聽政之端，豫有以防之也。故王船山以溫公奉宣仁后以變神宗之法爲依女謁以成事，終於必敗。嗚呼，其見卓矣！

夫子答以「獲罪於天，無所禱」者，世所謂以「天」字壓倒賈口中之奧、竈字，此俗見也。天者，君臣之源也，祿爲天祿，爵爲天爵，位爲天后，職為天職。天子受命於天，以治天民，分之諸侯，諸侯又分之大夫，所治者終爲天民，故君臣以義合，而義爲民義，此皆性分之自然，無容矯拂於其閒也。事君不從民起見，而從一身之富貴起見，卽獲罪於天矣，又何從禱而免乎？罪且難免，又何有於福利乎？不爲福利，又何肯媚鬼、媚人而計較於彼此乎？賈知夫子不爲一己私，卽決不肯違天經以用媚，故聞夫了之答，不再請辨，而卽退也。

周監章

此聖人自明作春秋以垂法萬世者，爲周初文明之治法，而非有所變亂於其閒也。監有法、戒二意。治天下之宏綱定於唐、虞，而其細目繁節，至周而始備。周之文卽本唐、虞之道，而變通以盡利者也。千古有一成不變之道，無一成不變之法。

〔一〕 靈君：戰國策卷二十作「靈公」。

後聖之道無不同於前聖，而前聖之法決不能復治後聖之天下，時不同也。堯、舜之治，禹親與其間，而卽易禪爲繼，湯則又加以及。至周而繼及之局不可變，則受權於臣民，營成於洛，居天下中，而天子以時莅焉，以齊天下之政。蓋諸侯能各以意治其民，而天子總之，則以天下人治天下，而世傳之禍或不至於甚烈。故厲王之虐，民可流王，而共和行政，國以不亡。幽王之昏，夷來犯夏，而晉、鄭是依，祀猶未墜。蓋周監於二代，其制馭臣下寬，而教誥士民也勤，天子無獨運之威權恣睢於上，而虐不及境外；士民有同心之愛戴，固結於下，而效可收於衰弱，則其「郁郁之文」爲之也。「文」何以郁郁？法制修明而有生意運於其中，如黍稷之郁郁以自暢其生機，不以文法束縛士民，而予以樂利之象也。則周之「文」，皆本知人安民之誠心而出之者也。

又是，禮樂知人、安民之迹也。安民是仁心，知人是推廣此仁政也。周監於二代，以仁心達於仁政，故被其禮樂之文者，有親賢樂利之休，無束縛劫持之苦，如黍稷之自暢生機而郁郁也。禮之文，爲治天下之綱紀；樂之文，爲治天下之精神。造士育賢之法，胥在於樂，知人爲安民之本也。

或謂周末文勝，夫子欲變周之文從殷之質，此云「從周」，蓋從周初未弊之文也。曰：是則然矣，然「從周初未弊之文」，則稱文、武之制作盡善盡美而從之可矣，而必曰「監於二代」，固知非僅「從周」也。舉中天以後之道統，垂爲萬世之治法，胥以「從周」該之，有損益無違戾，指春秋改制言，非僅一身之從周也。

然則此處之文爲周家綱紀一世之文，又何以專從禪繼一事言之？曰：安民必先知人，天子不得人，則知人之本先非矣。誰爲知人？不知人何能爲文法以安民？繼世以有天下，天子決不能擇，天下卽不能長治。創業之君，不惟私其子孫者，有以防天下之亂也。卽無天下之心，爲天下之民計，必先知人，而繼世之子孫又何從豫知？豫知又不能擇，聖人後世之慮，孰大於此？故禹以卑宮室、菲飲食、惡衣服淡子孫驕貴之心；湯以任賢相，而王子多舊勞於外，防子孫昏愚之禍；至武、周營雒邑，謂有德易以興，無德易以亡，不欲子孫以險阻自守，則凡一切法制禁令，無不開誠布公，與海内臣民以心相見。經幽、厲之昏虐而人心固結不散，奄奄至八百年之久，惟監於二代，故歷過二代遠甚也。先王議道自己，而立法以民，則嚴於律己而寬以待人，故其文之施於世者，有郁郁之象也。孔子作春秋，始於文王，終於堯、舜，此「從周」之實，蓋郁郁之文致一世于唐、虞之文也。

無公天下，不利天下之仁心，卽不能爲安天下、守天下之良法。春秋始於文王，終於堯、舜。文王三分天下有其二而不取；堯、舜官天下不私其子，春秋所用，皆周監二代，郁郁之文，可恍然郁郁之爲如何景象矣！

天地之運，日趨於文，一代之興，其經營以垂後世者，皆文也。孔子曰：「文王旣沒，文不在茲乎？」「在茲」卽指春秋言也。周末文弊非勝也，觀春秋所書，論語所記，先王所定禮樂以經世，無一不崩壞，所僅存者，如告朔之餼羊，虛循故事，何輔於治？故周之亡，亡於一切綱紀廢弛，非亡於文勝也。黄老家乃欲逆天地之運，屏去一切文法，反世於淳悶無爲之世，此必無之事也。幸其不起於春秋而起於戰國，設春秋無五伯假先王之法以持世道，則中原早淪於夷狄，不能相持以至數百年之久也。

子入太廟章

禮爲施政教之具，而禮莫先於祭，政教又自祭祀始，故自古亂亡之國，未有不蔑棄其太廟者也。遺牛羊而自食，竊牲牷而無災，然則其太廟雖未墟，宜如荒廢之屋，無人過而問矣。魯至春秋，郊牛屢傷，餼羊徒具，其上下泄沓，一切廢弛而至是乎！太廟之禮器，物雖陳，其毀敗不修者必多矣。告朔禮廢，太廟終歲扃閉，僅四時之祀始啟爲掃除，則蛛絲網戶，鴿糞盈庭，蔓草蒙階，莓苔封徑，而熠耀宵行，鼪鼯晝出，又可知矣。魯之君臣祭祀之時，或主或助，入焉不睹，出而卽忘，怠慢之心，入廟猶不能作其敬，其國之一切典章制度，敗壞不舉可知矣！夫子知其如此，平日心傷之，一旦得與於祭而入太廟，正欲以一問請有司之職掌，動君相之聽聞，而作誠敬之心以修明庶政。則此一問，謂爲興魯之本可也。或人不察，反以問爲不知禮，而孔子之意，又難以明告或人，故直斷之曰「是禮」而已。

祭祀以作人心之誠敬，人君臨民行政，非誠無以端其本；非敬無以達其用。封建之世，君師之任未分，爲君卽是爲師，故凡建國，先立祖廟。王者受民於天，而分諸侯以教養之，諸侯君一國，卽與一國之師無異。繼體之君必誠敬，奉其先人之道，以政教教養斯民，故列國之太廟，卽郡縣世之文廟，告朔之禮，卽如今朔望州縣官行香之儀，而四時如今之春秋丁祭。魯廢告朔之禮，其太廟情形，以今各州縣之文廟例之，荒涼可知。有心人苟親見之，烏能不問耶？孔子此事，必是年二十後爲小吏時事。位卑不能與聞政事，只得一問了之，冀當道者有所感動於心，而翻然變計也。若與聞政事，如爲司寇時，則昭公之墓可以「溝」合，太廟中失禮之端，豈僅問焉而已？故或人稱夫子爲鄹人之子，年少而名未著，故繫於父之官邑，故知爲二十後爲小吏時事也。

學問爲人口頭常語，至核其實，多有學而不問者，宦途尤甚。孔子在宗廟、朝廷，「便便言」，而鄉黨篇中，重見「入太廟，每事問」二句，則記者以此二句爲夫子在宗廟「便便言」之實迹也。然則夫子此時必有明辨其非禮之處，而魯君弱臣强，均置若罔聞，而或人乃議其後也。

漢時以議宗廟爲大不敬，其弊法當卽萌芽於春秋。周公制謚法，暴君則爲惡謚，親盡則毁其廟。桓親弒君而身亦被弒，乃謚曰「桓」，其廟亦親盡不毁，爲火所災，則孔子在陳時事，當在魯入廟而問，亦必及此。故或人以爲不知禮者，謂議宗廟爲不敬也。孔子以爲知禮者，本周公謚法之義，宗廟非不可議也。

射不主皮章

此見先王之禮存乎世者，苟亡其本，卽爲作弊之端，而不可用。人將謂古道之不可復用於今，而豈古道之不可用哉？「射不主皮」，選士之法也；「爲力不同科」，用民之法也。射不主皮，鄉射禮文，則爲力不同科，亦必周禮用民之常經，請先言周之選士，再言用民。

「主皮」與「貫革」是兩事[一]並見。儀禮鄉射篇，「貫革」是射甲革椹質者，惟軍中用之。凡禮射，皆不用主皮，則五物詢衆庶之一禮，射以布爲侯，而棲皮於其中以爲的，所謂「鵠」也。主，注也，「主皮」卽「中鵠」也。射既設侯，必期中的，不主

[一] 事：原字不清，意補。

皮，則其射爲虚文矣。而禮經有不主皮之文者，何也？曰：射中，則得與於祭；不中，則不得與祭。澤宮選士，果惟是以一矢之中否爲去取乎？知人以安民也，一代之治以取士爲急務，而其取之也，乃僅在一矢之中，是周家所謂賢，僅此射之一藝，而所謂德與行道者舉不問焉，其取士敢能信其必得乎？故鄉射特著「不主皮」之文，言國家選士，由里塾、黨庠、州序以及澤宮，無不用射，以射行禮，而非以射爲選人之法也。周之造士也以學，其取士也，亦以學。庠序之師，各以士平日所修之德藝上之於朝。其貢士於朝也，「飲射」以遣之，天子以諸侯所貢者試之於澤宮，而亦飲射以受之，雖皆用射，而所以能知其人之賢而貢之、受之。其不變者，且移之郊遂，則皆定於平日之學修，以其師之品評爲據，而非以一日射之中否爲據也。及周之衰，朝廷造士之法盡壞，不擇庠序、學校之師，而平日無教法，而朝廷不能不用人，遂以校藝之事爲進賢之典。若士一稱善射，卽爲才全德備之人，而足供國家之用也。其始也，朝廷不信人而信法，盡奪庠序升進之權，而恃一日之校射。其繼也，必盡棄庠序教育、考課之法，而冀爲一時之能中，則取者不必賢，賢者不必取，歸咎於射之無益，以爲先王立法之疏，而豈先王之疏哉？於是援「射不主皮」之文，別議取士之法。興廉孝而行僞，崇門第而俗浮，尚詞章而華士無用，分武科，而士氣胥靡。鄉學教育之法壞，不造士而欲得士，從古至今，固無良法也。此射不主皮爲取士之古道，所以不可行於今也。

古者，力役之征以年之豐凶，居之遠近，人之强弱，且賢者免，老疾者免，斷不能一科如貢法，較數歲之中以爲常也。然必鄉官得人，時察民力，以爲之消息。後世無鄉官，其簽用民力，權歸吏胥，親民之官，其與民隔也無異九重之遠，不能知民之疾苦，何能形民之力而爲之用？用民既無一定之科可循，民將愈不堪命。故不重鄉官之權而達民隱，「爲力不同科」之古道，亦決不能行於今。「同科」爲「貢法」；「不同科」爲「助法」。孟子論取民，謂貢法不如助法，而自戰國至今，未有一代取民用助法者，用民力與取民財，其事同也。

然則古道眞不行於後世乎？曰：非不可行也。立法須從本原做起，原者何？知人安民之君是也。以堯、舜之心爲心，則天以民與我，求安是我性分，安之是我職分，而安民必先知人。皋謨一篇，專言知人，而其要在選鄉學之師。鄉學之師日日與其弟子狎處，其德行、道藝必無一不知，其治鄉閭之事，即令其師舉其弟子爲之，治、學合而爲一。其進士也，庠序之師選定，居時以禮遣之，以次而上。凡官皆爲師以達於天子，尚有僞士雜於其中乎？何必取決於一矢之中否乎？其用民力也，閭師、里胥日與相處，必皆深悉其疾苦，而於其鄉民又皆素有師弟之情誼，則不同科之力役又何不可行乎？古聖王治天下，其道納萬端於其中而爲之，所欲行之者，必須全舉其法而行之，始能得其立法之精意，而行之無弊。不然，如牽人之一髮而欲全身之動也，不亦難乎？

夫天下大矣，其爲事也多矣，一事不得其道，則相因而不能理者，何可以數計？後世於先王治天下之法無不壞，有志復古者倡一法而即責其效不效，則以爲古道不可復，豈爲能知古道哉？故「射不主皮」謂取士不當恃一日，而當考之平日，非謂士之射不當主皮也。「爲力不同科」，謂用民不當一科用之，當量其力之能爲與否，非謂用民之不當有科也。「不主皮」之道其所以能行者，在鄉學之修明；「不同科」之道其所以能行者，在鄉官之得人。僅執「不主皮」、「不同科」二語，不究其源，則古道眞有不可用者矣！

管仲之器小哉章

或問此篇論禮樂，爲治天下之法。此章評論管仲，與通篇語意不相類，何也？曰：器者，立法之原，禮樂之所從出。王者甄陶一世，其心如型模，禮樂則型模所出，日用之器也。型模大，則所出之器大；型模小，則所出之器小。故王者以禮樂治天下，霸者亦以禮樂治天下，其用禮樂同，而其禮樂所呈之效，王者遠而霸者近，王者深而霸者淺，王者久而霸者暫，其從出之源異也。故此篇論管仲之器，所以清出禮樂之源也。禮樂之源爲仁心，即「人不仁，如禮樂何」之旨也。

仁則以天地萬物爲一體，故其用於世也，求遂此心之仁。禮樂、法度皆從仁民愛物之念而生，其量即足以涵天下萬世，其器大也。不仁，則有物我之私，其用於世，必先計己之利否，而禮樂法度皆從一身之利害而生，其量遂以所見之大小爲量，以己之利害爲量，則決不能及天下萬世，故其器小也。王道霸術實判於此，不然「一匡九合」之功，無禮樂，豈能做到？然無天下一家、中國一人之心，豈能爲天下一家、中國一人之法？出治之本源既殊，其爲民生國計謀，必有潦草苟且之處，而隱微不能無猜防、疑忌之私，王道之壞，壞於五霸之假者，此也。一匡九合，孔子以管仲爲仁，今以器小爲不仁，聖人之語，不前後矛盾乎？曰：暴亂之世視霸功，霸者之世，民生亦漸安樂，不得不謂之仁。以聖人之治視霸功，則霸者僅爲苟且補苴，如齊之國富兵强，而開功利誇詐之風，盟會征伐但責各國之貢賦，而不改紀其政，使同臻於上理，則求利己國之念芥蒂其中，而所見小也。故軍令必隱行於其國，不欲他人效之，同其强也。後救邢、衛，不早定魯，以人國之患爲己利也，則其他所用之禮樂法度，悖於聖人者必多，後儒以爲功之首、罪之魁，孟子以爲功烈之卑，而孔子曰「器小」，蓋深惜之也。

孔子於管仲推許處多，鄙薄處少，孟子則多鄙薄而少推許，孟子異於孔子也。孔子時去王道之世未遠，豔稱霸術者固多，而知其非王道者亦不少，故子路、子貢皆直斥管仲之非，而或問子產、子西，末及管仲。曾西且謂管仲不如子路，是其時雖無行道之人，而知王道，恥效霸術之儒生尚多。夫子懼儒者逞空談、重心性而薄事功，則流於黃老清談，其貽禍於世者尤巨，夫子所以推許管仲之功者，防黃老清談之禍也。至孟子時，則舉世知有桓、文、管、晏，不惟流俗如是，卽公孫丑、陳代學道之儒，亦不知王道而尚霸術，王道將從此墜地，萬世無從復明。故孟子力矯之，每言及管仲，必痛抑之，黜霸從王，所以爲萬世計，不得不然。至「五霸三王之罪人」章，自爲評論，則與孔子之論合，其曰「三王之罪人」則此章「器小」之謂也。其曰「今之諸侯，五霸之罪人」，則乃如其「仁民」、「受其賜」之謂也，孔、孟何嘗異哉？

或何以疑器小爲「儉」與「知禮」也？曰：此孔子時流俗之見也。至孟子時，儒者亦如是矣。春秋時，諸侯皆爲五霸之罪人，故檜亡於春秋之始，尚思及王，曹亡於春秋之末，僅思及霸。删詩均取之春秋之事，爲齊桓、晉文霸者，本不可原也。世俗相習，一聞孔子器小之語，不知求之心術之微，而附會於迹象，故疑「器小」爲「儉」。夫子直指其奢，則又疑「不儉」爲知禮，夫子卽指其僭，或遂無詞以問，終不知「器小」爲何語，夫子亦終不告以何者爲「器小」，則以或之不足與語管仲也。

管仲卽儉與知禮，固無救於「器小」，「器小」在心術之微，不在事爲之迹也。然奢與儉，則亦「器小」之所見端，爲「三歸」之臺，「官事不攝」以自傷於民，蓋以術自結於君，以固其位，君臣之閒，不以誠相見，此窒王道之始也。「樹塞門」、「有反坫」，蓋以誇耀於諸侯，以自大其功，方寸之中，無餘地以受功名，此敗王道之終也。窒其始，敗其終，皆由「器小」，然則人之器量，固王霸之所由分哉！

管仲之不儉，不知禮，王翦請膏腴，蕭何侵奪民田之術也。君臣之閒，以術相馭，君臣均器小，以治國爲自保富貴，非天降下民，作君師之義也。有萬物一體之懷，則器大而功名不足以動其心，大行無加，窮居無損，何所用其要結？何自形其震矜？則一切舉措，悉循天理之公，而無事矯飾、造作，此王者氣象，奏郅治之隆，而民皞皞同游於太和之域，與之俱化也。後世君臣遇合，以昭烈、武鄉爲第一。武鄉開誠布公，器畧大於管仲，其他皆不免器小，則法度禮樂之源已隘，而猜防疑忌之私，其壞治道於隱微者多矣。此列此章於八佾篇之旨也。

論語時習録卷四

里仁第四

聖人之學，治天下之道也；禮樂，治天下之迹；仁爲治天下之源。以學言，則禮樂其文，仁其心也。無其心，何能有其迹？然舍則心無從見，故聖學必先博後約，聖治必先禮樂後仁。前篇所以備言禮樂，此篇始言仁也。且仁不達於天下，則煦煦之仁，非聖人所謂仁也。

里仁章

此篇繼前篇言禮樂而言仁，是爲禮樂探其源也。篇首不言存心，而言處境，何也？曰：此聖人言仁之精也。子思、孟子之訓「仁」也，曰「人也」，夫子告樊遲亦曰「愛人」，告子貢曰「事賢、友仁」，告顏淵曰「克己」、「天下歸仁」，皆不舍境以言仁。蓋道不遠人，聖人不爲萬世之人，卽不曉曉言學以明道。夫子承堯、舜、禹、湯、文、武、周公之道統，其道卽仁天下之道也。故有人始有仁，天下皆仁，則人與人相安以生矣。而推此相安以生之機之所自始，則起於一人之心，而達於人人之心，故仁之名由人而始，卽由處境而始也。此篇言仁，卽從人與人相處説起，所以爲繼前篇言禮樂，而爲探其源也。禮樂爲治天下之具，此爲禮樂探其源。何不言「天下仁」而言「里仁」？所謂「觀於鄉而知王道之易易也」。夫天下之人衆矣，必人人相愛相敬而不相爭奪，然後謂之仁，此非家至日見，手指口示，漸之摩之，雖以堯、舜之仁，不能卽喻之於億兆之衆也。故聖人有守約施博之術焉，觀天下於一鄉，其設施卽自一里始，曰「里仁」，天下仁之所自始也。

「里」何以「仁」？以鄉學仁之也。古者二十五家爲里，里有閭，閭左右有塾，鄰長、里胥爲之師，二十五家之人皆爲弟子，則家至日見，教之誨之，一出一入，無不有師；朝漸夕摩，一里無不相愛相敬，而不相爭奪，則無不仁。夫一里內不相爭奪，必不相爭奪於外，由一里而國，由國而天下，皆不相爭奪，而愛敬大同之治何以加此？故曰「里仁」者，舉天下所自仁之端以爲言也。

仁之端自近始，不仁之端亦自近始。人與人不相見，則愛敬無從施，卽爭奪無從起。人之生也，與仁俱來，與父母接而孝，與兄弟接而弟，再長則與一里之人接矣。不犯上作亂，卽仁也。「里仁爲美」，卽孝弟爲仁之本之實，而其所以爲，卽「弟子入則孝」章之教法也。

其言「擇不處仁」，何也？曰：此以世俗擇里況人君之擇術也。里之美在仁，則治天下之術莫貴於仁，而經營天下者多逞兵力，而不以仁，其故何也？識狃於習俗，陷溺久而不自知也。斥爲「不智」，誰曰不宜？若爲擇里者計，則當曰「不處仁里」，不當僅曰「不處仁」。曰「不處仁」，知爲有志天下者擇術言，非爲有家者擇里言也。孟子卽以「擇術」釋此章，則「擇術」之説，固爲此章之的解矣。

不斥爲「不仁」，而斥爲「不智」，何也？曰五常之德，均爲人生所自具，然人限於氣質之中，理之發見，必從氣質之靈明始。孩提之愛，性中之仁所發也，而曰「知愛」，則「智」先於「仁」矣。故「亶聰明，作元后，元后作民父母」，言能「智」乃能「仁」也。漢儒訓「仁」曰「相人偶」，「相」卽擇也，「偶」卽處也。「相人」，與人所以偶之道，而偶之則知仁之爲美，而擇而處之矣。漢儒之訓，密合此章之旨。孟子發明此章，又推到禮樂。仁之美，禮也；擇而處，則義在其中矣。故「相人偶」之訓，淺近切實，而又精深博大。若「心之德，愛之理」，精深有之，淺近、切實、博大，則未也。

不仁者章

擇仁爲智，能處仁，則仁矣，久暫之分也。上章以「里仁」明仁之實用，卽以「擇里」況人君「擇術」。又懼人之泥於擇里也，故以此章指出處仁之法，兩「處」字。「約、樂」，卽上章「處仁」之始，終人之於「仁」也。其始，必束身於矩矱之中，則見其約；其約，必悟性於事爲之表，則見其樂；樂而不淫，仁者之安仁也，則能常處樂矣；約而不困，智者之利仁也，則能久處約矣。故此章明言上章之節目，而卽以是立其品誼，則上章以擇里況擇術也，殆無疑矣！以一里之仁言之，其始必約束子弟，勤儉治生，導率婦女，敬恭養老，率其教化。猶如不羈之馬，驟施銜轡，未有不駭逸者。蕩佚之情，必苦閑檢；獷悍之俗，豈易祥和？受治者旣以禮法爲桎梏，出治者必謂禮教爲盤錯矣。故仁天下之始爲約，知其善而不久處者欲速，見小之心害之也。欲速，則無先難之心而不仁；見小，則昧遠大之圖而亦不智也。

久處約，則習化於約，不覺其約而樂矣！家給人足，不苦饑寒，俗易風移，遂多仁讓。一里如此，一里之美達之國與天下，太平熙皥之象也。然極熾而豐，遂生其蔀；財裕於儉，子弟或忘稼穡之艱；業精於勤，學人或獵詞章之豔。由艱窶而豐樂，卽伏侈泰之機；進鄙陋而文明，亦有奢華之漸。而況有天下者？其始之約，百倍於鄉里，其繼之樂，亦必百倍於鄉里，而其樂不覺自縱也，亦必百倍於鄉里。無持盈保泰之心，及身而泰平者，且及身而大亂。貞觀之業，衰於征遼；開元之治，墮於天實，則皆不能安仁，而其樂不長也。心不安于仁，一心之仁失，天下之仁皆自心壞之，太平不能長，彼其樂安能長？非不欲長處樂也，不能以仁爲樂，而以不仁爲樂，天下安有不仁之樂可容長處哉？！

然則仁者之處世，無所謂「約」、「樂」也，一於仁而已矣。仁之源爲愛敬，仁之迹爲禮樂。本心之萌，敬由愛起；本心之著，愛以敬存。立愛自親始，立敬自長始。「里仁」，弟達於州里之謂也。弟達於州里，禮達於州里也。天下爲里之積，天下太平，爲仁之成功，故爲仁未久，則見爲約禮，以嚴爲體也；既長爲仁，即見爲樂禮，以和爲用也。「和」即樂也，爲聖王作樂之源，故從容以就禮之範圍，而不流蕩、恣肆於其外，眞知仁之利而安之。能處仁，固爲仁者，其智亦豈易及哉？

惟仁者二章

「約、樂」，仁之境也。天下無無人之境，人與人接而情生焉，好惡是也。好爲愛之先，惡爲敬之對。人情者，聖王之田，順致其愛之謂好，逆致其愛之謂惡。故治一己之好惡，即能公天下之賞罰。好惡出於仁，仁載性而流，以性立其本，其發自無不中節也。師儒爲學，帝王爲治，舍好惡無致力學與政，皆以治事也。事由人情而起，故大學言平天下之學，誠意之好惡，擇仁也；齊家之好惡，處仁也；天下之好惡，安仁也。能好能惡，由於以民之好惡爲好惡，而不私爲好惡也。然則所謂仁者，以萬物爲一體而已矣。好惡出於我，以施於人者也。出於我，我可以自主；施於人，人我之好惡爲仁與否，我不得而知也。然有可知者焉。天下之人，千形萬貌不同也，而其所以爲耳、目、口、鼻、手足者，於聲色、臭味、安逸，則無不同，以性之宅於心者同也。心感於物而動焉。吾先以仁爲的，仁者以萬物爲一體也，以萬物一體，而好必如是焉，惡必如是焉。人之耳、目、口、鼻、手足之性，既與吾無一不同，則達吾好惡於人心，雖不必適如其願，而究不至相遠而相近也。故曰：「苟志於仁矣，無惡也。」謂容有過與不及，分寸毫釐之差，而決無相背而馳之事也。

夫擇仁而處，不過用情得其當而已。以一人之情施於億兆人之衆，而果無一不協，以一人之本理無不同也。仁爲元，善即天與我之性，故志仁者，契性於無聲無臭之表，而戒愼恐懼於日用之間，以求其合者也。「欲仁而仁斯至」，即有不仁，何至入於惡乎？故仁之形易見，即其理易知，仁可擇而處也。仁之理易知，即仁之事不難，爲仁可志而能也。無惡者，舉動不拂於人性，即能好惡之謂也。

在學人爲好惡，在帝王即賞罰也。世未有罰所好而賞所惡者，故好惡爲賞罰之萌，而賞罰即好惡之著者也。仁者以萬物爲一體，即性之本體，以性貞其情，即以貞爲萬事之源也。故好爲天下興利，官山府海不爲貪；惡爲天下除害，經武整軍不爲暴。一好一惡，與天下同之，惡何由生？中庸曰「無惡於志」，「志仁無惡」之謂也。

戊戌夏，粤人某講學京師，張生雲程、邢生瑞生同閩人林某見粤某曰：「春官報罷，亦動心否？」瑞生曰：「家有老親，迢迢數千里，不能慰其懸望，此心殊難釋然。」粤某曰：「小矣！」雲程曰：「功名尚爲身外物，況科第乎？得之爲意外，不得卽意中事也，何動心爲？」粤某曰：「矯也！」閩某曰：「譬之弈，既入局中，勝負既難置諸度外。」粤某曰：「辯哉，此當問應舉之心爲何如？若志天下，藉科第以有爲，下第卽不遂其志，聖人憂之，動心何害？故曰『苟志於仁矣，無惡也』。」當下指點，機鋒既捷，理亦圓足。今人高視聖賢語言，謂與吾人日用無涉，此最害事。致令五經四書專供文字之用，而無與於人事，八股之害，烈於秦炬者，此也。故爲爾等拈出當日語言，使知聖人言語，卽吾人日用之事也。

富與貴三章

自「里仁」章至「人之過也」章，皆言仁。「里仁」章總提聖人，傳經世之學，故與天下論仁，貴實爲其事，不貴空存其念也。以下六章，直類時文家之兩扇，前三章似言學，泛論其理也；後三章似言事，實爲其事也。不去仁，卽是處仁而安之、利之；好仁惡不仁，卽能好惡。人之所以能情專注於人，故好惡不拂於人也。情在專注，卽志也；不拂人性，卽無惡也。無惡，有過故可以觀過，不失爲仁，則無惡可信矣。仁豈難於處哉？

約、樂、富貴、貧賤，皆以境言。約、樂所該者廣，不僅富貴、貧賤。富貴、貧賤則據粗迹言之，蓋世俗之所共喻也。世之略解學問者，皆好探索於精深，以爲聖賢之道德，從事於廣遠，以爲帝王之經綸，不知精深、廣遠之不能，皆以粗淺之富貴、貧賤有以亂之於先，而牽制於後也。無端而語人曰「汝貪富貴而厭貧賤」，其人必不受。然試問今之讀詩書，不求道德，而精騖於詞章，果何故也？今之據要路者，不畏名義，而檢敗於苞苴，又何故也？非富貴豔於前，而貧賤迫於後乎？故千古爲吾仁害者，莫烈於富貴。無疏水曲肱之樂，不能爲贊修；無草芥敝屣之見，不能爲禪讓。富貴、貧賤之境無常，而吾心之仁，任富貴、貧賤之變幻，而確可以自主。吾心目專注於仁，其不入於富貴，道也，吾安之；其偶入於貧賤，亦道也，吾亦安之。吾惟知有仁之道，而他不計焉，則安仁之詣也。

夫天下之不憂貧賤而極富貴者，莫如君國子民之人。君國子民莫如仁。中天以後，仁者少，不仁者多，豈有國有民之君子不以仁名哉？有國有民，其富貴之利既極，其由富貴而貧賤，禍害必極烈。以守富貴之心守天下，必不能胥順人心之公而去仁矣；以防禍患之心防天下，更不能不逞一己之私而去仁矣。豪傑可殺，師儒可坑，詩書可焚，豈彼不知如是之爲去仁哉？富貴之欲熾於中，而貧賤之懼生於後，不得不去其仁也。嗚呼，無君國子民之實，人將目爲獨夫，求爲匹夫而不可得，豈第無成名也哉？！

夫富貴、貧賤，境也，境能移人，君子不爲境所移者，中心安仁也。貧賤既安之若素，富貴遂視而若忘。守吾心之仁，不以饑渴害之。夫人不食則死，死且不違仁，豈因富貴貧賤而去哉？無計較利害之心，何從有其私？智與仁爲一，造次必於是，顛沛必於是，守之熟而安之若素也。蓋其仁如天之不息，非堯、舜不足以當之。此其仁爲「生知安行」，聖人之詣也，其不可以力學而能乎？曰：惡乎不能？在用力於吾之好惡而已矣。事物之至吾前者，非仁卽不仁，無中立之境也。而吾本心之發，非好卽惡，亦不能中立也。吾於事物之紛，胥括之以仁不仁，而實致吾好惡，則好仁如好好色，不因富貴而易也；惡不仁如惡惡臭，不因貧賤而改也。如是，則能不違於終食，造次必於是，顛沛必於是，與仁相習而化，誰復見其用力之迹哉？

好惡，情也，生而自具，物感卽通者也。仁本可好，不仁本可惡，遇可好可惡，而好之惡之，此豈待用力哉？然見之未眞也，辨之未審也，則當用力於知，擇仁是也；持之未固也，出之未誠也，則當用力於行，處仁是也。夫擇處皆以用力於仁，仁爲吾性之本體，卽心而存，吾不用力於仁則已，苟用力於仁，是以心存心也。心在，斯仁在，好惡發於心，卽發於仁。然則有好有惡，已擇仁而處矣，天下豈有本心之發而待用力，既已用之，而尙慮其不足哉？然而世教淩夷，陷溺既久，天下無養尊處優之君，整飭紀綱，臣下或嫌其操切；開通壅蔽，奸諛反惡其英明；其心好仁惡不仁，而不能實達其好惡於天下，則用力而力不足也。然能阻我好惡於外，不能遏我之好惡於中，誠中形外，持之久而亨屯出險，有匪夷所思者，謂爲天心悔過也。夫天心尙可以人力回之，豈用吾力以求吾心，反有不能哉？有之，聖人未見君仁而阻之使不仁，固千古未有之創局也。

雖然，責己宜嚴，責人宜恕，用力而有力不足，或我用之之術未善也。工欲善事，必先利器，人材，人君爲治之器也。拔之疏賤，既招勳貴之忌；布之庶位，又有難遍之慮；羽毛未豐，而急高飛，有隕於逆風者矣。春風雖和，不能扇秋苗而使之長；洪鑪雖熾，不能當烈風而使之温。乘勢待時，亦爲仁者所宜講求。求治太驟，人心未附，擇仁而不能處者多矣，然而其志可喜也。彼既好仁惡不仁，則雖施之無序，操之過蹙，或仁於終而若不仁於始，或仁於人人而若不仁於一二人，或急於仁而反激出於不仁。要之，好仁，惡不仁之念誠於中，其設施未嘗無過，而有過未嘗不仁，且由過愈可知仁。蓋非心迫於内，不能不顧利害，横發四溢，以觸宵小之忌，而授之口實也。若無過，則「非之無舉，刺之無刺，同流俗，合污世」，其仁心固早已斲喪無餘矣。晚近之世，此輩固在在皆是也。嗚呼，悲矣！

夫夫子非欲處仁者必入於過也，然惡能無過？問心之過猶可以無，問世之過則不能無，仁可過，智不可過。處衰亂之世，以仁存心，未有能免於過者。堯於洪水，未得舜、禹，急欲治之，誤用崇伯，九載無功，非過乎？周公欲全武庚，誤用管、蔡，卒致畔亂而誅，非過乎？孔、孟於春秋，知其不可而爲之，非過乎？以及申生之過孝，屈原之過忠，雖萬世敬仰其行，不能爲無過也。故日月之過明於天，大、小過載於易，過之一途，固聖人所不能免也。胡文忠公有言「軍事勝敗，止能謀及六分，餘卽宜放膽爲之」。「放膽」卽是不慎，而與夫子好謀而成者異，亦豈無過？然兵家決無全勝之策也。況矯枉必過正，承廢弛之後，不能不糾之以猛。子產之相鄭，武侯之治蜀皆過於嚴，皆仁者之過也。故夫子既言「志仁無惡」，而復言此，欲人用力於仁，以求不失其本心，無闇然媚世，以求無過，如鄉愿之所爲也。則夫子「觀過知仁」之説，蓋欲存仁之眞於萬世也。

鄉愿無過，則狂狷皆有過。故夫子欲裁之狂狷，有眞性情，不避舉世之非笑，卽其仁也。鄉愿無眞性情，念念從身家富貴上計較，仁之根株已絶，故能無過者，甘爲不仁之大惡也。

朝聞道三章

此三章皆擇仁之術也。仁之成功，雖著見於天下，而其發端，則存於吾心，此又何難於擇者？蓋由己心之仁以播於天下，此有道焉。不患天下之我阻，而患吾心之自牽。守不定於生死之交，則當大故而氣餒；識不精於衣食之細，則遇小物而神昏。欲去二者之蔽，其本在存心，以嚴其守而精其識。而聖人言仁，從「里仁」説起，則重事爲而不輕言心性，故變擇仁而言道義。渾言之，則曰「聞道」；切言之，則曰「志道」；晰言之，則曰此「義」而已。

道者何？卽吾仁心所由以仁天下之路也。天之生人也，以此理全付之人，故不如禽獸之相呑噬，而人與人相偶，得並生於天地之間，故斯道，人道也。得道則人，不得其道則禽獸，則生不如死，故「朝聞道，夕死可矣」。不如是，不足謂之聞道也。

道者，天下坦平之路也，何至有「朝聞夕死」之事？聖人得無設言而非事實乎？曰：此狀聞道之心，謂其見之明、守之定，雖夕死而亦可也。亦惟若是，然後能持乎大利大害之變，而此心不稍爲之動。夫天下，大物也，其得之，則爲富貴也鉅；其失之，或求爲貧賤一匹夫而不可得。蓋以天下爲富貴、貧賤，其爲利害而生死之變也。行一不義、殺一不辜而得天下，聖人不爲，下此未有不爲，心動者也。以此例之，行一不義、殺一不辜而不失天下，恐爲之者多矣。夫以懼失天下之心，而遂違道，此尚得聞道乎？故不達於生死之際，其富貴、貧賤取舍之分必不明。而得天下之富貴必不以其非道而不處；失天下之貧賤，必不以其非道而不去。而經營天下以兵力，把持天下以刑威，其君既無仁心，其國必無禮樂。即所爲之法制、禁令，亦以處富貴、去貧賤之私心主於中，則求如五霸之假仁且不可得，尚得謂有「擇仁」之智乎？則甚矣，不達於生死之不足與言「擇術」也。不能擇術，卽未聞道也。然則道何以聞？亦「志仁」而已矣，志之，必聞之。而不能達於生死之際者，未知所以生，不能不有懼於死。夫人之生者，衣食而已，有天下固生，無天下亦未必死。而人甘違道以把持天下，惟恐失之者，則以有天下之衣食豐，而失之則惡也。夫惡衣食，未必死，而畏死之情，則皆生於恥惡衣食。彼以無道經營天下而把持之，不謂爲恥惡衣食，彼果何爲？則亦爽然自失，而無詞以對也。

夫議道自己，而立法以民，未足與議道。因民以爲法，似無不足者，然而不能也。法必出於道，乃可謂之法，天下焉有無道之法哉？故不能議道自己，決不能立法於民。好貨而與民同之，必非驕奢淫佚之主也。故後世人主不能如堯、舜，如禹，如文王者，不能如其衣服飲食之粗糲陋惡，而其治天下之法，遂大遠於堯、舜、禹、文也。惡衣食之恥，夫豈細故哉？不恥惡衣食，則飽仁義，被服道德矣。持此以應天下，不必不處富貴也，不必不去貧賤也，斷之以義而已。舜之「飯臭茹草也，若將終身焉」，不以其道得之富貴、貧賤，不處、不去，舜之「無適」也。「其爲天子，被袗衣，鼓琴，二女果，若固有之」，以道得之富貴、貧賤，處之、去之，舜之「無莫」也。天下之重大取舍，胥比之於「義」，更有何事不能比義者？故以側陋受人之天下不爲泰，而以平成之天下授人不爲驕，皆以比之於義，卽皆擇仁而處之也。

論語時習録卷五

公冶長第五

令尹子文章

以道存心謂之仁，以道治事謂之才，未有心不存而能治其事者也。夫既有事可治矣，舍其所治之事，論其所存之心，則迂疏之儒，皆將以心自遁，道德流爲清談，經術歧爲文藝，其貽禍天下爲極烈，故聖人預爲之防。公治一篇，評論人才，皆據可見之才，而不究不可見之心，如論雍、由、求、赤、楚令尹文、齊陳文子，皆以爲後世防，所謂夫子罕言仁也。然而弊又生焉。其高者或以仁爲高遠，聖人不輕言，或以爲幽渺，聖人不易言；其卑者則歧心與事而二之，謂功業可以詐力爲，勳名可以巧智獲；堅僻之流，又激而逃於孤寂之域，以自成其高。夫天壤之生機，仁而已矣，不仁則無人理，安得有人材？故聖人論學，莫要於仁，特仁貴爲不貴言，貴行不貴知。論語首章言學，次章卽始言爲人，言爲人巧言則鮮仁。聖門諸賢，惟許顔子不違仁，其語顔子也，則曰「克己復禮爲仁」，「天下歸仁焉」。「克己」者，爲人之始也；「復禮」者，爲仁之迹也；「天下歸」者，爲人與仁之極功也。爲人不至於天下歸，不可謂之仁。才者，爲之之具也。方始爲之，何得遽許以仁？故仁以天下爲量者也。此即此篇不知其仁，「未知，焉得仁」之義也。

仁貴於爲之，則仁之難在及天下之量，而不在有其心。故管仲一匡九合，功在天下，爲如其仁；而仲弓居敬行恕，身未使民，仍不知其仁也。此義既明，故顔子問爲邦，仲弓以居簡、行簡爲非，子路勇於從浮海，子貢以博施濟衆爲仁，而問仁獨曰「爲仁」。子張才高意廣，不亞子貢，論仁必以天下爲量，夫子告之亦曰「能行恭、寬、信、敏、惠於天下爲仁矣」。故曾子曰：「堂堂乎，張也！難與並爲仁矣。」子游曰：「吾友張也，爲難能也，然而未仁。」爲譽、爲諷皆注意於「爲」，則張之仁以天下爲量，而非孤守其心也。故此章詢仁及令尹子文之仕已、陳文子之去就也。

欲仁之爲及於天下，必先無爭於天下。天下之爭端皆自富貴始，富貴之念不清，不可以入仕宦之途。仕已無所喜慍，新舊無所猜疑，勢位不能攖其心也。十乘之馬可棄，他邦之違不一，富厚不能累其心也。勢位、富厚不足以入其心，然後持此心以爲於天下，天下其胥歸吾仁矣乎！蓋借二人以自證所以爲，而非詢二人之仁也；不然，夫子許管仲如仁，而聖門猶羞稱之。子文、文子之賢不及管仲，子張豈有不知，而尚詢其仁哉？

夫子不許二人之仁，則曰「未知」可矣，而又繼之以「焉得仁」，何也？曰：此爲子張言也。欲天下歸吾仁，必吾心如天而無所囿，然後有以待天之歸而無所阻礙。子文囿於楚者也，迹其生平，不過治楚，廣楚之土，强楚之兵，蠶食漢陽諸姬，以至於盡天下知其暴，孰見其仁者？視管仲之假仁招攜懷遠，蓋去遠矣。即其不以勢位縈心，亦爲國謀，而非爲天下謀者。謂爲安社稷之忠臣則可；謂爲安天下之仁人，是猶南行而北其轍，必不可得之數也。若陳文子則又囿於身家，不知有國，安知有天下？其棄十乘之馬而違，卒反於齊國，他邦之大夫猶崔子，他邦無「百車之木」於莊也。文子不入崔子之黨，僅以「清」保身家，求如子文之爲社稷臣且不可得，況如管仲之爲天下才哉？故如文子之存心，亦終身求仁，而必不能得之數也。

然則仁何以得？曰人心即天心也，吾以天爲心，即以天下人之心爲心，不囿於國，不囿於家，不囿於身，忠在是，清在是矣。不然，夫子之道忠恕，伯夷爲聖之清，「忠」、「清」何嘗非仁哉？故此篇四「不知其仁」，二「未知」、「焉得仁」。則聖人重爲仁於天下之義，默寓於評論人才之中也。

季文子章

致知貴思，力行貴斷，世有學問足稱，及臨事變而卒隱忍依違以陷於大惡者，力不足以赴所知，而思有以歧之於其後也。蓋天下有預定之是非，無前知之利害，吾以是爲利，非爲害，則事事皆有預定之理，可以前知，即可以立斷，而何以多思爲哉？惟是非有定，利害難知，一事當前，萬念俱起，既計是非，復審利害，次計是非中之利害，次審利害中之是非。至於利害中計是非，是非之見，斷未有能勝利害之謀者也。故萬世之是非，不能違一日之利害，而子孫之利害，且能奪切身之是非，故臨事而反多思，未有不入於惡者也。天下大奸大惡，冒昧而出入者少，轉計而爲之者多。春秋弑君三十六，未有事起倉猝，成於一人者。故誅亂賊，必於其將於其黨而三思，正其將之時，卽其黨之時也。

季文子生有賢名，人稱其忠，蓋其人行成於思也。然仲遂殺嫡立庶，文子爲聘於齊，是何事也？而爲之黨，豈其未思與歟？乃及宣公卒，則曰：「使我殺嫡立庶，以失大援者，仲也。」是篡逆之事，襄仲使之，文子三思而後行之，素稱社稷臣，而竟躬附篡逆，則三思之遺禍烈矣！

然而「三」可咎，「思」不可咎也。思者，心之用也，學問之事也。「君子尊德性而道問學」，「尊德性」正心也，「道問學」致知也。故學問以致知，百思不爲過。臨事則貴力行，「再」，思斯可斷之謂也。蓋計是非不計利害，此心果正，凡事來吾前者，其是非不待再計而決；而又以審之身世，以辨於疑似之間，則大義明而從違立決矣！孟子曰：「心之官則思，思則得之，不思則不得也。」然則思而不得，而至於「三」，不可謂之思，蓋惑於利害之私心，而非窮理義之本心也。故不思，則爲無學問，而三思必爲大奸惡！

然則何以不斥文子而論思？曰：「君子居是邦，不非其大夫。」況宗國之先臣乎？決其思之出於私，其人之忠奸已明矣，又何必直斥其非也？

甯武子章

嗚呼！春秋而有戰國之禍也，武者爲之乎？文者爲之乎？愚者爲之乎？智者爲之乎？無道時爲之乎？有道時爲之乎？春秋之時，蓋無一邦爲有道。然内變不作，外患未興，國家閒暇，上下相安，此正智者用文之時也。而諸大夫則愚而甚武，農困於野而不知恤，士荒於學而不知修。財已絶於國，而私家之囊橐未盈也；兵不練於伍，而倡優之歌舞偏精也。紀綱墮於冥漠之中，刑賞悉屬僭亂之舉，其才智庸下，原不能效奸雄之所爲；而舉動輕狂，反自詡爲霸王之偉略。故政入其手，則上淩弱主，而强國之勢分；外怒强鄰，而小國之地盡。中原鼎沸，無國不亂，此時，則宜矢愚忠以救國，奮武功以戡亂，竭心力以圖之，捐頂踵以赴之。而卿大夫則又智而甚文，積弊宜除，知犯小人之忌而不能也；君威宜振，恐觸權奸之怒而不敢也；冗員宜汰，則畏游士之舌鋒；民困宜蘇，則懼强鄰之責賦。左瞻右顧，反復思維，身家之念重，而吾君吾民皆可以度外置之；隱忍依違，以冀旦夕之安。稍有雄傑者奮興於其間，以厚施得民，以嚴刑厲俗，以强戰侵鄰，而有道時之愚，而武者氣爲之靡；無道時之智，而文者心亦爲之歸矣。此春秋所以成爲戰國，戰國將入於秦，則卿大夫不善用其智愚爲之。夫子所以思念甯武子，不置也。甯武子「邦有道則智，邦無道則愚」也。

然則春秋之末，列邦卿大夫尚無甯武子其人乎？若有之，能使春秋不爲戰國乎？曰：能。時勢，無定者也。春秋之末，較武子時則爲無道，較戰國時則爲有道。於其有道者，用武子之智，保境息民，善事鄰邦，併吞之禍可以暫息。於其無道者，用武子之愚，盡心竭力，不避艱險以保其君，以全其國，如是則晉不分、齊不篡，陳、蔡不亡，魯、衛、宋、鄭不弱，燕、秦、楚、越雖强，其奈中國何哉？夫武子之智，原不能易無道爲有道，使春秋之末復爲桓、文之盛，然其愚忠則能不速其國之亡，而至誠所積，强大爲戢其謀，奸雄亦斂其迹，故武子之智可及而愚不可及。夫子所以思念不置者，亦以其愚也。

夫春秋之末，知戰之禍而欲挽之者，莫如我夫子；思有所藉手，莫切於用魯，次則用衛。衛之君不如魯，而大夫則多賢。故夫子生平行道之兆有三：季桓子、衛靈公、衛孝公，於魯擇臣，於衛擇君。夫子用魯不終，非桓子法其祖之三思，謂不利於私家而惑乎？若於衛，則既得君矣，而其卿無助孔子爲衛謀者，如仲叔圉輩，蓋皆能及武子之智，而不能及其愚。

夫子所以屢至衛，一無所展也，故記此於「文子三思」後，「在陳思歸」前，見聖人不能用魯、衛之故，春秋入於戰國，而無可挽回也。

子在陳章

堯、舜以君道治天下，曰恭曰讓，屈力以從理也；孔子以師道治天下，曰狂曰簡，伸理以抑力也。狂簡之言行於上，即爲恭讓；恭讓之行言於下，即爲狂簡。何以言之？曰帝王屈己以從庶人之欲，非恭乎？使匹夫謂帝王不如庶人之貴，則狂矣！王視天下如敝蹤，非讓乎？使匹夫謂有天下之富爲敝蹤，則簡矣！孔子生於春秋之末，知天下將爲戰國，以入於秦，非堯、舜之允恭克讓，不足以救列國之驕暴而止其爭，倡教於洙、泗，七十子、三千士，翕然從之，自成一黨，而又分兩派。大聲疾呼，喚醒當世，謂富貴之禍極烈者，欲屈列邦之驕倨，使效堯、舜之恭也，而世以爲狂矣；微譏隱諷，愧厲當世，謂富貴之味極淡者，欲消列邦之爭奪，使效堯、舜之讓也，而世以爲簡矣。「狂簡」者，謂其不敬人而傲之也。

以空言與舉世爭，持之有故，言之有物，狂簡之言，固斐然成章矣，而禍機亦於是伏焉。孔子之論治也，有大義，有微言。大義者，流俗之所畏，法語也，理不能違而決欲去之者也；微言者，流俗之所忌，「巽」以出之，則世所忽而不覺者也。以師儒與侯王爭理與力不相下，焚、坑之禍，不待聖人而始知。夫子去魯十餘年，遍遊天下，知理不能勝力，必盡去列國之君以歸於一，而力之勢始極。以天下之力與理爭，理必不勝而將絕，理絕而天下必大裂，力亦頓歸於無有，不能稍屈力而伸理。夫子在陳，蓋已計及此矣。故歸而裁之，裁狂簡所成之章，使大義隱於微言，甚則裁去存爲口説，所以避秦火也。

狂簡所成之章爲何？即今之論語、孝經、六經也。論語記自門人，孝經傳於曾子，六經成後，均有傳授。夫子爲萬世著作，其説豈創於一時？蓋其微言大義，平日與小子講語，無不及之者，而狂者簡者各有鈔録成章，不知所裁，此去彼存，莫衷一是。欲歸而裁之，即删定之意。蓋聚生平之説，删繁就簡，去者多而存者少，故第以「裁」言也。必歸魯始裁者，門人在魯者多，參取各家，所成以爲裁也。

然則非裁狂簡之行乎？曰裁其成章之言，即裁其行也。小子未爲世用，行何能軼於矩矱之外？待聖人之裁正者，孟子書引此章而釋之，明述狂者之言，而於狷者曰「不屑」、「不潔」，不屑流俗之所爲，不以污世爲潔。「狷」即此章之簡，亦似指其言也。狂、狷之言，皆平日聞於夫子者。子貢曰：「夫子不言，小子何述？」狂簡所成之章，爲述孔子之言，則即六經之微言大義也。故孟子引此章，於其終曰：「君子反經而已矣！」「經」即六經。此章裁狂簡所成之章，即裁定六經也。裁定六經以待百世之王者取法焉，則孟子「反經」之意，亦朱子傳道來世之説也。

狂簡何與於堯、舜，而子牽連及之也？曰：此亦孟子之意也。孟子引此章，以狂簡之言爲破鄉願之奸，以明堯、舜之道也。鄉愿終身不可入堯、舜之道，則裁狂簡所成之章以爲六經，固無一非堯、舜之道，此可知狂簡所成之章，即堯、舜煥乎之文章也。堯、舜之道爲中，鄉愿以僞亂之，以媚爲恭，以似廉潔爲讓，誠存之而濟之以時，言允恭克讓於鄉愿之時，安能免人之謂爲狂、謂爲簡哉？故春秋末之狂簡，堯、舜時之「允恭克讓」也。

伯夷叔齊章

嗚呼，士生於污濁之世，其能免於怨者之口，不目爲狂、不目爲簡者，幾人哉？蓋「狂簡」之評，僅出於在下鄉愿之怨，若處逋逃淵藪之間，稱黄、農，思虞、夏，以堯、舜之道繩其君臣，謂爲獨夫民賊而觸其怨，則且目之爲叛逆，而第曰狂簡哉？此固非春秋之末爲然也。伯夷、叔齊在殷、周之際，蓋已如是矣。

夫夷、齊，今天下稱爲聖之清，無異辭矣。然試問及夷、齊之身，不怨夷、齊者，誰耶？其謂爲清聖耶？抑謂爲狂簡耶？夫夷、齊，孤竹君之子，兄弟讓國而逃，則已身爲匹夫，何與人天下國家事？而孟子言其「居北海之濱」，則曰「避紂」，非以商俗靡靡，紂爲淫虐於上，其臣閹然媚於下。夷、齊自守堯、舜之道，言堯、舜之言，行堯、舜之行，斥爲紂富國强兵者爲富桀輔桀，而富桀輔桀之人悉斥夷、齊毁謗朝政，莫不怨之，欲得而甘心焉，故逃之北海之濱，孟子所以謂爲「避紂」也。其居北海之濱也，仍爲紂之土地，紂所崇長信使之大夫、卿士威力之所能及；而商之風俗既壞，不以紂君臣之淫虐爲非，而以夷、齊之思黄、農、虞、夏爲狂簡。夷、齊言嘐嘐而行踽踽涼涼，孟子所謂「思與鄉人立，冠不正，望望然去之」者。鄉人，北海濱之鄉人，蓋皆鄉愿也。夷、齊之隘，不能容鄉愿，而鄉愿之流俗污世，亦不容夷、齊，故聞文王行堯、舜之道，遂不遠數千里而歸岐下。蓋前居北海之濱爲避紂，此歸岐下爲避鄉願也。不然，夷、齊有國且不受，而豈屑屑遠就文王之養哉？然則夫子稱其不念舊惡，何也？曰：即其歸文王，亦可見夷、齊不念舊惡矣。夷、齊聞文王作，蓋虞、芮質成後，文王受命稱王之年也，夷、齊已避紂矣。則前此文王立紂之朝，溫溫無所試，夷、齊必謂文王亦四方之「多罪逋逃」，目爲「富桀輔桀」。及文王被囚而歸，陰行善政，夷、齊聞而翻然歸之，遂不念其前日之曾爲紂所信使崇長也。故此爲夷、齊不念舊惡之確證也。

武王伐紂，夷、齊扣馬而諫，諫武王伐紂，其亦不念紂之惡乎？曰：紂惡未嘗舊也，舊則不必念矣。特此諫則爲武王不當以兵取天下，而非謂紂之爲君天下不當去。故武王亦以義人目之，而不怨其言之狂而簡也。然由此可知，殷之鄉人久不怨夷、齊矣。夷、齊，天下之大老也，億兆人之前徒倒戈，即夷、齊避紂之極也。遷洛之殷頑，即夷、齊叩馬之義也，而夷、齊皆爲之先焉。去殷歸周，諫周伐殷，殷、周均不怨，謂之「希」，誠爲「希」矣，此夷、齊之清所以爲聖，不容於當世，而後世則稱道無異詞也。

嗚呼！事未至而創發危言，勢已迫而迂守正論，豈清者好與舉世爲敵哉？識不爲富貴所迷，故睹亂亡於幾先，而欲不言而不忍；氣不爲權力所屈，故犯衆怒於當世，而欲貶論而不能。北海、西山窮困終身，其言卒驗。則前之爲禍生民者皆風流云散，影滅煙消，其舊惡，夷、齊固不忍念，而自身經其亂者，思之必欷歔慨歎，感念夷、齊不置也，而又誰怨乎？然則此章夫子殆爲吾党之狂簡，示以免怨之期，而勵其守也。

或曰夫子此章論夷、齊，有「怨」字，「爲衛君」章，子貢亦詢其怨不怨，而夫子謂爲「不怨」。故司馬氏爲列傳，以伯夷爲首，而反復於其怨不怨，則此「怨希」，似亦指伯夷之疾惡而不怨人也。曰：「不念舊惡」，嫉惡不怨人之訓在其中矣。然謂伯夷之清爲怨望，則怨伯夷者爲之詞，而當殷亡，其説亦希焉，故以人怨夷、齊訓之，亦未嘗不可通也。

微生高兩章

嗚呼！世不患無眞人才，患無眞識。無眞識，則以鄉愿爲人才，俗爲流俗，世爲汙世。是非失眞，毁譽顛倒，曲者爲直，風俗壞而人才不出，天下遂亂而不可救。故桀、紂雖暴，一人之力亦難遍及於天下，惟風俗壞於下，人才衰於上，在位皆巧言令色、足恭匿怨之徒，長君逢君以助其昏暴，而暴君之惡，乃遍於天下。故春秋之亂，必入於戰國，聖人不能爲之挽，則風俗之壞爲之也。

風俗既壞，有識見、大魄力者出而與之爭，則舉世毀之、謗之，必使直道而行者不容於世而後止，而鄉愿之徒乃闇然以媚於世，雖薄物細故，亦不敢率爾而行。如微生高者，一醯之微，人來乞時，其家無有，必乞諸鄰以與其人。其委曲至此，而高之直聲乃日益著，此春秋所以無直者，諂諛盈朝而世亂日益深也。

乞醯與醯，此鄉里事之至微者，乞鄰以與，於或有益，於鄰亦無大損。謂高爲直，似無害於世，而夫子必指而言之，敗其名者，何故？曰：聖人非惡高也，惡直道不明也。直道不明，則巧言令色足恭，匿怨友人者至矣。夫以無足重輕之人乞無足重輕之物，高尚不敢直言己無鄰有，而必委曲掠美以市恩。設使朝廷之上，遇有威權者，敢直言以指其非，正色以折其氣，使人謂爲怨望不恭，如狂簡如夷、齊之所爲耶？不惟不敢行於君，亦並不敢行於其友。夫與人比肩事主，豈真不怨人之欺君罔上？然而畏其威權，慕其富貴，必匿其本心之怨，而足其言色之巧令以爲恭，故昏暴之國無直臣，而權奸之家有徒黨，春秋所以入於戰國者，風俗壞而鄉愿多也。

然則何以救之？曰：存直道，重有恥。直何以存？恥何以重？則正鄉之風俗而已。立鄉學以教民，使人人全其生理之本，然後直道大明，而鄉愿之僞術不行於鄉，風俗成而人才出矣。故治鄉者，治朝廷之本，無鄉愿即無驕君、强臣，此治春秋以後之定法，而「在陳」章以下四章類記之本意也。左丘明知恥，孔子與之同，其人品高矣。漢儒謂作春秋傳之左氏，程、朱不從，何也？曰程、朱之見卓矣，左丘明非作傳之左氏也。左氏傳終於知氏之亡，其人必在孔子後，不能受經於夫子。既云受經於夫子，夫子不能以前輩尊之也。故近人疑此章爲劉歆所僞竄，似爲近之。或此章原文爲「巧言令色足恭，丘恥之；匿怨而友其人，丘亦恥之」。劉歆以國語爲春秋傳，本史公「左丘失明」之語，謂明爲其名，因於此章「丘」字上加「左」字，下加「明」字，以爲語出孔子，以掩己之作僞，而不知其說不可通也。夫劉歆僞爲左氏傳，亂聖人之經以媚莽而欺後世，罪甚于微生高之乞鄰醯以媚，或而欺當世，歆眞無恥之尤者哉！

顔淵季路侍章

魏英伯以春秋「三世」之義説此章，而以朋友爲主，其説甚好。非因「朋友」字兩見，如八股家强執作主，淩駕通章也。「大同」二字見於禮運，其義卽西人平等之説。人與人並立而爲天下，其相接也以朋友之義者，不啻十分之九，所謂「朋友者財相讓而不爭，義相勸而不忌」。故子路、顔淵之願，皆所適於大同之路也。一人與一人爲友，相人偶之義也；天下人與天下人爲友，則大同矣。故朋友之義，在中國爲相人偶，在西國爲平等。相人偶，大同之始；平等，大同之終也。然大同之義爲平等者，人與人相偶而已，其迹則決不能平等。以人生於斯世，自具不能平之等，故人相偶爲平等，相人偶則人不平等，而相之以適於平也。以友道與天下接，而天下之人有老少焉，不能泯其老少之迹，而一以朋友之道相與也。彼固以老少對我，謂我必安之、懷之乃得其平，而僅以平等之朋友視之，爲能如其願乎？財與朋友共，老少則不能生財，何以謂之共？共者，兩人各有也，善勞無伐、施，在我無伐、施，不必在人之無善、不勞也。若老者則不能勞，少者則何所善？己第不伐、施，其如老少之相形自愧何？此皆平等之義行於朋友可通，於老少，皆不可通也。知老少不能一例爲朋友，而謂父子可平等乎？故聖人治世之道，以父子爲體，以朋友爲用。朋友，義之顯者也；父子，情之眞者也。由我以及人，爲朋友之道，而人之中有老幼焉，則由我之老幼推之，老吾老以及人之老，幼吾幼以及人之幼，所謂不獨親其親、子其子也。子路之願貨惡其棄於地不必藏之於己，顔淵之願力惡不出於己，不必爲己也。夫子之志，則爲二子言之，謂思大同之治，其理同，其迹則由不同以適於同也。近日論大同之治者，謂卽佛氏平等之説，予懼强不同者而概同之，則決不行，而且昧於立愛之源也。故爲此説以爲英伯補其缺焉。使知平等者，人己平等之謂，則卽克己無我之説，非人與人皆平等，甚且施於父子之閒也。

已矣乎章

嗚呼，春秋之末將爲戰國以入於秦，其誰之過與？而又誰見之？蓋聖人亦有不能公言者矣。聖人刪書，録秦誓，見天下將入於秦，其過秦與秦當强其民以威天下。列國亦有民，胡不自强之，而甘以力讓秦，秦不任過也，則過列國之君。然小國力屈於强鄰，大國勢分於世室，將咎其鄰與臣與？鄰與臣胡可咎也？越之於吳，較陳、蔡之於楚，曹之於宋，何如也？然而越能沼吳，陳、蔡、曹皆墟矣！晉之韓、趙、魏，齊之田氏，魯之三家，其分國而有之也，民歸之也。民之歸，固非然以數百年大義相接之民，而小惠足以誘之而去，其平日及民之政可知矣，是果吾民之過乎？故春秋將爲戰國，舉天下能見之，而究其過之所在，則未有能見之者也。

或曰：齊之亡也，齊人爲松柏之歌，則訟言客之過矣。然李斯以逐客爲秦過，齊何反以信客亡也？以戰國例春秋，列國之亡，客又不任其過也。

然則斯世之過，當誰任？曰誰見之，則誰任之，無分乎公卿、大夫、士、庶人也。夫春秋之爲戰國，特亡數小國以成爲數大國，天下未嘗亡也。至六國之亡秦，仍外民於齊、楚、燕、趙、韓、魏，而以關内之秦民制之，則天下亡矣。天下亡，不惟君、大夫亡其國家，士庶並亡其身。春秋將爲戰國，是卽亡天下之漸也。過至於亡天下，天下人卽均不能無過，其見之者，卽見己之過，見而訟之，痛自改悔，而必求其伸，小國不亡，大國不分，則無七國之痛，又安有秦過？故夫子「能見過」、「内自訟」之語，爲救春秋末之禍責天下人，故不著其名也。

春秋終爲戰國，夫子之言，未見其能救也。曰：夫子以匹夫救天下，空言不能遽見諸實事，蓋可鍼砭人人之心，使之猛醒，積久而其理大明，則其效可以突然而見。陳涉一呼，亂者四應，以復六國爲名是也。戰國之君與臣，其所以與百姓相接者，較春秋之君臣爲何如？民之公憤不發於列國兼併之世、六國滅亡之時，而獨起於陳涉一呼，非秦外視六國民等，故六國不得爲秦民，始悟向之亡其宗國，不獨暴君强臣之過，士庶亦當有責焉。則謂秦滅六國後二十餘年，非士民見過自訟之時不可也。此見自訟尚在百年後，夫子自知決不能見，故以「已矣乎」三字致其慨也。君大夫之責而期之士民，此豈數十年可見之效哉？

此解非與朱子異也。朱子注此章，語義皆精，特未言過爲何過耳。夫子未明言，不敢言不敢强爲説也。予因近人謂論語爲守約者所記，特廣而大之，謂關於世道人心耳。

蓋列國並立，均不自恤其民，强者塗民肝腦以自弱，弱者朘民脂膏以事强，而不知民日離心於虐政。見人過不見己過，故强兼弱併，三代神明之胄，相率以趨入於秦，供其屠割，百餘年而始悟也，豈不晚哉？

然則過爲何過？曰：過於爲己而不知有人，過於爲身而不知謀國。無人，何從見己？無國，何處立身？則皆不仁、不智，無禮、無義之人役而已矣！春秋之末，人人無不如是，蓋鄉愿之流俗污世也。風俗壞而人才不出，春秋所以入於戰國也。記者記此章於評論人才之末，然則欲春秋之末有人才，必自人人能自訟其私利、一己之過始。

孟子性善備萬物圖

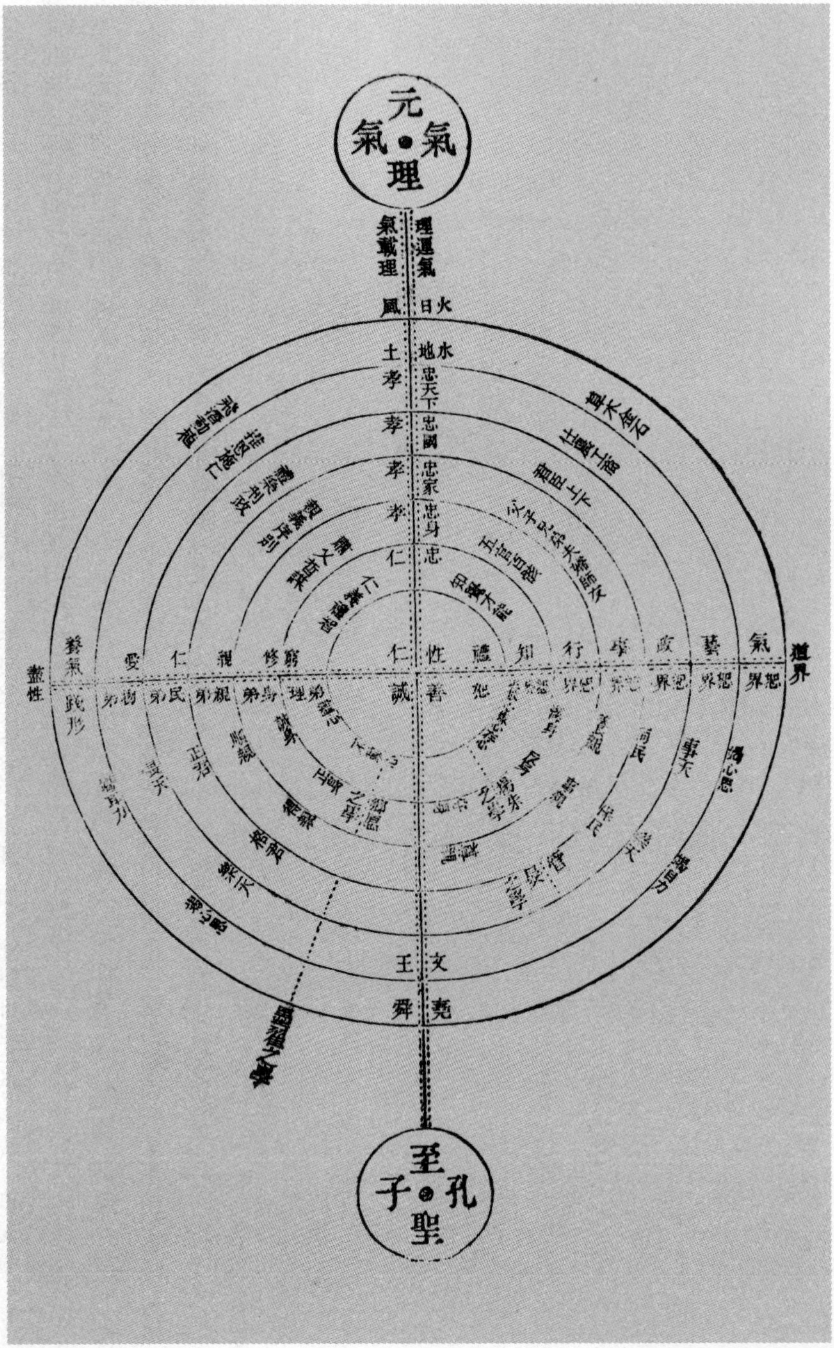

孟子性善備萬物圖説

煙霞草堂遺書之六

咸陽劉光蕡古愚

孟子性善備萬物圖解

圖，渾圖也，書之以楮，不得不易爲平。渾圖則上下左右無定處，今天元書於上，至聖書於下，物象注於右，治化注於左，第便書寫，無他意也。圖分九層，層分三類。理、氣、性，天之道也；民、物、親，人之道也；身、心、性，己之學也。性、理不作圈，心不書界，性無聲臭，理無盡藏，性卽理也。心載而運之，心亦卽理也。否則，頑然血肉之身，身界卽心界也。中貫以十字，直者，學修之詣也；横者，治化之迹也。綫分爲三，中綫實而一者，理惟一，是以實而凝也；邊綫虛而二者，氣分陰陽，以虛而運也。氣之所至，卽流爲形，而理爲之主，有物有則也。天之生人也，理載氣行，而聚爲形；人之合天也，形修氣充而會其理。故謂斯圖爲擧天地人而合圖之也可，謂象人在天地閒，而分圖之也亦可。咸陽劉光蕡古愚

孟子性善備萬物圖題辭

在天爲元，在人爲性，馴致以學，達天希聖。以人合天，其徑何由？瑩然萬善，方寸畢收。惟此方寸，性依爲宅。萬物紛紜，茲焉取則。以我交物，親爲最先；知能愛敬，孝弟前焉。愛以敬行，情流性定。盡己推己，萬類受正。知心昧性，心亦血軀；痛癢感觸，及身無餘。以心運性，理充無閒。天下國家，同條其貫。天高父配，物分性聯。並世血氣，兄弟比肩。

事以形接，理緣性有。心運其機，純王道溥。存忠行恕，孝直弟横。紛紜萬類，理範其平。元象微茫，性宗精奥。强繪斯圖，大端略肖。物數累萬，理會一元；同歸一善，是爲天根。孔教重仁，人與人偶。墨傳兼愛，欲駕儒右。有子輿氏，扇洙泗風。道尊性善，治尚大同。道出於天，是爲吾性；物備於我，是爲吾用。圖孔孟旨，傳孔孟心。海風怒撼，用戒儒林。咸陽劉光蕡古愚。

圖説

孟子論性善，皆是據繼善成性以後説，卽是據氣質言，無氣質，則禮義無所附，何從指爲善？惟道性善，言稱堯、舜，此處「性」字是徹上徹下，蓋至治如堯、舜，則舉世之人皆善。能使舉世之人有善無惡者，天所生之人，其本源有善無惡也，故堯、舜能做到此地步。若人性之善惡不齊，如飛走之決不能通，則雖有堯、舜在上，民何能於變？故孟子道性善，是抉王道之本源；稱堯、舜，是舉性善之究竟。卽億兆人之能爲善，而爲推求其本源，不得不推到天命之初、無聲無臭時也。

無聲無臭時，不得謂之無，特無聲臭耳，何嘗無氣？天壤閒無無氣時。氣之清淡，則無臭；氣之虚静，則無聲。清虚淡静時，未嘗無氣也。

又進而上之，爲氣推求所起之端，此不可謂之理，理是已有形質後自具之文理，氣流行時有動静卽有條理可尋，故可言理，發端時不可言理。然必有物立於此以爲氣母，聖人於此强爲立之名曰「元」、曰「太極」。

未有天地卽有氣，況有天地後乎？又爲氣尋出根源，語卽嫌涉虚無。然不究到此處，異端將據此以難吾儒矣。故惟聖人善言道之本源，曰：「易有太極，是生兩儀」；又曰：「大哉乾元，萬物資始，乃統天」。明指出氣則曰「有」，不指出氣，則證之物。

自有天地，氣無一息之停，誰從天外窺氣之所發端乎？故大衍虚一不用。自古言天者皆曰「元氣」，不曰「元理」也。

在天之性不能離氣，在人之性豈能離氣質哉？

「元」不可名曰「理」，而可名爲「善」，名爲「仁」。理是有形質上之文理，必有形質，方有文理可尋，氣未發動，何有形質？善是人稱美此物之詞，猶事迹未形而曰「善念」、「善意」，桃杏方核而曰「桃仁」、「杏仁」，故孔子曰「元者，善之長也」，又曰「君子體仁」，而孟子以五穀之種喻仁也。

元是天地生物之心，其生機動處，則氣之流行也，此卽是「天命」。「命」必有出命者，「元」是命所從出，氣載以行，如將命者而形受之也。形是生氣，是生之機，元其根也。

「元」字，説文：「從一，從兀。」訓「一」爲天，而下以「兀」承之。竊覺其解未安。疑上二畫爲象天地，下「兀」當爲「儿」，象氣之流行未透出，二畫是未行於天地閒，則元也。「元」、「天」、「乾」，聲相近，訓必可通，古必爲一字。

氣爲生機處，全在溫和，溫和卽中和也。溫熱爲氣之陽，寒涼爲氣之陰，其實只一箇事物。進則爲陽，爲溫，再進而盛，則爲熱；退則爲陰，爲涼，再退而衰，則寒也。佛家以風輪持世界，指氣之流動爲生機也。近西儒以天地閒生機謂由日之光熱，又謂氣能散熱於地，則似以熱爲元氣載以行也。

氣之精者必先自凝，凝而極盛則爲日，日有光熱，其發於外爲生氣。古以木燧取明火於日，聚日之光熱則爲火。萬物皆以日之光熱，進退爲生機，是生氣發於日，故氣圈中注「日」字，「火」字旁加兩「氣」字，此天開時也。孟子論生物曰「一日暴之」，是孟子以兩閒生氣屬之日也。

天地閒之氣的係是火，溫和則生物，熱則物盛，過盛則反殺也。微火生氣，壯火食氣；熱盛則生風，是醫家亦以氣爲火之質。外夷古教有「拜日」、「拜火」者，是以日、火爲道之主也。各教出，乃推到天，是由氣推到元也。

聖王「致中和」，謂保全兩閒之生機，不使氣有過不及卽曰「中和」，故曰「天地位，萬物育」。然則養氣之極功卽爲盡性之全量，孟子論「養浩然之氣」是「集義所生」，非「義襲而取」，朱子注爲事事合義，非一事偶合於義，是養氣能括人生學問之全。

氣之精光爲火，精液爲水，土其渣滓也。火無質，附物以爲質，故列於氣圈；水有形矣，土則形大著矣，故列水土於形圈；此地闢時也。

氣流爲形，由動而暫靜也。氣以形而暫靜，非止息也，故靜復生動，水、土中各含有生氣，而萬物紛然矣。故凡有形，即有性，如本草所列藥性是。形質色味同，則性同；形質色味異，則性異。凡物皆然，人性何獨不然？孟子謂「形色，天性也」，即是此意。「富歲」章麰麥之喻，實發其理。「生之謂性」，即孟子「形色，天性」之謂。特告子於形性未了了而語，則是孟子以形異色同之白玉、白雪、白羽詰之，告子果知色而忘形。更詰以犬牛與人，而告子之詞窮矣。然則形尤重於色，形即氣質之質也。

氣是理之動機，形是氣之靜聚。有犬牛之理，氣即動爲犬牛之形，而理靜爲犬牛之性；有人之理，氣動而聚爲人之形，理即靜而爲人之性。萬物既生，人即生於其間。炎、黃以前，世界昏昧，人與禽獸無異，如今中國滇邊尚有怒夷，美國有紅夷，以及愚蠢如非洲之黑夷，皆獷悍難馴，如禽獸不可施以教化，束以禮法，則堯、舜以前之洪荒，人如鳥獸，必已久矣。既生爲人形，何以久同禽獸，不即自著其靈性之善？曰：人性之善在能爲善，非不爲而自然文明也。如果木然，其發生枝葉即具花實之理，然必久而始華，又久而始實，倘無培植之功，且久而不花實。故神靈首出之君師，爲贊天地之化育也。教化日啟，則民智日生，風俗日美，炎、黃以上之榛狉，能爲唐、虞三代之禮樂，即怒夷、紅夷、黑夷之蠢野，亦必能爲有教化各國之禮樂，蓋有人形即有人性，故善爲人之所同具也。形圈之內，繼以物圈，中書「民」字，旁書「物」字，此洪荒時也。

孟子謂「人之異於禽獸者幾希」，「幾希」即性善也，佛家謂之佛性，耶教謂之靈魂。庶民去之，不忍一日之欲也；君子存之，能爲終身之憂也。去此「幾希」始爲惡，而入禽獸，不得謂生而無此「幾希」也。且人皆有此「幾希」，故人皆能爲善；鳥獸無此「幾希」，故極力教訓，不能爲人之所爲。「幾希」之善，爲頂天立地、直立而行之人所獨得，則人性之善即爲氣所生也，明矣。

孟子此章與荀子所引「人心惟危，道心惟微」之旨最近，即後儒分「義理之性」、「氣質之性」之所祖。「幾希」即「微」

也，亦即「危」也。「道」，向道之心也，向道之心只此「幾希」之界，故曰微也；不向道則入於禽獸，亦只此「幾希」，故曰危也。心只此一心，向道則人，不向道則禽獸，只爭「幾希」，豈非「危」、「微」？不向道，則將失其本心，故爲人危之，若曰將不得爲人矣，而豈人心之卽爲惡哉？

「民」者，對物之詞也，對己言之，則曰「人」。故物圈之後，繼以人圈。天生萬物以供人用，人當體天心以愛萬物，故人用物，而生物、成物皆賴人之智力。天生萬物，而中有己，人不知己爲億萬人中之一，則不知己之所由生。知己之所由生，則天已以億萬人之性全付之己矣。不盡己性以盡人性，則無以事天。朱子曾見及此，故曰：「必有聰明睿智，能盡其性者出於其閒，以爲億兆之君師。」

藐然七尺之軀，與萬物同爲一氣所鼓鑄，能盡己性，則能盡人物之性。然此言其理，非爲其事也。若爲其事，則必有序矣。孟子曰：「天下之本在國，國之本在家，家之本在身。」又曰：「親親而仁民，仁民而愛物。」大學曰：「身修而後家齊，家齊而後國治，國治而後天下平。」其事相因，而其序不可紊。故爲政之端起於身，孟子一書所謂正己、修身、潔身、守身、守約，皆爲爲政言也。

天地閒若止吾一身，不惟無所用政，亦無所用學，惟吾之所欲爲，而無所謂善惡也。惟身與身接而道生焉，合則善，不合則惡，則彼此不相安而世亂矣。故身與身接而道生，「道」者，由此身以之彼身之路也。有與身相接者，始有所以措置此身之道，由此而國而天下，家則身之所最先接者也。故此圈中書「身」字，而旁書「家」字，家則倫常備矣。

身圈而外，理寓於事；身圈而內，事合於理。治事則爲政，窮理則爲學。故身者，政學之界也。

孔子曰：「吾道一以貫之。」孟子曰：「守約而施博者，善道也。」以身與天下、國、家相較，則約而一，而身有五官、百骸，則仍非一、非約也。故身爲天下國家主，猶有主乎身者，則心是也。故此圈中書「心」字，而旁書「身」字，此「身」字，心之郛郭也。其中小圈爲心，靈明之所，內有小點，性之所居也。由中小點各作三畫，直達上下左右，出於氣圈之外：性凝則一點，動則無不通也。不爲性作圈者，性運於氣中，又周於氣外，氣之界之不可知，性周於氣外又安能知其界也？十字之畫，必分三者：中爲理，外爲二氣，分而爲陰陽也。由性而上直至於元，達天德也；由性而下至於堯、舜，入聖域也。其平畫，則氣彌六合、理推諸四海而準也。性之在人，其具於心，貫於百體，亦無聲無臭，强名之爲「誠」，「元」則誠之端，「聖」則誠之至也。其發於心爲忠恕，見於事爲孝弟。「堯、舜之道，孝弟而已矣。」堯、舜率性爲道，實見於政也。「夫子之道，忠恕而已矣。」夫子率性爲道，虛運於學也。然政被於有形，限一時之天下；學則苟有一綫之傳人，可識而推行之，況又傳諸竹帛，功可及萬世。故夫子賢於堯、舜，不爲形圈所限也。

横畫以上各圈所識，皆物也；以下各圈所識，皆則也。孟子曰「萬物皆備於我矣」，物則備於性，故無一物能遁於性之外也。故曰：「形色，天性也；惟聖人然後踐形。」踐形即盡性，盡性即知天。性在天爲元，與性之在人一也。

孟子論性善，不惟謂人之氣質爲善，即物物之氣質皆得謂之善，如水就下，麰麥日至皆熟，爲性之同，皆是。即犬牛與人形質異則性異，不可謂犬牛之性猶人性；若即犬牛論犬牛，則生爲犬牛之形，即有犬牛之性，不得謂爲惡也。不以氣質爲惡，此大有關係。「質」即是五官百骸，物也；聲色臭味，亦物也。物不能不與物交，然各有則焉，不講求其則，而謂耳目鼻口四肢爲聲色臭味之根，而絶去之，則佛家黜聰毁明以全靈性，道家以身爲大患，耶教謂爲魔鬼，欲消除之，皆將棄人事以全天性。即在吾儒，亦將放浪形骸，不講修身實行以爲悟道者。甚之，且昧此身所自來而不顧，則無父；忘此身有所統而欲逃，則無君。無父、無君，天下將大亂，而人道無異禽獸，故氣質不可謂爲惡也。氣質非惡，則人惟一心，人心非指私欲也明矣。

性善不在氣質外，故孟子論心不謂之惡，其學問主腦在存心、不失本心、求放心、不動心，知性知天之學，在盡其心，保民而王之政在擴充不忍之心。七篇之中，未有謂人之本心不善者，故心即性，即善，其不善者，陷溺其心，而自昧其性也。

孟子論學，以「存心」爲主；論政，以「推心」爲主。存心即是忠，推心即是恕，所謂「夫子之道，忠恕而已矣。」孟子願學孔子之實也。心見於事，惟孝弟爲最眞。「堯、舜之道，孝弟而已矣。」從事上指出本心，孟子道性善，言稱堯、舜之實也。孝弟是忠恕之事，忠恕是孝弟之心。忠是恕之本，恕是忠之用。存心即存此本心，使忠誠無僞而已，故事物上驗此心之忠莫如孝。人雖無良，斷未有忍欺其親者，能孝則此心忠矣。由孝親而推此心，以敬兄則爲弟，即以忠行恕也。

存心推心入手，須先察識孟子論心多從事迹粗淺處指點，欲人易悟，則操存、擴充皆易爲力，行能著，習能察，隨時識察之功也。程子「隨時體認天理」，即是隨時察識此心；陽明取孟子所言「良知」爲宗旨，而以「致」字括「良能」，亦以察識爲操存、擴充之入手處也。

「堯、舜之道，孝弟而已矣」，能實知天地萬物爲一體者，方能見及此，能信及此，孟子「萬物皆備於我」章乃其注腳，西銘一篇，尤説得淺顯精確。父母生養我，我心自然是愛父母，此便是性分之所固有。愛父母，孝順父母，須時時體貼父母之心。父母生養我，即知有生養父母者爲我之祖宗，生養我父母與生養我何異？我豈能不孝他？由此遞推而上，至不可知之始祖，其生養我始祖者亦不可知，不可知，不得不歸之天地，則天地即我之遠父母。由此而下推，父母生養我即愛我，我所生養之子孫豈能不愛他？遞推以至萬世之子孫，與目見之子孫無以異，雖孝祖宗謂之尊敬，愛子孫謂之慈，不過因上下異名，而孝理之直上直下，則一也。既體貼父母之心矣，則父母生養我、愛我，與生養我兄弟、愛兄弟之心初無一毫之異。我體父母之心，烏能不愛兄弟？則弟行焉。由父母而祖宗，而高曾，而不可知之祖宗，以至於天地，其視所生而愛之，皆與父母之視我、愛我同，則天地閒何一非我之兄弟，而弟達於四海矣。由此言之，天地實實確確是吾大父母，民皆天地所生，非吾兄弟而何？物亦天地所生，即如吾父母所留之器用、物產，形與吾同氣，吾之氣，即萬物之氣；性與吾同理，吾之性即萬物之性也。有物有則，物則悉備於我矣。「反身而誠」，以吾身之父母證天地，以吾身之兄弟證民物，實信其無不同也。「强恕而行」，由同胞推之羣，從是恕，即由父母推之祖宗、子孫，亦是恕之理，其驗此心之誠，則忠也，屬孝一邊。若盡恕之道，則天下一家，中國一人矣，非仁而何？如此推驗，似多曲折，不如西銘之簡易，然人人能信得及，較西銘層次可證爲易曉也。

「天地之帥吾其性，天地之充吾其體」，是吾稟氣於天地而成形，稟理於天地而成性，天地吾父母，「民胞物與」，眼前便見，不待推測，直捷了當，不如上所言許多曲折。然理極精深，恐非鈍根人所能遽悟。故本孝子享親、仁人享帝，及禘禮王者祖感生帝之意，層層推衍，實證我與民物同爲天地所生，欲人之易曉也。

不爲性作圈，性無往而不貫，不能爲限量也。心圈是明其理，身圈是習其事。家、國、天下以及形氣各圈，其事理卽吾職分所當爲。行政爲學，不至地平天成：凡有血氣，莫不尊親，不得謂爲踐形，不得謂爲善養氣，卽不得謂爲能盡其性。

孟子言性，多是指繼善成性以後，發於氣質者説。惟「道性善」、「盡心知性」兩章是徹上徹下説。「道性善」實以堯、舜，是以性善爲王道之源也。民物是物，王道卽是物之則。堯、舜之治，使萬物各順其則而已。故贊堯、舜之治曰「惟天爲大，惟堯則之」，又曰「不識不知，順帝之則」，「則」卽性善，在天在人一也。知性，卽知天，人性之善，天命之本然也。故此兩處言性，是徹上徹下語。

以性爲善，則因其善而導之，凡事皆順民心，孔子所謂「因民」，孟子則曰「同民，王者之道也」。以性爲惡，則立法以去其惡，使入於善，不得不多爲制防，刑驅勢迫，逆以制之，使民不敢爲惡，霸者之術也。王霸之辨，在自識其性以識人物之性。此處不勘得分明，則源頭不清，爲學、爲政，支支節節，比附於外，不勝其勞矣。

孟子學問以「知性」爲綱，「知言」、「養氣」爲目，「萬物皆備於我」，是識得性之全體，卽大學之明德也。「知言」是性之靈明不昧於物也，卽「明德」之「明」；「養氣」是性之作用不阻於物也，卽「明德」之「德」。「知言」屬「知」一邊，「養氣」屬行一邊。舍卻知行，則非明非德，性無從見矣。

孟子七篇皆是明王道，王道卽堯、舜、禹、湯、文、武、周公、孔子治天下之道。孔子不得位，見諸行事，僅自爲學講明其理，以傳之萬世。故七篇之終，殷殷見聞知，而以孔子結之，此七篇之宗旨也。

「道」訓爲路，由己及人之路也。政固因人而生，學亦因人而起，若世間只己一身，更無別人，則任己所爲，無施不可。惟己與人對待而立，己之行事與人有宜有不宜：合道，則宜於人而相安無事；不合道，則不宜於人而亂生矣。故道者，由己及人之路也。

行不著，習不察，由之不知，不知我也。道不遠人，萬物皆備於我，故不著、不察、不知，皆是不知我。道在邇而求諸遠，事在易而求諸難，不知我卽不求諸我，而道遠且難矣。

道二，仁與不仁而已。漢儒訓仁爲相人偶，合道，則能偶人而仁；不合道，卽不能偶人而不仁。道者，由己及人之路，卽相人偶之實迹也。

學者當下須先識得我與萬物爲一體，以後工夫，乃易爲力。性量無界限，亦無形體，卽以心爲形體。性之能事，以心之才情運之，視其所至，而人之品量殊焉。心不運於身，五官百骸不能自舉其職，直爲廢物。運於身，不能及家，第有視聽聞見之粗，是不知身之所自來，縱官骸之欲則易，守官骸之則則難。其高焉者且以官骸爲累而遺棄之，以枯守其心。運於家不能及國，下者爲好貨財、私妻子之庸流；上者爲宗族稱孝、鄉党稱弟，如今純謹之儒，孔子以爲士之次，不以爲上選也。運於國不能及天下，上焉者爲社稷臣，如管、商之富强，下焉者卽事君人，戰國之孫、吳、蘇、張，殘民以爲富强，以縱時君之欲，孟子所謂民賊也。運於天下則爲王道，孟子所謂「天民」也。臣如稷、契、伊、呂、周公，而舜、禹爲之極；君則禹、湯、文、武，而堯、舜爲之極。運於萬世，則爲聖功，孟子謂大人也。凡創教垂後者，皆是，而孔子爲之極。識萬物爲我一體，則已窺聖學、王道之源，而知其全量之所至，如射之有的，以巧力赴之，雖或不中，而終不遠也。此卽大學之「知止」，孟子所謂「先立乎其大者」。

推己及人是恕，卽是仁；知有己不知有人，卽是不仁。異端異於正學者在是，霸術異於王道亦在是。故孔子告顔子「爲仁在克己」；孟子告梁惠王，首折其「利吾國」之見也。

以利天下爲心，則所行之政卽是仁義；以「利吾國」、「利吾家」、「利吾身」爲心，則所行必背仁義。王者，天下人所歸往也，其所行之政爲天下人所欲歸往，則爲王道，「王何必曰利」？王何必曰「利吾國」也？王而繫於一國，失天下歸往之義矣！利無害，「利吾國」則爲害。乾始能以美利利天下，不言所利，天下皆利；故利不限於一所，「利吾國」則有所矣！春秋之大夫求「利吾家」，以成爲戰國，化家爲國也；戰國之君又各求「利吾國」，七國將並爲一矣。君知國爲己之利而不知爲保民之事，則力大者挾制小力，以奪得其土地而不得民心，轉瞬卽土崩矣，暴秦是也。

與民偕樂，民欲與之偕亡，卽同民意，孟子論王道，不出「同民」二字。王者好惡同民，民性皆善也。

好惡同民，憂樂同民，用舍同民，征伐同民，王者無一不俯順民心。民心卽天心也，俯順民心，卽是仰答天心。太誓曰「天視自我民視，天聽自我民聽」；管子曰「王者，天民」；孟子曰「民爲貴」。此古今通理，自堯、舜以至孟子，稍知政體者皆能見及此，而絕於暴秦。君日尊而民日卑，有霸術之小康，而無王政之大同，可歎也。

王政之全體是同民，其下手處則在治鄉。故「五畝之宅」節，七篇之中三見，而滕文公問爲國，孟子告以「民事不可緩」而與言井田，王政必從此做起也。

不違農時，是平原之農；山林、污池，是山澤之農。中國自古以農立國，魏濱兩河，地又膏腴，是時秦誘三晉之民耕於其國，故孟子爲魏陳王道，專言農政。省刑薄斂，使民安於南畝，不爲鄰國所誘，救時之要務也。

齊宣志在霸天下，較惠王僅欲復讎，其見爲闊大，故惠王問「利吾國」，而宣王則問桓、文。又齊自太公後，繼以管仲，俗尚工商，故孟子告惠王，僅及農，告宣王，並及工商行旅也。王政視工商無異於農，制田里之時，必有工商之里與農政同時並舉，不以工商爲末作而忽之也。觀「明堂」章及「關市」、「尊賢使能」章及「市廛」可見。

開創之時重工，封建之時重商，至一統守成之世，乃抑工商。堯、舜時，禹、益「懋遷有無」，「烝民乃粒」；虞廷命官，工在禮樂之前；奚仲爲湯左相，乃教造車；太公勸女工，通魚鹽之利；唐、虞三代無一不重工商。至秦乃抑商，以有市籍者與贅壻等而謫戍之，至漢始抑末作而重農桑。高祖抑商，令不得乘車、衣帛，至景帝「雕文刻鐘[一]鏤爲傷農事，錦繡纂組爲害女紅」，則並工而抑之。蓋秦之抑商，卽殺豪傑之心，懼以財貨得民爲國害，弱民之術也。漢初草創，於古聖王治市肆、考工之法全未講求，而以風俗奢靡其端始於工商而抑之，以爲反樸之法，蓋習見秦法而用之，此亦漢治雜霸之一端。孟子論古之治市，「以所有易所無」；「不通功易事」，則農、女皆困；而爲「率天下而路」；征商爲始自「賤丈夫」；而以

[一] 鐘：衍字。漢書景帝紀後元二年，「夏四月，詔曰『雕文刻鏤，傷農事者也』」。

「爲關爲暴」。則聖王視工商，與農民並重。困以抑之，爲秦之虐政也，明矣。

王道全在同民，一眼註定，保民即是王道。制田里，教樹畜，是養民之政；設庠序，導妻子，是教民之政。王道備於治鄉，鄉治而國治矣；國治，乃可交鄰，而王政及於天下矣。孟子言「五畝之宅」節，須參以何休公羊「初稅畝」之注及漢書食貨志、管子「軌里連鄉」篇及王制「度地居民」及學校各法。

管子「軌里連鄉」法，非霸術也。志在富强齊國，不以安天下爲心，乃爲霸術，知利國不知利天下，即是霸術；能利國以及天下，即爲王道。霸者所行之法制、政令，多與王者同，故能小康，特其存心異耳。霸者以利國爲心，王者以利天下爲心也。

教養是一時並舉，故爲齊、魏言「謹庠序之教」，爲滕言「設庠序以教之」，均在制田里時。言文王之政，即「以五畝之宅」等事爲養老之政，使民勤制生業，即教也。故漢儒言治鄉，均言里老、鄰長坐於里門。里老、鄰長，鄉閭之吏，即鄉閭之師。「里門」即「門塾」，學記所謂「家有塾」，謂二十五家有塾也。庠序爲州黨之學，爲鄉閭之大學，十五歲以後，擇其俊秀者入之。工商又各有專門之學，設於國中，及市而治，市之吏及國中官府之吏即爲工商之師。人無不受治於官，即無不受學於師。以治事爲學，故職業修而教化行，風俗美而治功懋也。

「救荒無奇策，無善政」，此言最精，以善政、奇策皆在未荒以前也。去三農之積弊，得穀與用，即是奇策；制百畝之恒業，耕牧樹蓄，不饑不寒，即善政。又曰：「謹庠序之教，申之以孝悌之義，頒白者不負戴於道路。」此似無關於救荒，不知此正救荒善政之至善，奇策之極奇。平日不教民，不知謹身節用，竭力耕田供爲子職，流爲游惰，一遇荒年，逃散四方，各自謀食，老弱無依，遂餓死於溝壑，此老弱之死，壯者之游惰死之也。故救荒之奇策、善政，在平日之奇策、善政，在嚴懲游惰。欲一國之民無游惰，非盡一國之人皆知學、講明孝悌之良不可。頒白不負戴于道路，則壯者知供子職，田畝修治可知矣。故庠序爲王政首務，亦爲救荒要著。

廣土衆民，君子欲之。孟子以爭城、爭地爲「率土地食人肉，罪不容於死」。各國封疆、戶口久定，何從廣之、衆之？

然則孟子必別有廣之、衆之之法。竊意：修土化之法，興水泉之利，使一畝有數畝之收，則地不廣而廣矣；精耕耘之器，助人畜之力，使一人兼數人之功，則民不衆而衆矣。土廣民衆，國勢富强，天下人望而趨之，則爲不用兵革，人自歸往之王者，故可中天下而立，定四海之民而成郅隆之治也。

孟子爲政，交鄰主和不主戰。觀「交鄰」章，小固事大，大亦事小，何處用戰？惟有暴君虐民，不得不伐之以救民。然一怒便須安天下，則戰止一用，可知平常皆是和。

主和不主戰，即是民貴之義。天生民而樹之君，王公皆爲民而設，以保民爲職，爲民禦災、捍患，非以民爲犬馬、牛羊，欲富貴一人而以民畀之也。以兵力爭奪土地、人民，是以人民爲君私利之物，非天爲民樹君之義也。

守身是經世之本源，經世是守身之全量。守身不知經世，則爲孤寂之學，楊子之爲我是也；經世不知守身，則爲氾濫之學，墨子之兼愛是也。墨氏無本，故不能爲序，不能從父母推及天地，而强謂萬物爲一體，則情泛而不眞，非孝不能爲弟，無忠做不出恕也。楊氏無序，其本亦非，不以身爲萬物皆備之身，而斤斤守之身，已缺陷不全矣，豈能爲守身哉？不失其身，乃能事親，孝之事全從弟上見，不行恕不得爲誠身也。

王者以民爲天，民以食爲天，「民爲貴，社稷次之」之義也。故爲民謀衣食，即是王政之全。不知民貴之義，即是事君人其富國强兵不從民起見，而從君起見，故爲富桀、輔桀，而善戰善陣爲大罪，連諸侯、辟草萊、任土地皆宜服刑，戰國之禍，事君人爲之也。知民貴矣，而囿於一國，則爲安社稷臣，大小遠近若一，則爲王者無外之義，爲天民，不徒欲一國之民安，欲天下之民舉安也。

孟子論中國、夷狄不與後世同，不以地分，夷狄不爲賤。舜爲東夷之人，文王爲西夷之人是也。若陳良、許行皆生於楚，而孟子以陳良之學爲進於中國之上，而謂許行爲南蠻鴃舌之人可知。夷、夏以禮義分，不在地也。

同民，則爲天下所歸往，爲王者；不同民，爲獨夫，即不能保其妻子。君之安榮、危辱，其權在民之與不與。後世有國者多好以威權自恣，而不肯同民，則是安其危，利其災，樂其所以爲亡者矣。

孟子論政,「同民」二字足以盡之; 論學,「存心」二字足以盡之。惟能存心,方能同民。蓋能同民者以天地萬物與我爲一體也,是爲性量。性寄於心,必盡心方能知性,故實從父母推到天地,即實從兄弟推到民物。民皆爲吾兄弟,其中必有能收吾兄弟而經紀其生業者,吾不能不奉爲宗子,故民貴君輕,「事君人」章之臣品,即由此分。而孟子「不見諸侯」,曰「古者不爲臣不見」,天民、大人豈可以臣名? 孟子在戰國,固以天民、大人自任也。

戰國之大夫皆爲身家富貴,無一人志在君民者。彼時王道不明,所謂忠臣、良臣,皆爲富强以長君、逢君之惡,賊君以賊民。君不知而謂之忠,民不知而謂之良,成爲殺伐之世界,而卒君民胥受其禍,求一朝之安不可得。孟子痛心於是,不得不以「賊君」、「賊民」斥之,而大聲疾呼,欲當時之寐者瞿然覺、惕然思也。

此其故由於君臣之義不明。君臣之義何自生乎? 生於爲民。民皆吾之兄弟,而有天災人患,不得遂其生,不得不合大羣以救之。大羣既集,必推一人以爲之首,則謂之君。君者,羣之首也。又推數人以輔之,而君帥之以治民事。故民者,君臣之源也。孟子曰「民爲貴,社稷次之,君爲輕」,道本如是,非創爲駭世之論也。

然此言猶即草創之君臣言之。草創之君,其才德必出於衆人之上,而猶以友視臣。若繼世之君,其才德豈能盡賢? 故先王立爲師保,凝承之名,以臣爲師,君可日日修其學,以臨馭萬民而保其位。故「天子不召師」,所以救繼世以有天下之窮也。

秦以霸術把持天下,尊君抑臣,君臣之閒,視三代如別一世界,臣道不明,王政所以絕迹於今也。其風氣戰國已成,孟子力欲挽之,「不見諸侯」。於齊宣王明就見之義,而以湯、桓之學於伊尹、管仲爲證,而萬章篇下於「集大成」、「班爵祿」後專論此義。萬章「敢問友」,孟子直說到「王公之尊賢」,而以「天子友匹夫」、尊賢之義與貴貴等。「交際」章、「不託諸侯」章,皆士友國君之本。惟不貪利慕勢,乃可以爲國君友而不爲之臣,則求君而事之者,皆貪利慕勢者也。「庶人往役」章,見君能召庶人而役之。不能召庶人而臣之,臣之本義,固爲君之師友而非役也,而臣之本義明矣。

「一鄉之善士」章又明人君德之大小,全視其所友。當世無其人,尚欲求之書、詩,況遇其人不師之、友之,而可召而臣之乎？

「宣王問卿」章則師臣友臣之效，先君以爲師友則貴矣。太公於周爲「尚父」，管仲亦號「仲父」，師保有父兄之義，孰有親戚於是者？故此章貴戚、異姓以待臣之禮言之，貴戚正不必同姓也。

繼世以有天下，子孫豈能皆賢？惟隆師保之權可以廢昏立賢，則中主卽能悔過修德，成爲賢主，而惡不及於民，故以臣爲師，正以救家天下之弊。乃自秦以後，尊君抑臣，尤忌大臣，外廷將相，其權不如奴僕。適值嗣君幼少，母后預政，權乃移於宦豎，而蒼生遍受其禍，盡失天爲民作君之本意。孟子言稱堯、舜，卽孔子刪書首唐、虞之意，爲萬世計，不以家天下爲是也。

繼世之天子不能皆賢，而世世有以德選之師保，輔導天子而代總其政，則與官天下與賢無異。故家天下之局，孟子亦歸之天，啟賢而益之德，及於民不及舜、禹，固有天意；而殷之伊尹，周之周公，權皆能行於太甲、成王，此家天下之局，湯、武雖聖不能易也。

孟子論臣道，不從君身上起見，其論子道亦然。泥父母之身以爲孝，則養口體而已，孟子謂爲世俗之孝，不以爲儒者之孝也。孟子論孝以守身爲本，守身者，守萬物皆備之身，一物不涵於性量，而處之不得其當，卽爲失身，卽不能事親。事親須守萬物皆備之身，則盡心、知性、知天是孝，而服勞奉養非孝。西銘以孝明事天之理，其實事天卽是事親。吾身所備之理，父母生此身時無一不備，是父母生卽以萬物之理與我，令我盡之，我而不盡，則虧體辱親，違父母之志矣。堯、舜之道，孝弟而已矣。堯、舜能完萬物皆備之身也。

曾晳、曾子有萬物一體之志，曾子、曾元以養此志事之可矣。若遇頑嚚之親如舜之父母，豈可以此事之？曰：父母生我之身，何以萬理皆備，不待外求，而我能知能行？是父母爲人予我以人形卽予我以人理，必望我之踐其形，此其本志也。其或責我以非禮、非義之爲，必非其本心，以亂命視之可也。且卽極不肖之父母，必無責子以爲惡者。世俗之父母，或因家貧，責子以妄求財，然果知學，何至不能勤儉持家？父母雖不賢，決不至欲子之舍生業而求非義之財也。故善養父母之志，則天下無不是的父母。

論語論孝爲爲仁之本，而不以服勞奉養爲孝，且謂「能養」爲「犬馬之能」，父母生我以萬物皆備之身，而能僅如犬馬，其辱親爲如何哉？　故孟子論孝亦孔門家法也。

孔子小管仲之器而大其功，孟子反謂其能守臣道，不可召，而特卑其功，似與孔子相反者，何也？　此爲戰國言也。戰國以王道、霸術爲一事，故曰「大則以王，小則以霸」，霸者之心先已窒王道之源，而爲政無從下手。戰國之君，其昏庸無志，偷目前之安，不知世局將大變，而其國不能自存者無論已；　其稍有志者，第求其國之富强，不以安天下爲心，則苟且補苴，如齊威、燕昭、秦孝公，修明政事，及身富强，得志於天下，蓋皆祖管仲之術，而終無以救戰國之禍也。戰國之時，天地將別開一局，孔子知之，祖述堯、舜，憲章文、武，預爲之制，以待後王之取法。管仲之術，則自周以來七百歲相因之弊法。前法已弊，後人立法以救弊，幾經救弊，不惟盡失先王立法之本意，即後人救弊之意而亦失之，而仍謂爲先王之舊，經管、晏所修明，以霸顯其君之法。不知時已至戰國之末，使管子復生，必不僅如昔之圖霸而不思進於王，況公天下以去諸侯之淫侈，使不虐民以自縱其欲，又與管、晏之志在富君、强君相左？　故特卑管仲之功，而詆丑爲齊人之見，其實管仲之功之卑，卑於重開世界之聖人及孔子垂法萬世之功，而非管仲之功一無可取也。

戰國之時，各國所行之政令無一不遠於文、武之舊，齊、魏且大遠於桓、文之時，而二國則自謂仍遵桓、文之法也。梁惠王曰：「晉國，天下莫强焉」，公孫丑曰：「管仲、晏子之功可復許乎？」非謂二國猶守齊桓、晉文之法乎？　不知天地之局既變，治法不能不與之俱變。使堯、舜、禹、湯、文、武、周公生於戰國，必不以治唐、虞、夏、商、周時之法治之也。禮，時爲大，聖人手段在因時制宜，特其本源在保民，則雖千百萬年不變耳。

由今之道，無變今之俗道，戰國各國所行之法也俗，戰國各國行法之意也。法猶可變，行法之意則決難變。與之天下，不能一朝居處於不能不變之時，人不能違天也。行法之意爲何？　爲君謀富强而不知爲民謀樂利也。孟子書中所謂「王者」，是行仁政之名，非有天下之名；　以德言，不以位言也。故有時稱爲「仁人」，稱爲「仁者」。告滕文公曰「有王者起，必來取法」，方「起而取法」，則是時未有天下也。未有天下，即可稱之爲「王者」，則孟子告齊、梁之君所謂「王者」，可以識其旨矣。

孟子書中所謂「先王」，近人有謂爲孔子者，此見甚卓。是時六國皆稱王，其先君皆先王也。由周而來，七百有餘歲，稱王者三十世，其所謂「先王」，多矣。孟子泛言先王，知爲何王？「以力假仁」章前言湯、文，後言以德服人，證以七十子之服孔子，何不云如天下之服湯、文？且所引「自西自東」之詩，正是說文王，而以爲孔子，分明以「以德行仁之王」稱孔子矣。然則文王未有天下，即受命稱王，孔子作春秋，託王於「魯元年春王正月」之「王」爲文王，皆孔子所傳之微言大義，而儒家尊孔子，成春秋，爲素王，孟子亦必用其說矣。史記以孔子成春秋與湯、武放伐並列，亦見及此。此說不明，王者貴極富溢，生民之禍日烈，有大盜出，豔其富貴，而思竊奪之，土崩瓦解，王者之子孫其受禍亦最慘。故孟子「民貴君輕」之語，爲後世之君民造福無量，而紓君禍爲尤多也。

堯、舜「茅茨土階」，禹「惡衣服」、「胼手胝足」至於偏枯，文王「卑服，即康功、田功」，周公戒成王以「無逸」，天子焦神苦思，反不如庶民之安樂，何至如秦皇之宮室車騎？高祖觀之曰「大丈夫當如是」，項羽觀之曰「可取而代也」。帝王極富貴自秦始，而土崩瓦解，帝王之子孫無遺類，亦自秦始。憂樂不同民，而貴極富溢之患也。

明堂即大學，即路寢，又以祀上帝，在後世當如何尊嚴，而孟子敘文王之明堂，則鰥寡孤獨皆得至焉，天子不能以鰥寡孤獨爲卑賤，而知其疾苦，則眞貴民而能憂樂與同矣。孰不戴爲父母，而願永永奉爲君哉？

後世以明堂附會神仙，以祀上帝於明堂而附會也。在國之明堂即是路寢，聽政之所，是王者於祀上帝之處。治民事，圖小民之業，而如天祖臨之，則民何等貴重？各書中所言人君「敬天」、「畏天」皆當於民事上驗之，不輕忽民事，乃「敬天」、「畏天」也。

「巡狩」之說，孟子書兩見，帝王欲同民，非巡狩不可。「天子稱朕，固不聞聲」、「不登高」窺見臣民之家，則趙高所以愚二世，張讓所以愚靈帝也。

「孟子自范之齊」章，固以富貴之居喻仁義之居，亦有「富貴之居非以仁義居之，則爲盜之招，不能長享」意，故下章接以「獸畜」語。自漢以來，帝王子弟多不學問而驕淫，以親貴而與聞政事，不學無術，勢必貽患國家。世祿之家，鮮克由禮，不自今日始也。

孟子論五等之爵，以王爲天子。竊謂：書經稱堯、舜爲「帝」，夏、商至周皆稱「王」，春秋書曰「天王」，不云「天子」，然則天子者，代天子民之人，非爵名也。正與今日外洋民政「伯裏璽天德」之義同，可知民政之義，不自外洋始也。

天子之位，與公、侯、伯、子、男平列，君之位與卿大夫、士平列，此卽外洋平等之説。平列之中，仍有尊卑，則無害於義矣。

孟子論學，簡易直捷之中自具條理，特粗心人因其文之快，不及致思耳。如：「學問之道無他，求其放心而已矣。」乍聽之，一「求放心」便盡學問能事，人將恃心而不學，不知「放心」何以「求」，豈無察識之事？「察識」卽窮理致知也。「求」之後，心何以不再「放」？必有操存之功，「操存」卽主敬、存誠也。心既存而不放，必須盡心之量，則又非擴充不可。更須窮理致知，必使吾心所具之衆理能應萬事者，無一毫之欠缺，乃無一毫之或「放」矣，則學問終始條理，無不具備。荀子乃欲以學救孟子信心之失，誤矣。因詆孟子而誣及性惡，尤誤中之誤矣。

孟子於學問次第多不細敘，蓋眞心學問，才識高曠，於大道能洞徹本源，則其節目次第自犁然於心目，其文筆亦得乾坤清氣，在南華之上，故論學極快。若於曲折有未備者，惟「深造」章、「博學詳説」章略有先後次第，然曰「自得」，曰「反説約」，則又仍爲心學簡易直捷之旨。

孟子論讀書不拘文辭，其識最精，曰「以意逆志」，曰「知人論世」，曰「盡信書則不如無書」。及當時所傳堯、舜、禹、伊尹、孔子、百里奚之事，皆直駁斥，而以理斷其必無。此是「以我觀書」法，所謂卓犖觀羣書也。力求心得，不徒拾人牙慧，方是眞能讀書。

「以我觀書」，卽「六經皆我注腳」之謂，此「我」字卽「萬物皆備於我」之「我」。六經所言不過萬物之理，而理皆備於吾心，所謂「聖人先得我心之同然」也。以書印證我，以我印證書，此是窮理修身要法。訓詁、詞章、考據之習，孟子若預防其弊也。

孟子是心學，卻不遺物，萬物皆備於我，我不盡物之性，即我之性有欠缺未盡，故知我爲萬物皆備之身，必無一物或遺之學。

孟子格物最重有序，有序卻從知本來，故曰「堯、舜之知而不徧物，急先務也」，即大學知所先後之旨。「親親而仁民，仁民而愛物。」格家國天下之物，必循此序，而本則萬物備於我。惟本於我，故學貴守約，求道必自邇，行道必自易。心之官能思，以研求物理，則必先由身而次及家，而次及國，而次及天下。有序出於知本，所謂「天下之本在國，國之本在家，家之本在身」也，與大學之義無一不合。

然未格及天下之物，則此本終覺惝怳不敢信，所知之皆眞，而其中細微曲折、窒礙不能貫通之處，時時皆有。必須潛心研求，循序漸進，到一旦豁然貫通之候，則此本的的確確在我。識得眞，信得及，可操以馭天下之物，即是「自得」，即是「反約」。自得須深造，反約必博學。知本方能循序，循序乃爲實知本也。大學古本兩言「知本」，一以「知」言，始學必知本，方能循序漸進，序以本而生也；一以「誠」言，知本學乃成，即萬殊以會其本原，本以序而明也。孟子論學，與古本大學無絲毫之異，確是聖門嫡傳。

因疑孟子訓「格物」之「格」爲「方格」、爲「格式」，窮物之理，使物各循格式也。大學八條目如爲八方格，使身、家、國、天下之物各就各格，吾明其理以爲其事，有條不紊。各就各格，則各循其式矣。物各有式，即有物有則也。格身之物，目視思明，耳聽思聰也；身物之格，耳聽能聰，目視能明也。耳目之官，修其天職，如就格。烈則淫聲亂色不能惑，交物不爲所引，即温公「扞格外物」之訓亦在其中矣。格家、國、天下之物，可以類推。

孟子衛道，惡鄉愿、拒楊、墨，拒淺而惡深。鄉愿同流合污，即今世俗之人，有嗜欲而無血性，壞人才、壞風俗，積成晦盲、濁亂之世界，在朝在野滔滔皆是，拒無從拒，直惡之而已。若楊氏爲我，則如隱逸高潔之操；墨氏兼愛，絕類饑溺由己之心。孟子反拒之者，何也？自古極熱心之人，發之無其源，推之無序，施之過其量，決不能持久。一旦灰心，必激而極冷，楊氏之不拔一毛利天下，墨氏之摩頂放踵利天下，所激而成也，故曰逃墨必歸於楊。至於楊氏孤潔自守，此原與世無患；然賢智之士，絶人逃世，以全其高，視斯民之水火而不肯一援手救，則出而任天下事者，皆爲鄉愿。有功名富貴之見，無仁義道德之心，善陣、善戰，長君、逢君，民賊既聚於上，賊民必興於下，而生民之禍烈矣。故汲汲欲迴隱逸之駕，使出而任天下事，所謂逃楊必歸於儒也。

孟子拒楊、墨，正是欲用楊、墨以救鄉愿、民賊之禍。楊、墨尚是血性人，不如鄉愿之頑頓無恥，惟知有嗜欲，雖欲辨其偏見，拒其歧途使歸正道，收而用之，不可得也。故孔子曰「過我門而不入我室，我無憾焉」，不欲與之辨論，言無可救正也。而孟子以爲終身不可與入堯、舜之道，是痛絶之詞，惡是痛絶，拒如「陳善閉邪」之「閉」，拒其非，正欲全其是，鄉愿絶迹，楊、墨歸正，即是狂狷，然後堯、舜之道可明於天下。故「在陳」章後，繼以堯、舜以來之道統，而七篇以是終，則孟子全書之旨也。

楊、墨是狂狷一派人物。楊氏爲我，知堯、舜之道歸於潔其身，狷者之不屑不潔，不爲富貴所淫也。墨氏兼愛，知堯、舜之道以萬物爲一體，狂者之志大，言大，不爲身家所囿也。「無父無君」是激厲語，使二氏恍然大悟：楊氏出而經世，全其所爲之我；墨氏從父母推到天地萬物，則操之有其本，施之有其序，乃能實兼所愛矣。故楊、墨逃歸，孟子必受之也。

王者有分土無分民，此義甚大，即「民貴君輕」之理。民與君同爲天地所生，同爲萬物之靈，不得如牛馬牲畜，可爲一人一家之私產也。故「班爵祿」章論天子、諸侯之祿，皆計土地，不計戶口。後世封國乃計戶數，則以人民爲君之畜產矣。萬戶侯之説，始于戰國，以至秦、漢相沿而不覺，至太史公始微論其非。於貨殖傳謂民以財物自强者爲「素封」，「素」者天然無損於人之謂，貨財之封爲「素」，則萬戶之封非素矣。

民爲君之畜產，則君所命之官以治民者，皆君之奴隸也。不以民爲天而以民爲畜產，則仕於其國，非共天位、治天職、食天祿之義，臣於人即役於人。以治畜產之心治民，即能富强，皆富强桀之民賊也。孟子所謂「今之道」、「今之俗」者，舉世知忠君、愛君之爲道，而不知貴民、敬民之爲道也。

孟子遊各國，均以賓師自處，未嘗爲臣，惟爲卿於齊，然未受祿，則仍是賓客。蓋以天民自處，必擇能救民之君，達可行於天下，乃仕也。故不見諸侯，不見以求仕也；傳食諸侯，歷見諸侯以擇君，不忘仕也；久于齊，以宣王猶足用爲善，欲待其學焉而後臣之也。

春秋之大夫專擅而驕，能制其君；戰國之大夫委靡而諂，惟順其君。蓋三晉及齊，率皆以篡奪得君位，而秦昭王受制於魏冉，燕王噲受制於子之，七國之君知而鑒之，必時時防臣下之驕横，講求制馭之術，而申、韓之術因以大用於時。君日尊而臣日卑，積爲泄沓之習，君以奴隸待臣，臣即以奴隸自處。忘責難陳善之義，修趨走承順之文，反覺先王師臣、賓臣之義，直是冠履倒置。上焉者輔桀、富桀，下焉者長君、逢君，天下不明民義，天下遂無臣節，故曰「事君無義，進退無禮，言則非先王之道」也。何謂「先王之道」？「君臣以義合」，義者，民義也。

孟子之時，七國將混爲一，以時無信義，惟以詐力相競，不混一不能一日相安也。以詐力混一天下，則兵禍之烈何堪設想？當時之人，亦多見及此，而覺舍兵更無他術能一。孟子則欲以文王治鄉之法消戰國之兵禍，治鄉能救國之危亡，大用大效，小用小效。文王以王，管仲以霸，越王句踐、秦商鞅以富强。孟子論小事大，取句踐者，以句踐能以亡國之虜返國，不整軍經武，而生聚教訓，惟重民事，卒以沼吳，所以激厲戰國弱小之邦，知行道於鄉，可以救危亡而無疑也。

孟子取句踐，非取其能報吳也，取其生聚、教訓，專從民上做起，與王者之重民同也。若其生聚、教訓專爲復仇雪恥，則其心已非不忍人之心，去王者遠甚。故孟子取句踐，是節取，須善會其意：無王者之仁，安得有王者之智？董子曰：「『伐國不問仁人』，越無一仁焉。」與孟子之旨同，孟子且卑管仲，而豈取句踐哉？

然則孟子不重復仇乎？曰：視其仇之所從起爲何如耳！爲匹夫匹婦復仇，則殺一饋餉之童子，可興師以滅鄰，湯是也；爲喪師失地復仇，雖殉其所愛之子弟，亦爲糜爛其民而不仁，梁惠王是也。句踐報喪師失地辱身之恥，則正與梁惠王同，其與太王終身不報夷狄異，烏可與湯並言哉！

然則春秋賢襄公復九世之仇，其説非乎？曰：此善説春秋者也。春秋，魯史也，襄公親殺魯之君父，而魯之君臣上下淡然若忘，不興問罪之師，且與之狩，與之滅紀，魯無臣子矣！聖人不敢直斥魯罪，而賢襄公復九世之仇，若曰此人親殺人之君父，而自復九世之仇，其必所殺者無子孫、臣民也。甚魯莊之罪，而豈賢齊襄哉？孟子曰「殺人之父，人亦殺其父」，孟子非不重復仇也。特以土地之故，糜爛其民，大敗而欲復之，爲不可也。

然則國君世守之土地，爲人所奪，可甘心讓人乎？曰：此則視其君之仁智何如耳。邠民以太王爲仁，孟子以太王爲智。太王曰：「吾聞之，君子不以其所以養人者害人。」遂舉不窋以來世守之邠，委以與人，而飄然以去，此豈尋常人所能及哉？孟子以太王兩告滕文，而又以爲「畏天」之道。然則果能如太王之同民，雖世守之土地可棄以與人，不敢殘民命以爭奪也。國君之子弟且不重於民命，而況土地哉？

然則秦檜之主和何以爲奸也？曰：南宋之勢宜和，南宋之高宗不可和。宋之高宗，正如魯莊，徽宗雖不如紂之暴虐，早爲獨夫，然不失爲高宗之父。此當力辭君位，以身任將帥之責，發憤圖强，以復君、兄之仇。而其臣下當奉高宗以除徽宗之弊政，保境息民以待恢復之機。而自後人論之，徽宗之亡國，無異桀、紂，身死異域而民不思，亦不爲過。至秦檜主和，以復徽宗之骨，亦未爲非。特殺戮正人，貶黜異己，此雖不主和亦不得謂之爲忠。故南宋之奸臣四：秦檜、史彌遠主和，韓侂胄、賈似道主戰。論其奸，則四人同，而賈似道之罪爲尤大，豈以其主戰而減哉？故論高宗之不可和，當取殺人之父，人亦殺其父，殺人之兄，人亦殺其兄之義。與金不共戴天，不返兵，仇雖百年未報，不可一刻忘。法句踐之臥薪嘗膽，以符親不葬不除服之禮。至南宋之臣，則當審勢强弱而俟其隙，確守孟子「樂天」、「畏天」之義，必一怒能安天下，始可發之，不宜輕擲億兆人於虎狼之口，以爲忠於其君也。不然，暴君虐民，以喪身亡國，而其後人又糜爛其民，以爲之復仇，而可稱忠臣孝子，是桀、紂之仇可以復，即幽、厲之名可以改。孟子謂幽、厲之名，孝子慈孫不能改，正謂桀、紂之子孫不能復桀、紂之仇也。此義不明，暴其民之君日多，而爲君辟土地、充府庫、約與國、戰必克之民賊，乃日接迹於天下也。

有天下者當視天下之富貴輕如敝蹝，而重民命如天，則宋高宗之復仇可以知所處矣。保境息民力，蓋徽宗之愆，觀釁而動，必使師出不至糜爛吾民，如文王、武王之一怒而安天下，然後可以興師。若父仇不共戴天之義，則庶人匹夫之事，以身復仇，自拚一死，非有牧民之責而殘民以逞也。然猶必父不受誅而始可耳，否則，禹之仕舜，非矣。「桃應」章瞽叟殺人之問，即是發明此理。殺人則執之，民命重也。士師執有罪，天子不得私其父而禁之，父受誅，子不得復仇也。竊負而逃，遵海濱而處，即吾「保境息民、力蓋前愆、觀釁而動」之説也。

周公制謚法，救繼世以有天下之禍也。天子無道，臣民得以惡謚加之，而嗣君不敢違，則如徽宗之淫侈昏庸，爲金所虜，正是天降之罰，高宗烏得而仇之？厲王暴虐，周人逐之，出居於彘，死猶加以惡謚。宣王中興，不聞從不共戴天之義，討周人逐君之罪而改其惡謚。然則天子無道，得罪於民，即爲得罪於天，與亂臣賊子無異，人人得而誅之，爲三代以來舊法，至厲王時猶未亡。孟子「殘」、「賊」、「一夫」之訓，幽、厲不能改之，論「寇仇無服」之語，皆是述古義，孔門相傳微言，非孟子獨創也。

重道義，輕富貴，則隱逸之品尊矣。人人重隱逸，積爲風俗，可以折帝王驕貴之氣，勵臣下清白之節，亂亡何至而生？篡奪何由而起？故孟子敘「清任和」，不以「時」爲次，而以伯夷居伊尹之先，任和以清爲本也。必有塵汙冠冕、泥塗金玉之清節，然後出而任天下事，乃能與微賤同憂樂，油油與偕，而不自失也。出爲禹、稷，處即巢、由，人與以天下，方將洗耳而逃，何有篡奪之慮哉？

饑溺由己之憂，即簞瓢陋巷之樂，所謂有天下而不與也。故君子之道，以守身爲經世之本。守身者，守萬物皆備之身也。一物不備，即吾身之分量有缺，反身而誠，樂莫大焉，豈因簞瓢陋巷而改？然見道易而體道難，虛而玩之於己，則運以神而逸；實而見之於事，則滯於迹而勞。逸者見爲已備也，故「樂」；勞者實爲其備而未能也，故「憂」。憂樂以知行而分，大行無加，窮居無損，吾誠身而萬物皆備之，分量固定於有生之初，而無與於遇合之迹也。

人情莫不好富貴而惡貧賤，故富貴之迷人也易。孟子謂伊尹歸潔其身，柳下惠不以三公易其介，皆因俗情之易溺，而特表聖人之眞也。宋儒論學，亦重守身一邊，皆是此意。

守身，守萬物皆備之身也；　事親卽是爲萬物皆備之事。人生而與物接，自親始。天與吾以萬物皆備之理，親與吾以萬物皆備之形，形與理不相離，天下事皆身爲之，而可不從身之所自始做起乎？口體，形也；志，理也。事親不養口體而養志，則事親仍是守身之理。一物不備，卽爲虧體辱親，人一生事業，是盡萬物皆備之性，故踐形惟肖，方完得事親之義。守身是經世之本源，經世是守身之全量。守身不知經世，則爲孤寂之學，楊子之「爲我」是也；經世不知守身，則爲氾濫之學，墨子之「兼愛」是也。墨子無本，故不能爲序，不能從父母推及天地，而强謂萬物爲一體，則情泛而不眞。非孝不能爲弟，無忠做不出恕也。楊氏無序，其本亦非。不以爲萬物皆備之身而斤斤守之，身已缺陷不全，豈能爲守身哉？不失其親，乃能事親，孝之事全從弟上見，不行恕，不得爲誠身也。

戰國之君，與孟子深談者三人。齊國最大，宣王志在以兵圖霸，是謂驕兵。魏國次之，惠王志在復仇，是謂憤兵。惟滕最小弱，則不敢言兵而有懼心以救亡。驕憤之兵，未有出而不敗者，故孟子折齊王之驕心曰「以一服八」；止梁惠之憤心，曰「仁者無敵」。惟懼心可用，故舉王道之本末一一告之。其後，惠王次年卽薨，齊宣王未聞用孟子之言，滕文則用矣。齊至滑王爲燕所滅，而滕乃後亡。俱亡，而同民未有不可圖存者也。

孟子七篇，以經世爲主，願學孔子處卽在是。孔子之學，卽堯、舜、禹、湯、文、武之政，故孟子書言政事處多，梁惠王均是言政，無言學者。至公孫丑篇始言學，「當路」章是擇術審時，「動心」章則孟子所學之始終、條理俱備。學宗孔子而知言養氣以守約，是孟子之學仍是學王道。孔子賢於堯、舜，則孟子所稱堯、舜之道卽是孔子，故「以力假仁」章說出湯、武，而以德服人乃歸之孔子，則七篇所言先王之道亦孔子也。此章說出「仁」字，下則繼以「仁則榮」四章，皆是行政之仁，仁莫大於仁民也。或疑與孔子言仁不同，不知孔子未嘗一刻忘世。論語次章由孝弟說出爲仁，卽是親親而仁民之仁；三章以巧言令色爲鮮仁，又皋謨知人安民之旨，存心仍存於行政也。能安民之謂仁，而安民必先得人。故以「舜之與人」繼之，而終以「伯夷隘」、「柳下惠不恭」，則申明以上皆己所由以學孔子也。下篇則學成欲行於世，以救戰國之禍，故首言「戰之上策在人和」。人何以和？君能憂樂同民也。而下歷言出處、進退、辭受、取予，終於不能用齊，不受祿而歸。蓋孟子不遇於齊，則戰國之禍終不可救，而亦倦遊而返矣。梁惠王篇是孟子用世之實迹，滕文公篇是發明王道之全體大用也。性善是王道之本源，堯、舜是王道之極詣。當戰國昏濁之運，欲行王政，則違衆戾俗，震憾危疑，非具大魄力，不能犯衆忌而力持於其後，故以成覸謂齊景公語及書言告之。蓋能自拔於流俗者爲豪傑，而孟子亦以「當大任」、「不動心」自驗學問也。「行三年喪」是性善，「制恒產」是稱堯、舜，「許行」、「墨者」章是拒楊、墨，而「許行」章即指出堯、舜之實，「墨者」章又足證出性善之實。蓋指出葬親之本心而夷之，不能不天良發見，而自悟其非，是性善也。下篇則孟子抱道自重，不徇流俗而遂爲時人所訴病，則世無聖王，大道不明，士風大壞。下焉者託於墨子之爲人，枉尋直尺，行同妾婦，而反疑孟子之不見諸侯爲「爲我」。上焉者託於楊氏之爲我，矯情絕物，迹類蚓蟲而反疑孟子之急仕爲「兼愛」。蓋揚楊、墨之餘波，以塞孔子之道。「爲我」者，辟兄離母，以至無父；「兼愛」者，鑽穴踰牆，何能有君？風俗既壞，人才不出，正君不能如學、語之術，桀宋之自取滅亡，且認爲王政；而虐於民之弊政，則如攘鄰之雞而不能速已。蓋戰國之禍，至是而不可救矣，於乎，豈獨戰國哉！

此後四篇宜皆著於歸鄒以後，凡語關於論政，多入於離婁篇，論人及己出處之節多入於萬章篇，論學則入於告子篇、盡心篇。雖不儘然，從其多者言之也。

孟子之學出於子思，以尊德性爲主，而以願學孔子爲歸宿。子思作中庸以「天命」起，以「天載」終。先儒以其書爲孔子之行述，孟子宗之以爲學，其議論無一不與中庸相符。不僅在「下位」一章直述師説爲實據也。故荀子非十二子以子思、孟子並言。

告子之學，是孟子一派，亦知尊德性，惜見性未瑩，又其書不傳，僅見於孟子之書，其後造詣未知如何。然能先孟子不動心，則能拔出流俗，不同鄉愿之媚世，而爲孟子時之狂狷矣。

性之理具於心，舍心無從見性。然謂性盡善則是，謂心皆善，則未盡妥。如性中有仁，是愛之理，然人心之動，有愛妻子不愛父母時，不得謂心之動時純是善念無惡時也。故孟子論性直曰善，而論心則不然。有「喪良心」、「失本心」、「求放心」、「心不若人」、「陷溺其心」，心之官不思，而存心則須察識、操存，有許多功夫，未嘗純任心而廢學也。「盡心」即是知性，「存心」即是養性、盡性。「養性」之學全在心上著功夫，不能在性上致力，性本然皆善，無從致力也。

告子論性未大差，惟信心太過，則有心已放失而自不覺者，而又看物理太輕，故見道未瑩。與孟子言，孟子皆就物理上駁詰，不深與言性。觀「杞柳」至「食色」章，皆告子言性，孟子均以物理詰之。而答公都子不直非告子，則告子之説，孟子不盡以爲非也。

復性功夫全在心上，故告子篇上言性後，章章皆論心，孟子眞心學也，終於「梓匠輪輿能與規矩，不能使人巧」。規矩，聖人也，其生平行事有迹可循也。巧則在人之心，循規矩而自悟焉，則盡心以知性也。

「求則得之，舍則失之」，是求有益於得也，求在我者也。謂尊我之德性以求如聖人之盡性，必能如聖人焉。性固聖凡皆同也，求之有道，得之有命。仁之於父子也，義之於君臣也，禮之於賓主也，智之於賢者也，聖人之於天道也，循仁、義、禮、智，聖人之迹以求之，求之有道矣。然而得之不得，有命焉，是求無益於得也。求，在外者也，謂求其迹，非在我之心也。我即萬物皆備之我，謂性也。

管子小匡篇節評　煙霞草堂遺書之七

咸陽劉光蕡古愚

管子小匡篇〔一〕

桓公曰：「昔吾先君襄公，高臺廣池，湛樂飲酒，田狩罼弋，不聽國政，卑聖侮士，惟女是崇，九妃六嬪，陳妾數千，食必粱肉，衣必文繡，而戎士凍餒。古文武不分，戎士即前聖士。戎馬待游車之䢦，殘也。戎士待陳妾之餘，優笑在前，賢才在後。是以國家不日引，不月長。恐宗廟之不埽除，社稷之不血食，敢問爲此若何？」

管子對曰：「昔吾先王周昭王、穆王，世法文、武遠績以成名，合羣叟，韋注：「合，會也；叟，老也；校，考合也。謂考其德行、道藝而興賢者。」按：謂興賢能而合羣叟。此「羣叟」當即縣鄉主教化之三老，即合各鄉學之師。合，訓會，謂朝廷使人會同其師，考校其弟子之德行、道藝。此古選士法所以不失一也。比校民之有道者。設象以爲民紀，式權以相應，比綴以度，比綴即什伍法。竱本肇末，竱本，道之以德也；肇末，齊之以禮也。勸之以賞賜，糾之以刑罰，班序顛毛，以爲民紀統。」

桓公曰：「爲之若何？」

管子對曰：「昔者聖王之治天下也，參其國而伍其鄙，定民之居，成民之事，陵爲之終，而慎用六柄焉。」

〔一〕本篇揉合管子小匡與國語齊語而成，且爲節文，文字與二者多有出入，不一一標出。

桓公曰：「成民之事若何？」管子先言定民居，桓公先問成民事者，以民事爲不可緩也。

管子對曰：「四民者勿使雜處，雜處則其言哤，其事易。」

公曰：「處士、農、工、商若何？」

管子對曰：「昔聖王之處士也，使就閒燕；處工，就官府；處商，就市井；處農，就田野。今夫士羣萃而州處閒燕，處士閒燕，則是士不農、不工商也。據後文：士鄉十五，公與國、高各自將五鄉，則士鄉十五皆兵也。十五鄉三萬戶，卽爲三萬兵，而父兄子弟皆從之居，其食必給之國家，是卽兵與農分，而朝廷有養兵之費矣。又，士之子恒爲士，則如今經制之兵，必父死子代，又類唐之府兵、明之軍衛，兵又與民分矣。然則後世兵制之壞，皆自霸術開之。葢終年在伍，則專業而藝精；朝夕與居，情親而勢聚，得人，所以易强而不能持久。此管仲一死，齊所以不能復振也。不雜處之法，於工最宜。工聚，則相親而易精其業，且弓、冶、箕、裘，工多世業，自古爲然也。則父與父言義，子與子言孝，其事君者言敬，其幼者言悌。少而習焉，其心安焉，不爲見異物而遷焉。是故其父兄之教不肅而成，其子弟之學不勞而能。夫是，故士之子恒爲士。

「今夫工，羣萃而州處，審其四時，辨其功苦，權節其用，論比協材，旦暮從事，施於四方，以飭其子弟。相語以事，相示以巧，相陳以功。少而習焉，其心安焉，不見異物而遷焉。是故其父兄之教不肅而成，其子弟之學不勞而能。夫是，故工之子恒爲工。

「今夫商，羣萃而州處，察其四時，而監其鄉之資，監其鄉之資，韋訓「資」爲財。案：非也。此「資」字卽「水則資舟、陸則資車」之「資」。謂視其鄉所需之器物而知其價，以販市於其處也。以知其市之賈，負任擔荷，服牛軺馬，以周四方，以其所有易其所無，市賤鬻貴。旦暮從事於此，以飭其子弟。相語以利，相示以賴，相陳以知賈。少而習焉，其心安焉，不見異物而遷焉。是故其父兄之教不肅而成，其子弟之學不勞而能。夫是，故商之子恒爲商。

「今夫農，羣萃而州處，察其四時，權節其用，耒耜耞芟，及寒，擊草除田，以待時乃耕；深耕而疾耰之，以待時雨；時雨既至，挾其槍刈耨鎛，以旦暮從事於田野。脫衣就功，首戴苧蒲，身衣襏襫，霑體塗足，暴其髮膚，盡其四支之敏，以從事於田野。少而習焉，其心安焉，不見異物而遷焉。是故，其父兄之教不肅而成，其子弟之學不勞而能。是故農之子恒爲農，野處而不慝。其秀民之能爲士者，必足賴也。總結處士、農、工、商。農、工、商之秀出者亦爲士，則農、工、商必皆有學。「有司見而不以告，其罪五。有司已於事而竣。「有司已於事」，謂分士、農、工、商已畢也。」

桓公曰：「定人之居，若何？」

管子對曰：「制國以爲二十一鄉。」

桓公曰：「善。」

管子於是制國以爲二十一鄉：此立治國規模。工商之鄉六，士鄉十五。公帥五鄉焉，國子帥五鄉焉，高子帥五鄉焉。參國起案，以爲三官，臣立三宰，工立三族，市立三鄉，澤立三虞，山立三衡。

桓公曰：「吾欲從事於諸侯，其可乎？」

管子對曰：「未可。國未安。」

桓公曰：「安國若何？」

管子對曰：「修舊法，擇其善者而用之。此是修明政事。遂滋民，與無財，而敬百姓，則國安矣。」

桓公曰：「諾」遂修舊法，擇其善者而業用之。遂滋民，與無財，而敬百姓。國既安矣。

桓公曰：「國安矣，其可乎？」

管子對曰：「未可。君若正卒伍、修甲兵，大國亦將正卒伍、修甲兵，則難以速得志矣。霸術異於王道，全在是處。君有攻伐之器，小國諸侯有守禦之備，則難以速得志矣。君若欲速得志於天下諸侯，桓公、管仲一生受病在此。則事可以隱令，可以寄政。」

桓公曰：「爲之若何？」

管子對曰：「作內政而寄軍令焉。」

桓公曰：「善。」管子於是制國。此爲制國，所謂内政也。國中一切政事，皆軌、里、連、鄉行之。五家爲軌，軌爲之長；十軌爲里，里有司；四里爲連，連爲之長；十連爲鄉，鄉有良人焉。以爲軍令：此爲軍制。居則爲軌，出則爲伍，與地官法同。惟成伍後，以十升，與周禮不同。此霸術，視王道爲疏闊易行也。五家爲軌，故五人爲伍，軌長帥之；十軌爲里，故五十人爲小戎，有司帥之；四里爲連，故二百人爲卒，連長帥之；十連爲鄉，故二千人爲旅，鄉良人帥之。五鄉一帥，故萬人爲一軍，五鄉之帥帥之。三軍，故有中軍之鼓，有國子之鼓，有高子之鼓。春以蒐振旅，秋以獮治兵，教練。是故卒伍整於里，軍旅振於郊。内教既成，令勿使遷徙。聯結。伍之人祭祀同福，死喪同恤，禍災共之，人與人相疇，家與家相疇，世同居，少同遊。故夜戰聲相聞，足以不乖；晝戰目相見，足以相識；其歡欣足以相死。居同樂，行同和，死同哀。是故守則同固，戰則同彊。君有此士也三萬人，以方行於天下，以誅無道，以屏周室，天下大國之君莫之能禦。軍令已成。

正月之朝，鄉長復事。君親問焉，以上定制，以下行政，即是課吏。曰：「於子之鄉，有居處好學、慈孝於父母、聰惠質仁、發聞於鄉里者？有則以告。此内政之事，以民之智者爲明也。有而不以告，謂之蔽明，其罪五。」

有司已於事而竣。桓公又問焉，曰：「於子之鄉，有拳勇股肱之力秀出於衆者？有則以告。此是軍令之事，以民之勇者爲賢也。富强之本，全在君民之情通而不隔，故課吏之法只是去壅蔽。有而不以告，謂之蔽賢，其罪五。」講求拳勇所謂齊之技擊也。荀子謂：「亡國之兵最不足恃。」蓋管仲之法，身没之後即以百弊叢生，而尚拳勇爲風氣，至戰國猶以技擊聞也。

有司已於事而竣。桓公又問焉。曰：「於子之鄉，有不慈孝於父母、不長悌於鄉里、驕躁淫暴、不用上令者？有則以告。有而不以告，謂之下比，其罪五。」

有司已於事而竣。是故鄉長退而修德進賢，以下選賢。桓公親見之，遂使役之官。韋訓「役」爲「爲」，非也。役如漢之掾吏，唐之幕職，今之觀政各部。蓋選於鄉，使習事於官也。故曰役官。桓公令官長期而書伐以告，且令選其官之賢者而復用之。曰：「有人居我官，「曰」，是官長白桓公也。「我」，官長自稱，以下皆薦賢語。有功休德，惟慎端愨以待時使，使民以勸，綏謗言，足以補官之不善政。」

桓公召而與之語，訾相其質，觀其行。「訾相」，卽孟子見賢焉，察之也。足以比成事，誠可，立而授之。設之以國家之患而不疚，設問不能窮。退問之其鄉，以觀其所能，而無大厲，又核以平日之行。升以爲上卿之贊。鄉長、官長、及公也。謂之三選。國子、高子退而修鄉，國、高上卿，所修乃在於鄉，霸政且然，可以知王政矣。此下見定制之善。鄉退而修連，連退而修里，里退而修軌，軌退而修伍，伍退而修家。是故匹夫有善，可得而舉也；匹夫有不善，可得而誅也。朝野聯爲一體，情意流通無隔閡，故不渙散，國勢鞏固，不可動搖，未有不强。荀子論兵，謂在附民，卽是故也。政既成，鄉不越長，朝不越爵，罷士無伍，罷女無家。夫是，故民皆勉爲善。與其爲善於鄉也，不如爲善於里；與其爲善於里也，不如爲善於家。朝廷之耳目周，故民間之善惡無可掩蔽也。是故士莫敢言一朝之便，皆有終歲之計；莫敢以終歲爲議，皆有終身之功。朝廷不爲苟且之政，故士皆不懷苟且之心。

桓公曰：「伍鄙若何？」

管子對曰：「相地而衰行[一]，則民不移；政不旅舊，「政不旅舊」，韋訓「舊」爲君之故舊，以故人爲師旅，則民之相與不苟且，引孔子「故舊不遺，則民不偷」語以證之。案：此爲伍鄙之法。六項皆耕牧樹蓄三農之事，不應此項忽及君之故舊。君之故舊不在國而耕於鄙，已遺之矣，與孔子語卽不合。此時管子新制師旅，以國中士鄉爲之，鄙之人入師旅，則貴之非遺之也。故此語疑爲未妥。竊意政爲「稼政」，舊者，已弊之法也。已蔽之法不可用，卽當去之而力圖新。今則爲用之已久，不忍舍去。用之無效而虛懸其名，如旅客然。明知勢不能久，而因循苟且，相仍不改，民亦苟且偷安矣。上之爲政一意求新而不旅舊，民孰肯偷安旦夕，而不爲久遠之計乎？則民不偷；山澤各致其時，則民不苟；陵、阜、陸、墐、井、田、疇均，則民不憾；無奪民時，則百姓富；犧牲不畧，則牛羊遂。」

[一] 行：國語齊語管仲佐桓公爲政作「征」。

桓公曰：「定民之居，若何？」

管子對曰：「制鄙，三十家爲邑，邑有司；十邑爲卒，卒有卒帥；十卒爲鄉，鄉有鄉帥；三鄉爲縣，縣有縣帥；十縣爲屬，屬有大夫。五屬，故立五大夫，各使治一屬焉；立五正，各使聽一屬焉。屬既有五大夫治之，又立五正聽之，何也？「聽」，即後世監司之意。是故正之政聽屬，牧政聽縣，下政聽鄉。」

桓公曰：「各保治爾所，無或淫怠而不聽治者！」參國不聞此戒，國中之事，公自修之，蓋無日不治，故不戒也。

正月之朝，五屬大夫復事。桓公擇是寡功者而讁之。曰：「制地分民如一，何故獨寡功？教不善則政不治，一再則宥，三則不赦！」桓公又親問焉，曰：「於子之屬，有居處爲義好學、慈孝於父母、聰慧質仁、發聞於鄉里者？有則以告。有而不以告，謂之蔽明，其罪五。」

有司已於事而竣。桓公又問焉。曰：「於子之屬，有拳勇股肱之力秀出於衆者？有則以告。有而不以告，謂之蔽賢，其罪五。」

有司已於事而竣，桓公又問焉。曰：「於子之屬，有不慈孝於父母、不長悌於鄉里、驕淫躁暴、不用上令者？有則以告。有而不以告，謂之下比，其罪五。」

有司已於事而竣。五屬大夫於是退而修屬，屬退而修縣，縣退而修鄉，鄉退而修卒，卒退而修邑，邑退而修家。「參國伍鄙」，法制之精神、機緘全在是。節節相制，桓、文之節制，即在此處。程子謂：「韓信將兵，多多益善，只是分數明。」亦是此意。是故匹夫有善，可得而舉也；匹夫有惡，可得而誅也。政既成矣，以守則固，以征則强。

桓公曰：「吾欲從事於諸侯，其可乎？」

管子對曰：「未可，鄰國未吾親也。吾欲從事于天下，諸侯則親鄰國。以上內治，以下外交。內治是外交之本，內治從民上做，故猶近王，而偏重兵，故爲霸術。欲從事於天下，須親鄰國；然則不親鄰國，是無志於天下也。

桓公曰：「若何？」

管子對曰：「審吾疆場而反其侵地，正其封彊。無愛其資，而重爲之皮幣，以驟聘眺於諸侯，以安四鄰，則四鄰之國親我矣。爲遊士八十人，奉之以車馬衣裘，多其資幣，使周遊於四方，以號召天下之賢士。此最要，今日亦當如此。皮幣玩好，使民鬻之四方，以監其上下之所好，擇其淫亂者而先征之。」

桓公問曰：「夫軍令則寄諸内政矣，齊國寡甲兵，爲之若何？」此下備器械。

管子對曰：「輕過而移諸甲兵。」

桓公曰：「爲之若何？」

管子對曰：「制重罪，立法也，以下皆是制。贖以犀甲一戟，輕罪贖以鞼盾一戟，小罪讁以金分，宥閒罪。索訟者三禁而不可上下，坐成以束矢。美金以鑄劍、戟，試諸狗馬；惡金以鑄鉏、夷、斤、斸，試諸壤土。」

甲兵大足。以贖備甲兵，霸術也。然「贖」即是罰，「金作贖刑」見於堯典，甫刑全論贖刑。聖人取之，知「祥刑」在輕而密，所謂懲其大戒也。小過不懲，將入於大惡。故王道至纖至悉，綱紀疏闊，使民放逸。入於刑辟，黄老之治，非欲並生之意也。桓公曰：「吾欲南伐，何主？」

管子對曰：「以魯爲主。反其侵地棠、潛，使海於有蔽，渠弭於有渚，環山於有牢。」賈侍中云：「『海』，海濱也；『有蔽〔二〕』，若言可依蔽也；『渠弭』，裨海也，水中可居者曰渚。」韋昭云：「有此乃可以爲主人，軍必依險阻者也。」案，此三句，魯、衛、燕皆言之。燕固有海，魯尤近海。若衛則去海遠，海何能爲衛之蔽？桓公何能使無海之衛，以海爲蔽？然則此三句是爲三國設守備也。「海於有蔽」，非河海之「海」，謂設守於有蔽之處，爲表海之固也。是時海道未開，無人敢浮。齊國表海東邊，永無寇患，以齊國邊蔽況三國之守也。「渠弭」，掘渠以禦寇也。「環山於有牢」，環山以爲守護其畜牧也。「牢」，畜牧之所也。

〔二〕有蔽：原作「有若」，據國語齊語改。

桓公曰：「吾欲西伐，何主？」

管子對曰：「以衛爲主。反其侵地台、原、姑與漆里，使海於有蔽，渠弭於有渚，環山於有牢。」

桓公曰：「吾欲北伐，何主？」

管子曰：「以燕爲主。反其侵地柴夫、吠狗，使海於有蔽，渠弭於有渚，環山於有牢。」

四鄰大親。既反侵地，正其封疆，南至於陶陰，西止於濟，北至於河，東至於紀酅。有革車八百乘，擇天下之甚淫亂者而先征之。

管子天下才，此篇已舉其全，其他皆不足重。天下才處何在？在知國以民爲本，心目專注於民，一切經綸從此入手，矢之以恒心，持之以定力，何難奏王者之治？惜其器小，有「欲速」、「見小利」之私蔽之於先，速求富强，治民之心偏重於兵，故治績以至於强而止。「九合一匡」效止一時，身沒之後齊亂而諸侯不至，霸業遂替。僅拳勇股肱之力，傳至戰國，猶以擊技稱。設使當日不偏重兵，而以慈孝、聰慧、質仁爲重，風俗美而人才出，身死之後，齊未必亂，亂亦必不久，而得中才之主卽可以治，而況爲治四十餘年，以天下才效有不及天下者哉？管仲以天下才，爲器所拘，效僅及於一國，而不能持久，甚矣！人之器識宜宏遠也。

天下才處在知重民，器小處在急於爲强。故兵農、兵民之分，皆自管仲始。管仲一生受病在欲速得志於天下，故其治民皆是治兵，王道悉成霸術。

「卑聖侮士，惟女是崇」，襄公弊政盡此八字。「九妃」九句是卑、侮、崇之實迹，以下是卑崇之禍。「優笑」卽「妃嬪」、「陳妾」之列，是卑聖侮士實事，「賢才」卽聖士之統名。

右篇，關中大儒劉古愚先生評以課士者，其節次、句字悉從齊語，惟「高臺廣池」句依管子流行本。齊語是句作「築台以爲高位」。其詁義用韋昭注，而會通賈、王、汪、段、惠、洪、程、董、陳、吳諸説，獨斷以己見，發前人所未發。評中究兵弊則及乎技擊，訓役官則比爲掾幕，「不旅舊」則曰「政求新」，「事天下」則貴親鄰國，而謂管子偏重兵乃致亂之本焉。方望溪嘗言「周公慮民俗之媮，至管子，患吏情之遁」，以爲可觀世變。夫「媮」與「遁」，管子知之，「兵致亂」，管子不知。其變至此，而先生知之，偉哉，其識矣！

昔葉水心以管子非一人一時之書，黄震日鈔以管子龐雜矛盾。是篇之尤可疑者，制國二十一鄉，參國三軍，公帥十一鄉，高子、國子各帥五鄉，是爲二十一鄉。乃齊語則言公與高子、國子各帥五鄉，是亶十五鄉矣，然則彼六鄉誰帥乎？又，五鄉一帥，帥萬人，一軍教士三萬人，十五鄉耳。若二十一鄉，宜有四軍一旅，教士四萬二千人，然又何解於參國三軍之制耶？前後理不可通。不特齊語與管書互歧，卽管書且自僢馳矣。年代敻遠，鈔刻糺錯，黯陋如珍，何由正譌？

國變之九年，先生弟子王公幼農養痾葑溪，亟亟搜録其遺書，迺以右評及荀子議兵篇節評使校。苦尟精本，晵焉從役，先荀而管，旬日始竣。夫管近霸荀近王，而荀書引類，曼衍、誇多，不能無疑，不逮管之事覈言練也。議兵篇亦殊蕪，先生閒有節裁，其文反順。而推本湯、武之師，則賢於管之分兵農、改周制焉，故因並勘而連論之。

嗟夫！兵以仁動，猶非可久，而況管子絜國以嘑功利，欲不致亂，烏可得哉？喜兵尚武儻廢然知止乎？亦節評恉也。

庚申夏，湘潭後學傅珍謹識。

荀子議兵篇節評

煙霞草堂遺書之八

咸陽劉光蕡古愚

荀子議兵篇[一]

荀卿者，趙人，名況，嘗與臨武君議兵於趙王前。

王曰：「請問兵要。」

臨武君對曰：「上得天時，下得地利，觀敵之變動，後之發，先之至，兵之機勢，盡於此二句。此用兵之要術也。」

荀卿子曰：「不然。臣所聞古之道，凡用兵攻戰之本，在乎壹民。弓矢不調，設喻。則羿不能以中微；六馬不和，則造父不能以致遠；士民不親附，則湯、武不能以必勝也。故善附民者，通篇主意在此三字。是乃善用兵者也。故兵要在乎附民而已。」

臨武君曰：「不然。兵之所貴者勢利也，所行者變詐也。善用兵者，感忽悠闇，莫知其所從出。所感者在忽微、悠遠、隱闇，故人不覺其所從出也。孫、吴用之無敵於天下，豈必待附民哉？」

荀卿子曰：「不然。臣之所道，仁人之兵，王者之志也。以王者之志破其勢，得有王者之志，則勢利不足言。故以下再不及勢利，專言不可詐。君之所貴，權謀勢利也；所行，攻奪變詐也，諸侯之事也。仁人之兵，不可詐也。彼可詐者，怠

[一] 本篇仍爲節選，字句有調整，也有依楊倞注徑改原文者，凡此，不一一説明。

慢者也，露袒者也。「怠慢」是臨事不懼，「露袒」則是不好謀。君臣上下之間，滑然有離德者也。「滑然有離德」，則民不附之狀。故以桀詐桀，猶巧拙有幸焉；以桀詐堯，譬之以卵投石，以指撓沸，若赴水火，入焉焦沒耳。連設三喻。故仁人之兵，上下一心，三軍同力。附民之實。臣之於君也，下之於上也，若子之事父，弟之事兄，若手臂之捍頭目而覆胸腹也。詐而襲之，與先驚而後擊之一也。不可詐，故詐而襲，與先驚後擊無異。且仁人之用十里之國，則將有百里之聽；用百里之國，則將有千里之聽；用千里之國，則將有四海之聽。上言仁人不可詐，此下言不但不能詐，謂用於十里、千里，則千里四海皆聞風歸附也。必將聰明警戒，和摶而一。故仁人之兵，聚則成卒，散則成列，成軍出境爲聚，解甲歸田爲散。成列者，成鄉里、鄉黨之列也。又案：散，謂散布其陣，如今之撒星陣，仍五人爲伍，故成列也。延則若莫邪之長刃，嬰之者斷；兌則若莫邪之利鋒，延，横出也；「兌」即鋭字，直出也。當之者潰；圜居而方止，則若磐石然，觸之者角摧而退耳。且夫暴國之君，將誰與至哉？此言無人與爲詐。彼其所與至者，必其民也。而其民之親我，歡若父母；其好我，芬若椒蘭。彼反顧其上，則若灼黥，若仇讎。人之情，雖桀、跖，豈又肯爲其所惡，賊其所好者哉？是猶使人之子孫自賊其父母也，彼必將來告之，夫又何可詐也？故仁人用，國日明，諸侯先順者安，後順者危，慮敵之者削，反之者亡。詩云：『武王載旆[一]，有虔秉鉞。如火烈烈，則莫我敢遏。』此之謂也。」

孝成王、臨武君曰：「善。請問王者之兵，設何道，何行而可？」

荀卿子曰：「凡在大王，將率末事也。臣請遂道王者諸侯彊弱存亡之效，安危之勢。君賢者其國治，君不能者其國亂；隆禮貴義者其國治，簡禮賤義者其國亂。治者强，亂者弱，是强弱之本也。上足卬即「仰」字，「足仰」，謂其行足爲民所仰望。則下可用也，上不足卬則下不可用也。下可用則强，下不可用則弱，是强弱之常也。國統上下，言「下」，專指民，故國爲强弱之本，而民爲其常。齊人隆技擊，其技也，得一首者則賜贖錙金，無本賞矣。是事小敵毳，則偷可用也；技擊，

[一] 旆：原作「發」，誤，據毛詩正義改。

今日技勇，卽鄉閭習拳之事。一人與一人鬥，則勝，故曰「偷」。事大敵堅，私鬥，其事小；公，則大。敵知兵，則堅；否，則脆。則渙焉離耳。若飛鳥然。傾側反覆無日，是亡國之兵也，兵莫弱是矣。是其去賃市傭而戰之，幾矣。魏氏之武卒，此卽今之召募法。以度取之，度，法也。卽衣三屬之甲等法。衣三屬之甲，操十二石之弩，負矢五十箇，置戈其上，冠胄帶劍，贏三日之糧，日中而趨百里。中試則復其戶，除其賦役爲「復」。利其田宅。是其氣力數年而衰，卽今額兵之弊。而復利未可奪也，所謂復之戶及田宅。改造則不易周也。改造謂汰衰老，招精是壯。養兵之弊，無不如是。是故地雖大，其稅必寡，是危國之兵也。秦人其生民也陿隘，謂抑工商，使民舍農戰外無謀生之路。其使民也酷烈。酷烈，謂以刑劫之。劫之以勢，隱之以阸，「阸」卽陿隘之謂。此如今八旗之兵。忸之以慶賞，鰌之以刑罰，使天下之民所以要利於上者，非鬬無由也。阸而用之，得而後功之，功賞相長也。五甲首而隸五家，是最爲衆彊長久之道，此是忸之以慶賞，使成尚武風俗，故其强能久長。故四世有勝，非幸也，數也。用法之作用爲數。故齊之技擊不可以遇魏之武卒，上是所設之道，以下言行。魏之武卒不可以遇秦之銳士，秦之銳士不可以當桓、文之節制，銳士尚人自爲戰，桓文之節制則有紀綱、法令，三軍同力，故銳士不能當也。「節制」，管子之參國伍鄉，文公之示信、示義、示禮是也。桓、文之節制不可以當湯、武之仁義。有遇之者，若以焦熬投石焉。兼是數國者，皆干賞蹈利之兵也，傭徒鬻賣之道也，以刑賞驅民戰，終不能免此二弊。未有貴上安制綦節之理也。諸侯有能微妙之以節，則作而兼殆之耳。故招延、募選、隆勢詐、尚功利，是漸之也；禮義教化，是齊之也。誘於外爲「漸」，動其中爲「齊」。故以詐遇詐，猶有巧拙焉；以詐遇齊，譬之猶以錐刀墮泰山也。故湯、武之誅桀、紂也，拱挹指麾，而彊暴之國莫不趨使，誅桀、紂若誅獨夫。故泰誓曰「獨夫紂」，此之謂也。故兵大齊則制天下，三代後無王者，故無大齊之兵。小齊則制鄰敵。若夫招延、募選、隆勢詐、尚功利之兵，則勝不勝無常，代翕代張，代存代亡，相爲雌雄耳。夫是之謂盜兵，君子不由也。」

孝成王、臨武君曰：「善。請問爲將。」

荀卿子曰：「知莫大於棄疑，行莫大於無過，事莫大於無悔，以上論兵之本，卽是治民；以下論將，是論用兵。事至無悔而止矣，成不可必也。故制號政令，號令。欲嚴以威；慶賞刑罰，賞罰。欲必以信；處舍收藏，坐守。欲周以固；徙舉進退，行動。欲安以重，欲疾以速；窺敵觀變，伺敵。欲潛以深，欲伍以參；遇敵決戰，臨陣。必行吾所明，無行吾所疑。夫是之謂『六術』。無欲將而惡廢，不戀官爵。無怠勝而忘敗，勝不驕。無威內而輕外，君不能强之戰。無見其利而不顧其害，利不能誘。凡慮事欲孰好謀。而用財欲泰，夫是之謂『五權』。將所以不受命於主有三：可殺而不可使處不完，可殺而不可使擊不勝，可殺而不可使欺百姓，此最要。夫是之謂『三至』。凡受命於主而行三軍，三軍既定，百官得序，羣物皆正，則主不能喜，卽不威內。敵不能怒，卽不輕外。夫是之謂『至臣』。慮必先事而申之以敬，慎終如始，始終如一，夫是之謂『大吉』。凡百事之成也，必在敬之；以下總括，卽「好謀而成」之「成」。其敗也，必在慢之。故敬勝怠則吉，怠勝敬則滅；計勝欲則從，欲勝計則凶。戰如守，靜也。行如戰，有備。有功如幸，卽臨事之慎。敬謀無曠，敬事無曠，敬吏無曠，敬罰無曠，夫是之謂『五無曠』。愼行此六術、五權、三至，而處之以恭敬、無曠，夫是之謂天下之將，則通於神明矣。」

臨武君曰：「善。請問王者之軍制？」

荀卿子曰：「將死鼓，御死轡，百吏死職，士大夫死行列。聞鼓聲而進，聞金聲而退，順命爲上，功次之。令不進而進，猶令不退而退也，其罪惟均。不殺老弱，不獵禾稼，服者不禽，格者不赦，犇命者不獲。凡誅，非誅其百姓也，誅其亂百姓者也。行兵主腦。百姓有捍其賊，則是亦賊也。以故，順刃者生，傃刃者死，犇命者貢。微子開封於宋，「開」卽「啟」字，辟漢景帝諱改之也。曹觸龍斷於軍，商之民服，所以養生之者，無異周人。故近者謌謳而樂之，遠者竭蹶而趨之，無幽閒辟陋之國，莫不趨使而安樂之。四海之內若一家，通達之屬莫不從服，夫是之謂人師。此「人」字疑作「仁」，與前「盜兵」對。詩云：『自西自東，自南自北，無思不服。』此之謂也。王者有誅而無戰，城守不攻，兵格不擊，上下相喜則慶之，不屠城，不潛軍，不留師衆，不越時。故亂者樂其政，不安其上，欲其至也。」

臨武君曰：「善。」

史記貨殖列傳注　煙霞草堂遺書之九

咸陽劉光蕡古愚

貨殖列傳

老子曰：是老子語。「至治之極，提出「治」字，見篇中所言，皆是論治，非爲貨殖之人立傳也。鄰國相望，雞犬之聲相聞，民各甘其食，美其服，安其俗，樂其業，至老死不相往來。」以上須一氣讀。必轉。用此爲務，輓近世塗民耳目，「必」字以下史公語。則幾無行矣。斷。猶言無世事。

惟天生民，有欲無主，乃亂，君師之源由人有欲而生，各甘其食，美其服，民已有欲矣。設更有以甘美來前，欲邪否邪？必如老子之言，必人皆不知甘美而後可，則世亦無用君師爲矣。從古聖王所治，皆有欲之民也。無日中爲市之時，即前所引老子語，以不知了之，即宗孔子以折之。

太史公曰：「夫神農以前，吾不知已。指前老子語。三句直與上爲一段。至若詩書所載〔一〕孔子所定。虞、夏以來，耳目欲此「欲」是「人欲」，即聖賢亦不能無，此處正可以驗天理。先提出「欲」字，一篇之主。極聲色之好，口欲窮芻豢之味，身安逸樂，而心誇〔二〕勢能之榮使。俗之漸民久矣，雖戶說以眇論，終不能化。聖王不能罪食稻衣錦之民，曰：「汝何不毛血卉服？」去民之欲以爲治，

〔一〕載：武英殿本、百衲本、點校本均作「述」。

〔二〕據殿本、百衲本、點校本，「誇」下脫「矜」字。

自古無此政體。故善者因之，黄帝、堯、舜以及孔子。其次利道之，五伯。其次教誨之，後世理學。其次整齊之，後世名臣。最下者與之爭。後世言利之臣。千古治術，盡此數語。

與之爭，不惟征榷爲然也。物貴而欲抑之賤，物出而欲阻其行。不清萬民之嗜欲，而欲與物角，以勢力爭，皆最下者也。然則因之、利導者，皆聽民之縱欲而不教誨、整齊乎？曰：因者，清其源；導者，順其流；教誨、整齊，則節宣、防範於其後也。

順民之欲，則爲大仁，而君且可不勞而理，縱一二人之欲，以逆萬民之欲，即爲大不仁，而天下遂多事矣。理欲之辨，即在於此。

夫山西饒材、竹、穀、纑、旄、玉石，有欲則物自來，地雖邊鄙，爲中國嗜好所需，而不能禁其不入中國。山東多魚、鹽、漆、絲、聲色，江南出枏、梓、薑、桂、金、錫、連、丹沙、犀、瑇瑁、珠璣、齒革，龍門、碣石北多馬、牛、羊、旃裘、筋、角，銅、鐵則千里往往山出棊置，此其大較也。皆中國著眼。人民所喜好，謠俗被服飲食奉生送死之具也。故待農而食之，虞而出之，金石珠玉均出於山澤。列「虞」於農之次，工、商之前，可知「虞」爲工商之本。工而成之，商而通之。此寧有政教發徵期會哉？宕筆。人各任其能，竭其力，以得所欲。頓住，結上文。「欲」字即上文「喜好」字。故物賤之徵貴，貴之徵賤，又用「物」字提起。「物」能遂人之欲，而有餘則賤，不足則貴。人爭爲之，物又足給而賤矣。故此二句爲物欲牽引之端，而即極商賈之能事。各勸其業，樂其事，若水之趨下，日夜無休時，不召而自來，不求而民出之。豈非道之所符，而自然之驗邪？此即是道，而且自然，則原出於天也。周書曰：「農不出則乏其食，工不出則乏其事，商不出則三寶絶，虞不出則財匱少。」財匱少而山澤不辟矣。重此一句，自黄帝至漢時，平原之利已漸盡，大利惟餘山澤耳。史公若預知後世必有以礦務爲利國之源者。此四者，民所衣食之源也。源大則饒，源小則鮮。上則富國，下則富家。貧富之道，莫之奪予，而巧者有餘，拙者不足。遞入工。

從治說到民，從民無欲說到有欲，從欲說到物，從物說到生物之原，從原說到貧富，從貧富說到巧拙，即是從道之自然說到人爲巧拙，即工也。財貨之用歸於衣食，而食重於衣。乃自三代以來，言利者多不及食，蓋以食與貨相權也。貨之源在虞，而虞猶取天地自然之利，故隨帶「山澤不辟」一句結之，卽遞入工商。工商皆人事，惟爲人事，乃成風俗，而帝王政事卽由此起。文法最細、最密。

故太公望封於營丘，地瀉鹵，魚鹽。人民寡，女功。於是太公勸其女紅，極技巧，太公以工富齊。通魚鹽，則人物歸之，繈至而輻湊。故齊冠帶衣履天下，海岱之間，斂袂而往朝焉。其後，齊中衰，管子修之，設輕重九府，管子以商富齊。則桓公以霸，九合諸侯，一匡天下；而管子亦有三歸，位在陪臣，富於列國之君。是以齊富强至於威、宣也。總結上。故曰：隨意説入治。「倉廩實而知禮節，衣食足而知榮辱。」禮生於有而廢於無。虞廷命官，稷先於契，工、虞先於禮、樂；孔子論治，富先於教；其意均同。故君子富，好行其德；小人富，以適其力。淵深而魚生之，山深而獸往之，人富而仁義附焉。民之質矣，日用飲食。民之日用飲食，卽爲治之質也。質厚而治化易行矣。富者得勢益彰，失勢則客無所之，以而不樂。夷狄益甚。諺曰：「千金之子，不死於市。」此非空言也。加入感慨，文氣縱横。故曰：「天下熙熙，皆爲利來；天下攘攘，皆爲利往。」聖王之治皆以利民，不利民則無民矣，何有聖王？夫千乘之王，萬家之侯，百室之君，不利民，不能治民。尚猶患貧，欲之迫者曰「患」。而況匹夫編户之民乎？

代爲民患，卽是因之；民患而使之自謀，卽是利道之；民患貧而教以安貧，教誨之也；民患貧而相爭，立法禁之，整齊之也；君自患貧，不知有民，則與之爭矣。

昔者，越王句踐困患貧。於會稽之上，乃用范蠡、計然。計然曰：「知鬬則修備，時用則知物，物相競爲鬬，勢獨勝爲用。二者形，則萬貨之情可得而觀已。故歲在金，穰；水，毀；木，饑；火，旱。旱則資舟，水則資車，物之理也。卽人棄我取，人取我予之原，亦卽賤徵貴、貴徵賤之理。

觀物之情以得其理，然後審其輕重之用，以爲治國之術，乃積著其物以待時，而必乘其貴賤之勢，則富矣。所謂計然之策七，越用其五也。

六歲穰，六歲旱，十二歲一大饑。夫糶，二十病農，九十病末。貨與食權也。末病則財不出，農病則草不辟矣。上不過八十，下不減三十，則農末俱利。平糶齊物，關市不乏，治國之道也。積著之理，特申積著。務完物，不使耗本。無息幣。又須計息。以物相貿，以物易物，輾轉復獲原物。易腐敗而食之貨勿留，易朽之物不可積。無敢居貴。已貴不可積。論其有餘不足，總天下計之。則知貴賤。貴上極則反賤，賤下極則反貴。即前貴徵賤、賤徵貴之理。貴出如糞土，人貴而我賤之。賤取如珠玉。人賤而我貴之。反其貴賤之勢，則出入皆易。財幣欲其行如流水。」多一出入，即多一贏息。修之十年，國富，厚賂戰士，赴矢石，如渴得飲，遂報强吴，觀兵中國，稱號「五伯」。

范蠡既雪會稽之恥，乃喟然而歎曰：「計然之策七，越用其五而得意。既已施於國，吾欲用之家。」乃乘扁舟，浮於江湖，變名易姓，適齊爲鴟夷子皮，之陶爲朱公。朱公以爲陶天下之中，擇地。諸侯四通，貨物所交易也。乃治產積居，與時逐而不責於人。專務積著，趨時，不以放債爲利。故善治生者，能擇人「人」字疑作「地」。而任時。十九年之中三致千金，再分散與貧交疏昆弟，此所謂富好行其德者也。隨加斷制，文勢則活。後年衰老而聽子孫，子孫修業而息之，遂至巨萬，故言富者皆稱陶朱公。

不責於人，索隱謂：「擇人而與人不負之，故云不責於人。」此則朱公以放債致富也。史文明云「不責於人」，「責」即債字，放債取利，其術淺易。不如作不放債解之。以債取利，戰國已有之。馮驩「收債於薛」，赧王之「避債臺」是也。

子貢[一]既學於仲尼，退而仕於衛，廢著廢著，當從漢書，謂取廢物積貯以待時也。鬻財於魯、曹[二]之間，七十子之徒，賜最爲饒益。原憲不厭糟糠，匿於窮巷。子貢結駟連騎，束帛之幣以聘享諸侯，兩兩相形，後世以爲鄙子貢。史公之意，則以爲極力揚之。所至，國君無不分庭與之抗禮。夫使孔子名布揚於天下者，子貢先後之也。「先後」，即四及之一。貨殖之力，至傳道於天下，其功爲何如？宋、明以來，若有子貢，吾道早行於五大州矣。此所謂得勢而益彰者乎？

[一] 貢：殿本、百衲本爲「贛」。
[二] 魯曹：殿本、百衲本作「曹魯」。

史公列子貢於貨殖，劉子玄摘之，世皆是子玄而以是訾及史記全書。余獨有説焉。儒者皆如原憲，永匿窮巷爲足行道、傳道，則子貢非矣。若有不得不出者，則如孟子，後車數十乘，從者數百人，與其受宋、滕、薛之饋，不若得之貨殖，猶爲自生之而自用之也。夫道啟自堯、舜，舜即就時負夏者。後世一命爲士，遂終身爲食於人之人，日逞口談，而身無一事。其終不至以詐僞獲食不止，豈非以子貢貨殖爲非之流毒乎？夫子明斥樊遲爲小人，後世儒者不以稼圃爲惡，奚獨以夫子「賜不受命」之言，而以貨殖爲惡乎？然則史公此篇之文，眞能洞徹道之本源。夫所謂大道者，固以綱紀民之日用飲食而名也。

白圭，周人也。當魏文侯時，李悝[一]務盡地力，而白圭樂觀時變。商。故人棄我取，人取我與。夫歲熟取穀，予之絲漆；繭出[二]取帛絮，予之食。大陰在卯，穰；明歲衰惡。至午，旱；明歲美。至酉，穰；明歲衰惡。至子，大旱；明歲美，有水。至卯，積著率歲倍。欲長錢，取下穀；長石斗，取上種。能薄飲食，忍嗜欲，節衣服，與用事僮僕同苦樂，可見國君欲富國，必與民同苦樂。趨時若猛獸摯鳥之發。故曰：「吾治生產，猶伊尹、呂尚之謀，孫、吳用兵，商鞅行法是也。凡治一切事，欲精，必須如是。是故，其智不足與權變，勇不足以決斷，仁不足以取予，彊不能有所守，雖欲學吾術，終不告之矣。」凡人做事，必須竭其全力，聚精會神以赴之，其業方精。儒生爲學，君相爲政，下及曲藝，皆然。否則，苟以爲之，則所得亦苟，欲以其業名於天下，必無之事也。蓋天下言治生祖白圭。白圭其有所試矣，非儒生空談。以下皆匹夫自治其生，此句結上，即以起下。能試有所長，非苟而已也。今學者言治，皆苟而已矣。自治生且苟，何以爲民治治生？

在卯，豐年，次年漸衰，又次年則惡，及至午，則旱至，未則美。此即前「六歲穰」、「六歲旱」之説。十二歲一大災，故至子大旱，中間有水。則至穰時宜積著，以必有大災也。大率歲陰一周，穰、旱必倍之。「欲長錢」，欲錢之贏也，則積下穀。

[一] 李悝：亦作李克。各本「悝」作「克」。
[二] 出：原作「凶」，點校本、百衲本作「出」，據改。

荒年，下穀與上穀價不甚殊也。「長石斗」，欲爲荒年存種也。此上各語，不易解，以意解之。

山東食海鹽，山西食鹽鹵，領南、沙北固往往出鹽。從後文「人民謠俗」下移來。猗頓用鹽起，而邯鄲郭縱以鐵冶成業，與王者埒富。提出兩庶人之富，是秦以前庶人之富者，爲以後庶人之富作引。提出鹽鐵，見鹽鐵自古爲中國利，並爲一切國用之物作引。

烏氏倮畜牧，及衆，斥賣，求奇繒物，間獻遺戎王。和市之始。戎王十倍其償，與之畜，畜至用谷量牛馬[二]。秦始皇帝令倮比封君，以時與列臣朝請。而巴蜀寡婦清，其先得丹穴，而擅其利數世，家亦不訾。清，寡婦也，能守其業，用財自衛，不見侵犯。秦皇帝以爲貞婦而客之，爲築女懷清台。夫倮，鄙人牧長；清，窮鄉寡婦，忽加一頓，文筆精神百倍。禮抗萬乘，須知爲秦始皇帝。名顯天下，豈非以富耶？

秦始皇焚書坑儒，銷鋒鏑，殺豪傑。秦法：賈人與贅壻並稱「謫戍」，上及父母、大父母有市籍。倮能通戎王，清能以生財自衛，其勢力視儒爲何如？何不觸秦皇之忌，坑之殺之？即不然，以市籍謫戍之，而反尊禮之，何也？曰：此秦法之窮也。倮已居邊，又何用謫？秦方憂胡，而倮能得其心，此固秦皇之所不敢坑殺也，故因而重之，使朝請以爲己用。寡婦清不在儒與豪傑謫戍之例，秦皇威無所施。且秦方以婦人能貞爲己功德，屢見刻石。若罪清，是自矛盾也，故亦表揚之，以愚民耳目。此秦皇之心也，然亦可見三代以後，惟善自治生，能稍全於殘暴之世耳。然暴君則早窒其塗、塞其源矣。下文漢興，「開關梁、弛山澤之禁」，則秦閉之禁之可知。

以下歷敘各郡國風俗。民間風俗即由食貨而生，此爲一代第一要事。政治污隆，不驗之風俗，何由知之？由京師起，自近而遠，以地爲段落，即「列傳」體也。

漢興，海內爲一，開關梁，可知秦不通商旅。弛山澤之禁，秦不辟山澤。是以富商大賈周流天下，交易之物莫不通，得其所欲，而徙豪傑、諸侯、强族于京師。「京師」以下，爲貨殖傳正文。借貨殖傳天下風俗，史公本意，即王者巡狩、命市、

[二] 牛馬：各本作「馬牛」。

納賈以觀民所好惡之義。觀民所好惡卽觀俗也。關中自汧、雍以東至河、華，膏壤沃野千里，自虞、夏之貢以爲上田。而公劉適邠，太王、王季在岐，文王作豐，武王治鎬，故其民猶有先王之遺風：好稼穡，殖五穀，地重，重爲邪。以本富歸之先王，傷時不能行王政，春秋之旨也。及秦文、孝〔一〕、繆居雍，「孝」字當衍，文、繆之間無謚「孝」者。隙隴、蜀之貨物而多賈。獻公〔二〕徙櫟邑，櫟邑北卻戎翟，與下「連」字對，「卻」當卽前「隙隴、蜀」之「隙」，古字通也。不然櫟邑何以能卻戎狄？東連〔三〕三晉，亦多大賈。孝〔四〕、昭治咸陽，因以漢都，長安諸陵，四方輻湊並至而會，地小人衆，故民益玩巧而事末也。「玩巧事末」，由於秦、漢以來。是風俗壞於秦、漢也。南則巴、蜀。由上説入京師之南。巴、蜀亦沃野，地饒巵、薑、丹砂、石、銅、鐵、竹、木之器。南御滇、僰，僰僮。西近邛、筰，筰馬、旄牛。然四塞，棧道千里，無所不通，惟褒斜綰轂其口，以所多易所鮮。天水、隴西、北地、上郡，京師之北。與關中同俗，然西有羌中之利，北有戎狄之畜，畜牧爲天下饒。然地亦窮險，惟京師要其道。故關中之地，總結關中。於天下三分之一，而人衆不過什三；然量其富，什居其六。

昔唐人都河東，由漢説入古都。殷人都河内，周人都河南。夫三河在天下之中，若鼎足，王者所更居也。建國各數百千歲，土地小狹，民人衆，都國諸侯所聚會，故其俗纖儉習事。總三河風俗。楊、平陽西索隱謂因下「陳掾」而衍，其説是。此言河東平陽，蒲阪之西北。賈秦、翟，北賈種、代。種、代，石北也，地邊胡，數被寇。人民矜懻忮，好氣，任俠爲奸，不事農商。然迫近北夷，師旅亟往，中國委輸，時有奇羡。其民羯羠不均，自全晉之時固已患其僄悍，而趙武靈王益厲之，其謠俗猶有趙之風也。故楊、平陽陳掾猶經營馳逐。其間，得所欲。溫、軹此説河内之境，卻先從溫、軹二邑敘起，蓋溫、軹爲唐都之南，而殷都不一處，溫、軹爲

〔一〕孝：點校本作「德」，是。下有劉氏隨文校語，據改則不明所指，故依其舊。
〔二〕公：「公」上原有「孝」字。孝公，獻公子，即位徙都咸陽，「孝」字衍。點校本作「獻（孝）公」，據删。
〔三〕連：殿本、百衲本作「通」。
〔四〕孝：原作「武」，點校本作「（武）〔孝〕」，據改。

近。西賈上党，北賈趙、中山。中山地薄人衆，猶有沙丘紂淫地餘民，民俗懁急，仰機利而食。丈夫相聚遊戲，悲歌慷慨，起則相隨椎剽，休則掘冢作巧奸冶，多美物，爲倡優。女子則鼓鳴瑟，跕屣，漢俗：女子跕屣，不知其製若何，其即六朝之屣歟？近日本婦人猶如是。據後文「屣」曰「利」，知決非今日婦人裹足所用，裹足則行不利矣。游媚貴富，入後宮，徧諸侯。然邯鄲由河内而及邯鄲，邯鄲非都，貨物所會，則仰於都。亦漳、河之間一都會也，北通燕、涿，南有鄭、衛。鄭、衛俗與趙相類，然近梁、魯，微重而矜節。濮上之邑徙野王，由邯鄲及鄭、衛，由衛及野王，由野王及燕，遂由燕以盡中國之東北之境，非地域精熟於胸，不能指揮如意。看似拉襍，極有條理。野王好氣任俠，衛之風也。

夫燕亦勃、碣之間一都會也。南通齊、趙，東北邊胡。上谷至遼東，地踔遠，人民希，數被寇，大與趙、代俗相類，而民雕捍少慮，有魚鹽棗栗之饒。北鄰烏桓、夫餘，由上谷、遼東而及。東綰穢貉、朝鮮、眞番之利。以下説河南，從洛陽説起，即及齊、魯，蓋以西周之治屬文、武，東周之治屬周公也。

洛陽東賈齊、魯，南賈梁、楚，故泰山之陽則魯，其陰則齊。

齊帶山海，膏壤千里，宜桑麻，人民多文彩、布帛、魚鹽。臨淄亦海、岱之間一都會也。其俗寬緩闊達，而足智，好議論，地重，難動搖，怯於衆鬬，勇於持刺，「持」當作「特」，謂獨刺也，與上「衆鬬」對。故多劫人者，大國之風也。其中具五民。即從齊入魯，地最近而俗異。而鄒、魯濱洙、泗，猶有周公遺風，俗好儒，備於禮，故其民齪齪。頗有桑麻之業，無林澤之饒。地小人衆，儉嗇，畏罪遠邪。及其衰，好賈趨利，甚於周人。

夫自鴻溝以東，芒、碭以北，屬巨野，此梁、宋也。陶、睢陽亦一都會也。昔堯作游成陽，舜漁於雷澤，湯止於亳。其俗猶有先王遺風，重厚多君子，好稼穡，雖無山川之饒，能惡衣食，致其畜藏。齊、魯並言，梁、宋分提。以洛湯古風屬周公，故此分提，特別之也。

越、楚則有三俗。又別一種提法。一句總提三楚，此下敘地勢、風俗、物産，縱横如意，眞如神龍變化，極文家之能事。夫自淮北沛、陳、汝南、南郡，此西楚也。其俗剽輕，易發怒，地薄，寡於積聚。江陵，故郢都，西通巫、巴，東有雲夢之饒。陳在楚、夏之交，通魚鹽之貨，其民多賈。徐、僮、取慮，則清刻，矜己諾。彭城以東，東海、吴、廣陵，此東楚也。其俗類徐、僮。朐、繒以北，俗則齊。浙江南則越。夫吴自闔閭、春申、王濞三人招致天下之喜游子弟，東有海鹽之饒，章山之銅，三江、五湖之利，亦江東一都會也。衡山、九江、江南、豫章、長沙，是南楚也，其俗大類西楚。郢之後徙壽春，亦一都會也。而合肥受南北潮，皮革、鮑、木輸會也。與閩中、干越雜俗，故南楚好辭，巧説少信。江南卑濕，丈夫早夭。多竹木。豫章出黄金，長沙出連、錫，然堇堇物之所有，取之不足以更費。九疑、蒼梧以南至儋耳者，又推之三楚之外，以盡中國之境。與江南大同俗，而楊越多焉。番禺亦其一都會也。珠璣、犀、瑇瑁、果、布之湊。

潁川、南陽，夏人之居也。此在洛陽西南，前以唐、殷、周分三河，故敘夏都於此，仍與上宜合爲一。夏人政尚忠樸，猶有先王之遺風。潁川敦愿。秦末世，遷不軌之民於南陽。南陽西通武關、鄖關，東南受漢、江、淮。宛亦一都會也。俗雜好事，業多賈。其任俠，交通潁川，故至今謂之「夏人」。

總之，楚、越之地，地廣人希，以上結物產，以下結地勢、風俗。飯稻羹魚，或火耕而水耨，果隋蠃蛤，不待賈而足。地勢饒食，無饑饉之患，以故呰窳偷生，無積聚而多貧。是故江、淮以南，無凍餓之人，亦無千金之家。以上結南方。沂、泗水以北，宜五穀、桑麻、六畜，地小人眾，數被水旱之害，民好畜藏。故秦、夏、梁、魯好農而重民，三河、宛、陳亦然，加以商賈。齊、趙設智巧，仰機利。燕、代田畜而事蠶。以上結北方。

夫天下物以上總結。所鮮所多〔二〕，人民謠俗〔三〕大體如此矣。諺曰：「百里不販樵，千里不販糴。」居之一歲，種之以穀；十歲，樹之以木；百歲，來之以德。德者，人物之謂也。從後文移來。物產不通，即風氣不開，風氣不開，即爲洪荒，有人物如

〔二〕 夫天下物所鮮所多：本句至「大體如此矣」，原爲六句，在上文「總之」一節前，劉氏析出三句而移於後。

〔三〕 人民謠俗：本句之下，原有「山東食海鹽，山西食鹽鹵，領南、沙北固往往出鹽」三句，劉氏前移於「白圭」一節後。隨文附注：「從後文『人民謠俗』下移來。」

無人物，風俗固純樸亦何用聖人修德爲哉！以德爲人物，此語極精。人，有欲者也；物，欲所寄也。人物能來，通商也。千古之治，由商而開，由人之欲物也。故易敘黄帝、堯、舜之治，在爲市後。由此觀之，賢人深謀於廊廟，論議朝廷，守信死節、隱居巖穴之士設爲名高者，安歸乎？歸於富厚也。名臣廉節，志士清高，非不知富之可欲也，惡不義耳！正所以保其固有之富也。「歸」是爲之止境，「欲」是爲之來源。此處由「歸」字推到「欲」字，是以倡起下「爲」字。是以廉吏久，久更富，廉賈歸富。富者，人之情性，所不學而俱欲者也。以下推闡「欲」字，竭情盡致，所謂「天下熙熙，皆爲利來；天下攘攘，皆爲利往」也。故壯士在軍，以下爭矣。攻城先登，陷陣卻敵，斬將搴旗，前蒙矢石，不避湯火之難者，爲重賞使也。其在閭巷少年，攻剽椎埋，劫人作奸，掘冢鑄幣，任俠並兼，借交報仇，篡逐幽隱，不避法禁，走死地如騖，其實皆爲財用耳。以上以力爭。今夫趙女鄭姬，爭端一開，無人不爭，不顧辱身賤行以爭之也。設形容，揳鳴琴，揄長袖〔二〕，躡利屣，目挑心招，出不遠千里，不擇老少者，奔富厚也。游閒公子，飾冠劍，連車騎，亦爲富貴容也。

以上以色爭。欲爲教化之質，有質無文，縱其所極，必至於是。先言婦女游閒，欲之最著者也，自古風俗之壞，即在此等人；聖王之治，即治此等人。史公以利爲亂之源，即此意。故日用飲食爲民之質，即爲治之質，亦學者學道之質，爲治、爲學，均須知此。譬如醫病，不知病源，何以爲治？故史公此傳，欲後世之爲治者從病源下手也。

弋射漁獵，犯晨夜，冒霜雪，馳阬谷，不避猛獸之害，爲得味也。爭味。博戲馳逐，鬭雞走狗，作色相矜，必爭勝者，重失負也。心矜執能之爭。醫方諸食技術之人，焦神極能，爲重糈也。以技能爭。吏士舞文弄法，刻章僞書，不避刀鋸之誅者，沒於賂遺也。以巧詐爭。農工商賈畜長，固求富益貨也。又總括一句。無人不爭，應篇首「欲」字。此有知盡能索耳，極寫爭字。終

〔二〕袖：殿本、百衲本作「袂」。

不餘力而讓財矣。今有無秩祿之奉，〔一〕爵邑之入，而樂與之比者，命曰「素封」。又提，與上「不讓財」接。上是奸富，此是本富。此段須與上段兩兩相對看。治天下能使戶戶如此，何有以上諸行？至治之世，比戶可封，不過如此。素者，自然之質，言不與人爭，所謂「太上因之也」。封者食租稅，歲率戶二百。千戶之君，則二十萬，朝覲聘享出其中。庶民農工商賈，率亦歲萬，息二千，戶〔二〕百萬之家則二十萬，索隱曰：「率二千，故百萬之家亦二十萬。」據此，則索隱本無「戶」字，此誤衍。而更徭租賦出其中。衣食之欲，恣所好美矣。故曰陸地牧馬二百蹄，五十匹。牛蹄角千，百六十七匹。千足羊，二百五十頭。澤中千足彘，水居千石魚陂，山居千章之材。安邑千樹棗；燕、秦千樹栗；蜀、漢、江陵千樹橘；淮北、常山已南，河、濟之間千樹荻〔三〕；當是「楸」字，若荻不得言樹；否則「樹」字爲「畝」字。陳、夏千畝漆；齊、魯千畝桑麻；渭川千畝竹；及名國萬家之城，帶郭千畝畝鍾之田，若千畝卮茜，千畦薑韭：此其人皆與千戶侯等。千戶侯以人爲產業，兩兩相比，則侯封非先王重民之意也，故此屢用「千」字以相對照。然是富給之資也，不窺市井，不行異邑，坐而待收，身有處士之義而取給焉。若至家貧親老，妻子輭弱，歲時無以祭祀進醵，飲食被服不足以自通，如此不慚恥，則無所與〔四〕比矣。是以無財作力，少有鬭智，既饒爭時，此其大經也。求富之等，智力爲人生自有，然亦無所資，智且無從施，財之爲用大矣。以上皆待時者，則皆有所資也。今治生不待危身取給，則賢人勉焉。是故本富爲上，不取人，「本富」即生人本業。聖人治民之產，必當盡心力以經營者。古聖王絕大本領，不能出此。末富次之，取人。奸富最下。又害人。無岩處奇士之行，而長貧賤，好語仁義，空談仁義，何益於世？亦足羞也。

凡編戶之民，此下是末富。富相什則卑下之，富之勢力。伯則畏憚之，千則役，萬則僕，物之理也。言貴賤之分在貧富，不在

〔一〕今有無秩録之奉：本句之上，原有「諺曰」至「人物之謂也」十一句，劉氏前移於「夫天下物」一節之「大體如此矣」句下。隨文附注：「從後文移來。」

〔二〕戶：衍文。點校本「戶」字用小字字號并加圓括弧，示意衍。劉氏已知其衍，於句末有校語。今字「戶」不刪，明校語之所指。

〔三〕荻：殿本、百衲本均作「萩」。萩，兩義，一即蒿，一通「楸」。劉氏隨文校曰「當是『楸』字」，直接了當。

〔四〕與：衍文，點校本、殿本、百衲本均無「與」字。

所業也。夫用貧求富，農不如工，工不如商，刺繡文不如倚市門，此下皆敘倚勢求富者。此言末業，貧者之資也。通邑大都，酤一歲千釀，醯醬千瓨，醬千甔，屠牛羊彘千皮，販穀糶千鍾，薪藁千車，船長千丈，木千章，竹竿萬千，其軺車百乘，牛車千兩，木器髤者千枚，銅器千鈞，素木鐵器若卮茜千石，馬蹄躈千，「馬蹄躈千」，徐廣訓「躈」爲髎，謂「馬八髎」。索隱引埤蒼云「尻骨謂八髎」。小顏云「躈，口也。」躈小，躈口也。[一]蹄與口共[二]千，則爲二百匹」。又引顧胤説，以爲與二百蹄不合。按：小顏説是也。上爲畜牧之利，故畜牝馬五十匹，利已足用。此販鬻之利，故須二百匹。謂販鬻二百匹贏餘之利也。此爲倚市，全用賤取貴與之術，故爲末富。牛千足，羊彘千雙，僮手指千，筋角丹沙千觔，其帛絮細布千鈞，文彩千匹，榻布皮革千石，漆千斗，蘖麴鹽豉千合，鮐鮆千斤，鯫千石，鮑千鈞，棗栗千石者三之，狐貂裘千皮，羔羊裘千石，旃席千具，佗果菜千鍾，子貸金錢千貫，貸爲末富。節駔會，貪賈三之，廉賈五之，謂爲此等市肆之主，節制其事，貪則得利三分，廉則得利五也。此亦比千乘之家，其大率也。佗雜業不中什二，則非吾財也。

請略道當世千里之中，賢人所以富者，起下。令後世得以觀擇焉。

蜀卓氏之先，趙人也，用鐵冶富。秦破趙，遷卓氏。卓氏見虜略，獨夫妻推輦，行詣遷處。諸遷虜少有餘財，爭與吏，求近處，處葭萌。唯卓氏曰：「此地狹薄。吾聞汶山之下，沃野，下有蹲鴟，至死不饑。民工於市，易賈。」乃求遠遷。致之臨邛，擇地勢、物產，擇人情、風俗，開口便知爲良賈，宜其致富。大喜，卽鐵山鼓鑄，運籌策，傾滇、蜀之民，富至僮千人。田池射獵之樂，擬於人君。以下所敘皆末富，而皆在秦時，以秦奪民產，民無由致本富也。卓、鄭以俱居臨邛相聯。程鄭，山東遷虜也，亦冶鑄，賈椎髻之民，富埒卓氏，俱居臨邛。

宛孔氏之先，梁人也，用鐵冶爲業。秦伐魏，遷孔氏南陽。大鼓鑄，規陂池，連車騎，游諸侯，因通商賈之利，此以交游、

[一] 躈小，躈口也：疑衍，殿本、百衲本、點校本均無此五字。
[二] 共：據點校本、殿本補。

賜與致富。有游閒公子賜與名。然其贏得過當，愈於纖嗇，家致富數千金，故南陽行賈盡法孔氏之雍容。

魯人俗儉嗇，而曹邴氏尤甚。此以勤儉致富。以鐵冶起，富至巨萬。然家自父兄子孫約，俛有拾，仰有取，貰貸行賈徧郡國。鄒、魯以其故多去文學而趨利者，以曹邴氏也。

齊俗賤奴虜，而刁間獨愛貴之。桀黠奴，人之所患也，唯刁間收取，使之逐漁鹽商賈之利。或連車騎，交守相，然愈益任之。終得其力，起富數千萬。故曰「寧爵毋刁」，言其能使豪奴自饒而盡其力。

周人既纖，而師史尤甚。轉轂以百數，賈郡國，無所不至。洛陽街居在齊、楚、秦、趙之中，貧人學事富家，相矜以久賈，數過邑不入門，設任此等，故師史能致七千萬。

此與上段機軸相類，直似時文之二比。上孔氏之術在交結貴游，而邴氏惟任子弟，此刁間縱任豪奴，而師史則約束學事。一段之中，既相反照，而兩段又各相反照。史記中眞無所不有。

宣曲任氏之先，爲督道倉吏。秦之敗也，豪傑皆爭取金玉，而任氏獨窖倉粟。楚、漢相距滎陽也，民不得耕種，米石至萬，而豪傑金玉盡歸任氏，任氏以此起富。富人爭奢侈，而任氏折節爲儉，力田畜。田畜人爭取賤賈，任氏獨取貴善。富者數世。然任公家約：非田畜所出弗衣食，公事不畢，則身不得飲酒食肉。以此爲閭里率，故富而主上重之。

塞之斥也，唯橋姚已致馬千匹，牛倍之，羊萬頭，粟以萬鍾計。

吴、楚七國兵起時，長安中列侯封君行從軍旅，齎貸子錢，子錢家以爲侯邑國在關東，關東敗未決，莫肯與。惟無鹽氏出捐千金貸，其息什之。三月，吴、楚平，一歲之中，則無鹽氏之息什倍，用此富埒關中。

關中富商大賈，大抵盡諸田，田嗇、田蘭。韋家栗氏，安陵、杜杜氏，亦巨萬。此其章章尤異者也。總結卓氏以下。此兩段亦遥相對照。上段一人，下段數人，以「秦之敗也」、「塞之斥也」爲起，以楚、漢相距，吴、楚起兵爲承，以富人爭奢侈，「子錢家以爲侯邑在關東」爲轉，以「富埒數世」、「富埒關中」爲合，以「任氏家法」、「關中商賈」爲餘波作結。層折無不相合，又八比家虛實作對之法。皆非有爵邑奉祿、弄法犯奸以「爵邑奉祿」與「弄法犯奸」並言，惟此等人弄法犯奸，民乃不得安本業而出於末業、雜業以求富矣。史公傳貨殖，痛恨萬世之暴君污吏，非謗漢武也。而富，盡推移〔一〕去就，與時俯仰，獲其贏利，以末致財，用本守之，以武富則有勢力，即是武。一切，用文持之，變化有概，故足術也。「術」當作「述」，「述」字即應上「略道」。「以末致財」二句，以求富之術言；「以武一切」，以既富之行事言。所謂逆取順守，衣食足而禮義生也。若至力農畜，工即下正道。虞商賈，爲權利以成富，即工用奇。又〔二〕用此提，結清上文，透出正奇，遞入雜業。「雜業」即前所謂「不中什二」者。用末富遞入，本自易易，今反兜入本富，乃跌入雜業，用筆奡兀不羣。大者傾郡，中者傾縣，下者傾鄉里者，不可勝數。夫纖嗇筋力，治生之正道也，又用一提，筆在紙，無一不低昂。而富者必用奇勝。田農，拙業，而秦楊以葢一州。掘冢，奸事也，而曲叔以起。博戲，惡業也，而桓發用之富。行賈，丈夫賤行也，而雍樂成以饒。販脂，辱處也，而雍伯千金。賣漿，小業也，而張氏千萬。洒削，索隱曰：「謂摩刀以水洒之。」薄技也，而郅氏鼎食。胃脯，簡微耳，濁氏連騎。馬醫，淺方，張里擊鐘。此序雜業，淋漓盡致，與前「壯士在軍」一段文勢相配，本富、末富皆正之，奸富、雜業則奇矣。世有君相，使民治生不得出於正而用奇，則其時可知矣。胸中有無限感慨悲憤，齊現於紙上，故不覺言之過當，爲萬世蒼生悲。史公豈羞貧賤而慕富貴哉！此皆誠壹之所致。結完「欲」字。由是觀之，富無經業，則貨無常主。能者輻湊，不肖者瓦解。然則王者治民有經，則貨有常主，本富、末富各守其常，又何樂託賤業而爲奸富哉？千金之家比一都之君，巨萬者乃與王者同樂。豈所謂「素封」者邪？非也？末富非「素封」，則所謂「素封」者，聖王之世，家給人足，比戶可封之治也。明應中間「素封」，暗應篇首「至治」，結得完密。

史記考證臣照曰：「史以〔三〕貨殖傳終，所以見先王詩、書、禮、樂之澤，至漢武之世而蕩然無遺，葢傷之也。末以『非也』二字作結，彰彰可見，而後儒猶以馬遷重貨殖而薄仁義，寧得稱爲知言哉？」：傷先王詩、書、禮、樂之澤無存，證以篇

〔一〕推移：點校本、殿本、百衲本均作「椎埋」。殿本考證引顧炎武說，謂「椎埋」爲「推移」。劉氏本篇所據疑爲殿本，或從其說。

〔二〕又：原文半殘，意補。

〔三〕以：殿本史記考證作「謂」。

中屢言「先王遺風」，此甚說是。至專屬漢武之世，此猶未知史公作史本意在萬世也。至末以「非也」二字作結，謂爲史公不重貨殖之證，此則所見是，而語未晰。「非也」謂非「素封」，史公以「素封」歸之「本富」，而以貨殖爲末。此處「千金巨萬」，皆末富或「雜業」，故非之。然則史所重之富，猶先王經業之富也。

此傳文法之美至極，無以復加。列傳以伯夷傳始，以此傳終，須兩相對勘。彼傳蕩漾夷猶，如天半赤霞，晴空舒卷，以高妙勝也。此篇雄深鬱勃，如深山大壑，萬峰回環，以博大勝也。其文之美，人多知之，而其用意亦卽在此。伯夷傳是欲義之極，此傳是欲利之極。利、義不同，要皆是欲，無此欲，則無世界。自黃帝、堯、舜以來，治以此治，亂以此亂。聖君賢相之所經綸，儒生學士之所講習，以及下吏走卒之所率由，亂臣賊子之所悖逆，無不以此。史記本紀十二，綱紀此欲之人也；表十，表明此欲之迹也；書八，治此欲之法也；世家三十，能倡此欲者也；列傳七十，悉具此欲者也。然聖君賢相、儒生學士、下吏走卒、亂臣賊子之數，不及編戶之氓百萬分之一，則具此欲之全體者，必歸此傳。故此「欲」卽一人言之爲「欲」，卽人人言之則風俗也。風俗者，政教之效也。史所以存政教之迹，故史公之書終於此也。政教之用盡於貨殖乎？易曰：「天地之大德曰生，聖人之大寳曰位，何以守位曰仁，何以聚人曰財。理財正辭，禁民爲非曰義。」則孔子言之矣。

史記太史公自序注 煙霞草堂遺書之十

咸陽劉光蕡古愚

太史公自序

黄帝以雲名官，即天統，其水火、龍鳥則地統也；顓頊爲民師，而命以民事，則人統也。人統重人事，故古以序天地爲史職，以史參天地也。古人爲一事，必推本於祖，最重世業，猶爲治必推本於天也。其事之成，遂以己之姓氏名之，經學、器物皆然。垂弓、和矢、兑戈及經學各家皆是。史公此序是以史爲專家之學也。

昔在顓頊，命南正重以司天，司馬氏之始即史之始，固以天文爲職也。北正黎以司地。唐、虞之際，紹重、黎之後，使復典之，至于夏、商。故重、黎氏世序天地，史之源，其重如此。其在周，程伯休甫其後也。當周宣王時，失其守而爲司馬氏。由官入氏，得氏之始。司馬氏世典周史。得氏後仍爲史職，此「史」即今日之「史序人事」者。惠、襄之閒，司馬氏去周適晉。晉中軍隨會奔秦，而司馬氏入少梁。今韓城縣地。

自司馬氏去周適晉，分散，或在衞，或在趙，或在秦。史遷本支。其在衞者，相中山。在趙者，以傳劍論顯，蒯聵其後也。在秦者名錯，與張儀爭論，於是惠王使錯將伐蜀，遂拔，因而守之。錯孫靳，事武安君白起，而少梁更名曰夏陽。靳與武安君阬趙長平軍，還而與之俱賜死杜郵，葬於華池。靳孫昌，昌爲秦主鐵官，當始皇之時。蒯聵玄孫卬爲武信君將而狥朝歌。諸侯之相王，王卬于殷。漢之伐楚，卬歸漢，以其地爲河内郡。河内之司馬氏非史公派。昌生無澤，無澤爲漢市長。無澤生喜，喜爲五大夫，卒，皆葬高門。在今韓城縣。喜生談，談爲太史公。以上世系。

太史公學天官於唐都，祖職，史之源。受易於楊何，史體。習道論於黃子。卽春秋義法。「道論」當卽春秋之大義微言，若爲黃老之學，當云「習道」或曰「習道德」。敘史之源，從論學術說入，可知史記一部是言道，非記黃帝以來至漢之事也。「道」卽治天下之道，原出於天，而孔子集其大成，故史談所謂「大道」，孔子之道也。世儒以孔子爲「素王」，丘明爲「素臣」，以左傳爲傳春秋也。左傳不傳春秋，其釋經皆劉歆僞爲，「素臣」之實，當推史記。太史公仕於建元、元封之閒，愍學者之不達其意而師悖，不窺道之本源，卽「不達其意」；而以專門名學卽「師悖」也。作史記本旨。乃論六家之要指曰：

易大傳：「天下一致而百慮，治天下之道以知言。同歸而殊塗。以行言。」夫陰陽、儒、墨、名、法、道德，此務爲治者也，立論大旨。六家合而爲一，卽爲孔子之道。陰陽、儒、墨、名、法、道德，均爲孔子之道，均非孔子之道。其術孔子能擇其精，其人孔子能取其長，此爲史記尋源。見大道破裂，孔子乃作春秋；大道不明，子長乃作史記也。此爲子長自述家學，見史記爲孔子之道而作，非歷代之史也。道者何？人與人相接之路也。人與人相接之意爲仁，其迹則道。順其迹，則善；逆其迹，則惡矣。故曰：「務爲治者也。」直所從言之異路，有省不省耳。嘗竊觀陰陽之術，先卽以六家之術論之。大祥而衆忌諱，使人拘而多所畏；明堂、月令卽其遺文，今之陰陽家，則更失之遠矣。然其序四時之大順，道之時。不可失也。儒者博而寡要，勞而少功，此卽後世詞章、記誦、考據、訓詁之儒。是以其事難盡從；「難盡從」，可從者多也。儒家得道之大文，故可從者多。大文者何？五倫是也。然其序君臣父子之禮，列夫婦長幼之別，道之文。不可易也。墨者儉而難遵，是以其事不可徧循；「不可徧循」，則可循者多矣。墨家得道之質，故可循者多也。然其彊本節用，道之質。不可廢也。法家嚴而少恩；得質家之一。然其正君臣上下之分，不可改也。名家使人儉而善失眞；得文家之一。然其正名實，不可不察也。道家使人精神專一，主敬存誠。動合無形，贍足萬物。此卽其黃老之道，吾儒心性之學亦不異此。其爲術也，因陰陽之大順，采儒、墨之善，撮名、法之要，必兼五家，否則有體無用，道德經中凡後世諸家之學，均有之。與時遷移，應物變化，立俗施事，無所不宜。指約而易操，事少而功多。所謂「執其本，萬事理」，論、孟中所謂「一貫」、「守約」、「以德正己」、「主敬」、「存誠」，均是此理。道家得道之本原，故去聖道最近。儒者則不然。特提儒家。相較孔子之道，與儒道兩家爲近。儒家之失爲訓詁、詞章，得則程、朱也；道家之失爲黃老清靜，得則陸、王也。史談之學孔子由德性入，故尊道抑儒。道爲儒家之內，儒爲道家之外，孔子則合內外之道。二家最近聖道，後世聖道之分，仍不出此兩派。以爲人主天下之儀表也，主倡而臣和，主先而臣隨。如此，則主勞而臣逸。至於大道之要，前六家平列，此處但提儒、道比較，以儒、道合即聖人之道也。去健羨，絀聰明，釋此而任術，夫神大用則竭，形大勞則敝。形神騷動，欲與天地長久，非所聞也。六家要指是無形之史記，史記百三十卷，則六家之迹，而道在其中矣。

夫陰陽、四時、八位、十二度、二十四節，各有教令，順之者昌，理原如是。逆之者不死者則亡，未必然也，事不必同，無害於理之同。知此，乃爲大道。故曰「使人拘而多畏」。夫春生、夏長、秋收、冬藏，此天道之大經也，弗順則無以爲天下綱紀，故曰「四時之大順，不可失也」。夫儒者以六藝爲法，六藝經傳以千萬數，以記誦詞章爲儒，其失誠如是。儒者之弊全在泥古不通今，不在其博；能通今，則愈博愈有益。累世不能通其學，當年不能究其禮，故曰「博而寡要，勞而少功」。若夫列君臣父子之禮，序夫婦長幼之別，雖百家弗能易也。墨者亦尚堯、舜道，亦字由儒家來。言其德行曰：「堂高三尺，土階三等，茅茨不剪，采椽不刮。食土簋，啜土刑，糲粱之食，藜藿之羹。夏日葛衣，冬日鹿裘。」其送死，桐棺三寸，舉音不盡其哀。教喪禮，必以此爲萬民之率。使天下法若此，則尊卑無別也。夫世異時移，事業不必同，故曰「儉而難遵」。著此二句，謂墨道可行於太古，不能行於後世。據此，則史談之所謂「道家」非後世所謂「黃老」，明矣。要曰彊本節用，則人給家足之道也，此墨子之所長，雖百家弗能廢也。特提所長，須與各家對勘。法家不別親疏，不殊貴賤，本原即與儒家反。一斷於法，則親親尊尊之恩絕矣。可以行一時之計，似說秦。而不可長用也，故曰「嚴而少恩」。若尊主卑臣，明分職不得相踰越，雖百家弗能改也。名家苛察繳繞，使人不得反其意，專決於名而失人情，故曰「使人儉而善失眞」。若夫控名責實，參伍不失，此不可不察也。尤不如法家。

道家無爲，又曰無不爲，其實易行，其辭難知。不名言。其術以虛無爲本，道。以因循爲用。治。治何以因？因天、因地、因人、因時。無成勢，無常形，惟因，故無成勢、常形；形勢，則拘於迹矣。以下用韻。故能究萬物之情。不爲物先，不爲物後，故能爲萬物主。有法無法，因時爲業；有度無度，因物與合。故曰：「聖人不朽，時變是守。虛者道之常也，因者君之綱也。」羣臣並至，使各自明也。其實中其聲者謂之端，實不中其聲者謂之窾。窾言不聽，奸乃不生。賢不肖自分，白黑〔一〕乃形。在所欲用耳，何事不成？乃合大道，混混冥冥。光耀天下，復反無名。凡人所生者神也；所託者形也。國之所以治者，亦在人君之神能周於天下；否則，君行臣職，下親吏事，如始皇之衡石程書，陳武帝之投籤階石，無救於亂亡。神大用則竭，形大勞則敝，形神離則死。死者不可復生，離者不可復反，故聖人重之。由是觀之，神者，生之本也；形者，生之具也。不先定其神〔二〕，而曰「我有以治天下」，何由哉？應篇首「治」字，文法完密。歸重道家，漢時之重道，亦猶今日之重儒。其所謂道爲孔子之學，而儒失其眞也。屈伸變化，不可捉摸，文筆之妙，古無其匹。讀此文，須心目中常懸一孔子在前，能有所窺見。

太史公既掌天官，不治民。言道不行也。須著眼見下封禪爲漢家封，非聖人之道，而太史公憤泣之由也。有子曰遷。

遷〔三〕生龍門，耕牧河山之陽。年十歲，則誦古文。二十而南游江、淮。上會稽，探禹穴，窺九疑，浮於湘、沅；北涉汶、泗，講業齊、魯之都，觀孔子之遺風，鄉射鄒、嶧；戹困鄱、薛、彭城，過梁、楚以歸。於是遷仕爲郎中，奉使西征巴、蜀以南，南略邛〔四〕、笮、昆明，還報命。

是歲，天子始建漢家之封，是漢家之封，非孔子所述之治定功成也。而太史公留滯周南，不得與從事，故發憤且卒。知道終不行。而子遷適使反，見父於河、洛之閒。太史公執遷手而泣曰：以史相傳，即以道相傳，「泣」即前「憤」字意。「余先，周室之太史也。自上世常顯功名於虞、夏，典天官事。後世中衰，絕於予乎？汝復爲太史，則續吾祖矣。今天子接千歲之統，「接」正是「絕」，謂襲其迹而無其實，則封禪之眞意將永不明於世。果由是之後，儒者不敢言封禪。封泰山，而余不得從行，是命也夫，命也

〔一〕白黑：原作「黑白」，據點校本、殿本、百衲本乙正。

〔二〕神：點校本作「神〔形〕」，方括弧示意增。殿本、百衲本俱作「神」。點校本用「增」（見其點校后記），乃因不少「增」無版本依據，故不言「補」以符其實。

〔三〕遷：原闕，據點校本、殿本、百衲本補。

〔四〕邛：原作「卭」。漢語大字典：「卭，『邛』的訛字。」據改。以下逕改，不再出校。

夫！余死，汝必爲太史；爲太史，無忘吾所欲論著矣。欲論著者，即是欲明大道，爲天示人君治民之道，不順民心，不可告天也。且夫孝始於事親，中於事君，終於立身。又説入孝。人主事天如事其祖，則民皆如己之兄弟，而不敢輕賤視之。共治定，所制之禮方可告天。揚名於後世，以顯父母，此孝之大者。夫天下稱誦周公，以周公引出孔子。孔子孝經引周公「嚴父配天」，即是推明道之大源。言其能論歌文、武之德，宣周、召之風，達太王、王季之思慮，爰及公劉，以尊后稷也。以后稷配天也。幽、厲之後，王道缺，禮樂衰，孔子修舊起廢，論詩、書，作春秋，春秋作於道缺、禮樂廢時，則史記之作，必非盛時。則學者至今則之。自獲麟以來四百有餘歲，當時有聖王。而諸侯相兼，史記放絕。今漢興，海內一統，明主賢君、忠臣死義之士，此明主賢君説得輕便。余爲太史而弗論載，廢天下之史文，恐廢史文，不敢續春秋，有刺譏褒貶。余甚懼焉。汝其念哉！」遷俯首流涕曰：「小子不敏，請悉論先人所次舊聞，弗敢闕。但盡史職。」卒三歲，而遷爲太史令，紬史記石室金匱之書。五年而當太初元年，十一月甲子朔旦冬至，見惟天時當興王之會。天歷始改，建於明堂，諸神受紀。神受紀於民無涉。

太史公曰：「先人有言，『自周公卒五百歲而有孔子，周、孔並言。孔子卒後至於今五百歲，有能紹明世，正易傳，繼春秋，本詩、書、禮、樂之際？易與春秋並言，詩、書、禮、樂並言。詩、書、禮、樂多周公作，則易、春秋，孔子作也。雅、頌，盛世之春秋；春秋，衰世之詩、書、禮、樂。意在斯乎！意在斯乎！小子何敢讓焉。

上大夫壺遂曰：「昔孔子何爲而作春秋哉？」專言春秋。太史公曰：「余聞董生曰史公之學與董子同源。『周道衰廢，道字爲主。孔子爲司寇，執法之官。諸侯害之，大夫壅之。壅、害則道不行於當時，故借春秋行於後世。孔子知言之不用，道之不行也，是非二百四十二年之中，是非其行事，則春秋句句有褒貶矣。以爲天下儀表：貶天子，退諸侯，討大夫，以達王事而已矣。王道。』子曰：『我欲載之空言，不如見之於行事之深切著明也。』以上作春秋。夫春秋上明三王之道，作成之春秋。下辨人事之紀，別嫌疑，明是非，定猶豫，善善惡惡，賢賢賤不肖，存亡國，繼絕世，補弊起廢，王道之大者也。易著天地、陰陽、四時、五行，故長於變；禮經紀人倫，故長於行；書記先王之事，故長於政；詩記山川溪谷、禽獸草木、牝牡雌雄，故長於風；樂樂所以立，故長於和；春秋辯是非，故長於治人。又拉入五經，春秋之道備於五經，五經是體，春秋是用。「辯」即消息。是故禮以節人，樂以發和，書以道事，詩以達意，易以道化，春秋以道義。撥亂世反之正，莫近於春秋。歸其用於春秋。春秋文成數萬，其指數千。以下言春秋有用，最切於人。萬物之散聚皆在春秋。春秋之中，弒君三十六，亡國五十二，諸侯奔走不得保其社稷者，不可勝數。察其所以，皆失其本已。故易曰：『失之毫釐，差以千里。』故曰：『臣弒君，子弒父，非一旦一夕之故也，其漸久矣。』故有國者不可以不知春秋。前有讒而弗見，後有賊而不知。春秋大義在討亂賊，其機則見微知著而已。爲人臣者，不可以不知春秋，守經事而不知其宜，與時宜也。經有一時之經，守而知其宜，則經常變矣。故易長於變，春秋以易爲體也。遭變事而不知其權。爲人君父而不通於春秋之義者，必蒙首惡之名。君父統國家，國家之亂，其端自君父始，故曰「首惡」。爲人臣子而不通於春秋之義者，必陷篡弒之誅，死罪之名。其實皆以爲善，爲之不知其義，所謂「別嫌疑」，春秋此等處甚多。被之空言而不敢辭。夫不通禮義之旨，至於君不君，臣不臣，父不父，子不子。春秋所用之法，則是禮義。夫君不君則犯，臣不臣則誅，父不父則無道，子不子則不孝。此四行者，天下之大過也。以天下之大過予之，則受而弗敢辭。故春秋者，禮義之大宗也。夫禮禁未然之前，法施已然之後；以禮爲法，故春秋詞微旨遠。法之所爲用者易見，而禮之所禁者難知。」

壺遂曰：「孔子之時，上無明君，下不得任用，故作春秋，垂空文以斷禮義，當一王之法。今夫子上遇明天子，下得守職，方説人史記。萬事既具，咸各序其宜。夫子所論，欲以何明？」

太史公曰：「唯唯，否否，不然。余聞之先人曰：『伏羲至純厚，作易八卦。堯、舜之盛，尚書載之，禮、樂作焉。湯、武之隆，詩人歌之，春秋采善貶惡，推三代之德，襃周室，非獨刺譏而已也。』漢興以來，至明天子，獲符瑞，建封禪，改正朔，易服色，受命於穆清，澤流罔極，海外殊俗，重譯款塞，請來獻見者，不可勝道。臣下百官力誦聖德，猶不能宣盡其意。且士賢能而不用，有國者之恥；主上明聖而德不布聞，有司之過也。且余嘗掌其官，廢明聖盛德不載，滅功臣、世家、賢大夫之業不述，墮先人所言，罪莫大焉。余所謂述故事，整齊其世傳，非所謂作也，而君比之於春秋，謬矣。」止有史文，無所取義，不敢上擬春秋，實不能爲春秋。此是實言，非謙也。

於是論次其文。七年，而太史公遭李陵之禍，幽於縲紲。乃喟然而歎曰：「是余之罪也夫！是余之罪也夫！身毀不用矣。」即道不行。退而深惟曰：「夫詩書隱約者，欲遂其志之思也。志有所思而不遂，乃託於詩書，古今皆然。昔西伯拘羑里，演周易；孔子戹陳、蔡，作春秋；屈原放逐，著離騷；左丘失明，厥有國語；孫子臏腳，而論兵法；不韋遷蜀，世傳呂覽；韓非囚秦，說難、孤憤；詩三百篇，大抵賢聖發憤之所爲作也。總括一切。此人皆意有所鬱結，不得通其道也，即周道衰廢之道。故述往事，思來者。」守先待後也。於是卒述陶唐以來，至於麟止，自黃帝始。已成之史記，大筆特書，與前「而當太初元年」數句，挺然並峙。彼是史記之始，此則史記之成。史記以黃帝爲陶唐之始，是仍斷自唐、虞也。

維昔黃帝，法天則地，治之端。四聖遵序，各成法度；唐堯遜位，虞舜不台；厥美帝功，萬世載之。堯遜位而舜不怡，見聖人不以位爲樂，此治之所以獨隆也。作五帝本紀第一。

維禹之功，九州攸同，光唐虞際，德流苗裔；夏桀淫驕，乃放鳴條。作夏本紀第二。

維契作商，爰及成湯；太甲居桐，德盛阿衡；武丁得說，乃稱高宗；帝辛湛湎，諸侯不享。作殷本紀第三。

維棄作稷，德盛西伯；武王牧野，實撫天下；幽厲昏亂，既喪酆鎬；陵遲至赧，洛邑不祀。作周本紀第四。

維秦之先，伯翳佐禹；穆公思義，悼豪之旅；以人爲殉，詩歌黃鳥；昭襄業帝。言爲秦帝業。作秦本紀第五。秦本紀即始皇本紀之上篇，以始皇一統天下入之本紀也。三國志之曹操、孫堅，五代史之李克用，皆取法於此。

始皇既立，並兼六國；銷鋒鑄鐻，維偃干革。尊號稱帝，矜武任力；二世受運，子嬰降虜。作始皇本紀第六。

秦失其道，豪傑並擾；項梁業之，子羽接之；殺慶救趙，諸侯立之；誅嬰背懷，天下非之。作項羽本紀第七。

子羽暴虐，漢行功德，自古有天下不出三端：曰德，曰功，曰力。五帝功、力渾于德；三代以功德始，以力弱終。秦、項純以力。漢祖以力始而懲秦以爲功、德，故特提出功德字。除秦、項之力，即其功德也。蒙業以有天下，則席先人之功、德、力。文帝懋其德，孝景、武以功、力，呂后則以力也。憤發蜀漢，還定三秦；誅籍業帝，天下惟寧，改制易俗。作高祖本紀第八。

惠之早實，諸呂不台；崇彊祿、產，諸侯謀之；殺隱幽友，大臣洞疑，遂及宗禍。作呂太后本紀第九。史記載治天下之道。天下，器也；道，理也。理器不相離，故能號令天下，即入之本紀；如工治一器，雖惡劣，不得謂之非治此器之人，故項羽、呂后皆入本紀。必求能行道者爲本紀，則後世有天子之日少，無天子之日多矣。

漢既初興，繼嗣不明，迎王踐祚，天下歸心；蠲除肉刑，開道關梁，廣恩博施，厥稱太宗。作孝文本紀第十。

諸侯驕恣，吴首爲亂，京師行誅，七國伏辜，天下翕然，大安殷富。作孝景本紀第十一。

漢興五世，隆在建元。外攘夷狄，内修法度，建[一]封禪，改正朔，易服色。作今上本紀第十二。

維三代尚矣，年紀不可考。蓋取之譜牒、舊聞，本于茲，於是略推，作三代世表第一。

幽厲之後，周室衰微，諸侯專政，春秋有所不紀；而譜牒經略，五霸更盛衰，欲睹周世相先後之意，作十二諸侯年表第二。

春秋之後，陪臣秉政，彊國相王；以至于秦，卒并諸夏。滅封地，擅其號。作六國年表第三。

秦既暴虐，楚人發難。項氏遂亂，漢乃扶義征伐。八年之間，天下三嬗，事繁變衆，故詳著秦楚之際月表第四。年表爲正，世表月表爲變，故敘作亦變筆書之。

漢興以來，至於太初百年，諸侯廢立分削，譜紀不明，有司靡踵，彊弱之原云以世。「彊弱之原云以世」，語不可解。集解、索隱謂「以世」爲「已也」之譌。「彊弱之原云已也」，語氣不順。正義謂「以世相代，相不能有所録紀也。」語亦不順。疑「相不能」之「相」字爲「史」字之譌。作漢興以來諸侯年表第五。

惟高祖元功，輔臣股肱，剖符而爵，澤流苗裔，忘其昭穆，或殺身隕國。作高祖功臣侯者年表第六。

惠、景之閒，維申功臣宗屬爵邑，作惠景閒侯者年表第七。

北討彊胡，南誅勁越，征伐夷蠻，武功爰列。作建元以來侯者年表第八。

諸侯既彊，七國爲從，子弟衆多，無爵封邑，推恩行義，其勢銷弱，德歸京師。作王子侯者年表第七。

[一] 建：百衲本、點校本無「建」字，殿本有。

國有賢相良將，民之師表也。維見漢興以來將相名臣年表，賢者記其治，不賢者〔一〕彰其事。作漢興以來將相名臣年表第十。

維三代之禮，所損益各殊務，然要以近情性、通王道，故禮因人質爲之節文。得禮本原。略協古今之變，作禮書第一。

樂者，所以移風易俗也。自雅頌聲興，則已好鄭衛之音，鄭衛之音所從來久矣。人情之所感，遠俗則懷。比樂書以述來古，比，比次也，謂比次成書，以述來古之樂，見漢無樂也。作樂書第二。

非兵不彊，非德不昌。黄帝、湯、武以興，桀、紂、二世以崩，可不慎歟？司馬法所從來尚矣。太公、孫、吴、王子能紹而明之，切近世，極人變。作律書第三。「師出以律」，周禮「大師執同律以聽軍聲」，律書曰「六律爲萬事根本，其於兵械尤所重，故云『望敵知吉凶，聞聲効勝負』」。是上古軍法、軍械、軍謀皆出於律。後世律法不傳，兵、刑分爲二，而制器之法亦亡矣。

律居陰而治陽，歷居陽而治陰。律歷更相治，律有器，故居陰，所治者聲，則陽也。歷無器，故居陽，所治者數，則陰也。以聲較數，以數較聲，故律、歷更相治也。閒不容翲忽。五家之文怫異，維太初之元論。五家：黄帝、顓頊、夏、殷、周。太初之元，漢歷也。作歷書第四。律以爲法，兵是用法之大者；歷以求數，紀天是用，數之大者。故二書一主兵事，一主治天也。據此，「歷」當指算術，言輕重、大小、長短皆有數可求。然有形質可據，若治天，則人不能至，惟以相去之遠近、歷時之久暫爲據，故曰「歷」也。萬物由氣而成形質，而聲、數寓焉。律，求聲者也；歷，求數者也。黄鍾爲萬事根本，萬法皆以律定之也。然則古之聲學必别有精微之蘊，百倍於今之西人者。惜盡失其傳，無由窺測以求其用也。

星氣之書，多雜禨祥，不經；推其文，考其應，不殊。比集論其行事，驗于軌度以次，作天官書第五。

受命而王，封禪之符罕用，用則萬靈罔不禋祀。追本諸神名山大川禮，作封禪書第六。

維禹浚川，九州攸寧；爰及宣防，決瀆通溝。作河渠書第七。

〔一〕者：原脱，據點校本、殿本、百衲本補。

維幣之行，以通農商；其極則玩巧，並兼茲殖，爭於機利，去本趨末。作平准書以觀事變，第八。不以漢之平准爲然也。

太伯避歷，江蠻是適；文武攸興，古公王跡。闔廬弒僚，賓服荊楚；夫差克齊，子胥鴟夷；信嚭親越，吴國既滅。嘉伯之讓，作吴世家第一。

申、呂肖矣，作宥。尚父側微，卒歸西伯，文、武是師；功冠羣公，繆權于幽；番番黄髮，爰饗營丘。不背柯盟，桓公以昌。九合諸侯，霸功顯彰。田闞爭寵，姜姓解亡。嘉父之謀，作齊太公世家第二。史記爲天下言道之書，非爲一人一家作譜牒也。世家中，一篇或數十世，其人不皆可傳，即爵宜傳，列之於表足矣。故每世家皆云嘉某之某，見世家之義，惟德乃可世其家也。太伯以下，皆有國者，何不曰「世國」而曰「世家」？史公之意，家可世，國不可世也。家可世者，宮室、田園、車馬、畜産、衣服、貨財，可以子孫世世守之；人民、土地，當令賢者治之，不可爲世業也。宮室、田園等，貽之子孫，子孫雖有不肖者，不過驕淫以自貧耳，害不及人民也。以土地、人民爲世業，則有不肖，禍先及民，而其亡國，禍亦甚慘。太史公以諸侯爲世家，隱示國之不可世，而封建之不可行也。

依之違之，周公綏之；憤發文德，天下和之；輔翼成王，諸侯宗周。隱、桓之際，是獨何哉？弟忠於兄，周公所以造魯也。隱、桓之際，則弟弒兄矣，故曰「是獨何哉」，傷之也。三桓爭彊，魯乃不昌。嘉旦金縢，作周公世家第三。

武王克紂，天下未協而崩。成王既幼，管、蔡疑之，淮夷畔之。於是召公率德，安集王室，以寧東土。燕易〔一〕之禪，乃成禍亂。嘉甘棠之詩，作燕世家第四。

管、蔡相武庚，將寧舊商；及旦攝政，二叔不饗；殺鮮放度，周公爲盟；太任十子，周以宗彊。嘉仲悔過，作管蔡世家第五。

王後不絶，舜禹是説；維德休明，苗裔蒙烈。百世享祀，爰周陳、杞，楚實滅之。齊田既起，舜何人哉？舜讓天下，田乃篡人之國，舜何人哉？言田氏之不類也。不以田齊繼陳，不許田氏後舜也。且若逆知後世有託爲舜後以篡漢者也。作陳杞世家第六。

〔一〕易：點校本作「(易)〔噲〕」，示意删「易」增「噲」。據史記燕召公世家，禪位事乃燕噲，非其父燕易王。惜無版本依據，仍以其舊。

牧〔二〕殷余民，叔封始邑。申以商亂，酒、材是告。及朔之生，衛傾不寧；南子惡蒯聵，子父易名。周德卑微，戰國既彊，衛以小弱，角獨後亡。嘉彼康誥，作衛世家第七。

嗟箕子乎！嗟箕子乎！宋世家而嗟箕子，見箕子宜有世家，而遠適朝鮮，不能得其世次，無從爲世家，而附於此也。正言不用，乃反爲奴。武庚既死，周封微子。襄公傷於泓，君子孰稱？景公謙德，熒惑退行。剔成暴虐，宋乃滅亡。嘉微子問太師，據此，似史公以微子篇之太師爲箕子。作宋世家第八。

武王既崩，叔虞邑唐。君子譏名，卒滅武公。驪姬之愛，亂者五世。重耳不得意，乃能成霸。六卿專權，晉國以耗。嘉文公錫珪鬯，不嘉唐叔得嘉禾，而嘉文公錫珪鬯，文公之事，關於治道尤重也。作晉世家第九。此下所嘉，均未盡愜當。蓋唐叔之晉早滅於曲沃，文公掘起，有伯功於天下，可世其家。楚早叛周，崛强僭號。越在蠻服，荒忽無聞。莊王、句踐均以威力行于中國，不能不爲世家。鄭首滅檜以爲國，趙、魏、韓、田皆以倍臣篡奪得國，世家之禍已極。得國之始即無可嘉，故强求於數世之中，而卒不能盡當。則世家之非善制，爲可信矣。

重黎業之，吳回接之；殷之季世，粥子牒之。周用熊繹，熊渠是續。莊王之賢，乃復國陳，既赦鄭伯，班師華元。懷王客死，蘭咎屈原；好諛信讒，楚並於秦。嘉莊王之義，莊王爲春秋所予。作楚世家第十。

少康之子，實賓南海，文身斷髮，黿鱓與處。既守封禺，奉禹之祀。句踐困彼，乃用種、蠡。嘉句踐夷蠻能修其德，滅彊吳以尊周室，作越王句踐世家第十一。不嘉少康之子而嘉句踐，見藉先人之蔭不如能自强也。

桓公之東，太史是庸。及侵周禾，王人是議。祭仲要盟，鄭久不昌。子産之仁，紹世稱賢。三晉侵伐，鄭納於韓。嘉厲公納惠王，不嘉桓公得民心，而嘉厲公納惠王，知緇衣之詩爲桓公陰謀取檜而非周人之詩。又以見突忽之爭，春秋若予厲公別有見也。作鄭世家第十二。

〔二〕牧：點校本作「收」，殿本、百衲本均作「牧」。

維驥騄駬，乃章造父。趙夙事獻，衰續厥緒。佐文尊王，卒爲晉輔。襄子困辱，乃禽智伯。主父生縛，餓死探爵。王遷辟淫，良將是斥。嘉鞅討周亂，作趙世家第十三。據世家，鞅討周亂是指逐王子朝納敬王事。此事非鞅爲政，鞅爲政，惟殺萇弘一事。萇弘是周忠臣，鞅殺之，是淩天子矣。鞅實亂周，何云「討周亂」？然則史公謂韓、趙、魏、田氏之有世家，爲王綱盡絶之時，故反言以醜之乎？

畢萬爵魏，卜人知之。及絳戮干，戎翟和之。文侯慕義，子夏師之。惠王自矜，齊、秦攻之。既疑信陵，諸侯罷之。卒亡大梁，王假厮之。嘉武佐晉文申霸道，魏犨佐晉文，功不如趙衰，何不於趙言之，而言於魏？故疑此爲史公反言以嘉之，爲醜之也。作魏世家第十四。

韓厥陰德，趙武攸興。紹絶立廢，晉人宗之。昭侯顯列，申子庸之。疑非不信，秦人襲之。嘉厥輔晉匡周天子之賦，此亦無事實。作韓世家第十五。

完子避難，適齊爲援。陰施五世，齊人歌之。成子得政，田和爲侯。王建動心，乃遷于共。嘉威、宣能撥濁世而獨宗周，威、宣何撥濁世？已朝而即罵之，爲能宗周乎？作田敬仲完世家第十六。

周室既衰，諸侯恣行。以上十六世家皆諸侯也，「諸侯恣行」即不知治平天下之道，而第自營其家也。仲尼悼禮廢樂崩，追修經術，以達王道，匡亂世反之於正。見其文辭，爲天下制儀法，垂六藝之統紀於後世。作孔子世家第十七。

桀、紂失其道而湯、武作，周失其道而春秋作。秦失其政，桀、紂及周皆云「失道」，秦獨云「失政」，夏、商、周皆以道有天下，秦之有天下固不以道也。故秦但曰「失政」。而陳涉發迹。諸侯作難，風起雲蒸，卒亡秦族。天下之端，自涉發難。作陳涉世家第十八。以陳涉與湯、武、春秋並言，此理最精深，以其功同也。湯、武有德，力能達於一時之天下，故功在一時。孔子有德，力不能達於一時之天下，而能傳於萬世之天下，故功在萬世。陳涉無德、力亦不能爲天下之功，而能爲天下之有力者發端，故功即在發端也。世家者，見凡可以爲治世安民所必需者，皆可以世其家，如泰伯之讓，太公之謀，金縢之忠君，甘棠之治民，皆是。故陳涉之發難，亦可爲世家。見天子之位世及不擇賢，則陳涉之事亦救民之一端，而戢暴君之燄，使之有所惕也。惟其然也，名臣賢佐功能及天下者，皆可入世家。故蕭、曹、留侯、平、勃，皆爲列侯，未嘗封王，而亦爲世家。卽可見功雖及天下，亦第宜世家，不宜世國、世天下也。

成皋之台，薄氏始基。詘意適代，厥崇諸竇。栗姬偩貴，王氏乃遂。陳氏〔二〕太驕，卒尊子夫。嘉夫德若斯，子夫也。「夫德若斯」，言無德。作外戚世家第十九。

漢既譎謀，禽信於陳；禽信之後，無異姓世世子民之國矣，而同姓始王，則天子世及之例累之也。越、荊剽輕，乃封弟交爲楚王，爰都彭城，以彊淮、泗，爲漢宗藩。戊溺於邪，禮復紹之。嘉游輔祖，作楚元王世家第二十。

維祖師旅，劉賈是與；爲布所襲，喪其荊、吳。營陵激呂，乃王琅邪；怵午信齊，往而不歸，遂西入關，遭立孝文，獲復王燕。天下未集，賈、澤以族，爲漢藩輔。作荊燕世家第二十一。荊、燕不言嘉，澤無可嘉，賈有可嘉而不終也。

天下已平，親屬既寡；悼惠先壯，實鎮東土。哀王擅興，發怒諸呂；駟鈞暴戾，京師弗許。厲之內淫，禍成主父。嘉肥股肱，作齊悼惠王世家第二十二。

楚人圍我滎陽，相守三年；蕭何填撫山西，推計踵兵，給糧食不絕，使百姓愛漢，不樂爲楚。作蕭何相國世家第二十三。蕭相國不言「嘉」，功多不能偏舉也，與留侯同。

與信定魏，破趙拔齊，遂弱楚人。續何相國，不變不革，黎庶攸寧。嘉參不伐功矜能，卽指守蕭何之法。作曹相國世家第二十四。蕭相國等五人皆以列侯升，以其功及天下也。惟曹相國言「嘉」，則以不伐功矜能，人不易知，故特言之。以可入世家者功在此，不在野戰之功也。

運籌帷幄之中，制勝於無形，子房計謀其事，無知名，無勇功，圖難於易，爲大於細。「中」、「功」韻，「形」、「名」韻，「事」、「易」、「細」韻，用韻奇變。作留侯世家第二十五。

六奇既用，諸侯賓從於漢；呂氏之事，平爲本謀，終安宗廟，定社稷。作陳丞相世家第二十六。

〔二〕 氏：點校本、殿本、百衲本均作「后」。

諸呂爲從，謀弱京師，而勃反經合於權；吳、楚之兵，亞夫駐於昌邑，以戹齊、趙，而出委以梁。作絳侯世家第二十七。

七國叛逆，蕃屏京師，唯梁爲扞；偩愛矜功，幾獲于禍。嘉其能距吳、楚，作梁孝王世家第二十八。

五宗既王，親屬洽和；諸侯大小爲藩，爰得其宜，僭擬之事稍衰貶矣。作五宗世家第二十九。五宗以同母爲宗。諸侯不敢祖天子，各以同母之長者爲大宗，此亦古法。滕謂魯爲宗國，卽此義。然於兄弟之中，又分同母、異母。子各親其母，一父之子，且分親疏。漢世外戚之禍，未必不原於此。揆之繼母如母，妾子不以妾母爲母，而以嫡母爲母，則同母爲宗之說，又起於後世，而非聖人之制矣。蓋知有母不知有父，禽獸則然也。

三子之王，文辭可觀。僅策命之詞可觀，亦爲世家時王之制。欲其世家，不得不世之，爲下不倍也。而三王無一能世者，又以見世國之決不可行也。作三王世家第三十。

末世爭利，爭利則亂，奔義則治，治亂之原盡此二語。維彼奔義。讓國餓死，天下稱之。作伯夷列傳第一。

晏子儉矣，夷吾則奢；齊桓以霸，景公以治。作管晏列傳第二。三代後治世名臣，不出管、晏規模。

李耳無爲自化，清淨自正。韓非揣事情，循勢理。作老子韓非列傳第三。李溺於無，韓滯於有，後世學術亦不出此兩途。

自古王而有司馬法，「司馬」二字須著眼。穰苴能申明之。作司馬穰苴列傳第四。亂世惟兵爲尚，然王者何嘗不用兵？能申明司馬法，卽爲立傳，是欲以兵止兵也。

非信廉仁勇不能傳兵論劍，與道同符。卽陰符之說。內可以治身，外可以應變，君子比德焉。作孫子吳起列傳第五。奔義則王道明，爭利則霸術興。知者遁於清靜，而頑悍則騖於刑兵，春秋之亂以成。故傳首伯夷，管、晏次之，老、韓次之，司馬穰苴、孫、吳次之。

維建遇讒，爰及子奢。尚既匡父，伍員奔吳。作伍子胥列傳第六。三綱絕于平，而員覆荊，土芥、寇讎之義以明。故子胥次之。

孔子述文，弟子興業，咸爲師傅，崇仁厲義。作仲尼弟子列傳第七。世亂已極，孔子始興，弟子卽其輔佐也，故又次之，而春秋之局以終。

鞅去衛適秦，能明其術，彊霸孝公，後世尊其法。作商君列傳第八。強秦之始，卽戰國之始，故首鞅。

天下患衡秦毋饜，而蘇子能存諸侯，約從以抑貪强。作蘇秦列傳第九。强秦勢成，天下惟縱横二術，相爲屈伸，故蘇、張次之。

六國既從親，而張儀能明其説，復散解諸侯。作張儀列傳第十。

秦所以東攘，雄諸侯，樗里、甘茂之策。作樗里甘茂列傳第十一。此下三傳以兵力助衡秦勢者。

苞河山，圍大梁，使諸侯斂手而事秦者，魏冉之功。作穰侯列傳第十二。

南拔鄢、郢，北摧長平，遂圍邯鄲，武安爲率；破荊滅趙，王翦之計。作白起王翦列傳第十三。

獵儒、墨之遺文，獵儒墨之遺文，謂孟子文辭采取兩家，而學主孔子，史公不以儒家限孔子也。明禮義之統紀，「統紀」卽敘仲尼世家之統紀，史公固尊孟子爲孔子嫡派也。挺立於戰國，獨存生民統紀者爲孟子。六國表中所以紀孟子出處也。絕惠王利端，列往世興衰。作孟子荀卿列傳第十四。荀子非孟子，史公與孟子同傳，以其學亦出孔子，可並行也。

好客喜士，士歸於薛，爲齊捍楚、魏。作孟嘗君列傳第十五。以下四傳合縱天下之勢力以抗秦者。勢之積爲權，權聚則伸，散則屈，故縱不勝横。然勢之原有二：一爲理，一爲力。力分不易合，理則無不合也。理權，孟子之絕惠王利端是也。

爭馮亭以權，如楚以救邯鄲之圍，使其君復稱於諸侯。作平原君虞卿列傳第十六。

能以富貴下貧賤，賢能詘於不肖，唯信陵君爲能行之。數語信陵施之於士若施之民，卽孟子保民之政，可爲政於天下矣。作魏公子著眼。列傳第十七。四君信陵爲特出，故不曰信陵君傳而曰魏公子。

以身徇君，遂脱强秦，使馳説之士南鄉走楚者，黄歇之義。作春申君列傳第十八。

能忍詬於魏、齊，而信威於强秦。推賢讓位，二子有之。作范雎蔡澤列傳第十九。此不爲天下及國計，而爲身謀者。

率行其謀，連五國兵，爲弱燕報强齊之讎，雪其先君之恥。作樂毅列傳第二十。以下三傳皆能謀一國者。連五國兵，不入四君內者，非抗秦，無關戰國大勢也。

能信意强秦，而屈體廉子，用循其君，俱重於諸侯。作廉頗藺相如列傳第二十一。

湣王既失臨淄而奔莒，唯田單用卽墨破走騎刧，遂存齊社稷。作田單列傳第二十二。

能設詭説，解患於圍城。輕爵祿，樂肆志。作魯仲連鄒陽列傳第二十三。以下二傳不爲身謀，以謀人國者。

作辭以諷諫，連類以爭義，離騷有之。作屈原賈生列傳第二十四。

結子楚親，使諸侯之士斐然爭入事秦。作呂不韋列傳第二十五。呂不韋用四君之術以散縱，天下入於秦矣。

曹子匕首，魯獲其田，齊明其信。豫讓義不爲二心。作刺客列傳第二十六。力能伸於天下，不能屈於匹夫之義。傳刺客爲荊卿也。

能明其畫，因時推秦，遂得意於海內，斯爲謀首。作李斯列傳第二十七。以李斯、蒙恬爲秦一代之人才。

爲秦開地益衆，北靡匈奴，據河爲塞，因山爲固，建榆中。作蒙恬列傳第二十八。

填趙塞常山以廣河內，弱楚權，明漢王之信於天下。作張耳陳餘列傳第二十九。以下六傳皆漢資以滅項者，言漢王信能得天下也。滅項之功，惟張耳善終，得享其利。

收西河、上黨之兵，從至彭城；越之侵掠梁地以苦項羽。作魏豹彭越列傳第三十。敘滅項功均言地勢，兵事以地勢爲要也。陳餘、田儋非漢臣，雜於漢臣，史記非爲一代作也。不敘滅秦功，以滅秦之功歸項羽也。

以淮南叛楚歸漢，漢用得大司馬殷，卒破子羽于陔下。作黥布列傳第三十一。

楚人迫我京索，而信拔魏、趙，定燕、齊，使漢三分天下有其二，以滅項籍。作淮陰侯列傳第三十二。

楚、漢相距鞏、洛，而韓信爲填潁川，盧綰絕籍糧餉。作韓信盧綰列傳第三十三。

諸侯叛項王，唯齊連子羽城陽，漢得以閒遂入彭城。作田儋列傳第三十四。

攻城野戰，獲功歸報，噲、商有力焉，非獨鞭策，又與之脫難。作樊酈列傳第三十五。漢之大敵在項，餘以攻城野戰該之。獲功歸報，即高祖所謂狗功也。

漢既初定，文理未明。蒼爲主計，整齊度量，序律曆。作張丞相列傳第三十六。爲謹立法制者。

結言通使，約懷諸侯；諸侯咸親，歸漢藩輔。作酈生陸賈列傳第三十七。爲漢使命者。

欲詳秦、楚之事，唯周緤常從高祖，平定諸侯。作傅靳蒯成列傳第三十八。此如侍御之臣，此數人外，漢之力臣更無多人。徙强族，都關中，和約匈奴；明朝廷禮，次宗廟儀法。作劉敬叔孫通列傳第三十九。爲漢定規模、禮儀者。能摧剛作柔，卒爲列臣；欒公不劫於勢而倍死。作季布欒布列傳第四十。漢亦以力劫天下，此其勢之不能盡劫者。以上高祖之世。

敢犯顔色以達主義，不顧其身，爲國家樹長畫。作袁盎朝錯列傳第四十一。此以下五傳，孝文時。見其時人主虚心納言，安邊息民，風俗純篤，正氣大伸，末藝亦良，爲漢極盛。

守法不失大理，言古賢人，增主之明。作張釋之馮唐列傳第四十二。

敦厚慈孝，訥於言，敏於行，務在鞠躬，君子長者。作萬石張叔列傳第四十三。

守節切直，義足以言廉，行足以厲賢，任重權不可以非禮撓。作田叔列傳第四十四。

扁鵲之〔一〕醫，爲方者宗。守數精明，後世修序，弗能易也，而倉公可謂近之矣。作扁鵲倉公列傳第四十五。

維仲之省，厥濞王吴，遭漢初定，以填撫江淮之閒，作吴王濞列傳第四十六。此下二傳爲景帝時。

吴、楚爲亂，宗屬唯嬰賢而喜士，士鄉之，率師抗山東滎陽。作魏其武安列傳第四十七。

智足以應近世之變，寬足用得人。作韓長孺列傳第四十八。以下武帝時武功。武功莫大於征匈奴，韓長孺開其端，李廣無命，故居匈奴傳先，而衛、霍次其後。公孫宏相於此時，而南越、東越、朝鮮、西南夷又相因而開，相如則與其事者也。淮南、衡山遂因而作焉。蓋政治不修，奉法之吏少而正直之臣不容於朝也。

勇於當敵，仁愛士卒，號令不煩，師徒鄉之。作李將軍列傳第四十九。

自三代以來，匈奴常爲中國患害。欲知强弱之時，設備征討，作匈奴列傳第五十。

〔一〕之：殿本、百衲本、點校本均作「言」。

直曲塞，廣河南，破祁連，通西國，靡北胡。作衛將軍驃騎列傳第五十一。

大臣、宗室以侈靡相高，惟弘用節衣食，爲百吏先。作平津侯列傳第五十二。漢興儒學自弘始，宜敘於儒林傳前；而敘於此者，見弘雖名爲儒，實附和帝，欲以競武功，弘之儒先僞也。

漢既平中國，而佗能集揚、越以保南藩，納貢職。作南越列傳第五十三。

吴之反〔二〕逆，甌人斬濞，葆守封禺爲臣。作東越列傳第五十四。

燕丹散亂遼間，滿收其亡民，厥聚海東，以集眞藩，葆塞爲外臣。作朝鮮列傳第五十五。

唐蒙使略通夜郎，而邛、笮之君請爲內臣受吏。作西南夷列傳第五十六。

子虛之事，大人賦説，靡麗多誇，然其指風諫，歸於無爲。作司馬相如列傳第五十七。

黥布叛逆，子長國之，以塡江淮之南，安剽楚庶民。作淮南衡山列傳第五十八。

奉法循理之吏，不伐功矜能，百姓無稱，亦無過行。作循吏列傳第五十九。此下二傳相次，極有意。在下奉法循理，無稱無過，在上鎭靜無爲，西漢自孝惠後即是如此。雖革秦暴，民暫休息，溺於黄老，二帝、三王之盛不可復見。禍伏於冥冥之中，積久而發，不可救藥，則爲治不用孔子之術也。漢、唐、宋、明，盛如此，衰亦如此。

正衣冠立於朝廷，而羣臣莫敢言浮説，長孺矜焉。好薦人，稱長者，壯有溉。作汲鄭列傳第六十。淩稚隆疑「壯」爲「莊」字，鄭名也。「溉」字下又疑有闕文。

自孔子卒，京師莫崇庠序。唯建元、元狩之閒，文辭粲如也。孔子之學非文辭也。崇庠序僅粲於文，此孔子之道所以未嘗一日行也。作儒林列傳第六十一。以下武帝時文治風俗。儒家馳於文辭，則去治道遠，政治所由非也。

民倍本多巧，姦軌弄法，善人不能化，唯一切嚴削爲能齊之。不知綱紀人欲，道家一切不爲，廢弛既甚，出而整齊之，法家之説遂

〔二〕反：殿本、百衲本、點校本作「叛」。

驗於世。作酷吏列傳第六十二。民何以「倍本多巧」？教養之法不立，民不能不求自給其欲也。欲迫于中，豈善所能化？法家以性爲惡，故敢於嚴削，而不知養欲給求爲王政也。

漢既通使大夏，而西極遠蠻，引領內鄉，欲觀中國。作大宛列傳第六十三。附此傳於此，見武帝時爲風氣大開之時，宜用孔子之道，內中國而後夷狄，先自治以示人也。附大宛傳於此，以帝好遠畧，故多奇偉之士，能開千古所未開也。

救人於戹，振人不贍，仁者有乎？不既信，「不既信」一作「不慨信」，謂不慷慨而自信也。不倍言，義者有取焉。作游俠列傳第六十四。敘仲尼弟子曰「崇仁厲義」，而游俠亦以仁義許之，則遊俠，仲尼之徒也。世運戹窮，不能以王道救之，而振救以財力卽俠也。鄉里之俠，其小者也。

夫事人君能說主耳目，和主顏色，而獲親近，非獨色愛，能亦各有所長。作佞幸列傳第六十五。不以道運天下，而以威權自持其富貴，則游俠奮於野，佞幸積於朝。人主不以道治天下，佞幸一途決不能免矣。

不流世俗，不爭勢利，上下無所凝滯，人莫之害，以道之用。用道第期免害，世界至此，亦可傷矣。作滑稽列傳第六十六。此亦道之一端，卽孔子所取之諷諫。

齊、楚、秦、趙爲日者，各有俗所用。欲循觀其大旨，作日者列傳第六十七。大道不行，民俗日非，聽於鬼神，時日以自謀其私。有志化民者，此事亦不可忽也。鬼火狐鳴，可以爲亂，則借此爲治，使遍傳於閭閻，其益甚鉅。

三王不同龜，四夷各異卜，然各以決吉凶。畧窺其要，作龜策列傳第六十八。

布衣匹夫之人，不害於政，不妨百姓，取與以時而息財富，智者有采焉。作貨殖列傳第六十九。傳以讓國始，以封殖其家終，見帝王爲治，使人人各殖其家，而決不壞億萬人之家以爲一人之家也。

維我漢繼五帝末流，史記所起。接三代統業。周道廢，秦撥去古文，焚滅詩、書，故明堂石室金匱玉版圖籍散亂。史亡。於是漢興，蕭何次律令，與前論六家要指相映。學術、事功之源也，卽是史材。韓信申軍法，張蒼爲章程，叔孫通定禮儀，則文學彬彬稍進，詩、書往往閒出矣。史材漸出。自曹參薦蓋公言黃老，而賈生、鼂錯明申、商，公孫弘以儒顯。漢時治術三變，黃老，申、商皆效，而儒獨不效，用文辭之儒非孔門之儒也。百年之間，天下遺文古事，靡不畢集太史公。以上序漢，以下序太史公，史材畢備。太史公仍父子相續纂其職。曰：「於戲！余維先人嘗掌斯事，顯於唐、虞，至於周，復典之，故司馬氏世主天官。至於余乎，欽念哉！欽念哉！」罔羅天下放失舊聞，序史。王迹所興，原始察終，見盛觀衰，論考之行事，畧推三代，録秦、漢，上記軒轅，下至于茲，序史記總例，紀、表、書、傳之體，司馬氏所創。著十二本紀，序本紀。既科條之矣。並時異世，年差不明，作十表。序表。禮樂損益，律歷改易，兵權山川鬼神，天人之際，承敝通變，作八書。序書。二十八宿環北辰，三十輻共一轂，運行無窮，輔拂股肱之臣配焉，忠信行道，以奉主上，不以諸侯王爲君也。作三十世家。序三十世家。扶義俶儻，不令己失時，立功名於天下，作七十列傳。序列傳。凡百三十篇，五十二萬六千五百字，爲太史公書。序自序。畧，以拾遺補藝，成一家之言。厥協六經異傳，整齊百家雜語，藏之名山，副在京師，俟後世聖人君子。第七十。

太史公曰：「余述歷黄帝以來，至太初而訖，百三十篇。」序終總結，挺然屹立，與前「而當太初元年」，於是卒述陶唐以來，三筆相應。

讀史須究義法，作者自序，卽自著義法也。得其義法後讀全書，以所序之語核所著之文，或分讀，可以知一篇義之所在；或合讀，可以推各篇相次義之所在。然義法有顯者，有隱者。史記本之春秋，則義法之顯者少而隱者多。由顯者以推其隱，後人所以皆議史記之處，乃皆隱義之所在。若項羽、呂后之爲本紀，孔子、陳涉、三王之爲世家，張、吳不必世家，列傳僅有管、晏，苟爲深求，皆有精義。至于崇黄老、進游俠、黜富貴，猶其訾之淺而不足與議者也。史遷以史繼春秋，誠如爝火之于太陽；然以孔子爲素王，以春秋上承二帝三王之統，以下垂萬世之治法，與孟子、董子之説無一不合；則謂孟子傳孔門史之心，董子傳孔門史之義，史遷傳孔門史之法。儒家之學，固自近史，謂史記爲聖門之史可也。讀史記得其義法，其文法自見。特爲指出，餘可自會也。

前漢書食貨志注上　煙霞草堂遺書十一

咸陽劉光蕡古愚

前漢書食貨志

班掾本平準書爲食貨志，曰「食貨」則是志其物，曰「平準」則是志其政。論史法當以「平準」爲是，史固志一代之政也。天生民而樹之君，以利之也，利民必資食貨，故王者爲政，食貨重於仁義。以食貨養民，即是仁；以道制民，食貨即是義。不爲食貨之事而空言仁義，則仁義無從見而大亂起矣！故孟子不欲梁惠王言利，而王道之始、王道之成，皆從爲民謀衣食器用做起，舍謀衣食即無王政。道不可施於政，即非聖道，故曰「道不遠人」。「民之質矣，日用飲食。」食貨，質也；仁義，文也。無質則文無所附，無文則飽食煖衣、逸居無教，近於禽獸，相奪而不得安。故食貨者，教化之端；教化者，食貨之終也。

洪範八政，一曰食，二曰貨。直從食貨説起。食謂農殖嘉穀可食之物，定食貨之名。貨謂布帛可衣，及金、刀、龜、貝，貨中有器用，不獨布帛金刀龜貝。所以分財布利通有無者也。二者，生民之本，興自神農之世。食貨之始。「斲木爲耜，煣木爲耒，耒耨〔一〕之利，以教天下」而食足；「日中爲市，致天下之民，聚天下之貨，交易而退，各得其所」，而貨通。古時交易必以物易

〔一〕耨：原作「耜」。語出易繫辭下，作「耨」，景祐本、殿本均作「耨」，據改。

物，後乃用幣終，乃用金刀。衣食並重，而商務則布帛爲重。太公治齊，所以勸女功；英國之富全在紡織。聖人能晰物情，百世不能易也。食足貨通，然後國實民富，而教化成。教化即以維持食貨；教化，食貨之究竟也。黃帝以下「通其變，使民不倦」。敘歷代是仿史記。班氏爲漢書，斷代爲史，實承史記之法，不限於漢也。堯命四子以「敬授民時」，舜命后稷以「黎民阻饑」，是爲政首。禹平洪水，定九州，制土田，各因所生遠近，賦入貢棐，楙遷有無，萬國作乂。殷、周之盛，詩、書所述，要在安民，富而教之。故易稱：「天地之大德曰生，聖人之大寶曰位；何以守位曰仁，何以聚人曰財。」財者，帝王所以聚人守位，養成群生，奉順天德，治國安民之本也。故曰：「不患寡而患不均，此敘事綱紀。食貨爲王者大政，語最精，然截去「理財正辭，禁民爲非曰義」句，則第推原出財字而不及政，此處入「不安」「不均」，均無因，此班掾之疏。說入不均、安即是入平准之由。惟不均、安，故須王者立法以平之也。不患貧而患不安；蓋均亡貧，和亡寡，安亡傾。」是以聖王域民，築城郭以居之，制廬井以均之，開市肆以通之，設庠序以教之。士、農、工、商，四民之有業。學以居位曰士，闢土殖谷曰農，作巧成器曰工，通財鬻貨曰商。聖王量能授事，四民陳力受職，故朝亡廢官，邑亡敖民，地亡曠土。

理民之道，地著爲本。以上食貨並言，以下專言食，至下篇乃言貨。故必建步立畮，正其經界。先治地是爲治之基，治地即是治鄉，今之保甲法略有此意。六尺爲步，步百爲畮，畮百爲夫，夫三爲屋，屋三爲井，井方一里，是爲九夫。八家共之，各受私田百畮，公田十畮，是爲八百八十畮，餘二十畮以爲廬舍。出入相友，守望相助，疾病相救，民是以和睦，而教化齊同，力役生產可得而平也。周禮井邑丘甸是治野法，比旅族黨是治邑法。管子之內政法周禮之治野，而意主强兵；商君之什伍之法周禮之治邑，而意主詰姦，未有意主足民教民者。畝夫屋井之制，當爲周公治地之政，意主足民教民。戰國諸侯惡其害己而去其籍，聖門以口說相傳，故班氏取以入此志歟？

民受田：分田。志以食貨爲名，當及市肆之治；又，農有三，僅及平原不及山澤，皆班氏之疏。上田夫百畮，中田夫二百畮，下田夫三百畮。歲耕種者爲不易上田；休一歲者爲一易中田；休二歲者爲再易下田，三歲更耕之，自爰其處。農民戶人己受田，其家眾男爲餘夫，亦以口受田如比。士、工、商家受田，五口乃當農夫一人。此謂平土可以爲法者也。若山林、藪澤、原陵、淳鹵之地，各以肥磽多少爲差。山林、藪澤爲林木、金鐵所出，寶藏貨財所興殖，必別有治法，不盡以農田授之。有賦有稅。賦稅。稅謂公田什一及工商衡虞之入也。賦共車馬、兵甲、士徒之役，賦從何入，此處不言，殊未是。後世遂謂盡取於農，而農不堪命矣。充實府庫、賜予之用。稅給郊社宗廟百神之祀，天子奉養百官祿食庶事之費。民年二十受田，六十歸田。七十以上，上所養也；十歲以下，上所長也；十一以上，上所强也。種穀必雜五種，種植。以備災害。田中不得有樹，用妨五穀。力耕數耘，收穫如寇盜之至。還繞也。廬樹桑，菜茹有畦，瓜瓠果蓏殖於疆埸。雞豚狗彘毋失其時，女脩蠶織，則五十可以衣帛，七十可以食肉。

在埜曰廬，在邑曰里。以下言治邑，宜分別農工商之鄉。專言農鄉，不言工商，殊嫌疏略。城郭、廬井、市肆、庠序並提，不及市肆之制，此漢抑商之習，非聖王之制也。五家爲鄰，五鄰爲里，四里爲族，五族爲黨，五黨爲州，五州爲鄉。以下治鄉，制度、教化、風俗、學校，王政必從此起手。鄉，萬二千五百戶也。鄰長位下士，自此以上，稍登一級，至鄉而爲卿也。於[二]里有序教化。而鄉有庠。序以明教，庠則行禮而視化焉。春令民畢出在埜，冬則畢入於邑。其詩曰：「四之日舉止，同我婦子，饁彼南畮。」又曰：「十月蟋蟀，入我牀下，嗟我婦子，聿爲改歲，入此室處。」所以順陰陽，備寇賊，習禮文也。春將出民，里胥平旦坐於右塾，鄰長坐於左塾，畢出然後歸，夕亦如之。入者必持薪樵，輕重攸[三]分，班白不提挈。冬，民既入，婦人同巷，相從夜績，女工王化必從婦女做起，後世教化不及婦女，即爲無本之治。一月得四十五日。必相從者，所以省費燎火，同巧拙而合習俗也。男女有不得其所者，因相與歌詠，各言其傷。

是月，餘子亦在於序室。餘子，未能任農受田及工商之業者。「亦」字承農民「畢入」，餘子亦入於序，則無民不入於序可知也。八歲入小學，學六甲、五方、書計之事，始知室家長幼之節。十五入大學，學先聖禮樂，而知朝廷君臣之禮。其有秀異者，秀異，即

[二] 於：「於」字下，景佑本有「是」字，殿本無。
[三] 攸：點校本、景佑本、殿本作「相」。

秀異於農民之中者。詩所謂「蒸我髦士」是也。移鄉學於庠序；庠序之異者，移國學於少學。諸侯歲貢少學之異者於天子，學於大學，命曰造士。行同能偶，則別之以射，然後爵命焉。

孟春之月，群居者將散，行人振木鐸徇于路以采詩，獻之大師，比其音律，以聞於天子。故曰王者不窺牖戶而知天下。此先王制土處民，富而教之之大略也。故孔子曰：「道千乘之國，敬事而信，節用而愛人，使民以時。」故民皆勸工樂業，先公而後私。其詩曰：「有渰淒淒，興雲祁祁，雨我公田，遂及我私。」民三年耕，則餘一年之畜。以上皆治鄉之事，此下乃其效。衣食足而知榮辱，廉讓興[二]而爭訟息，故三載考績。孔子曰「苟有用我者，期月而已可也，三年有成」，成此功也。三考黜陟，餘三年食，進業曰登；再登曰平，餘六年食；三登曰泰平，二十七歲遺九年食。然後王德流洽，禮樂成焉。應前國實民富而教化成句。故曰「如有王者，必世而後仁」，繇此道也。

周室既衰，以上三代盛治，下乃及其衰。暴君污吏慢其經界，慢其經界，非毁阡陌也。地利、農事慢不經心，而惟知取民，故助法不可行，而聖王治地之法不傳於後世也。繇役横作，政令不信，上下相詐，公田不治。故魯宣公「初稅畮」，春秋譏焉。於是上貪民怨，災害生而禍亂作。以上幽厲及春秋之世。

陵夷至於戰國，貴詐力而賤仁誼，先富有而後禮讓。富而不教。是時，李悝爲魏文侯作盡地力之教，爲食貨計，李悝之法無一不合王道，即盡地力，聖王亦然。聖王教民耕，必不令其鹵莽滅裂爲也。惟止於富國足民，故不足爲王政耳。孟子以「辟草萊、任土地」之罪爲次於「善戰、連諸侯」，此須善會。富己民而欲爭人之城邑，則王者之罪人也。以爲地方百里，提封九萬頃，除山澤邑居參分去一，爲田六百萬畮，治田勤謹則畮益三升，不勤則損亦如之。地方百里之增減，輒爲粟百八十萬石矣。又曰：糴甚貴傷民，甚賤傷農；此即平準法，不甚貴甚賤即平準。民傷則離散，農傷則國貧。故甚貴與甚賤，其傷一也。善爲國者，使民毋傷而農益勸。今一夫挾五口，治田百畮，歲收畮一石半，爲粟百五十石，錙銖核計如自謀其私，今之爲民者能如是乎？除十一之稅十五

[二] 興：點校本、景佑本、殿本作「生」。

石，餘百三十五石。食，人月一石半，五人終歲爲粟九十石，餘有四十五石。石三十，爲錢千三百五十，除社閭嘗新春秋之祠，用錢三百，餘千五十。衣，人率用錢三百，五人終歲用千五百，不足四百五十。不幸疾病死喪之費，及上賦斂，又未與此。此農夫所以常困，有不勸耕之心，而令糴至於甚貴者也。是故善平糴者，必謹觀歲有上、中、下孰。即孟子斂發之政，此特詳耳，後世常平法本此。李悝此法必聖王遺制，然須鄉官行之，否則不能也。上孰其收自四，余四百石；中孰自三，余三百石；下孰自倍，余百石。小饑則收百石，中饑七十石，大饑三十石。故大孰則上糴三而舍一，中孰則糴二，下孰則糴一，使民適足，賈平則止。聖王治天下曰平天下，又曰天下國家可均，至治之名曰太平。王政之極，不過於平，平準原聖王所有事，且爲王政之全。特漢武所謂平準者，奪民財以自縱欲，不平不準。且如此處所言，聖王之政真能補天地之憾，豈可以其出自李悝而非之？小饑則發小孰之所斂，中饑則發中孰之所斂，大饑則發大孰之所斂，而糶之。故雖遇饑饉水旱，糴不貴而民不散，取有餘以補不足也。此第平準民食，食平，諸物皆平矣！行之魏國，國以富彊。

及秦孝公用商鞅〔一〕，壞井田，開阡陌，急耕戰之賞，雖非古道，猶以務本之故，傾鄰國而雄諸侯。然王制遂滅，僭差亡度。庶人之富者累鉅萬，而貧者食糟糠；有國彊者兼州域，而弱者喪社稷。至於始皇，遂並天下，內興功作，外攘夷狄，收泰半之賦，發閭左之戍。男子力耕不足糧饟，女子紡織不足衣服。竭天下之資財以奉其政，猶未足以澹其欲也。海內愁怨，遂用潰畔。秦興以食貨，亡亦以食貨，食貨所關大矣！然非獨秦也，自古至今無代不然。四海困窮，天祿永終。治亂興亡之故，聖人一語定之矣！

漢興，接秦之敝，諸侯並起，民失作業而大饑饉。凡米石五千，人相食，死者過半。高祖乃令民得賣子，就食蜀漢。天下既定，民亡蓋藏，自天子不能具醇駟，而將相或乘牛車。上於是約法省禁，輕田租，十五而稅一，不擾民，使民自謀食，非能教也。量吏祿，度官用，以賦於民。而山川、園池、市肆租稅之入，自天子以至封君湯沐邑，皆各爲私奉養，不領於天子之經

〔一〕鞅：點校本、殿本、景祐本作「君」。

費。漕轉關東粟以給中都官，歲不過數十萬石。孝惠、高后之間，衣食滋殖。高帝之效見於孝惠、高后之世。文帝即位，躬修儉節，思安百姓。只此八字便是王者之心。時民近戰國，皆背本趨末，賈誼說上曰：

筦子曰「倉廩實而知禮節」。民不足而可治者，自古及今，未之嘗聞。此文有奇氣，其接落無不突兀，宜留心。古之人曰：「一夫不耕，不足之由。或受之饑；一女不織，或受之寒。」生之有時，而用之無度，則物力必屈。古之治天下，至孅至悉也，從鄉間做起，不遺一夫，其細微至於蔬、果、雞、豚，烏得不孅悉？故其畜積足恃。今背本而趨末，無士農工商之業者皆是，不是專言商賈。食者甚衆，是天下之大殘也。淫侈之俗，日日以長，上句是食之源不開，此是食之流不節。是天下之大賊也。殘賊公行，莫之或止；大命將泛，莫之振救。生之者甚少而靡之者甚多，天下財產何得不蹶！漢之爲漢方入漢。幾四十年矣，公私之積猶可哀痛。失時不雨，民且狼顧；歲惡不入，請賣爵、子。既聞耳矣，安有爲天下阽危者若是而上不驚者！

世之有饑穰，天之行也，不全諉之天行，全在人力挽救。禹、湯被之矣。即不幸有方二三千里之旱，國胡以相恤？卒然邊境有急，數千百萬之衆，國胡以餽之？兵旱相乘，天下大屈，有勇力者聚徒而衡擊，罷夫羸老易子而齩其骨。政治未畢通也，遠方之能疑者師古曰：「疑讀曰擬，僭也，謂與天子相比擬。」案：以上下文義求之，此二句猶言豪傑並起耳。「能」字當是有才能，惟有才能，人故疑其將做亂也。顔解與天子相比擬，不知所謂。並舉而爭起矣，迺駭而圖之，豈將有及乎？

夫積貯者，天下之大命也。苟粟多而財有餘，何爲而不成？以攻則取，以守則固，以戰則勝。懷敵附遠，何招而不至？今毆民而歸之農，皆著于本，使天下各食其力，末技遊食之民曰末技遊食，則知非稍富矣。轉而緣南畮，則畜積足而人樂其所矣。可以爲富安天下，而直爲此廩廩也，「廩廩」即懔懔，驚惶貌。「直」通值。言天下富安，豈值得爲此懔懔耶？故下文直接「爲陛下惜之」，文義自見。竊爲陛下惜之！

於是上感誼言，始開籍田，躬耕以勸百姓。鼂錯復說上曰：

聖王在上此文較前文平暢多矣。而民不凍饑者，非能耕而食之，織而衣之也，爲開其資財之道也。主句。故堯、禹有九年之水，湯有七年之旱，而國亡捐瘠者，以畜積多而備先具也。今海內爲一，土地人民之衆不避湯、禹，加以亡天災數年之水旱，而畜積未及者，何也？ 地有餘〔一〕利，民有餘力，生穀之土未盡墾，山澤之利未盡出也，著此句，知漢世於山澤之農亦必講求。游食之民未盡歸農也。 毆民歸農，與賈生同。 民貧，則姦邪生。 首段言漢無蓄積，以不開資財之道。 貧生於不足，不足生於不農，不農則不地著，不地著則離鄉輕家，民如鳥獸，雖有高城深池，嚴法重刑，不能有其民。 猶不能禁也。

夫寒之於衣，不待輕煖；饑之於食，不待甘旨； 本是正論饑寒，反似以饑寒爲喻，文章矯變。 饑寒至身，不顧廉恥。 人情，一日不再食則饑，終歲不製衣則寒。 夫腹饑不得食，膚寒不得衣，雖慈母不能保其子，君安能以有其民哉！ 明主知其然也，故務民於農桑，薄稅〔二〕斂，廣畜積，有民之法。 以實倉廩，備水旱，故民可得而有也。

民者，在上所以牧之，復注一筆，文氣愈厚。 趨利如水走下，四方無〔三〕擇也。 此段見食之關於民者甚重。 無蓄積即無民，則粟之宜重燎然矣。 夫珠玉金銀，又以珠玉金銀與粟米比較，而歸其權於上，已引動入粟拜爵本旨。 此段以粟與金銀珠玉比較，其輕重利害最爲精切，閲之可以悚然。 近日中國錢幣大壞，金粟兩窮，與外洋交易，外人之銀圓通行，而我之銀錠不通行，而中國久用金銀，勢不能復用粟布，且洋債日積，以金圓易銀圓，日受大損。 中國錢法近日進退維谷矣！ 饑不可食，寒不可衣，然而衆貴之者，以上用之故也。 其爲物輕微易臧，在于把握，可以周海內而亡饑寒之患。 此令臣輕背其主，而民易去其鄉，盜賊有所勸，亡逃者得輕資也。 粟米布帛生於地，長於時，聚於力，非可一日成也； 數石之重，中人弗勝，不爲奸邪所利，一日弗得而饑寒至。 是故明君貴五穀而賤金玉。 自戰國至西漢，多用黃金； 東漢時漸用錢； 三國至六朝，皆重錢； 唐又用絹； 至宋元，用錢而又用鈔； 至明中葉，始公私悉用銀。明末錢法益壞，憂時者有棄銀不用，專用銅錢，而以錢法濟之之説，倪文正主之，與鼂錯之意相近。 然在明一統之世，敵國僅爲我朝，又不互市，尚可以行； 若今日，則萬萬不能行。 各國互市，人巧我拙，不用金銀，將以貨易貨。 人以一日所成易我十日所成之物而有餘，其受損更甚，況

〔一〕 餘：點校本、景祐本作「遺」。
〔二〕 稅：點校本、景祐本均作「賦」。
〔三〕 無：點校本、景祐本作「亡」。

洋圓盛行南省，法又不能禁也。

今農夫五口之家，其服役者不下二人，其能耕者不過百畮，百畮之收不過百石。春耕夏耘，秋穫冬藏，伐薪樵，治官府，給繇役；春不得避風塵，夏不得避暑熱，秋不得避陰雨，冬不得避寒凍，四時之間亡日休息；又私自送往迎來，弔死問疾，養孤長幼在其中。勤苦如此，尚復被水旱之災，急政暴虐[一]，賦斂不時，朝令而暮改。當其[二]有者半賈而賣，亡者取倍稱之息，於是有賣田宅、鬻子孫以償責者矣。而商賈大者積貯倍息，小者坐列販賣，操其奇贏，日游都市，乘上之急，所賣必倍。此上極言農夫之苦，轉入商賈，兩兩相形，苦樂至於天淵，雖暴君聞之，亦必動心，況文帝之恭儉乎？故其男不耕耘，女不蠶織，無以上諸苦。衣必文采，食必粱肉；亡農夫之苦，有仟伯之得。因其富厚，交通王侯，力過吏勢，不但富又貴矣。以利相傾；千里游敖，冠蓋相望，乘堅策肥，履絲曳縞。此商人所以兼併農人，農人所以流亡者也。此段以農夫與商人比較，見粟無勢而金銀有勢，宜急重粟以挽其敝。

今法律賤商人，商人已富貴矣；遞入國家之法。尊農夫，農夫已貧賤矣。故俗之所貴，主之所賤也；吏之所卑，法之所尊也。上下相反，好惡乖迕，而欲國富法立，不可得也。列國之世，可取彼益此，故重商；一統之世，商所取者仍爲一家之物，農則取財於天地者也，故重農輕商。戰國分爭，其重商自是勢所不得不然。然世間風氣之開，皆商爲之。神農以農爲號而立日中之市，商貨流通，遂開黃帝、堯、舜文明之治；舜就時負夏；禹言懋遷；文王關市無征；太公設九府圜法，又勸女工、興魚鹽以富齊；周官太宰九職任民；是唐虞三代皆不抑商也。及至春秋，管仲修太公之法，晏子近市識貴賤；子產不奪商人之環而有無詐虞之盟；子貢貨殖。其他以商見者：鄭之弦高、秦之百里奚、吳之范蠡，謀出荀罃之客，教伯宗之重人，率多明賢，隱於商賈，則其時不以商爲賤可知。孔子論治，「柔遠人」在「來百工」之次，「懷諸侯」之前；孟子爲齊君陳王道，以商行旅與士農並言而不及工，其泛論王政，亦以市廛在士之後農之前。然則高祖抑

[一] 虐：景祐本作「賦」。
[二] 其：點校本、景祐本作「具」。

商非先王法也。秦既一統，惡民之强。商能以財自雄，即是民中之豪。觀其謫發，以賈人後有市籍者與吏有罪及贅壻一例，是其借此快殺豪傑之心，而非商之趨末必可抑也。漢祖既興，仍秦一統之治，而因其法，非高祖創爲賤商之制也。後儒不察，遂以漢之賤商爲知本計，而忘其爲愚弱黔首之故智。身處分爭之世，而令精華外溢，中國貧弱，猶自以爲守正務本也，豈不愚哉？方今之務，莫若使民務農而已矣。以上均爲當時之弊，以下仍爲補救之法，即請入粟拜爵本意，此是文之正面。欲民務農，在於貴粟；貴粟之道，在於使民以粟爲賞罰。今募天下入粟縣官，得以拜爵，入粟拜爵與賣官不同。官任職事，須擇才能者；爵則如今虚銜，不服官任事。其端開於商鞅爲民爵二十級，以賞軍功，漢因之。民有爵者得與有司抗禮，無雜繇役，其用心如是，故爵可賣，官不可賣也。得以除罪。如此，富人有爵，農民有錢，粟有所渫。夫能入粟以受爵，皆有餘者也；取於有餘，以供上用，則貧民之賦可損，所謂損有餘補不足，令出而民利者也。順於民心，所補者三：一曰主用足，二曰民賦少，三曰勸農功。今令民有車騎馬一匹者，復卒三人。此以入粟之利與畜馬之利相比較。車騎者，天下武備也，故爲復卒。神農之教曰：「有石城十仞，湯池百步，帶甲百萬，而亡粟，弗能守也。」以是觀之，粟者，王者大用，政之本務。令民入粟受爵至五大夫以上，迺復一人耳，此其與騎馬之功相去遠矣。或疑家令此策開後世鬻爵之漸者，非也。漢制有孝悌力田例得賜爵，民能入粟，非力田何從得粟？後儒嘵嘵詆之，迂矣！入粟拜爵與常行詔旨不相背也。況入粟四千石，僅復卒一人。塞下少一人之戍，而粟增四千石，此與減兵增餉何異？爵者，上之所擅，出於口而無窮；粟者，民之所種，生於地而不乏。此言入粟拜爵，上下兩利而無損。夫得高爵與免罪，人之所甚欲也。使天下人入粟於邊，以受爵免罪，不過三歲，塞下之粟必多矣。

於是文帝從錯之言，令民入粟邊，六百石爵上造，稍增至四千石爲五大夫，萬二千石爲大庶長，各以多少級數爲差。錯復奏言：「陛下幸使天下入粟塞下以拜爵，甚大惠也。竊恐塞卒之食不足用大渫天下粟。邊食足以支五歲，可令入粟郡、縣矣；足支一歲以上，可時赦，勿收農民租。籌邊此策最穩、最要。凡知治體籌邊，皆先籌食。明之開中鹽即祖此術。如此，德澤加于萬民，民俞勤農。時有軍役，若遭水旱，民不困乏，天下安甯；歲孰且美，則民大富樂矣。」上復從其言，乃下詔賜民十二年租稅之半。明年，遂除民田之租稅。

後十三年，孝景二年，令民半出田租，三十而稅一也。以上，文帝足民之政。其後，上郡以西旱，復修賣爵令，而裁〔一〕其賈以招民；及徙復作，得輸粟於縣官以除罪。始造苑馬以廣用，宮室、列館、車馬益增修矣。以上景帝足食之政。然婁敕有司以農爲務，民遂樂業。至武帝之初七十年間，從高祖至武帝。國家亡事，非遇水旱，則民人給家足，都鄙廩庾盡滿，而府庫餘財。京師之錢累百鉅萬，貫朽而不可校。太倉之粟陳陳相因，充溢露積於外，腐敗不可食。此敘武帝之初，民既足，朝野富樂。而以「國家無事」四字領起，則敘初年之無事而民富樂，正以反振中年之多事，而民虛耗愁怨也。衆庶街巷有馬，仟伯之間成群，乘牸牝〔二〕者擯而不得會聚。守閭閻者食粱肉；爲吏者長子孫；居官者以爲姓號。人人自愛而重犯法，先行誼而黜媿辱焉。於是罔疏而民富，役財驕溢，或至并兼；將入武帝之多事耗民而先説此，見文、景能富民不能教民，富樂之時即開奢侈之弊。所謂「罔疏」者，非刑罰之謂，乃先王治鄉之法制未嘗舉也。故農不可與士分，勸農之政當與鄉學同時並舉也。以上爲仲舒均田一疏伏根。豪黨之徒以武斷於鄉曲。宗室有土，公卿大夫以下爭於奢侈，室廬車服僭上亡限。物盛而衰，固其變也。

是後，外事四夷，內興功利，役費並興，而民去本。董仲舒説上曰：「春秋它穀不書，至於麥禾不成則書之，以此見聖人於五穀最重麥與禾也。今關中俗不好種麥，此即是去本處。是歲失春秋之所重，而損民生之具也。按，周人得瑞麥而興，幸爲自天而來，故「麥」字從來。周人如此慶倖，必勸民廣爲種植，何至武帝時，俗乃不好種麥？可見愚民無知，雖明知爲美利，狃於故俗，非上時爲開導，不能翻然從之也。願陛下幸詔大司農，使關中民益種宿麥，令毋後時。」又言：「古者稅民不過什一，其求易共；使民不過三日，其力易足。民財內足以養老盡孝，外足以事上共稅，下足以畜妻子極愛，故民説從上。至秦則不然，用商鞅之法，改帝王之制，除井田，竊意井田之制，春秋已大壞。晉欲齊人盡東其畝，魯既稅畝用田賦，而三家取民又各不同，公田私田之經界若存，何能任意高下以取於民？故至孟子時，周制已蕩然無存，人無知者。欲明周制，僅取證於「雨我公田」二句詩詞，則井田之制不行已久，瞭然

〔一〕裁：原作「栽」，形誤，據點校本、景祐本改。
〔二〕牝：原作「牡」，形誤，據點校本、景祐本改。

可知。當時，各國田制蓋皆用商君之法，田無公私，盡以予民，令出稅租以入於太倉。其租稅，畝有定額，龍子所謂較數歲之中以爲常者，即爲此也。治地莫不善於貢，即是當時諸侯治地之法，或即指商鞅法，非夏后之貢法也。商君開阡陌，與魯稅畝正同。魯去公私之名，履畝收稅；商君則去其名，並毀其迹也；且所開之阡陌，正如鄭子駟所爲之田洫，皆豪强之徒託古制以兼并者。故商君之法，秦能富强，民亦樂業，而不能自免者，得罪於貴戚巨家也。奪世家之利以益公室，秦之公卿大夫怨鞅入骨髓，烏能自免？而且獨受改帝王之制之名，嗚呼！民得賣買，富者田連阡陌，貧者無立錐之地。又顓川澤之利，管山林之饒，荒淫越制，踰侈以相高；邑有人君之尊，里有公侯之富，小民安得不困？又加月爲更卒，已，復爲正一歲，屯戍一歲，力役三十倍於古；漢時踐更，三月一更，古者用民之力歲不過三日，故曰三十倍於古。田租户口，鹽鐵之利，二十倍於古。或耕豪民之田，見稅什五。故貧民常衣牛馬之衣，而食犬彘之食。重以貪暴之吏，刑戮妄加，民愁亡聊，亡逃山林，轉爲盜賊，赭衣半路[一]，斷獄歲以千萬數。漢興，循而未改。古井田法雖難卒行，宜少近古，限民名田，以澹不足，塞並兼之路。鹽鐵皆歸於民。去奴婢，除專殺之威。薄賦斂，省繇役，以寬民力。然後可善治也。」仲舒死後，功費愈甚，天下虛耗，人復相食。

武帝末年，悔征伐之事，迺封丞相爲富民侯。下詔曰：「方今之務，在於力農。」以趙過爲搜粟都尉。過能爲代田，一晦三甽。歲代處，故曰代田，古法也。后稷始甽田，以二耜爲耦，廣尺、深尺曰甽，長終晦。一晦三甽，一夫三百甽，而播種於甽中。苗生葉以上，此法最善，宜用。稍耨隴草，因隤其土以附苗根。故其詩曰：「或芸或芓，黍稷儗儗。」芸，除草也。芓，附根也。言苗稍壯，每耨輒附根，比盛暑，隴盡而根深，能風與旱，故儗儗而盛也。其耕耘下種田器，皆有便巧。率十二夫爲田一井一屋，故晦五頃，用耦犁，二牛三人，一歲之收常過縵田晦一斛以上，善者倍之。過使教田太常、三輔，大農置工巧奴與從事，爲作田器。二千石遣令長、三老、力田及里父老善田者受田器，學耕種養苗狀。民或苦少牛，亡以趨澤，故平都令光教過以人挽犁。過奏光以爲丞，教民相與庸挽犁。率多人者田日三十晦，少者十三晦，以故田多墾闢。過試以離宮

[一] 路：點校本、景祐本作「道」。

卒田其宮壖地，課得穀皆多其旁田晦一斛以上。令命家田三輔公田，又教邊郡及居延城。是後邊城、河東、弘農、三輔、太常民皆便代田，用力少而得穀多。以上武帝。

至昭帝時，流民稍還，田野益闢，頗有蓄積。宣帝即位，用吏多選賢良，百姓安土，歲數豐穰，穀至石五錢，農人少利。時大司農中丞耿壽昌以善爲算能商功利得幸於上，五鳳中奏言：「故事，歲漕關東穀四百萬斛以給京師，用卒六萬人。宜糴三輔、弘農、河東、上黨、太原郡穀，足供京師，可以省關東漕卒過半。」又白增海租三倍，天子皆從其計。御史大夫蕭望之奏言：「故御史屬徐宮家在東萊，言往年加海租，魚不出。長老皆言武帝時縣官嘗自漁，海魚不出，後復予民，魚乃出。望之，賢者，乃立論好故與人違，此奏殊謬。夫陰陽之感，物類相應，萬事盡然。今壽昌欲近糴漕關內之穀，築倉治船，費值二萬萬餘，有動衆之功，恐生旱氣，民被其災。壽昌習於商功分銖之事，其深計遠慮，誠未足任，宜且如故。」上不聽。漕事果便，壽昌遂白令邊郡皆築倉，以穀賤時增其賈而糴，以利農，穀貴時減賈而糶，名曰常平倉。民便之。上乃下詔，賜壽昌爵關內侯。而蔡癸〔一〕以好農使勸郡國，至大官。以上宣帝。

元帝即位，天下大水，關東郡十一尤甚。二年，齊地饑，穀石三百餘，民多餓死，琅邪郡人相食。在位諸儒多言鹽鐵官及北假田官、常平倉可罷，毋與民爭利。鹽鐵官可去，與民爭利也。田官與常平倉何云與民爭利？其後復置，宜復北假田官及常平倉。乃復鹽鐵管，不及田官與常平倉。則此時之罷，其用意蓋皆謀其私，非爲民計也。元帝昏庸，遇事不辨是非。漢業之衰，即此可見。上從其言〔二〕，皆罷之。又罷建章、甘泉宮衛，角抵，齊三服官，省禁苑以予貧民，減諸侯王廟衛卒半。又減關中卒五百人，轉穀賑貸窮乏。其後用度不足，獨復鹽鐵官。以上元帝。

〔一〕癸：原作「貴」。蔡癸又見于漢書藝文志「農家」：「蔡癸一篇。宣帝時，以言便宜，至弘農太守。」原注與下文時事契合。點校本、景祐本亦作「癸」，據改。

〔二〕言：點校本、景祐本作「議」。

成帝時，天下無〔二〕兵革之事，號爲安樂，然俗奢侈，不以畜聚爲意。永始二年，梁國、平原郡比年傷水災，人相食，刺史、守相坐免。以上成帝。

哀帝即位，師丹輔政，建言：「古之聖王莫不設井田，然後治迺可平。孝文皇帝承亡周亂秦兵革之後，天下虚空，故務勸農桑，帥以節儉。民始充實，未有並兼之害，故不爲民田及奴婢爲限。今累世承平，豪富吏民訾數鉅萬，而貧弱俞困。蓋君子爲政，貴因循而重改作，聖人法天行之健，自强不息，何嘗貴因循？其善「閔子仍舊貫」，意別有在，非貴因循而重改作也。然所以有改者，將以救急也。亦未可詳，宜略爲限。」天子下其議。丞相孔光、大司空何武奏請：「諸侯王、列侯皆得名田國中。列侯在長安，公主名田縣道，及關内侯、吏、民名田，皆毋過三十頃。諸侯王奴婢二百人，列侯、公主百人，關内侯、吏、民三十人。期盡三年，犯者沒入官。」時田宅奴婢賈爲減賤，丁、傅用事，董賢隆貴，皆不便也。詔書且須後，遂寢不行。宫室、苑囿、之臧府庫〔三〕已侈，百姓訾富雖不及文、景，然天下户口最盛矣。以上哀帝。

平帝崩，王莽居攝，遂簒位。王莽因漢承平之業，敘莽變更制度以亂天下之由。匈奴稱藩，百蠻賓服，舟車所通，盡爲臣妾，府庫百官之富，天下晏然。莽一朝有之，其心意未滿，陿小漢家制度，以爲疏闊。宣帝始賜單于印璽，與天子同，而西南夷鉤町稱王。莽乃遣使易單于印，貶鉤町王爲侯。二方始怨，侵犯邊境。莽遂興師，發三十萬衆，欲同時十道並出，一舉滅匈奴；募發天下囚徒、丁男、甲卒轉委輸兵器，自負海江淮而至北邊，使者馳傳督趣，海内擾矣。又動欲慕古，不度時宜，分裂州郡，改職作官，下令曰：「漢氏減輕田租，三十而稅一，常有更賦，罷癃咸出，而豪民侵陵，分田劫假，厥名三十，實十稅五也。富者驕而爲邪，貧者窮而爲姦，俱陷於辜，刑用不錯。今更名天下田曰王田，奴婢曰私屬，皆不得賣買。其男口不滿八，而田過一井者，分餘田與九族鄉黨。」犯令，法至死，制度又不定，吏緣爲姦，天下謷然，陷刑者衆。

〔二〕無：點校本、景祐本作「亡」。
〔三〕之臧府庫：點校本、景祐本作「府庫之臧」。

後三歲，莽知民愁，下詔諸食王田及私屬皆得賣買，勿拘以法。然刑罰深刻，它政誖亂。邊兵二十余萬人仰縣官衣食，用度不足，數横賦斂，民俞貧困。常苦枯旱，亡有平歲，穀賈翔貴。

末年，盜賊群起，發軍擊之，將吏放縱於外。北邊及青徐地人相食，雒陽以東米石二千。莽遣三公將軍開東方諸倉振貸窮乏，又分遣大夫謁者教民煮木爲酪；酪不可食，重爲煩擾。流民入關者數十萬人，置養澹官以稟之，吏盜其稟，饑死者什七八。莽恥爲政所至，迺下詔曰：「予遭陽九之阸，百六之會，枯旱霜蝗，饑饉薦臻，蠻夷猾夏，寇賊姦軌，百姓流離。予甚悼之，害氣將究矣。」歲爲此言，以至於亡。以上王莽之亂。

王者以民爲天，民以食爲天。王者之政，孰有大於爲民謀食者哉？歷觀史策，其君相經營於廟堂稍及於民衣食之計者，其時必治，亂則皆不知民食之重而漫不經心，或且擾之也。史公爲平準書，第言漢世貨財之盈絀而不及食，固爲疏略。然平準從漢興説起而不及秦以前，以史記全書例之，當有唐虞三代之法，及春秋、戰國、嬴秦之弊，則平準書當必有前半，而傳寫遺之也。班書易爲「食貨」，以爲民謀食者爲前半，爲國覿貨者爲下半，法戒顯然，層次秩然不紊，故爲班掾之長。前半補出聖王治地之法與治鄉之法，與孟子所言王政用意皆同，誠爲卓識，當即平準前半之佚而班爲整齊之耳。不然，平準之名出於管子，謂食貨相準而平也，言貨不言食，又何謂平準哉？

爲天下謀食卽當及教，治野治邑不當分爲二事。此志當與管子「內政」參看，霸政之異於王，在心之念慮，不在迹象也。從事田畝則爲農，入於庠序則爲士；田畝在野，庠序在邑；邑野者，政事之所自始。朝廷則出治邑野之令，官府爲治邑野之事者，故有邑野而後有朝廷、官府。孔子曰「觀於鄉而知王道之易」，又曰「聖人以人情爲田」，即指治邑野之事。當集六經及先秦諸子言農事及鄉俗者爲一書，以考古先王、聖王治鄉之略，再輯兩漢治鄉考，以存遷流之迹。其書若成，甚有用。

前漢書食貨志注下　煙霞草堂遺書十一

咸陽劉光蕡古愚

前漢書食貨志

凡貨，金、錢、布、帛之用，夏、殷以前其詳靡記云。市易始于神農，禹言「懋遷有無化居」，伊尹發首山之銅爲幣以救旱，夏殷非無食貨之政也。故史記云「高辛氏前靡得而記」，不云夏殷也。市易由於有餘不足，有餘不足而貴賤輕重生焉。貴賤輕重，人心之愛惡形矣。愛惡相攻而利害生，故政治之得失、風俗之美惡、國勢之盛衰、世運之隆污，無不關於食貨。故歷代之史，食貨宜先於禮樂。禮者，制食貨之章程；樂則食貨平準所發之和氣也。不溯夏殷以前，純從周説，亦僅太公立圜法詳金錢之制，其他均未聞，非其時無斂散之政也，史文不備耳。共和以前，帝王年世且不可盡考，何況市易之事？春秋以後，史文始備，諸子盡出，道術大明，蓋聖人倡教於下而民智大開也。孔子賢於堯舜，即此亦可見。太公爲周立九府圜法：黄金方寸而重一斤；錢圜函方，輕重以銖；布帛廣二尺二寸爲幅，長四丈爲匹。故貨寶於金，利於刀，流於泉，布於布，束於帛。

太公退，又行之於齊。至管仲相桓公，通輕重之權，管子之書，亦戰國時爲管子之學者所爲，非管子之手定也。著書傳後，以匹夫修帝王之術而以萬世爲量，實始於孔子。曰：「歲有凶穰，故穀有貴賤；令有緩急，故物有輕重。人君不理，則畜賈游於市，畜物即食貨也。乘民之不給，百倍其本矣。故萬乘之國必有萬金之賈，千乘之國必有千金之賈者，利有所并也。計本量委則足矣，然而必有饑餓者，谷有所臧也。民有餘則輕之，不足、有餘、輕、重皆指錢幣。錢輕粟重，則人君出粟以斂錢；錢重粟輕，則人君入粟散錢，此平準之本意。故人君斂之以輕；民不足則重之，故人君散之以重。凡輕重斂散之以時，即準平。使萬室之邑必有萬鍾之臧，臧繦千萬；千室之邑必有千鍾之臧，臧繦百萬。計口積粟積錢，即今社倉法。實心行之，不過十年，必能致此。有子足民之政不過如此，王政之易如是，而舉世無行者，可歎也。嫁娶喪葬之費，亦須計口核計。粟出於地，必須中歲之入供一方之食而有餘；而錢之歲流於外者，必須歲有所入以抵之。歲歲核計，方能行此獲效。春以奉耕，夏以奉耘，耒耜器械，種饟糧食，必取澹焉。故大賈畜家不得豪奪吾民矣。」桓公遂用區區之齊合諸侯，顯伯名。

其後百餘年，周景王時患錢輕，將更鑄大錢，單穆公曰：「不可。古者天降災戾，於是乎量資幣，權輕重，以救民。此輕重，與前有餘不足之輕重異。有餘不足之輕重，猶言錢多，則人視錢輕而錢賤，不足則民間錢少而人視錢貴。此輕重則以錢質言，據單子母權子之言，則似景王所鑄，如今當十當百之大錢。據下「肉好皆有周郭」，行之「百姓蒙利」，則似民患私鑄之小錢，景王更鑄大錢，如今通行之制錢也。民患輕，則爲之作重幣以行之，於是有母權子而行，民皆得焉。若不堪重，則多作輕而行之，亦不廢重，於是乎有子權母而行，小大利之。今王廢輕而作重，民失其資，能無匱乎？民若匱，王用將有所乏；乏將厚取於民；民不給，將有遠志，是離民也。且絕民用以實王府，猶塞川原爲潢洿也，竭亡日矣。王其圖之。」弗聽，卒鑄大錢，文曰「寶貨」，肉好皆有周郭，以勸農澹不足，百姓蒙利焉。玩單子語，是景王作大錢以奪民財也，百姓安能蒙利？此處結語，與上不相應，且景王非利民之君，疑班史誤也。

秦并[一]天下，秦幣。幣爲二等：黄金以溢爲名，上幣；銅錢質如周錢，文曰「半兩」，重如其文。而珠、玉、龜、貝、銀、錫之屬爲器飾寶臧，不爲幣，然各隨時而輕重無常。

漢興，入漢。以爲秦錢重難用，更令民鑄莢錢。黄金一斤。而不軌逐利之民蓄積餘贏以稽市物，痛騰躍，「痛騰躍」不成句。據史記，重一「物」字作「以稽市物，物踊騰糶，米至石萬錢，馬一匹則百金」。詳上下文氣，當班用史記原文，特省一「物」字，作「以稽市」，市字句，「物踊騰」，騰字句，「糶米至石萬錢」。後「糶」字訛其半，「粜」爲足，而成「躍」，則與「踊」字同訓，而語複矣。後人遂改「踊」字足旁作

[一] 并：點校本、景祐本作「兼」。

「疒」爲「痛」，文乃不可讀矣。蓋市中爲買賣百物之所，以「稽市」即稽留百物不肯出售。此句「物」字本可省。「物踊騰」指市中百物言之。「糴米至石萬錢，馬一匹則百金」，米馬即在百物內，又抽出，指實言之者：米貴則病民，馬貴則病國，見商人之爲上下病也。米特言糴者，見米積於商人，不肯賤糴於民也。晉灼訓「痛」爲甚，而師古從之，且謂他本未誤作「痛」者爲非，謬矣。米至石萬錢，馬至匹百金。天下已平，高祖乃令賈人不得衣絲乘車，重稅租以困辱之。不爲制錢，而抑商賈何益於治。孝惠、高后時，爲天下初定，復弛商賈之律，然市井子孫亦不得爲官吏。孝文五年，爲錢益多而輕，乃更鑄四銖錢，其文爲「半兩」。除盜鑄錢令，使民放鑄。賈誼諫曰：

法使天下公得顧賃也。租鑄銅錫爲錢，敢雜以鉛鐵爲它巧者，其罪黥。然鑄錢之情，非殽雜爲巧，則不可得贏；而殽之甚微，師古訓「微」爲其術精妙，竊覺未安。甚微，當是雜鉛鐵甚微少而利厚多也。爲利甚厚。夫事有召禍而法有起姦，今令細民人操造幣之勢，各隱屏而鑄作，因欲禁其厚利微姦，雖黥罪日報，其勢不止。迺者，民人抵罪，多者一縣百數，及吏之所疑，榜笞奔走者甚衆。夫縣法以誘民，使入陷井，孰積多也。於此！曩禁鑄錢，死罪積下；今公鑄錢，黥罪積下。爲法若此，上何賴焉？

又，民用錢，郡縣不同：或用輕錢，百加若干；此弊今亦有之，錢惡之處，物價銀價俱貴。每市易，先議錢後乃議價。或用重錢，平稱不受。法錢不立，吏急而壹之虖，則大爲煩苛，而力不能勝；縱而不呵虖，則市肆異用，錢文大亂。苟非其術，何鄉而可哉！

今農事棄捐而采銅者日蕃，釋其耒耨，冶鎔炊炭，姦錢日多，五穀不爲多。善人怵而爲姦邪，願民陷而之刑戮，刑戮將甚不祥，奈何而忽！國知患此，吏議必曰禁之。禁之不得其術，其傷必大。令禁鑄錢，則錢必重；重則其利深；盜鑄如雲而起，棄市之罪又不足以禁矣！姦數不勝而法禁數潰，銅使之然也。尋出錢之本源。故銅布於天下，其爲禍博矣。

今博禍可除，而七福可致也。何謂七福？上收銅勿令布，則民不鑄錢，黥罪不積，一矣。僞錢不蕃，民不相疑，二矣。采銅鑄作者反於耕田，三矣。銅畢歸於上，上挾銅積以御輕重，錢輕則以術斂之，重則以術散之，貨物必平，四矣。以作兵器，以假貴臣，多少有制，用別貴賤，五矣。以臨萬貨，以調盈虛，以收奇羡，則官富實而末民困，六矣。此即管子輕重之術。此時海內爲一，此術不易行，困民富官，其中弊端甚大。後武帝時，桑弘羊即用此術，而海內虛耗，宜文帝之不從也。制吾棄財，以與匈奴逐爭其民，則敵必懷，七矣。故善爲天下者，因禍而爲福，轉敗而爲功。今久退七福而行博禍，臣誠傷之。

上不聽。王者制天下之權有二，曰名，曰利。二者之權不可失，而究不可私。不禁民鑄錢，是以利權公之於民也。然無法制其後，其權卒歸私室。王者不收權利而令諸侯大夫操之，吳、鄧錢布天下，利何嘗公於民哉！故卒釀患，國民均病，吳、鄧亦未見蒙福，故曰博禍也。是時，吳以諸侯即山鑄錢，富埒天子，後卒叛逆。鄧通，大夫也，以鑄錢財過王者。故吳、鄧錢布天下。此數句是結文帝不禁鑄錢之害。

武帝因文、景之畜，總提武帝一代財貨虛耗之害，與前文景無事，海內富樂對照，文筆生動。忿胡、粵之害，即位數年，嚴助、朱買臣等招徠東甌，事兩粵，江、淮之間蕭然煩費矣。唐蒙、司馬相如始開西南夷，鑿山通道千餘里，以廣巴蜀，巴蜀之民罷焉。彭吳穿穢貊、朝鮮，置滄海郡，則燕、齊之間靡然發動。及王恢謀馬邑，匈奴絕和親，侵擾北邊，兵連而不解，天下共其勞。干戈日滋，行者齎，居者送，中外騷擾相奉，百姓抏〔一〕敝以巧法，財賂衰耗而不澹。入物者補官，出貨者除罪，選舉陵夷，廉恥相冒，武力進用，法嚴令具。興利之臣自此而始。

其後，衛青歲以數萬騎出擊匈奴，遂取河南地，築朔方。時又通西南夷道，作者數萬人，千里負擔餽饟，率十餘鍾致一石，散幣於邛、僰以輯之。數歲而道不通，蠻夷因以數攻，吏發兵誅之。悉巴蜀租賦不足以更之，迺募豪民田南夷，入粟縣官，而內受錢於都內。東置滄海郡，人徒〔二〕之費疑於南夷。又興十餘萬人築衛朔方，轉漕甚遠，自山東咸被其勞，費數十百鉅萬，府庫並虛。迺募民能入奴婢得以終身復，爲郎增秩，及入羊爲郎，始於此。

〔一〕抏：原作「抗」，點校本、景祐本作「抏」。漢書食貨志所本之史記平準書作「抏」。形誤據改。
〔二〕徒：原作「徙」，各本及史記平準書均作「徒」。形誤，據改。

此後四年，衛青比歲十餘萬衆擊胡，斬捕首虜之士受賜黄金二十餘萬斤，而漢軍士馬死者十餘萬，兵甲轉漕之費不與焉。以上貨絀。於是大司農陳臧錢經用，賦税既竭，不足以奉戰士。有司請令民得買爵及贖禁錮免減〔一〕罪；請置賞官，名曰武功爵，級十七萬，凡值三十餘萬金。諸買武功爵官首者試補吏，先除；千夫如五大夫；其有罪又減二等；爵得至樂卿，以顯軍功。軍功多用超等，大者封侯、卿大夫，小者郎。吏道雜而多端，則官職秏廢。以上名器濫。

自公孫弘以春秋之義繩臣下取漢相，張湯以峻文決理爲廷尉，於是見知之法生，而廢格沮誹窮治之獄用矣〔二〕。其明年，淮南、衡山、江都王謀反迹見，而公卿尋端治之，竟其黨與，坐而死者數萬人，吏益慘急而法令察。以上刑獄繁。當是時，招尊方正賢良文學之士，或至公卿大夫。公孫弘以宰相，布被，食不重味，爲下先，然而無益於俗，稍務於功利矣。諸弊叢生，欲以虚救之，何益？仍結到財匱，文須顧母。

其明年，票騎仍再出擊胡，大克獲。渾邪王率數萬衆來降，於是漢發車三萬兩迎之。既至，受賞，賜及有功之士。是歲費凡百餘鉅萬。

先是十餘歲，河決，灌梁、楚地，史記作「河決觀」，此作「灌梁、楚地」，宜從史記。既得灌田，何反數困？「灌」與「觀」音及偏旁俱近而訛，此即決河瓠子事。觀縣去瓠子近，須査。固已數困，而緣河之郡隄塞河，輒壞決，費不可勝計。其後番係欲省底柱之漕，穿汾、河渠以爲溉田；鄭當時爲渭漕回遠，鑿漕直渠自長安至華陰；而朔方亦穿溉渠。作者各數萬人，歷二三期而功未就，費亦各以鉅萬十數。

天子爲伐胡故，盛養馬，馬之往來食長安者數萬匹，卒掌者關中不足，迺調旁近郡。而胡降者數萬人皆得厚賞，衣食仰給縣官，縣官不給，天子乃損膳，解乘輿駟，出御府禁臧以澹之。

〔一〕減：原作「臧」，點校本及史記平準書作「減」。形誤，據改。
〔二〕矣：原作「以」，各本及史記平準書作「矣」，據改。

其明年，山東被水災，民多饑乏，於是天子遣使虛郡國倉廩以振貧。猶不足，又募豪富人相假貸。尚不能相救，迺徙貧民於關以西，及充朔方以南新秦中，七十餘萬口，衣食皆仰給於縣官。數歲，貸與產業，使者分部護，冠蓋相望，費以億計，縣官大空。而富商賈或滯財役貧，轉轂百數，廢居居邑，師古謂：「或有所廢置，或有所居蓄，居於邑中，以乘時射利。」案：此解是。「廢」與上「居」字對言，即虞書之「化居」，謂售其所居積。居邑者，身不居市而居邑，其買賣居奇，無異商賈。以後算軺車、買賣、居邑，證之自見。封君皆氐首仰給焉。國貧商富，見商之病國病民，因轉入更幣抑商。冶鑄鬻鹽，財或累萬金，而不佐公家之急，黎民重困。

於是天子與公卿議，更造錢幣以澹用，而摧浮淫並兼之徒。以下更幣。凡作大文，須時爲提頓精神，方團結不渙散。篇中如此等處，皆是提頓精神處。是時禁苑有白鹿而少府多銀錫。自孝文更造四銖錢，至是歲四十餘年，從建元以來，用少，縣官往往即多銅山而鑄錢，民亦盜鑄，不可勝數。錢益多而輕，物益少而貴。有司言曰：「古者皮幣，諸侯以聘享。金有三等，黃金爲上，白金爲中，赤金爲下。今半兩錢法重四銖，而姦或盜摩錢質而取鋊〔一〕，錢益輕薄而物貴，則遠方用幣煩費不省。」乃以白鹿皮方尺，緣以繢，爲皮幣，值四十萬。王侯宗室朝覲聘享，必以皮幣薦璧，然後得行。此最要訣，漢武以皮幣奪民財，其能行者，以上先之也。今之理財者則不知此。

又造銀錫白金。以爲天用莫如龍，地用莫如馬，人用莫如龜，故白金三品：其一曰其一曰、二曰、三曰，三「曰」字疑皆誤衍。重八兩，圜之，其文龍，名「白撰」，值三千；二曰以重差小，「以」字亦似衍，評林本作「小」，史記亦作「小」，疑「小」字是。以下「復小」例之可見。方之，其文馬，值五百；三曰復小，橢之，其文龜，值三百。令縣官銷半兩錢，更鑄三銖錢，重如其文。盜鑄諸金錢罪皆死，而吏民之犯者不可勝數。

於是以東郭咸陽、孔僅爲大農丞，領鹽鐵事，而桑弘羊貴幸。咸陽，齊之大鬻鹽；孔僅，南陽大冶，皆致產累千金，爭民利之機既動，小人乘間而來。故鄭當時進言之。弘羊，洛陽賈人之子，以心計，年十三侍中。故三人言利事析秋豪矣。

〔一〕鋊：原作「鎔」，各本及史記俱作「鋊」。形誤，據改。以下逕改，不再出校。

法既益嚴，吏多廢免。兵革數動，民多買復賣爵求財利，又妨於兵，不行王道，固不能爲富强也。及五大夫、千夫，徵發之士益鮮。於是除千夫、五大夫爲吏，民買復之千夫、五大夫。不欲者出馬；故吏皆適令伐棘上林，作昆明池。其明年，大將軍、票騎大出擊胡，賞賜五十萬金，軍馬死者十餘萬匹，轉漕車甲之費不與焉。是時財匱，戰士頗不得祿矣。

有司言三銖錢輕，輕錢易作姦詐，迺更請郡國鑄五銖錢，周郭其質，令不可得摩取鋊。

大農上鹽鐵丞孔僅、咸陽言：「山海，天地之臧，宜屬少府，陛下弗私，以屬大農佐賦。願募民自給費，因官器作鬻鹽，官與牢盆。浮食奇民欲擅斡山海之貨，以致富羨，役利細民。其沮事之議，不可勝聽。敢私鑄鐵器鬻鹽者，釱左趾，沒入其器物。郡不出鐵者，置小鐵官，使屬在所縣。」使僅、咸陽乘傳舉行天下鹽鐵，作官府，除故鹽鐵家富者爲吏。吏益多賈人矣。

商賈以幣之變，多積貨逐利。於是公卿言：「郡國頗被災害，貧民無產業者，募徙廣饒之地。陛下損膳省用，出禁錢以振元元，寬貸，而民不齊出南畝，商賈滋衆。貧者蓄積無有，皆仰縣官。異時算軺車、賈人之緡錢皆有差，請算如故。諸賈人末作貰貸賣買，居邑即前「廢居居邑」之解。惟居邑故無市籍。貯積諸物，及商以取利者，雖無市籍，各以其物自占，率緡錢二千而算一。諸作有租及鑄，率緡錢四千算一。非吏比者、三老、北邊騎士，軺車一算；商賈人軺車二算；船五丈以上一算。匿不自占，占不悉，戍邊一歲，沒入緡錢。有能告者，以其半畀之。賈人有市籍，及家屬，皆無得名田，以便農。敢犯令，沒入田貨。」

是時，豪富皆爭匿財，唯卜式數求入財以助縣官。天子迺超拜式爲中郎，賜爵左庶長，田十頃，佈告天下，以風百姓。初，式不願爲官，上强拜之，稍遷至齊相。語自在其傳。史遷以卜式語言行事載於平準書，用意最精，蓋即平准書之論贊也。聖王理財之法，「太上因之，其次利導之，其次教誨之，其次整齊之，最下者與之爭。」武帝平準之法，皆與民爭者也。卜式語言、行事皆爲武帝對證之藥，班氏削去而別爲式傳，氣味索然。孔僅使天下鑄作器，三年中至大司農，列於九卿。而桑弘羊爲大司農中丞，管諸會計事，稍稍置均輸以通貨物。始令吏得入穀補官，又由賣爵以至賣官。郎至六百石。

自造白金五銖錢後五歲，而赦又一總結，言相爭利而致刑繁也。吏民之坐盜鑄金錢死者數十萬人。其不發覺相殺者，不可勝計。赦自出者百余萬人。然不能半自出，天下大氐無慮皆鑄金錢矣。犯法者衆，吏不能盡誅，於是遣博士褚大、徐偃等分行郡國，法網既密，酷吏又乘間而起。舉並兼之徒守相爲利者。而御史大夫張湯方貴用事，減宣、杜周等爲中丞，義縱、尹齊、王溫舒等用急刻爲九卿，直指夏蘭之屬始出。而大農顏異誅矣。

初，異爲濟南亭長，補敘異得罪之處。以廉直稍遷至九卿。上與湯既造白鹿皮幣，問異。異曰：「今王侯朝賀以倉璧，直數千，而其皮薦反四十萬，本末不相稱。」天子不説。湯又與異有隙，及人有告異以它議，事下湯治。異與客語，客語初令下有不便者，異不應，微反脣。湯奏當異九卿見令不便，不入言而腹誹，論死。自是後有腹非之法比，而公卿大夫多諂諛取容。嚴刑必歸蒙蔽。

天子既下緡錢令遙承前。而尊卜式，百姓終莫分財佐縣官，於是告緡錢縱矣。蒙蔽既多，上不能堪，必用告訐。郡國鑄錢，民多奸鑄，錢多輕，而公卿請令京師鑄官赤仄，一當五，賦官用非赤仄不得行。赤仄非能行，故以此。白金稍賤，民弗寶用，縣官以令禁之，無益，歲餘終廢不行。是歲，湯死而民不思。其後二歲，赤仄錢賤，民巧法用之，不便，又廢。於是悉禁郡國毋鑄錢，專令上林三官鑄。錢既多，而令天下非三官錢不得行，諸郡國前所鑄錢皆廢銷之，輸入其銅三官。而民之鑄錢益少，結鑄錢，仍不出賈誼所議。計其費不能相當，唯真工大姦迺盜爲之。

楊可告緡徧天下，中家以上大氐皆遇告。杜周治之，獄少反者。迺分遣御史、廷尉正監分曹往，往〔一〕即治郡國緡錢，史記不重「往」字。往字當屬上。得民財物以億計；以天子與民爭利，何求不得？奴婢以千萬數；田，大縣數百頃，小縣百餘頃；宅亦如之。於是商賈中家以上大氐破，民媮甘食好衣，不事畜臧之業，而縣官以鹽鐵緡錢之故，用少饒矣。又一束。益廣

〔一〕往：衍字。點校本校勘記引王先謙漢書補注曰：「平準書不重『往』字，『往』字當屬上句，其重文蓋衍。」劉氏亦有注，爲明其所指，「往」字未刪。

開，置左右輔。「開」史記作「關」，是。徐廣以徙函谷關、新安釋之，甚是。置左右輔，謂置右扶風、左馮翊。

初，大農幹鹽鐵官布多，置水衡，漢世大農掌天下之財，凡國家經常之用取給焉。水衡、少府爲天子私財，故見大農斡鹽鐵而錢多，欲以水衡主之；因楊可告緡錢而上林尤富饒，故以水衡主上林也。欲以主鹽鐵；及楊可告緡，上林財物衆，迺令水衡主上林。上林既充滿，益廣。是時粵欲與漢用船戰逐，迺大修昆明池，列館環之。治樓船，高十餘丈，旗織加其上，甚壯。於是天子感之，迺作柏梁台，高數十丈。宮室之修，繇此日麗。宮室耗財。

迺分緡錢諸官，而水衡、少府、太僕、大農各置農官，往往即郡縣比沒入田田之。其沒入奴婢，分諸苑養狗馬禽獸，及與諸官。官益雜置多，徒奴婢衆，而下河漕度四百萬石，及官自糴乃足。

所忠言：「世家子弟富人或鬭雞走狗馬，弋獵博戲，亂齊民。」迺徵諸犯令，相引數千人，名曰「株送徒」。入財者得補郎，食者衆。郎選衰矣。

是時山東被河災，及歲不登數年，人或相食，方二三千里。天子憐之，令饑民得流就食江淮間，欲留，留處。使者冠蓋相屬於道護之，下巴蜀粟以賑焉。

明年，天子始出巡郡國。東度河，河東守不意行至，不辯，宋祁曰：「不辯」當改「不辦」。自殺。行西逾隴卒，從官不得食，隴西守自殺。於是上北出蕭關，使〔一〕數萬騎行獵新秦中，以勒邊兵而歸。新秦中或千里無亭徼，於是誅北地太守以下，而令民得畜〔二〕邊縣，官假馬母，三歲而歸，及息什一，以除告緡，用充入新秦中。既得寶鼎，立后土、泰一祠，公卿白議封禪事，而郡國皆豫治道，脩繕故宮，及當馳道縣，縣治宮儲，設共具，而望幸。

明年，南粵反，西羌侵邊。天子爲山東不澹，赦天下囚，因南方樓船士二十余萬人擊粵，發三河以西騎擊羌，又數萬人

〔一〕使：點校本、景佑本作「從」。此為異文，「從數萬騎」，「從」可訓爲「縱」。使亦縱也。

〔二〕畜：原作「出」，點校本、景佑本作「畜」，史記平準書作「畜牧」，據改。

度河築令居。初置張掖、酒泉郡，而上郡、朔方、西河、河西開田官，斥塞卒六十萬人戍田之。中國繕道餽糧，遠者三千，近者千餘里，皆仰給大農。邊兵不足，迺發武庫工官兵器以澹之。車騎馬乏，縣官錢少，買馬難得，迺著令，令封君以下至三百石吏以上差出牝〔一〕馬天下亭，亭有畜字馬，歲課息。

齊相卜式上書，願父子死南粵。天子下詔褒揚，賜爵關內侯，黃金四十斤，田十頃。布告天下，天下莫應。史遷作平準書未常一言王者平準天下財貨之法，非疏也，其載卜式之語言行事，即其法也。天子理財，因之則王，利導之則霸，整齊之則富强，與之爭則貧弱者之爲也。卜式語言行事不與武帝近，而於開邊之事則與武帝同，而以帝與民爭利爲非，見帝若以卜式治生之法治天下之財，未嘗不能給也。班氏裁去別爲卜式傳，使平準書無正論，而式傳無桑弘羊等相形，亦平平無奇，此班氏之識所以遠不逮史公也。列侯以百數，皆莫求從軍。至飲酎，少府省金，而列侯坐酎金失侯者百餘人。迺拜卜式爲御史大夫。式既在位，見郡國多不便縣官作鹽鐵，史記重「鐵」字，故臣瓚注以爲「作鐵器，民患苦其不好」，而顏注非之，謂「鹽味苦，器又脆惡」。器果何器？苦既屬鹽，中間不當加「器」字。瓚說是，顏說非也。器苦惡，賈貴，或彊令民買之。而船有算，商者少，物貴，乃因孔僅言船算事。上不說。

漢連出兵三歲，誅羌，滅兩粵，番禺以西至蜀南者置初郡十七，以初開之地置，無因於前，故曰「初」。且以其故俗治，無賦稅。宋祁曰：「邵本『治無賦稅』無『無』字。」南陽、漢中以往，各以地比給初郡吏卒奉食幣物，傳車馬被具。而初郡又時時小反，殺吏，漢發南方吏卒往誅之，間歲萬余人，費皆仰大農。宋祁曰：邵本「費」下無「皆」字。大農以均輸調鹽鐵助賦，故能澹之。然兵所過縣，縣以爲訾給毋乏而已，不敢言輕賦法矣。

其明年，元封元年，卜式貶爲太子太傅。而桑弘羊爲治粟都尉，領大農，盡代僅斡天下鹽鐵。弘羊以諸官各自市相爭，物以故騰躍，而天下賦輸或不償其僦費，迺請置大農部丞數十人，分部主郡國，各往往置均輸鹽鐵官，史記「置」上有「縣」字，不可去。令遠方各以其物如異時「異時」史記作「貴時」，無「如」字。案「異時」猶言往時，謂無均輸官之時；「貴時」則謂定均輸之賦以

〔一〕牝：原作「牡」，點校本、景祐本、平準書并作「牝」，據改。

貴時爲則也。據下「爲賦」二字，史記爲長。商賈所轉販者爲賦，而相灌輸。置平準于京師，都受天下委輸。召工官治車諸器，皆仰給大農。大農諸官盡籠天下之貨物，貴則賣之，賤則買[一]之。如此，富商大賈亡所牟大利則反本，而萬物不得騰躍。史記作「踊」。故抑天下之物，名曰「平準」。天子以爲然而許之。以上，均輸平準法生財，而以巡狩、封禪耗之。於是天子北至朔方，東封泰山，巡海上，旁北邊以歸。所過賞賜，用帛百餘萬匹，金錢以巨萬計，皆取足大農。

弘羊又請令民得入粟補吏，及罪宋祁曰：「補吏及罪」下當加「人」字。以贖。令民入粟甘泉各有差，以復終身，不復告緡。它郡各輸急處，而諸農各致粟，山東漕益歲六百萬石。一歲之中，太倉、甘泉倉滿。邊餘穀，諸均輸帛五百萬匹。民不益賦而天下用饒。於是弘羊賜爵左庶長，黄金者再百焉。

是歲小旱，上令百官求雨。卜式言曰：處處以卜式、弘羊伴說，是史公用意。卜式所言乃理財正法，弘羊所謂平準，乃以君與民爭，天下之最不平者也。「縣官當食租衣稅而已，今弘羊令吏坐市列，販物求利。亨弘羊，天乃雨。」久之，武帝疾病，拜弘羊爲御史大夫。

昭帝即位六年，詔郡國舉賢良文學之士，問以民所疾苦，教化之要。皆對願罷鹽鐵、酒榷、均輸官，毋與天下爭利，視以儉節，然後教化可興。食貨不可截然分爲二，武帝末年之悔，此處不能截。由班氏分食貨爲二也。食爲本，貨爲末。食足則貨自平，故太平之世，物價皆平也。弘羊難，以爲此國家大業，所以制四夷，安邊足用之本，不可廢也。迺與丞相千秋共奏罷酒酤。弘羊自以爲國興大利，伐其功，欲爲子孫[二]得官，怨望大將軍霍光，遂與上官桀等謀反，誅滅。

宣、元、成、哀、平五世，無所變改。元帝時嘗罷鹽鐵官，鹽鐵官不可罷。三年而復之。貢禹言：「鑄錢采銅，一歲十萬

[一] 買：原作「有」，點校本、景祐本均作「買」，據改。「賤」與「貴」既對文，「有」與「賣」則失工，「買」是。

[二] 孫：點校本、景祐本作「弟」。

人不耕，民坐盜鑄陷刑者多。富人臧錢滿堂〔一〕，猶無厭足。民心動搖，棄本逐末，耕者不能半，姦邪不可禁，原起於錢。疾其末者絕其本，宜〔二〕罷采珠玉金銀鑄錢之官，毋復以爲幣，除其販賣租銖之律，租稅祿賜皆以布帛及穀，使百姓壹意農桑。」議者以爲交易待錢，布帛不可尺寸分裂。交易之始必爲粟布。孟子通功易事，及詰許子所言是也。然布不可尺寸分裂，則市易不便於少；粟必須舟車輸輓，則市易不便於多；故用金銀銅以爲粟布器械百物之權，亦出於物情自然，非人强爲之也。禹議亦寢。鑄錢不可罷。

自孝武元狩五年三官初鑄五銖錢，至平帝元始中，成錢二百八十億萬餘云。

王莽居攝，變漢制，以周錢有子母相權，於是更造大錢，徑寸二分，重十二銖，文曰「大錢五十」。又造契刀、錯刀。契刀，其環如大錢，身形如刀，長二寸，文曰「契刀五百」。錯刀，以黃金錯其文〔三〕，曰「一刀直五千」。與五銖錢凡四品，並行。莽即真，以爲書「劉」字有金刀，乃罷錯刀、契刀及五銖錢，而作金、銀、龜、貝、錢、布之品，名曰「寶貨」。

小錢徑六分，重一銖，文曰「小錢直一」。次七分，三銖，曰「么錢一十」。次八分，五銖，曰「幼錢二十」。次九分，七銖，曰「中錢三十」。次一寸，九銖，曰「壯錢四十」。因前「大錢五十」，是爲錢貨六品，直各如其文。凡法施於民間者，宜簡易，不宜繁難，故禹貢「惟金三品」，金以品計，蓋即以爲貨也。「三品」，僞孔傳以爲金、銀、銅。今地球各國用幣，皆此三品。聖王所定，固萬世不能易也。銅爲圜，銀爲錠，而金爲葉，此今日中國三品之形。各國皆圜之，是三品之金同於中國，而三品之形尤簡於中國也。中國與洋商交易，既以銀錠易銀圜，暗受大虧。又有洋債，借人金圜，而以銀償之，每次受虧折，多至三百餘萬，此固主國計者所宜盡心籌畫矣！民間銅圜日少日惡，市易竟有不能見錢，而在上不爲之所，將若之何哉？其亦知民之啼泣於市道者與莽世無異也乎？中國通行銀錠、銅錢，而民間市易錢多於銀

〔一〕堂：點校本、景祐本作「室」。

〔二〕宜：原作「疑」，點校本、景祐本作「宜」，漢書貢禹本傳亦云「宜罷采珠玉金銀鑄錢之官」，據改。

〔三〕文：原作「刀」。王先謙漢書補注：「錯刀長二寸，文曰『一刀平五千』。『一刀』陰文，以黃金錯之；『平五千』陽識。」錯其文也，點校本、景祐本均作「文」，據改。又，下文「一刀直五千」、「直」，王先謙謂「平」。今人陳直漢書新證據出土莽錢實物，謂：「一刀直五千，應作『一刀平五千』，此爲漢書傳寫之誤字。」

錠，以銀錠難於錙銖分，不便於馭日用零雜之物。似宜仿中國大錢之意，鑄大小銀錢與銅錢相輔而行，以蘇小民之困。再鑄金圜以抵洋債之虧折。錢法能行於外洋，須入外洋公會，其費亦鉅，然不過一年所虧折之數。今歲以前中國所負洋債，已非三十年不能清還，況此次償款必鉅，恐百年内中國之債不能脱然也。

黄金重一斤，值〔一〕錢萬。朱提銀重八兩爲一流，直一千五百八十。它銀一流直千。是爲銀貨二品。

元龜岠冉長尺二寸，直二千一百六十，爲大貝十朋。公龜九寸，直五百，爲壯貝十朋。侯龜七寸以上，直三百，爲幺貝十朋。子龜五寸以上，直百，爲小貝十朋。是爲龜寶四品。

大貝四寸八分以上，二枚爲一朋，直二百一十六。壯貝三寸六分以上，二枚爲一朋，直五十。幺貝二寸四分以上，二枚爲一朋，直三十。小貝寸二分以上，二枚爲一朋，直十。不盈寸二分，漏度不得爲朋，率枚直錢三。是爲貝貨五品。

大布、次布、弟布、壯布、中布、差布、厚布、幼布、幺布、小布。小布長寸五分，重十五銖，文曰「小布一百」。自小布以上，各相長一分，相重一銖，文各如其布名，直各加一百。上至大布，長二寸四分，重一兩，而直千錢矣。是爲布貨十品。

凡寶貨五物，六名，二十八品。

鑄作錢布皆用銅，殽以連錫，文質周郭放漢五銖錢云。其金銀與它物雜，色不純好，龜不盈五寸，貝不盈六分，皆不得爲寶貨。元龜爲蔡，非四民所得居，有者，入大卜受直。

百姓憒亂，其貨不行。民私以五銖錢市買。莽患之，下詔：「敢非井田挾五銖錢者爲惑衆，投諸四裔以御魑魅。」於是農商失業，食貨俱廢，民涕泣於市道。坐賣、買田、宅奴、婢、鑄錢抵罪者，自公卿大夫至庶人，不可稱數。莽知民愁，迺但行小錢直一，與大錢五十，二品並行，以上莽壞漢錢制而天下亂。龜貝布屬且寢。

莽性躁擾，不能無爲，每有所興造，必欲依古得經文。國師公劉歆言周有泉府之官，收不讎，與欲得，即易所謂「理財正

〔一〕值：點校本、景祐本作「直」。

辭，禁民爲非」者也。莽乃下詔曰：「夫周禮有賒貸，樂語有五均，傳記各有斡焉。今開賒貸，張五均，設諸斡者，所以齊衆庶，抑〔一〕並兼也。」遂於長安及五都立五均官，更名長安東西市令及洛陽、邯鄲、臨菑、宛、成都市長皆爲五均司市〔二〕稱師。東市稱京，西市稱畿，洛陽稱中，餘四都各用東西南北爲稱，皆置〔三〕交易丞五人，錢府丞一人，工商能采金銀銅連錫登龜取貝者，皆自占司市錢府，順時氣而取之。

又以周官税民：凡田不耕爲不殖，出三夫之税；城郭中宅不樹藝者爲不毛，出三夫之布；民浮游無事，出夫布一匹。其不能出布者，冗作，縣官衣食之。諸取衆物鳥獸魚鼈百蟲於山林水澤及畜牧者，嬪婦桑蠶織紝紡績補縫，工匠醫巫卜祝及它方技商販賈人坐肆列里區謁舍，皆各自占所爲於其在所之縣官，除其本，計其利，十一分之，而以其一爲貢。敢不自占，自占不以實者，盡沒入所采取，而作縣官一歲。

諸司市常以四時中月實定所掌，爲物上中下之賈，各自用爲其市平，毋拘它所。衆民賣買五穀布帛絲緜之物，周於民用而不讎者，均官有以考檢厥實，用其本賈取之，毋令折錢。萬物卬貴，過平一錢，則以平賈賣與民。其賈氐賤減平者，聽民自相與市，以防貴庾者。民欲祭祀喪紀而無用者，錢府以所入工商之貢但賒之，祭祀毋過旬日，喪紀毋過三月。民或乏絕，欲貸以治產業者，均授之，除其費，計所得受息，毋過歲什一。

羲和魯匡言：「名山大澤，鹽鐵錢布帛，五均賒貸，斡在縣官，唯酒酤獨未斡。酒者，天之美祿，帝王所以頤養天下，享祀祈福，扶衰養病。百禮之會，非酒不行。故詩曰『無酒酤我』，而論語曰『酤酒不食』，二者非相反也。夫詩據承平之世，酒酤在官，和旨便人，可以相御也。論語孔子當周衰亂，酒酤在民，薄惡不成，是以疑而弗食。今絕天下之酒，則無以行禮

〔一〕抑：原作「一」，點校本、景祐本俱作「抑」，通鑑王莽始建國二年亦云「所以齊衆庶，抑并兼也」，據改。
〔二〕市：原作「布」，點校本、景祐本俱作「市」，下文又有「諸司市」句，形誤，據改。以下逕改，不再出校。
〔三〕置：原闕，據點校本、景祐本補。

相養；放而亡限，則財費〔一〕傷民。請法古，令官作酒，以二千五百石爲一均，率開一盧以賣，讎五十釀爲準。一釀用麤米二斛，麴一斛，得成酒六斛六斗。各以其市月朔米麴三斛，並計其賈而參分之，以其一爲酒一斛之平。除米麴本賈，計其利而什分之，以其七入官，其三及糟截灰炭給工器薪樵之費。」

羲和置命士督五均六斡，郡有數人，皆用富賈。洛陽薛子仲、張長叔，臨菑姓偉等，乘傳求利，交錯天下，因與郡縣通姦，多張空簿，在〔二〕臧不實，百姓俞病。以上莽之五均六斡，酒酤病民。莽知民苦之，復下詔曰：「夫鹽，食肴之將；酒，百藥之長，嘉會之好；鐵，田農之本；名山大澤，饒衍之臧；五均賒貸，百姓所取平，卬以給澹；鐵布銅冶，通行有無，備民用也。此六者，非編戶齊民所能家作，必卬於市，雖貴數倍，不得不買。豪民富賈，即要貧弱，先聖知其然也，故斡之。每一斡爲設科條防禁，犯者辠至死。」姦吏猾民並侵，衆庶各不安生。

後五歲，天鳳元年，復申下金銀龜貝之貨，頗增減其賈直。而罷大小錢，改作貨布，長二寸五分，廣一寸，首長八分有奇，廣八分，其圜好徑二分半，足枝長八分，間廣二分，其文右曰「貨」，左曰「布」，重二十五銖，直貨泉二十五。貨泉徑一寸，重五銖，文右曰「貨」，左曰「泉」，枚直一，與貨布二品並行。又以大錢行久，罷之，恐民挾不止，迺令民且獨行大錢，與新貨泉俱枚直一，並行盡六年，毋得復挾大錢矣。每壹易錢，民用破業，而大陷刑。莽以私鑄錢死，及非沮寶貨投四裔，犯法者多，不可勝行，迺更輕其法：私鑄作泉布者，與妻子沒入爲官奴婢；吏及比伍，知而不舉告，與罪同〔三〕；非沮寶貨，民罰作一歲，吏免官。犯者俞衆，及五人相坐皆沒入，郡國檻車鐵鎖，傳送長安鍾官，愁苦死者什六七。

〔一〕財費：點校本、景祐本作「費財」。
〔二〕在：點校本、景祐本作「府」，據文意，「府」爲妥。
〔三〕罪同：景祐本作「同罪」。

作貨布後六年，匈奴侵寇甚，莽大募天下囚徒人奴，名曰豬突豨〔二〕勇，壹切稅吏民，訾三十而取一。又令公卿以下至郡縣黃綬吏，皆保養軍馬，吏盡復以與民。民搖手觸禁，不得耕桑，繇役煩劇，而枯旱蝗蟲相因。又用制作未定，又別一事。上自公侯，下至小吏，皆不得奉祿，而私賦斂，貨賂上流，獄訟不決。吏用苛暴立威，旁緣莽禁，侵刻小民。富者不得自保，貧者無以自存，起爲盜賊，依阻山澤，吏不能禽而復蔽之，浸淫日廣，於是青徐荊楚之地往往萬數。戰鬭死亡，緣邊四夷所係虜，陷罪，饑疫，人相食，及莽未誅，而天下戶口減半矣。

自發〔三〕豬突豨勇後四年，而漢兵誅莽。後二年，世祖受命，蕩滌煩苛，結莽諸政。復五銖錢，結貨。與天下更始。

贊曰：易稱「裒多益寡，稱物平施」，書云「楙遷有無」，周有泉府之官，而孟子亦非「狗彘食人之食不知斂，野有餓殍而弗知發」。食貨並結。故管氏之輕重，李悝之平糴，弘羊均輸，壽昌常平，亦有從徠。顧古爲之有數，與「術」字同意。吏良而令行，故民賴其利，萬國作乂。及孝武時，國用饒給，而民不益賦，其次也。至于王莽，制度失中，姦軌弄權，官民俱竭，亡次矣。

前半爲食，後半爲貨，均本之史記。史記平準從漢興説起，而後半「太史公曰」以下乃從唐虞説至秦，證之八書之例，分明「太史公曰」以下爲平準書前半。後亂其次以爲平準末之論贊，班氏時猶未亂也。故敘爲前半，專係之食，而補入聖王治地治邑之法，爲平準、食貨之本源。

「理財正辭，禁民爲非曰義」，經綸食貨必須及風俗，故「正辭禁民爲非」皆理財內事。史公平準書須與貨殖傳參看，「正辭禁民爲非」，即所以正風俗也。

〔二〕豨：原作「豬」，點校本、景祐本作「豨」。漢書王莽傳下亦作「豨」，據改。

〔三〕發：原闕，據點校本、景祐本補。

貨殖傳分四民爲農虞工商，班氏爲貨補出食，因食補出治野治邑之法，而不及山澤市肆。夫王制，「市納賈，以觀民之所好惡」，與太史陳詩觀風並重，則市政亦先王要務。先王觀風，第觀已成之風俗，若民之好惡，則風俗所由成也。論文之優劣，食貨志萬不如平準書。惟食貨詳整，次第分明，且有先王遺法，故舍彼取此。

前漢書藝文志注　煙霞草堂遺書十二

咸陽劉光蕡古愚

前漢書藝文志

藝文以載道也。古聖王以道經世，道大明於天下，則藝文其陳迹也，可不必重。自周公後六百餘歲無聖王，大道散佚不明。孔子生而不得位，不能行其道於天下，以師任道統之傳，不得不以簡策爲傳道之資，此孔子所以刪述，而六經所以垂世如日月也。其他載籍皆以羽翼之，經籍遂爲綱紀斯世最要之端。班氏以爲史志之一，其見卓矣。

昔仲尼沒而微言絕，七十子喪而大義乖。經籍之重，自孔子始，故從孔子説起也。然不自孔子生説起，而從孔子沒説起，爲漢書藝文作緣起，見此志敘藝文有別擇之意，非漫無去取而録之也。通篇之綱，志藝文即是志孔子之道。孔子是藝文之祖，七十子其宗也。大意微言，藝文之蘊乖絕，則傳記諸子，宜兼存不可偏廢也。故春秋分爲五，詩分爲四，易有數家之傳。大道乖絕，第言春秋、詩、易之分，不備舉六藝者，夫子經世之微言大意，莫備於春秋；詩則大道之散見，爲學者求道所從入手處；易則大道之會歸，爲學問造極之域也。首言春秋、詩、易三經，較書、禮、樂爲完全也。戰國從衡，真僞分爭，諸學均出孔子。諸子之言紛然殽亂。至秦患之，乃燔滅文章，以愚黔首。諸家之學，其旨符於六經者爲真，異者爲僞。諸子皆起於戰國，不惟神農、黃帝、力牧、伊尹、太公各書爲戰國之士所託，即管晏之書，亦戰國爲管晏之學者所託也。秦無著書之人，秦禁學也。然則戰國諸子紛然殽亂，猶爲民智日開，有王者作，爲治甚易。漢興，改秦之敗，大收篇籍，廣開獻書之路。迄孝武世，書缺簡脱，禮壞樂崩，此處補全六藝。隱見漢無政事，禮樂不興，仍然大道不明之世也，而寓意於敘六藝中，使人不覺。提明六經，以六經爲主也。聖上喟然而稱曰：「朕甚閔焉！」承上「缺脱」「崩壞」，直接此四字不重敘上文，此古人簡練之法。於是建藏書之策，置寫書之官，下及諸子傳説，皆充秘府。知收書籍而無别擇，聖道所以不明也。至成帝時，以書頗散亡，此「書」字泛説。使謁者陳農求遺書於天下。詔光禄大夫劉向校經傳諸子詩賦，步兵校尉任宏校兵書，太史令尹咸校數術，侍醫李柱國校方技。每一書已，向輒條其篇目，撮其指意，録而奏之。會向卒，哀帝復使向子侍中奉車都尉歆卒父業。歆於是總群書而奏其七略，故有輯略，有六藝略，有諸子略，有詩賦略，有兵書略，有數術略，有方技略。今删其要，以備篇籍。

七略均子政説特有，歆所變更。子政以儒、道、陰陽、法、名、墨、縱横、雜家、農家、小説爲十家，而别詩賦家不在諸子之列，後人遂以子政所序爲「九流」，此説非也。兵、數術及醫均宜爲家，而醫尤要，子政不列十家者，非子政所校也。劉歆既卒父業而總爲七略，即當收兵書、數術、方技於諸子之中，乃因其父分校之舊，録爲七略，是於子政所校未嘗復用心考核也。而惟以字爲「小學」，附孝經後，變亂父書，以聲音點畫之學，上參西漢博士傳經之席，忘親非聖，真千古之罪人矣！近人有僞經考，謂古文之學創自劉歆，六藝中所列古文皆歆篡入其父書中者。子政所校据古今文，不列古文爲經也，其説甚是。又費氏易、毛詩傳皆歆僞作，亦極有見。蓋古今、文之異只在字形，子政習穀梁春秋、魯詩，不應取不立博士之毛詩、左氏；費氏易行於民間，不應四家博士所傳之經反脱「無咎」、「悔亡」，而費氏與古文獨同，則歆之作僞以誣其父也明矣。道爲聖人之心，經爲聖人之文，漢初傳經即傳道也。讀此志須以道爲主，六經、論語、孝經爲孔子之文，即是孔子之道。此志敘於各家之先，謂孔子之文載天下萬世之道，不得以儒家爲限也。經籍先敘六經，六經孔子所手定，道以孔子爲宗也。六藝首易，以易爲道之源也；次書，經世之大綱；次詩，經世之細目；次禮，次樂，經世之具；而春秋經世之用也；此東漢儒者之序。若西漢則先詩、書、禮、樂，而次易象、春秋，蓋以易象、春秋爲道之體，而詩、書、禮、樂則由體以達用之具也。西漢所敘爲長。詩爲大學之格致誠正修齊，書爲治平，禮其章程，樂爲精神，易則明德，春秋則親民也。

易經十二篇，施、孟、梁丘三家。

易傳周氏二篇。原注〔一〕：字王孫也。

服氏二篇。原注〔二〕：齊人，號服光。

楊氏二篇。原注：名何，字叔元，菑川人。

蔡公二篇。原注：衛人，事周王孫。

韓氏二篇。原注：名嬰。

王氏二篇。原注：名同。

丁氏八篇。原注：名寬，字子襄，梁人也。

古五子十八篇。原注：自甲子至壬子，説易陰陽。

淮南道訓二篇。原注：淮南王安聘明易者九人，號九師説。

古雜八十篇，雜災異三十五篇，神輸五篇，圖一。

孟氏京房十一篇，災異孟氏京房六十六篇，五鹿充宗略説三篇，京氏段嘉十二篇。原注〔三〕：師古曰：「嘉即京房所從受易者也，見儒林傳及劉向別録。」

章句施、孟、梁丘氏各二篇。

〔一〕 原注：此二字蓋劉古愚講學時爲提示而加，非漢書原有，今依其舊，以字體與漢書原注文字作區分。下同。

〔二〕 原注：此二字蓋原書編者誤加，漢書該書目下本無注。下文五字，出自顔師古漢書注所引劉向別録，劉古愚移録於此。自本條校記起，凡劉古愚引録他書他本之注，皆作爲劉氏增注，以字體與漢書原注文字作區分。

〔三〕 原注：同校記〔二〕例，漢書該書目下亦本無注。下文師古曰云云爲劉氏增注。

凡易十三家，二百九十四篇。

易曰：「宓戲氏易之始。仰觀象於天，俯觀法於地，觀鳥獸之文，與地之宜，近取諸身，遠取諸物，於是始作八卦，以通神明之德，以類萬物之情。」至於殷、周之際，紂在上位，逆天暴物，文王以諸侯順命而行道，天人之占可得而効，於是重易六爻，作上下篇。據此則爻詞亦文王作。孔氏爲之彖、象、繫辭、文言、序卦之屬十篇。故曰易道深矣，近人有謂易經全爲孔子所作，予頗韙其說。人更三聖，世歷三古。敘易經文不及周公，則爻、象詞非周公作，明矣。及秦燔書，而易爲筮卜之事，傳者不絕。漢興，田何傳之。訖於宣、元，有施、孟、梁丘、京氏列於學官，而民間有費、高二家之說。劉向以中古文易經校施、孟、梁丘經，或脱去「無咎」、「悔亡」，唯費氏經與古文同。易既爲卜筮之事，秦不之禁，傳者不絕，何得施、孟、梁丘之經反有脱佚？而行於民間之費氏獨與古文同？則古文之僞明矣。古文固据民間之本僞之也。費、高傳於民間，竊意如今之坊本，無精深之義。

尚書古文經四十六卷。原注：爲五十七篇。

經二十九卷。原注：大、小夏侯二家。歐陽經三十二卷。

傳四十一篇。

歐陽章句三十一卷。

大、小夏侯章句各二十九卷。

大、小夏侯解故二十九篇。

歐陽説義二篇。

劉向五行傳記十一卷。

許商五行傳記一篇。

周書七十一篇。原注：周史記。

議奏四十二篇。原注：宣帝時石渠論。

凡書九家，四百一十二篇。原注：入劉向稽疑一篇。

易曰：「河出圖，雒出書，河圖、雒書爲書所起，蓋据字形言，古文尚書異於今文，亦是字形。聖人則之。」故書之所起遠矣。至孔子纂焉，上斷於堯，下訖於秦，凡百篇，而爲之序，言其作意。秦燔書禁學，濟南伏生獨壁藏之。近人謂「自焚書壁藏至天下兵起，相隔數年，書不能失二十八篇，即夫子所手定」，此似可信。漢興亡失，此事可疑。始皇三十四年焚書，三十七年崩，二世立三年秦亡，又五年，天下定於漢。伏生自藏之自啟之，何至遺失？且失亡即俱失亡，何獨得二十八篇？求得二十九篇，以教齊魯之間。訖孝宣世，有歐陽、大小夏侯氏，立於學官。古文尚書者，出孔子壁中。古文尚書之僞，今已辨明。今所傳之僞古文，乃東晉梅頤所造，更不足道。武帝末，魯共王壞孔子宅，欲以廣其宮，而得古文尚書及禮記、論語、孝經史記不敘此事，近人謂古文尚書僞作，此處所敘皆劉歆作僞。尚書、論語、孝經同藏壁中，何論語獨無亡失？凡數十篇，皆古字也。字形今古異，篇章詞句皆同。共王往入其宅，聞鼓琴瑟鐘磬之音，於是懼，乃止不壞。孔安國者，孔子後也，悉得其書，以考二十九篇，得多十六篇。安國獻之。遭巫蠱事，安國卒於巫蠱事前。未列於學官。劉向以中古文校歐陽、大小夏侯三家經文，酒誥脫簡一，召誥脫簡二。以中古文校三家經文，異者僅脫簡三，文字異者七百有餘，脫字數十耳，可知古今文無不同也。書經文約二萬餘千字，以簡二十五字計之，須簡一千，一千簡中僅脫其三，必非經秦火亡失。率簡二十五字者，脫亦二十五字，簡二十二字者，脫亦二十二字，文字異者七百有餘，脫字數十。書者，古之號令，號令於衆，其言不立具，則聽受施行者弗曉。古文應讀[一]爾雅，故解古今語而可知也。言「立具」者，其字形前定，通行一世，言出而所用之字皆前定已具，故聽受施行者皆能曉然也。書之論古今文者，以其字形有便當時、不便當時之異，非他有異也。預定字體即王者同文之政，論書爲號令，是說虞夏商周之書，非孔子刪定之書。孔子刪定之書，則据四代爲治之號令以定萬世爲治之大綱。書雖四代，其意直從開闢之初以及萬世之後，治法胥統於其中，如此著想，方能見聖人刪書用意之所在。

〔一〕 應讀：點校本、景祐本作「讀應」。

詩經二十八卷，魯、齊、韓三家。後敘録有齊轅固，無后蒼，疑應説誤。

魯故二十五卷。

魯説二十八卷。

齊后氏故二十卷。

齊孫氏故二十七卷。

齊后氏傳三十九卷。

齊孫氏傳二十八卷。

齊雜記十八卷。

韓故三十六卷。

韓内傳四卷。

韓外傳六卷。

韓説四十一卷。

毛詩二十九卷。

毛詩故訓傳三十卷。

凡詩六家，四百一十六卷。

書曰：「詩言志，歌詠言。」故哀樂之心感，而歌詠之聲發。誦其言謂之詩，詠其聲謂之歌。此解以人誦詩爲詩，與常解異。故古有采詩之官，王者所以觀風俗，知得失，自考正也。可知詩三百篇皆是王者之政，故詩亡爲王者之迹熄也。孔子純取周詩，上采殷，下取魯，詩亡即是風亡，民情不上達，即無王者。凡三百五篇，遭秦而全者，以其諷誦，不獨在竹帛故也。詩獨謂之諷誦，可知書、禮、易象、春秋皆在於竹帛，學者講論不强記其詞也。近人謂今之報章即古采詩遺意，此見甚精。漢興，魯申公爲詩訓故，而齊轅固、燕韓生皆爲之傳。或取春秋，采雜説，咸非其本義。此説非也。詩無訓詁，孟子以意逆志尚友論也，皆三家説詩法。毛傳盛行，詩流爲訓詁，興、觀、群、怨之旨隱矣。與不得已，魯最爲近之。此倒句也。不得已而取後儒之説，與其用齊韓，不如用魯爲最近也。子政世習魯詩，故右魯詩。三家皆列於學官。又有毛公之學，自謂子夏所傳，而河間獻王好之，未得立。自謂則有爲神農之言者之類矣，然則毛公之詩傳，亦後世子貢詩傳之類矣。

禮古經五十六卷，經七十〔一〕篇。原注：后氏、戴氏。劉敞曰：「此『七十』與後『七十』，皆當作『十七』，計其篇數則然。」

記百三十一篇。原注：七十子後學者所記也。

明堂陰陽三十三篇。原注：古明堂之遺事。

王史氏二十一篇。原注：七十子後學者。

曲臺后倉九篇。

中庸説二篇。

明堂陰陽説五篇。

周官經六篇。原注：王莽時劉歆置博士。

周官傳四篇。

軍禮司馬法百五十五篇。

古封禪群祀二十二篇。

封禪議對十九篇。原注：武帝時也。

〔一〕七十：點校本作「十七」，是。劉古愚已知其誤，故隨文出校，連帶下文之「七十」作按斷，未擅改。今遵之，以明校語之所指。

漢封禪群祀三十六篇。

議奏三十八篇。原注：石渠。

凡禮十三家，五百五十五篇。原注：入司馬法一家，百五十五篇。

易曰：「有夫婦父子君臣上下，禮義有所錯。」禮義錯於人倫，方有世界。以此言禮之用，能見禮之大。而帝王質文三代〔一〕世有損益，至周曲爲之防，事爲之制，故曰：「禮經三百，威儀三千。」及周之衰，幽厲時。諸侯將踰法度，惡其害己，皆滅去其籍，自孔子時而不具，至秦大壞。漢興，魯高堂生傳士禮十七篇。訖孝宣世，后倉最明。戴德、戴聖、慶普皆其弟子，三家立於學官。禮古經者，另提古文禮經。出於魯淹中及孔氏，學十七〔二〕篇文相似，多三十九篇。及明堂陰陽、王史氏記所見，多天子、諸侯、卿、大夫之制，雖不能備，猶瘉倉等推士禮而致於天子之説。此説非也。儀禮有聘、覲、燕饗，即諸侯、卿、大夫之事；少牢、饋食亦爲大夫之祭；冠婚則天子之元子，亦士儀文，絕不異於士；而喪禮貴賤皆一。儀禮十七篇有何不備而待於推其不備者？無秦以後尊君抑臣之儀文耳。天子之尊自秦始，然則今戴記中，其間有天子尊儼如帝天之禮，皆倉等所推附於叔孫通之朝儀而爲之，非古禮如是也。封建之世，天子一位蓋多虛懸。三代之衰，政不行於天下，即無王者，無王者即無天子，是指王者之職分代天以子天下之民，即以天爲父而爲之子，非尊王者如天也。王者以民爲天，爲天之子，則天子非尊貴之名，由士禮推之，正合本義。聖人不預定天子之禮，秦以後始有常尊也。十七篇中有覲禮，天子禮也；聘禮、燕禮、食禮、大射、少牢，諸侯、大夫禮也；其餘均可由士推行。竊謂十七篇，孔子手定，其缺略，則春秋後所缺。

樂記二十三篇。

〔一〕三代：點校本、景祐本無此二字。

〔二〕學十七：點校本作「與十七」，是。

王禹記二十四篇。

雅歌詩四篇。

雅琴趙氏七篇。原注：名定，勃海人，宣帝時丞相魏相所奏。

雅琴師氏八篇。原注：名中，東海人，傳言師曠後。

雅琴龍氏九十九篇。原注：名德，梁人。

凡樂六家，百六十五篇。原注：出淮南劉向等琴頌七篇。

易曰：「先王作樂崇德，殷薦之上帝，以享祖考。」故自黄帝下至三代，樂各有名。孔子曰：「安上治民，莫善於禮；移風易俗，莫善於樂。」此爲樂之本源，即是學校之樂。二者相與並行。周衰俱壞，樂尤微眇，以音律爲節，不以爲造士之用，而惟求之音律，此所以尤爲微眇也。又爲鄭、衛所亂，故無遺法。鄭、衛之樂即倡優所爲之樂。漢興，制氏以雅樂聲律，世爲〔一〕樂官，頗能紀其鏗鏘鼓舞，樂全在鏗鏘鼓舞。而不能言其義。以音律爲樂，故能紀鏗鏘鼓舞而不能言其義。先王造士之意早亡，戰國廢學，秦又禁學也。然於鏗鏘鼓舞求義，何能得義？義不在鏗鏘鼓舞中也。六國之君，魏文侯最爲好古，孝文時得其樂人竇公，獻其書，乃周官大宗伯之大司樂章也。大司樂首言教國子，則教國子，樂之本義也。以學求樂，古樂不難知也。武帝時，河間獻王好儒，與毛生等共采周官及諸子言樂事者，以作樂記，獻八佾之舞，與制氏不相遠。其内史臣〔二〕王定傳之，以授常山王禹。禹，成帝時爲謁者，數言其義，獻二十四卷記。劉向校書，得樂記二十三篇。與禹不同，其道浸以益微。漢求經籍，仍未講明先王造士之法，故樂之義不明，而道益微，益微即流爲倡優也。

〔一〕爲：點校本、景祐本作「在」。

〔二〕臣：點校本、景祐本作「丞」。

春秋古經十二篇，經十一卷。原注：公羊、穀梁二家。

左氏傳三十卷。原注：左丘明，魯太史。

公羊傳十一卷。原注：公羊子，齊人。

穀梁傳十一卷。原注：穀梁子，魯人。

鄒氏傳十一卷。

夾氏傳十一卷。原注：有録無書。

左氏微二篇。

鐸氏微三篇。原注：楚太傅鐸椒也。

張氏微十篇。

虞氏微傳二篇。原注：趙相虞卿。

公羊外傳五十篇。

穀梁外傳二十篇。

公羊章句三十八篇。

穀梁章句三十三篇。

公羊雜記八十三篇。

公羊顔氏記十一篇。

公羊董仲舒治獄十六篇。

議奏三十九篇。原注：石渠論。

國語二十一篇。原注：左丘明著。

新國語五十四篇。原注：劉向分國語。

世本十五篇。原注：古史官記黄帝以來訖春秋時諸侯大夫。

戰國策三十三篇。原注：記春秋後。

奏事二十篇。原注：秦時大臣奏事，及刻石名山文也。

楚漢春秋九篇。原注：陸賈所記。

太史公百三十篇。原注：十篇有録無書。

馮商所續太史公七篇。

太古以來年紀二篇。

漢著記百九十卷。

漢大年紀五篇。

凡春秋二十三家，九百四十八篇。原注：省太史公四篇。

古之王者世有史官。君舉必書，所以慎言行，此史之益。昭法式也。左史記言，右史記事，事爲春秋，言爲尚書，帝王靡不同之。孔子以前，書與春秋爲一。周室既微，載籍殘缺，仲尼思存前聖之業，孔子删書作春秋，則書言治之大綱，與禮言治之細目相爲體用；而春秋言人事，與易言天道相爲表里矣。乃稱曰：「夏禮吾能言之，杞不足徵也；殷禮吾能言之，宋不足徵也。文獻不足故也，足則吾能徵之矣。」上文言書與春秋並提，而此以書與禮伴説。杞宋不足徵夏殷之禮，春秋無夏殷事，見孔子所修之春秋，不可以古記事記言之法求也。以魯周公之國，禮文備物，史官有法，故與左丘明觀其史記，據行事，仍人道，劉歆僞經大意在謂春秋據事直書，抹殺夫子「竊取」之義。此處必多文致竄改，竊反復迴誦，覺歆作僞之迹顯然在目。「與左丘明觀其史記」句當删，「與左丘明」四字下丘明二句當刪去此十七字，餘當爲子政原文，而詞筆茂美，較出他敘録之上。因興以立功，就〔二〕敗以成罰，假日月以定歷數，籍朝聘以正禮樂。有所襃諱貶損，不可書見，口授弟子，弟子退而異言。丘明恐弟子各安其意，以失其真，故論本事而作傳，語皆袒左氏抑公、穀，劉歆之詞也。子政奉命爲穀梁之學，必不以口説爲非。明夫子不以空言説經也。此説則是。春秋所貶損大人當世君臣，有威權勢力，其事實皆形於傳，是以隱其書而不宣，所以免時難也。事實可宣，孔子所取之義不可宣。及末世口説流行，重事實抑口説，則有春秋之事，而無春秋之義矣。口説原不必盡符聖人本義，然學者由此推求聖人作春秋本意，必猶有存者；若如左傳第傳齊桓、晉文之事，而聖人所取之義千古常晦矣。故有公羊、穀梁、鄒、夾之傳。四家之中，公羊、穀梁立於學官，鄒氏無師，夾氏未有書。

此下當有敘公羊、穀梁傳授源流。公羊、穀梁，此二姓止傳春秋一見，他更無聞。四庫全書提要謂二傳皆姜姓，以二字合音爲姜也；近人謂皆「卜商」二字之隱，似爲得之。又謂左傳劉歆取國語爲之，世並無左丘明其人。論語「左丘明恥之」，亦劉歆僞竄。竊意左史記言，國語即記言之書。國語本左史之法而爲書，故曰「左史」，謂此各國之語乃古左史之職所爲也。夫子得七十二國寶書以爲春秋，既成後，必取其書之可存者存之，後人因名曰左史國語。或因夫子據以作春秋，因系聖諱以爲名，後乃訛「史」爲氏姓之「氏」，而「左丘」遂爲人姓名，史記所謂「左丘失明，厥有國語」也。不然，史記謂左丘失明，非名「明」也，何得作左傳者反名丘明？其僞顯然。則論語「左丘明恥之」，當是左史恥之。蓋巧言、令色、足恭、匿怨友人，此等人言論皆左史法所深恥，孔子作春秋悉本古史之法，故與之同也。

孟子敘道統相承，兩舉春秋，是孔子所以承堯、舜、禹、湯、文、武、周公之統者，全在春秋。果有丘明其人與夫子同作，夫子當如何稱許，孟子當如何推重！今俱不聞。公羊、穀梁俱隱姓名，而左氏不隱，書反不傳於漢初，其僞明矣。

此敘以左氏爲春秋正傳，而公、穀爲後出之傳，先出不聞左氏，及至劉歆，左氏始出，欲立博士，師丹不肯，則歆以前世

〔二〕就：原闕，據點校本、景祐本補。

無左氏也。劉向先習公羊，宣帝以衛太子好穀梁，命改習穀梁。歆違棄世守之公、穀，而以左氏駕於其上，不忠不孝，罪無可逭。而此段敘述與易、詩、書、禮、樂均不類，不敘傳授之人，不敘經所從出，不敘漢初家法，其以春秋爲當世所罪而諱之與？抑劉歆僞傳左氏，無師承傳授，故並二家傳授源流去之，以相亂耶？向習公羊，奉詔改習穀梁，此其傳授之顯然無可諱者而亦去之，則非向不敘録，而爲歆去之也明矣。

論語古二十一篇。原注：出孔子壁中，兩子張。

齊二十二篇。原注：多問王、知道。

魯二十篇，傳十九篇。

齊説二十九篇。

魯夏侯説二十一篇。

魯安昌侯説二十一篇。

魯王駿説二十篇。

燕傳説三卷。

議奏十八篇。原注：石渠論。議奏當與孝經類五經雜議同爲一類。議奏是議而奏之，當爲議五經之大義，故奏而待決於上；雜議則議文之小者，故不奏決而入之孝經類，爲訓蒙書也。

孔子家語二十七卷。

孔子三朝七篇。

孔子徒人圖法二卷。

凡論語十二家，二百二十九篇。

論語者，孔子應答弟子時人及弟子相與言而接聞於夫子之語也。當時弟子各有所記。夫子既卒，門人相與輯而論篹，以上總。故謂之論語。論語於六經，如禮記之於禮、韓詩外傳之於詩，不主一經，因人因事而發，故深淺互見精粗不同，是教人通六經之法語巽言，非六經之蘊遂盡於論語也。自程、朱道學家專重語録，故進論語而後六經，是以弟子所記者駕於聖人手訂之書之上，非聖人以六經傳道之意，亦非漢儒以論語附六經後之意矣。漢興，有齊、魯之説。分兩支。傳齊論者，一傳。昌邑中尉王吉、少府宋畸、御史大夫貢禹、尚書令五鹿充宗、膠東庸生，唯王陽名家。傳魯論語者，一傳。常山都尉龔奮、長信少府夏侯勝、丞相韋賢、魯扶卿、前將軍蕭望之、安昌侯張禹，皆名家。張氏最後而行於世。論語爲聖門講學之書，論語如語録出於門弟子所記，六經則夫子所手定，經天緯地之文，大道所寄也。

孝經古孔氏一篇。原注：二十二章。

孝經一篇。原注：十八章。長孫氏、江氏、后氏、翼氏四家。

長孫氏説二篇。

江氏説一篇。

翼氏説一篇。

后氏説一篇。

雜傳四篇。

安昌侯説一篇。

五經雜議十八篇。原注：石渠論。

爾雅三卷二十篇。

小雅〔一〕一篇，原注〔二〕：宋祁曰：「小」字下邵本有「爾」字。古今字一卷。

弟子職一篇。弟子職在管子書中，可知霸術入手亦從鄉閭之小學做起，王政之迹蕩然無存自戰國始也。

說三篇。

凡孝經十一家，五十九篇。

孝經者，孔子爲曾子陳孝道也。夫孝，天之經，地之義，民之行也。通貫天、地、人。舉大者言，謂不舉地義、民行，而曰天之經也，此可見孝經獨名爲經之義。故曰孝經。總。論語，六經之通論也。石渠論人之論語，即此意。孝經，六經之宗旨也。夫子之學，以仁爲歸，孝爲爲仁之本，即「一貫」之「一」，知孝經爲提出六經本原，單傳直指，則孝經語皆精切不沉悶矣。漢興，長孫氏、博士江翁、少府后倉、諫大夫翼奉、安昌侯張禹傳之，一傳無分支。各自名家。經文皆同，唯孔氏壁中古文爲異。惟古文爲異，異亦惟在字讀。「父母生之，續莫大焉」，「故親生之膝下」，諸家說不安處，古文字讀皆異。

諸家說有「不安處」，臣瓚解爲「諸家之説各不安處之也」。案此解未妥。諸家即長孫氏至張禹各家也。說「父母生之」此數句各有不安處也，惟古文此處字讀皆異，則說無不能安也，此亦劉歆主張古文處。然則漢時古今文字句異者，僅此處，他皆同也。今有閨門章之孝經爲劉歆僞作，明矣。

孝經、論語均類於六經，後六經，爲大道之全體，論語言其作用，孝經探其本原也。孝經類有爾雅、小雅、古今字、弟子職各書，則古今訓蒙各書悉統於孝經。孝經以端其本，識字、習算以習其藝；洒掃、應對、進退以貞其行；據此可以推明

〔一〕小雅：點校本作「小爾雅」。錢大昕漢書考異：「李善文選注引小爾雅皆作小雅。此書依附爾雅而作，本名小雅，後人僞造孔叢，以此篇竄入，因有小爾雅之名，失其舊矣。」

〔二〕原注：此二字蓋原書編者誤加，漢書該書目下本無注，下文宋祁校語爲劉氏增注。

古小學之法。

史籀十五篇。原注：周宣王太史作大篆十五篇，建武時亡六篇矣。

八體六技。

蒼頡一篇。原注：上七章，秦丞相李斯作；爰歷六章，車府令趙高作；博學七章，太史令胡母敬作。

凡將一篇。原注：司馬相如作。

急就一篇。原注：元帝時黄門令史游作。

元尚一篇。原注：成帝時將作大匠李長作。

訓纂一篇。原注：揚雄作。

別字十三篇。

蒼頡傳一篇。

揚雄蒼頡訓纂一篇。

杜林蒼頡訓纂一篇。

杜林蒼頡故一篇。

凡小學十家，四十五篇。原注：入揚雄、杜林二家三〔一〕篇。

易曰：「上古結繩以治，後世聖人易之以書契，百官以治，萬民以察，蓋取諸夬。」「夬，揚于王庭」，言其宣揚於王者朝廷，其用最大也。字所由起。古者八歲入小學，故周官保氏掌養國子，教之六書，謂象形、象事、象意、象聲、轉注、假借，造字

〔一〕三：點校本、景祐本作「二」，是。

之本也。造字之法。漢興，蕭何草律，亦著其法，曰：「太史試學童，能諷書九千字以上，乃得爲史。又以六體試之，課最者以爲尚書、御史、史書令史。吏民上書，字或不正，輒舉劾。」六體者，字之分。古文、奇字、篆書、隸書、繆篆、蟲書，皆所以通知古今文字，摹印章，書幡信也。古制，書必同文，不知則闕，問諸故老。至於衰世，是非無正，人用其私。故孔子曰：「吾猶及史之闕文也，今亡矣夫！」蓋傷其寖不正。字所由變。史籀篇者，周時史官教學童書也，籀文即大篆。與孔氏壁中古文異體。蒼頡七章者，秦丞相李斯所作也；爰歷六章者，車府令趙高所作也；博學七章者，太史令胡毋敬所作也：文字多取史籀篇，而篆體復頗異，所謂秦篆小篆。者也。是時始建〔一〕隸書矣，起於官獄多事，苟趨省易，施之於徒隸也。漢興，閭里書師合蒼頡、爰歷、博學三篇，漢惟行秦篆，即小篆，今説文是也。斷六十字以爲一章，凡五十五章，並爲蒼頡篇。武帝時司馬相如作凡將篇，無復字。元帝時黄門令史游作急就篇，成帝時將作大匠李長〔二〕原注：宋祁曰：「李長下當有『作』字。」元尚篇，皆蒼頡中正字也。凡將則頗有出矣。至元始中，徵天下通小學者以百數，各令記字於庭中。揚雄取其有用者以作訓纂篇，順續蒼頡，又易蒼頡中重復之字，凡八十九章。臣此「臣」字當是歆以父向別録爲輯略中語，班未及改者。不然，班爲漢書非奉詔爲之，何（忽）〔三〕稱臣？復續揚雄作十三章，當即録中別字十三篇。凡一百三〔四〕章，無復字，六藝群書所載略備矣。蒼頡多古字，俗師失其讀，宣帝時徵齊人能正讀者，張敞從受之，傳至外孫之子杜林，爲作訓故，並列焉。

以字爲小學，列於六藝後，此見頗是。然小學不僅識字，今專以字爲小學，則孝悌、謹信之行不講，洒掃、進退之儀不修，而專尚文詞，失蒙以養正之聖功，自元、成時始。細玩前後，此類非劉子政所録，乃歆竄入其父書中者。前孝經類已有

〔一〕建：點校本、景祐本作「造」。
〔二〕長：「長」字下，點校一有「作」字，是。劉古愚察其奪而未補，引録宋祁校語於下。今依其舊，以明校語之所指。
〔三〕忽：原字不清，疑爲「忽」。
〔四〕三：點校本、景祐本作「二」，殿本作「三」。

古今字一卷，在爾雅三卷、小爾雅一篇後，弟子職一篇、説三卷前。爾雅、小爾雅爲字之故訓，古今字必爲字之形聲，弟子職則洒掃、應對、進退之節也，而皆附之孝經。孝經，出入、孝悌、愛衆、親仁也；弟子職，謹信也；爾雅、小爾雅、古今字，餘力學文也。則知古小學内外交修，本末兼備，西漢時猶未亡也。劉歆創爲古文奇字，欲駕於十四博士所傳經學之上，變亂父師之説，特別立文字一類，而不知其父列古今字於孝經類，即爲小學，而無容復贅也。此敘各字均以篇計，而古今字則以卷計，以爾雅三卷二十篇推之，古今字一卷能該史籀九篇及李斯、趙高、胡母敬、司馬相如、李長、史游、揚雄等作。蓋曰古今字，則統古籀、篆、隸之形胥備其中，則此篇所收皆於前爲複也。歆欲表彰古文之學，背父師以疑誤後世，真經中之蠹賊矣！

此篇敘録與前後均不類，六經，論語、孝經類皆述其學之所自始，經之所由傳，其篇章則列於目中，而敘録不見；今既見於目中，又重見於敘録，其僞顯然。

孔子述六經，六經存，文字自附六經而存，故別無訂正文字之書。蓋六經之理，萬世無可變者也。文字之形聲苟足以達辭行遠而傳後，無妨於變者也。以文字爲小學附六經後，此未爲失，然當統之孝經。孝經類有古今字一卷，此當爲子政原本。爾雅是字之訓詁，古今字當即字之形聲。孝經類既入古今字，又何必別史籀以下十家爲小學？又五經雜議當即論五經之名物器制；弟子職則小學洒掃進退之節，少事長之文也，則射御、算術均宜與文字同列，而歆不能。蓋歆獨好古文，於夫子傳經大義毫無所見，即其父書亦未虚心研究，知文字爲小學，別立一門；而不顧小學之不獨文字，其父已列文字於孝經也。此篇當純爲劉歆所爲，故詞筆較各類爲冗。

凡六藝一百三家，三千一百二十三篇。原注：入三家，一百五十九篇；出重十一篇。

六藝之文：樂以和神，仁之表也；詩以正言，義之用也；禮以明體，明者著見，故無訓也；書以廣聽，知之術也；春秋以斷事，信之符也。論詩、書、禮、樂、春秋不如太史公之精，疑歆有變亂。五者，蓋五常之道，相須而備，而易爲之原。故曰

「易不可見，則乾坤或幾乎息矣」，詩、書、禮、樂之用，如春夏秋冬；易、春秋如天地，天地以四時爲用，故詩、書、禮、樂之用較易象、春秋爲多。春秋爲信，信土也，寄旺於四時而季夏爲本位，故韓宣子謂春秋爲周禮。仁、義、智、信皆有義，無形質，以義爲形質，故曰禮以明體，即形質也。如仁民之仁，其本在心，無形質可見，達此心於民，必以周官之法度，即禮也。義、智、信皆然。言與天地爲終始也。至於五學，世有變改，猶五行之更用事焉。古之學者耕且養，二〔二〕年而通一藝，存其大體，大體即經文之大指。玩經文而已，上言王者用經爲治，經以經世，乃六經之本義；此言學人通經之法，以六經傳道來世經之又一義也。此法最宜講求，最切今日之弊。是故用日少而畜德多，三十而五經立也。後世經傳既已乖離，不傳經，本旨即爲乖離。博學者又不思多聞闕疑之義，而務碎義逃難，此訓詁家説經之弊，以訓詁傳經，弊必至於專講文字之聲音點畫。便辭巧説，破壞形體；今日訓詁考據之弊亦是如此。説五字〔三〕之文，至於二三萬言。後進彌以馳逐，故幼童而守一藝，白首而後能言；安其所習，毀所不見，終以自蔽。經學不能作事，何貴窮經？記誦、詞章、訓詁、考據皆不得爲經學。此學者之大患也。總結。序六藝爲九種。

訓詁之弊即已如此，加以記誦、詞章，宜六經之空存於世，而孔子之道無一人能知也。六藝是聖道之質幹，論語其講論之迹，孝經其入手處。大道以孔子爲宗，以後各家皆其羽翼，爲六經中之一端，非與六經違背爲異端也。自儒至小説十家及兵書、數術、方技皆王者治天下所不能廢，則皆六經所能包括而爲吾孔子之道。太史公敘六家要指，以道家爲歸，以孔子爲道也。此敘藝以儒家爲首，以孔子爲儒家也。其實孔子之道具於六經，儒家傳其法，道家傳其心，傳心是尊德性，傳法是道問學，二者是合内外之道，不容偏廢。以各家取類六經，道家如易象，儒家如春秋也。

晏子八篇。原注：名嬰，謚平仲，相齊景公，孔子稱善與人交，有列傳。

子思二十三篇。原注：名伋，孔子孫，爲魯繆公師。

〔二〕二：點校本、景祐本作「三」。
〔三〕字：原作「經」，點校本、景祐本作「字」，據改。

曾子十八篇。原注：名參，孔子弟子。

漆雕子十三篇。原注：孔子弟子漆雕啟後。

宓子十六篇。原注：名不齊，字子賤，孔子弟子。

景子三篇。原注：説宓子語，似其弟子。

世子二十一篇。原注：名碩，陳人也，七十子之弟子。

魏文侯六篇。

李克七篇。原注：子夏弟子，爲魏文侯相。

公孫尼子二十八篇。原注：七十子之弟子。

孟子十一篇。原注：名軻，鄒人，子思弟子，有列傳。

孫卿子三十三篇。原注：名況，趙人，爲齊稷下祭酒，有列傳。

羋子十八篇。原注：名嬰，齊人，七十子之後。

內業十五篇。原注：不知作書者。

周史六弢六篇。原注：惠、襄之間，或曰顯王時，或曰孔子問焉。

周政六篇。原注：周時法度政教。

周法九篇。原注：法天地，立百官。

河間周制十八篇。原注：似河間獻王所述也。

讕言十篇。原注：不知作者，陳人君法度。

功議四篇。原注：不知作者，論功德事。

寧越一篇。原注：中牟人，爲周威王師。

王孫子一篇。原注：一曰巧心。

公孫固一篇。原注：十八章，齊閔王失國，問之，固因爲陳古今成敗也。

李氏春秋二篇。

羊子四篇。原注：百章。故秦博士。

董子一篇。原注：名無心，難墨子。

俟子一篇。

徐子四十二篇。原注：宋外黄人。

魯仲連子十四篇。原注：有列傳。

平原君七篇。原注：朱建也。

虞氏春秋十五篇。原注：虞卿也。

高祖傳十三篇。原注：高祖與大臣述古語及詔策也。

陸賈二十三篇。

劉敬三篇。

孝文傳十一篇。原注：文帝所稱及詔策。

賈山八篇。

太常蓼侯孔臧十篇。原注：父聚，高祖時以功臣封，臧嗣爵。

賈誼五十八篇。

河間獻王對上下三雍宫三篇。

董仲舒百二十三篇。

兒寬九篇。

公孫弘十篇。

終軍八篇。

吾丘壽王六篇。

虞丘説一篇。原注：難孫卿也。

莊助四篇。

臣彭四篇。

鉤盾兄從李步昌八篇。原注[一]：宣帝時數言事。宋祁曰：「兄當作冗。」

儒家言十八篇。原注：不知作者。

桓寬鹽鐵論六十篇。

劉向所序六十七篇。原注：新序、説苑、世説、列女傳頌圖也。

揚雄所序三十八篇。原注：太玄十九，法言十三，樂四，箴二。

右儒五十三家，八百三十六篇。原注：入揚雄一家三十八篇。

儒家者流，蓋出於司徒之官，學皆出於官，此見甚卓，知古之官皆師，古之官府即學校，士無所學非所用之患矣。九流皆出於官，則聖人爲政，九流必皆收用。助人君順陰陽明教化者也。游文於六經之中，留意於仁義之際，祖述堯、舜，憲章文、武，宗事[二]仲尼，

[一] 原注：此二字蓋原書編者誤加，漢書該書目下本無注。書目中「兄」字，點校本、景祐本作「冗」，是。劉古愚察其誤而未改，引録宋祁校語於下。今依其舊，以明校語之所指。

[二] 事：景祐本、點校本作「師」。

以重其言，於道最爲高。孔子曰：「如有所譽，其有所試。」唐、虞之隆，殷、周之盛，仲尼之業，已試之效者也。然惑者既失精微，而辟者又隨時抑揚，違離道本，苟以嘩衆取寵。後進循之，是以五經乖析，儒學寖衰，此辟儒之患。

孔子承堯、舜、禹、湯、文、武、周公之統，而爲道宗，則孔子之道，君道也。今儒家出於司徒之官，則得君道之一端，而非孔子爲儒家也。九流十家如聖門四科，德行即道家也，言語、政事、文學皆儒家也。蓋以「道問學」入者爲儒家，而以「尊德性」入者爲道家，其他皆爲道之一體。即儒道兩家而論，道爲人君南面之術，儒乃司徒之官，則道宜於儒家之前，子政與太史公所見同也。今列儒家於道家之前。當時漢末學術晦於詞章、訓詁，劉歆變亂父書，孟堅不察而從之也。泥於文字以爲道，不知求之心性，即失精微，違道本也。故此惑者，爲惑於文字，若辟則爲邪僻，蓋求富貴利達鄉愿之流，故「苟以嘩衆取寵」也。爲大道患者，莫烈於辟儒李斯、孔光、張禹是也，同流合污，容悅其君，以取富貴。由春秋至今，孔子之道不明，非楊、墨、佛、老之害，而鄉愿竊儒之名之害也。

子政以孔子所訂之六經敘於前，論語、孝經、家語繼之，而以九流附於後，是以孔子儕於黃帝、堯、舜、禹、湯、文、武之間，即漢儒素王之説也。六經如君，九流如百官，六經大體儒道兩家爲近。其爲政，道家正君德，儒家盡君道；其爲學，道家重德性，儒家重學；其在孔門，道家如德行科，儒家即政事、言語、文學。子政敘九流，全倣史公，此處必以道家爲先，儒次之。太史公論六家要指之道家、儒家，不以孔子爲儒也。班氏以孔子爲儒，此處必改子政原本，進儒家於道家之前，何以知之？以其敘儒家爲出於司徒，而道家爲人君南面之術，知子政原本道家列前也。知九流皆吾道之支流，則不爭儒道兩家之先後。

伊尹五十一篇。原注：湯相。

太公二百三十七篇。原注：呂望爲周師尚父，本有道者。或有近世又以爲太公術者所增加也。謀八十一篇，言七十一篇，兵八十五篇。

辛甲二十九篇。原注：紂臣，七十五諫而去，周封之。

鬻子二十二篇。原注：名熊，爲周師，自文王以下問焉，周封爲楚祖。

筦子八十六篇。原注：名夷吾，相齊桓公，九合諸侯，不以兵車也。有列傳。

老子鄰氏經傳四篇。原注：姓李，名耳，鄰氏傳其學。

老子傅氏經説三十七篇。原注：述老子學。

老子徐氏經説六篇。原注：字少季，臨淮人，傳老子。

劉向説老子四篇。

文子九篇。原注：老子弟子，與孔子並時，而稱周平王問，似依託者也。

蜎子十三篇。原注：名淵，楚人，老子弟子。

關尹子九篇。原注：名喜，爲關吏，老子過關，喜去吏而從之。

莊子五十二篇。原注：名周，宋人。

列子八篇。原注：名圄寇，先莊子，莊子稱之。

老成子十八篇。

長盧子九篇。原注：楚人。

王狄子一篇。

公子牟四篇。原注：魏之公子也。先莊子，莊子稱之。

田子二十五篇。原注：名駢，齊人，游稷下，號天口駢。

老萊子十六篇。原注：楚人，與孔子同時。

黔婁子四篇。原注：齊隱士，守道不詘，威王下之。

宮孫子二篇。

鶡冠子一篇。原注：楚人，居深山，以鶡爲冠。

周訓十四篇。

黄帝四經四篇。

黄帝銘六篇。

黄帝君臣十篇。原注：起六國時，與老子相似也。

雜黄帝五十八篇。原注：六國時賢者所作。

力牧二十二篇。原注：六國時所作，託之力牧。力牧，黄帝相。

孫子十六篇。原注：六國時。

捷子二篇。原注：齊人，武帝時説。

曹羽二篇。原注：楚人，武帝時説於齊王。

郎中嬰齊十二篇。原注：武帝時。

臣君子二篇。原注：蜀人。

鄭長者一篇。原注：六國時。先韓子，韓子稱之。

楚子三篇。

道家言二篇。原注：近世，不知作者。

右道三十七家，九百九十三篇。

道家者流，此處所論道，不如史公之精，蓋班氏所見之道家也。蓋出於史官，歷記成敗存亡禍福古今之道，然後知秉要執本，清虚以自守，卑弱以自持，此君人南面之術也。合於堯之克攘，易之嗛嗛，一謙而四益，此其所長也。及放者爲之，則欲絶去禮學，兼棄仁義，曰獨任清虚可以爲治。

儒家出於司徒之官，綱紀人倫之文也，即論語八佾篇之禮樂也。道家出於史官，主持世道之心也，即里仁篇之仁也。位不居於億兆人之上，不能令天下而使之從；心不伏於億兆人之下，不能持天下而使之固。清虚者無富天下之心，然後可以富有四海；卑弱者無貴天下之心，然後可以貴爲天子；舜有四海而不與之謂也。特舉堯之克讓，堯不以天下爲富貴而私其子孫，堯之仁所以如天也，後世君道之失其端均在此。不以天下爲私業，其制治之法，必協天下人心之公，而無一不出於天理，此王道也。若霸術，則以天下爲富而把持之，不清虚而貪肆，不卑弱而驕横，後世君道之失，未有不由此者也。譁衆取寵，儒家之失，後世富貴利達之俗學，在人主，不惟庸君如是，即英明者亦莫不如是，獨任清虚爲治，後世人君無用之者，惟漢文略近之。三代後，令主當推漢文爲第一，則孔子之道必合道家、儒家爲一，方爲合内外之道，而二帝三王之治，以傳心爲要，則道尤爲治之本也。清虚必不譁衆，卑弱必不取寵，故儒而兼道必不失之辟；游文六藝，留意仁義必不獨任清虚，故道而兼儒，必不失之放；必合儒道兩家，方爲孔子集大成，堯、舜以來相傳之大道。後世尊儒，擯道家爲異端，訓詁、詞章久痼其聰明，未嘗得聞大道之要也。聖人之道爲一貫，一貫者，體一而用殊也。道家知體之一，而輕萬殊之用，弊必至於廢學而昧時，論語首章言學言時，救道家之失也。儒家知用之萬，而昧一本之體，弊必至於務外而不仁，次章言孝悌爲仁，三章巧言鮮仁，救儒家之失也。

宋司星子韋三篇。原注：景公之史。

公檮生終始十四篇。原注：傳鄒奭始終書。

公孫發二十二篇。原注：六國時。

鄒子四十九篇。原注：名衍，齊人，爲燕昭王師，居稷下，號談天衍。

鄒子終始五十六篇。

乘丘子五篇。原注：六國時。

杜文公五篇。原注：六國時。

黄帝泰素二十篇。原注：六國時韓諸公子所作。

南公三十一篇。原注：六國時。

容成子十四篇。

張蒼十六篇。原注：丞相北平侯。

鄒奭子十二篇。原注：齊人，號曰雕龍奭。

閭丘子十三篇。原注：名快，魏人，在南公前。

馮促十三篇。原注：鄭人。

將鉅子五篇。原注：六國時。先南公，南公稱之。

五曹官制五篇。原注：漢制，似賈誼所條。

周伯十一篇。原注：齊人，六國時。

衛侯官十二篇。原注：近世，不知作者。

于長天下忠臣九篇。原注：平陰人，近世。

公孫渾邪十五篇。原注：平曲侯。

雜陰陽三十八篇。原注：不知作者。

右陰陽二十一家，三百六十九篇。

陰陽家者流，蓋出於羲和之官，敬順昊天，歷象日月星辰，敬授民時，此其所長也。及拘者爲之，則牽於禁忌，泥於小數，舍人事而任鬼神。

道之大原，出於天，故法天爲政，必在有形之迹。堯典首言歷象，命舜以位，亦曰「天之歷數在爾躬」。陰陽者，天之迹也。此類陰陽家必法天爲治之言，故有五曹官制、衛侯官制[二]、于長天下忠臣，而公檮生終始、鄒子終始必爲陰陽五行終始之説，則皆如今月令、五帝德之類。古之言天者，必蒼蒼莽莽爲天，於蒼蒼莽莽中其求可據，不得不及寒暑之迹，久而更求其上，則及造化之原，所以主持陰陽者，所謂道也，道家之説是也。道家之説易遁於虛，則進而徵諸實，乃以民爲天，孔孟之説是也。陰陽家最先，道家次之，儒家又次，此中國大道從出之先後也。古初道紀於遠，至顓頊始專紀人事，故陰陽家之失，爲舍人事而任鬼神。

李子三十二篇。原注：名悝，相魏文侯，富國强兵。

商君二十九篇。原注：名鞅，姬姓，衛後也，相秦孝公，有列傳。

申子六篇。原注：名不害，京人，相韓昭侯，終其身諸侯不敢侵韓。

處子九篇。

慎子四十二篇。原注：名到，先申、韓，申、韓稱之。

韓子五十五篇。原注：名非，韓諸公子，使秦，李斯害而殺之。

游棣子一篇。

鼂錯三十一篇。

燕十事十篇。原注：不知作者。

[二] 制：據上文「衛侯官十二篇」，疑「制」字衍。

法家言二篇。原注：不知作者。

右法十家，二百一十七篇。

法家者流，蓋出於理官。信賞必罰，以輔禮制。易曰「先王以明罰飭法」，此其所長也。及刻者爲之，則無教化，去仁愛，專任刑法而欲以致治，至於殘害至親，傷恩薄厚。法家宜在名家之後，法出於刑，名出於禮也。禮失而後入於刑，有名而後法生焉，法不能先名，自然之序也。

鄧析二篇。原注：鄭人，與子產並時。

尹文子一篇。原注：説齊宣王。先公孫龍。

公孫龍子十四篇。原注：趙人。

成公生五篇。原注：與黄公等同時。

惠子一篇。原注：名施，與莊子並時。

黄公四篇。原注：名疵，爲秦博士，作歌詩，在秦時歌詩中。

毛公九篇。原注：趙人，與公孫龍等並游平原君趙勝家。

右名七家，三十六篇。

名家者流，蓋出於禮官。古者名位不同，禮亦異數。孔子曰：「必也正名乎！名不正則言不順，言不順則事不成。」此其所長也。及警者爲之，則苟鉤鈲析亂而已。即堅白異同之弊，言其瑣碎。

尹佚二篇。原注：周臣，在成、康時也。

田俅子三篇。原注：先韓子。

我子一篇。

隨巢子六篇。原注：墨翟弟子。

胡非子三篇。原注：墨翟弟子。

墨子七十一篇。原注：名翟，爲宋大夫，在孔子後。

右墨六家，八十六篇。

墨家者流，蓋出於清廟之守。茅屋采椽，是以貴儉；養三老五更，是以兼愛；選士大射，是以上賢；宗祀嚴父，是以右鬼；順四時而行，是以非命；以孝視天下，是以上同：此其所長也。及蔽者爲之，見儉之利，因以非禮，推兼愛之意，而不知別親疏。

蘇子三十一篇。原注：名秦，有列傳。

張子十篇。原注：名儀，有列傳。

龐煖二篇。原注：爲燕將。

闕子一篇。

國筮子十七篇。

秦零陵令信一篇。原注：難秦相李斯。

蒯子五篇。原注：名通。

鄒陽七篇。

主父偃二十八篇。

徐樂一篇。

莊安一篇。

待詔金馬聊蒼三篇。原注：趙人，武帝時。

右從横十二家，百七篇。

從横家者流，蓋出於行人之官。孔子曰：「誦詩三百，使於四方，不能專對，雖多亦奚以爲？」又曰：「使乎，使乎！」言其當權事制宜，受命而不受辭，此其所長也。及邪人爲之，則上詐諼而棄其信。縱横家即聖人言語科。「權事制宜，受命不受辭」，惟權制宜，故止能受命不受辭。不能受辭，辭爲自制，故爲顓對。論語「授政」與「專對」並言，此不及授政，而注乃釋「不達政」，不釋專對，蓋必達於兩國之政，方能自制詞以對也；則此專對，指制詞，非指通各國語言。然不通各國語言，決不能通各國政事而自制辭，故用賓介傳語，獨對之義亦在其中。或謂使人能解其國語言，即可不用賓介與主國之君對語。曰：仍用賓介傳語，蓋使人與主君問答，事關兩國交誼，臨時制辭，必須詳慎，藉此傳語之際，可以預思答法，故古禮用賓介傳語，不必兩國語言不相通也。

孔甲盤盂二十六篇。原注：黄帝之史，或曰夏帝孔甲，似皆非。

大⿱亼吊[一]三十七篇。原注：傳言禹所作，其文似後世語。

伍子胥八篇。原注：名員，春秋時爲吴將，忠直，遇讒死。

子晚子三十五篇。原注：齊人，好議兵，與司馬法相似。

由余三篇。原注：戎人，秦穆公聘以爲大夫。

尉繚子二十九篇。原注：六國時。

尸子二十篇。原注：名佼，魯人，秦相商君師之。鞅死，佼逃入蜀。

[一] ⿱亼吊：原作「⿱亼帀」，點校本、殿本作「⿱亼吊」，據改。

呂氏春秋二十六篇。原注：秦相呂不韋輯智略士作。

淮南內二十一篇。原注：王安。

淮南外三十三篇。

東方朔二十篇。

伯象先生一篇。

荊軻論五篇。原注：軻爲燕刺秦王，不成而死，司馬相如等論之。

吴子一篇。

公孫尼一篇。

博士臣賢對一篇。原注：漢世，難韓子、商君。

臣説三篇。原注：武帝時所〔一〕作賦。

解子簿書三十五篇。

推雜書八十七篇。

雜家言一篇。原注：王伯，不知作者。

右雜二十家，四百三篇。原注：入兵法。

雜家者流，蓋出於議官。兼儒、墨，合名、法，知國體之有此，見王治之無不貫，此其所長也。及盪者爲之，則漫羡而無所歸心。雜家出於議官，官有議官，即有議官之署，則今西國議院，古有其制矣。在古則爲外朝，帝典之「師錫」，洪範之「謀及庶人」，周禮之「詢衆庶」，白虎之議及博士、議郎是也。雜家類儒，墨家類道；雜家多及典制，墨家專言古道，故儒家之與道，猶雜家之與墨。

〔一〕所：景祐本、殿本皆無「所」字。

神農二十篇。原注：六國時，諸子疾時怠於農業，道耕農事，託之神農。

野老十七篇。原注：六國時，在齊、楚間。

宰氏十七篇。原注：不知何世。

董安國十六篇。原注：漢代內史，不知何帝時。

尹都尉十四篇。原注：不知何世。宋祁曰：「尹一作郡。」

趙氏五篇。原注：不知何世。

氾勝之十八篇。原注：武[一]帝時爲議郎。

王氏六篇。原注：不知何世。

蔡癸一篇。原注：宣帝時，以言便宜，至弘農太守。

右農九家，百一十四篇。

農家者流，蓋出於農稷之官。播百穀，勸耕桑，以足衣食，故八政一曰食，二曰貨。孔子曰「所重民食」，此其所長也。及鄙者爲之，以爲無所事聖王，欲使君臣並耕，誖上下之序。民以食爲天。孟子陳王道，田里、樹畜事三見，中國王政固自古重農也。後世以農爲細民之業，矯激者遂欲去君子，爲並耕之說，則決不能行。孔子所以自謂不如老農，而孟子闢並耕之說也。

伊尹說二十七篇。原注：其語淺薄，似依託也。

鬻子說十九篇。原注：後世所加。

[一] 武：點校本、景祐本作「成」。

周考七十六篇。原注：考周事也。

青史子五十七篇。原注：古史官記事也。

師曠六篇。原注：見春秋，其言淺薄，本與此同，似因託之。

務成子十一篇。原注：稱堯問，非古語。

宋子十八篇。原注：孫卿道宋子，其言黄、老意。

天乙三篇。原注：天乙謂湯，其言非殷時，皆依託也。

黄帝説四十篇。原注：迂誕依託。

封禪方説十八篇。原注：武帝時。

待詔臣饒心術二十五篇。原注：武帝時。

待詔臣安成未央術一篇。

臣壽周紀七篇。原注：項國圉人，宣帝時。

虞初周説九百四十三篇。原注：河南人，武帝時以方士侍郎，號黄車使者。

百家百三十九卷。

右小説十五家，千三百八十篇。

小説家者流，蓋出於稗官。街談巷語，道聽塗説者之所造也。孔子曰：「雖小道，必有可觀者焉，致遠恐泥，是以君子弗爲也。」然亦弗滅也。閭里小知者之所及，亦使綴而不忘。如或一言可采，此亦芻蕘狂夫之議也。「芻蕘狂夫之議」，存而不廢，先王陳詩觀民風之義也。此可知先王時，無不達之民情，而庶人不議；以政治民情，民自無可議，非禁民之議也。

凡諸子百八十九家，四千三百二十四篇。原注：「出蹵鞠一家，二十五篇。」

諸子十家，其可觀者九家而已。皆起於王道既微，諸侯力政。時君世主，好惡殊方，是以九家之術蠭起〔一〕並作，各引一端，崇其所善，以此馳説，取合諸侯。其言雖殊，辟猶水火，相滅亦相生也。仁之與義，敬之與和，相反而皆相成也。易曰：「天下同歸而殊塗，一致而百慮。」今異家者各推所長，窮知究慮，以明其指，雖有蔽短，合其要歸，亦六經之支與流裔。使其人遭明王聖主，得其所折中，皆股肱之材已。王道不能廢各官，即六經不能廢九流之書。仲尼有言：「禮失而求諸野。」方今去聖久遠，道術缺廢，無所更索，彼九家者，不猶瘉於野乎？若能修六藝之術，而觀此九家之言，舍短取長，則可以通萬方之略矣。

九家均出於各官，則六經如君，所以驅使九家，而九家爲六經之用也。後世乃以六經之道專歸儒家，而屏棄各家，致令孔子之學陷於訓詁、詞章，空疏無用，不能與異教爭，則陋儒之過也。不列詞賦於九家內，劉子政固不以詞章爲道之事也。今世以制舉業爲孔子之道，失之遠矣。「可以通萬方之略」，今之西學均吾九流所有。

屈原賦二十五篇。原注：楚懷王大夫，有列傳。

唐勒賦四篇。原注：楚人。

宋玉賦十六篇。原注：楚人，與唐勒並時，在屈原後也。

趙幽王賦一篇。

莊夫子賦二十四篇。原注：名忌，吳人。

賈誼賦七篇。

枚乘賦九篇。

〔一〕起：點校本、景祐本作「出」。

司馬相如賦二十九篇。
淮南王賦八十二篇。
淮南王群臣賦四十四篇。
太常蓼侯孔臧賦二十篇。
陽丘侯劉郾賦十九篇。
吾丘壽王賦十五篇。
蔡甲賦一篇。
上所自造賦二篇。
兒寬賦二篇。
光禄大夫張子僑賦三篇。原注：與王褒同時也。
陽成侯劉德賦九篇。
劉向賦三十三篇。
王褒賦十六篇。

右賦二十家，三百六十一篇。

陸賈賦三篇。
枚皋賦百二十篇。
朱建賦二篇。
常侍郎莊蔥奇賦十一篇。原注：枚皋同時。

嚴助賦三十五篇。
朱買臣賦三篇。
宗正劉辟彊賦八篇。
司馬遷賦八篇。
郎中臣嬰齊賦十篇。
臣説賦九篇。
臣吾賦十八篇。
遼東太守蘇季賦一篇。
蕭望之賦四篇。
河內太守徐明賦三篇。原注：字長君，東海人，元、成世歷五郡太守，有能名。
給事黄門侍郎李息賦九篇。
淮陽憲王賦二篇。
揚雄賦十二篇。
待詔馮商賦九篇。
博士弟子杜參賦二篇。
車郎張豐賦三篇。原注：張子僑子。
驃騎將軍朱宇賦三篇。
右賦二十一家，二百七十四篇。原注：入揚雄八篇。

孫卿賦十篇。
秦時雜賦九篇。
李思孝景皇帝頌十五篇。
廣川惠王越賦五篇。
長沙王群臣賦三篇。
魏內史賦二篇。
東暆〔一〕令延年賦七篇。
衛士令李忠賦二篇。
張偃賦二篇。
賈充賦四篇。
張仁賦六篇。
秦充賦二篇。
李步昌賦二篇。
侍郎謝多賦十篇。
平陽公主舍人周長孺賦二篇。
雒陽錡華賦九篇。
眭弘賦一篇。

〔一〕暆：原作「晻」，形誤，據點校本改。

別栩陽賦五篇。
臣昌市賦六篇。
臣義賦二篇。
黄門書者假史王商賦十三篇。
侍中徐博賦四篇。
黄門書者王廣呂嘉賦五篇。
漢中都尉丞華龍賦二篇。
左馮翊史路恭賦八篇。

右賦二十五家，百三十六篇。

客主賦十八篇。
雜行出及頌德賦二十四篇。
雜四夷及兵賦二十篇。
雜中賢失意賦十二篇。
雜思慕悲哀死賦十六篇。
雜鼓琴劍戲賦十三篇。
雜山陵水泡雲氣雨旱賦十六篇。
雜禽獸六畜昆蟲賦十八篇。
雜器械草木賦三十三篇。

大[一]雜賦三十四篇。

成相雜辭十一篇。

隱書十八篇。

右雜賦十二家，二百三十三篇。

高祖歌詩二篇。

泰一雜甘泉壽宮歌詩十四篇。

宗廟歌詩五篇。

漢興以來兵所誅滅歌詩十四篇。

出行巡狩及游歌詩十篇。

臨江王及愁思節士歌詩四篇。

李夫人及幸貴人歌詩三篇。

詔賜中山靖王子噲及孺子妾冰未央材人歌詩四篇。

吴楚汝南歌詩十五篇。

燕代謳雁門雲中隴西歌詩九篇。

邯鄲河間歌詩四篇。

齊鄭歌詩四篇。

[一] 大：原作「文」，據點校本改。

淮南歌詩四篇。

左馮翊秦歌詩三篇。

京兆尹秦歌詩五篇。

河東蒲反歌詩一篇。

黄門倡車忠等歌詩十五篇。

雜各有主名歌詩十篇。

雜歌詩九篇。

雒陽歌詩四篇。

河南周歌詩七篇。

河南周歌聲曲折七篇。

周謠歌詩七十五篇。

周謠歌詩聲曲折七十五篇。

諸神歌詩三篇。

送迎靈頌歌詩三篇。

周歌詩二篇。

南郡歌詩五篇。

右歌詩二十八家，三百一十四篇。

凡詩賦百六家，千三百一十八篇。原注：入揚雄八篇。

傳曰：「不歌而誦謂之賦，登高能賦可以爲大夫。」言感物造耑，材知深美，可以圖事，故可以爲列大夫也。古者諸侯卿大夫交接鄰國，以微言相感，當揖讓之時，必稱詩以諭其志，蓋以別賢不肖而觀盛衰焉。故孔子曰「不學詩，無以言」也。春秋之後，周道寖壞，聘問歌詠不行於列國，學詩之士逸在布衣，而賢人失志之賦作矣。大儒孫卿及楚臣屈原離讒憂國，皆作賦以風，咸有惻隱古詩之義。其後宋玉、唐勒，漢興枚乘、司馬相如，下及揚子雲，競爲侈麗閎衍之詞，沒其風諭之義。是以揚子悔之，曰：「詩人之賦麗以則，辭人之賦麗以淫。如孔氏之門人用賦也，則賈誼登堂，相如入室矣，如其不用何！」可知孔道若行，必不以詞章取士。自孝武立樂府而采歌謠，於是有代趙之謳，秦楚之風，皆感於哀樂，緣事而發，亦可以觀風俗，知薄厚云。是歌謠勝於賦，可知詩文無關於人心風俗政教者，皆可不作。序詩賦爲五種。

諸子猶爲六經餘裔，詩則孔氏之門人所不用。蓋如今制藝之類，大道晦於詞章詞賦，於諸子無涉，諸子意見之偏，詩賦則俗儒之華也。

吴孫子兵法八十二篇。原注：圖九卷。

齊孫子八十九篇。原注：圖四卷。

公孫鞅二十七篇。

吴起四十八篇。原注：有列傳。

范蠡二篇。原注：越王句踐臣也。

大夫種二篇。原注：與范蠡俱事句踐。

季〔一〕子十篇。

〔一〕季：點校本、殿本、景祐本作「李」。

娷一篇。

兵春秋三[一]篇。

龐煖三篇。

兒良一篇。

廣武君一篇。原注：李左車。

韓信三篇。

右兵權謀十三家，二百五十九篇。原注：省伊尹、太公、管子、孫卿子、鶡冠子、蘇子、蒯通、陸賈、淮南王二百五十九種，出司馬法入禮也。劉奉世曰：「『種』當作『重』，『九』下又脫一『篇』字，注二百五十九，恐合作五百二十一篇，數已在前。」

權謀者，以正守國，以奇用兵，先計而後戰，兵法之總。兼形勢，包陰陽，用技巧者也。兵分四家，以權謀爲體，形勢、陰陽、技巧皆其用。權謀兼治國在内，孟子所謂「人和」，荀子所謂「附民」也。形勢有地利，故曰「兼」；陰陽即天時，故曰「包」；技巧則兵之本事也，故曰「用」。

楚兵法七篇。原注：圖四卷。

蚩尤二篇。原注：見呂刑。

孫軫五篇。原注：圖三[二]卷。

繇敘二篇。

[一] 三：點校本作「一」，殿本、景祐本爲「三」。

[二] 三：點校本作「二」，景祐本作「三」。

王孫十六篇。原注：圖五卷。

尉繚三十一篇。

魏公子二十一篇。原注：圖十卷。名無忌，有列傳。

景子十三篇。

李良三篇。

丁子一篇。

項王一篇。原注：名籍。

右兵形勢十一家，九十二篇，圖十八卷。

形勢者，靁動風舉，後發而先至，離合背鄉，變化無常，以輕疾制敵者也。權謀是兵之本，形勢是兵之用。

太壹兵法一篇。

天一兵法三十五篇。

神農兵法一篇。

黄帝十六篇。原注：圖三卷。

封胡五篇。原注：黄帝臣，依託也。

風后十三篇。原注：圖二卷。黄帝臣，依託也。

力牧十五篇。原注：黄帝臣，依託也。

鵊冶子一篇。原注：圖一卷。

鬼容區三篇。原注：圖一卷。黄帝臣，依託。

地典六篇。

孟子一篇。

東父三十一篇。

師曠八篇。原注：晉平公臣。

萇弘十五篇。原注：周史。

別成子望軍氣六篇。原注：圖三卷。

辟兵威勝方七十篇。

右陰陽十六家，二百四十九篇，圖十卷。

陰陽者，順序〔二〕而發，推刑德，隨斗擊，因五勝，假鬼神而爲助者也。

陰陽、技巧皆以輔權謀、用形勢，陰陽尤遁於虛、流於幻，不如技巧之眞碻可據。序之於先者，本孟子「天時不如地利」語也。陰陽即天時，地利即形勢，人和則兼權謀技巧也。

鮑子兵法十篇。原注：圖一卷。

伍子胥十篇。原注：圖一卷。

公勝子五篇。

苗子五篇。原注：圖一卷。

〔二〕 序：景祐本作「時」。

逢門射法二篇。

陰通成射法十一篇。

李將軍射法三篇。

魏氏射法六篇。

彊弩將軍王圍射法五卷。

望遠連弩射法具十五篇。

護軍射師王賀射書五篇。

蒲苴子弋法四篇。

劍道三十八篇。

手搏六篇。

雜家兵法五十七篇。

蹵鞠二十五篇。

右兵技巧十三家，百九十九篇。省墨子重，入蹵鞠也。[一]

技巧者，習手足，便器械，積機關，以立攻守之勝者也。

凡兵書五十三家，七百九十篇，圖四十三卷。原注：省十家二百七十一篇重，入蹵鞠一家二十五篇，出司馬法百五十五篇入禮也。劉奉世曰：「此注二百七十一，又當作五百九十二，兩注篇數皆不足，蓋訛謬也。」

[一] 省墨子重，入蹵鞠也：底本脱此八字，據點校本、景祐本補。

兵家者，蓋出古司馬之職，王官之武備也。洪範八政，八曰師。孔子曰爲國者「足食足兵」，「以不教民戰，是謂棄之」，明兵之重也。易曰「古者弦木爲弧，剡木爲矢，弧矢之利，以威天下」，其用上矣。後世耀金爲刃，割革爲甲，器械甚備。下及湯、武受命，以師克亂而濟百姓，動之以仁義，行之以禮讓，司馬法是其遺事也。較孫子爲精貫。自春秋至於戰國，出奇設伏，臨陣用兵，此四字盡之。變詐之兵並作。漢興，張良、韓信序次兵法，凡百八十二家，删取要用，定著三十五家。諸呂用事而盜取之。武帝時，軍政楊僕捃摭遺逸，紀奏兵録，猶未能備。至於孝成，命任宏論次兵書爲四種。

泰壹雜子星二十八卷。

五殘雜變星二十一卷。

黄帝雜子氣三十三篇。

常從日月星氣二十一卷。

皇公雜子星二十二卷。

淮南雜子星十九卷。

泰壹雜子雲雨三十四卷。

國章觀霓雲雨三十四卷。

泰階六符一卷。

金度玉衡漢五星客流出入八篇。

漢五星彗客行事占驗八卷。

漢日旁氣行事占驗三卷。

漢流星行事占驗八卷。

漢日旁氣行占驗十三卷。

漢日食月暈雜變行事占驗十三卷。

海中星占驗十二卷。

海中五星經雜事二十二卷。

海中五星順逆二十八卷。

海中二十八宿國分二十八卷。

海中二十八宿臣分二十八卷。

海中日月彗虹雜占十八卷。

圖書秘記十七篇。

右天文二十一家，四百四十五卷。

天文者，序二十八宿，步五星日月，以紀吉凶之象，聖王所以參政也。易曰：「觀乎天文，以察時變。」然星事殆悍，非湛密者弗能由也。夫觀景以譴形，非明王亦不能服聽也。以不能由之臣，諫不能聽之主〔一〕，此所以兩有患也。天文泥災祥之説，所以禍天文也。故中國歷法日壞，至元始大明，明時又晦，我朝參用西法，習者仍少。

黄帝五家歷三十三卷。

顓頊歷二十一卷。

顓頊五星歷十四卷。

〔一〕主：點校本、景祐本作「王」。

日月宿歷十三卷。

夏殷周魯歷十四卷。

天歷大歷十八卷。

漢元殷周諜歷十七卷。

耿昌月行帛圖二百三十二卷。

耿昌月行度二卷。

傳周五星行度三十九卷。

律歷數法三卷。

自古五星宿紀三十卷。

太歲謀日晷二十九卷。

帝王諸侯世譜二十卷。

古來帝王年譜五卷。

日晷書三十四卷。

許商算術二十六卷。

杜忠算術十六卷。

右歷譜十八家，六百六卷。算數當列爲家，班氏附入歷譜，其以僅許商、杜忠兩家而附之與？抑以算術特重歷譜故附之也？然歷譜有黄帝、顓頊、夏、殷、周、魯，而古算術之書無一存者，則幽、厲以至漢時，中國算學之失傳甚矣。

歷譜者，序四時之位，此歷家堯舜以來之正傳。正分至之節，會日月五星之辰，以考寒暑殺生之實。故聖王必正歷數，以定三統服色之制，又以探知五星日月之會。此則别派。凶阨之患，吉隆之喜，其術皆出焉。此聖人知命之術也，聖人知命不在歷，且不用術。非天下之至材，其孰與焉！道之亂也，患出於小人而强欲知天道者，壞大以爲小，削遠以爲近，以天之大而謂災祥在一鄉一邑，且迫於期月之間，宜其破碎難知也。若氣色則可占一方，而其期亦近，氣色皆發於地也。是以道術破碎而難知也。歷譜當以步日月五星，知寒暑生殺爲本，此爲聖人法天治民之實事，即聖人知命之學也。雜入凶阨吉隆，即已破碎矣，豈待「壞大爲小，削遠爲近哉」？

泰一陰陽二十三卷。

黄帝陰陽二十五卷。

黄帝諸子論陰陽二十五卷。

諸王子論陰陽二十五卷。

太元陰陽二十六卷。

三典陰陽談論二十七卷。

神農大幽五行二十七卷。

四時五行經二十六卷。

猛子閭昭二十五卷。

陰陽五行時令十九卷。

堪輿金匱十四卷。

務成子災異應十四卷。

十二典災異應十二卷。

鍾律災應二十六卷。

鍾律叢辰日苑二十二〔二〕卷。

鍾律消息二十九卷。

黄鐘七卷。

天一六卷。

泰一二十九卷。

刑德七卷。

風鼓六甲二十四卷。

風后孤虚二十卷。

六合隨典二十五卷。

轉位十二神二十五卷。

羡門式法二十卷。

羡門式二十卷。

文解六甲十八卷。

文解二十八宿二十八卷。

五音奇胲用兵二十三卷。

五音奇胲刑德二十一卷。

五音定名十五卷。

〔二〕 二：點校本、景祐本作「三」。

右五行三十一家，六百五十二卷。

五行者，五常之刑氣也。書云「初一曰五行，次二曰羞用五事」，言進用五事以順五行也。貌、言、視、聽、思，心失而五行之序亂，五星之變作，皆出於律歷之數而分爲一者也。其法亦起五德終始，推其極則無不至。而小數家因此以爲吉凶，而行於世，知此何以又有五行傳？寖以相亂。

子政五行傳入於書家，此名五行，而各書名五行者，僅神農大幽五行、四時五行經、陰陽五行時令三書，其他不言五行，其占皆與五行爲用，與中有叢辰、刑德、孤虛、六甲、十二神，蓋即今星命之説也。

龜書五十二卷。

夏龜二十六卷。

南龜書二十八卷。

巨龜三十六卷。

雜龜十六卷。

蓍書二十八卷。

周易三十八卷。

周易明堂二十六卷。

周易隨曲射匿五十卷。

大筮衍易二十八卷。

大次雜易三十卷。

鼠序卜黄二十五卷。

於陵欽易吉凶二十三卷。

任良易旗七十一卷。

易卦八具。

右蓍龜十五家，四百一卷。

蓍龜者，聖人之所用也。書曰：「女則有大疑，謀及卜筮。」易曰：「定天下之吉凶，成天下之亹亹者，莫善於蓍龜。」「是故君子將有爲也，將有行也，問焉而以言，其受命也如嚮，無有遠近幽深，遂知來物。非天下之至精，其孰能與於此！」及至衰世，解於齊戒，而婁煩卜筮，神明不應。故筮瀆不告，易以爲忌；龜厭不告，詩以爲刺。

蓍龜與易別，可見易爲明道之書，非僅卜筮也。蓍龜入之數術家甚是，洪範稽疑固以人謀爲主也。

黄帝長柳占夢十一卷。

甘德長柳占夢二十卷。

武禁相衣器十四卷。

嚔耳鳴雜占十六卷。

禎祥變怪二十一卷。

人鬼精物六畜變怪二十一卷。

變怪誥咎十三卷。

執不祥劾鬼物八卷。

請官除訞祥十九卷。

禳祀天文十八卷。

請禱致福十九卷。
請雨止雨二十六卷。
泰壹雜子候歲二十二卷。
子贛雜子候歲二十六卷。
五法積貯寶藏二十三卷。
神農教田相土耕種十四卷。
昭明子釣種生魚鼈八卷。
種樹臧果相蠶十三卷。

右雜占十八家，三百一十三卷。

雜占者，紀百事之象，候善惡之徵。易曰：「占事知來。」衆占非一，而夢爲大，故周有其官。而詩載熊羆虺蛇衆魚旐旟之夢，著明大人之占，以考吉凶，蓋參卜筮。春秋之説訞也，曰：「人之所忌，其氣炎以取之，訞由人興也。」此數語甚精，能透災祥之原，而不流於幻妄。人失常則訞興，人無釁焉，訞不自作。」故曰：「德勝不祥，義厭不惠。」桑穀共生，太戊以興；鴝雉登鼎，武丁爲宗。然惑者不稽諸躬，而忌訞之見，是以詩刺「召彼故老，訊之占夢」，傷其舍本而憂末，不能勝凶咎也。雜占爲術，固末中之末，然人在氣交中，物或反常，皆有其故；能思其故，則心存而不放，敬謹以持其身，而不敢動於妄，其益亦大矣。

山海經十三篇。
國朝七卷。
宮宅地形二十卷。
相人二十四卷。

相寶劒刀二十卷。

相六畜三十八卷。

右形法六家，百二十二卷。

形法者，大舉九州之埶地形，後世葬經所祖。以立城郭室舍；陽宅。形人相人。及六畜骨法之度數、器物之形容相印綬及刀劍。以求其聲氣貴賤吉凶。猶律有長短，而各徵其聲，非有鬼神，數自然也。然形與氣相首尾，亦有有其形而無其氣，有其氣而無其形，此精微之獨異也。此合堪輿、相法爲一。城郭宅舍，今之陽宅也。青囊之術固不始於郭璞，而以形爲主，氣爲輔也。

凡數術百九十家，二千五百二十八卷。

數術者，皆明堂羲和史卜之職也。史官之原注：宋祁曰：「『史官之』字下舊本有『術』字。」廢久矣，其書既不能具，雖有其書而無其人。非書不具，及無人也，其術本破碎，多不驗也。易曰：「苟非其人，道不虛行。」春秋時魯有梓愼，鄭有裨竈，晉有卜偃，宋有子韋。六國時楚有甘公，魏有石申夫。漢有唐都，庶得麤觕。蓋有因而成易，無因而成難，故因舊書以序數術爲六種。

黃帝內經十八卷。

外經三十七卷。

扁鵲內經九卷。

外經十二卷。

白氏內經三十八卷。

外經三十六卷。

旁篇二十五卷。

右醫經七家，二百一十六卷。

醫經者，原人血脈經絡骨髓陰陽表裏，以起百病之本，死生之分，而用度箴石湯火所施，調百藥齊和之所宜。至齊之得，猶磁石取鐵，以物相使。拙者失理，以瘉爲劇，以生爲死。

醫關生人性命，神農嘗藥，黄帝論治，伊尹治湯液，自古聖君賢相莫不究心於此，醫之爲術重於卜筮也，明矣。

五藏六府痹十二病方三十卷。

五藏六府疝十六病方四十卷。

五藏六府癉十二病方四十卷。

風寒熱十六病方二十六卷。

泰始黄帝扁鵲俞拊方二十三卷。

五藏傷中十一病方三十一卷。

客疾五藏狂顛病方十七卷。

金創瘲瘛方三十卷。

婦人嬰兒方十九卷。

湯液經法三十二卷。

神農黄帝食禁七卷。

右經方十一家，二百七十四卷。

經方者，本草石之寒溫，量疾病之淺深，假藥味之滋，因氣感之宜，辯五苦六辛，致水火之齊，以通閉解結，藥石之用，盡此四字，人乃欲以藥補養，惑矣。反之於平。及失其宜者，以熱益熱，以寒增寒，精氣內傷，不見於外，是所獨失也。故諺曰：「有病不治，常得中醫」也。

漢時即有此語，可見良醫之難。以不治爲中醫，中國醫學之壞，蓋久矣。「醫經」「經方」當別爲一家，此生民之要，聖王參贊化育之至顯者。近人謂至治之世惟有醫，醫所以除天患，兵所以去人患也。人患可以人力除，天患不能以人力消而免也，故聖人欲去兵，而醫則貴有恆也。

容成陰道二十六卷。

務成子陰道三十六卷。

堯舜陰道二十三卷。

湯盤庚陰道二十卷。

天老雜子陰道二十五卷。

天一陰道二十四卷。

黄帝三王養陽方二十卷。

三家內房有子方十七卷。

右房中八家，百八十六卷。

房中者，情性之極，至道之際，是以聖王制外樂以禁內情，而爲之節文。

可見即「賢賢易色」、「君子之道造端乎夫婦」之理。古房中術皆言房中禮樂，以節淫欲也。漢高祖、唐山夫人有安世房中歌，其得聖王「制外樂以禁內情」之意矣。關雎樂而不淫，「琴瑟友之」亦即此意。枕席之上如在廟廷，如對師友，則天理常存，人欲無或肆之地矣。

傳曰：「先王之作樂，所以節百事也。」樂而有節，則和平壽考。及迷者弗顧，以生疾而隕性命。

「君子之道造端乎夫婦」，房中有禮可以觀其微矣。

宓戲雜子道二十篇。
上聖雜子道二十六卷。
道要雜子十八卷。
黄帝雜子步引十二卷。
黄帝岐伯按摩十卷。
黄帝雜子芝菌十八卷。
黄帝雜子十九家方二十一卷。
泰壹雜子十五家方二十二卷。
神農雜子技道二十三卷。
泰壹雜子黄冶三十一卷。

右神僊十家，二百五卷。

神僊者，所以保性命之眞，而游求於其外者也。聊以盪意平心，聊以爲養生之助，非真可恃也。同死生之域，而無怵惕於胸中。然而或者專以爲務，則誕欺怪迂之文彌以益多，非聖王之所以教也。孔子曰：「索隱行怪，後世有述焉，吾不爲之矣。」神仙不如養生，養生則神仙之説該其内而無流弊。名爲神仙，即已誕欺怪迂，莫可究詰矣。

凡方技三十六家，八百六十八卷。

方技者，皆生生之具，王官之一守也。大古有岐伯、俞拊，中世有扁鵲、秦和，蓋論病以及國，原診以知政。漢興，有倉公。今其技術晻昧，故論其書，以序方技爲四種。

大凡書，六略三十八種，五百九十六家，萬三千二百六十九卷。原注：入三家，五百〔二〕篇，省兵十家。

〔二〕百：點校本作「十」。

古詩十九首注　煙霞草堂遺書十三

咸陽劉光蕡古愚

古詩十九首

行行重行行，有思字在內。與君長〔一〕別離。上句之根。相去萬餘里，各在天一涯。道路阻且長，以首句例之，一步一回顧，不知幾千萬回顧矣。會面安可知？胡馬依北風，越鳥巢南枝。相去日已遠，雖不能會面，不能不思，如胡馬越鳥所性不可移也。衣帶日已緩；瘦也。浮雲蔽白日，喻讒。遊子不顧反。思君令人老，歲月忽已晚。棄捐勿復道，努力加餐飯。情不忘君，雖讒人在側，苟有可反亦不顧而反矣。雖老不忘，欲棄捐勿思而不能，努力加餐，正是每飯不忘也。

此爲君臣朋友之交中被讒間而棄絶者之詞，情致纏綿，語言溫厚；止敘離思，毫無怨懟；即咎讒者，亦止「浮雲」一句，且以比興出之，真爲詩之正宗。

青青河畔草，時可以自見矣。鬱鬱園中柳。盈盈樓上女，皎皎當牕牖。娥娥紅粉妝，纖纖出素手。昔爲娼家女，今爲蕩子婦；蕩子行不歸，空床難獨守。連用六疊字句，有搖曳不自持之狀，不待至下句知其爲倡家女蕩子婦矣。

此託爲離婦之詞，以況君臣朋友。少不自持，所依非人，終致失所，雖有才思亦復何用，咎由自取，又將誰怨？

〔一〕長：李善注文選作「生」。

青青陵上柏，磊磊磵中石；比賢人隱處山林。人生天地間，忽如遠行客。斗酒相娱樂，既生天地間，即當爲世用，如遠行客，謂去之不顧。聊厚不爲薄。驅車策駑馬，聽人之勸而出。遊戲宛與洛。洛中何鬱鬱，冠帶自相索。長衢羅夾巷，富貴徵逐，陵磵中人無從插足。王侯多第宅。此皆有世事之責者。兩宫遥相望，雙闕百餘尺。極宴娱心意，戚戚何所迫？富貴者樂且未央，彼與陵柏磵石爲伍者，又何所迫而長戚戚，甘遠去而不顧也？其遠行不回顧，正在富貴者極宴娱，意大厦將傾而不知憂，妙在不説破；作詰問詞，反似賢者爲小人長戚戚也，妙在末句有爽然自失神理。

此達人憂世之詞，所謂衆人皆醉我獨醒也。賢者清標特操，如青柏磊石挺生陵磵，一任世之昏濁，掉頭遠去而不回顧。於是友朋以斗酒相娱，勸其出而一試，其意良厚矣。然天下之患，自有身任其責者，賢者身在局外，何能爲力？則之宛洛，而當道者醉夢未醒，方且極宴娱，意不知天下之已危已亂也。則不惟賢者之遠行爲多事，即勸者亦爲多事矣。

今日良宴會，歡樂難具陳。彈箏奮逸響，新聲妙入神。令德即據要路津者。唱高言，是贊「彈箏」二句。識曲聽其眞。自謂所贊得眞。齊心同所願，四座之人均以爲是。含意俱未伸。謂四座皆知其佳，而令德先言之，如代宣其意也。人生寄一世，奄忽若飆塵。何不策高足，先據要路津！無爲守窮賤，轗軻長苦辛。

此見世有勢力而無是非，身據要路即爲令德，言出而人不違；倘有令德而無高位，則轗軻窮賤，一生苦辛而於世究無補也。此詩詞意近戰國策蘇秦傳〔二〕末語意，有豔富貴勢利之心。然末世人情的係如此，詩人曲曲寫出，繫以感慨，無爲守窮賤，正是甘守窮賤，而不效彼據要路者之所爲也。

〔二〕戰國策非紀傳體，該書卷三蘇秦始將連横末有欲取富貴之意。劉古愚蓋將此篇稱爲「蘇秦傳」。

西北有高樓，上與浮雲齊；居非不高。交疏結綺牕，阿閣三重階。望非不顯。上有絃歌聲，音響一何悲？此中作聲，不類所居。誰能爲此曲，無乃杞梁妻？不能不疑之矣，失偶之人。清商隨風發，清商最悲。中曲正徘徊；曲折無限，寫樂聲入神。一彈再三歎，慷慨有餘哀。言有盡而意無窮。不惜歌者苦，歌者誠苦。但傷知者〔一〕稀。知者仍希。願爲雙鳴鶴〔二〕，雙鳴則有相和。奮翅起高飛。高飛則無所拘。

此爲困於富貴不能行其志者之詞。人生貴適志，不在境之榮枯，志在行道濟時，雖艱難困苦，方且力任不辭，無求去之心也。惟志與願違，奉以高爵厚祿而不一用其道，諫之不聽，欲自爲不能；舍之而去，又有牽制而不能去；則雖尊榮之位，與囹圄何異？視野鶴之雙飛和鳴，真萬倍之不如也。

涉江采芙蓉，蘭澤多芳草；采之欲遺誰？欲求芙蓉而芳草更多，苟能用賢，當世不患無人也。所思在遠道。所思即君。還顧望舊鄉，君所。長路漫浩浩。遠也。同心而離居，憂傷以終老。君亦願治，中有隔之者。

明月皎夜光，促織鳴東壁；玉衡指孟冬，衆星何歷歷？白露沾野草，促織鳴壁，玉衡即指孟冬，武帝改歷後詩也。時節忽復易。秋蟬鳴樹間，賦中有興。玄鳥逝安適？昔我同門友，高舉振六翮；不念攜手好，棄我如遺迹。南箕北有斗，牽牛不負軛。用大東詩詞意。良無磐石固，虛名復何益？

此爲有盛衰之感，而歎人情冷暖，勢利之交終無所益也。起六句就時令淡淡敘入，逗出時節之易，隨以「秋蟬」二句，以物候之變影人情之變。同門之友高舉六翮，雲泥永隔，棄我如遺，當日攜手之好安在乎？虛名相與，如星之箕斗、牽牛，而無箕斗、牽牛之用，焉用此虛名爲哉？

〔一〕者：李善注文選作「音」。
〔二〕鳴鶴：六臣注文選作「鴻鵠」。

甚矣，人之相與貴相知心也。

冉冉孤生竹，結根泰山阿。喻賦性之直，結根之固。與君爲新婚，託爲婚姻。兔絲附女蘿。兔絲生有時，夫婦會有宜。千里遠結婚，悠悠隔山陂。不謂其人負約，而託之道遠。思君令人老，軒車來何遲？仍不謂其負約。傷彼蕙蘭花，自喻。含英揚光輝；過時而不采，將隨秋草萎。恐己不能待，而不咎人之遲。君亮執高節，賤妾亦何爲？

此初有所約而終相見背者，自抒其怨思也。情則纏綿悱惻，詞尤溫柔敦厚，通首無一句咎人語。詩之正聲，可以群，可以怨也。

庭中有奇樹，綠葉發華滋。攀條折其榮，將以遺所思。馨香盈懷袖，路遠莫致之。此物誠足貴，但感別經時。

此鴻儒窮經稽古學成而無由自達於君之詞。「庭中」二句，言六經備帝王之道，近在眼前，本末兼該，無所不有也。榮，花也，攀條觀其會通，折榮握其精要，欲遺所思，幼學壯欲行也。「馨香」句，德充於身也；「路遠莫致」，雲泥勢隔也。物誠足貴，所學實堪用世而上不求，則如別離之久，世既棄士，士欲不棄世，不可得也。語極平和委婉。

迢迢牽牛星，皎皎河漢女。纖纖擢素手，札札弄機杼。終日不成章，泣涕零如雨。河漢清且淺，相去復幾許？相去無多，雖泣涕而終不語，發乎情，止乎理也。盈盈一水間，脈脈不得語。以禮爲防，咫尺萬里，此亦君子守道不遇之詞，借牽牛織女以爲言也。牽牛喻君，織女喻士，牽牛織女同在一天，女既皎皎，星胡迢迢？士欲得君，君不求士也。素手、機杼喻爲治之具，不成章而泣涕，積學不爲世用，則才無所施，不能不自傷也。河漢清淺，相去無多，一水盈盈，情不能達。君下賢爲好士，士干君即失身，君不求士，士難自媒也。故並一世而終不相知，雖有平治之略，無從自見也。

迴車駕言邁，悠悠涉長道。四顧何茫茫，東風搖百草。所遇無故物，焉得不速老？盛衰各有時，人生一世，不過百年。

立身苦不早。不修德學，道無聞。人生非金石，豈能長壽考？如世未嘗有此人。奄忽隨物化，榮名以爲寶。即疾沒世名不稱意。

此感歲月如流，而思及時勉學也。「涉長道」即是涉世，悠悠斯世，四顧茫茫，前不見古，後不見來，而往過來續無一息之停。人生其中，如草木之一榮一枯而已，修名不立，形隨物化，天壤誰復知有是人哉？

東城高且長，逶迤自相屬。迴風動地起，秋草萋已緑。四時更變化，歲暮一何速！晨風懷苦心，鸇也，喻奮志雲霄。蟋蟀傷局促。喻屈身泥途。蕩滌放情志，何爲自結束？燕趙多佳人，美者顏如玉。才德出衆。被服羅裳衣，當户理清曲。音響一何悲！絃急知柱促。喻音悲由於心苦。馳情整巾[一]帶，沉吟聊躑躅。欲行又止，發乎情止乎理也。思爲雙飛鷰，銜泥巢君屋。喻國。

此亦懷才欲試者之詞，以美人自比也。「顏如玉」喻生質，「被服」喻學修，「理清曲」發爲議論也，「音響何悲」世變已急也。絃急柱促，憂世深故望世切，而世終不悟，不能求賢以自輔，則欲出而强爲之，情既動矣，而又自整巾帶者，欲出救世，不能不自審所學。士之自薦如女自媒，犯禮而行，失身無補，故沉吟踟躕，不敢違禮而動也。此心耿耿，欲綢繆君屋，而終不可得也。

驅車上東門，遥望郭北墓。白楊何蕭蕭，松柏夾廣路。下有陳死人，杳杳即長暮。潛寐黄泉下，千載永不寤。浩浩陰陽移，年命如朝露。人生忽如寄，壽無金石固。萬歲更相送，賢聖莫能度。服食求神仙，多爲藥所誤。不如飲美酒，被服紈與素。即「民之質矣，日用飲食」意。

此慨年命之促，而無可如何，不如隨時任運，自盡其所得爲也。上東門，洛陽城門，郭北有北邙山，東漢諸陵即王公達官所葬。人生百年眞如朝露，死期一至，名利皆空，於是求仙學佛，冀留此身，而卒幻妄無益。不如守吾民生彝倫日用之常爲所得，爲此心千古不朽，即此身千古如

[一] 巾：李善注文選作「中」。

生也。

去者日以疏，來〔二〕者日以親。出郭門直視，但見丘與墳。古墓犁爲田，松柏摧爲薪。白楊多悲風，蕭蕭愁殺人！思還故里閭，欲歸道無因。

人得天地之理以爲性，得天地之氣以爲形。性能常存而形必敝，性爲神而形爲器也。歲月如流，往過來續，人生必死，自然之運。當及時勉學以保全此性，此身雖敝，此性惺惺不寐，以昭然於天，易所謂「窮理盡性以至于命」，詩所謂「文王在上，於昭於天」，即此之「還故里閭」也。若生不學，至死方悔，則欲歸，道無因矣。

生年不滿百，常懷千歲憂。晝短苦夜長，何不秉燭遊。爲樂當及時，何能待來茲？愚者愛惜費，但爲後世嗤。仙人王子喬，此則又入迷途矣。難可與等期。

生年有限，所欲無窮，不如及時修道，夜以繼日，大道自有真樂，何能當此錯過？世俗不知修省，而懷寶以亡身，妄者又遁而之他，均辜負此生矣。東漢時，佛、老均已萌芽，由儒者不悟性命之旨，故爲二氏誘惑也。

凜凜歲雲暮，螻蛄夕鳴悲。涼風率已厲，遊子寒無衣。錦衾遺洛浦，或有外遇。同袍與我違。己心終難自已。獨宿累長夜，夢想見容輝。思成夢。良人惟古歡，枉駕惠前綏。賜也。願得常巧笑，攜手同車歸。夢中情事。既來不須臾，夢醒。又不處重闈。亮無晨風翼，焉能淩風飛？自家積思，遊子決不能來。眄睞以適意，引領遥相睎。二句是醒後冀望，即後世所謂尋夢。徒倚懷感傷，垂涕沾雙扉。

〔二〕來：李善注文選作「生」。

此亦所思不遂，託爲思婦以懷遊子也。涼風已厲，遊子未歸，慮其無衣，婦人以能衣其夫爲職也。洛浦之神或遺錦衾，遊子不至於寒，然我爲同袍而與我違，我不能不遠爲慮也。於是思之不忘，獨宿累夜，遂至入夢。枉駕授綏，歡笑同車乃來，不須臾去又無迹，豈有翼凌風來往乎？知爲夢幻，又不忍聽其遺忘，盼睞引領，聊冀萬一之眞，而徙倚不見，空懷感傷，不覺垂涕沾扉也。

孟冬寒氣至，北風何慘栗！愁多知夜長，仰觀衆星列。愁多不寐，故知之觀之。三五明月滿，四五蟾光〔一〕缺。滿以至缺，皆不寐也。客從遠方來，遺我一書札。上言長相思，下言久離別。置書懷袖中，三歲字不滅。一心抱區區，懼君不識察。

此亦懷君之作。積思成愁，至不能寐，而遠方書來，亦久別長思，兩地同心，此情何能自已？故置書懷袖，三歲而字不滅。向所抱之區區，君皆識之；則向之愁思而成疑懼者，今無所懼，而無如所思之愈難已也。

客從遠方來，遺我一端綺。相去萬餘里，故人心尚爾。文彩雙鴛鴦，綺之文彩。裁爲合歡被。著以長相思，領受於獨知獨覺之地，著裝棉也。緣以結不解。以膠投漆中，誰能別離此？

人之相知，貴知心，兩心相照，地雖萬里，不能間隔。此遺以綺，彼裁爲被，思著於中，而緣結於外，則如膠漆之固矣。地不能隔人，又誰能間之哉？古有千里神交，情至之謂也。

明月何皎皎，照我羅床幃。憂愁不能寐，攬衣起徘徊。客行雖云樂，不如早旋歸。出户獨彷徨，愁思當告誰？引領還入房，淚下沾裳衣。

月明夜靜，對影寂寥，外無所擾，内念自惺，憂愁之感忽從中來，不能成寐。攬衣徘徊，默計生平，與其紛營於外，馳世味之樂，不如反本歸

〔一〕光：李善注文選作「兔」。

根，研性命之旨也。出戶彷徨，苦無人與質證，入房淚下，又覺悔悟之已遲，而光陰不我待也。末三句如後世之情詩，清澈幽微，沁人肺腑。

古詩十九首，作非一人一時一地，爲由三百篇成五言之祖，殆起於東京。詞不迫切，語意敦厚，尚有風人遺旨，爲詩教一大轉關，學者不可不讀。蓋自此五言出，而三百篇之風不可復追矣。西漢有蘇李贈別詩，亦五言，疑爲後人所擬，其詞氣不類西京也，且史漢亦未載五言句。

陶淵明閑情賦注 煙霞草堂遺書十四

咸陽劉光蕡古愚

閑情賦 并序

初，張衡作定情賦，蔡邕作靜情賦，檢逸辭而宗澹泊，始則蕩以思慮，而終歸閑正。將以抑流宕之邪心，諒有助於諷諫。綴文之士，奕代繼作，並因觸類，廣其辭義。余園閭多暇，復染翰爲之，雖文妙不足，庶不謬作者之意乎？

夫何瓌逸之令姿，獨曠世以秀群。表傾城之豔色，生質。期有德於傳聞。佩鳴玉以比潔，慕古之有德者以自修，一篇主意在此句。齊幽蘭以爭芬。淡柔情於俗內，無俗情。負雅志於高雲。無俗情，自然所志極高。悲晨曦之易夕，感人生之長勤。當世無人，來者不可待。同一盡於百年，何歡寡而愁殷。褰朱幃而正坐，只堪自賞。汎清瑟以自欣。送纖指之餘好，飄然獨立，風流自賞。攘皓袖之繽紛。瞬美目以流盼，含言笑而不分。曲調將半，以瑟寄情。景落西軒。悲商叩林，白雲依山。仰睇天路，俯促鳴絃，神儀嫵媚，舉止詳妍。

激清音以感余，願接膝以交言。曲中如有所遇，如孔子學琴而見文王，淵明其屈賈之流乎？欲自往以結誓，神已相契，惟難對語。懼冒禮之爲諐；待鳳鳥以致辭，即離騷所謂媒。恐他人之我先。意惶惑而靡寧，下文十「願」字。魂須臾而九遷。下文十「悲」字。願在衣而爲領，以衣喻其人之道，領即道之綱領。承華首之餘芳；悲羅襟之宵離，異時。怨秋夜之未央。晝夜之時。願在裳而爲帶，束窈窕之纖身；不下帶而道存，指身之道言。嗟溫涼之異氣，寒暑之時。或脫故而服新。願在髮而爲澤，刷玄鬢於頹肩；髮肩以道之儀文，言禮以時改易。悲佳人之屢沐，從白水以枯煎。願在眉而爲黛，隨瞻視以間〔一〕揚；悲脂粉之尚鮮，或取毁於華妝。有黜文尚質之意。願在莞而爲席，安弱體於三秋；道在修身，行其心之所安，時時檢點，終身皆在尤悔中。悲文茵之代御，方經年而見求。願在絲而爲履，附素足以周旋；期行之於世，遇合難知，不能必行。悲行止之有節，空委棄於牀前。願在晝而爲影，常依形而西東；求道於顯不顯之時，何以爲道？悲高樹之多蔭，慨有時而不同。願在夜而爲燭，求道於隱。照玉容於兩楹；悲扶桑之舒光，奄滅景而藏明。願在竹而爲扇，琴扇二條，求道於風聲。含凄飆於柔握；悲白露之晨零，天運變。顧襟袖以緬邈。願在木而爲桐，作膝上之鳴琴；悲樂極以哀來，人心變。終推我而輟音。

考所願而必違，徒契契以苦心。擁勞情而罔訴，虛願難償。步容與於南林，當身體之。棲木蘭之遺露，學其嘉言。翳青松之餘陰。學其善行。儻行行之有覿，求之實行，較虛願必有所得。交欣懼於中襟〔二〕。竟寂寞而無見，然終不敢自信。獨悁想以空尋。斂輕裾以復路，求之言行，又不若以心相。瞻夕陽而流歎。步徙倚以忘趣，色慘凄而矜顔。葉燮燮以去條，氣凄凄而就寒。日負影以偕沒，月媚景於雲端。鳥悽聲以孤歸，獸索偶喻道求之空寂則有悟，索之行迹則不獲。而不還。悼當年之晚暮，恨兹歲之欲殫。思宵夢以從之，神飄飖而不安。若憑舟之失棹，譬緣崖而無攀。恰在中流，循言行而不得其心，其學未爲貫通，此其時無可致力，故冀幸於夢寐之間，所謂念兹在兹，從容涵養，以俟其悟也。于時畢昴盈軒，北風凄凄，惘惘〔三〕不寐，將有所見矣。衆念徘徊。起攝帶以向〔四〕晨，繁霜粲於素階。雞斂翅而未鳴，即雞鳴，思君子意。笛流遠以清哀。始妙密以閒〔五〕和，喻得道氣象。終寥亮而藏摧。意夫人之在兹，託行雲以送懷。俱寂之時，乃豁然大悟，所謂眞吾也。行雲逝而無語，所謂活潑潑地，得意忘言也。時

〔一〕間：袁本作「閑」，陶本作「閒」。
〔二〕襟：袁本作「懔」。
〔三〕惘惘：袁本作「耿耿」。
〔四〕向：袁本、陶本均作「伺」。
〔五〕閒：袁本、陶本均作「閑」。

奄冉而就過。即委心任去留。徒勤思以自悲，悟後語。終阻山而帶河。道不可强求。迎清風以袪累，寄弱志於歸波。即逝者如斯夫意。尤蔓草之爲會，誦邵南之餘歌。不思遇時以待文王之興，故誦邵南也。坦萬慮以存誠，憩遙情於八遐。

靖節以委心任運認作聖人之時，是有時不必中也。「時中」二字拆不開。八荒之内，必有與我同心起而定南北之亂者，所謂「百世以俟聖人而不惑」也。歸結於存誠，而以遙情憩於八遐，此是何等心思？「憩」，息也，遙情息則閒矣，謂爲「閒暇」之閒或爲「防閑」之閑，均無不可。息仍存誠，所謂一息尚存，此志不容少懈也。

此篇乃淵明悟道之言，較歸去來詞、桃花源記、五柳先生傳尤精粹。昭明取五柳先生傳，訾此爲假，何也？讀書不可泥於句下，所謂「詩無達詁」是也。苟執詞以求之，十五國風之詞句可存者僅矣。太史公謂國風好色而不淫，以目離騷，淵明此篇亦即其意。身處亂世，甘於貧賤，宗國之覆既不忍見，而又無如之何，故託爲閒情，其所賦之詞以爲學人之求道也可；以爲忠臣之戀主也可；即以爲自悲身世，以思聖帝明王也，亦無不可。諸生讀詩，多不解比興義，偶讀淵明集，見昭明亦訾閒情賦，故爲解示之。解多求道語，爲學者易知也，若必執我説爲此賦定解，則又死於句下矣。

咸陽劉光蕡古愚

改設學堂私議

今日各省改設學堂，皆未得朝廷之本意，而姑敷衍以應於外，有形體而無精神，雖通行興辦，恐其效不易睹也。學者，化民成俗之事，吏治之本源，教士成材其一端也。知學之實爲化民成俗，一眼註定於民，凡其設施無不關於民俗，則以民事教士，士之學從民事入，其成材必皆有用之實學，而虚文之弊可一旦廓清矣。

我朝撫育中夏二百六十年矣，京師、直省、廳、州縣莫不有儒學，有書院。內而大學士、詹事府、祭酒、司業、學正、學録，外而提學、教授、學正、教諭、訓導，皆爲學官；內而庶吉士、分部學習之主事、內閣學習之中書、國學之貢監生，外之附、增、廪、貢，皆爲學徒、候補人員，又有課吏、律學等館，勇營則日日操練。我朝立學可謂精神周密，知以學爲立政之本矣。乃一旦棄之不顧，京師內外普立學堂者，何非以甲午、庚子兩次敗衄，賠費纍纍，國勢貧弱，不能自立，始悟國勢貧弱，人材不如人也。人材不如人，學校之教不如人也。學校之教不如人，而舍中國之學以效其人之學，其用意究何在乎？變造士之法，以爲化民而已矣。西人之設學也，以爲人人應盡之義務；中國之設學也，以爲士子入仕之捷徑。西國無人不學，吾國則婦人去其半，此一半之中，吏、兵、農、工、商皆不學，僅余士人，是中國人民中去其十二分之十一，僅餘一分從事於學也。

人材出於學校，猶蛟龍之生於水也。積水深而蛟龍生焉，風俗美而俊傑生焉。俊傑之爲訓，則才出千人萬人者也。千人爲學始出一俊，萬人爲學始出一傑，然則十二分之一之中所得之俊傑，必不如一國之中人人皆學之俊異奇傑也。矧士人者，究富强之理者也；吏、兵、農、工、商者，爲富强之事者也。十二人共爲一事，一人聰明强健，而此十一人蠢愚懦弱如嬰孩，以敵各國有學問之多數人，能勝人者，吾不信也。故無論所出之人才不如人國也，即有俊異奇傑之才能預爲謀，而千百萬無學問人之愚蠢懦弱，其能爲富爲强也僅矣！廉頗之於兵學可謂錚矯者矣，然用於趙則爲名將，用於魏則無異凡庸，非以趙民之習兵而魏民之不習哉？況爲富之事，一二人之謀，決不如千萬人之精勤其業也。然則，因貧弱而議及學校，當注意於多數之民，而不當注意於少數之士。朝廷開設學堂，意必在是。以京師大學堂所擬章程，首蒙養，次小學，而高等大學亦以師範爲急知之也。

故今各省設立學堂，當注意於多數之民，以蒙、小學爲主，而下手則在省城先設速成師範學堂。速成師範學堂，望之成童弱冠之小子後生，不如聚有品學名望之先達與之會講。今日之教育其收效爲較易，以彼等爲鄉望所繫，小民自易聽從。是宜由各地方官慎選品學俱優之儒，送至省城，而於省城設師範傳習所以教之。期以半年、三月畢業，擇其優秀者，令任其邑蒙小學堂之事，其事簡而易行，其效速而且大。西人最注重蒙、小學，且有强迫教育之事，蓋以化民成俗爲有國者當盡之責。若造士成材，則朱子所謂「舉業，士子自會著急，朝廷不必替伊耽心」。改設學堂，心目注意於化民成俗，則一省官紳士庶不得謂非己分内應爲之事。大僚倡於上，官紳應於下，方今國步艱難，罷一切不急之務，專心致志於化民之學，聚全副精神以赴之，期月之後，規模必能麤立。若至三年，大綱細目必皆周妥，而一切政治皆可以學統之，孔子所謂「觀於鄉而知王道之易」易也。

此法若立，其益甚多。第一，可洗無教之恥而免鬧教之案。西人以有教化之國爲文明，無者爲野蠻。其教化指國家設立教民之學校，非謂天主耶穌教等宗教也。向謂中國爲半文明之國，以中國教士而不教民；近則直以野蠻目中國。若我鄉村遍設學堂，童蒙終年在塾，壯者朔望集學堂聽講聖諭、經史及先儒嘉言懿行，即孟子所謂「壯者以暇日修其孝悌忠信」也，則無人不學，彼安能以無教侮我？若我有事故，彼教士之狡猾以欺侮吾愚民，吾鄉村蒙師即具其事始末聞於官，據理以與之折辨，必不至激怒民怨，致焚教堂、戕教士，以索賠款也。若能效漢鄉治之法，以蒙師爲鄉三老，外設嗇夫、遊徼，則農桑、水利、保甲、積貯、獄訟、盜賊、團練、守望，一切利民之事，皆可舉行而無弊，以其人皆出於學，上下之情通而政治皆易舉，其益爲尤大也。故今日救中國貧弱，從學堂做起最爲得要，然其要則爲教民，而非造士之謂也。

改設學堂規制

知朝廷改設學堂之本意在振救貧弱，而非粉飾承平也；則當注意於爲富强之事之人，而不必拘於文士，然後可與言學制。

今朝廷欲定學校章程，由蒙學以至大學，其等級有五。蒙學設於鄉，小學設於縣，中學設於府，高等學設於省垣，而大學堂設於京師。今日中國不患不能爲富强之謀，而患不能實爲富强之事。吏、兵、農、工、商，窳敗不能治事，雖有一二才俊之士出於學校，豈能率此窳敗不能治事之吏、兵、農、工、商以爲富强？文王之治岐也，制田里，教樹畜，導妻子；管仲之霸齊也，軌、里、連、鄉以爲內政；子產之相鄭也，使民義，養民惠；句踐强越，孤寡親巡；商鞅富秦，阡陌悉闢。當衰弱不振之秋，有志奮興，未有不從教鄉民入手者也。故今日爲學制注意於吏、兵、農、工、商，當以設於鄉之蒙學爲基礎。吏、兵、農、工、商之事非童幼之事，然壯而爲吏、兵、農、工、商，窳敗不能治事者，幼而失學也。今不能使幼失學之壯者輟業以反於學，要能使未壯之幼者及時以自勉其學。能使幼者皆學，三五年後，吾國無不學之壯者矣。況村村有學，並可倣「冬，民既入，餘子亦在於序室」之意，語見前漢書食貨志。壯者亦不難略知學問矣。

注意設鄉蒙學者，以今之鄉不惟不可與古並言，並不可與日本並言。古以國統鄉，鄉學之士即升於國學，是古之鄉學即今省會之高等學也。日本之蒙學、小學、中學、高等學、大學，與今中國所頒各學略同。然日本郡縣町村，自廢藩府後，以親王知縣，縣即徑達於國，其縣學亦與中國之省會學無異。中國之縣大於古諸侯之國，鄉大於日本之郡，此不能不變通辦理者也。日本五等學校，以所辦之規模、教法、大小分，不以藩府、郡縣、町村分。故欽頒學堂章程亦有鄉間財力充裕，能如縣學規制教法，準爲小學與縣學同；外府繁富之區及通商口岸財力充裕，能如省會規制教法，準爲高等學。亦知吾國疆域廣大，有不能盡泥古法與東西國之法制者矣。注意化民成俗，而今之縣大於古之國，則教法當全備於縣，以兵刑禮樂錢穀治天下之具，即一邑而已略備也。士固有一日千里者，賈生洛陽少年即舉爲天下第一，鄉閒不必無中學、高等學、大學之才，即縣鄉學不能不備高等學之教法。今日改設學堂，規模、教法須全備於縣，特視省、京師爲具體而微耳。

今據一縣言之，其規制當如古之一國。據學記，古者建學之數，家有塾，黨有庠，術有序，國有學。「塾」如今之蒙學，則「庠」如小學，「序」如中學，「學」如高等學，由序塾至國學，凡歷三級。今改設學堂，縣爲小學，入縣小學者，必與向之縣學生員同矣。古者八歲入小學，十五入大學，若以古之小學爲今之小學，則今之縣學皆八歲以上十五以下之童蒙，成何體統？而今之鄉村僻遠有在縣城百里外者，八歲童蒙，何能遠遊爲學？故知今須定縣之小學乃具體之大學堂，而小學、蒙學之閒必有一成童之學以爲入縣學之階級，不如是，則決有窒礙而不能通行也。

今之縣小學如古國學下設一階級，即古之黨庠、術序；則今之蒙學即古之家塾、閭巷之小學，一里二十五家，里之左右塾也。王化始於閨門；閨，女學也；門即里門之塾。以善政爲治者霸，以善教爲治者王，重女學、蒙學，意主於教，故爲王化也。封建之世，其爲治也詳，設學密也；郡縣之世，其爲治也略，設學疏也。古者置官師皆以戶口計，至漢猶然，令長之分，以戶口多寡定之是也。詳，故人心團聚，而朝野之情通；略，故民志乖離，而下上之勢閡隔。今欲去其隔而使之通，改設學堂下及閭巷之蒙學，知本計矣。故今學堂之急宜議者，莫先於蒙學之規制也、教法也，規制立然後教法可行。今請先言規制。蒙學之設，當以戶計。古之家塾、黨庠、州序即以戶計也。古之里即今北省之小村落，以二十五家爲中數，多不過三十家，少不過二十家，必設一蒙學堂，延一蒙師。此師不拘本籍外縣，必須由官考定，給與文憑，方許延請。主教二十五家之幼童讀書、識字，及冠婚喪祭之儀、孝悌忠信之行。朔望集一村人宣講聖諭及經史、嘉言懿行有益於村民風化者。

次設一村正，此人必須本村人，心地純正，能書算，主教幼童學算及一村田產、租稅、工商、生業、水利、社倉、戶籍、地圖之類，如古鄉官之嗇夫、今之糧長。

次設一村副，此人亦必須本村人，心地明白，身體强健者，主教童蒙體操、村民團練、稽察盜賊、拘拿罪犯，一切守望之事，如古鄉官之遊徼，今之練長。

蒙學須兼男女。今女學不修，婦人無仕進之事，故皆不學，識字習算者少，無從得女師，擬以蒙師兼之。蒙童學舍之後爲女學舍。女子知識不如男子之宏大而早於男子，擬以六歲入學，十歲出學，自學於家。俟數年後，女學大明，再延女師，則出學當以十二三歲爲期，以女師能教鍼黹、織紡、酒食、操作也。

二十至三十村落爲一鄉，立一鄉童學，統各村學之政教。延童師、鄉正副各一人，此三人均不論本鄉外縣，準各村人延請，但必須小學卒業有文憑任蒙師有功績者。

童師掌一鄉之教化，人情厚薄、禮教污隆、風俗奢儉，皆時察其端而預勸戒之；收各村所教之成童，與講論道義、研求經史；有孝子、悌弟、貞婦、信友，急爲表揚，其不順教之子弟則密爲戒飭之。各村有不息之詞訟，爲和解之，每朔望彙各村之事故以報縣。

鄉正掌一鄉之食貨，物產之豐耗、人事之勤惰、器用之利鈍，時察其宜而告戒之；教成童之算術；督促農、工、商各敬其業；鰥寡孤獨殘疾之民設法收恤之。

鄉副掌一鄉之刑禁，盜賊、奸宄、凶暴之徒、遊惰之民，時巡察而懲警之；教成童之操練；每歲農隙合各村壯丁而操練之；境有惡蟲猛獸，合各村壯丁驅而殺之；境有深山，各率壯者以出獵。凡蒙學內，洒掃應對，幼者爲之，能寫報事之文或有用力之事，蒙學不能任，則村之壯丁代爲之。鄉學之成童，無役不任，惟追捕盜賊、驅逐猛獸須視其材藝。

二三十村爲一鄉。陝西大縣未聞有至五百村者，敝縣咸陽，二百一十餘村，則一縣所統之鄉，多亦不過二十餘。

縣設小學。經師一人，術師一人，武師一人，仍三老、嗇夫、遊徼，或即以今儒學教諭、訓導爲之，此三人亦無論本縣外籍，合縣鄉學師延請，但必須高等學堂卒業者。

經師掌一縣禮俗教化，與士子講論經史、聖賢道德、中外政治得失。

術師掌一縣財貨，農工商賈各業、倉庫收發、工匠營造各事。

武師掌一縣兵刑，刑名、訟詞、團練、追捕、監獄等事。

均設經義、治事兩齋。經義齋，鄉學之卒業者入之；治事齋，縣學之卒業者入之；事繁則人數多，減則少。

學制規模已備於縣。府設中學亦延三師，所掌與縣略同，其學徒視所統縣之多寡，惟團練之壯丁宜立三百人爲一營，方足弭內亂。問：三百人足以彌內亂乎？曰：足以彌之。大亂之成，精兵良將不能平者，一賢有司足以平之，況有三百營勇乎？鄉治果修，化行俗美，亂源已清，日報旬報月報，苟有萌芽，縣府省會均已聞知，即設法以爲消弭，亂萌又何自成？故吾謂先足弭鬧教之案者，此也。以教案之成，其釁端非一朝一夕也。

或曰：觀子所言規制，是以學師治官府之事矣，學師能治官府之事乎？曰：學師不能治官事，是後世詞章取科第之學，非自古聖賢經世之學，學記固以學爲化民成俗之事矣。且即以造士成材言，成材之後，非將以入官治事乎？爲師者不能治官事，所造成之弟子反能治事乎？則自相矛盾矣！

學師治一縣之事，縣令無事，不爲贅員乎？曰：非贅也，縣令督其上，與今之居官無異也。特昔委之奸猾胥役家丁，今取純樸之士人代之，官欲行善政善教，學師士人代爲敷布，不較勝於胥役家丁乎？朝旨裁汰胥吏，在改設學堂之前，蓋欲變吏胥之治爲師儒之治也。秦制，民欲學者，以吏爲師。秦以吏變師，今則以師變吏。天降下民，作君、作師並言，其權位爲民君者，其道德、學問皆爲民師者也。天子一日萬機，而道統於堯、舜，傳於禹、湯、文、武、周公，終以孔、孟，是君相不兼師、吏不教民自春秋始也。教之權不統於上，故紛於下。自戰國時，人自爲説，家自爲教，派流爲九，子名有百，出入主奴，囂然不靖。秦人患之，虐以刀鋸，威以焚坑，能抑其氣不能服其心也。曰：以吏爲師，吏固爲民師矣，秦吏之法律遂足爲師乎？故自秦漢以後，爲吏者知持法而不知敷教，自棄其教之權，而以吏制天下；桀黠者益收其所棄之權則倡爲教，以惑衆而爲亂，黃巾、米賊、白蓮、紅巾皆是也。蓋民之生也，有教則人，無則禽獸。人未有甘居禽獸之名者，則國之有教，民心固有之理，官職應盡之責也。惟國教不立，奸人得竊之以爲亂。今偏立學堂，爲政於一邑，即修教於一邑。棄一邑之事權於吏役而官非贅，收一邑之事權於士民而官反贅乎？ 故王者建學曰國學，生徒爲國子，成材爲國士，其地爲君之路寢，見惠氏明堂大道録。 講論在其東序；而今京師之學亦曰國子監，天子內廷有大學士、內閣學士、侍讀學士、侍講學士，三公三孤雖不常置，要有其意。 是有天下者，固以一身居師保之中，治天下之事而非贅，所謂王者與師處也； 治一邑者反以爲贅，則眞亡國之君與役處矣。 故以學師兼官事，乃堯、舜、禹、湯、文、武、周公以傳於孔孟之道，本自如是，非吾之私言也。

士入縣小學即以治事，豈不荒廢其學乎？ 曰： 記誦詞章之學，治事則荒廢； 德行道藝之學，治事愈以實驗，所學不得爲荒廢也。 古者民八歲入小學，十五入大學，此小學大學當以年歲分，不以國與鄉分。 據周禮，國都有大學，亦有小學，則鄉亦必備大小二學。 其材質駑下與家貧寒不願操士、吏、兵、工、商之業者，則爲農之餘夫，受田二十五畝，其餘士入大學，吏、兵、工、商入專門學。 以農例之，十五後人人當學治事。 西人各學之成，必實行試驗。 蓋自八歲至十五識字習算，人生應讀之書、應習之藝已各麤通，自此身親其事，業乃愈精，故西人有政治學館，專爲成人之學，共分五等。 今以詞章取士，子弟聰穎，弱冠即入仕籍者多矣。 詞章之士不慮廢學，今改變學堂專爲實學而反慮其廢學乎？ 成童以後即當治事，是爲古法。 孔子十六喪母，季氏饗士，要絰而往，蓋從吏役之征也。 十七爲委吏、爲乘田，即正今之吏役事，見史記世家。 而自敍學問，則自十五至七十未嘗一日或間也。 學時雜以吏事，正吾夫子之身教也。

勸設學綴言

巾珊王君賈於蘭，居市廛而性方正，好儒家言。 癸卯仲春，予以改變學事至蘭。 巾珊素耳余名，謂類己，世所謂迂拙守舊非趨時尚者。 今竟親與變學事，乃以鄉人禮見叩，所以予曰： 「此世運之變，天爲之，非人所能違。 孔子蓋預籌於二千五百年之前矣。 今之時，天變而高遠，地變而狹近，物用變而新奇，如別闢一世界，人事不能不與之俱變。 人之所以學者，學治其事也。 事變而學又何能不變哉？ 今之王公、卿士、農、工、商、賈，其所治之事，殆無一與前六十年同者，而學不變，宜事事廢弛不治，而國日形貧弱，不能自立於今之世也。」

巾珊曰：「今之世變，西人爲之。然則今之變學將舍孔教以從西學也，子何謂孔子預籌二千五百年之前也？」曰：「以孔氏之論語知之也。學以爲政，孔子删書推治統，斷自唐虞，而書二十八篇無言及學者，論語乃以學字冠首，繼之曰時習，蓋學與時相因者也。三代以前，渾樸之時也，政即是學；春秋以後，權力之時也，有政無學也。孔子以爲惟學能救政之衰，以維持於不敝，而必待百世之後。故論語首篇言學，次篇爲政，而百世之説即見於是篇之終。三十年爲一世，今已八十餘世，然則謂孔子不能預知今日之政，不可也。禮者，周官之法度也，知百世之後禮始繼周，必百世之前先爲繼周之學。周禮三百六十官即三百六十學。學而後爲政也，故此後將爲以學爲政之天下。西政之可效法者，孔子皆預言之。孔子先天而天弗違，西人則奉天時之先吾中國者耳。吾此來，將實求孔子時習之學，學於時，非學西學也。」巾珊曰：「學將何先？」曰：「鄉閈之蒙學爲先，必統鄉閈之農、工、商、賈，胥納於學，然後爲以學爲政，然後能自立於今日之世。故今日興學，人人與有責焉，不獨王公卿士之在任也。」巾珊曰：「善哉，請書子所言，吾將持以呼將伯於吾鄉，期得同志，徧立學於陝甘也。」予曰：「諾。」遂書所問答，而以世變之關於學術者附於後，俾以告吾鄉之有心世道者。

其天變爲何？天道遠，人道邇，從古至今未有一人至天上親驗者，故天道變易皆從測驗而得，不明推步之學，即語之亦不肯信。然世界紛紜，無一非天默主於中。即今日西國天演之學，全重物競以爭自存，然物競而勝，亦歸之天擇，故天與人有極密切之關係。今擇其極大者略舉於下：

中庸言地與山水，曰廣厚、廣大不測，而天則曰無窮，見天之高遠無窮盡也。乃自戰國以來，謂天爲九重。以恒星爲天體，不能知五星行度，不知歲差。謂天漢爲氣，今則知天漢爲無數小星。以冬至日躔知東西歲差；且以黄赤大距古大今小，知南北歲差，知五星行度高卑，又測出海王、天王兩行星，而地球爲行星之一。天之高遠，直不可思議，耶穌死，入天堂，其行即如礮子之速，至今尚在半路，此則天之無窮，非戰國以後所言之天也。而日之吸力以攝各星球，則又日月星辰繫焉之義也。

其地變爲何？易謂坤道至柔而動也剛，曾子謂天圓而地方，則是四隅之不掩也，是地動、地圓，孔門之説也。乃自戰國以後，皆謂地静、地方，鄒衍海外九州之説謂爲荒誕；張子地轉之説，明祖不以爲然，後儒亦相率非之。今則以地轉證五星右旋，及橢圓不同心天之説，皆不費詞而自明。而行地球一周者，比比皆是，海外九州皆得諸目睹，是地之變與戰國以後不同也。

其物用之變爲何？物用之變以四者爲要：行陸之車變而爲鐵路，行水之舟變而輪船，傳命之郵變而爲電線，宣威之弓變而爲槍礮。五洲之遠如在鄰封，蓋世之雄不能用武。其他，氣球以行空，電光以代燭，攝影以繪圖，蒸汽以製造，突鏡聚光不火可以燃物，空筒傳響隔世可以聞聲，物物色色皆中國前此所未有，而悉行於中國，是物用變也。

天變而遠，道之所從出者變也；地變而近，道之所實被者變也；物用而新奇，道之載以行者變也。天變而遠，物競天擇，人自勉而天無權，則神道設教者敗，孔子所以以學復性也。平等、自由，人自治而君無權，則專制愚民者敗，孔子所以以學繼政也。由是，地變而近，五洲之風氣無不可通也，五種之性無不相感也，無華夏夷狄之分，則孔子大同之學也。輪船淩萬里之波，環瀛失險；鐵路無山川之阻，峻阪胥平，故中國萬里邊防，敵寇如環臥榻也。火礮之烈，甲冑不能衛血肉之軀；氣球之奇，城池不能禦飛行之寇，則武備之學，不可不變也。千人聚語，一日而傳；萬里寄書，須臾而達，官府之文書萬倍結繩之世，閭閻之情僞，幻如蜃市之奇，文治之學不能不變也。然此猶爲通國計，非一人之家事，鄉人不任其責，或謝而不肯學也。今請即吾鄉民之業言之，民生日眾，地不加增，列國各講殖民之策，吾華獨無廣土之方。畝有倍鍾之收，必需灌溉，則水法宜講；地無磽瘠之患，專恃糞肥，則土化宜知，是農不學不能容於今之世也。機器不假人力，精巧直類鬼工；水火無情，皆能驅使；金石堅固，胥可化分；況取火於日以煉金，炭薪可省；借光於電以代燭，膏油不焚。人器巧而價廉，我事多而功〔二〕倍，不及十年，百工皆困。蓋照相行而寫真失其業，石印成而刻字難謀生，必然之理，已然之迹，可

〔二〕功：疑爲「工」之誤。

共驗者也。至於商賈，西人合五洲之物以課盈虛，萃一國之精神以謀生計，公司以合其勢，講會以集其謀，教徒偵探以開其先，兵士擁護以固其後，故今日中外通商，名爲合好，實曰戰爭。貨物，其軍器也；市埠，其戰場也；領事，其將帥也；買辦，其嚮導也。農出戰材於田野；工爲戰器於國中；和約即宣戰之書；市易即交鋒之事。彼商皆學，故爲素練之師；我商不學，則皆群兒之戲也。以群兒之戲遇素練之師，勝負之數不待智者而知矣。農、工、商、賈，人之生業也。兵戰而敗，土地爲所奪，人民爲所虜，國亡而吾之生業如故也。古未有滅人之國，並其國之農、工、商、賈滅之也。若生業戰而敗，則一國之人皆失其業，能自全其生者，誰乎？美洲之紅人，吾之前車也。故以農、工、商、賈戰，其謀最毒，其禍最深，不惟國家，滅亡之憂將及種族。嗚呼，可不慎哉！然而西人不任咎也。人何以必勝，我何以必敗，學、不學之分也。故今日爲學，莫急於農、工、商、賈，而設學莫急於鄉，農、工、商、賈皆自鄉閈來也。果人人知學，求保生業，能自立於今之世界，則是天以禍患迫吾之學，以全吾人之生，正孔子預期於二千五百年之前者。蓋因時變學，即所謂學而時習也。嗚呼，有心世道者，人人可以自勉矣！

巾珊持吾說去，反復閱之，憂思殊甚，無以爲計，蓋知禍變之大且急，謂非設鄉學所能救也。復質於予，予曰：「此設學不變教法與變教法而不廣設之弊也。苟變教法而廣設於鄉，三年，鄉閈之氣象必改觀；十年，鄉民之生業日精進矣。請爲君詳之。今中國貧弱不如人者，以吾民之不智不勇也。不智，故致生業拙笨，不如人之精巧而貧；不勇，故處斯世怯懦，不如人之强健而弱，而皆由於不仁。仁者，人與人相親相愛以共立於斯世之心也。人人有是心，則合四萬萬人爲一大群。合四萬萬人爲群，即合四萬萬人之智以治生業，何至拙笨而貧？合四萬萬人之力以處斯世，何至怯懦而弱？智勇皆多數勝於少數，中國人數多於各國，而智力不如各國。各國人有群學，中國人獨散患乖離，四萬萬人爲四萬萬心而不能群，是以一人之智力與數萬萬人之智力鬭，宜其無往而不敗也。故今日欲救中國貧弱之禍，莫急於合四萬萬人之心爲一。合人心，必人能學；合四萬萬人之心，必四萬萬人無人不學。則必廣設學於鄉村，由鄉村而一縣，由縣而一府，由府而一省，由省而天下，則四萬萬人爲一矣。其以學合之之法，則先貴啟人人之智。知今日之禍患爲極迫切，非盡合中國人之智力不足以抵禦外人而自生存。故今日設學於鄉，當朔望集鄉人，以外患提醒人心，使人人憂危恐懼，非急爲學急爲群不能生存斯世，則士、吏、兵、農、工無人不學，即無人不智不勇。合四萬萬人之智力以治生業而處斯世，何有貧弱之患而爲外人所欺侮哉？吾前所言天、地、物各變，所以敵人之懼心，使人人急爲學急爲群，以自求安全之本源也。人人苟同此心而急於學，三年之後，必小效，十年之後，必大效。吾中國氣象不改觀，請拔吾之舌，以爲妄言欺人之罰。君可無疑於設學之無益矣。」

光緒二十九年四月下浣，咸陽劉古愚識。

濠塹私議　煙霞草堂遺書十六

咸陽劉光蕡古愚

濠塹私議

慘哉！今日之世界，乃合五大洲爲一殘殺之戰國也；哀哉！今日之中國，乃合二十三行省爲一孱弱之韓也。戰國之韓，惟患一秦，今則俄、英、法、德、日本，無一不思吞割，是無一非秦也。以一韓支一秦尚不免於亡，以一韓支五秦，則泗上小侯之不如，雖有智勇，不能爲謀矣。人皆刀俎，我獨魚肉，嗟嗟！四萬萬人民之衆，二萬萬方里之廣，至今日而遂忽焉銷滅乎？欲强支持，非人人知兵人人能戰不可，則莫如團練矣。然鎗彈之猛烈，非甲胄所能禦；洋隊之整齊，非衝突所能制；故欲收團練之效，必爲團練謀駐足之地，則濠塹之用尚矣。昔黄帝畫井分疆，蓋迫於蚩尤之亂而使民自衛，井田即營陣也。故團練者，吾中國死中求生之本也；濠塹者，吾中國拙極成巧之術也。團練須仿西法訓練，其本原在學校。學校中文武不分，則團練立舉矣。其説則別見他書，濠塹則予之私見，而實古法也，請下詳之。

今洋礮猛烈，直無堅城，故洋禍一發，有野戰法，無城守法。蓋炸礮、巨礮能用之攻城，不能用之行營；車礮能用之有定之營壘，不能用之無定之戰陣。自道光至今，與洋人戰，株守城垣、營壘、礮臺者必敗；而野戰則或勝或敗。株守城垣、營壘、礮臺，我礮不如敵礮之猛烈而有準，故必敗；野戰則有車礮不能行之處，其人損之礮及馬馱之礮，則決不甚巨，且野戰聚散自由，我可以避伊之礮，擊伊之人，故或勝或敗。諒山敗衄，鎮南關猶幸得一勝，是也。故今日爲中國計，當先謀野戰，不可謀城守。

車礮、馬礮不能行之處，必地勢沮洳，不便車馬之行。南方水田不待修飾，自成限阻，可收古溝洫之利；而船之載礮則甚易，我船之礮必不能勝敵船之礮，則不宜與敵內河相鬬；而誘之田間，田間宜多築塹以爲我之屏蔽，此古徑遂法也。北方一望平原，車馬無不可馳，則宜溝洫、徑遂交修。夫舉中原之地而盡溝洫徑遂之，此其煩難，畢生恐不能就。今不溝洫徑遂田畝，而溝洫徑遂道路。凡高原之道路，掘之使深六尺寬八尺；下溼之道路，則築之使寬八尺高六尺，掘築道路而不掘築田畝，則其功易興矣。

掘築道路即足限敵，能收溝洫、徑遂之益乎？曰：能。以陝西言之，鄉村相去遠不過五里，近或二三里，每村與東、西、南、北各村均有相通之路。舉東、西村之路而掘築之，賊由北而南或由南而北，我有東西可憑之濠塹，賊不能越而過矣。舉南北村之路而掘築之，賊由西而東或由東而西，我有南北可憑之濠塹，賊不能越而過矣。各村相距均以五里爲斷，東、西、南、北各三村相連，則徑十里，四周爲四十里，應有八村，則十里內，東、西、南、北有溝塹三道。村村如是，則遍一省溝塹縱橫，賊烏能長驅而入乎？

一村通八村，則一村所掘築者八道，道各五里，則共掘築四十里，以方尺計之，一村應爲濠塹三百四十五萬六千方尺，較始皇之長城，其困民爲更甚，恐濠塹未成，民皆勞怨，而叛禍且酷於外洋矣。曰：是則有法焉。仍以治溝洫、徑遂之法治之而已。凡中原道路，其兩旁皆民熟田，民各自治其田間之道路。計百畝之家，治道不過四千八百方尺，一人每日程功可二十五方尺，每歲農閒作工六十日，可得一千五百方尺，則不三年而成。況治田百畝，其家決非一人爲農，則認真辦理決不待三年而即成，亦不至勞怨。中原無不耕之田，即無不可治之道，此決可信者也。何也？觀於農夫糞田百畝，每歲必取田中之土百余車載之而歸，散布牛馬足下，使之踐蹋，積之爲糞。復載之田間散布之以肥其田，約計每車容二十方尺，每歲入土百車，出糞百五十車，共二百五十車，則爲五千方尺矣。勤農猶不止此數，一歲能運動五千方尺之糞土，今以治四千八百方尺之道而謂至於勞怨，此必無之事也。

各治其田首之路。設甲之田中有數路，乙之田獨無路，派工不慮偏枯乎？曰：無慮也。一村共若干田，共若干路，計田派所治之路，則勞逸均矣。且陝中之田，未有不通路者，各村以治田之力治路，則以貧富派工，無不均也。掘濠之土置於兩岸，各寬四尺，並所餘之三尺，則兩岸各占民田七尺，一里之路將多占民田四畝餘，不能耕種而賠糧，不慮累民乎？曰：「糧不可累一家，亦一方分攤[一]之。況濠旁之塹，塹旁之濠，平時並不行車，亦可點種瓜豆。今有濠塹足護其田，不受行人踐蹋，即不免糧亦不爲累，況又令一村均攤乎？今大道之旁，農家每自挑濠築塹，以免行旅踐蹋之累，不以棄田爲累也。」

寬八尺之濠，無論矣；寬八尺之塹，能禦敵礟乎？曰：足以禦之。能穿八尺厚之塹，非近萬斤之大礟不可，西人縱有隨營鐵路，我之濠塹縱橫，或抄其後，或攻其旁，彼之鐵路且不能置，而又何以運礟乎？且礟即能轟開八尺之塹，必不能從地平以上而盡轟去也。轟後果餘一二尺，勇丁尚能伏立其下，候及土鎗能及之處開鎗拒守，不至望風而潰。越南之役，滇軍創爲地營；張香帥練軍廣東，令勇丁各負囊沙二斗，遇敵則委囊於地，而伏其下，以避敵礟。夫二斗之沙能禦戰陣之礟，八尺厚之塹，不能禦戰陣之礟乎？

直沖之礟可禦，炸礟可以禦乎？曰：能禦。濠深六尺，寬八尺，此土必出於兩岸，則此溝兩岸各有高六尺寬四尺之穿土。易高爲寬而以寬爲高，則濠兩岸有四尺高六尺寬之土，此土當遠濠三尺，勇丁伏其下，炸礟若來，落於身後六尺深之濠，開花後不能傷及勇身。若塹則兩旁取土，自成寬四尺深六尺之濠，炸彈飛來亦落於勇丁身後濠內。濠塹之形相反，而用適相同，於禦炸彈尤宜，此顯而易見者也。

然則濠塹果成，鄉民即可禦敵乎？曰：此不可必之數，亦視用之之人何如耳。中日之戰，徐慶璋守遼陽，州獨不陷沒，聞即用掘濠之法，以土鎗守之，敵不敢犯。然必一邑之中人心能固，不聞風逃竄，一處有警全邑赴救，而長吏尤須別有援勦之兵以戰爲守，而團以守爲戰，兵、團相倚，未有不能自固者也。

[一] 攤：原作「灘」，形誤，今改爲「攤」。以下逕改，不再出校。

團以守爲戰，兵即以戰爲戰矣。胡謂以戰爲守也？曰：戰於野，即所以守城也。若不能禦之於境外，則外洋巨礮、炸礮一至城下，炸礮攻城中，巨礮攻城外，城決不能守，前此之廣東省是也。故今日與外洋相持，有戰法無守法，有守野法無守城法。濠塹若成，敵礮不能至城下，是即守法也。且濠塹若成，赴援之兵每至一處，得預掘成之地營，有立足之地，決不致望風而潰。兵心既固，團丁之心亦固矣。行見遍地皆兵，敵人聞之，或且自阻其謀矣。

濠塹成，兵團皆可戰可守，其奈中國民不知兵，積爲怯懦，聞敵先驚棄而不守何？曰：是則然矣。獨不能從此訓練乎？時勢至此，尚憚訓練之勞，是爲有心人乎？擬請各縣先辦團練，次辦濠塹，濠塹若先成四五里，即挑勇一營，用鎗礮轟其濠塹，使鄉民人人知其可守。鎗礮不能傷，心中毫無疑義，即令團練操演，皆憑濠演習，敵至，自無畏怯而能守，能守自能戰。縣縣如是試驗，民心不由此而固哉？

抄後旁擊之法，鄉團豈能盡解，得無空談不可用乎？曰：兵得預掘成之濠塹，而有鄉團協守，則兵勢厚。分枝易分數小校，各帶數伍協同鄉團抄後旁擊，無不如意。數次之後，鄉團皆知兵矣。然則何不待敵至始掘築，而必預勞吾民也？曰：敵至始掘築，則不及之勢也。敵至始掘，僅能掘築向敵一面之濠塹，濠未成而敵先爭，必掘築不成，即掘築成一面，抄後旁擊，我無可出之道，則營壘之濠塹而非戰陣之濠塹，且鄉民聞敵已遁，誰爲掘築者？故此事宜預爲也。

濠塹能阻礮車，必能阻糞田、納禾之車，不能出入田畝，有妨農功，將奈何？曰：此易爲也。田首各爲坦坡，寬容一車，濠能上而塹能下，則田車通矣。聞警之時，田家各剷去坦坡，一朝可畢也，何妨之有？

「敵由吾濠塹而來，何以禦之？」曰：「道僅寬八尺，頃刻，濠可橫築一塹，塹可橫掘一濠，既可以禦之矣。且我處處有濠塹，敵決不敢聚兵一處，行於寬八尺濠塹之道，魚貫而前也。」

今洋隊整齊，凶悍異常，前者雖死，後者繼進，其礮火之密謂之火線。設前布火線，行於溝道塹道，我縱築斷溝道，掘斷塹道遂能禦之乎？且回匪視洋人之技，疎劣甚矣，前此陜中之亂，北原一帶，民皆藏於地窖，匪以鐵叉〔二〕持火炬照前，槍隨其後，雖深三四丈，長數百尺之地窖，猶敢深入，況地面之濠塹，外洋之兵反不敢直前乎？曰：此則在訓練矣。人之畏敵者，謂其技精器利，戰則萬不能勝而必死耳。果平素知濠塹可禦鎗礮，則伏而守於濠塹者必不死，遁而走於平地者必死，誰不願守而不死，而走以求死乎？則隱寓束伍法矣。溝道、塹道皆百餘步，兩旁有避車處，取守百餘步之人聚於避車處，則又可抄擊其旁矣。敵立行而前，我伏地而守，敵礮雖精，中我也難；我礮雖笨，中彼也易。此時，有赴援之精兵從旁通之道而來，與守者夾擊，烏有不勝者乎？溝塹縱横交通，彼敢直前，我可截彼爲數段，短兵入其隊中，彼之鎗礮均無所用，故濠塹能使兵民一心，互相援應。中國民數最稱繁盛，遍地皆兵，雖大開海口，延之使入，彼亦不敢入矣。至於狪匪能入北原地窖，則民畏而匿，非據而守也。雖有天險，苟無人守，敵未有不敢入者也。

然則諒山、馬江、旅順、威海、劉公島之形勢險要，皆不如掘築高深六尺之濠塹乎？天險且不可守，而況人爲之險也？曰：是，又不然也。諒山、馬江水陸不同，皆與敵以火礮相角，而非憑地之險要以守爲戰也。若旅順、威海、劉公島，則前所謂守城垣、營壘、礮臺者，必敗之説也。敵船能載巨礮轟其下，而從他港登岸攻我後。道光時，定海、招寶山三總兵，戰非不力，而亦無救於敗，豈獨旅順、威海、劉公島之不可守哉？不戰而守，分則力薄，聚則防疎，人則乘隙蹈瑕，以攻我之薄與疎。中國水陸邊防四五萬里，人聚而攻則有餘，我散而守則不足。今海軍已沒，海口通商，敵船任便出入，一旦有事，皆將與我戰於內地。西北陸地邊防二萬餘里，素無預備，尤防不勝防。此後有事，我與敵將爲內地之戰，無所謂沿邊之守也。兵之器械不如人，訓練不如人，即從此加意製造訓練，而屢敗之後，士氣沮喪，一聞洋禍，無不畏怯，豈易反敗爲勝？況又財力支絀，製造訓練力又不能乎？故欲中國力能自支，非團練不可；而欲實收團練之效，非遍爲濠塹不可，故濠塹者，非專爲禦敵礮，實以固鄉民之心而鼓其氣也。

〔二〕叉：原作「乂」，形誤，以下逕改。

濠塹若成，我可以禦敵，敵若得之，不反有以禦我乎？曰：此不明客主之勢之説也。敵，攻人者也；我，自守者也。敵戰於人之境内，我戰於我之國中。敵果據我之溝以禦我，敵入我境不能勝我，而僅自守，氣已餒矣。我何難四面攻擊以勝伊？即不攻擊，與之相持，客兵利在速戰，彼入我境，糧運不繼，不且坐困乎？故濠塹有利而無害也。西人堅忍異常，兩軍交鋒，日夜相持，有至十餘晝夜之久者，鄉團能如是之忍耐不懈乎？曰：此則有番休焉。遍地皆團，如守十里内之濠塹，十里内之團守於前，二十里内之團守於後，三十里内之團又守於後。守及一日，則二十里内之守者移向前，三十里内之守者代其後，十里内之守者休息於後；次早，則三十里内之守者移向前，十里内之守者代其後，二十里内之守者休息於後。如是番休，持於前濠者僅一日，則力不倦而可持久矣。

此法子自私心創之乎，抑於古有證乎？曰：濠，即古溝洫；塹，即徑遂也，然亦時變所迫不得不然耳。古者風俗純樸，兩軍相戰，敗之而已，不重傷，不擒二毛，殺人之中尤有禮焉，亦由溝洫、徑遂之法，縱横相貫，不能廣陣數里長驅而前，故兵禍不烈。至春秋，井田漸壞，中國多平原，車漸變而爲騎、步，横陳大陣，排擊而前，故戰國每一交鋒，兩軍相殺有數十萬之多，然利器僅爲弓弩，甲胄尚可禦之。至前明，火器入中國，甲胄漸不可禦，故今軍營直棄甲胄不用，而洋人火礮極烈，惟恃濠塹尚可支持。明末盧忠烈之守大名、守鄖陽，我朝平三省教匪之堅壁清野，均用團練、堡寨，此即濠塹之端倪。至近日平捻匪，諸名公謂流賊惟在制之不流，力持縮地圈賊之法，而濠塹之功用大著。天殆惡火礮殺人之烈，故時勢推遷，俾欲不爲濠塹而不能。今之西人直類蚩尤，中國不以黄帝制蚩尤者制之，更無制之之法。井田、溝洫、徑遂之法，始於黄帝。西人謂我中國爲黄種，中國氏族本多出於黄帝，則救黄種之民即復行黄帝之法，冥漠中似有陰使之者，苟能力修濠塹，中國自立之策，庶基於此矣。

濠塹即古之溝洫、徑遂，其利如是，秦何以廢之？六國患秦，無異今之患外洋，何以不復溝洫、徑遂？孟子陳王道，何以不言於齊、梁，而但使滕行之，且行之但言均賦，不言能禦敵，又何以故？曰：車戰易爲騎、步，濠塹可以限敵，亦可以限我，秦志在攻取，故廢之。六國非僅求自守，皆思攻取，故亦不甚措意。惟滕則僅求自全者也。然禦弓、矢、刀、劍之器，騎、步之兵，則濠塹不如城池之高深可恃，故孟子爲滕言守國，則曰鑿築城池，而以井地爲經界之用，時勢不同故也。今欲禦敵炸礮、巨礮，聚而守不如散而守，守於上不如守於下，故城池不如濠塹之適用。使孟子爲今日中國計，亦必舍城池而言濠塹矣。

然則有濠塹，城池可盡廢乎？曰：不可，不惟不廢，且宜多築。濠塹以城池爲腹心，城池以濠塹爲手足。米粟之積、鉛藥之藏、一切器械以及老弱、妻孥、室家、牛馬皆宜有城池以衛之，不惟官署之宜有城池也。有濠塹而無城池，設一路疎防，賊以輕騎馳過，不必炸礮、巨礮，我之城池皆失，民之室家、積蓄蕩然，雖有濠塹，民尚能固守於外乎？故城池、濠塹，互相爲用者也。

每相去三十里各爲一寨，有警則老弱、婦女、牲畜悉移其中。而此寨中須預爲倉庫，庫以儲軍器、火藥、鉛丸；倉以儲糧食，糧食尤要。有事之時，守濠赴援之團丁須公中給食。近敵之村，老弱移入大寨，不必攜帶私糧，其私糧即借爲行營之用，而倉中出公粟補還其家。事定後，所費一邑均攤，而平時辦義倉，不得不認真矣。

濠塹團練爲之之序何如？曰：其樞握於保甲。保甲得人，團練成矣。團練既成，濠塹易爲也。興築土功易，固結人心難，人心能固結，何事不可爲？濠塹固，不勞而定也。

然則先固結人心可矣，子又何必嘵嘵於濠塹？曰：人心固結，可以空言市乎，亦可以空言信乎？故欲驗官民之心固結與否，即以濠塹試之。其邑之濠塹成，而民貼然。必賢令能結民心也，亦必良民能體官心也，故一邑之濠塹成，即一邑之人心固，而一邑之守固矣。一府之濠塹成，即一府之民心固，而一府之守固矣。一省之濠塹成，即一省之人心固，而一省之守固矣。天下之濠塹成，即天下之人心固，而天下之守固矣。苟舉中國之道路，蛛網交絡而胥濠塹之，整齊不亂，則中國官民之心固結如一，可知敵人視之必將凜然斂手而不敢犯我也。然則北省可無處不濠塹乎？曰：山中不能，宜易以碉卡，如傅重庵之行於苗疆者，其成功尤易，蓋有自然之險可因也。傅重庵且戰且碉，故數年始成。若無事時爲之，如陝西南北二山，不一年即可畢功。碉之制與前異者，宜低不宜高，宜暗不宜明，宜於山峰轉折敵礮不可及之處，不宜正面向敵、敵礮能聚擊之處。此外，則南山團長須慎擇正人，俾訓多於練；北山民少，團練不易成，須費經營耳。

高原之路，掘深六尺，大雨時行，積潦泥澮，不阻行旅乎？曰：濠塹百余步皆須爲兩車相逢而避之處，是處須寬倍之。而掘濠則此處須爲一池，使足容百步長八尺寬溝道之水，則道路決不患泥澮矣，塹路中高旁下即免此患。惟衝衢須寬四倍、三倍，如今之驛路，池亦須大三四倍，此定法也。

其濠塹村落如何？曰：如縣城爲戊居中，縣之東必有村甲，西必有村庚，溝其路而通之，此限南北一長濠也。縣之南有村丙，北有村壬，溝其路而通之，此限東西一長濠也。又於四隅村乙、丁、辛、癸，各於戊斜通，而癸通甲、壬；乙通甲、丙；丁通丙、庚；辛通庚、壬。則由東而西者，先限於癸甲乙之濠，次限於丙戊壬之濠，終限於丁庚辛之濠。自南而北者，則先乙丙丁濠，次甲戊庚濠，終癸壬辛濠。由是而更外之乾戌亥子艮丑寅卯巽辰巳午坤未申酉，則二十五里內縱横有溝五道，更及斜絡之道，二十五里之内即有二十五溝矣。鄉村錯落，原不能如圖之整齊，然陜西平原最曠之處，未有五里無村居者。苟聚一縣，鄉村道路畫於尺幅，其縱横交絡未嘗不如是，且恐較是爲尤密也。圖[二]見後。

[二] 圖：原闕，據張鵬一年譜補。

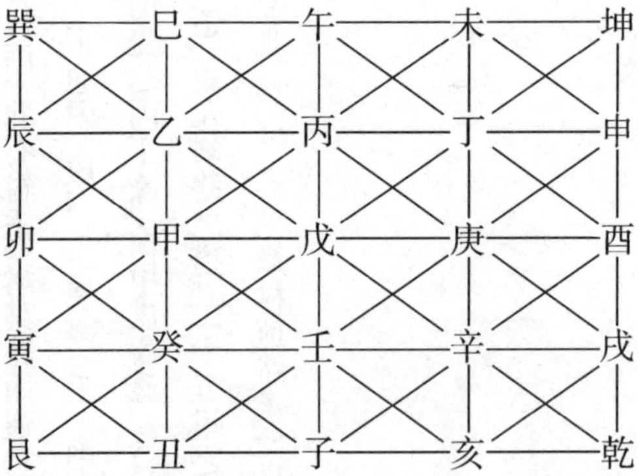

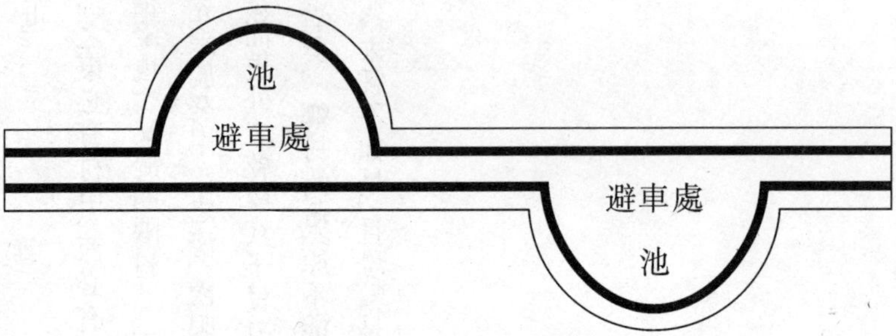

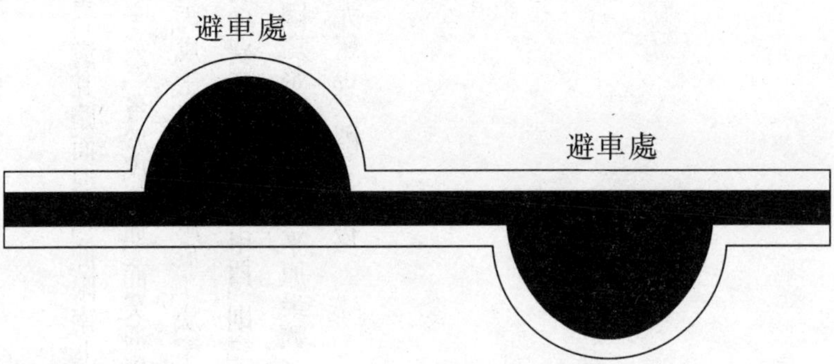

其濠塹之式如何？曰：掘濠之土，去岸三尺，堆爲一嶺，百餘步爲池處，即留餘地，爲兩車相避之處。池視道之寬窄而爲之，掘土築塹，兩旁自成爲濠。惟此濠須各去塹三尺，使守者有容足處，其兩車相避處，塹應加寬丈餘，濠仍周於外，濠外不宜堆土。賊東至則守塹西，西至則守塹東。守者身後有溝，前有塹，敵礮決不能傷也。

濠塹既成，更宜加意團練。團固貴練，尤莫要於訓。中國不武，民俗偷惰，弊在政與教分，文與武分，兵與民分。官府有政刑而無教訓，則民知畏官府之法，而不知感官府之教訓。無教訓即無團練，則無人爲守矣，與無濠塹同。教訓非朝夕之事，救急宜選公正有學問之練長； 本原之計則在整頓鄉學，復古小學之制，使民十五以前馴其性情，嫻其技藝，書算兼通，文武並重。則測繪之事，攻守之宜易，爲講解明晰。其事尤要，予別有説，茲不贅也。

外夷訓練之精，能勝中國之兵，不能勝中國之民，非不能勝也，不敢勝也。近日外洋風氣大開，純尚詐力，反無不藉口於仁義，故軍令極嚴。兩國戰爭，殺戮極酷，而於傷者醫之，降者全之，民閒則初若秋毫無犯，蓋懼衆怒難犯人人與之爲敵也。今我中國之民，除投教愚民不足論外，其他聞洋人侮我中國，無不切齒。然臺灣之割，民雖起公憤，竟無濟於事，不預謀於其先也。今能遍中國之道路而溝塹之，即遍中國之民而訓練之，此事果行之而成，與齊之內政、軍令何異？官民一心，兵團一氣，所謂衆志成城，我固無隙可乘矣。外洋傳教、施藥，每遇荒年，捐資振濟，皆所以要結民心，使向伊而不爲我用，其蓄謀最深最毒。今睹我上下固結情形，敢生異心哉？用兵入人之境，而人人與之爲敵，洋人必知難而返。故濠塹不成，是中國自棄其民，非中國之力真不足以自固也。

西人兩國用兵與民無涉，敵兵亦不擾民。若民起義兵，助其國家，則西人謂之亂民，必殘殺屠割，盡遷其人，流之荒島。今子爲濠塹、團練，俾鄉團助官兵，不觸西人之忌而召殘殺、屠割、遷流之禍乎？曰：西人滅人之國，果不擾害其民乎？美國之民何以逐英官而自立國也？且西人亦自謂不滅人國，盡收其土地人民之所入，而不廢其君。如今之安南、緬甸以及印度，其君皆在，是西人不滅人之君不滅人之民，而所滅者果何在也？禁民之助戰，未嘗禁民之自爲保護，則鄉團亦姑用其説與之相市，謂我鄉團第自相保護不與戰事。敵兵若不開礮擊我守濠塹之團，我亦不擊爾官兵。用團之時，須調別處之團，使穿官兵號衣，即與官兵無異。彼不能禁我之募民爲兵，安能禁我之募團爲兵？則鄉團之不助官兵，特不穿鄉團之號衣以助之耳。故此事初起，必倡民爲自相保護，與國家無涉。凡在團練，境內無論何國商民、何國教堂，一體保護，不分畛域。彼不與團練爲敵，則朝廷暗收其助；與團練爲敵，則朝廷明收其助。果盡中國而團練之，彼不敢與團練爲敵，即不能奪我之土田，彼用兵於中國將何爲哉？故濠塹成，則團練可恃；團練可恃，而中國之守固矣。

予生平未入營伍，未見戰陣，雖讀中外兵書，紙上空談，不敢信爲有用也。況舉天下之道路而濠塹之，此事豈不駭人聽聞？而謂足禦外夷，私心所擬，豈能全無窒礙？然運極必復，井田、學校、選舉皆有終而復始之勢。濠塹其道路，較舉大塊而溝洫徑遂之，其簡易當百倍。明之季也，黎洲主復井田；亭林主行封建。亭林之封建在去郡縣之弊，而非泥古之封建也；則黎洲之井田必不泥於古而可行於今。惜予未見其書，不知其法若何。予之説，則本溝洫足限戎馬之意，而苦西洋礮火之烈無可抵禦，漸聞地營之制，尚未深信，後讀周易，兵戈用金而易則取象於離，聖人直預知兵器之變，而用火矣。然甲胄所以禦戈兵，離亦象之，始悟兵以此始，亦以此終。聖人名兑澤、離〔二〕火之卦爲革，固明示以用金發火。世運至此，必當變革，而象詞「已日乃革」，已，土也，則謂革槍礮之烈非土不可矣。濠之爲象，外實中虛，與甲胄同。禦戈兵以甲胄，禦槍礮能不以濠塹乎？近日西人知礮臺不足恃，皆平夷之而守於地中，上爲尖圓之形，西人亦漸悟及濠塹矣。我中國海軍全沒，兵器朽鈍，一旦豈能整頓？則不如用此拙笨之策，守我陸地，與之相持，或可勝巧以拙也。嗟乎！井田始於黄帝，黄帝以兵事起者也，今我黄種欲自全於礮火之世，烏能不用黄帝之法哉？

〔二〕兑澤離：三字原不清，據易革卦形「兑（澤）上，離（火）下」補。

團練私議　煙霞草堂遺書十七

咸陽劉光蕡古愚

敘

近世言兵事者，不出於經制、召募二途，或用以禦外患，或用以清内憂，其成敗利鈍則視其在上之才智與所遇之强弱以爲衡。若夫伏莽在野，乘機思逞，隱踪飄忽，來去無常，任其責者，當爲釜底抽薪之計，不可狃于故常，致一發而不可收。古之人善用其制，使兵競於外，民安於内。齊之軌、里、連、鄉，秦之什、伍相收，號稱上國，世莫與爭。圖治有本，勘亂無形，其義不可不深思也。民國建立四年於兹，海波無驚，重兵分駐而草竊蠢動，民難安業，殺人越貨，時禦國門。忍之，則有厝火積薪之懼；誅之，則有千鈞鼷鼠之譏。多壘興嗟，豈惟士夫？芹曝思獻，切於野人。吾師古愚，當清中日戰後，深思遠慮，著團練私議一書，削稿在篋，藏而未刊。頃，取而讀之，其設局、簽丁、選士、教練諸法，豈惟一時至計，實亦彌亂大謨。蓋民者，兵所從出也；國者，野所由聚也。不於民之井田、身家加之意，而日言兵事言武備，猶治絲而棼之，揚湯而沸之，兵愈多，禍愈烈矣。先生此議，團練一省之人之什伍者，其迹；團練一省之人之心志者，其精神。精神固結，可以親上死長，撻彼甲兵，何小醜跳梁之足患？然世或以常談視之，則曲突徙薪見惡恩澤，宜吳市門卒之所以一往而不顧也。乙卯十月，弟子張鵬一敘。

團練私議

去歲冬，聞德人據膠澳，眠食俱廢者數日，因思苟全之策，不得不棄海口而守內地，爲壕〔一〕塹私議三十餘條，出以示人，人咸迂笑之。芹不適於珍羞之口，曝無當於狐貉之躬，自古爲然，固無足怪。然習於麤糲，嘗芹誠甘；習於單寒，得曝誠暖。天下貧者多而富者少，安知芹曝非衣食之本源，而珍羞狐貉之爲後起也？饑寒交迫，復無所之，則返於其初。滹沱、咸陽之麥飯燎薪，視芹曝爲何如哉？顧芹有食之之法，曝有向之之法，即壕塹必有所以爲固之法，獻者必並其法獻之。壕塹之可守而固者，其法維何？則固結其民心而已，今之所謂團練，孟子所謂「與民守之，效死勿去」是也。世每謂團易而練難，不知練習其耳目手足，此其法易；團結其心思志慮，此其道難。曾子曰「上失其道，民散久矣」，孟子曰「逸居而無教，則近於禽獸」，遇患難則紛然作鳥獸散，不團練之謂也。故團則可練，而非上之不失其道，烏能團而不散哉？今詳團之之法，而訓練附焉。行之三年，民果不可用，蕡願自拔其舌，以伏狂言之罪。然世仍有疑焉者，則以山東、河南之捻匪起於團練，遂因噎而廢食，不知山東、河南之弊由於官庸而團長非人，非民之强可爲亂不可爲忠也。故未言團練，先揭團練之所由弊，而著其防之之法於首，覽者可以知所從事矣。

問：子言壕塹非團練守之不可，今日尚可言團練乎？苗沛霖、張樂行、龔瞎子亂於皖豫，皆團也；山東軍興記略二十二篇而以團匪終，可不以爲永戒而復揚其波乎？曰：是非團練之咎，不預爲團練之咎也。平時漫不教民，一旦寇至，倉卒爲團，固不暇擇人而授之兵。即擇矣，視兵爲麤獷之事，則向之暴横鄉里能以力脅民者與其選，勢成而不可制，抗官、鬧署、抗糧、劫獄而叛以成。甚且官不保民，賊至，民無所逃，聚而自謀其生。團之始不令於官，團之成，官何能令？而官

〔一〕壕：遺書濠塹私議中均作「濠」。

又頗行其平日之威，則與官以勢力相角，而團爲匪矣。皖、豫、齊之亂，固無一不由此者。不教民而用，而謂民不可教以爲兵，民不任咎也。然則團練者，政教之精微，不可以倉猝爲也。

敵患未至何以團練爲？曰：此正爲團練之時，至則不及爲矣。孔子曰「善人教民七年，可以即戎」，是團練宜豫之説也。又曰「以不教民戰，是謂棄之」，是不團練之説也。孟子曰：「今國家閒暇，及是時，明其政刑。雖大國，必畏之矣。」是無事時團練之説也。團者，聚其民也；練者，治其民也。「何以聚民曰財」，則輕徭薄賦，耕稼樹蓄，養民之道備矣。「何以治民曰義」，則省刑罰，立學校，修孝悌忠信，教民之道備矣。教養兼舉，豈旦夕所能奏功？聖門顔子有王佐之才，次即子貢，其問政，則曰足食足兵，民信之矣。信方可謂之團，義方可謂之練。王者以仁育民，育莫大於衣食；以義正民，正莫大於兵刑。故兵食者，仁義之麤迹；仁義者，兵食之精華也。聖人論政，不外兵食。團練成，爲治之能事畢矣。

粵匪之亂，朝廷命各省巨紳爲團練大臣，遍行團練，今可仍用其法乎？曰：不可，是頭上安頭，伏官紳相角之端也。千古之治必統於一。爾時各省均有團練大臣，有利無弊者僅一湖湘，他則利害半之，其故何也？湖湘之利，以駱文忠、曾文正皆賢者。他則紳賢而官非，團不能成；或官賢而紳非，團適爲亂。即官紳皆賢，而一省之政既出於二，即分辦之官紳不能不有左右主，積小成大，嫌隙生而團不可爲矣。況湖湘團練終歸撫辦，使文正不出境剿賊，日在長沙治團練，豈更無鮑起豹其人者，出於齟齬？曾駱雖賢，亦恐難善其後。故不如采唐宋之制，即以督撫治團練，官紳皆督撫所轄，則制出於一，庶有利而無弊也。

督撫地方之事繁矣，何暇爲團練？曰：今日地方之事有大於治兵者哉？海口全失，戰船既沒，敵以戰船載陸兵入内地，要脅割地，何以禦之？一國得志，各國效尤，膠澳、旅順之事是也。六七國相率偕來，中國雖大，能供其無厭之求哉？不數年而地盡矣。故今日有地方之責者，當爲自戰於境内計。寇氛甚迫，鄰援難恃，時勢岌岌，已昭明較著矣，任封疆者尚不自爲計哉？

督撫各有兵，勤爲訓練可矣，何必又爲團練？曰：此言似矣，而未盡得也。積弊所極，勢難驟返，雖聖人無如之何。

所謂琴瑟不調，甚者必改而更張也。請以前事證之，八旗禁旅雄於天下，至乾隆中葉猶然，及苗疆之役，雄兵宿將卒未底定，而一同知練勇建碉，卒收全功。傅重庵。繼以三省教匪，額侯之純誠、德侯之忠勇，而彼時鄉兵之名將特著二楊、羅桂之將出焉。時去金川之役，曾幾何時？聖人在上，何不舉旗營而精練之，而必募用不知兵之鄉人，何也？至於海疆事起，楊芳失機；粵逆勢張，向榮敗潰；亦久經戰陣之兵，夙有功績之將也。而曾文正乃用諸生爲將帥，聚鄉人而練之，竟奏中興之績。故時變所趨，非人所能爲也。今門戶洞開，各國環伺，敵用民兵無不精練，我而養兵以待，財苦不支，募勇成營，苦不及練。惟有團練之法，練之爲民，募之即兵，敵入內，則又無處無兵。故今日有不得不團練之勢，且不能不團練之時也。

督撫何能遍一省之民而練之？曰：此有法焉。省中設一團練總局，規模如大書院，延通中西兵法者四五人爲之師，選一省英俊之士四五百人每縣約三四人，須各縣皆有人。廩於其中，編近日戰陣新法爲一冊，使師與諸生講肄。又舉所選之人編爲隊伍，號令亦如營制，帕首執械，朝夕演之。五日督撫一閲，如課書院，例優者重加獎賞，延之署內接談，以視才識器量，選得若干人，使之各歸辦其縣之團練。其人由督撫獎拔，即援書院例收爲門生之列，則一省之團長皆督撫之弟子，即一省之團丁皆督撫之子弟兵也。一省團練之權非督撫猶操之哉？此即胡文忠寶善堂之意，亦即古開幕府之意，非予之私見也。

然則州縣之團即以州縣官治之，何必用士？曰：官之賢否不齊，去來無定，賢者爲其始，繼者無人，則團練廢矣，故願爲團練，非土著之人不可。古者可以寓兵於農，以鄉官多也。今擇團練長如古擇鄉官之法，則團練可久而無弊端，且無往不利。一邑之士固可由官所擇，而非如官紳之已列仕籍或有瞻顧而不得擇也。

擇士之法如何？曰：以州縣舉者爲主，參以監司之薦舉及督撫之採訪，取其敦厚純樸、器識宏遠者爲上，學問優長、才具聰明者次之，浮華巧捷、習於虛文者不可用。勤接見以察之，廣延攬以求之，未有不能得人者也。

每縣三四人即可治一縣之團練乎？曰：團練宜漸而持久，不宜刻以求成。此三四人者學成一二人，即使之歸，教一二百人，其縣又送一二人來省，學成又使之歸，如是三年，各縣必有萬人知兵。以陝西論，已有百萬民兵矣。此後，但令在家學習，縣官分季驗操；府憲秋後調操；撫憲則三年一閲，而又不時抽閲，且時調團長詢問團中事項，以察其材。材可用者，即可特保官階，團練成，人才出矣。

團練之法，三月即能熟習乎？曰：此所以用英俊之士也。彼既讀書即識文字，如紀效新書、練兵實紀、防守輯要以及防海新論、普法戰紀、陸操新義、中東戰記等書，專心爲之，一兩月可卒業；又身習其步伐、號令，不待三月，必能如法演習。古稱學斅相半，歸而教人仍是爲學；即教而知困，其困處正是進益處。有省中團練學堂可以函詢，或親自赴省復習，或省派教習往察，至於團丁雖多不識字，然使之知號令步伐，使用鎗礮刀矛，掘築營壘，皆人人可能之事，不過三月必已熟習。今之臨時召募，豈有寬暇之日演習精熟而後整軍而出哉？

三月即能習熟，則編爲一書，發之州縣，使士子學習，何必調省教之也？曰：此有微意焉。一省之兵須統之督撫，其營伍步伐號令均須如一，團長即營中哨官什長也。督撫未見其人，何由識其才否？且各縣之團長，彼此不相識，一旦有事，彼此豈能相助？今同居一堂肄業，即有同學之情，痛癢可以相關，即奉調湊合成軍，團長早已相習，亦不難水乳交融。曾文正練勇，統帶均其故舊、門生、子弟，所謂團其身並團其心思志慮者，此也。

二百人學習三月，散之而歸，則終年荒廢仍無團矣，有事何足恃哉？曰：不如是也。二百人之來縣也，即擇二人爲百長，二人爲百副，二十人爲什長，二十人爲伍長，其學成散而歸也，即爲保甲之保正、甲長、牌頭。其未赴縣練習之丁，皆編爲什伍，而令已練者長之，則一鄉之團練成矣。官每月在縣設課考技藝，秋後率以合操，則此二百人者方且各教十人，而何荒廢之有？縣中又調別鄉二百人來縣學習，學成亦如之。如此四易，一縣之團練成矣。

如此則經費不已鉅乎？曰：此難言也。然此何等事，而可惜費？況朝廷日日裁兵，裁省之費不可移以爲團練乎？民，出食以養兵者也；兵，出力以衛民者也。兵不能衛民，民又何必以食養之？即盡以之辦團，亦得其平。我朝永不加賦而私收火耗，一兩正銀竟加至五錢七八分之多，不可少出其餘以治團乎？明行一條鞭，差徭即在其中。今各縣均別有差錢，則其浮費皆有餘項，不可以團練乎？故督撫不能除一省之弊，不能强一省之兵。駱文忠、胡文忠、曾文正、沈文肅皆辦折漕而後兵强者也。然此非草茅所敢言，惟有教民之費仍取之學校。每縣廩糧二十分，悉數提用。又於各大書院即縣書院酌提膏火，使足備教練團長之用廩糧。康熙時三藩之變，曾提以充軍需。書院膏火，則回匪之變，陝西無縣不提用者，今僅酌提每歲之息，事必易行。至於團丁之口食，則仍用前涇陽縣丞許文峰之法，十家養一丁，似亦可行。每年四丁操練，二年半可畢；每年二丁操練，亦五年可畢。以後，各鄉有團，士皆知兵，農隙之時，童子皆可就家學習而費省矣。

然則團練固如是之易乎？曰：團之麤迹不過如是，若其精微，則非團丁所能知也。以恩感之，使樂於用命；以義閑之，使不至爲非；而且激勵之，鼓舞之，使人人忠義勃發而不至積久而懈怠。此則三五年中，省憲之心須日周於各州縣之團長，州縣官之心須日周於各鄉之團丁，知其技藝，並知其性情，而後團可用也。

不但此也，編戰陣新法尤須編訓誡之法，取中興名將由士庶微賤出身者，如羅、李、楊、彭、多、鮑、劉、黃及現在之宋、董編爲俗話，每一操後即與團丁演説，又舉祖宗仁政及古今忠義節烈事爲愚民所知者，相間演説，其感人最微，收效甚鉅。近時名將，以有功陝西聲名素著者爲先；古時名將，以關忠武、岳武穆爲先，以小説多有，鄉民所知也。近出小説有蕩寇志，暗指洪寇，並有洋患，力破宋江忠義之説，用意甚佳，不妨爲團丁演之。

近日火器日新月異，不惟刀矛成爲鈍器，即弓矢亦全無威。擬每二百人分爲二班，一班百人，用抬鎗二十桿，每桿二人，二桿一旗手，共五十人；線鎗四十桿，旗手十人，亦五十人。二班分早午習之。早習火器，則午習刀矛，兩班相間而習。如有新出火器，兵營擬全改用者，即調各團長入省局習其用法，挾其器而歸，以教其縣團丁，使皆習熟。一旦有事，無處不可募兵。隨募即可成軍出戰，而且各有籍貫、身家、步武、號令，萬無雜湊成軍之患矣。

有勇尤貴知方，聖人言即戎，必以善人教之，蓋兵凶事也，不教則流弊滋多，故楚莊治兵，在國有訓，在軍有儆。古者受成於學，漢虎賁之士亦須通經知本務矣。世謂三代寓兵於農，實寓兵於學也。擬各團均設一義學，延一師名曰鄉正，亦須入省局學習，使歸教訓鄉人。遇初一十五集鄉人宣講聖諭及古今忠孝節烈事，又告以時局艱危禍至無日，使鄉人互相勸勉，戒懼無怠，每出放倉穀及大操時亦如之。有事則與團長商酌兵事，辦理文告。其教童蒙書算之餘，必兼體操。朔望尤須合舞。舞之步伐即鄉團之陣法而不然火。則童子出塾即皆勝兵，而團練更易爲矣。

鄉正即漢之三老，主教化；倉正，即漢之嗇夫，主財賦；團長，即古之遊徼，主盜賊。三人舉其職，民富而知禮義矣。漢治近古者以此。有賢令尹舉一鄉之治而責此三人爲之，事無不舉。然欲爲團練，不重任此三人，必有名無實，或轉以滋弊。

保甲重詰奸，商鞅之什伍連坐也。團練重講武，管子之内政寄軍令也。呂氏鄉約法重勸規、救恤，則周官比閭族黨法，孟子修其孝悌忠信也。世謂團練以保甲爲本，不知團練之迹起於保甲。團練之精修孝、悌、忠、信，豈保甲所能哉？故團練必以鄉學爲本。今之西國德美學校特盛，美不養兵而自固，德以教民兵而驟强，可以思其故矣！予有鄉學私議，後出。

近日鎗礮極烈，兩軍相持，全恃地營。若辦團練，宜於營壘加意講求。擬即向所謂一棚者，不用帳棚，而用地營。其法用方厚五寸長八尺之木五根，設二百人爲一營，分爲四面，每面五十人，占地十五丈。一丈五尺爲一棚，外挑海壕，内築營牆，基厚五尺，以漸而削，上厚三尺如句，以木一頭倚於牆上，一頭平委於地如弦，則股長七尺餘。五木各相去七尺餘，以次排列，上用横木間排，使不露土，即以地平下所取之土堅築其上，約三尺厚，則成房式如斧形。四面均如是，中挖一濠，則可以禦炸彈矣。

西國之兵均帶一鍬，蓋交戰之時，爲避礮火計，必須挖壕。今若團練亦宜預演。西國又有工程兵，爲造橋梁道路之用，亦宜豫謀。省垣設局，此等事必須計及。

足兵必先足食，鄉團赴調遠征，自當公家備餉。然敵入本境，處處設備，則當民自爲守。鄉團赴救本團，亦須本團供食，不預爲謀，雖有團練，不能自立。謀之之法，惟有預爲義倉。擬每團設倉正一人，亦入總局學習，授以朱子義倉及近今義倉章程並軍營支發錢糧軍火之式，糧台轉運軍火糧械之法，使歸爲倉正。平日嚴辦義倉，有事即爲糧臺之人。

團練既成，不慮與教民爲難，爲朝廷生事乎？曰：凡鬧教者，皆愚民不曉事之人也，皆亂民無守法之人也。鄉間之人不識字者十人而九，識字而明大義曉時局者百無一焉。吾官府久與民隔，民教有事，官府不聞，而教士即挺身袒護其黨。官不問事之曲直，惟教士之言是聽，摧抑吾民以伸教士之氣。教士日横，而民積憤在心。亂民乘之，播散謠言，民有積憤，遂不察其事之虛實，相與附和，而變突然發矣。事發之際，官與民素無統屬，即有良民，不能倉卒調以救護，而焚殺之案成矣。今有鄉正，平日訓戒以化民之愚，使知國家準伊傳教，我等何敢不遵？輕啟事端，即貽患朝廷，我殺伊一二人，彼反有藉口，因以要脅朝廷，正中彼國陰謀，則愚民可以恍然悟矣。即有一二不法之徒，藉端滋事，播散謠言，民則什伯有長，素有統屬，自易曉告，必不爲亂民所惑。即或不然，一縣之團，必不盡爲亂民，官亦可調不從亂之團，以保教堂。試觀自有教案以來，皆發於倉卒無團練之處，未有能團結其民、訓練其民，而地有鬧教之案也。

然則團長平日約束團丁當何如？曰：官爲預定章程，凡鄉民易犯者，使團長、鄉正、倉正公同商酌罰責，甚則送縣。考儀禮鄉射，「司正搢朴」，司正爲鄉官之屬，則亦團長類也。今蒙師〔一〕可以朴弟子，團長亦團丁之師也，何不可以朴團丁？擬每鄉賜朴一條，團長、學師、倉正公用之。常時存於學，將發倉穀，倉正搢之；訓練團丁，團長搢之。簽丁之法何如？曰：此則保甲，須實查也。十七以上四十以下爲壯，皆須入團，編爲什伍；其讀書、經商、爲工在外者，編爲餘丁，使出免丁錢；年老者爲免丁，幼者爲小丁，不入團練，均另爲冊。據現在之丁，十丁先令一人赴縣學習，九丁爲貼錢。其貼錢之數，臨時斟酌。餘丁不入團，須倍出錢。此丁學成，又換一丁，貼錢亦如之。三五年後，鄉間知兵者多，不入縣學習即不貼錢，餘丁不入團，仍須減半貼錢。保甲冊須極詳明，不準一人遺漏；團練另編三冊，一留團長處，一存縣中，一存省局學堂。入縣學習之日，擬公中籌食。有義倉者，可用義倉息麥，無義倉者，官爲另籌。

省中總局須留才尤異者一二十人，常年駐局學習。外團有事，上憲可委以往查；或團不如法，亦可使往代，與上憲之親兵無異。各縣所遣之人，須有一人居省學習，可以講求新法，並陳地方利弊，通團練消息，則上憲之耳目能周，而事無不舉矣。

近日天下大弊在上下隔閡，上憲寄耳目於士民，州縣必不悅；州縣寄耳目於士民，胥吏必不悅；然兼聽則明，偏聽

〔一〕師：原作「司」，音同致誤。據下文「團長亦團丁之師」改。

則暗。官府蒙蔽之習，牢不可破，不求通達下情而欲富强，必不可得之數也。故擇團長之才，尤須擇其品；而欲團練之成，吏治尤不可不加之意也。

苟有心時局之州縣，必以團練爲急務，必盡心力以爲之，時時志在團練。團長、學師、倉正必能得人，教戒必先，訓練必勤，收發必謹，決不至與團長等有齟齬。而一縣中大小之事，官可無不周知，周知而有以爲之。三年之後團練成，而邑大治矣。孟子曰：「善政得民財，善教得民心。」不得民心不可謂之團、不得謂之練而驅於礮火之下，是棄之死也，仁人忍如是乎？故曰：團練者，仁政之精微也。

越南之役，鮑爵帥終未到防；遼海之戰，禍迫京師，南洋水師不知藏於何所；劉永福奉調而不至；馮萃亭半道而和成；則此後無論何省有事，朝廷即令鄰省赴援，尚可恃乎？督撫無論何省，皆有地方之責。今西人縱横内地，遊行自如，不知禍發何日。不能自戰於内地，何以保其封疆乎？故今日各省督撫宜以練兵爲第一義。敵國多於昔，内患棘於昔，雖桑、孔復生，使之籌餉，亦恐無術。無餉何以養兵？然則今之賢督撫欲自固圉，亦舍團練無從措手矣。

予自丙子一赴春闈，即永伏鄉里，自謂可以苟安沒世。不意越入於法，而英取緬甸、取廓爾喀，且與俄相持於葱嶺間。俄於東方則進據琿春矣，時即有以重兵扼高麗，經營東三省、内外蒙古、新疆，而收藏衛爲内地。及至遼海一敗，日割臺灣，而德據膠澳，俄取旅順，我之海口將盡爲外人所踞。英法無所取，必不能相安，若一開戰，勝者進步，敗者必取償於我。人之勝負不可必，而我坐以待亡矣。即不開戰，苟且相安，一有事故，一國進而各國俱進，中國雖大，經各國之日割月削，其能支及十年乎？身世之危，視厝火積薪、中流舟漏尤爲過之，使洛陽少年生於斯時，吾知其痛哭不能成聲，淚盡而將繼之以血也。嗚呼，悲已！

右議將以守壕塹與敵内地相持。春間已屬稿，繼因朝廷頒新命，刻意圖强，私心竊幸，不復以此稿示人。及中秋後政復由舊，而此稿依然在篋，不忍棄去，命録存之。戊戌鄂北愚叟識。

煙霞草堂遺書後跋

紹涑入民國，兩佐三原王幼農道尹治，丁巳夏，道尹解粤海任，既梓其師咸陽劉古愚先生煙霞草堂文集，復以遺書囑紹涑參校讎之役。辛酉冬，諸書次第校刊成，都計若干種若干卷，得遍讀之。歎曰：「道之顯者謂之文，讀聖賢書，悟聖賢道，自能爲聖賢文，非勉强致也。」後世攻文之士，未窺道奧，欲以立言鳴，孜孜兀兀，久之亦或窺道之邊際，於是因文見道之説起，文始與道離矣。僞儒拙於行文，又妒他人之工，乃鄙文爲無與道，且有謂工於文爲賊道者。然則宣聖所稱「言之無文，行而不遠」，獨何爲哉？

先生講學秦隴，不襲道學家言，其推求唐虞三代盛世之治，謂由君師政教合一，郅治之隆基於治鄉，爲漢宋以來諸儒所未見。及其謂孔子去魯爲避禍計，較孟子以微罪行不欲爲苟去之説尤精，實能抉前人所未發，提後進以先覺。通天地人謂之儒，先生足當之矣。喜見斯刻之成，因綴數語於篇末。仁和後學周紹涑識。

煙霞草堂遺書續刻

飲冰室叢書初集

煙霞草堂遺書續刻序

光緒丁酉，余視學秦中，始識咸陽劉古愚先生。時先生方主講味經書院，陶鑄多士，有安定之風。秦學使向駐三原，距味經一日程，暇輒過從，商訂課業，歙焉如磁鐵之契也。逮戊戌政變，秦之官樞要者馳書當道，於先生詆諆甚至，先生微聞之，遽引去。余固留不得，爲纍唏久之。庚子，余丁艱去秦，逮甲辰至京，則聞先生已於前一歲歸道山矣。辛亥鼎革後，蟄居滬上，晤王君幼農爲先生高弟子，枽先生煙霞草堂遺書數種見贈。越歲，復續枽其尚書微、修齊直指評、味經書院志附藏書目録三種，工峻，屬序於余。余惟先生之學，淵源姚江，會綜洛、閩，而又淹貫經史、算術，一以致用爲歸。生平履綦所至，凡夫砥躬澤物、經世利用諸端，罔不劬悴心力，規畫引導，匪獨見心地之懇摯，抑亦可謂體用兼賅者矣。夫關學如宋横渠、明二曲，其於聖道固不啻如豐隆震蟄，列耀燭迷，然數傳後，下之則資口耳、局形器，而於大本大原之地未能洞澈，根基弗立，缺陷遂多，終不能拔於流俗，其弊也拘。高之則張皇幽渺，徒尋向上工夫，遺棄事物，耽玩光景，陳義縱横，而不能實事求是，習境習心，密爲牽制，卒至泛濫無歸，其弊也蕩。由斯二端，世遂以道學不能致用爲病。至於今日，則天柱傾頹，人心潰裂，讎視綱常，叛越禮教，滔天之禍，更爲生民所未有，貽害且不可紀極矣！先生之書，一本經義，既已大爲之防，而又深明於窮變通久之故、更化易俗之方。設彼蒼假年，迄今安知不爲横流中之一柱？惜乎當時既未大用，僅能就所設施者小試於一鄉，即遺箸亦尚多闕佚，斯固非第先生之不幸也！然就其志業觀之，已足使後之讀其書者追慕慨嘆於無窮矣！甲子冬，仁和葉爾愷。

煙霞草堂遺書續刻序

有清光緒中葉，天下學者稱關中大儒必曰劉古愚先生。蓋先生者，博通經史，熟於中外掌故、政教沿革，慨然有春秋經世之志。嘗講學關隴，著録弟子至千數百人。實善於甲辰、乙巳間仕秦中，令涇陽，邑有味經書院，爲先生講學之地。時與先生高弟楊君楓軒、胡君平甫游，從而知先生行誼甚悉，私心輒向往久之，惜先生時游甘隴，不及見也。政變以還，蓬轉海上，締交王君幼農，知爲先生入室弟子，搜刻先生遺著甚富。兹復有煙霞草堂遺書續刻，以實善曾官涇陽，於先生流風遺韵歆慕良篤，誣諉序言，辭不獲已。授讀一過，仰見先生政學一貫之旨與救時濟世之心，以視世之溝猶瞀儒，齗齗於今文古文之分，漢學宋學之异者，相去寧可隅域！嚮使先生手握政柄，挾其所學出用於世，則天下方且大治，寧復擾攘至今日哉？昔明季顧亭林、黄梨洲、王船山諸先生，以學術治術倡海内，雖無救於明之亡，而有清一代大儒蔚興，學術治術之隆，邁於近古，論者輒歸功於諸先生倡導之力。後有達者得先生之書，本所學發揮而光大之，則禮運大同之誼，春秋太平之世方將旦暮遇之。是則先生雖抱道以終，而著書之功與幼農校刊之惠，並千古矣！

中華民國十三年甲子五月，後學德清蔡實善

附識〔一〕

典章刻先師劉古愚先生煙霞草堂遺書既竣，同門郭君毓璋以尚書微、郭君希仁以修齊直指評、張君鵬一以味經書院志

〔一〕附識：原無此標題，據文末「弟子王典章識」補。

附藏書目録先後見示。今夏，典章返青門，檢舊篋，又獲養蠶歌括。修齊直指評柏氏刻於涇陽，味經志當時書院早已鋟版，辛亥以後，搜羅竟不可得。尚書微祇西伯戡黎、微子、牧誓、洪範、金縢、大誥、康誥、酒誥、梓材、召誥十篇，係先生授課之作，旨遠意深，多前人所未發。修齊直指評爲興平楊雙山著，貫徹天人，寓精深於淺近，先生一一評出，益發明無遺矣。至味經志乃主講書院時考教學沿革往事，詔示後來。又先生講求蠶事，取古法之可行者編爲養蠶歌括，使家人誦習，精益求精，由近而推之遠也。先生學術志行俱詳諸公叙傳，而張君熾章近又編從學記附諸簡末，益可見守道不渝、險夷如一之梗概矣。回憶庚、辛之交，校刻遺書未成，卧病經年，幾至不起。深懼素願有違，時用戰兢。今續刻告成，而遺稿猶復不少，何日網羅散失，俾先生論説胥傳不朽，則又馨香祝之矣。

乙丑孟秋弟子王典章識於金陵

尚書微　煙霞草堂遺書續刻之一

咸陽劉光蕡古愚

尚書微[一]

西伯戡黎

王曰：「嗚呼，我生不有命在天！」

此篇及微子、牧誓等篇，言紂惡不過酗酒、聽婦言、廢祀、所用匪人而已，是紂惡亦臣下爲之。子貢云：「紂之不善，不如是之甚。」非故爲紂出脱也。故君權不能不公於人，先能公於進退人才，則天子亦可世及。在位無「長惡」「逢惡」之人。雖桀、紂之惡，不能遍及天下。

微子

微子若曰：「父師、少師，殷其弗或亂正四方。我祖底遂陳于上，我用沈酗于酒，用亂敗厥德于下。殷罔不小大，好草竊姦宄，卿士師師非度，凡有辜罪，乃罔恒獲。」

先王以德陳爲法，後人以法敗厥德，一代之亡，德亡而法不虚行也。自古至今，莫不皆然。

[一] 尚書微是對尚書部分篇目的節評，對尚書原文有大量刪節，不一一標出。

惟綱紀不立，法令不行，姦人作惡公然無忌，所以大小皆好作惡而不爲善，卿士亦相效爲之。朝廷之賞罰不行，人何憚而不爲惡也？故治天下非難，公道明，天下治矣。

「小大」，指草野之民；「卿士」則朝廷之官也。治法之壞，當由上而下。微子乃先言民，後言卿士者，蓋殷紂之亂乃風俗壞也。學校無教化，即鄉里無風俗，鄉里無風俗，即朝廷無人才，否、泰之機伏於復、姤。風俗壞而天下亂，必然之理也。

「小民方興，相爲敵讎。」

小民相爲敵讎，朝無綱紀，善惡不分，小民惟力是競，天下安有不亂？凡國之亡者，皆無法以治其民也。

父師若曰：

蔡傳及僞孔傳謂父師爲箕子，書古微謂爲抱祭器之太師、少師。

「今殷民乃攘竊神祇之犧牷牲，用以容，將食無災。」

因循是廢弛之始，廢弛是因循之極。因循未嘗廢事也，因襲循行，視爲具文，不加整頓，而一事不可舉矣。

「召敵讎不怠。」

「召敵讎不怠」，所作皆亡國之事，内憂外患紛至沓來，而夷然不顧，且瞢然罔覺，而爲惡則惟日不足，故曰「不怠」也。

「我罔爲臣僕。」「我舊云刻子。」「我不顧行遯。」

此篇父師似宜從孔傳。「我罔爲臣僕。」「我舊云刻子。」及「我不顧行遯。」皆自矢之詞。箕子不臣周而遯於朝鮮，固自踐其言矣。

牧誓　國語有叙牧野事之日月者最詳，宜閱之。

王曰：「嗟！我友邦冢君，御事、司徒、司馬、司空、亞旅、師氏，千夫長、百夫長。

以君之尊誓師及百夫長，惟君臣之閒，儀文簡易，情無隔閡，所以人皆奮勉，戰無不勝也。

「及庸、蜀、羌、髳。」

「庸、蜀、羌、髳」，後世以爲夷蠻，武王率以伐紂，是紂不如夷蠻，而夷狄可進於中國也。守迂儒之説，則武王率夷蠻以亂中國矣。

經文言治兵，皆是修利器械，易所謂除戎器，傳所謂搜軍實也。

「今商王受惟婦言是用。」

牧誓數紂之惡，不過「聽婦言」、「親小人」而已。女子、小人乃能使人君陷於大惡，以致殺身亡國，可畏哉！

「不愆于四伐、五伐、六伐、七伐，乃止齊焉。勗哉夫子！

誓師斤斤於步伐之止齊，可知練兵以整齊爲第一義。

「尚桓桓，如虎如貔，如熊如羆，于商郊，弗迓克奔，以役西土。勗哉夫子！爾所弗勗，其於爾躬有戮！」

後世以天下私其子孫者，欲子孫常奉祖宗之祀，而能厚其兄弟也。乃傳子之局甫開，争之者卽爲吾子，於是欲以天下私其子，必並子之賢否不論，而爲立嫡之法，乃可以息争。以至於桀，而夏之局終矣。湯以兵起，傳子之法不能易也。乃略變通之，加之以及，兄弟可無争矣，而傳嫡之法自若也。且天子世及，諸侯亦必世及。天子不能世世皆賢，大臣亦不能世世皆賢也，而世家之禍興，盤庚是也。嫡子皆可有天下，而奪嫡之變起，高宗肜日是也。嫡，則雖以紂之惡而爲君；非嫡，雖以微子之賢而出遯。比干死、箕子遯，犧牲被竊，祖宗早已不祀，商之局終，而武王又以兵起矣。假使傳子之局仍可傳賢，微子、箕子、比干之賢，皆能有國，而商祖宗之祀自可綿綿不絶。故牧誓數紂之惡，特言「昏棄厥祀」，「昏棄」王父母兄弟，見宗廟之享、子孫之保不必遺以天下而能。然而子孫之不肖，且以天下之富有不能供祭祀、收兄弟者，傳天下者可以恍然矣！

洪範　洪範發明人參天地之理，語最精深。黃石齋之注最佳，書古微用之，宜閱。

箕子乃言曰：「我聞在昔，鯀陻洪水，汩〔一〕陳其五行，帝乃震怒，不畀洪範九疇，彝倫攸斁。鯀則殛死。禹乃嗣興，天乃錫禹洪範九疇，彝倫攸敘。

「九疇」乃禹演其數，而箕子繫詞也。禹治水爲順水之性，以奠水土，何關於金木火三行而爲不汩五行？且五行不汩，何以彝倫攸敘？可知鯀之汩陳，非僅在陻水也。是時天欲開文明之治，大變洪荒之俗，五行皆思大獻其菁英，鯀不順而導之，而欲力爲陻之。鮮食不欲易爲粒食，羽皮不欲易爲絲麻，營窟橧巢不欲易爲棟宇，舟車四載不屑乘，而懋遷有無不屑爲，甚且如荆梁、如蠻夷，宜擯之化外。謂益、稷爲亂政，宜錮之終身，雖天時人事日啟新機，稱神明之才子誕生其家，能平成之，聖人升聞於帝，而亦悍然不顧。持其偏執之見以與舉世爭，以荒陋爲純樸，而訾文明爲奇淫也，故曰「方命圮族」。「方命圮族」，斁彝倫之實，汩陳五行，陻洪水其一也。治水以陻爲主，上古法也，金木水火土之治，視此矣。舜陶漁，堯以陶爲號，垂竹矢，禹鑄鼎，益掌火，蓋皆新法。鯀皆不用，故曰「方命」、曰「圮族」也。「禹乃嗣興」，不言禹之所爲，舉鯀之所陻者而爲之通，迎天地之新機而大啟之，洪水以此治，彝倫以此敘矣。

「一，五行：一曰水，二曰火，三曰木，四曰金，五曰土。水曰潤下，火曰炎上，木曰曲直，金曰從革，土爰稼穡。潤下作咸，炎上作苦，曲直作酸，從革作辛，稼穡作甘。

西人以氣火水土爲四行，謂金木非原質，詆中國用金木遺氣之非。不知中國以有形而行於世者言之，故五行之「行」亦有作「形」者。氣則耳目不能見，謂之無形。中國以理氣並言，謂萬物禀天地之理爲性，禀天地之氣爲形，其視

〔一〕汩：原作「汨」，形誤，以下逕改。

氣較西人爲重。西人以金非原質，不敘於五行，水土亦非原質，何獨列於四行中也？

「二，五事：一曰貌，二曰言，三曰視，四曰聽，五曰思。貌曰恭，言曰從，視曰明，聽曰聰，思曰睿。恭作肅，從作乂，明作哲，聰作謀，睿作聖。

洪範五行，傳以休咎配五事，事事而求其應，物物而求其合，其徵驗多有穿鑿附會，然天人合一之理則甚精微。夫所謂天者，積氣而已，而中有理焉，以爲之主宰。氣形爲萬物，而人爲之主宰。由物變以推人事，卽事由氣化以推其理，此理非妄，則物變必非無關於人事，而特不必銖兩胥符也。去其拘泥之占，而存其傳，傳必孔門微言。人君時時以此自檢，則顧視「明命」之實而懍「帝天之鑒」者，無稍或疏矣。

五行，萬物也；五事，人也。人主萬物，而八政以綱紀之，乃有世道。五紀，世運也。

「三，八政：一曰食，二曰貨，三曰祀，四曰司空，五曰司徒，六曰司寇，七曰賓，八曰師。」

八曰師，當以爲師友之「師」。上古以兵爲刑之大者，統於司寇。司寇列於第六，第八之師不得復爲兵也。禹以司空爲百揆，而讓稷、契、皋陶。稷爲農官，「一曰食」也；契爲司徒，「五曰司徒」也；皋陶爲士，「六曰司寇」也。此處次序與唐、虞亦合。龔定菴分此爲三世：「一曰食，二曰貨，三曰祀」，萬物萌生，人各自謀其生，爲洪荒之世，春秋所謂據亂世也。「四曰司空，五曰司徒，六曰司寇」，制作漸備，政刑斯起，爲文明之世，春秋所謂昇平世也。「七曰賓，八曰師」，制作大備，教化大行，人人有士君子之行，不待法制禁令，而人以德相與，爲大同之世，春秋所謂太平世也。其見甚是。

「無虐煢獨而畏高明。

封建之世，貴胄躡位，而英俊沈抑，卽「虐煢獨」也。巡狩之典不舉，黜陟之法不行，諸侯放恣，而天子無如之何，卽「畏高明」也。

「人之有能有爲，使羞其行，而邦其昌。

庶民有善，天子何以知之？如是之詳政即是教，路寢即是學校。天子即是師，以君知民，實以師知其弟子也。

「凡厥正人，既富方穀。汝弗能使有好于而家，時人斯其辜。

按人之有能有爲，既不指在位之人，則此亦是指庶民，以下文屢言「庶民」也。則「既富方穀」，當指君所錫之福，不必指官禄也。

「于其無好德，汝雖錫之福，其作汝用咎。

用無德之人，即爲君之咎。人君以安民爲職，民之不安，皆其用人之不當也。

「無偏無陂，遵王之義；無有作好，遵王之道；無有作惡，尊王之路。無偏無黨，王道蕩蕩；無黨無偏，王道平平；無反無側，王道正直。會其有極，歸其有極。

義爲心之制，道爲心之理，路則施於事爲之迹也。凡古人歌咏，其變換就韵，非趁韵也，皆有意義。皇極之道，君當先建之，而民自會歸也。則每上句皆是戒人君，下句乃是言庶民之遵。「遵」即是「會歸」，「無偏陂」等即是有極。

「曰皇極之敷言，是彝是訓。于帝其訓。」

舊解「皇」爲大，「極」爲中。按：此解皆解其意，非「皇」本訓大，「極」訓中也。「皇」是天，「極」是理。本天理以爲天下不可易之法，故曰「皇極」。訓爲「大」、「中」，即「洪範」之謂也。「洪」，大也；「範」即範之於中也。「皇極之敷言」，謂本天理以敷陳其詞也。「是彝是訓」，勉人君之詞，謂人君當以是布爲常法，當以是垂爲大訓也。「于」如「于予治」之「于」，「于」，爲也，助也。謂助上帝以訓民也。此數句勉君敷皇極之訓，下則勸庶民遵皇極之訓，而終以天子作民父母，以爲天下王，則以天理爲政教，爲代天者之責，而民自會歸也。

「曰天子作民父母，以爲天下王。」

此仍戒人君。天子作民父母，天子當先以皇極率民也。天子以皇極率民，而民自歸往，故曰「以爲天下王」，天下歸往之謂王也。

「惟辟作福，惟辟作威，惟辟玉食。臣無有作福、作威、玉食。

黄石齋洪範講義以此爲「九，五福、六極」之敷言，惟辟能爲天下造福，惟辟能爲天下降罰也。

「臣之有作福、作威、玉食，其害于而家，凶于而國。

庚子之亂，非權自庶民出也。拳匪當威，而二三大臣福之，則仍臣之有作福也。其與洋人搆禍，則以欲廢皇上之故，爲玉食計也，與庶人何涉？拳莫非庶人，乃惡人也。

「人用側頗僻，民用僭忒。

六經「人」、「民」並用處，「人」皆指在位者，「民」指庶人，此處解宜用蔡傳。「民用僭忒」，即夫子所謂「庶人之議」。庶人應受治於上，上之所爲不足以服民心，民皆起而非議之，其議雖正，然天下之公是非不明於朝廷，僅存於庶人之口，以下議上，不得不謂之「僭」。人人議之，必不能盡歸於正，則又「忒」矣。臣之作福作威，皆所以爲一身竊玉食也，而遂壞天下之風俗，而使之亂。故天下歸往之謂王，威福之權必操之協於皇極之王者，而天下治始定矣。

「七，稽疑：擇建立卜筮人，乃命卜筮。」

古者以神道設教，卽以天統人事之意，卜筮其一也。古者用卜筮皆於廟内，皆以人主之誠通天祖之靈爽於冥漠之中，非盡乞靈於枯骨敗草也。商俗又尚鬼，蓋皆上古之遺風。巫咸、巫賢世乂王家，「筮」字從「巫」，二字亦時通用。重卜筮爲古舊俗，自商已漸輕矣。故下文卜筮以人爲主，重民義也。「擇建立卜筮人」，臨時始擇其人而建立之，蓋擇有道德而精純之精神能與天通者建立之，其人當爲大臣，如巫咸、巫賢之流，而誕妄小術，不能側於其閒以惑人矣。

「立時人作卜筮，三人占，則從二人之言。

「三占從二」，今西國議院以與議多寡定從違，卽此意。

「汝則有大疑，謀及乃心，謀及卿士，謀及庶人，謀及卜筮。汝則從，龜從，筮從，卿士從，庶民從，是之謂大同。身其康强，子孫其逢，吉。

「汝」者，君也，君所有之事，皆庶人之事。君謀定於上，卿士奉行於下。君謀未定，卿士無所稟承，故大疑專屬於君也。庶人，事之所由起；卿士，事之所由行；謀皆及之，則大公無私，事之可否不難決矣。然後參之卜筮，以神道静人心也。庶人爲事之所由起，故堯、舜之師，錫舜之明目達聰，盤庚之命衆至廷，太王之屬耆老，文王之交國人，以及周官外朝，春秋衛文以國讓父兄朝衆，晋作爰田、州兵，陳懷公問與楚、與吴，皆謀及庶人之證。自秦以後，天子獨斷於上，謀且有不及卿士者，而庶人則決非謀之所能及矣。是之謂大同，君民同心，天人協應，故爲「大同」。大同，自無不吉也。

「汝則從，龜從，筮從，卿士逆，庶民逆，吉。卿士從，龜從，筮從，汝則逆，庶民逆，吉。庶民從，龜從，筮從，汝則逆，卿士逆，吉。」

然則國家有事，君、臣與民之議論固可鼎足而三。君以位尊，民以衆勝，卿士則在位與衆之間。今西國議院，以君從其議者，準若干人，其法與此同，而彼不決之神，不如中法之詳密無弊也。

「汝則從，龜從，筮逆，卿士逆，庶民逆，作内吉，作外凶。」

内事不僅祀事，國内一切興作、用人皆是。龜從、筮逆，則君有專制一國之權而不及於境外，故「作内吉」也。若筮從、龜逆，則雖人君從之，亦不能用於國内，如晋立驪姬爲夫人，卜之不吉，立之而卒爲凶，所謂「筮短龜長」也。

「八，庶徵：曰雨，曰暘，曰燠，曰寒，曰風。曰時五者來備，各以其叙，庶草蕃廡。」

以雨爲木，暘爲金，此説本洪範五行傳。竊意：庶徵分應五行，當以本書所次，五行以水、火、金、木、土爲序；龜之五兆，亦以雨、霽、蒙、驛、克爲次。「雨」卽「水」，「暘」與「霽」同，則火也。「雨」、「暘」爲「水」、「火」，「燠」、「寒」不能不爲「金」、「木」，而「風」自然爲「土」，此當以書文爲詮釋也。五行傳乃以「雨」爲「木」、「暘」爲「金」、「燠」爲「火」、「寒」爲水、「風」爲「土」，以配「貌」、「言」、「視」、「聽」、「思」，而與本書所叙五行不合。蓋天地之氣，陰陽兩端而已，由二而三，爲水、火、土，由三而五，無以肖之，參以金、木，金木行於天地間，不如水火土之多且要，吾聖人非不知也。特以氣著之質終必爲土，而由氣以之，土則先分爲火、爲水。水，陰之象也；火，陽之象也。陰陽之氣不能遽爲水、火，則取金、木以參之。金取天行之健，氣之凝爲元質而至精者也。木爲土之所生，而土爲木化者爲多，故八卦以「乾」爲「天」、爲「金」，而洪範以「風」爲「土」，八卦則「巽」爲「風」、爲「木」也。西人訾吾中國五行之説，而以水火氣土爲四行，其説卽乾、坤、坎、離之説，乃吾中國道家爐火之術，本出於周易，而反以傲吾中國，則妄矣。氣，天也；土，地也；水火爲天地之用，金木其始也。地之氣，遇金寒而爲水；天之氣，著木燠而爲火；其實仍爲二氣水火之行，金木則特狀其行中之始耳。金爲水之始，木爲火之始。至於貌之爲木者，氣之上現也；言之爲金者，氣之外宣也，皆依稀仿髴取之，而非可拘爲定論。然以一身之氣擬天地之氣，則理無不同，故可以「雨」爲「木」、「暘」爲「金」而「燠」、「寒」爲「水」、「火」。要之，參金木於水火土之閒，以狀氣行之次序，而非謂金木之用足配水火土也。

説文心字下注：「土，藏也。」博士以爲火臟。五經异義云：「今文尚書説：肝，木也；心，火也；脾，土也；肺，金也；腎，水也。古文尚書説：脾，木也；肺，火也；心，土也；肝，金也；腎，水也。」二家之説惟腎水同，餘皆絕异。有形之五臟其應五行也尚無定説，況五事爲人身之動，其應五行可拘爲一定乎？然據古文家以心爲土臟，五行以土居終，五事以「思」居終，庶徵以「風」居終，而皆爲土。其以「肅」爲「水」、「乂」爲「火」、「哲」爲「木」、「謀」爲「金」，殆古文家之説乎？今醫書言五臟皆從今文家説，洪範五事、庶徵之配五行，其殆出於上古，未經夫子之改定與？

「曰王省惟歲，卿士惟月，師尹惟日。」

人在氣變之中，雨、暘、寒、燠、風皆爲氣之鼓動，謂盡無豫於人事者，非；必謂事事之感召悉符，亦非也。故五行之恒不能盡一歲者皆然；五者之時不能以一日爲期；故歲月日之省，非省其極與無，而省其時與否也。

「庶民惟星，星有好風，星有好雨。日月之行，則有冬有夏。月之從星，則以風雨。」

上之「王省惟歲」，「王」卽天子，「則」卽天也。天以日月爲用，恒星爲體。日月之行，以恒星紀其度之遲縮；卿士、師尹之行，以庶民驗其情之向背。月之從星，必從星之所好；卿士之行，必從民之所好，可無疑已。日月之行，不悖乎星之躔度，而天道得；卿士、師尹不逆乎庶民之性情，即王道行矣。故此不言王者之政者，王者之政，即卿士、師尹之行也。

總論

九疇以皇極爲主，前四疇由氣化而人事，有人事即有政事，政所以綱紀人事，實法天道以治人。前四疇爲由天而人也，後四疇由德性而行事，行無所疑。天道在人而嚮福，行其所疑，人違天道而殛威，故後四疇爲由人而天也。皇極居中，主世界以成治化，故洪範爲王者治世之大法，其理出於天，故曰「天錫」也。黄石齋以「王省惟歲」以下至「則以風雨」爲「四、五紀」之敷言。按：「五行」下有「水曰潤下」數言，「五事」下有「貌曰恭」等語，惟「八政」、「五紀」僅舉其目，不贅一詞，故以「王省惟歲」等語爲「五紀」敷言，爲可信也。惟「八政」獨無敷言，則又可疑。黄氏以「臣無有作福作威」等語爲「五福、六極」敷言，則「無偏、無陂」六項及「會歸」兩項當爲「八政」敷言。「無偏無陂」，食之政，當公利於民，不可偏頗也。「無有作好」，貨之政當，防其奇淫以縱慾也。「無有作惡」，祀之政，當矢其寅清，不可畏惡而生諂也。「無偏無黨」，司空奠民居，當度地以容之，不可有偏多偏少也。「無黨無偏」，司徒復民性，當明道以教之，不可或黨此黨彼也。「無反無側」，司寇之兵刑皆爲反側而設，無則司寇之職修也。「會」即「朝會」之「會」，天下以賓禮相接也。「歸」即「民歸于德」之「歸」，所謂如七十子之服孔子，太平大同之象也。此說若近附會牽强，然「八疇」有敷言而「八政」一疇獨無，理不可解。今割此數語隸之，似適符合，或亦黄氏之所許也。

金縢

既克商二年，王有疾，弗豫。二公曰：「我其爲王穆卜。」周公曰：「未可以戚我先王。」

後世史家以事紀年，本此。此句當着眼下，周公册祝之詞皆從此出，見天下初定，武王斷不可死也。二公欲卜，徒問疾之吉凶也。周公以爲「徒戚先王」者，不請命於天，而徒問疾之吉凶。疾本凶危，卜之先王，是以武王凶危之疾戚先王，而無益於武王之疾也； 故以爲「未可」，以爲必祈三王，請命於天，乃可卜也。

公乃自以爲功，爲三壇同墠。爲壇於南方，北面，周公立焉。植璧秉珪，乃告太王、王季、文王。

公乃自以爲功，公知三王之意欲以己代武王，故以己之不能代武質告先王，使三王爲天下之民請命於天，故不禱之廟中，而爲三壇以禱也。史記訓「功」爲「質」。

史乃册，祝曰：「惟爾元孫某，遘厲虐疾。若爾三王，是有丕子之責於天，以旦代某之身。

逸周書有武王有疾，以位讓周公事。武、周聖人，兄弟之間相信必深，是武王知周公之聖，薦之於天祖，而天祖已默許之。故此，周公由三王以請命於天，以爲天下初定，須有神武之君臨於其上，方能鎮懾無事，非己之仁柔所能勝任也。册祝之詞，語皆實情，故精誠所感，天爲之動，而武王之疾果瘳也。「若爾三王」以下至「不能事鬼神」，皆擬三王之意言之： 謂三王以周公爲賢於武王，而欲使代任其責也。「丕」讀作「不」，經書中甚多，故史遷訓作「負」，謂三王以武王不能治安天下，爲負子之責於天也。蓋勘亂之才，武王優於周公，而制治之才，周公實優於武王。武王不若周公，則武王爲負矣。家人父子之間，豈容僞謙？故周公直推三王之意，無所諱飾，所謂「公乃自以爲質」也。

「予仁若考能，多材多藝，能事鬼神。乃元孫不若旦多材多藝，不能事鬼神。乃命於帝庭，敷佑四方，用能定爾子孫於下地，四方之民罔不祗畏。嗚呼！無墜天之降寶命，我先王亦永有依歸。

史記作「予巧能，多材藝，能事鬼神。」不是死而事，是生而能奉祭祀，即是能事鬼神。若作死而事奉祀鬼神於地下天上，此後世殉葬之説所自起，最害理。聖人知鬼神之情狀，設爲廟祀，且不許墓祭，而謂鬼神取其子孫仁順材藝之生魂，以事己於地下天上乎？ 周公而出此言，何爲知鬼神之情狀？ 何用廟祀？ 故以此。坊民後世猶有用生人殉葬者。周公自謂巧能材藝，代武王死事鬼神之説萬不可從。既已死矣，又有何事而須巧能材藝以爲之耶？

此數句之解，從「若爾三王」句一氣貫下，謂三王以武王能定天下，不能安天下，故欲以旦易之。謂旦巧能，多材藝，能事鬼神。「能事鬼神」者，謂治天下、安宗廟，爲神民主也。「乃元孫不若旦多材藝，不能事鬼神，」不能治天下安宗廟，爲神民主，卽上文所謂「負子之責於天」也。此皆探先王之意言之。謂先王見爲如此，故令武王遘虐疾，而不爲之請命於天也。不知武王之巧能藝材不如旦，此小有材，承平循分盡職之用，而非天下初定之用也。今爾元孫乃受命帝庭，廣以保佑四方之民，亦以安定三王之子孫於下。由爾元孫之聲威震疊，於四方之民無不懷柔敬而畏之，故一戎衣而有天下，歸馬放牛，海内晏然，不復用兵，是爾元孫一身能震懾天下，使長太平，其功百倍於旦也。若無爾元孫，則天之命我周安定天下者，今將復亂，是墜寶命也。命既墜，我先王何能依歸乎？此數句語，方是述己意，爲武王請命，語極沈痛，而無一非當日實情。觀武王喪後，羣叔流言，武庚卽叛，淮夷、徐戎並興，周公至滅國五十。設使武王於此次之疾卽喪，天下當更成何景象？民之塗炭又將何若？故武王此時萬不可死，周公之禱實出於萬不得已，而至誠遂有以格天也。

「今我卽命于元龜，爾之許我，我其以璧與珪，歸俟爾命；

「歸俟爾命」，俟三王許周公之禱，爲武王請命於天，非俟己死之命也。

爾不許我，我乃屏璧與珪。」

周公之禱，直爲天下之民，非爲武王一身也。

乃卜三龜，一習吉。啓籥見書，乃並是吉。

二公欲爲王卜，則二公亦謂武王不當死，是卿士從也。周公自以爲功，則是事周公爲主。蓋武王若崩，周公之任百倍重於二公，故疑武王之不當死亦百倍切於二公，則周公卽洪範所謂有大疑之「汝」也。四方之民罔不祗畏武王，是庶民亦從也。三龜並吉，則洪範之龜從、筮從，而爲大同之象矣。故周公信以爲大吉，而知王之罔害也。

公曰：「體，王其罔害。予小子新命于三王，惟永終是圖。茲攸俟，能念予一人。」公歸，乃納册於金縢之匱中。王翼日乃瘳。

「新命於三王」，新請命於三王也。「惟永終是圖」，所請之意也。「永終」卽不墜，不墜降寶命，則天下安矣。故

「新命於三王」，爲天下之民請命於三王也。「茲攸俟」，與前俟三王之命不同。前俟三王之命，龜告並吉，已得命矣，茲則俟武王之疾瘳也。武王之疾瘳，則天下之重任在武王，周公僅爲輔臣，其事易爲，而天下不亂，故爲天祖之憐念已也。「予一人」卽上「予小子」，周公自謂也。

武王既喪，管叔及其羣弟乃流言於國，曰：「公將不利於孺子。」

史言成王少，「少」字甚好。武王之崩，成王不必在襁褓，記謂武王九十三而崩，時成王之年必大於漢孝昭。蓋踐祚居攝，係唐、虞以來君薨之定理，舜、禹、益皆如是，至殷高宗時，猶行之。人君命相，卽是命爲己副，卽是薦其人於天，故堯、舜、禹有命舜、禹、益事，無立太子事，湯、武當亦然。湯事無所見，武王讓周公則見於逸周書，又見此篇：前周公之禱卽是辭武王之讓。蓋武王以周公巧能材，蓋早告於天祖，故周公據武王之言自謝，不能以爲武王請命也。武王既崩，周公不能不循常理踐祚居攝，如益於啟，伊尹於太甲。三年之內，成王爲太子居喪不言。三年之後，則相其材可爲君，卽奉之爲君，不惟禹、湯、武無容心，而益、伊尹、周公、啟、太甲、成王亦均無容心，以爲帝王御世之常重天下，不能不如是也。至再世無聖人，遂沿爲父死子繼之常，由夏至周習爲成例。以武王、周公之聖，成王之賢，循行常理，而流言發於骨肉，此世變之大者，傳賢之局所以唐、虞以後不再見也。

何以知踐祚居攝爲君薨常禮？曰：以流言知之也。流言不曰：「公不利於孺子。」而踐祚居攝乃曰：「公將不利於孺子。」「將」者，此不利之事尚未見，而不以踐祚居攝爲非也。若古無君薨大臣踐祚居攝之禮，流言能不直斥其非而爲此隱約閃爍之詞哉？

周公乃告二公曰：「我之弗辟，我無以告我先王。」周公居東二年，則罪人斯得。

「辟」當訓「法」，不當訓「避」，謂用法於三叔也。周公所以居攝者爲何？非以主少國疑、懼天下有變乎？今流言卽至，三監已叛，亂方生矣，而乃避居以自全，國家之患將使誰任？避之，而流言卽可止、畔亂卽可定乎？三叔流言，武庚畔亂，果因公之居攝起乎？不因公居攝而起，卽不能因公居東而止。成王、二公尚不爲流言所惑，鎮靜如常，而公乃張皇無措，僅以一避了之乎？故「辟」字斷不可訓爲「避」，而當訓作「法」。公知流言起自三叔，以動摇朝廷而助武庚煽亂天下，使武王敷佑已久之四方民重遭塗炭，得罪天祖，罪不容死，故曰：「我之弗辟，我無以告我先王。」居東，卽致法於三叔也。「罪人斯得」，謂武庚及三監俱伏其罪也。

于後，公乃爲詩以貽王，名之曰鴟鴞。王亦未敢誚公。

此節之解，惟魏默深氏之説得之。「于後」爲三監伏罪後。「爲詩貽王，名之曰鴟鴞」，魏氏以「鴟鴞」爲大鳥，非惡鳥，巢於葦苕，所繫不固，呼鴟鴞而告之，卽如鴟鴞之自言。蓋以鴟鴞大鳥喻周之爲天子也，謂喻成王也可，謂周公自喻也可，謂喻文王也亦無不可。故孔子曰：「爲此詩者，其知道乎！」則舉古今能治國家者悉喻之矣！詩之爲用，固如是也。我鴟鴞自我也，取人取之，毁人毁之也。「恩斯」二句，管、蔡被取，無可如何，恩勤之心，變爲鬻子之閔已耳。「鬻」，賣也，言三叔爲武庚所賣，不可挽回，惟有悲閔而已。「迨天未陰雨」二節，皆慮室之毁而預爲治之也。末節則唤醒成王，使圖之也。「王亦未敢誚公」，「誚」當從史記作「訓」，「訓」、「順」古字通，謂成王未敢順公而言制禮作樂，仍謙讓未遑也。鴟鴞之詩足該成王、周公一生所爲，周室百年之基，實固於周公、成王。此後大誥以至康王之誥皆其事也。

秋，大熟，未獲。天大雷電，以風，禾盡偃，大木斯拔。邦人大恐。

「秋，大熟，未獲」以下，史記記於周公薨後，當從此篇爲書後半部提綱篇首，至「乃瘳」爲周公任天下之始。蓋武王薦周公於天，而武王猶存，如舜之居攝二十八載内之事也。武王既喪，至是以「未敢誚公」，爲公任事之中。蓋成王不順公所爲，而公一切爲之，卒至教化行於天下，成文、武之德。此後大誥、康誥、酒誥、梓材、洛誥、召誥、多士、多方、無逸、君奭、立政皆是，如舜之命官及謨、貢兩篇是也。此至終篇，則周公之終如舜典篇，「舜生三十」節是也。書經惟叙舜、周公特詳，全書以舜、周公爲主也，卽春秋以文王始，以堯、舜終之意。言周公卽言文王也。

王與大夫盡弁以啟金縢之書，乃得周公所自以爲功代武王之説。二公及王乃問諸史與百執事，對曰：「信。噫！公命，我勿敢言。」王執書以泣。

此當是周公薨而成王已卜郊，天有風雷之變，疑天意欲改郊，乃啟金縢之匱，考故事以改卜也，遂得周公自以爲功代武王之說。見武王早薦周公於天，周公一生身爲其事，而不有其位。成王是時始知周公以天下自任之故：任勤勞而不有其名，盛德愈不可及也。武王薦周公，兄弟閒自相委任，二公或知之，外廷不及知也。而周公爲武王請命之册，公自寫其誠，不商之二公，故王與二公得册皆不知周公以此册詞請武王之命於天。「問諸史及百執事」，問此册詞出自何人之手，史對以「此册爲當日實用之册」。又嘆息言公命者，謂公自爲文，令諸史百執事書之。「我勿敢言」，謂册中所措之詞，非我輩所敢言也。蓋二公知武王以爲材藝而委薦於天之事，未見公之禱詞何以格天，而武王即瘳。諸史百執事見周公之禱詞，而不解何以如此措詞。成王則惟知周公之禱祝詞，既未見其所以如此，措詞更無從知也，故與二公問諸史與百執事，而後周公任事之始末，恍然如遇諸目，而不能不泣下也。

曰：「其勿穆卜。昔公勤勞王家，惟予冲人弗及知。今天動威以彰周公之德，惟朕小子其親逆，我國家禮亦宜之。」

勿卜，知天變之意在周公，無可疑。不疑又何卜也？

問：公勤勞王家，其事在成王時，王親見之，何以未知？且既未知矣，何以見册祝之詞而知之？册祝所言能使四方祗畏，是武王能治天下，非周公之勤勞也。王乃得之，問之而泣，而知者，何故？曰：此即前未敢訓公之故也。成王以三監及東方之變爲天下已治平而復亂，是治亂爲周公一身之事，而非文、武未竟之緒，故覺公之勤勞如定己身所致之亂，其勤勞似僅自補其過者。今見祝詞，則武王時公已知武王崩後，天下必亂，是武王所定之天下，僅以威懾之，而未能以德服其心也。故東征伐叛，罪人斯得。人爲已致太平，而周公則以爲勤勞之始。定鼎作洛誥、多士、多方，制禮作樂以興學校，化民成俗，大和會，億兆之民無不心歸於周。七年勤勞，視武王崩時，蓋別成一世界，而成王蒙無窮之福也。故成王見祝詞，問諸史，回首自思武王崩時之危急如何，今日之治安如何，兩相比較，周公之勤勞見，而成王之哀感深矣。堯、舜、禹以朝廷治天下，故重知人；周公以天下治天下，故重教民。金縢而外，周公之書十篇，半爲誥教其民。堯、舜之治至周公而極盛也。

王出郊，天乃雨，反風，禾則盡起。

「王出郊」，當是出而郊祭，非迎周公之喪也。由豐至洛，往返須十餘日，若是，則大木之拔者不能復植，禾之偃者將皆枯槁矣。蓋王心既悟，天心卽轉，先行郊禮，後迎公喪，所謂天地之祭，越紼行事也。

大誥

卽金縢「我之弗辟，我無以告我先王」意也。此篇是周公調和於内，故誥多邦御事，内和而後可以出師伐叛也。

王若曰：「猷！大誥爾多邦。」

「猷」，於也，在「大誥」之下，「大誥於爾多邦」也。見王尚書經傳釋詞。

「紹天明。卽命曰：『有大艱於西土，西土人亦不静，越兹蠢。

「紹天明」，武王受天命之初也。武王伐紂後，封武庚以承殷祀，必知武庚之不能克終，特是時微子遁荒，不知所在，不能不封武庚，以三叔監之，而天下之變伏於此矣。於是卜之於龜，卽告有艱，而且有西土之人不静，則武庚之畔，三叔之流言，武王、周公皆豫見之，而事未發，無從消弭。武王知周公之才足以平亂，故專任周公。周公則冀武王之壽，只畏天下而或無事。此節可以爲周公祝詞之證。

「『殷小腆，誕敢紀其叙。天降威，知我國有疵，民不康，曰：予復。反鄙我周邦。

「紀其叙」，「紀」者，重爲整理也，叙紂所次序之事也。紂所萃之多罪逋逃，武庚復崇長信使之。徐戎、淮夷、飛廉與蒲姑等五十國皆是，而三叔則新逋逃也。此皆民賊，助紂惡以得罪於天者，而武庚不畏天之降威而敢犯之，非誕妄而何？其誕妄也，卽天之降威，天降威於彼，民不得安矣。乃藉口復興舊邦，反以我周爲鄙陋，不足以宰制天下，何其誕妄之甚也！

「『今蠢，今翼日，民獻有十夫，予翼以於敉寧武圖功。我有大事，休？』朕卜並吉。

「越茲蠢」，在武王時，龜兆告有亂也。此「今蠢」則武王既喪，流言已動，傳至周也。流言至周之翼日，民之賢者十人卽以三叔流言及武庚謀畔告予，惟敬而承之，以止安武王所圖之功。知有大事，而又卜之，則並吉也。武庚之畔，必非順民心，蓋聚紂之舊黨，與二三不逞之徒，祖述紂德，以煽亂於天下。故此言「民獻」，則武庚舉事，民衆不從，公舉十夫奔告於周，周公翼之，以往征也。

「肆予告我友邦君，越尹氏、庶士、御事，曰：『予得吉卜，予惟以爾庶邦，于伐殷逋播臣。』

「播」卽逃也，「播臣」卽牧誓所云四方之多罪逋逃。僅伐此等人，武庚之惡，此等人爲之，民不與也，故伐之以救民。若民與武庚，則周公不當伐矣。若以武庚臣周復畔，爲逋播臣，則周臣殷而伐殷，豈非殷之逋播臣乎？

「爾庶邦君，越庶士、御事，罔不反曰：『艱大，民不静，亦惟在王宫、邦君室。越予小子考翼，不可征，王害不違卜？』

以「考翼」爲指三監，爲成王父行，當敬禮，不可征討。據漢書王莽所仿大誥作「予小子族父，敬不可征」，則「考翼」指三監，似是。蓋三監畔亂，朝廷惑者不少，「考翼，不可征，」卽建文屬將帥「毋令朕負殺叔父之名」之意。以此证之，成王時無周公，靖難之禍將見於三代矣。

「肆予冲人永思艱。曰：嗚呼！允蠢鰥寡。哀哉！予造天役，遺大投艱於朕身。越予冲人，不卬自恤。義爾邦君，越爾多士、尹氏、御事，綏予曰：『無毖於恤，不可不成乃寧考圖功！』

前之「今蠢」謂三監之流言摇動人心也。此「允蠢」謂四國背畔，擾亂天下也。叛者何能爲周患？特鰥寡被兵，爲可哀耳！是天以艱大之投於朕身，予固不敢自恤也。乃爾邦君、多士、尹氏、御事，不聞綏我曰：「無徒謹慎憂慼爲也！不可不起師，以成乃寧考所圖之功，是豈爾等之義乎？」責羣臣勸己違卜也。

「已！予惟小子，不敢替上帝命。天休于寧王，興我小邦周，寧王惟卜用，克綏受茲命。今天其相民，矧亦惟卜用。嗚呼！天明畏，弼我丕丕基。」

歷代定天下，其艱難皆其初念所不及料。漢業之艱難，不在亡秦，而在蹷項；唐業之艱難，不在入關，而在羣雄；以及宋、元、明，皆然。故周之艱不在武王之有天下，而在周公之靖民。以靖民爲有天下，則大誥之東征猶其末也。民不靖，乃天之明畏，所以使我靖之，卽以「弼丕丕基」也。

「天亦惟用勤毖我民，若有疾。」

天惟勤愼，最愛百姓，故有不愛者，天必疾之也。

「若兄考，乃有友伐厥子，民養其勸弗救？」

莽仿大誥，「養」作「長」，「養」、「長」音近可通也。

王曰：「嗚呼！肆哉，爾庶邦君越爾御事。爽邦由哲，亦惟十人迪，知上帝命。越天棐忱，爾時罔敢易法，矧今天降戾于周邦？

「戾」當從莽仿大誥作「定」。「天降戾于周邦」，卽「天明畏，弼我丕丕基」也。天明降之以威戾也，而天下由此治平定也。世有明王，姦惡愈畔亂，天下愈治安。故姦惡者，聖王之資也。

「惟大艱人，誕鄰胥伐於厥室，爾亦不知天命不易！

莽仿大誥以「大艱人」爲翟義、劉信，則此當指武庚、三監。「大艱人」，大艱之人也。殷之與周，鄰也，天下則周之室也。武庚、三監之叛，豈能遽入關以壞我周？特爲亂於天下耳。不知我周今以天下爲室矣。今殷與三監之作亂，是猶鄰之伐我室也。爾等人知寧王經營天下，其受天命爲不易矣，而竟坐視鄰之伐之哉？

「予永念曰：天惟喪殷，若穡夫，予曷敢不終朕畝？

予長思之，殷何以叛？此天之喪殷也。武王伐紂，僅取其凶殘而立武庚，未改殷命。今自作不靖，是使我周滅殷如農夫之去草，絕其根株也。天命如此，予曷敢不終其事，如穡夫之終其畝乎？

「天亦惟休于前寧人，予曷其極卜，敢弗于從？率寧人有指疆土，矧今卜並吉！肆朕誕以爾東征。天命不僭，卜陳惟若茲。」

武王伐紂，前徒倒戈，僅誅一人，天下遂定。武王去其虐政而復成湯之舊，未嘗一有所動也。其黨惡助虐之奄與五十國飛廉等，皆暫爲懾伏革面，未嘗革心也。故孟子謂：「周公相武王，誅紂，伐奄，三年討其君，驅飛廉於海隅而戮之，滅國者五十。」誅紂是武王事，餘皆周公事，大誥卽爲此等事，時大誥未叛之多邦也。武庚之叛如何舉動，史文不備，以此誥及各書证之，必招集紂舊日黨惡之多罪逋逃，以爲爪牙羽翼，復肆行紂之虐政，而不遵武王所定之約束，故此誥屢言征逋播臣，蓋紀實也。逋播臣不僅萃於武庚之所，奄及飛廉五十國，當是飛廉當紂誅後，蓋卽奔於東海之上，煽惑淮夷、徐戎及五十國。武王卽崩，遂與武庚同時俱叛，聲勢相應，洛陽以東蓋無寧土矣。然洛陽以西安然如故。西方多邦及周畿内之臣，有偷安自完之見，謂天下之亂，與周無與，閉關自守，待其自定，不必勞内地之民救四國之禍。不知聖人無利天下之心，亦無忌天下之心，貪人之土地而殘民以逞，周爲不仁；坐視天下之亂，不爲安定之，則亦不仁。故武王既受命爲天子，卽以天下爲其室鄰，伐其室而不之救，是自毁其室也。大誥爲五誥之首，亦卽鴟鴞章之首，所謂「無毁我室」也。是時，周公出居於洛，以遮蔽西方，卽以指揮諸將帥。康叔進定殷墟，太公就封臨淄，伯禽就封曲阜，唐叔亦就封於晉，先誅武庚、三監，以蹶其本，然後行師東方，踐奄、伐淮夷、徐戎，戮飛廉，滅國者五十而天下大定。紂之黨惡至是淨盡無餘，而周公乃制禮作樂，以致太平矣。無武庚之叛，周之武功不能及於海隅，卽文德不能及於海隅。戮飛廉於海隅，蓋至是惡俗可以盡革，天下惕惕於周之威，乃可順施文德，而天下大治矣。故曰：「天休於寧王」，「我有大事，休」。不極亂者不極治，此之謂也。

此篇當依莽所仿之大誥尋其文義，雖不能盡得本義，然究西漢人之説，與古爲近，多可從也。

康誥 據史記及書序及漢儒説，皆謂康叔封於衛爲周公時。周公以成王命封康叔，不能復從己稱，謂康叔爲「朕弟」，故蔡傳斷爲武王封康叔也。竊意：康叔初封康爲武王時，移封，則周公時。周公移封康叔於衛，卽本武王舊册書而命之，康地必非周之畿内。觀管、蔡非周畿内，則是康叔之封當亦在東土。三監同武庚叛，而康叔不叛，故周公從而用平殷亂及三監，遂移封於衛。「王若曰：『孟侯，朕其弟。』」至「在茲東土」，武王誅紂，命康叔卽封康時之策書也。「王曰：『封，汝念哉！』」以下，乃周公述成王之命，以移康叔於衛之策書，卽衛世家所謂周公懼康叔年少，乃申告康叔曰：「必求殷之賢人、君子、長者，問其先殷所以興、所以亡，而務愛民。汝念哉！」卽申告意，「必求殷之賢人」至「務在愛民」，卽總括。「今民將在祇遹乃文考」，以下至「作新民」誥詞，「作新民」卽務在愛民也。王曰：「嗚呼！封，敬明乃罰。」以是終篇，當爲命康叔爲司寇之誥命，與始封之誥命合而爲一，以皆命康叔之詞，故聯爲一策也。

惟三月哉生魄，周公初基作新大邑于東國洛，四方民大和會。侯甸男邦采衛百工，播民和，見士於周。周公咸勤，乃洪大誥治。

此四十八字當以在此爲是。周之太平成於周公，大誥，定亂也，以下皆爲致治，致治必以教化殷民爲首務。康叔撫定殷民，變殷俗，爲周公致治之始。故大誥後用此四十八字，總提周公致太平之事。「三月哉生魄」，周公平殷亂後，其年三月十六日也。周公初基，初定殷亂，封康叔於衛，以革殷俗；入爲司寇，以刑罰佐治也。「作新大邑於東國洛」，召誥、洛誥之事，四方民大和會，會諸侯於東都，以議民政，卽多士、多方之事。周公之事全注意於民，故民大和也。「侯甸男邦采衛百工，播民和，見士於周。」諸侯會於洛邑，同議治民之法，而以播之於民，卽無逸、立政、君奭之事。「見士於周，」卽教化旣成，報政於周，見其學校所造之士於周也。王者之政，全在學校，有成造之士貢於天子，則天下之風俗齊同，歸於至善矣。周公見其所造之士，咸勤勞之，博訪其民之疾苦與其政治風俗，乃洪大誥教而成治也。以此四十八字爲總提，周公致治，則必在此篇之前，而非洛誥之錯簡矣。

「不敢侮鰥寡，庸庸，祇祇，威威，顯民。用肇造我區夏，越我一二邦以修我西土。惟時怙冒，聞于上帝，帝休。天乃大命文王殪戎殷，誕受厥命，越厥邦厥民，惟時敘。乃寡兄勖，肆汝小子封在茲東土。」

周公、康叔爲睦，兄弟以德相取也。周之教化洽於天下，康叔始之，周公成之。康叔愼刑罰以治殷墟，周公興禮樂以治成周，殷之舊俗革，周之新治乃可成也。天乃大命文王，卽虞、芮質成，文王受命也。文王受命治天下，天下歸周卽「殪戎殷」也。文王受命，爲伐紂之始；武王伐紂，爲受命之終。武王之事是繼述文王，「殪戎殷」當與「壹戎衣」爲一事，「殪」、「壹」通用，「殷」、「衣」同聲，皆指受命伐紂之事。周之命諸侯均在先王之廟，武王以受命歸之文王，故封康叔稱述文王，善則歸親之義也。

「寡」兄之「寡」，當作「寡德」解，武王自謙之詞。此「東土」當指康叔始封之康。康叔始封之康國必與殷墟近，其地亦染殷俗。武王誅紂後，封康叔治之，其地亦在周之東，故曰「東土」也。

王曰：「嗚呼！封，汝念哉！今民將在祗遹乃文考，紹聞，衣德言。往敷求於殷先哲王，用保乂民。汝丕遠惟商耇成人，宅心知訓。別求聞由古先哲王，用康保民。

此下周公申告康叔之詞。蓋古之誥命猶今之敕書，周公移康叔於衛，亦是繼述文王之志事，故本武王之册書申戒，以求殷先哲王，商耇成人及古先哲王，以保乂民，定殷亂也。

「在」字似疑依本訓，合下爲句。「衣」不必改作「依」，自有「依」意，謂佩服文王之教訓也。此下至「作新民」，卽爲周公申誥，續於舊册書中。首用「明德慎罰」提起，先言「明德」，後言「慎罰」，通篇文法一絲不紊，不類續作，何也？曰：此聖人删書之妙也。且武王時，康叔必已爲司寇。據武王入商，周公而外，與執事者惟曹叔振鐸「奉陳常車」，「毛叔鄭奉明水」，「衛康封布兹」，而左傳祝鮀謂康叔爲司寇，五叔無官，是武王入商，康叔以官執事也。故封康叔於康，兼命以官職，其以「明德慎罰」提起者，明德，有國治民之事也；慎罰，居官行政之事也。至周公移康叔於衛，康叔仍爲司寇，治殷遺民斷不能廢刑不用，而武王之説大綱已定，不可易。故周公整理參合命之，仍武王之舊，不別爲誥，如今各官之誥敕，皆循國初之舊，別加職事，別增人數，語不別爲敕命，卽此意也。

「弘於天，若德裕乃身，不廢在王命。」

「弘於天」，謂保民之量須探原於天，順而承之，則有德於身，措置裕如，能康乂其民，乃爲不廢王命也。

「王曰：『嗚呼！小子封，恫瘝〔一〕乃身。

「恫瘝乃身」卽所謂痛癢〔二〕相關也。明德之本卽新民之源也。有新民之實心，乃有新民之實政。

『敬哉！天畏棐忱，民情大可見。小人難保，往盡乃心，無康好逸豫，乃其乂民。』」

恫瘝乃身，誠也；敬哉，敬以存其誠也。天，畏敬也，棐忱，誠也，誠以行其敬也。

王曰：「嗚呼！封，敬明乃罰。」

刑罰之弼教，古人決不重而先之。封叔撫有一國，不他告戒，而斤斤於刑，恐非周家忠厚、尚德、緩刑之意。故疑此至「無或劓刵人」爲康叔於武王時卽爲司寇，以命愼罰之詞也。「王曰外事」以下，似移封衛時所命愼罰之詞也。以上數節不言治外，後數節多言治外也。

此下言「殺」，而篇首則曰「愼罰」，上節則曰「敬明乃罰」，刑之用在輕而詳，謹小愼微，則人相習守法，不陷於大惡，墨剕劓刵之罰乃無所用。武侯治蜀，罰二十以上必親裁決，得愼罰敬明，乃罰之意矣。子產相鄭以猛，武侯治蜀以嚴，蓋皆誥密而罰輕，不縱人以犯刑辟也。唐、虞明言贖刑，康誥以罰統刑，吕刑詳言罰法，可以識聖人用刑之精義矣。

王曰：「嗚呼！封，有叙時，乃大明服，惟民其敕懋和，若有疾。惟民其畢棄咎，若保赤子。惟民其康乂。

當「有叙時」爲句，「有叙有時」，卽下文「時叙」。「叙」者，刑罰輕重之差叙而列之；「時」者，刑罰世輕世重，以時爲差也。乃下文三「惟民」平列，則「乃」字與「若」字同義，皆指康叔。「乃大明服」，謂康叔時叙所罰，明之於民，則民知所不可服而當服之事，明矣。故民相戒敕，以勉於懋和也。「若有疾」，謂康叔時叙之罰，以民有不和而疾之也。上之所惡，民必避之，故「畢棄咎」也。明好惡以示民，使民自遷善遠罪而不自知，如保赤子然。民自趨於康樂和親之

〔一〕瘝：原字不清，據關中叢書本補。
〔二〕痛癢：原字不清，據關中叢書本補。

治也。

「非汝封刑人殺人，無或刑人殺人；　非汝封又曰劓刵人，無或劓刵人。」

「非汝封刑人殺人」，當作一句讀，下「又曰」當在「非汝封劓刵人」上，命康叔明德慎罰。「明德」，教也；「慎罰」，弼教也。民生日用之瑣務，皆有一定之程，違之卽有罰，小懲而大誡，民不陷於惡，可期無刑，故明德慎罰，所用以致刑措之源也。罰無叙而不以時舉，則民皆陷於刑殺，非汝封之所爲，而不啻汝封之所爲也。以不罰之於持刀詈人時，而至殺人，則不得不刑之也。「刑」字略讀，「人殺人」當連，刑人、殺人，刑其人、殺人也。觀下「劓刵人」不曰「劓人」、「刵人」，可見「劓刵」卽刑也，「劓刵人」卽「刑人」也。當明德慎罰，道齊民於先，不可使民陷於刑戮，劓刵且不可，況剕、宮、大辟乎？觀此知三苗之肉刑，周初必不用，周且不用，唐、虞可知矣。

王曰：「外事，汝陳時臬，司師，兹殷罰有倫。」

外事當句，謂周疆外之罰事，指殷墟也。惟爲殷墟，故命康叔先陳周時王之法，而又今有司師取殷罰之有倫者而用之也。左傳所謂「疆以周索而啟以商政」也。

又曰：「要囚，服念五六日，至於旬時，丕蔽要囚。」

「要囚」當作勾囚解，釋爲：「囚之要者，則於多方，我其戰要囚之，」不可通矣。「要囚」卽圜土收教罷民，今西法之拘禁若干日，有財者則以財贖也。「服念五六日，至于旬時」，謂拘禁之使自服念其罪而悔。五六日，罪之輕者，至於旬時，罪之大者。「丕蔽要囚」，謂拘囚已蔽其辜，則大釋之，不以爲罪案，使抱終身之憾也。

王曰：「汝陳時臬事，罰蔽殷彝，用其義刑義殺，勿庸以次汝封。乃汝盡遜，曰時叙，惟曰未有遜事。」

「罰蔽殷彝」謂上文「要囚，服念五六日，至於旬時，丕蔽要囚」，殷常用之罰法也。今之罰既以此蔽矣，或有入於刑，不能不刑殺者，則當用其義，不可以就汝心之喜怒爲刑殺也。「盡遜」者，遜其心以求合於義，則可謂「時叙」矣。然尤自審其心而自咎，蓋惟不能懲之於其小，使民陷於惡而用刑殺，其治民仍未盡爲遜事也。

「已！汝惟小子，未其有若汝封之心，朕心朕德，惟乃知。

王莽仿大誥已字皆作「熙」，「熙」從「已」，音與「嘻」通，當切今「喜」字，嘆詞也。此節承上起下。周之王天下，欲從教民做起，密於日用閒。小事之罰，民不至犯大罪而用刑殺，文、武、周公、成王之心皆是如此。康叔雖爲小子，早能知之，故上文申告之而有不得不用刑殺者，則此下「寇攘姦宄」及「元惡大憝」也。

「凡民自得罪，寇攘姦宄，殺越人于貨，暋不畏死，罔弗憝。」

殺於人以求貨，則不辭矣，當作「顛越」解。

「凡民自得罪」推民得罪之由也。民何以得罪？上失其道也。上失其養民之道，而寇攘姦宄以奪民之財，則民亦起而争奪矣。「寇攘姦宄，殺越人于貨，暋不畏死」，當指紂時「師師非度」之卿士貪黷虐民之爲，故民不堪其虐，而卽效其所爲，所謂「小民方興，相爲敵讎」也。

王曰：「封，元惡大憝，矧爲不孝不友。子弗祇服厥父事，大傷厥考心；于父不能字厥子，乃疾厥子；于弟弗念天顯，乃弗克恭厥兄；兄亦不念鞠子哀，大不友于弟。惟弔，兹不于我政人得罪。天惟與我民彝大泯亂，曰：乃其速由文王作罰，刑兹無赦。

争民施奪，民之寇攘姦宄，上爲之倡，故曰「元惡」，「元惡」故大可疾惡也。上失養民之道，必無教民之道，而民父子兄弟之閒，囂凌争競，不孝不友者多矣。故「元惡大憝」，亦卽「不孝不友」之所自來也。「速由文王作罰」，施文王養老之政於東土，必行不孝不友、不慈不悌之罰，「作罰」謂立法也。文王治岐，導妻子使養其老，其民閒父子兄弟日用之閒，纖悉必有定法，守法當賞，不守法卽當罰。罰懲之於小，刑則及兹之「元惡大憝」也。

「不率大戛，矧惟外庶子、訓人，惟厥正人，越小臣諸節，乃别播敷造。民大譽，弗念弗庸，瘝厥君，時乃引惡，惟朕憝。已！汝乃其速由兹義率殺。

不率大戛，不奉行由文王所作之新法而仍用商紂之弊法以播敷於民也。

「亦惟君惟長，不能厥家人，越厥小臣、外正，惟威惟虐，大放王命，乃非德用乂。

此承上文，吏不率大法而播敷於外者，由君身先不奉行也。由文王所作之罰，奉行當自君之家人始，不能行之於家，則臣不皆不奉行之於外，而爲紂之威虐是大放王命者，由其君不正身修德以治民，故令不行也。

「汝亦罔不克敬典，乃由裕民，惟文王之敬忌，乃裕民，曰：『我惟有及。』則予一人以懌。」

由文王所作之典，康叔當先自敬守而行之，敬行其罰，民不陷於惡而勉於善，刑將措而不用，故罰輕而密，乃所以裕也。惟文王之敬忌，奉行必爲文王之敬而不忍忽，忌而不敢違，必使民皆無惡，優遊太平之世，則及文王之治而王化行矣。

王曰：「封，爽惟民迪吉康。我時其惟殷先哲王德，用康乂民作求，

「求」當爲「好仇」之「仇」，同音假借也。

「矧今民罔迪不適，不迪則罔政在厥邦。」

此言殷民不適於治，乃后王不迪之故，非民之咎也。

王曰：「封，予惟不可不監，告汝德之説于罰之行。

欲民皆適於德，當立之法而罰其不率者，故告以德之説於罰行之也。「德之説」即明德之説，謂之「説」者，德在於心，教之誨之皆不能無言也。「罰之行」即慎罰之行，罰見於事，小懲大戒，皆行也。如教民孝悌，使民行之上無事也。民或遊惰，不顧父母之養，則罰以警之，所謂「于罰之行」也。

「今惟民不静，未戾厥心，迪屢未同。爽惟天其罰殛我，我其不怨。惟厥罪，無在大，亦無在多，矧曰其尚顯聞於天？」

「未同」當即上文「未戾厥心」、下文「爽」字，謂未齊一也。「爽」有參差意，即未戾厥心，忽彼忽此，是一人之德未同也。「未戾厥心」，此善彼惡，是衆人之德未同也。德有參差，即爲爽德，民有爽德，上之德亦必有所爽也。天罰殛我，我何敢怨？自惟厥罪至小至少，然不得謂之無罪，小而罰不行，元惡大憝所以積也。天且罰殛我，我尚冀有顯德

聞於天乎？此實詮「愼罰」之「愼」，謂無忽於微小也。以此例之，並「爽」、「惟民之爽」，亦當作參差解，謂民德參差不一，正惟其爲民須上迪而導之，則大同而吉康矣。

王曰：「嗚呼！封，敬哉！無作怨，勿用非謀非彝蔽時忱。丕則敏德，用康乃心，顧乃德，遠乃猷，裕乃以民寧，不汝瑕殄。」

上文「蔽」字作「蔽斷」解，此處「蔽」字當同其義。謂蔽人罪之時，當存惻怛之誠，而又不可姑息，小不忍以致留獄。當大取法於古人之敏德，罰行而汝心亦盡，則卽以康之也。用罰悉法敏德，非自作怨，故心康也。蔽罪仍存惻怛，當顧念己之明德也。「勿用非謀非彝」，則「遠乃猷」也。如是則民德皆同，王道蕩蕩，所謂裕以民寧矣。

「汝念哉！無我殄享，明乃服命，高乃聽，用康乂民。」

「服」當作「事」字解，「服命」，因其事而命之使治也。篇首明德愼罰並提，而言愼罰者多。因殷民舊染污俗，非痛加洗滌不能爲新治，故「服」卽此篇愼罰之事，「命」則其詞也。

王若曰：「往哉，封！勿替敬，典聽朕告，汝乃以殷民世享。」

「明德愼罰」是一篇主意。「明德」，民所固有，惟爲習俗污染，乃至不明，罰以革其舊俗，民德乃無不明矣。故「愼罰」乃所以明其德也。德曰明，罰曰愼，德刑先後輕重之序未嘗不秩然可見。後世尙德緩刑則有意爲之，終必流於廢弛，不忍猛而寬，致興兵以取萑苻之盜，而盡殺之，則由不愼其罰，以至刑不能詰而用兵也。大誥爲周公戡亂之事，康誥以下皆周公制治之事。周公制治，乃以刑罰入手，不與商鞅之治秦同乎？曰：商鞅治秦以刑，周公治殷以罰。刑與罰相因，而注意不同，適以相反。注意於作姦犯科，而立法以齊之，則爲刑；注意於日用倫常，而立法以齊之，則爲禮。刑禁於大，施於已然；禮範於小，施於未然。未然而範以禮，其有放逸，卽以罰懲之，罰所以驅民於禮，而民何至作姦犯科，以待治之以刑乎？故愼罰者，道之以德，齊之以禮也。卽以孝論，忤逆、殺奪，大惡無道，不可不處以嚴刑矣。然子弑其父，決非一朝一夕之故。始而違犯教令，繼而詬誶倨見，箕帚德色，婦姑反唇，名爲父母，詈辱可加，鞭撻亦可加也，刀鋸則成爲弑矣。設遇小有違犯，卽有罰及其身，何至陷於大戮哉？故聖王之祥刑，愼罰之謂也。唐、虞之象刑，文王之罪人不孥，皆罰懲於小，民不陷於罪，刑無所加也。若商鞅，則不教於未爲惡之時，而濫殺於已爲惡之後，論囚渭水皆赤，宜足以禁姦矣；而訢誶反唇之惡俗，至漢猶有違犯，教令之罰不行於鄉里，無以淸作姦之源也。

酒誥 紂之惡成於淫酗，在位化之，所謂「卿士師師非度」也。上行下效，民俗遂以腥聞。故誥康叔往革殷俗，特嚴酒禁也。

「天降威，我民用大亂喪德，亦罔非酒惟行；越小大邦用喪，亦罔非酒惟辜。」

魏默深謂，管叔之叛由於醉後失德，言爲武庚所誘。此説可從。「天降威」指武庚之亂，「我民」謂三監，不忍斥言，故以我民渾之也。「小大邦」卽武庚、淮夷、徐戎及所滅之五十國。殷末之酒殆如今之鴉片煙，無人不迷於其中也。

「惟曰我民迪。小子惟土物愛，厥心臧，聰聽祖考之彝訓。越小大德，小子惟一。

上節文王教其子，此節欲民皆教其子：有諸己而後求諸人，無諸己而後非諸人也。

「妹土嗣爾股肱，純其藝黍稷，奔走事厥考厥長。」

上節是文王訓戒於家、於國者，此下乃王誥康叔往教妹土之民也。馬融於酒誥篇首特著：「成王若曰：『明大命於妹邦。』」謂誥爲周公述成王命以命康叔往治殷民。周之王業始於文王，「嗣王」卽嗣文王也。繼世之君可臣兄弟，繼祖之君並臣伯叔父，此尊祖敬宗之義也。春秋魯隱元年爲平王四十九年，而公羊釋「王正月」之「王」爲文王。然則有周一代，誥命皆行於文王廟，以文王之心臨天下，則爲王者，無文王之心卽非王者，不必泥爲何王也。堯舜合三代爲一，文、武、成王、周公合三世爲一，此官天下之法猶存於家天下之中，而禪繼之義一也。「一」者何？天下、國家爲民多寡之詞，而非一姓一家之詞也。

「庶士有正」

此節教妹土之臣。

王曰：「封！我西土棐徂，邦君、御事、小子尚克用文王教，不腆於酒，故我至於今，克受殷之命。」

此舉周臣受文王教者，以爲殷民示之則也。

王曰：「封！我聞惟曰：在昔殷先哲王迪畏天顯小民，經德秉哲，自成湯咸至於帝乙，成王畏相。惟御事厥棐有恭，不敢自暇自逸，矧曰其敢崇飲？

此見酒禁殷亦有之，非自周始也。

「越在外服，侯、甸、男、衛、邦伯；越在内服，百僚、庶尹、惟亞、惟服、宗工，越百姓里居；罔敢湎於酒。不惟不敢，亦不暇。惟助成王德顯越，尹人祗辟。」

「惟助成王德顯越，尹人祗辟。」當「越」字句。「惟助成」三字貫下八字。内服之人，助成行王道之德，顯越於天下。外服之臣，助成人之性，敬以守法也。

「予惟曰：汝劼毖殷獻臣，侯、甸、男、衛，矧太史友、内史友，越獻臣、百宗工，矧惟爾事，服休、服采，矧惟若疇圻父，薄違農父，若保宏父，定辟，矧汝剛制於酒。

此三句當三「父」字絶句。若疇圻父，謂順守封疆者，政官司馬也；薄違農父，教不率教者，教官司徒也；若保宏父，順以保安斯民者，事官司空也。定辟，定法，自古國設三司，卽爲三公，故三司同定其法也。

「厥或誥曰：『羣飲。』汝勿佚，盡執拘以歸於周，予其殺。

此卽上文所定之「辟」，爲周臣在殷墟者設也。周臣既承文王教訓，能剛制於酒，至殷墟而頓違之，此故意違犯，其罪重，不可不殺也。此結文王誥教小子，至克受殷之命數節。

「又惟殷之迪諸臣惟工，乃湎於酒，勿庸殺之，姑惟教之，

殷之諸臣爲習俗所囿，皆湎於酒，此由於無人教訓，不可不教而殺，故勿庸殺而教之也。

「有斯明享。乃不用我教辭，惟我一人弗恤，弗蠲乃事，時同於殺。」

此殷人新爲周用者之法也。「有斯明享」謂有爲斯時明揚而享用者，即當嚴守我之教詞，乃不敬守，則我即不愛恤其人，不潔治其職事，則當以治周臣者治之，同於殺之也。

王曰：「封！汝典聽朕毖，勿辯乃司民湎於酒。」

辯者明辯告誡，不率教者用前法徧治之也。

梓材

王曰：「封！以厥庶民暨厥臣達大家，以厥臣達王，惟邦君。汝若恒越曰我有師師、司徒、司馬、司空、尹、旅，曰：『予罔厲殺人。』亦厥君先敬勞。肆徂，厥敬勞。肆往，姦宄、殺人、歷人，宥。肆亦見厥君事、戕敗人，宥。王啟監，厥亂爲民。曰：『無胥戕，無胥虐。至于敬寡，至於屬婦，合由以容。』王其效邦君越御事，厥命曷以？引養引恬。自古王若茲監，罔攸辟。惟曰：若稽田，既勤敷菑，惟其陳修，爲厥疆畎。若作室家，既勤垣墉，惟其塗塈茨。若作梓材，既勤樸斲，惟其涂丹雘。今王惟曰：先王既勤用明德，懷爲夾，庶邦享作，兄弟方來，亦既用明德。后式典集，庶邦丕享。皇天既付中國民越厥疆土于先王，肆王惟德用，和懌先後迷民，用懌先王受命。已！若茲監。惟曰：欲至於萬年，惟王子子孫孫永保民。」

此篇當用尚書大傳之説，大傳爲伏生所傳，必孔門舊説，經戰國散佚，其次第原在酒誥後。後人輯其斷簡殘篇，容有酒誥之簡錯入，而梓材本文則必誥康叔與伯禽也。尚書大傳之康叔必爲唐叔之訛。「唐」、「康」形皆從「庚」，聲亦相近。而命以伯禽，又有左氏傳：武王母弟八人，周公、康叔爲睦。康叔稱叔不與郕季同稱「季」，康叔之齒必不過少。康叔、伯禽、唐叔皆分殷民，蓋武王伐紂未嘗滅殷，故太公元勛，封於東海之濱；唐叔幼子，封於太原。武庚既叛，周公東征，滅國五十，此時必康叔、伯禽、唐叔均在行閒。周公居洛，命康叔以全師向殷墟，以摧其根本；而伯禽出師於東，以斷淮夷、徐戎與武庚往來之路；唐叔必起晉陽之甲，循太行而南，以拊武庚之背。故三年而天下大定，三人同心戮力，故周公又同日命之，皆以撫其所定之民。康叔定殷墟，爲勘亂之本，故命撫定殷墟而誥之特詳。伯禽事有費誓，即三監叛時伯禽出師之事。惟遏淮夷、徐戎與武庚往來之路，守而不戰，久戍於外，故費誓重戒馬牛，其風臣妾之逃以及寇攘姦宄，而汲汲於楨幹糗糧芻茭之供。唐叔事無可見，然唐叔得禾异畝同穎，歸之成王，成王使唐叔歸周公於兵間，則唐叔亦在兵間矣。竊思唐叔此時撫定晉地，貼然不動，小民耕稼樂業，故有异畝同穎之禾歸之成王，非得之於王畿內，而在晉矣。歸周公於兵間，謂年穀和熟，周公久兵於外，無憂餉匱也。則三監之平，唐叔之功固與康叔、伯禽等也。康叔爲父行，故誥書先之，唐叔、伯禽爲周公子行，故在誥命爲唐誥、伯禽之誥，而周公之意則訓伯禽、唐叔以子道，故取篇中「梓材」二字以名之，謂「訓子成材」也。其文散佚最早，集斷編殘簡爲之，不可卒讀，而相傳唐叔之事皆訛爲康叔，故伏生、史公均以此篇爲誥康叔，以在酒誥之後也。首節謂爲酒誥脱簡，此見頗近是。然當爲「王曰：『封！……惟邦君』」二十一字，其自此以下非誥文也。酒誥脱簡僅一，班氏云「簡二十二字，脱亦二十二字」，此二十一字，其即酒誥所脱之二十二字之簡與？簡既脱，何由知其字數？蓋後人據竹簡别寫，或帛或簡，遇有缺簡，卽就脱簡之字留爲空白，故後人見爲簡二十二字，脱亦二十二字，其實所脱之的爲若干字，不可知也。又以「汝若恒越曰」以下二節皆爲酒誥之文，但酒誥脱簡惟一，不能如是之多。據論衡，「戕」可爲「疆」，「敗」可作「是」，「宥」可爲「有」，「監」可爲「賢」，則他字之訛脱，必是更不可究詰，此等處疑以傳疑可也。

「惟曰若稽田」一節與大誥「若考作室」節頗類，且有「梓材」名篇之義，謂爲梓材本文甚是。而疑「今王惟曰」以下爲周公誥康叔，因誡成王，爲合康誥、酒誥而總結，此亦有見。「汝若恒越曰」二節，今不得其解，安知非梓材原文？「今王惟曰」以下的係誥王之辭，或者周公抗世子法於伯禽，常以教成王者教伯禽，此或其遺語之僅存者，而後人入於梓材篇也。又召誥脱簡二，此下或係召誥所脱二簡竄入於梓材者乎？則召公誥成王之辭也。

如以「惟曰若稽田」至「涂丹雘」爲梓材本文，周公教唐叔、伯禽之文，則三項當平列，不能前一「若」字訓「汝」，後二「若」字訓「譬若」也。周公與康叔、唐叔、伯禽同平殷亂，既平之後，即命各鎮撫其所定之地，稽田、作室家、作梓材，大亂之後，君所以安集其民者莫要於此三事。周公將平亂之時，即命二子就封，則「勤敷菑」、「勤垣墉」、「勤樸斲」，皆已往之事。此時已招集流亡，生聚教訓。爲疆畎畝、正經界，民業定矣；塗塈茨，民居完矣；塗丹雘，民用備矣。皆亂後重葺補修之意，爲厥疆畎，其即「疆以周索」、「疆以戎索」之意歟？若是，則於唐叔之晉，尤要。晉鄰北狄，疆畎以限戎馬，尤經國之要務也。

費誓有「峙乃楨幹，無有不供」之語，「楨幹」所以築垣墉也。既勤垣墉，其亦當日之實事，與費誓「有善穀，乃甲冑」等語，考工記梓人所爲之器，皆爲禮樂之器。此言「梓材」其亦有偃武修文之意與？此下爲治〔二〕下告王之詞，入之召誥頗近。然雖〔三〕孟堅謂召誥脱簡二，簡二十五字，脱亦二十五字，二簡則五十字，此下至終八十六字似不盡爲召誥之文。今擬取「今王惟曰」至「庶邦享」十七字下接「和懌先後迷民」至終三十二字，其四十九字爲召誥之文，則二簡僅少一字，未知是否。向移「皇天既付中國民」三句於前「惟其塗丹雘」下而接以作「兄弟方來」至「庶邦丕享」四句，則上言爲民謀田産、室家、器用，勤勞不已者。以此，民皆皇天付汝兄弟，使汝等各用心招徠，亦各既用明德，遵用后王之法式典章，而邦悉臻至治，以大享於天也。梓材必更有脱簡，不得爲完書。予謂内有酒誥、召誥脱簡者，本班孟堅之説，亦不得其解而强爲之辭。

魏氏直改「王曰封」爲「王曰伯禽」，此當從康叔、唐叔、伯禽同日封，不應康誥有三篇，而誥唐叔、伯禽無一語也。梓材必有唐誥語。唐叔稱唐，而其後爲晉，猶康叔移封衛仍稱康叔也。唐叔封晉，歲在大火，當爲移封於晉之事。初封於唐，當在成王元年，唐必非許州之唐，而爲冀州之唐，與康叔、伯禽同時就封，以定殷地而後，周公命之也。

〔二〕治：關中叢書本作「臣」，文意暢順，當從。

〔三〕雖：關中叢書作「班」。

召誥

惟二月既望，越六日乙未，王朝步自周，則至於豐，惟太保先周公相宅。越若來三月，惟丙午朏，越三日戊申，太保朝至於洛，卜宅。厥既得卜，則經營。越三日庚戌，太保乃以庶殷攻位于洛汭。越五日甲寅，位成。

周公營洛邑，以盟會持天下之政，諴小民以永天命，卽以天下人持天下，而不以君之威力强使之服從也。故營洛邑，爲諸侯會同議政之所，而非僅爲諸侯之朝覲、貢賦均也。若爲諸侯之朝覲、貢賦，則諸侯既至洛，何難至豐？且受諸侯之朝，不使諸侯就天子，而使天子就見諸侯，亦名分之不順矣。夫周公營洛，謂有德易以興，無德易以亡，不欲後人據險自守，以久暴虐其民。故公權於民，以會同持天下之政。天子不能以一人之私亂天下，而諸侯亦不能以一人之私亂於一國也。此法蓋武王、周公定之，太公、召公成之。故是時營洛，召公與周公同心先往相宅、營位，而諴王以諴小民，爲祈天永命之本也。

定鼎於洛，以洛邑爲京師也。豐、鎬爲周之本國，如天之紫微垣，行本國之政之所。洛邑爲天子都，爲天之太微垣，行天下之政之所。周滅殷，不遷鼎於豐，而於洛，是周未嘗亡殷也，殷自不能撫天下之民，周爲民而代之撫，此武王、周公之心所以爲善繼述文王之志、事也。

若翼日乙卯，周公朝至於洛，則達觀於新邑營。

書古微以上節爲召公營洛邑爲東都之事。召公卜之，功役亦召公主之，此下至「庶殷丕作」爲周公營成周以處殷民之事。周公卜之，其功役亦周公主之，宜從。

越七日甲子，周公乃朝用書，命庶殷侯甸男邦伯。厥既命殷庶，庶殷丕作。太保乃以庶邦冢君出取幣，乃復入，錫周公。曰：「拜手稽首，旅王若公。誥告庶殷，越自乃御事。」

以上皆營洛邑及成周之事，以下東都、下邑俱成，乃入召誥正文。召公以營洛邑之後，人心無不歸周，諸侯皆大和會，周家八百年之基蓋定於此。懼成王因四方之和會而有怠心，故以庶邦冢君取幣詔王也。旅王見和會議天下之政出於天下人之公心也。若公謂立此政體爲公本謀，誥王順守無違也。「誥告庶殷，越自乃御事」謂周公用書誥庶殷，而庶殷能丕作，非一日之閒文誥所能爲功也。由王御事之人皆順人心爲政，事無不治，民戴其恩，故聞誥丕作也。「誥告庶殷」，卽上周公之用書命殷庶也。

「天既遐終大邦殷之命，兹殷多先哲王在天，越厥後王後民，兹服厥命。厥終智藏瘝在。夫知保抱攜持厥婦子，以哀籲天。徂厥亡，出執。嗚呼！天亦哀于四方民，其眷命用懋，王其疾敬德。

「後王」指商受，後民，當指商受時之民。謂殷先哲王在天之靈能佑後王，使有其後民，故服厥命也。

相古先民有夏，天迪從子保，面稽天若，今時既墜厥命。今相有殷，天迪格保，面稽天若，今時既墜厥命。」

以民心驗天命，此誠可信矣。然夏民何嘗不歸心夏先王？殷民何嘗不歸心殷先王？今皆墜厥命矣。先王之得天命，人心果可恃乎？

「嗚呼！有王雖小，元子哉！其丕能諴於小民，今休。王不敢後，用顧畏於民碞。

以下似宜接「今王惟曰：先王既勤用明德，懷爲夾，庶邦享」，「和懌先後迷民，用懌先王受命。已！若兹監。惟曰：欲至於萬年，惟王子子孫孫永保民」，四十九字。班志所謂召誥脱簡二，簡二十五字，脱亦二十五字也。「今王惟曰」，誥王顧畏民碞之法，欲王常思此也。先王既勤用明德，「懷爲夾，庶邦享」，武王勤用明德，懷柔天下，諸侯皆朝享也。「和懌先後迷民」，「迷民」卽殷民先後爲受與武庚所迷也。「和懌」，武王之會朝清明，周公之命庶殷，庶殷丕作，皆是。「若兹監」，卽監於夏、殷。前相古先民有夏，今相有殷是也。欲至於萬年，祈天永命也。保民卽「諴和萬民」，上文「天迪從子保」、「天迪格保」，二「保」字，王道本源，無不從保民做起也。王政全是保民，「子子孫孫永保民」卽永承天命矣！「欲」字卽「祈」字之意。

王來紹上帝，自服于土中。旦曰：『其作大邑，其自時配皇天，毖祀於上下，其自時中乂，王厥有成命治民，今休。』

「王來紹上帝，自服于土中」當是會同四方諸侯、民，議保民之政，以紹上帝之休命，欲子子孫孫永永如此，而先從己身爲其事於土中也。「王厥有成命」，蓋周公定保民永命之議，當營洛邑以會同持天下之政，召公贊之，而王從而命之，故曰「王厥有成命治民」，卽周公用書命庶殷以王命，爲之多士、多方，皆稱王命以誥之也。「今休」，卽「庶殷丕作」也。

「王先服殷御事，比介於我有周御事。節性，惟日其邁。」

「王先服殷御事」，此「服」字與上「服」字同，謂從事於此也。王欲祈天永命，當先保民，欲保天下之民，當先從事於土中以保殷民，保殷民不能不從事於殷之御事矣。殷之御事染紂昏德，蕩失其性，誠不易進之於道，惟有使之參於我周御事之閒，使之日與親比，以漸節其性，惟日興起，以進於善矣。近日各國圖强皆先聘用客卿，服殷御事比介於我有周御事之説。

「王敬作所，不可不敬德。」

「作所」謂作羣治觀瞻之所也，「如北辰居其所」之「所」，卽洪範之「皇極」，此誥所謂「王位在德元」也。殷御事以周御事節其性，周御事當以何者爲之節？則王不可不敬爲作之所也。所何以作敬？其德而已矣。孟子所謂「一正君而國定」之義也。

「今王嗣受厥命，我亦惟兹二國命，嗣若功。王乃初服。」

王之嗣受厥命，與桀、紂嗣夏、殷同嗣，而功則爲先王，否則爲桀、紂。今始初受命，未可知也。功者，行政之迹，

「若」猶若何，不定之詞也。

「欲王以小民受天永命。」

王者欲受天永命，必以小民。天命無形聲，小民之愛戴卽其形聲也。

拜手稽首曰：「予小臣，敢以王之讎民百君子越友民，保受王威命明德，王未有成命，王亦顯。我非敢勤，惟恭奉幣，用供

王能祈天永命。」

以「讐民」爲稠，蓋謂王者不當與小民爲讐，况此誥作於「庶殷丕作」之後乎？然當以周民及殷民，不能反以殷民及周民也。「友民」當爲友邦之民，「讎」乃「周」之聲近而訛也。「先民」後曰「君子」，此言祈天永命，王者天民，故先之也。

尚書微跋

咸陽劉古愚先生著書十餘種，風行海内，久已膾炙人口。曩讀其煙霞草堂孝經本義、立政臆解等集，愛不釋手，亟思窺全豹以爲快，戎馬倥傯未遑也。壬戌春旅省，耆舊惺前賢手澤散佚於劫火之中，遂乃呈明當道，特設「陝西文獻徵輯處」，謭陋如維，亦濫竽其間，竊幸鄉先正之名山述作，得稍稍見聞矣。而齊年友蘊生郭君出先生所著尚書微一册，命加挍勘。讀之，其辭奥，其旨遠，洪範、梓材暨康誥、召誥考證皆詳，而金滕一篇引逸周書武王有疾以位讓周公事，謂周公之禱爲天下之民，非爲武王一身云云，批隙導窾，尤足發前人所未發。自范史「儒林」、「文苑」劃分兩途，學者幾疑鄭、馬無文章，崔、蔡無經解，如風馬牛之不相及。今得先生共爐而冶，其羽翼經傳、嘉惠士林，寧待問耶？挍勘訖，取昌黎掛名，自託不腐之義，綴數語於簡端，既示景慕，並質之蘊生云。岐山後學段維謹識。

修齊直指評　煙霞草堂遺書續刻之二

咸陽劉光蕡古愚

楊雙山先生事略

同邑後學張元際撰

先生姓楊，名屾，字雙山，興平桑家鎮人。舊名三家鎮，先生務蠶桑，改今名。少出盩厔大儒李二曲之門，二曲許爲命世才，遂潛心聖學，不應科舉。自天人性命之旨，以逮農桑禮樂，靡不洞究精微。桂林陳尚書撫陝時，聘至會城，就館訪道，代爲納粟入太學，手題堂額楹聯，以旌其居。一時要人顯宦爭慕名來謁，非同契者概卻不見。然與人和易，不爲矯異之行，化行一鄉，鄉人有事謀焉，有爭決焉。善攝生，年九十猶童顏。著書之暇，恒鼓琴自娱，每夜深揮弦，輒有雙鶴舞於庭。著豳風廣義四卷，言蠶桑要法，躬自植桑數畝，飼蠶抽絲，光亮而韌。上憲嘉納，三秦取以爲法。知本提綱十卷，明五倫三序，爲政教敦倫之統，宗經國五政，以農工禮樂與學爲五，而皆本之帝命也。嘗約先儒禮論，酌立喪祭儀式。又疾女子裹足爲敝俗，欲請禁，未果，皆自行於家。尤深於醫，鄰牛誤吞釘，先生開一方藥，僅常品，釘應時下，醫者皆不解。卒於乾隆五十九年，年九十六。疾革時，戒家人：勿棺斂，勿穴葬，舁屍於所築之明經洞，極裹，甎砌隔前爲供案，至七世，必有理我葬事者。道光中，陝撫楊名揚下令興蠶桑，見豳風廣義，大善之，并所著各書及奏疏二篇上聞。宣宗手諭褒嘉，命入祀鄉賢。子生洲亦聰穎好學，嘗游楊太眞墓，閱石刻詩百首，歸録之，不遺一字。先生著書，其注疏多生洲與門人長安鄭世鐸、臨潼齊倬之手。光緒二十六年，官紳久欽其學爲實學，業爲實業，於洞前接檐四楹，再前厢厦大廳，又前花園門樓，額曰「楊雙山先生祠」，於洞上築墓立石，每年四月四日，官紳致祭，禮行樂作，以表欽仰之誠，爲之後者十二家。自先生歿至是，適七世也。咸歎先生有先知之明云。

修齊直指齊序

帝降生民，修齊定命，賦在人身，燦然其見。但倬賦質愚昧，兼以功利昏心，囿於見聞，每以天命生人，身心性命之理爲高遠難測，非我輩庸流所易知。遂棄置不講，日以貼切時藝爲事業，以廣博多聞爲聖學，雖攻苦燈窗，十餘年來茫無所知。延至戊子歲，從學於我茂陵夫子，授以知本提綱，倬俯讀仰思，質疑問難，親炙三載。見理推精詳，事皆落實，發天命之本，序闡修齊之要旨，生人入世定規，儼然如畫，頭面、耳目、身體、手足，無不全備，始見天命至道極顯明，極平易，並非難知，即婦女童蒙皆能通曉。以之修齊治平，眞有示掌之易。我夫子猶以卷帙浩繁，恐童蒙難以誦記，遂挈其綱要，括爲短帙，直指修齊之實，故名曰修齊直指。因謂倬曰：「此帙言簡意該，再加以俚言注釋，婦孺愈便，惟子爲能。」倬捧讀之下，竊嘆婦孺之學千古未見，我夫子以至仁居心，以大公施教，不使一人失學，致有干化擾治之虞。倬仰體我夫子一體無我之心，殫思竭慮，夙夜不敢暇逸，用功五載，稟凡七易，許可而後止。非敢陳之大方，不過爲子弟童蒙使知天命，修齊治平不假外求，自臻良富良貴。如此躬修，則家無棄人，人無失教，其樂休和，咸游大化，以弼聖天子風草之化於萬一云。乾隆四十一年歲次丙申，辛卯月春分日，臨邑門人齊倬頓首拜譔。

劉古愚先生總評

雙山先生生近二曲之鄉，以「反身」爲學，故其所著知本提綱皆從日用物上指出天命流行，日用事物皆吾身涉世自具之迹，而無一非天命之精微，極淺近，極高深，蓋卽聖門「中庸」之旨，而先生特於「庸」上精察力行也。二曲先生當明之季仍守心學之説，近日講學家多非之，不知前明諸儒言心是因舉世馳於詞章，惟勤記誦，不求心得，故矯以反求諸心，爲學者指出千古聖學之源，卽孟子「聖人先得我心同然」之旨也。末流之弊或流於空虚，然國初諸儒俱矯之以讀書窮理而諱言心，則終流於記誦詞章，高者亦不過訓詁考據而已。二曲先生不言心而言身，從日用行習之際實見天命精微之理，則無一毫空虚影響之談，而亦不流於詞章記誦，此書純發此旨。二曲之學，雙山爲得其精也。

二曲門人惟豐川最知名，反身録亦豐川所傳。二曲著有學髓，與此書之説爲近。反身録盛行，學髓不甚著者，反身録依於四書，猶能入帖括家之目，學髓則心學之餘波也，且爲負重名之儒者所指摘，誰復寓目乎？

此書多言上帝，且謂上帝是的的確確實有之名，不是空談，直類近日西人之説。固是先生本之六經，實心體驗，見得如此，亦由耶教自萬歷時利氏入中國，專敬上帝，訓及婦女，而中國論學遂不敢及上帝。而釋道之徒遂假鬼神以惑愚氓，張角之玉皇，鄉閭人人知之，而孔子六經、四書所言之上帝則無人知。是耶氏之道出於天，而孔子之教乃人爲也。中國儒教將爲耶教屈，先生於百餘年前已見及矣。

佛言空寂，老言元虚，吾儒遂不敢及空虚；耶氏言天，吾儒並天亦不敢言。宜今日於孔、孟所言治法歸之西人而不欲行也。

先生是書不顯於世，又因其文詞不襲古人一句，直抒心得，語皆自造，不能悦好古者之目也。今日中國之患不在士人不工文，而在兵、吏、農、工、商不知學。此五等人皆知學，卽堯、舜之盛治也，而何外患之足云？

讀此書須知日用飲食卽是王道，王道卽是聖學，天命精深之理皆從事物粗迹上見。自古論學精透則難淺近，淺近必難精透，未有兼之者。先生於日用家常上見天命流行之妙，天人合一之理一旦豁然呈露，人人可由，新古今講學之面目，開凡民著察之徑路，竊謂爲近日講學必須用之書。

自古言王道皆爲有位出治者言，未有下及庶人者也；言聖學皆爲士人讀書者言，未有遍及農工商賈者也。是以王政不行於上，聖道卽晦於下。讀書之士空談其理而身不能爲其事，孔、孟之教遂依稀惝恍存於中國，而各教得出而駕其上。知此然後知先生此書思深慮遠，關係爲甚重也。

今日欲强中國，須孔、孟之道婦孺皆曉，否則堯、舜以來之中國，外人將撫而治之，耶穌因而教之矣。

天命修齊治平定序

生人入世，自有天命，修齊治平定序。言上帝降衷，生人卽各賦以修身、齊家、治國、平天下的定規，古今一致，聖凡不異，故曰「定序」。按此言「天」卽指「上帝」，「命」卽是「令」。「命」有帝命、君命、親命、師命，從無泛來之命。君、親、師三命以身授受，耳提面命，人所易知。天命未見親受，人以爲高遠難測，豈知三命猶有授受之勞，天命昭垂，舉目便見，一思卽得，較之三命更覺顯明易知。試看吾人性受五常大命，身受四業助命，至於大而天地、山川、日月、星辰，小而草木、金石、鳥獸、蟲魚，無不各受一命，各司一職，爲吾人備用之資。故吾人入世，首當推明天命，若天命不明，則不知人生有原，受命有本，修齊治平大失宗向，何以成治？

評：身、心、家、國、天下是物，修、齊、治、平是則，有物卽有則，故曰「自有」。先生從物上推見其則，是從天命流行時勘出天命之本，故曰「定序」。以「四業」爲天命，此爲特識。此卽耶穌造天地萬物然後造人之說。

按：修齊直指，興平楊雙山先生屾著，注則門人齊倬也。先師俱有評騭，今彙編每段之次，讀者因文會意，自能了然。弟子王典章謹識。

明得天命定序，順序而理，自臻良富良貴，永享太平。言貧富不均，治亂迭更皆屬人爲，實非天命。蓋帝降生民，人皆帝子，均當享良富良貴，永樂太平，豈有父於子反定爲貧富治亂之數？人誠能明得天命，自知富貴卽在家園，不用希高慕外，順命躬修，自然有富無貧，有貴無賤，而永享太平矣。

評：「良富」，語本史記「本富」；「良貴」，語本孟子。富貴卽一人一家之治，貧賤則亂也。人人不得良富良貴，非亂而何？「良貴」，正德也；「良富」，厚生也。人人有良貴，人人平等也。而五倫之序不可亂，亂五倫之序，自違帝命，而失其貴，人皆賤之矣。人人能良富，人人可不貧而富，而非奪富以予貧也。奪富予貧，其富卽非良矣。故良貴者，人人自保其良知而非西人平等之説也；良富者，人人自致其良能而非西人均貧富之説也。謂古今治亂均屬人爲，此亦卓識。天下之治亂，天下人爲之也，君相特操其機耳。

若違命失序，則心無宗向，身無持循，必至冒昧從事，以致艱困迭生，何以立身成家？言帝命有定序，順之則富且貴而吉，違之則貧且賤而凶。試觀古今亡身敗家，屢罹凶禍者，無一人不由違命失序所致。

欲明天命定序，首在推究帝道，帝道一明，則無所不明，一知，則無所不知。言帝爲造化之總樞，萬有之本根，生人之原祖，故吾人入世首在推究帝道。帝道一明，則知萬事萬物皆由帝命所出，而天命定序自然昭彰顯著矣。

評：操之有其本，方能推之有其序。墨氏兼愛，推之無序，實由操之無本。

誠能返諸一身，征諸萬物，自見帝道顯著。條分縷析，賦受各有定命；至簡至易，易知易行，修、齊、治、平眞有示掌之易。言天命定序不須遠求，卽就一身返察物類，徵驗故物，類雖繁，皆爲一身備用。試看人身賦有陰陽攻盪消耗之機，帝卽命五食以養陽，五飲以養陰，五服以蔽體，五材以適用。有耳，造五音以養耳；有目，造五色以悅目；有鼻，造五香以快鼻；有口，造五味以爽口。凡造化中無一物不爲生人備用，卽針芥之蟲，毫髮之草，似於人無用，必爲鳥獸蟲魚之資，人用鳥獸蟲魚，其實終爲人用。帝之於人甚於慈父愛子，按需對給，周洽備至，無一物而泛生。人誠用返察徵驗之功，知帝命按需對給，自能按給對修，無俟詩、書之勞，亦無煩奔馳之苦，永享良富良貴。道本畫一，別無歧途，而修、齊、治、平何啻示掌之易也。

評：天生萬物以養人，人須體天心以愛物。勤以生之，儉以用之，各盡其修，方爲知天命。否則，殘萬物以縱一日之欲，則暴殄天物矣。

嘗考自古聖帝明王創制立法，誥誡臣民，皆以事帝爲正向，依帝爲標準；又察諸遠外諸國，莫不宗事帝君，不約而同，足徵帝有尊嚴定體，凛凛在上統御羣倫。古之聖帝明王莫不朝乾夕惕，皆以事帝爲正向，依帝爲標準，卽如「予畏上帝」、「上帝臨汝」、「受命於帝庭」、「小心翼翼、昭事上帝」、「郊社之禮以事上帝」之類，又察諸遠外諸國雖稱呼不同，均知崇奉帝君，足徵帝實有一定神體，凛凛在上，而爲造化主宰，生人之原也。

評：三代上君師不分，聖帝明王奉命以教養天下之民，卽率天下之民以敬事上帝，王道聖功，此外無餘事也。此先生作書本旨，非以遠國證吾說也。痛吾中國立教宗旨中國自棄爲遠國之說，使駕於吾教之上也。以上帝統御羣倫，方能推諸四海而皆準，統一六合而莫違，修教以師兼君而非僭，立政以君兼師而始純也。

自秦皇焚坑之後，帝道雖晦而六經尚在，其中推明帝道者千有餘條。夫六經俱係孔子手訂，豈有錯謬？言自秦皇焚書坑儒以後，帝道不明，後人有認天爲帝者，有認理爲帝者，有認氣爲帝者，有認爲非理氣，實實有個帝在者。異說紛紜，天命無著。使上無尊嚴定體，人失畏望之誠，以致異端鳴於百途，人心分於千派，此帝道沈晦之由。夫六經明帝者千有餘條，直言上帝者，如：「肆類於上帝」、「乃命於帝庭」、「以享上帝」、「可祀上帝」等章，有一百七十餘條。有不敢斥言上帝，以天擬稱者，如人臣不敢斥言其君上，因稱朝廷、陛下者，如：「天其申命用休」、「天生烝民」、「知我者其天」、「天命之謂性」等章，有九百五十餘條，共計一千一百二十有餘條。六經皆孔子親手訂正之書，孔子心通造化，明徹兩閒之理，如有錯謬，孔子早已刪去，深明六經言帝之足信也。

評：注中四者均爲異說，究以何者爲帝，下文「出命之神君、分性之共父」是也。有形質後，人靈於萬物，卽裁成萬物而爲之主，則無形質之先必有一主宰生萬物者爲人類之祖，卽上帝也。漢儒所言「五人帝」皆上帝一體之分，後世帝王祭感生帝，祭其分者，不足統一四海，以四海之人現分五種也。孔子爲素王，素王者不以青、黃、赤、白、黑殊也，則孔子所感生之帝當爲上帝，上帝能該五帝，孔子之教必能統五種人類也。

近西人有天國之說，語意類此。

欽惟上帝，本先天無始，神體肇造，天地建極，生人爲出命之神君、分性之共父，實生人自來之原。言上帝居於天地未有之先，出命降勅始立人極，卽如大明會典有云：「混沌未分兮，兩曜未明。神皇出御兮，始判濁清。立天立地兮，羣物生生。」「神皇」卽帝也。蓋人君出命，而帝乃出命之神君；父母分性，而帝乃分性之共祖。試以一身上溯，必知有生身之父母，以父母上溯，必知有生父母之祖考，以祖考上溯，必知有生祖考之始祖，推源窮本，始祖卽是上帝，豈非生人自來之原乎？故吾人入世首在認帝明性。帝性一明，則知人生有本，分性有原，命有自出，由是應事接物自有攸當不紊之則。若不究明帝性，必至冒昧從事，則事事阻礙，卽如二氏不達人生之原、性命之本，自立性天，妄爲主宰，故從其事者皆不得其善狀。人可不返本窮源急於認帝明性乎？

評：人之形體實爲天地之氣，此言性命不言氣者，欲人由性體識帝體，故不及氣也。此說不如張子「乾父坤母」之説直截簡易，然層次曲折分明，人人能見得及，所謂「爲俚言注釋，使婦孺皆能通曉」也。二氏以虛無爲宗，不知上帝，卽昧性之所自來。

衷含仁、禮、智、義、信之五常。言上帝衷靈内具五常，卽以五常立體，何以知之？蓋以子推父，昭然顯著，卽如子具耳目手足，不待見其父，的知其父亦具耳目手足，同於其子。夫人皆是上帝分形，依性皆具五常恒久不滅之靈，是爲帝子。觀人莫不内具惻隱、慈愛、敬恭、節叙、明達、謙遜、聯屬、容讓、肫誠，固守五端正情，的知帝是五常立體，不待見帝而始知。況天地萬物，草木鳥獸，無一不内具五常生機，若非帝以五常立體，何以造化皆如是耶？此五者乃上帝生物之玄機，凡天地間有形之物，無形之理，俱不能出此五者之外。一加推測，自見其奥，所以欲窮理者，只窮此五常。五常一明，無理不明。

評：以子推父，的知上帝以五常立體，又須以物證人，方知上帝以五常立體内具特異之知能。試觀金石，有形質無生長，草木有生長無知覺，禽獸有知覺無倫叙，倫叙獨爲人性之體，其信然矣。然物性亦有具五常者，如虎狼之父子，蜂蟻之君臣，鴻雁之夫婦，然一而不備，且生而不能學。惟人則生而自具良知，全備五常之性，長而自具良能，能盡五常之學，故此良知、良能爲人性所獨，人爲萬物之靈者，此也。然則五常爲性之體，良知、良能，性之靈也。

五常著氣，爲天、地、水、火、氣之五純。言天地間生成造化，只是一箇五常。這五常著氣始成天、地、水、火、氣之五純。「純」者，是一而不分，舍此五者之外，皆是此五者假合立體，皆可分析，是謂雜體。純如昭昭之天，天也九重，運旋之天亦天也；一撮之土，土也，大地之土亦土也；一滴之水，水也，江海之水亦水也；星星之火，火也，燎原之火亦火也；呼吸，氣也，撼山拔木亦氣也；故謂之五純。五純假合以成雜體，卽如枝葉不可名樹，以其包裹之皮成於天，質體成於土，津液成於水，宣暢成於火，長養成於氣，分盡根、幹、皮、枝、花、葉，則無樹矣。又如手足不可名人，以其皮膚成於天，骨肉成於土，血液成於水，温煖成於火，呼吸成於氣，分盡頭、面、手、足、皮肌、骨肉，則無人矣。五常著氣爲五純，如義之著氣爲天，義主聯屬、容讓。天以九重包裹，閒不容髮，日月、五星嵌在體中，其質堅硬，鋼板難似，爲地、水、火、氣之皮膚，是聯屬之象。環凝於外，覆冒、包括、旋轉、推運，不滯不礙，遲速各有定度，以大其行施之功，是容讓之象，故知天爲義之所著。信之著氣爲地，信主肫誠、固守。地則生成隨其種植，長養按其氣候，萬物質體悉賴以成，含化孕育，生物不二，是肫誠之象。以重心居圜天之中，以折算準之，周圍九萬里整數，皆生齒所居，奠定持載，永不隕墜，是固守之象，故知地爲信之所著。智之着氣爲水，智主明達、謙遜。水外暗内明，鑑照不爽，大地流通，灌溉不滯，是明達之象。性本就下，遇剛卽避，是謙遜之象，故知水爲智之所著。禮之著氣爲火，禮主敬恭、節叙。火内暗外明，氣炎赫嚴，凛然可畏，不敢輕犯，是敬恭之象。日火一出，而天地萬物歷歷燦陳，無不明析，各安其分，並育不相害，是節叙之象，故知火爲禮之所著。仁之所著爲氣，仁主惻隱、慈愛。氣乃天、地、水、火四者各輸元精相合而成，居於地上二百五十里，以折算準之，毫髮不爽。氣氳鼓盪，堙鬱搆精，是惻隱之象。人物依氣，如魚之依水，呼吸長養，頃刻不能離，是慈愛之象，故知氣爲仁之所著。蓋此五純爲上帝造物之材料，天地閒一切有形之物俱賴此五者而成，乃天、地、人、物合一之致，缺一則造化息矣。一加察驗，自見其妙，所以欲格物者，只格此五純，五純一明，無物不明，而天地萬物燎若指掌矣。

評：西人不以中國五行之説爲然，謂行於天地閒者，氣當居一，金木不能如水火之用，當以氣、水、火、土爲四行，此卽道家鑪竈水火之説。道家以乾坤爲體，坎離爲用，是以天、地、水、火爲四行也。西人以氣配水、火、土，是西人以氣爲天也。今先生於五行中去金、木而益以天、氣，謂天配義而氣配仁，是仍吾中國舊説。中國以五常配五行，金原屬義，木原屬仁，金、木之用不如天、氣之用多，易爲天、氣，而道家、西人之説不如吾儒之完備矣。何以知天爲金、氣爲木？易以乾、兑爲金，乾爲天也。以震、巽爲木，震爲東方生氣也。先生特易吾五行之名而仍其理，非用西人之説也。此説不是。日月五星皆能自行動，非嵌在天體中也。先生蓋不知歷算，故用朱子「硬殼子包裹於外」之説，而不用張子「地自行轉」之語。

五純有陰陽，帝命鬼神以爲陰陽之知靈，受命分職，調元贊化，爲上帝官吏，宣權結搆，造化萬類，以備人需。言天、火爲陽，故居上；地、水爲陰，故居下。氣爲四精之會，半陰半陽，故居於天、火、地、水之中。五者立體，必有知靈主宰。鬼者，陰之知靈，具女體；神者，陽之知靈，具男體。故男女脱鬼神之跡，鬼神先具男女之體。天地閒造化生成，賞善罰惡，無非鬼神之功用，體物不遺，確有神體。後人以呼吸、老少、屈伸、往來爲鬼神，是視鬼神爲虛幻無知，使人亡質臨畏敬之誠，大非明道者所言。蓋上帝總持造化之權，而調和元氣，贊助化育，皆是鬼神奉上帝之命，結合搆造以備生人之用。如人君尊居九重，而百官衆吏分職佐理，敷布君德，以成至治。

評： 西人謂耶穌創造天地萬物，語意亦如是，然奪上帝之功能以予耶穌，是以人僭天也。人而僭天，罪莫大焉。十字架之刑，其天罰之耶？聖人謂明則有禮樂，幽則有鬼神，直言其有，何得云無？禮樂鬼神對言，鬼神爲陰陽之靈爽，禮樂則官吏之威靈也。

物生大備之後，帝始命五純著立人形，卽降分自衷五常恒久不滅之靈，以爲人性，依於五純假合之形。言帝建人極，先造備用之物於人先，如父母欲生子，先立家室器用。物生既備，帝始命五純假合以立人身，卽降分五常衷靈之性，依於五純假合之軀，卽如書曰：「惟皇上帝，降衷於下民，若有恒性。」言人始有恒久不滅之性。但性分三等，一曰生性，一曰覺性，一曰靈性。草本得其一，只賦一生性，乃五純相合之生機，植而不移，一經斫伐，長養之生性滅矣。鳥獸得生、覺之二性，長養同於草木之生性，至於目視、耳聽、口食、足履，乃知覺運動之覺性，一經殺傷，則生、覺之二性俱滅。惟人得生、覺、靈三性，其形身之長養同於草木之生性，目視、耳聽、手持、足履、知覺、運動，同於鳥獸之覺性，獨此識倫業、達政事、通古今、辨是非，乃五常恒久不滅之靈性，異乎物類，分自帝衷，永無泯滅之理。故人死則生、覺俱滅，而衷靈常在。蓋帝靈無始無終，而分降於人，是人爲帝子，性亦有始而無終，卽如詩曰「文王陟降，在帝左右」，又曰「茲殷多先哲王，三后在天」，盤庚曰「綏乃祖乃父」、「丕乃告我高后曰『作丕刑於朕孫』」、「不救乃死」等語，足徵父子、祖孫、臣民俱有在天之靈，聖語煌煌，如同面晤。故全仁者，生則身享太和，卒則在帝左右。人不達此理，往往舍本有之神體，妄求空幻之仙佛，遂誤天命修齊本業，生則艱窘終身，死則欲囿性困而莫解。

評： 以識倫業、達政事、通古今、辨是非爲人之靈性，其見精卓。人之靈於萬物者在是，卽貴於萬物者亦在是。故不與萬物生長、知覺之性同其消滅，此吾儒了然於生死之故之正理。古今聖賢盡性之學，其精神常留兩間，其不朽之性量自能如是也。

人受五常之性，卽著理爲五倫，以爲人道之則。君極建造化之先，父子開人倫之始，而師道卽立於君父。兄弟卽比肩於降衷，夫婦居倫之末。上帝一本，卽兼君、親、師三本大權。以主宰而言，卽吾人之大君；以降衷而言，卽吾人之大父；以啓牖而言，卽吾人之大師。故有君道然後有父道，君父道立，卽參教化之權，而師道卽寓於君父。經曰「作之君，作之師」，可見師道隨君父而立。初生男女，卽爲比肩而兄弟，故兄弟亦居夫婦之先，而夫婦居五倫之末。後人往往以夫婦爲人倫之始，謂有男女然後有夫婦，有夫婦然後有父子，有父子然後有君臣。不思初生之男女從何而來，豈有無父母之男女乎？此不達天命五倫之序。

評： 古聖王君兼師，故以君臣、父子、夫婦爲三綱，而以朋友居五倫之末。後世君不兼師，教無所統，而友承之，不得不參師友於君父之閒，語本於民生於三事之如一，及檀弓事君、事親、事師並言。蓋自夫子創教，君治舉其粗，而性道之精微賴師以明，師友之倫不得不重。卜子「賢賢易色」卽欲以師徒易夫婦之綱，而升於君臣、父子之前。先生序五倫，以師友與夫婦互易，雖與古異，實聖門之旨也。

禮著君臣，禮卽生於君臣。蓋一倫之中互貫五常之理，卽如恩同父子以相親愛者，仁也；酌度政事以啓明達者，智也；元首股肱以通聯屬者，義也；同心一德以實固守者，信也；而其專主在禮。試觀君道一立，而天地奠位，人物得所，彝倫攸敘，名分昭然，是禮卽生於君臣。古人以義主君臣，乃只言元首股肱以聯屬此倫者，非專主也。

仁著父子，仁卽生於父子。卽如尊卑不紊，以著節敘者，禮也；教諫合道，以啓明達者，智也；憂樂感應於一氣，以通聯屬者，義也；眞誠符愛於兩衷，以實固守者，信也；而其專主在仁。試觀慈愛一體，恩聯不息，生機相繼，傳衍不絕，是仁卽生於父子。

智著師友，智卽生於師友。卽如恩同父子以相親愛者，仁也；儀則罔忒，以定節序者，禮也；同道相輔，以通聯屬者，義也；一德無欺，以實固守者，信也；而其專主在智。試觀得師友指引，明悟日新，才識自長，倫業、政事自然通曉，其勢似輕所職，實重其分；似疏所關，實親君臣、定人倫之範。師友明人倫之道，雖並列人倫之中，實操人倫之要。故君、親、師三恩並重，所謂民生於三事之如一。古有單言朋友主信，乃只言一倫者，非專主也。

評： 以五常配五倫，惟父子之仁一仍故訓，而禮、義、智、信則互易，一倫之中必備五常之德，此爲精確不刊之論。故禮、義、智、信彼此分屬，可以不拘，然亦有至理焉。禮、義，一物也，義之成爲禮，禮之始爲義。義者，制一事之禮；禮者，成全體之義也。君臣綱紀一世之全規，兄弟則人形分著，對待而立之始。孟子曰：「敬長，義也。達之天下卽爲禮矣。」故君臣、兄弟之禮義可互易也。信、智本是一物，孔子以配四德之貞，術家所謂水土同源也。智爲性之光耀、靈動，信爲性之眞實、凝聚，譬之於月，智其明，信其魄也。天地之氣化始於夫婦，天地之治道基於師友，皆有貞之義焉，故師友、夫婦之智信可互易也。總之，先生欲以師道救君道之窮，此正宣聖創教之苦心，先生確有所見，故不得不如是立論，讀者勿訝其更張古訓也。

義著兄弟，義卽生於兄弟。卽如情出至性，以相親愛者，仁也；各守儀則以定節叙者，禮也；辨是知非以啓明達者，智也；竭誠施愛以實固守者，信也；而其專主在義。試觀身家相佐、一體聯屬，患難之際，手足相關，義氣奮發，不顧生死，諺曰「打虎還須親兄弟」，每見遭虎患者，抱頭曳尾、不顧身命，此乃義氣之眞，不待勉强。有言兄弟以禮著者，乃只言各守儀則、節叙，此倫者，非專主也。

信著夫婦，信卽生於夫婦。卽如恩誼浹洽，以相親愛者，仁也；内外不忒，以定節叙者，禮也；是非必辨以啓明達者，智也；倡隨一體以通聯屬者，義也；而其專主在信。試觀受命一醮，終世不改其節；固守立身，死生不易其操；蓋四倫皆可移易。卽如君臣尚有先臣、外臣之分，父子尚有生父、恩父、義子之别，兄弟尚有胞兄、外兄之異。師無常師，有一節之長者卽可爲師。惟夫婦一倫，男女定配，一醮不移，堅貞律身，期老不易，豈有義夫婦、外夫婦之理乎？古有言夫婦主智者，乃只言是非必辨明達，此倫者，非專主也。

故五常無體，以禮立體，禮立而五常始著。仁、智、義、信四者有情無體，惟賴禮以立體，禮主外見，故卽禮之慈愛可以見仁，容讓可以見義，謙遜可以見智，固守可以見信。

評：此見尤卓。歷代聖王之心法無可傳，其可傳者爲禮文。後人可據禮文以見其心，故論語八佾篇言禮先於里仁篇之言仁也。

五倫無綱，君道立綱，君道建而五倫就序。君乃日火之象，日火一出而天地明晰，萬類燦陳，故君道一建而父子、師友、兄弟、夫婦各安其分，等差秩然不紊。

評：有世界然後人類有所容，有人類然後有倫理。故君雖與師分，以權力馭世，而必推爲五倫之綱，居父子、師友之先，以功及人言也。由五倫遞入君臣，由天而人，由德性入事爲也。

人衆有欲，無主則亂。上帝授命人君統御下民，卽爲人世之帝，愛護保存，使人共復元量。言人皆有形欲，若無大君以主之，則强者陵弱，衆者暴寡，殘殺必無其類。故上帝卽授此統御之命於大君，使大君以兵刑定亂，以農工禮樂養教，使人各安其分，各修其業，各盡倫全常以還其五常仁和之本量也。

評：從上帝説入人世之帝，付受分明，人君之責任重矣。

夫性本帝靈，具純一無滓、神體永無泯滅之理，形成五純假合立體，内具理氣，有攻滅還化之數。理者，上帝造物之準則；氣者，上帝造物之材料。攻滅者，謂五純合則著體成形，不合則彼此不容，卽如火盛水則水竭，水盛火則火息之類。還化者，謂五純皆自無而有，若攻滅則仍自有而無也。蓋性不泯滅，形有毀壞，人急當明性帥形，勿爲形欲所囿，以貽性累，使萬古欲囿愁苦而莫解。

評：由性説到形，由性分固有説入職分當爲也。

性形相依，契合一身，故有帝君兩間分統之道。上帝按需對給以育下民，聖君立法定制，按給對修，養教生民。「性形相依」，合者如日之映水，火之著金，原無分别也。「兩間分統」者，言帝宰元靈，君統著形。「按需對給」者，卽如有形者需衣食，上帝卽給以農工；有性，則需節和，上帝卽給以禮樂之類。「按給對修」者，卽如給農工，大君卽設后稷教稼之官、匠作虞衡之員以修之，使足衣食；給禮樂，大君卽設秩宗、儀制之官，協律審音之員以修之，使明禮樂之類。故有君道而無帝道，造化固息；有帝道而無君道，人類亦滅。二恩實並重也。

評：上帝生萬物卽以造世界，聖王治世界卽以成萬物，天德王道一以貫之。天人息息相通，横渠而後，見道罕有如此親切者。

故生人入世，卽受帝恩二命之慈：一曰大本之命，一曰助修之命。「大本」者，卽人性所受仁、禮、智、義、信五常，明德統御一身，主宰變化，以爲自衛自全之權，是爲天德。「助修」者，卽農、工、禮、樂，助此著形，以修天德者也。蓋身乃五純假合立體，内有心思營爲之耗，外有風雨寒暑之侵，形有放縱之失，欲有從形之乖，故帝命農養、工利、禮節、樂和以爲助修之資。聖王用此以理家國，故曰「王道」。天德，體也；王道，用也。修天德始可以行王道，行王道乃可以成天德，二者互立，缺一不治。「主宰變化」者，言能帥氣化質，不至任形從欲也。「自衛自全者」，卽如順五常者，異性皆化爲骨肉，不惟人不敢害，亦不忍害。悖五常者，骨肉盡變爲讎敵，卽人不明害亦必暗圖，豈非五常「爲自衛自全之權」？「缺一不治」者，言修天德而不行王道，是有仁心而無仁政，澤不被，無仁心，恩澤暫而不久，亦不能治。

評：「民之質矣，日用飲食」，「羣黎百姓，徧爲爾德」，帝王一切經綸胥該於是，天命之精微卽盡於是。見道透澈，純正無疵，學者勿以其言不文而忽之也。

夫天德無形，何從而見？誠能返身推測，昭然明晰。生人莫不内具有惻隱之心，外著有慈愛之情，應事有和悦之感，此仁之端也。言人卽爲形欲所囿，未能事事盡合五常，而其眞機常有發見之時。惻隱如乍見孺子將入於井，心中怵惕不安，及見一切災傷病痛、鰥寡孤獨、窮困無依、流離失所之人，實有不忍之心。慈愛如慈母心疾嬰兒，孝子孺慕其親，及一切周急扶危、賑災濟貧、安老懷少之情；和悦如情景藹然，春風和氣，無論賢不肖，使望見顔色，皆樂於親近。

評：此下五項，教人卽身體認，遇事留心，此二曲先生「反身」的傳，人人實有道心，卽人皆可明道、行道。道也者，不可須臾離，可離非道。人人日在道中，行不著，習不察，終身由之而不知，道所以不明、不行於天下也。先生教人於日用事爲上留心，道固在邇，當前卽是，而無容遠求也。

莫不内具有敬慎之心，外著有恭謹之情，施事有節叙之則，此禮之端也。敬慎如覲君臨官，肅然骨栗，恭謹如祭祀、見賓，莊敬不苟節序，如登降拜跪有其準，坐作進退有其則，此人性中禮之端也。

莫不内具有明達之心，外著有謙遜之情，臨事有辨別之識，此智之端也。明達如遇事則思其是非，推理則明其可否，遇患難則知其處置，見物則思其致用；謙遜是嚴以律己、寬以待人；辨別是分其善惡邪正，判其輕重大小，此人性中智之端也。

莫不内具有聯屬之心，外著有容讓之情，遇事有裁制之宜，此義之端也。聯屬是天下一家、萬民一身，視人如同骨肉；容讓是天覆海涵，不爭不競；裁制如事之可行者，勇往直前，不顧利害，可止者立意決絶，不至優柔不斷，此人性中義之端也。

莫不内具有肫誠之心，外著有實行之情，臨事有固守之貞，此信之端也。肫誠是至誠不欺，實行是事事歸實固守，如信理甚眞，終身守之不易，此人性中信之端也。

五者乃帝賦生人大本之命，純善無惡，純吉無凶，聖帝明王授受相傳只此道。順之者聖，悖之者愚，修之者治，廢之者亂，千古昭然，毫髮不爽。言五常本純善、純吉，而人有惡與凶者，因人爲形欲所囿也。欲求成聖，並無他道，只要能修順五常。若舍此五常之外，皆是異端邪教，空幻欺人。信之者從無實效，遂誤終身。詳考諸聖，皆是以五常授受，順聖悖愚，修治廢亂。觀之堯舜、桀紂可見，而千古帝王俱不能舍此五常之修廢而別有治亂也。

評： 識仁、義、禮、智、信之性於日用之間，則括萬事萬物於一心，隨感而施，自順其則，天下更有何事？故自古聖聖相傳，只是此事。

故人君誠能以五端默運於九重，化育卽遍沛於閭閻。言五常人人皆具，而君持五常之綱，故人君誠能以五端潛乎默運於九重之上，萬民自皆以各具之五常相應，自然天地位、萬物育、三光明、寒暑平、五穀登、人民壽，德澤流布，民樂熙皞，化育豈有不遍沛於閭閻者乎？

評： 大道之行，自上建立，則通行甚易，不惟感應之理然也。登高而呼，聲非加疾，而聞者遠，權勢之力以道運之，其感乎不可思議矣。

是仁爲萬民之命，君仁則萬民歸仰。卽如王者征討之時，以不嗜殺人爲心，只以定亂安民爲念，自然民皆歸仰。故湯始征，誅惡吊民，萬民卽有後來其蘇之望；武王東征，救民於水火之中，以綏厥士女，所以百姓臣附。君子實玄黄以迎君子，小人簞食壺漿以迎小人，良以仁爲民命，君仁則民命皆遂，故民歸仰如此。

評： 仁是天地之生機，故爲萬民之命。

愛爲元仁之情，愛施則萬民親附。爲上者保民如保己赤，愛民如愛己子，以身測寒熱，以腹節饑飽。痛癢相關，好惡與共，不使一民失所，萬民自然親附，如嬰兒之依慈母，頃刻不能離。以其仁統四端，而專主於愛。以愛應，故民親附如此。

上敬則民自畏服。爲上者知民皆帝子，君乃民之首出。天視自民視，天聽自民聽，時時畏著，帝命克綏，厥猷勤切。養教不敢或曠，統御之職如湯之顧諟明命，文王小心翼翼，如此敬天，自不敢輕民。重民卽所以敬天，自然民畏且服。若徒以嚴法制民，民只畏而不肯服也。

評： 此卽孟子民貴之義。民性分自帝衷，民形亦必分自帝體，故民皆爲帝子。五常爲上帝所分之性，五純非上帝所分之氣乎?

上恭則民自不紊。爲上者接民如見大賓，使民如承大祭，嚴肅整齊，不以小民而輕忽傲賤，自然父子、兄弟、戚黨各守規矩，各安其分，强自不敢陵弱，衆自不敢暴寡，彼此皆相敬重矣。

上明達則民自不欺。爲上者不爲形欲所囿，明四目、達四聰，以天下之耳目爲耳目，以天下之視聽爲視聽，明無不照，達無不周，仁天智神。知何者爲民利而興之，何者爲民害而除之，洞察民隱，詳知好惡，事有遠識，賢姦立判，凡茲下民，誰敢欺罔?

上謙遜則民自和順。爲上者如虞舜舍己從人，大禹之拜昌言，設敢諫之鼓，立誹謗之木，民能進言者，善者録之，不善者亦不加罪。時常接民，情同父子，絶不以生殺予奪之權爲念。尊不自尊，聖不自聖，萬民自然觀感。富不驕貧，智不傲愚，閭閻盡謙冲之風，焉有不和順之理?

上聯屬則民自浹洽。如禹見囚車而泣，文王視民如傷，湯之「萬方有罪，罪在朕躬」，爲上者誠能視大臣若腹心，視諫官若耳目，視邊臣若手足，視百姓若毛髮、肢體，四海一家，中國一身，萬民自然傚法。婚姻、喪葬，鄰保相助，患難相扶，疾病相恤，民之浹洽如同兄弟矣。

上容讓則民自懽悦。爲上者天覆海涵，豁達大度，能包括四海，不輕任氣恃力，窮兵黷武，以致財殫民疲。引賢才以自輔，推功讓能，因人器使，不肯求全責備，使天下賢才皆樂於展其所學，自然民皆彼此相容，彼此相讓，綽有餘地，豈有不懽悦之理?

上肫誠則民自然無詐僞。民卽愚頑，上宜輸誠相待，勿以愚昧欺罔。信賞必罰，不爲朝令夕改，自然民風丕變。長厚成俗，自無機械變詐之徒。

上實行則民自躬修。爲上者實能修業盡倫，不以空言化民，於父子實能慈愛，於君臣實能敬恭，於師友實能謙遜，於兄弟實能容讓，於夫婦實能肫誠，自然化民成俗，儀型其德，崇尚實行矣。

蓋聖君一人帥天下之氣，誠能以五常臨民，則天下自治。言造化雖繁，只是一帝主宰；萬民雖衆，只是一君統御。君能修順五常，萬民亦皆修順五常；君若悖廢五常，萬民亦皆悖廢五常。故堯、舜帥天下以仁而天下治，桀、紂帥天下以暴而天下亂。

評：據人身言，故謂爲氣，性附形體之中，卽在氣交中矣。聖王鼓鑄一世，變易其風氣而已，故曰「帥天下之氣」也。

故人性帥一身之氣。性誠以五常帥形，則身自修。家長帥一家之氣，家長誠以五常帥家，則家自齊；夫集身成家，身修而家自齊；聚家爲國，家齊而國自治。一氣聯貫，理無二致，家國一本，總以修身爲主。觀身無性主則狂，可知性帥一身之氣；家無親主則爭，可知家長帥一家之氣。而家者身之集也，國者，家之聚也。一人修身而家自齊，家家修身而國自治。氣一理同，可見齊家、治國、平天下總歸一箇修身。

評：「自天子以至於庶人，壹是皆以修身爲本。」，的是如此解。大學自「格致」以至「治平」只是箇「明明德」。「格致」所以爲明也，「誠正」所以爲德也。身修，則格致、誠正之功備，而明德在我矣。以爲齊、治、平之事未有外於修身之理者，朱子所謂「舉而措之」是也。

一身誠以五常接人，未有感而不應者。我以仁施，彼必以仁應我；以愛施，彼必以愛應我；以敬施，彼必以恭應我；以謙施，彼必以遜應我；以容施，彼必以讓應我。以實行感人，人自忘其詐僞。感應相符，捷如影響。有感而不應者，其人欲蔽五常，自絶人道，故聖王棄之於市者，以示警也。詳考千古報施，細驗人情感應，順五常而感者，人卽順五常而應；悖五常而感者，人卽悖五常而應。有以五常感而不以五常應者，其人必爲形欲錮蔽，適絶人道。故舜誅四凶，武王戮飛廉，原是殺一以警衆也。

評：以上言自治，以下言治人；以上是修，以下是齊也。此卽孟子「愛人人恒愛之，敬人人恒敬之」之義。感而不應，當先自反，自反無失，則其人爲横逆，聖王所必誅也。

夫生人男女以及草木鳥獸，無一不外假五純立體，卽無一不内具五常生機。一切有形之物、無形之理，聯於一氣，統於一機，有感卽應，無微不周，乃天人合一之致。其中感應之神皆具自然之機，我以五常相感，人物卽以各具五常之情相應，同類相求，如鐵之從磁，芥之隨珀，感觸神應，有不言而喻之妙。誠能會得此中機要，修、齊、治、平，捷如影響。草木鳥獸皆具五常生機。試觀草木失禮則枝葉紊亂，失智則津液枯竭，失義則皮膚破裂，失信則非本體，失仁則死。蓋上帝以五常立體，而五純乃五常所著之氣。草木鳥獸雖無五常之性，而假五純立體，皆有五常生機，所以惟此五常徹上徹下，天地造化統貫無遺。若能會其機要，則修、齊、治、平不啻影響之捷。昔孔子之示諸掌，孟子之猶反手，皆是默會其機要也。

評：此段極言感應之機，即大學「治國章」之意。感非徒以心與言感也，天下、國家即有天下、國家之事，以五常感者，以五常之德治其事也。其事既治，其人焉有不應者乎？治事即上文言君上，下文言臣子等事是也。

以此事君則爲忠臣。忠君總在愛君，愛君尤在愛民。民者，君之身也，愛民即是愛君之身。身之所重者衣食，教農工以足衣食，則民自富，民富則身家俱安者，仁也。民之所欲者富貴，農工修，民既富矣，又重在貴。教民以修禮樂，使天下之民尊卑長幼有分、男女內外有別，建家祠、修事祝以正趨向，朔望演禮習樂以教節和，春堂稱慶，誕辰祝壽，使民皆自貴者，禮也。民富且貴，民欲已遂，民心已平，民復何求？即是太平之世。再察天時，相地宜，預爲籌度，斟酌損益，按時施治，輔相裁成，分多潤寡，使物各盡命，人皆得所者，智也。民之所惡者，變亂侵欺。又當修邊疆、御外侮，翦盜除暴，懲姦制惡，聽斷是非，抑强扶弱，使民皆安於室家者，義也。凡天下大小臣工，各盡職守，推行四端，以致聖天子穆垂裳之化，賢司牧樂琴堂之治，民則躋春臺壽域，其享郅隆之休者，信也。臣子以此事君，始謂之忠臣。至於小忠小信，如臨難死節，舍身衞主，剖腹藏肝，此皆國家不祥之事。若果預以五常事君臨民，自成萬世太平，這不祥之事從何生出？五常關重如此，不可不修。若舍五常之外，更有何道以忠君？

以此事親則爲孝子。事親總在親愛其親，親愛其親尤在親愛其家。衆家衆共相親愛，使親心愉悦者，仁也。立家祠，演禮習樂，使男女內外各準其則，弟姪子孫各守其職者，禮也。籌畫家政，酌度事宜，注意四業，嚴戒鬭訟，深懲四惡，使家道日昌，親心無憂者，智也。親有過，反覆曲諫，不陷親於不義，子弟有過嚴責，不令從欲；家富量力提攜親友，歲饑量力賑濟鄰朋，以布親德者，義也。身先推行四端，不私妻子，以生內外之嫌，信於家衆，同心一德，共理家政，均享良富良貴，自然親心安樂者，信也。如此始盡事親之道，故爲孝子。

評：上文君仁等項，是上以德率下；此處忠臣孝子等項，是下以德事上。此言事上，不並言率下者，君父如心，但立其極；臣子如身，必勤其力也。

以此事師則爲賢徒。親師如父，潛慈默愛，以至性相流通者，仁也。尊師如君，嚴敬恪恭，崇重道範，以推尊其師，使人皆望而起敬者，禮也。推察造化物理，辨別古今是非，究其當然，並窮其所以然，使帝道日明，造化日晰，而學問相長者，智也。明道濟世，同心一德，衣服、飲食、言語、才德，助師之所不及者，義也。心悦誠服，篤信好學，繼續道統，以廣師教於無窮者，信也。如此始盡事師之道，故爲賢徒。

以此事兄則爲悌弟。愛出至性，不容自已者，仁也。不自恃才挾智，以禮事兄，推衣推食，不敢惰慢者，禮也。相兄不使失義，調和家衆，互濟以成家道之盛者，智也。窮則爭先農桑，富則不私妻子，遇事則奮勇當先，功則推美，過則自任，憂樂與其聯絡一氣者，義也。敬嫂如敬兄，愛姪如愛子，同心一德，和氣盈庭，使家永久不敗者，信也。如此始盡事兄之道，故爲悌弟。

以此御妻，妻無不順。恩愛相聯，和協無閒者，仁也。恪守統御之職，相敬如賓，雖在閨房，不爲狎戲淫蕩者，禮也。殷勤化導，使其孝於舅姑，和於妯娌，明於蠶事，精勤一切飲食、衣服之類者，智也。時警以三出之戒，常惕以二廢之失，裁之以陰柔，勿使干預家政，以生内外之嫌者，義也。陋醜不敢廢禮，老病倍加愛恤，持身不苟而相期偕老者，信也。如此始能盡御妻之道，故無不順。

以此育子，子無不立。如慈愛不容已者，仁也。教以端莊誠慤，入孝出悌，事祝不懈，身習禮樂者，禮也。使其明本知序，通曉經傳、律例，躬行實踐，期成明哲者，智也。斷以克勤克儉，不令迂腐庸懦，亦不使驕奢淫佚，是道則將誘玉成，非道則嚴立斥責，毋爲姑息溺愛以縱子之情慾者，義也。因材施教，隨事啓牖，質雖庸愚，教訓不倦，使愚者能明，弱者能强，克緒家聲，以至成立者，信也。如此始盡育子之道，故子無不立。

以此事神，神無不格。以此享先，先無不享。如愛慕愷切者，仁也。陳設俎豆，行禮作樂，衣冠、言貌、登降、拜跪，敬慎恭謹而不敢怠慢者，禮也。不飲酒不茹葷，齋戒沐浴，以潔其外，息其念慮，静其心志，神氣清明以潔其内者，智也。念其材能功德，思其音容笑貌，異世相聯，而感慕不忘者，義也。僾見愾聞，如在其上，如在其左右，誠始慎終，以成祭祀者，信也。如此始盡祀神享先之道，故神無不格，先無不享。

以此樹藝，無不暢茂。卽如樹木，順木之性而愛之若子者，仁也。毋使根拳土易，蔭蔽天暘，下作環池以容水者，禮也。記號南枝，毋使反向，相地制宜，毋使失性者，智也。不爲抓其膚以驗其生枯，搖其本以觀其疏密，而置之若棄者，義也。使其發榮滋長，成林適用者，信也。又如種禾熟耕，糞肥以培其本者，仁也。擇種下子，疏密得宜者，禮也。高燥防旱，下濕御澇者，智也。勤鋤薅莠，不使侵苗者，義也。糞多力勤，多獲子實者，信也。如此始盡樹藝之道，故木與禾無不暢茂。

評：以下無事不是五常之理，耳目之前無非天理之流行，程子所謂「活潑潑地」，此也。

以此畜牧，無不蕃息。如愛惜牲畜者，仁也。育養訓習有法者，禮也。孕字不失其時者，智也。以身測寒熱，以腹節饑飽者，義也。勤於經營，以至牲畜蕃息者，信也。如此則畜牧之道盡矣，故牲畜無不蕃息。

以此鋤禾，禾無不豐。如愛惜嘉禾者，仁也。立苗成行者，禮也。辨别禾草者，智也。翦去冗禾者，義也。以鋤成功者，信也。如此，則鋤禾之道盡矣，故禾無不豐。

以此育蠶，蠶無不盛。愛之如子，育之如嬰者，仁也。下子浴種，下蟻劈蟻，三眠餵法，謹慎以守成規者，禮也。量葉下蟻，明於寒熱饑飽而能抽飼斷眠者，智也。防備一切香臭之氣、驚動之物，而能繰繭成絲者，義也。勤始慎終，以至上簇結繭者，信也。如此則育蠶之道盡矣，故無不盛。

以此施賞，始謂大公。相關一體者，仁也；等差適宜者，禮也；隱善必著者，智也；不至冒濫者，義也；不失微嫌者，信也。如此則施賞之道盡矣，故爲大公。

以此施刑，是謂祥刑。如矜憫無知者，仁也；寬嚴適當者，禮也；伏姦盡知者，智也；不屈法市恩者，義也；不殘酷忘愛者，信也。此則施刑之道盡矣，故爲祥刑。

以至應賓客、御奴僕，耕田、乘馬，務要事事準合，自然事事盡善。如應賓客懇惻動中，和愛浹洽者，仁也；恭敬整肅，周旋中節者，禮也；察言觀色，應對謙退者，智也；斟酌情事，推讓適宜者，義也；眞實無欺，盡禮終局者，信也。如此則應賓客之道盡善。又如御奴僕，時加愛恤者，仁也；臨之以莊嚴者，禮也；因能授事者，智也；有過則裁之以義者，義也；不肯賤辱者，信也。又如耕田，知爲身家所托命而視之珍重者，仁也；耕必端正，先淺後深，次第不紊者，禮也；先加以糞肥，使與土合和者，智也；不敢遷延失時，使生荒草以耗地力者，義也；耕之令熟，有餘功而尤能橫耕以倍其力者，信也。又如乘馬，愛惜斯馬者，仁也；鞍轡適宜者，禮也；飽食不鞭者，智也；不盡其力者，義也；往返如一者，信也。推之一切，應事接物，至大至細，事事皆準五常，無不盡善。可見造化中只此一脈貫通，人可不推廣五常，以立修、齊、治、平之本乎？

評：用總括之筆，生人、事業無一不賴五常之德以爲之，悉數決不能該備。學者以上各事項例而推之，卽此便是莫大學問。

五常如有一失，卽生反對之凶。如失仁卽生衰乏殘損之凶，失禮卽生消毁橫肆之凶，失智卽生泛濫流蕩之凶，失義卽生離析破敗之凶，失信卽生暗昧阻塞之凶。故人能順五常卽生順應之吉；若有一失，卽生反對之凶。可知上帝分人以五常之性，卽分人以吉凶之權。順五常者吉，反五常者凶。吉凶原由己操，然則外倫常而求吉者，是卽失倫常而求凶也。入於異端者，可不急返哉？

夫人性分自帝衷，原無泯滅之理。惟奉順帝命，克全五常，則性道盡而陟降有階。言能修順五常，則有上達之路而陟降闕庭，將享昭明之樂矣。

評： 以上修大本之命，助修之事業自在其中。然皆據性體論理，未嘗卽形體論事業也。故此節總結上文，下節説入形體，遂及農、工、禮、樂，言助修之命。

但形成五純假合立體，有攻滅還化之機，必須食爲培添，衣爲衣被以養之。言人形成自五純，上帝卽以五純所成之物以養人，故天以天培，土以土培，水以水培，火以火培，氣以氣培。卽以煮粥言之，米粒是土，湯液是水，温熱是火，結皮是天，流動是氣，人食之，則各從其類以補其體。鳥獸入世，皆自具頭蹄爪牙，不賴衣被。吾人赤體入世，故帝造以絲、棉、皮、毛、麻五服以蔽其體。

評： 今西人醫，察人之質爲何質虧損，卽用何質培補之。

衣食出自農工，農有四端：耕、桑、樹、畜，四者備而農道全。耕以出食，桑以出衣，樹以出屋宇、器具、果蔬，畜以備耕乘，出肉膏。一經力修，則錦繡膏粱、棟梁車馬一切物材無不畢備，四端若缺其一，終屬不足。人多不知農道之大，往往有力農而不能獲息，遂棄農桑以逐末務。是不知農道有法，得其法，則人食地利；失其法，則地食人力。言耕、桑、樹、畜四者皆備方爲全農，若缺一則日用終屬不足，況耕、桑、樹、畜有其法，得法則耕三餘一，耕九餘三，老者衣帛食肉，少者豐衣足食，自然人食地利。若失法，則出息有限，每歲有賦税雜差，牛工子種一切費用，地中所産常有不足供地中之費者，是地反食乎人力，因而舍本逐末者遂多，而田土日荒。是豈知農務有法？

評： 由形入衣食，由衣食入農工，先生一生講學之貲，盡出耕、桑、樹、畜。凡此後所言，皆身親試驗而實獲其效者，非空言也。此爲王政之本原，孟子書三見，既以告齊、梁之君，又以爲西伯養老之政。近世儒者有志經世，不暇及此，失其本矣。

近因貧弱，屈於外洋，始有議及農學者。竊謂宜合農於學，不必專立農學。每村設村學一，延師三人，一主教訓讀書之事，令文生爲之；一主耕耘賦税之事，如今之里長、倉正；一主戢捕盗賊之事。皆日居學中，每晨暮督促農夫耕作，如漢書食貨志法，而講求其土宜及耕桑各法。隨教隨試，則無惰農，而學漸生矣。

鄉學之師不重訓蒙而重訓壯者，里長不重收租而重督耕耘，團練不重戢盜賊而重懲遊惰，此今日急務也。

耕有登穀樹藝之法。如山原之田宜深耕，濕澤之田宜輕用鋤耨。山耕宜橫，單掩下面，水耕宜斸其宿根，耖起積泥。正宜如象行之至正，細宜如疊瓦之至細。甯廉勿貪，自然地力極熟；甯燥勿濕，自然地無土塊。初耕宜淺，次耕宜深，轉耕同於初耕，若尤能縱橫犂耖更佳，如此則耕得其法。凡布種務要合時，尤須擇種。稻種芽生後下苗，長尺許後栽，務要水秧相稱。旱種有漫種、耬種、區種、點種四法，務要根土相著，如此則種得其法。凡鋤分四序，初次破荒，二次撥苗，三次耔壅，四次復鋤，鬆其土以後，多鋤更佳。諺曰「穀鋤七次餓死狗」，如此則鋤得其法。凡收穫務要合時，合時則氣充，失時則氣洩。蓋經理不啻育嬰，收穫猶如寇至，不可遷延時日以廢前功。風雨鼠雀，日耗三分，倘牧獲失時，盡爲烏有。如秦中麥禾在芒種前後必帶青色，收則子粒堅實，皮薄味長。若至焦黃頭低，則耔粒輕虛，皮厚無味。收穫百穀皆同，如此則穡得其法。夫禾，生之者地，養之者天，成之者人。日進其功，所獲無窮。卽如荒蕪粟穀，一斗僅可得米三升，若耘三次，可得米六升，若耘至五六次，更可得米八升，功倍粟多。故人能明於樹藝之法，五穀自無不豐登也。

好畝抵十之法。如人多地少，宜爲區田法。宜一區闊一尺，深一尺二寸，用人糞或豬糞、油渣與區中土相和，按於區中，以手拍實，糞土離區口三寸。每一區縱橫間一區，隔一區種一區，不拘地之多寡，以此爲率。種穀時須在三月穀雨前後，要用笨穀種一區，可留四十四株。苗出之後，有草鋤去，遇旱卽澆。俟苗長一尺二三寸時，再上盦過熟糞一寸。及長二尺餘高，再上糞一寸，俟出穗後再上糞一寸，以區平爲度。旱卽澆灌，親身試過，一畝能收八石。又法宜夏月築短墻數行於田間，秋後復平爲田，其土自肥，禾根亦深入，則一畝能收數畝之利。凡人多地少者，皆宜依數法而行也。

評：區田法傳爲伊尹救旱法，省城西倉中有碑，雍正時試其法，有收至十餘石者，先生云收八石，其可信也。隔一區種一區，繁難勞人，不如仿趙過代田之法，隔一行種一行，簡捷數倍，且易灌漑，爲易行也。此法今渭水南咸陽、興平農人多用之。陝省渭北地勢高燥，宜講水利。光緒十九年，陝西亢旱，涇陽民爲猴井。其法度井深淺，如深四丈，則兩井相去四丈，各置一滑車，綆長八丈，兩頭各繫桶，一桶入此頭之井，一桶入彼頭之井。繩之中間繫牛馬拽之中，行至此頭，則彼頭之桶汲水而出，行至彼，則此頭之桶汲水而出。兩頭各立一人瀉水於田，一童子牽牛往來行走，較水車費人而價廉，倉猝可辦，此亦救荒法也。

一歲數收之法。法宜冬月預將白地一畝上油渣二百斤，再上糞五車，治熟。春二月種大藍，苗長四五寸，至四月間套栽小藍於其空中。挑去大藍，再上油渣一百五六十斤，俟小藍苗高尺餘，空中遂布粟穀一料。及割去小藍，穀苗能長四五寸高，但只黃冗，經風一吹，用水一灌，苗即暴長，葉青。秋收之後，犂治極熟，不用上糞，又種小麥一料。次年麥收，復栽小藍，小藍收，復種粟穀，粟穀收，仍復犂治，留待春月種大藍。是一歲三收，地力並不衰乏，而獲利甚多也。如人多地少，不足歲計者，又有二年收十三料之法。即如一畝地縱横九耕，每一耕上糞一車，九耕當用糞九車，間上油渣三千斤。俟立秋後種笨蒜，每相去三寸一苗，俟苗出之後，不時頻鋤，旱即澆灌，灌後即鋤。俟天社前後，溝中種生芽菠菜一料，年終即可挑賣。及起春時，種熟白蘿蔔一料，四月間即可賣。再用皮渣煮熟，連水與人糞盦過，每蒜一苗可用糞一鐵杓。四月間可抽蒜苔二三千斤不等。及蒜苔抽後，五月即出蒜一料。起蒜畢，即栽小藍一料，小藍長至尺餘，空中可布穀一料。俟穀收之後，九月可種小麥一料，次年收麥後即種大蒜。如此周而復始，二年可收十三料，乃人多地少救貧濟急之要法也。

糞肥倍收之法。即如薄田一畝，僅可收穀數斗，若加以糞肥，即能收穀數石。

農雖有法，非糞不茂，買田不如糞田。若田多糞少，廣種薄收，賦税人工又多，其實收穀甚少，可見買田不如糞田。

積糞勝如積金。金銀乃交易便民之術，其實饑不可食，寒不可衣。試觀往代荒歉之歲，有懷金伏鵠而死者，有黄金一斤易米一斗者，有易子而食、析骨而炊者，有殺子啖母，棉沽草葉者，有食牛糞蒿子者。若能積糞肥田，穀有加倍之收，人有荒歉之備，豈不勝似積金者乎？

釀糞有十法之詳。一曰人糞。乃穀肉果菜之餘氣未盡，培苗極肥，爲一等糞法。用灰土相合，盦熱，方熟，糞田無損。每畝可用一車，自成美田。若積於便窖，用小便盦熟，名爲金汁，合水灌田，亦可肥美。又或單用小便盦臭澆田，亦可强盛。一曰牲畜糞，謂所畜牛馬之糞。法用夏秋場間所收糠穰碎柴帶土掃積，每日均布牛馬槽下，又每日再以乾土墊襯，數日一起，盦過打碎即可肥田。又勤農者於農隙之時，或推車或挑籠，於各處收取牛馬諸糞，盦過亦可肥田。又凡一切鳥獸之糞及蠶沙等物，收積俱可肥田。一曰草糞。凡一切腐藁、敗葉、菜根、無子雜草及大藍渣滓，並田中鋤下雜草，俱不可棄。法用合土窖罨。凡有洗器濁水、米泔水及每日所掃穢惡柴土，並投人其中。盦之月餘，一起曬干打碎，亦可肥田。凡春夏所長嫩草，穫來剉碎，耕時撒於壠中，犂土掩蓋，亦可肥田。一曰火糞。凡朽木腐材及有子蔓草，法用合土，層疊堆架，引火燒之，冷定，用碌碡碾碎，並一切柴草之灰，以糞水田最好，旱田亦可用。又如匽土、墻土，久受日火薰煉，膏油外浮，亦可肥田。又水田稻穀已收，卽將稻草焚燒田中，亦可肥田。又硝土掃積，亦可肥田。一曰泥糞。凡陰溝渠港，並河底青泥，法用鐵杴轉取，或以竹片夾取，置岸上晒干打碎，卽可肥田。一曰骨蛤灰糞。凡一切禽獸骨及蹄角並蚌蛤諸物，法用火燒，黄色，碾碎篩過，糞冷水稻秧及水灌菜田，肥盛過於諸糞。一曰苗糞。凡雜糞不繼，苗糞可代。黑豆、緑豆爲上，小豆、脂麻、葫蘆芭次之。法用將地耕開，稠布諸種，俟苗高七八寸，犂掩地中卽可肥田。一曰渣糞。凡一切菜子、脂麻、棉子，取油成渣，法用碾細，最能肥田。一曰黑豆糞法。將黑豆磨碎，置窖内，投以人溺，盦極臭，合土拌乾，糞田更盛於油渣。凡麥粟得豆糞，則幹勁不畏暴風，兼耐久雨久旱。如多不能溺盦，磨碎亦可生用。一曰皮毛糞。凡一切鳥獸皮毛及湯掃之水，法用同盦一處，再投韭菜一握，數日卽腐，沃田極肥。若豬毛、皮渣，罨稻根下，更得數歲長旺。以上十法，均農務之本，不可不知。

評：糞田中國古法，孟子以糞田爲治田，曰「糞其田」，而不足，又以百畝之糞分别上下農夫，知戰國時極講究糞田也。糞田之法不可不講求。今日中國宜講求耕耘。機器一日能作數日之工，一畝能得數畝之收，一人能兼數人之勤，則不廣土而土自廣，不衆民而民自衆，不永日而日自永。天時地利人工得一機器而增數倍，何快如之？此亦上帝助修之命也。中國不急遵帝命，自收助修之利，悖矣。

糞田有三宜之用。凡未盦之生糞，栽植木果之外，俱不可用，菜蔬尤所最忌。惟熟糞無不可施，而實有時宜、土宜、物宜之分。時宜者，寒熱不同，各應其候。春宜人糞、牧畜糞，夏宜草糞、泥糞、苗糞，秋宜火糞，冬宜骨蛤、皮毛糞之類是也。土宜者，氣脈不一，美惡不同，隨土用糞，如因病下藥。卽如陰濕之地宜用火糞，黄壤宜用渣糞，沙土宜用草糞、泥糞，水田宜用皮毛、蹄角及骨蛤糞，高燥之處宜用豬糞之類是也。相地歷驗，自無不宜。又有㙻鹵之地，不宜用糞，用則多成白暈，諸禾不生。物宜者，物性不齊，當隨其情。卽如稻田宜用骨蛤、蹄角糞、皮毛糞，麥粟宜用黑豆糞、苗糞，菜蔬宜用人糞、油渣之類是也。皆貴在因物試驗，各適其性而百穀自倍其收矣。

桑有栽接钁翦之法。桑有盤條、壓條數法，而皆不如種桑之多且易生。法將熟足桑椹用水淘淨、陰乾，將地治熟，摟成畦子，將桑子撒〔一〕布，用杷子輕摟，三兩日一澆，十餘日卽出。勤澆、勤糞，至冬卽可移栽，桑椹熟時卽可種。栽桑之處，凡山坡、溝澗、高原、下濕、砂磧、㙻灘水

〔一〕撒：原作「撤」，形誤，據關中叢書本改。

淹、湖泊、壠畔、田邊、城壕、捍臺、家宅、墳園、墻下、路旁、門前側室，一切閒階曠土及入山五里之地皆宜栽桑。法將地掘坑，廣深各尺許，用糞與土和均，入水一桶，調成稀泥，將預種桑秧掘來坐於泥中，按至坑底，提掇三五次，填土與地平。次日築實，封身尺餘高，周圍成環池以容水，栽地桑亦如此。法只是一坑二三根，須要栽種下的魯桑秧子，一畝約栽二百四十坑，雖不及樹桑耐久，而獲利甚速。凡栽樹，九月至三月皆活，惟栽桑樹亦不論冬夏，但荆桑葉不如魯桑葉肥大，宜將魯桑壓接於荆桑樹枝，葉愈肥大。接有插接、根接、劈接、枝接、搭接數法，而皆不如壓接易生。法將魯桑小壓如麥子大者截作長一寸闊四分起下來，須看壓心平實莫傷，又將荆桑枝干上，亦截去長一寸闊四分，將皮起下，以魯桑壓補上。須要下節對緊，用麻或桑皮縛緊，截去上面枝稍，以桑葉遮蓋，四五日即生，可割斷縛繩，以暢生氣。接桑自桑椹熟時至三伏日皆可。然桑不鑁翦則不旺，即如欲成樹桑，將栽下的桑條如箸大者落地齊翦，次年發芽，只留一芽上長，餘皆鑁去。長至六七尺高，至冬月就樹腰中齊翦，來年發芽，只留兩條，餘皆鑁去。飼蠶如此，每歲一條留兩條，兩條留四條，四條留八條，愈留愈多，愈多愈高。若翦大樹，蠶月翦條飼蠶，五六月發出條來，翦去一切不正冗條，以飼二蠶，名曰「滅條」。至臘月或正月翦去整條的稍尖，名曰「攔頭」，鑁翦地桑亦如此法。只是年年落地齊翦，滅條、攔頭皆同。人能依法樹桑，自然桑葉繁盛，遍野緑雲矣。

蠶有抽飼斷眠之法。謂抽減眠蠶之葉，不致覆壓，專餵未眠之蠶，使之速眠。不惟眠起得齊，且無葉罨燠熱之病。凡頭眠、二眠、三眠皆同。向眠時，量黄白分數抽減所餵之葉，如十分中有三分光，即減去三分之葉，有七八分光者，即減去七八分葉。古云：「近來學得抽飼斷眠法，年年歲歲得絲蠶。」養蠶者不可不知。

畜有孕字牧放之法。農家可畜牧者最多，即如水澤之地宜修魚塘，高燥之處多牧牛羊，鴨鵝畜於渠潦，鷄鴿養於平原。一切雊由、蚖螂、木蜮、蜜蜂之類皆有補助於人，而孳生尤莫速於牛、馬、驢、豬、羊五牸。古云：「欲速富，畜五牸。」故畜牧之道雖云多端，而要不越乎以身測寒熱，以腹節饑飽，按時投食，用力有節，應期孕字，多方護胎之法而已。如比則生息日蕃，自有補於歲計。

得法而理，即至富饒。工凡有百，先務理織。誠能家户理蠶織，緞綾紬帛足於冬，紗羅絹縑足於夏，再制棉麻葛苧皮毛，因地之宜，則衣無不足。兼修他工，則宫室、器具皆足於用。農工並修，則衣食足而自臻良富。若不謹節其流，則財終匱而不足。節流首在酒蔫，酒蔫之耗，人多視爲細事，而不察生人溝壑流亡之禍皆由此釀。言人不知節儉，妄費處極多，而其大害尤在酒蔫。酒蔫乃上帝造以備生人之藥餌，若無故飲酒吃蔫，實取亂之道。蓋飲酒不惟醉後失德，昏性損形，廢時誤功，酗酒肆惡歐詈、犯分等弊，且甚在耗谷之害。即如斗粟煮粥，可食二十餘人，造成酒，能飲者不足一醉。飲酒者愈多，造酒者愈廣，耗穀亦愈不可限量。且又有藥料躧麯之費。喫蔫不惟遺火焚燒房屋、田禾，蔫袋刺入喉嚨，散氣耗血，大損臟腑等弊，甚在奪田廢功之害。卽如一畝地種禾則每年能收數石糧，大能養吾人一歲之命。若植蔫則糞土人工俱置於無用。夫一人每年需口糧三石有餘，若一家種一二畝蔫，是暗中已將一人之命隱於溝壑。若家户種蔫，爲害甚大。況且又有做蔫之清油，薑黄，蔫包之紬緞、布皮，蔫袋之銅、鐵、金、銀、木幹，做蔫販蔫坐鋪，人工、攪纏之耗費。故飲酒喫蔫以一人計之，似爲細事，一天下通盤合算，爲害甚大。所以一經荒歉，素無積蓄，焉得不成溝壑、流亡之害？有志修齊者，可不知所畏乎？

評：織以爲衣，固爲先務，然今中國一婦織不足供一家之衣，或僅供一家之衣而無餘布，織工且拙，不能敵外人之巧，織具不精利也。今日農桑二業均當以造器之工爲急。木工、鐵工先講求耕織之器，使耕巧不亞西人，然後再及一切工藝。陝西則尤以取水器爲先。先生但知酒蔫之害，其時鴉片未盛行也。使先生生於今日，親見吸鴉片之人志氣懶惰，形容枯槁，吸之成癮，欲罷不能，其費百倍於酒蔫。中人之産，有不數年流爲乞丐、盜賊者，先生當如何痛心疾首，深惡而痛絶之也！　酒之害，三代卽有之，禹惡旨酒、文王教小、武王殺羣飲是也。然祭祀、賓客、孝養之酒不能去也。蔫之耗財不如酒，而又不醉人亂性，其損人亦較酒爲輕。此二者雖堯、舜復生，不能禁絶。若鴉片則害甚於洪水猛獸，稍知自愛，必不染此害；稍知治體，必痛絶此物，盡其根株而後已也。

賭、盜、姦、淫，謂之四惡，有一於身，足致敗家。四者同類相殘，大悖五常，人類不齒，有辱親、辱身、辱戚黨之三辱。有害人、利己，大不仁也；違命悖道，大無禮也；敗家罹禍，大不智也；從欲無厭，大不義也；無復人理，大無信也；不畏帝君，大不忠也；辱及宗親，大不孝也；世共憎惡，而不知羞，大無恥也。又有此八失，故四惡一有所犯，禍不旋踵，雖損人利己，其實内氣已變，内奸卽生，神人共怒。生則艱窘終身，死則欲圂莫解，焉得不敗壞身家也？

評：鴉片耗費錢財，不過流入乞丐，惟昏惰人之志氣，惰不務生業，昏則不知恥。不務生業而又不知恥，窮因而癮迫之，則無所不爲矣。賭、盜、姦、淫，容或不備八失，一吸鴉片卽蹈八失。甚矣！吸鴉片之惡甚於賭、盜、姦、淫也。

看會觀戲，淫心蕩志。吾人日讀聖賢書，做其嘉言善行，又擇明師良友日日提撕、警覺，猶恐不能成立。會、戲乃賭盜姦淫聚會之場，若不知痛戒，姦人誘之，不知不覺流入四惡。及至心淫志蕩之時，遂至寡廉鮮恥，無所不爲。如此則富貴者自貧賤，貧賤者亦愈無底止之日矣。

保債好訟，終招恥辱。蓋親友原有通財之義，如有正事要務，自當助以己財，斷不可濫保人債。財乃易花之物，一至討債之時，斧鑿相逼，雖賢智亦不免於失情。初爲市恩，後反成怨。吾人處世，於人皆宜盡聯屬之義，卽彼有非理於我，自宜寬容矜憫，若好於爭訟，吉凶安保？卽或得勝，已傷聯屬之機，況且賭氣耗財，又所不免。

身習無益之工作，好讀非聖之閒書，曠功誤時，終致貧累。吾人資生，工作力農之外尚有多端，總以有益爲主。至於一切無益人世之務，卽如造賭具、蔫具、酒具，造金銀錁錠，作一切奇技淫巧、玩好之物，無補助於四政者，皆謂之淫工，斷不可習。吾人應讀之書卽是聖經、賢傳、律例，若二氏之書，並六壬、奇門、風水、子平、相面、西遊記、水滸、英烈，一切淫詞小説，麗曲豔語，無益身心性命，有礙於修齊治平，斷不可讀，以其皆屬取敗之道也。

淫祠不惟耗財，反生悖本之凶，趨向不可不正，務在報本。吾人入世只是帝、君、親、師四本，自宜朝夕事祝。凡終日念言行悟，務準五常以正趨向，以報降衷、保存、生育、成全之恩，自然有吉無凶，有福無禍，況吉凶禍福之權雖出帝命，實由己操。順五常者自吉，悖五常者自凶。試觀頑惡悖本之人，皆罹凶禍；忠臣孝子之家，終獲福祥。故曰禍福無不自己求之。若一切淫祠，不過是先死的古人，並無吉凶禍福之權。試看彼當時之生，禍福尚不能自操，豈能操人之生死禍福乎？人若信爲主宰，便是認鄰人爲父，不惟賽會、演戲虚費貲財，且大悖根本，絶帝人聯絡之脈，生無宗向，死無歸宿矣。

評：此先生作書本旨，欲明正教於後世也。國初治歷兼用西法，調取西人爲臺官，如湯若望、南懷仁等。其人皆奉天主教，以耶穌爲上帝子，朝夕事祝，其教遂浸淫行於民間。蓋自萬歷時利馬竇以歷算入中國，當中國算學極衰之時，人人詫爲未曾見，而此等人卽以巧算製造助行其教。至我朝時憲書出，其黄背書「欽用，西法造成，有私議者處斬」。至雍正時始改爲欽遵御制數理精蘊」云云，此奏改事見雍正時所修會典欽天監門，而天主教已盛行，不可遏矣。乾隆年間，屢禁天主教而終不能淨盡。先生是書作於是時，蓋萬物本乎天，人本乎祖，祖卽上帝也。禘祭始祖之所自出，而字從「帝」，知人人始祖卽上帝也。人人當事上帝，本吾中國之教，今西人攘爲己説以教吾中國之人，吾中國人焉能不靡然從之，而肯背上帝、背其祖乎？彼教既託於上帝，師儒之力固不能抗，卽帝王之力亦豈能與上帝抗乎？又其人沈鷙堅忍，遠適異國，朝夕事祝上帝，不敢稍違其教，是有必行不可拒之人。先生知其教之必將大熾，而無術以撲滅，計惟有收吾儒之説仍還之吾儒，而使人人堅守其説，以帝、君、親、師分統性、形、事、學，而帝爲人總則。操之有其本，推之有其序，持之有其故，六合四海之衆，非泛而無所統，而又無以耶穌僭上帝之咎，庶吾儒教可推行於萬世，而不致爲耶穌役也。此先生作此書之本意。嗚呼，其慮遠矣！

蓋天命身家均享良富良貴，誠能生財節流，世享富饒。若富而不教，逸居而近於禽獸。教賴禮樂。禮有國、家、鄉、室、身五體之則，有三千三百之目；樂有五音、八器、十二律之調。興修禮樂之功難以泛作，必須先立標準，以成畫一之規。誠能做周禮，事神定制，使家户皆建祠宇，崇奉帝、君、親、師四恩，朝夕事祝以正趨向，朔望行禮作樂，以節形化欲，復還元量，自然陟降有階。言人若富必須教，而教必資於禮樂。禮乃帝命準則，所以範形，使不至於放蕩。故人誠能修此國、家、鄉、室、身五禮之則，三千三百之目，凡郊廟燕享有其制，冠婚喪祭有其規，長幼交際有其序，飲食男女有其則，威儀動作有其準，以至於燕居暇處嚏唾便溺之類，無不各有其法，自然君公臣忠，父慈子孝，師明友正，兄友弟恭，夫敬婦順，各安其分，始見人道尊貴，不同鳥獸。無別樂，乃帝命仁和所以養性，使不至於乖戾。故人誠能修此宫、商、角、徵、羽五音，匏、土、革、木、石、金、絲、竹八器，黄鐘、大吕、太簇、夾鐘、姑洗、仲吕、蕤賓、林鐘、夷則、南吕、無射、應鐘十二律之調，使抑揚高下，節奏聲歌，能動五臟，調五情，養五常，理正性，返天眞，韻和欲化，神應無迹，以臻元和眞樂，以復聖神本體。吾人奏樂卽不能合爲八器，亦當獨爲琴瑟簫管，自可調情返眞。如此立法，行禮作樂，自然外無暴放，内無鄙詐，漸次欲淨仁純，陟降有階矣。

評：「陟降有階」卽所謂昇天堂有路也。「文王陟降，在帝左右」，吾儒之説，西人引以證其天堂之説，先生不能不收還也。

蓋此農工禮樂，原本帝命助修，係屬不可解，須臾不能離。試觀人雖有掀天揭地之能，轉移造化之權，未有去衣食而能得生者。若不修農工，則衣食無出，飢寒切身，形體立毁。人雖貴超萬類，知靈權能無物爲匹，未有不節形化欲而能異乎鳥獸者。若不修禮樂，則形無所節，犯分以亂其則；欲無所化，反常以乖其和。乖亂既生，凶禍互施，有粟不得食，有帛不得衣，必仍毀其形於争奪之慘。若舍此四業以治身家，不知家長有何神謀奇算，使一家不饑不寒、不乖不亂，久享富饒之樂？人多不達此理，往往嫌迂闊而求逸捷，棄本業而逐末務。或梯山航海，櫛風沐雨，或涉水走浪，危疑驚恐，或日守斗舖，羈縻終身，或肩挑貿易，露宿孤處。利之有無亦屬難必，十求九敗，無地不有。卽或有得，亦屬僞富僞貴，數年之閒仍復敗落。何若四業乃天命定典，家家本有，人人皆能。認眞力修，則萬世不敗。況天德王道易知易行，五常不過一心轉念之閒，卽得正情；農工禮樂不過一手一足之勞，卽是良富良貴，並非難事，何憚而不爲？二者兼修，卽得前堂後寢，安居自適，建祠立主，禮樂祭享，春堂稱慶，誕辰祝壽。老者衣帛食肉，少者豐衣足食。出則有子弟車馬，入則有温牀煖室。俎盛蔬肉，盃酌家釀，筵會無煩外討，祭祀盡出田園。父子聚同堂之樂，兄弟盡室家之慶。親鄰時會，有無相通，坧壠不乏拜掃，兒孫常依膝前。取之不盡，用之不竭。不出鄉井而俯仰自足，不假機智而生財時出。子孫世世守之，則利賴無窮。觀往代變亂之秋，殘殺同類、亡身敗家之禍，詳考其弊，皆由民不安分盡職所致。若能謹身修業，共勤至治，物我無閒，同樂休和，何至有變亂殘殺之酷？

評：商固較農工爲末，然天地氣運日開，不能閉塞。若强閉塞之，則物鬱而朽，久亦自敗。故易窮則變，變則通，通則久，不通則不能久也。通之之機，則始於商賈。易所以敘「日中爲市」於「爲耒耜」之前也，則商似又重於農。總之，洪荒之俗不重商，文明之時必重商。禹所以懋遷有無，化居也。一王之世或抑商，列國並立之世，必不抑商，太公所以勸女工興魚鹽之利也。故予以抑商爲秦皇愚弱黔首之術，非聖王之政。先生生逢我朝極盛之時，故不覺抑商之害。若生今日，親見中國精華被人以商賈吸盡，則决不以商爲末務矣。且傳道亦有資於商。今之耶穌會，其資財均出於商，而孔子以子貢爲奔走遠方之弟子，益至是也。

誠能家户盡修四業，自能各盡君臣、父子、師友、兄弟、夫婦之五倫。五倫克盡，卽各全仁、禮、智、義、信之五常，五常全則至仁復，至仁復則上聯帝衷，下浹萬姓，生則身享太和，卒則陟降在帝左右。生人始終本序之道，至此完畢。言帝降生民，無論男女明庸，各賦以五常之性，原欲人人修業盡倫，全常復命，以還聖神本體。故人誠能順命實修，生則身享太和，卒則陟降昭明，而此外更有何事？否則，悖逆帝命，廢棄倫業，生則艱窘，死則欲囿，而萬古沈淪矣。

舍此之外則無道可講，亦無業可修。卽有他道，生人亦無所用，非英雄欺人之語，卽異端惑人之辭。言造化有定，千古只此一脈。若舍天德王道而言道，皆是不知天命，惑世妖言，大有誤於治道。

夫吾人生逢盛世，際遇最難。觀明季之年，中涓開鑛，宗藩侵害，兩廠訪犯，官吏姦貪，盜賊蜂起，民不聊生。如此時勢，豈能修此天德王道以立身家？欽惟我朝列聖相承，重熙累洽，盡除往代錮弊，四海清寧，民樂化日。當此之時，正好内修天德，外修王道，各理身家，共享休和。凡爲父者當以此教子，爲師者當以此教徒。兄教其弟，夫教其妻，同心一德，共修厥職，自臻良富良貴。世世修明，世世富貴，永無敗壞身家之理。今與同人約，誠欲立身成家，各宜書此一通，懸之中堂，使子弟幼而誦習，長而力行，共勷至治，同樂熙皞。此皆親經實驗，非同抄撮舊説。人果如此勉力修順，自然富貴久享，昇平永奠。否則，歧途莫辨，貽誤終身，可不畏乎？但言限尺幅，不能盡意，因令門人齊倬以俗説俚解，按節注釋，名曰修齊直指，使婦孺易於通曉，以便躬行云爾。

評：「親經實驗，非抄撮舊説」，先生講學著書，無一語不如是。

修齊直指評終。

胡君尚義刊布傳

降衷之初，男婦並立，有内外分職之别，而無貴賤輕重之殊，知靈權能均無物爲匹，功業、才識、立法、垂教，資相資功，兩相對待，缺一不成造化。人若不達天命，重男輕女，是知有父而不知有母。不思以功業觀之，卽如黄帝元妃西陵氏始爲室養蠶，制衮冕，定儀度，别尊卑，垂衣裳而天下治，爲衣冠之祖，其功德不在黄帝之下。以才識觀之，卽如蘇氏織錦八寸，用字八百，縱横成詩，約有一千六百餘首，此絶世才能，後世男子從無一及者。更有知興知敗，一紙而息兵機，如此識力，人所難及。以立法垂教觀之，班氏叙漢史、立女戒，徐后、王氏集女四書，垂教後世，大有裨於世道。以教觀之，孟母以三遷教子成聖，程母率子千里求師以成賢，至於斷機、截寸、畫荻、丸熊，訓子成立者不勝枚舉。前聖有云：教始於母，母教得其道，則子賢而克振家聲；母教失其道，則子愚頑而敗壞家門。考古詢今，詳察切驗，人之賢愚實始於母教。試看周姬之祖有胎教、嬰教，所以後世子孫非聖則賢，以此徵之，母教實先於父師。

今吾友齊子雲章之母胡君，賦性純篤，樂善好施，勤儉持家，訓子有道。嘗教其子曰：「人生惟學賢爲立身之本，賢則不墜家聲，克昌後嗣，始謂之孝。當擇一賢師而事之。」雲章始從學於我夫子之門。殷勤篤志，親炙九載，每歸，胡君必詳問其所學。卽對以兩閒分統之理，修業盡倫之事。胡君聞而喜之，以爲學得生人之正途也。至丙申歲，知子有修齊直指注釋之命，立爲督成。旣竣，卽亟爲捐資刊布，以廣其傳。胡君旣能自知，且使其一家知，尤欲使天下後世之人皆知，胡君之心可謂仁矣。庶幾繼續前賢，不負坤道。洲嘗親至其家，見長幼有序，内外有規，衣食豐裕，蘭桂崢嶸，成名者濟濟一堂，賢聲遠聞，皆由於胡君教育之功。夫聖經賢傳，義理奥深，惟明智者始能探討，豈平庸者可能窺測其萬一？修齊直指一書原欲婦儒共曉，若非齊子俗釋俚解，何能一見卽知？若非胡君義捐刊刻，何能廣布通曉？洲不忍没胡君刊布之公，尚義之德，敬爲之傳，以重坤道，且爲樂善者勸。興邑末學楊生洲謹識。

評：爲人母作傳不稱某母，或某太夫人，而稱君，其以後世婦人有封縣君者，俗有太君之稱，而稱之與？然傳不具其夫、母兩家世系，後列撰者爲識，前列尚義刊布，則是爲刊布此書題跋，非傳人也，標名爲傳，謬矣。前幅叙婦人功業、才識、識力、垂教教子，均未説入齊子之母，亦非傳法。繼而思之，是殆因吾中國婦人不預外事，西人訾爲重男輕女，故以此傳破其誣與？夫婦女無外事，而修齊非外也，復五常之性以敬懔帝命，尤非外也。自宋、明，闡教之儒無一婦女，則以鄉無女學也。女學不立，中國之人已半不學，而胎教、嬰教均無從言，中國之男子教又失其半，所以身不修、家不齊，貧弱以有今日也。生洲爲雙山先生子，其爲此傳，殆亦禀命於先生而爲之也。至其文辭不盡合法，則先生之學固力矯詞章之弊，而不屑爲也。光緒丙申後六月古愚識。

味經書院志　附藏書目録　煙霞草堂遺書續刻之三

咸陽劉光蕡古愚

陝甘味經書院志序

志之例出於史而不專於史，蓋雜山經、水注，考工記、宮殿簿之義。古人作事必有志，而後法可因，傳可久，官司尤甚。書院非官司，然稟請咨提、領發報銷，有文簿焉。典守者瞢於文，姦猾得而把持之，胥火、脩脯將歸侵蝕。訓誡、條告、誦讀、行習有法式焉。繼至者昧其法，佻達因而玩弄之，規制、教法將盡銷亡，而造養人材之地安知不爲汩沒人材之區也。味經書院自今河督前學院許仙屏先生崛起創建，卽延余宗夢軒先生爲師，詳定規模，有益陝省者鉅。夫其益之鉅，正其法之善、用心之勤也。書院是而法與心非，創始者能不戚於心與？

煥唐先生知之，起而收集散佚，都爲一冊，名曰味經書院志，藏之篋笥。余承乏味經，得讀一終，因悉創造之艱難，教法之詳備，繼至者之損益因革，均可沿流溯源，則志書院正志創始諸公之心也。創始之心常存，書院之益吾陝省者不永永無極哉！余因請付手民，永存書院，先生許之。嗚呼！後之覽斯志者，因先生之文以上求經營締造及因革損益者之心，必有不忍令良法湮沒者。慨然惻然而思變通、扶持以盡其宜，是則煥唐先生及余之心也夫！煥唐爲許公所取士，故其言詳且切焉，是則讀者自見之，故不贅。時光緒甲午嘉平月，太華史家榮序於味經書院之監院署。

經始第一

同治初元，陜西回匪創亂，州郡爲墟，繼以髮、捻交訌，備極屠毒，越十一載，始得以次蕩平。孑遺之民瘡痍未復，人尠知學，家無藏書。時奉新許公振禕以侍讀督學陜甘，慨然以振文教爲己任，始假涇陽瀛洲書院延師訓課。既籌經費，設味經書院於涇陽城内東北隅，乃上書曰：

竊惟風俗盛衰視乎人才，而人才隆替由乎學校，學校教士，實養士之地也。士人有廉恥而後鄉里有風化，庠序有秀異而後在官有循良。其始僅章句誦讀之爲，其究則生民休戚之寄。故一人爲而衆人效，方正邪僻分類殊趣，謂之風氣；一人倡而衆人遵，學問議論先入爲主，謂之師承。其源甚微，其流甚大，不可不謹也。夫欲有所用以收得人之效，則必有所養以爲儲才之基。臣伏見國家作育人才，府縣設學復聽所在舉行。書院法良意美，得人稱盛。惟奉行日久，教官往往視爲具文，平時因循，迨學政案臨，所駐不過旬日，而又逐日校藝，即有所牖迪，亦不過布條教、舉大綱。至於教士之實，竊以爲莫若書院院長得人，而謂不能挽回風氣、振興人才者，未之有也。

伏查近日書院之弊，約有二端。一由院長爲紳士退休之資，其延訂也，論名位、徇情分，官場以爲一歲之應酬，紳士以爲一家之取給。評點甲乙，苟簡從事，而於學問人品概未之及，如是者不得謂之教。一由經費悉隸官吏，凡印官兼轄書院，往往虚領其名，而未察其實，其款項生息、支發，一切皆書吏主之，積年既久，侵蝕失計，日見支絀，士無所藉，難以棲止，如是者不得謂之養。

臣自抵任以來，因查西安有關中、宏道兩書院，爲陜甘兩省士子肄業之區，關中督撫主之，宏道學政主之。惟自軍興以來，士多貧苦不能自食，又不能從師，雖欲聞經明行修之要，其道無由。因擇適中之地於涇陽城内添設味經書院，其規模與關中、宏道相等。臣捐廉爲之倡，而各屬紳士好義急公者大率皆醵金襄事，業已設立講堂、號舍，開課舉行。其定章有不同他書院者三。他書院專課詩文，味經之設則要以實學爲主：令諸生逐日研究欽定七經及綱鑑諸史，大學衍義、衍義補、文獻通考等書，引之識義理，稽故實，手鈔口誦，日漸淹貫。匪惟腹笥可充，即政事亦差知條理。其設課也，則合制藝、論策、經解、詩賦、法戒録，分課一一爲之，使之知學古之爲貴。他書院除閱課外，師、弟不常接見，今則山長日登講堂，傳集諸生，將經史大義及小學逐條講貫，察其課程，閱其劄記，别其勤惰，嚴其出入，令其由嚴憚以生清明，本講貫而得服習，使之知植品之爲先。他書院屬之於官，官有遷移，則法必中變，官有職務，則事難兼攝。即如宏道書院歸學臣董理，如臣終年在外，按試相隔千里，何能稽查？今味經之設，臣悉擇一方之望以之專理一方之學，雖創始由臣，而日久經理究以責成紳士爲當。蓋權不歸官，則延師可免徇情敷衍之弊，非物望素孚、學品兼優者必不能居此席。費歸實用，則經理可免侵蝕支絀之虞，非廉介自持、鄉里推服者，必不能與其事。羣力維持，思培子弟，使之知法之可繼，此臣倡建味經書院之初意如此也。

臣徧查陝甘人望所歸，得保升同知、前平利縣教諭史兆熊，學有本原，體用兼備，延爲書院院長，訂期十年，而以城固訓導姚劭誡、澄城教諭王賢輔協理講席。兆熊品端學粹，遊其門者多所成就。前在興安勸辦一府堡寨一千數百餘所，賊犯興安不能逞志，全活甚多。歷經大吏保薦，兆熊每爲學徒攀留，不能出仕，其恬退而有實用如此。劭誡長於經學，志在誘迪，賢輔淡然無欲，留心風化，此皆關中方聞之士，正學之選。置之訓迪，必有可觀。記稱七年小成，九年大成，臣之責以十年者，亦準斯義。如造士無效，臣請受謬舉之咎，其承管經費、課程、膏火，責成紳士候銓同知怡立方，教職張樞、楊彝珍、吳乙東、謝鴻猷從九、牛興宗等。立方廉正勤懇，才識素優，歷年籌衛地方，久著成效。其餘諸人亦皆物論推重，以之經理書院，不僅培養人才日有起色，即義倉、蠶桑諸事亦可次第舉行，不動公家纖毫之款，而可興地方無窮之利，似於教養可收實效。臣觀諸人俱誓心竭力，願任培植，不求保獎，不居成功，良由關中風俗之厚，士習之美，以之責成經管，實足垂久遠而無流弊。

合無恭懇皇上天恩，敕下陝甘督撫、學政臣各立案。嗣後督撫、學政及各衙門分月輪課，其院長堂課、各規條，即乞照臣所議辦理，一切責成紳董承管。是否有當，伏乞皇上聖鑒施行。

疏入，奉上諭：「著卽知照陝甘督撫、學政立案，嗣後均照此次所定章程辦理，欽此。」時同治十二年十月十五日也。於是，涇陽議敘同知銜吴建勳捐隙地以爲之基，城固訓導澄城姚劭誠、澄城教諭白河王賢輔集資於東；候銓同知涇陽怡立方、候選訓導富平張樞、咸寧楊彝珍、涇陽吴乙東、安康謝鴻猷從九、涇陽牛興宗集資於西。不費公家絲粟，一年而事舉。雖創始疏略，而規模固已宏遠矣。

論曰：許公出曾文正之門，有經世志，文正以大儒奮迹湖湘，削平巨寇，成中興偉績。許公固心識之，而陝右數嘗寇亂，士無揞柱其閒者，有亦輒衄，豈倡之無其人與？抑亦教養未豫，無以激厲其志氣，恢擴其才猷也。經義明而智勇出，治亂之迹既明，必有興起而任天下之重者，然則創始之功烏可忽哉！

營建第二　附圖

院負涇陽縣北城微東，面姚家巷，縱五十三丈，横一十二丈。涇陽吴紳建勳捐計地十畝零六分，西南隅微缺，光緒十六年價買入院。中爲講堂，五架五楹中楝懸「奉諭旨」，後楣題「味經」。堂後楹帖題：「以生靈休戚爲心，練識廣才，名公卿由此其選也；就吾學切磋所得，通經致用，大文章可擴而充之。」前楣題：「學爲忠孝」。中楹帖題：「講肆鄰周京，棫樸作人，看今日多士羣居，可否不愧譽髦；涇之水，峨之山，直與全秦振風氣；横渠啟關學，洙泗相傳，願諸生奮心獨往，斷當力崇禮教，愚求貶，頑求訂，好爲吾道溯淵源。」旁楹貼題：「講學不在多言，先撻破名利一關：仰毋愧，俯毋怍，惕厲戰兢，敬義夾持，是乃聖賢真學問；通經必期實用，果認得孝忠二字：體於身，修於家，肫誠悱惻，窮達無閒，斯爲豪傑大經綸。」左右有序。堂之前左爲「大雅扶輪」門，右爲「小山承蓋」門。門内有厠。又前東列沈、浸、濃、郁、含、英、咀、華號舍八；西列作、爲、文、章、其、書、滿、家號舍八。舍各四室，其外有廊。又前爲二門，三楹三架，楣題：「尊聞行知」，楹帖題：「華嶽黄河俱有靈，其閒氣必鍾英哲；聖賢豪傑都無種，在儒生自識指歸。」門三出，左右外塾。塾前，西爲「時敏齋」房十六架，門東出；東爲「日新齋」房十六架，門北出，又前爲大門，三楹五架，門中出，左右内

内有焚字爐。

塾，門外爲屏。堂之後爲客廳，五架二楹，左右有室。又後爲左右廂各五架，又後爲寢，五架四楹，寢後小房五架，寢西爲小寢三架三楹。都房七十五架，屏一，爐一，厠一，門窗器具悉備。

同治十二年九月，學政奉新許公振禕創建，監院候銓同知怡立方、城固訓導姚劭誠、澄城教諭王賢輔、候選教職張樞、楊彝珍、吳乙東、謝鴻猷從九、牛興宗等監修，是爲陝西有味經之始。然事屬草創，諸凡缺略，監院無署，寄居「時敏齋」及西寢，諸生庖廚暫置「日新齋」，藏書籍無所，置於客廳西室。至聖位設於正寢——地址迫狹，經費支絀故也。光緒二年，監院寇守信於西寢前添建左右廂，廂二架，屏風門一架，正寢東添厫房四架。十一年二月，吳建勳續捐院東地址，縱四十五丈，横十丈，又南隅横三丈一尺，縱八尺。計地七畝九分一釐三毫零。十三年，監院張元熙移建庖廚於「大雅扶輪」門東，房六架，移厫於東院之東。越二年，武昌柯公逢時履學政任，次年，以涇陽候選教諭周斯億爲監院，舉向所缺略者悉爲補之。建藏書樓於講堂東，三架三楹，中設至聖位，前列廡舍，左右各三架，左題前任學政奉新許公振禕、吳縣吳公大澂名，右祀前院長升用同知、平利縣教諭史公兆熊及前監院、原任鳳翔府學訓導寇公守信、前候選同知怡公立方神主。越二年，又以前任監院、城固訓導姚公劭誠栗主祀於寇公左，前院長、欽加同知銜候選知縣柏公景偉栗主祀於史公左，題前任學政柯公名於吳公之次。其南爲清白池。學政柯公名之，院長劉序銘。其詞曰：「涇邑[一]水鹹鹵不可食，同治時創立味經書院，擬引白渠水於講堂東，其北爲藏書樓，費絀終止。越十有七年，武昌柯遜菴先生督學來陝，以通經致用造士，噓朽吹枯，士風丕變。迺擇志趣奇特者數十人，教養於味經，廣購書籍，俾肄業焉。越明年，建樓於前擬址，中設至聖位南嚮，旁列廡舍，祀有功書院者，官師、紳士咸與。又以士習算術，必資實測，築『通儒臺』於左，先生既銘之矣。又明年，引渠水蜿蜒注樓前，適咸甯節婦趙劉氏捐梓列女傳，餘以甃池。形如半規，既備規制[二]，兼資汲引，名曰『清白池』。表彰苦節，即以激揚士氣也。命賚銘之，賚承乏講席，樂推先生意，用告士子。銘曰：龍山矗矗，涇流其麓。秦漢而明，鑿石

[一] 涇邑：文集清白池銘并序作「涇陽」。
[二] 既備規制：文集作「既愜遊觀」。

洞腹。檻泉觱沸，瓊珠[一]飾珠。色澄以碧，味淡以腴。渠始白公，長我禾黍。借入陵阿，菁莪處處。清宜[二]肺腑，涼沁[三]齒牙。性禾沃乃，毋渴萌芽。在山能清，出山不濁。澆俗塵污，毋忘澡濯。源頭水活，汩汩其流。心亨行險，無間學修。飲水知源，伊誰之賜？柯公不居，嫠也有志。惟嫠何志？冰雪不春。和風晝煦，澤流士人。矧我士人，淵深海闊。靜不澂泓，動胡活潑。綆修汲古，道悟觀瀾。勒銘池上，用勵儒冠。光緒十七年九月，咸陽劉光蕡譔。」東爲通儒臺。學政柯序銘，其詞曰：「咸陽劉君煥唐都講，築臺於味經書院之東，製晷造儀，命諸生以時測量，且綴術焉。余名曰『通儒』，蓋取法言之義，欲諸生明於聖學之大，練習於時務之要，以道致用，其毋以疇人自封也。昔張平子作儀，崔子玉爲之銘。余懵於術，竊知其意，乃作銘曰：峨峨高臺，在涇之陽。上規下矩，用圓體方。粵惟古聖，推策迎日。自是以來，代有作述。察景辨氣，分躔限天。積微成著，後密於前。中夏失官，學流荒裔。聖清龍興，重譯獻藝。炫其技巧，惑我甿蚩。抉彼之奧，實古之遺。算術精深，步天爲極。會於一原，造端實測。窮理合數，考古驗今。或久而差，密率可尋。惟我中土，世多智士。湛溺詞章，先民所鄙。矧茲豐鎬，英俊緐興。通微造極，符契相承。以濟時艱，用宏先覺。勒銘斯臺，敢告來學。光緒十六年，歲在庚寅夏五月，陝西督學使者，武昌柯逢時譔書。」又創立刊書處於大門東。搆房三架二楹，門西三架一楹，先後共糜金錢不足千，而規制大備矣。順德黎璧[四]侯先生繼之，謂「刊書不可不售」，拓售書處於大門西，其地偪狹。越二年，吳建勳族弟稟生吳建寅捐其西地址，長二十三丈四尺，寬四丈五尺，地一畝七分五釐五毫。前爲售書處，後以備修監院署之用。基址大展，繼而爲之，則在後之司院事者。

論曰：廣厦大庇，寒士歡顔，書院之名固萌芽於唐，少陵是言，意在斯乎？然味經創建已二十有二年矣。書舍財八十餘閒耳，肄業過百人卽不能容，少陵顧何奢也。創之難，成尤不易，豈獨味經爲然哉！

[一] 珠：關中叢書本作「漿」，是。
[二] 清宜：文集作「清澈」。
[三] 沁：文集作「漱」。
[四] 璧：原作「壁」，形誤，本志序例第八作「璧」，據改。

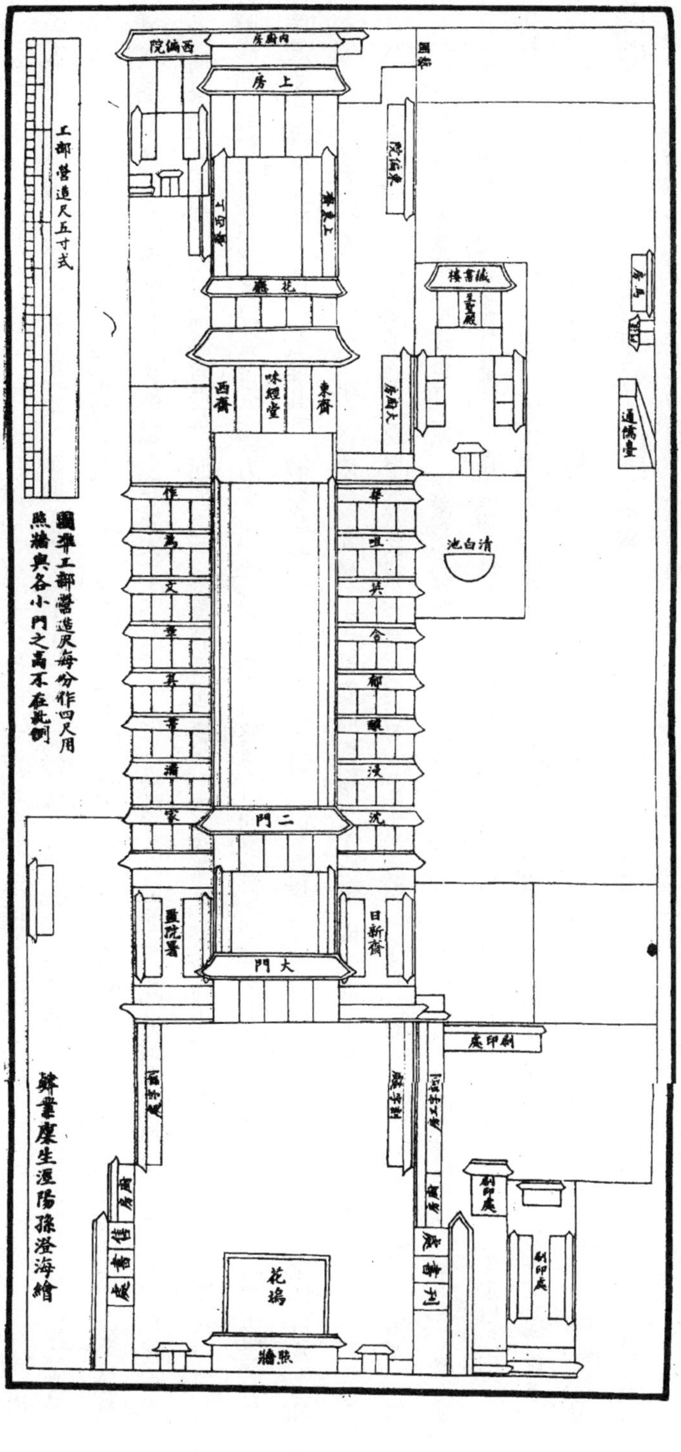

籌養第三

當許公之創立書院也，大亂初平，人心困極思通，一聞斯議，士民欣欣，助貲者接踵。於是輸銀及千者，涇陽、壹千肆百兩。郃陽、壹千三百伍拾兩。韓城、壹千三百兩。三原、壹千壹百兩。渭南壹千兩。五縣。不及千者，朝邑、玖百柒拾三兩玖錢貳分。蒲城、玖百壹拾兩。大荔、捌百兩。澄城陸百貳拾兩。四縣。五百者，富平、伍百兩。長安伍百兩。二縣。不及五百者，潼關、肆百伍拾捌兩。白水、肆百貳兩。臨潼、肆百兩。咸寧、三百肆拾玖兩陸錢伍分。盩厔、三百兩。藍田三百三拾兩。一廳五縣。不及三百至一百者，白河、貳百三拾玖兩玖錢陸分。高陵、貳百兩。乾州、貳百壹拾兩。鄠縣、貳百兩。雒南、貳百玖拾玖兩陸錢肆分。、華陰、壹百貳拾伍兩。華州、壹百肆拾捌兩肆錢。耀州、壹百兩。長武、壹百貳拾兩。寶雞、壹百兩。紫陽、壹百壹拾玖兩捌錢伍分。汧陽壹百壹拾玖兩捌錢。三州九縣共得銀一萬四千六百七十六兩二錢二分。然淺人已議其後矣。許公不爲動，督營建益急，遂於十二年九月告成。而許公亦報政入覲，謠諑乃大起。是時左文襄公督陝甘，方議分闈，不暇爲陝士謀書院之設，議發於許公，細人遂謂「陝甫經大亂，宜休息不宜興大工」，聞者不能不爲動。許公原奏，院事歸紳經理，官爲督查。耽耽脂膏者，無所染指，咸大恚，則日播浮言於外，而向之踴躍輸將者悉裹足。書院雖建，經費無出，生徒既聚不可散。院長史夢軒自減修脯，監院怡養源稱貸以發膏火，極力支持，勢蓋岌岌不可終日。而吳縣吳清卿大澂適繼學政任，有以蜚語中監院者，謂味經築一外屏糜銀三千兩，公廉其誣，微察味經，誠大有益於士習，乃以善後自任。同治十三年，興安府捐銀四百八十九兩六錢；光緒元年，撫院譚籌撥銀一萬兩；光緒二年，延安府捐銀一千兩；南鄭縣捐銀一百兩，共庫平本銀一萬一千五百八十九兩六錢。以上由藩庫發商。學政吳札諭略云：發當商按月一分生息，有閏，每年獲息銀壹千伍百零陸兩陸錢四分捌厘；無閏，每年獲息銀壹千三百玖拾兩柒錢伍分三厘。定議每年分作三季給發，以三月、七月、十二月三次支領。有閏，每次領庫平銀伍百貳兩貳錢壹分陸厘；無閏，每次領庫平銀肆百陸拾三兩伍錢捌分肆厘。此番領款，本院已咨明藩司蔣遵照辦理。除分行所屬各縣，每年定以二、六、十等月底先行截清，應獲息銀，照數解司，以備屆時支領。即各屬未能如限報到，亦當由司照依現本應獲息之數暫行籌墊，以備書院束脩膏火之需。每年由味經書院監院備文，移知涇陽縣，逕詳藩司就近支領，每次領到息銀若干，即繳監院收支，一面仍報學政存案備查。涇陽縣候選道姚悳捐銀一千兩，大荔縣候選郎中李安吉捐銀三千兩。此二項不入藩庫，以貳千兩撥繳怡監院清還歷年積欠，以貳千兩札涇陽縣嚴令派役分解送蒲城、興平發商，按月一分行息。其學政吳札諭略云：每年無閏，蒲城解息銀壹百貳拾兩，興平解息銀壹百貳拾兩。有閏，蒲城解息銀壹百三拾兩，興平解息銀壹百三拾兩。每年按期由監院備文，徑催蒲城、興平息銀，倘催到，即申詳學院札提催繳。先後共籌獲經費銀一萬五千五百八十九兩六錢，以二千兩清還舊債，餘盡發商生息。於是涇陽、典商領銀貳千柒百兩。三原、典商領銀壹千三百兩。富平、典商領銀肆千兩。高陵、典商領銀壹千兩。耀州、典商領銀壹千兩。咸甯、典商領銀貳百玖拾三兩柒錢陸分。長安、典商領銀壹百玖拾伍兩捌錢肆分。盩厔、典商領銀壹千兩。悉領銀營運，月有生息，歲有額入，不苦匱乏，而院事遂大定矣。然所入無多，必極力節縮，始符所出。院中諸事待舉者，仍苦無貲。吳公乃有車牛變價撥入書院之議。

車牛變價者，前陝甘總督左文襄公督師入關，以學士袁文誠公理餉事，兵燹之餘，農田荒蕪，軍糈不繼，乃派員屯墾於白渠兩岸。軍事漸定，農悉歸業，以軍牛歸民而折價以輸官也。怡君請於吳公以商撫院譚，譚公許之，曰俟收清，撥入書院。然計數特鉅，徵收實難，吳公亦報政入都，此事遂已。中更戊寅旱荒，及至年豐，徵收仍無成數。此事弊竇甚多，零星散之民間，官已屢更，孰欠孰否不能悉知。而吏胥竄穴其中，民間輸已過十，官府入未及一，故此項數盈鉅萬，所收僅五千餘兩。其後，涇陽縣令張稟請豁免。越二年，今令涂邵卿視事，稽故牘，得銀貳百餘兩，補行撥入書院。蓋事隔十餘年，其弊不可究詰云。因循至九年，慕子荷學使涖任，監院寇允臣以其事請慕公轉詢當道，乃始得銀三千三百零七兩三錢三分，即發涇陽縣典商生息。光緒十年正月十七日，涇陽縣洪令移文略云：查敝縣徵收車牛變價庫平銀伍千貳百貳拾柒兩三錢三分，業已稟明撫憲暨營田局，憲發繳當商姚永聚等營運，滿年一分生息。於光緒九年十二月初一日起息，每年應取息銀伍百貳拾貳兩柒錢三分三釐。除涇陽四義學經費銀壹百玖拾貳兩，實餘銀三百三拾兩零柒錢三分三釐，以作書院膏火之需云云。學院慕札諭略云：每年分三次領，即以二月、六月、十月由監院備文移知涇陽縣，就近支領。即該當商未能如限繳清，亦當由縣照依應獲現存息銀之數暫行籌墊，以備書院急需。迨十六年，續發商銀二百四十二兩五錢。涇陽縣涂移文略云：車牛變價徵存，經前任稟明仍照前發商，每年應得息銀貳拾肆兩貳錢伍分，仍歸味經書院，每年七月移送一次。綜計前後銀兩籌自捐輸者，二萬零三百四十四兩四錢七分；撥自藩庫者，一萬兩；得自營田者，三千五百四十九兩八錢。自丙子以前用過銀一萬六千七百五十四兩八錢七分，餘發商銀一萬七千一百三十九兩四錢。無閏之年得息銀壹千玖佰捌拾伍兩柒錢貳分貳厘，有閏則多壹百壹拾兩陸錢肆分陸釐。

而陝甘士月得膏火，官課一次，超等十名，學院許定：一名二兩，二名至五名一兩五錢，六名至十名一兩。特等二十名，一名至六名八錢，七名至二十名五錢。一等四十名，一名至四十名一錢。光緒十五年，學院柯改定每官課不分超、特、一，共取三十名。一名三兩，二名至五名二兩，六名至十名一兩六錢，十一名至二十名一兩，二十一至三十名六錢。堂課二次，膏火獎賞超等十名，一名一兩五錢，二名至五名一兩二錢，六名至十名九錢，偶數膏獎各半，奇則膏多於獎，下同。特等二十名，一名至十名七錢，十一名至二十名四錢。一等三十名，一名至二十名二錢，二十一名至三十名一錢。原定住院者全給，否則止給膏火。柏院長改爲無論住院與否，膏獎俱給。光緒十五年，學院柯改爲堂課月一次，無分超、特、一，共取三十名。一名五兩，二名至五名三兩，六名至十名二兩，十一名至二十名一兩八錢，二十一名〔二〕至三十名各一兩〔三〕。光緒十八年，學院黎改復舊章。經課膏火，超等十名，一名八錢，二名至四名六錢，五名至十名四錢。特等二十名，各二錢。一等十名，各一錢。學院慕定。學院柯併入堂課，學院黎改歸每月日記膏火。遂爲味經經費定制焉。慕學使云：「院本新設，待舉事尚多，年蓄百余金，遇科年停官、堂課各二次，可餘銀壹百壹拾壹兩零。存儲不用，積數年，院內應舉行者宜無不舉。」然歲出數終不能定，故積六七年，始得四百餘金。柯遜庵學使遂以建藏書樓、通儒臺云。

論曰：易曰「大烹以養聖賢」，又曰「何以聚人曰財」，養固先於教矣。顧周禮不詳養士法，而載師有「士田」；甫田之詩，始曰「歲取十千」，終曰「蒸我髦士」。孔子曰：「耕也，餒在其中；學也，祿在其中。」士固不並耕也，特廩於官者，悉取之農耳。近世金生粟死，商賈操金錢制農之命，末豐而本悴矣。分商之息以養士，似亦窮變通久之道，而論者嘵嘵，以爲病商，何也？

〔二〕二十一名：原爲「二十名」，「一」意補。

〔三〕一兩：原爲「二兩」，據味經本改。

規制第四 附監院題名

惟天子軫念西土，敬教勸學，嘉惠俊髦，學使承流詢於眾庶，順時所適，乃闢講舍於涇水之陽，顏曰味經書院，以收陝甘志學之士。禮聘師儒，任以教誨，乃立監院，使總院事，宣學使意於師弟子，俾教不倦而學日勤。監院一人。舊無定數，後設二人。光緒十七年，學院柯改定其一人改充刊書處董事，事詳後。齋長二人。其一定涇陽人，一他縣。又，院址均吳氏捐入，其子弟有住院者即爲齋長，不常置。諸生惟齋舍所容，院書一人，帖寫一人，舊無，光緒十七年，學院柯增設。院夫三人，門夫一人，竈夫無定數。監院司一院財用出入之數，簿書期會之文及一切禮儀、法令之事，時察齋舍，以助院長精力之所不及。每歲仲春，車逆院長於其家，至擇期入學，知會涇陽縣。同院長率諸生行釋菜禮後，赴講堂行入學禮畢，乃宴。朔望謁先師亦如之，令節亦如之，歲終又宴，乃出學車送院長歸。凡諸生來院，上名於監院，定館舍，即贄見於師。凡值督撫、學政、藩、臬、道、府課之月，監院備文預請題目，至期，請涇陽縣按名散卷，宣示題目及繳卷，監院備文申解榜歸，張示院門。院長堂課評定甲乙，由監院登榜，其膏火獎銀監院各注於其卷，諸生執卷領取。凡書院經費，由藩司發商者，監院備文移縣，徑詳藩司支領。其由學院發商者，監院徑移文該縣，催解領解到即報聞學院。凡歲出有章者，依章給之。無，則小者監院主之，大則請於學院。院長束脩四百兩，以時致之。薪水，監院百兩，刊書董事百兩，齋長三十六兩，工食院書三十二兩，貼寫十二兩，院夫十八兩，有閏十九兩。紙筆費，學院署稿房十二兩，藩署禮房十二兩，議平。均給以其時。凡房宇、門窗、案椅、牀榻一切器具之類，時周察之，缺損補修，無致破壞。卷紙多寡，視所用，歲終則會計上於學院。齋長擇諸生之學品優而齒長者爲之。帥諸生敬承院長之教，以修其業。經義、史疑，院長講解。諸生不能盡喻者，齋長道諭之，不能問者，齋長達其詞；司書籍之出入，借還有式，歲終檢繙，不可失遺；分察竈夫膳飲之美惡，毋令饐餲失飪致疾；院中有興作，監院會齋長察視；凡院事財用出入，齋長咸與聞。院書初由涇陽縣禮房兼充，後改由院招充。司冊籍、文移、會計之事。凡課，題目、榜次，書而張示；

其副藏之公牘、文移，書而呈於監院；收發書籍，書而呈於齋長；凡朔望謁先師，則贊貼寫、司鈔寫文字；院長條教諸生文藝，須傳觀者，鈔而揭於壁。院夫司灑掃、雜役、奔走之事，門夫晝稽出入必嚴，二鼓擊柝封門繳鑰，晨領鑰啟門，及膳時，均如之。廚夫主供諸生飲食，食品，院長、監院預核定，揭於廚壁，日一更，月再周。諸生人日給錢五十，廚夫工食不領於院，其夥役視食者之衆寡而增減之。凡院事監院主之，教士子則主於院長。

論曰：日用飲食，粗迹也，而精義寓焉。王政之始，雞犬桑麻；聖學之基，灑掃應對。規制儀文之不備，財用出入之無稽，師蓋有不能安于講席，弟子有不能雍容絃誦者。故粗迹者，精義之輪輿也。書院廢興，殆非無與於是矣。

監院題名

書院之教，院長主之，事則統於監院。監院得人，師安講席，士勤誦讀，所繫重矣。然則論味經之廢興，並非無與於監院也。名具於斯，來者可以觀焉。光緒十九年癸巳仲春，涇陽周斯億志。

怡立方　字養源，涇陽候銓同知，創修書院，力任艱巨，祀於書院。

姚紹緘〔一〕　字子夫，澄城舉人，城固訓導。爲修書院棄官來涇，能任勞怨，工竣，辭退，祀書院。

王賢輔　字弼廷，白河人，咸豐戊午舉人，韓城教諭。

李星瑞　字少蓮，平利舉人。

寇守信　字允臣，長安歲貢生，光祿寺署正銜，鳳翔府訓導。籌增膏火，創味經志稿，文移各件均存底稿，來者有法可守，沒祀書院。

楊彝珍　字秉初，長安附貢生，同官訓導。

〔一〕紹緘：當作「劭諴」。姚氏之名，本志經始三見、營建二見，俱作「劭諴」。關中叢書本作「劭諴」，是。尤其經始篇兩見於陝甘學使許振禕之奏設味經書院疏，姚氏亦學使許公「徧查陝甘人望所歸」之所得，不致於奏疏中誤書其名。

王　堃　字子厚，宜君人，同治己巳舉人，蒲城訓導。

張元熙　字仲山，涇陽恩貢生，郃陽訓導。

王賡年　字子延，清澗優貢生，郃陽教諭。

周斯億　字虓生，涇陽人，光緒己卯舉人，國子監學正銜，綏德州學正。創修藏書樓，清白池、通儒臺，設刊書處、售書處，建院外東西兩坊。

彭長慶　石泉廩貢生，候選訓導。

史家榮　字錦堂，華陰廩貢生，涇陽訓導。

教法第五上

三代而後，教不統於上。尼山首出，宏暢儒風，擅師儒得民之勢，君上不過問，教遂與政分而不可合。顧教不可與政分也。權不能定於一尊，勢不能資以行遠。源遠流分，人自爲書，家自爲學。譬如大河，羣流趨附，無堤防以束於左右，則成洶湧之勢，潰敗橫决不可收拾。故自春秋以降，諸子爭鳴，異端蠭起，人人得以號召徒衆，自樹一幟。門戶既分，党與斯盛，是非汩於草野，毀譽亂於朝廷，至匹夫可與君相爭刑賞之權，而清流之禍亟矣，漢、唐、宋、明之黨禍是也。又其甚者，外夷無君無父，奸人惑世誣民，借端聚衆，而海内遍被其毒。如黄巾、白蓮均假教之名以恣爲畔逆，豈非教之理自在人心，上失其柄，則下竊之，其禍遂不可勝言哉！是以願治之主，必急起而收之。漢祖草創，日不暇給，孝武表章六經，道定一尊矣。經灰甫燼，鬱而未伸，雖立博士、議石渠，宿儒抱殘守缺，多私相授受，教未盡出於上也。光武投戈講藝，風厲名節，顯宗崇儒重道，躬臨辟雍，養老乞言，政教幾於合矣。然事虚文而無實意，冲、質以後，國統屢絶，外戚宦寺遞爲盛衰，是非不明於上，議論徒喧於下，君、廚、顧、及之名立，而士習亦淩替矣。魏、晉、六朝政既不立，誰復議教？河汾授徒，遂開唐治，太宗英挺而內行不修，延攬士儒，集疏五經而意重詞章，故有唐一代驅士於帖括、詩賦。其時，朝野上下之間，泛泛然溺於功名富贵而胥無以自主。驯致五代之禍，否极而亨，宋太祖、太宗亲睹武夫悍将之弊，始以文臣典郡。仁宗天資粹美，英傑輩出，孫奭、胡瑗名動朝廷，遂詔天下州县皆立学。此後，濂、洛、關、闽，名師碩儒遞相衍述，官家之培養不如私家之傳授也。迨至明祖起於布衣，迹類漢高而学问過之，加意庠序，府、廳、州、县均有学，慎重教官之選，嚴立考课之法，罰峻而赏亦優，作成士氣，故靖難之師，士多忠節，震爍千古。其後主德不明，教士之權又復移於師儒，書院林立，庠序徒設，教與政分，清議雖足维持国是，而黨禍之惨遂极千古之所未有。然则教出於上，時未久而遂不振者，師以例來，士以例應，虚文故事，相習成風，無精意以贯其中也。教出於下，利雖多而害卽随者，師以道立，士以名歸，樹敵聚徒，異説相角，無權位以持其上也。我朝舉天下之書院盡隸之官，而延師以教士，士非额定之数，師非例設之官，師儒之教而以官法行之，故精意贯注，而不闻处士横議之風。二百餘年，書院得士爲多，而無前代朋黨之禍，则政教合之效也。然積久弊生，獵詞華而略實行，重制藝而棄詩書，轻脱無行，而道学思救其後；空疏寡用，而西学遂乘其虚。仙屏許公憂之，所以有味经書院之设，禮聘耆宿，特申教法。史先生兆熊倡於前，柏先生景伟振乎後，要皆学、政之精意運於其中，蓋書院之教無非学使之政也。予擇其可采者箸於篇，使後有考焉。

史先生曰：「書院宜清静嚴肅，各守規矩。此院何爲而設？諸生何爲而來？立志潛修，未爲君子，先期不爲小人；未做正事，先期不做壞事。則有嚴戒者四：一、吸食鸦片。鸦菸爲害甚深，諸生豈無受其病者？擯之，恐終身甘於廢棄；容之，恐衆人爲之傚尤。今論別居齋舍，寬以月日，用藥斷截，聖賢克己之學卽在是矣。尤當力勸同人，引爲鑒戒。若自不戒而又引誘同人被其陷害，查出褫革。一、賭錢游娼。賭娼寡廉鮮恥，損德取禍，實爲玷辱名教。查辨出禀請斥革。其因賭游滋釀事端者，送縣究辦。一、戲場飯館。坊肆流品雜沓，士人豈可側足？然少年狂妄，每好嬉游，往往三五成羣，往來街市，不恤人言，不畏物議。且自以爲名士風流，實屬蕩檢踰閑，敗壞士習。諸生中有不經禀明，擅自出入觀戲飲酒者，查出掌責。門夫不卽禀明，送縣杖笞。其別滋事故者，無理，送縣究辦；有理，亦掌責逐出。一、騙誘賒貸。書院爲培植人才之地，所以首嚴規矩，清其本源。除前數種外，尤當杜絶騙誘流弊。現已商議監院，出示曉諭各鋪店，凡與諸生交易，不準賒貸，其有貪圖重利，任聽欠至數千、數十千文者，或其人在院而無力歸還，或潛行歸家而久成拖欠，查明屬實，稟請斥革，其賬項概置勿論。或富家子弟來院肄業者，不得以朋友交好，礙於情面，與人擔承賬項。膺人佐借錢文，久而無歸，積成私債，不敢令父兄知，查明屬實，將佐錢之人稟請斥革，其賬項亦概置勿論。至諸生有實係貧寒，而苦心用功者，同人中殷實之家，可公同量力幫助膏火，自是友誼當然。或由公款籌畫微資，亦格外培養寒士之道，總不許機謀智巧之流，敗壞書院規矩。定約者三：一、夜禁。初交二更，由齋長督門夫鎖門，大門鑰匙呈繳上房，次早黎明，門夫領鑰開門。關門後查出未在舍者，次早掌責二十，有别行不軌者，别論。其有要故應出者，稟明請鑰。有要故稟明出外，請留門者，不得遲過一時。一、早起。日已出而人猶酣眠，乖陰陽之理，失清明之氣，在一家必不祥，在一身必生病，勤苦者自必晏眠早起。僕以爲，善用功者不必過爲晏眠，反致不能早起。至三五歡聚，好爲長夜之談，尤屬學人積弊，各宜互相規勉，勿使曠誤工夫，反致耗損精神。一、門户火燭。或上有傳喚，或有事出外，隨即關鎖門户，檢點火燭，毋致貽誤有失。禁約既明，乃嚴功課。一、逐日寫、看、讀。工夫不必求多，總要實有心得。早飯後，作小楷一百字，作大楷二十字，字字用心。首講開架，次講筆力。寫字後，看本日所温之四書一章，經書一篇，字字研究，必須大旨了然，逐字逐句了無疑義。或於衆説之外别開悟境，或因此章之理參悟他章，或得其一句，或得其一字，著爲小説，如作論然。正午静坐片時，涵養心氣，午飯後讀四書若干篇，經書若干篇，量力定數，各以十遍爲度。細心潛玩，不可滑口過去。讀後，静坐片時，涵養心氣。日尚未入，看史鑑若干頁，晚間讀時文二篇，古文一篇，每篇十遍，生者過五夜一易。讀賦一篇，生者亦如前法。讀竟，静坐片時，即安寢養神。若日間他事攪雜，功課未了，夜間定行補足，總以序不可紊，功不可缺，實求心得，快足於已而毋自欺。次早温前日所讀之經、文、詩、賦各一二遍，或專讀某項，或别看他書，亦必有一定限制，不可雜亂無章。一、每月官、堂課。每月初八日官課，十八、二十八日堂課，點名扃門，當日交卷。此外，初三、十三日加文課二次，五更出題，午正交卷，逾限不閲。一、每人課程册。外寫某人，内開自某月某日起，温四書某本，經書某部，每本讀若干篇，别一行注某一日讀四書自某處至某處，共幾篇，看經書某本，自某處至某處，共幾篇，看四書某章，看經書某篇，擬某篇、某節、某句小説一條，以便抽查。五日彙齊，擇尤佳者張貼講堂，俾諸生共廣見聞。一、二七日會講。中設正位，遥尊諸大憲，培養士類，俾士子常知敬感，不忘本源。旁設山長、監院各坐，諸生左右侍立，聽講。僕忝主講席，自愧學力淺薄，然諸生果知踏實用功，即奉一心爲嚴師，僕亦未必無一長之助。若執經問字，有意刁難，以窺探僕之淺深，甚面加詆牾，暗出匿名揭帖，僕當登時辭退，決不自取羞辱，並致貽笑學憲。一、注意小學。四書、五經已逐日講讀，此外，逢會講日切爲細講小學，以端大學之本。諸生句句向身心上體認，勿謂僕爲避難而就易。一、會談。半月内或一次，或二三次，不拘日數，中間兩邊設山長、監院座，東西開設長橙，分坐諸生。或發明數日欲言之理，或閑論古今，言之所在，不拘不束，尤爲得益。一、容外人會講。會講日，院外農、工、商、賈，有願聽講小學者，尤爲可佳。宜引入門，但宜静立階下，不可高聲鬧嚷。一、朔望謁先師。山長、監院率諸生詣至聖前，行獻香禮。有贊，三跪九叩；無贊，一跪四叩。禮畢，山長、監院行對揖禮，諸生北面，與山長、監院行三搭恭禮。禮畢，諸生東西分列，行對揖禮。禮畢，山長、監院退，諸生乃退。以上諸條認眞遵行，上焉者可日進於高明，中焉者可歸於篤實，下焉者日亦納於範圍。譬之物焉，蓄於内，不爲金玉寶珠之不易；有用於外，要皆爲布帛菽粟之不可無。僕之教人，如此而已。」先生於是以身倡率之，以言鼓舞之，逐日巡行齋舍，指示發明，擇期聚會講堂，提撕警覺。行之期年，諸生則志定而氣奮，院規大定矣。

先生乃以老病辭師席，仙屏許公留之甚力，先生不得已，復留。取前所定者變通之，以書院規矩整肅，必自禁約始，則曰嚴門禁。門禁之益大矣！范人之身，即范人之心，外邪不作，即内念斯專。去歲行之，合院清静嚴肅，甚爲得法。但恐久而視爲具文，擅自出入，一人開端，衆人傚尤，諸弊由此生矣，今歲仍宜首嚴門禁。曰杜非爲。吸鴉菸者，不別爲安置，則被誘者衆矣；院内暗中聚賭，則受害者衆矣。外不防其游娼飲酒，招搖撞騙，則釀禍損德辱身敗行，書院之名壞矣，故一切仍宜嚴禁。以諸生學問增益，必自經史入，則曰讀經史。今年不逢鄉試，正宜潛心經史，講求實學。除課期外，照前定讀書法，各備課程册，每日登記。曰看經史。除課期外，每日早飯後看四書某章，看經書某篇，史書某條，不必貪多，務求實有心得。曰誦經史。除課期外，每日掣籤背誦所讀經史各書，每晨籤傳十五人，登堂分坐，聽候背誦，餘俱照常，各在房内讀書，願登堂聽講者，聽便。其籤傳之十五人，仍行掣籤，次第背誦，或四五人，或六七人，隨時考問，隨便指示。在坐者均可聽聞。師不過勞，而於諸生實有裨益。曰講經史。除課期外，每日午初，按寫字後籤傳，十五人各執前日所看四書、經史，登堂分坐，聽候掣籤，次第背講。或四五人，或六七人，或抽講四書，或抽講經史，或指駁背謬，或發明義蕴，在坐者均可聽聞，亦師不過勞，而於諸生實有裨益。學不可昧本源而無心得也，則曰講小學。小學爲大學根本，五日一講。今歲專意經史，亦於十日内傳齊諸生。僕爲細講數條，各宜敬聽，務求身心實有體認。曰戒自欺。每日講書、看書，按定課程，務求心得，勿爲應卯之舉，欺師實以自欺。學貴沈潛，不可紛於名利也，則曰杜奔競。諸生往來各處應課，原屬正業，實則有荒工夫，且萌趨利之心。以後外縣諸生，每月宏道書院官課準應一次，堂課俱不準應。本縣諸生涇干書院準應初一、十五官課兩次，堂課亦不準應。總期潛心經史，實求心得，則終身受用，獲益無窮。諸生務其遠者、大者，勿沾沾爲目前計也。曰定膏火。住院諸生，既嚴杜其弊端，又切責其功課，循規蹈矩，朝絃夕誦，苦矣，善矣，而膏火不分内外，按等分給，似均而實不均。今將院外應課者，只給奬賞不給膏火，其膏火挨次遞給住院之士，非私也。又審書院之利弊在師弟之睽隔不相接，而閱課卷猶其末也，則曰減小課。去歲因有鄉試，每月加小課兩次，文、詩各一。今歲加意經史，應減去小課二次，計每月院内官堂課亦作文藝三篇，應外課者更有加焉，不致荒廢文字，而專經之學可多數日，師亦免因衡文無暇稽查經史功課。曰分勞苦。僕以學力薄淺，精神衰憊，此席實不敢居，堅辭未允。到館以來，立意振作，近已漸有端倪，精神雖未困倦，亦恐久而難繼。善夫！監院怡公之言曰：「每日功課只令諸生逐層做去，嚴行考查，不必過爲講説，徒勞先生，反恐諸生厭聽。王弼廷先生不日來院，依前章程，每月課講分勞，願先生節留精神，以期長年如此，何患諸生無進益也。」僕嘉其言，深知此中甘苦，不獨爲僕一身計也。且勤於始而怠於終，學者然，教者亦然；長勿助而心勿忘，學如是，教亦如是。僕當節留精神，以期久而能行，誠爲至要。時同治十有三年也。先生生日坐講堂，口講手示，不自知疲，弟子之率愈謹，先生之教愈肅。如是者三年，而舊疾時作，遂力以老辭還山。乃取所定章程參酌之，則曰：門禁不可廢，士之驕抗必以是始也。每年送館後，院長宜先嚴此禁。往往一二狂生不守規矩，及歷年住院者久而生玩，故作驕抗，此則有犯必懲，切勿姑息養姦，以致大衆效尤，勢難挽回。煙禁不可廢，士之痼弊以此爲極也。此弊勢難清除，然不禁之，則未吸者紛紛傚尤，伊於胡底？勢必明設菸具，白晝開燈，兩兩對吸，三五聚談，而書院規矩從此壞矣。曰誦書、講書、作小説、講小學不可廢，廢則士皆趨虛文無實學矣。山長日坐講堂籤傳，一人背書，則讀書者徧百人矣。小説之宜作也，讀經、讀史使之實有心得，發爲文章，鞭辟近裏也。學力淺者、本底未清者，令作小説，不拘不束，暢所欲言，則層次可清，才思可展，詞調可鍊，尤爲有益。小學之宜講也，聖學門徑實在於此，學人立身，全在於此。予嚴立規矩而勤講小學，先爲杜其邪徑，次即引以正途。不必人人聖賢，第使人人爲聖賢一路之人，此即聖賢之正教也。五日講小學一次，在認眞講學品者，自必虛心聽受；即格格不入者，常使耳聞此講，目睹此講，今日厭之，他日必有追悔而憶之者，亦何嘗非大轉機？且諸生如果俱遵小學，傳家授徒，則一源萬派，我關中正學接武，此後必蒸蒸日上矣。如不背書，不講書，不作小説，不講小學，則諸生必不讀書，不看書，不務實學，勤學者日手時文一編，呫嗶伊唔，曾何補於有用之學？曾何補於有用之人？懶惰者更心無紀律，静坐不能，求出不得，則意外事故從此生矣。故此數條無一可廢。曰齋房宜勤察，勤則師生隔閡之弊除矣。院長念念在諸生身上，必能做出教澤事宜；若養尊處優，高自位置，則雖學問大如淵海，與諸生乎何與？官與民且不可以隔氣，況師生乎？每日院長不拘時、不限數，隨意散步，兩廊抽查三四號，則各號俱肅然矣。静坐講堂一二時，則滿院清風徐徐，萬籟俱寂，雖竈下厮養，不聞聲矣。即此一日之間有一二時，已足以振精神而作志氣，況諸生之各自奮勉乎？且師生日近日親，背書見面，講書見面，查房見面，告假銷假見面，五日會講、每課發文、傳齊諸生一同見面，三次五次則熟識其人矣，十次八次則可知其性情所爲，而因材施教庶有當矣。若累月終年不相見面，則主講之名與講堂之設果何爲乎？先之，勞之，請益無倦，爲政然，講學亦然。曰課卷宜早發，則諸生之精神易振。積壓課卷，則諸生聚精會神成一課藝，有因積久不獲評論而心灰氣餒，壯志銷磨者。每課連日提振精神，先看出三分之二，傳齊諸生，講明題旨，與諸生指説大概，令其傳觀。並擇一二篇録貼講堂，以示取法，而諸生早不以課牽心矣。曰竈規宜嚴立，則諸生之飲食易調。竈供諸生飯食，所關非細。竈夫宜勤謹服勞，勿有錯誤；諸生宜加意體恤，勿致虧累。役人之力，食人之食，分文不給而反如分所應爾，今年如是，明歲復然，此豈有廉恥有仁心之所爲耶？主敬行恕之謂何？盡如此輩，則竈夫不堪苦累，而竈不能立矣。竈不能立，則百餘人飲食不便，而勢難久停矣。壞事者一二人，而受害者百數十人。此輩不盡寒士，多由情性貪鄙，寡廉鮮恥之徒，早行驅逐，非刻也。曰官課不互應，則諸生之作僞難行。宏道、味經互應官課，舊本應課生前期親往課，日點名扃試。後因往來奔走，曠日誤功，並有連日在外混鬧滋事者，改爲領題送卷。前之往應，有曠功夫；後之領題，更開弊竇。一人而報數名、領數卷，遇有舊文則録之，無舊文則卷歸烏有。所以，每課領卷者百餘本，而交卷者無十之五六，往往有本底未清而列前，工夫老成而列後者。蓋官第就文論文，而不知其僞也。若裁去互應，則無此弊。蓋點名時非本人不給卷，卷無冒領，名有定數。點名後扃門終日，限時交卷。其在院之生有録舊前列而未查出舊文者，但據平日本底未清，斷定有假，即呈明山長，扣除膏火；其餘之查出録舊者，均扣除膏火，以爲幫助寒士之資。若互應官課，不但味經之應宏道者多開名數，紛紛舞弊，即宏道本院之生，亦因味經舞弊而未便各守規矩，不但無益於功課，而機謀巧詐，不成事體，不成心術，不成風氣，書院之敗終必由此。若各歸各院，彼此無損，彼此有益。各以本院之膏火養本院之肄業生安静讀書，認眞作課，無機心，無機事，无妄念，无妄動，不但可以袪官課之弊，而並可以除人心之害。曰分勞不可少，則師生之情意易通。閲卷、背書、講書、看小説、講小學、查房、查門，一人爲之，雖年力壯盛亦勢難周到；一有分勞者，院長雖不獲安閒，而亦不致過勞。須知院長全在提振諸生精神，整齊書院規矩。日日心在諸生身上操用一番，日日身在各號門上行走一番，在講堂上静坐一番，則一日之間，院内之氣常清而師生之氣常相貫矣。皆先生數年閲歷所得，行之至今而確不可易者也。於諸生登第者勉勵之，其詞曰：「四十年轉瞬過矣，上不能親君，下不能親民，所幸者得親士耳。親士可以輔吾學，亦可藉以遂吾親君、親民之心，何則？今日之士，他日之上而親君、下而親民者也。諸生他日而親君也，予將以親君之心付之諸生親君之身焉；諸生他日而親民也，予將以親民之心付之諸生親民之身焉。他日之作用，視乎各人之才識、學力，而作用之基自今日立志始。立志莫先於飭廉隅，飭謙隅莫先於少私累，少私累莫先於守儉約。勿因一旦得意，遽爾改换面目，舉動、言語、服食、器用，逈然異前。前月之秀才，今月之舉人，兩月閒已劃然作兩截人。他日居官時又當何如？若是者，非大器也，亦非福也。夫士之求名，欲藉以有爲耳；藉以有爲，固爲社稷蒼生造福之人，非享福之人也。今日慎之又慎，至得官時私債已不能免，況官尚未得而假官以爲名，溺已深矣。雖誓矢清操，烏有累於身者，尚能清於心耶？且功名富貴之念萬不可横亘於胸，而急急功名富貴之人，亦未見有濟於事。竊嘗思居官之人有三元氣當培：爲朝廷培元氣，一也；爲百姓培元氣，二也；爲子孫培元氣，三也。子孫之元氣無他培法，培朝廷元氣，培百姓元氣，即所以培子孫元氣也。總之，作用之基自今日立志始，自今日節廉隅始，自今日少私累始，自今日守儉約始。諸生其服吾訓耶，他日乃可以親君，乃可以親民，而吾親士之心於焉盡矣！即吾親君、親民之心，亦於焉遂矣，吾又何樂乎不親士耶？勉勉！」下第者慰撫之，其詞曰：「諸生勿以下第爲憂也。夫得第良可喜，喜得藉以有爲，非喜得功名富貴也；失第良可憂，或憂親老無以慰，或憂年盛不及時有爲，非憂其失功名富貴也。若夫計得失於功名富貴之閒，自喜其得，正吾之所代爲憂；自憂其失，正吾之所代爲喜。憂彼喜之之心，得焉適貽害於當世；喜彼憂之之心，失焉反保全乎室家。諸生勿謂予言過激也。吾人爲學，當先辨[二]明義利兩字。義即利也。計利，則害隨之矣。吾今日第求其可以得功名者，非戔戔文辭之末也，根柢乎六經，鑒别乎往史，而參酌乎時宜，務期人爲有用之人，學爲有用之學，如是焉已耳。如是，則用固有用，不用亦有用。苟有心於世道人心，雖鄉里匹夫，亦可作頂天立地事業，何況學校中人乎？彼沾沾於得失者，縱係有用，亦必不善其用而仍歸於無用，何者？其用心固已歧也。吾自分可做教官，且並教職而有愧，若更圖保舉、盼甲科，覆餗之患不旋踵至矣。貪虚名而受實禍，慕榮顯而被憂辱，世之人往往然矣。所以然者，未得功名，則功名之念急；既得功名，則仕宦之心熱。不但隨波逐流，日入下品，亦且溺身宦海，欲拔不能。已歷者悔之無及，未歷者羡之若仙，此皆義利之界不明，得失之心未淡，致使然耳。如果安貧樂志，則艱難中之骨力必堅，盤錯中之識見必

[二] 辨：原爲「辦」字，據關中叢書本改。

定，功名仕宦中之得失必淡。出則有益於國計民生，處則有裨於綱常名教，而均之進退自如，有益於身家性命。夫而後可以喜登第，可以憂下第矣，夫而後得第必不喜，下第必不憂矣！諸生皆偉器，予不敢不以遠大期之。如依常人之見，爲得者喜，失者憂，是淺視諸生也，予之心不敢出此。」留别諸生，作要言三：一曰爲體用兼備之學，要先多讀書。二曰作敬義夾持之人，要先堅立志。三曰立夙夜無忝之身，要先切戒菸。語皆切中時弊，而先生遂歸漢上。越五年，而得柏子俊先生。

教法第五下　附諸生題名

史先生之歸也，薦長安柏先生自代，時牽賑務，不能至，癸未乃至。先生性嚴毅，剛正自持，好人之善不啻性命，疾人之惡亦若仇讐，人多畏而愛之。自史先生去後，院長第評課藝，士自爲學，法不徒行，而廢弛不可問矣。先生乃嚴立章程，勤督課業。曰嚴者非妄自尊大，不如是不足以震諸生之心志也；勤者非迫苦學人，不如是不足以勵諸生之修爲也。於是，一、復史先生之舊，而嚴整迅厲過之，不啻李臨淮入郭汾陽軍矣。於舊規中擇其最易犯者鄭重申明之，則首謹朔望禮儀。孔子爲萬世師宗，吾人所學何事，而顧忘祇敬之誠乎？後世蔑視禮教，懵然不知倫紀，情誼之不可渝，故驕亢之志氣不難施於尊長，則甚矣，拜謁先師之儀不可不謹也。今定一遵舊規，如有衣冠簡褻者，拜跪粗率者，以不敬論，當面申飭。次、嚴擅行出入。出告反面，禮教甚嚴。學者果克守此，則身有所閑，即心有所惕，一切縱肆、狹邪之習無自而開矣。三、禁吸食鴉片。洋夷以鴉片毒我中華，最堪痛恨，而士人之誤染其毒者，遂使志節隳敗，學業荒廢，甚至顛連困苦以終其身，亦足悲矣。然此禁不嚴，傚尤必衆，始而誤己，繼且誤人，其流毒更有不可勝言者。今定一遵舊規，凡有癮者，用藥斷截。果能挽〔一〕，蓋自新即爲名教完人，當倡議獎勵，以爲能知改過者勸。倘逾三月，吸煙如故，立即屏出院外。四、禁引誘賭博。賭博乃無賴子所爲，其始不過一二人戲作之，其後即有多人樂從之，甚且引誘後生，曉散夜聚，行險僥倖，百弊由此而

〔一〕挽：原作「晚」，據關中叢書本改。

生，又奚問學業之荒廢也。今定一遵舊規，如有聚賭，立即當堂重責，屏出院外。五、禁爭競滋事。君子與君子無爭，相讓故也；君子與小人無爭，能容故也。兩相爭者，其爲人概可知矣。夫倫紀恃朋友以善全，功業賴朋友以夾輔，古人離羣索居，每深感歎。幸此一堂講學，朝夕懽聚，而可因悻悻微隙，反操同室之戈乎？今定一遵舊規，務各以善相摩，以敬相接。即有不合情理之事，準其向監院、齋長處面陳一切，或請代爲呈明。當即酌情準理，平厥曲直，如有任性喧嚷，恃氣忿爭，無論有理無理，均先責以不守學規，然後徐問其是非。又或暗出匿名揭帖，橫肆誣謗，尤屬陰險小人，顯干例禁。一經查出，或被人告發，立請學憲褫革。六、禁羣飲縱談。書院之地，最宜静肅，酒足亂性，純心用功人本所當戒，况呼朋縱飲，更屬毫無忌憚乎？爲學以敬慎而入，高聲談笑，心先放矣，學何由固耶？又或因醉酒而滋鬧，或因劇談而啓事，若非杜漸防微，勢必紛紛傚尤，成何體統？今定一遵舊規，偶有小酌，原所不禁，若羣飲肆譁，即爲不守規矩，先飭跪堂重責，不悛者屏出院外。七、禁閒遊街市。吾輩一舉一動，悉關風化。在我即潰厥閑檢，在人即滋爲口實，稍知自愛，豈宜出此？諸生中如有不恤人言、不畏物議、膽敢閒遊街市，當堂重責。八、禁占鎖空房。院内號舍無多，一人住一房既不能容，故多有兩人同住一房者，未免偪仄，然尚有房可住，則亦可勿論矣。若乃負笈遠來，置足無地，使不爲之代籌住址，殊非體恤多士之誼。聞向來應課諸生有虚鎖一房、兼鎖一房、閑鎖一房之弊，在己頗覺甚便，在人殊爲不情，揆厥恕道，能無歉然？今定先將現在住院諸生姓名、年貌、籍貫，造册呈核，會同監院、齋長沿號挨查，倘有如前占鎖者，立將房門開訖，別令無房者居之。其内存物件，繕單寄存公所，俟該生來院照給。使諸生知有規矩準繩可循，則身心有所範而後可言學。又國朝以制藝取士，不能不恪遵功令。然果能於性命之微、倫常之大、中外盛衰之迹、古今治亂之原，探討體會，實有心得，即未能行義達道，而出緒餘發爲文章，不難高樹一幟，何至湮没潦倒於八比八韻之中，而弗能自拔耶？近馮中丞志學齋章程雖專爲時文，亦必講求根柢，所刊册式，洵足法也，今略舉數條。

一、讀四書。四書羣經之心法也，而大、中章句，論、孟集註，朱子生平精力悉萃於此，剖析疑似，辨別毫釐，學者尤當於大義微言求其根本。今定日日熟讀精思，沈潛涵詠，又宜兼讀近思録、北溪字義、性理精義及各家語録，參互研窮，則必於身心性命之理，豁然有得矣。一、讀經書。十三經與四書相發明，近日學者類於經義鮮所發明，甚或讀得一經半經即汲汲從事帖括，日以剽襲詞調爲工，無怪其空疏淺薄而無當也。今定於五經先擇一經，專力治之。俟此經大義既明，然後遞及他經。如是，則於四書道理益能貫通融析，即所作四書文亦必能鎔經義而自鑄偉詞，而經藝更無論矣。一、讀通鑑。宋司馬公輯資治通鑑閲十九年而後成，淹通貫串，爲史家絶筆。朱子通鑑綱目筆削義例，一倣春秋，皆不可不讀也。讀法：漢以上宜參看史記，前、後漢書，漢以下宜參看歷代正史。則凡古今治亂得失，靡不了然周悉，洵足拓識見而廣議論。試觀漢、唐以來，多少詩人文士，爲藝苑所尊奉，迨稽之史册，或寂寞而無稱，或卑靡而多玷，而惟修道眞儒，立功賢輔，始足震耀千秋，亦可恍然於學先尚志，果在此不在彼也。一、讀古文。古人以淵粹之學、宏遠之才、超曠之識、清毅之氣，著爲文章，各成一家言，故至今與日月並光也。三傳、國策、國語、史、漢、莊、騷，以逮唐宋八家，何一不當讀乎？學舉業者寢饋於此，其爲文必進於古而不俗矣。然初學，力或不逮。則宜先讀八家文，識其途徑軌轍之所在，然後漸而達焉，以溯其源而探其本。程畏齋先生曰：「學天下第一等學，作天下第一等文，在我而已矣。」讀法：當先看主意，以識一篇綱領；次看其敍次，抑揚往復、運意運筆、轉換承接；於大段中看篇法，於小段中看章法，於章法中看句法，於句法中看字法。則作者之心皆與我會。今日讀文能如此讀，他日作文自能如此作矣。一、讀時文。既作時文，不可不讀時文。然一切坊間卑靡之編，與闈中腐濫之作，則斷不可讀。即前明簡古奇峭之文，不善學之，則易失於枯槁、晦澁，亦不可讀。國朝名大家文，以韓、歐之筆闡程、朱之理，粹然道德之華，蔚然經籍之色，博大雅傑，允稱極則，當精選百餘讀之。明文則取其説精理精而思力深透，用法備而機局渾成，足以疏瀹我性靈，增長我筆力者，精選二三十篇讀之。簡練以爲揣摩，當必有所心得。然後取墨卷之清眞雅正、警湛雄奇者，精選四五十篇讀之，以求合於其式焉。前輩所云「從墨卷出，不從墨卷入」者，如是而已。再讀時文，尤必先攻小題，而細探其運意之妙，用法之精，脈理之析融，神氣之宛合，則雖千變萬化，無窘我之題，而一切陳言泛語，無由擾其筆端矣。

先生曰：「宋熙寧閒以經義取士，至明著爲功令，我朝沿而未改，迄今蓋七百餘年矣。名儒、名臣多出其中，代有偉人，指不勝屈，彼何以不淪胥於科目？我何以竟汩没於詞章？諸生必有憬然悟，崛然興者。」先生負經濟才，規模宏敞。其教諸生也，循循於下學，矢之以誠心，達之以果力，率教者獎進之，敗類者嚴懲之，不期年而士習丕變。遠方奇特之士，先生又羅致之。

三原胡觀察礪廉悲海疆多故，欲以實學造士，聞先生教，自出千金以助膏火。先生乃爲啓曰：「人才之盛衰關乎學術，正學修己治人，敦行不懈，而馳騖名利者廢之；實學通今博古，討論必精，而剽竊詞章者隳之。風氣所趨，江河日下，此豈盡學者之失乎？目不睹有用之書，耳不聞有道之訓，何怪沈溺而不返也！而吾陝適承其弊，僕等久昧旨歸，時過後學，自惜之餘，未嘗不兼爲諸同人惜焉。竊謂學有本原，須辨於始而大其規模。吾陝兵燹後，書多散佚，宜特創一書局，凡有關正學、實學各籍，擇要刊刻，以資學者之觀覽。則既有以拓其才識矣，又集二三友人，講明而提倡之，落落然一空標榜拘墟之習，而務以聖賢道德、豪傑功名相與糾繩，相與淬厲，爲關輔力挽衰頹。積日累月，漸漬優遊，河嶽有靈，未必不可稍回風氣。然書局之舉非大有力者不能，而講明提倡，則凡有志者與有責焉。僕等不揣鄙陋，議加月課，名爲『求友』，蓋取『析疑賞奇，樂多賢友之意』。其課以經學、史學、道學、政學爲主，而天文、地輿、算法、掌故各學附之。至文章詩賦，則書院舊課所有，兹不復及。區區之私，非敢謂能友天下士也，所願諸同人不遐棄而惠教焉，則僕等亦甚樂共殫尚友之志，永敦會友之風，以期盡正學、實學之義，吾陝幸甚！吾黨幸甚！」於是經史、道德、經濟、天文、地理、掌故、算法之學略有端倪，向學之士爭趨味經。先生樂爲講解，昕夕忘疲，遠近無不樂得先生者，而先生遂移講關中矣。

論曰：教無所異也，人殊而教異，時殊而教異，風氣、習尚殊而教異。故循良之政令，因地制宜；君相之設施，與時爲適。二先生寬嚴異用，威惠殊施，要亦優遊以養其心，鼓舞以作其氣，使各勵所學以成其材而已。是以游味經者至今稱道二先生不置也。

諸生題名

余爲味經志附科第題名於教法後，然則師所教，士所學，果惟是科第爲哉？選舉廢，科目興，束身庠序，非是莫由，爲世用不志科目，是書院教養與世無與也。然科目中人果能自見於世與否，又視其平日所蘊蓄。嗚呼！人不負科第，科第亦增色矣！光緒十九年癸巳仲春，咸陽劉光蕡識。

進士

同治甲戌科　陳才芳甯羌人，翰林，甘肅涼州知府。

光緒丙子恩科　吳樹德城固人，甘肅知縣。

光緒癸未科　王愼猷涇陽人，江西知縣。

光緒丙戌科　雷天柱醴泉人，吏部主事。　周爰諏蒲城人，翰林。　侯葆文郃陽人，吏部主事。

光緒己丑科　程仲昭韓城人，知縣。　趙鋭城固人，江西知縣。　馮愼源大荔人，四川知縣。

光緒庚寅恩科　趙介同官人，河南知縣。　吉同鈞韓城人，户部主事。　武瀛富平人，刑部主事。　蘇繩武長安人，河南知縣。　李舒馨咸陽人，山東知縣。

光緒壬辰科　高增爵米脂人，内閣中書。　張維城三原人，江西知縣。

光緒甲午恩科　李澍森涇陽人，甘肅知縣。　容益光寶雞人，内閣中書。

舉人

同治癸酉科　陳才芳甯羌　王鎮安化　吴樹德城固　蕭承露郃陽　高汝翼興平

光緒乙亥恩科　張翰章涇陽　馬捷登郃陽　吴克敬三原　于鄜甯州

光緒丙子科　許定奎城固　曹季鳳渭南　鄭子元南鄭　黄玉堂白河　張維城三原　菇古三原　王長三原

光緒己卯科　趙介同官　王愼猷涇陽　程仲昭韓城　周斯億涇陽　雷天柱醴泉　龐佐化岐山　董濤長安　劉健行醴泉　李資堃渭南

光緒壬午科　馬啓瑞醴泉　蘇繩武長安　周爰諏蒲城　吉同鈞韓城　張福澤涇陽　李澍森涇陽　李聃齡三原　李晏春渭南　常秉敬高陵

光緒乙酉科　程學孔咸陽　趙鋭城固　武瀛富平　劉三鎰涇陽　侯葆文郃陽　李宗膺城固　郝銘隆清澗　趙璽興平

光緒戊子科　黨高第郃陽　蕭鍾秀郃陽　胡亶沔縣　劉瑞駒咸陽　李舒馨咸陽　張殿華邠州　張應辰臨潼　魏日成涇陽　馮愼源大荔　楊蕙涇陽　謝庭芝金縣

光緒己丑恩科　陳濤三原　丁兆松澄城　王賡泰郃陽　崔志遠鄠縣　趙先甲高陵　何恒德長安

光緒辛卯科　李楨郃陽　王壽岳長安　高增爵米脂　常懋德富平　張彪蒲城　薛善述蒲城　王壽祺長安　張之燮富平　王繩武寶雞　佀樹森朝邑　周斯依涇陽　邢廷莢醴泉

光緒癸巳恩科　張翰雲涇陽　王文鑑保安　高維嶽咸陽　甯述俞潼關　馬育麟綏德　賀錫齡米脂　容益光寶雞　姬慎思澄城

光緒甲午科　張瑚樹清澗　郭毓璋華州　胡均三原　劉錫純興平　成安正藍旗　曹欽生澄城　李泰大荔　郭鑄蒲城　陳廷賢富平　孫瑞雲蒲城　史允端城固　劉映黎長安　高鴻漸韓城　鄭書同鳳翔　宋應相長安

拔貢

同治癸酉科　費灼涇陽　董滋西鄉　趙介同官　鄭子元南鄭　高汝翼興平　陳才芳寧羌

光緒乙酉科　張秉均扶風　李蔭南洛川　張殿華邠州　崔志遠鄠縣　牟瑾鳳翔　劉清垣涇陽　張翼辰臨潼　唐彝藩三水　胡豐沔縣　郝銘隆清澗　王殿章南鄭　常懋德富平

副貢

同治癸酉科　席寶月涇陽　唐應清合水

光緒己卯科　何謙乾州　趙璽興平　楊蕙涇陽

光緒戊子科　賀象賢渭南

光緒辛卯科　史允端城固

光緒癸巳恩科　汪瀚長安

光緒甲午科　周新命商州　趙毅同州　趙光明安康

優貢

同治癸酉科　吳光顯西鄉

光緒辛卯科　容益光寶雞

刊書第六　附藏書

光緒十七年歲在辛卯秋八月，陝西提督學政武昌柯創立刊書處於味經書院之東。以院長總其事，以監院爲局董事，司財用出入及一切刊刷之事，以肄業生任校讐。其刊書以十三經、廿四史爲主，旁及通鑑、通典、通志、通考，一切子集掌故、有用之書。其貲則公出千金以倡之，得自涇陽者五千金，得自三原者一千金，得自各縣者若干金。柯公又捐廉千以益之。臨潼同知銜傅萬積承父志刻十一經讀本，咸甯孀婦趙劉氏承夫志欲刊書籍，咸輸資附之。其財用出入則主之紳士，歲用其子留其母，不足，則各院司又歲撥五百金以助之。其會計則歲終上於學院，他衙門不與聞。其日行事，學院亦不與聞也。其司事之人，則公舉三十人，上其名於學院，歲更一人，三十年則遍，有缺則舉之，此書局之規制也。始柏先生主講味經，知士之多病空疏也，立「求友齋」課以振發之。士知向學矣，而苦無書，則集貲以刻之。移主關中，則舉所藏版，刻印行之。又商於上憲，轉運他省書籍以實之。然無源之水易竭其流，有限之薪莫增其餤，於是求友齋僅刻詩義折中、春秋大事表、易經讀本、詩經讀本、梅氏籌算、平三角舉要、養正遺規、教女遺規、訓俗遺規、豳風廣義，糜金錢不及兩千。書經讀本、九章翼工猶未竣，而貲不繼矣。是時武昌柯公莅關中，其造士也，合漢宋而一之，朱子小學必兼訓詁，心性之説必實之以經史，尤加意於書院。擇陝西英俊者數十人養之，月有課，日有記，公親評閲。覺陝士非使之沈潛於經史之中不能救其弊，而刊書之意決矣。往復商酌於省中，院司殷勤，條告於各屬州縣，經營二年有餘，始克有成。公乃議之曰：「刊書爲陝省千百年未有之舉，千百士取益之資，所關甚鉅，故首擇人。得人而理，各任其勤，故專責成次之。校讐之善，爲有益於古書，校讐精實，足覘士所學，故嚴校讐次之。鐫刻之初，經史爲急，鐫刻之勢，積漸始成，故限鐫刻次之。鳩工居肆，良莠不齊，漫無紀綱，弊生内潰，故立條規次之。雕成善本，藏宜名山，日積月增，閣架林簇，故建房屋次之。嘉惠士林，勢成紙貴，揭示書價，無致居奇，故便售賣次之。一切事務不鈐束以官法，則勢涣而不聚；盡用官法，又恐分隔而弊生，故愼報銷次之。用人不可不養，故議薪水次之。仗義輸貲，名不可没，籌之維艱，守之不敢或易也，故以籌經費終焉。」規模粗定，而公亦將報政入都矣。版印書籍盛行於宋，其事多領於書院，所謂「院本」也。中興以來，各直省多設書局，然領於官吏不領於師儒，則存書籍之意多而教士子之意少。陜獨後起，制乃合於古，則獨後者安知不獨久也？昔阮文達設詁經精舍於浙，浙之古學大興。他日陜士輩出，此舉殆爲之兆矣。

論曰：古者工聚於官，周禮可考也。至後世則財用主以官吏，必侵蝕；器用主以官吏，必窳敗。運會降與，何古道不可復也？今刊書不任吏任士，意固在造士，然其慮深遠矣。任其事者烏敢不兢兢，致負柯公也？

藏書

目録之學始於劉子政父子，班掾取以爲史，部分類居，學術之源流具焉。其後史家因之，隋經籍志畧與漢藝文志並，而私家箸述晁公武、陳振孫、馬貴與、焦竑之徒，各取其意以爲書，至我朝四庫全書提要出，乃大備矣。近人撰箸南皮張香濤制軍所著書目荅問極詳。核味經藏書卷帙無多，諸家學術亦未備，誠不可以劉氏譜録之法行之也。然卷數不可無示於後，畧分經、史、子、集，注頒發姓氏於下，庶免遺缺，亦以見書院創始，其藏書亦零星湊積，非衆君子，尚不能得此數也。

提督學院許頒發四千零九十卷。

巡撫部院邵頒發四百四十卷。

提督學院吴頒發七十五卷。

巡撫部院譚頒發一千九百二十卷。

總督部堂左頒發五十卷。

按察司黄、督糧道曾同發六千零三十七卷。

涇陽縣正堂易頒發四百三十九卷。

涇陽縣正堂涂頒發一千二百一十四卷。

書院自置七百五十八卷。

提督學院柯除前後各憲所頒、書院自置外，餘皆學使所發。

以上各書細目另刻味經書院藏目録。

延師第七　附院長題名

師道立則善人多，誠哉，是言！出處之不苟，進退之合道，則風聲遠樹焉，而士爭自濯磨矣，雖有頑懦，亦將與立。然則味經士習略有可觀，仙屏許公扶植師道之力也。許公曰：「教士之實，莫如書院，院長得人，而謂不能挽回風氣、振興人材者，未之有也。近日書院之弊，由院長〔一〕爲紳士退休之資，其延師也，或論名位，或徇情分，官場以爲一歲之應酬，紳士以爲一家之取給。評點甲乙，苟簡從事，而於學問、人品概未之及，不得謂之教。」於是未立書院，先爲擇師。遍搜陝西，得漢上史先生夢軒，三請乃出，出數月即求歸。許公方按試隴右，以書留之曰：「振禕以菲才涼德，不自揣量，謬以陶淑士類爲學臣之責，議建味經書院。豈知居今日而言教化，固已爲時賢所深鄙矣。當時毅然相助，獨一姚廣文，辭官歸里以此爲務，而同州賢守從而和之，故同州稍有藉手，然輪費無多，阻者百喙，甚有不捐一貲而造謡，謂逼出人命者。弟頗疑關中風氣之薄，以此自悔，至不爲懷。厥後深仗怡養源司馬憫其迂愚，謂尚不謬，慨然振臂一呼，不避勞怨，而衆正合謀，孤陽復振，所舉亦遂有成，弟始知關中大有人在。今二君與弼翁董任監院，殊爲直省不易得之員，而請我公爲師，實爲今世所僅見之師。四賢同志，弟可以對關隴人士矣。雖萬口呰訕，亦所不計。閣下視弟此舉，其用心苦耶？否耶？前聞大駕不來，不知所

〔一〕院長：原為「長院」，據本志經始第一許振禕奏疏乙正。

以爲計，故仍專雷生叩請。今聞主講之日，僅示數月之留，弟頗自慚行義有虧，或陽爲向善內實回邪，以至見棄於君子？夫尋常毀譽付之一笑，若見棄於閣下有道之前，而令人謂振褘雖詭譎，終不能仰攀執事作六年之留，則振褘何顏面對兩省承學之士？又何顏而對中朝搢紳之列哉？此生眞僞，請以先生去就決之。然竊料先生亦必有不能恝然者，何也？吾儕立志，首在於世有濟。先師曾文正公有云：『吾屬當引進同志，日底於善，以爲國家有用之才。』此在大臣爲以人事君，在師友爲以忠報國，卽君子莫大乎與人爲善之義。閣下望實交孚，有識共仰，在平利、漢南已成就人才不乏，奈何私其官守，私其井里而令兩省待澤之人不得久承教思？鄙所未喻一也。又弟倡爲此舉，亦實具苦心。姚、王二公鑒之，怡君助之，事如不成，千載話柄，以後學政引以爲戒，孰敢任事？夫三君不過憐弟苦衷，特出相助。今閣下爲弟師事於同譜中，又老兄也，不論知心，亦有私誼，恝然不屑，何以處弟？其不可去二也。卽謂清恙未平，去鄉稍遠，然接眷葆和，悉如尊意，至諸多自謙，欲鄙人別延賢哲，然弟意中殊無他人，以經營之苦若此，二君之苦心又如此，若如尋常延師，一切均如積弊，則弟不惟愧諸出力之家，且無辭以對姚、怡諸公。士之知己，貴相知心，苦衷苦言，幸乞諦聽，其不可去三也。總是數端，敬乞六年，無再推辭，至禱至叩！弟身在隴右，心在書院，終日無暇，勞頓成病。此行似與大局有益，不敢告勞，不求人知，吾盡吾心而已。俟七月抵涇，再爲面叙，以竟積忱。」先生得書，竟無辭以去。

積五年，舊疾復劇，乃薦長安柏先生子俊自代，將行，與子俊書曰：「今歲再出，早擬薦賢自代，庶可脱卸仔肩。秋間病復日劇，急欲交代以賦言。旋再四商之監院寇允翁、前監院怡養翁並闔院諸生，公論均以先生賢聲素著，遠邇傳聞，弟亦久在心折之中。前又得遂瞻韓之願，洵足矜式多士，爲吾陝扶持名教，弟已向陳學使面爲推薦，本擬同寇允臣來省，爲兄面叙一切，因病久日衰，急以將就回家爲宜，用修蕪函布臆。此舉有關全陝文教大局，吾兄光明磊落，擔當世道。屬書若到，諒兄必爲伊尹之任，必不爲伯夷之隘也。」又曰：「書院舊規似覺繁重，其實行之至簡至易，棄之則與他書院無異，有負許仙翁創設初心。」又曰：「惟衡文最勞心血，且衡文時諸事俱廢，不能兼顧，總宜騰挪精神，休養此身，好爲一切之用。」又曰：「今年與寇允翁相處半載，談心論學，深得教益。闔院諸生，莫不帖然心服。監院之有允翁已大慶得人，再有吾兄主此講席，相得益彰，相助爲理，此天爲味經植千百年不拔之基也。弟不勝慶幸之至。」先生遂歸。柏先生以振局羈絆，不能至。越五年壬午，學政樊公介軒造其廬，乃至。至三年乙酉，先生力辭去，學院慕公子荷固留，不得去。越一年丁亥，大府請先生主關中，以咸陽劉光蕡承其乏，今五年。

論曰：草茅蓬蓽，學使屈節焉，不識者榮之，然非市重也。學使之禮卑而儀備，斯士子之識定而志勤，識定則不惑於非，志勤則能奮於學，此善人多之本也。余承柏先生後二年，潛伏於鄉，柯公搜及之，故謹懔至今。柯公固堪繼美許公，惜余瓦礫，珠玉在前，不能不自恧也。

院長題名

官署類有題名，院長，師也，非官也。然政教相因，選士莅民，今日青鞋布襪士，皆宰官身也。資其脩脯而訓課不勤，立法無黜陟，問心無鬼神乎？題名於兹，華衮斧鉞付諸後之人，亦烏能禁後之人哉？嗚呼，懼矣！光緒十九年癸巳仲春，咸陽劉光蕡志。

史兆熊字夢軒，城固人，道光甲午舉人，候銓同知，平利訓導。教士有法，書院章程多其手訂，没祀書院。

趙宜煊字少洲，貴州貴築人，道光己酉拔貢。歷任醴泉、咸陽、乾州，有惠政。

李垚字玉墀，湖南沅陵人，同治癸酉舉人，光緒丙戌進士，即用知縣，分發雲南。

安維峻字曉峰，甘肅秦安人，光緒乙亥舉人，庚辰翰林。掌廣東道巡視中城御史。

柏景偉字子俊，長安人，乙卯舉人，同知銜分省試用知縣，定邊訓導。教士嚴正，規矩肅然。更定書院章程，至今遵行。没祀書院。

劉光蕡字焕唐，咸陽人，乙亥舉人，國子監學正銜。

序例第八　附學憲題名

味經之置，其猶器乎，於地則安，於用亦利，然而樸斲不完，丹漆不備，故未有記，未有志也。君子曰，是有所爲也。前之人惟日不足，後之人居德則忌不然是。寇君允臣則請知興平縣事，伏羌王權爲之記矣。其詞曰：

六經義如山海，入者淺深雖殊，要各有采獲；獲者多寡不同，要皆以致用。體之身爲道德，施之物爲經濟，筆之書爲文章。以七十子之賢，得聖人爲歸，不過曰身通六藝而已，學可求之經外哉？漢世以經造士，士專以經爲學，後代治經，不免騁虛炫異，源遠流分。至宋大儒出，而學術一歸純正，然原其初，孰非因漢學之經術化而裁之歟？我朝列聖重光，尊經闡道，欽定彙纂諸書，折羣儒之大中，一學者之視聽，頒諸學宮，令州縣各立書院，延名師爲之講授，蓋於經訓尤兢兢也。沿習既久，徇末遺本，學官既鮮能强教，書院所講，亦不外制義之得失，科場之利鈍。經籍雖具，幾視若弁髦。即號稱通經者，亦多剽剝字句，誦言而忘味。許仙屏太史督學來關中，既試士列郡，慮學術之無本，而人才之日漓也，以爲培士莫如敦經，敦經莫如袪弊，非別創講院，肇立條章，則弊卒不得而袪。於是捐廉勸輸，鳩貲并力，創立味經書院於涇陽。締構宏整，重門有閎，規制隆崇，凡十閱月而工作畢，用銀一萬六千五百兩有奇。然工甫蕆而財殫，脩脯膏火之費，所需尚鉅。吴清卿學使繼之，籌款三千餘兩，又商之譚中丞，移撥公費銀萬兩發商取息。三賢同心，踵事增廓，所以惠士興學，轉移風氣者大且遠也。今學使樊公既莅任，勸課振興，績效益焯，於是蕆工已八年矣。公命監院寇君徵文刻石，追紀興作。寇君謬以推權，辭至再三，寇君之請益勤，則推太史仙屏命名之本意，以告在院研經之士曰：「人莫不嗜味也，充嗜味之情，窮珍極錯，或反至於戕生性。菽粟芻豢可以和人臟腑，强人筋骨，然使嘗焉而輒止，一飽而不繼，則亦終不獲頤養之益。六經者，士子之菽粟芻豢也。士苟窮探宿飽[一]，饜飫久而精力生，將以仁義忠信爲臟腑，才智經綸爲筋骨，豈直吮敕芳潤乎哉？然則關隴之士自時厥後，交勉爲通經致用，以無負諸公作新之德意者，當非魏科高爵之謂也。」已時光緒六年三月也。

越二年壬午，寇君又自爲志，又二年甲申，始克成之。其目：曰書院條規、曰奏札書記、曰藏書、曰楹聯、曰經費緣由、曰考課章程、曰支用各款、曰地址原委、曰房舍數目、曰器具記略，都爲三卷，而序之曰：

經學明而士習正，師道立而善人多。是必得大君子，倡興於前，扶持於後，奔走、佐理於下，斯講席有資，學優德尊之儒自能宏其教養，深其漸摩，培河嶽鍾毓之靈，儲國家楨榦之選。如陝甘味經書院，其創建始末，有非運會輻湊不能者，其人傑、地乃得以效其靈也。同治壬申，奉新仙屏許公督學陝右，慨經學之不明，思有以振之，擬建味經書院而未得其地。適訪怡養源司馬於涇陽，而邑紳吴少猷捐城隅地十畝，始於癸酉春興工。選姚至夫、王弼臣二廣文及怡司馬董其事，即延史夢軒先生爲院師，而假瀛州書院開課以樹其先聲。又札飭各屬籌捐萬餘金，自講堂門序廳事内室以至生徒之舍、庖廩之次，共一百七十餘閒，不期年而締搆有成，並多備經、史、子、集，器用之屬，而終年修脯、膏火所需甚鉅。時許公任滿去，姚廣文歸養，王廣文還山，書院財殫，怡司馬獨力支持，負債纍纍。而清卿吴公繼督學，每試竣，輒單騎訪院長，與諸生講學。見史公督課勤，怡公任事勇，覺味經學規爲直省所罕見，既入奏，遂以持久爲己任。商於譚文卿中丞，撥款籌捐，發商生息，而書院經久度支乃得源源而不竭。夫非常之舉必待其人，有心興學而權不屬，則貲不易集；權屬矣，而我創其始，不必我觀其成，規模雖具，缺略實多。遷代有期，來者不必志同意合，而樂繼其功。且諸凡草創，所任或未得人，教養無方，膏火虛糜，庀材鳩工，或多浮冒，以及經費支絀因而中止，來者雖欲補苴，荒廢已久，前功盡棄，目睹其弊，方咎開端之未慎，何能從容以爲謀也？然則味經書院之興，非許公振興之勇，不能平地置簣，創前此之所未有；非吴公養士之仁，不能多方籌畫，理前任之所未成；非史公學品之優、怡公支持之力，不能待吴公之來而發其心以竟許公之緒。故吾謂「運會輻湊」者，以此。

[一] 探、飽：原字不清，據關中叢書本補。

綜其前後，亦得失之林也。院事大定，丙子秋，怡公力辭監院任，清卿學使留不得，乃以屬信任事。之後，欲建先聖享祀之祠、擴諸生藏修之地，適值荒旱，未能舉行，荏苒六年。偶思味經，在今日，則嶽峙淵渟，而創修諸人則風流雲散。若不及時綜記原委，經始之實日久俱湮，守府者烏能辭咎？爰搜輯見聞，彙爲味經書院志稿。分爲三册，俾蒙庇蔭、資其廩給者知創建非易，深體拮据成就之意，通經味道，循名責實，不以浮華徼利達爲盡學人之職，庶不負「味經」之名，而諸賢苦心亦有以自慰也。

越五年，柯公鼇飭書院，制之缺者補之，弊者更之，書院氣象更新。得寇君所擬志稿曰：是隨時集存，略無義例。書院垂久不可無志以示後，命蕡删削而排比之。經始於光緒十六年冬月，告成於十七年秋月，至二十年中秋又取閲之，遂以授梓。乃爲之序曰：

志書之例始於山經、水注，綜六合而志之，體大物博，山川原委、古迹遺聞具焉，書院無是也。降至一都一邑，封疆分合，政令因革，人材、物産、教化、風俗猶可以史家志傳之法行之，而不可施於書院。書院之始，或爲前賢讀書之迹，碩儒講學之處，翰墨流傳，事迹相映，其盛衰聚散之故，猶足動人慨慕，增文章之色，味經又無是。其興也，閲時不足二十年，地方不及四千步，圖、表、志、傳之法無所施，考核蒐訪之勤無所用，則亦紀其事之始末，存其法制已耳，不可以志言也。然治天下政教並重，國家之教主以學官而統於學政，學政固以教爲政也。學政三年，僕僕道路，校閲爲勞，何暇爲教？惟聚直省之士於書院，其性情學問不難周知，而可以時施其教誨。仙屏許公所謂教士之實莫如書院者，此也。然則志書院，志學政之政也，以教爲政，則政之本也，其事顧不重與？條爲八目，斷爲九篇，竊取史法，爲詳其例曰：

前無所始，後無所因，學臣勸學，惠我秦民。奏章報可，蹈詠皇仁。述經始第一。

自古圖經，山川城郭，環畝爲居，孰詳孰略。大桷細杗〔一〕，用新考落。述營建第二。

孔焉用稼，孟辟並耕，糧絶士病，利溢商横。羡補不足，適劑其平。述籌養第三。

〔一〕大桷細杗：「桷」爲屋椽，「杗」爲屋之大梁，韓愈進學解「大木爲杗，細木爲桷」，「桷」與「杗」似應互倒。

綱紀不新，觀聽不爍，襲故蹈常，積久生玩。法嚴始基，道借終岸。述規制第四。

勤修其業，嚴束其躬，循規守矩，默會其通。教思有味，其味無窮。述教法上下第五。

講肆書林，益彰相得，士司校讎，宋元遺則。卷富東南，珠還西北。述刊書第六。

胡觀不感，胡感不興，禮門義路，步規趨繩。師儒有禮，士庶烝烝。述延師第七。

物之成虧，必從其朔，敬志味經，事詳語樸。何革何因，用供采擢。述序例第八。

都若干言，味經之始跡備。夫千古無不弊之法，恃有不弊之人。師非人則非教，監院非人則非養，而師與監院何以得人，則必有任其責者矣。故學臣之精神所不貫，即教養之成法所由隳，師與院猶其次者。嗚呼，許公奏章固宜時時三復哉！光緒辛卯秋七月，咸陽劉光蕡撰。

學憲題名

許振褘字仙屏，江西奉新人，同治癸亥翰林，壬申任。創立書院，力振文教，士戸祝之。今任河道總督。

吴大澂字清卿，江蘇吴縣人，同治戊辰翰林，甲戌任。始籌膏火萬金，教士有法，威惠兼施，士戸祝之。今任湖南巡撫、欽差幫辦大臣。

陳翼字芑亭，福建閩縣人，同治癸亥翰林，光緒丁丑任。

樊恭煦字介軒，浙江仁和人，同治辛未翰林，光緒庚辰任。今任翰林院侍講。

慕榮幹字子荷，山東蓬萊人，同治戊辰翰林，光緒癸未任。

林啓字迪臣，福建侯官人，光緒丙子翰林，丙戌任。今任浙江衢州知府。

柯逢時字遜菴，湖北武昌人，光緒癸未翰林，己丑任。歲籌六百金養士，後設刊書處，集貲萬餘金，藩庫又撥五百金，刊刻經史。院外建東西兩坊，院内修藏書樓、清白池、通儒臺，提倡實學，士氣勃興。去後，士戸祝之。

黎榮翰字璧侯，廣東順德人，光緒丙子翰林，壬辰任。

趙維熙字芝珊，江西南豐人，光緒庚寅翰林，乙未任。

味經書院藏書目録

陜甘味經書院藏書目録小引

書院之書，不可謂之藏也，欲人人朝夕研求，惟恐把玩之不勤，何云藏？然而此觀彼覽，輾轉無迹，公家之物，較私家之散佚爲倍易，則不藏之藏，其法宜急講求矣。院之立，書藏於客廳西室，主以齋長。書積日多，室不能容，乃爲樓於院東偏。然供士子講閱，扃之高閣，登取爲勞，而是時書分庋於講堂東西序，借閱甚易，羣以爲便。惟齋長二人供百餘人之取求，不第日不暇給也，且慮污損遺失，稽察之不易，於是定借還之期。論諸生知悉，書院藏書原備諸生觀覽，此取彼還，必有經手之人，方不至失遺散亂。但借取者七八十人，收發僅齋長二人，不限定日期，則此來彼往，齋長必應接不暇。且取還既親至齋長房内，勢不能不寒喧周旋，則齋長終日爲無益之應酬，而無用功之時。甚且題目卽出，始翻出處，不能自查，求齋長代爲檢閱，欲自作佳文，而不顧齋長亦爲應課之人，未免太爲不情。今定凡有借書者，均自書一貼，繳於書辦，書辦每四日、十日彙齊借貼，繳於齋長，齋長照貼發書、登册，其册卽發存書辦處。書如先被人借去，後借者亦可閲册而知，不至强爲索借，而齋長收發有日，不致躭誤用功。諸生借還亦無不便之處。再當借書之時，其帖即書明某日看完繳還，以便後者借取。蓋書院藏書率止一部，豈得一人占住，他人不得寓目？若的係未曾看完，彼此互相通融，亦無不可。或約數人共看一部，互相質證，其得益更多。我輩存心，總須不忘一「恕」字，方是儒者。予望諸生人人能用功，此事非僅從齋長起見也。特諭。以旬之十、四日，收發有票，○字○號○月○日借　官書○部○本約○月○日還　○齋長○月○日收。行之三年，書無散佚，借者絡繹而主者不勞，則眞書院藏書法也，遂沿爲定制焉。咸陽劉光蕡識

陝甘味經書院藏書目録

經部

十三經注疏汲古閣本。又本書院新刊毛詩注疏。

周易正義十卷魏王弼 晉韓康伯注 唐孔穎達等正義

尚書正義二十卷舊題漢孔安國傳 唐孔穎達正義

毛詩正義七十卷漢毛亨傳 鄭玄箋 唐孔穎達正義

周禮注疏四十二卷漢鄭玄注 唐賈公彦疏

儀禮注疏五十卷漢鄭玄注 唐賈公彦疏

禮記正義六十三卷漢鄭玄注 唐孔穎達正義

春秋左傳正義六十卷晉杜預集解 唐孔穎達正義

春秋公羊傳注疏二十八卷漢何休解詁 唐徐彦疏

春秋穀梁傳注疏二十卷晉范寧集解 唐楊士勛疏

孝經注疏九卷唐玄宗御注 宋邢昺疏

論語注疏二十卷魏何晏等集解 宋邢昺疏

孟子注疏十四卷漢趙岐注 舊題孫奭疏

爾雅注疏十卷晉郭璞注 宋邢昺疏 毛詩、儀禮皆依疏本子卷計數，孝經亦依疏分卷。

宋、元人注五經

易：宋朱子本義四卷；書：宋蔡沈集傳六卷；詩：朱子集傳八卷；春秋：合刻三傳附春秋傳說匯纂十六卷；禮記：元陳澔集說十卷。

四書章句集注十九卷

十三經古注明沈雲翔輯

周易六卷，尚書二十卷，毛詩二十卷，周禮四十二卷，儀禮十七卷，禮記四十九卷，春秋左傳三十卷，春秋公羊傳二十八卷，春秋穀梁傳二十卷，孝經九卷，論語二十卷，孟子十四卷，爾雅十一卷。

十一經音訓二十六卷楊國楨刊

御纂七經舊印一部，原短書經二十一卷。

周易折中二十二卷，書經傳說彙纂二十一卷，詩經傳說彙纂二十一卷，春秋傳說彙纂三十八卷，周官義疏四十八卷，儀禮義疏四十八卷，禮記義疏八十二卷。

周易鄭康成注一卷宋王應麟輯　玉海坿刻本

鄭氏易注三卷附補遺一卷宋王應麟輯　惠棟增補　孫堂重校

陸氏周易述一卷吴陸續

周易集解十七卷唐李鼎祚

周易口訣義六卷唐史徵　以上四種古經解彙函本

子夏易傳十一卷　易數鈎隱圖三卷附遺論九事一卷宋劉收

橫渠易說三卷宋張載

易學一卷宋王湜

紫巖易傳十卷宋張浚

漢上易傳十一卷附卦圖三卷、叢説一卷宋朱震
易璇璣三卷宋吴沆
周易義海撮要十二卷宋李衡
易小傳六卷宋沈該
復齋易説六卷宋趙彦肅
古周易一卷宋吕祖謙
童溪易傳三十卷宋王宗傳
周易裨傳二卷宋林至
易圖説三卷宋吴仁傑
易學啓蒙通釋二卷宋胡方平
周易玩辭十六卷宋項安世
東谷易翼傳二卷宋趙汝譜
三易備遺十卷宋朱元昇
丙子學易編一卷宋李心傳
易學啓蒙小傳一卷宋税與權
水村易鏡一卷宋林光世
文公易説二十三卷宋朱鑒
周易輯説十卷宋王申子
周易輯聞六卷附易雅一卷、筮宗一卷宋趙汝楳

周易傳義附録十四卷宋董楷
學易記九卷元李簡
讀易私言一卷元許衡
大易集説十卷元俞琰
周易本義附録纂注十五卷元胡一桂
周易啓蒙翼傳三篇外篇一篇元胡一桂
周易本義通釋十二卷元胡炳文
易纂言十三卷元吴澄
周易本義集成十二卷元熊良輔
周易會通十四卷元董眞卿
易圖通變五卷元雷思齊
易象圖説三卷元張理
大易象數鉤深圖三卷元張理
周易參義十二卷元梁寅
合訂删補大易集義粹言八十卷成德編　以上通志堂本
連山一卷、歸藏一卷、子夏易傳二卷周卜商
周易薛氏記一卷薛虞
蔡氏易説一卷蔡景君
丁氏易傳二卷漢丁寬

韓氏易傳一卷漢韓嬰
古五子易傳一卷、周易淮南九師道訓一卷漢劉安
周易施氏章句一卷漢施讎
周易孟氏章句二卷漢孟喜
周易梁丘氏章句一卷漢梁邱賀
周易京氏章句一卷漢京房
費氏易一卷漢費直
費氏易林一卷漢費直
周易分野一卷漢費直
周易馬氏注三卷後漢馬融
周易劉氏章句一卷後漢劉表
周易宋氏注一卷後漢宋衷
周易荀氏注三卷後漢荀爽
周易陸氏述三卷後漢陸績
周易王氏注二卷魏王肅
周易王氏音一卷魏王肅
周易何氏解一卷魏何晏
周易董氏章句一卷魏董遇
周易姚氏注一卷吴姚信

周易翟氏義一卷翟元
周易向氏義一卷晋向秀
周易統略一卷晋鄒湛
周易卦序論一卷晋楊乂
周易張氏義一卷晋張軌，涼劉昞注附
周易張氏集解一卷晋張璠
周易干氏注三卷晋干寶
周易王氏注一卷晋王廙
周易蜀才注一卷蜀范長生
周易黄氏注一卷晋黄穎
周易徐氏音一卷晋徐邈
周易李氏音一卷晋李軌
易象妙於見形論一卷晋孫盛
周易繫辭桓氏注一卷晋桓元
周易繫辭荀氏注一卷宋荀柔之
周易繫辭明氏注一卷齊明僧紹
周易要略一卷齊沈驎士
周易劉氏義疏一卷齊劉瓛
周易大義一卷梁武帝

周易伏氏集解一卷梁伏曼容
周易褚氏講疏一卷梁褚仲都
周易周氏義疏一卷陳周宏正
周易張氏講疏一卷陳張譏
周易何氏講疏一卷隋何妥
周易姚氏注一卷姚規
周易崔氏注一卷崔覲
周易傅氏注一卷、周易盧氏注一卷、周易王氏注一卷王凱冲
周易王氏義一卷王嗣宗
周易朱氏義一卷朱仰之
莊氏易義一卷、周易侯氏注三卷侯果
周易探元三卷崔憬
周易元義一卷唐李淯風
周易新論傳疏一卷唐陰宏道
周易新義一卷唐徐鄖
易纂一卷唐僧一行
周易劉氏注一卷北魏劉昞　以上玉函山房輯佚書本
易説六卷宋司馬光
吳園易解九卷宋張根

誠齋易傳二十卷宋楊萬里
易傳鐙四卷宋徐總幹
易學濫觴一卷元黄澤　以上經苑本
易圖明辨十卷胡渭
孫氏周易集解十卷孫星衍
周易新講義十卷宋龔原
泰軒易傳六卷宋李伯謙
兒易外儀十五卷明倪元璐
兒易内儀十六卷明倪元璐　以上粤雅堂本
玩易意見二卷明王恕
周易説翼三卷明吕柟
學易記五卷明金賁亨
周易本義爻徵二卷吴日慎
授經圖易四卷明朱睦㮮　以上惜陰軒叢書本
姚氏易十六卷姚配中
周易虞氏義九卷、虞氏消息二卷、虞氏易禮二卷張惠言
易義别録十四卷張惠言
周易鄭氏義二卷張惠言
周易荀氏九家義一卷張惠言

仲氏易三十卷毛奇齡
周易述二十卷惠棟
周易補疏二卷焦循
易通釋二十卷焦循
易章句十二卷焦循
易圖略八卷焦循
易説六卷惠士奇
易音三卷顧炎武
周易述補四卷江藩
周易校勘記九卷、略例校勘記一卷、附釋文校勘記一卷阮元　以上學海堂經解本
郭氏易説十一卷宋郭雍
乾坤鑿度二卷、周易乾鑿度二卷、易緯稽覽圖二卷、易緯辨終備一卷、易緯通卦驗二卷、易緯乾元序制記一卷、易緯是類謀一卷、易緯坤靈圖一卷以上古經解彙函本
尚書大傳三卷附辨譌漢伏勝　陳壽祺校注　古經解彙函本　盧文弨考异一卷
敷文書説一卷宋鄭伯熊
尚書精義五十卷宋黄倫
尚書詳解五十卷宋陳經
洪範統一一卷宋趙善湘

禹貢説斷四卷宋傅寅　以上經苑本
書古文訓十六卷宋薛季宣
尙書全解四十卷宋林之奇
禹貢論四卷宋程大昌
尙書説七卷宋黄度
增修東萊書説三十五卷宋時瀾
書疑九卷宋王柏
書集傳或問二卷宋陳大猷
禹貢集解二卷宋傅寅
尙書詳解十三卷宋胡士行
尙書表注二卷元金履祥
尙書纂傳四十六卷元王天與
書傳六卷元董鼎
書纂言四卷元吴澄
書蔡傳旁通六卷元陳師凱
尙書句解十三卷元朱祖義
書集傳纂疏六卷元陳櫟
尚書通考十卷元黄鎮成
讀書管見二卷元王充耘

定正洪範一卷元胡一中　以上通志堂本
今文尚書一卷、古文尚書三卷、尚書歐陽章句一卷漢歐陽和伯
尚書大夏侯章句一卷漢夏侯勝
尚書小夏侯章句一卷漢夏侯建
尚書古文訓一卷漢賈逵
尚書馬氏傳四卷漢馬融
尚書王氏注二卷魏王肅
集注尚書一卷晉李顒
古文尚書音一卷晉孫邈
尚書舜典注一卷晉范寧
尚書劉氏義疏一卷隋劉焯
尚書述義一卷隋劉炫
尚書顧氏疏一卷隋顧彪
尚書逸篇一卷隋顧彪　以上玉函山房輯佚書本
尚書注考一卷明陳泰交　海山仙館本
尚書説要五卷明吕柟
授經圖書四卷明朱睦㮮　以上惜陰軒本
書義主意六卷元王充耘
羣英書義二卷元張泰　以本上粤雅堂本

尚書今古文注疏三十卷孫星衍
尚書注疏考證一卷齊召南
尚書後案三十卷王鳴盛
尚書釋天六卷盛百二
尚書地理今釋一卷蔣廷錫
禹貢錐指二十卷、圖一卷胡渭
尚書補疏二卷焦循
古文尚書考二卷惠棟
尚書小疏一卷沈彤
禹貢三江考三卷程瑶田
古文尚書撰異三十三卷段玉裁
尚書集注音疏十二卷江聲
尚書校勘記二十卷附釋文校勘記二卷阮元　以上學海堂經解本
書古微十二卷魏源
尚書中侯三卷後漢鄭玄注
尚書緯璇璣鈐一卷後漢鄭玄注
尚書緯考靈曜一卷後漢鄭玄注
尚書緯刑德放一卷後漢鄭玄注
尚書緯帝命驗一卷後漢鄭玄注

尚書緯運期授一卷後漢鄭玄注　以上六種玉函山房本
韓詩外傳十卷漢韓嬰
校正陸璣毛詩草木鳥獸蟲魚疏二卷丁晏校　以上古經解彙函本
詩經傳二十卷宋蘇轍
詩總聞二十卷宋王質
吕氏家塾讀詩記三十卷宋吕祖謙
續讀詩記三卷宋戴溪
詩緝三十六卷宋嚴粲　以上經苑本
三家詩考一卷宋王應麟
詩地理考六卷宋王應麟　以上玉海坿刻本
毛詩指説一卷唐成伯瑜
毛詩本義十五卷附鄭氏詩譜一卷宋歐陽修
毛詩集解四十二卷宋李樗　黄櫄
毛詩名物解二十卷宋蔡元度
詩説一卷宋張耒
詩疑二卷宋王柏
詩傳遺説六卷宋朱鑒

逸齋詩補傳三十卷宋人失名〔一〕

毛詩名物鈔八卷元許謙

詩經疑問七卷元朱倬

毛詩解頤四卷明朱善　以上通志堂本

魯詩故三卷漢申培

齊詩傳二卷漢后蒼

韓詩故二卷漢韓嬰

韓詩内傳一卷漢韓嬰

韓詩説一卷漢韓嬰

韓詩薛君章句二卷漢薛漢

韓詩翼要一卷漢侯苞

毛詩馬氏注一卷後漢馬融

毛詩義問一卷魏劉楨

毛詩王氏注四卷魏王肅

毛詩義駁一卷魏王肅

毛詩奏事一卷魏王肅

毛詩問難一卷魏王肅

〔一〕　逸齋詩補傳：宋范處義撰，處義號義齋。此書舊本題義齋撰，不著姓名。（參見楊秀娟碩士學位論文范處義及其詩補研究）

毛詩駁一卷魏王基
毛詩答雜問一卷吴韋昭 朱育等
毛詩譜暢一卷吴徐整
毛詩异同評三卷晋孫毓
難孫氏毛詩評一卷晋陳統
毛詩拾遺一卷晋郭璞
毛詩音一卷晋徐邈
毛詩序義一卷齊劉瓛
毛詩周氏注一卷宋周續之
毛詩十五國風義一卷梁簡文帝
毛詩隱義一卷梁何允
集注毛詩一卷梁崔靈恩
毛詩舒氏義疏一卷梁舒瑗
毛詩沈氏義疏二卷後周沈重
毛詩箋音義證一卷後魏劉芳
毛詩述義一卷隋劉炫
毛詩草蟲經一卷隋劉炫
毛詩提綱一卷隋劉炫
施氏詩説一卷唐施士丐　以上玉函山房輯佚書本

毛詩說序六卷明吕柟
授經圖詩四卷明朱睦㮮　以上惜陰軒本
毛詩傳疏三十卷陳奂
毛詩稽古編三十卷陳啓源
詩經小學四卷段玉裁
毛詩故訓傳三十卷段玉裁
毛鄭詩考證四卷戴震
毛詩補疏五卷焦循
毛詩本音十卷顧炎武
三家詩异文疏證、疏證補遺二卷馮登府
詩說三卷附録一卷惠周惕
詩經補注一卷戴震
毛詩紬義二十四卷李黼平
毛詩校勘記七卷附釋文校勘記三卷以上十一種學海堂經解本
讀詩拙言一卷陳第　海山仙館本
詩緯氾歷樞一卷魏宋均注
詩緯推度灾一卷魏宋均注
詩緯含神霧一卷魏宋均注

周禮訂義八十卷宋王與之
考工記解二卷宋林希逸　以上通志堂本
周禮鄭大夫解詁一卷漢鄭興
周禮鄭司農解詁六卷漢鄭衆
周禮杜氏注二卷漢杜子春
周禮賈氏解詁一卷漢賈逵
周官傳一卷漢馬融
周禮鄭氏音一卷漢鄭玄
周禮王氏注一卷魏王肅
周禮干氏注一卷晋干寶
周禮徐氏音一卷晋徐邈
周禮李氏音一卷晋李軌
周禮聶氏音一卷、周官禮義疏一卷後周沈重
周禮劉氏音二卷劉昌宗
周禮戚氏音一卷陳戚衮
周官禮異同評一卷晋陳邵　以上玉函山房本
周官新義十六卷附二卷宋王安石　粤雅堂本、經苑本
周禮漢讀考六卷段玉裁
周禮疑義舉要七卷江永

周官禄田考三卷沈彤
周禮軍賦説四卷王鳴盛
考工記圖二卷戴震
考工創物小記一卷、磬折古義一卷、溝洫疆理小記一卷、九穀考一卷程瑶田
車制圖考一卷阮元
周禮校勘記十二卷附釋文校勘記二卷阮元　以上學海堂本
儀禮圖十七卷宋楊復
儀禮集説十七卷元敖繼公
儀禮逸經傳一卷元吴澄　以上通志堂本
大戴喪服變除一卷漢戴德
冠禮約制一卷漢何休
婚禮謁文一卷漢鄭衆
喪服經傳馬氏注一卷後漢馬融
鄭氏喪服變除一卷後漢鄭元
五宗圖一卷後漢鄭元撰　吴薛綜述
新定禮一卷後漢劉表
喪報經傳王氏注一卷魏王肅
王氏喪服要記一卷魏王肅
喪服變除圖一卷吴射慈

喪服要集一卷晉杜預
喪服經傳袁氏注一卷晉袁準
集注喪服經傳一卷晉孔倫
喪服經傳陳氏注一卷陳銓
喪服釋疑一卷晉劉智
蔡氏喪服譜一卷晉蔡謨
賀氏喪服譜一卷晉賀循
葬禮一卷晉賀循
喪服要記一卷晉賀循
喪服要記注一卷謝徽
葛氏喪服變除一卷晉葛洪
凶禮一卷晉孔衍
集注喪服經傳一卷宋裴松之
略注喪服經傳一卷宋雷次宗
喪服難問一卷宋崔凱
喪服古今集記一卷齊王儉
周氏喪服注一卷宋續周之
喪服世行要記一卷齊王逡之　以上玉函山房本
儀禮古今文疏義十七卷胡承拱

儀禮圖六卷張惠言
儀禮鄭注十七卷、儀禮集釋三十卷李如圭
儀禮釋宫一卷李如圭　以上二種經苑本
儀禮管見集説三卷褚搢升
儀禮石經校勘記四卷阮元　以上粤雅堂本
儀禮漢讀考一卷段玉裁
儀禮釋官九卷胡匡衷
弁服釋例八卷任大椿
儀禮喪服文足徵記十卷程瑶田
儀禮小疏八卷沈彤
儀禮章句十七卷吴廷華
儀禮校勘記十七卷附釋文校勘記一卷阮元　以上學海堂本
禮記集説一百六十卷宋衛湜
禮記陳氏集記補正三十八卷成德
夏小正解四卷宋傅崧卿　以上通志堂本
禮記馬氏注一卷後漢馬融
禮記盧氏注一卷後漢盧植
禮傳一卷後漢荀爽
月令章句一卷後漢蔡邕

月令問答一卷後漢蔡邕
禮記王氏注二卷魏王肅
禮記孫氏注一卷魏孫炎
禮記音義隱一卷謝氏
禮記范氏音一卷晉范宣
禮記徐氏音三卷晉徐邈
禮記劉氏音一卷劉昌宗
禮記略解一卷宋庾蔚之
禮記隱義一卷梁何允
禮記新義疏一卷梁賀瑒
禮記皇氏義疏四卷梁皇侃
禮記沈氏義疏一卷後漢沈重
禮記義證一卷後魏劉芳
禮記熊氏義疏四卷後周熊安生
禮記外傳一卷唐成伯璵　以上玉函山房本
大戴禮踐阼篇集解宋王應麟　玉海附刻本
禮記注疏考證一卷齊召南
禮記補疏三卷焦循
深衣考誤一卷江永

燕寢考三卷胡培翬
大戴禮記補注十三卷、叙録一卷孔廣森
大戴禮記正誤一卷汪中
曾子注釋四卷阮元
撫本禮記鄭注考異二卷張敦仁
夏小正疏義三卷洪震煊
禮記校勘記六十三卷附釋文校勘記四卷阮元　以上學海堂本
禮經補遺九卷元汪克寬
三禮圖二十卷宋聶崇義
禮經會元四卷宋葉時
太平經國之書十一卷宋鄭伯謙　以上通志堂本
石渠禮論一卷戴聖
魯禮禘祫志一卷後漢鄭玄
三禮圖一卷後漢鄭玄、阮諶等
問禮俗一卷魏董勛
雜祭法一卷晋盧諶
祭典一卷晋范汪
後養議一卷晋干寶
禮雜問一卷晋范寧

禮雜議一卷晉吴商
禮論答問一卷宋李廣
禮論一卷宋何承天
禮論條牒一卷宋任豫
禮論鈔三卷宋庾蔚之
禮義答問一卷齊王儉
禮論要鈔一卷齊荀萬秋
禮統一卷賀述
禮雜問答鈔一卷梁何佟之
禮疑義一卷梁周捨
三禮義宗四卷梁崔靈恩
釋疑論一卷唐元行冲
禮論難一卷晉范宣
逆降義一卷宋顔延之
明堂制度論一卷後魏李謐
梁氏三禮圖一卷梁正
張氏三禮圖一卷唐張謐　以上玉函山房本
宗法小記一卷程瑶田
禮箋三卷金榜

禮學巵言六卷孔廣森
禮説四卷凌曙
學禮質疑二卷萬斯大
校禮堂文集一卷凌廷堪
禮經釋例十三卷凌廷堪
禮説十四卷惠士奇
質疑二卷杭世駿　以上學海堂本
授經圖禮四卷明朱睦㮮
禮問二卷明吕柟　以上惜陰軒叢書本
五禮通考二百六十二卷秦蕙田
讀禮通考一百二十卷徐乾學
禮緯含文嘉一卷魏宋均注
禮緯稽命徵一卷魏宋均注
禮緯斗威儀一卷魏宋均注

樂經一卷、樂記一卷、樂元語一卷、琴清英一卷、鍾律書一卷漢劉歆
樂社大義一卷梁武帝
鍾律緯一卷梁武帝
古今樂録一卷陳沙門智匠

樂書一卷後魏信都芳

管弦記一卷、樂部一卷、琴歷一卷、樂律義一卷後周沈重

樂譜集解一卷隋蕭吉

琴書一卷唐趙惟陳　以上玉函山房本

瑟譜六卷元熊朋來　粤雅堂本、經苑本

燕樂考原六卷凌廷堪

樂縣考二卷江藩

律吕通解五卷汪烜　以上粤本雅堂本

聲律小記一卷程瑶田　學海堂本

樂緯動聲儀一卷魏宋均注

樂緯稽耀嘉一卷魏宋均注

樂緯葉圖徵一卷魏宋均注　以上玉函山注房本

春秋繁露注十七卷凌曙注

春秋釋例十五卷晋杜預　古經解彙函本

春秋集傳纂例十卷唐陸淳　經苑本、古經解彙函本

春秋微旨三卷唐陸淳　經苑本、古經解彙函本

春秋集傳辨疑十卷唐陸淳　古經解彙函本

春秋集解十二卷宋蘇轍　經苑本

春秋尊王發微十二卷宋孫復
春秋皇綱論五卷宋王晳
春秋傳十五卷宋劉敞
春秋權衡十七卷宋劉敞
春秋意林二卷宋劉敞
春秋名號歸一圖二卷宋馮繼先
春秋列國臣傳三十卷宋王當
春秋本例二十卷宋崔子方
春秋經筌十六卷宋趙鵬飛
石林春秋傳二十卷宋葉夢得
春秋後傳十二卷宋傅良
春秋集解三十卷宋吕祖謙
春秋左氏傳説二十卷宋吕祖謙
春秋左氏傳事類始末五卷宋章冲
春秋提綱十卷宋陳則通
春秋王霸列國世紀編三卷宋李琪
春秋通説十二卷宋黄仲炎
春秋集注十一卷宋張洽
春秋或問二十卷宋吕大圭

春秋五論一卷宋吕大奎
春秋詳説三十卷宋家鉉翁
春秋類對賦一卷宋徐晋卿
春秋諸國統紀六卷元齊履謙
春秋本義三十卷元程端學
春秋或問十卷元趙汸
春秋屬辭十五卷元趙汸
春秋師説三卷元趙汸
春秋左氏傳補注十卷元趙汸
春秋諸傳會通二十四卷宋李廉
春秋集傳釋義大成十二卷元俞臯
讀春秋編十二卷元陳深
春王正月考二卷明張以寧　以上通志堂本
春秋大傳一卷、春秋決事一卷、公羊嚴氏春秋一卷漢嚴彭祖
春秋公羊顔氏記一卷漢顔安樂
春秋穀梁傳尹氏章句一卷漢尹更始
春秋穀梁傳説一卷漢劉向
春秋左傳劉氏注一卷漢劉歆
春秋牒例章句一卷後漢鄭衆

春秋左氏傳解詁二卷後漢賈逵
春秋左氏長經一卷後漢賈逵
春秋三傳异同説一卷後漢馬融
解疑論一卷後漢戴宏
春秋公羊文謚例一卷後漢何休
春秋左傳解誼四卷後漢服虔　附春秋成長義、左氏膏肓釋痾
春秋釋例一卷後漢潁容
左氏奇説一卷後漢彭汪
春秋左傳許氏注一卷後漢許淑
春秋左氏傳章句一卷魏董遇
春秋左傳王氏注一卷魏王肅
春秋左傳嵇氏音一卷魏嵇康
春秋穀梁傳麋氏注一卷魏麋信
春秋公羊穀梁傳解詁一卷晋劉兆
春秋左氏傳義注一卷晋孫毓
春秋公羊穀梁二傳評一卷晋江熙
春秋穀梁傳徐氏注一卷晋徐乾
春秋土地名一卷晋京相璠
春秋穀梁傳義注一卷晋徐邈

春秋左傳徐氏音一卷晉徐邈
春秋左氏傳函義一卷晉干寶
答薄叔元問穀梁義一卷晉范寧
春秋穀梁傳鄭氏説一卷晉鄭嗣
春秋左氏經傳義略一卷陳沈文阿
續春秋左氏經傳義略一卷陳王元規
春秋傳駁一卷後魏賈思同撰　秦道静述
春秋左氏傳義疏一卷蘇寬
春秋述義二卷隋劉炫
春秋規過二卷隋劉炫
春秋攻昧一卷隋劉炫
春秋井田記一卷　春秋集傳一卷唐啖助
春秋闡微纂類義統一卷唐趙匡
春秋通例一卷唐陸希聲
春秋折衷論一卷唐陳岳
春秋例統一卷唐啖助
國語章句一卷後漢鄭衆
春秋外傳、國語解詁一卷後漢賈逵
春秋外傳、國語虞氏注一卷吴虞翻

春秋外傳、國語唐氏注一卷吴唐固
春秋外傳、國語孔氏注一卷吴孔晁
國語音一卷　以上玉函山房本
左傳注疏考證一卷齊召南
公羊疏考證一卷齊召南
穀梁注疏考證一卷齊召南
左傳補疏五卷焦循
春秋地理考實四卷江永
春秋公羊通義十一卷、叙一卷孔廣森
春秋正辭十三卷莊存與
公羊何氏釋例十卷劉逢禄
公羊何氏解詁箋一卷劉逢禄
論語述何二卷劉逢禄
公羊禮説一卷凌曙
發墨守評一卷劉逢禄
箴膏肓評一卷劉逢禄
穀梁廢疾申何二卷劉逢禄
春秋屬辭比事記四卷毛奇齡
春秋三傳异文箋十三卷趙坦

左傳杜解補正三卷顧炎武
學春秋隨筆十卷萬斯大
春秋毛氏傳三十六卷毛奇齡
春秋簡書刊誤二卷毛奇齡
春秋説十五卷惠士奇
左氏春秋考正二卷劉逢禄
公羊禮説一卷凌曙〔二〕
左傳補注六卷惠棟
春秋左傳補注三卷馬宗槤
左傳小疏一卷沈彤
春秋公羊傳校勘記十一卷附釋文校勘記一卷阮元
春秋穀梁傳校勘記十二卷附釋文校勘記一卷阮元
春秋左氏傳校勘記三十六卷附釋文校勘記六卷阮元　以上學海堂本
春秋國都爵姓考附補陳鵬著　曾釗補
春秋例宗十卷宋張大亨
春秋穀梁傳時月日書法釋例四卷孫星衍　以上粵雅堂本
授經圖春秋四卷明朱睦㮮

〔二〕公羊禮説一卷凌曙：重出，前見八〇七頁。

春秋説志五卷明吕柟　以上惜陰軒叢書本

春秋大事表五十卷　輿圖一卷　附録一卷顧棟高本 書院刊本

左傳紀事本末五十三卷高士奇

欽定左傳讀本三十卷、天聖明道國語二十一卷附札記、國語明道本考異四卷、公羊傳十二卷附札記、穀梁傳十二卷、春秋屬辭辨例編六十卷張應昌

左傳舊疏考正八卷劉文淇

春秋或問六卷郜坦著

春秋緯潛潭巴一卷、春秋緯説題辭一卷、春秋緯演孔圖一卷、春秋緯元命苞二卷、春秋命歷序一卷、春秋内事一卷、春秋緯感精符一卷、春秋緯文耀鉤一卷、春秋緯運斗樞一卷、春秋緯合誠圖一卷、春秋緯考异郵一卷、春秋緯保乾圖一卷、春秋緯漢含孳一卷、春秋緯佐助期一卷、春秋緯握誠圖一卷以上十五種玉函山房本

孝經刊誤一卷宋朱子

孝經本義二卷明吕維祺

孝經或問三卷明吕維祺

孝經翼一卷明吕維祺　以上經苑本

孝經音義一卷唐陸德明　粤雅堂本

孝經注解一卷唐玄宗、宋司馬光、范祖禹

孝經大義一卷元董鼎

孝經定本一卷元吴澄

孝經句解一卷元朱申　以上通志堂本

孝經義疏一卷阮福

孝經校勘記三卷附釋文校勘記一卷阮元　以上學海堂本

孝經傳一卷魏文侯

孝經后氏説一卷漢后倉

孝經安昌侯説一卷漢張禹

孝經長孫氏説一卷漢長孫氏

孝經王氏解一卷魏王肅

孝經解讚一卷吴韋昭

孝經殷氏注一卷晉殷仲文

集解孝經一卷晉謝萬

齊永明諸王孝經講義一卷、孝經劉氏説一卷齊劉瓛

孝經義疏一卷梁武帝

孝經嚴氏注一卷梁嚴植之

孝經皇氏義疏一卷梁皇侃

古文孝經述義一卷隋劉炫

御注孝經疏一卷唐元行沖

孝經訓注一卷唐魏眞己

孝經緯援神契二卷、孝經緯鉤命訣一卷、孝經中契一卷、孝經左契一卷、孝經右契一卷、孝經内事圖一卷、孝經章句一卷、孝

經雌雄圖一卷、孝經古秘一卷　以上玉函山房本

論語義疏十卷梁皇侃

論語筆解二卷唐韓愈　以上古經解彙函本

論語意原四卷宋鄭汝諧　經苑本

南軒論語解十卷宋張栻

論語集説十卷宋蔡節　以上通志堂本

論語稽求篇七卷毛奇齡

論語駢枝一卷劉台拱

論語補疏三卷焦循

論語偶記一卷方觀旭

鄉黨圖考十卷江永

論語校勘記十卷附釋文校勘記一卷阮元　以上學海堂本

古論語六卷、齊論語一卷、論語孔氏訓解十一卷漢孔安國

安昌侯論語十卷漢張禹

論語包氏章句二卷後漢包咸

論語周氏章句一卷後漢周氏

論語馬氏訓説二卷後漢馬融

論語鄭氏注十卷後漢鄭玄

論語孔子弟子目録一卷後漢鄭玄
論語陳氏義説一卷魏陳羣
論語王氏説一卷魏王朗
論語王氏義説一卷魏王肅
論語周生氏義説一卷魏周生烈
論語釋疑一卷魏王弼
論語譙氏注一卷晉譙周
論語衛氏集注一卷晉衛瓘
論語旨序一卷晉繆播
論語繆氏説一卷晉繆協
論語體略一卷晉郭象
論語欒氏釋疑一卷晉欒肇
論語贊注一卷晉虞喜
論語釋一卷晉庾翼
論語李氏集注二卷晉李充
論語范氏注一卷晉范寧
論語孫氏集注一卷晉孫綽
論語梁氏注一卷晉梁覬
論語袁氏注一卷晉袁喬

論語江氏集解二卷晉江熙

論語殷氏解一卷晉殷仲堪

論語張氏注一卷晉張憑

論語蔡氏注一卷晉蔡謨

論語顏氏説一卷宋顏延之

論語琳公説一卷宋釋惠琳

論語沈氏訓注一卷齊沈驎士

論語顧氏注一卷齊顧歡

論語梁武帝注一卷梁武帝

論語太史氏注一卷梁太史叔明

論語褚氏義疏一卷梁褚仲都

論語沈氏注一卷沈峭

論語熊氏説一卷熊埋

論語隱義注一卷、論語讖八卷、孔子三朝記一卷　以上玉函山房本

孟子外篇注一卷宋熙時子　經苑本

南軒孟子説七卷宋張栻

孟子集疏十四卷宋蔡模

孟子音義二卷宋孫奭　以上通志堂本

孟子正義三十卷焦循

孟子生卒年月考一卷閻若璩

孟子校勘記十四卷附音義校勘記二卷阮元　以上學海堂本

孟子章指二卷篇敘一卷後漢趙岐

孟子程氏章句一卷後漢程曾

孟子高氏章句一卷後漢高誘

孟子劉氏注一卷後漢劉熙

孟子鄭氏注一卷後漢鄭玄

孟子綦毋氏注一卷綦毋邃

孟子陸氏注一卷唐陸善經

孟子張氏音義一卷唐張鎰

孟子丁氏手音一卷唐丁公著　以上玉函山房本

四書逸箋六卷程大中　粵雅堂本、海山仙館本

讀四書叢說七卷元許謙　經苑本

四書纂疏二十六卷宋趙順孫

四書集編二十六卷宋眞德秀

四書通二十六卷元胡炳文

四書通證六卷元張存中

四書纂箋二十六卷元詹道傳
四書通旨六卷元朱公遷
四書辨疑十五卷元人，失名〔一〕。
學庸啓蒙一卷元景星　以上通志堂本
易大義、中庸二卷惠棟　海山仙館本
四書釋地一卷、續一卷、又續二卷、三續二卷閻若璩
四書釋地辨證二卷宋翔鳳
四書考异三十六卷翟灝
四書賸言六卷毛奇齡　以上學海堂本
四書説苑十二卷孫應科
四書釋地補八卷閻若璩原本　樊廷枚校補
爾雅揵爲文學注三卷漢郭舍人
爾雅劉氏注一卷漢劉歆
爾雅樊氏注一卷漢樊光
爾雅李氏注三卷漢李巡
爾雅孫氏注三卷魏孫炎

〔一〕　失名：四庫全書總目提要據清初朱彝尊經義考辨證，謂作者爲元初陳天祥。

爾雅孫氏音一卷魏孫炎

爾雅音義一卷晋郭璞

爾雅圖讚一卷晋郭璞

集注爾雅一卷梁沈旋

爾雅施氏音一卷陳施乾

爾雅謝氏音一卷陳謝嶠

爾雅顧氏音一卷陳顧野王

爾雅裴氏注一卷唐裴瑜　以上十三種玉函山房本

爾雅新義二十卷宋陸佃　粤雅堂本

爾雅義疏二十卷郝懿行

爾雅正義二十卷邵晋涵

釋繒一卷任大椿

釋宫小記一卷程瑶田

釋草小記一卷程瑶田

釋蟲小記一卷程瑶田

爾雅校勘記三卷附釋文校勘記二卷阮元　以上學海堂本

唐石經西安府學石本

經典釋文三十卷唐陸德明　通志堂本單行本

七經小傳三卷宋劉敞
六經奥論六卷宋鄭樵
六經正誤六卷宋毛居正
經説七卷宋熊朋來
十一經問對五卷元何异孫
五經蠡測六卷明蔣悌生　以上通志堂本
經義考三百卷朱彝尊
經義考補正十二卷翁方綱　粤堂雅本
新校鄭志三卷附録一卷魏鄭小同　粤雅堂本、古經解彙函本
詩書古訓六卷阮元
十三經音略十二卷姚文田
華嚴經音義四卷唐釋慧苑
羣經音辨七卷宋賈昌朝
刊正九經三傳沿革例一卷宋岳珂
隸經文四卷江藩
九經補韻一卷附録一卷田侗
國朝漢學師承記八卷附録國朝經師經義目録一卷江藩
鳳氏經説三卷鳳韶　以上粤雅堂本
一切經音義二十五卷唐釋元應　海山仙館本

經義述聞三十一卷王引之　單行本、學海堂本
五經异義疏證三卷陳壽祺
九經古義十六卷惠棟
經傳釋詞十卷王引之
經義雜記三十卷叙録一卷臧琳
羣經補義五卷江永
經學卮言六卷孔廣森
經義知新記一卷汪中
羣經識小八卷李惇
左海經辨二卷陳壽祺
經書算學天文考一卷陳懋齡
觀象授時十四卷秦蕙田
經義叢鈔三十卷嚴杰補編
注疏考證六卷齊召南
經讀考异八卷武億
經問十五卷毛奇齡
經史問答七卷全祖望
揅經室集七卷阮元
拜經文集一卷臧庸

拜經日記八卷臧庸
經傳考證八卷朱彬
國朝石經考异一卷馮登府
漢石經考异一卷馮登府
魏石經考异一卷馮登府
唐石經考异一卷馮登府
蜀石經考异一卷馮登府
北宋石經考异一卷馮登府
潛丘劄記二卷閻若璩
湛園劄記一卷姜宸英
解春集二卷馮景
白田草堂存稿一卷王懋竑
果堂集一卷沈彤
鍾山劄記一卷盧文弨
龍城劄記一卷盧文弨
十駕齋養心録三卷、養心餘録一卷錢大昕
潛研堂文集六卷錢大昕
讀書脞録二卷、續編二卷孫念祖
水地小記一卷程瑶田

東原集二卷戴震
經韵樓集六卷段玉裁
溉亭述古録二卷錢塘
問字堂集一卷孫星衍
劉氏遺書一卷劉台拱
述學二卷汪中　又粤堂雅本三卷
積古齋鐘鼎彝器欵識二卷阮元
瞥記一卷梁玉繩
左海文集二卷陳壽祺
鑑止水齋文集二卷許宗彦
研六室雜著一卷胡培翬
寶甓齋札記一卷趙坦
寶甓齋文集一卷趙坦
秋槎雜記一卷劉履恂
吾亦盧稿四卷崔應榴
甓齊遺稿一卷劉玉麐
説緯一卷王崧　以上學海堂經解本
六經天文編二卷宋王應麟　玉海附刻本
五經通義一卷漢劉向

五經要義一卷雷氏

六藝論一卷漢鄭玄

鄭記一卷、五經然否論一卷、聖證論一卷魏王肅

五經通論一卷晉束晳

五經鉤沈一卷晉楊方

五經大義一卷晉戴逵

六經要注一卷後魏常爽

七經義綱一卷後周樊文深

五經折疑一卷邯鄲綽　以上玉函山房本

史籀篇一卷、八體六技一卷、蒼頡篇一卷秦李斯作蒼頡篇，趙高作爰歷篇，胡毋敬作博學篇，總謂之蒼頡篇。

凡將篇一卷漢司馬相如

訓纂篇一卷漢楊〔一〕雄

蒼頡訓詁一卷後漢杜林

三蒼一卷李斯蒼頡篇、楊雄訓纂篇、賈魴滂喜篇合爲三蒼。魏張揖訓詁，晉郭璞解詁。

古文官書一卷後漢衛宏

雜字指一卷後漢郭顯卿

〔一〕楊雄：「楊」，漢書楊、揚互見。本傳及藝文志作「揚」。下同，不再出校。

勸學一卷後漢蔡邕
女戒一卷後漢蔡邕
通俗文一卷服虔
埤蒼一卷魏張揖
古今字詁一卷魏張揖
雜字一卷魏張揖
雜字解詁一卷魏周成
聲類一卷魏李登
廣蒼一卷樊恭
辯釋名一卷吴韋昭
異字一卷吴宋育
始學篇一卷吴項竣
草書狀一卷晋索靖
月儀一卷、小學篇一卷晋王義
發蒙記一卷晋束皙
啓蒙記一卷晋顧愷之
韵集一卷晋吕静
字指一卷單行字附晋李彤
四體書勢一卷晋衛恒

要用字苑一卷晉葛洪
演説文一卷庾儼默
字統一卷楊承慶
纂文一卷宋何承天
庭誥一卷宋顔延之
纂要一卷宋顔延之
纂要一卷梁元帝
文字集略一卷梁阮孝緒
音譜一卷李槩
古今文字表一卷後漢江式
韵略一卷北齊陽休之
訓俗文字略一卷北齊顔之推
桂苑珠叢一卷隋諸葛潁
文字指歸一卷隋曹憲
開元文字音義一卷、義雲章一卷、李氏字略唐李商隱
四聲五音九弄反紐圖一卷唐釋神珙
分毫字樣一卷、詁幼一卷宋顔延之
漢石經尚書一卷、漢石經魯詩一卷、漢石經儀禮一卷、漢石經公羊一卷、漢石經論語一卷並漢熹平中蔡邕書
三字石經尙書一卷，三字石經春秋一卷並魏太和中立　以上玉函山房本

五經文字一卷附五經文字疑一卷唐張參

九經字樣一卷附九經字樣疑一卷唐唐元度

説文解字十五卷漢許慎

説文繫傳四十卷、校勘記三卷南唐徐鍇　以上小學彙函本

説文解字段氏注三十卷、六書音均表二卷、汲古閣説文訂一卷段玉裁　單行本、學海堂本

説文通訓定聲十八卷、柬韵一卷朱駿聲

説文辨疑一卷顧廣圻

説文義證五十卷桂馥

説文釋例二十卷、釋例補正二十卷、繫傳校録三十卷、句讀三十卷、句讀補正三十卷王筠

説文四種四十六卷苗夔

説文注定八卷鈕樹玉

説文通檢十六卷黎永春

説文引經考證八卷附引經互异吴玉搢

説文新附攷六卷、續考證一卷鈕樹玉

説文提要一卷陳建侯

説文聲係十四卷姚文田

古韵標準四卷江永

四聲切韵表一卷江永

聲類四卷錢大昕

四聲等子一卷無名氏　以上四種粵雅堂本
篆韻譜五卷南唐徐鍇
廣韻五卷隋陸法言　以上小學彙函本
音論一卷顧炎武　學海堂本
韻詁五卷補遺一卷方浚頤
玉篇三十卷梁顧野王
干禄字書一卷唐顔元孫
急就章考异一卷孫星衍
方言注十三卷漢楊雄
廣雅十卷魏張揖
釋名四卷漢劉熙
匡謬正俗八卷唐顔師古　以上七種小學彙函本
解字小記一卷程瑶田
廣雅疏证十卷王念孫　以上學海堂本
廣釋名二卷張金吾
字觸六卷周亮工
六書轉注十卷洪亮吉
比雅十九卷洪亮吉　以上粵雅堂本
急就篇補注四卷宋王應麟　玉海附刻本

史部

史記一百三十卷明監本、汲古閣本、蜀本、本書院刊本

漢書一百二十卷明監本、汲古閣本、蜀本

後漢書一百二十卷明監本、汲古閣本、蜀本

三國志六十五卷明監本、汲古閣本、蜀本、監本。魏志原短四卷，吴志原短五卷

晉書一百三十卷明監本、汲古閣本

宋書一百卷明監本、汲古閣本

南齊書五十九卷明監本、汲古閣本

梁書五十六卷明監本、汲古閣本

陳書三十六卷明監本、汲古閣本

魏書一百十四卷明監本、汲古閣本

北齊書五十卷明監本、汲古閣本

後周書五十卷明監本、汲古閣本

隋書八十五卷明監本、汲古閣本

南史八十卷明監本、汲古閣本

北史一百卷明監本、汲古閣本

舊唐書二百卷汲古閣本

新唐書二百二十五卷明監本、汲古閣本

舊五代史一百五十卷目録二卷汲古閣本
新五代史記七十四卷目録一卷明監本、汲古閣本、本書院刊本
宋史四百九十六卷明監本、汲古閣本
遼史一百一十六卷明監本、閣汲古本
金史一百三十五卷明監本、汲古閣本
元史二百一十卷明監本、汲古閣本）
明史三百十六卷汲古閣本
史記短長説二卷明凌稚隆訂，海山仙館本
漢藝文志考證十卷宋王應麟。玉海坿刻本
漢書地理志稽疑六卷全祖望
後漢書補注二十四卷惠棟
後漢書補表八卷錢大昕
三國志補注六卷杭世駿
宋遼金元四史朔閏考二卷錢大昕
補宋書刑法志一卷郝懿行
補宋書食貨志一卷郝懿行
晋宋書故一卷郝懿行　以上粤雅堂本
元史藝文志四卷、氏族表三卷錢大昕
遼史語解十卷、金史語解十二卷、元史語解二十四卷、遼史拾遺二十四卷、拾遺補五卷厲鶚

兩漢博聞十二卷宋楊侃　粵雅堂本
資治通鑑二百九十四卷宋司馬光
續資治通鑑長編五百二十卷宋李燾
續資治通鑑三百二十卷畢沅
御批通鑒輯覽一百二十卷原短六十二、三兩卷
欽定明鑑二十四卷、明紀六十卷陳鶴
綱鑑正史約三十六卷陳宏謨
宋季三朝政要六卷宋無名氏　附録一卷　宋陳仲微
歷代帝王年表三卷齊召南
歷代紀元編三卷附末一卷李兆洛　以上三種粵雅堂本
通鑑紀事本末二百三十九卷宋袁樞
宋史紀事本末一百九卷明陳邦瞻
元史紀事本末二十七卷明陳邦瞻
明史紀事本末八十卷谷應泰
平定關隴記略十三卷楊昌濬
戰國策三十三卷高誘注附札記三卷宋姚宏
戰國策校註十卷宋鮑彪注　吴師道補正　惜陰軒本
國策地名考二十卷程恩澤　粵雅堂本
列女傳八卷漢劉向

王會篇補注一卷宋王應麟　玉海坿刻本
順宗實録五卷唐韓愈　海山仙館本
明史藁二百八卷王鴻緒
九朝東華録一百二十卷王先謙編
古文瑣語一卷
帝王要略一卷吴環濟
三五歷記一卷吴徐整
年歷一卷晉皇甫謐
汲冢書鈔一卷晉束皙
聖賢高士傳一卷魏嵇康
鑒戒象讚一卷後魏常景
七略附録一卷漢劉向　以上八種玉函山房本
漢唐事箋前集十二卷　後集八卷元朱禮
九國志十二卷北宋路振撰　張唐英補　以上粤雅堂本
靖康傳信録三卷宋李綱
庚申外史二卷宋[一]葛溪權衡
高僧傳十三卷梁沙門慧皎

[一] 本目録誤書，海山仙館本庚申外史題「明葛溪權衡以制編」。

酌中志二十四卷明劉若愚
婦人集一卷陳其年
廣名將傳二十卷明黄道周　以上海山仙館本
南部新書十卷宋錢易
奉天録四卷唐趙元一
昭忠録一卷宋無名氏
咸淳遺事二卷宋無名氏
中興禦侮録二卷宋無名氏
襄陽守城録一卷宋趙萬年
兩京新記一卷唐韋述
京口耆舊傳九卷宋無名氏
唐才子傳十卷元辛文房
採硫日記三卷郁永河
紹興題名録一卷宋王象之
寶佑登科録一卷宋王象之　以上粤雅堂本
雲南機務鈔黄一卷明張紞　惜陰軒本
湘軍水陸戰紀十六卷鮑叔衡
高士傳三卷晋皇甫謐
國朝滿漢名臣傳八十卷依國史鈔録

國朝先正事略六十卷李元度編
陸宣公奏議二十二卷唐權德輿編
包孝肅奏議十卷宋包拯　粵雅堂本
逆旅集奏義四卷明焦原溥
玉波奏議五卷明張原
畿南疏草二卷明馬逢臯
西臺奏議一卷明馬逢臯　以上四種惜陰軒本
林文忠公政書三十七卷李元度
沈文肅公政書七卷吳元炳輯
胡文忠公集八十八卷鄭敦謹、曾國荃輯
曾文正公奏稿三十卷批牘六卷　李瀚章編輯
皇朝經世文編補一百二十卷賀長齡編　張鵬飛補
帝範一卷唐太宗
臣軌一卷唐武后　以上二種粵雅堂本
水經注四十卷魏酈道元
今水經注一卷黃宗羲
水道提綱二十八卷齊召南
大清中外壹統輿圖三十一卷嚴樹森
讀史方輿紀要一百三十四卷顧祖禹

通鑑地理通釋十四卷宋王應麟　玉海坿刻本
外國地理備考十一卷馮吉士
海録一卷楊炳南
洛陽名園記一卷宋李格非　以上三種海上仙館本
中吴紀聞六卷宋龔明之
東城雜記二卷厲鶚
雲中紀程二卷高懋功
黔書四卷田雯
續黔書八卷張澍
乾道臨安志三卷宋周淙
石柱記箋釋五卷鄭元慶
蜀中名勝記三十卷明曹學佺
西域釋地一卷、西陲要略四卷明焦竑
馭交記十三卷明張鏡心
西洋朝貢典録三卷黄有曾　以上粤雅堂本
東西洋考十二卷明張燮
會稽三賦注四卷明南逢吉　以上二種惜陰軒本
天下郡國利病書一百二十卷顧炎武
三省邊防備覧十四卷嚴如熤

洋防輯要二十四卷嚴如熤
苗防備覽二十二卷嚴如熤
漢官儀三卷宋劉攽
續通典一百四十四卷原短六卷
續通志五百二十七卷、續通考二百五十二卷、皇朝通典一百卷、皇朝通考二百六十六卷、大清會典四卷、漢制考四卷宋王應麟　玉海坿刻本
吾學録二十四卷吴榮光述
讀書敏求記四卷錢會
遂初堂書目一卷宋尤袤　以上二種海山仙館本
通志堂經解目録一卷翁方綱
國史經籍志六卷明焦竑
絳雲樓書目四卷田謙益〔二〕
述古堂藏書目四卷錢會
崇文總目輯釋五卷、補遺一卷宋王欽若
菉竹堂書目六卷明葉盛
菉竹堂碑目六卷明葉盛
季滄葦書目一卷季振宜　以上粤雅堂本

〔二〕田謙益：誤書，粤雅堂本絳雲樓書目題「錢謙益編」。

姓氏考一卷顏氏家藏尺牘内附海山仙館本
姓氏急就篇二卷宋王應麟　玉海附刻本
朱子年譜四卷、考異四卷附録一卷王懋竑
韓柳年譜八卷馬日璐
疑年録四卷錢大昕
疑年續録四卷吴修
米海岳年譜一卷翁方綱
元遺山先生年譜三卷附墓圖記略一卷翁方綱
顧亭林年譜四卷、閻潛丘年譜四卷張穆
倪文正公年譜四卷倪會鼎　以上粤雅堂本
曾文正公年譜十二卷李瀚章
金石林時地考二卷明趙均
寶刻類編八卷宋無名氏
葬鶴銘考一卷汪士鋐
嵩洛訪碑日記一卷黄易
輿地碑記目四卷宋王象之　以上五種粤雅堂本
京畿金石考二卷明朱睦㮮
雍州金石記十卷附記餘一卷朱楓　以上二種惜陰軒本
史通削繁四卷紀昀

通鑑答問五卷宋王應麟　玉海附刻本

唐史論斷三卷宋孫甫　粤堂雅本

二十一史感應録二卷彭希涑

古史輯要六卷以上海山仙館本

讀史鏡古編三十二卷潘世恩

子部

孔子家語十卷魏王肅

荀子二卷周荀況

孔叢子三卷舊題陳勝博士孔鮒

新語二卷舊題漢陸賈

忠經一卷漢馬融

新書十卷漢賈誼

鹽鐵論二卷漢桓寬

新序十卷漢劉向

説苑二十卷漢劉向

法言一卷漢楊雄

潛夫論十卷漢王符

申鑒五卷漢荀悦

中論二卷漢徐幹
傅子一卷晉傅玄
文中子一卷隋王通
續孟子二卷唐林慎思
伸蒙子三卷唐林慎思
素履子三卷唐張弧
孔子集語二卷宋薛據
海樵子一卷明王崇慶　以上子書百種本
刍蕘奥論二卷宋張方平　粤雅堂本
明夷待訪録二卷黄宗羲　海山仙館本
羣書治要五十卷舊題唐魏徵
文史通義八卷、校讎通義三卷章學誠
緒言三卷戴震　以上粤雅堂本
石渠意見四卷附拾遺二卷、補缺一卷明王恕　惜陰軒本
朱子全書六十六卷、朱子語類一百四十卷、小學集解六卷、小學集注六卷、胡子知言疑義一卷、坿録一卷宋胡宏　粤雅堂本
周濂溪集十三卷宋周敦頤
二程文集十二卷宋程顥、程頤
張横渠集十二卷宋張載
朱子文集十八卷宋朱子

楊龜山集六卷宋楊時
尹和靖集一卷宋尹焞
羅豫章集十卷宋羅從彥
李延平集四卷宋李侗
張南軒集七卷宋張栻
黄勉齋集八卷宋黄榦
陳克齋集五卷宋陳文蔚
許魯齋集六卷元許衡
薛敬齋集十卷明薛瑄
胡敬齋集三卷明胡居仁
諸葛武侯文集四卷蜀漢諸葛亮
陸宣公集四卷唐陸贄
韓魏公集二十卷宋韓琦
司馬温公集十四卷宋司馬光
文文山集二卷宋文天祥
謝疊山集二卷宋謝枋得
方正學集七卷明方孝孺
楊椒山集二卷明楊繼盛
二程粹言二卷宋楊時

伊洛淵源録十四卷宋朱子

上蔡語録三卷宋曾恬、胡安國録謝佐〔二〕語，朱子删定

程氏家塾讀書分年日程三卷元程端禮

朱子學的二卷明丘濬

學蔀通辨十二卷明陳建

讀書録八卷明薛瑄

居業録八卷明胡居仁

道南源委六卷明朱衡

困知記二卷、續記二卷明羅欽順

思辨録輯要二十二卷陸世儀

王學質疑五卷附録一卷張烈

讀禮志疑六卷陸隴其

讀朱隨筆四卷陸隴其

問學録四卷陸隴其

松楊鈔存一卷陸隴其

石徂徠集二卷宋石介

高東溪集二卷宋高登

〔二〕謝佐：謝良佐，脱「良」字。

眞西山集八卷宋眞德秀
熊勿軒集六卷宋熊禾
聞過齋集四卷元吴海
魏莊渠集一卷明魏校
羅整庵集存稿二卷明羅欽順
陳剩夫集四卷明陳眞晟
張陽和集三卷明張元忭
湯潛庵集二卷湯斌
陸稼書集二卷陸隴其
道統録二卷附録一卷張伯行
二程語録十八卷張伯行
濂洛關閩書十九卷張伯行
近思録十四卷張伯行
廣近思録十四卷張伯行
困學録集粹八卷張伯行
濂洛風雅九卷張伯行
學規類編二十七卷張伯行
養正類編一十三卷張伯行
居濟一得八卷張伯行

正誼堂文集十二卷張伯行
正誼堂續集八卷張伯行　以上正誼堂全書本
張楊園文集五十四卷蘇惇白輯
陸子思辨録十三卷陸世儀
北溪字義二卷附嚴陵講義一卷宋陳淳
正蒙會稿四卷明劉璣
周子抄釋三卷明吕柟
張子抄釋六卷明吕柟
二程子抄釋十卷明吕柟
朱子抄釋二卷明吕柟
元城語録解三卷附行録解一卷明王崇慶　以上七種惜陰軒本
國朝宋學淵源記二卷附記一卷江藩　粤雅堂本
吕子呻吟語節鈔六卷明吕坤
關中四先生要語録四卷明馮少墟
關中三先生要語録四卷李元春
張子釋要一卷李元春
增訂關學編五卷李元春　以上關中道脈四種書
理學宗傳二十六卷孫奇逢輯
敘古千文一卷胡寅　粤雅堂本

羅羅山遺集八卷郭嵩燾編　附西銘講義、人極衍義、姚江學辨、讀孟子札記、周易附説、小學韵語各書

箴銘輯要四册

漆雕子一卷周漆雕氏

宓子一卷周宓不齊

景子一卷周景氏

世子一卷周世碩

魏文侯書一卷周魏侯斯

李克書一卷周李克

公孫尼子一卷周公孫尼

内業一卷、讕言一卷周孔穿

甯子一卷周甯越

王孫子一卷、李氏春秋一卷、董子一卷周董無心

俟子一卷、徐子一卷、魯連子一卷周魯仲連

虞氏春秋一卷周虞卿

平原君書一卷漢朱建

高祖傳一卷、劉敬書一卷漢劉敬

孝文傳一卷、至言一卷漢賈山

孔臧書一卷漢孔臧

河間獻王書一卷漢劉德

兒寬書一卷漢兒寬

公孫弘書一卷漢公孫弘

終軍書一卷漢終軍

吾丘壽王書一卷漢吾丘壽王

莊助書一卷漢莊助

楊子法言宋氏注一卷後漢宋衷

楊子法言虞氏注一卷吳虞翻

正部一卷後漢王逸

仲長子昌言二卷後漢仲長統

魏子一卷後漢魏朗

諸葛武侯集誡一卷蜀諸葛亮

周生子要論一卷魏周生烈

王子正論一卷魏王肅

去伐論一卷晉袁宏

杜氏體論一卷魏杜恕

王氏新書一卷魏王基

周子一卷吳周昭

顧子新語一卷吳顧譚

典語一卷吳陸景

通語一卷晉殷基
譙子法訓一卷晉譙周
袁子正論二卷晉袁準
袁子正書一卷晉袁準
孫氏成敗志一卷晉孫毓
古今通論一卷晉王嬰
蔡氏化清經一卷晉蔡洪
夏侯子新論一卷晉夏侯湛
太玄經一卷晉楊泉
華氏新論一卷晉華譚
梅氏新論一卷晉梅氏
志林新書一卷晉虞喜
廣林一卷晉虞喜
釋滯一卷晉虞喜
通疑一卷晉虞喜
干子一卷晉干寶
閎論一卷晉蔡詔
顧子一卷晉顧夷
要覽一卷晉呂竦

正覽一卷梁周捨
讀書記一卷隋王劭
續説苑一卷唐劉貺
賈子一卷
嚴助書一卷漢嚴助撰〔一〕
厲學一卷晉虞溥　以上玉函山房輯佚書本
握奇經一卷風后
六韜三卷周太公望
孫子三卷周孫武
吴子二卷周吴起
司馬法一卷齊司馬穰苴
尉繚子二卷周尉繚
素書一卷黄石公
心書一卷漢諸葛亮
何博士備論二卷宋何去非
李忠定輔政本末一卷宋李綱　以上子書百種本
虎鈐經二十卷宋許洞

〔一〕漢嚴助撰：原作「晉虞溥」與下文厲學作者同，誤。據玉函山房輯佚書補編儒家類嚴助書一卷「漢嚴助撰」改。

草盧經略十二卷明無名氏　以上粵雅堂本
陣紀四卷明何良臣　惜陰軒本
火攻挈要三卷明焦勖
愼守要録九卷韓霖　以上海山仙館本
水師操練十八卷附一卷英國傅蘭雅口譯　無錫徐建寅筆述
讀史兵略四十六卷胡林翼
管子二十四卷齊管仲
晏子春秋八卷齊晏平仲
商子五卷秦商鞅
鄧析子一卷周鄧析
尸子二卷周尸佼
韓非子二十卷周韓非　以上六種子書百種本
龍筋鳳髓判四卷唐張鷟　海山仙館本
申子一卷周申不害
鼂氏新書一卷漢鼂錯
崔氏政論一卷後漢崔寔
劉氏政論一卷魏劉廙
阮子政論一卷魏阮武
世要論一卷魏桓範

陳子要言一卷吴陳融　以上玉函山房本

齊民要術十卷後魏賈勰〔一〕　子書百種本

潞水客談一卷明徐貞明　粤雅堂本

神農書一卷、野老一卷、范子計然三卷周范蠡

養魚經一卷周陶朱公

尹都尉書一卷漢尹氏〔二〕、氾勝之書二卷漢氾勝之

蔡癸書一卷漢蔡癸

養羊法一卷漢卜式

家政法一卷、玉燭寶典一卷〔三〕隋杜臺卿

園庭草木疏唐王方慶

千金月令一卷唐孫思邈

齊人月令一卷唐李淯風

保生月録一卷唐韋氏

四時纂要一卷唐韓鄂〔四〕

〔一〕賈勰：賈思勰，脱「思」字。

〔二〕漢尹氏：玉函山房輯佚書在「尹都尉書一卷」下有「漢尹氏撰」四字，據補。

〔三〕玉燭寶典一卷：自本書起，至種樹書一卷，凡七種，玉函山房輯佚書僅存書目無書，其目録於此七種書目下皆注「原闕」二字。

〔四〕唐韓鄂：原作「唐韋氏」，玉函山房集佚書目録作「唐韓鄂」，新唐書藝文志「韓鄂：四時纂要一卷」，據改。

種樹書一卷唐郭橐駞　以上玉函山房本
調燮類編四卷、傅青王女科二卷傅山
全體新論十卷西醫合信氏　以上海山仙館本
小兒藥证眞訣三卷宋錢乙
衛生寶鑒二十四卷附補遺二卷元羅天益　以上惜陰軒本
泰階六符經一卷、五殘雜變星書一卷、靈憲一卷後漢張衡
渾義一卷後漢張衡
昕天論一卷吴姚信
安天論一卷晋虞喜
穹天論一卷晋虞聳
未央術一卷、宋司星子韋書一卷、鄒子一卷周鄒衍
陰陽書一卷唐吕才
太史公素王妙論一卷、瑞應圖一卷孫柔之
白澤圖一卷、天鏡一卷、地鏡一卷、地鏡圖一卷、夢雋一卷唐柳燦
雜五行書一卷以上玉函山房本
梅氏叢書六十二卷梅瑴成　重編附瑴成赤水遺珍一卷、操縵卮言一卷
白芙堂算書二十一種吴嘉善述　丁取忠刊
九章術細草圖説九卷魏劉徽注　唐李淳風釋　李潢撰
九數通考十三卷虞山屈曾發輯

數理精蘊五十三卷康熙十三年御製

疇人傳四十六卷阮元

八綫簡表一卷南匯賈步緯校述

對數表四卷南匯賈步緯校述

高厚蒙求五卷松江徐朝俊

算學啓蒙三卷元朱世杰

幾何原本十五卷泰西利瑪竇口譯　明吴淞徐光啓筆受

中西算學集要十卷周毓英述

割員密律四卷明静庵先生遺稿

增删算法統宗十二卷新安程大位編集　宣城梅瑴成增删

同文算指二卷利瑪竇

圜容較義一卷利瑪竇

測量法義一卷利瑪竇

測量异同一卷明徐光啓

勾股義一卷明徐光啓

翼梅八卷江永　以上六種海山仙館本

求表捷術、對數簡法二卷、續對數簡法一卷、外切密率四卷、假數測圓二卷戴煦　粤雅堂本

測地繪圖十一卷附一卷英國富路瑪撰

代數術二十五卷英國華里司輯

數學理九卷附一卷英國棣麽甘撰
格致啓蒙四卷英國羅斯古纂
重學二十卷英國艾約瑟口譯　海寧李善蘭筆述
光學三卷英國田大里輯
太玄經十卷漢揚雄
易林四卷漢焦延壽　以上二種子書百種本
請雨止雨書一卷、易洞林二卷晋郭璞　以上玉函山房本
蘇米齋蘭亭考八卷翁方綱
石渠隨筆八卷阮元
小山畫譜二卷鄒一桂　以上粤堂雅本
竹雲題跋四卷王樹
讀畫録四卷周亮工
續三十五舉一卷桂馥　以上海山仙館本
六如畫譜三卷明唐寅
書法離鈎十卷明潘之淙
新增格古要論十三卷明王佐　以上惜陰軒本
洞天清禄一卷宋趙希鵠
茶董補二卷陳繼儒
酒顛補二卷陳繼儒　以上海山仙館本

勝飲編十八卷郎廷極
墨志一卷明麻三衡
墨緑彙觀録四卷無名氏
長物志十二卷明文震亨
至正直記四卷元孔齊
續談助五卷祁韵士
秋園雜佩一卷明陳貞慧
志雅堂雜鈔二卷宋周密
打馬圖經一卷宋李清照
太清神鑒無名氏　以上粤雅堂本
藝經一卷魏邯鄲湻
投壺變一卷晋虞譚　以上玉函山房本
鬻子一卷周鬻熊
計倪子一卷周計然
於陵子一卷齊陳仲子
子華子二卷晋人程本
墨子十六卷宋人墨翟
尹文子一卷周尹文
愼子一卷周愼到

公孫龍子一卷周公孫龍
鬼谷子一卷周人
鶡冠子三卷楚人
吕氏春秋二十六卷秦吕不韋
淮南子二十一卷漢劉安
金樓子六卷梁元帝
劉子二卷北齊劉晝
顔氏家訓二卷北齊顔之推
獨斷一卷漢蔡邕
論衡三十卷漢王充
白虎通四卷漢班固
風俗通十卷漢應劭
牟子一卷漢牟融
古今注三卷晋崔豹
聱隅子二卷宋黄晞
懶眞子五卷宋馬永卿
廣成子解一卷宋蘇軾
叔苴子八卷明莊元臣
鬱離子一卷明劉基

空同子一卷明李夢陽
海沂子五卷明王文禄　以上子書百種本
日知録集釋三十二卷顧炎武
繹志十九卷胡承諾述
焦氏筆乘六卷、續八卷明焦竑
蒿菴閒話二卷張爾岐　以上上三種粤雅堂本
考古質疑六卷宋葉大慶
雲谷雜記五卷宋張淏
敬齋古今黈八卷元李冶
菰中隨筆一卷顧炎武
隱居通議三十一卷元劉壎　以上海山仙館本
讀書雜志八十卷王念孫
兩山墨談十八卷明陳霆　惜陰軒本
惠子一卷周惠施
士緯一卷吴姚信
史佚書一卷
田俅子一卷
隨巢子一卷
胡非子一卷

纒子一卷
蘇子一卷周蘇秦
闕子一卷、蒯子一卷漢蒯通
鄒陽書一卷
主父偃書一卷
徐樂書一卷
嚴安書一卷
由餘書一卷
博物記一卷漢唐蒙
伏侯古今注一卷後漢伏無忌
蔣子萬機論一卷魏蔣濟
篤論一卷魏杜恕
鄒子一卷晉鄒氏
諸葛子一卷吳諸葛恪
默記一卷吳張儼
裴氏新言一卷吳裴元
新義一卷吳劉廞
秦子一卷吳秦菁
析言論一卷古今訓附　晉張顯

時務論一卷晉楊緯
廣志二卷晉郭義恭
陸氏要覽一卷晉陸機
古今善言一卷宋范泰
文釋一卷宋江邃
要雅一卷梁劉杳
俗説一卷梁沈約　以上玉函山房本
燕丹子三卷燕太子丹
玉泉子一卷唐無名氏
金華子二卷南唐劉崇遠
山海經注十八卷晉郭璞
山海經圖讚一卷晉郭璞
山海經補注一卷明楊愼
神异經一卷漢東方朔
海内十洲記一卷漢東方朔
洞冥記四卷漢郭憲
穆天子傳六卷晉郭璞
拾遺記十卷秦王嘉
搜神記二十卷晉干寶

搜神後記十卷晉陶潛
博物志十卷晉張華
續博物志十卷宋李石
述異記二卷梁任昉　以上子書百種本
青史子一卷
宋子一卷周宋鈃
裴子語林二卷晉裴啓
笑林一卷魏邯鄲湻
郭子一卷晉郭澄之
元中記一卷郭氏
齊諧記一卷宋東陽無疑
水飾一卷隋杜寶　以上玉函山房本
表異録二十卷明王志堅
清異録二卷宋陶穀
唐語林八卷宋王讜
世説新語三卷梁劉峻　以上惜陰軒本
陶庵夢憶八卷明張岱
今世説八卷王晫
續世説十二卷宋孔平仲

焦氏類林八卷明焦竑　以上粵雅堂本
陰符經注一卷漢張良
關尹子一卷周尹喜
老子道德經注二卷晉王弼
道德眞經注四卷元吴澄
莊子三卷周莊周
莊子闕誤一卷明楊愼
列子二卷周列禦寇
抱樸子八卷晉葛洪
亢倉子一卷庚桑楚
玄眞子一卷唐張志和
天隱子一卷唐無名氏〔一〕
無能子三卷唐無名氏
胎息經一卷明王文禄
至遊子二卷明無名氏　以上子書百種本
伊尹書一卷
辛甲書一卷

〔一〕　無名氏：叢書集成初編天隱子署名爲司馬承禎。

公孫牟子一卷
田子一卷周田駢
老萊子一卷
黔婁子一卷
鄭長者書一卷
任子道命論一卷魏任嘏
洞極眞經一卷魏關朗
唐子一卷吴唐滂
蘇子一卷晉蘇彦
陸子一卷晉陸雲
杜氏幽求新書一卷晉杜夷
孫子一卷晉孫綽
苻子一卷晉苻朗
少子一卷南齊張融
夷夏論一卷南齊顧歡　以上玉函山房本
老子集解二卷附考异一卷明薛蕙
太上感應篇注二卷惠棟　粵雅堂本
古文周易參同契注八卷袁仁林
見物五卷明李蘇

事物紀原十卷宋高承
書叙指南二十卷宋任廣　以上四種惜陰軒本
玉海二百卷宋王應麟附刻小學紺珠十卷
格致鏡原一百卷陳元龍
太平御覽一千卷宋李昉等
御纂子史精華一百六十卷

集部

楚辭補注十七卷宋洪興祖　惜陰軒本
桂苑筆畊二十卷唐崔致遠　海山仙館本
吕衡州集十卷唐吕温
西崑酬唱集二卷唐〔一〕楊億
李元賓集六卷唐李觀
月泉吟社一卷宋吴渭
詞源二卷宋張炎
詞林韵釋二卷宋菉斐軒
鄂州小集六卷宋羅願

〔一〕唐：當爲「宋」，誤書。

樂府雅詞六卷、拾遺二卷宋曾慥
雙溪集十五卷附遺言一卷宋蘇籀
日湖漁唱一卷宋陳允平
陽春白雪八卷外集一卷宋趙聞禮
玉堂類藁二十卷、西垣類藁一卷附録一卷宋崔敦詩　以上粤雅堂本
晁具茨詩集十五卷宋晁冲之
苕溪漁隱叢話六十卷宋胡仔
揭曼碩詩集三卷明毛晋訂　以上海山仙館本
揭文安公文粹二卷元揭傒斯
谷音一卷元杜本
河汾諸老詩集八卷元房祺
玉笥集十卷元張憲
元草堂詩餘三卷元鳳林書院本
益齋集十卷、拾遺一卷、集誌一卷元李齊賢　以上粤雅堂本
青藤書屋集三十卷、補遺一卷明徐渭
四溟詩話二卷明謝榛　以上海山仙館本
自愉堂文集六卷詩集四卷明來儼然
元扈山房集二十二卷明梁爾昇
谿田文集十一卷附補遺、續補遺、搜遺、附録明馬理

陽伯文集二十卷、詩集十四卷明來復
黄花集七卷明張原
叢笙齋文集六卷、詩集十四卷明來復　以上惜陰軒本
天香閣隨筆二卷、集一卷明李介
樓山堂集二十七卷明吴應箕
五代詩話十卷王士正撰，鄭方坤删補
小石帆亭五言詩續鈔八卷翁方綱
蘇詩補注八卷附志道集一卷翁方綱
石州詩話八卷翁方綱
北江詩話六卷洪亮吉
玉山草堂續集六卷錢林
飲水詩集一卷、詞集一卷性德
秋笳集八卷吴兆騫
林屋唱酬録一卷馬日琯等編
焦山紀游集一卷馬日琯
沙河逸老小稿六卷、嶰谷詞一卷馬日琯
南齋集六卷、詞二卷馬日璐
南雷文定前集十一卷、後集四卷、三集三卷、詩歴四卷、附録一卷黄宗羲
程侍郎遺集十卷程恩澤

揅經室詩録五卷阮元
煙霞萬古樓文集六卷、詩選二卷王曇
姑溪居士前集五十卷、後集二十卷李之儀
授堂文鈔八卷武億
仲瞿詩録一卷徐渭仁輯
梅邊吹笛譜二卷凌廷堪
南北朝文鈔二卷彭兆蓀　以上粤雅堂本
宋四六詩話十二卷彭元瑞
詞苑叢談十二卷徐釚
尺牘新鈔十二卷周亮工
顔氏家藏尺牘四卷顔未信堂　以上海山仙館本
虞子説一卷袁仁林
四吟稿六卷馬逢皋
確山駢體文四卷宋世犖　以上惜陰軒本
曾文正公全集一百六十二卷内附奏稿、年譜、批牘，已登史部
古微堂内集三卷、外集七卷魏源
昭明文選六十卷、古文苑二十一卷唐人編　失名　宋章樵註　惜陰軒本
古文淵鑒六十四卷、古文辭類纂七十五卷姚鼐纂
古文辭類纂續編三十四卷王先謙

關中兩朝文鈔二十二卷、詩鈔十二卷李元春
湖海文集七十五卷王昶輯
目耕貼三十一卷馬國翰　玉函山房本
三十家詩鈔、確山時藝宋世犖
歅齋時藝顧皋
蓮池課藝
才調集

養蠶歌括　煙霞草堂遺書續刻之四

養蠶歌括序

蠶桑爲陝民故業，其後失傳，不惟不詳其法，且若初無其事者。蓋由晉、宋南渡，中原俶擾，殘毁桑株，民不暇爲久遠謀，故桑盡而蠶事遂廢也。顧元設勸農司，特重蠶桑，其法多宜北土，而北土之蠶終遜江、浙。然則陝省蠶利之失固由兵戈，究不盡由於兵戈也。夫育蠶，婦人事也。婦人終身閨閣，既寡見聞，目不識字，又不能乞靈於簡策。即其夫採之四方，歸而述之，語焉不詳，詳不能記，勉强使爲，鹵莽滅裂，用力多而得利少，不自咎其法之疏，諉爲土性之不宜，豳風之詩、月令之篇皆視爲古人欺人之語矣。歲乙未，余命内人學育蠶於三原，歸而自育者二歲，堅守三原蠶婦之簡法，而不肯精進益上。蓋婦性專一，恒德爲貞，先入爲主，不能變於後。内人率仲媳、仲女爲蠶，不授以古法，又將囿於簡便，而昧古法之善，恐吾鄉蠶事終不能返於古也。乃取蠶桑備要中育蠶之法，編爲俗歌，使媳女誦之，心中先有古法之善，從事蠶務，必能精益求精，而不至苟焉一得已也。丁酉榴月古愚甫識。

養蠶歌括

總要

養蠶莫巧，食到便老。此言雖淺，能扼總要。晝夜無閒，室温育飽。頓數既多，蠶便速老。省日省葉，繭堅絲好。倘或懶惰，貪眠忘曉，緊漫寒熱，忽饑忽飽，費葉繭薄，抽絲亦少。此等辛苦，大眠尤要，不過七日，全功便了。二十五日，爲上等好；二十八日，得絲便少；月餘四十，辛苦自討。奉勸蠶婦，醒悟須早。

十體

蠶有十事人須體，在連宜寒熱下蟻。眠起宜饑向食飽，下子宜密分佈稀。結嘴不食眠宜静，脱殼忽動爲起時。臨眠上簇宜緊飼，方起之時宜漫之。

三光

飼蠶時時認三光，白則向食飼須忙。青光厚飼勿短葉，若漸住食光已黄。倘見皮皺爲缺食，蠶餓必定損絲芒。

三稀五廣

三稀之時慎勿忽，正蟻上箔並上簇。桑多人多箔簇多，五廣更要多房屋。

八宜

蠶有八宜記須清，眠時宜暗起宜明。蠶小並眠須暗暖，蠶大並起貴凉清。向食通風防小孔，加葉緊飼莫稍停。新起怕風宜薄飼，温漫飼之膚充盈。順此爲吉蠶利厚，反此則逆必無成。

齊眠

養蠶最要眠起齊，即從擇種記日期。同日生子爲一起，生蟻掃蟻須同時。設有不齊用人力，饑飽寒熱加減之。眠齊起齊蠶必好，收得好繭抽好絲。

諸忌

養蠶更有諸般忌，西南風與煙油氣。敲擊門窗水潑火，鄰近舂搗須早避。酒醋煎炒腥臭物，皮毛諸骨亦其類。正熱須慮暴風寒，正寒大火亦非計。哭泣叫喚帶酒人，身不潔浄須避去。風日當窗燈火射，電雷尚有蠶連替。石灰硫磺何須燒，倉卒開門賊風易。高抛遠擲刀放箔，驚動蠶病欲何爲？水濕露沙及乾葉，拭拂使浄否則棄。香則散氣臭則結，麝香阿魏須留意。一切避忌宜小心，謹慎清潔蠶所喜。

蠶室

蠶應房星火之精，一室温暖始成功。門窗向南方爲上，下則向西中向東。中間火倉方四尺，壘高二尺下深同。木用泥塗防失火，下慮潮濕許通風。兩頭置窗辨眠起，間須寬大槌箔容。此爲専備蠶室説，屋大須要財力豐。貧民謹慎能潔浄，養蠶卧室亦成功。

火倉

火倉火料牛糞柴，層層相間鋪成排。每層糞厚三四指，築實柴隙勿虚埋。倉滿築實復用糞，厚蓋倉面使成堆。蠶生之前七八日，用柴引火堆上煨。黑黄煙出緊閉户，暖氣濃熏屋四限。蚊蠅各蟲熏盡死，蠶生一日門始開。煙盡即須閉窗户，窗外簾薦早安排。涂治墻壁熏鼠穴，豳民舊俗豈待催。打掃潔浄待蠶入，箔下須容貓往來。若别有屋能養蟻，生火遲早自酌裁。

蠶母

養蠶先須立蠶母，饑飽寒熱渠爲主。身子潔浄性殷勤，熟諳法程能規撫。身着袷衣候凉温，始終蠶無寒熱苦。察視眠起除沙燠，起算日期飼頓數。眠起饑飽均有時，如養嬰兒勤乳哺。手常洗浄忌腥葷，蠶老繭成方出户。

浴種

擇種原有許多功，今從浴種說分明。臘月初八清早起，第一汲水井花名。將水傾於磁盆內，急浸蠶連使澄清。一二時後卽取出，懸乾用竿院中撑。日曬月照一晝夜，使受月華與日精。復掛室中如平日，立春之日用甕盛。蠶連鬆捲使竪立，十日一展恐潮生。雨後急須受風日，受罷置甕待清明。此時浴用桃花柳，揉碎杏花菜花並。其浴仍是井花水，懸乾勿見日月精。此後掛室不用甕，愼勿懷抱墳上行。

量葉

量葉暖蟻愼勿錯，三兩蟻成三十箔。人力屋椽及糞薪，桑用五畝預配合。一錢蟻老一箔蠶，百餘斤葉備勿缺。

暖蟻

蟻生遲早可由人，清明翻動左右匀。寒蠶均平齊變色，捲緊收作甕頭春。欲遲十日或半月，欲早須俟桑葉新。桑葉芽生茶匙大，取連相合露其背。棉花包裹三寸餘，再用棉被包其外。置之暖炕用被覆，如鷄抱卵意堪會。此中暖氣常温温，不寒不熱蟻自匀。日夜翻包十餘次，顛倒上下不嫌頻。早晚午間開包視，提掇須避風日熏。内換外邊邊換内，仍密包裹氣氤氳。蠶子變色灰爲先，形初肥滿再尖圓。此時中如春柳色，再變蟻蟠如遠山。頂平焦黑蒼黄赤，棄之勿養養亦難。計日不過三四五，或遲或早均不堪。若見十分灰白色，次日蟻出不遲延。清早開包更提掇，使連鬆活外覆棉。半頓飯時黑蟻出，置連温炕候齊全。一面稱連記分明，一面鋪篩草輭緜。上鋪厚紙灑桑米，桑米之上覆蠶連。蟻聞葉香自然下，不下卽爲病魔纏。此法最便勝於掃，掃斷蟻脚蠶難眠。蟻下空連又須稱，相較便知多少蠶。匀在一篩勿稠疊，上覆下隔置中間。驅逐鷄犬勿驚蟻，欲避邪惡束火煎。此時蠶母入蠶室，沐浴禱禮拜神前。

劈蟻法

蟻不下連餓無妨，蟻正飼葉法須詳。切如米粒撒如雨，一時一頓日夜忙。漸食漸長漸覺密，劈如圍棋漸周筐。室宜極暖又極暗，次日葉厚頓簡便。三日加減飼六頓，巳午時間篩須換。沙燠積厚絲相牽，清晨切葉許稍寬。四頓新葉蠶已上，新葉捲蠶舊勿連。布於新篩須疏朗，篩鋪草紙亦同前。

頭眠

盈篩飼葉漸漸加，簾捲東窗受日華。四五日須五六頓，六日將眠期勿差。此時身肥皮又緊，薄飼添至七八頓。加減七日使盡眠，色黄嘴縮眠須穩。養蠶先須識眠狀，頭帶緑色尾紅映。旺葉已見三四餐，口有沸絲色白亮。仰面向上不動摇，是爲打裝眠熟像。嘴先縮入後吐長，隱有紫蔭現嘴上。室宜温暖宜避風，不宜污穢或驚撞。眠多或有未眠者，須灑糠灰俟其上。未眠脱灰置他器，勤飼催眠復一樣。微黄嘴闊方而短，頭皺身毛眠起狀。口嫩不必急喂葉，必待起齊方無恙。眠亦不拘七日期，室暖飼緊早爲宜。室寒飼漫陽失助，眠過七日起亦遲。故有抽飼斷眠法，白色之處葉催齊。此時須早除沙燠，頻飼盡眠方住之。八日蠶盡脱殼起，身白皮皺正苦饑。

停眠

眠起如病食宜少，細切薄撒一頓好。初飼桑渣燒作香，蠶聞此香食易飽。日夜宜飼至四頓，九日擡沙鋪蓐草。分爲二箔葉漸加，十五六頓非過飽。十一二日五六頓，十三分箔如錢小。日夜宜飼廿二頓，十四二眠期又到。前三四日最宜勤，不可貪眠直到曉。加減煖飼催眠齊，布滿六箔擡沙早。十五蠶又起二眠，此後大眠蠶卽老。

大眠

眠起飼法如頭眠，日夜四頓亦同前。十六漸加五六頓，十七八日七八添。此時分擡成八箔，十九二十六七餐。廿一將眠宜微暖，加減斷眠擡如前。此時布滿十二箔，次日又起三眠全。起飼切葉僅三頓，或飼柘葉蠶更堅。一頓薄撒宜覆白，二頓更薄白覆完。三頓如初經日夜，次日頓數又須添。此後飼葉均不切，甚且嫩枝亦許連。

上簇

二十三日七八頓，第二彔〔二〕豆細麪兼。第三又食純桑葉，第四粳米粉爲添。皆用水拌切葉內，飼純葉時枝葉連。此時擡分廿五箔，除去蓐草不同前。五六七八皆純葉，飼至次日辰巳間。缺葉水拌乾桑麪，不缺噴水如雨然。此時分滿三十箔，此後急飼勿遲延。執葉繞箔常巡走，遇隙即補使周全。食葉既多沙易厚，宜用網擡取輕便。此時若覺蠶室熱，齊啓窗門掛竹簾。熱甚更須扯窗紙，再用水缸注清泉。猛暴風雨窗門閉，急用微火散微寒。雷勿使聞電勿見，箔上急宜覆舊連。盆水炭火能解畏，周箔位置亦宜然。身肥嘴小喉絲亮，頻薄飼葉如斷眠。成功在此兩三日，晝夜殷勤勿貪頑。身體透明不食走，蠶老尋簇順自然。急須把捉送上簇，到此方爲蠶事完。

造簇

造簇方圓馬頭形，遜野帚帚自然成。捽盡蒂葉縛於架，下鋪輭草防蠶傾。將蠶捉放掃帚心，四散作繭光晶瑩。無則稻草或穀草，乾竹枝稍亦可成。分束傘様竪於箔，令蠶作繭用亦宏。蠶老作繭宜極暖，作繭最早繅易行。開門去火風凉入，七日摘蠶大功成。

摘繭法

六七日間方摘繭，摘時仍須自檢點。堅實良繭抽絲多，鬆薄血破均勿選。尙有數蠶相合成，攪亂好絲屏須遠。長而瑩白爲細絲，葱青晦色粗絲繭。摘攤凉房勿過厚，時防發熱勤撥轉。五六日間即繅絲，勿令蛾生悔已晚。

擇種

近上緊實爲良繭，留以爲種備來年。雄繭緊細形尖小，雌繭厚大形漫圓。雌雄分擺兩器內，七日蛾出擇又嚴。拳翅秃

〔二〕彔：清劉青藜補輯蠶桑備要記述蠶「大眠起齊」飼喂之法曰：「第二日巳午之間，以臘月所藏綠豆粉拌桑葉餧一次。」則「彔」當爲「綠」。

眉並焦腳，焦翅焦尾熏黄兼。身頭俱黑或赤肚，先後出蛾均棄捐。惟留肥好雌雄配，自辰至戌氣始完。去雄留雌使生子，置無風處布爲連。每日生字須記寫，十八日浴勿遲延。連背相靠掛房内，臘月再浴蠶事先。

蒸蠶

生繭爲上絲光明，若繭不及繭須蒸。鹽醃甕泥及日曬，楊氏試之法未精。蒸用蒸籠止三扇，將蒸先扯繭外絨。籠中鋪繭三寸厚，二籠鋪蠶一籠空。上熱湯手底層去，又加空籠鋪繭同。三扇倒换齊蒸遍，攤於箔上用日烘。楊氏又用大竹篩，攤蠶四寸單被蒙。蒸時上置鮮椿葉，椿葉變色定火工。蒸過晾乾藏能久，繭用油鹽絲理鬆。

煙霞草堂從學記

門人張熾章季鸞謹述

清光緒壬寅秋，遊學醴泉，侍先師古愚劉先生函丈。明年春，先生入隴，及夏，殂蘭州，今二十有二年矣！愴念童稚時侍先生纔數月，雖列門墻，莫窺堂奥。長益廢學，浪迹燕、吴，仰憶師門，深慚負負。追維謦欬，時用悚惶。惟閲世既多，始知先生學術道行之廣大，每經時變，窮則懷師，誠不自知其心之何故。今年，同門王幼農前輩刊煙霞草堂遺書，既竣，命述先師言行，附於書末。自維末學，何足紀述大賢，勉就所知，聊書萬一，若云闡揚，則吾豈敢。

壬寅，熾章年十五，以父喪居籍，與榆林道桂陽陳公兆璜之子燮游，知吾省有大師劉古愚先生，企仰甚。是年秋，陳公解任，熾章奉母命偕陳君燮從先生於醴泉「復豳學舍」，是爲及門之始。

「復豳」者，煙霞草堂也。既至，敝車羸馬，雨夜登門。先生於舊生來，列饗以食。昔者陳君於潼關受業，先生見其至，喜甚，具酒食焉，余侍坐。席間，先生欣然謂余曰：「汝一童子，不遠千里而來，將毋欲學文乎？余不能文，汝來誤矣。」余聞震悚，莫知所對，此先生訓余之始。一言在耳，至今猶深憶之。

煙霞草堂爲庚子後所建，在唐昭陵之陽，負山面野，深谷環抱，唐諸名將墓皆在指顧間，地極清幽。去市廛十里，羣狼出没，常殺人。學舍傍無村落，谷行半里，始有小村。然學舍前風景清曠，谷内多花樹，桃梨之屬富焉。學舍有屋四五楹，爲一大院，背負小邱，因建屋其上，望之若樓，則禮堂也。先生家居舍后土室中，風詩所云「陶復陶穴」者也。室通前院處爲講室，室僅丈許，以風門代牖，先生書齋也，學生居左右室。是年從學者三十餘人。

學舍爲諸生公建，來學者不納束修。先生有山田若干畝，餘無私産。學生饋金悉不受，饋酒米，則納之。先生善飲，舊生來者多携酒敬之，新生饋，則非先生願也。學生自備食，月僅一金，饅首麵羹外惟備鹽椒，肉蔬皆不食。先生食於家，亦儉素如此。

學生爲學無定程，各從所好。淺學則先生選書授之，在學數十人無同者。余閲明鑑、文獻通考，並鈔讀通考序，方輿紀要序，皆師命也。先生曰：「讀史應先近代，閲通考則知歷代制度、典章之得失，而貨幣尤宜先。方輿紀要爲沿革、形勢所必讀。其書浩瀚，讀序可也。」余在學數月，惟課此數書，餘取便涉獵而已。

近年美國道爾頓制震傳中土，不知「復幽舍」固行之，蓋中國講學舊法也。余等自讀自解，不限多寡、時刻，惟日須撰日記就正先生，而疑難論議任意書之，初無定程，但戒空泛耳。先生每晨六時即起，出就講堂批閲諸生日記，惟食時返内室，食畢即在此堂。薄暮批畢，則集諸生於院内，就石案講釋之。先生晚年講學精義散見諸生日記中，余僅存一二帙，與衆問答語尤多，悉未記，可痛也。

先生書齋冬不具火，破紙疎窗，朔風凛冽，案上恒積塵，筆硯皆凍，而先生不知也。先生冬御一敝裘，長日端坐，手不釋揮。先生故拙於書，凍筆作書，艱益甚。諸生日記所批者，皆先生心血也。先生晚年病目，傍晚講書不辨字畫，而先生不以爲苦，口陳指授，娓娓不倦。

今人言學校自治，「復幽」早行之。學生分長幼二班，日各定一人，輪班執事，長司門鑰，幼司灑掃、應客。朔望禮堂大講，則長者司儀，幼者司柝，四鼓即興，擊柝三次，諸生畢集焉。余爲幼生，嘗服斯役。柝在禮堂外，雖嚴寒苦雪，昧爽登高，柝聲隆隆，今猶在耳，而其樂不可得矣。

先生威儀峻整，望之儼然，講書時嚴整尤盛。學舍以朔望爲大禮，謁聖後，先生就禮堂講書，僅憶講孝經一次，余輒忘之。其威儀氣象，惜余時童騃，今不能摹擬也。

先生平居端重，飲酒則豪。門人遠來，必設酒，而以在學者數人陪。余時雖童騃，屢參末座，至今幸之。先生酒後談國事，往往涕哭。常縱論鴉片戰役以來至甲午後之外患，尤悲憤不勝。此外，喜談明末諸儒逸事，尤樂道亭林、二曲兩先生。清代人物，則重湘中曾、胡、劉、羅及戊戌死難諸人。先生舊設義塾百余所，及白蠟局、軋花廠，皆掌教味經書院以來所經晝，司其事者多門人。來謁，則常議其事，故追憶先生，談論以此三類爲最多。

先生學術余不能窺，不敢妄參緒論。惟知先生實未嘗專著一書。遺集所存，皆課生之作。先生嘗語余等曰：「待過五六年，精力漸衰，將從事著作。」則知今之所傳，不足盡先生蘊蓄也。

先生於學無所不通，治經尤直透精微，不事章句。論史謹嚴，識高義遠。晚年發明音韻表，旁通數理，仰觀天文，此則其大略也。先生不重文章，詩文勁氣直達。掌味經書院時提倡經世之學，三輔從風。鄙制藝爲不屑，然余嘗聞先生笑曰：「我所長者，實八股文耳。」時八股文已廢，故遜言如此。以是知先生無所不能，第不欲眩世而已。雖然，先生之所以大者，猶不在此。書生通弊，在以技藝視學問，故雖博覽羣書，不過一技藝之士。先生不然，終生困勉敏求，未嘗爲己。大旨：救世外無學問，致用外無經術。遺著論語時習録、大學古義、學記臆解諸書，足窺先生之志，而先生亦終身行之：曰「親民」、曰「鄉學」。「親民」之道在於「富」、「教」。故甲午以後，倡興實業，欲以棉織、白蠟之利富關中，罄束修以開風氣。時風氣未開，耗折屢盡，而先生不悔也。「鄉學」則視爲救國自强之本，親於渭北興義塾數百所，耗資無算。迨余侍函丈時，已多由資盡中輟，先生大窘，而所志不衰。余侍教半載，未嘗聞一語及私。凡家人生産、起居、衣食之事，常人所不能忘，先生則未嘗措意。獨居則友千古，教人則善天下，光風霽月，一片純誠，此其所爲不可及也。

戊戌以還，先生遭清吏之忌，歸居醴泉，少與世接。門人至，則時與痛談，嘗笑曰：「世俗不知，目我爲康梁黨，康梁乃吾黨耳。」蓋維新救國，先生早在陝倡之也。戊戌之變，門人李孟符、陳伯瀾株累甚，先生尤篤念之。趙尙書舒翹爲先生至友，「復豳學舍」書多其所贈也。「拳變」起，先生勸勿袒拳民，趙依違其間，乃至慘死，先生尤深惜之。先生喜談明末事，語及南渡君臣，輒斥其誤國，於死事諸賢，恒詠嘆之。論時事則重外患而輕政體，蓋深念保國、保教、保種之艱，以爲患在愚弱，而不在滿洲。論西北則主融合漢回，同施教化，以是知先生於民族主義，所見者大也。庚子以還，東南新書籍入關，先生得則瀏覽。公子瑞騋遊學上海歸，先生命譯英文詩歌大意，讀之欣然，其勤索新知，老而彌篤如此。當時帝制共和無人論及，惟先生論明末事，批余日記數百言，謂宜用選君終身制以濟世襲之窮。至將來國體，則未嘗論及。先生之入隴也，實由融合漢回之一念。自歸醴泉，他省徵聘皆不就，門人勸之出，輒訓斥之。惟隴上書來則竟諾。時隴中甫興學，風氣固陋，道險且艱，門人以師年衰，勸勿往。先生嘆曰：「漢回爲西北隱憂，吾將期以三五年教化回民子弟，此關隴大計，非吾莫屬。」事乃定。癸卯正月，發「復豳學舍」，余等送至醴泉，不料竟與先生長别矣。悲夫！悲夫！

先生體氣甚强，時年六十，終日無倦容。飲酒外他無所好，水煙具一，聞尚遺自先人，治事之暇偶用之，敝衣惡食，淡如也。其接物也，誠怛而近人，謙和而有威，於門人慈甚。或違教，則諄責之，罔不愧悟。其教門人也，無智愚新故，皆誨迪不倦，門人負先生者，事過輒恕之。鄉人求教，無不滿意以去。然貴顯干犯，則嚴峻自持，黨禍流言俱置度外。偶遇官吏來謁，直言政事，得失不避忌諱。故抱膝深山，爲清議所宗。憶入隴議起，醴泉知縣某代隴吏致聘書，載豐筵來山，余等侍門外。席間，忽聞先生抗聲曰：「老父台胡説。」知縣唯唯，門外人不知何事，相與匿笑，以爲奇。明年上元，知縣請入城觀燈，歸告余等曰：「今日知縣夸燈好，我告以使良民爲無益之戲，何好足云？知縣大不歡，我不顧也。」其嚴直類如此。然先生非故作矯激、傲富貴，第從心言事，平等待人而已。

余在門下爲最幼，先生鍾愛之，僅一受斥責，至今不忘。憶在殘臘，陳君燮已歸西安，余與亡姪崇基留舍。某晨，日高未起，先生適經門外，嚴斥之曰：「熾章！八點尚未興耶？！」余亟起，見師有怒容，悚懼萬狀，蓋舍規六時必起也。然余十年來，晏興爲常，八時起床乃絶少。追維師訓，愧悚何如！

先生時作近縣之游，大抵訪門人，處分義塾、蠟局等事。壬寅冬，曾至涇陽姚村，皆命余侍行。天寒道遠，車行勞頓，而先生不以爲苦也。至姚村，寓門人家，至涇陽，留涇干書院，皆門人具晏。圍爐夜談，先生酒酣興豪，議論風生，不知夜之將曙。當時之樂，何堪回首哉！

余生平恨事爲未侍先父母含殮及未隨古愚師入隴。先是，甘肅聘至，先生諭余曰：「爾可隨往，爲我鈔書。」當是時，門人爭欲行，而先生於王君章之外，特許余隨侍，且年少喜游，欣然敬諾。及請訓先慈，則是冬三舍妹夭亡，傷感甚，乃止。醴泉送别之夜，諸生侍談，午夜方罷。侵曉上車啓行，諸生攀轅長揖奉别，先生亦墮泪潛然，孰意竟由此不返關中哉！

先生入隴後事，余不能詳，王君章隨行，較悉。癸卯七月，先生訃至。是冬，靈輀歸，門人會葬於咸陽天閣村，余亦至，得識王君幼農焉。聞先生至蘭州，未月，而學風丕變。先生日講書二小時，且批課册勞甚，至夏，患咯血，而先生講批不輟，或勸稍休，不許。臨終旬日，尚力疾執教務，竟以不起，哀哉！

記既竟，請綜述先生爲人，質之當世。西諺有云：「拿破崙字典無難字。」吾師字典，所缺尤多。蓋凡私僞、貪吝、驕惰、怯懦、求逸、無恒諸易犯者，及顧家室、慕世名，世所視爲常行者，皆非吾師所知。愛國愛人之教，爲民、國本根。然愚自游燕、吴，見當世之士，或口愛而實僞，或偶愛而易忘。其下者無論已，上焉者亦多雜功名之欲，或有芻狗萬物之心，求如吾師之至誠濟世，忘家與身，雖須臾不捨保國、保教、保種之志，卒殉其事以終，實未之見也。且先生之教，昔或視爲書生常談，今已證明爲治國眞理。即學記臆解序所論，深中時弊，足以垂百世而不磨，何則？民國教育，惟使富室子弟習爲浮夸，雖民爲邦本，實則棄之化外。重農之説，勞工之論，近最喧騰人口，而爲其言者大率愛逸惡勞，脱令置諸工廛隴畝，必不可一日居，遑論教育？且自新舊説興，抱殘守缺者深嘆用夏變夷，而目解横文者往往斥爲固陋，横争妄鬥，靡所折中。不知學期實用，用在濟人，不然，則私人嗜好、意氣之争，等諸博奕、遊戲而已，學云乎哉？我古愚先生繼承關學，修己愛人，以大興鄉學爲教國之本，以農工兼教爲興學之綱。其法各鄉設學，並教成丁文字之外，授以農事。校長即司鄉自治，旁察土宜，振興工藝，尤重蠶桑、織綿。且遍設鄉團，舉國皆兵，平日各服恒業，國家有事，則執干戈而衛社稷，蓋先生之意爲政、教、兵、農、工合一，而俱寓於鄉學之中。此義至精，雖百世不能易也。先生值季世，生鄙鄉，慨然以天下爲任，躬行其教，至老不衰。今日富室興學，不過略捐其宫室、玩好之餘資，以博世俗之名而已。先生則積年薄俸，涓滴濟人，躬設義塾數百所，並軋花廠、白蠟局，爲關中倡，卒至窮老以終而無所惜。其教雖未大行，其志必爲天下後世所共仰。晚年詳訪西事，擇善以從，苟求利民，不分畛域。若夫修己親民之道，先哲所傳大義自在，先生惟篤信而行，死生性命，不知其它。嗚呼！此豈今之人哉？熾章廿載仿徨，學行俱廢，自憂淪落，長負師恩。惟幸得及門，藉仰儒宗模範。近察時變，益仰先生志行之高深，异時人心向治，必有行先生之行，志先生之志者。中國不亡，竊信愚言之必驗矣！

圖書在版編目(CIP)數據

劉光蕡集/［清］劉光蕡著；武占江點校整理．—西安：西北大學出版社，2014.12
（關學文庫/劉學智，方光華主編）
ISBN 978-7-5604-3550-3

Ⅰ.①劉…　Ⅱ.①劉…②武…　Ⅲ.①劉光蕡（1843～1903）—理學—文集　Ⅳ.①B249.9－53

中國版本圖書館CIP數據核字(2014)第313473號

出品人　徐　曄　馬　來
篆　刻　路毓賢
出版統籌　張　萍　何惠昂

劉光蕡集　［清］劉光蕡 著　武占江 點校整理

審定專家　郭文鎬　　責任編輯　朱　亮
裝幀設計　澤　海　　版式統籌　劉　爭
出版發行　西北大學出版社
地　　址　西安市太白北路229號　　郵　　編　710069
網　　址　http://nwupress.nwu.edu.cn　　E－mail　xdpress@nwu.edu.cn
電　　話　029-88303593　88302590
經　　銷　全國新華書店
印　　裝　陝西博文印務有限責任公司
開　　本　720毫米×1020毫米　1/16
印　　張　57
字　　數　885千字
版　　次　2015年1月第1版　2015年1月第1次印刷
書　　號　ISBN 978-7-5604-3550-3
定　　價　200.00圓